本书由北京大学外国哲学研究所、北京师范大学哲学学院共同支持和资助

分析哲学
——回顾与反省（第二版）上卷

陈波　江怡　主编

中国人民大学出版社
·北京·

第二版编者序言（一）

2002—2006 年，赵敦华教授和我共同主持了教育部研究基地重大项目"分析哲学和实用主义的复兴"（项目批准号 2000ZDXM720003），结项被评为"优秀"。作为该项目的结项成果之一，我主编了大型专题文集《分析哲学——回顾与反省》，分上、下两编："西方哲学家论分析哲学""中国哲学家论分析哲学"，80 万字，由四川教育出版社精装出版。出版后受到不少好评。迄今已逾 17 年。我觉得该书有再版价值，遂打电话征求江怡的意见，他同意我的判断。我们商议决定：由我们两人来共同主编该书第二版；在"西方哲学家论分析哲学"部分再增加 4 篇重要文章，并要求大部分译者重新校对先前的译稿；对"中国哲学家论分析哲学"部分做一些调整。我多次向拟议中的第二版作者发出邮件，征询合作意向，绝大多数同仁都给予了积极回应，但有几位同仁没有回应，我们视为委婉地谢绝。我们尊重各位同仁的意见。于是有了现在的《分析哲学——回顾与反省》第二版，第一版的上、下编变成了第二版的上、下卷：上卷"西方哲学家论分析哲学"，下卷"中国哲学家论分析哲学"，全书 100 多万字。

《分析哲学——回顾与反省》（第二版）同时受到北京大学外国哲学研究所、北京师范大学哲学学院、国际分析哲学研究中心的出版资助，中国人民大学出版社学术出版中心杨宗元主任热情支持本书的出版，本书责任编辑张杰以严肃认真的态度编辑本书，在此一并致谢。也谢谢本书各位作者和译者的高质量工作。若本书有任何讹误和疏漏，我本人当负最大的责任。欢迎读者批评指正。

陈 波
2018 年 1 月 20 日
于京西博雅西园

第二版编者序言（二）

2017年夏，北京大学陈波教授与我商量，计划出版《分析哲学——回顾与反省》一书的第二版。我非常支持他的这个想法，并努力促成这个想法尽快变成现实。

的确，该书自2001年出版以来，得到国内哲学界的普遍欢迎，已经成为国内哲学教学和研究的重要参考文献。近些年来，分析哲学在西方哲学界有了长足发展，尤其是分析哲学史研究已经成为分析哲学研究的重要组成部分，2018年在北京举行的第24届世界哲学大会还专门设立了"分析哲学史"分会场。国内的分析哲学研究也取得了显著成绩。从2005年起举行的全国分析哲学研讨会已经成为国内哲学界的重要学术活动之一，参加人数逐年增加，研究成果在数量和质量上也有较大提高。由中国现代外国哲学学会分析哲学专业委员会主编的《中国分析哲学》文集也出版了五卷，我们还组织翻译了由迈克·比尼主编的《牛津分析哲学史手册》，参与了他主编的《分析哲学史研究丛书》等。因此，我们希望能够在《分析哲学》一书中更多反映国内外分析哲学研究的这些变化。

从本书第二版的内容中可以看到，该版在西方哲学家论分析哲学部分特别增加了四篇重量级文章，它们是：蒂莫西·威廉姆森的《近40年来分析哲学的转变》、杰森·斯坦利的《20世纪的语言哲学》、迈克·比尼的《分析哲学的起源、发展和主题》和斯科特·索姆斯的《分析哲学在美国》。应当说，这些文章都是近年来西方哲学家们对分析哲学历史发展所做的最有代表性的论述，也直接反映了当代哲学家们对分析哲学性质的最新理解。在中国哲学家论分析哲学部分，第二版内容有更大篇幅的增加。这些增加主要在两个方面。一方面是对老一辈学者文章的增补，包括邱仁宗、张家龙、方万全等，另一方面则是对中青年学者文章的收入，包括港台学者郑宇健、王文方、米建国等人，以及大陆学者叶闯、叶峰、唐热风、陈亚军等。这些文章都是中国学者对分析哲学的最新研究成果，也都代表了国内分析哲学研究的最高水平。

我们希望，本书的出版不仅是对以往国内外分析哲学研究的较为全面的回顾，而且有助于进一步推进国内的分析哲学研究事业。

是为序。

江 怡

2018 年 1 月 20 日

于美国加州圣何塞

第一版编者说明

分析哲学是20世纪最有影响的哲学思潮或哲学运动之一。在20世纪前半期，它是由一些不太严格意义上的哲学学派所发起或推动的，有相对明确的哲学主张、纲领或立场，并在世界范围内产生了重要影响。在20世纪后半期，作为学派和作为运动，分析哲学开始走向衰落，但作为一种方法或研究风格却获得广泛认同。当代的许多哲学家，正是因其研究风格或研究方法的类似，而被称为"分析哲学家"。在这世纪转换之际，对分析哲学做一番回顾与反省，追溯它的发展演变轨迹，反思它兴起和衰落的历史因由，清理它所留下的思想果实，探究它的目前进展，特别是关注它在中国传播、发展和研究的状况，我觉得是一件非常有意义的事情。在这一思想的指导下，我策划、设计、编辑了摆在读者面前的这部大书。

本书由上、下两编构成：上编是"西方哲学家论分析哲学"，我选择了14篇论述分析哲学的文章，它们大都由当今一流的西方分析哲学家所撰写，具有相当的权威性，并约请了一些国内同行将其译成中文。我尽可能认真地审看了所有译文，做了一些译名统一工作，并在有些地方根据原文做出了修改。下编是"中国哲学家论分析哲学"，收入了由中国、美国30位已故或健在的中国哲学家所撰写的分析哲学论文，这实际上可以看作是中国分析哲学研究的一个总结或汇集。除已故哲学家的文章不做任何变动外，我对其他论文都做了或多或少的编辑加工，如全书统一使用脚注，所有外国人名第一次出现都附加原文，其译名全书大致保持同一，改正个别错讹之处，等等。

我要感谢全书所有撰稿者的热忱合作。首先感谢西方分析哲学家们同意将其大作译成中文发表，并不收取任何费用；感谢已故中国哲学家的家属同意我在本书中使用有关论文；感谢中国以及美国的同行接受我的邀请，欣然为本书撰写论文，从而使本书实际上成为中国分析哲学研究的一个总结和成果展览。当然，我还要感谢四川教育出版社慨然应允出版此部大书，并且感谢本书责任编辑何扬先生所做的高质量编辑工作，使本书能以不俗的品质问世。如果本书有任何疏漏或错误，请读者不吝赐教。

本书是由赵敦华教授和我共同承担的教育部人文社会科学重点研究基地基金项目"分析哲学和实用主义的复兴"的成果之一。

陈　波
2001 年 10 月 30 日
于北京大学燕北园

撰稿者简介

（以姓氏拼音为序）

迈克·比尼（Michael Beaney），现任德国柏林洪堡大学分析哲学史教授和英国伦敦国王学院教授，《英国哲学史》杂志主编，曾在英国多所大学任教，并担任北京大学（2011）和北京师范大学（2013—2014）客座教授。主要研究领域是弗雷格哲学、早期分析哲学、分析哲学史等，主要代表作有：《弗雷格》、《想象与创造》、《牛津分析哲学史手册》（主编）、《分析哲学简史》等。

陈　波，中国人民大学哲学博士，北京大学哲学系教授。专业领域为逻辑学和分析哲学。代表性著作有：《逻辑哲学研究》《蒯因哲学研究》《悖论研究》《逻辑学导论》《逻辑学十五讲》《逻辑学是什么》《理性的执着》《与大师一起思考》等，主编著作多种，译著多种，在国内学术期刊发表中文论文200多篇，在国际A&HCI期刊发表英文论文近20篇。

陈嘉明，中国社会科学院研究生院哲学博士，上海交通大学人文学院哲学系特聘教授、系主任，厦门大学知识论与认知科学研究中心主任。主要研究方向：知识论、现代性与后现代性、近现代西方哲学。主要著作有：《建构与范导——康德哲学的方法论》《知识与确证——当代知识论引论》《现代性与后现代性十五讲》《现代西方哲学方法论讲演录》等。

陈嘉映，首都师范大学哲学系教授。曾到内蒙古插队八年，后在北大、美国读书，获哲学博士学位。著有《海德格尔哲学概论》《哲学·科学·常识》《说理》《简明语言哲学》《何为良好生活》等。翻译有海德格尔的《存在与时间》、维特根斯坦的《哲学研究》、奥斯汀的《感觉与可感物》、伯纳德·威廉姆斯的《伦理学与哲学的限度》等。

陈启伟，北京大学哲学系退休教授。1986—1995年任北京大学外国哲学研究所所长。著译作品有：《西方哲学研究：陈启伟三十年哲学文存》、《西方哲学论集》、《欧洲哲学史》（合著）、《现代西方哲学论著选读》（主编）、罗素《我们关于外间世界的知识》、维特根斯坦《逻辑哲学论及其他》、卡尔纳普《世界的逻辑构造》、蒯因《从逻辑的观点看》（合译）等。

陈晓平，华南师范大学公共管理学院哲学研究所教授。已发表学术论文240余篇，著作5部：《自然演绎逻辑导论》《归纳逻辑与归纳悖论》《面对道德冲突》《贝叶斯方法与科学合理性》《心灵、语言与实在》。

陈亚军，北京大学哲学博士，复旦大学哲学学院教授。长期从事西方哲学尤其是美国哲学的研究，著有《哲学的改造》《实用主义：从皮尔士到普特南》《从分析哲学走向实用主义：普特南哲学研究》《形而上学与社会希望：罗蒂哲学研究》《超越经验主义与理性主义：实用主义叙事的当代转换及效应》《匹兹堡问学录：围绕〈使之清晰〉与布兰顿的对谈》《实用主义研究自选集》等。

成中英，哈佛大学哲学博士，美国夏威夷大学哲学系教授，第三代新儒家代表人物。创办国际中国哲学学会和《中国哲学杂志》（英文）。研究领域涵盖：儒家哲学、本体诠释学、中西哲学比较、形而上学、道德哲学、科学哲学、语言哲学。出版中英文学术著作30多种，发表学术论文300余篇。2016年"中华之光——传播中华文化年度人物"。

迈克尔·达米特（Michael Dummett，1925—2011），曾任牛津大学逻辑学教授，当代语言哲学中"反实在论"的主要代表人物。主要著作有：《弗雷格：语言哲学》《直觉主义原理》《真理和其他疑难》《对弗雷格哲学的解释》《形而上学的逻辑基础》《弗雷格及其他哲学家》《分析哲学的起源》《语言之海》等。

方万全，美国加州大学尔湾校区哲学博士。退休前为"中央研究院"欧美研究所研究员，现为东吴大学哲学系客座教授、欧美研究所兼任研究员。主要研究领域为语言哲学与心灵哲学，尤其着重于戴维森的语言哲学，以及后期维特根斯坦哲学中的依循规则等的相关研究；近年来也从事与技能现象有关的行动哲学，以及庄子哲学等的研究。

冯友兰（1895—1990），哲学家，中国哲学史家。1924年获美国哥伦比亚大学哲学博士，先后在中州大学、燕京大学、清华大学、西南联大、北京大学等校任教授，主要著作有：《中国哲学史》、"贞元六书"（即《新理学》《新事论》《新世训》《新原人》《新原道》《新知言》）、《中国哲学简史》（英文）、《中国哲学史新编》（7卷本），其著述结集为《三松堂全集》（14卷）。

冯·赖特（Georg Henrik von Wright，1916—2003），先后任英国剑桥大学、芬兰赫尔辛基大学、美国康奈尔大学哲学教授，芬兰科学院研究教授、院长等。获颁14个博士或名誉博士学位，是15个国家、地区或跨国科学院的院士，曾任国际哲学学院主席，国际科学史和科学哲学联合会逻辑、方法论和科学哲学分会会长。研究领域包括现代逻辑、伦理学和价值、规范理论、行动理论、人文科学方法论、文化哲学、心智哲学、维特根斯坦研究等。

冯耀明，香港中文大学哲学博士。现为香港科技大学荣休教授。主要研究领域为中国哲学、比较哲学及中国语言逻辑。著作有：《超越内在的迷思：从分析哲学观点看当代新儒学》《公孙龙子》《中国古代哲学思想》（四册）、《中国哲学的方法论问题》。已发表的中英文学术论文逾100篇。

P. M. S. 哈克（P. M. S. Hacker），英国牛津大学圣约翰学院研究员，维特根斯坦研究专家，主要著作有：《维特根斯坦，意义和理解》、《维特根斯坦〈哲学研究〉的分析评论》（合著）、《维特根斯坦，规则、语法和必然性》（合著）、《洞见和幻觉：维特根斯坦哲学中的论题》（合著）、《维特根斯坦在20世纪哲学中的地位》。

韩林合，北京大学哲学博士，北京大学哲学系教授，教育部长江学者特聘教授。主要研究西方哲学和道家哲学等。主要著作有：《维特根斯坦〈哲学研究〉解读》《维特根斯坦哲学之路》《石里克》《乔姆斯基》《〈逻辑哲学论〉研究》《分析的形而上学》《虚己以游世》等。

雅科·亨迪卡（Jaakko Hintikka，1929—2015），美国波士顿大学哲学教授。先后任美国符号逻辑学会副会长，美国哲学会太平洋分会会长，国际科学史和科学哲学联合会逻辑、方法论和科学哲学分会会长，国际哲学学院副主席，以及世界哲学联合会副会长。研究领域涉及数理逻辑、数学基础、哲学逻辑、方法论和哲学史，非常多产。

彼得·希尔顿（Peter Hylton），美国哈佛大学哲学博士，美国伊利诺依大学哲学系杰出教授。主要研究领域为早期分析哲学、语言哲学、认识论、形而上学、逻辑学等。代表作有：《罗素、观念论与分析哲学的形成》《命题、虚构与分析》《蒯因》等。

洪汉鼎，北京社会科学院哲学所研究员，山东大学特聘教授和中国诠释学研究中心名誉主任。1991年荣获德国杜塞尔多夫大学哲学名誉博士，1995年任德国杜塞尔多夫大学客座教授。德文专著有《斯宾诺莎与德国古典哲学》《中国哲学基础》《中德文对照中国哲学辞典》三卷。中文专著有《斯宾诺莎哲学研究》《诠释学——它的历史和当代发展》《重新回到现象学的原点》《当代西方哲学两大思潮》等，出版译著多种。

洪　谦（1909—1992），维也纳学派成员，1934年获奥地利维也纳大学哲学博士学位。先后任教于清华大学、西南联大、武汉大学、英国牛津大学新学院、燕京大学、北京大学等。研究领域包括逻辑经验主义、现代西方哲学、西方哲学史。主要著作有：《维也纳学派哲学》《逻辑经验主义文集》《论逻辑经验主义》等，并有译著多种。1984年被奥地利维也纳大学授予荣誉博士学位。

江天骥（1915—2006），武汉大学哲学系教授，曾任中国逻辑学会副会长。研究领域涉及逻辑学、西方逻辑史、归纳逻辑以及英美分析哲学和科学哲学。主要著作有：《逻辑问题论丛》、《逻辑经验主义的认识论》、《逻辑问题研究》、《当代西方科学哲学》、《西方逻辑史研究》（主编）、《归纳逻辑导论》等。

江　怡，中国社会科学院研究生院哲学博士，现任北京师范大学哲学学院教授，教育部长江学者特聘教授，曾任中国社会科学院哲学所研究员。研究领域为分析哲学、语言哲学、形而上学、维特根斯坦哲学等。主要著作有：《维特根斯坦：一种后哲学的文化》、《走向新世纪的西方哲学》（主编）、《思想的镜像》、《现代英美分析哲学》（主编）、《分析哲学教程》、《当代西方哲学演变史》（主编）等。

金岳霖（1895—1984），哲学家，逻辑学家。1920年获哥伦比亚大学哲学博士，先后任清华大学、西南联大、北京大学教授，中国社会科学院哲学所研究员，曾任中国逻辑学会会长。主要著作有：《逻辑》、《论道》、《知识论》、《形式逻辑》（主编）、《罗素哲学》等。

鞠实儿，现任中山大学哲学系教授、教育部人文社科基地逻辑与认知研究所所长，《逻辑学研究》杂志主编。主要研究领域为：非经典逻辑、逻辑哲学、论证理论。先后在 *Journal of Philosophical Logic*，*Studia Loigca*，*Synthese*，*Argumentation* 以及《中国社会科学》、《哲学研究》等刊物发表论文多篇。

N. 雷谢尔（Nicholas Rescher），美国匹茨堡大学的哲学教授，欧洲人文和科学院院士，曾任美国匹茨堡大学科学哲学中心主任，美国哲学会会长，研究范围极为广泛，涉及哲学和逻辑的众多领域，非常多产，迄今已出版70多本书，发表200多篇论文。

林正弘，美国伯克莱加州大学哲学博士，台湾大学哲学系荣休教授，后任台湾东吴大学哲学系教授，曾任台湾"国科会"人文学研究中心主任，台湾哲学会创会会长，纪念殷海光先生学术基金会创会董事长。主要研究领域为逻辑学、知识论、科学哲学。

刘晓力，北京大学哲学博士，现任中国人民大学哲学院教授，曾任内蒙古大学和北京师范大学教授，从事逻辑学和科学哲学的教学、研究工作，曾在《中国社会科学》和《哲学研究》等期刊发表论文多篇，著有《理性的生命——哥德尔思想研究》等。

刘靖贤，北京大学哲学博士，辽宁大学哲学与公共管理学院副教授，研究领域为逻辑学和分析哲学。

J. J. 罗斯（J. J. Ross），以色列特拉维夫大学哲学系荣休教授。主要研究领域为伦理学与政治哲学、中世纪哲学、宗教哲学、维特根斯坦与分析哲学等。主要代表作有：《对所与物的诉求：认识论研究》《家庭伦理》等。

理查德·罗蒂（Richard Rorty，1931—2007），美国耶鲁大学哲学博士，先后任美国普林斯顿大学、弗吉尼亚大学、斯坦福大学教授，美国哲学会东部分会主席。主要著作有：《哲学和自然之镜》《实用主义的后果》《偶然性、讽刺和协同性》《客观性、相对主义和真理》《论海德格尔及其他》等。

阿勒特·迈塔（Anat Matar），以色列特拉维夫大学哲学系讲师。主要研究领域为语言哲学、政治哲学、19世纪哲学、现代与后现代、维特根斯坦、德里达、利奥塔等。代表作有：《从达米特的哲学观点看》《现代主义与哲学语言》等。

米建国，美国爱荷华大学哲学博士，现为台湾东吴大学哲学系教授兼系主任，台湾哲学会会长（2014—2016）。主攻知识论、语言哲学和逻辑哲学，在国内外著名刊物、会议上发表论文80余篇，著有《意义、真理与信念：语言哲学论文集》，主编《自然化的认识论与科学哲学》《中西哲学中的道德德性与理智德性：一种德性转向》。

希拉里·普特南（Hilary Putnam，1926—2016），曾任美国麻省理工学院、哈佛大学哲学教授，美国科学院和英国科学院院士，研究领域包括逻辑、数学、心智哲学、语言哲学、科学哲学和实用主义等。主要著作有：《数学、物质和方法》《心灵、语言和实在》《意义和道德科学》《理性、真理和历史》《实在论和理性》《戴着人类面孔的实在论》《重建哲学》《词与生活》《实用主义》等。

邱仁宗，中国社会科学院哲学研究所退休研究员、应用伦理研究中心名誉主任。现任华中科技大学生命伦理学研究中心主任兼教授，中国人民大学伦理学及道德建设研究中心研究员兼生命伦理学研究所所长，2001年当选为国际哲学院院士，2002年世界技术协会伦理学奖、2009年联合国教科文组织阿维森纳科学伦理学奖、2012 年美国 Henry Beecher 生命伦理学奖获奖人。主要研究方向：生命伦理学。

约翰·塞尔（John Searle），美国加利福尼亚大学伯克利分校哲学教授，美国文理科学院院士，日常语言哲学的代表性人物之一，后期主要研究心智哲学。主要著作有：《言语行为》《表达式和意义》《意向性》《以言行事逻辑基础》《心、脑与科学》《心、脑和行为》等。

杰森·斯坦利（Jason Stanley），美国麻省理工学院哲学博士，美国耶鲁大学哲学教授，主要研究领域是语言哲学和认识论。主要代表作有：《知识与实践兴趣》（获美国哲学协会著作奖）、《语境中的语言：文选》、《知道如何》、《宣传如何工作》。

彼得·斯特劳森（Peter Strawson，1919—2006），牛津大学哲学教授，英国科学院和美国科学院院士，日常语言哲学的代表性人物之一。主要著作有：《逻辑理论导引》《个体：论描述的形而上学》《意义的限度》《逻辑和语法中的主词和谓词》《怀疑论和自然主义》《分析和形而上学》，编有文集多种。

斯科特·索姆斯（Scott Soames），美国麻省理工学院哲学博士，美国南加州大学哲学教授，曾任教于耶鲁大学和普林斯顿大学。主要研究领域是语言哲学和分析哲学史。主要代表作有：《理解真理》《超越严格性》《20 世纪哲学分析》《指称与描述》《语言哲学》《重思语言、心灵与意义》。

沈有鼎（1908—1989），逻辑学家，哲学家，先后任西南联大、清华大学、北京大学教授，中国社会科学院哲学所研究员，主要从事数理逻辑、中国逻辑史以及哲学的教学和研究工作，著有《墨经的逻辑学》，其论文结集为《沈有鼎文集》。

苏珊·哈克（Susan Haack），剑桥大学哲学博士，现为美国迈阿密大学人文学杰出教授，该校文理学院库珀高级学者、哲学教授、法学教授。研究领域横跨逻辑哲学、知识论、实用主义、科学哲学、法哲学等众多领域，其代表性著作有：《变异逻辑》《逻辑哲学》《证据与探究——走向认识论的重构》《捍卫科学——在理性的范围内》《证据至关重要》等。

泰勒·伯吉（Tyler Burge），美国普林斯顿大学哲学博士，现任美国加州大学洛杉矶分校哲学系教授。曾任美国哲学学会太平洋分会主席。研究领域包括语言与逻辑哲学、心理哲学和心灵哲学、认识论、哲学史。主要著作有：《真理、思想与理性》《心灵的基础》《客观性的起源》《通过理解的认知》。

唐热风，伦敦大学学院哲学博士，现任北京师范大学哲学院教授，曾任中国社会科学院哲学所研究员。主要研究领域：心智哲学（包括知觉哲学和行动哲学）、知识论和亚里士多德伦理学。主要代表作包括《心、身、世界》和"Conceptualism and The New Myth of the Given"（*Synthese* 2010，175：101-122）。

涂纪亮（1926—2012），曾任中国社会科学院哲学研究所研究员，兼任中国现代外国哲学学会名誉理事长等。主要研究当代英美哲学，特别是分析哲学、语言哲学，著有《分析哲学及其在美国的发展》《现代西方语言哲学比较研究》《美国哲学史》等，主持翻译《维特根斯坦全集》。

王　浩（1921—1998），美籍华裔逻辑学家、计算机科学家、哲学家。先后任教于美国哈佛大学、英国牛津大学、美国洛克菲勒大学，为美国科学院和不列颠科学院院士。主要著作有：《数理逻辑概论》《从数学到哲学》《数理逻辑通俗讲话》《超越分析哲学》《反思哥德尔》《逻辑之旅：从哥德尔到哲学》。

王　路，清华大学哲学系教授，曾任中国社会科学院哲学研究所研究员，主要研究领域为分析哲学、语言哲学、逻辑学等，主要著作有：《亚里士多德的逻辑学说》《弗雷格思想研究》《走进分析哲学》《逻辑的观念》《"是"与"真"——形而上学的基石》等。主要译著有《弗雷格哲学论著选辑》《算术基础》《真之追求》《理性与智慧》等。

王文方，美国艾奥瓦大学哲学博士，台湾阳明大学心智哲学研究所教授兼所长，国际 LORI 常务理事。专长逻辑哲学、形而上学、语言哲学、形式化知识论、分析的亚洲哲学。主要代表作有：《这是个什么样的世界?》《形而上学》《语言哲学》等。

蒂莫西·威廉姆森（Timothy Williamson），英国牛津大学哲学博士，现任牛津大学威克汉姆逻辑学教授，多个国家科学院和国际科学院院士。其研究领域为哲学逻辑、认识论、形而上学和语言哲学。其专著有《同一和分辨》、《模糊性》、《知识及其限度》、《哲学的哲学》、《模态逻辑作为形而上学》和《四人对话录》，发表论文近 200 篇。

徐友渔，中国社会科学院哲学研究所研究员，研究领域先后为分析哲学、"文革"研究、自由主义等，著有《罗素》、《"哥白尼式"的革命》、《语言和哲学》（合著）、《精神生成语言》（文集）、《告别 20 世纪》（文集）、《自由的言说》等。

叶　闯，北京大学哲学博士，北京大学哲学系教授。基本研究领域为分析哲学，特别集中于语言哲学及其相关的形而上学问题，也关注当代认识论。主要著作有：《理解的条件——戴维森的解释理论》《语言·意义·指称——自主的意义与实在》。

叶　峰，美国普林斯顿大学哲学博士，现任首都师范大学政法学院哲学系教授，此前任北京大学哲学系教授。主要从事数学哲学、现代逻辑学和分析哲学的教学和研究。主要著作有：*Strict Finitism and the Logic of Mathematical Applications*（Springer），《二十世纪数学哲学》，并有多篇论文发表于国内外学术期刊。

殷海光（1919—1969），逻辑学家，哲学家。曾任台湾大学哲学系教授。研究领域涉及哲学、逻辑学、语义学、方法论、中国哲学等。主要著作有：《逻辑新引》《逻辑究竟是什么?》《思想与方法》等，并有译著多种，后人编有《殷海光文集》（15卷）。

张家龙，中国社会科学院哲学研究所退休研究员，曾任中国逻辑学会会长，现任中国逻辑学会名誉会长和监事长。主要研究领域是数理逻辑史和逻辑哲学，主要著作有：《数理逻辑发展史——从莱布尼茨到哥德尔》《从现代逻辑观点看亚里士多德的逻辑理论》《逻辑史论》《艾耶尔》《模态逻辑与哲学》等。

张庆熊，瑞士弗莱堡大学哲学博士，复旦大学哲学学院教授，基督教研究中心主任。研究领域：现象学、分析哲学、基督教哲学。主要著作有：*Xiong Shilis Neue Nur-Bewußtseins-Theorie：Vom Yogacara-Buddhismus zum neuen Konfuzianismus*（Bern：Peter Lang，1993，德文），《自我、主体际性与文化交流》《基督教神学范畴——历史的和文化比较的考察》《道、生命与责任》《社会科学的哲学》《现象学方法与马克思主义》《社会研究中的良知与认知》《现代西方哲学》等。

张志林，复旦大学哲学学院教授，科学哲学与逻辑学系主任。研究领域：分析哲学、语言哲学、科学哲学、形而上学。已出版学术专著《因果观念与休谟问题》、《科学合理性》、《反本质主义与知识问题——维特根斯坦后期哲学的扩展研究》和《技术解释研究》，主编丛书/文集多种。

郑宇健，美国俄亥俄博林格林州立大学哲学博士，香港岭南大学哲学系副教授。研究工作和成果涉及形而上学、知识论、行动和心灵哲学之交叉领域，主要围绕人类理性或规范性的自然主义起源问题。

周柏乔，曾任教于吉林大学、香港新亚研究所、澳门大学与香港公开大学。

现为港专社会科学研究中心副主任，并于 2016 年担任山西大学科学技术哲学研究中心合作教授，以研究分析哲学为主。

朱志方，武汉大学哲学博士，现为武汉大学哲学学院教授。主要研究领域有科学哲学、语言哲学、实用主义哲学、归纳逻辑与博弈论等。主张唯物主义和经验主义的世界观、方法论和价值观，在决策论上强调策略发现。主要著作有：《机遇与冒险的逻辑——归纳逻辑与科学决策》（合著）、《科学革命与人类知识》、《社会决策论》、《逻辑、历史与社会》，并有译著多种。

庄文瑞，台湾大学哲学博士。曾任东吴大学哲学系主任（2004—2006），台湾哲学学会创始会员兼理事，现为东吴大学哲学系专任副教授。教学和研究领域为逻辑学、知识论和科学哲学，发表论文多篇。

目 录

上卷　西方哲学家论分析哲学

分析哲学：一个批判的历史概述 …………… 冯·赖特（陈波译）　3
分析哲学：内容、历史与走向 …………… P. M. S. 哈克（江怡译）　28
当代美国分析哲学 ………………………… 约翰·塞尔（涂纪亮译）　57
从内部看哲学的半个世纪 ………… 希拉里·普特南（王义军译）　83
分析哲学的兴起与衰落 …………………… N. 雷谢尔（张力锋译）　111
分析哲学的两种图像 ……………… 彼得·斯特劳森（肖阳译）　122
语言的转向 ………………………… 迈克尔·达米特（江怡译）　130
理想语言哲学与日常语言哲学 …… 理查德·罗蒂（孙伟平译）　137
语言哲学与心灵哲学：1950—2000 …… 泰勒·伯吉（李绍猛译）　151
近40年来分析哲学的转变 …… 蒂莫西·威廉姆森（徐召清译）　201
20世纪的语言哲学 ………………… 杰森·斯坦利（赵震译）　231
分析哲学的起源、发展和主题 …… 迈克·比尼（张桔译）　294
分析哲学在美国 …………………… 斯科特·索姆斯（彭杉杉译）　325
分析哲学：在科学主义和先验论之间 …… 苏珊·哈克（李国山译）　359
分析哲学中的分析 ………………… 彼得·希尔顿（李国山译）　376
分析哲学：风格问题 ……………… J. J. 罗斯（李国山译）　395
分析哲学：理性主义对浪漫主义 …… 阿勒特·迈塔（李国山译）　409
谁将扼杀分析哲学？ ……………… 雅科·亨迪卡（张力锋译）　427

下卷　中国哲学家论分析哲学

归纳原则与先验性 ………………………… 金岳霖（邓生庆译）　447

论形上学的性质和方法	冯友兰	456
真理底分野	沈有鼎	475
关于逻辑经验主义		
——我的个人见解	洪　谦	487
分析经验主义的两个戒条	王浩（康宏逵译）	497
科学经验论底征性及其批评	殷海光	511
20世纪英美哲学中"语言的转向"	徐友渔	527
弗雷格关于意义和意谓的理论	王　路	539
重议罗素对布拉德雷否定关系的批评	陈启伟	553
《逻辑哲学论》对维也纳学派的影响和经验主义解释问题	洪汉鼎	563
知识、语言和行动		
——维特根斯坦与近代西方哲学的困境	江天骥	571
后期维特根斯坦的哲学观	涂纪亮	588
心灵活动的主体		
——亚里士多德和维特根斯坦的理解	韩林合	604
维特根斯坦对先验问题的重新思考		
——兼谈维特根斯坦的"现象学"与胡塞尔的现象学的关系	张庆熊	615
"为辩解进一言"		
——日常语言分析的一篇经典	陈嘉映	636
卡尔·波普尔和卡尔·马克思	邱仁宗	644
论波普尔的基本陈述句	林正弘	654
哥德尔对卡尔纳普的批判	刘晓力	673
对塔斯基"真"理论的批评与重建	陈晓平	681
论本质主义	张家龙	701
以维特根斯坦之矛攻蒯因之盾		
——论威廉斯对蒯因的"不确定说"的批评	方万全	720
蒯因的"两个教条"批判及其影响	陈　波	741
化约主义、典范理论、无政府主义		
——现代西方自然科学方法论争议	庄文瑞	757
休谟问题的不可解性与归纳的局部辩护	鞠实儿（李章吕、任晓明译）	774
回溯推理与科学发现的逻辑	朱志方	788

谈谈论理词	陈嘉映	800
克里普克语言理论再思考		
——语义值的刻画与指称的确定	叶 闯	817
专名、摹状词与盖梯尔问题	陈嘉明	832
意向行动与信念	唐热风	840
一种物理主义的数学哲学	叶 峰	857
论知行之辨的三条路径	陈亚军	870
抽象与具体事物的区分	王文方	884
什么是德性知识论？知识的本质与价值问题	米建国	904
论"扮演上帝角色"的论证	邱仁宗	927
规范性问题与自然主义		
——当代分析哲学的一个范式性挑战	郑宇健	946
论分析哲学运动发展中的三大转变	江 怡	960
分析哲学的分析		
——关于分析哲学的对话	张志林 何朝安	979
分析哲学在中国	江 怡	1007
分析哲学的一支中土异军	周柏乔	1027
中国古代的语言哲学		
——逻辑和本体论	成中英（郭桥译）	1038
真理概念与先秦哲学		
——论陈汉生的观点	方万全	1079
中西哲学中的思想实验	冯耀明	1096
濠梁之辩的共鸣解释	刘靖贤	1107
从中国哲学的角度看分析哲学的价值	陈 波	1121

CONTENTS

Part One Western Philosophers on Analytic Philosophy

Analytic Philosophy: A Historico-Critical Survey ...... Georg Henrik von Wright 3
Analytic Philosophy: What, Whence, and Whither .... P. M. S. Hacker 28
Contemporary American Philosophy .... John Searle 57
A Half Century of Philosophy, Viewed from Within .... Hilary Putnam 83
The Rise and Fall of Analytic Philosophy .... Nicholas Rescher 111
Two Conceptions of Analytic Philosophy .... Peter Strawson 122
The Linguistic Turn .... Michael Dummett 130
Ideal Language Philosophy and Ordinary Language
  Philosophy .... Richard Rorty 137
Philosophy of Language and Mind: 1950—2000 .... Tyler Burge 151
The Transformation of Analytic Philosophy .... Timothy Williamson 201
Philosophy of Language in the Twentieth Century .... Jason Stanley 231
Analytic Philosophy: Origin, Development and Themes ...... Michael Beaney 294
Analytic Philosophy in America .... Scott Soames 325
Analytic Philosophy: between Scientism and Apriorism .... Susan Haack 359
Analysis in Analytic Philosophy .... Peter Hylton 376
Analytic Philosophy as a Matter of Style .... J. J. Ross 395
Analytic Philosophy: Rationalism vs. Romanticism .... Anat Matar 409
Who is about to Kill Analytic Philosophy? .... Jaakko Hintikka 427

Part Two Chinese Philosophers on Analytic Philosophy

The Principles of Induction and *A Priori* .... Jin Yue-lin 447

The Nature and Methods of Metaphysics	Fung Yu-lan	456
Demarcation of Truth	Shen You-ding	475
Logical Empiricism: My Personal Perspective	Hong Qian	487
Two Commandments of Analytic Empiricism	Hao Wang	497
The Characteristics and Critiques of Scientific Empiricism	Yin Hai-guang	511
The Linguistic Turn in the Anglo-American Philosophy of the 20th Century	Xu You-yu	527
Frege's Theory of Sinn and Bedeutung	Wang Lu	539
Review of Russell's Critiques of Bradley's Negative Relation	Chen Qi-wei	553
The Impacts of *Tratatus* to the Vienna Circle and the Interpretation Problem of Empiricism	Hong Han-ding	563
Knowledge, Language and Action: Wittgenstein and the Predicament of Modern Western Philosophy	Jiang Tian-ji	571
Later Wittgenstein's Conception of Philosophy	Tu Ji-liang	588
The Subject of the Mental Activities: Understandings of Aristotle and Wittgenstein	Han Lin-he	604
Wittgenstein's Reconsideration of Transcendental Problem, Referring to the Relation between Wittgenstein's "Phenomenology" and Husserl's Phenomenology	Zhang Qing-xiong	615
A Plea for Ordinary Language	Chen Jia-ying	636
Karl Popper and Kar Marx	Qiu Ren-zong	644
On Popper's Basic Statement	Lin Cheng-Hung	654
Gödel's Criticism of Carnap	Liu Xiao-li	673
A Critique and Reconstruction of Tarski's Theory of Truth	Chen Xiao-ping	681
On Essentialism	Zhang Jia-long	701
Can Wittgenstein Help Eliminate Quine's Indeterminacies? On Meredith Williams's View	Fang Wan-Chuan	720
Quine's Criticism of "Two Dogmas" and Its Influences	Chen Bo	741
Reductivism, Theory of Paradigm and Anarchism: Disputes in Contemporary Methodology of Science	Chuang Wen-Ruey	757
The Unsolvability of Hume's Problem and the Local Justification		

of Induction	Ju Shi-er	774
Abduction: Logic or Heuristic of Discovery	Zhu Zhi-fang	788
On Theoretic Lexes	Chen Jia-ying	800
Rethinking of Kripke's Theory of Language: Characterization of Semantic Value and Determination of Reference	Ye Chuang	817
Proper Names, Descriptions, and the Gettier's Problem	Chen Jia-ming	832
Intention, Action and Belief	Tang Re-feng	840
A Physicalist Philosophy of Mathematics	Ye Feng	857
On Three Approaches to the Debate of Knowledge and Action	Chen Ya-jun	870
Abstract/Concrete Objects Distinction	Wang Wen-fang	884
What is the Virtue Epistemology: Problems on the Nature and Value of Knowledge	Mi Chien-kuo	904
Against the Argument of Playing God	Qiu Ren-zong	927
The Normativity Question and Naturalism: A Paradigmatic Challenge in Contemporary Analytic Philosophy	Zheng Yu-jian	946
Three Shifts in the Development of Analytic Philosophy	Jiang Yi	960
Analysis in Analytic Philosophy: Dialogue about Analytic Philosophy	Zhang Zhi-lin, He Chao-an	979
Analytic Philosophy in China	Jiang Yi	1007
Launching Analytic Philosophy in China: The Forerunners and Their Contributions	Chow Pak Kiu	1027
Classical Chinese Philosophies of Languages: Logic and Ontology	Chung-ying Cheng	1038
The Concept of Truth and Pre-Qin Chinese Philosophy On Chad Hansen's View	Fang Wan-Chuan	1079
Thought Experiment in Chinese and Western Philosophy	Fung Yiu-ming	1096
Resonance: An Interpretation for the Happy Fish Debate	Liu Jing-xian	1107
Value of Analytic Philosophy: From the Perspective of Chinese Philosophy	Chen Bo	1121

上卷
西方哲学家论分析哲学

分析哲学: 一个批判的历史概述[*]

冯·赖特

1

我们这个世纪的哲学主流之一,被称为"分析的",是这个时代最典型的精神风潮。它也是已经最广泛地席卷了整个地球的潮流。之所以如此,是因为它与给当代文明打上最深烙印的两大势力即科学和技术结盟。

我意识到我的评价中的主观性因素。毫无疑问,它受到我的经历和个人口味的双重影响。在下面的文字中,我将试图给它以理性的辨明。我将凭借考察这一运动的历史起源以及一开始就隐含在它本身之中的某些相互冲突的倾向的发展来做到这一点。

从较广的视野去看,分析哲学继承了欧洲的启蒙传统。把也许是它最伟大的代表人物伯特兰·罗素(Bertrand Russell)比作伏尔泰(Francois-Marie de Voltaire),并不是毫无道理的。不过,当分析哲学最早出现在哲学舞台上时,它是与也根植于启蒙传统的另一思想潮流相对抗的,后者就是哲学中的唯心主义传统。与过去决裂的里程碑是摩尔(G. E. Moore)的《拒斥唯心主义》,它出现于 1903 年。

在两次世界大战之间的数十年间,当这一新哲学在广阔的战线上取得突破时,它自称是思想领域的一次大变动,一次深刻的革命。这段时间距现在已经很久远了。在 20 世纪后半期,分析哲学已经获得了作为一个确立或公认的思想传统所具有的典型特征,它特有的外观已经消退,它日渐增多地成为折中的,

---

[*] 译自 G. H. von Wright, *The Tree of Knowledge*, pp. 25 – 52, 1993, E. J. Brill, The Netherlands。

它的身份似乎已受到误入歧途的威胁。

与此同时，这一思潮已经发生变化。由科学和技术所代表的理性形式，由于它对社会和人的生存条件的反作用，已经变得成问题了。分析哲学，本身是能够通过科学取得进步这一信念的产物，似乎内在地不可能对付这些问题。这任务不得不留待其他类型的哲学去完成，后者不同于分析潮流，且常常对它持批评态度。

2

在它的身份认同危机的混乱情景下，把分析哲学置于历史的批判的审视之下是适宜的。还未曾有人完整地撰写这一运动的历史。由于它日渐增多地分叉或分枝，识别出它的最本质特征并把这些特征与后来疏远其起源的添加部分区别开来，试图这样做是切中要害的。

在逻辑实证主义战前的喉舌即期刊《认识》中，有两篇论文对于我们目前所从事的事情来说是重要的。一篇是由魏斯曼（C. F. Waisman）写的，题目是《什么是逻辑分析?》，作者写道：

> 哲学和科学是人的心智的两种根本不同的态度。——科学的心智寻求知识，即真的、与实在一致的命题。在较高的层次上，它上升到理论形式。——通过哲学人们能获得日渐增多的内在清晰性。哲学推理的结果不是命题，而是对命题的阐明。①

在这些话语后面有一种观点，即在一方面是哲学、另一方面是科学之间存在截然分明的界限。维特根斯坦（L. Wittgenstein）在《逻辑哲学论》中所表达的正是这种观点，并且他始终坚持这一观点，尽管他的哲学后来经历了许多变化。这种看法从一开始就在我思考哲学的方式上打下了烙印。不过，对于所有那些自称为分析哲学家的人——无论是过去还是现在——情形并非都是如此。在具有这一称谓的哲学家中间，如魏斯曼所区分的，代表着两种理智态度——它们有时公开对抗，有时结成非反思的联盟。因此，几乎从一开始，分析哲学就潜藏着矛盾，最终这些矛盾变得公开化，由此破坏了该运动的统一。我们现在就来看一看这件事情是怎样发生的。

---

① Waismann, p. 265.

在《认识》杂志战前最后一卷两篇论文中的第二篇，其题目是《逻辑实证主义和剑桥分析学派之间的关系》，作者为麦克思·布莱克（Max Black）。值得称赞的是，它第一次试图使人们注意到新哲学的双重根源——一个根源在维也纳，另一个根源在剑桥——以及它们的独有特征。该作者还意识到在分析哲学家中间很流行的对哲学本质的两种态度之间的对立。

3

思想史上的重要潮流经常几乎同时发源于知识界的几个不同角落。我们已经指出，这种说法对分析哲学运动完全成立。不过，为刻画其特征起见，这样做是有益的，即把该运动的实际诞生定位于某个确定的时间和地点：19世纪与20世纪之交的剑桥，并把两个杰出人物即伯特兰·罗素和乔治·爱德华·摩尔视为它的创立者，这两位哲学家是相互影响和相互激励的。正是年轻一岁的摩尔，促使罗素背叛了康德（I. Kant）和黑格尔（G. Hegel）的唯心主义，并开辟了通向新的哲学台阶的道路。与此同时，这两个人又是很不相同的。这一运动中的许多内在冲突都可以追溯到这两个人之间的分歧——包括由魏斯曼所区分的那两种理智态度之间的冲突。

人们可以说，罗素在哲学中所追求的是不可动摇的真理性知识。这一说法对于他早期所从事的逻辑和数学以及后期处理休谟（D. Hume）关于归纳的怀疑论的努力来说都是成立的。在这方面可以恰当地把他与笛卡儿（Rene Descartes）相比较，像那位法国哲学家一样，罗素先是在数学中看到了无可置疑的知识的典范。但是数学中的证明开始于公理，而它们是可以受到怀疑的。这一洞见把罗素引向了逻辑。如他在几部自传之一中所证实的，他于1900年参加在巴黎召开的国际哲学代表大会，这件事对他后来的发展至关重要。① 在那里他见到了皮亚诺（G. Peano），并结识了从事数学基础研究的意大利学派。这次会见的长期成果是他对于逻辑的下述贡献——先是在《数学原则》中，然后是在与怀特海（Alfred North Whitehead）合著的《数学原理》中，它们是这门学科的历史上位居前列的贡献。

做下述反思也许是无用的，但与此同时又是诱人的：假如不是由于罗素对

---

① Russell, 1944, p. 12："1900年是我理智生命中最重要的一年，在这一年中最重要的事件是我参加了在巴黎召开的国际哲学代表大会。"

逻辑所做的贡献以及他把逻辑看作哲学的本质①，逻辑是否还会具有它在20世纪毫无疑问所具有的那种中心位置？首先，新逻辑会一直为数学家而不是为职业哲学家所关注。例如，有谁会认识到19世纪最伟大的哲学家之一是耶拿的一位数学教授？罗素慷慨地说②，弗雷格（G. Frege）是第一个用逻辑分析方法去处理哲学问题的人。根据仅在20世纪后半期所实际发生的那些进展，把弗雷格看作分析哲学的"发现之父"——但把罗素看作弗雷格的追随者，而不是把弗雷格看作罗素的先驱，这将是不适当的。而且，假如没有罗素，人们是否会被诱使赋予弗雷格这种地位，这是很难说的一件事。

罗素对确实性知识的追求把他带到了逻辑。在为数学提供基础方面，逻辑是最不易受到攻击的科学。并且由于构成哲学的核心，它允诺归根结底要赋予哲学以科学的确实性和精确性。在他的《我们关于外间世界的知识——作为哲学中科学方法的一个领域》一书（这本书比其他任何书都更好地反映了上述态度）中，罗素写道："自古以来，哲学就比其他任何学问分支做出了更大胆的断言，但获得了较少的成果。我相信，结束这种不能令人满意的状况的时机现在已经到了。"③ 在一篇写于20世纪20年代的论文中，他说哲学"本质上是一门科学，它区别于特殊科学之处仅在于它所研究的问题的普遍性"④。从魏斯曼所做出的区分的角度看，罗素代表着心智的科学态度而不是哲学态度。对于大多数仍然自称"分析的"哲学家来说，这同样的说法也是真的，至少我相信是如此。他们中的许多人可能希望把魏斯曼的区分视为不适当的简化，或者甚至看作是完全的误解。

4

罗素一直追寻确实性，摩尔则认为他已经占有了它。在他的著名论文《捍卫常识》中，摩尔列出了他认为他确实知道的大量东西。例如，他是一个人，他有身体，他从来不曾到过月球，世界在他出生之前已存在了很长很长的时间，

---

① Russell, 1914, p. 42.
② 同上书, p. 7。
③ 同上书, p. 13。
④ Russell, 1928, p. 71. 他继续说："新哲学认为，所有的知识都是科学知识，有待用科学的方法来确证和证明。"

如此等等。

关于这些真理的知识，既不是哲学反思也不是科学探究的结果。所谈论的这些真理是"常识"，但它们隐含着重要的哲学结论。摩尔有身体这件事蕴涵着存在物质的东西。摩尔由此认为，他能够证明外部世界独立于他的意识而存在。在他的另一篇著名论文即他于1939年在不列颠科学院所做的讲演中，他以手势的形式给出了证明，他举起他的两只手，以使他的听众确信它们代表着外部世界的两个事物。正如维特根斯坦曾注意到的，唯有具备摩尔的严格和理智水准的哲学家才能向一个学术团体提出这样的"证明"，而不使自己显得荒谬可笑。

摩尔的"证明"当然不是证明。但人们可以说，它表达了对于哲学问题的某种态度，对这种态度我本人表示同情，并且从维特根斯坦的思维方式中也可以知道这种态度，尽管具有不同的伪装。人们可以试着把这种态度描述如下：

必须把下述哲学观作为荒谬或无意义的加以拒斥，它们否定我们以及哲学家们在不做哲学思维时也会认为理所当然地存在着的事物。这种观点的例子有：不存在一个独立于我们的心灵的外部世界；或者，一切存在的东西都是物质的；或严格说来，人们不能确实地知道任何东西；或者，没有人能够以与他实际的行动方式不同的方式行动。这些是由哲学上的唯心主义者、唯物主义者、怀疑论者和决定论者所主张的论题。既然它们与我们在日常生活和日常话语中所确切知道的东西相冲突，它们就是反常和乖戾的。照其原样，即使不经论证，它们也必定被拒斥。存在物质的对象，但也存在不同于物质对象的东西，我们"确实知道"相当多的真理，或者我们即使不是总是、也是经常地能够以不同的方式行动——所有这些，以及某些哲学家所质疑的许多其他东西，都必须作为事实加以接受。

不过，关于此类问题的哲学化并不因此走向终结。摩尔对此是完全清楚的。不过，问题不是与常识意见和陈述的真有关，而是与它们的意义有关。它是否意味着存在一个独立于我的意识的外部世界，或者意味着我有自由意志？回答这些问题就是分析的任务。

这里模仿摩尔的一个例子是诱人的。摩尔说他知道母鸡下蛋。[①] 他一点儿也不怀疑情况不是如此，但他不能构想出母鸡下蛋意味着什么。摩尔在哲学方面的相当大部分的分析工作在于，努力阐明物质（物理）世界中的事物和事件，

[①] Moore, 1905, pp. 65ff. （参看此文重印于 *Philosophical Studies*, 1922。）

如母鸡下蛋,是如何与我们关于它们的知觉(感觉材料)相关联的。不过,他思维的这些方面眼下并不与我们相关。

真理问题和意义问题之间的区分,对于理解不仅为摩尔哲学而且为整个分析哲学所特有的东西是至关重要的。分析在哲学中所设定的任务就是阐明语句(陈述)的意义。不过,即使被分析的陈述的真或假并不是不确定的,人们仍然有权去问他对它们的分析是否正确。是什么东西决定这一点?分析的本性和分析结果的正确性就是一个哲学问题。我并不知道它的解决方案,在本文中我本人也不打算去探究这个问题。①

5

罗素和摩尔都强调他们哲学的"分析"性质。② 罗素似乎是第一个把逻辑分析说成一种"方法"的人。③ 在他后期的一本自传中,他写道:"自从我抛弃康德和黑格尔的哲学以来,我一直寻求通过分析去解决哲学问题;并且我仍然相信,唯有凭借分析才能取得进步。"④ 他说,由此达到的进步"与伽利略(Galileo Galilei)在物理学中所引发的进步属于同一类型"⑤。

不过,罗素并没有过多地论及新方法的本性和特点。他对这方面的问题并没有什么贡献。摩尔更多地意识到这里的问题所在。⑥ 但是他关于它们所必须说出的话语并不是非常透彻的。他的著名例子"兄弟是男性同胞"很好地说明了分析,即把一个概念剖析为它的各个构成要素,但这完全缺乏哲学意味。

在已提到的魏斯曼所写的那篇论文中,我们读到:"分析意味着分解和拆卸。'逻辑分析'由此看来意味着:把一个思想拆分成它的终极逻辑构成要素。并且这里我们全都太容易想到来自其他领域的类比:正像物理学家透过光栅分解白光、化学家分析一种材料一样,人们大致也可以这样去设想哲学家的事情,

---

① 在我的"思想自传"中,我已努力这样去做。见 von Wright 1989, pp. 42-54。但我很不满意我在这个问题上寻求清晰性的尝试。

② 这种说法对于他们年轻的同时代人弗朗克·拉姆塞也成立,其证据见 Ramsey 1991 中的大量段落。

③ 参看 Russell, 1914, p. 7 以及其他各处。

④ Russell, 1959, p. 14.

⑤ Russell, 1914, p. 14.

⑥ 参看两篇论文《什么是分析?》和《分析的辨明》,见 Moore 1966。

他的任务就是揭示思想的结构，显示它的逻辑构造"。罗素著名的限定摹状词理论经常被引证为哲学上有分析意义的范例。① 让我们在这里打量一下这一理论。

众所周知，根据罗素的理论，语句"司各特是《威弗利》的作者"的意思与"存在一个 x 使得 x 是《威弗利》的作者，并且对所有的 y 而言，如果 y 是《威弗利》的作者，则 y 等于司各特。"

从这里我们能够学到一些什么呢？首先，一个具有简单的主谓语法形式的语句能够具有复杂得多的逻辑形式，一个语句的语法构造并不必然反映它的逻辑结构。其次，逻辑上重要的概念可能暗含在一个语句中，而不作为该语句的词语出现。于是在语句"司各特是《威弗利》的作者"中隐藏着存在（"有"）、全称（"所有"）、条件性（"如果—则"）以及同一等概念。分析使这些隐含的构成要素显现出来。

我们这里对罗素的理论打算去解决的那些哲学问题不感兴趣，也对他所建议的分析是否正确这个问题不感兴趣。关于这同一论题存在着相互竞争的理论。我们这里对罗素的分析感兴趣，仅因为它是一个给人留下极深印象的例子，它说明了什么是一给定语言表达式的逻辑语法。作为这样一个范例，它还极深地影响了那位哲学家②，在使罗素和摩尔所代表的新的哲学方式成为一场世界范围的运动方面，他比其他任何人都做出了更多的贡献。

6

没有人能够否认，维特根斯坦同时作为《逻辑哲学论》和《哲学研究》的作者，对于分析哲学的发展具有决定性的重要性。至于是否能把维特根斯坦本人正确地称为分析哲学家，这几乎是另一个问题。人们可以这样谈到《哲学研究》：对于典型的"分析"探究来说，它的精神是陌生的甚至是带有敌意的。相反，《逻辑哲学论》在某种程度上可以被看作是分析哲学思潮的极品，特别是按这一思潮在罗素那里获得的、后来由维也纳学派成员进一步发展了的形式。后期维特根斯坦表现出与摩尔的某些相似点。

我以为，维特根斯坦的《逻辑哲学论》的基本问题是这样的：语言记号如何能与世界处于意义关系之中？或更简短地说，语言是如何可能的？答案是维

---

① Ramsey，1931，p. 263："——哲学的范例，罗素的摹状词理论"。
② 即维特根斯坦。——译者注

特根斯坦把语言看作实在的图像的观点。维特根斯坦所谓的基本语句由名称组成，名称代表着世界中的事物，语句中名称的相互关系描画着那些事物在一可能事态中的相互关系或排列组合。基本语句之外的所有有意义语句都是基本语句的所谓真值函项。

事物是这个世界的实体。事物在事态中的可能关系和名称在有意义语句中的可能关系构成世界的逻辑形式，即本质。于是语言的本质和世界的本质是同样的。

维特根斯坦的观点预设了对于一语言的语句的双重分析。首先，人们必须能够把基本语句分析、分解为名称，名称在语句中的连接对应于事物在世界中的排列。其次，人们必须能够用基本语句的真值函项的形式展示所有其他的有意义语句。

在《逻辑哲学论》发表前后，罗素在著述中对语言以及世界的逻辑表达了类似的观点。他还为自己的观点铸造了一个生动的名称：逻辑原子主义。逻辑原子主义的看法是许多冠以分析哲学之名的学说所特有的。人们甚至可以把它看作是本质性地属于这种思维类型的。这并不衍推接受语言的图像理论，后者对后来的发展发生了相对小的影响。①

在《逻辑哲学论》中维特根斯坦的语言哲学的特点在于，人们不能给出基本语句和名称的例证，因此也不能给出世界中事物的例证。这一特征是与这部深刻的"形而上学"著作的其他特征相关联的。不仅逻辑形式经常为语言表面的语法形式所掩盖，如罗素的摹状词理论所表明的。在原则上还不可能在语言本身内描述这种形式。维特根斯坦的理想语言因此被恰当地叫作"绝不—绝不—语言"（never-never language）。② 语言逻辑的"晶体结构"在有意义言语中显示自身，但不能说它具有这种或那种形式。

维特根斯坦在他的书的前言中说，哲学问题源自"误解我们的语言的逻辑"。当人们清楚地把握了这种逻辑，如同它在语言的有意义使用中显示自身，哲学问题就会消失，哲学问题于是都是伪问题。它们不能被解决——只能被消解。在哲学中，人们不能提出他们可以用论证来支持或反对的论题，例如，存在一个外部世界，严格说来就不是一种人们能试图用唯物主义论证来捍卫或者

---

① 一个例外是芬兰哲学家司滕纽斯（Erik Stenius），他用有意思的论证捍卫了语言的图画论的某个版本。参看 Stenius 1960。

② Black 1964, p.11. 布莱克还把它叫作"逃避—语言"（lingua abscondita），同上。

用唯心主义论证来反对的立场。

7

《逻辑哲学论》的作者认为，他已经一劳永逸地处置了哲学问题。在完成他的书之后，他抽身隐退于理智的孤独。从哲学角度说，剑桥是该书藏身的地方。要不是该书落入莫里兹·石里克（Moritz Schlick）和他在维也纳的某些同事之手，这种情形也许会持续更长得多的时间。

1922 年，石里克应邀从基尔（Kiel）来担任一度为恩斯特·马赫（Ernst Mach）所占据的维也纳大学哲学教授席位。在石里克周围很快聚集了一批人。到 20 世纪 20 年代末，他们发表了名为《科学的世界观——维也纳学派》的宣言，从而成为一个为更大范围的公众所知道的学派。该学派的成员并不是"纯粹"哲学家，而是全都一直在某一个特殊的学科领域内工作。① 他们在哲学中共同持有一种基于科学的反形而上学态度。在这方面他们在欧洲并不是独一无二的。在布拉格、莱姆堡（Lemberg）、华沙以及中欧的其他大学城镇，包括柏林，也存在着具有类似的科学—哲学倾向的学派，并且在学派之间还有活跃的相互接触。

在他们反对唯心主义的战斗中，剑桥分析家们把他们自身看作是世纪之交哲学中其他新实在论思潮的同盟军。另外，维也纳学派的成员则把自身看作是 19 世纪实证主义（特别是它在马赫那里获得的，因而是其感染上观念论而不是实在论的形式）的追随者和继承人，特别是在其初创时期，该学派的哲学立场可以被刻画为实证主义加上由新逻辑创造的工具。这两者的结合也反映在"逻辑实证主义"这一名称中，它成为这一运动的标签，特别是在英语世界中。这一名称并不是该学派本身的发明。它似乎起源于在斯堪的那维亚出版的两本书：埃诺·凯拉（Eino Kaila）的《逻辑新实证主义》（1930）和佩策尔（Ake Petzall）的《逻辑实证主义》（1931）。

分析哲学的剑桥变种有双重的根源，一是源于摩尔，二是源于罗素。人们能够从起源于维也纳的那个运动中识别出类似的二元论，该运动有两个最杰出的代表人物——石里克和卡尔纳普（Rudolf Carnap），后者在许多方面都是罗素工作的追随者和继任人，他本人必定已非常清楚地意识到这一点。石里克则更

---

① *Wissenschaftliche Weltauffassung*, p. 13.

近似于摩尔，但他首先是受到了维特根斯坦的影响，他称维特根斯坦是"逻辑领域内所有时代最伟大的天才"①。他这样谈到《逻辑哲学论》：他坚定地确信，它是迄今为止我们时代在哲学方面最重要的著作。他补充说，"我坚定地确信，这本书是我们时代最有意义的哲学著作——就真实性而言，难以估量这些观念的范围：任何经理解之后真正采纳这些观念的人，从哲学角度说，必定因此是一个变化了的人。这些新的洞见对于哲学的命运绝对是关键性的"②。

石里克从维特根斯坦那里接受的，首先是把哲学看作活动的观点，活动的目的在于使句子的意义清晰。在《认识》创刊号上他的开篇论文《哲学的转折点》中，石里克写道："哲学阐释命题，科学证实它们。在科学中我们关注命题的真，在哲学中我们关注它们实际上意味着什么。"③ 把真理问题与意义问题区分开来，这一区分也标志着科学和哲学之间的区分，这与魏斯曼所做的区分是同样的。后者在他发表于第二次世界大战前夕的论文中表达了这一区分，当时维也纳学派已不再存在，其成员也随风四散了。这些区分直接起源于维特根斯坦，但人们也可以在其中识别出摩尔声音的遥远回响。

当哲学使问题消失不见时，哲学活动就达到了它的终点。与各门科学不同，既然哲学没有它自己独有的题材，它的问题的消失就意味着它本身的消失。于是，由石里克在他的论文中所宣布的哲学的转折就是哲学的终结。石里克本人用许多话语说出了这一点。他的论文中经常被引用的结论性句子是这样的："到那时，将不再需要谈论'哲学问题'，既然所有的问题都将被哲学地处理，即是说，用一种清晰而有意义的方式来处理。"④ 卡尔纳普也一度认为，传统意义上的哲学正在走向终结，它的位置将由"科学的逻辑"来取代，他指出，后者与"科学语言的逻辑句法"是一回事。⑤ 但与石里克和维特根斯坦更为一致的是，他还曾指出，哲学不是一个体系或理论，而是一种方法，这种方法就是逻辑分析。⑥ 它给我们产生一些句子，后者谈论那些作为分析对象的句子。前者属于元语言，后者属于对象语言。元语言规定对象语言的句子要有意义的话就不得不

---

① 根据凯拉与笔者的口头交谈。
② 见 Waismann 1976（去世后出版）一书的序言，pp. 20f。也见 Schlick 1979，p. 136。
③ Schlick 1929，p. 8. 英译见 Schlick 1979，p. 157。
④ Schlick 1929，p. 11. 英译见 Schlick 1979，p. 160。
⑤ Carnap 1934, pp. iii-iv："哲学可以用科学的逻辑来代替，科学的逻辑只不过是科学的逻辑句法。"
⑥ Carnap 1931，p. 237.

遵守的规则。卡尔纳普因此与维特根斯坦在《逻辑哲学论》中的下述立场拉开了距离：人们不能有意义地谈论语言。他接受了罗素在给维特根斯坦的书所写的序言中尝试性赞成的一种观点，即存在语言的逻辑分层。这一见解也与希尔伯特（David Hilbert）所做出的数学和元数学的区分相关。语言—元语言的区分在分析运动中可以称为逻辑构造主义的一支那里发挥了重要作用，这一支区别于另一支，更适合后者的是"逻辑分析的"这个词。逻辑构造主义（在逻辑本身之外）的萌芽可以在罗素的几本著作中找到，其中有《心的分析》和《物的分析》。在前一本书中，他偶尔非常接近于马赫和逻辑实证主义的立场。构造主义早期的高峰是卡尔纳普的《世界的逻辑构造》，它出版于1928年。使我感到奇怪的是，这部十分优秀的著作对哲学后来的发展并没有产生太多的影响。[1]

借用卡尔纳普的说法[2]，分析方法的"否定的使用"是用来摧毁形而上学并把它从哲学中驱逐出去。这种十字军东征式的讨伐行动是该运动的逻辑实证主义阶段最典型的特色，并且按它的代表人物的意见，在当时哲学的一般情形之下，这种行动具有特别的重要性和紧迫性。[3] 热情随着时间的推移而冷却下来。仍可称为分析哲学支脉的某些后来的发展，甚至已进展到支持极其思辨，因而在这种意义上具有"形而上学"特征的见解。我将在后面回到这个话题。

随着纳粹的兴起和第二次世界大战的爆发，维也纳学派以及中欧的具有逻辑—分析趋向的相关学派迅速而残忍地走向终结。由于宣扬"进步的现代"精神，这种哲学被选作迫害的靶子。幸运的是，它在奥地利、德国、波兰的相当大一批信奉者在盎格鲁-撒克逊地区找到了避难所。随着时间的推移，他们逐渐在其主人国家的哲学生活中扮演着重要角色。我发现，分析哲学在战后回到欧洲大陆的进展是惊人的迟缓。在德国，一个奥地利人沃尔夫冈·施太格缪勒（Wolfgang Stegmuller）为之付出了很大的努力，在他的祖国，维也纳学派的遗产在相当长的时间内似乎绝灭了。

在它被驱逐和返回的那段时间内，分析运动本身已经经历了很大的改变。

---

[1] 最接近于卡尔纳普在《世界的逻辑构造》中的工作，也许要算 Nelson Goodman 1951。对有关实在的逻辑构造的那些问题，凯拉进行了相当不同于卡尔纳普的探索。参看我的论文《埃诺·凯拉的一元论》（1990）。

[2] Carnap 1931, p. 238.

[3] 同上，"在当前的历史情景之下是必需的和重要的"。

8

在维也纳学派发表它的宣言的同一年，维特根斯坦回到了剑桥。在20世纪30年代，他在这里发展了一种"新哲学"，我不打算描述它。我们感兴趣的是它对分析运动的影响。

后期维特根斯坦的思维方式与罗素的有根本性区别。这两个人之间的个人关系也冷淡下来。在第二次世界大战之后的那段时期内，罗素把维特根斯坦的发展看作一种堕落，把他的影响视为哲学方面的危险。

维也纳学派的《科学的世界观》总是不合口味且令维特根斯坦讨厌。但他也通过他的《逻辑哲学论》极大地强化了这同一种精神。在他开始作为哲学家的新生涯之际，他的思考就其主题而言，是与在维也纳正在进行的工作密切相关的。[1] 详细阐明这些细节，对于哲学思想史家来说是一个诱人的任务。维特根斯坦在其所谓的"中期"的大部分著述仍有待发表。

维也纳学派和20世纪30年代早期的维特根斯坦尽管在精神上不一致，但在气质上两者仍有值得注意的类似。根据摩尔的一个说明（当时他出席了维特根斯坦的许多讲演），维特根斯坦急于强调他的方法的创新所在。他说，它将在哲学中引起一场革命，这场革命可以与伽利略在物理学中引起的革命或由于抛弃前科学的炼金术在化学中所引起的革命相比拟。[2] 已经达到思想史上的一个转折点的类似感觉，也是由维特根斯坦引起的第二次剧变的特色。它以"日常语言哲学"而著称，由这场新运动的倡导者们所撰写的一本小册子题为《哲学中的革命》，在某些方面它确实可以与约25年前维也纳学派的宣言相比拟。

虽然这第二次革命是由来自剑桥的火花点燃的，但它在牛津才成为一场大火。我本人可以清晰地回忆起这一点。战前我曾短暂地访问过牛津，当时唯心主义传统在那里仍很强大。我第一次见到了阿尔弗里德·艾耶尔（Alfred Ayer），他在那里看起来像一只不为人熟悉的当地鸟。维特根斯坦近似于神秘人物。罗素和摩尔在牛津只有很小的影响。当我8年后回到这个地方时，我所面对的是一种完全变化了的情形。维特根斯坦的名字挂在每一个人的嘴上。不过，不是作为《逻辑哲学论》的作者，而是作为《蓝皮书和棕皮书》的作者，并且作为

---

[1] 关于这一点，参看 Wittgenstein 1967。
[2] Moore 1954—1955, p. 322.（参看 Moore 1959。）

一个有影响的教师。一些有特殊地位的人出席他在剑桥的讲演。

对于这种氛围的变化，比任何其他人都做出更多贡献的牛津哲学家毫无疑问是吉尔伯特·赖尔（Gilbert Ryle）。艾耶尔的《语言、真理和逻辑》一书，也许是曾经写过的对于哲学中的逻辑实证主义和经验论运动的最好的半通俗阐述，它在战前已出版一些年，但据我判断，它在剑桥的影响一直不是很强。战后，艾耶尔移居伦敦。

如"日常语言哲学"这个名称所表明的，分析思维的新变种并不过多地诉诸逻辑或科学的哲学。在这方面，它与罗素和逻辑实证主义者所代表的思想类型明显不同。它更多地近似于剑桥分析学派的第二位创始人摩尔的思想方式。①像摩尔一样，牛津分析家们感兴趣的是语言表达式在其日常用法中的表层结构，而不是去用逻辑工具把数学和科学思维的深层结构"形式化"。

如此关注日常语言，这在哲学上怎么可能是重要的甚至是有意思的呢？新运动的批评者否认哲学能够这样发展，并嘲弄新思潮的主张将导致哲学的完全平庸化。罗素就是这样一位批评者。

事实上，回击不相干的指责并不是轻而易举的事情。人们也许可以这样回答：为了具有哲学意味，对日常语言的关注必须旨在解决某些已公认的构成哲学问题的难题和谜团。这一条件明显为吉尔伯特·赖尔的理应著名和有影响的著作《心的概念》所满足。若要说的话，它的题材是"哲学的"，它处理心智现象的本性，并批评他所谓的关于"机器中的幽灵"的笛卡儿神话。探讨该问题的新方法或方式在该书前言中描述如下："构成本书的哲学论证并不打算增加我们关于心灵的知识，而是要校正我们所具有的知识的逻辑地图。"哲学的任务不是去发现新的真理，而是要阐明（旧的）意义。

也许对于后代来说，哲学家约翰·朗格肖·奥斯汀（John Langshaw Austin）会作为战后牛津哲学最具原创性的代表人物突显出来。在他那里，情形是更为复杂的。他于1960年去世时还相当年轻。我愿把他称为这种新形式的经院哲学的精妙博士，若对细节做必要的修正，则可以把他与6个半世纪以前的另一位牛津哲学家②相比拟。在探察语言用法的概念阴影方面，奥斯汀是罕与其匹的大师——我想说，在这一技巧方面他甚至胜过维特根斯坦。不过，在奥斯汀那里，

---

① 当然也有差别。也许人们可以说，他可能在那里发挥的影响被维特根斯坦在牛津的思想氛围中所激起的狂热所遮蔽了。

② 指邓斯·司各脱。——译者注

他对语言的概念观察是否总是与哲学相关，这一点并不总是清楚的。奥斯汀本人把他的分析活动说成是语言现象学的开端。这本身不是哲学，却是哲学的许多副产品之一，是"一门真正的、综合性的语言科学"①。它的起源类似于许多其他科学的起源，如 17 世纪的物理学或 19 世纪的心理学和社会学。在他那篇富有特色且有巧妙措辞的标题的论文《假如和能够》（"Ifs and Cans"）中，奥斯汀写道："于是，凭借我们能够摆脱哲学的唯一途径，即把它踢到楼梯上去，我们将使我们自身从哲学的又一个部分中脱身出来（仍将有足够部分的哲学留下来）。"②——人们应该把这些话语与石里克关于哲学转折点的那篇论文的结束语相比较。

9

从 20 世纪 40 年代晚期到 60 年代早期，日常语言哲学在牛津繁盛一时。奥斯汀不适时的去世确实对它的衰落起了作用。具有重要性的还有恩斯特·捷勒（Ernest Geller）尖刻的、部分是极端不公正的批评。③ 但是，在这种哲学已失去其活力很久之后，牛津仍然是来自世界各地的哲学家们朝圣的麦加，他们前来的目的是使自身熟悉这一新型的分析哲学，后者归根结底起源于后期维特根斯坦。

独立于牛津，这种哲学也开始侵入美国。由于麦克思·布莱克特别是诺曼·马尔康姆（Norman Malcolm）的努力，康奈尔大学成为维特根斯坦哲学中心，其影响迅速传遍整个美洲大陆。两位哲学家在战前都在剑桥学习过。马尔康姆也许比其他任何人都更好地以一种对哲学做出原创性贡献的方式，继承了来自维特根斯坦和摩尔两人的综合性影响。

与此同时，属于逻辑实证主义和经验论变种的分析哲学也在美国扎下根来。来自中欧的哲学家和逻辑学家在这个过程中做出了并非无意义的贡献，他们逃脱了在他们的祖国可能会受到的肉体和精神的蹂躏。在这里只要提到少数几个最杰出的名字就足够了：鲁道夫·卡尔纳普、汉斯·赖欣巴赫（Hans Reichenbach）、卡尔·古斯塔夫·亨普尔（Carl Gustav Hempel）、古斯塔夫·伯格曼（Gustav Bergmann）、赫尔伯特·费格尔（Herbert Feigl）、克尔特·哥德尔

---

① Austin 1956, p. 132.
② Austin 1956, p. 132.
③ Gellner 1959. 罗素为这本书写有导言。

(Kurt Gödel), 以及阿尔弗雷德·塔斯基 (Alfred Tarski)。不过, 在美国已经存在一种土生土长的传统, 它类似于由罗素和逻辑经验论者所代表的分析传统, 其中心是哈佛, 它的两位领袖人物是刘易斯 (C. I. Lewis) 和比他年轻25岁的威拉德·范·奥曼·蒯因 (Willard Van Orman Quine), 两人都与哈佛的美国实用主义传统相关联。威廉·詹姆斯 (William James) 和查尔斯·皮尔士 (Charles Peirce) 是实用主义的两位经典大师。实际上, 皮尔士可以被看作是分析哲学的另一位创始人——与罗素、摩尔和处于他们的背景中的人物弗雷格相并列。皮尔士的影响仍在增长中。

当巡览分析哲学的当代状况时, 有两件事情十分显眼。

一件是这样的: 尽管该运动绝不只是活跃在说英语的国家, 它已成为一场世界性的运动, 但它仍然是与盎格鲁-美利坚文化的影响相关联的。该运动的第一次浪潮, 其发源地是在中欧。它在其发展过程中受到了外力的干预。如已表明的, 为了在欧洲大陆重新确立自身, 其所花时间之长令人吃惊。对此的解释可以从下述事实看出, 即存在着更适合生存在德国和法国的哲学传统, 如黑格尔主义和现象学。另一个起作用的原因可能是这一事实, 即无论从地理上还是从精神上, 大陆的分析运动都是"边缘性的"。直到最近为止, 它原初的大部分影响范围都处在马克思列宁主义的压力之下。现在, 当这一插曲已经结束时, 也许可以合理地预期, 在那些分享该运动早期历史的国家中, 哲学中的分析思维会得到复兴。这将与他们的寻"根"和追求"民族同一性"的探索相一致。

当重新审视今天的分析哲学时, 触动我们的第二件事是它的令人迷惑的异质性。什么是今天的"分析哲学"? 一位细心和有影响的观察者理查德·罗蒂, 在他著名的《哲学和自然之镜》中写道: "我认为, 不再存在任何可称之为'分析哲学'的东西。"[1] 他把这一点与下述事实关联起来: 称自身为"分析的"哲学在许多情景下已获得一种哲学建制的地位。[2] 从此该运动失去了它先前具有的革命调子。它不再是一种向偏见和迷信宣战的哲学——如逻辑实证主义一度

---

[1] Rorty 1980, p. 172.

[2] 同上。我注意到,"分析哲学"这个名称, 就我所知的而言, 在该运动的历史上相当晚的时期才开始流行。它逐渐取代了"逻辑实证主义"这一标签, 后者在已变得陈腐之后还残存了很长一段时间。我认为, 术语上的这一改变明显应归功于阿瑟·帕普 (Arthur Pap) 的工作 (1949和1955)。早期剑桥分析家和维也纳学派的成员坚持认为他们的方法是 (逻辑和概念) 分析。但是他们并没有使用"分析哲学"一词去表示他们的新型的思维方式。可以说这一 (新) 名称反映了在该运动内部开始出现的调和倾向。

所自视的那样。在某种程度上，它本身已变成一具木偶，陶醉在自我满足之中，因而需要新的反偶像崇拜者与之斗争。

我将试图更清楚一点地展示这副相当令人迷惑的图景。

10

"我认为，逻辑对于哲学来说是基础性的"①，罗素在他 20 年代所写的自传片段中写道。罗素在逻辑的再生和发展方面所做的贡献是划时代的。在维也纳学派的成员中，卡尔纳普对逻辑做出很大贡献——更别说哥德尔了，他也可以被视为一半属于该学派。

逻辑是分析哲学的一个部门吗？这样说确实是不正确的。从根本上说，逻辑还应该看作是属于哲学的吗？这并不是一个无根据的问题。新的"精确"逻辑的主要源泉之一是探究数学的基础，在经历了几十年的"哲学湍流"之后，现在它又试图重归它的数学本源。这可以看作是哲学的一个部分如何变成为一门科学的另一个例证——哲学被踢到了楼梯上的另一层。

即使不能把逻辑看作是哲学的一个分支，但把分析哲学家们的活动称之为逻辑的研究仍是正确的。我所理解的哲学逻辑，是指对逻辑本身所特有的概念的分析，以及应用形式逻辑工具去厘清通常吸引哲学家们注意的那些概念谜团。

在罗素的《逻辑原子论》一文中，他已指出，对心灵、物质、意识、知识、经验、因果性、意志和时间之类的概念的分析属于哲学最重要的任务之列。② 这些概念并不只是科学的概念，它们在日常的话语与思维中也起作用。对它们的刻画并不必然地需要涉及使用符号逻辑的"形式化"。不过，形式方法已证明对于完成这个任务是非常有用的。这一说法对于分析与人类行动、规范和价值评价相关的概念结构来说同样是成立的。在哲学逻辑的这些用法中，我本人看到了仍然配得上"分析哲学"这个名称的核心部分。可以说它继承和结合了剑桥分析学派、维也纳学派和战后日常语言哲学这三个传统。

尽管它具有综合性质，哲学逻辑并不宣称只有它继承了分析哲学的传统。该运动还有其他值得注意的变种，随着时间的推移它们已具有了各种各样的特性。

---

① Russell 1924，p. 359.
② Russell 1924，pp. 379f.

11

分析哲学的第二个分支冠之以"科学哲学"这一名称，它与我所谓的"哲学逻辑"相关，有时又与之明显地融合在一起。其根源可以追溯到罗素、逻辑实证主义者和青年维特根斯坦——但也可追溯到哲学中各种各样更早的有科学趋向的传统和思潮。维也纳学派和战前中欧有关的团体共同感兴趣的科学是数学和物理学。大约在19、20世纪之交，在这些科学中出现了惊人的进步，但也出现了迷惑哲学家也同样迷惑科学家的问题。在某种程度上这些问题仍待解决。但与此同时，其他科学由于取得惊人的新进展，也成为注意的中心，并且向经典的反思发出挑战，例如，这一说法对于生命科学就是成立的。进而言之，新科学迅速出现并且十分引人注目，属于此列的有计算机科学、理论语言学、大脑研究和认知研究等。由于与逻辑和传统的心智哲学的关联，其中许多学科携带着沉重的哲学负担。

这里应该注意当代科学哲学的两个特征：第一个特征是形式逻辑手段不足以用来厘清为所有那些科学共有的某些关键性概念。（这就是我为什么希望区分科学哲学和哲学逻辑的原因。）例证就是自然律和科学解释的观念。在分析哲学早期，人们认为使用全称蕴涵式的观念能够把自然律"形式化"，使用假说演绎的覆盖律模型能够把科学解释"形式化"。这些简单化的图式很长时间以来已证明是不充分的。对实际的科学实践逻辑的值得信任的说明将不得不注意到各种各样语境的和实用的制约因素，而它们内在的是不能被形式化的。这对于科学假说的确证标准和理论变化的历时现象〔在库恩（Thomas Kuhn）、斯尼德（J. D. Sneed）和施太格缪勒的意义上〕也很好地成立。

抛弃形式化方法和密切关注科学实践，使人们疑惑由此获得的洞见在何种程度上具有哲学意义，而答案依赖于术语的选择。在德语中 Wissenschaftstheorie（科学论）已流行开来，它与 Wissenschaftsphilosophie（科学哲学）具有不同的内涵。在英语中处于"科学哲学"名下的许多东西，我倾向于认为它们属于一门独立的"科学或科学论"，而不是属于哲学——无论是分析型的还是更传统型的哲学。

我希望在此提到的有科学趋向的哲学的第二个特征与第一个是相当不同的。我正想到的是寻找深层结构以便解释或合理地显示表层结构的倾向，这种倾向在维特根斯坦的《逻辑哲学论》中达到了一个早期的高峰。人们能够在乔姆斯基（N. Chomsky）的"笛卡儿语言学"中看到它的复苏，后者为理解儿童的语言能力获得的缘故而设定了先天的语法结构。在此后的语言哲学中，部分地受乔姆斯基的启发，这一观念又以设定为心智的先天普遍语言（亦称"精神论语言"）的形式出现，为了解释人们最初如何能够学会自然语言，就不得不预设这种语言。①"为了能够学会说话，儿童必须有一个语言"，如同人们有意所为那样。但是，这种"原初的"语言就像维特根斯坦的理想语言（其中名称的连接与事物的连接处于同构关系之中）一样，确实是一种"绝不—绝不—构造"，是一种逃避经验检验的先验要求。

关于其他心智功能例如知觉、记忆和思维的类似的观念，在当代心智哲学中一直很流行。根据维特根斯坦使他自己早期揭示思想和语言的先天预设的努力所隶属的那种摧毁性批评，我发现这种"重归思辨"是令人吃惊的，甚至是值得担忧的。人们有时获得这样的印象：那种给自己提出要"通过对语言的逻辑分析来摧毁形而上学"的任务的哲学，在它的某些晚近分支那里，已变成也许是在值得认真对待的所有当代牌号的哲学中最具形而上学和思辨色彩的。

12

除了哲学逻辑和科学哲学或科学论之外，还应该提到当代思想中的这样一些思潮，即使不为别的原因，仅因为它们的历史起源，也应该把它们视为分析哲学的变种。当谈到哲学中的"实用主义转向"时，人们有时是指这样一些思潮。我们已经注意到，实用主义已经成为与分析哲学的剑桥学派和维也纳学派并列的美国学派。当代的"实用主义转向"可以再一次被刻画为来自皮尔士和后期维特根斯坦的影响的混合物。主要的起连接作用的力量是1960年发表《语词和对象》之后的后期蒯因。年轻的蒯因已经在数理逻辑和哲学逻辑方面做出了重要贡献。在我看来，他是当代哲学家中最伟大的一位。

在哲学逻辑和科学论的情形下，人们有时疑惑是否仍应把实用主义思潮视为哲学。随着语言哲学和心智哲学中新的实用主义转向，较少地诱使人们去提出同样的问题。分析哲学内部的实用主义思潮（如果允许人们用这个标签去表

---

① 参看 Fodor 1975。

示一堆混杂现象的话），毫无疑问是哲学。不过，值得考问的是，这种哲学是否能被正确地刻画为分析的。

"分析"意味着分解，把一个总体或整体拆分为相互孤立的部分。有一种观点经常被称为部分论（meristic），来自希腊词 μεροζ，意味着部分。根据这种观点，整体的特性不得不根据它的部分的特性来解释。另一种观点叫作整体论（holistic），来自希腊词 ολοζ，它解释部分的特性和功能时要涉及部分所在的整体。罗素和早期维特根斯坦是典型的部分论哲学。如经常所注意到的，维特根斯坦后期的哲学在品性上明显是整体论的。它并不在不能进一步分析的概念"原子"中寻找知识或思想的基础，也不寻求对所有真实信念的终极证实。语言的可能性不需要得到解释，必须把语言用法和由这种用法产生的"疑难"描述为"人的自然史"所特有的生活形式的特性。针对哲学事业的这种变化了的背景，维特根斯坦把哲学看作活动而不是看作学说的观点，在我看来，也变得更可理解了。

对哲学问题的整体论探索鼓励在一般意义上可以称之为相对主义的观点。在老一代分析哲学家看来分明而无歧义的概念区别，现在则显得模糊或成为可质疑的了。一个恰当的例子就是蒯因在一篇很久以前所写的有影响的论文中质疑分析—综合的区别。① 通向相对主义道路的更进一步的步骤是蒯因的翻译不确定性论题以及各种各样关于语言表达式的指称依赖语境的观点。这对真理概念也产生了后果。符合论自古以来就是实在论哲学家的教义，在许多人看来塔斯基的语义理论赋予它以新的精确性的尊严。它已开始把地盘丢给真理融贯论的复活形式，后者传统上是与观念论哲学相联系的。② 罗素和摩尔对唯心主义的拒斥，曾标志着哲学中分析运动的开端，已不再是公认的值得信赖的对象。唯心主义的长处和短处再一次成为哲学论辩的主题。

只要人们坚持存在着客观的实在这一观点，意见的分歧就有希望通过进一步接近真理而最终得到协调。如果人们认为意见从概念上说可能是不可比较的，情形就是另一种样子。于是互相冲突的真断言不必与同一个实在相关联。这种类型的相对性在当代文化人类学中已经引起了活跃的论战。"理解陌生的文化"已经成为一个哲学问题——与此一道的还有合理性概念。③ 在对部分地是旧的问

---

① Quine 1953.
② 参看例如 Rescher 1973。
③ 参看参考文献中所列的著作《合理性和相对主义》和《文化相对论和哲学》。

题的新探索后面，人们几乎总是能够识别出后期维特根斯坦的多重影响，但是在这些领域人们与可称为"分析哲学"的任何东西相距甚远。

13

本文前面四节所说的话语旨在揭示分析运动的"认同危机"。今天应该把什么看作分析哲学这个问题并不是容易回答的。在许多情形下，或者与剑桥学派或者与维也纳学派的遗传学关联是可以遵循的唯一标准。

自30年前以来，在分析传统中训练有素的哲学家就哲学史方面的题材所写的论著有数量惊人的增长。首先，这一趋势关注着像亚里士多德、笛卡儿、康德和18世纪的英国经验论者这样的个别哲学家的思想和论证，而这些哲学家可以看作是分析哲学的遥远祖先。这一点也可以从下面一点中看出来：对从安瑟伦（Anselm）到威廉·奥卡姆（William Ockham）的中世纪经院传统的兴趣，在具有哲学头脑的逻辑学家那里得到明显复苏。这种在哲学的逻辑—分析潮流中所发展的工具，对于深入理解该主题的历史已证明是一个强有力的工具。与此同时，人们能从这种"回溯转向"中看出征服处女地的热情的疲惫与衰减，而当时它曾使"新哲学"的倡导者们生机勃勃。不再有激情去使传统哲学不令人满意的状况走向终结了——如罗素在1914年所说的那样。相反人们可以谈论对于哲学的伟大过去的敬畏情感的复苏。

当代全球文明令人迷惑和充满讽刺意味的图景也使得难以在本概述中区分肯定不是"分析的"思想潮流。不过，为了比较的缘故，我将挑出两种哲学趋向，在我看来，它们在特征上代表着与我所理解的"分析哲学"不同甚至是相对立的精神。这两者是相互关联的，更有甚者，它们也与晚近的人们通常分类为"分析的"思想潮流相关联。

第一个是诠释学哲学。"诠释学"意味着对意义的解释、理解。我们把指向或意谓某物的现象称为意向性的。所有人类文化的产物和表达都属于它们——相反，自然中的事物和事件本身并不意谓任何东西。

意向性现象和非意向性现象之间的区别对应于科学中相应的区别。在德语中人们用Geisteswissenschaften和Naturwissenschaften这两个词去指称这一区别。前一个词是很难翻译的。"人的科学"和"人文科学"似乎太宽，"文化科学"（Kulturwissenschaften）更接近一些。强调这两类科学性质上的区别是与统一科学的观念直接相反的，后者为逻辑实证主义者所极力强调，并且看起来仍为有科学趋向的分析哲学家所拥护。科学观方面的差异归根结底反映着一般哲学倾向方面的不同。当代哲学中诠释学运动可以看作是里柯特（H. Rickert）和文德尔班（W. Windelband）的伯格登学派的新康德主义的复兴，但首先是狄尔泰（W. Dilthey）所持有的立场的复兴。诠释学最著名的现代提倡者伽达默尔（Hans-Georg Gadamer）赋予它以新的形象，他的影响在盎格鲁-撒克逊和拉丁国家也可以注意到。不过，随着诠释学融入新的环境中，这一思潮已失去了它的某些原有特征。谁应被视为"分析家"，谁应被视为"诠释学家"，这一点并不总是清楚的。① 这种说法适用于例如我与之有密切关系的那一群哲学家，他们经常被称为"新维特根斯坦主义者"。其中应被提到的是查尔斯·泰勒（Charles Taylor）和彼得·温奇（Peter Wich）。

诠释学是整体主义型的哲学。不过，诠释学家的整体论不同于像蒯因或塞拉斯（W. Sellars）或戴维森（D. Davidson）这样的具有实用主义趋向的哲学家的整体论。前者的哲学打上了人文主义的烙印，后者的哲学则有自然主义的胎记。

诠释学哲学试图把人理解为文化的存在物，理解为社会—历史的造物。它与另一种哲学共享这一目标，后者旨在通过哲学的反思提高人的自我意识，并因此批判性地审视人赖以生存的社会环境。这种"价值相关的"哲学的经典例证当然是马克思主义。人们可以把法兰克福学派的批判理论视为它的嫡传子孙。其最活跃的代表人物是哈贝马斯（Jurgen Habermas），他的哲学批判了为西方工业社会所特有的文明及其对世界其他部分的影响，这种文明的基调就是相信能够通过科学和技术而获得进步。分析哲学从一开始就主张并强烈地肯定这种"现代精神"，整体说来，它仍然具有这一信念。由于这一点，它还被指责为对一种确定的社会政治秩序的巩固起了作用，而这并不是完全不公正的。这种指责并不与下述事实相矛盾，即分析哲学的典型的代表人物作为个体，一直从事

---

① 在 von Wright 1971 中，我提议在诠释学潮流内部区分辩证诠释学和分析诠释学两个分支。同上书，pp. 182f。也许，由于某种原因，人们能够区分具有辩证倾向的诠释学家和具有分析倾向的诠释学家。"诠释学哲学"于是可以用作表示这两个分支的一般名称。这将用于做出比迄今为止一直被认为是适当的下述划分更鲜明的划分，即起源于后期维特根斯坦的分析哲学和属于逻辑实证主义或逻辑经验主义主流的分析哲学。这样一种重新编组也许比下述做法对当代思想的流派形态学更为公正些，即把维特根斯坦置于分析的名下，并把大陆诠释学哲学基本上视为现象学的一个变体。

对这个时代的社会政治问题的批判性研究。不过他们的这种投入只不过松散地与他们的哲学联系在一起。我熟悉这种与个人经验的自我分隔。关于维特根斯坦，人们也可以坚持认为，他对当代西方文明的严厉责难和关于这个世界的暮日观照与他的哲学贡献没有什么关系。

14

随着我们更趋近当下的时刻，我一直试图画出的分析哲学图景变得日渐令人耳迷目眩，难以概述。它最终变得与当代哲学的整个图景不可分割地组合在一起。对于从分析根底生长出来的某些分支来说，下述说法是成立的：它们走上了"科学的安全的道路"，但有时是以失去与哲学的关联为代价的。对于某些另外的分支，没有一个人会怀疑它们是"哲学"，但其中某些分支可能希望完全切断它们与分析传统的关联，尽管它们起源于后者，并且在这些后来的分支中，存在着很多的异质性。

有一些时代潮流的批判的观察家们认为，2 500年的西方哲学史已经走到了与其过去的决裂处，这种决裂甚至比分析哲学的代表人物在其运动的早期所宣称的更为激进。据说我们处在寻求知识和信念的不可动摇的基础、寻求忠实地反映"真实的实在"的世界图景的终点。这种寻求在其客观性方面已失败了，这种失败导致了整个过去的哲学传统的"解构"。如果这种说法成立的话，分析哲学一直是对此起贡献作用的因素之一。我正想到两类这样的人，一类像罗素和维也纳学派哲学家一样，要求使哲学成为"科学的"，另一类则以维特根斯坦的精神把哲学设想为使其自身成为不必要的活动的人。这两类人一直在使哲学中的转折点成为哲学的终点——尽管不是完全以石里克所设想的方式，石里克认为可能不再需要哲学，因为人们已能够"有意义地和清楚地"谈论所有的事物。

可以肯定的是，我本人太深地根植于近代的启蒙传统中，以致难以接受这些"后现代"的观点。但我也认为，人们不能轻易地将其置之不理，因为我确信下面一点：

我们所生活的时代在人的文化和社会生活方面发生了前所未有的变化。精神氛围方面的骚动不宁使人们觉得在这个世界上失去了自我，迫切需要给他们定向的指南。许多源泉给他们提供了支持：以欺骗性地宣称是"古代的智慧"

和关于拯救的迷信教义的形式，并且并非罕见地披上了不真实的科学外衣。沃尔夫冈·施太格缪勒是在不合理的狂热过去之后使分析哲学重返欧洲的不知疲倦的斗士，他在《当代哲学主流》一书的前言中说到"对人的精神环境的语义污染"。他把这种污染与对物理环境的破坏和污染相提并论，后者甚至已对我们人种的生存构成威胁。① 他的告诫是值得认真对待的。如我所认为的，与词语对人的心智的所有模糊效应做斗争，是哲学的最高任务——并非只在为我们时代所特有的黑暗中如此。

参考文献

Austin, J. L., 1956. "Ifs and Cans". *Proceedings of the British Academy 42*, 1956.

Black, M., 1940. "Relations between Logical Positivism and the Cambridge School of Analysis", *Erkenntnis 8*, 1939—1940.

——1964. *A Companion to Wittgenstein's Tractatus.*

Carnap, R., 1931. "Uberwindung der Metaphysik durch logische Analyse der Sprache". *Erkenntnis 2*, 1931.

——1934. *Logische Syntax der Sprache.* Julius Springer, Wien, 1934.

Fodor, J., 1975. *The Language of Thought.* Thomas Y. Crowell, New York, 1975.

Gellner, E., 1959. *Words and Things, A Critical Account of Linguistic Philosophy and a Study in Ideology.* with an introduction by Bertrand Russell, Gollanz, London, 1959.

Goodman, N., 1951. *The Structure of Appearance.* Harvard University Press, Cambridge, Mass. 1951.

Moore, G. E., 1905. "The Nature and Reality of Objects of Perception", Reprinted in G. E. Moore, *Logical Studies.* Routledge & Kegan Paul, London, 1922.

——1954—1955. "Wittgenstein's Lectures in 1930—1933. Ⅰ-Ⅲ". *Mind* 63 & 64, 1954—1955.

Reprinted in G. E. Moore, *Philosophical Papers*, Allen & Unwin, London, 1959.

——1966. *Lectures on Philosophy.* edited by Casimir Lewy. Allen & Unwin,

---

① Stegmuller 1979, 第二卷，第五版序言, p. xx。

London, 1966.

Pap, A., 1949. *Elements of Analytical Philosophy*. Macmillan, New York, 1949.

——1955. *Analytische Erkenntnistheorie*. Julius Springer, Wien, 1955.

Quine, W. V. O., 1953: "The Two Dogmas of Empiricism". Reprinted in *From A Logical Point of View*. Harvard University Press, Cambridge, Mass. 1953.

Ramsey, F. P., 1931. *The Foundation of Mathematics and Other Logical Essays*. Kegan Paul, Trench, Trubner & Co., London, 1931.

——1991. *Notes on Philosophy, Probability, and Mathematics*. ed. by Marria Carla Calavotti, Biopolis, Napoli, 1991.

Rescher, N., 1973. *The Coherence Theory of Truth*. Oxford University Press, Oxford, 1980.

Rorty, R., 1980. *Philosophy and the Mirror of Nature*. Basil Blackwell, Oxford, 1980.

Russell, B., 1914. *Our Knowledge of the External World as a Field for Scientific Method in Philosophy*. Here quoted from the edition with Allen & Unwin, London, 1949.

——1924. "Logical Atomism". in *Contemporary British Philosophy*, First Series. Allen & Unwin, London, 1924.

——1928. *Sceptical Essays*. W. W. Norton, New York, 1928.

——1944. *The Philosophy of Bertrand Russell*. edited by P. A. Schilpp, *The Library of Living Philosophers*, New York, 1944.

——1959. Bertrand Russell, *My Philosophical Development*. Allen & Unwin, London, 1959.

Schlick, M., 1929. "Die Wende der Philosophie", *Erkenntnis* 1, 1929.

——1979. *Philosophical Papers*, edited by H. Mulder and Barbara F. B. van Velde-Schlick. Reidel Publishing Co., Dordrecht, 1979.

Stegmuller, W., 1979. *Hauptsromungen der Gegenwartsphilosophie*. Kroner Verlag, Stuttgart, 1979.

Stenius, E. 1960: *Wittgenstein's "Tractatus"*. Basil Blackwell, Oxford, 1960.

Waismann, Fr., 1939. "Was ist logische Analyse?", *Erkenntnis* 8, 1939—1940.

——1976. *Logik, Sprache und Philosphie*, edited by Gordon P. Baker and Brian F. McGuinness. Reclam, Stuttgart, 1976.

Wittgenstein, L., 1967. *Wittgenstein und der Wiener Kreis*, edited by Brian F. McGuinness. Sukrkamp, Frankfurt am Main 1967. Also in English: *Wittgenstein and the Vienna Circle*, edited by Brian F. McGuinness, Basil Blackwell, Oxford, 1979.

von Wright, G. H., 1971. *Explanation and Understanding*. Routledge & Kegan Paul, London, 1971.

——1989. *The Philosophy of Goerg Henrik von Wright*. edited by L. Hahn and P. A. Schilpp, *The Library of Living Philosophers*, Open Court, Chicago, 1989.

Cultural Relativism and Philosophy, edited by Marcelo Dascal, E. J. Brill, Leiden, 1991.

Rationality and Relativism, edited by Martin Hollis and Steven Lukes, Basil Blackwell, Oxford, 1982.

The Revolution in Philosophy, edited by A. J. Ayer, W. C. Kneale, G. A. Paul et al. with an introduction by Gilbert Ryle, London, 1956.

Der Wiener Kreis der Wissenschaftlichen Weltauffassung. Herausgegeben vom Verein Ernst Mach. Arthur Wolf Verlag, Wien 1929, *The Scientific Conception of the World: The Vienna Circle*. D. Reidel, Dordrecht: Holland, 1973.

（陈波译）

分析哲学：内容、历史与走向*

P. M. S. 哈克

导　言

　　分析哲学始终是20世纪占主导地位的哲学运动。从一开始，它就与理性精神和科学结为联盟，并致力于推翻思辨的形而上学和消除哲学上的神秘性。在方法论上，它是与运用新的逻辑作为哲学洞见之来源相关联的，并且后来（在哲学中的语言转向之后）与主要地和细致地关注语言及其用法相关联。分析哲学以各种形式盛行于20世纪最初10年至70年代。然而，在20世纪最后25年中，它已经失去了它的显著特征，而它得以保留分析哲学这一名称，更多的是由于其历史关系，它与先前传统共同关注的焦点，以及它与大陆哲学某些形式的反差对比。

　　人们会惊奇地发现，尽管"分析"、"逻辑分析"和"概念分析"这些术语从这场运动一开始就被广泛地用于刻画它所提倡的哲学方法，但"分析哲学"这一名称却是在相对较晚些的时候才逐渐流行起来的。它最早出现于30年代[①]，但这似乎并没有流传开来。据冯·赖特推测（1993：41，注35）[②]，这一名称得以流传开来，部分地是由于阿瑟·帕普战后的著作，即1949年出版的《分析哲

---

* 本文为哈克博士（P. M. S. Hacker）于1995年10月11日在英国牛津大学所做的讲演稿，承蒙作者允许以中文首次发表在《哲学译丛》1996年第5-6期，第42-58页。这里经作者允许，根据发表于《分析哲学的故事：情节与人物》(*The Story of Analytical Philosophy*: *Plot and Heroes*, Routledge, 1998) 中的同名文章（第3~34页）修订。在此向作者哈克博士表示感谢。

① 例如，Nagel 1936。
② 我非常感激这篇有洞见的文章。

学原理》、1955 年出版的《分析的认识理论》和 1958 年出版的《语义学和必然真理：对分析哲学基础的探究》。的确，引人注目的是，战后的两部极有影响的早期分析哲学论著选辑，即美国的费格尔和塞拉斯编辑的《哲学分析读物》（1949）以及英国的弗卢（Antony Flew）编辑的《逻辑与语言》（1951），无论是在题目上还是在导言中都没有使用"分析哲学"这一名称，而被看作弗卢所编辑的书的后继者是出版于 1962 年的巴特勒（R. J. Butler）的《分析哲学》。

人们对如何刻画分析哲学几乎没有什么一致的看法，而用于确认逻辑原子主义与战争期间剑桥分析的基本原则和理论的著作与论文却汗牛充栋。各种阐释和捍卫逻辑实证主义原则和理论的出版物（包括一篇宣言）的确猛如洪水，其中也不乏来自战后牛津用于解释和捍卫斯特劳森（Peter Strawson）称之为"逻辑—语言的"或"关联的"（connective）分析之方法的论著。① 但我们却很难发现对"分析哲学是什么？"这一问题的简洁有力的回答。人们对谁应当被看作分析哲学家有着广泛的共识，但却没有一种统一的意见。来自剑桥分析的摩尔和罗素、年轻的维特根斯坦、布劳德（C. D. Broad）、拉姆塞、布雷斯威特（R. Braithwaite）、早期威斯顿（J. T. D. Wisdom）和斯蒂宾（G. L. Stebbing）肯定都在这个名单之列，而诸如石里克、哈恩（Hans Hahn）、卡尔纳普、纽拉特（Otto Neurath）、费格尔、魏斯曼等维也纳小组的核心成员和诸如柏林科学哲学学会等分支的赖欣巴赫或亨普尔也能列入其中。在狭义的"分析哲学"中，人们可以划定这种界限，其原因就在于对分析、还原和逻辑建构的普遍承认。但我认为这在两点上是很愚蠢的。首先，在后面两组与战后哲学之间尽管有差别，但更重要的是有连续性。② 其次，战后牛津的大部哲学家，诸如赖尔、艾耶尔、涅尔（W. Kneale）、奥斯汀、格赖斯（H. P. Grice）、斯特劳森、哈特（W. D. Hart）、汉普谢尔（S. Hampshire）、皮尔斯（D. F. Pears）、奎因顿（A. Quinton）、厄姆逊（J. O. Urmson）和瓦诺克（G. J. Warnock）都自认他们是分析哲学家，并把他们的工作描述为概念分析或语言分析，最终是分析哲学，

---

① 斯特劳森在《怀疑论与自然主义：某些变种》（1985：第 25 页）中引入了"关联的分析"一词，并在《分析和形而上学》（1992：第 2 章）中做了进一步阐发。

② 的确，这是一个判断问题。正如维特根斯坦所说："当白色变为黑色，有些人就说，'这基本上还是一样的'。而当这种颜色使光点变暗时，其他人就会说，'这完全变了'"（MS 125，记于 1942 年 5 月 18 日）。维特根斯坦遗著的所有引文都根据冯·赖特的编码。

其他还有许多哲学家也在致力于他们所认为的相似的传统。维特根斯坦的许多学生，诸如冯·赖特、马尔康姆和布莱克，可以正确地被看作是分析哲学家，虽然他们相互之间以及与许多牛津人物之间在不少重要方面有所不同，如果把他们包括在内的话，那么，唯一对牛津分析哲学产生影响的后期维特根斯坦也就包括在内了。① 然而，对怎样最清晰地刻画分析哲学，人们仍然没有一致的看法。而且令人奇怪的是，关于汇成这场哲学运动的滔滔巨流的各个支流有大量出版物，相反却一直很少有人把分析哲学当作一种整体现象加以论述。②

分析哲学的显著标志

对分析哲学的分析描述将力图阐明一系列显著标志。很容易确定的是这样一些出发点：无论怎样去刻画它，分析的概念都必定出现在这种描述之中，同样必定会出现的是逻辑的和语言的分析。但可能引起争论的是，依据某种单一的解释并把它们结合起来，这样一些描述无法确定是否足以囊括20世纪哲学中一切形式的分析哲学。或许，没有任何一套特征可以刻画分析哲学的标志，因为它可能根本就无法用merkmale（标记）加以定义。所以，最好把它看成一个家族相似的概念。这样，一种分析描述也可能并不是审视分析运动的最有效的方法。

(1) 分析 如名所示，分析哲学关心的是把复合物分解为它们的组成部分。

---

① 冯·赖特指出，"没有人能够否认，无论是作为《逻辑哲学论》的作者还是作为《哲学研究》的作者，维特根斯坦对于分析哲学的发展都是至关重要的。但维特根斯坦本人是否能够正确地被称为分析哲学家，却完全是另一个问题。对于《哲学研究》，人们会说它的精神是不同于甚至是敌视典型的'分析'方法的。相反，《逻辑哲学论》在某些方面则可以看作哲学中分析倾向的典范，就这种倾向由罗素所提倡并随后由维也纳小组成员所发展的形式而言，情形更是如此。后期维特根斯坦显现出与摩尔的某些近似"（von Wright, 1993：第32页）。我同意这一说法。从1929年到1932年间，维特根斯坦完全放弃了经典的分析。但值得注意的是，在《大打印稿》（Big Typescript）中，他写道："当一个句子的语法得到完全清晰的展现时，它就完全是逻辑上分析的"（BT, 417）。这样哲学中的"分析"就意味着给出使用这种表达式的语法规则，澄清它与相关概念的各种联系以及其他方面的差异。随着这种转变，经典的分析就转向了"关联的"分析。

② 我在一卷名为《维特根斯坦在20世纪分析哲学中的地位》（1996）的书中试图填补这个空白，其中特别提到维特根斯坦对分析哲学的贡献。本文在很大程度上根据该书写成。

但由于对被作为这种分析主题的复合物的看法各不相同,也就产生了分析哲学的不同形式。因为根据某些看法,被看作属于哲学分析的是实在或被认为构成实在的事实,因此,分析就被看作是揭示世界的终极成分和由此构成的事实的最一般形式(罗素);此外,它也被视为展现不依赖心灵之概念的结构和构成客观实在的命题(摩尔)。根据另一些看法,分析的内容是人类的思想和语言,而分析的结果被看作揭示思想的以及语言的形式必然反映实在的结构(《逻辑哲学论》)。但根据其他的看法,可以看作属于分析的只能是语言,或者是科学语言的逻辑句法(卡尔纳普),或者是极为不同的"分析"意义上的日常语言(牛津分析哲学)。而且,形成不同种类的分析,取决于分析是否被看作终结于简单的不可分析的组成部分。因此,原子主义的本体论分析刻画了怀有还原与建构抱负(这是它与许多逻辑实证主义者共有的抱负)的逻辑原子主义特征,它可能与1945年之后的更为整体主义的"关联的"语言分析形成反差,后者避免了还原和逻辑建构。

把分析哲学概念与赋予其名称的分析观念割裂开来可能是荒谬的,可单纯的分析概念却也刻画着笛卡儿的形而上学,因为它承认把实在的对象分解为简单的属性;它同样刻画着古典的英国经验论,因为它承认把复合观念分解为派生于经验的简单观念。倘若原子主义的或还原的分析概念是捕捉分析哲学家的网,那么它肯定会捉住摩尔和罗素,但它同样会捉住人们显然并不希望划入分析哲学家之列的属于近代哲学英雄时代的那些哲学家。而且它还会把后期维特根斯坦及其追随者以及在牛津和其他地方的战后哲学家排除在外。同样,人们也可以把分析的概念扩展到包括用于刻画战后分析哲学的关联分析。这样做可能是合情合理的,但唯一的代价却是剥夺了20世纪早期哲学的分析观念的独特内容。这样,孤立的分析观念是极富弹性的,它能够成为许多不同的甚至相互冲突的解释的试金石。

(2)逻辑上的反心理主义　分析哲学有时被描绘为与反心理主义有关。分析哲学取得的成就之一就是把逻辑从心理学和认识论中分离出来。因而,肯尼(A. J. P. Kenny)追随达米特认为:

>　　弗雷格分清了逻辑与心理学,并赋予它先前一直由认识论占据的哲学前沿的位置。正是这一事实使得弗雷格(而不是其他人)被看作现代分析哲学的奠基之父。

(Kenny 1995:第210页)

的确，弗雷格对逻辑受到心理学的侵蚀展开了一场成功的战役。但他绝不是德国第一个这样做的人，克鲁格（Krug）、波尔查诺（B. Bolzano）和洛采（R. H. Lotze）先前一直是这样做的。在英国，斯宾塞（H. Spencer）和耶芳斯（W. S. Jevons）追循着相似的反心理主义路线，绝对唯心论者也是这样，而早期的摩尔和罗素正是由此产生了他们的反心理主义。的确，绝对唯心论者在清理逻辑方面是相当成功的，所以摩尔和罗素感到不必强调这一点；而且这些唯心论者理所当然地认为，逻辑不是心理学的分支，逻辑规则也不是对人类思维规律的描述。反心理主义的另一方面是由英国经验论者研究观念起源而推进的对发生学分析的抛弃。这一运动肇始于康德，它使哲学摆脱了关于内在观念的无用争论，这种观念刻画了17世纪和18世纪早期经验论与唯理论的特征。

的确，逻辑上的反心理主义一直是20世纪分析哲学的众多特征之一。不过，人们应当非常谨慎。值得注意的是，后期维特根斯坦评论到，"认为逻辑规则是'思维习惯'的表达，这种意见并非看上去那么荒谬"（MS 120，第14卷：第12页）。埃德曼（Erdmann）错误地以为，即使我们无法理解，也可能会有人根据肯定后件规则去进行推理，或者会有人抛弃同一律。但若是这样，弗雷格承认这一点也就同样错了（即"我们不可能抛弃这种规律，这根本没有暗示我们在假定有人真的抛弃了它"），而且他假定，如果有这样的人，那么我们知道他们错了而我们对了，这也同样错了（Frege 1964：第15页）。心理主义者和诸如弗雷格的反心理主义者都没能意识到，思想的规律部分地确定什么称作思维、推理和推论。人们不能用"不""如果……那么……""同一"意指我们所做的一切，也不能抛弃不矛盾律或同一律，或接受肯定后件式作为推论规则。人们不能抛弃肯定前件（modus ponens）的推论规则而依然坚持推理和思维。的确，这显然远不是人们常说的对推论规则的根本抛弃，心理主义没能适当地处理逻辑真理、推论规则（"思想规律"）和思维、推理与推论之间的内在关系，也没能处理好逻辑联结词的意义。但弗雷格和罗素的反心理主义同样没能克服这种缺陷，而且，维特根斯坦认为，心理主义并非像看上去那样远离真理：

> 逻辑规律的确是"思维习惯"的表达，但也是关于思维习惯的表达。这就是说，它们被说出来是为了表明：人类是如何思维的，以及人类称作"思维"的是什么……
>
> 逻辑命题是"思想规律"，"因为它们表明了人类思维的本质"——更准确地说：因为它们表明或显示了思维的本质和技术，它们显示了什么是

思维，同样显示了思维的种类。

（Wittgenstein 1978：第 89 条以下）①

埃德曼认为逻辑规律是对我们如何思维的表达，这在某种意义上是对的，正如象棋规则可以说成是对我们如何下象棋的表达。但他没能看到，它们也部分地构成了我们所谓的"思维"，正如象棋规则构成了下象棋的实际活动（即符合这些规则的下法就是我们所谓的"下象棋"）。弗雷格把逻辑规律看作是对抽象的对象之间关系的描述，这种柏拉图主义的观念同样没能抓住这一点。

因而，过于轻率地用早期反心理主义刻画分析哲学可能是很仓促的。这曲解了或者说是筛去了后期维特根斯坦，尽管他很少同情这些倡导者。的确，他从没有把逻辑规律看作仅仅是对人们如何思维和推理的描述。他认为，弗雷格的反心理主义和埃德曼的心理主义两者都包含着一点真理，也有许多的错误和混乱。但他似乎把类似弗雷格的反心理主义形式（以及它的针对埃德曼观念的柏拉图主义变种）看作是更危险的或更有欺骗性的，这大概是由于它的缺陷不太明显的缘故。

如果是这样，逻辑上的反心理主义作为分析哲学的特征就过于脆弱了，也太消极了。而当我们转向 20 世纪提倡的对逻辑的积极看法时，我们就会发现猛增的相互冲突的观点。的确，弗雷格和（《心的分析》之前的）罗素都避免了逻辑上的心理主义，他们把逻辑命题看作是概括命题（generalizations）[他们都认为"P∨~P"形式的命题不是逻辑命题，而认为"（P）（P∨~P）"才是逻辑命题]。弗雷格拥护一种极端的柏拉图主义，他把逻辑规律看作是对抽象实体之间永恒关系的描述。罗素则把它们视为关于宇宙的最普遍真理，认为仅在它们独立于特殊经验事实的知识而获得的意义上是先天的，但又预设了"逻辑经验"或"对逻辑对象的熟知"。《逻辑哲学论》认为，逻辑命题是无意义的，即有意义命题的极限情形，它们代表（显示）着世界的逻辑脚手架（1922：6.124）。年轻的维特根斯坦认为，逻辑是超验的（1922：6.13）。维也纳小组成员认为逻辑命题是空洞的重言式，但与维特根斯坦不同，他们把逻辑命题看作是为使用逻辑算子而任意约定的结果。简言之，对逻辑命题没有任何肯定的描

---

① 关于维特根斯坦对逻辑必然性的一般性论述以及他对心理主义和弗雷格的反心理主义态度的专门论述的更详细讨论，请参看 G. P. Baker 和 P. M. S. Hacker（1985：第 263－347 页），以上评论出自该书。

述能够为所有分析哲学家所普遍赞同。这并不奇怪，因为分析哲学在20世纪上半叶的大部分努力都是要解释逻辑及其规律的必然真理性质，而随之出现的长达数十年的争论则是尝试着对这个问题的众多不同解决。

(3) 逻辑分析 由（2）推出的一个结论是，分析哲学是由于用逻辑取代认识论作为哲学的基础而得到刻画的。因此，分析哲学得以著称是由于它摒弃了笛卡儿式的把认识论置于其他一切哲学分支之上的哲学模式。这种描述是无法令人满意的。按照笛卡儿的模式，哲学的基础因而也是一切知识的基础，并不是认识论，而是形而上学。笛卡儿的方法赋予认识论思考以优先性，因为笛卡儿的目标是把所有知识重新奠定在可靠的基础之上，以抵制夸张的怀疑。但这种动因同样是罗素哲学生涯所有阶段的哲学思想背后的动力，他也类似地求助于笛卡儿的怀疑方法。而且，我们不能说，维也纳小组成员认为逻辑在某种合理的狭义上是哲学的基础并独立于一切知识（因为他们特别否认哲学会产生知识）。这也不是战后牛津哲学家们的信条，他们对逻辑的兴趣很有限，而且像后期维特根斯坦一样否认哲学是一门认知学科，否认哲学有等级结构。

不过，与17世纪的古典哲学不同，20世纪分析哲学从一开始就的确在避免心理分析和以逻辑分析取而代之时有所克制。弗雷格发明了新的逻辑，而罗素和怀特海两人则在20世纪头十年中为分析哲学设定了一项议程，提供了一种方法。这项议程就是澄清逻辑命题和逻辑规律的性质与状态，阐明弗雷格的概念文字或罗素《数学原理》中的逻辑语言与自然语言之间的关系，显现自然语言与逻辑演算两者对思想和实在的关系。这一任务在随后的数十年中得到了推进，并提供了各种不同的解决问题的方法，而这些问题支配着分析运动的许多（但不是全部）哲学家。但他们的回答却是五花八门，甚至相互冲突。这种方法（以罗素的摹状词理论为例）就在于求助命题演算和谓词演算的手段去尽力分析手头的问题。但我们已经看到，这种问题在不同时代的不同哲学家看来是完全不同的，从事实和形式、思想、科学语言变为自然语言。而且，如此看来的逻辑分析在大多数牛津分析哲学家或后期维特根斯坦的工作中的确没有起到任何作用。后期维特根斯坦认为，"'数理逻辑'完全扭曲了数学家和哲学家的思维，它把对我们日常语言形式的肤浅解释作为对事实结构的分析"（1978：第300节）。另外，它在蒯因的工作中继续起着支配的作用。蒯因认为现代逻辑的符号系统将会清晰地揭示我们本体论承诺的标准记法。但我在后面将会表明，蒯因是分析哲学的最初颠覆者。

(4）凭借对语言的哲学描述而对思想做哲学描述　德国哲学家通常用分析哲学指"语言分析哲学"(sprachanalytische philosophie)，这的确不是什么巧合。显然，分析哲学一直是与强烈地意识到哲学对语言及其用法的密切关注联系在一起的。这都是些陈词滥调了，并没有使分析哲学区别于苏格拉底的语词之道（Way of Words）或亚里士多德对"说出何物"的方法论关注。但试图前进一步却是很危险的。达米特就做了这样一个尝试，他认为有三个信条"对整个分析学派都是共同的"（Dummett 1978：第458页）：其一，哲学的目的是对思想结构的分析；其二，对思想的研究必须严格区别于对思维的研究；其三，分析思想的唯一专门方法就在于分析语言。

宣称哲学的目标是对思想结构的分析这种说法是很不清楚的。它可能是想说，哲学的目的是研究思想的内在结构和思想之间的逻辑关系。假定"思想"是指当我们思考P时我们所思之物，那么，说我们的所思之物（用在转喻的意义上）具有结构是很含混的，这不同于当我们害怕、期待或假设P有一种结构时我们所害怕、期待或假设之物。可以说，具有一种结构的东西是对思想（害怕、期待、怀疑或假定）的表达。

即使我们不去考虑这些疑虑，依然存在着进一步的担心。价值论（axiology）的根本问题是，"什么是善的本性？""善的不同种类或多样性是什么以及它们是怎样关联的？"或者，"用什么来识别伦理的善以及怎样把它与行为的道德理由相关联"。数学哲学的根本问题是，"什么是数？""我们关于数学真理的必然性的性质是什么？"或"数学真理与证明的关系是什么？"这些问题，可以在价值论或数学哲学之内不断提出，同样也可以由其他哲学分支做出例示性说明，但绝不能（仅仅由分析哲学家们）郑重其事地归在"思想的哲学"名下，或被说成是由分析哲学凭借思想分析做出唯一确定的解答。

分析思想结构的唯一专门方法是分析语言，这一论点并没有得到摩尔或早期罗素的一致赞同。[①] 而且，后期维特根斯坦肯定也会在所有意义上否定思想具有一个结构的观念。的确，用于表达思想的句子具有一个结构。但后期维特根斯坦的一个基本原则，就是要把句子的形式或结构（包括谓词演算的形式和结构）当作致人迷误的而抛弃。词的形式并不是致人迷误的，因为表层结构遮蔽着由（进一步改进了的）谓词演算提供的所谓"深层结构"，正如他在《逻辑

[①]　虽然我根据权威的说法，把这看作是也许会赢得哈曼和尼采的赞成（见 Philipse 1992：第167页）。

哲学论》中论证的那样；而是因为表层形式并没有揭示用法，因为具有完全不同用法的句子可以具有完全相同的形式或结构。① 谓词演算形式和自然语言形式一样会使人误入歧途。

(5) 语言的转向　肯尼和达米特也对分析哲学给出了一种不同的描述。肯尼认为，

> 如果分析哲学的诞生之日就是"语言的转向"发生之时，那么这个诞生之日就必定是1884年《算术基础》的出版，当时弗雷格确认，研究数的性质就是要分析出现了所有数的句子。
>
> （Kenny 1995：211）②

这种看法似乎也没有什么帮助。如果语境原则标志着哲学中的语言转向，那么，这一转向是由边沁（J. Bentham）在1816年开始的。他在《论文集》中写道：

> 少了整个命题，即整个命题的介入，交流就不可能发生。因而，在语言中寻求的整数就是一个完整命题，即逻辑学家所指的逻辑命题，对于这个整数而言，每部分言谈（即使极为重要）都不过是一个片段；在这方面，许多名称用语的言谈中，"部分"一词是引导性的，可以把它看作是转达着对寻求整数的提示，它只是这个整数的一部分。
>
> （Bentham 1983：400）

这就清楚地表达了通常认为是由弗雷格的格言首先表达的内容："词只有在句子的语境中才有意义"，而且更为明白地表达了维特根斯坦后来的阐释，即句子是语言游戏中的最小一步（参见 Wittgenstein 1958：第49节）。在这种意义上，边沁对小说的分析，特别是对法律小说的分析，就是分析哲学的例证。因

---

① 的确，在《哲学研究》第664节中，维特根斯坦引入了表层语法和深层语法的对比。这种深层语法的隐喻后来被生成语法学家们所接受，但它对维特根斯坦的目的而言却是完全不合适的，他用它所指的东西与乔姆斯基心中所想的正好相反。表达式的深层结构并不是隐而不见的、需要用分析将它们抽取出来的东西（正如《逻辑哲学论》所做的那样），而是显而易见的东西——倘若某人只是想环顾四周，使他回想起表达式用法的一般模式，在这里，地形隐喻可能会比地质隐喻更为恰当。

② 肯尼接受达米特（1993：第5页）的观点。"语言的转向"一词是由罗蒂于1967年编辑的关于语言哲学的同名文集而流传开来的。他把这个词归功于伯格曼（Gustav Bergmann）的《逻辑和实在》（1964）。通常认为它的意义已经超出了提出者的意图。

为边沁确定，研究义务、责任和权利的方式就是分析其中出现了"义务"、"责任"或"权利"这些词的句子，或者更明白地说，找到这些句子的意译等价句。最终，他发明了"短语至上"（phraseoplerosis）、"释义"和"原型化"（archetypation）的方法。但把《论文集》的出版定为分析哲学的诞生却是很奇怪的。

毫无疑问，语境原则在分析哲学史上极为重要，正如罗素的不完全符号理论极为重要一样（边沁的虚构理论同样预见到这种理论）。然而，就其本身而言，它只是指明了各种方法中的一种分析方法。而且，没有恰当的理由把语境原则和所谓的哲学上的"语言的转向"联系在一起。我在后面将表明，语言的转向早于分析哲学的兴起，它应当与《逻辑哲学论》及在其影响之下的后来分析哲学的发展联系在一起。

（6）语言哲学的首要性 一旦完全相信大多数20世纪分析哲学的一个明显特征是其对语言和语言意义的偏好，而且（我希望）一旦确信分析哲学无法用（4）或（5）有效地加以限定，那么，人们就会去寻找另一种出路。就像斯鲁格（H. Sluga）所提出的，人们可能会认为，分析哲学最显著的信条是"语言哲学是其他一切哲学的基础"（Sluga 1980：第2页）。① 但这更是无法接受的。一方面，毛特纳（F. Mauthner）恐怕很难被看作分析哲学家，但他认为所有的哲学都是对语言的批判。另一方面，摩尔和罗素都明确地否认他们的分析形式关心的是语言分析，更不用说所谓的"语言哲学"了。我们已经注意到，后期维特根斯坦认为哲学是"单调乏味的"，而且否认哲学的任何部分对其他部分具有首要性。简要地回顾一下战后牛津哲学家就会发现，他们对语言哲学的首要性没有任何承诺。如果把赖尔看作心理学的分析哲学家，把哈特看作法律的分析哲学家，把奥斯汀的言语行为研究看作语言的分析哲学，把他的知觉研究或对他人心灵的研究看作分析的认识论，那么，我们就很难认为，一般的分析哲学坚持语言哲学是这一学科其他部分的基础。

（7）抛弃形而上学 人们可能认为，分析哲学的显著特征是摒弃形而上学。它反对先天综合真理的可理解性，否认纯粹理智能够单独获得关于实在的知识。的确，摒弃思辨的形而上学在分析哲学的某些时期起到了作用，这肯定适用于两次大战期间的剑桥分析家、维也纳小组以及大多数（当然不是所有的）牛津

---

① 斯鲁格像肯尼一样追随达米特的足迹。达米特认为，"我们可以追随弗雷格把分析哲学描绘为接受这样一种看法，即语言哲学是这一学科的基础"（1978：第441页）。

分析哲学家。但这并没有把分析哲学与其他形式的哲学区分开来。首先，正如维特根斯坦就维也纳小组的宣言而告诫石里克的那样，"消除形而上学"并没有什么新东西：休谟就曾有力地挥动着这面旗帜；康德（就超验形而上学而言）和孔德（A. Comte）也曾挥动过它。其次，早期的分析哲学，即早期摩尔和罗素的多元论柏拉图主义、中期罗素和《逻辑哲学论》的逻辑原子论以及战争期间的剑桥分析，都的确承认有关实在的终极性质和世界的逻辑结构的形而上学论题。他们反对的是绝对唯心论的思辨形而上学，唯一替代它的是各种形式的关于事实及其组成要素的所谓分析的形而上学。《逻辑哲学论》否认可能存在形而上学命题，坚持认为任何竭力陈述形而上学真理的企图最终都必然是无意义的。这并不是因为维特根斯坦认为不存在形而上学真理；相反，《逻辑哲学论》的大多数命题都是在有意识地试图陈述只能显示的内容。正如康德划定知识的界限是为信仰留下地盘，年轻的维特根斯坦也为语言划定了界限，而为无法表达的形而上学留下地盘。

对形而上学的摒弃（的确是激烈地摒弃）是维也纳小组的最显著特征。战前年轻的牛津和战后成熟的牛津并不比维也纳小组对形而上学抱有更多的同情①，但却没有它那种讨伐的热忱。正像赖尔指出的，"我们大多数人都显然毫不怜惜地毁灭着形而上学。我们从未遇到过有谁承认形而上学；我们的藏书《表象与实在》落满了尘土；而我们大多数人从未读过《存在与时间》"（Ryle 1970：第10页）。后期维特根斯坦反对一切形式的形而上学冲动，虽然这不是由于没有先天综合命题或者说所有的必然真理都是分析的。

如果上述开列的属于分析运动的哲学家名单是合理的，那么显然，以上的七种特征没有一项可以涵盖所有这些哲学家而又不至于歪曲他们。而把这些特征结合为一套对个别是必要而对整体又是充分的条件，也不会达到这种目的。或许可以认为，分析哲学概念应当被看作一个家族相似的概念。② 把属于分析学派的哲学家们联合在一起的东西可能是一系列重叠相似的方法和主张，而其中没有一种方法和主张对作为个人的分析哲学家来说是必然的。这或许是可以得到辩护的。但首先，人们会用自己的方式把从亚里士多德到休谟和边沁的全部

---

① 斯特劳森在《个体》（1959）中显然是以康德的精神对形而上学努力抱有同情，并以分析的语调复兴了形而上学的用语，但这里复兴的只是传统认为的形而上学用语而不是形而上学精神，参见第22页之后。

② 参见 Philipse 1992：第168页。

哲学家都补充到 20 世纪分析运动的参加者中，这可能是一种可以接受的代价。帕普就的确这样认为，他指出：

> 分析哲学的历史（如果应当写的话）并非必须开始于 20 世纪。它可以一直回溯到苏格拉底，因为苏格拉底的"辩证法"恰恰就是澄清意义的方法，它被首先用于道德术语。而且，亚里士多德的大多数著作也是由逻辑分析构成的……特别是所谓的英国的经验论者，如洛克、休谟、贝克莱和他们的后继者，他们所做的哲学首先是一种分析方法。的确，他们所写的大量著作属于心理学，但如果排除这些，对意义问题的认真关注仍然充满了对分析哲学的持久贡献……
>
> （Pap 1949：vii-viii）

其次，家族相似的概念可以象征性地不断引申出拧成绳索的新纤维，以对应新的发现或约定，引申出变化中的概念模式和概念关系，引申出已被感知的新现象与原有现象之间的相同和相似，引申出观察事物的新方式和人类的需求。"分析哲学"是一个全新的术语，它是哲学家的艺术用语。试图追随维特根斯坦关于家族相似概念的建议并不重要，即"不要想，而要看"（1958：第 66 节），亦即考察相关的表达式事实上是如何被使用的。因为这个术语[①]并没有要求普遍共识地得到充分确立的用法。这样，我们可以自由地随意塑造这个概念；的确，也可以认为不是自由地，但却是需要这样做。争论未决的问题是：我们需要分析哲学这一概念究竟出于什么目的？如果它主要是用于刻画 20 世纪的哲学运动和方法，那么把它构造成一种家族相似的概念就会被认为是剥夺了它作为历史范畴的主要用法，因为这样的话，它就会在其网上收集到比我们这个世纪的分析运动更多的东西。而且，如果我们随意地把它塑造成家族相似的概念形式，这就会使我们义不容辞地去确定，为什么是这样一些特征而不是其他特征解释了这个家族的理由。这可不是轻松的任务，不是那种人们有希望获得某种可靠共识的任务。

一种历史类型：分析哲学概观

20 世纪的分析哲学有着无数的前辈，从苏格拉底和亚里士多德到笛卡儿和

[①] 指"分析哲学"。——译者注

莱布尼茨，从洛克、贝克莱和休谟到康德、边沁和弗雷格。① 编织成分析哲学花毯的大多数（但不是全部）丝线都可以回溯到多少有些遥远的过去，而这幅花毯的特色在于各种丝线的交织方式和独特设计。这些也不断地变化，某些丝线被抛弃而为新的所替换或者有不同的用法，而其他的则在这种变化中变得比现在更为重要，某些模式还支配了一段时期，但后来又融入背景或完全消失了。我认为，分析哲学最好被理解为一种动态的历史运动。②

它伴随着对绝对唯心论的反叛而诞生于世纪转折之交的剑桥。摩尔和罗素把反心理主义视为理所当然的事情——在这方面他们和自己的唯心论者教师没有什么争论，论战的主要内容是知识的对象依赖于知者、绝对的一元论、真理的融贯论、关系的非实在性和内在关系的理论。摩尔和罗素抛弃了唯心论，包括贝克莱式的和康德式的，坚持知识的对象独立于知者，捍卫真理的符合论，反对关于一切关系的内在性理论，承认关系的实在性和客观性。他们对绝对唯心论的批评并非基于经验论原则，他们的方法论也不是由于忠实于日常语言而产生的。相反，他们信奉一种极端的多元论的柏拉图主义的唯心论，他们用分析取代了新黑格尔式唯心论的综合特征。摩尔相信自己是在从事着对独立于心灵的概念的分析，而当心灵把握住这些概念，就可以把它们看作或简或繁的。如果是复合的，哲学家的工作就是要详尽说明这个复合概念可以分解成的构成概念，阐释它与其他概念是如何关联和区分的。他区分了知道表达式的意义、

---

① 弗雷格的确发明了新的逻辑，捍卫柏拉图式的反心理主义，实践着对算术的逻辑分析。在这种意义上，罗素认为他是分析学派的前辈之一。但他并没有影响摩尔，而且在继承关系上对罗素的影响也很小。罗素认为，他所遵循的数的定义"早在 16 年前就曾由弗雷格完成了，但直到一年前或者说直到我重新发现它时，我才知道这些"（Russell 1959：第 70 页）。弗雷格并没有实现哲学中的"语言的转向"，他并没有像罗素那样把逻辑分析推广到数学哲学范围之外的认识论、形而上学和心智哲学等。他清楚地认为，语言哲学并不是整个哲学的基础（包括哲学心理学、伦理学、政治哲学、法律哲学、美学和宗教哲学——对此他只字未谈）。相反，他坚持认为，"无休止地反对那些未能自由地表达逻辑之物的语言和语法，这是逻辑学家的事情"（Frege 1979：第 6 页）。逻辑学家必须努力使我们摆脱语言的束缚（Frege 1979：第 143 页），破除语词对人类心灵的作用，使思想"摆脱缠身的语言表达方式的性质"（Frege 1972：序）；因为"研究语言和确定语言表达式的内容不可能是逻辑的任务。想从语言中学习逻辑的人，就像是成人想从孩子那里学习如何思考一样。……语言并不是用作对应逻辑的尺度"（Frege 1980：第 67 页以下）。根据弗雷格，使我们得到分析命题（思想）的关键不是自然语言，而是他发明的概念记法。

② 这同样也可以用来说欧洲文化中的另一场伟大运动，即浪漫主义。

知道它的字面定义、知道它的用法与知道对其意义的分析。他把知道表达式的意义看作是某人心中有这个概念，他把这与能够分析意义区分开来，即区分了能够说什么是构成部分，以及如何把它与其他相关概念区分开来，根据他的正式主张，没有关注一个概念（或一个词的意义）的语言表达而去分析它是完全可能的。

罗素对分析的看法在某些方面有所不同。这根植于 19 世纪数学家们的工作，诸如维尔斯特拉斯（K. T. Weierstrass）、戴德金（A. Dedekind）和康托（G. Cantor），他们关于演算概念（诸如连续性和极限）的论著就是罗素的榜样。罗素像摩尔一样把分析工作看作是客观的和非语言的。随着他的数学基础工作的展开，他对分析的看法逐渐变成逻辑的，而不是看作语言的。《数学原理》的逻辑语言成为识破自然语言的误导形式和揭示事实的真正逻辑形式的主要工具。但摹状词理论和类型论所造成的影响被认为远比罗素后来所做的语言研究大得多，而这两种理论正是他唯一最终勉强认可的。对不完全符号的分析方法（限定摹状词就是一种不完全符号）如同边沁的虚构理论，最后也是一种意译句子的方法；而类型论很容易转换成与实在毫无关系的一部分逻辑句法理论。

罗素与摩尔之间的差别远比这深刻得多。摩尔相信，我们的确绝对肯定地知道无数的事实。而任何对此提出挑战的哲学都会被看作是错误的而被加以抛弃，因为我们对这些事实的肯定远远超出对任何哲学论证的肯定。我们知道世界已经存在了很长时间，知道我们有一个身体，知道存在着不依赖于我们心灵的物质，知道我们时常会以不同于通常的方式行动，知道我们真的知道很多真理，等等。而我们不知道的却是对这种事实的分析。我们知道这些命题意味着什么，我们知道它们是真的，但我们并不知道对它们意义的分析。哲学的任务就是对意义的分析（这种意义被看作是独立于心灵的、独立于语言的实体）。相反，罗素的哲学则是笛卡儿式的对确定性的追求。我们预先并不知道这种追求会带我们走向何方，也没有理由假定这会使摩尔所说的那些平凡的确定性完整无缺。的确，他俏皮地说道："哲学的起点在于那些过于简单而似乎不值得陈述的东西，终点在于那些过于烦琐而无人会相信的东西"（Russell 1986：第 172 页）。数学是罗素关于确定知识的范式，而他对数学基础的研究是由于需要从纯逻辑中派生出皮亚诺的算术公理而证明它们为真和不容置疑。罗素在《数学原理》中满意地完成了这个任务之后，他就转向分析我们关于外在世界的知识，希望像为算术所做的那样为他所相信的普遍经验知识做些事情，即建立坚实的基础。因而他推崇奥康剃刀：不要毫无必要地增加实体（以避免受它们的拖累）；他拥护"科学哲学的最高原则"：尽可能地用逻辑构造替换推论的实体。还原和逻辑构造是他战后两部著作，即《心的分析》和《物的分析》的主要标志。他把哲学看作科学知识的形式，它由于极高的普遍性而不同于专门的科学，它的任务是探求真理。要想确信被揭示的东西为真，笛卡儿式的怀疑就是首要工具。

正如冯·赖特指出的，罗素与摩尔的差别代表了分析哲学之根的双重性（von Wright 1993：第26-30页）。这种双重性后来变成分析哲学的普遍倾向，表现在维也纳小组中石里克和卡尔纳普之间的差别，以及牛津哲学家中奥斯汀和赖尔之间的差别。正像魏斯曼所认为的，这两方面都可以被看作是代表了对人类心灵的两种根本不同的态度（Waismann 1939—1940：第265页；von Wright 1993：第26页）。一种主要关心真理，而另一种则关心意义；一种关心知识的扩展，另一种关心理解的深度；一种关心面对怀疑的恐惧而建立确定性，另一种则把对先于确定性的怀疑论挑战看作完全可以反驳的（正像摩尔认为的那样），或看作完全不连贯的（正像维特根斯坦认为的那样）；一种关心如何仿效科学的成就、进步和理论建构，另一种关心把追求清晰作为自身的目的。①

分析哲学的第一阶段产生于从19、20世纪之交盛行的多元论柏拉图主义到20世纪头十年逻辑原子主义（这构成了其第二阶段）的出现。这部分是由于罗素企图把《数学原理》的分析方法用于普遍的经验知识，部分是由于年轻的维特根斯坦（他对罗素的影响是毁灭和启发两者兼有的），由于他在1913至1919年间所写的巨著《逻辑哲学论》。《逻辑哲学论》的四个特点在这里值得重视。

第一，它把源于笛卡儿和莱布尼茨而不是洛克和休谟的近代欧洲哲学中分析的、分解的倾向推向了极端。这种观念支配着战争期间的剑桥分析，并改头换面地塑造了逻辑实证主义的分析观念（除去关于事实和简单对象的形而上学，除去关于原子命题的独立论题）。它还使在弗雷格和罗素手中生根开花的逻辑形而上学结成硕果。在其形而上学体系的框架内，关于思想的命题的图像论对自笛卡儿以来一直支配哲学思想的关于命题的意向性问题提供了最为有力的解答。它从形而上学上解释了一种心理现象即思考一种思想如何能够具有等同于确实情况的内容，但仍然具有不同于确实情况即虚假情况的内容。与此相应，它解

---

① 参见维特根斯坦可能是为《大打印稿》所写的"前言大纲"，载《文化和价值》（1980：第6页以下）。

释了命题如何可能是假的却是有意义的。总之，它通过思想和意义的心理行为的内在意向性，解释了符号的意向性。

第二，它明确地破除了弗雷格和罗素关于逻辑的观念，并以一种截然不同的看法取而代之。《逻辑哲学论》的主旨就是，不存在逻辑常项。① 逻辑联结词既不是逻辑对象的名称，也不是专门的逻辑函项（概念或关系）的名称。命题既不是真值的名称，也不是复合物的名称。逻辑命题既不是对抽象对象之间关系的描述，也不是对宇宙中最普遍事实的描述。逻辑真理的标记并不是绝对的普遍性，因为逻辑真理并不是对重言式的普遍化，而完全是重言式本身。逻辑真理的标记是必然性，而逻辑命题的必然性则是命题真值函项结合的退化情形的结果。在逻辑命题中，基本命题被真值函项算子组合成为真实的，而与它们拥有的真值无关。为这种有保证的真付出的代价是很愚蠢的。逻辑命题是无意义的，意义为零的，它们对世界只字未谈。但每个重言式都是证明的形式。尽管一切逻辑命题都在说同样的东西，也就是什么都没有说，但不同的重言式在它们揭示不同的证明形式上仍然是各有不同的。逻辑命题的标记正是在于，它能以适当的记法与单独的符号区分开来。这就澄清了逻辑命题的性质以及它们与经验命题的范畴区别。这也弄清了弗雷格和罗素的逻辑公理化与他们诉诸自明以支持所选公理为何是错误的。这些公理并非由于它们特别的自明而显得特殊。它们和定理一样是重言式。它们根本不是初始的，也根本不是派生于命题的定理。因为一切逻辑命题都是相同的，即都是空洞的重言式。所以不存在弗雷格和罗素所认为的逻辑知识，因为知道重言式的真也同样对实在完全一无所知。逻辑和数学都不是真正先天知识的例证，这就为维也纳小组所说的"连贯的经验论"铺平了道路。

第三，《逻辑哲学论》清楚地表达了一种革命性的哲学观念，它塑造了分析哲学的未来。根据这种观念，哲学绝对不同于科学（1922：4.111）。哲学中不存在假设，它并没有描述摩尔和罗素所认为的关于宇宙最普遍的真理，它也没有描述弗雷格认为的抽象实体之间的关系。它没有描述英国经验论者和心理学家所认为的人类心灵活动，也没有像康德所认为的那样去研究对经验的形而上

---

① 这一论点有两个方面，而这里只接触到其中一方面，即否定逻辑算子是逻辑实体的名称。另一方面是，诸如事实、对象、概念、命题和关系等形式概念不是实质概念，不能出现在有意义的完善命题中。因而，罗素认为"存在双重关系"是一个描述了有关宇宙的绝对普遍事实的逻辑命题，这种看法是错误的。

学预设并把它们描述为先天综合命题。不存在可以用命题表达的形而上学真理，因为唯一可表达的必然性只能是空洞的逻辑重言式。任何表达形而上学真理的企图最终都不可避免地与感觉的界限相冲突。《逻辑哲学论》本身就是形而上学的最后挽歌，因为它的命题都是无意义的。没有哲学命题，也就没有哲学知识。哲学不是一门认知学科。它的成果并不是人类的知识，而是人类的理解。哲学的任务就是逻辑澄明的活动（1922：4.112）。而要完成这个任务则是通过对有问题的命题进行逻辑分析，这些命题明显暴露了形而上学论断是无意义的（1922：6.53）。这种哲学观对剑桥的分析家和维也纳小组都同样是决定性的。石里克后来写道，这构成了哲学中的"关键转折点"。

第四，《逻辑哲学论》带来了哲学中的"语言的转向"，虽然它并未完成这一转向。这标志着与弗雷格、摩尔和罗素的戏剧性决裂，维特根斯坦大胆地宣称，"一切哲学都是'对语言的批判'"（1922：4.0031）。该书的下列陈述表明了这种转向：（a）设定思想的界限是由于设定了语言的界限，即确定了意义与无意义的边界。（b）未来哲学的积极纲领是对命题即有意义的句子的逻辑—语言分析。（c）未来哲学的消极任务是表明，形而上学断定是竭力想说那些按语言的天性根本无法说出的东西。（d）维特根斯坦努力的关键在于澄清命题记号的本性（1922：4.5）。（e）对经验现象所做的语言描述的逻辑分析，产生了对"现象"的逻辑研究，即对逻辑的应用（该书纲要性地提出了这一点，但直到1929年"关于逻辑形式的几点评论"才得以实行）。（f）对符号系统的研究产生了该书的最大成就，即对逻辑真理的阐明。"逻辑命题的特征是，人们单从符号就能够知道它们为真，而这个事实本身就包含着整个逻辑哲学"（1922：6.113）。我已经指出《逻辑哲学论》带来了"转向"，但并未完成它。只有把该书的语言倾向与其毫无成果的关于符号体系（例如，只有简单名称才能代表简单对象，只有事实才能代表事实，命题是事实）的形而上学基础分离开来，才能完成这种转向。这是在20世纪30年代由维特根斯坦抛弃《逻辑哲学论》的形而上学才得以产生的，它使逻辑摆脱了任何形而上学的和"元逻辑的"（维特根斯坦讽刺性地使用这个词）基础，而且受其影响，维也纳小组也促成了这一转向。

第一次世界大战使分析哲学分裂为两个支流，即剑桥分析和逻辑实证主义。剑桥分析来源于摩尔、罗素和《逻辑哲学论》。摩尔发表的东西很少，但他在剑桥的教学却是很有影响的，而且他与布劳德共有的对感觉材料知觉论的关注成为剑桥分析最有特色的主题之一。① 他那注重细节的分析风格和坚持哲学工作就是对意义的分析这一信念同样对剑桥分析产生了影响。然而，语言转向的一个后果是，年轻一代把摩尔所谓的"意义"从直观思考的客观概念转变为自觉地努力分析表达式的语言意义。罗素虽然并不在剑桥，但他同样很有影响。布雷斯威特在 1933 年写道：

> 在 1919 年以及随后的几年中，伯特兰·罗素的著作支配着剑桥的哲学思想……他的那些发挥着他不断变化的哲学的著作和文章被人们如饥似渴地阅读着，而且成了 G. E. 摩尔和 W. E. 约翰逊讲座中被详尽评述和批判的对象。
>
> (Braithwaite 1933: 1)

凯恩斯（J. M. Keyens）在 1924 年写道：《逻辑哲学论》"自写成以来一直支配着剑桥的一切基本讨论"（Wittgenstein 1974：第 116 页）。它是对年轻的拉姆塞、布雷斯威特和威斯顿的主要影响。剑桥分析转向了还原论和逻辑建构的纲领。一些人接受了关于事实的（但不是简单对象的）本体论，寻求分析事实的逻辑形式，并力图表明某些事实仅仅是出自其他事实的逻辑构造。威斯顿发表于 1931—1933 年《心》杂志上的文章《逻辑构造》使这一纲领达到顶峰。逻辑主义在剑桥依然保持着旺盛的生命力，而拉姆塞在那里则致力于修补它的漏洞。在他 1930 年英年早逝之时，他已经接受了维特根斯坦的劝告：那是无法修补的。非认知的哲学观念使老一代大吃一惊，但却使新一代迷恋不已。布雷斯威特指出，把麦克塔格特（J. M. E. McTaggart）的《存在的本性》（1927）作为其"令人敬畏的例证"的传统思辨的形而上学已经被抛弃了。因为维特根斯坦已经表明，"我们可以事先肯定，宣称从逻辑上必然的前提出发，凭借逻辑上必然的蕴涵，派生出有意思的经验命题的系统，在某些方面是错误的"（Braithwaite 1933：第 23 页）。由《逻辑哲学论》带来的这种革命性哲学观念激发了整个 30 年代的英国关于哲学的性质、分析的特征及其与逻辑和语言的关系等的更广泛讨论。1930 年之后，维特根斯坦本人也在剑桥讲课，并且改变了他早期的大多数思想。这就改变了剑桥分析的方向，从经典的还原分析和逻辑构造转向

---

① 另一个最有特色的主题是归纳和概率。剑桥的来源是凯恩斯的《概率论》（1921）。布劳德、约翰逊（W. E. Johnson）、拉姆塞、伦奇（D. M. Wrench）、杰弗瑞（H. Jeffreys）以及 20 世纪 30 年代末的冯·赖特都对这一主题有所贡献。

《哲学研究》的方法，这一方法支配着第二次世界大战后的英国哲学。

两次大战期间分析哲学的第二个支流产生于维也纳，随后扩展到德国、波兰和斯堪的那维亚群岛，再后来扩展到英国和美国。维特根斯坦在这里的影响远远大于他在1929年前的剑桥。这无疑部分地是由于他在1927年和1936年间与维也纳小组成员的交往，部分地是由于维也纳小组对《逻辑哲学论》的密切关注。[①] 他们抛弃了逻辑原子论关于简单对象和事实的本体论，反对说出与显示的理论及其毫无效果的形而上学，放弃了认为每种可能的语言都必然地具有反映事实的逻辑形式的相同逻辑句法这种想法。但他们欢迎这样一种看法，即认为只有必然性是逻辑的，而逻辑真理则是空洞的重言式。他们接受了维特根斯坦对逻辑联结词和外延性论题的论述。以下五个主题刻画了逻辑实证主义，它们都深受维特根斯坦的影响，有时甚至被看作是一种误解。

第一，维也纳小组的哲学观来源于《逻辑哲学论》。哲学不是一门认知学科，它与科学截然不同，根据卡尔纳普，哲学的积极用处是澄清有意义的概念和命题并为科学和数学建立基础。传统哲学问题或者是伪问题，或者经过阐明是经验问题。哲学是对科学语言的逻辑句法的阐明。

第二，维也纳小组拥护对形而上学的破坏，这样他们接受了《逻辑哲学论》的主张，即不可能有形而上学的命题，坚决抛弃关于只能显示而无法说出的那种毫无效果的形而上学真理的观念。

第三，他们提出了证实原则，这来自他们在1929—1930年间与维特根斯坦的讨论。他们把可证实性看作经验意义的标准。

第四，他们旨在坚持"连贯的经验论"，否定理智可以作为先天综合知识的来源。经验论的传统绊脚石是逻辑真理、算术的和几何学的真以及形而上学问题。在他们看来，《逻辑哲学论》对逻辑真理的论述恰好使连贯的经验论成为可能。但与维特根斯坦不同，他们对逻辑真理的论述是约定论的。当维特根斯坦把逻辑真理看作是来自命题双向性质的流动时，维也纳小组则把它们构造成符号系统任意约定的结果，即它们由于逻辑联结词的意义为真。他们接受了希尔伯特对几何学的约定论陈述，（错误地）认为维特根斯坦把算术命题看作是可以还原为空洞的重言式。

第五，他们采纳了科学统一的论题，承认一种归纳主义的纲领，即把一切

[①] 在1924年和1926年两个学年中，他们每周会面，逐行阅读讨论这本书。

有认识意义的命题都揭示为可以从构成"所与物"的基本命题中推演出来。这个论题可以追溯到笛卡儿,而这一纲领则追溯到罗素,但他们认为一切命题都是初始命题的真值函项这种思想(即外延性论题)来自《逻辑哲学论》。假定初始命题是可以在直接经验中得到证实的,这就证明了这种还原论纲领。

到 20 世纪 30 年代中期,维也纳小组的观点分化为两支,一支是在《科学的世界概念:维也纳小组》中表达的卡尔纳普—纽拉特正统实证主义一派;另一支是石里克—魏斯曼,他们深受维特根斯坦后期哲学的影响,这种哲学是在与《逻辑哲学论》相反的方向上发展的。维也纳小组的思想统一由于内部的批评而开始瓦解,但其组织上的统一则由于纳粹的兴起而遭到破灭。它的主要遗产存留在二战后的美国,维也纳小组的许多成员定居在那里,并塑造了战后的美国哲学。

战争造成了哲学的中断。在 1945 年后的几年中,牛津成了分析哲学的主要中心。领袖人物是赖尔和奥斯汀以及有力支持他们的魏斯曼、格赖斯、哈特、汉普谢尔和伯林(I. Berlin),还有他们的晚辈如斯特劳森、厄姆逊和后来的黑尔(R. M. Hare)、皮尔斯、奎因顿和瓦诺克。主要影响来自后期维特根斯坦,他的思想在其遗著《哲学研究》发表之前是由魏斯曼、保罗(G. A. Paul)和后来的安斯康姆(E. Anscombe)传送到牛津的,但许多重要的人物,如奥斯汀、涅尔和格赖斯并没有受到他们的影响。与维也纳小组不同,牛津分析哲学并不是一个"学派",它没有发表什么宣言,也不坚持某种正统观念。虽然维特根斯坦的影响是巨大的,但他的观念是被同化的而不是被用于训练的。牛津分析哲学是由不同的、有时甚至是相互冲突的观念构成的,用"日常语言哲学"这种使人误解的说法去归类,只能是一种无知。

不过,我们可以确认某些共同的东西。形而上学被抛弃了,而这个词本身只能出现在索引中。当斯特劳森在《个体》(1959)中使这个词重新流行起来时,它已经有了更好的涵义。因为描述的形而上学并没有要求获得超验的知识或描述世界的逻辑结构。它规定自己是一种对我们概念图式最普遍特征的描述,即对我们的语言或任何可以区分经验及其对象的语言的描述。这样看来,描述的形而上学就是对诸如客观殊相、个人、经验和时空等这些最普遍结构性概念的关联分析式的研究。

如前所述的分析和两次大战期间流行的还原和逻辑构造纲领,也都被抛弃了。但分析的术语,亦即现在盛行的"语言分析"或"概念分析"则被保留下来，这就是说，为了哲学阐明而去描述相关概念的相互关联性，描述它们的蕴涵、可比性和不可比性，描述使用哲学上有疑问的表达式的条件与场合。逻辑上独立的初始命题，或简单地说，不可分析的名称或概念，并不是这种分析的终极结果。它是以清晰性为终结的，而只有当通过所有相关网络回溯到概念之网时，我们才能获得关于给定问题的清晰性，斯特劳森的"关联的分析"一词就恰当地表明了这种方法。

在这种松散的而非还原的意义上，从属于分析的是语词在句子中的用法。摩尔式的对概念的看法已经被抛弃了，谈论概念被看作是它可以证明为对语词用法的抽象。人们并不是普遍认为一切哲学问题都是有关语言的问题，或它们都是出自语言而产生的伪问题，更不用说认为它们都可以通过设计一种"理想语言"而得到解决了。没有什么人相信谓词演算系统提供了解开哲学难题的钥匙，更不用说相信它构成了可能语言的深层语法。但人们始终普遍承认，解决或消除哲学问题的先决条件是对它们所在的自然语言中相关语词用法给出耐心细致的描述（这些语词可能是或不是某门特殊学科的专门术语）。

尽管后期维特根斯坦治疗式的哲学观并没有被普遍接受——至少不是作为整体来接受，但他的下述观点则因不同程度的论证而达成广泛共识，即哲学不是科学的延续，它只是对人类理解的特殊贡献，而不是对人类知识的延伸或增加。尽管他对"语法的"一词的特殊用法并没有得到继承，但他的这一说法则得到了延续，即"语法陈述"是先天的，翻译成牛津的术语就是，"概念真理"是先天的。赖尔指出，哲学问题是一种特殊的问题，而不是关于特殊实体（诸如观念、柏拉图的意义或概念、逻辑对象或意向对象等）的日常问题。它们不是科学的经验问题，因而无法用科学的方法或理论加以解决。

人们已经承认，哲学是没有等级之分的。那种认为逻辑是哲学的基础，或被称作"语言哲学"（这个词当时甚至并不存在）的学科是其他一切哲学的基础的假定不再被接受了。没有哪一部分哲学可以被认为是在先的或基础的。但语言的转向毕竟已经发生了，而且到 20 世纪 50 年代，大多数人都把它视为理所当然的了。虽然哲学的不同分支不能看作是生长于某个主干，但它们的统一显然是由于哲学难题的共同特征和共同的解决方法。哲学的核心是关注意义和对表达式意义的澄清，这并非出于自身的缘故，而是出于解决哲学问题。因而，首要的方法是描述语词的用法，而不是根据支配 20 世纪 70 年代和 80 年代英美语言哲学的戴维森纲领去构造一种意义理论。到那时，分析哲学就开始衰退了。

走向何方？

20世纪分析哲学的统一是历史性的，这是差异中的统一，因为没有明确的特征可以描述分析运动的所有阶段。但每一阶段又都共有某些先前的或同时存在的特征。某些特征有着共同的祖先，譬如分析（根据某些解释，是"语词方式"），抛弃形而上学，但它们是以更新的方式或比先前更彻底、更精确的方式得到展开的，并以更新的论证得到捍卫。还有的特征是较新的，如把新逻辑用作分析的工具和非认知的哲学观。我认为，用"分析哲学"来命名我们这个世纪的这种显著的混合观念之流，是最为明白和很少误解的。由于许多这样的观念都有古老的祖先，因而，我们可以根据其哲学和哲学方法与20世纪的这场运动中这个或那个阶段的相似性，相对无可争辩地确定分析哲学的先驱。而这场运动本身则最好是用描述而不是用分析来加以确定。

我认为，分析哲学在70年代之后就衰退了。我愿意通过阐明这一点而得出结论。分析运动的每一阶段都是由革命热情激起的。倡导者们热忱地相信，他们正在使哲学摆脱自命不凡，清除藏污纳垢的处所，重新树立哲学的形象。到了70年代，这种革命的日子就已经过去了。科学理性的精神是无须辩护的，这是技术的胜利，是20世纪科学最伟大的理论发现的胜利，自满情绪就由此产生了。分析运动所有阶段在方法论上的自我意识特征就消失了，因为哲学似乎不再需要辨明了。关于哲学是什么，我们希望从中能够得到什么，以及哲学命题是什么和它们是如何与科学命题相关联的，对这些问题已经没有任何严格的争论了，这就是20世纪晚期哲学的一个明显特征。科学主义成为许多当代哲学，特别是心理学哲学和语言哲学（尤其是受理论语言学影响的部分）的标志。分析传统的批判功能已经被抛弃了。哲学再次被普遍地看作是科学的延伸，其区别既不是由于它的思辨特征，也不是由于它的普遍性（如同罗素认为的那样）。

导致这种变化的原因是多方面的，许多是哲学之外的。在哲学内部，主要的人物是蒯因。他对分析与综合区分的抛弃，本身并不是与分析传统的关键性决裂，而只是与卡尔纳普和逻辑实证主义的决裂。因为后期维特根斯坦同样避免这种术语，它在牛津哲学家们中也没有起到主导作用。① 但我认为，全盘抛弃

---

① 的确，早在蒯因1951年发表《经验论的两个教条》之前，魏斯曼就在1949—1953年发表于《分析》上的六篇关于"分析与综合"的文章中对这种严格的传统区分提出了挑战。

分析与综合、偶然与必然、先天与后天之间的一切区分或相关的区分，却是一种关键性的决裂。因为随着抛弃这样三种区分以及一切类似的区分，那种把哲学看作一种特殊的、截然不同于科学的批判学科，看作一种先验的研究，看作与作为原告的摆在面前的自然相对的意义法庭的哲学观就瓦解了。但正是这种元哲学的观念描绘了（尽管以多少不同的方式）第一次世界大战后至今的分析哲学，即从《逻辑哲学论》的发表，经过维也纳小组和剑桥分析，直到《哲学研究》和牛津分析哲学家。分析哲学或许恰当地抛弃了由康德、弗雷格和卡尔纳普等人划定的分析与综合的区分。它不仅可以而且应当把必然与偶然的区分看作研究和阐明所要解决的问题，而不是看作分析学派依赖的基础。但如果它必须同样放弃先天的意义问题与经验的、后天的事实问题之间的任何区分（这就是维特根斯坦关于语法命题与经验命题之间的区分，即句子的用法之间而不是句子类型之间的区分的一种形式），那么作为一门独立学科的哲学就会遭到破坏，而且这就意味着分析哲学的终结。它敞开了通向伪哲学的毫无观察、实验和确证之虞的思辨科学之门。

人们或许有理由认为，蒯因回到了《逻辑哲学论》之前的分析哲学早期的罗素阶段，因为他的哲学观与罗素有着相近之处。但如果真是这样，那么为什么不应当把它看作是对早期罗素与实用主义结合的最新发展呢？人们无法在历史长河中倒游。倘若1911年在剑桥遇到罗素的是年轻的蒯因，而不是年轻的维特根斯坦，那么，分析哲学的历史就会完全不同了。但分析哲学的河床毕竟是由《逻辑哲学论》带来决定性转变的，而且这一转变的方向是与罗素的分析观相对立的，后者并没有对这一运动产生进一步的影响，直到1960年蒯因的主要著作问世，他没有追随分析哲学已经走过40年的主流。这是一次决定性的决裂。虽然蒯因在某些方面回到罗素，但他从未接受罗素的分析观，即表现为先是逻辑主义，然后是《我们关于外间世界的知识》和后来的《心的分析》与《物的分析》中的还原论。

蒯因对上述三种区分的攻击在美国得到了普遍的接受，但这并不是他提倡哲学中科学主义努力的唯一特征。我认为还有四个特征值得注意，即蒯因的本体论转向，他的物理主义，他对自然化认识论的提倡，他的行为主义以及随后对语言哲学中规范性问题的排斥。第一个特征是把注意力从关于在各种论域中存在的属性（即认为存在颜色或存在精神状态或存在法律体系或存在虚构人物等究竟意味着什么）这类分析问题，转向关于某些"实体"是否存在，或是否需要出于科学的目的，或为了关于确实存在之物的最佳"理论"而设定它们存在，这类假定的本体论探究。蒯因认为，唯一真正的知识是科学知识。他声称，物理学研究"世界的本性"，支配一切现存事物行为的根本规律就是物理学规律。"如果我们是在描绘实在的真实终极结构"，我们就应避免意向的用法，因为没有必要假设精神状态的存在，我们只是应用唯一指称"有机体的物理构成和行为"的严格图式（Quine 1969：第 221 页）。因而，对所发生的一切事情的终极说明也都是由物理学提供的说明，蒯因的物理主义是 20 世纪 70—80 年代涌现的消除唯物主义的科学主义的主要灵感。他的自然化认识论"占据了作为心理学的一章、因而也是自然科学的一章的地位"（Quine 1969：第 82–83 页）。因此，对知识陈述中所涉及的辨明模式和概念构造的分析研究，也就展现为刺激模式的输入如何导致语言行为和其他行为的输出这个问题的研究。自然化的认识论最终又恢复了分析哲学反对心理主义时竭力根除的发生学。他的行为主义以及对语言论述中规范性的拒斥，排除了对意义与无意义之间界限的研究，后者从 20 世纪 20 年代以来一直占据着分析哲学的中心。

　　蒯因的哲学观培育了这样一种信念，即哲学是科学的继续，它与科学一样关心理论建构。像科学一样，它的目的在于增加人类关于实在的知识。如果蒯因正确的话，由于每一种概念图式都是理论的，涉及本体论的承诺，在许多同代人看来，日常语言仅仅是关于一种文化的前科学的概念图式，有利于它为之演化的世俗目的，但却承诺了大量错误构想的前科学理论。前科学的物理学和心理学也嵌入了这样的日常语言之中。所以，哲学的理论化不必比物理学或心理学更多地关注表达式的日常用法。它的目标既不是清除出自感觉限度上的细微冲突而产生的混淆，也不是描述我们概念图式的精妙构造，而是对我们关于世界的理论做出贡献。

　　由蒯因引发的这种倾向从哲学之外得到了进一步的支持：乔姆斯基的理论语言学，计算机科学和人工智能的发展，神经生理心理学（特别是在视觉理论领域内）的成就。随着（为蒯因所诅咒的）后行为主义认知科学的诞生，分析的心灵哲学就衰落了。心理学哲学本身就是与对认知科学的思索相关联的，而在对心理学概念构架的分析研究与关于大脑机制的假设之间的界限也变得模糊不清了。同样，分析的语言哲学与理论语言学的界限也遭到了侵蚀。

　　对分析哲学的衰落可以采取一种启示性的看法。人们可能会这样认为，康德的批判哲学结束了哲学自命不凡地宣称能够获得科学难以达到的先验真理，而分析哲学则通过终结下述哲学目标即揭示先天综合真理以及约束纯粹理性在数学领域获得这种真理的自命不凡，最后完成了对这一学科的毁灭。通过剥夺哲学自己拥有的任何题材，分析哲学不就使这门学科走到尽头了吗？值得注意的是，石里克的"哲学的转折点"就得出了关于未来图景的结论，在这种图景中，"没有必要再谈论'哲学问题'，因为人们会哲学地谈论有关的一切问题，即清晰地和有意义地谈论"。卡尔纳普询问，如果一切有所表达的陈述都是有关经验性质的陈述，都属于科学，那么给哲学还留下什么？他答道，"留下的不是陈述，也不是理论，也不是体系，而只是一种方法：逻辑分析的方法"。他认为，逻辑分析的积极任务"是澄清有意义的概念和命题，为事实科学和数学建立逻辑的基础"。这就是，而且只有这才会是关于未来的"科学的哲学"（Carnap 1959：第77页）。但人们或许认为，如果卡尔纳普为哲学留下的专门领域完全依赖于他所坚持的分析与综合的区分，如果蒯因消除这种区分是非常成功的，那么，这种"科学的哲学"也就合并为科学了。哲学的转折已经导致了哲学的终结。

我相信，这种反应可能被深深地误解了。我不知道分析哲学的消失是否只是时间上的某一阶段问题，但这的确是非常明显的。分析传统为哲学留下了两个可以为后代继续完成的普遍任务。第一个是批判的任务，即消除既在哲学中也在人类思想与反思经验的其他领域中出现的概念谜团和概念混淆。对这种哲学角色的清晰阐述是由后期维特根斯坦完成的。经过恰当的阐释，这种阐述至少部分地刻画了哲学史上的许多主要哲学问题，以及解决它们的一种（或一类）方式。这是众所周知的而无须阐述了。有时这种阐述也被责怪为过于"消极"和"安静"了。但仅仅在医学是消极的（即"仅仅"使病人恢复健康）这种意义上它才是消极的。而且正像医学一样，哲学所要治疗的许多理智疾病都是长期存在的，需要在不同的变化中代代医治。关于哲学任务的这种看法根本不是安静的，这明显地表现为进一步的特征。最初，哲学一直是得到允许进入科学的。因为概念谜团和混淆并不是哲学才有的。分析哲学在其革命时期的劲敌，即思辨形而上学的神话，宗教在科学事务上表现出的自命不凡，以及在伦理和政治事务上的专横独断（ipse dixitism）（用边沁巧妙的术语）等，可能都已经被击败了，至少是暂时地被击败了。理性的科学探索和理性的社会思想和政治思想，在其本身的范围内，现在大多摆脱了我们文化中的这样一些障碍。但这不应当引起自满。因为现在敌人就在我们中间，如果科学志得意满，那么它同样是神话和神秘化的来源。因为真理的每一种来源也都必定是这两类错误的可能来源。相对于经验的错误而言，各门科学是装备优良的，虽然它们之间的战斗可能是很艰难的。但相对于制造神话、概念的神秘化和混淆，它们却谈不上装备优良。因为人们所面对的难题并不是理论上的；过错并不是假话或有缺陷的理论，而是缺乏意义。分析哲学非常适于与此作战。哲学的一部分关键任务不是去质疑真理，而是去质疑（例如）理论语言学家关于下面这些东西的谈论的可理解性（intelligibility）：思想的先天语言，"语言基因"，或无意识地"认识"到普遍语法理论的一个语言的说话者，或为相互理解所必需的解释理论。哲学的一部分任务不是去探究下述说法是否为真，而是它是否有意义，即像许多实验心理学家认为的那样，为了让一个人能够看见东西，大脑就必须构造假设，应用归纳逻辑，推理，构造视觉域图像，并根据适合它的信息指派物体表面的色彩。类似的供探究的问题，在物理学和生物学，以及在经济学和社会科学等分支中，都是共同的。批判的分析哲学并不是科学的延伸，而是意义的法庭。当科学不知不觉地陷入构造神话和堕入概念混淆时，它就应当在这样的法庭前受到审讯。

第二个任务是补充，用维特根斯坦的话说，就是在给定的论域中清晰地展现我们语词的用法或我们语言的语法（在维特根斯坦独特地使用"语法"一词的意义上），或者用斯特劳森的语言，是描述我们概念图式的结构或其中的某些片段；或者用赖尔的隐喻，是划分和调整我们已有知识的逻辑分布图。（这里有许多差别，但眼下不必考虑它们。）这里划出的地图可能是非常一般的，代表一种从卫星俯视的角度——如果人们的目的恰好是一般的，正像斯特劳森在《个体》中所做的那样。或者它可能代表一种鸟瞰式看法——更详细地，但只是针对所选的领域，正像冯·赖特在《善之种种》中所做的那样。或者它可能集中在某个极专门的地方，正像阿兰·怀特（Alan White）在《注意力》中所做的那样。但无论人们的目的是在于描绘全球、一片大陆、一个国家还是一个郡县，这个任务都会出于其独立的兴致或出于与专门的哲学问题相关的专门目的而得以完成，虽然概念的（非经验的）东西并不必定是混淆的表达式和概念的纠缠。无论如何，实现这个任务也就必然会竭力根除概念的混淆。

哲学的这种积极任务只能在相对的意义上得以完成，不可能存在单一的概念疆域地图，它依赖于绘图者的视角和目的。不同的地图总是要求符合各个时代不同的理智需求。尽管这个疆域的许多特征都是稳定的，因为我们的语言及其用法有着合理永恒的结构特征，但其他的特征则是变化无常的，受到风雨的侵蚀和属于偶然突发事件的冲击，如同我们对自身和周围世界的看法经历着周期性大劫难一样。

哲学的批判任务的确是西西弗斯式的。因为我们可能陷入的混淆是没有止境的。而且，一旦有了新的发现（如神经生理心理学的当代发展），一旦提出新的理论（如相对论），一旦做出新的发明——无论是先验的（如现代逻辑演算的发明）还是实践的（如计算机的发明），就会出现概念混淆和理智神话的新来源，新的说明模式就会成为可以接受的并被明显地用于超出它们的合理限度，提出示众的新问题也被看作是不能经受经验方法和科学理论建构的考验的。试图达到顶峰的人必须意识到，他们的成就可能仅仅用于自身一代，相关于困扰他们时代的问题。每一代都必须重新劳作。达到顶点的人可能会为他们能够告诉同代人阳光明媚和视野开阔而感到欣慰，即使他们也知道乌云在视野之外可能依然密布。①

参考文献

Baker, G. P. and P. M. S. Hacker, 1985. *Wittgenstein: Rules, Grammar and Necessity*, Oxford and New York: Blackwell.

Bentham, J., 1983. *Chrestomathia*, Oxford: Clarendon Press.

Bergmann, G., 1964. *Logic and Reality*, Madison: University of Wisconsin Press.

Braithwaite, R. B., 1933. "Philosophy", in H. Wright (ed.), *Cambridge Studies*, Cambridge: Nicolson and Watson.

Carnap, R., 1959. "The Elimination of Metaphysics", in A. J. Ayer (ed.), *Logical Positivism*, New York: The Free Press.

Dummett, M. A. E., 1978. "Can Analytic Philosophy be Systematic, and Ought it to Be?", in *Truth and Other Enigmas*, London: Duckworth.

——1993. *Origins of Analytic Philosophy*, London: Duckworth.

Feigl, H. and Sellars, W. (eds.) (1949) *Readings in Philosophical Analysis*, New York: Appleton-Centure-Crofts.

---

① 我非常感谢 H.-J. 格罗克博士、O. 汉夫林教授和 J. 海曼博士对本文初稿的评论。

Flew, A. (ed.), 1951. *Logic and Language*, Oxford: Blackwell.

Frege, G., 1964. *The Basic Law of Arithmetic*, trans. M. Furth, Berkeley and Los Angeles: University of California Press.

——1972. *Conceptual Notation*, Oxford: Clarendon Press.

——1979. "Logic", in *Posthumous Writings*, Oxford: Blackwell.

——1980. *Philosophical and Mathematical Correspondence*, Oxford: Blackwell.

Hacker, P. M. S., 1996. *Wittgenstein's Place in Twentieth Century Analytic Philosophy*, Oxford: Blackwell.

Kenny, A. J. P., 1995. *Frege*, Harmondsworth: Penguin Books.

Keynes, M., 1921. *Treatise on Probability*, London: Macmillan.

McTaggart, J. M. E., 1927. *The Nature of Existence*, Cambridge: Cambridge University Press.

Nagel, E., 1936. "Impressions and Appraisals of Analytic Philosophy in Europe", *Journal of Philosophy* 33.

Pap, Arthur, 1949. *Elements of Analytic Philosophy*, New York: Macmillan.

——1955. *Analytische Erkenntnistheorie*, Vienna: Springer Verlag.

——1958. *Semantics and Necessary Truth: an Inquiry into the Foundations of Analytic Philosophy*, New Haven: Yale University Press.

Philipse, H., 1992. "Husserl and the Origins of Analytical Philosophy", *European Journal of Philosophy* 2.

Quine, W. V. O., 1951. "Two Dogmas of Empiricism", *Philosophical Review* 60: 20-43.

——1960. *Word and Object*, Cambridge, Mass.: MIT Press.

——1969. *Ontological Relativity and Other Essays*, New York: Columbia University Press.

Rorty, R., 1967. *The Linguistic Turn*, Chicago: University of Chicago Press.

Russell, B., 1914. *Our Knowledge of the External World*, Chicago: Open Court.

——1921. *The Analysis of Mind*, London: Allen and Unwin.

——1927. *The Analysis of Matter*, London: Kegan Pual.

——1959. *My Philosophical Development*, London: Allen and Unwin.

——1986. "The Philosophy of Logical Atomism", in John G. Slater (ed.)

The Collected Papers of Bertrand Russell, Vol. 8, London: Allen and Unwin.

Ryle, G., 1970. "Autobiographical", in O. P. Wood and G. Pitcher (eds) *Ryle, a Collection of Critical Essays*, New York: Doubleday.

Schlick, M., 1959. "Turning Point in Philosophy", in A. J. Ayer (ed.) *Logical Positivism*, New York: Free Press.

Sluga, H., 1980. *Gottlob Frege*, London: Routledge and Kegan Paul.

Strawson, P. F., 1959. *Individuals*, London: Methuen.

——1985. *Scepticism and Naturalism, Some Varieties*, London: Methuen.

——1992. *Analysis and Metaphysics, an Introduction to Philosophy*, Oxford: Oxford University Press.

Von Wright, G. H., 1993. "Analytic Philosophy: a Historic-Critical Survey", in *The Tree of Knowledge and Other Essays*, Leiden: E. J. Brill.

Waismann, F., 1939—1940. "Was ist logische Analyse?", *Erkenntnis* 8.

——1949—1953. "Analytic-Synthetic", *Analysis*.

Wisdom, J., 1931—1933. "Logical Constructions", *Mind*.

Wittgenstein, L., 1922. *Tractatus Logico-Philosophicus*, London, Boston and Henley: Routledge and Kegan Paul.

——1929. "Some Remarks on Logical Form", Proceedings of the Aristotelian Society, suppl. vol. ix: 161−71.

——1958. *Philosophical Investigations*, Oxford: Blackwell.

——1974. *Letters to Russell, Keynes and Moore*, Oxford: Blackwell.

——1978. *Remarks on the Foundations of Mathematics*, Revised edition, Oxford: Blackwell.

——1980. *Culture and Value*, second edition, Oxford: Blackwell.

(江怡译)

当代美国分析哲学[*]

约翰·塞尔

在美国，从事于研究哲学这门学科的人，比研究人文科学和社会科学中其他学科（如社会学、历史学、英语或者经济学）的人要少得多；不过，哲学仍然显示出丰富多彩的景象。观点上的这种丰富多彩的情况可以从下述事实中看出来：美国大多数专业哲学家可以发表独创性的研究成果，他们的不同观点在出版的书籍以及许多专业性的哲学刊物中得到充分表达。在美国，几乎所有的专业哲学家都是高等教育机构的教授，这里有两千多所高等院校，它们大多设有哲学系，专业哲学家相应地人数众多。

由于这种多样性，要对这门学科作为一个整体加以概括的叙述，如我现在要做的那样，不可避免地会引起误解。对于在一篇文章中叙述这个题材来说，它是过于广泛，也过于复杂。而且，任何一个像我这样积极参加当前的争论的人，必然具有他或她自己的兴趣、承诺和信念所形成的观点。我不可能做出一种"客观"的叙述。因此，我在下面不打算对当代的哲学状况做出一种不偏不倚的、公正无私的叙述，毋宁说，我试图谈谈在我看来在当前的发展中什么是重要的。

尽管美国当代哲学具有丰富多彩的内容，这里毕竟还有某些中心主题。在美国居于主导地位的哲学研究方式被称为"分析哲学"。美国最好的哲学系毫无例外地都受分析哲学的支配，美国主要的哲学家，除极少数人外，都可划入分析哲学家之列。从事于分析传统以外的其他类型的哲学的人，例如从事于研究现象学、实用主义、存在主义或马克思主义的人，都感到在申述自己的立场时必须对分析哲学做些考虑。事实上不仅在美国，甚至在整个英语世界，包括大不列颠、加拿大、澳大利亚和新西兰，分析哲学都是居于主导地位的哲学研究

---

[*] 本文是作者提交给中国社会科学院和美国文理科学院北京学术讨论会（1983年）的论文。

方式。它在斯堪的那维亚也居于主导地位。在德国、法国、意大利以及整个拉丁美洲，它也得到日益广泛的传播。我亲自发现，在世界上所有这些地区，我们都能去讲演当代分析哲学的课题。而听众对这门学科的技巧都有丰富的知识，受过良好的训练。

一、分析哲学

那么，什么是分析哲学呢？对分析哲学的最简单的表征是它主要致力于意义的分析。为了说明这项研究工作以及它的意义，我们首先需要谈一下它的历史。虽然美国目前就分析哲学而言在世界上处于领导地位，但这种哲学研究方式却渊源于欧洲。分析哲学特别是根植于弗雷格、维特根斯坦、罗素和摩尔的研究工作，以及维也纳学派的逻辑实证主义者在20世纪20年代和30年代所做的研究工作之上。从历史向前追溯，也可以把分析哲学看作英国伟大哲学家洛克、贝克莱和休谟的经验论以及康德的先验哲学的天然后裔。再向前追溯，甚至可以远在柏拉图和亚里士多德的著作中发现分析哲学方法的许多主旨和预设。我们可把现代分析哲学的起源最恰当地概括为：这是把认识论中的经验传统、康德的基础主义以及戈特洛布·弗雷格在19世纪晚期首创的逻辑分析方法和哲学理论结合在一起。弗雷格在对数学基础进行研究的过程中，首创了现代形式的符号逻辑，提出一种内容丰富而又深刻的语言哲学。尽管弗雷格关于语言和数学的观点中的许多细节已经落后，但他的工作至少在下述两点上是有重大意义的。首先，通过创立现代逻辑，特别是谓词演算，他给我们提供了一种用于哲学分析的主要工具；其次，他使语言哲学成为全部哲学研究的核心。从分析哲学的观点看来，弗雷格的著作是19世纪最伟大的、唯一的哲学成就。后来，弗雷格的逻辑分析技术被扩大到把摩尔、维特根斯坦以及20世纪50年代在牛津繁荣起来的语言哲学学派所倡导的日常语言分析也包括在内。简略说来，分析哲学试图把某些传统的哲学话题和现代技术结合到一起。

分析哲学从来不是固定不变的，因为它本身就富于自我批判精神，分析哲学家经常对自己的预设和结论提出质疑。不过，可以在分析哲学的发展过程中确定一个中心时期：粗略说来，这个时期包括第二次世界大战前夕的逻辑实证主义阶段和战后的语言分析阶段。我们可以看出，分析哲学的战前阶段和战后阶段都是由这个时期中某些处于核心地位的基本理论规定的。

在这个中心时期，分析哲学是由一种关于两种语言区别的信念和一个研究纲领规定的。这两种区别：其一是分析命题和综合命题之间的区别；其二是描述的说话方式和评价的说话方式之间的区别。这个研究纲领是一个传统的哲学研究纲领，即试图探索语言、知识、意义、真理、数学等有疑问的哲学现象的基础。要考察分析哲学在过去30年来的发展，一种办法就是把它看作人们逐渐否定这两种区别，与此相应，人们也拒绝把基础主义看作哲学的主要活动。无论如何，在这个中心时期，这两种区别不仅被看作分析哲学的主要信念，而且，那些承认这两种区别的哲学家还把这两种区别与那个研究纲领用于规定哲学本身的性质。

（1）分析与综合的对立

分析命题和综合命题之间的区别被认为是下述两种命题之间的区别：一种命题的真假取决于定义或者取决于其中所包含的词的意义（分析命题），另一种命题的真假取决于世界上的事实，而不仅仅取决于词的意义（综合命题）。分析真理的例子有如："三角形是有三条边的平面图形"，"所有的单身汉都是没有结婚的"，"妇女是女性的"，"2＋4＝4"，等等。在以上每一例子中，命题的真完全取决于命题的意义。这些命题是由于其中所包含的词的定义而成为真的。可以先验地知道这样的命题或真或假，在每一种场合下，它们都表示必然真理。"分析的"、"必然的"、"先验的"和"同语反复的"这些词被看作是外延相同，这一点的确是这个中心时期分析哲学的一个重要特征。与分析命题相对立的是综合命题，它们如果是真的，那它们是由于经验事实、而不仅仅是由于定义而成为真的。例如，"美国的女人多于男人""单身汉往往比结了婚的男人死得早""物体按照平方反比律相互吸引"等命题被称为"综合命题"，如果它们是真的，它们就表示某些关于那个独立于语言而存在的真实世界的后验经验真理。按照这种观点，那样的经验绝不是必然的，而是偶然的。因此，在持这种观点的哲学家看来，"后验的""综合的""偶然的""经验的"这些词被看作外延上或多或少是相同的。

逻辑实证主义运动有一个基本假设，这就是一切有意义的命题或者是分析的，或者是综合的，像我刚才对这两词所定义的那样。实证主义者希望在科学与日常生活中有意义的命题和形而上学与神学中无意义的命题之间划一条明确的界限。他们声称：一切有意义的命题要么是分析的，要么是综合的；逻辑和数学这样一些学科属于分析范围，经验科学和大部分常识属于综合范围，那些既不是分析的又不是综合的,因而原则上无法证实的命题,被说成是荒谬的或者无意义的。实证主义者的这种看法被称为"可证实性原则",这一原则可以简略地陈述为:一切有意义的命题或者是分析的,或者是综合的,而那些综合命题是可以通过经验检验的。这种看法被简化成一个更为简明的战斗口号:命题的意义恰恰在于它的证实方法。

(2) 评价话语和描述话语之间的区别

在实证主义者对事物的看法中另一个同样重要的区别,在于下述两类话语之间的区别:一类话语表达的命题可以或者是真的,或者是假的;另一类话语不是被用来表达真或假,而是被用来表达我们的情感或情绪。"过去十年内盗窃案件增加了"是描述性陈述的一个例子,而"盗窃是错的"则是评价性陈述的一个例子。实证主义者认为,有许多话语,它们在形式上是有意义的命题,然而事实上不是用于陈述那些可证实或者是分析的或者是综合的命题,而是被用来表达情绪和情感。伦理学的命题看起来好像具有认识意义,然而其实并不具有认识意义,它们只具有"情绪的"或"评价的"意义。科学、数学、逻辑学以及大部分常识的命题属于描述话语这个类,而美学、伦理学的话语以及宗教的许多话语则属于评价话语这个类。重要的是指出,按照这种观点,评价性陈述严格说来无所谓真假,因为它们不能被证实为或者是分析的,或者是综合的。

这两种区别有密切联系,因为分析与综合的区别中的所有成员都包括在描述话语和评价话语的区别中的描述话语这个类之中。这两种区别对于规定哲学研究的性质以及规定语言和实在的相互关系来说,其重要性不论怎么说也不会夸大。某些传统的哲学领域,如伦理学、美学和政治哲学,之所以被排除于有认识意义的领域之外,就是由于描述命题和评价命题之间的区别造成的。这些领域的命题大部分被看成是没有意义的,它们是情感和情绪的表达,而不是一些严格说来非真即假的话语。既然哲学家的任务是陈述真理,既然评价性话语不可能或真或假,因此做出任何评价性话语就不可能是哲学的目标。哲学家可以分析评价性词汇的意义,也可以考察这些词汇之间的逻辑联系,但是,哲学家作为哲学家来说,不能在美学、伦理学或者政治学中做出任何第一层次的评价,因为这些第一层次的评价严格说来是没有意义的。它们可能具有某种第二层次的、派生的意义,即所谓"情绪意义",但是它们不具有科学上可接受的认识意义。

如果说哲学的使命在于陈述真理,而不在于做出评价,那么什么是哲学的主题呢？既然哲学使用的方法不是经验科学使用的那些方法，既然哲学使用的方法是先验的，而不是后验的，因此陈述关于世界的经验真理就不是哲学家的目标，这样的命题是专门科学的命题。因此，哲学家的目标在于陈述分析真理，这类真理涉及我们语言中概念之间的逻辑关系。在这个哲学时期，哲学的使命被看作是从事概念分析。的确，传统的哲学家认为他们的任务在于讨论善、真、美、正义的性质，实证主义和后实证主义的分析哲学家则认为他们的任务在于分析"善""真""美""正义"这些概念的意义。在理想的情况下，对这一些以及其他一些哲学家感兴趣的概念，如"知识""确定性""原因"等进行的分析，应当为这些概念的应用提供必要的而且充分的条件。他们把这种分析看作传统哲学的合法继承人，不过这个继承人不再带有使传统哲学的信誉受到损害的那种形而上学的荒谬和混乱。

如果我们把哲学基本上是一种概念分析活动这样一个假设，与哲学的任务是基础主义的（也就是说，哲学的任务是为知识提供可靠的基础）这样一个假设结合到一起，那么，在实证主义者看来，其结论就是哲学分析大部分倾向是还原的。这就是说，这种分析的目的在于表明，譬如说，经验知识如何立足于我们的经验材料即所谓感觉材料之上，并且最终可以还原为这种感觉材料（这就是所谓"现象主义"的观点）。与此相似，关于心智的陈述立足于关于外部行为的陈述之上，因而最终可以还原为关于外部行为的陈述（行为主义）。同样地，必然真理立足于定义形式表现出来的语言约定之上（约定论）；数学立足于逻辑特别是集合论之上（逻辑主义）。在每种场合下，哲学上较多地令人困惑的现象被表明为在某些较少地令人困惑的现象中有其可靠的基础。其实，这种分析的理想目标就在于表明那些令人困惑的现象完全可以还原为较少令人困惑的现象。"现象主义"被认为给科学提供了一个可靠的基础，因为可以表明科学建立在我们的感觉材料之上。由于这种还原的形式是分析的或者定义的，因此其结果在于可以把关于经验实在的陈述翻译为关于感觉材料的陈述。与此类似，关于心智现象的陈述也可以翻译为关于行为的陈述。

在把概念分析看作哲学的目标的分析哲学家中间，有两个集团。一个集团认为日常语言一般说来是完全适当的，既可以作为工具，也可以作为哲学分析的题材；另一个集团认为日常语言对于哲学目的来说是绝对不适当的，而且混乱到无可救药的地步。后面这些哲学家认为，我们应当利用现代数理逻辑这种工具，既把它用于分析传统的哲学问题，更为重要的是，还可把它用于建立一种逻辑上完善的语言，为科学目的和哲学目的服务，在这种语言中根本不可能出现某些传统的混乱。在这两个集团之间从来没有精确的界限但肯定有两种不同的倾向：一种倾向于强调日常语言；另一种倾向于强调符号逻辑。尽管如此，这两个集团都接受这样一个核心的观点，即概念分析是哲学的目标，因而哲学根本不同于其他任何学科。他们认为哲学是一门第二层次的学科，它分析一般语言的逻辑结构，而不研究关于世界的第一层次的真理。哲学在其题材之上所以是普遍的，正是因为除了所有其他学科的话语和常识的话语之外，它没有任何专门的题材。

对哲学的这种看法的另一个结论是，哲学基本上是一种语言的或概念的活动。因此，语言哲学对于哲学的使命来说绝对处于中心的地位。其实，从某种意义上，语言哲学不仅是"第一哲学"，而且全部哲学的确都具有语言哲学的形式。哲学只不过是对各种科学和日常生活中使用的语言的结构进行逻辑考察。

二、对这两种区分的否定和对基础主义的否定

20世纪50—60年代进行的工作导致对这两种区分（分析命题与综合命题之间和评价话语与描述话语之间）的否定；而且，随着对这两种区分的否定，对分析哲学产生了一种新的看法，这种看法在70—80年代开始形成，目前仍在继续发展。对这两种区分和基础主义研究纲领的否定，在对哲学研究的看法上以及分析哲学的实践中引起巨大震动。对传统的分析哲学来说最明显的问题是：还原论的计划破产了。在每个场合下，现象主义者和行为主义者建议的那种还原论的分析都没有能够实现其意图，到60年代初，它的失败已很明显。此外，当时获得了一系列重要的理论发展，为简明起见，我集中谈这个时期中的五项主要发展：蒯因对分析与综合的区分的否定；奥斯汀的言语行为理论；维特根斯坦对基础主义的批评；罗尔斯（J. Rawls）在政治哲学方面的工作；库恩等人在科学哲学中引起的变化。

（1）蒯因对分析与综合的区分的抨击

也许，对分析与综合的区分最重要的批评，是蒯因在其著名论文《经验论的两个教条》一文（载于他的《从逻辑的观点看》一节）中做出的。在这篇论文中，蒯因声称，对分析性这个概念从来没有提出一个适当的、非循环的定义。任何对分析性下定义的企图总是使用了一些与分析性属于同一家族的概念，如

同义性和定义这样的概念，因而对分析性下定义的任何企图都肯定是循环的。不过，蒯因的论文中提出的一个更加重要的反驳却在于：分析命题被看作那样一种命题，它是可以免于修正的，也就是不可反驳的。蒯因认为，没有任何命题是可以免于修正的，任何命题在顽强反抗的经验面前都可以被修正；在顽强反抗的经验面前，除非人们愿意对其命题做些调整，这一命题就可能保持不变。蒯因争辩说，我们应当把科学的语言看作一张错综复杂的网络，它仅仅在其边缘部分与经验证实相接触。在科学的边缘部分出现的顽强反抗的经验，可以在边缘部分任何一个地方引起变化，不过这些变化并不是出于纯粹逻辑的理由而强加给我们的，毋宁说，我们在自己的语句或信念的网络上做出各种各样的实用的或实际的调整，以适应我们经验的不断发展的性质。按照这种观点，语言并不是原子论的。它并不是由一组可以被分别地加以评估的命题组成的。倒不如说，语言由一个整体的网络组成，在这个网络中，命题是作为一些集团与经验相对峙；从个别来看，不能简单地判定命题或真或假［这种整体观点接受了法国哲学家迪昂（P. M. Duhem）的影响，因此这种观点往往被称为"迪昂—蒯因假说"］。

目前大多数哲学家接受了蒯因对分析与综合的区别的否定诸如此类的说法，但并不是每个人都同意他的实际论证（我个人就不同意）。不过，对于我们是否能够在依据定义而为真的命题和依据事实而为真的命题之间划一条精确的界限，目前人们普遍地持怀疑态度。我们后面将会更加细致地看出，对分析与综合区分的否定给分析哲学以多么深刻的影响。在这里重要的是指出，既然没有一类界限分明的分析命题，那么哲学家就不能把自己的命题明确地判定为分析的。哲学分析的结果与科学研究的结果就不能是截然不同的。按照实证主义者的看法，哲学并不是其他各门科学之一种，毋宁说，它是站立在科学语言的框架之外，分析科学语言及其词汇与经验、实在之间的逻辑关系的。可以说，哲学家是站在旁边去分析语言和实在之间的关系的。但是，如果我们接受蒯因对分析与综合的区分的否定，那么哲学就不是某种与各个专门科学清楚地区别开来的学科。它反而是与其他学科相互衔接、相互交错的。它与其他学科的区别在于它具有普遍性，但是它的命题与其他学科相比并不具有任何特殊的逻辑地位或者任何特殊的逻辑上的优先性。

（2）奥斯汀的言语行为理论

英国哲学家奥斯汀对分析命题和综合命题之间的区分以及评价话语和描述

话语之间的区分,都持怀疑态度。20世纪50年代,他提出了一种可供选择的语言概念(参看他的《如何以言行事》)。他的最初看法是,有一类话语显然是完全有意义的,然而根本不表示它们是真的或假的。例如,一个人说:"我答应来看你",或者,一个有资格的权威人士对另外两个人说,"我宣布你们成为夫妇",这两句话分别说来既不是报道也不是描述一种许诺或者一次婚礼。应当把这样的话语看作做或行动的事例,而不是看作描述或陈述的事例。奥斯汀把这类话语命名为"完成行为式话语",并把这类话语与"记述式话语"相对立。他认为记述式话语和完成行为式话语之间的区别包含三个特征:记述话语(而不是完成行为式话语)可能或真或假;与此相反,完成行为式话语虽然不能或真或假,但能或者是适当的或者是不适当的,这取决于这类话语是否被正确地、完全地和成功地完成了;最后,完成行为式话语被认为是行动、做事或完成行为,而不是仅仅言说或陈述。不过,正如奥斯汀自己看出的,如此划分的区别并不切实可行。许多所谓的完成行为式话语结果表明也可以是或真或假的,例如,警告就可以是或真或假的,而陈述也与完成行为式话语一样可能是不适当的。例如,如果一个人做出一个陈述,而他对这个陈述并不掌握充分的证据,那么这个人可能做出了一个不适当的陈述。最后,陈述也是完成一种行动,正如许诺、命令或道歉一样。奥斯汀放弃了完成行为式话语和记述式话语之间的区分,这引导他提出一种一般的言语行为理论。交往性话语一般说来就是他所说的"以言行事的行为"那一类行动。

奥斯汀的言语行为理论的一个巨大功绩在于,它使后来的哲学家们把语言哲学理解为行动哲学的一个分支。既然言语行为也与其他行动一样是一种行动,因此对语言的哲学分析就是对人的行为的一般分析的一部分。既然人的意向性行为是心智现象的一种表现,那就表明语言哲学和行动哲学其实只不过是心智哲学这个更大的领域中的不同方面。按照这种观点,语言哲学并不是"第一哲学",它是心智哲学的一个分支。尽管奥斯汀没有活到实现他的最初发现中所蕴藏的这个研究纲领,不过后来人们进行的工作,包括本文作者所做的工作,已把这项研究推向前进了。

如果把言语看作意向性行动的一个品种,我们就会给许多问题添上新意。例如,这样一个老问题"话语有多少种类?"太含混而无法回答。但如果我们这样来问:"以言行事的行为有多少类?"我们就可以给它一个精确的回答,因为这个问题问的是:"讲话人可以有多少种方法来把建议性内容与表达以言行事意图的行动的实际实施相联结？"对于这些意图的结构的分析表明，以言行事行为有五种基本类型。我们告诉人们情况现在是怎么样（断定），我们想叫他们做事（指示），我们规约自己做事（约束），我们表达我们的感觉和态度（表达），同时我们通过话语在世界上促成了某些改变，以便这世界改变得符合话语的建议性内容（宣告）。

(3) 维特根斯坦对基础主义的否定

维特根斯坦是 20 世纪唯一最有影响的分析哲学家，而且，事实上，大多数分析哲学家都把他看作 20 世纪最伟大的哲学家。

维特根斯坦在世时只发表了一本薄薄的著作，它代表他的早期活动；可是，随着他的遗著《哲学研究》于 1953 年出版，人们才开始读到他的一系列晚期著作。现在，我们有了一组数量可观的、反映他一生最后 20 年的工作的著作。他试图通过对语言的用法进行艰苦的分析，特别是对心理学概念的分析，推翻哲学是一种奠基性活动这样一个观念。与此相反，他断定说，哲学是一种纯粹描述的活动，哲学的使命不是改造语言，也不是力图把语言的不同用法置于可靠的基础之上。倒不如说，哲学问题是通过正确地理解语言如何实际地发挥其功能而被解决的。

语言游戏这个概念是维特根斯坦的语言观中的一个关键性概念。我们应当把语言中的词想象为游戏中的棋子。我们在理解这些词时，不是通过在脑海里寻找某个与之相连的观念，不是通过某种证实程序，甚至也不是通过观察词所代表的对象。毋宁说，我们应当通过思考词的使用来思考词。词的意义是由词的使用给出的，一组词所具有的那一组用法便构成一种语言游戏，例如，我们在描述自己的情感时所玩的语言游戏，或者我们在辨认某些事件的原因时所玩的语言游戏。这种语言观引导维特根斯坦否认这样一种看法，即哲学分析的使命是还原论的或者基础主义的。这就是说，维特根斯坦否认语言游戏在其他事物中有一个基础或者需要有一个这样的基础，他也否认有可能把某些语言游戏还原为其他种类的语言游戏。维特根斯坦表示，哲学分析的结果既不是改变我们现有的语言习惯，也不是对这些语言习惯的有效性提出疑问，而只不过是对它们做出描述。语言既不具有传统意义上的那种基础，也不需要有那样的基础。

我说过，维特根斯坦是分析传统中唯一一位最有影响的哲学家，不过，在我看来，他迄今仍未获得真正的理解，他的观点还没有被分析哲学家们充分地消化。我在后面还要更多地谈到他的影响。

（4）罗尔斯的正义论

在分析哲学的实证主义阶段和后实证主义阶段，对道德哲学的看法十分狭隘。按照实证主义者的观点，既然道德话语严格说来既不是真的，也不是假的，因此，哲学家作为哲学家来说就不能通过做出道德判断来做出任何断定。道德哲学家的任务在于分析道德话语，分析"善""应当""正当""职责"等道德词汇的意义和用法。重要的是要看到对道德哲学的这种看法是接受评价话语和描述话语之间的区分所必然得出的逻辑结果。因为，如果评价话语既不可能是真的，也不可能是假的，如果第一层次的道德话语由评价话语所组成，如果哲学家的使命在于陈述真理，那么由此得出的结论就是，哲学家作为哲学家来说不能做出任何第一层次的道德判断。作为一个哲学家，他所做的一切就是分析道德概念这样一种第二层次的工作。

实证主义和后实证主义时期的某些哲学家拒绝对道德哲学做这种狭隘的理解，他们对评价话语和描述话语之间的区别进行一系列的抨击，包括本文作者在 20 世纪 60 年代中期所做的某些抨击。尽管如此，直到 1971 年，约翰·罗尔斯才通过他的著作《正义论》的发表重新提出关于政治和道德的哲学的传统观念。对于当前讨论的目的来说，罗尔斯的这一著作的重要意义，不在于它批驳了描述话语和评价话语这种传统的二分法，而在于他干脆不理睬这种区分，提出一种具有悠久的哲学传统的政治制度理论，而实证主义却以为他们已经战胜了这种哲学传统。事实上，罗尔斯使社会契约论得到了复活，人们长期以来一直以为这种理论已经死亡，罗尔斯却借助于一种天才的策略使它得到新的生命。他不是像某些传统的理论家所做的那样，企图表明过去确实可能有过一种原始的社会契约，或者企图表明个人参加到社会之中就意味着有一种心照不宣的契约。相反，他把下述思想实验用作一种分析工具：设想如果有理性的人不知道他们自己在某种社会中将处于什么地位，他们是否会同意参加这种社会。如果我们想象那些藏在无知之幕背后的有理性的人，被要求来选择和同意对大家都会公平合理的社会制度形式，那么，我们就根据一些纯粹理论的理由提出用以评定社会制度的标准。

对于我们目前的讨论来说，罗尔斯著作的重要意义不在于他是否做到对政治理论提供一些新的基础，而在于这样一个事实，即他的著作重新引起人们对政治哲学的兴趣，从而重新引起人们对道德哲学的传统问题的兴趣。实证主义哲学曾把政治和道德的哲学局限在一个非常狭窄的领域，使得政治和道德的哲学似乎是枯燥贫乏的和索然无味的。过去在这个领域内没有出版什么重要著作，但从20世纪70年代起，这类著作大量出现，现在它已成为分析哲学中一个日益繁荣的部门。

(5) 后实证主义的科学哲学

在整个实证主义时期，经验知识的模式是由物理科学提供的。人们普遍认为，经验科学是通过系统地采取科学方法，使经验知识逐渐积累地增长而前进的。按照这个时期哲学家的观点，对科学方法有不同的理解，不过他们都认为科学的经验命题基本上是"可以证验"的。在这点上最有影响的看法是，经验命题是可以检验的，其涵义是说它们原则上是可以证伪的。这就是说，为了使一个命题能够告诉我们世界是如此这般，而不是另一个样子，就必须有某些可以想象的事态，它们使那个命题成为假的。严格说来，科学命题都是决不能证实的，它们只不过是在反复证伪之后仍能存在。从这种意义上说，科学是可能错误的，不过它同时也是合理的和累积性的。

在托马斯·库恩的《科学革命的结构》（1970）一书中，对科学史的这种看法受到了极大的挑战。按照库恩的观点，科学史所表现的不是知识的逐渐而又稳定的积累，而是周期性地以革命的方式推翻原有的对实在的看法。从亚里士多德的物理学转变为牛顿的物理学，从牛顿的物理学转变为相对论的物理学，这都是一种"范式"被另一种"范式"所取代的例证。当存在于一种范式之内的难题压力变得令人无法忍受时，一种新的范式便出现了，这种新的范式不只是提出一组新的真理，而是提出一种崭新的观察研究对象的方式。"常规科学"是通过在一种范式的范围内不断地解答难题而发展的，可是，革命性的突破则不是在一种范式的范围内解答难题这样的事情，而是推翻一种范式并用另一种范式取而代之。

库恩反对把科学看作知识的不断积累，保罗·费耶阿本德（P. Feyeraband）则否认有一种单一的、合理的"科学方法"（参看他的《自由社会中的科学》一书）。费耶阿本德试图表明，科学史上呈现出来的不是一种单一的合理方法，而毋宁是一系列用以解决迫切问题的尝试，这些尝试是投机性的、杂乱无章的和冒险性的，甚至是不诚实的。费耶阿本德由此得出的看法是，我们应当抛弃下列这种约束性的观念，即认为只有一个单一的合理方法，我们可以把它应用于科学中的任何部门，而应当采纳一种"无政府主义的"观点，即"任何方法都行"。在分析哲学家中间，对库恩和费耶阿本德的观点有多种多样的反应，这一点是不足为奇的。库恩有时似乎主张,并没有什么独立于科学理论而存在的现实世界作为我们科学理论陈述的目标。简言之,库恩似乎否认实在论。大多数哲学家并没有认真看待对实在论的这种否认。即使库恩关于科学革命的结构的观点是正确的,但这决不表示没有一个独立存在的、为科学所研究的实在。另外大多数哲学家愿意接受费耶阿本德关于科学史上采用的方法多种多样的看法,但只有很少的哲学家认真看待那种认为在任何科学研究中都不存在理性的约束的看法。尽管如此,这两位哲学家的影响至少在下述这个方面是重要的:实证主义者关于科学的实际知识的不断积累,哲学家的任务在于对科学方法进行概念分析这样一种观念,已经让位给对科学的一种怀疑论色彩更浓同时能动性也较强的看法。所谓怀疑论色彩更浓,指的是很少哲学家还在寻找一种单一的、普遍适用于被称为"科学"的各种研究活动的方法;而所谓能动性较强,则指的是科学哲学更加直接地与科学成果相互作用。例如,最近关于量子力学的哲学讨论,或者关于贝尔(Bell)定理在量子力学中的重要意义的哲学讨论,表明不可能准确地说这个问题在什么地方终止于物理学之中,而又开始于哲学之中。对于这样一些在哲学上令人困惑不解的问题,在哲学和科学之间始终存在着相互作用和共同合作的关系。

三、某些最新的进展

我刚才概述的这些变化,一方面使分析哲学成为一门更富于趣味的学科,另一方面也使它成为一种界限更不清楚的研究活动。证实原则曾经是逻辑实证主义者的思想的核心,概念分析曾经是后实证主义的分析哲学家的研究纲领的核心,而现在都没有一个一致同意的思想上的参照点,也没有一个被普遍接受的研究纲领。例如,30年前,概念分析被看作分析哲学的核心,而现在,许多哲学家则否认它是哲学研究中的核心要素。事实上,某些哲学家认为,为一个概念的应用寻找其逻辑上必要而且充分的条件,这种传统做法从原则上说就是错误的。他们认为,这种做法的可能性已被蒯因对分析与综合的区分的批驳所否定,同时也被维特根斯坦的下述看法所否定,即许多在哲学上令人困惑的概念并不具有意义上的核心或本质,而是具有多种不同的用法,这些用法仅仅被"家族相似"联结到一起。其他许多哲学家认为,概念分析仍然是哲学研究的一个主要部分,就像自柏拉图的《对话篇》那个时代以来它曾经是的那样,但它不再被看作是某种与其他学科分离而处于自我封闭状态的东西。特别是，目前大多数分析哲学家认为哲学与科学相互衔接和相互交错。我自己认为，而且我觉得相当多的人也认为，如果把"哲学""科学"这些词理解为它们意味着一些相互排斥的知识形式，那么这些词在许多方面是容易使人误解的。毋宁说，在我看来恰恰存在着知识与真理，在理智活动中，我们追求的主要就是知识与真理。它们可能以多种多样的形式出现，无论是以历史学、数学、物理学、心理学、文学评论或者哲学的形式出现。与其他学科相比，哲学往往是更加一般的，在看法上更加概括、更加概念化和逻辑化，但是，它并不是一门完全与其他学科隔绝而处于封闭状态的学科。结果许多被上一代分析哲学家基本上忽视的研究领域，例如，认知科学、生物学哲学、经济学哲学，如今已变成哲学中的一些繁荣旺盛的分支学科。下面，我将局限于讨论哲学研究中五个主要领域：认知科学；因果的指称理论；意向论的意义理论；成真条件的意义理论；维特根斯坦关于语言和心智的观点。

(1) 哲学和认知科学

认知科学这门学科比其他任何学科更加明显地表现出哲学和其他学科合作研究的新时期。认知科学从其诞生之日起在性质上就是一门"边缘学科"，它事实上是心理学、语言学、哲学、计算机科学和人类学的共同财富。因此，在认知科学中有极其多样的研究方案，不过，认知科学的核心领域，或者说，认知科学的核心思想，是建立在这样一个假设之上：最好从与数字型计算机相类比的角度去观察心智。认知科学所依据的基本思想是，在计算机科学和人工智能方面的最新发展，对我们理解人类具有巨大意义。认知科学所获得的基本启示大致说来是：人类所做的是信息处理，计算机恰恰是为了信息处理而被设计出来的。因此，把人的认知过程当作计算机信息处理加以研究，这是研究人的一种方式，而且事实上也许是最好的方式。某些认知科学家认为计算机恰恰是人的心智（mind）的一种模拟；另一些认知科学家认为人的心智简直就是一个计算机程序。可以公正地说，没有计算机模型，就没有目前我们理解的这种认知科学。

从历史上说，对人的认知的这种看法极其适合于20世纪精神哲学的分析传统，因为这种分析传统始终是断然的唯物主义的。它反对心智主义（mentalism），又反对二元论。逻辑行为主义的失败并没有导致二元论的复兴，而是导致某些更加精致的唯物主义形式。我将简略地概述唯物主义的精神哲学中某些最新发展，它们导致一种计算机的心智理论。

逻辑行为主义者的论题引起许多异议，其中最重要的异议是它忽略了内在的心智现象。在科学和常识中，把人的行为看成是由内在的心智状态引起的，比把心智状态看成仅仅存在于行为，这似乎更加自然。行为主义的这个缺点在唯物主义的同一性论题（有时被称为"物理主义"）中得到了克服。按照唯物主义的同一性理论，心智状态恰恰是与大脑状态相同一的。我们不能详细地知道这种同一是什么，可是，神经科学的发展使我们极有可能发现，每一种心智状态都与某种大脑状态相同。按照早期的同一性论题，每一种类型的心智状态将被发现与某种类型的肉体状态相同一，可是，经过某些争论，这种看法变得愈来愈不可信赖了。没有理由假定只有具备神经元的系统（如我们的神经系统）才能有心智状态，同时事实上也没有理由假定两个具有相同信念的人必定处于相同的神经生理状态。于是，"类型对类型的同一性理论"（type-type identity theory）便自然而然地让位给"标记对标记的同一性理论"（token-token identity theory）。标记同一性理论的支持者主张，每一种特殊的心智状态与某一种特殊的神经生理状态相同一，尽管在心智状态的类型和肉体状态的类型之间没有类型的关联。不过，这种看法还没有回答下述问题："如果两种不同的神经生理状态是相同的心智状态，那么这两种不同的神经生理状态共同具有的是什么？"在许多分析哲学家看来，对这个问题的回答显然一定是：如果两种神经生理状态就是同一类型的心智状态。按照这种观点，可以借助于心智状态与输入的刺激、其他心智状态以及外部行为的因果关系，来定义心智状态。这种观点被称为"功能主义"。它是从标记对标记的同一性理论中自然而然地发展起来的。

不过，功能主义者现在必须回答另一个明显的问题："是什么东西使精神状态具有它们确实具有的这些因果关系呢？"如果心智状态是借助于它们的因果关系来定义的，那么给它们以同样因果关系的不同神经生理构造的结构又是什么？恰好在这一点上，分析哲学中的唯物主义传统与人工智能传统汇合到一起了。计算机对我们刚才提出的这个问题提供了明确的回答。软件和硬件之间的区别，或者说，程序和那完成程序的肉体系统之间的区别，提供了一个理想的模型，它说明在高层次上功能相等的因素如何能够在低层次上不同的肉体系统中实现或者被这些肉体系统所完成。正如同一种程序可被完全不同的物理硬件系统完成一样，同一组心智程序也可以被不同的神经生理的或者其他形式的硬件执行系统完成。其实，按照持这种观点的极端派的看法，心智与大脑的关系类似于程序与硬件的关系。这种功能主义开始被称为"计算机功能主义"或者"图灵机功能主义"，它与"人工智能"强硬派的看法恰恰是一致的，后者认为，具有心智就是具有某种程序。

我曾经在系列论文（例如，《心智、大脑和程序》《内在的意向性》）中批驳这种人工智能强硬派的看法。可以简明地把这种批驳的基本思想陈述如下：不能把心智与程序等量齐观，因为程序纯然是从形式上或句法上加以规定的，而心智却具有心理内容。要看出这种批驳的力量，最简单的办法是看一看，为了理解一种自然语言，一个系统（譬如说你我自己）可以学会操纵一些形式符号，而不必实际上懂得那种语言。我可能有一个程序，它使我通过把输入的符号跟适当的程序和输出的符号相匹配，并用汉语回答某些问题，然而我并没有因此而懂得汉语。计算机功能主义的这个方案尽管几乎肯定要失败，不过，这种研究的成果在许多方面仍然是十分有用的。通过探讨计算机的模拟，可以了解一些关于心智的重要情况，这方面的研究工作并非一定是徒劳无益的。最近一个最令人兴奋的进展，在于不是按照传统的串行数字型计算机的模型来思考心智过程，而是按照并行程序计算机的模型来思考大脑过程。的确，在我看来，认知科学中最近的一个最令人兴奋的进展就是提出关于人的知识的"神经网模型"。

在结束这一节时我想指出，在我看来，分析的精神哲学的主要弱点在于它持这样一个假定，即心智主义和唯物主义或多或少是不一致的；过去300年来的精神哲学也有这个弱点。分析哲学家以及笛卡儿传统的追随者都典型地认为，"心智的"意味着"非物质的"，而"物质的"或"肉体的"则意味着"非心智的"。但是，如果人们思考一下大脑是怎样工作的，那似乎就可以看出这两种假设显然都是错误的。这表明我们的全部词汇，我们的全部术语，如心智的、肉体的等，都需要彻底地修正。

（2）因果的指称理论

自弗雷格以来（其实，在哲学中自柏拉图那个时代以来），分析的语言哲学的中心问题一直是：语言如何与世界相关联？词如何与事物挂钩？在回答这些问题时，分析传统颇有特色地发现在指称概念和真理概念之间存在着某种联系。一个表达式，例如一个专名，之所以指称、代表或指示一个对象，是因为与这个名字相联系的是某种描述的内容，是有关对象的某种概念，而且有关对象满足或者符合那种描述的内容。这个表达式指称这个对象，只是因为这种描述对于这个对象来说是真实的。这就是对弗雷格关于涵义（Sinn）和指称（Bedeutung）之间的有名区分所做的标准解释。表达式通过它们的涵义而指称对象，涵义提供有关对象的描述或"呈现方式"。就通名而言，情况也与此类似：通名之所以对于对象来说是真的，是因为每个通名都具有一组与之相连的特征，这个通名对于这个对象来说就是真的。

20世纪70年代，对语言和实在之间的关系的这种看法受到一些哲学家的抨击，其中最著名的有唐奈兰（D. Donnellan）、克里普克（S. Kripke）和普特南。在对意义和指称的传统看法进行抨击时，他们提出了各种各样的论证；不过，贯穿在这些论证中有一条共同的线索，这就是：与一个词相联系的描述内容并没有为这个词的使用提供必要条件或充分条件。一个说话者可以指称一个对象，尽管他所想到的有关描述并不符合于这个对象；一个说话者也可以有为一个对象所满足的描述，尽管那并不是他所指称的对象。普特南关于"孪生地球"的例子是这种论证中一种最著名的说法。设想在遥远的银河有一颗行星，除了在那颗行星上被称为"水"的东西与地球上的水具有不同的化学成分外，它与我们的地球完全相似。那种被称为"水"的东西不是由 H_2O 所组成，而是有一种极其复杂的分子式，我们把它简化为"XYZ"。在1750年以前，也就是没有人知道水的化学成分之前，这个孪生地球上的人关于水的概念完全相同于我们这个地球上的人关于水的概念。尽管如此，我们的"水"这个词并不是孪生地球上的那种物质。我们的"水"这个词指的是 H_2O，无论我们在1750年是否知道这一点。这是世界上的一种客观的因果关系，这种关系不以人脑海里的观念为转移。按照这种观点，意义不是人们头脑里的概念，而是世界上的客观关系。

如果相关的观念对于意义来说并不是充分条件，那么什么是充分条件呢？我刚才提出的三位哲学家所做出的回答是：在词的使用和这个词应用于其他的对象或实体类型之间必定存在着某种因果关系。例如，如果我使用"苏格拉底"这个词指称某个希腊哲学家，这只是因为有一条那个哲学家与我目前对这个词的使用连接起来的因果链条。"水"这个词并不是根据任何特征清单来下定义的，毋宁说"水"指称世界上的某种物质，这与人们最初如何使用"水"这个词有因果联系，这种用法后来在社团中被人们接受，在历史上通过交往的因果链条而传递下来。

可以十分自然地把计算机功能主义关于心灵的看法与因果的指称理论联系起来。如果心灵是一种计算机程序，如果意义是与世界的因果关系，那么心灵获得意义的方式对于那个完成计算机程序的系统来说，就被包括到与世界的因果相互作用之中。

（3）意向论的意义理论

在奥斯汀的《如何以言行事》于1962年出版和本文作者的《言语行为》于1969年出版之后，在言语行为理论方面发表的大部分优秀著作，都试图把格赖斯在说明意义方面的洞见和言语行为理论所提供的框架结合到一起。格赖斯在50年代后期及以后所写的一系列论文中论证说，说话者在说出一句话语时的意向与那句话语的意义之间存在着密切的联系。在他起初对这种观点的表述中，他通过分析说话者企图在听话者那里产生某种效果这种意向（这种效果是通过使听话者理解说话者产生这种效果的意向而达到的）来分析说话者的意义。例如，按照格赖斯的观点，如果说话者意图告诉听话者天在下雨，那么，在说话者说出"天在下雨"这句话时，说话者的意义就在于企图通过使听话者理解他想形成天在下雨这种信念的意向，而使听者产生这种信念。格赖斯后来的著作改变这种说明的某些细节，但其基本原则仍然未变：意义是一种自我参照的意向，这就是通过使听话者理解说话者想产生某种效果的意向。格赖斯把这种对意义的分析与对某些交谈原则的分析结合到一起。在交谈中，人们接受某些心照不宣的原则，格赖斯把他们称为"交谈的准则"。人们接受了这样一些原则：说话者的言论是真实的和诚实的（质量准则）；这些言论与当前交谈的目的有关（关系准则）；说话者应条理清楚（方式准则）；说话者所说的话不多不少正是实现交谈的目的所必需的（数量准则）。

对于格赖斯的意义分析的某些细节问题，人们有不少争论。但意义和意向之间存在着密切联系这样一个基本思想已被接受，并被证明为对于分析某些典型的言语行为现象的结构是十分有用的。我自己的看法是，格赖斯把意义的两个不同部分混为一谈，其中一个部分与表达某些事态和某些以言行事方式有关，另一部分与把这些表达传递给听话者有关，简言之，格赖斯把传递与表达混为一谈了。不过，把对意义的意向论说明与合理交谈原则结合到一起，这对于分析"非直接言语行为"、对语言的象征性使用（例如比喻）这样的一些问题是会带来巨大成果的。譬如说，在间接言语行为中，说话者打算表达的意思超出他实际说出话语的意思。举一个简单的例子，在餐桌上一个人说："你能把盐递过来吗？"说话者通常并不是询问听说者是否有把盐递过来的能力，而是请求听话者把盐递过来。现在的问题是，在说话者打算说的意思和说话者实际说出的话的意思之间存在着一条鸿沟的情况下，说话者和听话者如何能够如此毫不费力地沟通思想呢？在比喻的场合下也出现一个类似的问题：在说话者所说的话语的字面意义并不隐含那种比喻意义的场合下，说话者如何能够如此毫不费力地把他的比喻意义传递给别人呢？在这些以及其他一些问题上，有些人已经利用格赖斯给言语行为理论提供的手段，取得了巨大的进展。

哲学取得进展的一个标志是哲学分析的某些结果已被其他学科所采纳，就言语行为理论来说也肯定是如此。言语行为理论目前已成为语言学这门学科的一个迅速发展的分支，奥斯汀和格赖斯的著作，以及本文作者的著作，已为语言学家所熟知，正如语言学家的著作被哲学家所熟知一样。

(4) 成真条件的意义理论

蒯因以及他原来的门生戴维森这样一些哲学家总是觉得格赖斯、塞尔等人所提出的那种意向论的意义理论在哲学上是不合适的，因为意向论的概念似乎与意义这个概念一样令人困惑不解，而且把意向论概念分析到最后必定涉及语言学的意义。因此，蒯因和戴维森试图对意义做出一种不使用意向性这个手段的说明。其基本思想是，如果一个人知道一个语句在什么条件是真的或假的，那么这个人也就知道这个语句的意义。例如，一个人知道当且仅当雪是白的，那么这个人便知道"Schnee ist weiss"这个德语句子是真的，同时也知道了这个句子的意义。由于一种语言的意义理论应当能够陈述这种语言中每个语句的意义，由于语言中语句的意义是由成真条件给出的，还由于对成真条件的规定可以不依赖于意向论的手段，因此，在戴维森看来，一种语言的真理论（即关于语句的成真条件的理论）将为那种语言提供一种意义理论。

为了实现这个借助真来分析意义的方案，戴维森利用了塔斯基关于真的模型论定义，这个定义是塔斯基在20世纪30年代提出来的。塔斯基指出，对于任何一个语句S和任何一种语言L来说，对真的任何说明必定具有下列结论：

L中的S是真的，当且仅当P

在这里，"S"可以用任何语句的结构描述来替换，"L"是S所属的那种语言的名称，"P"是语句本身。塔斯基认为，这是对真的任何说明的一个适当的条件。例如英语中"Snow is white"这个语句是真的,当且仅当雪是白的。这个条件通常被称为"约定T",而相应的语句被称为"T-语句"。

戴维森指出,约定T利用了这样一个事实,即"S"所命名的那个语句与"P"所表示的那个语句具有相同的意义,于是塔斯基利用意义概念来定义真概念。戴维森建议把这个程序颠倒过来,把真概念看作当然的,即把它看作一个原初的概念,并利用它来解释意义。

下面看看这个方案是如何起作用的。戴维森希望为一种语言的说话者提供一种意义理论,这种理论足以解释这个说话者的任何话语,其办法是获得一种能提供一组公理的理论,从这些公理中能指出这个说话者所说的那种语言的全部T-语句。譬如说,假定这个说话者说的是德语,我们把英语用作元语言,用这种元语言来陈述关于这个说话者所说的那种语言的理论。戴维森认为,如果我们能获得一组公理,从这些公理中为这个说话者用德语说出的任何语句推出一个用英语说出的T-语句,那么我们就为说话者的语言提供了一种适当的理论。举例来说,我们的意义理论应当包含一组公理,从这组公理中可以推出,当且仅当雪是白的,那么这个说话者所说的"Schnee ist weiss"这句话在说话者的语言中便是真的。戴维森进一步主张,通过把一个说话者的话语与某些情境联系到一起(在这些情境中,我们获得一些经验证据,可借以假定这个说话者认为这些话语是真的),我们可以使这种意义理论成为关于说话者的语言的经验理论。例如,如果我们听到说话者说出"Es regnet"这句话,我们可以向周围看一看,并看到附近正在下雨,于是我们可做出一个假设:当说话者的附近在下雨时,说话者认为"Es regnet"这句话是真的。这就提供了一种经验材料,我们可据以为说话者的那种语言构造一种真理论。

这里重要的是指出,我们把以上所述看作一种思想实验,而不是看作当我们试图学会(譬喻说)德语时必须采用的一种实际的程序。其想法是借助于成真条件来得出意义的概念,然后又借助于一种语言的真理论(从这种理论中能指出这种语言的所有T-语句)来得出成真条件的概念。这整个体系所依据的经验基础,在于我们可能获得关于那样一些条件的证据,在那些条件下,说话者认为一个话语是真的。如果这个方案在原则上能够实现,那我们就对意义提出一种说明,这种说明只使用了一个意向论的概念,即"认为"一个语句"是真的"。

过去20多年来已经发表了大量论著,讨论这个方案的性质以及如何把它应用于某些困难的和令人困惑的语句类型：指称语句、关于心理状态的语句、模态语句，等等。最近几年，对这个方案的热情似乎已经有些降低。

在我看来，戴维森方案的主要缺点在于，任何意义理论不仅要说明一个说话者用他或她的话语表达的是什么，而且要说明他或她是如何表达它们的，从哪些方面来说说话者表达了成真条件。因此，意义理论不能仅仅把说话者的说话与世界上的事态联系起来，而且必须说明在说话者的头脑里究竟想些什么，才能使说话者用他的话语在某些方面表达那些事态。例如，假设雪是由处于结晶状态的 H_2O 分子组成，又假设白色的是由于具有一切波长 X 的光波折射出来而形成的，那么：

"Schnee ist weiss" 这个语句是真的，当且仅当处于结晶状态的 H_2O 分子发射出具有一切波长 X 的光波。

这第二个 T-语句与前面一个例句，即：

"Schnee ist weiss" 是真的，当且仅当雪是白的。

同样得到经验的证实。的确，这是一件具有科学必要性的事，即前者所描述的状态与后者所描述的状态是同一的。可是，前者的例句却根本没有给出说话者的意义。说话者可能认为 "Schnee ist weiss" 这个语句在这些条件下而且只有在这些条件下是真的，然而对 H_2O 分子和光的波长却毫无所知。这个语句所给出的全部就是成真条件，可是这些成真条件并不是这个语句的意义，因为它们没有告诉我们这个说话者如何表达这些成真条件。他究竟是在雪是白的这个方面表达它们呢，还是在那些发射光子的水分子方面来表达它们呢？任何不能提供这种信息的理论都不是意义理论。

在我看来，直到目前为止，所有要驳倒这些反对意见的尝试都没有取得成功。T-语句给出了成真条件，但具体说出成真条件并不一定给出了句子的意义，因为这还没有告诉我们说话者是如何表达这些成真条件的。最后，所有关于意义的真定义叙述，像在以前曾有过的行为主义叙述一样，以某种意义的"不确定性"告终。它们不能用客观的词句对意义的所有主客细节进行叙述，而戴维森和蒯因两人都承认它们的见解最终产生某种不确定性。

（5）维特根斯坦的遗产

维特根斯坦的著作涉及从美学到数学这样一些范围广阔的论题，而对这些论题的研究又是非常深刻、非常有洞察力的，因此，在分析哲学家看来，他的

著作仍然是一个获得思想和启示的源泉,而且在未来的许多年里可能仍是这样。我们下面只谈三个领域:

(a) 哲学心理学

对信念、希望、恐惧、愿望、需要、期望这样一些心理学概念以及像痛苦和看见这样一些感觉概念的研究,是维特根斯坦的主要研究领域。也许,在这个领域中唯一引起最多争议的论点,就是关于私人语言的那个论点。他主张,从逻辑上说不可能有一种私人语言,所谓私人语言指的是这种语言的词汇只能为说话者所理解,因为这些词汇指称说话者私人的内心感觉,而没有外在的定义。他认为这样一种语言是荒唐的,因为,对于那种词汇的应用来说,无法把说话者看来似乎是正确的东西和事实上是正确的东西区别开。但是,除非我们能够把那些似乎是正确的东西与那些确实是正确的东西区别开,我们就根本不能谈论正确或错误,因而也根本不能使用一种语言。维特根斯坦说:"一个内在的过程需要一个外在标准。"(参见他的《哲学研究》一书)维特根斯坦在这点上攻击笛卡儿的整个传统,按照这个传统,存在着一个内在的、私人的对象领域,我们的内在心智现象以及代表这些对象的词的意义,都完全是通过私人的实指定义来下定义的。维特根斯坦的所有其他论点都没有像"私人语言的论点"那样引起那么多的争论,它现在仍然是一个使当代哲学家着迷的泉源。已经出版了许多讨论维特根斯坦对心理学概念的分析的著作。

(b) 遵守规则

维特根斯坦是这样一个悠久传统的一部分:它强调自然科学的说明方式与对人类行为以及一般说来人类的文化现象和心理学现象的说明方式之间的区别。他对这个问题的分析主要涉及人类行为的现象,这种现象受心智内容影响或者由这种内容规定,最为重要的,是由人类遵守规则这种现象来影响或规定的。什么是人类遵守规则呢?维特根斯坦对这个问题的分析,强调规则用以指导人类行为的方式和自然现象作为原因的结果的方式这两者之间的区别。维特根斯坦十分强调原因和理由之间的区别,同时他也强调解释的作用和遵守规则之间的区别。按照对维特根斯坦关于遵守规则的见解所做的那种最极端的解释,维特根斯坦是某种类型的怀疑论的拥护者。按照对维特根斯坦的另一种解释,他主张规则并不决定他们自身的应用,可以使任何事情与规则相一致,因而也可以使任何事情与规则相冲突,如果把这种解释贯彻到底,其结论也是,从逻辑上说,规则根本没有对人类行为做任何约束。如果这种看法是正确的,那么,关于词的意义的知识，或者行动原则，甚至信念和希望这样一些心智内容，都对人的行为没有约束，因为在任何场合下都可以对它们做出无限多的解释。维特根斯坦对这种怀疑论提出的解决办法是，他认为，当我们一旦接受了我们生活于其中的那个社团文化实践，解释事实上也就告一终结。解释告一终结之时，我们就只是按照规则来行动。按照规则来行动，这是一种实践，它是我们在自己的文化中被教育出来去完成的一种实践。维特根斯坦求助于一种自然主义的解决办法，即我们只不过是一种要遵循由文化原因和生物学原因决定的实践的生物，来消除他对遵守规则的说明中蕴涵的怀疑论成分。

对维特根斯坦的这种解释主要来自克里普克（参见他的《维特根斯坦论规则和私人语言》一书），这种解释引起了相当多的争论。我自己的观点是，克里普克在某些关键性方面对维特根斯坦做了错误的解释，然而，不论他的解释是否正确，它是当代哲学中持续讨论的一个泉源。

（c）哲学怀疑论

一些遵循维特根斯坦传统的哲学家，其中最著名的是克拉克（T. Clarke）和斯特劳德（B. Stroud），在哲学怀疑论方面做了一些重要的工作。这些哲学家指出，对我们如何使用认识论话语所进行的真正严肃的分析表明，怀疑论问题是不能用分析哲学家通常采用的下述方法简单地加以解决的：分析哲学家认为，怀疑论者对辨明提出的要求超出了逻辑上适当的限度。克拉克和斯特劳德主张，怀疑论问题比这种解决办法所能达到的程度更加深远。他们遵循维特根斯坦的观点对语言的深层语法进行研究，发现对怀疑论论断的任何解决办法，也就是说，对我们具有关于世界的知识这种论断的任何辨明，都立足于对日常话语或普通话语和哲学话语之间的区别做更加深刻得多的理解之上，目前这方面的研究工作正在继续进行。

四、总的评价

我没有打算考察当代分析哲学的所有主要的活动领域。最为重要的是，我没有涉及当代的伦理学著作。也许，同样重要的是，我没有涉及逻辑学那些纯粹技术性的著作。此外，在分析哲学中还有一个兴盛的分支，它名为"行动理论"，对它至少也应附带谈一谈。分析的行动理论的总目标在于，借助在信念、愿望、意向等心理状态和那些在某种意义上作为行动的组成部分的身体运动之间的因果联系，来分析人的行动的结构。最后，值得引起注意的一个事实是，分析哲学家对哲学史的兴趣重新高涨起来。传统的分析哲学家认为哲学史大部分是谬误观点的历史。这门学科的某一部分历史可能有助于研究真正的哲学。可是，普遍的看法是，哲学史和哲学之间的关系并不比数学史和数学之间的关系，或者化学史和化学之间的关系更加特殊。这种看法近来有所变化，现在人们觉得在分析哲学和传统哲学之间有一种历史的连续性，这种新的看法与分析哲学家的最初的看法形成鲜明的对照，过去他们认为分析哲学已与哲学传统做了彻底的，或者的确是革命的决裂。

要对哲学在现阶段或者即使过去几十年内所做的贡献做出评价，还为时过早。我自己的看法是，心智哲学和社会哲学将在整个哲学研究中处于更加重要的地位。对语言的研究可以取代对心灵的研究这种看法，正在转变为对语言的研究其实是对心智哲学的一个分支的研究这样一种看法。在心智哲学的范围内，意向性概念是一个需要加以分析的关键性概念，心智借助于意向性来指向或涉及那个独立于心灵而存在的世界中的对象和事态。分析哲学家在心智哲学方面的大部分著作，往往围绕着传统的心身问题，在我看来，我们需要抛弃这个问题。这个问题就其传统形式而言立足于这样一个假设之上：心智特性和身体特性是相互有别的，因此，这两种特性如何能同时成为人的特征，这是一个与生物学中其他问题不同的特殊问题。我相信，一旦我们看出所谓的心智特性其实不过是某些生物系统的高层次的身体特性，这个问题就会自然消失。不过，虽然这个问题消失，我们仍然要分析什么是语言哲学、认知科学以及心智哲学的中心问题，也就是说，要分析人的表象能力用以把人的机体与世界联系起来的方式。所谓"语言"、"心智"、"思考"、"说话"和"描述"等，不过是这种与实在相联系的方式的不同方面。

我认为，一旦人们认识到一切表达都必须在这种或那种状态下发生，而因果联系的外延性又不足以把握指称的状态特征，那时就会看出因果的指称理论将会失败。唯一的一种适合于指称任务的因果关系，就是意向的因果关系或者心智的因果关系，但是，因果的指称理论不会承认归根到底指称是通过某种心理手段获得的，因为因果理论所依据的整个立场就是力图消除指称理论和意义理论中传统的心智主义，而赞成世界上客观的因果联系。我预言，尽管因果的指称理论直到目前为止还是一种最有影响的指称理论，但由于上述理由它将被证明是一次失败。

在我刚才谈到的这 50 年中，分析哲学的唯一一个最令人不安的特征也许是这样一个变化，即它已经从一种为少数人持有的、受到传统势力反对的革命观点，转变成一种固定下来的、因袭守旧的观点。分析哲学不只是已取得主导地位，在知识界受到尊重，同时也像所有取得成功的革命思潮一样，由于获得成功而失去它的某些生命力。尽管它始终要求自己具有合理性、才智性、明晰性、严密性和自我批判精神，它也不会无限期地获得成功，这只是因为许多人认为为这些要求付出的代价太高了。人们倾向于把哲学看作一门满足情感需要的学科，而不是把它看作一门满足理智需要的学科，这种倾向对于人们坚持合理性和理智性来说经常是一种威胁。不过，在哲学史上，我并不认为能发现任何一种哲学在其严密性、明晰性、才智性特别是理性内容方面能与分析哲学相媲美。在我看来，有理由认为我们活在哲学上的一个伟大时代之中。

参考文献

Austin, J. L., 1962. *How to Do Things with Words*, Oxford: Clarendon Press.

——1936. *Language, Truth and Logic*, Oxford: Oxford University Press.

——ed., 1959. *Logical Positivism*, New York: Free Press.

Block, N. (ed.), 1980. *Readings in Philosophical Psychology*, vols. 1 & 2, Cambridge, MA: Harvard University Press.

Davidson, D., 1980. *Essays on Actions and Events*, Oxford: Clarendon press.

——1984. *Inquiries into Truth and Interpretation*, Oxford: Clarendon Press.

Donnellan, K., 1970. "Proper Names and Identifying Description", *Synthese* 21, pp. 335–358.

Feigl, H. & Sellars, W. (eds.), 1949. *Readings in Philosophical Analysis*, New York: Appleton-Century-Crofts.

Feyerabend, P., 1975. *Against Method*, London: Humanities Press.

Grice, H. P., 1957. "Meaning", *Philosophical Review*, Ithaca, NY: Cornell University Press.

——1968. "Utterer's Meaning, Sentence-Meaning, and Word-Meaning", *Foundations of Language*, 4, pp. 1–18.

Haugeland, J. (ed.), 1981. *Mind Design: Philosophy Psychology, Artificial Intelligence*, Cambridge: The MIT Press.

Kripke, S., 1972. *Naming and Necessity*, in G. Harman & D. Davidson (eds.), *Semantics of Natural Language*, Dordrecht: D. Reidel.

——1982. *Wittgenstein on Rules and Private Language*, Cambridge, MA: Harvard University Press.

Kuhn, T., 1962. *The Structure of Scientific Revolutions* (*Foundations of the Unity of Science Series*, Vol. 2, No. 2). Chicago: University of Chicago Press.

Putnam. H., 1975. "The Meaning of Meaning", *Philosophical Papers*, vol. 2: *Mind, Language and Reality*, pp. 215—271, Cambridge: Cambridge University Press.

Ouine, W. V. O., 1953. *From a Logical Point of View*, Cambridge, MA: Harvard University Press.

——1960. *Word and Object*, Cambridge: The Technology Press of MIT and New York: John Wiley.

Rawls, J., 1971. *A Theory of Justice*, Cambridge, MA: Harvard University Press.

Russell. B., 1956. *Logic and Knowledge: Essays 1901—1950*. (R. C. Marsh, ed.) London: Allen & Unwin.

Searle, J. R., 1964. "How to Derive 'Ought' from 'Is'", *Philosophical Review*, vol. 73.

——1969. *Speech Acts: An Essay in the Philosophy of Language*, Cambridge: Cambridge University Press.

——1979. *Expression and Meaning*, Cambridge: Cambridge University Press.

——1980a. "Minds, Brains, and Programs", *Behavioral and Brain Sciences*, pp. 417—124.

——1980b. "Intrinsic Intentionality", *Behavioral and Brain Sciences*, pp. 450—456.

——1983. *Intentionality: An Essay in the Philosophy of Mind*, Cambridge: Cambridge University Press.

——1984. *Minds, Brains and Science*, London: BBC Publications and Cambridge, MA: Harvard University Press.

Stroud, B., 1984. *The Significance of Philosophical Skepticism*, Oxford: Clarendon Press.

Tarski, A., 1935. Der Wahrheitsbegriff in den Formalisierten Sprachen, *Studia Philosophica*, Vol. I, pp. 261—405.

Wittgenstein, L., 1922. *Tractatus Logico-Philosophicus*, New York: Harcourt, Brace.

Wittgenstein. L., 1958. *Philosophical Investigations*. (C. E. M. Anscombe, trans.) London: Basil Blackwell & Mott, Ltd. (Originally published in 1953.)

（涂纪亮译）

从内部看哲学的半个世纪*

希拉里·普特南

20世纪，在产生出绝大多数博士，而且这些博士又囊括了下一代哲学教师的那些大学系科里，有一种哲学居主导地位，那就是"分析哲学"。一个正规的研究生也许会把过去50年的历史描述成：直至20世纪30年代某一时期，美国的哲学既没有形式，也没有空间。其后，逻辑实证主义者登上历史舞台，大约50年前，大多数美国哲学家都成了实证主义者。这一发展有这样的优点，即为哲学学科引入了"高度严格的标准"。哲学变得"清晰"，而且人人都要学点现代逻辑。不过，这也带来了其他一些后果。逻辑实证主义者的（所谓）中心论点[1]都是假的——按照通常的观点，逻辑实证主义者坚持认为，所有有意义的陈述，（1）要么是关于感觉材料的可确证陈述；（2）要么属于"分析性"陈述，诸如逻辑和数学的陈述。他们相信，综合性论断（即他们视为与有关感觉材料的论断相等同的经验性论断[2]）与分析性陈述之间泾渭分明。他们并不懂得，

---

* 译自 Daedalus: Proceedings of the American Academy of Arts and Sciences 126. 1 (Winter 1997): 175-208。

[1] 我将其描述为这一运动的所谓核心信条的那些观点，在艾耶尔有关逻辑实证主义的著名通俗读物《语言、真理和逻辑》（伦敦：高南茨，1936）一书中得到辩护。它们逐渐成为逻辑实证主义者所坚信的基本模式。这一基本模式在以下范围上是确切的：逻辑实证主义者相信，形而上学陈述是无意义的（尽管他们在哪些陈述是"形而上学的"这一问题上意见不一），这些陈述可以与"认知上有意义"的陈述（科学陈述）区别开来。这样做是借助于这样的事实，即这些陈述要么是经验上可以证实的，要么可以通过诉诸逻辑（包括数学）和定义判定的。伦理陈述以及一般意义上的价值判断，也被视为"无意义"，倘若将它们看作是表达了有关世界的真理的话。不过，如果将它们看作是"情感"的表达形式，也即表达某种态度，呼吁别人共有某种态度的方式，那么也允许赋予其二级意义。

[2] 所有的实证主义者都相信，全部的经验真理都是有关感觉材料的，这大概是最顽固的一种误解。甚至卡尔纳普在《世界的逻辑构造》（柏林：维特克雷斯-弗那格，1928）一书里提出的有名"构造"，也仅仅是断言，感觉材料为重构科学陈述提供了一种可能的途径。汉斯·赖欣巴赫在《经验和预测》一书中，对这种现象论毫不掩饰地表示了仇视。

概念是有理论负荷的。① 他们也不明白，存在着像科学革命之类的东西。② 他们认为，科学哲学可以用完全非历史的方式加以处理。20世纪40年代末，蒯因指出，一些本体论问题，诸如数是否确实存在，是有意义的③；这与逻辑实证主义者的主张相反。逻辑实证主义者认为，所有形而上学的问题都是无意义的。这样做，有助于实在论形而上学在美国的复活，尽管蒯因本人（不无遗憾）保留着一些实证主义偏见。此后不久，他就认为，分析和综合的区别是站不住脚的。④ 后来，蒯因又指出，认识论有可能成为自然科学的一部分。⑤ 我通过证明"观察术语"和"理论术语"⑥ 的实证主义二分法是站不住脚的，为摧毁逻辑实证主义助了一臂之力。这就为充满活力的形而上学实在论铺平了道路，我（很遗憾地）早在70年代中期就已放弃了它。

尽管上述说法中包含真理的成分，但真实情况招致扭曲的方式，就在于它对逻辑实证主义者的信念的说明。该运动是分枝歧出的。逻辑实证主义者并不

---

① 事实上，所有的科学概念——尤其是可观察的科学概念——都负载着理论，自20世纪20年代初期以来，这种观点举足轻重地出现在纽拉特和卡尔纳普的论文之中。

② 这是一种误解，对此应负主要责任的是托马斯·库恩影响深远的《科学革命的结构》（第二版，芝加哥：芝加哥大学出版社，1970）一书。无论赖欣巴赫，还是卡尔纳普，都是在科学革命即爱因斯坦革命之后进入哲学领域的。汉斯·赖欣巴赫的《相对论与先验知识》一书（柏林：斯普林格，1922；伯克利：加州大学出版社，1965），严格讲，是关于如何解释科学革命的。它同时不强制接受这样的观点，即在这场科学革命发生之前和之后出现的种种理论是"不可比较的"，而这正是库恩后来所倡导的。

③ 《论存在什么》（1948），收于蒯因的《从逻辑的观点看》（剑桥，麻省：哈佛大学出版社，1953）一书。

④ 《经验论的两个教条》（1950），收于《从逻辑的观点看》。允许一些在经验上不可证实的陈述——纯数学陈述——划归"认知上有意义"的类型，而同时禁止"形而上学"，这种实证主义的方法，依赖于鲜明的分析与综合之分。正是由于这一点，蒯因对这种区别的批评，使得"科学与形而上学"之分在哲学家那里成为可疑的对象。

⑤ 《科学的范围和语言》（1957），收于蒯因《悖论的方式》（剑桥，麻省：哈佛大学出版社，1976）。《自然化认识论》，收于蒯因《本体论的相对性》（纽约：哥伦比亚大学出版社，1969）。

⑥ 这种二分法大约在1939年之后出现于卡尔纳普的著作中。可以假定，"观察术语"（例如"蓝色""色调"）仅仅指涉可观察的成分。同时，体现为观察报告的陈述与体现为理论假设的陈述之间的区别，可以描述如下：前者只包含观察术语，而后者至少必须包含一个理论术语。在普特南《理论不是什么》（1960，收于普特南：《数学、物质与方法》，剑桥：剑桥大学出版社，1975）中已经指明，这两种假设都是站不住脚的。

认为，哲学可以撇开科学成果来加以研究。①鲁道夫·卡尔纳普盛赞托马斯·库恩的《科学革命的结构》（它提供了科学史对于哲学的不可或缺性的范例）一书，并因鼎力促成该书的出版而广为人知。②这些情况在文献里已有记载，尽管"口头传说"的版本有些不同。但是，在上述说法中，存在着更加巧妙的篡改，即断言在40或50年前，逻辑实证主义占据支配地位。诚然，如果人们仅仅对分析哲学的内部发展感兴趣，那么，逻辑实证主义的教授为数不多，这一事实就不那么重要了。原因在于，当今许多分析哲学家的观点，就源自对这几个为数不多的观点的批评。不过，如果我们不满足于美国哲学的这一部分虚构的历史，那么至关重要的就是要认识到，在逻辑实证主义据说盛行一时的时期，逻辑实证主义者为数极少，而且大多不受重视。可以提到鲁道夫·卡尔纳普（他在芝加哥大学执教的最后10年间，连一个博士也没有指导出来）、明尼苏达大学的赫尔伯特·费格尔、加州大学的汉斯·赖欣巴赫，大概还有其他几个人。不过，这些人很孤立——卡尔纳普在芝加哥没有知识盟友；赖欣巴赫在加州大学也没有学术盟友。只有在明尼苏达，费格尔在那里创建了明尼苏达科学哲学中心，聚集了几个关键人物。甚至蒯因，直至1948年默顿·怀特③到系里来以前，他在哈佛大学哲学系里，也没有长期的盟友。在20世纪40年代，这些哲学家并不被特别看重。在40年代末，大多数哲学家讲述其历史的方式，当今只有极少数分析哲学家能够认识到。他们也许会讲述实用主义的兴衰；他们也许会谈论新实在论者；他们也许会谈及批判实在论（由伍德·塞拉斯所倡导，其子威弗里德·塞拉斯成为美国最知名的分析哲学家之一）；他们也许会谈论绝对唯心论，后者当时正在衰落，但仍有一些著名的代表人物。不过，他们一点也不看重实证主义。

我的意思并非赞同这样的判断：逻辑实证主义是一种运动，它不仅产生错误，而且孕育了真知灼见，完全值得后来所给予的关注。不过，在美国实用主义者的著作里，在约瑟亚·罗伊斯（Josiah Royce）这样的唯心论者的著作里，

---

① 参见米歇尔·弗里德曼：《逻辑实证主义再评价》，《哲学学报》（1991年10月）：505—519。

② 参见雷希：《库恩屠杀了逻辑经验主义吗？》，《科学哲学》第58期（1991）：264—277。这条注释应感谢杰纳德·霍尔顿和裘第·卡特。

③ 默顿·怀特不是一个实证主义者。但除了牛津哲学和美国实用主义，他也认真对待过实证主义。

在新实在论者和批判实在论者的著作里，既存在错误，也同样存在确实的真知灼见。

与这一虚构的历史相对照，让我引述一下我本人在本科和研究生阶段的经验。从 1944 到 1948 年期间，在宾夕法尼亚大学，我没听说有哪一门课［除了由研究生西德尼·摩根伯瑟（Sidney Morgenbesser）讲授的一门课外］对逻辑实证主义者的著作给予过多的重视。系里有一个不太典型的实用主义者威斯特·丘奇曼（West Churchman），但此外没有任何人与某种哲学"运动"有关。从 1948 到 1949 年期间，在哈佛大学，我也想不起有哪一门课解释过逻辑实证主义者的著作，不过，我估计，蒯因和怀特讨论过这些人的理论。自 1949 至 1951 年期间，在加州大学，赖欣巴赫是唯一一位既代表逻辑实证主义（尽管他本人拒绝这一称号），又讨论过逻辑实证主义的教授。哈佛有一位不算典型的实用主义者，即刘易斯，加州大学有一位杜威主义者，即多纳尔德·丕亚特（Donald Piatt）。美国哲学，不仅在 20 世纪 40 年代，而且在 50 年代，就已经彻头彻尾地非意识形态化了。如果在个别系里有什么"运动"的话，那么也仅仅是由一两个人物所代表的。目前的情况是，美国哲学界盛行着一种运动，这一运动引以为豪的是，它不仅与此前的运动不同，而且与之视为相反的趋势（"大陆哲学"）有别，这种状况与我刚进入哲学界时的情况迥然不同。

1953—1960

对一门领域做跨度 50 年的概述，必须根据个人的视角。我打算继续利用自己的经验来描述这一连串转变。我 1953 年来到普林斯顿的时候，系里只有三个正教授，莱杰·伍德（Ledger Wood）是系主任，几年内，他把格里高里·乌拉斯托斯（Gregory Vlastos）和亨普尔调进系里。他为把这个系从死气沉沉的状态扭转过来而采取的最初举措，是雇了四个年轻人，包括我自己和三个刚刚从哈佛大学毕业的研究生。

尽管 5 年前我在哈佛做过 1 年的研究，但对这三位哈佛人的背景一无所知。短短几年，哈佛大学的一群研究生，就已经把握了哲学的一般方向。这种变化似乎在很大程度上归功于默顿·怀特的影响。怀特在他开设的课程里除了指定阅读奥斯汀和斯特劳森的著作外，还奉劝一些研究生到牛津做 1 年研究。结果就是，牛津哲学来到了哈佛，这些年轻教师也得以与所谓"日常语言哲学"联姻。正如他们在研读特别是奥斯汀的著作时所理解的那样，这派哲学的主要观点认为，哲学家，包括自称为"科学哲学家"的那些哲学家，如果允许自己误用日常语言，而且尤其是，把事实上解释不清的"专门术语"引入哲学的论题，那么灾难就会发生。哲学方法的问题跃居显著位置，成为我们主要的探讨话题。

起初，我的反应是藐视"日常语言哲学"，并为我所称作的"合理重构"申辩，也就是认为，哲学中合适的方法在于建构形式语言。尤其在卡尔纳普的影响下，我坚持认为，对哲学来讲，日常语言里饶有趣味的术语，显得太不严谨，哲学的任务就在于"精释"（explicate）这些用语，进而寻找形式上的替换手段。不过，这一观点我很快就放弃了，原因在于，（坦率讲）我发现自己压根举不出两三个以上"合理重构"的成功例子。那时候，我几乎还能想起一段记忆犹深的话："如果卡尔纳普是对的，那么哲学本身的任务就是做所谓'精释'的工作。但是，有什么理由认为，'精释'是可能的呢？再说，即使我们能提出成功的精释，除卡尔纳普之外，有谁认为，科学家们实际上会接受这些解释，或者接受这种人工语言以解决观点的分歧，如此等等呢？"

此外，我（当时）摒弃了这样的观点，认为人们必须在"合理重构"与"日常语言哲学"之间进行选择。我感到，尽管人们无论从阅读赖欣巴赫和卡尔纳普的著作，还是从阅读维特根斯坦和奥斯汀的著作，都可以学到不少东西，但是以他们的名义宣扬的整个哲学方法论，都是不切实际的。

我认为，当时美国版的日常语言哲学不切实际（当我作为古根海姆研究员于1960年访问牛津的时候，我慢慢懂得所谓"真实事物"的涵义是多么丰富）。我也认为，"合理重构"同样不切实际。两方面的理由都同样简单明了。通过阅读奥斯汀的著作，我懂得了上文所提及的观点，即当哲学家们误用日常语言的时候，混乱局面就难以遏制。一方面，人们应该尽可能使用日常语言从事哲学研究，这一点似乎是毋庸置疑的。另一方面，哲学应当探讨日常语言（或者探讨一些哲学上成问题的表达式的"日常用法"），这一看法不过是一种没有根据的推论。① 确实，我从来就不相信哲学具有其界限分明的课题。

我曾经描述过年轻的哲学家们在气质上的变化，这是一种自下而上的变化。②

---

① 在这一意义上，长期以来，我并没有把维特根斯坦看作是"日常语言哲学家"。而且，我认为，奥斯汀实际上的重要意义完全超出了他对这一观点所表现出的忠诚。

② 怀特在哈佛的变革过程中起到了一定作用。他不仅最年轻，而且是来这个系时间最晚的人。

年长的哲学家们自然被卷进去了。我提到过奥斯汀、斯特劳森以及维特根斯坦，他们的影响自远道而来，显然到达了哈佛。还有蒯因，在未来20年乃至更远的时间内，他将居于美国哲学的整个发展进程的中心。确实，应部分归功于蒯因，他创造了一种新的氛围。我的意思不是说，影响到哈佛、后来又影响到美国其他研究机构①的这股特殊的热潮，即对于日常语言哲学的狂热，归因于蒯因（蒯因对日常语言哲学并不太佩服）。但是，蒯因对分析与综合之分的抨击，使得语言哲学方面的问题成为这一领域内年轻思想家们关注的焦点。② 无论如何，当亨普尔加入普林斯顿哲学系的时候（我记得是1955年或1956年），他已经坚信，蒯因对上述二分法的抨击确实正确，这也成为研究生们讨论的一个热点。但我这一代的思想家仍然在这场辩论中发挥着作用，例如，在这个10年的末期，即1959年，乔姆斯基和保罗·齐夫（Paul Ziff）在普林斯顿待了一年——乔姆斯基在高等研究院，齐夫则是作为哲学系的访问学者。保罗·齐夫的语言哲学研讨班，乔姆斯基也参加过，并成为探讨这些问题的中心。乔姆斯基的《句法结构》一书也于1957年问世。③ 像齐夫把意义描述为与语言的语句相关的种种条件所构成的递归系统一样，乔姆斯基也把语言描述成一种"递归"系统（这一结构系统原则上可以用计算机打成清单④），并且这些描述已经进入我们的哲学专门词汇中。⑤

我本人的研究工作也在这个10年的末期影响到普林斯顿哲学系以外的讨论。这些时候，我习惯于在数理逻辑课上解释有关"图灵机"⑥的看法。我突

---

① 尤其是，康奈尔大学几年来开设了一个维特根斯坦哲学系。

② 正如前面注释所提到的，在对逻辑实证主义进行辩论的背景下，蒯因对分析与综合之分的抨击，也削弱了有关"科学与形而上学"之分的整个观念。

③ 诺姆·乔姆斯基：《句法结构》（默顿：格那文哈格，1957）。

④ 递归函数是一组函数。根据丘奇（Alonzo Church）和图灵在30年代提出的论点（"丘奇论题"），严格讲，这种函数包括计算机原则上所能够运算的函数。乔姆斯基的语言学理论，在其所有形式上，都保存了两条核心论点：1）自然语言的语法结构比传统语法（"短语结构语法"）所能允许的要复杂得多；2）对递归函数理论（以及一般的计算机程序）而言，这些更复杂的结构依然可以使用某种形式系统加以描述。这种形式系统，最初由与图灵同时代的美国人埃米尔·波斯特所设计。

⑤ 保罗·齐夫：《语义分析》（伊萨卡：康奈尔大学出版社，1960）。今天，研究生们一般都认为，这一观点肇始于唐纳德·戴维森《真理与意义》，《综合》第17卷（3）（1967）。可悲的是，倒很少有人想起齐夫的书。

⑥ "图灵机"，是一些抽象装置（至少在20世纪30年代，当图灵描绘这种机器的时候，它们还仅仅是作为数学的抽象物而存在的），构成了现代计算机理论的基础。

然想到的是，在图灵（Alan Turing）的工作里，正如在今日的计算理论里，对于虚拟的计算机（图灵机）"状态"，是采用不同于物理学中常用的方法来加以描述的。图灵机的状态——人们也许会称之为计算状态——是凭借它在某个计算过程中所起的作用来辨识的，而不依赖其在物理上怎样实现。借助于纸和笔运作的人脑计算机、19世纪建造的那种机械的计算器以及现代的电子计算机，都处于同一种计算状态，而不处于相同的物理状态，三者都能从事特殊的运算。我开始把计算机理论所建议的图像运用于心智哲学，在1960年所发表的一篇讲演①中，我提出这样一条假设，即人类的心智状态表现为人脑的计算状态，它以功能主义为名越来越发挥着影响。为理解这些状态（例如在科学心理学里），有必要撇开神经学的细节，就像我们在编程或使用计算机时通常撇开"硬件"的细节一样。而且，我们完全可以按照所涉及的种种计算方式来描述心智状态，打个比喻说，心智状态就像软件，后来我摒弃了这一假设，但这一假设依然在流行，这种情况确实与许多哲学家不断努力将哲学和科学拉近的做法有关。那时，我还坚决认为，实证主义者所偏爱的一种二分法，即观察术语与理论术语的二分法，是站不住脚的。我发表了一篇论文，其影响就体现在全盘拒绝卡尔纳普的以下观点：在科学里，只有"观察术语"才有必要加以"直接解释"。②要解释这篇论文何以被人广泛接受，那就必须讨论"实在论"的问题。

"科学实在论"

"实在论"这一术语后来如此显赫，我在题为《理论不是什么》的一篇论文里早就做过预言。大意是说，一些实证主义者的观点"与最起码的科学实在论不协调"。那时候，作为一个实在论者，干脆就等于拒绝实证主义，这就是我（以及我这一代的绝大多数分析哲学家）对实在论所持的态度。直到我写《数

---

① 《思维与机器》，收于普特南的《思维、语言和现实》（剑桥：剑桥大学出版社，1975）。

② 普特南：《理论不是什么》。这一影响，部分归因于对卡尔纳普观点的集中诘难。正如弗里德里克·苏普在《科学理论的结构》（厄尔巴纳：伊利诺伊大学出版社，1974）一书的序言中所描述的，存在着两种诘难："首先，存在着针对公认观点的特征施加的诘难……旨在揭示其具有不可弥补的缺陷（这也是他对我的非难所做的分类）。其次，存在着两可性的科学哲学（由汉森、库恩以及图尔敏所提出），这种哲学干脆拒绝公认的观点，进而坚持采取其他的科学和科学知识观。"出处同上，第4页。

学、物质与方法》一书的导言时，仍然如此。在写作于 1974 年 9 月的那篇导言里，其中有一节题为"实在论"，是这样开头的："这些论文都是从所谓实在论的角度撰写的。在我看来，科学上的说明要么真，要么假。它们的真或假，并不在于描述人类经验中的规则特征时所采取的富有成效的方法。"所有这些，谈论的是什么呢？

按照大多数实证主义者的看法，科学理论关于世界的断言，也许只有以这样的语言才能加以表达，即除逻辑词汇外①，只使用像"红色"和"格调"之类的"观察术语"。原则上，已有人断言，人们可以使用"感觉材料术语"，以指称"主观经验"，而非物质客体，同时仍然能说明科学的全部内容。这种观点认为，科学仅仅是用来预测"可观察物"行为的规则特征的一种手段。像细菌之类的不可观察物，实证主义者断言，不过是我们引进来帮助预测可观察物的行为的一些"构造物"。在《理论不是什么》一文，以及在以后的若干论文里，我所反对的正是这种科学哲学（在我听起来，它有点像贝克莱的唯心主义）。其他许多人，包括斯马特（J. J. C. Smart）也赞同我的观点。20 世纪 50 年代后期，我在普林斯顿与斯马特建立了友谊。

除了拒斥实证主义外，我们还强调，科学的陈述要么真，要么假。其中的关联如下：因为在实证主义者看来，只有作为整体的形式化科学，才具有经验内容。所以完全有可能，某些单个的科学陈述 S，本身并不具有经验内容。也就是说，（以一组已接受的陈述为前提）不论我们是接受 S 还是接受其否定形式，对于我们能预测到什么都不产生丝毫影响，例如，也许有可能，某个特定时期，比方说 1970 年的科学理论是这样的：如果或者给它加入这样的陈述，即太阳里边某处的温度是 A；或者加入这样的陈述，即那个地方的温度是 B，A 和 B 是完全不同的温度，而这却不会产生任何新的可观察的预测。在这种情况下，对于我们所批评的观点而言，这两个陈述显然都缺少真值，也就是说，它们既不真也不假。如果若干年后，当科学理论发生变化时，那些陈述变得可以验证的话，它们就会具有真值。也就是说，它们就会变得真或假，而这取决于新的观察所揭示的情况。同一陈述不能既拥有又缺乏真值，对于这样的异议，逻辑实证主

---

① 这种逻辑词汇，有时可以包括更高层次的逻辑，或换句话说，包括集合论的有关词汇。参见卡尔纳普：《理论概念的方法论特性》，载于费格尔和斯库里文：《明尼苏达科学哲学研究》，《心理学和心理分析的概念基础》第一卷（明尼坡利斯：明尼苏达大学出版社，1956）。

义者可能会回答说:"这实际上不是同一个陈述",也就是说,理论的变化改变了"温度"这一术语的意义。(在《理论不是什么》一文,以及在以后的若干论文,诸如《解释与指称》① 里,我曾经严厉指责实证主义者,认为他们为捍卫其学说而粗暴对待意义同一与意义变化诸概念,这些概念是我们在日常语言或语言学里所拥有的。)对这种观点来讲,有两件事情特别麻烦。首先,如果有关原子、基因或艾滋病病毒的新理论改变了术语"原子"或"基因"或"艾滋病病毒"的意义,那么,就不会发生更多地了解原子或基因或艾滋病病毒这样的事情。任何使我们对上述某一现象的认识更丰富的新发现,实际上,都是对我们以前从未谈及或思考过的某种东西的发现。科学家们能更多了解的只能是可观察之物。按照这样的观点,理论术语不过是一些预测手段。(这就是在《解释与指称》一文里,我为何把这种观点定性为一种唯心论的理由。)其次,如果我们承认可观察术语本身是负载着理论的,那么自然就可以得出结论:随着理论上的每一步变化,这些术语也必须在意义上发生变化。这就会导致库恩的结论:不同的科学理论是意义不可比较的,这将使得下述一点成为无法理解的事情,即人们竟然能理解早先的科学理论。②

在 20 世纪 60 年代初期,如果"科学实在论"对于像我这样的哲学家来讲,不过意味着对实证主义的拒斥,或者更广义而言,意味着摒弃这样的观点,即自然科学陈述需要哲学的重新解释,那么,几年之内,它就会达到一种比较成熟的形而上学立场,或者倒不如说,形成两种立场(其中每一种都有许多表现形式)。第一种立场,我拟称之为"泛科学主义",它坚持认为,哲学问题最终注定要通过自然科学的进步来加以解决。哲学家所能采取的最好办法,就是预示这种进步,并建议科学如何去解决这些问题。第二种立场,我拟使用西蒙·布拉克伯恩(Simon Blackburn)所引入的术语,不过是在更宽泛的意义上使用的,称之为"准实在论"。这一立场并非断言,所有的哲学问题都可以通过自然科学加以解决,而是坚持认为,对实在所做的"如实"的全面描述,只有通过自然科学才能做出,而就这一立场的绝大多数形式而言,只有通过物理学才能做出。在事物"本身"的样式,与其显现出来的状态,或我们言说它们所是的状态之间,存在着截然的界限,这一看法是这一立场所特有的。将第二种立场与

---

① 重印于普特南:《思维、语言和现实》,第 11 章。
② 唐纳德·戴维森的《论概念图式这一观念》,载于《第 60 届美国哲学学会议事录》,包含一种有力(而且著名)的论点,针对的是意义不相容性观点的一致性问题。

第一种立场区别开来的方法,在于这样的观点:我们言说,以及确实不得不言说的许多方法,与事物本身的样式并不对应,而仅仅代表一些"局部视角"。[伯纳德·威廉姆斯(Bernard Williams)引入并使用了"局部视角"这一概念,按他的理解,说"局部视角"是局部的,是就特定文化的视角这一意义而言——这就是理解民族语言的方式——或者说,是就其取决于人类特定的生理机制的意义而言的——诸如颜色这样的"第二性质",也被认为在这个意义上是局部的。]哲学不得不阐明,并帮助我们理解这些局部视角所具有的地位,就此而言,哲学的任务超出了自然科学的范围。不过,"局部视角"并没有任何实质性的形而上学意义,只有自然科学才具备这种意义。尽管保罗·丘奇兰(Paul Churchland)、帕特里夏·丘奇兰(Patricia Churchland)、丹尼尔·丹内特(Daniel Dennett),以及杰里·福多(Jerry Fodor)之间存在着实质性分歧,却都是第一种立场的代表人物。作为第二种立场的代表人物,尽管其间存在实质性的哲学分歧,我仍然想举出西蒙·布拉克伯恩和伯纳德·威廉姆斯的名字。当然,并不是所有的分析哲学家,都要么是泛科学家,要么是准实在论者。但这两种态度在"分析形而上学"里完全占据了主导地位。不过,我准备超越自己。

1960 年的牛津

1960 年秋季那一学期,我是在牛津度过的。我与之度过了大部分时光的四位哲学家,是伊丽莎白·安斯康姆、菲里帕·福特(Philippa Foot)、保罗·格赖斯,以及詹姆斯·汤姆森(James Thomson),其中没有哪一位属于"词语的日常用法"类型的哲学家。安斯康姆对哲学的每一问题都有兴趣,尽管她是维特根斯坦的学生和密友,但其哲学风格迥然不同。那时候,她和菲里帕·福特正在发展对伦理学的一种新的研究方法,这种方法强调对品性而非行为的评价(因而得名"德性伦理学")。[1] 其他的牛津道德学家(大多是把伦理学中的功利主义和非认知主义联系在一起)嘲讽过这种新的研究方法,但这种方法今天依然盛行,并且极大地丰富了道德哲学。詹姆斯·汤姆森对乔姆斯基的语言学逐渐怀有强烈的兴趣,正是部分出于这方面的原因,我才劝说他到麻省理工学院

---

[1] 安斯康姆的《现代道德哲学》,代表了对这种新的研究方法的诉求。这篇文章收在安斯康姆的《伦理学、宗教和政治学》一书,《安斯康姆哲学文集》第三卷(牛津:布拉克维尔,1981)。

来一道共事。从 1961 到 1965 年，我在麻省理工学院给研究生开设了一门哲学课程。在 3 至 4 年内，保罗·格赖斯对意义理论创立了一种迄今仍然影响巨大的研究方法。人们有时说，"日常语言哲学"大概就是在这一时候开始衰退的。我认为，更准确的说法是，现实情形从未与那种模式相吻合，随着时间的推移，该模式也就销声匿迹了。但是，牛津的个别人物——当然，还应该加上达米特、汉普谢尔、赖尔、斯特劳森，以及其他一些人的名字，不仅没有退出哲学的舞台，而且直至今日仍然受到人们讨论。正是由于这一点，他们不再被当作"日常语言哲学家"，而是开始被人视为做出独特贡献的哲学家。只有赖尔的情况是例外。（不过，其《心的概念》一书，却包含着他早年对现象学兴趣而产生的真知灼见！）

保罗·格赖斯后来的生涯，值得做一些描述。我遇到格赖斯的时候，他还在为几个月前去世的奥斯汀悲痛不已。我相信，他是在有意识地做一个忠诚的奥斯汀主义者。但在此后几个月内，他就与奥斯汀处理哲学的方法实行了彻底的决裂（他还打算离开牛津去伯克利）。这种裂痕，其中有一个方面尤其重要。奥斯汀的观点代表了一种极端的实用主义，它在今天仍然有查尔斯·特纳维斯（Charles Travis）的皇皇巨著作为代表。① 按照奥斯汀的看法，语句中单词的意义本身，并没有精确地决定在特定语境中所言说的意思。许多不同的事情，可以通过具有这些意义的那些相同词汇加以言说。② 格赖斯的观点，今日为人们广为接受（尽管我本人同意奥斯汀的看法）。他坚持认为，相反地，存在着像语句的标准意义之类的东西，而我们使用某个语句表述的各种"非标准"的东西，都可以通过他所谓的"会话涵义"加以解释。③ 语用学研究这些会话涵义，语义学则与语用学迥然不同，研究的是那些"标准意义"。

泛科学主义的兴起

1961 年，我辞去了普林斯顿的工作，以便在麻省理工学院开设一门新的研

---

① 查尔斯·特纳维斯：《意义的用法：维特根斯坦语言哲学》（牛津：牛津大学出版社，1989）。

② 比如，请考虑一下语句："桌上有咖啡。"（The table is covered with coffee）根据语境，这也许意味着桌上有几杯咖啡，或咖啡溅在桌上，或桌上有几包咖啡。不过，在所有这些用法中，"咖啡"、"桌子"和"有"均有其标准"意义"。

③ 对格赖斯观点的强烈批评，参见查尔斯·特纳维斯：《分析年鉴》，《思维》第 100 卷（398）（1991 年 4 月）：237—264。

究生哲学课程。如果说 50 年代普林斯顿的状况（至少在年轻的教员中情况如此）反映了新一代美国哲学家开始把自己标榜为"分析性的"，那么在我工作期间（1961—1965），麻省理工学院的情况则反映了这一标签的内容已经发生变化。尽管麻省理工学院已经有一些哲学家，包括厄文·辛格（Irving Singer）和短暂工作过的罗尔斯，但新课程组的核心成员还是由我本人、詹姆斯·汤姆森、朱迪斯·汤姆森（Judith Jarvis Thomson），以及两位叫"杰里"［杰里·福多和杰罗德·卡兹（Jerrold Katz）］的人所组成。我们五个人都与诺姆·乔姆斯基保持着密切的接触，对新出现的"生成语言学"倍感兴趣，而且都被这样的看法所吸引：思维的计算机模拟、生成语法以及"语义学"，注定会解决心智哲学和语言哲学的相关问题（或者至少能把它们重新表述为直截了当的科学问题①）。

蒯因的影响在这里发挥了重要作用，正如迄今仍然表现的那样。蒯因认为心理学是认识论的后继学科。尽管我们认为这种看法过于单纯，但是，蒯因的一些观点对于我们仍然富有魅力。蒯因坚持认为，所有的哲学问题都是关于科学的本质和内容的问题（因为所有的知识要么是科学，要么是希望成为科学）。蒯因还认为，有关科学的哲学问题本身，只有在我们所诉诸的科学的范围内，才能加以解决。②

尽管我意识到存在着一些没有解决的困难，但许多年来，在把逻辑（和数学）描述成经验性的这一点上，我也追随过蒯因。对蒯因来讲，这一点并不像它相对于传统的经验论者——例如约翰·密尔那样，具有同样的意义。也就是说，这并不意味着，数学直接关注感觉的或物质的世界。蒯因非常高兴地设置了这样一个世界：其中分别存在着一些数学客体，诸如集合、函项、数。在这方面，他是一名蹩脚的柏拉图主义者。它意味着，设定存在着由抽象实体构成的不同世界，最终要通过该设定本身在这个世界里的效用而得到证实。正是在这里，蒯因与哥德尔这样的更传统的柏拉图主义者分道扬镳。根据这种看法，我为数学认识论里蒯因所谓的"不可或缺性论证"③做过辩护。这一论证认为，接受数学的理由显然在于：在毫无疑问属于经验性的科学，尤其是物理学里，

---

① 比方，传统的心身问题，被看作不过是大脑"软件"和"硬件"的关系问题。
② 参见蒯因：《科学的范围和语言》，以及《自然化认识论》。
③ 参见普特南：《逻辑哲学》（1971），重印于普特南：《数学、物质与方法》第二版；蒯因《论存在什么》。

数学是不可或缺的，甚至逻辑也是经验性的（就出于经验理由可以修正这一意义而言）。关于这一看法，1960 年，物理学家大卫·芬克尔斯坦（David Finkelstein）曾奉劝我说，对量子力学最好的解释，涉及抛弃传统的逻辑法则，即命题逻辑的分配律。① 这一观点最初由量子力学最伟大的权威之一约翰·冯·诺伊曼（John von Neumann）提出。② 我认为，正如欧几里得几何学被广义相对论所推翻（被证明在经验上为假）一样，亚里士多德的逻辑学，结果也变得在经验上为假，同样也由量子力学所推翻。（由于一些不可超越的技术困难，我不得不放弃借助冯·诺伊曼的逻辑学去解释量子力学的想法，不过那是 30 年以后的事。③）

我于 1965 年离开麻省理工学院，进入哈佛哲学系。尽管哈佛的每一位同事都对我的思想产生了影响，但我倒想特意说明三种趋势，这三种趋势在哈佛哲学系里仍然具有代表性，我也相信，它们对整个哲学（而不仅仅是"分析"哲学）的发展都是重要的。其中有一种趋势，实际上等同于一个人也就是蒯因的哲学。同样的说法对于第二种趋势也成立，它本质上就是约翰·罗尔斯的哲学。第三种趋势，必定与哈佛对维特根斯坦后期哲学持续不断的兴趣相关，在我加盟的时候，它在系里有三位代表人物：罗杰斯·阿尔布里顿（Rogers Albritton）、斯坦利·卡维尔（Stanley Cavell），以及布尔顿·德里本（Burton Dreben）。我准备谈谈这些趋势，并逐个加以描述。

蒯 因

我已经谈过蒯因拒绝分析与综合之分所产生的影响，及其认识论的"自然化"对美国分析哲学变化着的形势所带来的冲击。他的"翻译不确定性"的著名学说也至关重要，并用《语词和对象》一本书的篇幅为它辩护。④ 就蒯因辩护时所采取的极端形式而言，这种学说意味着，关于一个语言内的任何词项究

---

① 就其最简单的形式而言，这一点相当于说"p（q 或 r）"等同于"pq 或 pr"。
② 参见普特南：《逻辑是经验的吗?》，又以《量子力学的逻辑》为题重印于《数学、物质与方法》一书。
③ 有关这些困难的说明，参见普特南：《答米歇尔·里德海德》，载于克拉克和哈尔编《普特南读解》（牛津：布拉克维尔，1994）。
④ 蒯因《语词和对象》（剑桥，麻省：麻省理工学院出版社，1960）。

竟指称什么，不存在事实问题。① 一开始，这一学说就发现了几个变节者（大多数科学实在论者，事实上都明确摒弃了这一学说），不过，这一学说的一种版本，后来得到唐纳德·戴维森的辩护，并且得到伯纳德·威廉姆斯（审慎的）赞同。② 不过，蒯因的第四个学说却产生了巨大影响，并且引起分析哲学的整个本质发生了重要变化，特别在美国是如此，这就是蒯因的"本体论承诺"学说。

要解释这一学说，我们必须解释蒯因对"本体论"一词的用法。在蒯因所说的意义上，一种理论的本体论，显然就是这一理论所假定的客体。但我们怎么知道，一种理论（或特定时期的科学）假定什么客体呢？［科学家们经常谈论"异状"（glitches）——那么科学因此就"承诺了"（包含）异状的本体论吗？］就这种情况而言，什么东西才能算得上是"客体"呢？蒯因对这些问题的回答，显然遵循的是数理逻辑哲学家弗雷格和罗素的传统。这些哲学家断言，日常语言太游移不定、太诡谲，解释不了科学家何时设定客体，设定哪些客体。要回答这些问题，正如蒯因所做的那样，我们必须"整编"我们的语言，必须对之进行整理（例如关于"异状"的谈论将作为无关紧要的成分而被排除掉）。我们必须把我们的用语标准化（因此，"粒子是带电荷的"将变成"存在着这样的东西，它既是粒子又是带电荷的"）。理想地说，我们应该用量化理论——也即像"存在着 X，使得……"，以及"每一 X 使得……"这样的表达式（量词）的逻辑——的记法，写出科学的（或我们希望确定其"本体论"的特殊理论的）语句。当这项工作完成之后，一种理论的"本体论"，才会通过它所使用的存在量词（"存在着诸如此类的东西"）而揭露无遗。隐含在这种思维方式里面的，自然是这样的假设："存在"，或者在"整编过的记法"中替代它的存在量词，完全是单义的概念。

---

① 一项有名的蒯因思想试验，常常用来解释这一学说。它包括这样的想法：不经意地碰上一些土著人，他们说一种至今无人懂得的语言，好像是把兔子叫作"嘎瓦盖（gavagai）。在《语词和对象》一书中，蒯因坚持认为，我们可以把嘎瓦盖在"丛林语言"中的所有表现形式，都翻译成一种"可以分离的兔子部位"，而在我们的翻译模式的其他方面做出"补偿性调整"，那么由此形成的翻译模式就会适合所有可能出现的行为材料。如果认为词语的指称可以从行为材料出发公开触及的话（否则，语言怎么才能学会呢？），那么蒯因就会提出这样的问题：难道这不表明，根本不存在嘎瓦盖究竟是意指"兔子"，还是"可分离的兔子部位"之类的"事实"吗？

② 尤其是，伯纳德·威廉姆斯：《笛卡儿：纯粹研究计划》（哈蒙斯沃斯：企鹅出版社，1978），第 299 页。

如果接受了蒯因的观点，那么我们不得不说，现代科学使得我们奉行这样的论点：数、电子以及微生物，都是在严格同一的意义上"存在"的，并且在严格同一的意义上，都是"客体"。①（"客体"是任何"存在"的东西。）因此，蒯因断言，数是"不可触摸的客体"②，其理由在于，数学假定了这些不可触摸的客体，并且数学对于绝大部分现代科学而言，都是不可或缺的。

自从逻辑实证主义问世以来，"形而上学"就变成了一个非常肮脏的词；就连新科学实证主义者，就像我本人，也不说在从事形而上学的研究。蒯因在其论文《论存在什么》里，也没有断言这一点。但是，逐渐被人接受的是：如果蒯因在《论存在什么》一文里所持的观点是正确的，那么人们就不再能断言：像"数真的存在吗？"和"集合真的存在吗？"之类的问题，如实证主义者所说的，是一些"假问题"。一旦有关数和集合的真实存在性的问题已经复活（正如我上文所提及的，蒯因为"是的，确实存在"这一答案，提出了他的"不可或缺性论证"），那么，提出与下述问题相关联的若干论证（有时是以同样的风格），就为时不远了，这些问题是：例如，"虚构的客体真的存在吗？""可能世界真的存在吗？"③ 诸如此类。人们终于坦然地将自己说成是"形而上学家"，而在数年前，这也许与作为"分析哲学家"这一点很不协调；而且，也开始听到"分析的形而上学"这一用语。美国的分析哲学，随后是英国的分析哲学，开始拥有一种"本体论的风格"。这里，发生了奇怪的角色颠倒现象。英美分析哲学，在其实证主义时期，将自己描绘成反形而上学的，却逐渐演变成为世界哲学舞台上最显眼的形而上学运动。

罗尔斯

自从 1970 年其皇皇巨著《正义论》问世以来④，约翰·罗尔斯逐渐对分析

---

① 当代数学家会接受这样的句子："存在着大于 25 的数"，而当代生物学家会接受这样的句子："存在着导致人类疾病的微生物"。由于这一点，蒯因的本体论承诺的标准意味着，这些科学家"承诺"数和微生物的"存在"。而且，由于存在是单义的，数和微生物都在严格同一的意义上存在着（如果当代科学是正确的话）。

② 《数学化的成功与限度》，收于蒯因《理论与事物》（剑桥，麻省：哈佛大学出版社，1981），第 149 页。

③ 参见大卫·刘易斯：《反事实条件句》（剑桥，麻省：哈佛大学出版社，1973），第 84—91 页。

④ 约翰·罗尔斯：《正义论》（剑桥，麻省：哈佛大学出版社，贝尔克拉普分社，1970）。

哲学产生重要影响。尽管存在着所谓"元伦理学"学科（旨在说明为什么伦理学不是一门潜在的学科），但逻辑实证主义者根本不把伦理学看作是一门有可能出现的学科。尽管几个勇敢的分析哲学家在这期间继续从事伦理学研究（我曾经提到过伊丽莎白·安斯康姆和菲里帕·福特的"德性伦理学"），但这一领域一度相当没有起色。随着《正义论》的出版，伦理学变得非常重要，并且许多研究生又开始修学这门专业。不过，《正义论》的出版，与美国公众生活中有关福利国家是与非的重要争论，以及有关社会正义的必要条件的辩论，恰巧同步。不过，有一种感觉，它完全意味着一场罗尔斯革命。鉴于《正义论》从根本上预设着一种认识论，因此可以看出，这种认识论是围绕"反思性平衡"的概念而形成的。罗尔斯把这一观点归功于纳尔逊·古德曼（Nelson Goodman）的下列建议：我们在哲学里不得不做的，就是放弃对必然真理的徒劳追求，并且投身于一种"微妙的双向调整"过程——要能够觉察到，我们事实上拥有的那些原理，总是与我们解决现实生活中某些明确无疑的情形的方式相冲突。换句话说，通过同时反思我们赖以出发的那些原则和情形，我们不得不逐渐（并且试验性地）修正那些原则和关于个别情形的那些"直觉"，直至达到一种稳定的平衡状态。作为相对于先验论的一种明智选择方式，我们很难和这一点争执不下。但是，哲学家所关心的，是逻辑实证主义者所提出的这一类问题：我们怎样才懂得，伦理学语句不只是主观态度的表达呢？我们又怎么才能懂得，它们完全能够具有一个真值（例如，要么真，要么假）呢？——这都要求做出哲学论证，就其本性而言，这种论证似乎只能来自形而上学、认识论或语言哲学，这却与实证主义者认为这些领域内的语句"在认知上无意义"的主张针锋相对。实证主义者也许会说："你肯定会达到你所谓的'反思性平衡'，但那不过是关于你的一种事实。其他人也许会达到一种完全不同的平衡。"

在后来的一些著作里，最近一部是《政治自由主义》（1993），不过其思想在他的美国哲学学会主席的就职演说里（1974）[①] 就已初露端倪，罗尔斯否认有必要从认识论、形而上学或语言哲学的角度为他的方法论做这样的辩护。今日所追求的是一整套伦理学主张，其"客观性"仅仅在于这样的事实：在具有一定政治历史的西方民主政体下，关于这些主张的正确性，或者是预设了这些

[①] 约翰·罗尔斯：《政治自由主义》（纽约：哥伦比亚大学出版社，1993）；约翰·罗尔斯：《道德理论的独立性》，1974 年美国哲学学会东部分会主席就职演说，载于《美国哲学学会议事录》第 48 卷（1974—1975）：第 5-22 页。

主张的伦理理想和伦理规范的正确性，有可能找到一种"重合的共识"——至少，这就是罗尔斯派哲学家竭力想证实的东西。（该观点认为，如果公民们同意搁置在神学和形而上学方面的分歧，那么，他们仍然能够在一些特殊的正义原则上找到共识。）规范伦理学，从一开始就放弃对形而上学或认识论的关注，并且宣称，它所从事的是"政治学，而不是形而上学"。不过，这样一种伦理学，并不对分析哲学的各种自我理解构成任何威胁，尤其是不对我在上文所描述的有关哲学任务的"泛科学"和"准实在论"的理解构成任何威胁。

不过，事实上并非所有那些相信科学传递了关于实在的全部真理的哲学家，都否认伦理学中真实陈述的可能性。但其中确有一些人是这样的［诸如约翰·马基（John Mackie）和吉尔布特·哈曼（Gilbert Harman）在几本有名的著作里，都反对像伦理知识之类的东西存在的可能性①］。其中一些人则试图采取"中间"立场②——伯纳德·威廉姆斯已经论证说，尽管伦理陈述能够是"真的"，但它们的"真"不是绝对的，而仅仅反映了"某一个社群或另一个社群"的视角。理查德·博伊德（Richard Boyd）所领导的一群科学实在论者，在复活伦理学中古老自然主义传统时，试图证明：谓词"好的"事实上挑出了一个"自然种类"，原则上有可能建立一种关于该种类的科学理论。然而，在英美哲学系里，目前对规范伦理学感兴趣的绝大多数哲学家，在回避形而上学争论这一点上，可能都追随罗尔斯。

维特根斯坦在哈佛

1965 年我到达哈佛时，有三位哈佛哲学家对维特根斯坦哲学感兴趣。③ 自然，在其解释上有一定的差异，其中有一些我拟做一些说明。但是，也存在着大量一致的地方。尤其是，他们很快使我相信，维特根斯坦后期哲学的一种版

---

① 马基：《伦理学：惹是生非》（哈蒙斯沃斯：企鹅出版社，1977）；吉尔布特·哈曼：《道德的本性：伦理学引论》（牛津：牛津大学出版社，1977）。

② 伯纳德·威廉姆斯：《伦理学和哲学的限度》（剑桥，麻省：哈佛大学出版社，1985）。

③ 这三个人是罗杰斯·阿尔布里顿、斯坦利·卡维尔以及伯顿·德雷本。德雷本从哈佛退休后，现任教于波士顿大学。不过，比我年轻一些的同事瓦伦·格尔德法布，除了在逻辑学和分析哲学方面做出了优异成绩之外，今天在延续哈佛的维特根斯坦研究传统方面，也出了一份力。

本，错失了该哲学的真正教义。这一版本归因于诺曼·马尔康姆，我曾在几篇文章里对它加以批评①，它使得维特根斯坦差不多成为一名伪装的实证主义者。在这几位读者的影响下，我终于发现，维特根斯坦所做的工作，完全不同于仅仅提出一种"哲学立场"。

对我来讲，要界定目前我对维特根斯坦所做工作的理解，最方便的方法就是举一个例子。有些分析哲学家，像蒯因一样相信"存在"是一个完全单义的概念，对这些人来讲，"数真的存在吗？""我们怎么才知道数真的存在呢？""蒯因的不可或缺性论证真的是一个好的论证吗？"之类的问题，都是完全清晰的。当"存在"被用于这样的数学陈述，如"存在着大于1 000的基数"时，我们都理解"存在"的意义。因而，我们也必定理解"存在着基数"和"存在着数"。在接受"承诺了""不可触摸的客体"（数）的数学时，我们可以问一问自己这样做是否有道理。不过，对于维特根斯坦信徒来讲，下述看法却是出于误解：当一位数学家断言，存在着10和100之间的基数时，他就已经断言，存在着某种不可触摸的客体，它与其他不可触摸的客体具有某种关系。尽管在数学里演算存在量词"存在"时，我们所使用的形式逻辑规则与在经验语境中所使用的完全相同，不过，数学里"存在"陈述的用法，与以下经验性存在陈述的用法迥然不同："存在着应声定位的动物"。当我们在数学里使用"存在"的时候，我们确实是在谈论一些客体，尽管是一些"不可触摸的"客体——这种观点是一种误解。

逻辑实证主义者也可以达到这个结论，只是他们达到的方法迥然不同。对逻辑实证主义者来讲，达到这一结论，是通过运用分析和综合的区分，以及"意义的可证实性理论"来实现的。根据可证实性理论，一个陈述要"在认知上有意义"，有两个并且只有两个（完全不同的）条件。因此说，存在着两类完全不同的有认知意义的陈述。按照逻辑实证主义者原先的可证实性理论，如果一个陈述在经验上可以验证，或者可通过纯粹逻辑和数学的手段加以确定，那么该陈述就是在认知上有意义的。② 对实证主义者而言，立即可以得出这样的结论，数学上的存在陈述，与经验上的存在陈述，属于完全不同的类型。前者是

---

① 参见普特南：《思维、语言和现实》，第15、16、17章。

② 在所有的纯数学系统里面，都存在一些不可判定语句。自从哥德尔取得这一发现以来，实证主义者们在其标准上做了种种复杂的调整，目的是为了避免断定任何纯数学语句在认知上皆无意义。不过，我这里的目的不是深究那些调整方法。

"分析"的,而后者是"综合"或"经验"的(实证主义者将后两个术语视为同义词)。但在后期哲学里,维特根斯坦摒弃了这样的观点:存在着像意义的标准之类的东西。维特根斯坦信徒不得不从我们绝大多数人所拥有的这样的感觉入手,也就是说,如果称数字5为"一种不可触摸的客体",并且担心它是否"真的存在",那么这里就会有一些"靠不住"的因素。另外,维特根斯坦信徒还必须非常仔细、耐心地探讨,为什么我们感到有必要这样言说,而且感到,除非我们能这样言说,否则数学就站不住脚。对维特根斯坦信徒而言,"不可或缺性论证"确实类似于物理学家为说明存在不可观察的粒子而提出的试验证明。这样的观点,正是相同的误解的另一种表现形式。①

这一点与以下问题有关:是否哲学问题实际上与经验科学里的问题类似。就像维特根斯坦那样,我相信,答案是"否"。但是,自从蒯因对分析和综合的区分发起强有力的抨击以来,尽管同意这一答案,但我们还是不得不指出,认为某种探讨是概念上的,并且就其特性而言,是有缺陷的,这样说并非自相矛盾。② 认为哲学能达致任何准确无误的知识,这种论断显然不再可信。

有些维特根斯坦的诠释者,包括伯顿·德雷本,都倾向于强调维特根斯坦哲学中这样的情形,传统哲学的问题,或传统哲学的"结论",在其中被揭示为一种混淆。他们的目的,当然不是用某种新的体系来替代传统哲学,就像逻辑实证主义在其发展进程之中所产生的许多思想体系那样,而是把我们从我们正处理一组重要问题这样的幻觉中解脱出来。在这样做的时候,我相信,他们是在阐明一个至关重要的观点,这一点容易被当代哲学家所误解。我之所以说"当代哲学家",是因为:认为某些哲学问题是虚幻的,这在哲学史上并非什么新玩意儿。这种观点,就是在康德《纯粹理性批判》这样的经典巨著里,也扮演着核心角色。但是,认为难以把握维特根斯坦思想的哲学家,在很大程度上,

---

① 参见《数学必然性再思考》,载于普特南:《词与生活》(剑桥,麻省:哈佛大学出版社,1994)。

② 蒯因对分析与综合区分的抨击,是对这样的实证主义观点的诘难:一定种类的陈述(分析性陈述),原则上能免于经验的反驳。蒯因不认为可以区分概念知识和经验知识。持这种观点的哲学家(例如理查德·罗蒂),是在悄悄认为,任何有效的概念知识,在不可修正这一点上,与实证主义的分析真理相似。但在《论确定性》一书中,维特根斯坦认为,河与岸的区分是一个重要的区分,尽管随着时间的流逝,岸与河会换位,并且有些岸比其他岸脆弱。他的意思是,在"语法"(概念)陈述和经验陈述之间存在着差异,哪怕某些陈述的地位随着时间而发生变化,哪怕一些"语法"陈述变得受人误解。

就是那些没有什么时间研读伊曼努尔·康德著作的人。在他们的记忆中,"在哲学里存在一些虚假的问题"这一看法,是与鲁道夫·卡尔纳普的名字以及逻辑实证主义,不可分割地连在一起的。因此,他们很自然地假定,维特根斯坦信徒对一些哲学问题的可理解性的否定,肯定来源于实证主义者对"意义可证实性理论"的承诺,尽管他们不承认这一点。人们终于能够弄清楚,哲学问题是一种虚假的问题,所凭借的是这样的考虑,后者不仅使哲学问题成为真正的问题,而且使它成为在某种程度上是强制性的问题;而不是通过提出一种"关于认知意义的标准",从外部强加给有关的哲学问题。受过分析哲学训练的人,需要花很长时间才能看出这一点(确实也让我花了很长时间)。德雷本有着卓绝的才能,能向学生们(包括其同行)传达维特根斯坦的这一洞见。

不过,在看待维特根斯坦后期哲学的归宿这一点上,还有另一种方法,尽管不能说它不协调,但充其量也是补充性的。对于斯坦利·卡维尔所理解的维特根斯坦,哲学上的混淆,不仅仅是语言发生偏差的问题,而且是深层次的人类问题的表达形式。当然,这些人类问题也以许多其他的方式,诸如政治学、神学以及文学的方式表现出来。[①]

在这方面,我倒想说,维特根斯坦所讨论的许多哲学问题,不得不涉及我们与"规范"所处的非和谐关系。我所说的"规范",意思不仅仅是指伦理学。请考虑一下遵循某种规则这一概念所涉及的规范性。遵循一条规则,有正确的方式,也有错误的方式。这就是维特根斯坦所称作的"语法"真理。规则这一概念,与做事正确和做事错误这一概念,或者说,与答案正确和答案错误这一概念并行不悖。但是,许多哲学家感到,他们不得不把这种规范性还原为其他东西。例如,他们试图将其定位于大脑,但结局则变成:如果大脑的种种结构使我们正确遵循规则的话,那么有些时候,它们也会使我们去错误地遵循规则。(当然,自然可以采用乔姆斯基的观点,认为在大脑的"能力"和"运用"之间存在着差异。但这只是说,甚至在描述大脑的时候,我们也不得不运用规范上的差别。所谓正确地遵循规则的意思,实际上并不是通过这样的说法就可以解释清楚的:"当人的大脑根据其能力运转时,人们就在正确地遵循规则;而当

[①] 斯坦利·卡维尔最近有关这一课题的著作,包括《洒脱的条件和不洒脱的条件:爱默生完美主义宪章》(芝加哥:芝加哥大学出版社,1990);《对日常状况的追求:怀疑主义和浪漫主义思路》(芝加哥:芝加哥大学出版社,1988);《哲学路线:维特根斯坦、爱默生、奥斯汀、德里达》(牛津:布拉克维尔出版社,1955)。

人的大脑产生运用上的错误时，就是在错误地遵循规则"。人们不过是在重述这样的事实：按照专门用语着手遵循规则的规范性。）以往，发现对遵循规则的还原性说明并不管用的那些哲学家，要么是设定一些神秘的心理力量，要么是设置一些在心理上与之具有神秘关系的柏拉图式实体。无论是科学还原论者，还是旧式的形而上学者，动机都是一样的：将规范性，也即选择这样做而不是那样做的正确性，视为一种需要加以因果解释（无论是日常的科学解释，还是所谓的"超科学解释"）的现象。维特根斯坦的反应就是挑战这样的观点：规范问题的讨论，需要以其中任一方式加以"说明"，换句话说，确实就是在挑战这样的观点：这里存在着"说明"的问题。

自从《哲学研究》问世以来，对规范性的满意和不满意，都与对语言的混乱状况的满意和不满意纠结在一起。也与这样的事实有着千丝万缕的关系：在一定语境中完全适用的语言，也许根本满足不了哲学家和逻辑学家所要求的"严格"和"精确"标准。同时，也与我们想否认所有这些混乱局面，并强迫语言和思想适应此种或彼种无法整齐划一的表现形式的愿望联系在一起。尤其是，"认知科学家"（或这样看待自己的哲学家）常常认为，似乎存在着一种信仰的本质，比如，相信某物似乎是属于这样一种问题："大脑把语句放置在信仰之匣"。（我没骗你。）在《哲学研究》的开头部分，维特根斯坦强调，像"相信"、"问题"以及"命令"之类的词语，实际上反映了许多不同的东西。当代科学实在论，企图将所有问题表述为一种类型，也即实际上表述为经验问题；同时将所有证明表述为一种类型，也即表述为经验性证明。这不过是以下趋势的另一种表现形式：将个别的表现形式强加于绝非整齐划一的现象上。维特根斯坦不仅仅要阐明我们的概念，而且要阐明我们自身。矛盾的是，他阐明我们自身的方式，是教我们与不清晰的东西共处，就像我们必须做的那样。这样解读的话，对维特根斯坦的关注，以及对个人和社会变革的关注，相互之间不仅没有什么不协调，而且是相互增强的。

《"意义"的意义》

直至1980年左右，刚才所描述的观点，都没有从根本上影响到我的思想。但在1966—1967年期间，首先在语言哲学课上，后来又在语言哲学暑期讲学班所做的一些讲演中，我开始就意义问题形成了一些新的观点。这些观点的产生，根本不是由于了解自然科学如何解决哲学问题的愿望，而是由于人们对我在麻省理工学院期间所持观点的消极反应。按照那些观点，说话者对词汇意义拥有的知识，仅仅相当于有关储存在"他们的大脑内部"的一批"意义规则"的不言自明的知识。1966年，我终于认识到，把语言完全想象成个别说话人"头脑内部"的东西，这种看法肯定是错的。大量的思索（我这里不想回顾它们）促使我相信，如果人们心中的"工具"就是人们原则上孤立使用的工具，比如锤子或起子的话，那么，将词语比喻成工具的惯常做法就是错误的。如果说语言是一种工具的话，那么它就像一艘远洋客轮一样的工具。它在运用的时候，需要许多人通力合作（并参与到复杂的劳动分工之中）。赋予一些词以特殊意义的手段，不仅仅在于人脑的状态，而且在于人们与非人类环境和其他说话人之间所处的关系。

尽管起初人们对这种看法置若罔闻，但是，当我在1972年底所写的一篇论文即《"意义"的意义》①里，以很长的篇幅阐述这一看法时，却发现它受到人们出乎意料的热烈欢迎（这部分地是因为，这篇文章与克里普克在论"命名与必然性"的著名讲座里所提出的观点相一致②，这一系列讲座是1970年在普林斯顿讲授的），并且至少其中的这样一种看法，即对于意义的任何全面的说明都必须包括说话者大脑之外的因素，现在甚至已经成为语言哲学里的"正统观念"。（不过，请注意，这种特殊的看法并不是产生于"科学实在论"纲领，我以前强烈地被它所吸引。）还有，从1972年左右开始，我对蒯因长期以来所关注的一个问题发生了强烈的兴趣，即词语如何（蒯因也许会说，如果）才能完全决定指称。

指称和模型论

对我来讲，这一点之所以成为问题的理由在于：就像绝大多数人赞同思维的计算模型一样，我也相信，当我们看到或听到世界中的事件时，实际发生的是在我们的思维或大脑里产生了视觉或听觉材料。那些感觉材料是思维或大脑从认知上进行加工的对象。在我们所感知的桌椅和感觉材料之间的关系，不过是对视网膜和耳鼓所产生的因果冲击这一问题，以及来自视网膜和耳鼓的因果

---

① 收于普特南：《思维、语言和实在》。
② 克里普克：《命名与必然性》（剑桥：哈佛大学出版社，1972，1980）。

信号达到大脑中的过滤器这一问题。我们与感知对象之间没有任何直接的认知关系。我们的感觉材料，似乎是我们的认知过程与世界之间的中介者。（这就是当心灵被等同于大脑时，笛卡儿的心灵图像所处的角色。）在真实的感觉中，我们所直接意识到的，是外部世界的真实属性，而不是它的"表象"。持有这样一种看法的可能性，正是我断然拒绝的。按照这种新笛卡儿的心灵图像，似乎不存在任何这样的问题，即心灵（可以将其设想成一台计算机）如何能够获悉一个人所拥有的"主观经验"（感觉材料），因为这些主观经验被视为是发生在计算机内部的事件，因此对于该计算机来说是"可以通达的"。但是，这些经验"表征"着心灵或计算机之外的客体，这一说法究竟是什么意思呢？

正如我们所看到的，大多数分析哲学家都抛弃了实证主义观点；按照这种观点，科学理论基本上是预知主观经验的一种手段。不过，根据我和其他人所发现的很吸引人的心灵哲学，很难看出，心灵对科学理论的理解，如何能够真正超越实证主义者所允许的范围。人们能够懂得，被构想为计算机的心灵，能够"理解"某种科学理论，也就是说，能够把它用作一种预测的手段。但是，心灵怎么才能"按实在论的方式"（即把"原子"和"微生物"之类的术语理解为是在指称现实的事物），也就是按我自从发表《理论不是什么》一文以来一直呼吁的方式，去理解一个科学理论呢？

在这一问题上，倒使我想起数理逻辑方面的一些成果。如果不深究技术上的细节，其结果是，倘若在语言中的术语和世界中的事物之间确实有对应关系的话（例如，我们被假定在心中都拥有的那种指称关系），那么，有无穷多种不同的对应能够使同一语句为真（不仅是在实际世界里，而且是在所有可能世界中）。[①] 马上可以得出这样的结论：我的理论中的词语与世界中的事项之间的"指称"关系，究竟是一种什么样的对应关系，如果关于这一点有事实问题的话，那么仅仅通过预测和验证并不能确证那些事实。如果 A 和 B 是两种不同的对应关系，使得不管 A 还是 B 是该指称关系，它对于任何语句（在任何可能世界里）的真值都没有影响，那么，特殊地说，也就没有任何经验的检验能够决定，究竟是 A 还是 B 属于"适当"的关系。"适当关系"这一观念，有成为毫无希望的形而上学概念的危险。不过，蒯因处理这一问题时所采取的特别大胆的方式，即否认有关于我们的词语究竟指称什么对象的"事实问题"，是我从

[①] 参见普特南：《理性、真理和历史》（剑桥：剑桥大学出版社，1981）。

来都无法接受的。① 按照蒯因的看法，正如他本人表述的，当我认为我在指称我的猫塔比莎（或者我的妻子、朋友，或者我本人）时，关于我的语词是否在指称塔比莎，或指称"除猫之外的整个宇宙"，并不存在任何事实问题。② 我们与外界处于知识和感觉上的联系中，与这整个感觉完全相反的观点，在我看来，总是不可能正确的。

科学实在论，似乎只是加重，而不是解决了这些深层的问题，因为对于科学实在论者来说，只存在两种可能性：要么将指称归于物理学所运用的概念，而这看起来是不可能的；要么（像蒯因那样）说，"存在着确定的指称关系"这一看法是一种幻觉。我开始疏远赤裸裸的科学实在论，部分是出于这一理由，部分是因为我发现了下面这位哲学家的重要工作，他总是认为，在理解认知的问题上，对艺术的理解与对科学的理解同样重要。这位哲学家就是纳尔森·古德曼。我发现自己赞同古德曼的立场，即认为这个世界并没有"现成的"或"固有的"的描述。许多描述都会"适合"，这取决于我们的兴趣和目的。（这并不意味着，我们碰巧喜欢的任何东西都是"适合"的。说不止一种描述可以是正确的，并不意味着，每一种描述都是正确的，或者说，正确性是主观的。）当古德曼偏激到认为，不只有一个"世界"，而是有许多个世界，并且这些世界都是我们自己的建构时③，尽管我不能赞同他的观点，但我仍然发现，他的著作不断激发着我们的灵感。那时候，我还开始认真对待这样一种观点，它是我早先从宾夕法尼亚大学和加州大学的实用主义老师那里听来的：它认为，"价值判断"根本不是缺乏"认知意义"，实际上是为所有认知活动所预设的。事实和价值是相互渗透的。

20 世纪 70 年代和 80 年代，我首次尝试在反实在论和形而上学实在论（"内在实在论"）之间采取一种中间立场。④ 上述情形就是我提出这一问题的背景。

---

① 蒯因：《语词和对象》（剑桥，麻省：麻省理工学院出版社，1960）；蒯因：《本体论的相对性及其他论文》（纽约：哥伦比亚大学出版社，1969）。

② 蒯因：《真理的追求》（剑桥，麻省：哈佛大学出版社，1990），第33页。

③ 纳尔森·古德曼：《世界建构的方式》（印第安纳坡利斯：哈克特出版社，1978）。在古德曼、亨普尔、谢夫勒，以及我本人之间，就这一观点展开过争论，参见马克米克编：《星体构造：实在论、反实在论及非实在论》（剑桥，麻省：麻省理工学院出版社，1996）。

④ 参见普特南：《理性、真理和历史》；还请参见普特南：《实在论的多副面孔》（拉萨利：开放庭院出版社，1987）。

我现在仍然维护那种做法所涉及的一些观点（即，否认实在要求一种独一无二的描述，以及把事实和价值视为相互渗透而非支离破碎的观点，现在和过去一样，它们都是我的思想的核心要素）。但是，这一研究计划就整体而言，由于拘泥于将我们的感觉视为我们自己和客观外界之间的"中介者"，现在看起来有一些致命的缺陷。①

我绝不是开始被这些问题所困扰的唯一的哲学家。迈克尔·达米特考虑过一些同样的问题，并且试图发展某种形式的证实主义，能免于我们在实证主义那里所见到的那种现象主义倾向。在同一时期，理查德·罗蒂与科学实在论发生了决裂，并朝着起初与德里达的"解构"相关，此后又与美国实用主义相连的方向发展。② 就像蒯因那样，罗蒂也拒绝这样的观点：认为在语词和对象之间存在任何确定的指称关系。但是（与蒯因不同），他认为，与以大量其他方式中的任何一种方式使我们获得满足的陈述相比，科学的陈述并没有更大的权力而被称为"真的"。对罗蒂来说，"真"只不过是用来"称赞"我们所喜欢的信念的一个形容词。

尽管我无法接受达米特的"证实论语义学"，并且在我看来，罗蒂危险地近乎放弃了这样的观点，即认为确实有一个世界在那里存在着，但是令我高兴的是，在分析哲学中已经成为标准的实在论形而上学那里，他们也看到了与我当时所看到的同样的一些困难。

哲学史的回归

我逐渐明白，借助于自然科学（包括思维的计算模型）的进一步研究，不会解决在"语言如何依存客观世界"这一问题上所存在的哲学困难。在上文我已经描述了达到这一认识的途径。这也是著名的加拿大哲学家查尔斯·泰勒长期以来所论述的问题。泰勒尤其坚持认为，那些困难之所以产生，是因为某些

---

① 参见普特南：《答西蒙·布拉克伯恩》，载于克拉克和哈尔编《普特南读解》，以及普特南：《杜威讲座1994：意义、无意义和种种意义：人类思维能力研究》，《哲学学报》(2)（1994年9月）。本文主要涉及我对"内在实在论"是是非非的思考。

② 理查德·罗蒂：《实用主义的后果：论文集1972—1980》（明尼坡利斯：明尼苏达大学出版社，1982）；理查德·罗蒂：《哲学和自然之镜》（普林斯顿：普林斯顿大学出版社，1994）。

思维似乎对我们来讲具有强制性。他的论点是，对这种强制性的发展历史的研究，也即试图揭示概念变化的谱系的研究，使得笛卡儿主义（或笛卡儿主义和唯物主义）似乎变成思考心智问题的唯一可能的方法。如果没有这样的研究，我们永远不能看出，滋生出这些问题的一些假设是多么随机不定。只要没有看出这一点，我们就会一直执着于那些问题。不过，20世纪70年代末，当我撰写《理性、真理和历史》一书时，我还没有听说这种情况。1980年，不知怎么受到理查德·罗蒂的影响，我开始认真研究威廉·詹姆斯，而且立即对詹姆斯的观点留下深刻印象。他坚持认为，把经验描述为"内在于"我们的心灵（或"大脑"），这种做法是一种错误。在这之前，通过阅读奥斯汀的《感觉与情感》，我意识到可以否定这种中介观念，但当时还是摒弃了这一想法。但是，当我在80年代重新考虑这一问题时，我终于懂得，（纵然詹姆斯的探究中有一些站不住脚的因素，）但在他认为必须放弃传统的观念这一点上，他却是对的。①此外，（与露丝·安娜·普特南一道，）我开始研究约翰·杜威的卷帙浩繁的著作，它们提供了从事伦理学探究的一条思路，后者避免了许多标准的二分法（绝对与相对、工具与范畴，如此等等）。②

　　大约在那时候，我意识到，我非常尊敬的一位哲学家，约翰·麦克道尔（John McDowell），极力主张抛弃新笛卡儿派的心灵图像，以及事实和价值的二分法，而分析哲学在很大程度上似乎拘泥于此。许多年来，麦克道尔的观点只以偶尔几篇论文和谈话的形式出现，但在1991年，他在牛津开设了约翰·洛克系列讲座（现在以《心与世界》为题出版）。1994年，我本人就若干相关问题，在哥伦比亚大学开设了杜威讲座。在这两组讲座中，在详细参照哲学史的情况下，明确阐述了一种非笛卡儿派的观点（这正是查尔斯·泰勒所要求的）。长期以来居于支配地位的观点，即认为"哲学是一回事，而哲学史是另一回事"，显然将寿终正寝。或许，这是一种过于乐观的估计？

（不）接受大陆哲学

　　不提到英美分析哲学的一条特征，我就无法结束本文。这样一条特征，就

---

　　① 参见《詹姆斯的感知理论》（1988），收于普特南：《戴着人类面孔的实在论》（剑桥，麻省：哈佛大学出版社，1994）。

　　② 参见普特南：《词与生活》，第三部分。

连最无知的观察家，也不会不予注意，即排斥"大陆哲学"。[一些权威的博士学位授予机构，在其课程里很少收进福柯（Michel Foucault）或德里达（Jacques Derrida）的著作。就连哈贝马斯的作品，也仅仅是开始受到注意——而且通常只是在伦理学课程里——这也是新近的事。]乍一看，这种情况也许有点令人吃惊。毕竟，哲学分属一门人文科学，法语里的"理论"在其他人文科学里也受到认真对待。分析哲学系科对其他人文系科感兴趣的问题无动于衷，这并不足怪，因为当时人们意识到，分析哲学的自我形象是科学的，而不是人文主义的。如果人们期望某门学问成为一门科学（哪怕人们实际所写的更接近于科学幻想），那么，与人文科学有别，看起来就是它的一种积极的品质。当然，并不是分析系科的所有哲学家都对这种状况感到满意。（例如，有几位值得尊敬的人物，多年来研究并讲授胡塞尔的现象学，或哈贝马斯的哲学，甚或海德格尔的哲学。）不过，绝大多数哲学家都坚持剔除上述作者的著作，其根据在于，这些作者"不清晰"，他们的著作（实际上也许没读过）"不包含什么论证"。他们不承认，他们本身的哲学观是科学主义的。通常，当分析哲学遭到批评时，其辩护者就将其哲学风格简单地等同于"论证"和"清晰"。但是，《逻辑哲学论》的教义——"凡是能够说的，就应该说清楚"，已经变成了教条。自从《逻辑哲学论》所依据的"逻辑形式"概念让位以来，我还没有听说有谁实际为此提出过什么论证。优美的散文，不管其主题如何，都必须向敏感的读者传达一些值得传达的东西。如果它旨在劝说，那么这种劝说不能是非理性的（它并不排除这样的可能性：所涉及的因素，也许是诉诸看清楚人们拒绝看清楚的东西，比方说，诉诸某种生活方式，或者诉诸在我们的语言实践，或科学实践、伦理实践、政治实践中实际上发生的事情，而不仅仅凭借从公认的前提做演绎推理，或凭借适用于验证经验性假设的证据）。要求我们只按罗素所写的那种散文去说话，而这样的散文又是如此美轮美奂，这种要求事实上必然会限制我们所能谈论的内容。

分析哲学应该继续下去吗？

对我所亲历的半个世纪以来美国哲学及其特征的变化，做这样的叙述，必然是从某种角度进行的。我意识到，我对一些辉煌的贡献强调不够。唐纳德·戴维森、索尔·克里普克、大卫·刘易斯、罗伯特·诺齐克（Robert Nozick），以及其他一些人,充其量只是偶尔受到注意。如果要做部分开脱的话,请让我说,我所关心的不过是追溯目前已经成为主流的某些哲学趋势的兴起过程,以及对这些趋势的错误之处加以摆脱的起初阶段。戴维森、克里普克以及诺齐克影响到这些发展过程,但所采取的方式,不容易用现在这篇概述加以描述。因为我已经大量批评了科学实在论潮流及其相关趋势(例如,伯纳德·威廉姆斯的唯物主义和视角论,以及布拉克伯恩的"准实在论"),所以也许看起来,我在诉求分析哲学的总结,而对这一问题,我得说两句。

如果"分析哲学"仅仅意味着,是充斥着科学知识、现代逻辑成果的知识,以及关于以往分析哲学家的皇皇巨著的知识,而迄今为止这些哲学家包括罗素、赖欣巴赫、卡尔纳普的话,那么,确确实实,我根本不诉诸这种哲学的总结。我关心分析哲学的某些趋势——迈向科学主义的趋势、维护哲学史的趋势,以及不屑于倾听其他类型的哲学的态度——但是,与这些趋势较量,并不等于和分析哲学做斗争。作为一名哲学家,在著作中处处参照弗雷格、维特根斯坦、蒯因、戴维森、克里普克、大卫·刘易斯,以及其他一些哲学家,在这一意义上,我把自己算作"分析哲学家"。不过,要提到我所不同意的最后一种趋势,就会发现,它把分析哲学视为一种"运动"(在欧洲几个国家,它促成了分析哲学家的新的排他性协会的诞生),这是一种糟糕的东西。在我看来,这些哲学"运动"唯一合理的职能,就在于使迄今没有被人接受,或者说,遭到忽视或被推向边缘的那些观点获得了注意和承认。分析哲学已经经历了很长时间,确实可以说,属于世界的哲学主流之一。使其成为一种"运动",毫无必要;它仅仅保存了我为之扼腕哀叹的那些特征。我们可以从康德那里学到很多,而无须称自己为康德信徒;我们也可以从詹姆斯和杜威那里学到很多,而无须称自己为实用主义者;我们还可以学习维特根斯坦,而无须称自己为维特根斯坦信徒。同样,我也可以从弗雷格、罗素、卡尔纳普、蒯因,以及戴维森那里学到很多,而无须称自己为"分析哲学家"。为什么我们不能只做"哲学家",而去掉那个形容词呢?

(王义军译,陈波校)

分析哲学的兴起与衰落*

N. 雷谢尔

1. 盎格鲁-美利坚分析哲学的灵感

盎格鲁-美利坚分析哲学与其说是一种哲学立场，毋宁说是探索那些争论问题的一种方法，也即关于在该领域内如何恰当地工作的一种意识形态。构成它的基础的，是关于从事哲学探究的恰当方式的一种观点，以及对这种方式的研究结果所做的预见。

从考虑给它提供了最初推动力的那些特殊论题和理论入手，也许是理解作为学说立场的分析哲学本性的最佳方式。就分析方法具有持续且重大的影响而言，一系列特殊的研究起到特别的影响作用。这个进程中最精彩的事件可以列举如下。

罗素论非实存对象。在其1905年的经典论文《论指示词的逻辑》中，伯特兰·罗素认为，设计一个包含非实存对象的本体论——例如，就像迈农（A. von Meinong）力图去做的——是根本错误的。罗素坚决主张当今的法国国王不是某种非实存对象，反而认为，所存在的只是表达式"当今的法国国王"，它以某种特殊的方式在语句的语境中起作用——这种方式会导致所有像"当今的法国国王是秃子"一类的直谓陈述句都为假的结果。我们这里正在处理某类相当特殊的对象，这一想法是一个语言方面的（而不是视觉方面的）错觉。

摩尔论善。摩尔关于善的"意义"的仔细思考，导致了下述结论："善"是一个必须根据其自身来理解的观念——这个表达式的意义不可能以下述形式

---

* 译自 Nicholas Rescher, *American Philosophy Today, and Other Philosophical Studies*. Savage, MD (Rowman & Littlefield), 1994, pp. 31−42。

的重新定义公式而获得，即"善是那个……（引起快乐，有助于最大多数人的最大的善，或者诸如此类）的东西，因为对'善'的定义性阐明注定是无效的。"对善的本性的定义性思辨做哲学探索，可以追溯到苏格拉底，但它是一种幻想。诚然，这种审查并没有完全挫败澄清方案。因为我们必须区分对善的定义和对善的解释——而这就是善的构成特征与善的行为特征之间的区别。前者是可以解决的问题，涉及友谊、快乐等等。由于未能足够地注意其语言特性，哲学家们已毫无成效地对那个错误的问题喋喋不休。摩尔把这一结果视为"分析悖论"所固有的，而"分析悖论"则内在于下述两难推理之中：一个所建议的分析或者不过是重述（在这种情形下，它是多余的），或者是误述（在这种情形下，它是不正确的）。哲学家们提供定义性阐明的尝试，因此经常（也许总是）导致错误，而较仔细地注意语言的恰当使用却可以并且也应该能够避免这些错误。

爱因斯坦论时空。爱因斯坦狭义相对性的明显的哲学方面也使分析哲学家获利。假使没有任何讯号（以及没有任何自然进程）可以比光速传播得更快，那么，也就不可能有什么途径去落实同时性观念。而没有同时性，爱因斯坦关于测量的经典思想实验，即"与一束光线一道旅行"，就意味着：我们被迫依赖于物理传输过程（诸如一束光线的运动）来确定认识论关系。这导致下述结论：时空并不是一个拥有其自身的形状和结构的物理容器，而只不过是自然事件的结构特征。这反过来又证实了下述观点：传统科学和哲学已误解了像时空之类如此基本的东西之本性，而一种恰当的概念的或科学的分析可以矫正一个如此根本的（错误）看法。

（早期）维特根斯坦论逻辑形式。维特根斯坦的《逻辑哲学论》的主要目的就是澄清关于存在问题的事实性断言的本性。《逻辑哲学论》坚持认为，有意义的事实性命题基本上有一个形式（一个"逻辑形式"），它可以被显示（被例举、被例示），但不能被解释（以某种描述形式给出定义性勾画）。照早期维特根斯坦的看法，哲学家们错误地以为他们可以解释关于世界终极要素的断言的逻辑特征。但对于这些东西，我们只能显示，不可以言说，并且"对于我们不能言说的东西，我们必须保持沉默"。

拉姆塞论真理。哲学家们以为他们可以解释真理的本性。但对这个问题的理性分析表明，（对它的）任何定义性刻画都是不可能的。我们可以应付的一切是只能够显示真理是怎样通过"冗余论说明"起作用的——冗余论根源于这样一个等价式："P"为真当且仅当P。追求对"真理的意义"（作为与事实相符合，或者作为融贯性，或者作为断定、效用，或诸如此类的事情）的阐释性分析之观念，就是在追寻一个幻觉。声称一个断言为真，不多不少恰好就是提出那个断言本身。对此问题的一种通晓逻辑的细究表明，对意义的定义性重述是办不到的。传统的哲学真理论（符合论、融贯论等）已弄错了对象。在这一点上，任何有效益的哲学理论建构都是不可能的。

（后期）维特根斯坦论"意义"。哲学家们已寻求为哲学关注的基本概念提供定义性公式。但是照后期维特根斯坦的看法，这个方案注定是无效的。在这个概念领域内，所争论的现象简直过于纷繁复杂，以致不容许用一张最明确的网络去捕捉。考虑一下"游戏"这个概念。关于游戏，简直没有任何一贯的（实质性的）共同性。我们所拥有的一切是不同种类的游戏之间的一组家族相似性。任何（对它的）定义性刻画都是根本不可能的，任何哲学理论建构也都是无益可获的。我们不得不使哲学家们从普罗克拉斯忒斯（Procrustes）① 意义理论的束缚中解脱出来。把"知识"视为一类特殊的产品（即"我们恰当地承认为如此这般的事实"），这是一个错误。相反，知道某事就是以某种方式来对待它（即，把它用于某个人自己的想法中，并随时准备说服别人相信它）。

奥斯汀论知识。力图辨别与刻画"知识的本性"是一个错误。知识观念，不是带有某类同一性概念硬核的观念资源。再一次，知识与其说是一种理论断言，毋宁说是一种实践承诺。声称"我知道P"，就是许诺要发行一张期票："你可以信赖我，相信我的话，指望我能实现诺言"。（因此，"我知道，但也许可能是错误的"简直荒谬透顶。）关于事实，哲学既不做任何阐明，也不做任何解释——它只不过描述通行的语言用法的真实情况。

这些教义——以及属于同样普遍类型的许多其他教义——提供了这样的哲学典范，分析传统的哲学家们向它们看齐，去形成他们关于在这一领域内工作所应采取的恰当方式的观点。②

---

① 希腊神话人物。——译者注
② 在约翰·巴斯摩尔（John Passmore）的优秀历史著作《哲学百年》（*A Hundred Years of Philosophy*, London: Duckworth, 1957）的相关章节中，提供了关于分析哲学的产生和发展的最佳说明。正如此书开始传播的，黑格尔的密涅瓦猫头鹰——学术死亡的预言家——刚刚开始它飞越分析哲学领空的行程。

2. 分析哲学的学说观点

在前一节所概述的各种研究中，从事哲学探究的分析方式都得到了例示；这一分析方式被分析运动的信徒们看成证实了关于哲学本性的一系列学说训诫。

(1) 语言的魔咒。哲学的论题和理论一般反映了由语言误解所引起的错觉和误解。事实上，整个哲学理论（学说）经常，也许甚至一般地是以对语言性质及复杂度的一个不充分的领会为基础的。即使在争议中只有一个单一词语（知识、真理，或者无论什么）的地方，一般说来，根本就没有一个如此的争议条目，以致人们可以恰当地展开哲学式畅谈。

(2) 语言分析作为哲学的止痛剂。由哲学困惑及谜团所引起的苦恼，可以由逻辑—语言分析来消除。通过消除关注对象，留意逻辑和语言的真实情况，就会解决或消解我们的哲学问题。

(3) 归约为科学剩余物。在从哲学关注的领域中消除掉逻辑和语言的误解，并且也清除掉哲学的错觉以后，无论还剩下什么样的问题，在本质上都是（形式性实质的或事实性实质的）科学性问题。于是，即使恰当的分析没有消解一个哲学问题，这样的分析也会将其归约为一种剩余物，它可以并且应当用科学的手段来解决。

(4) 科学的优先性。在最后的分析中，我们（可以）拥有的并且是有意思的［significant，在这个词的两种涵义上，即有意义的（meaningful）和值得知道的（worth knowing）］唯一知识，就是科学知识——或者是形式性的（逻辑的、语言理论的、数学的）知识，或者是事实性的（即适合于几门自然科学和社会科学的）知识。

(5) 哲学理论建构的终结。相应地，没有为哲学本身留下任何特殊的实质性使命。作为一项独特的认知事业，传统的哲学理论建构走到了终点。把哲学设想为一门学科——认知探究及理论建构的一个部门，这么做是错误的。转向分析，将此前通常理解和实践的哲学带入了死胡同。传统哲学是以误解为基础的；它的问题或者可以通过恰当的分析得到消解，或者可以转换为恰当地属于形式性科学或事实性科学的问题。所有那些陈腐的哲学争论都可以根据对相关争论问题的分析性澄清而止息。

于是，照分析学派的理论家对问题的看法，哲学探讨中唯一合适的步骤是这样一种分析，它导致消除（通过消解或解决）传统的哲学问题本身。分析的任务是利用逻辑—语言的澄清工具去揭露哲学争论问题：它们或者是关于实际上什么是真正科学问题的误解，或者是关于它的概念（而不是视觉）的错觉。凭借这样的消除，语言分析导致对哲学争论问题的解决。分析家相应地把自己视为这样的传统观念的批评者，他们使用了一种新的方法论，即逻辑—语言分析的方法论，并以这样一种方式转变我们对哲学争论问题的理解，即：或者将它们阐明为由语言误解导致的虚无，或者将它们变形为掩藏在一个不同的、成问题的伪装物下的事实性/科学性问题。以这种方式，分析哲学期待这一领域中新的一天的来临。

对于哲学学说来说，情形时常是如此：通过考虑它所反对的观点和学说，才能最好地澄清它的前景和教义。据此，指明下述一点将是有益的：分析运动将下列人物视为它的主要对手。

（1）体系的建构者。即这样一些哲学家，他们捍卫大规模的理论和体系，他们关注大画面的产出，而不是让大场景只从大量精细的研究中产生——他们要求大规模的（全景式的）解释，而不是小规模的（局部的）解释。

（2）哲学自主论者。即这样一些哲学家，他们视哲学为一项实质上的认知事业，有别于也许甚至相互平等于（形式的和实质的）科学——他们把哲学问题看作是充分地独立于科学问题的，以至于赋予这项事业为科学教义提供重要补充信息的能力。他们把哲学视为一项提供实质性信息的事业，而不是一项从事概念澄清的事业。

（3）历史的敬重者。即这样一些哲学家，他们认为过去时代的伟大哲学家们的著作传达了关于事物的真理的重要洞见；他们没有看清楚，当前的哲学与过去的哲学是断裂的，因为它提供了一个新转向，使得发现"真正的方法"之前的所有哲学探究都成为过时的和无用的（除了偶尔预见到一些当代的洞见之外）。

（4）感伤主义者。即那些传统的人文主义者，他们把认知的效用和证明的权威赋予情感、感觉、传统——实际上是赋予在专属概念和证据的领域之外的任何事物。他们根据其哲学意义和重要性的优先等级，给人类经验的情感方面以骄人和显著的地位，给客观的非个人观察以同等的（也许甚至是从属的）地位。

(5) 道德说教者。即这样一些哲学家，他们认为，哲学的主要任务是将智慧问题（即"怎样生活"的问题）处理为一点儿也不比知识问题（即"去思考什么东西"的问题）次要。

分析家希望成就的事情是使那些教授们大吃一惊，使那些头脑糊涂的旧式哲学教授们不舒服，后者把自己视为独特的人文传统的守护者。在利用形式科学（逻辑学和语言学）工具时，分析家认为自己正在做这样的事情：在严肃、冷静的科学家与人文主义者（纯粹人文科学的实践者）经年累月的斗争中，把可靠而永久的胜利交付到前者的手上。分析哲学于是就倾向于一个实证主义的偏见，即把知识看作是理性文化的唯一合法的护卫者。照这个运动的主要信徒的看法，当前的核心任务是开创一个后哲学时代，它抛弃了按传统设想的哲学探究，并最终将哲学推上"科学的康庄大道"。

3. 对分析哲学的冲击

分析"运动"纲领的基本建筑块料，是由像罗素、摩尔、维特根斯坦、拉姆塞这样一些哲学家在 20 世纪的前三分之一世纪放置到位的。竭力使它发展成为一个羽翼丰满的纲领，则是这些哲学家的后继者们在 20 世纪的第二个三分之一世纪的任务。这里很容易列举出一些主要贡献者的名字：英国的赖尔、奥斯汀、厄姆逊和斯特劳森，以及美国的蒯因、大卫·刘易斯、弗兰克纳（Frankena）、齐硕姆。但这只是冰山之尖的顶部。这个运动变得太流行与散漫，以至于不容许把它的发扬者全部登录在册，那些发扬者实际上多得不计其数——而且这一运动还同逻辑实证主义者和科学的认识论者掺和在一起。①

但随着该纲领的演变，某些洞见逐渐明确起来，并且越来越明晰，它们给那些为分析哲学提供了最初推动力的主要学说观点以猝不及防的冲击。

（1）在分析哲学自身中所争论的基本观念之模糊性。在诸如科学/非科学、分析的/综合的、形式性的/事实性的、有意义的/缺乏意义的这样一些分析性基本对比中，达到任何清晰的区分都是办不到的——这一点主要在维特根斯坦、波普尔（K. Popper）、亨普尔、蒯因和戴维森的著作中得到了阐明。实际上，甚至像"哲学"、"语言"、"意义"以及它们的同类物这样如此基本的概念，都抗

---

① 要得到一个资料丰富的概述，参看约翰·巴斯摩尔的《新近哲学家》（*Recent Philosophers*, La Salle: Open Court, 1985）。

拒一切对所争议之点做解释性刻画的企图，而是消解为"松散的群体"、"家族相似簇"、"本质上令人满意的观念"或类似的东西。正是这些研究工作参照的词条，哲学分析家们原本打算以它们为手段开展他们的工作，似乎消失成为稀薄的空气，以至于难以被他们所把握。举例来说——

（2）知识的复杂性。即使我们不能提供关于知识本性的再定义性阐释，我们确实还会希望并期待达到对形如"X知道P"的断定的使用条件的某些分析性澄清。一个有指望的建议，与柏拉图的《泰阿泰德篇》中的那个建议一样古老，它有着这样的公式：

"X知道P"当且仅当P为真并且X相信P并且X有充分的根据去相信P。

但正如针对这一表述的罗素—盖梯尔反例的广泛讨论已表明的，一切试图提供关于这样一种使用条件的阐释的有指望尝试，不久都遭到挫败。在分析中不得不引入一轮又一轮的复杂化，即使这样，分析也从未被证明是令人满意的。

（3）逻辑的分崩离析。逻辑系统的激增是另一个绊脚石。逻辑—语言工具的多样化以及它们发挥作用方式的多样性，产生了一个如此完全多样化的选择范围，以至于人们再也不能恰当地以单数形式言及对某一概念或陈述或语言用法的最合适分析。维特根斯坦所想象的哲学概念的复杂性，也适用于哲学分析。而且不一样的手段会产生不一样的结果。分析没有提供固定的概念小径的路标。实质上，有多少分析家，就有多少种不同的分析方式。当存在如此多不同的这一类逻辑—语言系统时，究而言之，我们还怎么能够指望得到关于任一事项的一个唯一"正确的"逻辑—语言分析呢？

（4）价值的顽强不屈。人们很快就明白了，对价值语言做再多的澄清（分析），也不能将正确/错误、公正/不公正、重要/不重要的问题归约为那些只不过是事实性/科学性的问题，而不会留下任何本身显然是评价性的问题。分析价值概念的那些努力——不管它们是成功的还是失败的——恰恰都没有讲到这一领域内存亡攸关的实质性问题。① 特别地，我们面临着——

（5）元伦理学的破产。哲学分析本身强调和澄清了"是什么"和"应该是

---

① 逻辑实证主义者相当清楚地看出了这一点，但却做出了一个明显有问题的结论，即价值领域应当简单地退场，因为它不适合理性的审慎思考。

什么"之间（事实和价值之间）的鸿沟。但是，我们的伦理话语（或者正确/错误、好/坏、诚实/不诚实）是怎样的？对这一点的任何元伦理学分析都描述用法的事实。而这并没有给我们提供实质性伦理问题方面的鸿沟。但最终说来，这里真正令我们感兴趣的是什么是正确的，而不是人们说什么是正确的。分析的元伦理学唯独关注对用法的阐明，这使得我们不得不在放弃我们的伦理学关怀与（这种研究）之间做出残酷的抉择。

就分析哲学自身的评价而言，历史发展的进程相应地为此纲领的信徒提供了一系列痛苦的教训：

（1）分析的明晰性产生复杂化。当我们分析哲学问题时，我们发现情形并没有被简化或解决。相反，当更仔细地看待那些问题时，它们因此被认识到比预期的更纷繁复杂。分析并没有消解或解决那些问题，却使它们更复杂和更精致。它导致的不是坚定不移，而是分裂和增生。于是我们面临着——

（2）问题的保留。老的问题既没有被分析所消解，也没有归约为可以解决的科学问题。经过分析进程后，它们以一种修正的、变形的、更精细微妙的形式生存下来。它们只不过披上了一件新生的、修补过的——也多少有点复杂化的——外衣。像变色龙一样，所有那些恼人的问题重新适应了新的概念环境状况。

（3）语言的可塑性和柔韧性。我们语言资源的流动性预先排除了任何单一的、唯一的、普遍的"分析"提议。分析进程根本没有提高问题解答的齐一性。分析选择的多样性，逐渐成为哲学问题解答所关注的那个问题的一部分。分析绝不是通向哲学问题解答的捷径。

（4）与科学的深层不相似性。在自然科学中，实验对理论的影响通过排除可选择对象而阻止了（选择对象的）激增。我们在实验情境下所做的观察用来裁定冲突，支持某些选择而不是另一些选择。至于哲学问题，相比之下，分析简直是突出与强化了分歧，却没有解决（消解或解答）争论。

这类考虑的总的结论是，逻辑—语言分析远不是一个解答问题的手段，它只不过提供了一块放大镜，能够更加详尽地揭示那些复杂情形。分析纲领被发展和推进得越远，它向它被设计以证实的学说提供的实质性内容就越少。那些传统问题并没有被消除或解答，相反却以一种更精巧、复杂和微妙的形式重新出现。分析只不过证明了其作为哲学领域内的问题杀手和争议解决者的无能。

如此证明为毁灭分析事业的祸根的东西，因此就不是来自外部的反驳性批判，而是来自内部的拆解。当分析纲领的信徒以空前强烈的献身精神和干劲推进它时，他们也被推入了这样一个发现领域，它嘲弄了对最初推动该纲领的学说之承诺。

4. 死亡和变形

一个纲领性展望遭到挫败，不是由于外部的批判，而是——具有讽刺意味的——通过其内在发展过程中所揭示出来的矛盾：这种现象在哲学史上如此频繁地发生着。分析哲学没有死于它的高龄，而是在其全盛时期被击倒。而且它不是被其对手所消灭的。它的死亡是由它自己造成的——实际上，这个纲领是自杀性的。

诚然，无论采取哪一种方式，其结果都是相同的。在1990年反思他早期对分析哲学的概括性评述时，理查德·罗蒂写道："我在1965年如此虔诚地参与的那些论战，在1975年似乎已经是古雅的了。到现在（1990年），它们似乎肯定是古式的了。"① 而伯纳德·威廉姆斯则多少有些轻蔑地写道："'语言分析'，现在已成为一种久远的哲学风格。"② 20世纪90年代的哲学家们已准备好将分析哲学丢入历史书籍中，并进而到别处去找寻他们的哲学灵感——不是在思索逻辑和语言中，而是在历史中，在科学中，在计算数学和计算机中，在人工智能中，在文学中，在东方神秘主义中，或者在无论什么样的东西中。

分析哲学已从盎格鲁-美利坚学术舞台上退出，而它在那里仅仅是昨天还扮演了一个如此显要的角色。那么，一般来说，这件事对整个哲学意味着什么呢？它意味着回归到像往常一样的（status quo ante）工作陈规，回归到事物先前所是的那种工作状态吗？

绝不！因为分析哲学已经造成了重大的变化，并留下了巨大的遗产。

事实是，分析哲学有两个实质上可分离的方面。一方面，它有其学说立

---

① 理查德·罗蒂：《语言的转向》(*The Linguistic Turn: Essays-Philosphical Method—With Two Retrospective Essays*, Chicago: University of Chicago Press, 1992)，第371页。罗蒂的书仍旧是关于分析哲学的理论与实践的最好和最全面的论文选集。

② 伯纳德·威廉姆斯：《有必要成为怀疑论者》("The Need to Be Sceptical," *Times Literary Supplement*, February 16-22, 1990)，第163页。

场——它关于一个后哲学时代的意识形态展望，通过以下方式加以实现：或者去消解哲学领域里的传统问题，或者将其归约为经验的事实问题。这个意识形态是内在于这样的程序性命令之中的：抛开传统的哲学探讨，使用语言分析将哲学争论问题归约到一个科学体系中去——假如这样的分析没有简单地完全消解它们的话。所有这类批评传统观念的努力确实都遭到挫败。

但分析方案还有另一个重要的方面。除了学说以外，还有方法、技术以及运作程式。这涉及这个纲领的方法论方面，后者包含这样的程序性命令：竭力将精确和明晰注入你的哲学工作中去。不要满足于模糊的观念和未经检验的假定，而要试图使你的哲学承诺尽可能的清晰与明确。发展和革新用于逻辑—语言分析的手段，然后最大限度地利用它们，赋予你观点的激活与证实，以环境条件所能容许的那么多说服力和明晰度。

为了当前的意图，关键性的考虑是：（1）分析哲学的这个方法论或程序性方面是可以与它的意识形态或学说的方面分离开来的；而且，（2）在哲学领域，它的影响力仍然非常活跃，并继续在我们身边的哲学领域发挥作用。在这方面，分析哲学已经为盎格鲁-美利坚背景下盛行的哲学（并且完全超出了这个范围）做出了持续贡献。因为撇开其学说或意识形态的成分，它的方法论成分已经有了自己的生命。尽管分析哲学没有对哲学家一般所持的那种立场产生持久的影响，但它却对他们（或无论如何，是对他们中非常多的人）从事哲学工作的方式产生了巨大和持久的影响。分析哲学坚持概念的明晰性和证明的说服力以及达到这样境界的进程——这些因素在当代哲学舞台上仍然非常有活力和号召力。作为一种学说纲领，分析哲学已算是一条死胡同，是一次失败。而作为一种方法论资源，它已被证明是无限丰饶和多产的，并且在当代哲学的每一个领域内都可以感受到它的有益影响。

即使两次大战间的逻辑经验主义（或"逻辑实证主义"）衰亡时，它身后也留下了一个无限丰饶的科学的历史和哲学领域。同样，分析哲学的衰落也在其身后留下了逻辑—语言精致化的遗产，这笔遗产已经改变许多学术界人士从事他们的工作的方式，不仅在哲学中是如此，而且在语言学、历史研究等中也是如此。这两种哲学立场——逻辑实证主义和分析运动——都享有（或遭遇到）非常相似的命运。在两种情形下，我们都已看到了实证学说纲领的死亡，以及一个与之伴随的显著多产的方法论遗产的勃勃生机。

据此考虑未来，这是有趣的。分析哲学和逻辑经验主义的情况可以被视为从事"精确"哲学工作的风险范例,就此而言,它可能预示着等待目前时髦的"科学化的"哲学纲领的命运(这些纲领基于来自人工智能、形式语言学、计算理论、虚拟实在等的灵感)。这里,我们似乎也可以有理由期待一个类似的发展过程,这样的"运动"作为切实可行的学说或意识形态立场,它们最终将从舞台上消失,但无论如何,它们总会在工作着的哲学家手中留下一些方法论工具和理智资源,这些东西代表着这一学科的永久收获。

(张力锋译,陈波校)

分析哲学的两种图像*

彼得·斯特劳森

我将从我所喜爱的哲学的一般性解释开始。也就是说，我将要对我所理解的分析哲学的本性做出说明，并且同时还要实践这种哲学。

当然，"哲学"这样一个大名称并不总是在一切时候都仅仅意谓着完全相同的东西。就是在现在，它也并不是对每一个人都意谓着一个并且同一个东西。这一点可以用许多方式来说明。奇怪的是，通过英语诗歌也能够对此做出说明。"philosophy"（哲学）这个词在英语诗歌中的出现并不是非常频繁。[与其他的词，例如"love"（爱）以及"death"（死）相比，它出现的次数要少得多。]但是，有的时候它的确出现了。在弥尔顿的假面剧《科玛斯》(*Comus*) 中，一个角色说道："神圣的哲学是多么迷人呵！"而另外，济慈在他的诗《莱米亚》(*Lamia*) 中所说的几乎正好与之相反："一切迷人的东西一接触冷冰冰的哲学不是都会飞逝而去吗？"

不过这种相反只是表面的。从上下文可以非常清楚地看出，这两位诗人在同一个名称下谈论的实际上是不同的东西。济慈谈论的是后来一段时间内还称为"自然哲学"而现在则称为"自然科学"或简称为"科学"的东西。他的观点或他的部分观点是，科学对于幻想、神话以及诗一般的想象力是有害的。（"哲学将剪下一位天使的翅膀"等。）而当他补充说，哲学，即科学，将"拆解一轮彩虹"时，或许他还做出了一个更加具有哲学性（在另一种意义上使用"哲学"这一概念）的观点。

而弥尔顿的那个角色（以及弥尔顿）在说到哲学时，他心目中所想到的东西与自然科学是非常不一样的。他的角色的那句评论来自一段长而优美的赞美纯洁的说白——可以发现这段说白是非常迷人的，甚至现在看来也是优雅动人

---

* 本文是作者于1988年在中英暑期哲学学院所做系列讲演《分析与形而上学》的一部分。

的。而他的观点，据我猜测，则是：对人类道德本性所做的雄辩的理性反思能够平静精神、增强精神并且提升精神。现在，依然流行用"哲学"一词来表示某种类似这种性质的沉思一类的东西，而用它来表示我们现在称为"科学"的东西这一用法则已经过时了。有一种哲学依然是繁荣的，而且只要人类继续对它们的道德本质与处境进行反思，这种哲学无疑将继续繁荣下去。我所说的这种对于人类处境所做的多少有些系统性的反思可以在海德格尔、萨特和尼采的工作中找到，而且这种反思的确支配着他们的工作。而这种反思有时候能够导致一个关于人类生活与经验的新的看法。

另外，分析哲学家（至少我所设想的分析哲学家）却并不允诺要提供这样一个新的启示性的看法。他的目的是某种相当不一样的东西。

那么，他的目的是什么呢？他所关心的东西是什么呢？当然，他关心的肯定是观念或概念。因而他自封的称号"分析哲学家"暗示他将"概念分析"看作是对他所喜爱的活动所做的令他喜爱的描述，或者至少可以将它看作一个名称。而如果非常认真地将它看作是一个描述，那么它可能就不是那么令人满意了。我想，一个分析可能会被认为是对某个东西的瓦解或分解。这样，我们的分析哲学的图像就成为一种对观念或概念所做的理智的拆散活动，就是要去发现观念或概念是由什么元素组成的以及这些元素是如何联系在一起的。这个图像是正确的呢，还是错误的？或者是部分正确、部分错误的？这个问题需要详加考察并且做出回答，而一直推延到最近我才给出一个回答。

我们还经常碰到其他的图像，其中有一些完全是类比或比喻。比如，赖尔教授常常谈论概念地理学或者概念勘探图或概念地图。赖尔的这个分析哲学图像具有某些优点。一张地图或海图向我们提供的是一片地区的表象，这种表象在某种程度上是抽象的，因而靠通常的知觉感知并不能得到它。地图在尺度上可以有不同的大小，可以表示不同程度的细节，可以满足各种不同的特殊兴趣。地图可以帮助我们旅行。拥有一张精确的海图我们就不太可能出翻船事故了，而理智的或概念的翻船事故无疑是非常可能发生的。

令人讨厌的是，这个图像始终是比喻式的。如果我们去掉那些比喻的因素，那么剩下来的就正好是这样一个图像，即为了某个特定的目的而做出的关于特定概念之间的、特定关系的一个抽象的表象。不过，是什么概念、什么关系、什么目的？所有这一切至此还是不清楚的。

另外还有一个相当不同的图像，分析哲学的这一图像我们一度曾经是非常熟悉的，但是可能依然还是十分令人吃惊的。这个图像认为，分析哲学家是一种治疗医生，一种治疗各种特殊的理智错乱的人。他并不提出任何理论或学说，相反，他只实践一种技术。根据这一观点，当我们想要在哲学的层次上思考时，我们就很容易陷入某些难以自拔的混乱之中，就会被理性所引导而得出我们既不能接受又不能逃避的结论来，就会去追问似乎是没有答案或者只有荒谬答案的问题，就会变得没有能力去看到那些我们完全知道其情况如此的东西其情况如何可能是如此的，等等。而分析哲学家的作用就是要使我们从中解脱出来，或者帮助我们解脱出来；就是要我们从难以自拔的混乱中、从支配我们的思维的错误模型中解脱出来，并且使我们能够清楚地看到在我们面前到底是什么。因此，维特根斯坦在《哲学研究》中说，"哲学家处理一个问题就像是处理一种病"。我们去求助于哲学家，似乎就有一点像是一个精神病患者去求助一个精神分析医生一样。

将哲学家看作是治疗医生这样一种观念或图像，似乎是非常不合理的，甚至是令人讨厌的，至少是夸大其词的或片面的。而且我认为，事实上它也的确是夸大的和片面的。不过，由于它还具有一个优点，所以对它值得做进一步的考察。这个图像提出了一个其倡导者已经给出了回答的问题，这个问题就是：这些特别的混乱是如何产生的？它们是以什么形式出现的？以及怎样治疗或纠正它们？一般而言，这个问题是：我们是如何走入典型的哲学死胡同的？以及我们应当怎样走出来？

所提供的回答是这样的：仅仅当我们的概念或观念空闲下来的时候才会产生这些混乱，而当我们的概念、我们的观念确实是在工作时，这些混乱是绝不会产生的。当然，这时候，即当我们用那些表达我们的观念的词来做适合于它们去做的事情的时候，我们是有可能遇上其他种类的混乱、遇上其他性质的问题的。但是，我们决不会遇上哲学的混乱或者哲学的问题。我们要遇上这些混乱和问题，只有在我们允许概念或语词从它们的实际用法中抽离出来的时候，我们允许它们闲散地浮动于我们的心灵中或穿过我们的心灵的时候。当这一情况发生时，所有那些表面的语法上的平行对应，或者隐蔽的形象或比喻，或者不适当的模型或图像，就可能支配我们的思维并且把我们引向悖理或谬论或神话或者令人绝望的混乱。这些歪曲性的影响，尽管总是潜在地威胁着我们，但是，只要我们的语词或概念确实是在它们发挥作用的各种理论的或实践的范围中加以使用，这些影响就可以成为无效的。但是，一旦语词、概念不是在工作，而是在心灵中的嘴巴上闲逛的时候，那么我们（以及这些语词与概念）就只有任凭这些歪曲性的影响摆布了。

　　好了，上面所说的就是诊断，给出了诊断，治疗的性质也就清楚了。全速运转的而不是空闲着的理智的引擎必须被引入进来。我们必须强有力地和有效地提醒我们注意那个现实，即注意所关心的语词和概念的实际使用来打破那些使人难以自拔的虚幻模型的控制。这一点正是维特根斯坦的口号"不要去寻找意义，而要去寻找用法"的关键之所在。也正是因为这一点他才说："哲学家的工作就在于（为了某个特殊目的）搜集提醒物"，以及"我们所要做的就是将语词（从它们的形而上学的用法）带回到它们的日常用法"。

　　在许多通常被称为分析哲学家的人看来，这个关于他们的行为之本性是什么或应当是什么的观点，似乎是极其令人讨厌和没有意义的——它似乎意谓着对哲学的责任感的全面放弃，例如，罗素勋爵以及波普尔爵士，他们似乎就是这样认为的。他们对于维特根斯坦的后期工作的批评都是异常激烈的。不过，由于极端的立场往往是不对的，所以，关于这个问题我们可以有一个一般的假定，即关于这个问题的极端立场是错误的；采纳治疗类比的立场而排斥所有其他的东西，或者完全否定这一立场，同样都是错误的。

　　让我们把这个问题，把治疗类比暂时先放在一边，让我们考虑另一个类比。与所有的类比一样，它也有它的危险性。但是，对于我来说它似乎比其他的类比更有希望，所以我将冒险相当详细地发展这一类比。

　　当第一部西班牙语的或者更严格地说第一部卡斯提语的语法被呈送到卡斯提王国的伊莎贝拉女王面前时，她的反应却是问这个玩意儿有什么用处。语法学家将语言看作是为帝国服务的一个工具，其回答是从世界历史的角度做出来的，对此我们当然已不再有兴趣了。值得我们注意的是女王的那个问题。因为，对于流行地说卡斯提语的人来说，语法在某种意义上当然是毫无用处的。这些说话者在某种意义上可以说已经完全知道语法了。他们所说的是语法上正确的卡斯提语，因为语法正确的卡斯提语正是他们所说的语言。语法并不为他们所说的句子的正确性提供标准，相反，正是他们所说的句子为语法树立了正确性之标准。不过，尽管他们在某种意义上已经知道了他们的语言的语法，在另外一种意义上也可以说他们并不知道。

　　假若我们要求伊莎贝拉女王以一种非常系统的方式表述一个由规则或原则所组成的系统，根据这一系统我们可以确定任意一个卡斯提语词序列是否构成一个语法上完全的与正确的语句，那么她大概就会不知该如何是好了。女王以及她的朝臣们在构造卡斯提语的句子方面的实践表明，她和他们在某种意义上都遵守着一个由规则或原则所组成的系统。她和他们的实践在某种意义上是由这样一些规则或原则所支配的。但是，从她和他们毫不费力地遵守着规则这一事实，绝对得不出他们毫不费力或者费上一点力就可以表述出这些规则（说出它们是什么）这样的结论来。

我们可以得出的一个一般性的教训是，能够做某件事情（在这里就是能够语法上正确地说话）与能够说出这件事情是如何做到的，两者是非常不一样的，前者绝不蕴涵后者。换句话说，对一种实践的掌握并不包含着对关于这一实践的理论的明确可表述的掌握（尽管有时候可以允许包含一个不明确的掌握）。语法在它被明确地写出来之前就早已不被明确地掌握了。不明确的①语法对于言语是必不可少的，并且因此对于最基本的思维也是必不可少的。但是，能够进行发达思维的理性的人类不明确掌握的东西必定比语法要多，或者说他们对于他们的语法的不明确的掌握是与对所有的概念、所有的一般观念（可以在他们的言语中找到其表述，并且这些概念在他们的思想中发挥着作用）的不明确的掌握相互缠绕在一起的。

在我们与世界及他人的相互作用过程中，我们是利用一个十分丰富、复杂而精致的概念装备来进行操作的。但是，我们并不是，而且的确也不可能是通过教给我们关于这些概念的使用的理论而学会掌握这一令人生畏的装备中的各个概念的。

因此，例如，在我们听说过（如果的确曾经听说过）知识论之前，在某种意义上我们是完全知道"知道"是什么的。或许不必猜想是否存在真理论这一类的东西，在某种意义上我们是知道真理是什么的。我们学会运用"同一""实在的""存在"这些语词，并且是学会正确地运用它们，而并不一定对关于同一性、实在及实在的哲学问题有任何意识。我们通过这样的方式学会运用的这类概念，其范围是巨大的，由各种不同成分组成：伦理学概念：善、恶、正义的、邪恶的、惩罚；时间的与空间的概念；因果性与解释概念；情感概念：悲伤、愤怒、恐惧、欢乐；各种精神操作概念：思维、相信、惊奇、记忆、预想、想象；知觉与感觉经验概念：看、听、触、感知；整个分类概念之范围：不同类

---

① 在本文中，"不明确的"意即"没有明确表述出来的"，相当于不言而喻的（tacit）知识。——译者注

型的人、动物、植物、自然客体、过程或事件、人工制造物、机构与角色；以及所有这些事物的性质、特性、制作与经历。当然，我们是通过各种不同的方式学会表达这些概念和语词的。但是，我们在学会它们时大部分并没有受益于任何可以称之为一般性的理论指导这样一类的东西。我们并不是通过被告知它们在一个关于概念的一般理论中的位置而开始学会它们的。我们所接受的这类指导完全是实践性的，而且大部分是通过例子而给出来的。我们主要是通过模仿和个别偶然的矫正而学会的，就像儿童在听说过语法之前学习语法上正确地说话一样。

继续发展这一类比。那么，正如对于我们的母语之语法可以有一个使用上的掌握一样，我们对于这个概念装备也有一个使用上的掌握。我们知道如何在思想和言语中运用它、使用它。不过，正如对于语法的实践上的掌握不意谓着能够系统地表述那些我们毫不费力地遵守的规则是什么一样，对于我们的概念装备的实践上的掌握也不意谓着对于支配我们对它的运用的原则、对于关于我们的实践的理论就拥有了一个清楚的、可明确表述出来的理解。因此，对于这一类比做一个总结就是：语法学家，尤其是典型的现代语法学家努力要对我们在语法上正确地说话中毫不费力地遵守的规则的结构，做出系统的说明；同他们一样，哲学家则努力要对一般的概念结构做出系统的说明，而我们的日常实践表明，我们对这个一般概念结构的掌握则是没有表述的、无意识的。

重复前面的一个例子，在某种意义上我们可以说我们理解"知道"概念，我们知道"知道"是什么或者说我们知道"知道"这个词意谓什么，因为我们知道如何正确地使用这个词。在某种意义上我们是理解个人的同一性概念的，我们知道人之同一性是什么，知道"同一个人"这些语词是什么意思，因为我们知道在实践中如何应用这个概念。而如果有的时候我们在决定同一性问题时遇到了困难，它们是实践方面的、约定上的困难，而不是概念上的困难。不过，在另一种意义上，似乎我们又是不理解这些概念的，不知道个人之同一性是什么，不能够说出"知道"这个词是什么意思。我们已经掌握了一种实践，但却不能够将关于这个实践的理论表述出来。我们知道实践的规则，因为我们遵守它们，而同时我们又不知道这些规则，因为我们不能说出它们是什么来。我们的使用是轻而易举的，而且准确的，与之相对照的是，一旦我们刚刚想要对我们的使用做出描述，我们马上就变得结结巴巴、慌手慌脚了。

这个说明、这个语法类比与它前面那类比一样也引起了某些怀疑、异议与问题。通过考查这些疑问，我们可以对它的优点及局限性有一个更好的认识，并且因此有可能得到某种更加令人满意、更为综合性而且更少比喻性的说明。

首先来看一个异议。有人可能会说，认为我们通常并不而且也不能够说出我们的概念是什么，我们的语词意谓什么，这一点是不真实的。我们常常给出并且接受某一类的明确指示，它们并不是由哲学家或哲学家的学生所给出或接受的那一类的指示。比如说，字典就不是哲学论文性质的东西。对于这一异议的部分回答是反问这样的问题：谁曾经告诉过你"同一的"这一语词的意思，或者"知道"，或者"如果"，或者"意义"，或者"之所以如此的原因"，或者"存在"等等，所有你的母语中的语词或短语的意思是什么？而你又曾向谁解释过他的母语中的这些表达式的意思是什么呢？因此，在这里存在着一组关键性的概念，即同一性、知识、意义、解释、存在，我们成功地学会了运用它们，但是我们从来都不是通过明确的指示而开始学会它们的。对这个异议的另一部分回答则是：我们按照通常的方式接受和给出的意义方面的明确指示，在目的与效果方面都完全是实践性的。它的目的就是要使我们能够在实践中理解和使用表达式。它预设了对于一个现存的概念结构的在先的掌握，以及对于可以修正与丰富它的技能的使用，而分析哲学家所探求的原则、结构与解释并不能由任何这种完全是实践性的技能来达到，因为它们正好就是对这些技能的使用所预设的、要求对之有一个不明确的把握的那些原则与结构。

关于这个异议就说这些。现在，来考虑第二个，即下面这样一个可能提出的问题：这一个使用了语法类比的对哲学之任务的说明，与维特根斯坦的使用了治疗类比的说明，两者之间的关系是什么？很明显，它们两者有某些地方是共同的。它们都非常重视概念在它们所适合的范围中的实际使用与实际应用，而不管这些概念是日常生活中通常所关心的，还是工程师、生理学家、历史学家、会计师或数学家等专门家所关心的概念。这两个说明都以某种方式表明，仅仅在概念的实际运用中还保留有哲学真理。不过，很明显，这两种类比在精神上与目的上还是相当不一样的。在语法类比中，暗示有一个系统，一个待揭露的一般的基础结构，甚至是解释。它认为在我们的实践性的技能之上，我们可以加上某种比如关于当我们运用这种技能时，我们所做事情的理论性理解。另外，治疗类比却似乎是以更为消极的精神表达出来的。我们并不是要构造一个系统，而是要为了某个特殊目的"搜集"提醒物，而这个目的就是要把我们从混乱与困惑中解放出来；而这些混乱与困惑是我们处于下列状态时陷入其中的，即当我们的概念在心灵中空闲下来的时候。当我们以为我们是在非常认真、非常深刻地反思而实际上我们的概念却已任意地离开了它们实际使用的领域，从而可以任意地愚弄我们，用一切类比与图像把我们引入歧途的时候，而这些类比与图像是在某种意义上早已存在于我们的语言之中的，在那里它们通常并没有什么危害，因为它们被在使用中的语词（这种使用给予它们所拥有之意义）所中和掉了。因此，概括这一观点，哲学家除了解释我们的混乱的根源及它们如何产生之外，不解释任何东西。我们只是通过下列方式得到提醒，即我们要注意各种实际的或想象的事例，注意我们自始至终所知道的所有东西，即语词实际上通常是如何使用的。因此，哲学中的问题是以它们曾经能够得以解决的唯一方式（即问题消失不见了）而得以解决的。维特根斯坦问道："我们的研究似乎只是摧毁所有有趣的东西，即所有重要的东西，那么我们的研究从哪里获得它的重要性呢？"他回答说："我们所摧毁的不过是纸牌搭起来的房子而已。"

从这两种类比，我们可以发现，充满积极的与建设性的精神的语法类比更有吸引力。的确，我就是这样认为的。

（肖阳译）

语言的转向[*]

迈克尔·达米特

就其不同的表现形式而言，区别分析哲学与其他学派的是这样一些信念：首先，关于思想的哲学说明可以通过关于语言的哲学说明而得到；其次，只有这样才能得到一种全面的说明。虽然分析哲学的表现形式各不相同，如逻辑实证主义，各个时期的维特根斯坦，牛津"日常语言"哲学，以及以蒯因和戴维森为代表的卡尔纳普之后的美国哲学，但它们都坚持这样两个信念。分析传统的最近工作已经颠倒了解释次序中语言对思想的优先性，认为能够仅用先前给定的不同种类的思想概念去解释语言，这不依赖于对它们的语言表达。这种新动向的最好例证就是加雷思·埃文斯（Gareth Evans）的遗著[①]，它提出了一种不依赖于语言的说明，即以各种不同的方式去思考对象，然后寻求以这些思考对象的方式去解释影响到指称对象的不同语词方式。因而，根据我的描述，埃文斯就不再是分析哲学家了。他的确处于分析传统的四边之中：其著作所依赖的另外三个边是罗素、摩尔和弗雷格。但正是由于属于这个传统——采纳了某种哲学风格，诉诸这些而不是其他哲学家，他才仍然是分析学派的成员。

因而，根据这种描述，分析哲学正是诞生于"语言的转向"出现之时。当然，这并不是所有哲学家都始终接受的统一看法，但我所知道的第一个清晰例子出现在弗雷格的《算术基础》（1884）中。[②] 在该书的关键之处，弗雷格提出了一个康德式的问题："假定我们没有关于数的观念或直觉，那么数是如何被赋予我们的？"他的回答取决于著名的语境原则，他在该书导言中就提出了这个原则，并作为全书遵循的基本方法论原则之一。然而，语境原则的制定是为了支配对语言的探究而不是对思想模式的探究。假如它是根据对思想模式的探究，

---

[*] 译自 Michael Dummett, *Origins of Analytical Philosophy*, pp. 4-14。

[①] G. Evans, *The Varieties of Reference*, ed. J. McDowell, Oxford, 1982.

[②] Gottlob Frege, *Die Grundlagen der Arithmetic*, Breslau, 1884；德英对照版，*The Foundations of Arithmetic*, J. L. Austin 译，第二次修订版，Oxford, 1978，参看 §62。

那么它就会说在思考某种特殊之物的过程中没有关于对象的思想这种东西。弗雷格对他的康德式问题的回答因此就会是，数是通过我们掌握了关于它们的全部思想而被赋予我们的，那么对掌握这种思想所包含内容的探究就会先于对数的研究。然而，语境原则并不是以这种方式制定的，但其论题却是，语词只有在句子的语境中才有意义。因此这个研究就采取了这样的形式，即询问我们如何确定包含了数的词项的句子的涵义。认识论问题（其背后隐藏的是本体论问题）只能通过语言的研究才能得到回答。

《算术基础》并没有提供对语言的转向的合理说明：它只是以最为自然的方式提出了对哲学问题的探索。而且，随着他的哲学的发展，弗雷格越来越认为构成他真正主题的是思想，而不是表达思想的句子。在他看来，自然语言在逻辑和哲学探究中更多的是障碍而不是向导。这特别是在他意识到他对罗素悖论完全没有满意的解决之后，因而他没有能够完成他为自己一生的工作所设定的目标，即提出数论和基于无可置疑的坚实基础的分析。这发生于 1906 年 8 月；他随后就放弃了他先前关于逻辑对象（包括类即对象外延）的全部看法，指责语言造成了这些对象存在的假象，而这则是由"概念 F 的外延"这个形式可能构成了表面上的单称词项所产生的。于是，他在 1906 年 11 月给胡塞尔的信中写道，"逻辑学家的主要任务就在于从语言中解放出来"[①]；在完成于他晚年的文章《认识问题》中，他写道，"哲学家工作的主要部分在于……与语言的战斗"[②]。

那么，语言的转向在《算术基础》中是一种反常吗？难道是弗雷格无意地预见到分析哲学，但随后自己又开辟了另一条道路？这样一种分析是很肤浅的。毕竟，正是在他的晚期著作中（即从 1906 年中期直到他去世），我们才发现了他对自然语言的最为激烈的谴责，也正是在这段时期的著作中，我们才发现了他对句子反映思想这个观点的最为强烈的肯定。弗雷格在给达摩斯太特（Darmstaedter）的信中写道，"句子可以被看作是思想的影像，思想中部分与整体的关系完全对应于句子的部分与句子的同样的关系"[③]。语言可能是一面扭曲的镜子：但它却是我们拥有的唯一的镜子。

[①] G. Frege, *Philosophical and Mathematical Correspondence*, trans. H. Kaal, ed. B. McGuinness, Oxford, 1980, p. 68.

[②] G. Frege, *Posthumous Writings*, trans. P. Long and R. White, Oxford, 1979, p. 270.

[③] Ibid., p. 255.

使以上提出的分析变得肤浅的，首先表现为弗雷格的哲学是通过分析语言而达到对思想的研究这样一个深层趋向。显然，他本人并没有完全意识到这个方向的推动力量，这虽然来自他的某些主张，但却是由其他人得到加强的。在《算术基础》中，他对语言的态度还没有被他后来所形成的矛盾心情所影响；但出现于该书中的语言转向却真实地反映了他思考的一般倾向，这种倾向被他后来所表达的对依赖于语言形式的保留弄得模糊不清，但并没有被后者消除。

我将讨论弗雷格哲学的三个特征，它们使语言的转向成为由此形成的自然结果，即使他从未明确地承认它们具有这种特点。

（1）认识到组成部分的意义作为思想的部分依赖于对表达这个思想的句子结构的理解。弗雷格认为，思想的结构必定反映在表达这个思想的句子结构中，这的确是表达思想这个看法的关键所在，而不仅是转述这个思想。但反之，不涉及思想结构的语词表达，也难于解释谈论思想结构所意味的内容。我并不想提出，不考虑句子的涵义也能够得到关于句子结构的相关概念；相反，只有对如何根据其构成方式来确定句子的真假这个问题不断做出语义解释，才能进行句法的分析。句子结构和思想结构这两个概念必定是共同展开的。但这又会颠覆这样的看法，即没有对思想的语言表达也可以研究思想的结构。反之，这并没有抛弃这样的看法，即对语言的研究不依赖于对思想的直接研究，也就是没有语言中介的研究。句子表达思想是由于其具有语义特征，是可以通过某种方式被确定为真或者为假。掌握了句子的语义特征也就掌握了思想；谈论思想的结构也就是谈论句子组成部分之间的语义关系。

这特别体现在弗雷格关于通过分解完整的思想而抽取概念（在1890年之前的"概念"涵义上）这样一个主导观念之中。这个过程最初在《概念文字》中被描述为应用于句子①；但正如他在1902年7月致罗素的信中所说的那样，"分解句子在那里就对应于分解思想"②。对弗雷格分解思想的说法不应当有什么质疑，但最为可疑的是能否用分解句子来解释这个观念。因为应用于句子的过程涉及选择问题，不仅包括对句子中出现的专名的选择，而且包括对这个名称的具体出现的选择，以及在这些出现的情形中用其他词语加以替换的问题。不甚明了的是，在没有利用语言表达形式的思想中，对名称意义的"出现"可以给

---

① G. Frege, *Begriffsschrift*, Halle, 1879, §§9-10; T. W. Bynum 英译, *Conceptual Notation and Related Articles*, Oxford, 1972。

② G. Frege, *Philosophical and Mathematical Correspondence*, p. 142.

出任何的说明。

（2）弗雷格认为，首先被说成具有真假的是思想，而句子被称作具有真假只是在派生的意义上；而且在弗雷格看来，句子的指称是真值，这就意味着首先具有指称的是句子的意义，而句子则是派生的。他很少强调要用这条原则去概括所有的表达式，但他的确把这看作是正确的。然后，例如，首先指称对象的是专名的意义而不是专名本身。

然而，实际上，弗雷格在阐述意义与指称的区分时从未遵照这种在先性的次序。他绝不是首先引入意义概念，然后把指称解释为意义的特征。他首先谈到的是表达式具有指称，随后认为它具有意义或者谈到其意义构成的内容。这种阐述顺序实际上是由他把表达式看作赋予指称的方式这种看法所决定的，从这种看法中可以得出，意义概念是不能解释为诉诸指称概念的，所以我们首先必须要有指称概念。那么，如果我们在有意义概念之前就有了指称概念，那么我们就无法把指称构造成意义的属性，而只能构造成表达式的属性。因此，弗雷格的论题即指称主要是由意义所赋予的，是不正确的。

这显然出自《算术基础》第一部分。① 弗雷格通过规定了每个表达式指称（无论是简单的还是复合的）的约定，来确定对他符号系统的意向解释：这些约定通过决定每个公式具有真值的条件。这里还是要提到意义：因而，如果表达式具有指称的看法来自意义具有对应的指称这样的看法，以便我们可以理解表达式具有指称究竟意味着什么，而这又只能通过拥有某个相互关联的特性意义，那么这些约定就会是无法理解的了。相反，只有在他做出了支配符号表达式的指称的约定之后，弗雷格才会解释这种表达式的意义是什么；他恰恰是借用了支配指称的约定来解释它。符号语言的句子意义应当是思想，其具有真值的条件由关于指称的约定所提供并得以实现，而其构成表达式的意义则应当是该构成表达式对确定这个条件所做出的贡献。② 因而，与弗雷格的正式说法相反，在我们知道是什么使句子可以表达思想之前，我们必须知道是什么使句子为真，在我们知道是什么使表达式具有意义之前，我们必须知道是什么使表达式具有指称。

---

① G. Frege, *Grundgesetze der Arithmetik*, Vol. Ⅰ, Jena, 1893; Vol. Ⅱ, Jena, 1903. 以一卷本的形式由 Olms 重印，1966。第一部分完全包含在第一卷中，由 M. Furth 英译，*The Basic Laws of Arithmetic*, Los Angeles, 1964。

② G. Frege, *Grundgesetze*, Vol. Ⅰ, Part Ⅰ, §32.

弗雷格相信可以在原则上掌握不仅是由语言表达的思想；但他对意义的描述并没有表明这是如何可能的，就是说，可以掌握的意义不仅仅是可以赋予指称关于表达式的意义。认为指称可以直接归因于意义，这并不能解决难题，因为意义一直被解释为确定指称的方式：为了使这种解释更为合理，必定存在指称所指的东西，但这却无法成为确定指称的方式。弗雷格的普遍主张与他更为详细的解释之间存在着几个冲突之处，而这就是其中之一。

（3）在弗雷格看来，表达式仅仅是具有意义，使用表达式的人并不需要在整个使用过程中心里想到它的意义。就意义本身而言，它是客观的，因而可以为不同的心灵所掌握。众所周知，意义的客观性并不足以保证交流的客观性，为此我们需要补充弗雷格没有提到的条件，即意义赋予每个表达式以客观性。要对此做出解释，我们就需要说明使意义被赋予表达式的东西。弗雷格也并没有明确地讨论过这个问题，但它显然关系到有关语言知识中的内容，如果我们按照弗雷格在《算术基础》中对意义的解释，那么关于语词或短语所表达意义的知识，就在于掌握它对确定这个语词或短语所出现的句子成真条件的贡献。

弗雷格认为，我们人类可以仅仅通过语言或符号系统的表达而得到思想。他把思想看作是天生适合语言表达式的，但他并没有把它们看作天生就是现实语言或假设语言中句子的意义。就此而言，假定人们可以掌握赤裸裸的思想即我们所拥有的没有语言外衣的思想，这在他看来并不矛盾。①

我们已经看到，掌握赤裸裸思想的看法是与弗雷格关于构成表达式意义的内容的解释相冲突的，难以理解的是，对赤裸裸思想的说明如何能够与《算术基础》中关于由符号系统的句子所表达的思想的说明相提并论，因为思想本身并不存在真假问题，也不存在对确定构成部分意义的成真条件的说明。这样，意义就表现为与掌握意义相互关联，无法被掌握的意义就是一种幻象；当我们知道了要掌握的意义是什么，我们也就知道了意义是什么，相反，当我们知道了存在的东西，我们就应当知道要掌握它所涉及的内容。所以，如果弗雷格关于赤裸裸思想的看法是正确的，我们就应当能够说要去掌握赤裸裸的思想是什么意思，即使我们并不能这样做，难以理解的是，这个观念是如何被看作是一致的，如果我们无法给出对它的说明的话。

而且，如果我们通向思想的唯一通道是通过语言表达，那么我们对掌握由

---

① G. Frege, "Erkenntnisquellen", 1924—1925, *Posthumous Writings*, p. 269.

句子表达的思想所意味的东西的说明，就应当更为容易了。一旦我们要去解释思想如何能够用语言去表达和交流，这就无论如何都是必需的。因而我们达到了以下立场：弗雷格说明了是什么使句子表达思想。而对构成赤裸裸思想的相应说明，能够或者不能够通过简单地取消对语言词项的涉及。如果能够这样做，那么对思想的说明就不依赖于语言，而且可以出自对语言的说明。如果不能够这样做，我们就无法通过语言去说明思想。前一种情形中就确立了分析哲学的第一条信念，但不是第二条信念，后一种情形则确立了这两条信念。

对于"是什么赋予句子以它所具有的意义？"这个问题的回答可能是："是说话者对它的理解使它具有意义"。对于"他们的理解是由什么构成的？"这个问题的回答可能是：模仿弗雷格在《算术基础》中的说法，"在于他们把真值看作是以恰当的方式加以确定的"，或者是"在于他们把恰当的条件看作是使句子为真的要求"。因而弗雷格对意义的说明依赖于真的概念，正如他在《思想》一文中所说，"思想与真具有最为密切的关系"①。但这里又提出一个问题："是什么确定在何种条件下句子是真的？"弗雷格没有像强调意义与真密切相关那样，强调真的概念反过来也是与断定概念密切相关的。他并没有完全忽略这种联系：他在写于1915年尚未发表的著名片段中就谈到"真的"这个词，试图（徒劳无益地）"使不可能成为可能，也就是使得被看作是断定力的东西成为对思想的贡献"②。关于真与断定之间的联系毕竟不是弗雷格的主要主张，不是他在不同论述中反复强调的主张。然而，这却是不可否认的主张。从对条件的具体描述中不可能发现语言中的句子在该条件下的真值或假值，只能用字母"A"和"B"来代表这两个真值，其中"A"就代表真值，"B"就代表假值。要确定这一点，就必须知道，就某些例句而言，这个语言的说话者在什么意义上赋予了这种语言的断定力量。弗雷格指出，我们没有理由假设与断定的语言行为并行的一种不同的、否定的语言行为。③ 但同样，正如维特根斯坦在《逻辑哲学论》中所指出的，我们也无法想象一种说话者只做否定而不做断定的语言。④ 用于传达信

---

① G. Frege, "Der Gedanke", 1918, p. 74；英译本见 G. Frege, *Collected Papers*, ed. B. McGuinness, Oxford, 1984, p. 368。

② G. Frege, *Posthumous Writings*, p. 252. 还可参看"Der Gedanke"。

③ G. Frege, "Die Verneinung", 1918；*Collected Papers*, pp. 373—389。

④ Ludwig Wittgenstein, *Tractatus Logico-Philosophyicus*, trans. C. K. Ogden, London, 1922；trans. D. Pears and B. McGuinness, London, 1961：4.062.

息的话语形式只能看作是传递着断定力量，一个陈述只有在对它的断定是真的这种情况下才是真的。

弗雷格的意义与指称理论并没有诉诸语言的社会特征，虽然他强调了意义的可交流性，但他对何谓意义的说明只能应用于习惯用语表达式的意义以及共同语言表达式的意义。对断定力并没有给出任何说明。弗雷格把力量从意义中区分开来，但他没有对此做出说明。在他看来，力量包含了断定力和质疑力；如果再补充命令力和祈使力（以及其他各种力量），那么我们就会得到一个更为全面合理的理论，虽然弗雷格本人可能不会承认命令或希望表达式的内容可以被看作是思想，如同断定或问题的内容可以用"是"或"否"来回答一样。然而，即使根据弗雷格较为狭义的看法，力量也很难被看作是存在的，除非把它赋予在语言交流过程中说出的句子。在意义与力量之间做出了严格区分——由句子表达的思想与被赋予说出这个句子的力量之间做出区分之后，弗雷格就没有再进一步了，没有试图对任何具体的力量做出详尽的说明。他甚至没有说，在他看来，对什么是断定力的非循环的说明究竟是可能的还是不可能的；他只是让读者根据自己的知识去判断什么是断定力。但他的意义理论却无法与断定力概念区分开来。语言的句子无法表达它们所具有的思想，除非它们或相关的句子能够用断定力说出，就是说，能够做出断定；因为只有这样使用它们，才可以说它们具有真值条件。因而，随后得到的就是，对语言交流用法的研究是弗雷格理论的合理发展，也的确是对它的一个必要补充。

这些就是在弗雷格著作中对需要有一场语言转向的提示，弗雷格本人并没有完全正确地意识到这些提示。它们解释了他的工作为什么会最终引起分析哲学家们如此强烈的兴趣，为什么他会是分析哲学的奠基者。他在哲学史上提出了第一个对思想、句子的意义及其构成语词的合理说明。谁要想通过分析语言意义而去分析思想，他就要毫无选择地以弗雷格所确立的基础为出发点。

（江怡译）

理想语言哲学与日常语言哲学[*]

理查德·罗蒂

本卷中所包括的许多论文，是理想语言哲学与日常语言哲学之间不断争论的一个部分。从我们所采用的高傲的元哲学观点来看，并不清楚为什么这样一种争论应该存在，事实上许多哲学家都把它视为一场人为的争论。例如，我们发现卡尔纳普也同意古德曼的下述评论："建构论"哲学家（建构一种伯格曼式的理想语言的人）"把语言分析家看作是一种有价值的、值得尊敬的同盟者，即使它们相互之间有难以说清楚的敌意"[①]。任何棍棒都可以用来打鬼，提供一种不同于日常英语的选择似乎在有些情况下可能是有效的，而证明英语的一种误用在其他情况下也可能是有效的。在本节中，我将概述日常语言哲学家们提出的反对"建构论"方案的主要论证，以及理想语言哲学家们给出的典型答复。然后，我将概述理想语言哲学家们提出的反对他们的竞争者的主要论证，以及对它做出的答复。我将提出，对这些论证的一个分析表明，在这两个学派之间真正成为问题的，是对"我们怎样才能找到允许理性一致的哲学成功的标准"这一问题做出适当的回答。我希望表明，这一争论——尽管不完全是人为的——经常是用完全令人误解的方式描述的。

日常语言哲学家们对建构论的态度之最有权威性的表现，是在斯特劳森对

---

[*] 选译自 Richard Rorty 为他所编的 *The Linguistic Turn: Recent Essays in Philosophical Method* (Chicago: The University of Chicago Press, 1967) 一书所写的长篇导言的第 3 节，见于该书第 15—24 页。

[①] N. Goodman, "The Significance of Der Logische Aufbau der Welt," in *The Philosophy of the Rudolf Carnap*, ed. P. A. Schilpp, La Salle: Open Court, 1963, p. 554. 至于卡尔纳普之同意，参见 R. Carnap, "Philosophical Problems" and "Replies and Systematic Expositions," in *The Philosophy of Rudolf Carnap*, ed. P. A. Schilpp, La Salle: Open Court; London: Cambridge University Press, 1963, p. 940。参看据说（也许不足凭信）由奥斯汀写的四行打油诗："蒯因所做的一切/恰到好处/我们所要求的一切，则被独自留了下来/在我们自己的领地周围闲逛。"

卡尔纳普及其追随者的批评中。斯特劳森的中心论证如下：

> （建构论的）澄清主张看来是要落空了，除非所取得的结果对在概念澄清方面出现的那些典型的哲学问题和困难有一些影响。现在，这些问题和困难（它将被承认）根源于通常的、非建构的概念，根源于未形式化语言表达式的难以捉摸的、欺骗性的功能模式……如果建构性概念的清晰的功能模式，有助于揭示根植于非建构性概念的模糊功能模式的那些问题和困难，那么，建构性概念与非建构性概念既相互联结又相互分离的方式，必定会明白地显示出来。并且，在没有准确地描述非建构性概念的功能模式之时，如何能够取得这一结果呢？但是，这一任务正好是要描述自然语言的语言表达式的逻辑行为，并且可能独自取得关于如下问题和困难所一直寻求的解决方案，这些问题和困难根植于非建构性概念的难以捉摸的、欺骗性的功能模式之中。我不想否认，建构语言比较的一个模型对象，对于完成这一任务是有极大帮助的。但我确实想否认，建构和沉思这样一个模型对象，能够代替对该任务的完成……①

对论证的这一线索，建构论者做出了两个明显的回应：（1）如果你知道，以一种确定的方式谈话会使你陷入问题，而你又有一个可选择的谈话方式，它可以不使你陷入问题，那么，谁会留心检查第一种谈话方式所涉及的"逻辑行为"呢？（比较一下：如果你能消除癌细胞，而代之以健康的细胞，那么，可能会有人对病理学家的报告有某种病态的兴趣，但是，没有那个报告，该治疗也完成了。）一种理想语言的功能不是使日常概念清晰，而是要取代它们。② （2）"描述自然语言的语言表达式的逻辑行为"可能"独自"产生所希望的结果，但是，只有实践才会表明一切，而且迄今为止的证据表明，事情不会如此。③

---

① P. F. Strawson, "Carnap's Views on Constructed Systems vs. Natural Language in Analytic Philosophy," in *The Philosophy of Rudolf Carnap*, pp. 512−513. 参见 R. Rorty (ed.), *The Linguistic Turn*, p. 316。

② 卡尔纳普在其给斯特劳森的答复中，阐述了这后一种观点。参看 R. Carnap, "Philosophical Problems" and "Replies and Systematic Expositions," in *The Philosophy of Rudolf Carnap*, p. 938。

③ 参见费格尔和麦克斯韦尔对赖尔的下述说法的批评，即"语言的误用"消解了芝诺悖论。参见 R. Rorty, *The Linguistic Turn*, pp. 195−196。

将我们的注意力暂时限制在第一个回应上，我们就能看到，为了完成对建构论的批评，斯特劳森还需要提出某些进一步的观点。首先，他可能会说，一个哲学问题更像一种神经病而不是癌症。神经病患者不会被治愈，除非他正好明白了他患神经病的原因；而癌症病人却可以被治愈，即使他对他得病的原因一无所知。为哲学问题所困惑的人，在下述意义上就像神经病患者：如果我们仅仅给他一种药，促使他不再为这些问题而担心，那么，这不会被认为是"解决了他的问题"。同样地，如果人们只是去培养新一代人，他们只说一种伯格曼式的理想语言，那么，这也不会被认为是对哲学问题的一种解决。

作为选择，斯特劳森可能用一种不同的方式辩论。他可能指出，伯格曼和古德曼自己也承认，我们绝不会得到这样一种语言：它能够实际地用于日常的目的，并且在所要求的意义上是理想的。切除癌细胞的那个类比并不恰当——实际情形更像是残忍地详细描述身体健康对于癌症病人的好处。这一反驳的说服力会得到加强，如果我们注意到这样一点：伯格曼最初详细说明的称一种语言为"理想的"的首要要求是，"每一个非哲学的描述命题原则上都能在它里面得到改写"（着重点是另加的）。但是，除非我们实际地去做一些改写，否则，我们怎么知道一给定语言究竟是不是理想的？如果不承认在实践中我们不能做任何这类改写，"原则上"有什么力量呢？如同伯格曼似曾认为的[1]，在理想语言中，没有语句实质等价于日常使用中未经重构的语句，承认这一点似乎就等于默认：理想语言可能具有的唯一功能是澄清，而不是代替。因为，如果得不到这种实质等价，那么，理想语言最多只能是一张如古德曼所称的关于日常话语的熟悉地形的"地图"，而不是进入一个新的生活世界的通行证，在这个世界中不知道哲学问题为何物。假定厄姆逊的下述看法是对的："还原分析"是不可能的。[粗略地说，因为一个人所提出的还原越有意思，他的理想语言中的任何陈述（甚至一个不知有多长的陈述）等价于日常话语中的一个陈述就越不合理。][2] 那么，似乎由此可以推出：这样一种分析

---

[1] 我认为，这种认同是在伯格曼答复厄姆逊的过程中做出的，参见 G. Bergmann, *Meaning and Existence*, Madison: The University of Wisconsin Press, 1960, pp. 60–62. 但是，我不能确信伯格曼相信他已经在这段话中表明了的东西，因此我也不能确信这一认同实际上已经做出了。

[2] 参见 J. O. Urmson, *Philosophical Analysis: Its Development Between the Two World Wars*, Oxford: Clarendon Press, 1956, 第 10 章，以及 R. Rorty, *The Linguistic Turn*, pp. 296–297。

只能指导我们把注意力集中在我们日常概念的没有问题的方面，从而远离其有问题的方面。

所举的第二种回应，假如它能得到支持，将使得第一种变得不必要。如果与治疗癌症的类比不成立，那么，我们就不必担心，进行哲学思考的诱惑是否更像神经病而不是癌症。为了弄明白它是否能够得到支持，我们需要问一问：通过注意下述现象能够获得什么？例如，没有关于感觉内容的确定陈述（如现象学家们一度错误地认为的）实质等价于关于人或物体的常识性陈述，尽管如此，我们仍然能够在一种不包含人或物体的名称的语言中，应付我们的环境（尽管效率非常低）。（这一断言产生于将伯格曼的短语"原则上能够被改写"释义为"能够被取代，并且除了不方便之外不需付其他代价"。）承认这一主张，对澄清我们的"物体"和"人"的日常概念没有用处，这样说似乎是没有争议的。（告诉一位拼命努力完成学业的获得奖学金的学生：如果他放弃，他也能够应付他的环境，尽管不是那么有效。这样做并未澄清他的"教育"概念。）但是，承认这一断言难道仍然不可能消解一个哲学问题（以下述方式，例如，通过指出该学生并非不得不完成他的学业，也许会解除他的精神压力）？确实可能。关于"实体的本质属性"概念和"灵魂"概念的分析，我们可以在贝克莱、休谟、康德那儿发现，它们事实上确实使哲学家们摆脱了一大堆问题，这些问题一直折磨着经院哲学家和 17 世纪唯理论者。如果我们接受语言的转向，将这些分析重写为关于我们可能如何去谈论的断言，那么，我们就能保留例如康德的分析的好处，而没有其不幸的副作用。①

如果这些好处事实上都产生了，那么，斯特劳森的下述断言就不得要领，即"对于这样一种模型对象的建构与沉思"并不能"取代该任务的完成"，因为他的如下主张完全是假的：理想语言和日常语言哲学家们的共同目标是哲学问题的消解，而这要求对"非建构性概念的功能模式"进行准确的描述。康德给出的关于"实体"和"灵魂"概念的"还原分析"并没有提供这样的描述②，对这些概念的讨论又从来都不是一样的。有关它们的问题，康德之后的哲

---

① 不幸的副作用是由于这一事实：如果我们按表面价值对待康德（而不是将他理解为一位在他那个时代之前诞生的语言哲学家），那么，我们将不得不担心他的物体是"现象"的主张，并担心其"先验立场"的地位，等等。

② 分别参见《纯粹理性批判》中的"经验的第一个类比"和"纯粹理性的二律背反"。

学家们讨论过，但这些问题与康德的前辈们讨论过的那些问题是根本不同的。①这一历史的回顾使人想到，"澄清或者取代"的二分法是似是而非的。理想语言哲学家，如果他是聪明的话，将直率地承认，他的理想语言仅仅是对于一种逻辑上可能、实际上却不可能的"生活形式"的勾画，因而将放弃他的取代（按其本义）日常谈论的主张。但是，他将坚持认为：对这些勾画的沉思是一种有效的治疗方法；斯特劳森所默许的假设——只有"澄清"是有效的——犯了预期理由错误；一个建构性系统的功能在于"映射经验"②，古德曼的这一主张是对下述观念的一个不恰当和不必要的让步：只有通过澄清才能得到消解。

甚至当"澄清或者取代"的二分法被抛弃之后，对于日常理想语言哲学家来说，困难仍然存在。如果对可选择的言说方式的勾画，他这样辩护说：这是一个有效的治疗，那么，他仍然需要详细说明一个检验，用于判定以下一点：一种建议的理想语言，是否事实上满足了前面提出过的伯格曼的第一个标准的弱化形式，即理想语言能够以不高于不方便的代价，取代日常话语的某些部分。他还需要对我们前面以斯特劳森之口提出的论证做出一些答复——也就是那个基于哲学问题与神经症状之间类比的论证，使得人们不再被哲学问题所烦扰的一些方法，不能算作是对这些问题的"消解"。这两个困难是相联系的。如果我

----

① 无论康德做了什么，它都不能解释为通过"语言行为的描述"而进行的"澄清"，例如，他对宗教的处理就不能这样解释。然而，康德和启蒙时代的其他作家将人们带到一个心灵的"后宗教"格局中——在其中，他们真的不再担忧一直困扰着其祖先的那些问题。他们做到这一点，更多的是通过提供史蒂文森（C. L. Stevenson）所称的日常术语的"劝导性定义"，而不是通过提供玩一次新的语言游戏的机会，或者通过说明旧的语言游戏的规则。理想语言哲学家们可能会建议，在我们的子孙中可能会诱发出心灵的一种"后哲学"格局。（这一建议在 R. Rorty, *The Linguistic Turn*, pp. 34–35 中将做进一步讨论。）

对于这一类比，人们可能会反对说：康德关于宗教的著述（与他对"实体"和"灵魂"的分析不同）不是哲学，而是预言和布道。这里不能讨论这一问题，但我应该论证说，这一反对意见源自这样两个教条：一个是：道德风气的变化是"非理性的"，与作为合理性范例的科学理论的变化正好相反；另一个是：对于语言哲学家希望带来的变化来说，只有后一种变化才是一个恰当的模型。我将这些信仰称为"教条"，是因为我相信，科学史和科学哲学近来的工作（著名的有库恩和费耶阿本德的著作）已经破坏了他们所预设的那些区分。至于对人们向意识的后宗教状况的转变的一个分析（它避免了这些教条），参见 Alasdair MacIntyre: "Is Understanding Religion Compatible with Believing?" in *Faith and the Philosophers*, ed. J. Hick (New York, 1964)。

② 参见 N. Goodman, "The Significance of Der Logische Aufbau der Welt," in *The Philosophy of the Rudolf Carnap*, p. 552。

们没有能够检验其是否得到满足的一个标准，那么，看来我们就没有理由说一个哲学问题是伪问题（或是"仅仅言语上的"问题，或不必问的问题）。促使某人不再被诸如外部世界的问题所迷住是不够的；也许，通过药物或折磨能够实现这一点。

提出这些问题，使人们开始把焦点集中在理想语言和日常语言哲学家们之间的冲突的真实根源上。在理想语言哲学的早期，卡尔纳普和石里克提出的方案，似乎是摩尔和罗素的早期努力的继续①——两者似乎都提出了对日常话语的语句的"分析"，它告诉我们，当我们使用这些语句时，我们真正意谓着什么。这里似乎就有对这种分析的一个检验，即分析项是被分析项为真的一个充要条件。只要人们相信，能够提出这种有趣的分析，达到一致的问题看来就有望解决。随着发现已提出的许多分析不能通过检验，这一信念逐渐衰退了；另外，简单的实质等价作为检验看来是太弱了，难以支持一个断言具有分析过的"意义"，而关于分析性的困难使得哲学家们对更强的"逻辑等价"的检验也犹疑不决。② 因而，关于一致的问题又重新提出来了。在像伯格曼和古德曼这样的哲学家被迫退回去讨论"勾画"和"地图"的时候，语言的转向可能将我们引向如同传统哲学中盛行的同样的情形，这一点变得越来越明显了。随着伯格曼的第一个标准中的关键词"改写"变得越来越难以解释，不同的理想语言方案和不

---

① 关于"分析"的这两种说法之间的相似与区别的一个解释，参见 J. O. Urmson, "The History of Ananlysis," in R. Rorty, *The Linguistic Turn*, pp. 295－297, 以及 M. Black, "Relations between Logical Positivism and the Cambridge School of Analysis," *Erkenntnis* (*Journal of Unified Science*), VIII (1939)。我应该告诫读者，在这里及随后几页中，我并不是在试图给出关于"日常语言"哲学兴起的一个历史的准确解释。特别地，赖尔、奥斯汀和维特根斯坦所使用的各种（相当不同的）策略被采用，并不是因为实践摩尔和罗素的方法时遭遇到许多困难，也不是因为对"建构论者"的工作不满意。（事实上，导致奥斯汀和赖尔采取他们的策略的，是这样一些具有讽刺性的因素，例如对亚里士多德的钦佩，在赖尔那里，则是对胡塞尔现象学不再痴迷。）把摩尔、罗素、早期维特根斯坦、维也纳学派、赖尔、奥斯汀以及后期维特根斯坦连接起来的影响，关于其实际线索的故事绝对是复杂的，并且对于这一故事，读者可参阅 J. O. Urmson, *Philosophical Analysis: Its Development Between the Two World Wars*, 1956; G. J. Warnock, *English Philosophy Since 1990*, London: Oxford University Press, 1958; 以及 A. J. Ayer, *The Revolution in Philosophy*, London: Macmillan, 1956。我这里所表述的是一个"辩证的"故事，在其中，各种"理想的类型"（不完全由任何单个哲学家所例示）被描绘为进行论证。我希望解释元哲学中的当前状况，其办法是集中关注奥斯汀、卡尔纳普、赖尔、维特根斯坦等人的工作中的某些要素，而忽略这些要素的实际起源。

② 关于"给出一个分析"的各种意义的进一步讨论，参见本导言第 4 节。

同的形而上学体系之间的类似也变得更明显了。在这种情形下，日常语言哲学家们自告奋勇地去拯救"哲学作为一门严格的科学"的理想。他们选择的方法，即"描述日常语言的语言表达式的逻辑行为"，看起来直接就是一项经验计划。仅仅当我们知道一种理想语言胜任非哲学的目的时，表明一个哲学问题不能用那种语言来阐明才是有趣的。如果我们不能检验这一可胜任性，那么我们就陷入了困境。但是，我们已经知道，英语胜任非哲学的目的。我们能够检验这一主张：如果我们只能决定英语表达式的正确用法，那么，若没有误用英语，一个哲学问题就不能得以阐明。日常语言哲学家们可能会争辩说："建构论者们"，如果不能回答关于可胜任性的检验这一关键性问题（当然，这只不过是下述问题的另一种形式，它与伯格曼的标准中"原则上能够被改写"的意义有关），那么，他们就正好已经丧失了蒯因所引证的"语义上溯"的优点。因为，哲学家们对于语词比对于事物更容易达成一致，这一说法只在一种意义上为真，即在其他任何事情上都不能达到一致的哲学家们，在他们如何在非哲学的言谈中使用语词的问题上却能达成一致。如果我们不利用这种一致，那么，发生语言的转向就一点也没有可能了。

在这一导言中，我不能停下来去着手讨论如下问题：理想语言哲学家们能否解决检验"原则上能够被改写"的困难。我也不能考虑古德曼的"地图"类比的用处及限度。这两个任务中的任何一个，如果能被适当地完成的话，都涉及考察理想语言哲学家们的实际实践，通过它们的结果去判断它们的方法，以及阐明为什么这些结果中有一些比另一些更好的理论。仅仅能够注意到的是：尽管争论的双方都趋向于同意，由罗素、卡尔纳普、古德曼、蒯因和伯格曼建构的语言的初步纲要是有用的研究对象①，但关于它们为什么是有用的，或者关于我们应该如何在它们之间做出选择的任何清晰的解释，并不存在一致的意见。② 如果将我们的注意力集中在发现这样一种方法的问题上，该方法将在哲学家们之间产生一致，那么，我们现在就必须转向这样一种抱怨：日常语言哲学家们——尽管他们有种种借口——没有给我们提供这样一种方法。这一抱怨是

---

① 有些人甚至连这一点也否认，参见 G. Ryle, "*Meaning and Necessity* by Rudolf Carnap," *Philosophy*, XXIV (1949)。

② 至于这后一个问题的尝试性解决，参见 G. Bergmann, *Meaning and Existence*, Madison: The University of Wisconsin Press, 1960, p.56。然而，伯格曼的讨论开始于一个概念，即"同构"，而它需要进一步的解释。

由麦克斯韦尔（G. Maxwell）和费格尔在一篇文章中做出的，这篇文章是作为对斯特劳森批评卡尔纳普的反应而写的。我引用他们的中心论证：

但是，某些哲学问题确实是由未能区分一个术语的各种意义或用法引起的，哲学家的任务之一就是要"挑选出"各种相关的意义，这一点也不会获得同意甚至坚持吗？而在什么意义上，如果有的话，有各种孤立的和清晰的意义已经存在于日常语言中，等待着哲学家去发掘它们吗？确实，普通人（包括我们自己）并不总是意识到它们存在着——否则，使"挑选出"成为必要的那些"哲学问题"将从来不会出现。通过唤起对相关术语的各种用法的注意，我们经常能够从普通人（包括我们自己）中得出一致意见，并在这样做时，消除他的哲学迷惑，这一点可能会被人反驳。但是，我们如何决定，这是否是关于这种情形的正确描述，或者我们是否应该询问我们已经劝说普通人接受了"更牢固"的、也许是修正过的——简而言之，革新过的——意义？……我们强烈地怀疑，许多公认的日常用法的分析事实上是伪装的革新。也许，这样的活动仅仅在程度上有别于公开承认的重建论者或体系构建者的活动。①

的确，这种区分（分析—综合的区分）对分析哲学是至关重要的；因为分析家的关注中心就是按照相应的语言游戏规则所进行的一组活动……尽我们所能地搜寻一种特别的语言活动的日常用法，我们能够达到的最好结果常常是这一事实：有时它似乎是基于一个分析性前提做出的，在其他时候是基于一个事实性前提做出的；在多数情况下，日常用法并没有提供任何确定的基础，以便将它放在任一个范畴之中。于是，在多数情况下，日常语言分析家将不能决定该活动是否在他的证明范围之内。当他宣称在这样做时，我们争辩说，他实际上沉湎于心照不宣的改革，并签署了一项关于该术语意谓着什么的契约。②

麦克斯韦尔和费格尔说，事实上，日常语言哲学家们在日常语言中没有（而且，假如他们要完成任何事情，也不能）"听任一切自然发展"③。当他们辨

---

① 参见 R. Rorty, *The Linguistic Turn*, p. 193。
② 参见 R. Rorty, *The Linguistic Turn*, p. 197。
③ 这一短语属于维特根斯坦：*Philosophical Investigations*, New York: Macmillan; Oxford: Blackwell, 1953, 第一部分, 124 段："哲学不能干涉语言的实际用法，它最终只能描述语言的用法。因为它也不能给予语言任何基础。它听任一切自然发展。"

别术语的意义，或者声称"我们不会使用'——'这一表达式，除非在这样一种情况下……"时，可以这么说，他们是在声称英语能够很容易地成为一种理想语言，而没有发现它就是一种理想语言。他们与其论敌即建构论者之间的分歧，因而相当于实用主义的伯克派的改革者与革命者之间的分歧，而不是（如同他们自己愿意相信的）一门经验学科的坚定实践者与假装玄思的形而上学家之间的分歧。对麦克斯韦尔和费格尔来说，"描述自然语言的语言表达式的逻辑行为"这一短语，看起来至少与伯格曼的"每个非哲学的描述性命题原则上都能被改写"一样模糊。关于"逻辑行为"的标准问题引起了方法论问题，它恰如"改写"何时"在原则上"是可能的这一问题一样困难。

对这一论证思路的一个经典答复，是在奥斯汀讨论"松散（或有歧异的或可选择的）用法之阻碍"和"决定性话语的症结"时给出的。① 奥斯汀高兴地承认，关于第一点（关于在一个给定情形下，我们应该说什么），"有时候我们确实最终不能达成一致"，但是这样的情形比我们想象的要少。实际上，在一个特定的情形下，关于我们会说什么以及不会说什么，我们能够发现数量惊人的一致。关于"决定性话语"问题（是否"日常语言是决定性话语"的问题），奥斯汀认为，强化或改革日常用法很少有什么用，除非我们知道这一用法是什么。他认为，如果我们花更多的时间观察我们平常是如何使用某些词的，我们就会看到正常用法和哲学用法之间的区别，而且我们会看到哲学家们也使用日常语词的普通内涵，但仍然会在平常从来没有这样使用过的语境中使用这些词。他没有提出保证：认识到这样的事实将消解任何或所有的哲学问题，而仅仅是要求，改革推迟到我们目前的语言资源被充分地开发为止。

奥斯汀观点的令人愉悦的合理性是如此地使人解除戒心，以至于人们可能忽略了麦克斯韦尔和费格尔提出的那个真正的问题。他们可能会说，关于我们所说的，假定人们可以得到数量惊人的一致，那么，在什么时候、我们如何从这样的一致得出关于语词的"逻辑行为"的结论，并由此达到一个可以用于检验下述指控的经验基础：哲学家已经"误用了"一个表达式？通过注意卡维尔在关于日常语言所做的陈述类型之间所做出的一些区分，这一问题可能会被阐述得更清晰：

---

① 参见 J. L. Austin, *Philosophical Papers*, ed. J. O. Urmson and G. J. Warnock, London: Oxford University Press, 1960, pp. 131-134。

(1) 有一些陈述在一种语言中产生所说的东西的实例("我们确实说……但我们没有说——";"我们问是否……但我们没有问是否——")。(2) 当我们说出第一种类型的陈述用例子显示给我们的东西时……陈述通过下述说法使所隐含的东西变得清晰了:["当我们说……我们暗示(建议、说)——";"我们不说……除非我们意谓——"]。通过参照第一种类型的陈述,能够检查这样的陈述。(3) 最后,有一些概括要参照前两种类型的陈述加以检验。①

类型(3)的陈述为日常语言哲学家们提供了反对其论敌的武器。卡维尔从赖尔那里引证了一个例子,赖尔说:"在它们的多数日常使用中,'自愿的'和'不自愿的'被用……作形容词,适用于并非应该进行的活动。"赖尔继续争辩说,假如哲学家们没有让"自愿的"一词应用于任何活动——无论是应该谴责的,还是不应该谴责的——从而误用"自愿的"这个词,他们将不可能那么容易地提出那个经典性的意志自由问题。如果我们把关于我们如何证实类型(1)的陈述的问题——这些问题在文献中得到了详尽的讨论②——撇在一边,我们就可以问,给定一批这样的陈述,我们将如何用它们来证实关于语言的误用的陈述。类型(3)的陈述也许会被认为是根据类型(1)的陈述做(相当复杂的)归纳推理的结果,但是,在"我们平常并不使用……除非当——"和"那些人使用……当并非——在误用语言时"之间,似乎存在一条鸿沟。如果一位哲学家说,例如,"我们的所有行动,除了那些被迫进行的之外,都是自愿的",他所说的并非不合乎语法,除了"合乎语法的"一种很不寻常的意义之外。除了在"逻辑的"和"矛盾的"很不寻常的意义上,他所说的并没有预设

---

① S. Cavell, "Must We Mean What We Say?" *Inquiry*, Ⅰ (1958), p.77.
② 关于我们此时所说的东西的知识究竟是经验的还是先验的,关于此问题的讨论,参见 R. M. Hare:"Philosophical Discoveries," *Mind*, LXIX (1960); P. Henle:"Do We Discover Our Uses of Words," *Journal of Philosophy*, LIV (1957) (二者分别重印于 R. Rorty, *The Linguistic Turn*, pp.207-217, 218-223); 以及 B. Mates:"On the Verification of Statements about Ordinary Language," *Inquiry*, Ⅰ (1958); S. CaveⅡ:"The Availability of Wittgenstein's Later Philosophy," *Philosophical Review*, LXXI (1962); J. A. Fodor and J. J. Katz:"The Availability of What We Say," *Philosophical Review*, LXXII (1963); R. G. Henson:"What We Say," *American Philosophical Quarterly*, Ⅱ (1965); H. Tennessen:"Vindication of the Humpty Dumpty Attitude towards Language," *Inquiry*, Ⅲ (1960) 和 H. Tennessen:"What Should We Say?" *Inquiry*, Ⅱ (1959)。

或衍推某个逻辑矛盾。我们能够说的几乎全部的东西是：如果赖尔是对的，这位哲学家就不是像我们平常使用词那样在使用这些词。

当我们达到这一点时，它就会引诱人们说，对于这些词平常是如何使用的，我们不必过于犹疑不定，因为我们总是可以请哲学家界定他的术语（或者，假如无法请他做到这一点，我们还能够从他的著述中推出他可能会提出什么样的定义）。当然，我们必须小心，他没有在一种前提下给一个普通的词一种专门意义，而在另一种前提下给它一种日常意义。如果我们发现他这样做，我们只能指控他进行无效地论辩——这种指控发生在语言的转向之前，与语言的转向没有任何特别的关系。看来，奥斯汀对日常表达式的日常用法的敏感性，对于哲学的唯一价值在于：使我们对这种模糊多义的可能性更敏感了，并因而对一位哲学家犯"歧义性谬误"的可能性更敏感了。如果情况是这样，那么，就像我们先前抛弃卡尔纳普的"逻辑句法"概念、赖尔的"逻辑形式"概念一样，基于几乎同样的理由，我们也无妨抛弃斯特劳森的"自然语言的语言表达式的逻辑行为"这一概念。正如我们注意到的，发现一个表达式的"逻辑句法"或"逻辑形式"，只不过是发现了这样的另外一个表达式：如果用它取代最初的表达式，那么会使得提出传统的哲学问题更为困难。如果我们决定，一个表达式的传统哲学用法不能算作其日常用法的一部分［简而言之，如果我们把类型（1）的陈述用作推出类型（3）的陈述的基础，而前者并不包含哲学家们所做出的陈述］，那么，斯特劳森的"逻辑行为"的描述似乎就可以解释为"这样一些概括，它们与我们如何使用词有关，并且是从用法的样本（把哲学话语排除在外）中推导出来的"。（如果我们确实将哲学话语包括在我们的样本内，那么，就很难看清楚人们如何能够得到斯特劳森所要求的东西——用于检验下述指控的哲学上中立的基础，即哲学家已经误用了语言。）运用这一解释，哲学家们不必担心（尽管词典编纂者们可能会担心），如何区分一个词的"逻辑"特征与其他那些偶然的特征，后者与误用问题无关。我们不再把日常用法与误用相对比（就像我们曾经把"历史上合乎语法的句法"与"逻辑句法"，或者"语法形式"与"逻辑形式"相对比一样），我们仅仅能把日常用法与特殊的哲学用法相对比。

无论如何，前述的论证线索不应该使我们无视这种对比的高度重要性。它是重要的，因为（仍然要再次重复我们前面已经提到过两次的一个观点）传统的观点是，哲学问题是由普通的"前哲学的"人们的信念之间的内部不一致性，或者是这种信念的无法说明性造成的。一位坚持这种观点的哲学家,有义务以一种不用任何哲学字眼的形式陈述他的哲学问题。正如奥斯汀的论敌所发现的,这一点并不容易做到。无论一个人对"语言误用"概念有什么看法,他都不能质疑这一点:许多哲学家都是这样活着的,即领会互相之间(以及先辈们)所说的话语——并理所当然地假定,存在着关于外部世界(或真理,或自由意志,等等)的问题,进而去批评或提出关于这些问题的解决方案,而没有询问产生出这些问题的前提是否为普通人所实际接受。他也不能质疑,这一疏忽部分地是由于这一事实:那些明确表达这些问题的人所援引的公认的常识性前提,实际上是这样一种前提,其中已经默默地把一种特别的哲学意义赋予了日常表达式。这不会损害如下建议:觉察到这一事实,可能导致许多,也许是全部哲学问题的消解。但是,即使这样的消解应该发生,也不应该把它描述为发现了哲学家们已经误用语言,而应该描述为这样一种发现:哲学家们的前提或者是(a)可疑的或明显为假的(当用普通的方式去看待它们所包含的表达式时),或者是(b)关于语言改革的含蓄建议。

也许,选择(b)似乎为传统哲学家们提供了一条避免下述令人不安的结论的途径,即他所喜爱的问题已经被消解了。因为,他可以说,我像其他任何专家一样有权使用行话,而且,我的"伪装的建议"只不过是试图使一个真实的问题恰当地进入中心点——这正是日常语言不允许去做的事情。不过,这当然是行不通的。一位专家,当他开始回答问题时可能有权使用行话,但在他系统阐述那些原始问题(正是这些问题最初迫使他去进行探究)时,他却没有这种权力。一位哲学家,一旦接受了这一思路,就理所当然地不得不承认下述结论:哲学问题是制作出来的,而不是被发现的。如果他这样做,他将不得不解释,为什么他要构造这类问题,并且为他不再伪装的建议辩护,其依据是这样一个断言:我们需要这些问题。他将不得不说,假如日常信念没有提出它们,那么,日常信念也太糟糕了。少数哲学家已经有意识地选择了这条道路——请注意海德格尔,他关于"存在的遗忘"(Seinsvergessenheit)、它的原因及其治疗的讨论。但是,一个人选择了这条道路,他就有义务接受如下观点:哲学不是一门可以通过论辩达到一致的学科。很明显,与这样一位哲学家争辩他的观点是否是正确的哲学观毫无意义,也没有必要去这样做。哲学中的语言转向,是针对下述观念做出的反应:哲学是一门试图解决某些传统问题的学科——这些问题(明显地)是由某些常识性信念生成的。假如哲学将来变成了海德格尔式的沉思，或者更一般地，变成了为纯粹的快乐而去建构新的语言游戏的活动（如同赫塞的 *Magister Ludi*）——简而言之，假如哲学家们抛弃了关于他们的学科的性质的传统观念——那么，就没有什么东西可供语言哲学家去批评了。在当代哲学中，语言学运动的批判锋芒所针对的是作为一门伪科学的哲学，它无意反对去创造一门新的学科形式——在其中，通过有意识地拒绝"解决问题"的目标，我们可以公开地进行一种活动，它先前是掩藏在伪科学论辩的外表下进行的。

现在，让我们回到麦克斯韦尔和费格尔对日常语言哲学的批评，并把我自己对他们所提出的那些问题的探究，与另一种可能采用的探究加以对比。人们可能争辩说，假如发展出了适当的语言理论和技术，我们实际上就能做麦克斯韦尔和费格尔认为我们不能做的事——为一种自然语言例如英语构造一套语法和一部词典，并通过查阅它们，发现哲学家们误用了英语，在"误用"的一种完全直接的意义上。经验语言学最近的进展已经指明了一些途径，可能编纂一套更全面的语法和一部更合理构造的词典。① 这些进展已经导致哲学家和语言学家共同合作，去澄清我们关于"合语法性"和"意义"的日常概念。就哲学家这一方面而言，这一努力在很大程度上是由这样一种感觉激发出来的：奥斯汀行进在正确的轨道上，但是，他对于用法很敏感的耳朵需要辅之以较少主观性的检验。②

如果一个人用这种方式答复麦克斯韦尔和费格尔，无论如何，他必须证明下述做法是正当的，即把哲学家们的话语从我们在归纳基础上收集的材料中排除出去——我们觉得在被迫对这一点做出解释。举一个具体的例子，当齐夫说："哲学家谈及'语言法则'（或'道德法则'）时，我相信，他们是在误用'法则'这个词"③，他大概能够捍卫他的信念，其办法是这样说：关于"法则"的意义，我们将不能发现一个相对优雅和简单的解释，它包括这个术语的多数用法，以及这些哲学家的独特措辞；否则，通过不考虑这些独特的措辞（也许还有某些其他人的措辞），我们也能获得这样一种解释。这很可能是真的。如果我们要求一部词典，其条目不只是选择性意义（它们是同样可信赖的）的一个非常长的析取式，我们将不得不说，一个术语的某些出现，用齐夫的话说，是

---

① 参见 J. A. Fodor and J. J. Katz, "What's Wrong with the Philosophy of Language," *Inquiry*, V (1962), 以及 P. Ziff, *Semantic Analysis*, Ithaca：Cornell, 1960。

② 于是，我们发现齐夫用 "Miracula sein doctrina nihil valent" 作为 *Semantic Analysis* 一书的卷首语。

③ P. Ziff, *Semantic Analysis*, Ithaca：Cornell , 1960, p. 35.

"次要的、派生的或异常的"①。然而，重要之点在于，尽管"异常"有时是可直观地觉察到的，而在其他的时间我们说，一种说法是异常的，仅仅因为对包含在其中的一个词意义的解释会是不堪忍受的复杂。（齐夫关于"法则"的主张无疑是后一种情况之一。）但是，现在我们面临着一种选择：是使语言学家们的生活困难，还是使传统哲学家们的生活变得不可能。如果说一位哲学家正在误用语言，这一指控的力度仅仅是他对一个词的使用难以被语言学家所掌握，那么，看来最简单的办法是区分词的涵义（senses）和意义（meanings），并完全抛弃"误用"这一概念。如同我们前面提出的，如果这样一种区分将做最初的"误用"指控所能做的一切事情（即提醒我们注意到在一位哲学家的论证中犯"歧义性谬误"的可能性），那么，除了前述的有关传统哲学的一个偏见之外，没有什么东西会为我们继续进行后一种指控辩护。

这并不意味着语言学的进步与哲学无关。一门改进了的语言科学和一门改进了的语言哲学，可能会为在日常语言中挑选"独立和清晰的意义"（或涵义）提供一种哲学上中性的、直接经验的方式，并因而缓和麦克斯韦尔和费格尔的怀疑——我们制造了而不是发现了这些区分。做到这一点将会是一项伟大的成就，即使仅仅因为它将结束日常语言哲学家们之间关于下述问题的无止无休、毫无结果的争吵：一个给定的词是否是模糊的，如何是模糊的？但是，这一进展将不会使我们更接近于表明，日常的、非哲学的英语在伯格曼的意义上是理想的，因为它并没有使我们更接近于表明，一位哲学家对一个术语的使用实际上是不正当的。如果一位哲学家只是说，例如，"从这里开始，我将把'自愿的行动'用作'并非强制履行的行动'的同义词"（或者，假如我们认识到，他前后一致地把这两个表达式视为同义），那么，我们可能基于美学的或实践的理由，反对他毫无意义地给一个熟悉的词赋予一种新的意义，但我们不能用这样的反对去消解他进而建构出来的那个问题。要显示他的使用是不正当的，这要求有一个证明：通过在例如"自愿的"一词新的涵义和旧的涵义之间串来串去，他的论证包含着歧义性谬误。但是，这是我们已经知道该如何去做的事情，并且也是自亚里士多德以来哲学家们一直在做的事情。

（孙伟平译，陈波校）

---

① P. Ziff, *Semantic Analysis*, Ithaca：Cornell, 1960, p. 247.

语言哲学与心灵哲学: 1950—2000 *

泰勒·伯吉

可以大胆地说，在过去的50年中，语言哲学与心灵哲学领域所发生的讨论，相对于这个时期中的任何学术领域来说，都算得上是最强烈、最有理智冲击力了。① 然而，对于一般的知识界而言，这两个领域的成就并未得到广泛的认识。一部分是因为它们太抽象、太困难，也有一部分是因为哲学与其他文化形式的交流实在少得可怜（尤其是在美国）。我认为，这种状况是在实证主义时期哲学专业化的过程中发展起来的。实证主义对大多数非科学文化的认知价值所持的否定态度，可能是这种状况的主要原因。

逻辑实证主义投下了一个长长的阴影。它在20世纪50年代早期被推翻，这是我将要讨论的那个时期开端时的中心事件。这场运动的诸要素，推动和影响着其后的哲学。哲学所面临的挑战是，如何在放松逻辑实证主义对方法和主题的限制的同时，继续保持它的清晰性和它对论证的尊敬。

逻辑实证主义的目标是把哲学搞得科学起来——结束那种看来与科学进步

---

* 本译文的后半部分，即关于心灵哲学的部分，已经根据 Tyler Burge 的哲学论文集第二卷第20篇文章做了增补。参见 Tyler Burge, *Foundations of Mind*, *Philosophical Essays*, Vol. 2, Oxford University Press, 2007。借重新出版的机会，译者也对全文重新做了校订。

① 下面的文字是写给非专业人士看的一个历史回顾。我的重点是英语国家的哲学，而就这些领域而言，北美国家又是20世纪60年代以来的主要根据地。毫无疑问，囿于文章的范围，我不得不忽略很多重要的话题。我这里可以列举一些：意向性背景、内量化（quantifying in）和从物态度（de re attitudes）、真理概念、意义理论与像实在论这样的形而上学问题之间的关系、语义学悖论与认识论悖论、言语行为理论及其他语用学问题、语言学的对象问题、意识与可感性质（qualia）问题、个体同一性、行动理论、心灵结构的内在性、语言知识、心理解释的本性、维特根斯坦的传统。不过，我认为，在某种较为宽泛的意义上，我已经把哲学讨论的"主流"都包括进来了。我要感谢 Jay Atlas、Ned Block、Susan Carey、Warren Goldfarb 以及本文的编辑，他们对本文提出了很好的建议。

毫无相似之处的哲学体系的不断翻新。为达此目的，这个运动解释了为什么以前的哲学没能科学起来，以及哲学的正当范围和界限是什么。这个解释建立在一种意义理论和一种知识理论之上。

意义理论是这场运动中最具原创性的提议，它由两条原则构成。一条原则是说，一个句子的意义就是它的证实或验证的方法［证实主义原则（the verificationist principle）］；另一条原则是说，逻辑和数学陈述，以及那些表明意义关系的陈述，在这样一种特殊的意义上是分析陈述，**即它们纯粹根据它们的意义而为真，它们不提供关于世界的任何信息，它们的真是空洞的，或者说是退化的。**典型的主张是说，分析真理的真，来自约定或其他某些其结果没有得到理性合法化的活动。

据主张，证实主义原则解释了为什么哲学（特别是形而上学）会失败。这种主张的要点是：既然哲学对它的大多数主张都没有提出证实的方法，那些主张就是没有意义的。哲学要想有意义，要想产生知识，就必须模仿科学，对它的每个主张都提出验证真假的方法。

逻辑实证主义者认为这两个关于意义的原则都支持经验主义的知识理论。经验主义知识论认为，一切并非空洞的知识，都可以经由感觉经验而得到辩护。科学之所以成功，就是因为它把自己的主张都交由感觉经验去验证。传统上困扰着经验主义的逻辑学与数学，现在被认为是有用而又空洞的东西，因为它们是分析真理。因此，所有在认识上有意义而又不空洞的关于世界的主张，都只有在具备证实方法的时候才是可以辩护的，而证实的方法最终都指向感觉经验。

这种经验主义离休谟的经验主义并不远。通过参照科学方法来说明哲学的界限，这又效仿了康德那个大致相似的努力。真正将逻辑实证主义运动与它的哲学前辈明确区分开来的，是它的激进的意义理论（由证实主义原则所代表）和它那冷静的、公开的讨论哲学问题的方式（由这个运动的著名支持者所实践，这些人包括卡尔纳普、石里克、纽拉特、赖欣巴赫和亨普尔）。意义理论之所以能够给哲学一个新的兴奋点，并引起知识界的广泛关注，是因为它包含着这样一个极端的意思：很多以前知识界（不管是哲学界以内还是以外）以为很严肃的问题，实际上都是"无意义的"。这个运动的领导者们的智识力量，以及他们那严肃的态度和开放的胸襟，又为这个运动带来了很多才华横溢的对话者。

证实主义原则的困难，几乎从一开始就困扰着这个运动。困难首先关系到该原则的自我运用。很难为这个原则本身设计出一种证实的方法；而如果没有这种方法，这个原则根据自己的标准就是"认识上无意义的"。有些实证主义者把这个原则当作分析的、空洞为真的。但这种主张很难服人，因为比起其他所谓的分析真理，这个原则显得很有内容。而且，说自己的哲学在认识上是空洞的，这并非什么赞誉。在实证主义者中，卡尔纳普对这个问题有最精致的观点。他构造了一个语言框架，在其中证实主义原则被当作是分析的；根据卡尔纳普，证实主义原则应该被当作是一个实践建议（practical proposal），这个建议的有效性依赖于它在理论上是否富有成效。他将证实主义原则看作是一个建议，即建议澄清"意义"这个词的非正式意义。既然这种建议被说成是实践建议，这种观点对那些并不相信证实主义原则的人来说，就没有什么说服力了。而且，卡尔纳普的立场还会碰上其他问题，比如语言框架的概念、分析性概念、理论与实践的区分，等等。后面我还要讨论这些概念。①

关于哪种方法算得上是可以接受的验证方法，也存在一个表述上的困难。人们发现，很多关于验证结构的提议，都只是传统哲学图景（如现象主义）的隐蔽翻版。这些提议不具备科学的地位。更一般地讲，大多数这类所谓更精确的表述，要么把一些形而上学说成是有意义的，要么把一些科学说成是无意义的。这个问题促使人们对证实主义原则做了很多重新的表述。不过其中的困难最终使亨普尔在1950年承认：关于任何真正强有力的证实主义原则的真理性，他持不可知论的态度。②

蒯因在20世纪50年代初期对逻辑实证主义的两个首要原则的正面批评，标志着这场运动的真正终结。蒯因对证实主义原则的批评，触及了根本性问题。蒯因认为，科学中的验证方法，并不像证实主义原则所要求的那样，与单个的句子相关联。蒯因认为，句子只有在与其他句子的关系中，只有在理论的上下文中，才能被证实或证伪。这种一般的主张，有一个不大严密的称呼，叫作"整体主义"。根据这种观点，一种验证的方法不可能与某一个句子结成一对一

---

① Rudolf Carnap, *The Logical Syntax of Language* (London: Routledge and Kegan Paul, 1937); "Empiricism, Semantics, and Ontology" (1950), 重印于 *Meaning and Necessity* (Chicago: Chicago University Press, 1964), 附录 A。

② Carl Hempel, "Empiricist Criteria of Cognitive Significance: Problems and Changes" (1950), in *Aspects of Scientific Explanation* (New York: The Free Press, 1965).

的关系,以作为该句子的意义。① 这种一般意义上的整体主义,受到科学实践中很多例子的支持,对于经验领域它至今有效。

蒯因也质疑分析性概念有任何应用价值。这种批评发展成为一个运动,以反对与我上面提到的那个分析性概念有关联的各种不同的分析性概念。由于蒯因本人通常并没有对这些不同的分析性概念做出区分,当运动日益扩大时,对最初那个分析性概念的批评,在争论中反而被人们遗忘了。

蒯因本来的也是最强烈的意思是:说某些句子空洞为真,这并没有什么认知上的或者解释上的价值。他认为,我们没有理由主张这些句子空洞为真,即这些句子之为真,不依赖于世界中发生的事情;这些句子也可以是因为实在界的那些明显的、无处不在的(用传统的术语来说就是"必然的")特性而为真。蒯因最强的观点,不是说意义这个概念不融贯,或者需要某种特殊的解释。蒯因说的是:以空洞真理和论题独立性为名义,将那些所谓的分析真理(包括逻辑真理和有关"意义分析"的真理)与其他真理区别开来,这样做并没有好的理由。②

为了捍卫"逻辑是分析真理"这种主张,卡尔纳普把该主张当作一种实践建议,而且认为这个建议本身也是分析性的;这个建议的合理性,取决于它在阐发意义方面的效果。③ 这种辩护,类似于他对证实主义原则面对自我应用困境时的辩护。蒯因认为,卡尔纳普的"实践建议"这个概念,无法与"理论建议"这个概念区别开来,因为在科学中,理论建议也是"从实践上"被判定的,也要看它在理论上是否富有成效。

蒯因也批评了将逻辑说成是分析真理(或空洞真理)的其他路径。为了反驳"逻辑根据约定而为真"的观点,蒯因指出,逻辑具有无穷多个定理。为了

---

① W. V. Quine, "Two Dogmas of Empiricism," *Philosophical Review* 60 (1951): 20–43;重印于蒯因的 *From a Logical Point of View* (New York: Harper, 1961);另参见 *Word and Object* (Cambridge: The MIT Press, 1960),第一章。同一时期,亨普尔也发表了类似的观点。参见"Empiricist Criteria of Cognitive Significance", 112–113, 117。但蒯因的工作具有更大的影响,这可能是因为他的论证有色彩、有力度,而且也因为他还同时批评了分析—综合二分法。

② W. V. Quine, "Carnap on Logical Truth" (1954), in *The Ways of Paradox* (New York: Random House, 1966);另外请参见同一文集中的"On Carnap's Views on Ontology" (1951)。

③ *The Philosophy of Rudolf Carnap*, ed. Paul Arthur Schilp (La Salle, Ill.: Open Court, 1963),第917页以下。

反驳蒯因，有人可能设想逻辑公理是一个一个被约定为真的。但是，从公理中推导出结论，这本身已经预设了逻辑。逻辑的主要原理，看来一定先于任何可算作规定语言意义的活动。①

很多实证主义者同情弗雷格的逻辑主义构想，即用逻辑术语来定义数学术语，并且从逻辑公理和定义中推导出数学定理。② 不同于弗雷格的是，实证主义者把逻辑主义纲领看作是经验主义者将数学解释为空洞真理的助手。这种看法已经有很多问题了，但蒯因又加上了一个。他指出：定义的空洞性最多也只是一个暂时的性质。他注意到，当定义被整合进理论以后，定义就同样要面对理论批评和理论修正了，因而也就不再是空洞为真了。蒯因的这种观点后来通过许多科学和数学上的理论性定义而得到具体充实，不过这些定义后来又被发现是错误的，或者理论上不充分的。③

通过考察语言翻译的实践，卡尔纳普试图为区分意义上的假定和理论上的假定找到一个经验上的基础。④ 卡尔纳普的建议在历史上很重要，因为这些建议促使蒯因开始构造一种关于"彻底翻译"（radical translation）的理论（下面会讨论这个理论）。但是，卡尔纳普的建议过分简单化，不仅依赖一些不可靠的心理学假设，而且从来没有触及为分析性辩护这个问题。仅就这最后一点而论，卡尔纳普的建议是很弱的。尽管这些建议可能促使我们开始对意义阐释和一般的理论假定这两者做出**某种**区分，但是对于空洞真理与非空洞真理之间的区分，或者对于得到合理辩护的真原则与未得到合理辩护的真原则之间的区分，它们却没有提供任何显而易见的理由。因此，它们对经验主义

---

① W. V. Quine, "Truth by Convention" (1936), in *The Ways of Paradox*. 这种观点可追溯到 Lewis Carroll。

② Gottlob Frege, *The Foundations of Arithmetic* (1884), trans. J. L. Austin (Evanston, Ill.: Northwestern University Press, 1968); *The Basic Laws of Arithmetic* (1893—1903), ed. M. Furth (Berkeley: University of California Press, 1967). 关于对逻辑主义纲领的实证主义解释，参见 Carl Hempel, "On the Nature of Mathematic Truth" (1945), in *The Philosophy of Mathematics*, 2nd ed., eds. Paul Benacerraf and Hilary Putnam (Cambridge: Cambridge University Press, 1986)。

③ 参见 "Carnap and Logical Truth", "Two Dogmas of Empiricism"; Hilary Putnam, "The Analytic and the Synthetic" (1962), in *Philosophical Papers*, Vol. 2 (Cambridge: Cambridge University Press, 1985)。

④ 参见 "Meaning and Synonymy in Natural Languages," *Philosophical Studies* 6 (1955): 33-47, 重印于 *Meaning and Necessity*, 附录 D。

认识论没有提供任何支持，而没有经验主义认识论，分析性概念大概根本不会出现。

在关于分析性的争论中，成问题的还有比经验主义更一般的东西。实证主义者希望，那些"第一原理"，那些理性讨论的边界，能够被确立为空洞的真理，因而不会引起关于合法性的哲学问题。第一原理包括逻辑，也包括其他关于理性讨论边界的原理，比如证实主义原则，比如宣称某些真理空洞为真因而无须理性合法化。如果这些原理本身是分析真理，它们就可以从传统形而上学问题和认识论问题中被剔除出去。卡尔纳普主张一种宽容原则，即允许存在不同的"第一原理"，我们可以基于实际的考虑而"采用"它们。但是，不管对于他的观点而言，还是对于其他不如卡尔纳普开明的实证主义者的观点而言，一个基本观点是：无论是建立还是改变一个这样的原理系统，我们都不需要合理性的考虑（理论的考虑）。在他们看来，这类变化是"被推动的""被选择的"，或者来自"仅仅实践性的"动因。

蒯因对分析性的批评，使得这种区分成了问题。的确，对于我所说的蒯因对分析性的根本性批评，至今没有人做出令人满意的回答。蒯因指出，没有明显的合理理由，使我们能够区分：哪些真理仅依它们的意义而为真，哪些真理的真理性不仅有赖于它们的意义，而且有赖于它们的研究对象所具有的（或许带有必然性的）特征。同样，卡尔纳普或者任何其他人也没有成功地区分：在采用某些"第一原理"的时候，哪些理由是非合理性的理由，哪些理由对于传统哲学家（以及蒯因）来说又算得上是合理性的但显而易见的理由（甚或是合理性的但存有争议的理由）。蒯因认为，这些理由实际上是经验性的理由。传统哲学家会认为，这些理由是合理性的理由，只不过它们是先天的理由，因为这些理由关系到世界的深层结构性特点。无论如何，相关的分析性概念已经失去了它在哲学讨论中的中心位置。蒯因的批评，重新打通了关于"第一原理"的传统形而上学和认识论问题的讨论之路，一条通向传统的哲学基本问题的道路；这在某种程度上违背了蒯因的本意。在将某些问题——特别是那些关于他们自己的两条第一原理的问题——排除到理性探讨范围之外的战斗中，实证主义者并没有成功。

蒯因还反对另一个也名为"分析性"的概念，但他并没有点明这个概念不同于前一个分析性概念。在第二种意义上，一个陈述，如果它可以从逻辑和定义中推导出来，那它就是"分析的"（此后我称它为"分析性2"）。① 分析性2本身，对于经验主义也好，对于终结传统哲学的企图也好，显然没什么用处，因为对于逻辑真理和逻辑定义在形而上学和认识论上的地位，分析性2是完全保持中立的。很多哲学家都把这两个概念当成一个概念，因为从康德开始，哲学家中间就有一个共同的假定，认为逻辑和定义是空洞为真的。在蒯因之前，弗雷格和罗素（还不用说亚里士多德和莱布尼茨）就拒斥过这种假定。②

蒯因也把这两个概念混为一谈，根据的却是不同的理由。他认为两者都没有用处。他反对分析性2，认为它没有明确的阐释价值，而且认为，所有对相关的"定义"概念所做的解释，都要使用其他同样没用的概念。解释定义时用到的核心概念，是同义性，或者意义相同性。蒯因把前面提到的关于定义的观点

---

① 蒯因，《经验论的两个教条》。在这篇文章中，蒯因对区别于分析性2的第一种分析性没有太多论述。由于这篇文章受到的关注很不幸地远远大于《卡尔纳普论逻辑真理》那篇文章，由于《经验论的两个教条》一文对分析性2的批评就其本身而言并不十分令人信服，所以直到今天，很多哲学家还是搞不懂，为什么蒯因对"分析性"的批评有那么重要。我想说，还有第三种意义的"分析性"：粗略地说，一个真理，如果它陈述的是概念或意义之间的包含关系，那它就具备分析性3。我认为，分析性3不同于前两个概念中的任何一个。它不同于分析性2，因为至少某些逻辑真理不需要（也不应该）被算作具有分析性3。它不同于第一种分析性，因为我们不需要（也不应该）将具有分析性3的真理当作空洞为真，或者当作独立于对象而为真的真理。洛克认为分析性3就等同于第一种分析性。莱布尼茨认为分析性2等同于分析性3。康德似乎认为这三种分析性都是等同的。我认为，在我要讨论的这个时期里，分析性3并未发生重要作用。

② 弗雷格认为逻辑适用于所有的领域，并特别主张逻辑实际上承诺了无穷的外延（包括数目）和函项的存在 [*Foundations of Arithmetic* (《算术基础》)，第14节和其他多处，以及 "Thoughts"（《论思想》）一文，见 *Collected Papers* (Oxford: Basil Blackwell, 1984)。] 罗素的逻辑主义从根本上是与弗雷格一致的，因为罗素主张，逻辑是关于抽象实体的学问，这些实体代表着世界中所有领域的结构。他说："逻辑学对于真实世界的关注，和动物学没什么两样，只不过逻辑学关注的是世界的更抽象、更一般的特征。" [*Introduction to Mathematical Philosophy* (《数理哲学导论》) (1919年；重印本，New York: Simon and Schuster, 1971)，第16章]。亚里士多德认为，定义陈述了事物的本质，逻辑学发现了世界的基本结构。参见 *Posterior Analytics* (《后分析篇》)，第一卷，第1-4章；第二卷，第10、19章；*Metaphysics* (《形而上学》)，第四卷，第4章。莱布尼茨认为，所有关于世界的知识，至少在上帝那里，都可以通过概念分析，从逻辑原理中推导出来。参见 "Primary Truths"; "Discourse on Metaphysics", 第8节; "Monadology", 第31节：均收入 *Philosophical Essays*, trans. Ariew and Garber (Indianapolis: Hackett, 1989)。更宽泛地说，相信我们可以通过理解概念关系来把握关于世界的基本的、深刻的知识，这是理性主义的一个有特色的信条。

进一步推充，认为在一般的理论假设和为术语赋予意义的陈述之间，或者在意义变化的断定和信念变化的断定之间，根本不存在解释上有用的区别。因此，对于"意义"这个概念本身的使用，蒯因建议我们持一种一般的怀疑态度。

对分析性 2 的批评，相比于对分析性的批评，其争议性更为广泛。我认为，这些批评远不如对第一种分析性的批评那样成功。不过，由于蒯因对"意义"概念本身持怀疑态度，关于意义概念能否得到澄清的问题，就取代了关于分析性概念应否作为讨论焦点这个问题。由于澄清了意义概念和逻辑概念就足以为分析性 2 提供辩护，所以，部分地因为这个原因，在辩论中分析性 2 的概念就倾向于掩盖第一种分析性概念。

很多哲学家认为，蒯因要求我们澄清对上述区分的解释，这个要求是不恰当的。他们认为，这种区分可以建立在实践的基础上，而不一定要基于一条原则。在实践中，的确存在解释意义、给出词典定义等活动；这些活动本身给我们信心，让我们区分意义解释（或同义性解释）和一般的理论假设。① 分析性 2 的捍卫者一般认为，定义或者意义解释不可能到后来被发现是错误的。在这一点上，我相信他们肯定搞错了。但是，当他们主张在意义解释与（其他）理论假设之间可以做出区别时，他们的理由要更充分一些。蒯因实际上主张，一种没有原则作为支撑的实践，是不可能得到辩护的。而且，他怀疑，他的对手所谈论的那种区别，是否真的需要使用任何一种意义概念来对它做出解释。②

这些争论反映了一种关于日常实践的更深刻的分歧。该分歧既影响了语言学的方法，也影响了哲学的方法。受弗雷格、罗素、卡尔纳普、维特根斯坦等人的影响，实证主义运动传播了这样一种观点：研究语言的意义，是哲学研究的恰当的起点。③ 比起其他传统的起点，比如概念的本质，或者形而上学和认识论的第一原理，语言和意义更容易引导出最初的一致。到了 20 世纪 50 年代，语言学转向已经生根。语言学转向由两个极为不同的传统过滤而来。

一个传统来源于弗雷格的努力，即寻找一种完美的语言来表达数学的结构。这条路线被实证主义者、罗素、维特根斯坦和蒯因继承了下来。弗雷格对数学

---

① H. P. Grice and P. F. Strawson, "In Defense of a Dogma," *Philosophical Review* 65 (1956)：141-158；Hilary Putnam, "The Analytic and the Synthetic."

② 例如，参见蒯因的 *Word and Object*，第 67 页。

③ 对于这个时期有方法论倾向的论文，罗蒂（Richard Rorty）做了一个很可观的收集，见 *The Linguistic Turn*（Chicago：University of Chicago Press, 1967）。

的关注，被其他人扩展到包括所有科学。这背后的意思是，尽管语言是哲学的一个合理的关注焦点，但要理解语言，我们还必须看到那些为科学目的所需要的改革。

另外一个传统来自 G. E. 摩尔：他坚持认为，在处理哲学问题时，日常的判断和实践具有优先的地位。在摩尔的伦理学和认识论著作中，例子的分量比理论要重得多；而日常判断被赋予了比哲学原则更优先的地位。摩尔的倾向，被维特根斯坦在其极富创意的后期著作中应用于对语言实践的分析。在20世纪40年代末和50年代，在《哲学研究》（1953）出版之前和之后，对日常语言实践的细微和精妙之处的关注，成了"日常语言哲学"（Ordinary-language Philosophy）的口号。[1] 这条路线的支持者倾向于假定，若干世纪的智慧，就嵌入在日常实践之中。在日常实践的参照系面前，哲学问题要么是可以解决的，要么是可以消除的。

因此，上述两个传统都把语言哲学当作哲学研究的起点。在20世纪50年代，这两种传统都倾向于鄙视哲学的过去。但是，源于弗雷格的传统将科学、逻辑或者数学作为语言和哲学研究的灵感之源，而源于摩尔的传统则将日常实践当作语言和哲学判断的试金石。前一种传统不相信直觉而首重理论，后一种传统不相信原理而推崇实例。[2]

作为理解语言的途径，作为哲学研究的起点，这两个传统都有各自的缺陷。由于它们对标准的哲学问题都缺乏耐心，它们都依赖一些今天看来十分肤浅的快捷方案。

日常语言学派的传统对语言有一些非常精彩的观察。它提供了处理哲学问题的一些新工具，以及对各种语言差别的高度敏感。但是，作为哲学方法，它也面临很多困难，这些困难从来没有得到充分的化解；困难就在于如何从语言

---

[1] Ludwig Wittgenstein, *Philosophical Investigations*, trans. Anscombe (New York: Macmillan, 1953); J. L. Austin, "Other Minds" (1946), in *Philosophical Papers* (Oxford: Oxford University Press/Clarendon, 1961). 将对日常语言用法的观察应用到传统哲学问题的探讨，上述作品可能是杰出的范例。

[2] 这场争论中最精致、最有启发意义的例子，是卡尔纳普和斯特劳森之间的一次著名的交锋。参见 P. F. Strawson, "Carnap's View on Constructed Systems versus Natural Languages in Analytic Philosophy," and Carnap's "P. F. Strawson on Linguistic Naturalism," 均见 *The Philosophy of Rudolf Carnap*。另外也请参见 Stanley Cavell, "Must We Mean What We Say?" (1958), in *Must We Mean What We Say*? (Cambridge: Cambridge University Press, 1976)。

实例中推导出哲学结论。①

　　作为理解语言的一种方式，这个传统偏向于奇闻逸事，特殊的贡献其实很单薄。只有少数作品为我们理解语言做出了持久的贡献。奥斯汀创造的一个分类学名词"言语行为"（比如像断定、许诺、命令这样的行为），已经将这些行为嵌入到一个更大的人类行为观之中了。这个分类方法成了很多语用学研究的起点。斯特劳森早期关于指称言语行为和预设的研究，也结出了果实。② 这个传统对语言哲学的首要贡献，即它对语言用法细节的关注，在它后来与系统理论结合以后，产生了更好的结果。

　　受弗雷格以来逻辑学的惊人发展所影响，逻辑构造主义传统试图通过在一个精确的逻辑系统中重新表述哲学问题来解决这些哲学问题。所有不确定的或者模糊的日常概念，都应该被更精确的对应概念所取代。精确陈述推导规则的要求，产生了一大批的各种区分。逻辑本身也被当作是对日常逻辑概念的一种澄清。逻辑构造主义早期在创造新逻辑方面，曾经产生过一些引人注目的成功，尤其是它对必然性和时态概念的分析。③

　　不过，作为一种哲学方法，逻辑构造主义是有局限的，因为它倾向于假定：如果用逻辑问题，或者构造一种科学语言的问题，来取代哲学问题，那么哲学问题就会完全消失。很多哲学问题是在非科学话语中产生的，仅仅在某种科学

---

① 我认为，对范例论证的讨论，标志着这种方法的衰落。参见 J. W. N. Watkins, "Farewell to the Paradigm Case Argument," *Analysis* 18 (1957)：25—33; Keith S. Donnellan, "The Paradigm-case Argument," in *The Encyclopedia of Philosophy*, ed. Edwards (New York：The Macmillan Company and the Free Press, 1967)。

② J. L. Austin, *How to Do Things with Words* (New York：Oxford University Press, 1965); P. F. Strawson, "On Referring," *Mind* 59 (1950)：320—344; P. F. Strawson, *Introduction to Logical Theory* (London：Methuen, 1952)。关于这个传统中的更近期工作，参见 John Searle, "A Taxonomy of Illocutionary Acts" (1975) and "Indirect Speech Acts" (1975), 均重印于他的 *Expression and Meaning* (Cambridge：Cambridge University Press, 1979); Jay Atlas, *Philosophy without Ambiguity* (Oxford：Oxford University Press/Clarendon, 1989)。

③ Rudolf Carnap, "Modality and Quantification," *Journal of Symbolic Logic* 11 (1946)：33—64; Ruth Barcan Marcus, "A Functional Calculus of First-Order Based on Strict Implication," *Journal of Symbolic Logic* 11 (1946)：1—16; A. N. Prior, *Time and Modality* (Oxford：Oxford University Press, 1957); Saul Kripke, "Semantic Analysis of Modal Logic I," *Zeitschrift für Mathematische Logik* 9 (1963)：67—96; Alonzo Church, "A Formulation of the Logic of Sense and Denotation," in *Essays in Honor of Henry Sheffer*, ed. Henle (New York：1951)。

中制定一套概念使用规则，并不能解决这些哲学问题。即使是那些与各门科学密切相关的哲学问题，它们中的大多数也不能单靠澄清逻辑关系来获得解决。

作为一种理解语言的路径，这个传统中使用的替代方法故意忽略语言使用中的某些特征，认为它们有害于科学的目标。因此，模糊性、歧义性、索引式、单一指称、含蓄性、意向性等，由于该传统对良序逻辑系统的偏爱，或者说，对科学需要的偏爱，而遭到（这个或那个哲学家的）忽略。

我们已经提到了弗雷格对逻辑构造主义传统的影响。20世纪50年代最重要的发展之一，是哲学界对弗雷格本人的著作（尤其是语言哲学方面的文章）产生了浓厚的兴趣。弗雷格的名字，在20世纪初曾经得到罗素、卡尔纳普和维特根斯坦的传扬，后来在40年代和50年代早期又得到丘奇、卡尔纳普和蒯因的继承。但是，真正使弗雷格的著作受到广泛关注的，是1952年出版的《弗雷格哲学著作选译》，该书由吉奇和布莱克编译。在50年代，弗雷格被公认为20世纪哲学之父。①

20世纪60年代和70年代早期，语言哲学成了一个蓬勃发展的、半自主的学科。实际上，它被很多人认为是新的"第一哲学"。② 我认为，这个学科能走向成熟，有四个主要原因。第一个是弗雷格那巨大的影响和示范作用。第二个来自日常语言学派哲学和逻辑构造主义哲学两者优点的结合：逻辑理论被运用于日常语言分析，其目的不是重构日常语言，而是理解日常语言。第三个是因为有必要对实证主义者们的证实主义原则的失败做出解释。第四则是因为，关于单一指称的传统问题又复活了。这些原因激发了对三个问题领域的讨论：与逻辑形式有关的问题，与意义有关的问题，以及与指称有关的问题。

对于这三个领域，弗雷格的著作都起了开创性的作用。上述除了弗雷格之外的三个原因，分别引出了这三个问题领域。我这里要简要提及弗雷格对语言哲学的一些贡献。然后再来谈另外三个原因。

1879年，弗雷格提出了一阶和二阶量化逻辑，以及命题演算的句法学和语义学；弗雷格因此迈出了超越亚里士多德逻辑的第一步。他的这个工作，为20世纪一次伟大的理智进展，即数理逻辑，奠定了基础。这个进展为哲学带来了

---

① Gottlob Frege, *Translations of the Philosophical Writings of Gottlob Frege*, ed. Geach and Black (Oxford: Basil Blackwell, 1952).

② Michael Dummett 很好地陈述了这种观点，见他的"Frege", in *The Encyclopedia of Philosophy*。

一系列新的问题,以及讨论老问题的一个新框架。在弗雷格著作的影响下,经过罗素和维特根斯坦的过滤,哥德尔、塔斯基、丘奇、卡尔纳普和其他人在30和40年代发展了形式语义学。这使得60和70年代的哲学家能够用它来解释真值条件、逻辑形式和自然语言的复合结构。弗雷格最早采用了一种方法,通过提供结构来解释实际的推理,然后据此找出自然语言中的逻辑形式。他对不同的语言构造所做的语义学解释,既为如何从理论上思考语言提供了范例,又是其他各种理论的竞争对手。

弗雷格还为两个语义学概念(涵义和指称)的区分提供了论证。这个论证从表面上看很简单,但它的深刻性却使它成了语言哲学和心灵哲学研究的一个重要参照点。他注意到,"昏星(Hesperus)是晨星(Phosphorus)"这个陈述,与"昏星是昏星"这个陈述相比,其认知价值是不同的:前者潜在地含有信息,而后者则不含有。由于这两个陈述中的名词都具有相同的指称,弗雷格就把这两个陈述的不同归结为"昏星"和"晨星"这两个名称在涵义(或者说,认知价值)上的不同。对概念的涵义和指称的解释及相关理论发展,就成了语言哲学的基本问题。①

语言哲学兴盛的第二个原因,是日常语言哲学的兴趣和逻辑构造主义的方法杂交的结果。斯特劳森和蒯因为这两种传统的交融开了头。斯特劳森在一个注重日常语言哲学的环境中接受教育,并在20世纪50年代和60年代早期对指称、真值空隙(truth value gaps)和预设做了出色的研究。他努力拓宽逻辑的视野,使它能够应付来自日常语言哲学传统的洞察。②

蒯因延续的是逻辑构造主义的传统。他的目标是提供一种适合于科学需要的语言。在《语词和对象》这部影响巨大的著作中,蒯因论证:用一阶量化逻辑(去掉单称常项)加上集合论,就能将科学形式化。③ 在发展这个论证的过程中,蒯因探讨了大量的语言构造问题,并且敏锐地注意到与语言构造相关的推理形式。即使当他以无用于科学为理由而放弃一种可能的解释时,他对那种解释的描述,仍然使得这个解释对其他一些不那么求改进的人来说具有相当的

---

① 对弗雷格语言哲学的全面、系统的讨论,达米特做得最好。见 Michael Dummett, *Frege: Philosophy of Language* (London: Duckworth, 1973); *The Interpretation of Frege's Philosophy* (Cambridge: Harvard University Press, 1981)。

② P. F. Strawson, *Logico-Linguistic Papers* (Bungay, Suffolk: Methuen & Co., 1971)。

③ 特别参见第3—6章。

吸引力。

蒯因的《语词和对象》还影响了哲学的方法。他对本体论的关注，给了其他哲学家们这样一个提示：语言哲学也可以为传统形而上学问题的讨论提供一个框架。蒯因主张，一旦一个理论以不可还原的基本论断认定，某些种类的实体是其约束变量的值，那么该理论就承诺了这类实体的存在。[①] 在《语词和对象》中，蒯因故意模糊了语言与理论的区别。然后他自然地假设一些句子为真，并考虑以不同的形式来重新表述这些句子，或者将这些句子变成其他的、具有明显逻辑形式的句子，最后再以这些逻辑形式为基础，讨论对各种实体之存在的承诺各有什么利弊，这些实体包括性质、质料、事件、命题、集合、数目、心理状态、感觉、物理对象，等等。蒯因主张的是一种广义的唯物主义，不过他又不太情愿地接受了一种关于集合的柏拉图主义。蒯因的唯物主义并不新鲜。但是他对唯物主义的捍卫，借助了对语言和逻辑形式的系统考察，这就使它具有了新的活力。部分地因为《语词和对象》的影响，在随后的20年中，本体论问题成了形而上学和心灵哲学的研究重心。

通过研究逻辑形式来研究语言，这种由弗雷格和蒯因所彰显的方法，被戴维森继承并发扬光大。戴维森放弃了蒯因那个改造语言的目标，并提出了一种特殊的形式框架（即给出一个有限公理化的塔斯基式的真理理论），来显示自然语言句子的逻辑形式与"意义"。戴维森的真理理论到底在什么意义上阐明了意义？这是一个复杂而有争议的问题。但是我认为，他研究逻辑形式的方法（更一般地说，所有那些用上经典逻辑的方法），其贡献是深刻而久远的。[②] 在分析

[①] W. V. Quine, "On What There Is," *Review of Metaphysics* 2 (1948): 21–38; 重印于 *From a Logical Point of View*。

[②] Donald Davidson, *Inquiries into Truth and Interpretation* (Oxford: Oxford University Press/Clarendon, 1984), 特别参见其中的 "Truth and Meaning," "Theories of Meaning and Learnable Languages," "Quotation," "On Saying That"; *Essays on Actions and Events* (Oxford University Press/Clarendon, 1980), 特别参见其中的 "The Logical Form of Action Sentences"; Tyler Burge, "Reference and Proper Names," *Journal of Philosophy* 70 (1973): 425–439; "Truth and Singular Terms," *Noûs* 8 (1974): 309–325; James Higginbotham, "The Logical Form of Perceptual Reports," *Journal of Philosophy* 80 (1983): 100–127; W. V. Quine, "Quantifiers and Propositional Attitudes" (1953), in *Ways of Paradox*; David Kaplan, "Quantifying In," in *Words and Objections: Essays on the Work of W. V. Quine*, ed. Davidson and Hintikka (Dordrecht, The Netherlands: Reidel, 1969); Scott Soames, "Lost Innocence," *Linguistics and Philosophy* 8 (1985): 59–71。

逻辑形式的时候，其他哲学家也提出了各种不同类型的内涵逻辑（intensional logic）。① 有些关于逻辑形式的研究成了应用逻辑研究。还有一些被用来澄清传统哲学研究。不管是哪一种研究，其创造性和论证的水准都是相当高的。

生成语言学的兴起，与语言哲学的兴盛正好对应。② 回过头来看，这两个学科在20世纪60年代居然很少相互影响，真是让人吃惊。这两个学科的确有过一些重要的交流，比如关于在什么意义上一个人知道一种语言，关于内在观念、关于语言学的恰当对象等问题。当然，语言学家确曾受过逻辑方法的影响，哲学家也确曾受过一个关于语言层次的概念的影响（当时叫"深层"，这个层次对日常说话者不大直接、不大显性）。但是，乔姆斯基早期对句法的相对纯洁性的强调，与哲学家们当时对语义学和语用学问题的关注，确实很难接轨。只是到了20世纪70年代早期和中期，随着语言学家对语义学和语用学的兴趣越来越大（这主要是出于对哲学家的回应），这两个学科才开始走到一起。哲学家们对逻辑形式所做的许多早期研究，这时才在语言学之内得到吸收和改进。这种发展当然可以算是哲学的又一次成功：哲学的传统功能就是科学的助产婆。

语言哲学兴盛的第三个原因是，哲学必须消化证实主义原则的失败。这促成了对"意义理论"的形式和前景所做的深入细致的讨论。这类讨论太复杂了，要在本文这样的篇幅中蜻蜓点水地解释它而又不引起误解，是不可能的。因此，我将只略举这种讨论的几个线索。

---

① Robert Stalnaker, "A Theory of Conditionals," in *Studies in Logical Theory*, *American Philosophical Quarterly* monograph series no. 2, ed. Rescher（Oxford：Basil Blackwell, 1968）; Bas van Fraassen, "Presuppositions, Supervaluations, and Free Logic," in *The Logical Ways of Doing Things*, ed. Lambert（New Haven：Yale University Press, 1969）; David Lewis, "General Semantics"（1970）, in his *Philosophical Papers*, Vol. 1（Oxford：Oxford University Press, 1983）; David Lewis, *Counterfactuals*（Oxford：Basil Blackwell, 1973）; Alonzo Church, "Outline of a Revised Formulation of the Logic of Sense and Denotation, Part I," *Noûs* 7（1973）：24–33, and "Outline of a Revised Formulation of the Logic of Sense and Denotation, Part II," *Noûs* 8（1973）：135–156; Richard Montague, *Formal Philosophy*, ed. Thomason（New Haven：Yale University Press, 1974）; Kit Fine, "Vagueness, Truth, and Logic," *Synthesis* 30（1975）：265–300; David Kaplan, "On the Logic of Demonstratives," in *Contemporary Perspectives in the Philosophy of Language*, ed. French et al.（Minneapolis：University of Minnesota Press, 1979）; Jon Barwise and John Perry, *Situations and Attitudes*（Cambridge：The MIT Press, 1983）.

② Noam Chomsky, *Syntactic Structures*（The Hague：Mouton & Co., 1957）; *Aspects of the Theory of Syntax*（Cambridge：The MIT Press, 1965）.

我提到过，蒯因曾批评证实主义原则，认为证实的方法不可能与单个的句子联系在一起。粗略地说，蒯因接受了实证主义者的设定，认为意义不外乎就是证实的方法。但是，由于证实是一个整体主义的事情（即是说，不可能将证实与某个特殊的、确定的语句单位联系在一起），由于我们不可能一般性地解释否证性经验如何引导人们去修正理论，蒯因于是断定：不可能有什么意义理论。实际上，他认为，在对世界所做的真正的解释中，意义这个概念是没有立足之地的。有些哲学家未必接受蒯因对意义概念之认知价值的极端怀疑主义，但即使是他们，也发现这种关于意义的整体主义很有说服力，并认为这的确是对一般意义理论持怀疑态度的一个理由。有些哲学家，如达米特，则接受证实主义，并试图将整体主义限制到仅适用于科学理论。达米特认为，日常的、非科学的话语中的意义，依靠更原子式的标准来遣词造句。另外一些哲学家，如普特南，虽然拒绝了证实主义，但接受一种版本的整体主义，他们的理由是：人们会出于种种考虑，为了保持意义的恒定性而改变信念。还有一些哲学家认为，整体主义受到了来自指称理论方面的约束。我下面要谈到这一点。

蒯因将他对意义概念的批评，推广到对翻译不确定性的论证。① 他认为，在任何情况下，要翻译一种自然语言，都会有很多同样理想的译法，它们的不同甚至会达到这样的程度：一个人把句子 S 翻译成了一个真句子，而另一个人则把它翻译成了一个假句子。蒯因为这种立场提出了两个论证。一个论证开始于这样的断言：即使是所有可能的观察证据，也不能指向一个唯一的物理理论——因此，两个同样好但又不相容的物理理论，是可以得到同等理想的辩护的。然后蒯因向我们表明，即使这样一些理论中已经有一个得到了确认，翻译的不确定性仍然存在。蒯因的结论是：既然物理理论是客观实在性的恰当标准，那么上述论证已经说明，翻译并不关涉任何具有客观实在性的确定之物。蒯因的另一个论证继承了卡尔纳普的工作，力图表明意义（和分析性）的归属具有经验性的基础。关于翻译的方法，蒯因提出了一个详细的理论。在这个理论中，他试图表明，翻译所依据的证据是如此微不足道，以至于不能支持对指称宏观物体（如"兔子"）的词语的确定性翻译。

蒯因关于翻译的观点具有深刻的哲学价值，因为它开创了哲学讨论的一个新领域。他的上述第二个论证，激发了对证据和方法的讨论，即在解释一些语

---

① W. V. Quine, *Word and Object*, chapters 1 and 2; *Ontological Relativity* (New York: Columbia University Press, 1969).

言学上的基本现象（如同意、逻辑联结词、观察词项）的时候，我们需要什么样的证据和方法。不过，蒯因的结论并没有得到广泛的认可。哲学家们一般认为，蒯因在他的第二个论证中所允许的翻译证据，实在是过分严格了。蒯因的第一个论证声称（第二个论证也如此声称）：与物理理论（包括物理学、化学、生物学、行为心理学，但不包括认知心理学和语言学）相关的翻译的不确定性，威胁到了翻译在认知上的地位。在很多哲学家看来，这个声称并没有什么说服力。①

戴维森的那个建议，即塔斯基的真理理论为意义理论提供了形式，在北美和英国激起了激烈的争论。② 我已经说过，这个建议的最稳定的成果，就是由它所引起的对逻辑形式的研究。真理理论就是意义理论——这个观点受到广泛的争议。从真理理论所要解释的语言，到真理理论在其中得到表述的语言，这两者之间需要一种翻译；塔斯基的理论有赖于这种翻译。很多哲学家以为，除非你提供了关于这种翻译的一种理论，否则你就没能提供一种关于意义的**理论**。戴维森提出了某种可行的建议，以缓和蒯因对翻译的限制。但他的建议的主要理论成果，却是"意义即真值条件"这个观点。所谓真值条件，是指一些要求，满足了它们，一个句子或命题即为真。在一个真理理论中，这些真值条件应该得到系统的反映，且于知识有所增进（informatively）。尽管戴维森的观点只抓住了很多哲学家想要体现在意义理论中的内容的一小部分，但它确实发展了意义理论的一个主要流派。这个流派由弗雷格开创，它认为意义在某种意义上就是真值条件。戴维森的观点向我们提供了展示真值条件之间的深层推理关系的一种系统的方式。戴维森认为，这正是我们能从一种意义"理论"中所能希望得到的系统性。

受数学直觉主义和维特根斯坦的影响，达米特批评了那种认为意义应该由真值条件而得到理解的观点。他用证明（proof）取代真理，来作为语言"用法"（use）的范例，而"用法"则被他当作是理解意义过程中的基本概念。他认为，意义不可能"超越"语言理解得以应用、得到展示的条件。科学以外的

---

① Noam Chomsky, "Quine's Empirical Assumptions," in *Words and Objections*.

② Donald Davidson, "Truth and Meaning," *Synthesis* 17 (1967): 304–323, 重印于 *Inquiries into Truth and Interpretation*。另参见 John McDowell, "Truth Conditions, Bivalence, and Verificationism," in *Truth and Meaning*, ed. Evans and McDowell (Oxford: Oxford University Press/Clarendon, 1976)。

句子，是与语言使用的标准相关的，这些标准在交往中很有用。① 在对很多深刻的形而上学问题的研究中，达米特运用了这些观念；这些研究超出了本文的讨论范围。达米特对意义的研究，尽管内容丰富、发人深省，但并未得到广泛的认可。这部分是因为它与"反实在论"的形而上学立场挂在一起，部分是因为它被很多人看作证实主义的回潮。不过，如何理解验证（或者用法）与真值条件的关系，这仍然是一个复杂的、基本的问题。

比起语言的结构，格赖斯更关心是什么东西使得表达式具有意义。出于这种关心，格赖斯试图通过一种特殊的交流意向来分析语言的意义。他认为，我们应该根据一个人用某句话想要表达的意思来判断语言的意义。而要理解这种意义，我们就要看这个人想用言辞（utterance）在他的听众中引起什么效果，以及他如何提示这种意向。言辞的意义，简单地说，就是意向的内容。② 因此，从分析上说，某种心理状态，对于理解语言来说，是根本性的。心理状态看来的确先于语言而出现。但是很难看出，我们的有些更复杂的思想，在没有语言的情况下是如何可能的，或者，在独立于语言的情况下，如何能够得到个体化。心灵与语言的关系问题，是一个极其复杂的问题，对它需要做更进一步的探讨。

关于对意义的理解，格赖斯还贡献了另外一种观点。他指出，要区分一个言辞在语言上的意义和与该言辞意义相关联的各种语境暗示（contextual suggestions），并不总是那么容易。格赖斯称这些语境暗示为"对话中的言外之意"（Conversational Implicatures）。关于言外之意，格赖斯提出了一个令人印象深刻的理论，并得到语言学家和哲学家的进一步发展。③

刺激语言哲学发展的第四个动力，来自指称理论方面的一个重要转折。弗雷格曾经有一些评论暗示：一个专名的指称，取决于说话人将该名词与什么样的限

---

① Michael Dummett, "The Philosophical Basis of Intuitionistic Logic" (1973), in *Truth and Other Enigmas* (Cambridge: Harvard University Press, 1978); "What is a Theory of Meaning?" in *Mind and Language*, ed. Guttenplan (Oxford: Oxford University Press/Clarendon, 1975); "What is a Theory of Meaning? (II)," in *Truth and Meaning*.

② Paul Grice, "Meaning," *Philosophical Review* 66 (1957): 377–388; "Utterer's Meaning, Sentence-Meaning, and Word-Meaning," *Foundations of Language* 4 (1968): 225–242; "Utterer's Meaning and Intentions," *Philosophical Review* 78 (1969): 147–177; 均重印于 *Studies in the Way of Words* (Cambridge: Harvard University Press, 1989)。另外请参见Stephen Schiffer, *Meaning* (Oxford: Oxford University Press/Clarendon, 1972)。

③ Paul Grice, *Studies in the Way of Words*, 第一部分。该部分是1967年的一篇演讲，但通过讲课，它早在50年代初就对斯特劳森的工作产生了影响。

定摹状词（definite descriptions）相关联。因此，"亚里士多德"这个名词的指称，就是满足了这样一些限定摹状词的对象：柏拉图的学生，亚历山大大帝的老师。（弗雷格从来没有想过要把名称从摹状词中赶走。）罗素对这种观点进行了纯化和提炼。他认为，指称要么依赖于亲知（acquaintance，指对一个对象的直接的、不可错的、完全的认识），要么依赖于描述（摹状）。罗素进一步认为，亲知只是与"我"、"这个"（当它被用于一个感觉材料的时候）、"现在"这样的表达式相关联。所有其他明显的单个指称（singular reference）的例子，包括用专名指称和大多数指示性表达式（demonstrative expressions）指称，都是以描述为基础的。①

这种指称论观点受到维特根斯坦和后来的塞尔、斯特劳森等人的批评。② 塞尔和斯特劳森认为，专名的指称是由一个说话人社群所做的一系列与该专名相联系的描述所确定的。这种观点的效果是双重的。首先，它削弱了名词的指称与任何一个相关的限定摹状词之间的联系；其次，它认为指称不仅仅依赖于说话人内心世界所具有的描述。指称部分地有赖于说话人与社群中其他人的关系。

这些观点后来被极端化，从而产生了一种完全不同的指称论观点。1966年，唐奈兰指出：对于限定摹状词，存在着这样一种用法，其中摹状词的意义——由限定摹状词所规定的条件——并不决定指称（或者无论如何，并不决定**一个**与理解说话人有关的指称）。例如，一个人可以使用限定摹状词"正在喝马提尼酒的男人"来指称对面房间一个正在喝软饮的女人。③ 这里，说话人所挑选的对象，看来部分地独立于说话人在指称行为中所做的描述。

进一步的决定性发展，是由克里普克和唐奈兰在1970年各自独立完成的。他们提出一系列实例，表明专名指称对象在很多情况下并不是由说话人所做的与该专名有关的任何描述所决定的，甚至也不是由说话人所在社群所做的相关描述所决定的。④

---

① 参见 Gottlob Frege, "Thoughts," in *Collected Papers on Mathematics, Logic, and Philosophy* (Oxford: Basil Blackwell, 1984); Bertrand Russell, "The Philosophy of Logical Atomism," in *Logic and Knowledge*, ed. Marsh (London: George Allen and Unwin, 1956)。

② Ludwig Wittgenstein, *Philosophical Investigations*, 第79、87节；John Searle, "Proper Names," *Mind* 67 (1958): 166-173; Strawson, *Individuals*, 第6章。

③ Keith Donnellan, "Reference and Definite Descriptions," *Philosophical Review* 75 (1966): 281-304。另外参见 Leonard Linsky, "Reference and Referents," in *Philosophy and Ordinary Language*, ed. Charles Caton (Urbana: University of Illinois Press, 1963)。

④ Saul Kripke, *Naming and Necessity* (Cambridge: Harvard University Press, 1972); Keith Donnellan, "Proper Names and Identifying Descriptions," in *Semantics of Natural Language*, ed. Davidson and Harman (Dordrecht, The Netherlands: Reidel, 1972).

用克里普克的一个例子来说,"Jonah"这个词可以指一位确定的先知,即使大多数与这个词联系在一起的描述性材料都是错误的,即使关于这个历史人物我们的知识并没有多到能将他与其他历史人物区分开,这个词仍然指称那位先知。说话人所在的社群可能当时都很无知,但这个词仍然有一个确定的指称对象。

隐含在这些例子中的,是对"名词的指称如何确定"这个问题的一种正面的解释。指称看来有赖于说话人与他的社会和物理环境的关系,而要理解这些关系,最好的办法不是研究说话人的心中所想,而是研究:什么样的环境链条,让说话人习得和使用这些名词?这些关系混合了因果性因素和意向性因素,而且还包括了一个人在确定指称时对别人的依赖关系。克里普克描述了一幅图画,在其中先有一个原初的命名或者洗礼仪式,接着则是一系列对该名称的用法;后来的使用者不假思索地假定这些用法,以维持这些用法在前人那里的指称。在与该名词相关联的描述变得过时或者歪曲的情况下,这样一个用法的链条可能会继续维持该名词的指称。后来人们发现,这种链条在什么情况下维持原来的指称,在什么情况下改变指称,其条件是非常复杂的。[①] 但是,这种解释的大体框架,还是被哲学界广泛接受了。

克里普克将他的名称理论嵌入在一个关于必然性的理论之中。他将名称当作"严格指示词"(rigid designators),即那种在所有可能世界中都保持同一指称的表达式,而通过参照这样的表达式,模态语句(modal sentences)才能得以被评估。这个理论使很多关于本质和必然性的传统问题得以复苏,而这些问题超出了本文的讨论范围。不过,由于极大地丰富了形而上学和语言哲学,克里普克的《命名与必然性》一书成了这一时期的主要里程碑。

克里普克和普特南各自独立地提出了实例来说明:自然种类的词项,就像专名一样,其指称不是取决于一套相关的描述,而是取决于这些种类与环境的复杂关系。[②] 普特南也勾画了一个理解自然种类语词之意义的路径,该路径基于对这样一个事实的解释:我们能够用简单的方式很成功地教会别人使用很多普通名词。他建议我们将一个词项的"意义"理解为一种组合,即该词项的指示

[①] 参见 Gareth Evans, "The Causal Theory of Names," *Proceedings of the Aristotelian Society* 47(增刊)(1973):187-208;Michael Devitt, *Designation*(New York:Columbia University Press, 1981)。

[②] Saul Kripke, *Naming and Necessity*;Hilary Putnam, "Is Semantics Possible?"(1970), in *Philosophical Papers*, vol. 2(Cambridge:Cambridge University Press, 1975)。

对象加上一个他所说的定型（stereotype）。定型并不需要完整到靠自身就能确定指称的地步，它甚至可以不符合指称对象。它的作用是帮助该社会中的其他人找到指示对象。普特南的这种观点存在很多问题。但是我认为，它的价值就在于它想解释：字典和其他简短的、出于不同目的对意义所做的说明，在我们的日常生活中何以能够取得成功。

这些指称论论文的主要意义就是指出：指称所依赖的，不仅是个人的信念、推断和识别能力。指称看来还依赖于习得的链条和外在环境的实际性质，而不仅仅依赖于行使指称的人的信念和辨别能力。这个结果表明，指称不可能被还原为个人的心理状态，除非这些心理状态本身的个体化，已经部分地体现了个人与他所在的社群和/或物理环境的关系。

有些哲学家主张，某些表达式，比如专名和指示词，它们的"意义"或者语义值就是它们的指称，此外再无其他内容。这些表达式被当作是"直接指称性的"（directly referential）。另外一些哲学家则认为，这些表达式有一种弗雷格式的意义，该意义点明了一个唯一的指称，但这种意义很难用语言表达出来。另外还有一些哲学家，他们的观点又介乎上述两者之间。[1]

这个争论的焦点，在我看来远不如本该有的那样明晰。很多分歧都附着在这样一个问题上："意义"或者"语义学"究竟是什么意思？如果你考虑的是将这些概念，即"意义"或者"语义学"，应用于一些对所说内容的群体公共领悟，即一些理想化的理解公分母，那么直接指称论的观点就具有很大的合理性——至少将它们应用在有些语境中是如此。如果你跟随弗雷格，将这些概念看作是应用于意向性认知内容，即个人在应用这些表达式时思想中想要表达的

---

[1] "直接指称"的观点至少被克里普克提示过。但它的主要支持者是 David Kaplan，见 "Demonstratives", in *Themes from Kaplan*, ed. Almog, Perry and Wettstein（New York：Oxford University Press, 1989）。另请参见下书中的各篇文章：*Propositions and Attitudes*, eds. Salmon and Soames（Oxford：Oxford University Press, 1988）。以下文章发展了一种新弗雷格主义的观点：John McDowell, "On the Sense and Reference of a Proper Name," *Mind* 86 (1977)：159-185；Gareth Evans, *The Varieties of Reference*（Oxford：Oxford University Press/Clarendon, 1982）；Diana Ackerman, "Proper Names, Propositional Attitudes, and Non-descriptive Connotations," *Philosophical Studies* 35 (1979)：55-69。两种有重要区别的中间观点，见 John Searle, *Intentionality*（Cambridge：Cambridge University Press, 1983）；以及 Tyler Burge, "Belief *De Re*," *Journal of Philosophy*, 74 (1977)：338-363, 和 "Russell's Problem and Intentional Identity," in *Agent, Language and the Structure of the World*, ed. James Tomberlin（Indianapolis：Hackett, 1983）。

东西，那么直接指示论的观点就站不住脚了。这个领域中的问题，包括那些通过澄清"语义学"的目标仍然无法消除的问题，依然是诱发争论的根源。

回顾过去的 30 年，我发现，对指称的研究，以及某些对逻辑形式的研究，比起意义理论方面的研究，其成果要更有实质性、更加持久。现在看来，人们居然会大谈意义"理论"，这真是有点天真。所有研究意义的路径，看起来都对"意义"这个复杂概念的某个方面做出了正确的解释。关于一种意义理论究竟应该包含什么样的内容，这种元-讨论（更高一级的讨论），也具有真正的哲学价值。但是，没有哪种可以称得上是意义理论的理论，曾经得到过广泛的认同，或者曾经表现出系统理论知识的其他社会学征兆。可能这个问题太复杂，需要更长时间的研究。或者也可能，蒯因（以及不大明显的，戴维森）是正确的：意义理论，就现在公认的任何一种意义的"理论"而言，是根本不可能的。研究过"意义"的语言哲学家们，他们通常想要——甚至假定他们应该得到——一种理论，来将意义还原为某种更基本的东西，或者科学上"值得尊重的"东西。他们想要一种理论，以便用其他的术语来解释"意义"。但是，或许"意义"这个概念并不适合这样的解释或者还原。它可能太复杂多样了。可能不存在一个一般的意义概念，来作为被解释的对象。多个相关的次一级的概念，可能更适合于这样的解释。或者，也可能意义概念（们）太基本了，因此我们需要的不是一个**关于**意义的理论，而是一些用到了不同意义概念的不同理论。

不管实情如何，看来不可能的是：认知心理学和语言学——更不要说哲学和日常谈话——居然能够脱离某种意义概念而存在。我们需要某种关于意向内容的概念，来谈论命题态度。翻译和语义解释这样的语言实践，在我们的生活中太常规了，以至于要说它们完全没有认知意义，恐怕是很难令人信服的。那种认为意义概念在认知上可疑的观点——一个因为蒯因的怀疑而在过去 40 年中大有市场的观点——在我看来是很难立足的。日常生活中有很多这样的概念，它们还不具备自然科学一般规律那样的地位。认为所有这样的概念在认知上都值得怀疑，这是荒谬的。然而，在使用各种意义概念时，我们的确应该非常小心。在可以预见的未来，这些概念可能仍然是哲学讨论的对象。

20 世纪 70 年代后期，语言哲学作为哲学活动的决定性起点的地位，逐渐地然而不可逆转地丧失了。没有哪个哲学领域，曾经占据过语言哲学自 20 世纪 50 年代以来享有的地位。但是，对于相对"纯粹"的语言哲学，人们的兴趣的确是降低了。而且，可以感觉到的是，人们的兴趣开始转向心灵哲学的问题。

这种转变的部分理由，内在于研究对象之中。蒯因和格赖斯对意义的讨论表明，在意义和命题态度（如信念和意向）之间，有一种系统的相互关联。尽管大多数对语言的讨论都提到了这种关联，但对命题态度的集中反思仍属罕见。因此，后来才会有一种反弹，指向对心灵哲学的研究。

另一个内在的原因是，语言哲学中一些最困难、最持久的问题，都指向心灵哲学。这些问题包括：以新的指称理论解释弗雷格关于晨星和昏星的困惑；解释指示词的认知价值；解释有关命题态度的句子的真值条件和逻辑形式；解释从物信念（*de re* belief）。

一个更广义的内在原因是：语言哲学本来承诺要阐明传统哲学问题（正是这些问题吸引大多数哲学家进入了哲学），但这个诺言似乎已经落空了。实证主义者，还有那些后实证主义的语言哲学家，他们的最初愿望，是通过澄清语言问题，将哲学自身放在一个更坚实的地基上，进而来理解更大的传统哲学问题。很难说，这个愿望究竟在多大程度上得到了实现。语言哲学提高了论证的技巧，使人们对相关的区分有了更高的敏锐性。对于传统问题，语言哲学打开了一些新的、有价值的视角。而且，至少就指称理论而言，语言哲学也奠定了一个基础，使得我们对很多传统问题可以有非常不同的理解。但是，到了20世纪70年代末或者80年代初，语言哲学就不再被明确地当作是处理核心哲学问题的基础了。

我说过，这种转变的原因之一就是，有很多哲学家认为语言哲学已经做完了它该做的工作——哲学推理的自然发展指向心灵哲学，或者其他毗邻的领域。另一个原因是，语言哲学的一些讨论，特别是关于意义理论的讨论和关于语义学该研究什么、不该研究什么的讨论，看来已经陷入了僵局。十几年来，语言哲学的这个次级领域就没有产生什么重要的、巨大的、新颖的哲学观念。

还有一个原因是，语言哲学日益的专业化。一个成功的结果，就是它发展出的一套术语和一套问题都有了自己的生命——它们不再直接依靠其他哲学问题了。关于逻辑形式的很多研究，都变成了语言学研究。通过理想化，很多困难的哲学问题被逐出哲学，因而关于指称语义学的一些研究，以及关于语义学和语用学之间的有争议的边界的一些研究，似乎因此获得了精确性和系统性。有时候，这就是一门成功的科学所用的方法。但是，这样做却减少了为更大的哲学回报而研究语言哲学的动力。

这种转变的一个外部的原因是，心理学中计算机模型的兴起，而心理学中也出现了一些理智上非常可观的发现，这些发现对于哲学问题具有明显的意义。

现在，我想列举一下20世纪后50年心灵哲学的一些主要进展。①

大约在逻辑实证主义主导哲学的那个时期，行为主义也主导着心理学。行为主义的原则并没有像逻辑实证主义的原则那样得到了简明的表述。我们最好把行为主义理解成这样一种方法：避免使用心理主义的（mentalistic）词汇，而宁愿使用指称行为倾向的术语。行为主义和逻辑实证主义这两种运动，目的都是要消除不科学的臆测，使理论尽可能接近验证的方法。两种方法论原则都被看作是具有约束性的，即使是针对科学实践本身。

行为主义在哲学内部也有影响。它在一些后期实证主义者那里很受欢迎。这些后期实证主义者运用证实主义原则来尝试消除心身问题和他人之心问题，宣称这些问题是无意义的问题。他们通过对心理主义术语做行为分析，来保持对心理主义语言的严格的经验上的控制（experimental control）。与证实主义原则相关联的这种简单化的验证观，忽略了辅助性假设的作用；与它相似并受它影响的行为主义，也忽略了心理主义描述中背景性假设的作用。正如我们将要看到的那样，这种忽略导致了行为主义的失败。

在战后的后实证主义哲学中，早期逻辑构造主义者（logical constructionists）认为，要以科学的术语"重新构造"心理主义语言，行为主义语言是最合适的工具。日常语言学派的哲学家据说要发现日常语言的行为主义基础。行为主义影响了对心理学的实证主义解释，影响了蒯因的翻译不确定性理论，影响了赖尔对心的概念的研究，以及马尔康姆对梦与感觉话语的解释。② 这些哲学家都倾向于认为，心理学上的和心灵哲学上的理论研究，应该尽可能地消除心理主义词汇，或者说，尽可能地用非心理主义词汇来解释。他们认为，取代心理主义

---

① 下文主体部分来自"Philosophy of Language and Mind, 1950—1990", *The Philosophical Review*, 101 (1992), 3-51，下半部分。我添加了20世纪最后10年的一些材料。这些文字是写给非专业人士看的一个历史回顾。毫无疑问，囿于文章的范围，我不得不忽略很多重要的话题。我这里可以列举一些：个体同一性、行动理论、心灵结构的内在性、语言知识、心理解释的本性、概念的本性、心身问题的很多方面，以及维特根斯坦的传统。我要感谢Ned Block、Susan Carey以及 *The Philosophical Review* 的编辑，他们对本文提出了很好的建议。

② Gilbert Ryle, *The Concept of Mind* (London: Hutchison, 1949); Norman Malcolm, *Dreaming* (London: Routledge & Kegan Paul, 1959); W. V. Quine, *Word and Object* (Cambridge, Mass.: MIT Press, 1960).

词汇的，应该是关于刺激和行为倾向的谈论。有些哲学家认为，就任何一种认知上令人敬重的目标而言，日常生活中的心理主义术语都可以在关于刺激和行为倾向的词汇中得到定义，或者得到充分说明。另外一些哲学家则认为，日常生活中的心理主义术语完全是非科学的，或者说是哲学上误导人的，因此不可能对它们做出任何真正的解释。

行为主义在哲学中的没落，比起逻辑实证主义的没落来，原因要更复杂一些，不能归结为几个决定性的事件。从 20 世纪 50 年代后期开始，出现了一系列有影响的对行为主义的批评，并持续了 10 来年的时间。[1] 不过，转变的主要原因，可能是人们逐渐有了这样一种感觉：行为主义方法设定的限制过于严苛，在理论上又不怎么开花结果。类似的发展也出现在心理学、语言学和计算机科学中，其表现是 20 世纪 50 年代末和 60 年代初发表的一系列非行为主义的文章。[2]

为心理主义词汇提供行为主义**解释**的企图，被一个问题的各种形式给打败了。行为主义解释的成功只是表现在这样一个隐含的预设上：个人具有一定的背景信念或愿望。为了粗略地展示这一点，让我们看看这样一种解释，即把"信念"解释为"做出断言的倾向"。即使我们忽略一个事实，即"断言"并不

---

[1] Roderick Chisholm, *Perceiving* (Ithaca, NY: Cornell University Press, 1957), Ch. 11; Peter Geach, *Mental Acts* (London: Routledge, 1957), ch. 1; Noam Chomsky, Review of *Verbal Behavior*, by B. F. Skinner, *Language*, 35 (1959), 26–58, repr. in J. A. Fodor and J. Katz (eds.), *The Structure of Language* (Englewood Cliffs, NJ: Prentice-Hall, 1964); Hilary Putnam, "Brains and Behavior" (1963), in *Philosophical Papers*, ii (Cambridge: Cambridge University Press, 1975); Jerry Fodor, *Psychological Explanation* (New York: Random House, 1968).

[2] 在心理学中：George Miller, "The Magic Number 7 Plus or Minus Two: Some Limits on Our Capacity for Processing Information", *Psychological Review*, 63 (1956), 81–97; J. Bruner, J. Goodnow, and G. Austin, *A Study of Thinking* (New York: John Wiley, 1956); G. Miller, E. Galanter, and K. Pribram, *Plans and the Structure of Behavior* (New York: Holt, Rinehart & Winston, 1960); G. Sperling, "The Information Available in Brief Visual Presentations", *Psycho-logical Monographs*, 24 (1960); Ulrich Neisser, "The Multiplicity of Thought", *British Journal of Psychology*, 54 (1963), 1–14; M. I. Posner, "Immediate Memory in Sequential Tasks", *Psychology Bulletin*, 60 (1963), 333–349; S. Sternberg, "High-Speed Scanning in Human Memory", *Science*, 153 (1966), 652–654。在语言学中：Noam Chomsky, *Syntactic Structures* (The Hague: Mouton, 1957)。在计算机科学中：A. Newell, J. C. Shaw, and H. A. Simon, "Elements of a Theory of Human Problem Solving", *Psychological Review*, 65 (1958), 151–166。

是一个行为概念,而是预设着关于心灵与意义的假定,上述分析也只有在这样一种条件下才是恰当的:信念的主体想要表达他的信念,并且知道这些信念是什么。有证据表明,鉴于行为主义在方法论上的严苛限制,要消除这些心理主义的背景假设是不可能的。这个问题,用一种更少方法论意义的方式来表述,就是这样一个意思:心理的原因之所以一般都具有行为方面的后果,只是因为心理原因与行为后果之间存在着相互作用。

当行为主义在 20 世纪 50 年代和 60 年代早期失去其优势地位时,它留下了两个后代,两者又逐渐结成一个怪异的联盟。其中一个是自然主义,另一个是功能主义。

我所说的"自然主义"(有时候又叫"物理主义"),起初是作为心灵哲学中的一种突出的观点,出现在 20 世纪 50 年代早期。这种观点有两个信条。一个信条是:在日常的物理实体之上,不存在什么心理状态、心理属性、心理事件、心理对象、心理感觉等;这里所谓的物理实体,是指在物理科学中可以辨认的实体,或者常识会将其认定为物理实体的实体。上面这个表述中的"之上"这个词的模糊性,其实对应着这个信条本身的模糊性:这个信条并不蕴涵一种本体论上的同一性理论。它的确要求关于心灵的某种唯物主义。自然主义为这种本体论立场附加了一种术语学的或者方法论的要求:心理主义的话语应该被还原、被解释、被消除,并代之以自然科学或者物理科学上"能够接受的"话语,或者已经有根据的话语。于是,我们一再听到这样的呼吁,要求对合理性或意向性做出"解释"。在其唯物主义倾向中,自然主义对本体论的强调,是行为主义所不具备的。然而,自然主义的那个术语学的计划,却接下了行为主义的火炬,通过限制所谓的心理主义的过剩,继续努力让心理学和心灵哲学变得更科学一些。

很多后期的逻辑实证主义者也是自然主义者。但是,关于心灵的问题,他们倾向于被一般的实证主义项目所淹没。心身问题开始受到来自自然主义观点的关注,见于 20 世纪 50 年代蒯因、普雷斯(Place)和斯马特等人的论文。[1] 普雷斯和斯马特试图将心理状态和心理事件——首先是感觉和回忆印象——等

---

[1] W. V. Quine, "On Mental Entities" (1952), in *The Ways of Paradox* (New York: Random House, 1966); U. T. Place, "Is Consciousness a Brain Process?", *British Journal of Psychology*, 47 (1956), 44-50; J. J. C. Smart, "Sensations and Brain Processes", *The Philosophical Review*, 68 (1959), 141-156.

同于物理状态和物理事件。斯马特认为，可以用一种"话题中立"的方式来辨别感觉的类型，这样就无须确定这些感觉是不是物理的了。接着斯马特预计，每一个感觉类型最后都将显示为某一种神经状态。例如，"我正有一个关于橘子的回忆印象"这句话，就被斯马特重新表述为"我正处于一种状态，它很像我看着一个橘子时的那种状态"。斯马特认为，在将心理状态等同为物理状态的道路上，这种翻译可以克服任何概念方面的障碍。例如，它可以将有关回忆印象的品质属性问题撇在一边。据说，科学会从经验上解决身心问题——并走向后来所谓的"类型-类型同一性理论（type-type identity theory）"［也叫"中心状态唯物主义（central state materialism）"］。

在20世纪60年代中期和后期，唯物主义成了美国哲学中为数不多的几个正统观点之一。很难说清楚这种现象产生的原因。没有哪一种论证得到了普遍的认同。或许，50年代生物化学成功地为生物事实所提供的某种意义上的化学基础，鼓励了这样一种预期，即心理事实最终也将在神经学术语中得到同样的解释。而且，在这一时期，动物神经生理学也取得了一些令人瞩目的进展。① 或许，实证主义者和行为主义者使哲学科学化的努力，有一种自然的派生观点：哲学问题最终将因自然科学的进步而得到解决——哲学家们的分析澄清工作当然也有帮助。无论如何，20世纪60年代的几位哲学家要么捍卫某种形式的类型-类型同一性理论，要么捍卫某种形式的消除主义（这种观点认为，心理主义的谈论和心理实体，最终将在描述和解释世界的工作中失去它们的位置）。②

---

① J. Y. Lettvin et al., "What the Frog's Eye Tells the Frog's Brain", *Proceedings of the Institute of Radio Engineers*, 47 (1959), 1940–1951; D. H. Hubel and T. N. Wiesel, "Receptive Fields of Single Neurones in the Cat's Striate Cortex", *Journal of Physiology*, 148 (1959), 574–591; Hubel and Wiesel, "Receptive Fields, Binocular Interaction, and Functional Architecture in the Cat's Visual Cortex", *Journal of Physiology* (London), 160 (1962), 106–154.

② 对中心状态同一性理论的捍卫，见 D. M. Armstrong, *A Materialist Theory of the Mind* (London: Routledge & Kegan Paul, 1968); David Lewis, "An Argument for the Identity Theory", *The Journal of Philosophy*, 63 (1966), 17–25。消除论唯物主义源自蒯因，对它的辩护参见 Paul Feyerabend, "Materialism and the Mind–Body Problem", *The Review of Metaphysics*, 17 (1963), 49–66; Richard Rorty, "Mind–Body Identity, Privacy, and Categories", *The Review of Metaphysics*, 19 (1965), 24–54; and Daniel Dennett, *Content and Consciousness* (New York: Routledge & Kegan Paul, 1969). 这些研究成果，以及其他几个重要成果，都收集在下面这本书里：O'Connor (ed.), *Modern Materialism: Readings on Mind–Body Identity* (New York: Harcourt, Brace, and World, 1969)。

这一时期最有影响的论文，是写于几年前的塞拉斯的《经验主义与心灵哲学》(1956)。这篇论文试图将心理事件看作是一种解释上的设定——它们之所以在我们的概念框架中占有一席之地，完全是因为它们具有解释上的用处。[①] 塞拉斯想要推翻的是这样一种观点：某人对于他自己的心理事件的知识，具有内在的优越性；或者，对于从经验上发现心理事件就是神经事件，这种自我知识构成了一种障碍。尽管在我看来，这篇文章中的论证在清晰性和说服力上并不那么令人满意，但是它关于心理话语所占地位的描画，的确出自深刻的运思。

尽管唯物主义在20世纪60年代被广泛接受，那些由自然主义在术语学上的要求而引发的问题，却仍然在激烈的争论之中。针对因斯马特而颇为流行的那种类型-类型同一性理论，普特南提出了一个很严重的反驳。普特南指出，要在所有能感到痛的生物那里将"痛"这样的感觉都等同于一单个的神经状态，是不可行的，因为生物之间的生理差异太大了。他还进一步指出，要说任何一种思想类型——比如，3乘以3等于9这个思想，或者一个人关于自身处境很危险的思想——在每一个有此思想的生物那里都是由同一种物理状态实现的，这恐怕更加不可行。使得类型-类型同一性理论站不住脚的，不仅有外星生命存在的可能性、高等动物的多样性，以及能思想的机器的可能性（大多数唯物主义者都迫切想要捍卫这种可能性），而且还有大脑的可塑性。[②] 心理状态看来具有"多种可实现方式"。唯物主义仍然占据着主导地位，但是它需要一种新的形式。普特南的观察似乎表明，如果心理主义话语要在"科学上可以接受的"术语中得到说明，那么这些术语一定要比神经学术语更为抽象。

对普特南观察的回应，导致了一种更为特别的唯物主义正统观点。这种回应在两条线路上展开：本体论的和术语学的。多数唯物主义者放弃了类型-类型同一性理论，而转向一种后来被称为个案同一性理论（token identity theory）的本体论。根据这种理论，尽管一种心理的状态或事件类型并不能被等同于任何一种物理的（神经的）类型，但是每一个特定的心理状态，每一个特定的心理事件，都可以被等同于某一个特定的物理状态，或者某一个特定的物理事件。

---

① 见于 Wilfrid Sellars, *Science, Perception, and Reality* (London: Routledge and Kegan Paul, 1963)。

② Hilary Putnam, "The Nature of Mental States" (1967), in *Philosophical Papers*, ii; Ned Block and Jerry Fodor "What Psychological States Are Not", *The Philosophical Review*, 81 (1972), 159–181.

这种主张允许这样的情况，即一个像3乘以3等于9这样的思想，在一个人那里发生，等同于一种类型的物理状态，而在另一个人那里发生，则等同于另一种不同类型的物理状态。

尽管这种本体论立场仍然被广泛持有，但是对它的论证，却没有得到广泛的认可。对它有利的最常见的一种考虑，是说它能简化我们对心身因果关系的理解。在这些方向上，戴维森给出了一个深刻但颇有争议的先天论证（apriori argument）。[①] 他认为，第一，心理事件和物理事件之间存在着因果联系。第二，事件之间的因果关系必须得到规律的支持（所谓"支持"，就是说这些规律的谓词必须适用于这些有因果关联的事件），这种规律应构成一个完全的、封闭的解释系统。第三，没有什么心理—物理规律或者纯粹心理主义规律可以构成一个完全的、封闭的解释系统。他由此推论，既然没有什么心理—物理规律或者心理主义规律为心理事件和物理事件之间的因果关系提供相关支持，那么支持这些关系的，就必定是某种纯粹的物理规律。这就是说，物理谓词适用于心理事件——心理事件是物理的。

对于第三个前提，戴维森的表述和论证不够清晰，也不够一贯。但是，既然他经常提到"完全的、封闭的系统"，这个前提就还算有些道理。第二个前提则更为可疑。我认为，所谓因果关系必须受到某种特定规律的支持，这既不是先天真理，也不是对科学或理性的启发性原则。我认为，对于支持因果关系的规律，我们只能通过经验研究来认识它们的性质和范围，以及这类"规律"在种类上的多样性。心理—物理的反事实概括——或者不严格的"规律"——是不是就不能单独"支持"心理—物理的因果联系，这一点其实并不清楚。

大多数哲学家认为，在所有既能调和唯物主义与多种可实现性，又不会带来关于心身因果关系的形而上学问题的解释中，个案同一性理论（token identity theory）是最简单的一种。然而，这种观点依赖于这样一种希望，即找到类型之间的经验关联，从归纳上支持个案同一性。就这种希望而言，这种观点就显得很像是凭空猜测了。有些哲学家甚至接受一种更为自由的唯物主义。大体上讲，他们认为，尽管一种类型的心理事件的一个个案，可能并不等同于一种物理的自然类型的某个个案，但它们却总是由一些事件**构成**的，而这些事件却是物理

[①] Donald Davidson, "Mental Events" (1970), in *Essays on Actions and Events* (Oxford: Clarendon Press, 1980).

的自然类型的一些个案。①

无论如何，这种或那种形式的唯物主义，在北美哲学家中是得到广泛支持的；他们的理由大多是说，在解释心理事件和物理事件之间的因果关系方面，唯物主义有其优势。这背后有一个不大明确的意思是，他们认为其他的选择都无异于是迷信。一种常见的想法是，认为心理事件（它们被想象为是非物理的）会和物理事件发生相互作用，这本身隐藏着某种内在的神秘主义。笛卡儿也有这样的想法。考虑到笛卡儿关于心理实体和物理实体的概念，这种想法好像有点道理。但是，笛卡儿式的实体概念，今天已经不是人们讨论的话题了。这个问题的现代形式究竟性质如何，我们需要给出一种更清晰的表述。

这些方向上还有一个更为合理的论证，是这样说的：根据物理规律所描述的那种近似于决定论的模式，宏观的物理后果有赖于此前的宏观物理状态或事件。心理原因通常导致人体的物理运动。如果这种因果关系并不止于（consist in）物理过程，它就会产生偏离，即偏离由物理规律所描述的那种近似于决定论的模式。它会在物理结果中造成干扰、中断、改变或者某种差别。但是，没有理由认为这种事情真的发生了。要解释物理的效果，物理的先在事态看来就已经足够了。按照这种推论，诉诸不止于物理因果关系的心理主义因果关系，看来会援引物理上没有基础的因果关系，因而要求我们怀疑现有形式的物理解释的充分性——哪怕是在物理领域中也是如此。无怪乎大家都认为，这种援引并没有什么吸引力。

这种推理，以及类似的关注于物理过程对心理状态的影响的论证，具有某种力量，而且这种力量或许足以长期支撑唯物主义。但是我认为，过去20多年来北美哲学界对唯物主义的怀疑，还是少于唯物主义本应受到的怀疑。无论如何，我们刚才所略举的那个论证，并不像它看上去那样有说服力。

---

① Geoffrey Hellman and Frank Wilson Thompson, "Physicalist Materialism", *Noûs* 11 (1977), 309-345; Richard Boyd, "Materialism without Reductionism: What Physicalism Does Not Entail", in Ned Block (ed.), *Readings in Philosophy of Psychology*, i (Cambridge, Mass.: Harvard University Press, 1980). 另外一种重新表述唯物主义的努力，源自对伴随原则（supervenience principles）的探讨。参见 Jaegwon Kim, "Causality, Identity, and Supervenience in the Mind-Body Problem", *Midwest Studies in Philosophy*, 4 (1979), 31-50. 不过，值得注意的是，说心理事件伴随着物理事件，这并不意味着唯物主义。

如果物理效果的心理原因并不**止于**物理过程，它们为什么就会对物理系统构成干涉呢？认为它们肯定构成干涉，这在很大程度上有赖于用物理的模式来理解心理的原因，就像是说心理原因为物理效果提供了一种额外的"凸起"或者能量转移。在这种背景下，"过分决定"的例子（overdetermination，即同一个后果有两个原因），就成了不正常现象。但是，心理因果关系的物理模式是否合适，这恰恰是成问题的。而且，说如果心理原因不止于物理过程，就必须"造成差别"，这究竟是什么意思呢？这里也需要做很多澄清。有很多方式可以表明，心理原因的确造成了差别，而这些方式与物理解释并不发生冲突。

在我看来，通过考察心理主义解释与物理主义解释的目标和实践（在本体论考虑出现之前），我们有充足的理由相信，对因果过程的心理主义解释与物理主义解释，两者是不会相互干扰的。它们诉求于共同的原因（比如，在解释认知过程的生理学和心理学的时候），诉求于共同的或者至少有根本性关联的结果（比如，从生理学和心理学上解释一个人跑向商店这一事件）。在我看来，即使撇开本体论的考虑，假设这些解释会互相干扰，也是很奇怪的想法。这两种解释对彼此的预设都很少，所以并不会相互干扰。

在心理事件和它背后的物理过程之间，当然存在着**某些**系统的甚至必然的联系。说心理事件在某种意义上有赖于物理事件，这肯定是有道理的。但是，构成（constitution）、等同（identity）和物理成分，这些都是具有特殊科学用法的关系，它们是被用于解释物理化学和生物化学中所涉及的实体间的关系的。在沟通心理学和神经生理学的非形而上学的、科学的理论方面，这些关系至今尚无系统的应用。我觉得，要为这些极为不同的解释活动所涉及的实体之间的关系提供解释，上述概念只是一类可能性而已。在科学尚未明确使用这些关系的时候，哲学在对它们做出假定时，不应该抱有太大的信心。

物理的因果链条不存在断裂，心理原因也没有中断物理系统。这些明显的事实，或许有助于我们提出某种广义的伴随理论（supervenience thesis）：如果没有某种物理状态的变化，就不存在心理状态的变化。但是，在我看来，向唯物主义的推导，是一种形而上学的猜测，而这种猜测已经令人误导地被当成了一种相对明白的、科学的、常识上的陈词滥调。

心身因果关系的问题，极为复杂微妙。近年来，这个问题引起了人们的强烈兴趣。很多讨论关注于"副现象论"(epiphenomenalism)。① 激发唯物主义的那个因果图景有很深的基础,以至于很多哲学家开始担心,事件的心理"方面"实际上并不"造成差别":或许心理的"方面"或性质,在因果关系上属于惰性的一面,它们只是附着在物理事件的物理性质上,就像父母的显性性质与儿女的显性性质之间的关联,也是惰性地、寄生性地附着在父母和子女的基因属性所规定的深层因果关系上。我认为,即使在唯物主义的框架下,这些担心也能得到解答。不过我也认为,这些忧虑的存在,本身也是哲学兴趣的中心之点。在我看来,对"副现象论"的担心,是一个信号,它表明,对于心身因果作用和心理主义解释之间的关系,唯物主义理论并没有给出很好的解释。唯物主义理论很少解释这样一个事实:几乎所有关于心理因果的存在及其性质的知识和理解,都来自心理主义解释,而不是来自非意向性的功能主义的解释或者神经学的解释。②

我们确定因果关系的性质,确定伴随着因果关系的规律或者类似规律的概括的种类,靠的是细查心理学和日常话语中所发生的实际的解释。如果实践表明,心理事件不能在一种明确的意义上用毫不含糊的物理谓词来表达,那我们就能合理地将心理事件说成是非物理的。就我所知,面对这种可能性的时候,我们没有理由不平心静气。如果这种可能性实现了,我看不出有什么强大的、明确的理由要担心心身因果关系是不是存在,或者担心物理事件的链条是否会断裂。支持着我们对心身因果关系之信念的,是心理主义解释本身的真实性。只要这种解释还是有内容的、富于成果的,我们就可以假定它们在连接真实的事件,而不管这些事件的形而上学地位如何。

让我们换一个角度来谈。包含在自然主义中的那个值得享受正统地位的主题,不是它的唯物主义,也不是它的这样一个要求,即应该赋予心理主义话语以某种术语学上可接受的基础。这个主题,是它的这样一个暗含的坚持,即对

---

① 例如,参见 Jaegwon Kim, "Epiphenomenal and Supervenient Causation", *Midwest Studies in Philosophy*, 9 (1984), 257–270; Ernest Sosa, "Mind–Body Interaction and Supervenient Causation", ibid., 271–281; Ned Block, "Can the Mind Change the World?", in G. Boolos (ed.), *Meaning and Method: Essays in Honor of Hilary Putnam* (Cambridge: Cambridge University Press, 1990).

② 近年来,唯物主义者们开始担心,说副现象论(即认为心理主义性质或描述在因果性上是不相关的)的一种形式应该引起足够的重视。之所以如此,一个原因就是,他们不太注意心理因果知识的来源。

于任何一种解释的形式,如果它经不起科学的考验,或者其他已被广泛接受的、实践上卓有成效的公共验证方法的检验,我们就不应该接受它。(更简单地讲,就是反对在物理事件的因果链条中允许有奇迹,或者允许未经验证的假想的断裂。)但是,要得到相关的方法,应该基于对解释实践中何者有效的反思,而不是基于对这些实践做出形而上学的或者术语学的限制。对这些观点,还可以做不同的解释。但是我认为,认真考虑这些观点,将使我们对唯物主义形而上学不再有北美哲学中常见的那种信心。

普特南认为,对于某个类型的心理状态,可以有而且的确有不同的物理状态与之相对应。到此为止,我一直在谈论对普特南这个观点的形而上学回应。而术语学上的回应,则是发展了一种新的范式,来表明心理状态如何可以在非心理主义术语中得到同一性的表述。在这方面,哲学家们的灵感源泉,不是神经生理学,而是电脑编程。将心理状态等同于抽象的电脑状态,似乎避免了将心理状态等同于神经状态所带来的问题。而且,与个案同一性唯物主义的非还原形式不同,这种解释许诺了一些手段,即用其他的术语来解释心理主义概念的手段,或者至少是补充和阐明心理主义解释的手段。多数哲学家发现,这种补充形式的术语和唯物主义是相容的。这种新的解释后来被称作"**功能主义**"。①

功能主义的主导性直觉是:一种心理状态或事件究竟是什么种类的状态或事件,取决于它在个人心智生活的因果链条或者功能链条中的位置。这种想法的原初启发,来自在心灵与电脑程序之间的一个类比。要确定一个电脑程序,你需要确定:在既定的每一种可能的输入和状态下,机器从一种状态转向另一种状态的所经历的操作,机器所经历的状态,以及机器所产生的结果。计算机的运转可以是决定性的,也可以是概率性的。在大多数版本的功能主义中,内部状态都纯粹根据它们在输入、输出系统中的"位置"来界定,也就是说,取

---

① 参见 A. M. Turing, "Computing Machinery and Intelligence", *Mind*, 59 (1950), 433-460。图灵的文章,为电脑范式提供了动力和一种生动的实例,但这篇文章本身表述的是一种关于心智的行为主义。启发机器功能主义的,是普特南的以下文章 "Minds and Machines" (1960), "Robots: Machines or Artificially Created Life?" (1964), 以及 "The Mental Life of Some Machines" (1967), 收入 *Philosophical Papers*, ii。在 "The Nature of Mental States" (1967) 这篇文章中,普特南陈述了一种明确的功能主义观点,不过这种观点离他较早期的论文并不遥远。一种与电脑更少关联的功能主义,见 Lewis, "An Argument for the Identity Theory" (1966), 以及 Armstrong, *A Materialist Theory of the Mind*。

决于它们对其他状态的依赖关系,以及它们最终对输入、输出系统的依赖关系。而输入、输出系统则被表述为非意向性的、非心理主义的术语。心理状态和事件的种类,完全由整个输入、输出系统中的功能依赖关系决定。

对于决定这个概念,可以有三种主要的解释。一种解释最没有野心也最少还原性,它只是认为,每一个心理类型都伴随着功能体系中的一个位置。这不外乎是说,当且仅当一个人不是处于对应于某种心理状态的功能状态时,这个人就处于一种不同的心理状态。另外两种解释声称要说明心理类型"构成"(consist in)了什么:一种解释("分析的功能主义")认为,对伴随关系的功能主义解释,揭示了心理主义术语的意义;另一种解释("科学的功能主义")认为,对伴随关系的功能主义解释,揭示的是心理类型的真正本质,就像分子结构揭示了自然种类物质(比如水)的真正本质一样。后两种版本的解释都认为,功能主义话语提供了隐藏在心理主义解释背后的"真正的解释力"。[1]

分析的功能主义与科学的功能主义显然是行为主义的自由化后裔。像行为主义一样,他们也坚持用非意向性的观点来说明输入(刺激)和输出(反应),并且相信心理主义解释存在缺陷,需要一种非心理主义的支撑。他们也扩充了这样一个行为主义观点:心理状态部分地是根据它们的关系而得到个体化的。行为主义者主要关注的是心理状态与行为的关系,而功能主义者还把心理状态与其他心理状态的关系、与刺激性的系统输入的关系也包括进来了。这个观点弗雷格就曾经有过,弗雷格认为,意义与一整套指称能力是分不开的。

人们通常将功能主义与个案同一性唯物主义联系在一起。人们认为,功能主义揭示了心理类型的本质,而个案同一性唯物主义则认识了心理殊相(mental particulars)的本质——认识了在特定个体身上实现的心理类型的本质。计算机比喻对很多人都很有吸引力:心理主义话语只是一种假象,它下面流动着一个

---

[1] 非还原主义的版本最罕见。Jerry Fodor 在 *Representations* (Cambridge, Mass.: MIT Press, 1981) 这本书的导言中表述过,但他在此前和此后都不赞成这种观点。关于分析的功能主义,请参见 D. M. Armstrong, *A Materialist Theory of Mind*; David Lewis, "Psychophysical and Theoretical Identification", *Australasian Journal of Philosophy*, 50 (1972), 249–258; Sydney Shoemaker, "Functionalism and Qualia", 收入 *Identity, Cause and Mind* (Cambridge: Cambridge University Press, 1984)。在"The Nature of Mental States"一文中,普特南提出了科学的功能主义。还有一种观点,比功能主义更加工具主义,但所包含的对比要更宽泛一些。请参见 Daniel Dennett, "Intentional System", *The Journal of Philosophy*, 68 (1971), 87–106。

功能链，而这个功能链最终又以不同的物理方式在不同的机器或生物体那里得以实现。因此，在对同一个人类主体的三个层次的描述中，神经学的描述处在最底部。

对于最少还原主义色彩的功能主义观点，福多有明确的表述。福多认为，命题态度的意向性内容，不能通过功能主义的表述而得到还原。但是他又认为，这些内容在那些内在的心理表征中得到了表达，而这些内在的心理表征具有句法的特征，它们在大脑中体现为内在的语词与语句。福多进一步认为，心理表征由于它们的形式的或者句法的特征而具有因果作用，而功能主义表述中的输入和输出，则应被看作是一些符号。① 这种观点把功能主义传统几乎等同于计算机比喻：心理解释模仿数字计算机的证明或者其他种类的符号处理。心理解释的因果性的一面，应该在神经状态或事件之间的物理关系中得到理解，而神经状态或事件又例示着符号表征。

塞拉斯曾经提出过类似的观点。② 但是福多认为，自己的观点是对心理语言学和认知心理学领域相关研究成果的解释。对于很多人来说，这种观点有吸引力，是因为它诉诸特定的科学实践。这种观点，以及它与心理学理论的关系，仍然在激烈的争论之中。③ 福多的工作引起了语言学家、心理学家和电脑科学家的注意。有一种想法，认为科学实践的具体发展与心灵哲学的问题是有关系的。福多的工作，既得益于这种想法，又使它大大地向前跨进了一步。

直到 20 世纪 70 年代中晚期，这个领域的大多数哲学还带有一种相对的先验分析的气质。即使是那些支持将科学作为心灵哲学的楷模的哲学家，如类型-

---

① Jerry A. Fodor, *The Language of Thought* (New York: Cravell, 1975); *Representations*. 另外请参见 Hartry Field, "Mental Representation", *Erkenntnis*, 13 (1978), 9-61。

② Wilfrid Sellars, "Some Reflections on Language Game" (1954), 收入 *Science, Perception and Reality*。另外参见 Gilbert Harman, *Thought* (Princeton: Princeton University Press, 1973)。

③ 关于从不同角度对电脑比喻或者思维语言假设之其他方面的反驳，见 Paul M. Churchland, *Scientific Realism and the Plasticity of Mind* (Cambridge: Cambridge University Press, 1979); Christopher Peacocke, *Sense and Content* (Oxford: Clarendon Press, 1983); Stephen Stich, *From Folk Psychology to Cognitive Science* (Cambridge, Mass.: MIT Press, 1983); Robert Stalnaker, *Inquiry* (Cambridge, Mass.: MIT Press, 1984); Daniel Dennett, *The Intentional Stance* (Cambridge, Mass.: MIT Press, 1987); Paul Smolensky, "On the Proper Treatment of Connectionism", *The Journal of Behavioral and Brain Sciences*, 11 (1988), 1-74。

类型同一性理论家或者心理状态的怀疑论者们，也很少谈到具体的科学理论。他们认为自己是在为哲学通向科学进步而清除障碍（而科学进步的方向通常是以极大的信心被预测的）。这一点不仅适用于心灵哲学，而且也适用于大多数其他哲学——甚至大多数自然科学哲学（当然，除了托马斯·库恩传统下的历史学派）。① 这种转变何以会发生，这是一个有趣的问题。一种类似的转变也发生在科学哲学和数学哲学领域。从大约 15 年前开始，这两个学科都更加集中于探讨科学实践的各种细节。② 生物学虽然还不符合实证主义的规律和解释的概念，但生物学哲学在这个时期也是异军突起。

或许，只有花上 20 年的时间，人们才能充分消化对实证主义的批评，才能以一种更为开放的心态来考虑科学的具体实践。不管怎么说，哲学家们对心理学细节的兴趣，只有放到一个更为广泛的理智运动的背景中才能得以理解，而这已经超出了本文的范围。

同样，行为主义的没落也说明，要使心理学被视为哲学反思的合适对象，也需要一段时间的吸收。当然，重新考虑心理学的实践，也还有更积极的一面。电脑范式很自然地会引起人们的兴趣。乔姆斯基的计划在语言学中取得了持续的成功，而且据称这个计划还是关于心灵的心理学的一部分；这就使得哲学家们对心理主义心理学（mentalistic psychology）越来越感兴趣了。一种理智上内容饱满的认知心理学和发展心理学，以及心理语言学的发展，都为传统哲学问题提供了新的形式：意向性内容在解释中的作用、心身问题、自然科学与人文科学的区别、语言与思想的关系、不同的概念和语言结构所具有的内在性与普遍性，以及人类理性的范围和界限。

对心理学的反思，究竟在多大程度上会丰富和提升哲学研究，这还是一个有待探讨的问题。这个领域的很多工作，在我看来都有些轻率。科学实践直接

---

① T. S. Kuhn, *The Structure of Scientific Revolutions* (Chicago: University of Chicago Press, 1962).

② 物理学哲学中的转变，由普特南的一些早期论文发端，比如 "An Examination of Grünbaum's Philosophy of Geometry" (1963), "A Philosopher Looks at Quantum Mechanics" (1965), 收入 *Philosophical Papers*, i (Cambridge: Cambridge University Press, 1975)。但是，John Earman 的文章继承了这种转变，并给这种转变注入了新的动力。例如，"Who's Afraid of Absolute Space?", *Australasian Journal of Philosophy*, 48 (1970), 287–319。对于数学哲学中大体相似的转变，请参见 Thomas Tymoczko (ed.), *New Directions in the Philosophy of Mathematics* (Boston: Birkhauser, 1985)。

回答哲学问题，这种情况即使有，也非常罕见。但是，在传统上，对于新的科学或者新的科学模式的兴起，哲学总是既能够给予帮助，也能够接受帮助。

让我们回到功能主义这个话题上来。尽管功能主义得到了很多支持（至少在心灵哲学专家中间），但它也从来不乏批评者。分析的功能主义和科学的功能主义，因为总是有些程式化、不够具体，所以在很多人看来，作为对特定心理种类的**解释**，这两种功能主义终究没什么启发意义。

还有一些更具体的批评。很多哲学家发现，要把任何一种功能主义运用于像痛或者颜色感这样的感觉，是不可能的。对于这些哲学家来说，要决定感觉的性质，这些感觉的定性层面（qualitative aspects），比这些感觉的因果关系，似乎要更为基本。①

塞尔提出了一种有争议的论证，这个论证有点像一些质疑功能主义是否适用于感觉之定性层面的论证。塞尔的论证想要表明，功能主义不能解释任何命题态度。他设想，在一间房子里有一些岗位，管理者是一个不懂中文的人。这个人记住了一些作为指令的汉语单词，而这些岗位正好对应着处理一种语言的不同阶段。不管你输入什么样的中文句子，这个人总是能够制造出恰当的中文句子作为输出。塞尔主张，尽管这个系统可以设置得满足功能主义关于理解中文的要求，实际上这个房间里并不存在对中文的理解。多数反对者认为，我们实际上可以说整个系统理解了中文。但塞尔认为这种回答是难以服人的。②

一个更复杂的问题，涉及功能主义解释的具体表述。很显然，人们对这个世界可以持有极为不同的理论，但这并不妨碍他们可以共享意义和很多信念。

---

① 对功能主义这个层面的批评，可以参见 Ned Block, "Troubles with Functionalism", 收入 C. W. Savage (ed.), *Minnesota Studies in the Philosophy of Science*, ix (Minneapolis: University of Minnesota Press, 1978); "Are Absent Qualia Impossible?" *The Philosophical Review*, 89 (1980), 257-274。Thomas Nagel 有一篇有影响的论文，观点有所不同，但仍然与这种批评相关: "What Is It Like to be a Bat?", *The Philosophical Review*, 83 (1974), 435-450。另外请参见 Frank Jackson, "Epiphenomenal Qualia", *Philosophical Quarterly*, 32 (1982), 127-136。在这个方向上有很多对功能主义的辩护，包括 Sydney Shoemaker, "Functionalism and Qualia", "Absent Qualia are Impossible—A Reply to Block", 收入 *Identity, Cause and Mind*; David Lewis, "Mad Pain and Martinan Pain" (1980), 收入他的 *Philosophical Papers*, I (New York: Oxford University Press, 1983)。

② John Searle, "Minds, Brains, and Programs", *The Behavioral and Brain Sciences*, 3 (1980), 417-424. 塞尔的论证在 Ned Block 那里已经有所预见，见 "Troubles with Functionalism"。

持有不同的理论意味着人们做出的推理也是不同的,而这又意味着,存在于跟这些理论相关的不同系列的心理状态之间的因果关系,也是各不相同的。因此,并不是心理状态和心理事件之间的任何因果关系的链条,都适合一种功能主义的解释,否则任何人都将不与他人分享任何信念或意义了。你需要找到一个链条,它对所有可能的推理链条和理论都是共同的,以便我们嵌入任何一个共享的信念或者意义。但是,很难设想,对于每一个共享的信念或意义,都有这样一个共同的因果关系链条。①

理解意向性内容和心理类型的另外一条路径,由指称理论发展而来。对指称的研究表明,专名和自然种类语词可以成功地发挥指称作用,即使说话人对所指物的知识不完整或者有缺陷。指称并不仅仅依赖于说话人将什么样的背景描述与相关语词联系在一起,它还依赖于说话人对一个语词所适用的对象赋予了什么样的语境关系,而这种语境关系并不是纯粹的认知关系。

对指称的这种研究,与语词的意义有关系,与概念的同一性(identities)也有关系。很多非索引性语词的意义、很多概念的性质,都依赖于它们的所指,或者它们的适用范围,因为如果所指不同,那么语词的意义和与之相关的概念,都将有所不同。(在这里,让我们简单地将概念当作命题态度的意向性内容中的要素,当作具有指称功能的元素。)比如,如果"椅子"和"关节炎"并不真的指称椅子和关节炎,那这两个语词形式所表达的意义或概念就肯定也会发生变化。

关于指称的这些要点,可以被扩展到很多这类的语词和概念上。一个人可以通过这样的语词和概念来想到一系列对象,尽管不通过这些语词和概念,这个人的知识并不足以使他能够挑选出这些对象。这个人对这些对象的知识——以及其身份并不独立于它们的指称范围的那些意义和概念的知识——不必提供一个定义,以将它们与所有其他(可能的)意义或概念区别开来。因此,很多语词的意义,以及很多概念的身份,都可以保持它们的稳定性,即使这个人对这些意义或概念的知识不足以精准地辨别出它们。它们的身份是由环境因素确定的,这些环境因素在个人的解释或分辨能力中并没有被完全捕捉下来,除非这些分辨能力还包括应用概念的能力本身。既然大多数命题态度,就像特定的信念一样,它们作为心理种类的东西的类别,是由辨别它们的那些意义、概念

---

① 这些问题很早就有人认识到。但是,就像实证主义的一些基本困难一样,这种认识并不总是能够说服一种学说的支持者放弃该学说。普特南对这类问题中的一些问题有简要的讨论,见 *Representation and Reality* (Cambridge, Mass.: MIT Press, 1988)。

或者意向性内容来确定的，那么很多心理类型的身份，也将有赖于环境因素，而这些环境因素并未完全反映在（非意向性地列举出来的）个人分辨能力之中。在上文中，我只是提起了所谓的"**反个体主义**"（anti-individualism）的一种动因而已。

反个体主义是这样一种主张：并不是所有属于个人的心理状态和事件，都能够独立于个人所在环境中的对象的本性而得到类型个体化（type-individuated）。根据这种观点，一个人之处于某种心理状态，与其物理环境或社会环境的本性之间存在着深刻的个体化关系（individuative relation）。

对反个体主义的支持，不仅来自指称理论的抽象考虑，而且来自一些具体的思想实验。例如，我们可以想象这样两个人，在内在的物理性质和身体的历史方面（撇开他们的环境不论），从任何相关意义上说他们都是等同的。但是，可以设想，这两个人在他们各自的环境中，与两种不同的金属（一种是铝，另一种是非常类似铝但不是铝的金属）发生了关联。这两种金属的相似性，只需要达到这两个人无法辨认的程度。这两个人对这些金属的知识，并不低于普通人，但他们都无法看出这两种金属的区别。在这种情况下，有可能发生这样的情况：当一个人在想"铝是一种轻金属"时，另一个人（他接触不到铝，即使是关于铝的对话）也有对等的想法，却是针对另一种金属而发的。类似的思想实验可以表明，一个人的思想，不仅像上述例子一样，依赖于他与物理环境的关系，而且也依赖于他与社会环境的关系。对于几乎所有的经验词语或概念来说，我们都可以证明这种或者那种环境依赖性。①

---

① Tyler Burge, "Individualism and the Mental", *Midwest Studies in Philosophy*, 4 (1979), 73 – 121; "Other Bodies", in A. Woodfield (ed.), *Thought and Object* (Oxford: Oxford University Press, 1982); "Intellectual Norms and Foundations of Mind", *The Journal of Philosophy*, 83 (1986), 697 – 720; "Cartesian Error and the Objectivity of Perception", in R. Grimm and D. Merrill (eds.), *Contents of Thought* (Tucson: University of Arizona Press, 1988); "Wherein is Language Social?", in A. George (ed.), *Reflections on Chomsky* (Oxford: Basil Blackwell, 1989)（以上各书的第 5、4、10、7、11 章）。这些思想实验采用了普特南的方法论，见他的"Meaning of 'Meaning'"（1975），收入 *Philosophical Papers*, ii。不过，普特南的论证并不是针对心灵或意义的意向性元素的。事实上，普特南的论证包含着的一些评论，与关于心理状态的反个体主义还是不兼容的。不过，普特南此后发表的大多数论文，却都是反个体主义的。参见 "Computational Psychology and Interpretation Theory", in *Philosophical Papers*, iii (Cambridge: Cambridge University Press, 1983); *Representation and Reality*, Ch. 5。但是，模棱两可的地方仍然存在。参见上书第 19—22 页。

上述思想实验给标准形式的功能主义带来了麻烦，后者将输入、输出的描述限制在个人的表面层次。这些思想实验表明，在个人的心理状态（反事实性地）发生变化的时候，他所有的内在的功能性转换却可以保持不变。有些哲学家建议将功能链条扩展到包括物理的或者社会的环境。这种建议减少了功能主义对计算机范式的依赖，并要求一种更为复杂的解释。不过这个建议所面对的主要问题，就是如何用非意向性的词汇来解释像意义、指称和社会依赖性这样的概念［或者为它们提供一个有启发性的伴随论（supervenience）基础］。我认为，由于这些功能主义建议的程序化特性，上述任务的困难通常被低估了。

大多数哲学家看来都接受了这些思想实验。但是，关于它们与心理主义解释的关系（尤其是在心理学中），哲学家们仍有意见分歧。有些哲学家认为，任何带有意向性内容的观念，如果对它的个体化有赖于个人之外的因素，那么它就不能被用于解释个人的行为。这一派哲学家中，有些人努力寻求一些替代性的概念，来代替内容或者"心理"状态这样的概念，以完成解释的工作。另一些哲学家则认为，上述立场实际上基于一些错误；其实关于意向性内容和心理状态的那些日常概念，能够而且的确在日常解释和心理学解释中发挥一定的作用。这里的争论，涉及对心理学实践的解释，以及心理学解释和其他科学中的解释的关系。①

不过，在我看来，上述思想实验的主要之点，却在于为很多旧的问题提供了新的形式。为反个体主义提供的论证是新的，但这些论证所支持的结论，

---

① 前一种思路的例子，参见 Stephen White, "Partial Character and the Language of Thought", *Pacific Philosophical Quarterly*, 63 (1982), 347-365; Stephen Stich, "On the Ascription of Content", in *Thought and Object*; Jerry Fodor, *Psychosemantics* (Cambridge, Mass.: MIT Press, 1987); Brian Loar, "Social Content and Psychological Content", in Grimm and Merrill (eds.), *Contents of Thought*. 对心理学反个体主义观念的辩护，参见 Fred Dretske, *Knowledge and the Flow of Information* (Cambridge, Mass.: MIT Press, 1981); Tyler Burge, "Individualism and Psychology", *The Philosophical Review*, 95 (1986), 3-45 (Ch. 9 above), and "Individuation and Causation in Psychology", *Pacific Philosophical Quarterly*, 70 (1989), 303-322 (Ch. 14 above); Lynne Rudder Baker, *Saving Belief* (Princeton: Princeton University Press, 1987); and Robert Stalnaker, "On What's in the Head", *Philosophical Perspectives*, 8 (1989), 287-316。

其大体框架却是旧的。亚里士多德、黑格尔、维特根斯坦都明显持这种立场，笛卡儿和康德应该也算。① 一个旧的学说以一种新的形式出现，这是哲学活力的源泉之一。自我知识的问题、怀疑主义的问题、先天知识的问题、人格问题、意义的本质问题、心身问题，这些问题都深受这样一类考虑的影响，即个人的心灵和他的环境之间的必然的、个体化的关系。我认为，从反描述性的指称理论，到反个体主义的心灵理论，这种发展线索，肯定会丰富传统哲学。

在20世纪的最后10年，反个体主义与其他哲学问题的关系，成了一个关注的焦点。我将讨论这个问题下面的两个领域。一个领域是感知和感知性思考（perception and perceptual thought）。另一个领域是自我知识（self-knowledge）。这个10年也见证了对心理事物之定性层面（qualitative aspects）的广泛思考，以及对意识之本性的反思。

我先来讨论与反个体主义相关联的两个问题。第一个问题涉及表征的单称从物的相关层面（singular *de re* aspects of representation）。在这个次一级领域，我会讨论两个问题，它们都与感知表征的性质有关。

在《艺术的语言》（Languages of Art）一书中，古德曼解释了图像表征的**"句法"**，该句法将图像表征与命题表征区分开来。很多人认为，古德曼的工作指向了对感知性表征的非命题形式的一种理论。大体说来，古德曼是把非命题性表征，特别是绘画，都当作类比表征（analog representation）。类比论证是类比，如果出于相关目的，它们是"密集的"（dense）。一种表征是密集的，如果在两种类型之间还有第三种类型。一个相关的想法是，在类比表征中，表征媒介中的每一个可以察觉的区别，都会带来表征本身的差别。古德曼的理论其实有很多错误，即使是用在绘画上。不过，很多人还是认为，古德曼看到了感知表征和概念（命题）表征之间的一个重要区别，特别是上述第二个想法。其他

---

① 笛卡儿的魔鬼假设很典型的是个体主义的，但笛卡儿认为这个假设不融贯。他为物理世界的存在所提出的因果论证（见第6沉思），以及他那个关于观念的实在性不能超过其对象的实在性的原则，在精神上都是反个体主义的。关于笛卡儿到底是不是一个个体主义者，这个问题很复杂，容易跟他的上帝论观点搅在一起。至于康德，他在"反驳唯心论"（《纯粹理性批判》，B 274页以下）一节中的观点，从根本上说是一种反个体主义的策略。但是，整个来讲，如何解释康德和反个体主义的关系，这仍然是一个很复杂的问题，因为涉及对他的先验唯心论的解释。

人也曾独立地提出过类似的想法。①

要以一种清晰的、心理学上有意义的方式来做出上述区别，其实没那么简单。下面这个底线观点，就可以作为一个挑战：看起来，任何的表征内容都能在命题形式中得到模拟，或者被转换为命题形式。是什么东西让（某些特别形式的）非命题性的、非概念性的表征内容与众不同呢？既然一种感知既指向特殊对象，又以某种方式赋予这些对象以范畴，我们至少有一个表面上的类比，即在感知中隐含着一个主词-谓词形式。

有些人主张，要真正理解那种在认识论中起作用的表征，我们必须将它们视为可以提供理由的命题性表征。②

我相信，区分感知形式的表征和命题形式的表征，这种立场是正确的。我这样说的根据，主要是经验立场。要解释不同动物的表征能力（首先是感知性表征能力），我们不需要诉诸有命题特征的状态。但是这些动物的感知和行动**的确**可以在表征状态的形式下得到最好的解释。对视觉、听觉、触觉的表征性组织，看起来并不是命题性的。大多数对这些感官的经验研究，并没有将它们系统性地归结为命题性表征。同样，对"抓"或者"吃"这些行为的表征性组织，看起来也并不是命题性的。撇开心理学中的经验研究，我们无法对这些行为做出合理的、完整的解释。但是，在我看来，要理解感知性表征和命题性表征的区别，我们的确需要概念上的澄清，而且这种需要是深刻的、复杂的。

关于感知性表征，一个相关的问题，涉及它们的语义学，而不是它们的形式。感知信念中的单一元素，与感知信念所关涉的特殊对象，两者究竟是一种什么关系？这是这个问题的核心。有些人，跟随埃文斯的工作，发展了一种反

---

① Nelson Goodman, *Languages of Art* (Indianapolis: Bobbs-Merrill, 1968); John Haugeland, "Analog and Analog", *Philosophical Topics*, 12 (1981), 213–226; Fred Dretske, *Knowledge and the Flow of Information* (Oxford: Blackwell, 1981); Gareth Evans, *The Varieties of Reference* (Oxford: Oxford University Press, 1982); Christopher Peacocke, "Perceptual Content", in J. Almog, J. Perry, and H. Wettstein (eds.), *Themes from Kaplan* (Oxford: Oxford University Press, 1989); idem, *A Study of Concepts* (Cambridge, Mass.: MIT Press, 1992).

② John McDowell, *Mind and World* (Cambridge, Mass.: Harvard University Press, 1994). 另外参见 Peacocke 和 McDowell 的互动, *Philosophy and Phenomenological Research*, 57 (1998), 381–388, 414–419。

个体主义的观点，即一般根据表征状态与环境的关系来个体化这些表征状态；他们主张，一种感知状态，或者一种感知信念，当它关涉的是一个不同的特殊对象的时候，它就不可能仍然是同一类型的感知状态或者感知信念。同样地，一种关涉某一特殊对象的感知状态或者感知信念的类型，如果它关涉的只是一个幻觉，而不是环境中的一个真实的感知对象，则它也不再是同一个类型的感知状态或者感知信念。① 另外，从常识上和科学上我们都有理由相信，一个人不管是在感知真实，还是在感知难以辨别的复制品，抑或是在感知指称性的错觉，这个人所处的状态都可能是同一种状态。② 这一点，对于感知状态和感知信念的本性，对于错觉的本性，都提出了重要的问题。

与反个体主义有关的问题之演进，第二个大的次级领域涉及自我知识的本性。讨论集中在这样一个问题上：反个体主义是否允许某些类型的自我知识具有某种权威性的、特权式的保障性地位。不可避免地，这个问题强迫我们反思自我知识的性质，以及自我知识在不同的人类追寻中的作用。问题第一次被提出，是在戴维森和我各自独立发表的论文中。关于某些心理状态的反个体主义的个体化，以及非经验性地知道这些心理状态的能力，两者之间是可以兼容的；戴维森和我都对这种兼容性提出了一种辩护。③ 对于这种主张，一些哲学家也有所抵制，或者有所限定。④

讨论的主体部分，后来就集中在自我知识的本性上，或者说，集中在不同

---

① 参见 Evans, *The Varieties of Reference*; John McDowell, "Singular Thought and the Boundaries of Inner Space", in J. McDowell and P. Pettit (eds.), *Subject, Thought, and Context* (Oxford: Oxford University Press, 1986); Peacocke, *A Study of Concepts*; McDowell, *Mind and World*。

② John Searle, *Intentionality* (Cambridge: Cambridge University Press, 1983); Tyler Burge, "Vision and Intentional Content", in E. Lepore and R. Van Gulick (eds.), *John Searle and His Critics* (Oxford: Blackwell, 1991).

③ Donald Davidson, "Knowing One's Own Mind", *Proceedings and Addresses of the American Philosophical Association*, 60 (1987), 441–458; Tyler Burge, "Individualism and Self-Knowledge", *The Journal of Philosophy*, 85 (1988), 649–663.

④ Paul Boghossian, "Content and Self-Knowledge", *Philosophical Topics*, 17 (1989), 5–26; Andre Gallois, *The World Without, the Mind Within* (Cambridge: Cambridge University Press, 1996). For a collection of articles developing both sides of this issue, see P. Ludlow and N. Martin (eds.), *Externalism and Self-Knowledge* (Stanford, Calif.: CSLI Publications, 1998).

类型的自我知识的本性上。有些哲学家主张，所有的自我知识都至少在隐含的意义上是经验性的。有些哲学家认为，那些明显的所谓特权式的、权威性的自我知识，应该从表达主义的（expressivist）或者紧缩主义的（deflationary）意义上来理解。一些哲学家尝试理解那些关于一个人在想什么、相信什么的知识所明显具有的特殊性质，而并不试图将这个性质消除掉。在我看来，这条思路最有意思的发展，就是诉诸自我知识所具有的某种建构性的功能：不管是你要具有信念，还是要具有一个关于信念的概念，抑或是你作为一个理性的人、一个有慎思能力的人（自我知识都是不可或缺的）。这些问题比较复杂，我认为值得进一步探讨。①

我还想强调一下，在20世纪90年代，心灵哲学还有一个领域，也引起了激烈的讨论。这个领域大体上独立于涉及反个体主义的那些问题。这个领域关系到定性经验（qualitative experience）的本性，包括意识的本性。长期以来，意识与表征性（或者关涉性 aboutness）被当作是心灵的两个主要标志。一个重要的问题是，其中一个标志是否可以被还原为另一个标志；如果不可以，那么在我们对心灵的理解之中，这两个标志各占据着什么样的相对位置。

在20世纪的末尾探讨这些问题，是以四篇重要的论文为背景的。我已经提到了其中的两篇：布洛克（Block）的《功能主义的麻烦》（"Troubles with Functionalism"）② 和塞尔的《心灵、大脑与程序》（"Minds, Brains, and Programs"）③。这四篇论文的每一篇，都提供了一个有力的例子来说明：对心灵的

---

① Donald Davidson, "First Person Authority", *Dialectica*, 38 (1984), 101–110, 重印于 *Subjective, Intersubjective, Objective* (Oxford: Oxford University Press, 2001); Sydney Shoemaker, "Self-Knowledge and 'Inner Sense'", *Philosophy and Phenomenological Research*, 54 (1994), 249–314, 重印于 *The First-Person Perspective and Other Essays* (Cambridge: Cambridge University Press, 1996); Richard Moran, "Interpretation Theory and the First-Person", *Philosophical Quarterly*, 44 (1994), 154–173; Tyler Burge, "Our Entitlement to Self-Knowledge", *Proceedings of the Aristotelian Society*, 96 (1995), 1–26; Bernard Kobes, "Mental Content and Hot Self-Knowledge", *Philosophical Topics*, 24 (1996), 71–99。有一本文集，也能表明这场讨论的范围：C. Wright, B. C. Smith, and C. Macdonald (eds.), *Knowing Our Own Minds* (Oxford: Oxford University Press, 1998)。

② In C. W. Savage (ed.), *Minnesota Studies in the Philosophy of Science*, ix (Minneapolis: University of Minnesota Press, 1978).

③ *The Behavioral and Brain Sciences*, 3 (1980), 417–424.

表征层面所做的功能主义解释，并不能把握经验的定性层面。第三篇文章，内格尔的《做一只蝙蝠会是什么样的?》("What is it Like to be a Bat?")①，提示了一种令人信服的方式来思考经验的定性层面；这种方式，简而言之，就是内格尔用的这个短语："是什么样的"。最后，杰克逊（Jackson）的论文，《副现象论的可感受性》("Epiphenomenal Qualia")②，提供了一个反驳唯物主义的论证，指出用关于物的术语很难描述现象性质。这些论文激起了很多相互交叉的讨论，我这里无法全部转述。我将集中于一个方向上的发展：心灵的定性层面和表征层面之间的关系。

对这些论文的很多最初的回应，都集中为功能主义或者唯物主义辩护，而功能主义和唯物主义恰恰是这些论文原来的批评对象。随着人们对严格形式的功能主义失去兴趣，针对功能主义的辩论，就被另一个既密切相关又略有区别的辩论所代替。一些功能主义者的策略是：先**假定**某种形式的功能主义适用于表征状态，然后论证定性的现象从本质上就是表征性的，而且只是表征性的。另一些人的论证得出了同样的结论，不过并不附带前面关于功能主义的承诺。

哈曼在《经验的内在性质》("The Intrinsic Quality of Experience")③一文中主张，经验的定性层面，其实仅仅是经验的某种类型的表征层面。所谓经验的定性层面，就是指"拥有一种经验、情感、感觉是什么样的"那个层面。哈曼论证说，推测中的所谓经验的内在层面，比如对痛的感觉，总是被混同为一种经验的"意向性对象"的那些内在层面。与杰克逊的思想实验相反，哈曼主张，一个生来就目盲的人，不会知道看见某种红色东西是什么样的；因为她并不具有完整的"红色"概念，所以她不能完全理解什么叫作"某种东西是红色的"。最后，哈曼反对使用"颠倒光谱"（inverted spectrum）这个例子来证明表征上的恒定性和定性上的差异性是相容的。哈曼的论文所捍卫的，是后来被称为"表征主义"（representationalism）的那种立场：经验的定性层面不外乎就是经验的表征层面。

在这篇文章之后，有的也是受这篇文章影响，又出现了另外几篇文章，也

---

① *The Philosophical Review*, 83 (1974), 435–450.
② *Philosophical Quarterly*, 37 (1982), 127–136.
③ In J. Tomberlin (ed.), *Philosophical Perspectives*, iv (Atascadero, Calif.: Ridgeview Publishing Co., 1990).

在捍卫关于定性的心灵现象的表征主义解释。① 其他一些哲学家则反对这种立场,他们认为,现象性质,或者说经验的现象定性层面,通常也具有表征内容和表征功能,但是不应将它们仅仅还原为表征内容和表征功能。②

在我看来,这个时期的大多数论文,不管是站在哪一边,都没有足够重视这样一个问题:"表征"究竟意味着什么。哈曼承认,他的"意向性对象"这个概念是很粗糙的。我则认为它是不堪一击的。我认为这个概念不足以令人信服地支撑哈曼的三个论证中的第一个。不过,的确有一个更清晰的表征概念,可以为很多表征主义的讨论提供基础。根据这个表征概念,"x 表征 y"应该被理解为大致这个意思:x 作为一个实例的某种类型,以一种规则性的或者类似规则的方式,依赖于 y 作为一个实例的某种类型,而且 x 和 y 之间的这种联系,对于那个含有 x 的生物体的生命来说,具有功能性的价值。③

这样说当然有一定的道理:根据这种表征概念,定性的颜色分辨是表征性的——如果不是内在的表征性,至少是事实上的表征性。按照这种观点,痛感和性高潮也都是表征性的。比如,一种痛感状态,与某种形式的身体受损或者失调,就具有一种类似于规则性的联系,而这种联系,对于这个生物体的生命来说,确实具有一种功能性的价值。因此,痛感状态就"表征"着身体受损或者失调。这个结果,受到一些表征主义者的拥抱和辩护。④

我倒是认为,这种表征概念还是太宽泛了。它将非常简单的生物的状态也

---

① Fred Dretske, *Naturalizing the Mind* (Cambridge, Mass.: MIT Press, 1995); Fred Dretske, "Phenomenal Externalism, or If Meanings Ain't in the Head, Where are Qualia?", in E. Villanueva (ed.), *Philosophical Issues*, vii: *Perception* (Atascadero, Calif.: Ridgeview, 1993); Michael Tye, *Ten Problems of Consciousness* (Cambridge, Mass.: MIT Press, 1995); Georges Rey, "Sensational Sentences", in M. Davies and G. Humphreys (eds.), *Consciousness: Psychological and Philosophical Essays* (Oxford: Blackwell, 1992).

② Ned Block, "Inverted Earth", *Philosophical Perspectives*, 4 (1990), 51–79; Ned Block, "Mental Paint and Mental Latex", in Villanueva (ed.), *Philosophical Issues*, vii: *Perception*; Brian Loar, "Phenomenal States", in N. Block, O. Flanagan, and G. Güzeldere (eds.), *The Nature of Consciousness* (Cambridge, Mass.: MIT Press, 1997; revision of original 1990 version); Colin McGinn, *The Problem of Consciousness* (Oxford: Blackwell, 1991).

③ Dretske, *Naturalizing the Mind*, 第一章。一个类似而略有区别的观点,见 Ruth Millikan, *Language, Thought, and Other Biological Categories* (Cambridge, Mass.: MIT Press, 1984); Ruth Millikan, "Biosemantics", *The Journal of Philosophy*, 86 (1989), 281–297。

④ Michael Tye, "A Representational Theory of Pains and Their Phenomenal Character", in J. Tomberlin (ed.), *Philosophical Perspectives*, ix (Atascadero, Calif.: Ridgeview, 1990).

算作"表征状态",比如,它把原生动物趋热(thermotactic)反应背后的感知状态也算作表征状态。你可以前后一贯地这样讲话。有些心理学家和生理学家的确是这样讲话的。不过在解释如此简单的现象时,确实不需要这样一个表征概念。这个概念华而不实,背后的实质性观点完全可以在生理学、生态学和功能性的术语中得到阐明。比较而言,一种更加直觉性的、更有限定的表征概念,看起来更能解释复杂动物的感觉和认知系统中的动物行为学,以及人类的心理学。德雷斯克(F. I. Dretske)和其他人希望将更普通的表征概念都还原为这样一个很宽泛的表征概念。我则认为,对这样一个工作抱有乐观主义,其实是毫无道理的。[1]

而且,那些反对表征主义的哲学家,当他们怀疑经验的定性层面是"表征性的",他们是否就在考虑这样一个简单的表征概念?这一点也是值得怀疑的。我相信,要解决表征主义者及其反对者之间的分歧,我们需要一个范围更窄的、更具体的表征概念。

即使撇开这个问题不谈,表征主义立场仍然面临一些困难;用上述宽泛的表征概念来陈述表征主义,也解决不了这些困难。第一个困难是,在痛感这样的例子中,表征主义的解释是没有吸引力的。比如,一种表征主义的立场认为,如果一个人有一个幻肢(phantom limb),则这个幻肢肯定不会有痛感,因为在幻肢处并没有功能上与痛感状态相关联的身体损害;存在的只是一个痛的表征,该表征幻想出了痛。一些表征主义的支持者还真的持有这种观点,不过在我看来,这种观点显然是不可接受的。

第二个困难是,尽管上述表征概念包罗广泛,但似乎仍然有一些定性状态,在这个意义上并不"表征"。经验的有一些定性层面,在生物体的生命中似乎并没有什么功能。它们实际上构成功能紊乱或者噪音。视觉经验中的模糊,就是一个例子。这些情况一般被看作错误的表征,或者对模糊性的表征,但是很难看出这些情况有什么表征功能。它们对繁殖上的适应性没有任何贡献,而且它们对于正常的功能恰恰构成了障碍。这个结果,与表征主义者的纲领是不兼容的。

---

[1] 还有这样一个想法在支撑着德雷斯克的观点:心理表征之中是带有学习的。根据这个意义的学习,所有的动物,所有的单细胞生物,包括阿米巴,都有学习的能力。没有哪种动物完全局限于硬件上固定的、纯粹反射性的行为。因此,在我看来,德雷斯克的思路根本无助于问题的解决。

哈曼的第二个论证，在我看来是以尚未解决的问题作为论据的。不过这个论证确实点出了在感知的定性层面和表征层面之间的关联中的一些有趣的、困难的问题。比如，在视觉感知中，要分清定性层面和表征层面，肯定是很困难的。要辨别感知的大多数定性层面，我们一般会指出：当一个人的意识带有这些层面的时候，它们通常表征什么。比如，很少哲学家仍然认为，一个有正常视力的人的红色经验，本身在某种意义上也是红的；不过，除了描述红色经验和红色界面之间的关系，我们现在还没有更好的、轻易可得的、公共的方式，来描述经验的定性层面。这一事实意味着，对于经验的定性层面，一旦抽离它的表征作用，我们将很难描述它，更不用说解释它。而这一困难反过来又鼓励表征主义的出现。

表征主义的反对者通常主张，感知的定性层面，在确定感知的呈现模式或者表征内容的时候的确发挥着一种作用，因此不应该用这种作用来解释这些定性层面。这里的想法是，至少定性状态的某些层面要依赖于神经基质的性质，而不是依赖于这些层面与表征对象的相互关系，而这种相互关系决定着表征的内容。我觉得这种观点是正确的。不过，除非我们能够更好地、更具体地理解定性感觉与其神经基础之间的关系，上述观点并不能提供多少解释的明晰性。

哈曼的第三个论证聚焦于颠倒光谱。如何描述和评价这一类的思想实验，仍然充满困难和争议。我认为，从多种方式来表述这个思想实验，都可以让表征主义显得不那么靠谱。不过相关问题确实非常微妙、非常复杂，我不会在这里讨论它们。围绕着颠倒光谱的那些问题，已经得到了很多的、很细致的讨论。①

表征主义问题之所以引起这么大的兴趣，一个原因是它关系到意识的本性。定性或者现象性状态，如人们通常感觉的那样，提供了最明显的"意识"的实例。包含在痛感和痒感中的感觉，颜色或声音经验中的现象性层面，对温暖与触摸的体验，这些看来都是意识的典型核心。然后还有意识与表征之间的关系问题，这些问题正好对应着经验的定性层面与表征的关系问题。实际上，关于意识的立场也是五花八门、一应俱全的：有人论证根本没有经验的定性层面这回事；有人主张功能主义的还原论；有人持简单的表征主义观点；有人认为存

---

① Sydney Shoemaker, "The Inverted Spectrum", *The Journal of Philosophy*, 74 (1982), 357−381; "Intrasubjective/Intersubjective", in *The First-Person Perspective and Other Essays* (Cambridge: Cambridge University Press, 1996); Block, "Inverted Earth".

在高阶思想（higher-order thought）；有人宣称意识不可还原；有人进一步说，意识不仅不可还原，而且可以支撑关于心灵的二元论。①

关于意识的理论如此之丰富，论者的分歧如此之深刻，说明争议可能发生在直觉层次上：关于被解释之物本身的争议。布洛克提出了一个富有成果的建议：至少存在两种意义的意识概念。一种意识概念跟现象、感觉、经验的定性层面有关。另一种意识概念则涉及对理性审慎的使用，或者至少涉及对反思的使用，对语词和其他理性工具的使用。② 不管这种观点是否正确，它已经激发了一种更清醒的认识：在对意识做哲学思考的时候，所讨论的现象其实是很复杂、很难以捉摸的。

关于意识的讨论，打开了哲学中一个一直被忽视的、几乎禁忌性的话题。一方面，这是一件好事。另一方面，我觉得是进步，朝向真正理解的进步，最多也只是喜忧参半的。研究课题的困难性，不仅激发了一些错得离谱的理论；这个领域的很多成果，在我看来也显示出一种方法论上的、明晰性上的倒退。隐喻，诉诸有争议的、描画简单的内省，未加解释的术语，仓促设计、语焉不详的技巧，宏大的规划，所有这些都在这个课题中有突出的表现，而未必有助

---

① 以下作品代表这些不同的立场，以及一些中间立场：Daniel Dennett, "Quining Qualia", in A. Marcel and E. Bisiach (eds.), *Consciousness in Contemporary Science* (Oxford: Oxford University Press, 1988); Daniel Dennett, *Consciousness Explained* (Boston: Little, Brown, 1991); Fred Dretske, "Conscious Experience", *Mind*, 102 (1993), 263-283; Fred Dretske, *Naturalizing the Mind*; David Rosenthal, "Two Concepts of Consciousness", *Philosophical Studies*, 49 (1986), 329-359; John Searle, *The Rediscovery of Mind* (Cambridge, Mass.: MIT Press, 1992); Joseph Levine, "On Leaving Out What It's Like", in M. Davies and G. Humphreys (eds.), *Consciousness* (Oxford: Blackwell, 1993); Martin Davies, "Externalism and Experience", in A. Clark, J. Ezquerro, and J. M. Larrazabal (eds.), *Philosophy and Cognitive Science: Categories, Consciousness, and Reasoning* (Dordrecht: Kluwer, 1996); Charles Siewart, *The Significance of Consciousness* (Princeton: Princeton University Press, 1998); David Chalmers, *The Conscious Mind: In Search of a Fundamental Theory* (Oxford: Oxford University Press, 1996). 附带技术性问题和方法论问题的进一步探讨，请参见 Ned Block and Robert Stalnaker, "Conceptual Analysis, Dualism, and the Explanatory Gap", *The Philosophical Review*, 108 (1999), 1-46; David Chalmers and Frank Jackson, "Conceptual Analysis and Reductive Explanation", *The Philosophical Review*, 110 (2001), 315-361; A good anthology is Block et al. (eds.), *The Nature of Consciousness*。

② Ned Block, "On a Confusion about a Function of Consciousness", *The Behavioral and Brain Sciences*, 18 (1995), 227-247. 参见 Tyler Burge, "Two Kinds of Consciousness", in Block et al. (eds.), *Nature of Consciousness* (Ch. 17 above)。

于研究的进展。真是为时尚早啊。对于一个困难的课题，在早期研究中出现一定数量的步履蹒跚，是不可避免的。在可喜的进步出现之前，我们可能首先需要在一些相关领域，比如神经学、感官学、认知心理学等领域，获得更深入的科学知识。同时我们也不要忘了，我们的世界经验中的最基本的层面，那些产生一些最基本、最持久的哲学问题的层面，很多都会继续保持其让人困惑的特点，即使相关联的科学已经出现了进步。意识问题可能就是这样一个例子。

最后，我想概括一下20世纪后半叶在心灵哲学和语言哲学这**两个**领域出现的一些主要的变化。这些领域在本阶段所做出的三个主要的，或许也是持久的贡献，是对实证主义意义理论的批评，一种更复杂的、应用于自然语言的逻辑形式的成长，以及非描述性指称理论的时兴，及其向心灵哲学的扩展。当然，不同的哲学家对于什么是真的、重要的哲学理论会有不同的看法，因而可能会列出不同的哲学贡献清单来。

关于这一时期的主要潮流，哲学家们更容易取得一致。这一时期的中心事件，就是实证主义的衰落和几乎所有传统哲学问题的复兴。这一事件伴随着对弗雷格的重新发现，逻辑理论在语言上的应用，以及既为其他领域的研究打下基础，又能自成一个独立的研究领域的语言哲学的兴起。计算机范式以及语言哲学的复杂的派生物，使得心灵哲学在最后10年占据了主导地位。

实证主义留下了一种对科学方法的强烈偏好。这种偏好导致了在心灵哲学中对唯物主义的接受，以及有点迟到的解释具体的科学理论和实践的哲学领域的发展（包括物理学哲学、数学哲学、生物学哲学、心理学哲学、语言学哲学和社会科学哲学）。

总的来说，这一时期的主要哲学方向，就是研究哲学问题的方法，变得基础更宽广、更为折中、更少意识形态味道；同时，也更能够接受现代哲学与哲学史之间的互动。心灵哲学之成为一个热门领域，不仅仅是哲学和心理学、语言学这样的领域发生互动的结果。这种热衷还代表着对传统哲学问题的更大的关注，这些问题关系到，作为人，我们在道德上和理智上有什么独特之处。20世纪50年代以来，杰出的北美哲学家扩展了他们对传统哲学问题的关心；这些问题仍然有助于我们构建一种有反思的生活。对于这种扩展的程度，怎么强调也不过分。

由弗雷格、罗素、卡尔纳普、亨普尔、哥德尔、丘奇和蒯因等人所遗留下来的严格的、明晰的、公开的共同探讨问题的方法，并没有受到这种扩展的严重威胁。部分地因为与 20 世纪数理逻辑的发展有着密切关系，哲学论证的水平有了明显的提高。

　　这种变化，以及实证主义者为公开的、冷静的讨论方式所做出的范例，有一个自然的结果，就是产生了一个哲学社群。过去 50 年来，英语哲学界的一大荣耀，就是很多哲学家富有成效地参加了共同讨论。与大多数传统哲学和大多数其他地方的哲学不同，英语哲学界构成了一个公开的、公共的论坛。这个领域的杂志，包括《哲学评论》(*The Philosophical Review*)，见证了一种共同的哲学关注点、共同的哲学术语和共同的辩论方法。现在，我们把这种分享当作理所当然的事。但是从历史上看，这种分享是引人注目的。尽管我认为，哲学不是一门科学而且永远也不会成为一门科学，但它却能从科学精神中获取如此多的营养，在我看来，这是一种更重要的成果。

　　对于过去 50 年中语言哲学和心灵哲学领域的复杂的、多种多样的探讨，本文最多只是提供了一种模糊的印象。作为一个图景，本文的缺陷不仅在于它的过分简化和范围极为有限，而且在于它没能涉及（人这种）动物的生活和本性。哲学首先不是一套原则，不是一系列结论、体系或者运动。哲学，作为产品和作为活动，在于具体地提出问题、澄清意义、发展论证和批评、导出观点。哲学存在于具体的哲学家的角度、细节、风格、挣扎和观点修订之中。在本文这样的综述之中，必须忽略几乎所有真正的哲学。对于那些还没有进入这些问题的读者，本文可以算作一种邀请。对于那些已经进入了这些问题的读者，本文是一个提醒——提醒他们不要忘了我们这个学科的宏大性、丰富性和智识意义。

（李绍猛译）

近40年来分析哲学的转变*

蒂莫西·威廉姆森

分析哲学的对手通常将其与逻辑实证主义相关联。显然，从历史的角度看，在广义的"分析哲学"传统中，一条主线的确是维也纳学派的逻辑实证主义，其坚持严格证实主义的意义原则，将形而上学当成毫无认知意义的而加以排斥。分析传统的另一条主线——日常语言哲学，同样倾向于怀疑形而上学家的做法，认为他们随意使用日常词汇，全然不顾其意义应该依赖的日常语境。然而，最近几十年已经见证了大胆思辨的形而上学在分析传统中的增长和繁荣。这种分析的形而上学完全未被逻辑实证主义者或日常语言的顾虑所抑制，它也许会被描述为前批判的，在范围上远远超出经验领域，在精神上更接近于莱布尼茨而非康德。

一种在基因库中包含如此多反形而上学因素的哲学怎么会如此迅速地发展到相反的极端呢？现在，已经过去了足够长的时间，使我们能够从历史的视角来系统性地回答这个问题。只不过这个计划过于宏大，最好用一本书的篇幅来完成。在这篇论文中，我只对分析哲学的这种转变做一些非正式且不那么系统的评论。尤其是在第二节，我会以一种过来人的视角，回顾自己最有切身经验的那些部分。这至少会提供一些素材，让人们更清楚地了解经历这种转变是一种怎样的体验。在第三节，我将对当前分析哲学史的编纂做一些简要评论。

第一节

在20世纪的最后25年，在分析的形而上学的发展中居于中心地位、最有影响力，且在最近的分析哲学中被引用得最多的当代哲学家，无疑是大卫·刘

---

* 本文为作者2014年9月在贝尔格莱德大学哲学系所做的讲演，经作者授权，该文（中译文）首次发表于《世界哲学》2015年第4期，5-24，160页。

易斯。他也因其恐怖的计算能力、呆板的文辞、脱离日常生活的微弱气息，而被称为"幽灵中的机器"（与"机器中的幽灵"相反，吉尔伯特·赖尔用以概述钟表式的笛卡儿身体中的非物质的笛卡儿自我）。刘易斯的思辨形而上学的珍贵样本正是他那声名狼藉的模态实在论。根据该学说，存在无穷多个可能世界，那是相互分离的时空系统，每一个都像我们自己的现实世界一样真实而具体。[1] 对刘易斯而言，严格地且是根据字面意义，存在会说话的驴子，因为有可能存在会说话的驴子（我们可能都会同意），所以某个可能世界中有会说话的驴子，它们和你曾经看到过的任何驴子一样，是真实的、活的，而且有血有肉。当然，那些其他的世界不对我们的观察开放，没有跨世界的望远镜。刘易斯假定其存在是因为它们可从其模态实在论中推导出来的，而后者在他看来是关于可能性、必然性等相关现象的最好的理论，其简洁、有力、优雅，而且极具解释力。用皮尔士的话来说，刘易斯对模态实在论的论证是溯因推理。在某种程度上，刘易斯比莱布尼茨更为严肃地对待非现实的可能世界，因为对于后者而言，它们只是上帝心灵中未现实化的观念。莱布尼茨的上帝只现实了所有可能世界中最好的那个，而刘易斯的所有可能世界都被同等地现实。我们可以将刘易斯的模态实在论当成思辨形而上学在当代分析哲学中复兴的案例来研究。

有些哲学家将任何诉诸可能世界的理论都看成是一种形而上学的浪费。但那是错的，因为有些理论仅仅将可能世界看作抽象对象或表征，完全可由现世的材料构成。事实上，最卓越的逻辑实证主义的反形而上学家鲁道夫·卡尔纳普，就明确地比较了他的状态描述和莱布尼茨的可能世界，前者是他在含如"可能"和"必然"等模态算子的语言语义学中使用到的极大一致的语句类。他还将它们与维特根斯坦《逻辑哲学论》中的可能事态相比较。[2] 对卡尔纳普而言，必然性纯粹是语言内部的事情，其真由意义所保证，而可能性则是语义形式的一致性。即便在那些以某种可能世界来做工作的分析形而上学家当中，刘易斯的模态实在论也总是少数派的观点。这是极端的形而上学的一个例子。

刘易斯的模态实在论是从哪里来的？它在其最早发表的一篇论文中已经出现。[3]

---

[1] D. Lewis, *On the Plurality of Worlds*, Blackwell, 1986.

[2] R. Carnap, *Meaning and Necessity: A Study in Semantics and Modal Logic*, University of Chicago Press, 1947, p. 9.

[3] D. Lewis, "Counterpart Theory and Quantified Modal Logic", *Journal of Philosophy*, vol. 65, no. 5, 1968, pp. 113−126.

模态逻辑令人振奋的发展，已经使可能世界的观念在对包含模态算子的语言的理解中取得中心地位，这种发展在克里普克的工作中达到顶点。① "必然"被理解为"在所有可能世界中"，而"可能"被理解为"在某些可能世界中"。出于技术性的数学的原因，更有成效的做法不是将可能世界与卡尔纳普的状态描述或其他类似的表征性实体相等同，而是在刻画模态语言的模型时对其本性不做任何限定。② 这不会强加一种更具形而上学思辨性的可能世界概念，但却使其成为可能。

另一个重要因素是亚瑟·普赖尔所创立的时态逻辑的发展。他敏锐地意识到模态逻辑和时态逻辑的结构很类似，可能世界在模态情形中的作用和时间瞬间在时态情形中的作用一样。③ 书写上相同的算子既可被读作模态逻辑中的"必然"，也可被读作时态逻辑中的"总是"（或"过去总是"或"将来总是"）。当用时态词来读逻辑公式时，它们表达关于时间结构及时间中存在物的形而上学原则。这为用模态词来做出更加形而上学的解读提供了范本，它们表达关于可能性的结构及可能或必然存在物的类似的形而上学原则。于是，卡尔纳普的内语言模态可替换为克里普克的形而上学模态，后者关注的是事情确实可能怎样。

但模态逻辑的发展本身不能完全解释刘易斯的模态实在论。因为克里普克和其他主要的模态逻辑学家并没有走上模态实在论之路。事实上，刘易斯的模态语言的模态实在论语义学带来了糟糕的并发症，从纯技术的角度看，即便有普赖尔的时间和模态之间的类比，这也相当缺乏根据。特别是，刘易斯假设没有任何个体存在于一个以上的世界中，这类似于非常不合理的假定：没有任何个体存在于一个以上的时刻。为了使人们本可以采取不同行动的常识观念有意义，刘易斯则引入了精致的理论以说明不同可能世界中的不同却类似的个体之间的对应关系。这些并发症是刘易斯先前的承诺所推动的。

此时，我们必须注意，刘易斯于20世纪60年代中期在哈佛大学的博士论文导师正是模态逻辑的主要批评者——蒯因。蒯因尤其对卡尔纳普和露丝·巴坎·马库斯（Ruth Barcan Marcus）所发展的量化模态逻辑感到不满，因为它实

---

① S. Kripke, "Semantic Considerations on Modal Logic", *Acta Philosophica Fennica*, vol. 16, 1963, pp. 83−94.

② T. Williamson, *Modal Logic as Metaphysics*, Oxford University Press, 2013, pp. 81−84.

③ A. Prior, *Time and Modality*, Clarendon Press, 1957.

际上允许对特殊个体的可能属性和关系做推理，而不仅限于一般的可能事态。起初，蒯因试图证明量化模态逻辑的技术缺陷达到了不融贯的程度，以至于瓦解了可能性、必然性和现实性之间的模态区分。后来变得很清楚的是，他的纯形式论证本身有技术缺陷，蒯因逐渐改变了攻击路线，转而质疑量化模态公式的非形式的可理解性。他关于逻辑的可理解性标准非常严苛：一阶非模态逻辑，大致说来，与逻辑常项"并非"、"并且"、"或者"、"所有"、"有些"和"是"有关。对蒯因而言，逻辑就是一阶非模态逻辑。刘易斯假定模态实在论是因为这样就能通过翻译将量化模态语言还原为允许人们谈论世界以及那些世界中的个体的一阶非模态语言。关键在于，刘易斯的模态实在论使他可以用一种非形式的方式和非模态的术语来解释什么是可能世界：粗略地说，就是一个时空系统；该系统内的个体相互之间具有时空联系，但系统外的任何东西都没有这种联系。在这方面，刘易斯以使量化模态逻辑达到他老师的可理解性标准为目标。因为自然语言中的许多日常论述涉及的表达方式至少与量化模态逻辑中的一样多——退一步说，"可以"和"必须"是常用词汇——刘易斯的做法也是出于宽容原则①，这也是蒯因所明确赞同的：更好的自然语言解释宁可把说话者都看成明理之人，也不将他们都看成傻瓜。② 我们自己的世界之外的可能世界及其居民之所以需要，是为了使关于事物可能怎样而实际上并非如此的日常陈述为真。刘易斯以蒯因自己的术语为如何宽容地解释量化模态论述的蒯因难题给出了一种巧妙的解答，蒯因却拒绝这份礼物。

蒯因对模态实在论不感兴趣并非出于反形而上学的立场。他和其他人一样将本体论看成分析哲学地图上的形而上学的一个分支，而他的哲学与自然科学连续的观念明确地包含形而上学的理论的自然主义方法。有人也许会由此认为，他之所以拒绝模态实在论，是因为其缺乏自然科学的支持。然而，蒯因并没有要求形而上学理论的每一个点自身都得到自然科学的具体支持。例如，尽管他认为数学（其本体论上承诺如集合或数的抽象对象）通过在自然科学中的应用而获得整体上的证成，他清楚地知道，标准集合论公理的能力远远超出了自然科学的需求，但仍然把它们当作在科学应用中实际使用的片段的近似，因其简洁、优雅以及其他类似的品质而被证成。因此，蒯因对数学的证成是溯因推理，在精神上与刘易斯对模态实在论的证成类似。毫无疑问，如果蒯因已经感觉到

---

① D. Lewis, "Radical interpretation", *Synthese*, vol. 27, no. 3-4, 1974, pp. 331-344.
② W. Quine, *Word and Object*. MIT Press, 1960, p. 59.

模态实在论和当前的自然科学理论有冲突,那么他会将其作为一个很好的理由来拒斥模态实在论,但刘易斯本人也可能会这样做。然而,他们似乎都没有感觉到这种冲突。在我看来,的确存在这种冲突或不一致,但这需要精心论证,目前尚未得到普遍认同。① 或许,蒯因只是和其他许多分析形而上学家一样,对模态实在论投以一种"不轻信的目光"②。况且,蒯因遇到模态实在论时,已经进入其职业生涯的晚期,他不太可能接受对其观点外来的根本修正;对他而言,公开收回他对量化模态逻辑根深蒂固的怀疑论会是一个难以下咽的苦果。类似地,他对模态逻辑模型论也不感兴趣,尤其是克里普克等人发展出的量化模态逻辑模型论的纯技术发展,尽管这只是常规数学的片段,并不会比数学的其他任何部分更容易受到来自蒯因的可理解性关切的攻击。

蒯因的例子是一个有益的提醒,通常意义上的分析传统,从来都不是形而上学的禁地。在蒯因之前,罗素是公然在分析传统中发展形而上学理论的重要人物。事实上,F. H. 布拉德雷很可能是对的,对形而上学的批判本身也依赖于有争议的形而上学假定。③ 然而,形而上学在分析传统的历史中的作用和地位已经发生了显著的改变,而我们所关注的正是这些改变。

以刘易斯为例,他的模态实在论本身就随着时间在演变。在 1968 年的论文中,其重点在于模态和非模态语言之间的关系,以及通过将模态语言翻译到他的对应体理论(其模态实在论的前身)的非模态语言所获得的模态逻辑的清晰性。他用对应体理论的假设来验证模态逻辑的基本原则,同时也阐明形而上学的图景。例如,在刘易斯看来,没有什么东西能存在于两个世界的假定。以统一的否定方式,一举回答了个体的跨世界识别问题。这就是他对蒯因所抱怨的跨世界个体化之晦涩的回答。④ 在他写《论世界的多元性》(主要基于他于 1984 年在牛津大学做的约翰·洛克讲座,后来成为模态实在论的典范)的时候,他的视角发生了变化。他很少谈到语言问题,而是更多地谈论模态实在论作为解释各种现象(其中不乏非语言现象)的理论框架的溯因优势。在面对量化模态

---

① T. Williamson, *Modal Logic as Metaphysics*, pp. xii, 17; T. Williamson, "Replies to Bricker, Divers, and Sullivan on *Modal Logic as Metaphysics*", *Philosophy and Phenomenological Research*, vol. 88, 2014, pp. 744-764.

② D. Lewis, *On the Plurality of Worlds*, pp. 133-135.

③ F. H. Bradley, *Appearance and Reality*, Swan Sonnenschein, 1893, pp. 1-2.

④ 刘易斯引用 W. Quine, *Word and Object*, p. 245。

逻辑的语言（实际上，是日常模态语言的形式化）与对应体理论的语言之间特定翻译模式的反对意见时，他劝我们不要担心细节，而是放弃量化模态逻辑语言，直接用更易懂的对应体理论的语言来构建我们的形而上学理论。① 很明显，从 1968 年到 1986 年，刘易斯工作的重心从语言哲学转向了形而上学。

在写于 1981 年的著作中，刘易斯将"哲学家的合理目标"描述为使其观点达到稳定均衡。在他看来，失去"我们对常识的锚定"之所以麻烦，不在于常识是不可错的，而是在于我们不能达到稳定均衡，因为我们总是不断回到某种类似于常识观点的东西。② 他要求均衡在理论反思之下保持稳定。原则上看，这与蒯因的哲学与科学一起调整以缓解信念网的张力的方法论并没有根本性的差别。③ 在刘易斯看来，给定我们的其他信念，模态实在论比别的模态形而上学理论在反思稳定性方面表现得更好。当然，许多哲学家坚持认为，采用模态实在论正是失去了对常识的锚定，但刘易斯善于将假定的常识判据解释得与模态实在论相容，其通常假设在这些日常话语中隐含大量的语境限制。虽然他承认模态实在论和常识之间有某些分歧，比如是否（无限制地讲）有会说话的驴子，他成功地带入深奥的领域，从而使其有可能被合理地视为低优先级的常识。当批评者谴责刘易斯过分偏离常识时，他却将其模态实在论看作他对常识的部分辩护——与贝克莱看待主观唯心主义的方式相同。

在实践中，把人们的观点带到稳定均衡的过程中会涉及对其观点实际上是什么的大量反思。因为人们的一般信念通常由句子表达，其潜在的语义结构并非完全透明的，对人们相信什么的反思会被引向对其语言的语义反思——或者，像某些人所说的，对其概念系统的反思。

刘易斯的蒯因或至少也是后蒯因方法论与彼得·斯特劳森的方法论之间形成一种自然的对照，后者是来自日常语言哲学传统的蒯因的主要对手。但是，到 20 世纪 50 年代后期，"日常语言哲学"对斯特劳森所做之事不再是恰当的词汇。他的工作方式远比这个词汇所表明的要更为抽象和系统。他关心的是日常思想和谈话的非常一般的结构特征，比如主谓语的区分，而非日常使用的细节。1959 年，他出版了《个体》，副标题为"论描述的形而上学"，当时人们普遍认

---

① D. Lewis, *On the Plurality of Worlds*, pp. 12-13.
② D. Lewis, *Philosophical Papers*, *Volume I*, Oxford University Press, 1983, p. x.
③ W. Quine, "Two Dogmas of Empiricism", *Philosophical Review*, vol. 60, 1951, pp. 20-43.

为这部重要著作标志着一个转折点，形而上学在分析哲学中复兴。斯特劳森对比了描述的形而上学与更激进的修正形而上学，后者尽管"偏视"，但当其"服务于描述形而上学"时仍是有用的。① 修正的形而上学对思维的边缘是有益的，但其一旦试图修改"没有历史的人类思维的巨大中心"时就会误入歧途，因为"有的范畴和概念，其最根本的特征，完全不会变"②。描述的形而上学应该描述的正是构成那个中心结构的概念联系。根据斯特劳森的观点，该结构不是分层级的，不像某些概念分析方案所设想的那样可以通过充分必要条件给出非循环的定义。相反，描述的形而上学家围绕复杂的封闭曲线，在同一水平上追踪概念的相互联系，其探索不是纵向的，而是横向的。

斯特劳森的形而上学或许会修改日常思维的边缘但对其核心却只做描述，而刘易斯的形而上学在试图将观点引向平衡时不能失去对常识的锚定，两者在种类上有何差别？在这里，也许值得回顾的是，当刘易斯1959—1960学年从斯沃斯莫尔学院到牛津做访问学生的时候，他参加了斯特劳森等人的讲座。他的导师是爱丽丝·默多克，正是那一年导致他做出主修哲学的重大决定，而非他之前打算的——化学。当然，斯特劳森将描述的形而上学刻画为追踪概念联系，这依赖于某种形式的分析与综合之分，在这一点上他曾与其师保罗·格赖斯一起反对蒯因的有巨大影响力的批评。③ 事实上，蒯因从"分析"开始追踪其他语义词项再转回到"分析"，试图表明它们不可能有令人满意的解释，但这种定义之间的复杂的封闭曲线，恰好是描述的形而上学所寻求的那种曲线。在这个问题上刘易斯站在了他更早的老师一边，而反对他后来的老师。刘易斯的第一本书结束时试图将分析性恢复为在所有可能世界中为真④，而蒯因在其序言中对此表示遗憾。⑤ 虽然斯特劳森和刘易斯都接受分析与综合的区分，但在哲学实践中他们都没有巧舌如簧地终结谈话，尽管缺少智谋的人经常那么干。诚然，斯特劳森比刘易斯更倾向于将哲学问题定性为语词或概念问题，或关于某个主题我们必须如何思考的问题，而不是关于该主题本身的问题。但正如我们所见，

---

① P. Strawson, *Individuals: An Essay in Descriptive Metaphysics*, Methuen, 1959, p. 9.
② Ibid., p. 10.
③ W. Quine, "Two Dogmas of Empiricism". H. Grice and P. Strawson, "In defence of a Dogama", *Philosophical Review*, vol. 65, 1956, pp. 141–158.
④ D. Lewis, *Convention: A Philosophical Study*, Blackwell, 1969, p. 208.
⑤ Ibid., p. xii.

刘易斯本人经常谈论元语言，而斯特劳森反倒很愿意用基础层级的形而上学术语说话，比如其评论"人不是有身体的自我，但自我却可能是无身体的人"①。可以说，根据其论证的需要，他们都在对象语言和元语言之间轻松转换。

蒯因坚持哲学和自然科学的连续性，而斯特劳森不会。在这方面，刘易斯更接近于蒯因而不是斯特劳森。然而，在实践中，自然科学在三位哲学家的形而上学中都只起到非常次要的作用。一个好的检验是他们如何处理三维主义和四维主义之间的争端，前者是持久连续体的亚里士多德形而上学，而后者是连续时间片段组成的并行体的形而上学，通常与爱因斯坦的狭义相对论相关。可以预见，斯特劳森是三维主义者，而蒯因和刘易斯都是四维主义者。但令人惊奇的是，蒯因和刘易斯在构造其四维主义案例时很少用到狭义相对论。在《语词和对象》中，蒯因强调的是将空间和时间做相同处理具有逻辑流畅性方面的优势。②他只是将其作为一种方便的事后想法而补充说，爱因斯坦狭义相对论的发现使得"时间的类空间处理没有任何合理的替代性方案"，但也紧接着指出这样做的逻辑好处是"独立于爱因斯坦的原则的"，并附有参考文献地补充说，"用事物和时间外在关系的术语来改写时态句的想法显然在爱因斯坦之前"③。在《论世界的多元性》中，刘易斯的四维主义案例完全没有提到爱因斯坦，也丝毫不依赖于现代科学；它只依赖于与历时的内在性质——如形状——有关的不可靠且过时的纯形而上学推理。④或许，刘易斯并不相信狭义相对论确实使时间的类空间处理没有任何合理的替代性方案，否则他应该会提到对其结论的如此令人印象深刻的支持。因为刘易斯的具体论证并没有认真对待将时态算子当成解释基础的方案，所以很难避免这样的印象，对他而言起决定性作用的是某种蒯因式的成见，适合于形而上学的语言是某种接近数学语言的东西。当然，浏览一下《论世界的多元性》，就会发现它们全是不含公式的英语散文，与《个体》一样。然而，刘易斯追求的系统性以数学语言阐述的科学理论为模型。而斯特劳森追求的系统性不同，它只是对英语本身或其他自然语言的一种令人满意的一般说明。蒯因和刘易斯如此看重的那种形式逻辑的流畅性，斯特劳森将其看成是陷阱。在这种非标准的意义上，尽管其形而上学也相似，斯特劳森本

---

① P. Strawson, *Individuals: An Essay in Descriptive Metaphysics*, p. 103.
② W. Quine, *Word and Object*, pp. 170-172.
③ Ibid., p. 172.
④ D. Lewis, *On the Plurality of Worlds*, pp. 202-205.

质上仍然是一位日常语言哲学家,而刘易斯本质上是一个理想语言哲学家。他们都不愿意与常识(或自然科学)有广泛的分歧,但也通过承认常识外围的可修改意见带留下一些回旋余地。由于理智价值观的细微差异,他们最终得出了完全不同的理论。

如果斯特劳森是对的,刘易斯的观点与日常思维的不变核心相冲突会怎样?那些观点根据刘易斯自己的标准也不会成立,因为包含它们的任何意见总体都不会在理论反思下达到稳定,因为它也会包含日常思维的不变核心。我们不能指望让哲学争论中一般方法论问题与争论中具体议题上谁对谁错的问题保持分离。[1]

我们可以通过斯特劳森和刘易斯与克里普克对比来完善我们对理智选择的理解。在20世纪70年代,克里普克和刘易斯以"可能世界革命"的领导人成对出现。克里普克的本质主义及其对量化模态逻辑的辩护对蒯因式的正统而言是激进的。要将其理解成对非常普通的思考方式的澄清还需要时间,所以对常识而言并不激进。当然,其中一条线索是,蒯因已经注意到的本质主义与亚里士多德的联系,因为亚里士多德自古以来都算得上是常识哲学的创始人。斯特劳森将亚里士多德和康德都当成伟大的描述形而上学家。[2] 克里普克在《命名与必然性》中的论证往往基于常识的例子,而且他明确拒绝刘易斯的模态实在论,而赞成更简约的可能世界概念,将其理解为可能事态。[3] 他的形而上学在斯特劳森的意义上无疑不是修正的。这个特点可能被他在"可能世界语义学"的数学工具的基础上所取得的量化模态逻辑的技术成就所掩盖,但其本身并不会比数学的任何其他部分在形而上学上更成问题。[4]

虽然克里普克的形而上学初看起来比实际上更具修正性,其方法论初看起来却比实际上更具语言性。他的标题结合了语义词汇和形而上学词:《命名与必然性》和《指称与存在》[5]。当然,正是克里普克在形而上学模态与认知或语义模态的区分中起核心作用,通过先天偶然真理和后天必然真理的著名例子,他给

---

[1] T. Williamson, *The Philosophy of Philosophy*, Blackwell, 2007, pp. 210–214.

[2] P. Strawson, *Individuals: An Essay in Descriptive Metaphysics*, p. 9.

[3] S. Kripke, "Naming and Necessity", in D. Davidson and G. Harman (eds.), *Semantics of Natural Language*, Reidel, 1972. 后修正出版单行本 *Naming and Necessity*, Blackwell, 1980。

[4] T. Williamson, *Modal Logic as Metaphysics*, pp. 81–84.

[5] S. Kripke, *Reference and Existence: The John Locke Lectures*, Oxford University Press, 2013. 虽然出版于2013年,但此书是他1973年在牛津大学以相同的标题所做的约翰·洛克讲座。

当时流行的休谟式的口号"所有必然性都是言语的必然性"带来了麻烦。即便如此，在20世纪70年代，有这样一种四处传播且很有影响的印象，认为克里普克似乎以某种方式成功地从其对模态语言的语义分析，特别是其名称是严格指示词（考虑不同的可能世界时其指称不变）的洞见中推出了关于个体和种类本质特征的形而上学结论。内森·萨蒙（Nathan Salmon）出版了详细的专著《指称与本质》①来驳斥这种印象。题目中的"与"用来分隔语义词汇和形而上学词汇，而非将它们相关联。封面呈现的是从帽子中拉出的兔子。萨蒙证明，克里普克以形而上学前提推导其形而上学结论（克里普克本人并没有相反的声明）。这不会使得克里普克的论证仅仅在乞求论题，因为前提的合理性仍然比结论的合理性更为直接。萨蒙的观点被广泛接受。这促使独立于语言哲学的形而上学概念更加流行。

正如将克里普克的形而上学看成是其语义学的结论是一个错误，将它们看成完全无关的也是一个错误。因为语义学的误解通常会引起形而上学中的误解，导致将谬误的形而上学论证当成有效的，从而融贯的形而上学观点被当成混乱的或不一致的而错误地不以考虑。蒯因早期对量化模态逻辑的批评就是一个例子。把模态语言的语义学弄清楚是至关重要的，这样才能看清人们捍卫形而上学的本质主义论题的方法。因此克里普克语义学的严格指示词理论毕竟还是与他的本质主义形而上学有关，但其作用是消极的而非积极的，它可以赶走反本质主义的论证，却不能推进本质主义的论证。

这里有一个与著名的"语言学转向"有关的一般性教训，该术语近几十年来越来越不适合于描述主流的分析哲学。然而，尽管在任何与其他学科的问题相区分的意义上，分析哲学家都不再将其主要问题看成是语言问题或概念问题，语言学转向的痕迹并没有被简单地抹去。因为它留下了丰富的方法论遗产。在检验非语言问题之论证的可靠性时，分析哲学家经常借鉴语义学和语用学的成果。② 对于语义学，克里普克在量化模态逻辑中的工作就是很好的例子。

对于语用学，首要的成果就是斯特劳森的老师，保罗·格赖斯在会话涵义上的工作。③ 如果你在我的讲座之后评论说"威廉姆森今天下午是清醒

---

① N. Salmon, *Reference and Essence*, Blackwell, 1982.

② T. Williamson, *The Philosophy of Philosophy*, pp. 46–47.

③ H. Grice, "The Causal Theory of Perception", *Aristotelian Society*, sup. 35, 1961, pp. 121–152; H. Grice, "Logic and Conversation", in D. Davidson and G. Harman (eds.), *The Logic of Grammar*, Dickenson, 1975.

的", 你暗示我在下午通常是喝醉了的, 即便这不是使你所说的话为真的前提条件, 即便我是一个审慎的禁酒主义者, 它也为真。格赖斯发展出了强有力的理论工具来分析这种效应。虽然这项工作是在日常语言哲学的牛津学派中出现的, 它对瓦解这种哲学的方法论做出了重要贡献。因为日常语言哲学涉及的焦点正是在各种会话语境中"我们会说什么"。通过分析一种表达在会话上不恰当的各种不同原因, 格赖斯证明了从此类数据中得出结论的局限性。但是他的会话理论不只是日常语言哲学崩溃的内部因素, 它具有更为持久和积极的价值。它被语言学家大量引用, 因为它是许多当代语用学工作的起点。但它也继续在当代分析哲学中扮演关键性的否定角色。

在语言哲学之外, 分析的认识论为格赖斯语用学的哲学应用提供了一个很好的案例。今天的分析认识论学者通常认为他们的研究对象是知道(或被证成地相信)本身, 而不是相应的语词或概念。在反思知识或被证成的信念时, 他们检查具有认识论意义的日常情形。在决定如何描述这些情形时, 他们经常问自己, 被提议的描述是假的呢, 还是相反, 它是真的只不过在会话上有误导性, 因为它有假的会话涵义。他们用格赖斯的会话理论来过滤受污染的数据。他们也不得不从事语义学和语用学, 因为有些主要的竞争理论是语境主义的, 在某种意义上, 他们假定认知词项的指称随使用语境而变化。尽管如此, 认识论学者的研究对象是知道本身, 而不是动词"知道"或概念知道。他们听起来像日常语言哲学家, 而且在足够宽松的意义上他们就是日常语言哲学家, 即使语言哲学在他们的认识论目标中并没有特别的作用。① 在这方面, 日常语言已经回到了它的起点。因为日常语言的经典宣言, 至少其牛津形式, 出现于奥斯汀的论文《为辩解进一言》②中。但奥斯汀对哲学方法的讨论似乎受到了约翰·库克·威尔逊(John Cook Wilson)的作品中的类似评论的强烈影响, 后者自1889年到1915年去世之前, 一直是牛津大学的威克汉姆逻辑学讲座教授, 并且是牛津的实在论形而上学和以知识为中心的认识论传统的创立者, 并且在通常理解的意义上, 他并不是语言哲学家。比如, 库克·威尔逊的评论"永远不能安全

---

① J. Hawthorne, *Knowledge and Lotteries*, Oxford University Press, 2004 和 J. Stanley, *Knowledge and Practical Interests*, Clarendon Press, 2005, 都是很好的例子。

② J. Austin, "A Plea for Excuses", *Proceedings of the Aristotelian Society*, vol. 57, 1956—1957, pp. 1–30.

地忽视语言的区别"① 在奥斯汀对以日常语言之区分为起点的强调中得到呼应。在奥斯汀的学生时代,库克·威尔逊的观念和著作在牛津哲学中仍颇有威望,尤其是通过他的得意门生,1927年至1937年的怀特道德哲学讲座教授,H. A. 普里查德的影响。奥斯汀还是本科生的时候参加过他的讲座,尽管普里查德禁止他问过多的问题。因此,许多当代分析哲学家都非常关注语言细节,却不在任何意义上将其主题看成是语言问题。

上文的概述没有提出任何简单的教益,越仔细地审视任何事物的历史就反倒不宜得出简单的教益。但是,我可以通过追溯自己在牛津的经历,为这幅图画增添一点色彩,为这种转变提供另一种视角。

第二节

我1973年到牛津大学读本科,学习数学和哲学。逻辑在这个过程中发挥了核心作用,使我持续受益;其核心性与我观察这幅景象的视角有关。我1976年获得了本科学位然后开始博士阶段的学习。最初我希望能够将莱布尼茨的充足理由律加以形式化,但不久就转而研究卡尔·波普尔的逼真性观念,他认为即便不能完全达到真理,科学也可以通过离真理越来越近的一系列理论而取得进步。我1980年离开牛津,开始第一份正式工作,作为都柏林三一学院的哲学讲师,且在1981年取得了博士学位。

1973年,牛津的两位资深的牛津理论哲学教授是艾耶尔——1959年至1978年的威克汉姆逻辑学讲座教授和彼得·斯特劳森——1968年至1987年的韦恩弗利特形而上学讲座教授。奥斯汀和普赖尔分别于1960年和1969年逝世,他们都是英年早逝;而格赖斯1967年去了伯克利。可以模式化地将艾耶尔和斯特劳森关联到分析哲学两大主线:逻辑实证主义和日常语言哲学。艾耶尔是维也纳学派的成员,其处女作《语言、真理与逻辑》② 包含大量逻辑实证主义学说,包括在证实原则基础上对形而上学的批判,但他将其家谱追溯得更远:"本书的观点是从罗素和维特根斯坦的学说中导出的,它们又是贝克莱和休谟的经验主义

---

① J. Wilson, *Statement and Inference*, Clarendon Press, 1926, p. 46.

② A. Ayer, *Language, Truth and Logic*, Victor Gollancz, 1936. 后文引用页码来自1946年的第二版。

的逻辑终局"①。这本书因主张道德和宗教的表达主义而臭名昭著。最后一章的标题就表达了其厚颜无耻、故意挑衅的风格:"著名哲学难题的解答"。艾耶尔是罗素的追随者,而斯特劳森最著名的文章②则是对罗素珍视的哲学贡献(其摹状词理论)的批判,其处女作则更一般地论证说现代逻辑的这种应用对日常语言的微妙之处不公平。③ 在现场辩论时,艾耶尔使用快速射击,而斯特劳森则使用优雅的剑术。艾耶尔更为公众所熟知,因为他是广播名人;而斯特劳森在专业哲学家中的评价更高,因为他更有原创性。斯特劳森曾经是威克汉姆逻辑学讲座教授的候选人;当艾耶尔通过委员会中非哲学家的投票而当选的时候,奥斯汀和赖尔以辞职来抗议。那天傍晚,有同事问斯特劳森没有当选是否感到很失望,他回答说"没有失望(disappointed),只是未被任命(unappointed)"。

到1973年,将艾耶尔归类为逻辑实证主义者,或将斯特劳森归类为日常语言哲学家,严格说来都不适当。更适当的做法是将艾耶尔描述为休谟主义者,而将斯特劳森描述为康德主义者:他们之间的反差并不明显。上文已经说过斯特劳森如何发展为系统的形而上学家。艾耶尔放弃了他早期的激进主义,包括对形而上学的证实主义批判。他评论说《语言、真理与逻辑》的困境在于其主要学说都是错的。1976年,在该书初版的40周年纪念日,他做了一系列的讲座,说明他还保留了哪些最初的观点。在那本书中,他引用了一个不可证实的形而上学伪命题的例子"绝对进入进化和发展,但其本身却不能进化和发展",他将其描述为"从布拉德雷的《现象与实在》中随意选出的评论"。在那次演讲中,他承认,那绝不是随意选出的评论,他花了好几个小时来搜寻,才找到听起来无意义的东西。这是一个有益的提醒,许多形而上学的话语以日常标准来看也是可理解的——尤其是没有像他转述布拉德雷的段落那样断章取义的时候。

对1973年的年轻哲学家而言,艾耶尔在哲学上显得相当过时。斯特劳森也一样,虽然程度更轻。根本原因很大程度上在于他们与现代形式逻辑的关系。艾耶尔支持而斯特劳森反对,但他们都对其知之不多。在他们接受哲学教育的年代,这种逻辑在牛津并不受尊重。那一代的哲学家有时把形式逻辑叫作"加法",小学的初等算术用语。艾耶尔和斯特劳森缺乏现代形式逻辑工具的后果是

---

① A. Ayer, *Language, Truth and Logic*, Victor Gollancz, 1946, p. 31.
② P. Strawson, "On Referring", *Mind*, vol. 59, 1950, pp. 320-324.
③ P. Strawson, *Introduction to Logical Theory*, Methuen, 1952.

他们无法应对席卷整个大西洋的语言哲学新浪潮。该潮流的引导者为克里普克和刘易斯（他在 20 世纪 70 年代既是语言哲学家也是形而上学家），以及其他哲学家和语言学家，如唐纳德·戴维森、希拉里·普特南、大卫·卡普兰、罗伯特·斯塔尔内克、基思·唐奈兰、理查德·蒙塔古，以及芭芭拉·霍尔·帕蒂。语言哲学的新浪潮涉及基于现代逻辑的形式语义学在自然语言中的应用。

艾耶尔从来没有关注语言哲学细节的兴趣。他对新浪潮的怨恨集中在克里普克的后天必然和先天偶然的例子，因为这些范畴违背了休谟所以为的事实（偶然且后天）与概念的关系（必然且先天）之间的穷尽区分。由艾耶尔"非正式指导"的年度课程向所有人开放，通常以简短陈述一些近期作品开始。许多最优秀的研究生参与讨论，即使他们已经加入了新浪潮，因为艾耶尔很善于制造有益于讨论的氛围。但是，他每年都会读一篇声称反驳克里普克的后天必然和先天偶然的小论文，事实上它们恰好是以克里普克做了如此多工作来澄清的那些混淆为基础的。当他读完的时候，研究生们就含蓄地恳求他不要误解克里普克——但那是徒劳。斯特劳森比艾耶尔更关注语言哲学，但是他对新语言哲学的知觉也被过时的透镜所扭曲，事实上夸大了日常语言哲学与理想语言哲学的差别，前者关注说话者对自然语言的实际使用中的复杂性，后者试图将形式语言的简单逻辑结构投射到自然语言。① 他未曾意识到，新浪潮将两种方案看成是互补的而非竞争的，所以用相对简单的形式化的真值条件语义学来解释自然语言最能体现说话者实际使用语言的复杂性。② 斯特劳森对新语言哲学的批评不得要领，这也使他看起来像是来自过去的人物。

事实上，新语言哲学实现了分析哲学两大竞争阵营不可思议的调和。从逻辑实证主义那里，它学到了对形式语言的严格使用，通过对语形和语义的精确而系统的描述来建构意义模型。从日常语言哲学那里，它学到了与使用有关的待解释的数据，以及与意义和使用之关系的本性有关的思想，从而使形式模型能够契合那些数据。一个令人鼓舞的先例是诺姆·乔姆斯基所取得的成功，他用假定的深层结构的形式模型来解释英语表层语形中微妙的，看似混乱的复杂性。③ 新语言哲学家希望对自然语言语义学做的事情似乎与乔姆斯基等人对语形

---

① P. Strawson, "Meaning and Truth", in his *Logico-Linguistic Papers*, Methuen, 1971.

② D. Lewis, "Languages and Language", in K. Gunerson (ed.), *Language, Mind, and Knowledge*, University of Minnesota Press, 1975.

③ N. Chomsky, *Syntactic Structures*, Mouton, 1957.

已经做过的事情类似——尽管乔姆斯基本人对语义学的科学地位表示怀疑。的确，期待一个表达式的语义结构和语形结构之间有紧密联系，至少在深层结构或逻辑形式的层面上是很自然的。因为新语言哲学的基本信条是（经由卡尔纳普从戈特洛布·弗雷格而来）语义学必须是组合性的，复合表达式的意义由其成分的意义所决定；否则，如何解释我们理解句子的能力，这些句子是从未遇到过的，却由熟悉的词按照熟悉的方式组合而成？最初的假设必定是，在一些足够深的层次上，句子语义和语义成分的必要衔接与语形和语形成分的衔接相符。组合性限制在系统性方面施加了强大的力量。在实践中，唯一展示（而不只是声称）这种组合性结构的语义学理论正是那些具体形式语言的语义学。一种语言哲学若缺乏这种形式语义学，在新潮者看来就是欠发达的。部分地由于这个原因，奥斯汀在 1973 年的牛津语言哲学中很少被提及，因为他没有提供形式语义学。他的门徒，某种意义上也是其理智继承人的约翰·塞尔也面临同样的境遇，其主要著作《言语行为》几乎在 1969 年刚出版时，在牛津视角看来就已经是过时的。尽管奥斯汀和塞尔持续发挥重要的影响，但那主要在新浪潮之外。

新浪潮语义学有两种主要类别，虽然在方法论上它们之间的差异比它们与前任的共同差异要小。一类是可能世界语义学，这可以追溯到卡尔纳普，而 1973 年时主要与语言哲学家克里普克、刘易斯、卡普兰、斯塔尔内克和蒙塔古有关。在《作为形式语言的英语》①《正确处理日常英语中的量词》②，以及其他论文中，蒙塔古展示了如何为自然语言的大片段给出严格的组合性语义学。其工作对帕蒂发挥了重要影响，而且成为内涵语义学的传统来源。另一类新语义学是外延的，主要受蒯因的影响，受蒯因对意义的怀疑论所限，它以不那么直接的方式，通过对指称和真而非意义本身的明确理论而接近语义学的领域。尽管如此，它同样强调组合性约束。形式上，它从塔斯基的真理论获得灵感。其主要支持者是唐纳德·戴维森③，他对语言学也有重要影响，尤其著名的是通

---

① R. Montague, "English as a Formal Language", in B. Visentini et al. (eds.), *Linguaggi nella Società e nella Tecnica*, Edizioni di Comunità, 1970.

② R. Montague, "The Proper Treatment of Quantification in Ordinary English", in J. Hintikka, J. Moravcsik, and P. Suppes (eds.), *Approaches to Natural Language: Proceedings of the 1970 Stanford Workshop on Grammar and Semantics*, Reidel, 1973.

③ D. Davidson, "Truth and Meaning", *Synthese*, vol. 17, 1967, pp. 304–323.

过戴维森语义学，其假定对事件的隐含量化来处理自然语言的动词和副词。① 一个主要的戴维森主义的语言学家是詹姆斯·希金博特姆。

我第一次接触新语言哲学是在本科第一学期，那时我的导师鼓励我参加约翰·洛克讲座，主讲人正是美国哲学升起的新星——索尔·克里普克。我对他的清晰性、非形式的严格性、精到的例子、常识，以及幽默都印象深刻。他的讲座大多是非技术性的，但也能感觉出他对相关的技术驾轻就熟。虽然那时我并没有这么想，克里普克调和了理想语言哲学和日常语言哲学的优点。当然，在那时，我对他所说的语言哲学背景知之甚少，也并非能完全跟上讲座的所有内容以及之后的讨论。然而，克里普克成为离我最近的怎样做哲学的典范。

尽管克里普克的著作在那时的牛津被广泛讨论，尤其是在年轻哲学家中间，但在新浪潮中占主导的仍然是外延的而非内涵的语义学。戴维森在1970年做过约翰·洛克讲座。在牛津，两个最受尊敬的年轻理论哲学家加雷斯·埃文斯和约翰·麦克道尔，以某种方式将戴维森和弗雷格合二为一。那时正是"戴维森热"的时期——尽管人们往往以相当缓慢而安静的语调说着塔斯基式的口头禅"句子'雪是白的'在英语中是真的当且仅当雪是白的"。如果你想写X的哲学，不论X是什么，那么你应该从用于谈论X的语言的真理论写起。我发现这种崇敬戴维森的氛围即使说不上令人恶心，也是不健康的。他完全可以选择一个推测的且有争议的外在论起点来开始他的语言哲学纲领，而且走得越远越好，但该项目迫切需要以科学的精神来进行，当作对其假设的检验。相反，它们被当成（特别是被那些低层次的人当成）神秘但令人信服的教条，这是一种被戴维森那省略且略带逃避的风格所鼓励的态度。人们认识到，戴维森纲领不得不面临一个挑战，它必须为自然语言中各种明显非外延的构造提供一种组合语义学，例如，信念和欲望的归属或者可能性和必然性，但是对替代性方案的讨论却被缺乏开放性和透明度的游戏规则所掩盖。哲学家，一些只掌握一点点技术手段的人，会用毫无理由的技术限制（比如，对代入量化的一个禁令是要求可有穷公理化）来排除竞争对手的假设。克里普克对戴维森反代入量化的批评② 被谴责为残酷的，但对我而言却是耳目一新；我可以作证，那时的确存在他所

---

① D. Davidson, "The Logical Form of Action Sentences", in N. Rescher (ed.), *The Logic of Decision and Action*, University of Pittsburgh Press, 1967.

② S. Kripke, "Is There a Problem about Substitutional Quantification?", in G. Evans and J. McDowell (eds.), *Truth and Meaning*, Oxford University Press, 1976.

抱怨的那种氛围。① 相比之下，内涵的语义学在一种更加开放的科学精神下进行，尽管戴维森主义者阴暗地认为可能世界是黑暗的产物。

戴维森主义者并不指望语言哲学会独立于形而上学。戴维森就通过副词语义学，明确地以蒯因的解释宽容原则作为事件本体论的动机。② 这与刘易斯最初建立可能世界本体论的动机并无二致，他也是使用宽容原则，只不过中介是模态算子语义学。但是戴维森将其形而上学回溯到斯特劳森，并以先验论证表明不同的思考是不可能的。③ 与通常的先验论证一样，其结果取决于隐藏的证实主义假设。④ 最近的形而上学更少受先验论证所诱惑。

新语义学中外延主义和内涵主义共有的重要特征是真值条件：在某种意义上，它们都将陈述句的意义看成其为真的条件。与此相反，正确进入新语言哲学的资深牛津哲学家迈克尔·达米特，反对这种真值条件语义学，而赞成可断言条件语义学，将陈述句的意义看成是其可被断言或可被证实的条件，而非为真的条件。可断言条件语义学的灵感来自数学语言的证明条件语义学，海廷（A. Heyting）、普拉威兹（Dag Prawitz）等直觉主义者将数学语言中的句子的意义等同于某物能成为其证明的条件。达米特的计划是将这种语义学推广到整个语言，从而数学证明只是证实的一个特例。这可能被视为逻辑实证主义的后裔，句子意义即其证实方法，尽管达米特没有这样表述。

但与逻辑实证主义者不同，达米特看到只要遵循他和新语言哲学所一致接受的组合性限制，以证实为中心的语义学就对经典逻辑构成颠覆性威胁。比如，对具有形式"A 或 B"的析取句而言，自然的组合性语义从句说的是"A 或 B"被证实当且仅当或者"A"被证实或者"B"被证实。但这立即给经典排中律"A 或非 A"带来麻烦。因为语义从句在"B"="非 A"时的特例说的是"A 或非 A"被证实当且仅当"A"被证实或者"非 A"被证实。但我们常常既不

---

① 我第一篇被接受发表的文章，尽管不是第一篇发表的，正是反对那种认为作为意义理论的真理论必须可有穷公理化的戴维森主义的教条：T. Williamson, "The Infinite Commitment of Finite Minds", *Canadian Journal of Philosophy*, vol. 14, 1984, pp. 235-255。

② D. Davidson, "The Method of Truth in Metaphysics", in P. A. French, T. E Uehling, Jr., and H. K. Wettstein (eds.), *Midwest Studies in Philosophy*, 2: *Studies in the Philosophy of Language*, University of Minnesota Press, 1977.

③ D. Davidson, "On the Very Idea of a Conceptual Scheme", in *Proceedings and Addresses of the American Philosophical Association*, vol. 47, 1973-1974, pp. 5-20.

④ 见后文对维特根斯坦私人语言论证的评论。

能证实某句子，也不能证实其否定。比如，我们不能证实"拿破仑死的时候有偶数根头发"，也不能证实"拿破仑死的时候有奇数根头发"。所以，根据语义从句，我们不能证实"拿破仑死的时候有奇数根或者偶数根头发"。

以这种方式，达米特将语言哲学看成对实在论形而上学——其本身如何完全独立于我们知道它如何的能力——的质疑，并指出一种反实在论的形而上学。在他看来，语言哲学在这里的作用不只是给我们证据性的理由以相信一种形而上学理论而非另一种。相反，他将意义理论看作是形而上学的兑现价值。在方法论上，他建议用意义理论的比较来代替无用的形而上学争吵，并以此作为解决问题的唯一的科学方法。在他看来，形而上学的争论不是无意义的；它们也不像看起来那样，因为它们隐含着语言哲学的争论。可以将达米特对形而上学的理解与斯特劳森做比较。对他们而言，形而上学问题都是融贯思想的结构与限度问题，应该以系统性探究来回答。但是与斯特劳森相比，达米特对修正形而上学的态度更为开放，因为他认真对待我们当前思考方式（比如接受排中律）中基础性的不融贯危险。他们的另一个不同是，达米特将现代逻辑看成绝对的进步，包括其提供形式化方法以及为语言哲学中使用的形式语言建模的能力，他自己也擅长这些方法。也正是在这种意义上，他是新语言哲学家。

达米特在职业生涯早期就奠定了他的计划。① 在克里普克做约翰·洛克讲座那年，达米特出版了他的第一本巨著《弗雷格：语言哲学》②，创造性地利用弗雷格来发展他自己的观点。在我的学生时代，牛津哲学的核心争论，一方是实在论和真值条件语义学，以戴维森主义者为代表；另一方是反实在论和可断言条件语义学，以达米特为代表。我强烈地同情实在论，但不同情戴维森主义。达米特是我博士阶段最后一年（1979—1980）的导师，那一年他开始成为威克汉姆逻辑学讲座教授（1979—1992），他也是该席位上第一位对现代逻辑有深入了解的人。他对我论文中尖锐的实在论非常宽容，我实际上预设了他一生的工作都是徒劳的，并以此出发来研究其他问题。

当我告诉牛津的其他哲学家，我在研究应用于科学理论的似真性观念时，他们的反应通常是问："那与模糊性有关吗？"因为模糊性在那时的牛津是一个

---

① M. Dummett, "Truth", *Proceedings of the Aristotelian Society*, vol. 59, 1958—1959, pp. 141-162.

② M. Dummett, *Frege*：*Philosophy of Language*, Duckworth, 1973.

大问题，被认为是实在论、真值条件语义学以及其他正统形式的主要挑战。① 我总是发现这种反应令人讨厌，因为我认为它透露了对语言哲学的短视的痴迷。我会回答说，我的论文与模糊性没有任何关系，并指出，两个完全精确但却错误的科学理论，一个仍然会比另一个更接近真理（我也喜欢让人们感到震惊，说我发现波普尔比戴维森更有趣）。在小的议题上我那时是对的，但我后来的轨迹表明我那时的对话者在我的兴趣发展方向上并没有完全弄错。② 事实上，我后来在模糊性上做工作的主要原因之一正是，它被普遍地认为是需要反实在论处理的现象的范例。我想打击的正是人们以为的反实在论的最安全的堡垒。

另一段回忆来自达米特对我的指导。我们讨论我论文中的一个论证，我认为是最好的一个，但他认为是最差的一个；它后来成为从我博士阶段的研究中出来的唯一出版物的核心。③ 过了一会儿，达米特反思后说："我们的分歧在于你认为最佳解释推理是哲学中合法的论证方式，而我不这么认为。"我意识到他对分歧的这种刻画是正确的，尽管我对他完全拒绝哲学中的最佳解释推理感到一丝惊讶。他的观点好比是这样：深层的哲学问题与哪个理论能产生更有意义的假定解释有关；该问题必须在我们能判断这些假定解释的价值之前解决；而一旦它被解决，最佳解释推理就没有多少事情可做了。我仍然赞成最佳解释推理和哲学中的溯因方法论。④ 事实上，很难看到达米特在语言哲学中所寻求的那种积极的、系统的、普遍的理论如何能够以其他的方式建立起来。他对以决定性的系统的方式来解决哲学争议的长期前景保持乐观，认为就像科学中发生的那样。⑤ 但是，如果试图以比溯因推理更有决定性的论证来建立一个理论的有意义性，难道不需要先以比溯因推理更有决定性的论证来建立那种论证的有意义性吗？这就开始了无穷倒退。达米特对最佳解释推理的反感可能有助于解释为什么他对可断言条件语义学的讨论从未真正超出纲领性的阶段，从未给出非数

---

① M. Dummett, "Wang's Paradox", *Synthese*, vol. 30, 1975, pp. 301–324; K. Fine, "Vagueness, Truth and Logic", *Synthese*, vol. 30, 1975, pp. 265–300; C. Wright, "On the Coherence of Vague Predicates", *Synthese*, vol. 30, 1975, pp. 325–365.

② T. Williamson, *Vagueness*, Routledge, 1994.

③ T. Williamson, "First-order Logics for Comparative Similarity", *Notre Dame Journal for Formal Logic*, vol. 29, 1988, pp. 457–481.

④ T. Williamson, *Modal Logic as Metaphysics*, pp. 423–429.

⑤ M. Dummett, "Can Analytical Philosophy be Systematic, and Ought It To Be?", in his *Truth and Other Enigmas*, Duckworth, 1978.

学语言的非平凡片段的这种语义学模型的任何正确发展的具体细节。即使这样的模型工作良好（这本身就是高要求），它们最多也只能为其纲领提供某种溯因的论证，而他想要的是更有决定性的东西。从长远来看，他的纲领在发展此类工作模型上的失败，正是其被边缘化的主要原因，尤其是与它极端的修正性以及关于逻辑和形而上学的不合理结论相结合的时候。

在 1976 年哈佛大学的威廉·詹姆斯讲座中，达米特提出了他关于语言哲学和形而上学之关系的观点。同一年，希拉里·普特南在牛津做约翰·洛克讲座。普特南讲座不久后出版了一本书，很不幸其中有一些反"形而上学实在论"的论证，这表明了达米特的影响。① 但不久之后，出现在普特南著作中的主要牛津哲学家就由反实在论的达米特变成了实在论的奥斯汀。② 达米特的讲稿很久之后才出版，名为《形而上学的逻辑基础》③。作为主要哲学家的一部关键著作，其影响相对很小。问题在于，他对作为语义学基础的证明论的讨论是非形式的，通常省略、离题或模糊不清，而且将哲学的和纯粹技术的内容混在一起，这增加了不必要的难度，让逻辑学家难以将其提出的纯粹技术性问题抽取出来。况且，将语义学推广到非数学语言的工作仍然保持在尝试性、纲领性阶段，不利于在语言学中的应用。达米特的更一般的问题在于，到 1991 年，哲学的时代精神不再像以前那样易于接受任何类似达米特纲领的东西。他并没有融入像大卫·刘易斯的著作那样的形而上学新范式。没有明显的方式能将新形而上学理论解释为意义理论的精致伪装，而新一代的形而上学家也不想如此。形而上学本身的自信已经增长，觉得没有必要再将自己伪装成其他东西。顺带提一下，尽管题目类似，我的《作为形而上学的模态逻辑》一书，在理解逻辑和形而上学的关系时完全不是向达米特的回归。作为一级近似，达米特题目中的"逻辑"类似于"对逻辑常项的意义的哲学反思"，而我说的"逻辑"是指"用逻辑常项来对世界做概括"。对达米特而言，逻辑是元语言的，对我而言不是。

到 20 世纪 90 年代，很少有读者感到达米特迂回论证的威胁，即便他们理解这些论证。其中的原因之一是，他仍然以带有行为主义负担的方式来讨论心灵哲学，但这是年轻一代广泛拒绝的，因为行为主义心理学在 20 世纪 60 年代

---

① H. Putnam, *Meaning and the Moral Sciences*, Routledge & Kegan Paul, 1978.

② H. Putnam, "Sense, Nonsense, and the Senses: An Inquiry into the Powers of the Human Mind", *Journal of Philosophy*, vol. 91, 1994, pp. 445-517.

③ M. Dummett, *The Logical Basis of Metaphysics*, Duckworth, 1991.

已经崩溃并被认知心理学所取代。这种负担可以在如下评论中检测到:"我们不应该满足于说什么被知道,而不说有那种知识意味着什么,也就是说,它是如何通过知道它的人而体现的。"① 其中的体现正是可观察的行为。在这方面,达米特可以与蒯因相对照,后者受其哈佛同事斯金纳(B. F. Skinner)的行为主义心理学的影响。人们或许会认为关于语言的行为主义自从乔姆斯基对斯金纳《语言行为》的著名的毁灭性评论②发表之后就过时了,但消化可以是一个缓慢的过程。我记得在 20 世纪 70 年代后期的牛津,非常聪明的年轻语言哲学家们也还在说儿童通过被成人"训练"而学会他们的母语。对达米特而言,他的行为主义倾向并非来自斯金纳,而是来自他对维特根斯坦的解读,因此也比蒯因的更微妙和更少取消论。然而,不应该夸大他们的差异。在达米特职业生涯晚期有一段逸事:一群年轻的牛津哲学家在讨论他说的是什么意思时,而这位伟大人物正好在场却一言不发。一个又一个提议被否决了,因为那将归给他一种"粗糙的过时的行为主义"。最终,有人转向他问道:"迈克,那么你的观点是什么呢?"达米特回答说"我认为它就是你所说的'粗糙的过时的行为主义'"。

对达米特及其同代的英国哲学家而言,维特根斯坦对心灵哲学的主要贡献是私人语言论证。对其解释是有争议的,但是普遍认为它表明了某种非常深刻的东西,为了谈论精神状态,需要涉及将它们归属给他人的(在某种意义上)可观察的标准。这种公认的洞见在语言哲学中引起了广泛的反响,不仅与精神状态归属句的语义学有关,而且与任何言语行为中说者与听者之精神状态的本性,尤其是理解的本性有关。达米特对可断言条件而非真值条件的意义理论偏爱深植于可断言条件与语言的可观察用法之间的紧密联系,而实在论的真值条件缺乏这种联系,因为语言的使用者可能不知道他们是否具备相应的条件。他将这种受维特根斯坦启发的对使用的关注与受弗雷格启发的(以形式语言为蓝本的)对系统的组合性意义理论的强调相结合。在结合日常语言哲学和理想语言哲学的要素时,达米特与新语言哲学家类似,尽管其选用的要素不同。

此时必须更一般地谈谈维特根斯坦这段时期对英国哲学的影响——如通常所见,他在北美的影响从未有在欧洲这么大,其中一个原因是蒯因等人领导的自然主义或科学主义在北美更为盛行。就达米特的情形而言,他 1950 年还是牛

---

① M. Dummett, *The Logical Basis of Metaphysics*, Duckworth, 1991, pp. 104-105.

② N. Chomsky, "Review of B. F. Skinner's *Verbal Behavior*", *Language*, vol. 35, 1959, pp. 26-58.

津大学的学生的时候,维特根斯坦有一段时间住在伊丽莎白·安斯康姆那里,未来的历史学家或许想知道他们是否有面对面的交流。所以有必要重述达米特喜欢谈论的他唯一一次与维特根斯坦的碰面。达米特到安斯康姆的住所去参加个别辅导,她没有锁门,达米特按照惯例,走进去并坐下来等待她的召唤。一位穿着晨衣的老人走下楼梯来问道:"牛奶在哪里?"达米特回答说:"别问我。"这就是他与维特根斯坦对话的程度。他所接受维特根斯坦的影响,主要来自安斯康姆的中介。直到1970年去剑桥做讲座教授之前,安斯康姆或许是维特根斯坦在牛津的影响力的最强大的发射器,当然她本身也是有强烈的独立思想的哲学家。其他牛津日常语言哲学家,比如赖尔、奥斯汀、格赖斯并不是维特根斯坦所塑造的,而在牛津,正式的维特根斯坦主义者并不多。然而,直到我做学生的20世纪70年代,他的影响力仍然无处不在。戈登·贝克尔和彼得·哈克是其薪火传人,他们有一大帮研究生追随。后来,他们与达米特之间有一场气急败坏的争论,与弗雷格哲学的价值有关:当他们发表对弗雷格进行毁谤的著作时,达米特立刻组织了一系列研究生班来予以谴责。[①] 很容易列出那时许多的牛津哲学家,其著作表明了维特根斯坦主义不同程度的重要影响,即便不能将他们划作维特根斯坦主义者:达米特、斯特劳森、菲利帕·富特、艾丽丝·默多克、大卫·皮尔斯、安东尼·肯尼,以及年轻一代的约翰·麦克道尔和克里斯宾·赖特,等等。可能不那么明显的是,即使那些不怎么提到他的人,对说他在某些事情上是错的仍保持谨慎,他们知道这样做会招来浅陋的误解和指责,最好是悄悄绕开,莫惹是非。

维特根斯坦那时的主要影响来自其后期著作,尽管很少有人模仿他的哲学风格。多数人从事的或多或少都是系统化的理论建构。维特根斯坦以私人语言论证为大本营,由此展示了对心灵哲学和语言哲学的力量。这种力量所面临的来自认知心理学的外部威胁与日俱增,令人吃惊的是,在20世纪70年代的英国哲学中却很少感觉到。其内部威胁同样存在。私人语言论证到底是如何起作用的?众所周知,维特根斯坦的表述就像德尔斐神谕。最简单和最清楚的重构使该论证依赖于证实主义的前提:除非可以独立地检验他是否处于某精神状态,否则他不可能处于该状态。但普遍的共识是,如果该论证建立在证实主义前提

---

① G. Baker and P. Hacker, *Frege: Logical Excavations*, Blackwell, 1984; M. Dummett, "An Unsuccessful Dig", in C. Wright (ed.), *Frege: Tradition and Influence*, Blackwell, 1984.

的基础上,那么它就不是令人信服的,因为不能不加论证地假定证实主义。其辩护者坚持认为即使没有这个前提该论证也可行,却不能令人满意地解释如何可行(与上文提到的戴维森的先验论证类似)。维特根斯坦的大本营受到来自内部的威胁;因此,其力量与日俱减。这时,一个出乎意料的拯救者出现了:索尔·克里普克。在1976年的讲座,以及他论私人语言论证及遵循规则的著作[①]中,克里普克提出对该论证的一种推测性解释,它显然是非证实主义的,而且如果不是令人信服的,至少也是强有力的。问题在于:它符合维特根斯坦的意图吗?维特根斯坦主义者的共识是它不符合,就历史事实而言,他们很可能是正确的。但他们似乎也没有意识到,采取那种否定态度,他们同时也拒绝了使其免于被哲学主流边缘化的最后机会。维特根斯坦的力量继续衰减。至于克里普克的论证本身,却出其不意地给了新形而上学扩展其影响力的机会。因为克里普克的论证采取了怀疑论悖论的形式,而他提供的是相当不清楚且没有吸引力的极端怀疑论解答。相反,大卫·刘易斯通过对客观自然和客观非自然性质的形而上学区分,提供了更清楚也更有吸引力的非怀疑论解答。[②] 被广泛地接受的不是克里普克的解答,而是类似于刘易斯的解答。

这里有两个关于维特根斯坦地位衰落的故事。第一个是"星期二小组"1994年的一次会议,该小组最初由艾耶尔在1959年重返牛津时所建,用以对抗奥斯汀的星期六早晨会议。苏珊·赫尔利向包括许多主要牛津哲学家的听众读了一篇详细论证的反驳私人语言论证的论文。不同年龄的听众有分歧。粗略地说,50岁以上的人并没有严肃对待维特根斯坦的论证在根本上有缺陷的这种可能性,尽管他们也没有解释它如何起作用或证明了什么;50岁以下的人对赫尔利的反驳更多同情。第二个是我2000年回到牛津不久之后,关于哲学逻辑的一个大型的研究生班上,一个学生不停地按维特根斯坦的方式说,矛盾是没有意义的,而不是假的。我不断给予标准的回答,矛盾的否定是真的,而无意义的东西的否定本身也是无意义的,所以不是真的,组合语义学也生成了矛盾的意义,等等,但结果却只是引出了同一主题的各种变体而它们都不能应对这种反驳。最终我被激怒并说道:"也许维特根斯坦就是错了,这又不是第一次。"大

---

① S. Kripke, *Wittgenstein on Rules and Private Language*: *An Elementary Exposition*, Blackwell, 1982.

② D. Lewis, "New Work for a Theory of Universals", *Australasian Journal of Philosophy*, vol. 61, 1983, pp. 343–377.

家都发出惊讶的声音。从那以后,当维特根斯坦之名被看轻的时候,我再也没有遇到过那种反应。

当然,其薪火因老信徒的团体持续存在而保持不灭。另一些人,即便更愿意相信哲学自 1970 年以来已经有所进展,但仍然认为与维特根斯坦著作接触有价值。然而,他的影响在过去 40 年中急剧下降。毫无疑问,这大概可以通过杂志中对其引用的比例来衡量。但使我深为触动的是,那种恐惧因素已不复存在。作为对权威的测试,无论是理智的还是其他种类的,崇拜所告诉我们的东西都不如恐惧多。在 20 世纪 70 年代,即使非维特根斯坦主义的哲学家也常常害怕公然反对维特根斯坦。他们现在不再害怕了。另一位不再引起恐惧的哲学家是蒯因。最初,他之所以令人恐惧,是因为很少有人能与他在哲学争论中使用形式逻辑武器的技术相匹敌。到 20 世纪 70 年代时,情况已经不同,但哲学家们仍然对依赖于日常的语义概念(如同义性)感到紧张,因为他们害怕受到蒯因的翻译不确定性论证的指责。随着蒯因的行为主义假定声名扫地,那种恐惧在 20 世纪 70 年代也逐渐消失了。

已经说了这么多 20 世纪 70 年代的牛津哲学场景,我应该继续讲述 20 世纪 80 年代和 90 年代的故事。它完全不是 70 年代的线性展开。令人瞩目的是,新语言哲学在牛津迅速回落(虽然后来证实是暂时性的),在其他地方并非如此。一个悲剧性的原因是外在的:34 岁的加雷思·埃文斯在 1980 年逝世。随着他的离去,牛津的新语言哲学失去了许多技术上的辉煌,而语义学中的细致工作也随之终止。尽管詹姆斯·希金博特姆是 1993—2000 年的普通语言学讲座教授,他所参与的戴维森主义的语义学在牛津并没有多少进展。戴维森热已经到了奇怪的终局,变形成了约翰·麦克道尔、大卫·威金斯(1994 年至 2000 年的威克汉姆逻辑学讲座教授,达米特的继任者)、马克·普拉茨等人著作中的道德哲学。这个转型是通过戴维森主义者对同音异义的真理论之合法性的强调完成的,其中语词用来陈述它自己的指称。与表面看来大为不同,语言中的"圆的"适用且只适用于所有圆的东西,这并不是平凡的,因为人们在学习语言的时候,正是要学习这一点。语义分析不能一直进行;最终我们到达语义原子,而切换到非同音异义的语义学没有任何帮助,因为语义学的目标不是写一本教材,人们读了之后就能从零开始学会对象语言,而是向那些已经隐含地理解它们的人,以系统性的组合方式明确述说这些表达式意味着什么。那些在内涵主义的新语言哲学也依赖于同音异义的词典语义学。特别是,戴维森主义者意识到,他们也可以为道德语言给出一个同音异义的语言学。① 例如，语言中的"邪恶"适用且只适用于所有邪恶的东西。他们的语言哲学并没有对道德语言的这种不折不扣的实在论处理造成问题。语言哲学也不要求对道德术语做进一步语义分析，道德术语可被当成不可分析的。戴维森主义的语言哲学发现了自己的一种不同寻常的角色，为亚里士多德主义的道德实在论提供了一种保护性环境。相比之下，达米特为意义理论附加了更为沉重的解释性要求，或许太过沉重而不可满足。

从20世纪70年代末起，达米特也发现自己在与分析哲学中更具全球性的潮流做斗争：远离语言哲学而转向心灵哲学。在他的哲学史图景中，笛卡儿使认识论成为第一哲学，成为其他哲学的引擎，而弗雷格将第一哲学由认识论替换成了语言哲学。分析哲学正是语言转向之后的哲学。但是，作为异端，许多分析或超分析哲学家开始认为心灵哲学比语言哲学更为基础。认知心理学是比行为主义心理学更加有趣和有吸引力的对话伙伴，比如在知觉理论中，就直接与心灵哲学有自然的交界。关于心灵的内部工作的计算模型也日益有影响力。再一次，许多创新都来自北美。随着行为主义的失势，托马斯·内格尔引领了对意识经验的直接谈论。② 虽然丹尼尔·丹内特仍然表露出某些来自其牛津导师赖尔的影响③，他却是通过心灵哲学进入心理学的，而非语言哲学。杰里·福多假定了一种思想语言④，以计算机的机器编码为模型，但却以心理学和计算机科学的方法来研究，而非语言学的方法。此外，它不是公共语言，而达米特遵循私人语言论证，将第一哲学设想为公共语言的哲学。

在牛津，向心灵哲学的转变采取了一种特别的形式，达米特无意中起了推动作用。对他而言，弗雷格的许多语言哲学成就都依赖于他对涵义和指称的区分。涵义是认知个体化的：两个涵义可能给出相同的指称，但其方式之所以不同是因为其指称的同一性对思考者而言并非一目了然。涵义的认知本性预示了达米特所希望的那种联系，将语言的语义和说话者对该语言的使用相关联。因此，"长庚星"和"启明星"在涵义和使用上不同，但指称上相同。达米特跟

---

① D. Wiggins, "Truth, Invention, and the Meaning of Life", *Proceedings of the British Academy*, vol. 62, 1976, pp. 331–378.

② T. Nagel, "What is It Like to Be a Bat?", *Philosophical Review*, vol. 83, 1974, pp. 435–450.

③ D. Dennett, *Brainstorms: Philosophical Essays on Mind and Psychology*, Harvester, 1981.

④ J. Fodor, *The Language of Thought*, Crowell, 1975.

随弗雷格,使涵义在语言意义中与指称处于不同的层次。最初,这使弗雷格的语义学与罗素的单层指称语义学相比,在解释真值条件的明显不同的语言学现象(如"玛丽认为长庚星很明亮"和"玛丽认为启明星很明亮")时占了很大先机。然而,北美的新语言哲学反对弗雷格,尤其在公共语言的层次上。特别地,说话者共享的名称的语义性质是其指称;正如克里普克所强调的,甚至弗雷格也会同意,名称的认知联系可能随说话者的不同而有巨大差异。某种类似的东西也适用于其指称依赖于语境的术语:短语"那条狗"的语言学意义并没有编码它被个别说话者在个别场合中用作知觉指示词时那种丰富的认知联系。20 世纪 70 年代和 80 年代,多数年轻的牛津语言哲学家在对弗雷格同情方面追随达米特。但是,与达米特相比,他们更为克里普克和其他北美新语言哲学的著作所打动,他们只在语言的个体使用者的层次上,而非作为整体的语言层次上应用涵义—指称之分。如果涵义是认知个体化的指称确定者,那么专名对不同的说话者而言表达不同的涵义,而知觉指示词对不同场合的同一个说话者也表达不同的涵义。如果涵义有结构,其很大程度上也是思想层面的,而非语言层面的。"涵义"通常被注释为"思考指称的一种方式"。这种从语言到思想的焦点转变在埃文斯的著作中已经可以看到。[①] 以达米特的标准,这意味着埃文斯和其他采取这种转向的人甚至都不能算作分析哲学家。

因此,达米特发现自己在国内战场上也得继续战斗,试图重申在哲学方法上语言相对于思想的优先地位。虽然他乐于将哲学看成是对思想的研究——思想是什么,而非思考它这个行为——他坚持认为哲学家研究思想的正确方式是研究它在公共语言中的表达,而新弗雷格主义的思想哲学家不再如此。或许他们没有直接违背私人语言论证,因为他们的涵义原则上也是可以共享的。然而,从达米特的方法论视角看,他们在退步,因为对公共语言的研究给了哲学所需的客观学科。从他的视角来看,将其替换为实验心理学会导致灾难性的心理主义错误,正如弗雷格所抱怨的:它将陷入对思想是什么与思考这个行为的混淆。

达米特似乎在打一场注定失败的战争。从全局来看,分析或后分析哲学的重心在 20 世纪 80 年代转向了心灵哲学。逻辑和语义学的声誉遭受了重大损失:研究生们变得不那么相信,他们在理智上或职业上,需要努力学习它们。从局部来看,新弗雷格主义的思想哲学家逐渐掌权。例如,斯特劳森的韦恩弗利特

[①] G. Evans, *The Varieties of Reference*, ed. J. McDowell, Clarendon Press, 1982.

形而上学讲座教授由克里斯托弗·皮科克继任，他在1988年至2000年持有该职位。涵义变成了概念。①

20世纪80年代以来，心灵哲学在世界范围内继续保持远比行为主义全盛时期更为有益的与实验哲学的联系。但是，它并没有像预想的那样成为第一哲学。思想哲学也没有，其甚至没有固化为公认的哲学分支。例如，形而上学中的发展就不由心灵哲学中的任何东西所推动。毕竟，重新获得对形而上学的自信之后，其当代实践者倾向于自己在研究世界的最普遍和基础的本性，而人类心灵只在其中起非常小的作用。为什么心灵哲学或对概念的研究对形而上学的推动要比物理学的推动更多？原则上，即便它对构造性的形而上学理论建构没有贡献，它也可能有助于理解大众的形而上学信念，以及在我们接受正确的修正性形而上学时可能面临的障碍。实践上，心灵哲学和概念研究即便在这种谦虚且消极的方式上也很少影响到最近的主流形而上学。

在过去的几十年中，没有任何哲学分支在分析哲学中起到完全的第一哲学作用。在一定程度上，这反映了一般意义上的学术研究日益专业化。但它也与（比达米特涵义上更宽泛的）分析哲学中更具体的变化有关，即哲学家们如何看待其研究的主题。正如已经指出的，一种越来越普遍的实在论态度是，当你在做X的哲学的时候，你主要感兴趣的是X自身，是其最普遍和基础的方面，仅仅在次要的意义上才关心"X"这个词，或我们对X的概念，或我们关于X的信念，或我们关于X的知识。你并不是在偷偷地做语言或思想或心灵或知识的哲学。这种主题的新观念不会赋予任何哲学分支优于其他分支的地位。

然而，实际的情形要比上述简单陈述所暗示的更为复杂。因为它们可能会使人认为，语言哲学只是与其他分支并列的又一哲学分支，研究人类和某些其他物种所特有的现象。在20世纪80年代，在某些人看来它就是这样，而且孤立地看，它有时仍然如此。但是，正如已经表明的，在论证的评价中，语言哲学对整个分析哲学也扮演更为一般的角色。当然，我们并不需要语言哲学来确定简单情形的论证是否演绎有效。但是，几乎任何哲学观点，通常都涉及带有微妙的有效性错觉的论证，而其他事实上有效的论证也需要排除这种微妙的错觉。错觉或许来自对蕴涵和预设或会话或约定涵义的混淆，或来自隐蔽的语境转换，或来自词典的或句法的歧义，或来自其他语言的复杂性。任何使用这种

---

① C. Peacocke, *A Study of Concepts*, MIT Press, 1992.

微妙、复杂的、自称演绎有效的自然语言论证来讨论抽象问题的学科都有可能遇到这种错觉，而哲学以使用这类论证为典型特征。这当然不是说它不使用别的，或其他学科完全不会使用它们；尽管如此，过去和现在的哲学方法论可能都比任何其他学科的方法论都更为倚重这类论证。在这里，演绎到溯因的方法论转变所带来的差异比人们可能预想的要小，因为在其他因素之外，溯因也包含对强度、解释力，以及理论与证据的一致性的评价，而这些又依赖于其演绎后承。因此仅仅是批判性地使用分析哲学的方法，按当代的标准，就包含一些语义学和语用学的洗练，不论哲学研究的主题是什么。这是分析的语言哲学留给所有哲学的巨大遗产。

或许，有一天认知心理学会发展到可以用来定位哲学推理中可能的故障点，例如框架效应可能施加了不正当的影响。有的"实验哲学家"相信那一天已经到来。然而，这是可疑的，或许除了少数例外，纯粹的心理学方法尚未达到足够的区分水平，还不能像语言学的方法那样应用。只是说材料呈现的顺序会影响我们的判断，这没有多少帮助，因为我们要么忽视该材料要么它就会以某种或其他顺序呈现。就目前来看，当我们要检查一个声称的演绎时，语言学和语言哲学提供的帮助比心理学和心灵哲学更多。在这种有限的方面，达米特正确地认识到赋予思想优先于语言的方法论危险，但原因却不是他所以为的那般深刻和永恒。

对演绎论证的评价而言，逻辑的相关性比语言哲学更为明显。当然，哲学中有些自称的演绎论证采取如此散漫的形式，以至于没有现存的逻辑理论可以用来评价它们。然而，在当代分析哲学的大多数分支中，复杂的自称的演绎论证通常表述得足够清楚，可以用形式逻辑的技术做出有意义的区分并对其可靠性和有效性进行评价。因此，逻辑对一般哲学的工具性贡献与语言哲学的贡献类似，或许在程度上更大。

近期分析哲学中的形式方法的发展也扩展了逻辑的应用范围，使其对通常认为"不是"逻辑的哲学分支都有更为直接的贡献，例如，在认识论中，认知逻辑的模型使我们能够得出认识论断言在精确描述、适当简化的情形中的后承，远比其他可能方式所得到的更为严格和系统。决策论也类似。因此，在自然科学中已取得成功的模型建构方法论也能应用于哲学，为老问题提供新洞见。在形而上学中，竞争的逻辑通常为竞争的形而上学理论提供了有力的结构核心，例如，量化模态逻辑是任何恰当发展的模态形而上学理论的结构性核心。尽管并非所有模态形而上学都能有益地看成逻辑，但其关键部分可以。逻辑完全不像逻辑实证主义者所期望的那样取代形而上学，而是成为其核心。

哲学史无情地嘲弄着关于什么是哲学的所有狭隘看法，它既没有遵循逻辑实证主义的道路，也没有遵循日常语言哲学的道路。除了一些有限的例外，它也没有成为心理学或物理学的分支。然而，在所有表层动荡之下，它都从每次时尚变化中成功地提取了它所需的残留物。谁知道理性的狡猾又会将它带向哪里呢？

第三节

历史常被说成是由胜利者书写的。然而，对分析哲学而言，危险却是历史将主要由失败者书写。第一个原因是，分析哲学在某种意义上是反历史的传统，尤其是在其抱负或成就这种最像科学的地方。因为它往往以科学的方式面向未来，而不是过去——尤其当有望取得进展时就更不足为奇。不喜欢历史的人不能对此抱怨，他们的历史是由不喜欢他们的人写的。第二个原因是最近的分析哲学似乎完全颠覆了原本可能讲述的历史题材——最明显的是，在复兴的实在论形而上学中，通常不加掩饰地关注物自身。那些同情康德或维特根斯坦或杜威的人，很容易将最近的分析哲学看成是微不足道的反常，看成哲学长征中的暂时的倒退。

一个恰当的例子是理查德·罗蒂。他令人钦佩地愿意退后一步，在（那时的）近期分析哲学史中识别出醒目的图案，并列出了他的英雄——康德、黑格尔、维特根斯坦、杜威、海德格尔、塞拉斯、布兰顿……难怪他那活泼的、蓄意挑衅的故事会被如此广泛地阅读。引人注目的是，在《哲学和自然之镜》[①]的索引中，为数众多的当代哲学家的名字中（恶棍和英雄）没有大卫·刘易斯，他那时已经出版了两本受到广泛讨论的著作和许多文章，而且自1970年以来就是罗蒂在普林斯顿大学的同事。罗蒂的雷达错过了一个严重的威胁，一个分析哲学未来几十年里的中心人物。罗蒂对大多数新潮的语言哲学和随之而来的形而上学毫不关心，因为其与指称方案的语义学靠得太近，使他不能舒适地将语言当成世界的一面镜子。对于未来，他押注于推理方案，尤其是罗伯特·布兰顿提供的新实用主义形式[②]，关注说话者在语言游戏中采取行动的承诺和权利。

[①] R. Rorty, *Philosophy and the Mirror of Nature*, Princeton University Press, 1979.

[②] R. Brandom, *Making it Explicit: Reasoning, Representing, and Discursive Commitment*, Harvard University Press, 1994.

布兰顿有自己的宏大叙事的哲学史，在其中（部分但非完全戏谑地）他把自己当作康德和黑格尔的自然继任者。[①] 但是其推理主义一直保持在比达米特方案更加纲领性的阶段，达格·普拉威兹等人在证明论中的技术成就与达米特方案有关，布兰顿方案缺乏与之对等的东西。因此，推理主义对语言学而言，远不及指称主义有用。在这种天然的意义上，指称主义在实用标准上击败了推论主义。

当然，我们不能指望近期哲学的历史对未来保持中立。即使最枯燥的编年史（谁在什么时间发表了什么著作）在选择人物和著作时也有历史重要性的隐性标准。好的历史叙述要更明确且带反思性地识别出材料中的模式。本文并不追求历史的深刻或严谨，却表明了任何近期分析哲学史都必须加以整理的凌乱与复杂。它至少指出了一些需要明确和反思的更大的模式。编年史是不够的。

只要有乌合之众追赶，哲学时尚的力量就已经可以确保其历史将会呈现某些模式。有些时尚在回顾时看起来很愚蠢，而多数时尚在非同情者当时看来就很愚蠢。但时尚在所有学科中都是强大的，即使是数学——比如，哪一分支或风格的工作最有声望。但那也不只是任何人类集体事业中都不可避免的缺陷。学术时尚出现，是因为人们尊重其他同行的判断：什么是好的和卓有成效的工作，值得模仿或跟进。如果一切顺利，这种机制使社会迅速集中精力于那些正在或将会取得进展的地方，不仅能避免浪费精力而且能够提高集体的标准。这是向他人学习的方法。"时尚"这个词在对多数意见的顺从程度变得过高时最为恰当，它扼杀了多样性和心灵的独立性，长期来看，这增加了纠正错误转向的难度，因为它丧失了对替代方案的敏感。但时尚的规则只是某种社会必需物的夸张形式。即使花费在坏主意和错误方案上的时间和精力也有价值，因为已经适当地研究和测试了其局限性，得到了应有的教训。学术时尚的历史是聪明博学之人曾如何看待事物的历史。

本文探讨的哲学变化发生于这样一段时期，已经有人书写其政治、社会和文化史。其哲学史也需要正确地书写，由那些至少有足够的同情的史学家来写，这样才能理解为何如此众多的哲学家所做之事在当时看来是好主意。有令人鼓舞的迹象表明，这种历史刚刚开始书写。我期待着阅读它们。

（徐召清译）

[①] R. Brandom, "Animating Ideas of Idealism: a Semantic Sonata in Kant and Hegel", in his *Reason in Philosophy*, Harvard University Press, 2009.

20世纪的语言哲学*

杰森·斯坦利

在20世纪，逻辑和语言哲学是哲学家在其中取得确切进展的少有的两个哲学领域。比如，很多著名的在世伦理学家认为他们的理论是更清晰版本的康德、密尔或亚里士多德的理念。相反，对于一个当代语言哲学家或逻辑学家来说，如果认为自己的工作是在某个20世纪之前去世的人物的阴影之下进行的，那将是很荒谬的。这些学科的发展使得成就最少的参与者也比康德精致很多。语言和逻辑问题在早前的时代也有被广泛地研究（比如中世纪）。但是从过去120年的发展来看，先前的工作至多可以算作一些有趣的资料或偶然的观点。所有满足现代严格标准的关于内容的系统的理论化都是后来实现的。

20世纪语言哲学取得的进步当然是源于逻辑中取得的明显进展。很少有其他哲学学科像语言哲学那样从逻辑的发展中收获如此之多。在给出《概念文字》中的第一个形式系统的过程中，戈特洛布·弗雷格发展了一种形式语言。接下来，逻辑学家为形式语言提供了严格的语义学，以便在模型中定义真，并由之刻画逻辑后承。之所以要求这种严格性，是为了使逻辑学家能够在形式系统中实现关于形式系统的语义证明，进而提供一种语义学，使为其他数学分支提供的不断增多的形式化享有相同的益处。很容易把自然语言处理成更复杂版本的形式语言，然后把那些对证明形式理论的语义结果感兴趣的逻辑学家发展的技术应用到自然语言的研究上。与数学中相似，在语言哲学中不断增多的形式化也产生了分化。它使哲学家能够提供更好、更丰富的定义和区分。

语言哲学和逻辑中的进步肯定影响了相邻学科，比如形而上学和元伦理学。因此，有些哲学家认为语言哲学是某种"第一哲学"，就像笛卡儿把我们现在称作"认识论"的东西称作第一哲学一样。但是语言哲学的巨大进步这个事实并

---

* 译自 Dermot Moran (ed.), *The Routledge Companion to Twentieth Century Philosophy* (London: Routledge Press, 2008): 382–437。

不意味着它给我们提供了一种第一哲学。人们可以认为一个学科比其他学科进步更多，而无须认为它掌握了所有进步的关键。20 世纪是"语言哲学"的世纪，不是因为所有或大多数哲学问题已经通过诉诸语言而解决或消解，而是因为包含意义和内容的哲学领域变得异常精致复杂。

我在本文中的目的是解释语言哲学中某些关键的发展。心灵哲学或元伦理学等其他领域中对内容的讨论，是对思考语言（包括形式语言和自然语言）时所做出的区分和发展出来的范畴的反应。

一、弗雷格

写到 20 世纪语言哲学的发展很难不回溯到 19 世纪晚期，因为 20 世纪发生的逻辑和语言哲学的革命开始于戈特洛布·弗雷格。弗雷格的计划并非主要直接针对语言，而首先是认识论的（参看《分析哲学的诞生》）。弗雷格首先通过逻辑定义和公理推出算术真理，以此来表明它们本质上是分析的。为了实现这个计划，弗雷格需要表明算术定理可以从逻辑定理推出来而不需要诉诸任何综合（非分析）的步骤。为了表明他的推演实现了这个目标，弗雷格设计了一个形式语言来实现他的证明。形式语言允许刻画一组精确的语法变形，每一个变形都是纯逻辑推理规则的一个例子。弗雷格不用自然语言进行他的论证，因为他担心自然语言太模糊、太不精确以至于不能刻画（表达纯逻辑推理规则特例的）精确的语法变形。

在《概念文字》中，弗雷格很少提及如何解释他的形式语言。与语法的复杂精致相反，弗雷格很少评论内容，这是前现代的典型特征。确实，很容易把弗雷格素朴的内容概念当作主要是关于符号的而不是语言之外的现实的。首先，众所周知，弗雷格把同一关系当作符号之间的关系（第 8 节）。其次，弗雷格后来对函数和主目的本体论区分被表述为**表达式**之间的区分（参考第 9 节）。但是，一个表达式或者被看作函数或者被看作一个句子的主目，因此后来被当作本体论区分的东西现在反映的仅仅是我们如何理解内容或者内容的表达（同上）。弗雷格使用非常生涩的**概念内容**的词汇，但也正是在这里有很多混淆和不清楚。我们从来没有被告知任何表达式的**内容**是什么，而弗雷格只是暗示什么时候两个句子有相同的**内容**（什么时候它们有相同的"可能结论"）。有些当代哲学家［比如 Brandom（1994，p. 94）］试图把关于推理语义学的一些有争议的当代学说加到弗雷格关于**可能结论**的令人混淆的评论中去。但是，那时弗雷格并没有关于内容的深刻思想；事实上，满足弗雷格清晰、严格标准的关于内容的确定学说直到 19 世纪 90 年代初才出现。

有必要回顾一下是什么把弗雷格对内容的思考引到一种现代本质的思考方式上去的。由于弗雷格发起了逻辑主义计划，他采取了柏拉图的观点：算术是关于独立存在的抽象对象领域的，即数。同时拒绝形式主义观点：算术是关于符号的。逻辑主义的任务包括两部分：从逻辑原则演绎出算术定理，以及表明算术概念是逻辑概念。数词在算术中是单称词项，弗雷格把这个事实当作数是对象的决定性证据。因此，他的逻辑主义驱使他识别出逻辑对象——数。逻辑主义计划的第一部分也要求《概念文字》的表达式的语法变形表达无可争议的逻辑推理规则。所以，弗雷格计划给他的形式系统提供一个严格的解释是出于两个原因：第一，他在证明关于数的事实，而不是关于符号的事实。这个立场迫使弗雷格要更具体地说明符号与它相关东西之间的关系，因为他不承认形式主义所认为的算术只是关于符号的观点。第二，他需要确保句法变形表达的变化是真正逻辑推理的例子。这反过来迫使他为他的形式语言发展一个内容理论。①

弗雷格在 1879 年《概念文字》中著名的句法成就是要得到一种符号，使它能表达带量词和变项的推理（参看《分析哲学的诞生》）。弗雷格著名的语义成就随后出现。弗雷格（1966，第一部分）为《概念文字》符号提供了组合语义学。在其有重要影响的文章《涵义与指称》（Frege 1993a）中，他也隔离出一系列问题和主题，这为 20 世纪语言哲学奠定了基础。

这里无法深入研究弗雷格成熟的内容理论的所有细节，但是概括一下还是很有必要的，因为弗雷格把基本原理建立于其上，接下来所有对内容的研究都可以由之断定。弗雷格的本体论分为两类实体：**对象**和**函数**。尽管对象和函数的区分是基础的本体论划分，但是弗雷格却通过诉诸语言来解释它。对于弗雷格来说，对象是这样一类事物，它们由"完全的表达式"或专名命名，比如"比尔·克林顿"。函数是这样一类事物，它们由"不完全的表达式"命名，比如"在跑"这样的谓语，或者像"x^2"这样的一元函数表达式。弗雷格认为完全表达式或专名这类范畴包括句子，进而他把句子的指称当作对象，具体来说

---

① 我在我的文章（1996）中详细讨论过这个问题，尤其参见 IV 节。

是**真值**。既然弗雷格认为一元谓词指称一类函数,而句子指称真值,所以他把一元谓词的所指当作从对象到真值的函数。弗雷格称其值为真值的函数为**概念**。所以像"是红的"这样的谓词指称一个概念,它使一个对象真值为真当且仅当那个对象是红的;否则它使那个对象的真值为假。句子"苹果是红的"指示真值为真当且仅当"是红的"所指示的概念使"那个苹果"所指示的对象真值为真,否则这个句子指示的真值为假。弗雷格也提供了对量词语义学的说明。根据此说明[Frege(1966,第20节)],全称量词的表达式指示"二层函数",它使一层函数为真当且仅当一层函数使每一个对象映射为真。所以,在"每一个事物都是红的"中出现的"每一个"指示一个从概念到真值的函数。它使一个函数(比如由"是红的"所指示的函数)是真的当且仅当"是红的"所指示的函数对每一个主目都赋值为真。弗雷格对量词是二层函数的说明被证明在自然语言语义学中有持续的影响,因为它是蒙塔古语法中处理量词的标准方式。蒙塔古语法是自然语言语义学中占主导地位的当代传统。

弗雷格的本体论为他精致刻画其形式语言语句为真的条件提供了一些资源。其实,弗雷格在《算术基础》第一部分中就用它提供了这样一个刻画。正如弗雷格所说:

> 真值的每一个名字都表达一个涵义、一个思想。通过我们的规定可以确定它在什么条件下指示真。[1]

所以,弗雷格不仅提供了一些影响语义学发展的技术建议,而且通过把语义内容指派给基本意义的部分,他也有一个清晰的语义研究的概念,用它来递归刻画一个语言的句子的真值条件。

弗雷格的开创性论文《涵义与指称》提出了一些主题,它们与对自然语言的研究比对形式语言的研究关系更密切。这篇文章的著名之处在于对**认知意义问题**的现代解读,指示世界中同一个对象的两个表达式(比如"昏星"和"晨星",或者"西塞罗"和"图利")如何有不同的认知意义。为什么"昏星是晨星"和"西塞罗是图利"是有认知意义的,而"昏星是昏星"和"西塞罗是西塞罗"不是有认知意义的?弗雷格的解决方法包括在他的意义理论中引入另一个基本概念:**涵义**(Sinn)。一个词的涵义(简单说)就是这个词表达其指称的方式。所以"昏星"和"晨星"都指称相同对象,即金星,但是用不同的方式

---

[1] Frege (1966),32节(我的翻译)。

表达这个指称，因而有不同的涵义。①

弗雷格使用涵义的概念来说明**命题态度归属**的意义，命题态度归属是包含像"相信"、"怀疑"和"知道"等命题态度词的句子。一个命题态度归属，比如"约翰相信昏星是行星"，似乎把一个主体与一个思想（或命题）关联起来。以这个句子为例子，它似乎把约翰和昏星是行星这个思想关联起来。根据弗雷格，句子的**指称**是真值，而句子的涵义——它表达其指称的方式——是思想。在命题态度词的辖域内，一个表达式指示的不是其最初的指称，而是其最初的涵义。所以命题态度词（比如"相信"）创造出了所谓的**晦暗语境**，在这种语境中同指称表达式可相互替代不再成立。② 命题态度词创造了晦暗语境的主张与我们下面的直观一致："约翰相信昏星是行星"可能是真的，而"约翰相信晨星是行星"是假的，尽管"昏星"和"晨星"指称相同的对象，即金星。"昏星"和"晨星"在命题态度词辖域内不能相互替代，尽管事实上它们有相同指称。弗雷格对命题态度结构的意义的说明可以解释这种情况，因为据此说明，"昏星"和"晨星"在命题态度词辖域内指称通常的涵义而不是对象金星。因此，在命题态度词的辖域内，"昏星"和"晨星"并没有相同的指称。

弗雷格对自然语言的反思并不局限于命题态度归属。《涵义与指称》包括对很多其他主题的重要且有影响的讨论，这包括语言学家讨论的有关**预设**的问题。尤其对那些首要兴趣在数学的人来说，弗雷格对自然语言的讨论反映了很多对语言的洞见。比如，除了对量词、命题态度结构、预设等研究的贡献之外，［在 Frege（1980b）中讨论数是否是对象的属性时］弗雷格对于复数指称和集体名词等也有重要的洞见。弗雷格晚期的文章《思想》包含对索引词和指示词（比如"我""现在""今天""这""那"等表达式）的非常清晰的讨论。带索引词的表达式在不同语境中会改变指称。比尔·克林顿使用"我"指示的对象和希拉里·克林顿用"我"指示的对象是不同的，尽管事实上这两个"我"的使用有相同的语言学意义。索引词的语境敏感性对弗雷格的涵义观念以及一般的

---

① 认知意义问题并非特别地关于同一性语句的问题，尽管总是误导性地这么表达。可以通过"长庚星是行星"与"启明星是行星"在认知意义上的不同而提出相同问题的另一个版本。

② 正如我们在下面讨论卡尔纳普的时候会看到的，晦暗语境有两类：内涵语句和既不是内涵也不是外延的语境。

刻画语言学意义制造了一些困难，对此弗雷格明确地意识到了。① 弗雷格对自然语言的深刻反思无疑是源于这个事实，尽管他不信任自然语言的模糊性和语境敏感性，但是弗雷格认为日常语言范畴反映了本体论范畴。

二、罗素

在弗雷格的意义理论中，每一个表达式都与至少两个语义值相关：普通指称和普通涵义。② 但是，弗雷格为他的形式语言提供的语义理论并不包括把涵义指派给任何表达式。这部分是因为在他的形式语言中缺少导致晦暗的表达式，比如命题态度词。③ 弗雷格（1893）第一部分提供的组合语义理论并未清楚地把思想（句子的涵义）直接指派给涵义。在某种意义上，弗雷格似乎认为给出《概念文字》语句的真值条件足以表示它们所表达的思想。④

在英格兰，在《心灵》杂志里产生了一个不同的意义概念，它对后来有关内容的思想有同样重要的影响。G. E. 摩尔（1899）论证说，我们在判断中称作**命题**的东西与内容有关。摩尔的命题概念并非精确的现代意义上的命题，比如，他认为每一个对象其实都是一个存在命题（更多的讨论，请参见《分析哲学的诞生》）。但是，把判断当作表达主体和复合存在实体之间的关系的理念是罗素最先提出的。这个复合实体构成了一种独特的内容，即命题。在 Russell

---

① 这些困难在 Perry（1977）中有详细的描述。对于代表弗雷格对佩里进行的有影响力的回应，参看 Evans（1981）。

② 我说"至少两个"，因为"涵义分层"的问题将在下面讨论。

③ 这可能不是偶然的。一种思考弗雷格处理命题态度词的方式是它们会推出一种系统的歧义性，其中一个词项在某个语境中（不在命题态度词的辖域内）有一个指称，而在另一个语境中（在命题态度词的辖域内）有另一个指称。既然弗雷格把歧义性当作自然语言的缺点，那么他想让产生歧义性的算子尽量少地出现在他的形式语言就不奇怪了［否则，他还需要修改语言来包括涵义的名称，以避免歧义性，参看弗雷格 2002（疑原文有误，应为 1902。——译者注）年 12 月 28 日写给罗素的信，在 Frege（1981, pp. 82-85）中有重印，尤其在 p. 84 中］。

④ 正如 Dummett（1981, p. 227）所写，在解释这种方法论的时候，"……即使当弗雷格意图给出一个词或符号的涵义，他实际陈述的是它的指称是什么……一个表达式的涵义是表达所指的模式：在说所指是什么的时候，我们需要选择一个特殊的谈论方式……在我们想要传达或规定表达式的涵义的例子中，我们应该选择的陈述指称的工具应能显示涵义，我们这里可能要从《逻辑哲学论》那里借鉴一对著名的词项，并且说，对于弗雷格而言我们**说**一个词的指称是什么，并进而**表明**它的涵义是什么"。

（1905）这篇重要文章中，罗素提供了对命题的一个非常现代的刻画。按照弗雷格的观点，判断的内容是思想，即句子的涵义，它们自身是由思考对象及其属性的方式构成的。相反，罗素的命题包括实际对象及其属性。正如罗素在 1904 年 12 月写给弗雷格的著名信件中所说的 [Frege（1981），p. 98]：

> 我相信勃朗峰自身就是由句子"勃朗峰有 4 000 多米高"所断定的一部分，尽管它的积雪也是。人们并没有断定这个思想，它是心理学上的私人事物。人们断定的是思想的对象，而且根据我的概念它是一个复合体（有人会说这是一个客观语句），而勃朗峰是这个复合体的一部分。①

罗素发展他的命题理论的动机也不同于弗雷格。与弗雷格一样，罗素也认为数学里有某些认识论问题，这些问题可以通过为其提供逻辑基础来解决。但是，罗素认为数学里的认识论问题与困扰弗雷格的问题有点不同。

罗素的意义理论产生于他企图说明我们有能力（在数学领域最明显）思考无穷对象类，尽管我们没有能力研究无穷域。根据罗素 1903 年的理论 [Russell（1996，第五章）]，说明我们有能力理解关于无穷对象类的命题的是这样一个事实：这类命题包含**指示**概念。正如 Russell（1996，p. 53）所说：

> 如果一个概念出现在一个命题中，这个命题不是关于这个概念的，而是关于以某种特殊方式与这个概念相关联的词项的，那么这个概念**进行指示**。如果我说"我遇到**一个人**"，那么这个命题不是关于**一个人**的，这是一个概念，它不会沿着街散步，而是生活在逻辑书本的阴暗地狱里。我遇到的是一个事物，而不是一个概念，是一个实在的人，他有裁缝和银行账户或者有一个小酒馆和一个喝醉的妻子。

我们理解一个关于无穷对象域的命题是因为这个命题包含一个指称概念，这个概念是关于无穷对象域的 [Russell（1996，p. 73），也可参看《分析哲学的诞生》]。一个有穷的心灵能够理解指称无穷类的概念，但不是无穷类自身。罗素发展了他自己的意义理论来解释这个本质上的认识论问题：我们如何能理解由句子的一次出现所表达的命题，尽管事实上我们没有能力掌握这个命题涉及的所有事物。这在有关不可观察领域的数学思想中是显然的。

---

① 这是我的翻译，弗雷格当然不同意罗素的论点：思想是"心理学上私人的事情"，因为弗雷格把涵义（包括作为句子的涵义的思想）当作客观的、独立于心理的实体。

罗素不满意他1903年的指称理论以及他1905年发展的摹状词理论，这个故事已经在本文最初出现的那本书的其他地方很详细地讨论过了，这里我只是简单地总结罗素1905年的意义理论及其后续发展和弗雷格成熟的意义理论之间的一些主要的区别，这些区别将在我们对后续发展的讨论中起到重要作用。

对于罗素来说，句子表达命题，命题才是真与假的终极对象。命题是非语言的实体，它由对象和属性构成。理解一个命题要求引进命题与其构成要素之间一种特殊的认识论关系（正如我们所看到的，罗素并不认为我们可以把这个关系与无穷类联系起来）。① 逻辑上的专名是这样一个表达式，它有助于把它所指称的对象与由包含它的句子所表达的命题联系起来。因此，如果"杰森·斯坦利"是一个逻辑上的专名，那么要想理解"杰森·斯坦利是哲学家"所表达的命题，就要引进其与杰森·斯坦利这个对象在认识论上的特殊关系。按照罗素，对于人们与命题的构成要素必须有的特殊的认识论关系来说，我们应该使用**亲知**这个词，以便理解这个命题。在其职业生涯中，对于要求什么与一个对象有亲知，罗素一直在改变主意。1905年之后不久，他得出了这样的观点：我们可以亲知的唯一对象是感觉材料而且有可能是它自身。② 既然我们清晰地理解很多命题，而这些命题不是罗素认为我们有亲知的对象（比如遥远过去的对象，或我们从未见过的人），那么罗素认为最通常的专名并不是逻辑上的专名。比如，我们清晰地理解"俾斯麦是个聪明人"的一次出现所表达的命题，尽管（根据罗素）我们并未亲知俾斯麦。因此，"俾斯麦是个聪明人"的这次出现所表达的命题并不把俾斯麦当作构成部分（否则我们无法理解它）。因此，普通的专名"俾斯麦"不是一个**逻辑上的**专名。

根据罗素，大多数普通专名都是**伪装的限定摹状词**。既然（根据罗素的摹状词理论，参见《**分析哲学的诞生**》2.3）在包含限定摹状词的句子所表达的命题中，这个限定摹状词只提供通名（即属性），而罗素对于亲知通名是相当开放的，那么由包含普通专名的句子所表达的命题就能够被普通人所理解，比如，普通专名"比尔·克林顿"，对于罗素来说是一个伪装的限定摹状词，它可能是限定摹状词"1992到2000年间的美利坚合众国总统"（尽管专名"美利坚合众国"也可能是一个伪装的限定摹状词）。由"比尔·克林顿是民主党人"所表达的命题就只包

---

① 这个主张的一个"远亲"在现代语言哲学和心灵哲学中叫作"罗素原则"。相关讨论参考 Evans（1982）。

② 但是，罗素对全域的亲知仍然很开放［Russell（1988，第 X 章）］。

含通名作为构成部分。因此，它可以被没有亲知比尔·克林顿的人所理解。

弗雷格的"思想"或命题是由思考对象和属性的方式构成的。据此观点，"杰森·斯坦利是哲学家"这个思想包括思考杰森·斯坦利的方式和思考"成为哲学家"这个属性的方式。罗素1905年的意义理论与弗雷格的意义理论的区别在于它不包括涵义的观念，没有对事物的"思考方式"。罗素的命题包括对象和属性（通名），而不包括对它们的思考方式。对于某些弗雷格没有的观点，罗素也有认识论上的动机。罗素认为我们无法亲知很多对象，但是可以理解有关它们的命题。所以，因为这些认识论的原因，罗素把普通专名当作伪装的限定摹状词，并且使用量词逻辑的工具分析限定摹状词（参考《分析哲学的诞生》2.3）。

尽管罗素的动机首先是认识论的，但是他关于普通专名的摹状词理论以及对包含限定摹状词的句子的语义学说明也可以使他解决某些哲学谜题。根据罗素，"F是G"这种形式的句子表达了一个命题，这个命题的逻辑形式比"F是G"的语法形式更复杂。特别地，"F是G"表达的命题是：存在一个x，它是F，只有一个F，并且x是G。① 所以包含限定摹状词的句子表达了一个存在量化命题以及**唯一性**条件，目的是使名义上的成分"F"（"F"的一个例子）被唯一的对象所满足。②

罗素把他关于普通专名的摹状词理论以及包含限定摹状词的句子的语义说明应用于诸多问题。最著名的是罗素把他的观点应用于**否定存在问题**。否定存在问题产生自"飞马不存在"这样的句子，这种句子清晰地表达了真理，尽管事实上它们包含非指称词项（在这个例子中是"飞马"）。如果"飞马并不存在"表达了一个真命题，那么"飞马"必须指称某些没有存在属性的事物。但是如果"飞马"指称某些不存在的东西，那么存在某些不存在的东西。这个支持神秘的非存在物领域的论证就是否定存在问题。

---

① 在 Russell（1905）中，罗素对量词工具还不是很熟练，并且使用了命题函数的初始谓词"总是真的"。罗素对限定摹状词的说明的一个主要的现代辩护是 Neale（1990）。最近对罗素的一个很有影响的批判（Graff, 2001）包括现代摹状词的谓述使用的问题，比如"拿破仑是最伟大的法国将军"，这为罗素理论提出了某些问题。

② 有大量文献挑战罗素理论中包含的唯一性论述。对罗素主张的摹状词包含唯一性的经典抨击是 Strawson（1996），斯特劳森论证说，一个陈述"桌子上布满书"可以是真的，即使我们完全意识到宇宙中不只有一张桌子，因此罗素的唯一性论述失败了。对罗素的摹状词包含唯一性的主张很有影响的现代挑战包括 Lewis（1979，例3）以及 Szabo（2000）。

为了解决否定存在问题，罗素首先使用他的普通专名摹状词理论并得出结论说"飞马不存在"与"神话中会飞的马不存在"表达相同的命题。根据罗素的摹状词理论，"神话中会飞的马不存在"所表达的命题有一种真的理解，其中"神话中会飞的马"这个短语相对于否定词"不"来说有一种**次现**（采取窄辖域）。根据这种理解，这个句子表达的命题就是：并非存在一个 x, x 是神话中会飞的马，并且对于任意 y，如果 y 是神话中会飞的马，那么 y = x，并且 x 存在。这个命题显然是真的，并且它的真并未使我们承认关于神秘的不存在物的本体论。罗素对否定存在问题的消解是使用语言分析来解决形而上学问题的范例。

罗素也把他的摹状词理论重复使用于认知意义问题。"司各特是《威弗利》的作者"有认知意义（而"司各特是司各特"却不是）的原因是："司各特是《威弗利》的作者"表达的命题是存在一个《威弗利》的作者，《威弗利》只有一个作者，并且他是司各特，而"司各特是司各特"（把"司各特"当作逻辑上的专名）表达了一个不足道的命题形式 a = a（Russell & Whitehead, 1910, 引言第三章）。使用普通专名摹状词理论，罗素也能解释包含在两个不同普通专名之间表达同一性"是"的句子（比如"长庚星是启明星"或者"西塞罗是图利"）是有认知意义的。在同一个名字的两次出现之间的"是"也表达同一性，包含这个"是"的句子（比如"长庚星是启明星"）却没有认知意义。因为罗素用不同的普通专名来代替不同的限定摹状词。所以"长庚星是启明星"和"晨星是昏星"表达了相同命题，或者"叫作'长庚星'的行星就是叫作'启明星'的那颗行星"[正如 Russell（1919）第 16 章所说]。所以，不同专名与不同涵义相关，弗雷格借此来解决认知意义问题，而罗素则认为不同的普通专名对应不同的限定摹状词。

三、从弗雷格和罗素到塔斯基

弗雷格、摩尔和罗素有一些共同的原则被广泛接受，但是并没有被先前的哲学工作所清晰地采纳或理解。① 首先，三个哲学家都清晰地区分了判断的**行为**

---

① 在 Brentano（1995）第 7 章中，他拒绝下面的观点：判断与表达的不同在于前者总是有复杂实体（比如命题）作为对象，而后者可以有简单实体作为对象。比如，Brentano（第 7 章，第 5 节）论证有些判断以简单实体为对象，尤其是存在的否定和肯定。有意思的是，正如我们已经看到的，Moore（1899）的理论也有一个后果：A 存在的判断只以 A 作为其对象，因为对象 A 与 A 存在这个存在命题同一。

和判断的**对象**（相似地，也区分了相信的**关系**和具体信念的内容）。其次，三个哲学家都认为判断的对象是复合的、独立于心灵的，它们是知识和信念的对象（尽管如我们所见，他们之间对于这个独立于心灵的实体的本质是什么观点不一）。最后，三个哲学家都认为这些实体是真与假的首要载体。

弗雷格、摩尔和罗素并不是那个时代唯一清晰地做出这些区分并采纳这些观点的哲学家。比如，迈农显然认为判断的对象是复合的、独立于心灵的实体，我们在知识和信念中与之关联。同时他为这个结论提供了精致的论证［参见 Meinong（1910）第3章］。这三位分析哲学之父在保留这些看法上也不完全一致。摩尔和罗素在发展了他们的命题存在信念之后不久就抛弃了它们，原因是设置假命题在本体论上太过奢侈［比如可以参考 Russell（1994）］。其实，1910年之后，罗素使用"命题"作为一种谈论句子的方式，并进而抛弃了判断的行为—对象概念以及**多重关系判断理论**（参看《分析哲学的诞生》2.7节）。

然而，尽管这些观点被它们的一些主要支持者抛弃了，但是它们的清晰性与说服力最终胜出，并且作为几乎所有对内容的当代讨论的预设而幸存下来。

对于语言哲学随后的工作来说，弗雷格和罗素的伟大成就之后20年的哲学相对不是很重要。从1910到1920年，罗素都在发展一种另类的现象主义，据此，普通对象是"逻辑虚构"，而它们的名字被处理为可以被分析掉的"不完全符号"，所以我们只剩下感觉材料和通名（参看《分析哲学的诞生》2.5节）。维特根斯坦的《逻辑哲学论》也很大程度上是在讨论形而上学，而且其写作的清晰性与弗雷格和早期罗素的作品不在一个层次上，清晰性是他们的特点。但是，与弗雷格和罗素不同，维特根斯坦认真对待模态概念**可能**和**必然**。① 对于维特根斯坦来说，有意义的内容分割了可能空间。对于一个有意义的命题来说，它和它的否定都应是可能的，否则这个命题就没有把可能空间**分割**为在其中这个命题为真的空间和在其中这个命题为假的空间。

《逻辑哲学论》阻止哲学前进的一种方式是它引导哲学家（尤其是逻辑实证主义者）把精力消耗在发展和打磨有意义的标准上，并且使用这个标准来论证传统的哲学论题不能满足它，因而是无意义的（参看《维特根斯坦及其之后》）。这个计划已经停滞了很多年。有意义的标准可以用于反形而上学，然而不幸的是，很多哲学之外的人文主义者把追寻有意义的标准与分析哲学家联系

---

① 弗雷格和罗素从未把可能和必然的模态概念当作中心概念，比如参看罗素在 Russell（1985）第7章中对"可能"的讨论。

起来。

但是,《逻辑哲学论》的影响并非是完全否定的。正如我们会看到的那样,其他哲学家吸纳了《逻辑哲学论》中发展的一些形而上学工具,并把它应用于对内容的研究。正如我们将看到的那样,不只是在接下来的语言哲学研究中,而且是在形而上学中,这个研究计划最终都是非常富有成果的。所以,维特根斯坦相信模态和有意义是密切相关的,这个信念却为他想要摧毁的那类哲学提供了某些革命的东西,这有点讽刺。

四、塔斯基的真理论

正如我们所见,在 Frege (1966) 第一部分,弗雷格为他的形式语言提供了一个语义理论,一组"规定"决定了在什么情况下《概念文字》中的任意句子都是真的。弗雷格也为《算术基础》中的形式理论提供了语义证明,这包括企图给出语义一致性的著名证明。① 正如克里普克最近强调的,语义证明也出现在罗素的《数学原理》中。② 另外,弗雷格在《算术基础》的素朴集合论框架内证明了他的形式算术系统的某些模型论结果。比如,有理由把定理263 的证明当作他的算术公理范畴定理 [参考 Heck (1993),第 7 节]。但是,弗雷格和罗素最终关心的是把数学放在安全的逻辑基础上,而且为了这个事业,他们首先诉诸语义学。相反,波兰逻辑学家阿尔弗雷德·塔斯基(原名 Alfred Teitelbaum)关注的是语义学学科自身。塔斯基给自己设定的任务是把**语义学**建立在安全的数学基础之上,方法是为诸如**真**和**逻辑后承**等语义概念提供数学定义。

塔斯基把语义概念建立在安全的基础之上的动机不同于弗雷格和罗素的逻辑主义动机,尽管与其失败的理由相关。逻辑主义者把数学归于逻辑的计划被破坏了,因为足以为数学提供基础的系统不能算作逻辑系统。首先,正如罗素

---

① 这出现在《算术基础》29~32 节 [参考 Heck (1998)]。正如弗雷格在 1902 年 6 月 22 日给罗素的那封著名的信中对这个企图的证明所写的 [Frege (1980a, p.131)] "在发现了这个悖论之后,这之后似乎可以得出:把同一性的普遍性转化进真值过程的同一性并不总是被允许的,我的公理 V 是错的,并且我在 31 节的解释不足以保证我的表达式在所有情况下有指称"。换句话说,弗雷格对悖论最初的回应是他注意到他在 31 节所企图的一致性证明失败了。

② Kripke (2005, pp. 1013–1014).

悖论所揭示的那样，弗雷格的素朴集合论系统最终是不一致的。其次，罗素的系统包括一些争议非常大的公理，这些公理很难被当作是逻辑公理（参看《分析哲学的诞生》）。但是素朴集合论的命运注定会在很多数学领域有影响。特别地，它关注这个事实：支配基础概念的直观原则（比如关于对象集合体的原则）可以导致悖论，而这个悖论可以被更精妙的数学所避免。

正如支配对象集合体的素朴原则一样，支配语义概念的一些最明显的原则也很快导致了悖论。比如，通过把我们限制在不包括语境敏感词汇的句子中，下面的主张似乎是明显真的，这个主张来自"真"这个词的意义。

（1）"S"是真句子当且仅当 S。

为了说明这个观点（使用**引号名字**作为句子的名字），考虑下面这个显然的事实：

（2）"雪是白的"是真句子当且仅当雪是白的。

（3）"草是绿的"是真句子当且仅当草是绿的。

很少有主张像（2）和（3）这样没有争议。但是模式（1）似乎可以非常直接地导致矛盾。考虑下面的句子：

（4）（4）不是真句子。

句子（4）不包含语境敏感的词汇。所以把它替换为模式（1）中的"S"是没有问题的。但是如果我们用"（4）不是真句子"替换（1）右边的"S"，再加上它左边的名字，我们可以得到：

（5）（4）是真句子当且仅当（4）不是真句子。

既然（5）是矛盾，那么由（1）中的模式所例证的关于真的直观原则就是假的。

人们可能会认为真变得更糟了。毕竟，真这个概念似乎属于形而上学这个不是最著名的学科。但是，到了 1930 年这就变得很明显了：在用于描述形式系统的期望属性的时候，像真和逻辑后承这样一些语义概念的用法是真正的数学用法。比如，完全性是一个给定主题的形式理论的期望属性。所谓完全性问题，就是这个形式系统是否足以证明每一个根据这个主题为真的句子。另一个期望属性是可满足性，即形式系统的公理是否都能表达真，或者是否有些公理会导致矛盾（这就是弗雷格在《算术基础》29~32 节中试图说明的）。语义观念还定义了形式系统的其他语义属性，20 世纪 20 年代还有很多数学基础方面的工作是用来证明形式系统的语义主张的。所以，随着时代的发展，不只哲学家关心语义概念，而且数学家也关心，这变得越来越明显了。①

在里程碑式的文章《形式语言中的真概念》中，塔斯基开始表明，对于很多语言来说人们能够为这种语言一致地定义真谓词，尽管这个定义必须在一个比初始语言更丰富的语言中给定。另外，给定正确的理论资源，就可以从这个定义为初始语言中的句子得出（1）的所有例子。由此，塔斯基表明了如何为一个特殊的语言 L 定义 L 中真这个相对概念。

塔斯基为语言 L 定义真的方法包括递归定义**满足 L 的开公式的序列**这个概念，并且根据如此定义的满足概念定义真（真句子是被所有序列满足的句子）。② 在最初的文章中，塔斯基主要关注定义他的"绝对的真概念"（Tarski, 1983b, p. 199）。但是更重要的概念是**相对于模型**的语言 L 的真概念，塔斯基的绝对概念是这个概念的一个特例（同上）。直观上，模型是相对于对象域（模型的"定义域"）对语言的解释。为一个语言定义相对于模型的更一般的真概念（不只是一个语言的真），其原因是模型中的真概念是掌握**逻辑有效性**和**逻辑后承**③ 这样一些基本语义概念所要求的。句子 S 是句子 $a_1 \cdots a_n$ 的**逻辑后承**当且仅当 S 在 $a_1 \cdots a_n$ 为真的所有模型 M 中都是真的。S 是**逻辑有效**的当且仅当 S 在每一个模型中都是真的（逻辑有效是逻辑后承的极限情况。逻辑有效的句子是空的句子集合的逻辑后承）。这些定义背后的动机是：句子 S 是逻辑有效的当且仅当不管怎么解释 S 中的非逻辑词项也不管域中的对象是什么它都是真的。因此模型有双重功能：为句子中的非逻辑词项提供替代解释以及改变被量词量化的对象。使用逻辑后承的模型论定义，可以为比如一阶逻辑完全性定理中的一些基本概念给出数学上的明晰性。既然终极目标是为有效性和后承这样的基本语义观念给出数学刻画，那么定义模型中真而不是定义真就是元数学家的期望目标，元数学家寻求把对逻辑学最有用的语义观念合法化。

---

① 正如塔斯基对这种情况的总结（1983a, p. 401）：传统上，语义学领域中的概念在哲学家、逻辑学家和语言学家的讨论中起到了突出的作用。然而，长期以来它一直被怀疑。从历史的观点看，这种怀疑是有依据的，因为尽管语义概念的内容足够清晰（正如它们在日常语言中出现的一样），但是所有想更精确地刻画这个内容的企图都失败了，而且出现这些概念的各种讨论（它们的前提非常可能且似乎很明显）经常导致悖论和二律背反。

② 通过使用弗雷格的祖先概念，塔斯基把递归定义转换为一个精确的定义［Taski (1983, p. 193) 中脚注1］。

③ 上面提到的**满足**属性也是通过使用模型来精确定义的，一个句子的集合 $\alpha_1 \cdots \alpha_n$ 是可满足的当且仅当有某个它们在其中都真的模型。

塔斯基为一个语言定义相对于模型的真,为了说明这种方法,有必要详细看一个例子。接下来,我将定义一个简单的语言L,并表明如何通过使用塔斯基的满足观念来给出那个语言的真定义(希望回避这些细节的读者可以跳过下面几页,这不会有损失)。

语言 L

L 的字母表:

A,B,……,E   名称字母(常项)

F^n,G^n,……,Z^n n元谓词字母

P,Q,……,Z 句子字母

a,b,c,……,w,x,y,z   变项

~,→,↔,∨,&   句子联结词

∀,∃   量词(全称量词,存在量词)

L 语法:

L 的词项:

(i)所有名称字母和变项是词项。

(ii)只有这些是词项。

L 的合式公式(wff):

(i)0元谓词字母是合式公式。

(ii)如果φ是n元谓词字母,α_1……α_n是词项,那么φα_1……α_n是合式公式。

(iii)如果φ是合式公式,那么~φ是合式公式。

(iv)如果φ和ψ都是合式公式,那么(φ→ψ)是合式公式。

(v)如果φ和ψ都是合式公式,那么(φ↔ψ)是合式公式。

(vi)如果φ和ψ都是合式公式,那么(φ∨ψ)是合式公式。

(vii)如果φ和ψ都是合式公式,那么(φ&ψ)是合式公式。

(viii)如果φ是合式公式,α是变项,那么∀αφ是合式公式。

(ix)如果φ是合式公式,α是变项,那么∃αφ是合式公式。

(x)只有这些是合式公式。

所以,L 的一些合适公式是:

R^2xy

$\exists x H^2 Ayx$

$$\exists x\ ((F^1x\&G^0)\to\forall zJ^3xzA)$$

我们将定义**相对于模型的真**,这里的模型包括**定义域**(直观上说,就是所谈论的对象,或量化的对象)以及对(名称字母和谓词字母等)非逻辑表达式(的解释)的赋值。更形式地说,L 的模型 M 包括一个有序集合对 $<D, \Im>$,D 是对象集,称作 M 的域或定义域,$\Im$ 是一个函数,(i) 它为 L 中每一个名称字母指派 D 中一个元素,(ii) 它为每一个 0 元谓词字母指派一个真值(或者真或者假),(iii) 它为每一个 n 元谓词字母(n>0)指派一个 D 中对象的 n 元有序组的集合。所以,$\Im$ "解释"了 L 的非逻辑常项(名称字母,句子字母,谓词字母)。

注意我们还没有给出解释变项的方法。为此,我们需要塔斯基的**满足**观念,它会在后面定义模型中的真的时候给出。最终目标是刻画任意句子(句子是没有自由变项的合式公式)在模型中为真是什么意思。为此,我们诉诸满足观念。一个句子是模型中真的当且仅当它被该模型中所有序列所满足。使用标准符号是:

$\models_M \varphi$ 读作:φ 在(模型)M 中是真的

$\models_{M,s} \varphi$ 读作:φ 在 M 中被(序列)s **满足**

定义:$\models_M \varphi$ 当且仅当任给 M 的序列 s,$\models_{M,s} \varphi$

模型 M 的序列 s 是一个函数,它为语言 L 的每一个变项指派 D 中一个元素。换句话说,序列为变项赋值,而且它们所赋的值是模型 M 的定义域中的对象。

既然一个句子在一个模型 M 中是真的当且仅当它被那个模型的所有序列所满足,那么定义模型中真的问题就归结为定义句子在模型中被一个序列满足的问题。① 我们现在回到归纳定义模型中的满足。为此我们需要两个附加定义。首先,我们需要**相对于序列的指称**概念:

---

① 值得注意的是下面两个模型中句子(即没有自由变项的合式公式)真的定义是等价的:

(1) $\models M \varphi$ 当且仅当对所有 M 的序列 s $\models M, s \varphi$

(2) $\models M \varphi$ 当且仅当有些 M 的序列 s $\models M, s \varphi$

直观上,显然这个等价式成立。如果 φ 没有自由变项,那么它的真就根本不会依靠 s 对变项的指派。但是,这两个定义的等价性的证明却是很微妙的,这里我并不企图证明它。本质上,这里的技巧似乎如下。人们可能着手证明的是:s 和 s' 是 M 的指派,如果 $FV(\varphi)=\emptyset$,那么 $\models M, s\varphi j$ 当且仅当 $\models M, s'\varphi$。但是,当 φ 是量化公式的时候,直接证明它有点困难,因为在这个有趣的例子中归纳假设是无效的。所以,要想证明如果 s 和 s' 是 M 的指派,使得任给 φ 中自由变项 v,s(v) = s'(v),那么 s 满足 M 中的 φ 当且仅当 s' 满足 M 中的 φ,必须证明一个更强的定理。(1) 和 (2) 的等价式是这个事实的直接后果。

定义：t是一个词项，s是一个序列，Den (t, s) = $\Im(t)$，如果t是一个名称词项；Den (t, s) = s (t)，如果t是变项。

指称函数通过使用模型的解释函数$\Im$来定义，并且被用来解释词项。我们也要求**序列 s 的 s' 变项**概念，它有助于我们给出量词的解释[下面的(viii)和(ix)]：

  定义：s'$\approx_x$s 读作：s'与s几乎一样，唯一区别是s'为变项x指派的对象与s指派的对象不同[所以，任给L变项y≠x, s'(y) = s(y)，并且有可能 s'(x)≠s(x)]。

通过使用这些观念，我们现在可以去归纳定义满足（为了方便起见，我把指称限制到模型 M 上）：

(i) 如果φ是0元谓词字母，那么s满足φ当且仅当$\Im(\varphi)$ = 真。

(ii) 如果φ是n元谓词字母，并且α_1……α_n是词项，那么s满足φα_1……α_n当且仅当 < Den (α_1, s) ……Den (α_n, s) > 在$\Im(\varphi)$中。

(iii) 如果φ是形如"~ψ"的公式，那么s满足φ当且仅当s不满足ψ。

(iv) 如果φ是形如"(ψ→χ)"的公式，那么s满足φ当且仅当或者s不满足ψ或者s满足χ。

(v) 关于"&"的规则。

(vi) 关于"∨"的规则。【关于"&"、"∨"和"↔"的规则留给读者】

(vii) 关于"↔"的规则。

(viii) 如果φ是形如"∃x ψ"的公式，那么s满足φ当且仅当存在某些s'$\approx_x$s, s'满足ψ。

(ix) 如果φ是形如"∀x ψ"的公式，那么s满足φ当且仅当任给s'$\approx_x$s, s'满足ψ。

通过使用这些定义，可以推出一些定理，它们给出语言 L 中任意句子 S 被模型中的序列所满足的条件。比如，可以证明：

(6) 模型 M 的序列 s 满足 "∃x (F^1x&G^1x)" 当且仅当对于某些序列 s'$\approx_x$s, s'(x) 在$\Im(F^1)$中并且在$\Im(G^1)$中。

句子"∃x (F^1x&G^1x)"是对象语言中的句子。元语言是给出这个句子的真值条件的语言。比如，出现在"当且仅当"右边的表达式就是元语言。元语言是汉语①与集合论语言和逻辑语言的结合。直观上说，(6) 说的是"∃x(F^1x&G^1x)"

---

① 原文为英语，这里改为汉语。——译者注

被模型 M 的一个序列 s 所满足，当且仅当存在 M 定义域中的某些东西既在谓词 F 的外延中也在谓词 G 的外延中。既然"$\exists x(F^1x\&G^1x)$"不包含自由变项，那么如果有序列满足它，则所有序列都将满足它。所以"$\exists x(F^1x\&G^1x)$"在模型 M 中真当且仅当它被 M 中至少一个序列满足，并且（6）表达了"$\exists x(F^1x\&G^1x)$"被 M 中任意序列所满足的条件。所以，通过使用满足的归纳定义，以及用满足定义模型中的真，我们可以得出任意句子 L 在模型 M 中为真的条件。

所以，语言中的真定义首先要采取的形式是把一个在恰当的元语言中表达的满足条件归纳指派给这个语言中的句子。最后，塔斯基有一个定义语言中的真的充分条件。一个语言中的真的定义是实质上充分的，当且仅当这个定义的后承是下面这个模式的所有例子（这里"S"被这个语言的句子的结构描述名称所替代，"p"被所命名的这个句子的元语言翻译所代替）：

  S 是真的当且仅当 p

所以，一个真定义是实质上充分的，当且仅当它为所考虑语言中的每一个句子 S 在其真值条件的元语言中生成一个陈述作为定理［如果元语言包含对象语言，这个陈述可以就是对象语言中的句子，正如上面的（1）一样］。比如，我上面指出我为语言 L 提供的真定义导致（6）成为定理，这足以（在"当且仅当"右面）给出"$\exists x(F^1x\&G^1x)$"在元语言（即汉语①加某些集合论和逻辑）中的满足条件。根据约定 T，上面对于语言 L 的真定义是充分的当且仅当它导致一些定理，其"当且仅当"的右边是意图对 L 解释的元语言中的真正翻译。因为塔斯基的充分条件诉诸翻译概念，所以通常称塔斯基通过假设翻译来定义真。

所以，塔斯基表明了如何在一个表达力更丰富的元语言中为一个语言定义真。塔斯基还提供了一个著名的否定结论。他的否定结论是不能为足够"丰富"的语言定义真，所谓足够丰富的语言即允许"元语言的所有概念和所有语法形式"［Tarski (1983b, 254)］都能在这个语言中解释。有这个特征的语言的一个特例，塔斯基称作"一般类理论"，它包括论及任意阶的实体的变项（比如，类、类的类，等等）。塔斯基证明不能定义这种语言的这样一个一元谓词，使得它只适用于一般类理论的真句子，否则就会导致矛盾。② 这个否定结论为这篇文

---

  ① 原文为英语，这里改为汉语。——译者注
  ② 塔斯基建立这个定理的方法与哥德尔建立他的第一不完全定理的方法类似，而且有相对优先性的重要问题（参加 Tarski, p. 247 脚注 1）。

章的肯定结论设定了限制。

塔斯基与弗雷格一样怀疑自然语言，但是他这样做还有其他的原因。塔斯基认为自然语言与一些强大理论（比如一般类演算理论）有共同的特征。两个语言都有一个"普遍特征"，即允许对其中的元语言的"结构描述概念"进行公式化。正是这种"普遍特征"才允许自指，进而导致悖论的公式化，这使一致的真定义的可能性被阻止了。换句话说，对于英语或德语之类的自然语言来说，不存在一种元语言，使得其资源不能在英语或德语中分配（因为自然语言是"普遍的"）。既然没有比这种语言表达力更丰富的语言，就不可能一致地为这些语言定义真。塔斯基认为自然语言不同于一般类语言，它包含自己的真谓词，因此他相当困惑地宣布自然语言是不一致的。①

塔斯基的真理论有助于理解真的本质（而不是元数学的一部分），但是受到一些很严厉的批判。首先，塔斯基似乎认为他已经把语义真概念"归结为"非语义概念。在《形式语言中的真概念》的开篇评论中，他的著名声明是："我不应该使用任何语义概念，除非我能提前把它归结为其他概念"（Tarski，1983b，p. 153）。在其文章《科学语义学的建立》中，塔斯基写到，在一个充分的真定义中，"语义概念是根据通常的元语言概念来定义的，并因此可归结为纯逻辑概念（被研究的这个语言的概念）以及语言构词法的特殊概念"（Tarski，1983a，p. 406）。但是，塔斯基或者没有认识到真定义要诉诸最初的**解释的**语义观念这个事实，或者忽略了修辞学的目的。一个真定义预设了把语义值指派给语言的最初表达式。正如在满足的归纳定义（ii）以及指派关系定义中可以看到的那样，模型 M 的解释函数ℑ解释了谓词以及语言的名称字母。但是对解释函数ℑ的刻画并不遵循对指派的一般说明。它只是提供从表达式到值的映射。这并不是把指派归结为非语义观念，或者根本不是对指派的解释（Field，1972）。

可能塔斯基想要主张的是ℑ不是表达式与它们的语义值的预设清单（这因而不是一些需要诉诸理论解释的初始观念的面具），而仅仅是规范的数学定义的产物。但是塔斯基对语言（或语言的部分）的真定义定理就是必然真的，因为它们遵循规范定义和逻辑。但是，直观上塔斯基 T-模式的例子，比如（7），根本不是必然真的：

（7）"比尔·克林顿是聪明的"是真的当且仅当比尔·克林顿是聪明的。

---

① 尽管最近有些哲学家开始为塔斯基的主张辩护［比如，Eklund（2002），Azzouni（2006，pp. 98ff.）］。

(7) 不是必然真的，因为句子"比尔·克林顿是聪明的"可能意味着其他东西。比如，"是聪明的"可能表达的是火星的属性，在这种情况下（7）是假的。因此（7）是偶然真的，而非必然真的。所以如果塔斯基意图3是规范的数学定义的结果，那么他的真定义所产生的将是必然的数学真，而非偶然的语义真。简言之，如果塔斯基的目的是把语义概念归结为非语义概念，那么他确实没有成功。

塔斯基的目的不是把他的真理论用于说明自然语言语句的意义。相反，它表明人们可以为一个理论的语言提供一致的真定义，由此把（被理解为元数学的分支）语义学置于科学的基础位置上，并且有可能（不成功地）把语义概念归结为非语义概念（或者是数学概念，或者是物理学概念）。在哲学领域，塔斯基的工作因说谎者悖论所创造的兴旺产业而著称（参见《哲学逻辑》第3节）。但是塔斯基的工作也有更广泛的影响。正如很多哲学家认识到的那样（Davidson，1967），一个塔斯基的真定义似乎为意义理论提供了一种易处理的形式。如果不是通过诉诸翻译来定义真，即把真当作系统中的初始观念，那么对于真的递归就提供了对所讨论语言中句子的真值条件的陈述（正如我们所看到的，这实际上似乎已经被弗雷格所认识到了）。① 正如接下来的数十年所表明的那样，自然语言的意义理论的恰当形式是递归刻画句子为真的条件，这个理念确实非常富有成果，可能是研究意义的历史中最有成果的洞见。换句话说，可能是无意的，塔斯基发现了意义理论的恰当**形式**。塔斯基的工作除了对元数学有贡献之外，还孕育出了语义学科学，但是这里对科学的理解与塔斯基所意图的并不一样。

五、卡尔纳普和蒯因的必然性与分析性

塔斯基在真理论上的工作很大程度上是在其意图之中的，他想要恢复语义观念的科学责任。鲁道夫·卡尔纳普是逻辑实证主义的维也纳学派的重要成员，

---

① 模型中的相对真观念对于这类计划（即给出自然语言的意义理论计划）来说并不是那么重要。在元数学的例子中，模型中的真是基础概念，因为在定义像逻辑后承这样的概念时需要它。但是，自然语言的语义学并没有使它自身涉及（比如）完全性定理；自然语言语义学的目的是成功说明自然语言语句的意义，而不是证明形式系统的令人满意的语义属性。关于为什么诉诸模型中的真不是自然语言语义学的核心的其他讨论，可以参考经典文章 Lepore（1982）和 Higginbotham（1988，第3节）。

他在这方面尤其受塔斯基影响。在其早期作品中，卡尔纳普回避了语义学（或者卡尔纳普所谓的"符号学"）尤其是"内涵逻辑"。正如卡尔纳普（1949，p. 259）所写：

> 逻辑中的所有问题都可以被形式地表达，并因此可以被归结为句法问题。具体的意义逻辑是多余的，"非形式逻辑"是**语词矛盾**。逻辑就是**句法**。

但是，塔斯基的工作使他相信，语义学是值得科学研究的。在其作品《意义与必然性》（Carnap, 1958，首次出版在 1947 年）中，卡尔纳普重新用语义学来为推进他的实证主义计划服务。

卡尔纳普试图表明人们如何使用语义规则建立起**语言框架**。根据卡尔纳普，人们决定使用的语言框架不是事实问题，而只是如何说话的问题。采取一个语言框架的决定是"实践问题而非理论问题……接受不能被判断为或者真或者假，因为它不是断定。它只能被判断为多少有些权宜的、成果丰富的、有益于语言所意图的目标的"（Carnap, 1958a, p. 214）。一旦人们决定了语言框架，就可能由此语言框架生成很多事实问题。哲学的（尤其是形而上学的）争论产生自人们混淆了采取哪个框架的问题（卡尔纳普称之为**外部问题**）与框架内产生的问题，框架内的问题或者是事实的或者是分析的（卡尔纳普称之为**内部问题**）。是否存在属性或共性这种形而上学问题，或者是是否接受语言框架的外部问题（这个语言框架把属性指派为谓词的语义值），或者是是否存在属性的内在问题（而这只有一个不足道的答案）。在把属性指派给谓词的语言框架中，属性存在是分析真的。所以，很多哲学问题或者是伪问题（即没有认知内容），或者只有不足道的分析真或分析假的答案。

卡尔纳普关心必然性是因为他想区分两类内在问题：一类是其答案是分析真的问题（根据框架的语义规定为真），另一类是本质上是"事实的"问题（即其答案不是由语言的语义规则决定的问题）。所以，卡尔纳普在《意义与必然性》中的目的是继续逻辑实证主义纲领的核心特征。然而，在此作品中，卡尔纳普表达了对理想语言（但是它在关键方面依然表达了部分自然语言）的内涵语义说明，这被认为是有现代性特征的。结果，卡尔纳普的作品在接下来的数十年中有非常重要的影响，过了很久，它的核心哲学任务才被看作是没有希望的而被抛弃掉。

正如我们所见，弗雷格和罗素对我们理解非外延语境语义学的重要性和兴趣贡献很多，比如由"相信"和"怀疑"这样的命题态度词所创造的语言学语境就是非外延语境。但是按照他们的形式语义学工作，他们关注的是不包含能创造非外延语境的表达式的形式语言。另外，尽管弗雷格和罗素企图解决命题态度语境的棘手问题，但是他们并没有严格采用必然性和可能性等模态观念。相反，卡尔纳普既为包含像"必然"和"可能"这样模态表达式的语句，也为包含命题态度词的语句提供了语义理论。

给出包含"必然"和"可能"这样句子的真值条件的语义理论是卡尔纳普要处理的问题，为此他引入了**状态描述**观念，试图用这个观念来表达**可能世界**或者**世界可能成为的方式**这样的形而上学观念（Carnap, 1958, pp. 9−10）。状态描述是一个句子集合，它被认为是给出了世界的可能状态的完全描述。句子 S 是必然真的当且仅当这个句子在每一种状态描述中都是真的，即在所有可能世界中都是真的。但是，给定上面讨论的哲学计划，卡尔纳普把必然性当作是**分析性**，即根据语言学框架的语义规则为真（或者，更简单地说，**根据意义为真**）。确实，卡尔纳普设置了必然真的任意定义的充分性条件：必然真是并且只是这样的句子，其真可以只根据语言的语义规则确定（Carnap, 1958, p. 10）。①

在《意义与必然性》中，卡尔纳普做了很多语义区分，这些区分自此成为标准区分。每个词项都有**内涵**与**外延**，一个表达式的内涵是从可能世界（状态描述）到其在那个世界中的外延的函数。卡尔纳普称词项的内涵为**个体概念**，它是从可能世界到对象的函数。一元谓词的内涵是从可能世界到类的函数，句子的内涵是命题，它是从可能世界到真值（这个句子在这个世界中的真值）的函数。这些区别自此就成了内容研究的基本格局的一部分。

卡尔纳普把个体概念等同于词项的内涵（即从可能世界到对象的函数），这使他对认知意义问题能给出不同于弗雷格和罗素的说明。根据弗雷格，"司各特是《威弗利》的作者"是有认知意义的，而"司各特是司各特"则没有认知意义，因为"《威弗利》的作者"与"司各特"有不同的涵义。罗素使用他的摹状词理论来解释为什么"司各特是《威弗利》的作者"是有意义的而"司各特是司各特"没有意义。对于卡尔纳普来说，"司各特是《威弗利》的作者"是

---

① 给定塔斯基对卡尔纳普的影响，说卡尔纳普的语义系统如此依赖于分析性概念就太讽刺了。塔斯基高度怀疑这个概念，并且早在 1936 年就表达了他的关注（Tarski, 1983c, 第 3 节）。

有认知意义的，因为它是事实，它既不是必然真的也不是必然假的。存在一些状态描述，相对于它们"《威弗利》的作者"的外延与"司各特"的外延不一样。相反"司各特是司各特"是必然真的，因此不是事实。简言之，"司各特是《威弗利》的作者"是有认知意义的，因为它是**偶然的**，而"司各特是司各特"是没有信息内容的，因为它是**必然的**。

我们在讨论弗雷格的时候看到命题态度词创造了**晦暗的语言学语境**，即，同指称词项的相互替代可能改变包含它们的句子的真值。通过使用内涵和外延概念，卡尔纳普也能够更严格地区分表达式出现于其中的语言学语境的不同类型。卡尔纳普从来没考虑过从语言之外抽象出语境敏感，我们可能会说，一个表达式 e 是在一个句子 S 的**外延语境**中出现，当且仅当可以用任意与 e 有相同外延的表达式代入 e 的出现，而不会改变 S 的真值。一个表达式 e 是在一个句子 S 的**内涵语境**中出现，当且仅当 e 的这次出现不是在外延语境中，并且我们可以用有相同内涵的任意表达式代入 e 的这次出现，而不会改变 S 的真值。如果一个表达式在一个句子中的出现不是外延的也不是内涵的，那么，卡尔纳普说这个表达式在这个句子中的出现**既不是外延的也不是内涵的**（用现代术语说，这次出现是**超内涵的**）。

正如卡尔纳普所认识到的那样，一个表达式在模态表达式"必然"和"可能"的辖域中的出现是在内涵语境中的出现。比如，从 2005 年美国总统是乔治·H. W. 布什的小儿子这个事实，以及下面这个必然的事实：如果 2005 年有唯一的美国总统，那么 2005 年美国总统是总统。不能必然推出：如果 2005 年有唯一的美国总统，那么乔治·H. W. 布什的小儿子是总统。所以在诸如"必然"这样的模态算子辖域内相同外延词项的替换并非都是被允许的。但是在"必然"的辖域内允许相同内涵表达式的替换。

模态表达式产生内涵语境这个事实导致了**从物模态的问题**。一个从物模态句是这样一个句子，它在模态算子的辖域内包含一个自由变项，比如"∃x□Fx"，或者在英语中这样的句子："There is something such that necessarily it is rational（存在某些事物，必然地它是有理性的）"（从言模态句是这样的句子，它包含的模态算子辖域内没有自由变项）。在从物模态句中，像"有些"或"全部"等算子在诸如"必然"或"可能"等模态算子辖域内约束变项。既然出现在模态算子辖域中的表达式是出现在内涵语境中，这就导致对这种位置的量化是否合法的担忧。毕竟，出现在模态算子辖域之外（在它左边）的量词可能管辖的是普通对象——单称词项的外延。但是，因为出现在模态算子辖域中的表达式是出现在内涵语境中，与包含它们的句子的真相关的就是内涵，而不是外延。蒯因在一系列重要文章中试图使这种对从物模态属性融贯性的担忧变得更精确（Quine, 1943, 1947, 1953）。①

多年以来，人们做了很多努力来展示这些论证的细节［尤其可参见卡普兰（David Kaplan）的权威文章（1986），Fine（2005a, 2005b），以及 Neale（2000）］。蒯因反驳的核心包括下面这类对比：

(1) □(行星的数目≥7)

(2) □(9≥7)

正如蒯因所指出的那样，(1) 是假的，而 (2) 是真的。但是 (3) 当然也是真的：

(3) 行星的数目 = 9

因此，似乎两个外延相同的词项（比如"行星数目"和"9"）不能在模态算子辖域内等值（真值不变）替换。根据蒯因，这表明对模态算子内进行对象量化是不允许的。并没有省略推理，蒯因论证说语言学语境中同外延表达式替换的失败可以推出这个语境不是"纯粹指称的"，这里"名字的一次出现仅用来指称被指定的对象"就是这个名字的纯粹指称性出现（Quine, 1943, p. 114）。他进而论证说，对一个位置进行量化的融贯性要求这个位置上出现的表达式是纯粹指称的（Quine, 1943, pp. 116–118）。② 这些论证背后的思想是在非外延语境中一个变项的语义相关值不只是作为这个变项值的对象，而且也是这个对

---

① 当评价蒯因对从物模态问题的批判的时候，记住卡尔纳普用分析性解释必然性这个事实很重要。蒯因经常被诟病的是他用对引号进行量化的方式来处理对模态语境的量化。但是蒯因曾为一位同意其假设的读者写信说，对必然性的形而上学解释是不融贯的。既然分析性本质上是句子的属性，认为必然性是另一种讨论分析性的方式的观点使必然性本质上也成了句子的属性。从这个观点看，就很清楚为什么蒯因认为从物模态问题与对引号的量化类似。按照这种观点，"必然性"所附加的是一个句子的引号名字。

② 可以说，蒯因论证中的转化是从句子中句法位置上的同指称表达式不能相互替换的前提转化到这个位置不是纯指称的结论。蒯因的这个论证遭到的批评最多。正如卡普兰（1986, p. 235）正确指出的，从前提至少能得出两个表达式中的一个不是纯指称的，并不能得出位置自身是"晦暗的"（即并不能得出一个表达式的每一次出现都不是那个表达式的纯粹指称的出现）。关于这个转化的另一类批判，参看 Fine（2005a, pp. 89–90）以及 Fine（2005b, pp. 113–115）。

象如何被思考或被命名的方式,而且这个事实破坏了对这个位置的对象进行量化的融贯性。①

卡尔纳普自己对从物模态问题的回应包含他的"外延与内涵方法",这包括同时指派给每一个表达式(包括变项)内涵和外延(Carnap, 1958, pp. 42 – 46)。当一个变项出现在模态算子的辖域中的时候,相关的值是内涵而不是外延。但是,即使一个表达式的一次出现的相关值是内涵,这次出现依旧有外延作为其语义值。卡尔纳普对比了他的"外延与内涵方法"与他所谓的**名称关系方法**(Carnap, 1958, Chapter 3)。根据名称关系方法,一个表达式的每一次出现都有唯一语义值。丘奇(Church, 1951)是弗雷格所使用的方法的重要发展者,这种方法是名称关系方法的具体例子。弗雷格认为一个句子中表达式的每一次出现都只有唯一的语义值。如果是在非外延语境中出现,那么这次出现有不同于普通指称的其他语义值,如果这次出现只嵌入一个内涵算子中,那么它就以普通涵义为指称。卡尔纳普反对弗雷格的方法,其理由是它导致**涵义分层问题**。弗雷格用晦暗语境把其辖域中表达式的指称改变为这些指称对象的涵义。所以,似乎弗雷格根本上承认这个论题:嵌入两个命题态度词(比如"长庚星"在"约翰相信玛丽相信长庚星是行星")里的表达式必须有"间接"涵义(即考虑其普通涵义的方式)作为其指称。因此,一个弗雷格式的语义理论包括把无穷多的语义值指派给每一个表达式类型。② 卡尔纳普的内涵与外延方法并无这

---

① 如果把这个主张理解为消除为量词书写满足条款的可能性,这里嵌入公式的真不仅仅依赖于被指派给这个嵌入变项的对象,那么显然就会有反例。正如马克·理查德(1987)指出的,很容易为量词补写一个条款,它不只依赖什么对象被量化,而且依赖嵌入的变项是什么。比如,假设对象语言中的变项有很多数字下标,并且考虑下面存在量词的满足条款:(1) 如果 φ 是形如"$\exists x_n \psi$"的公式,那么 s 满足 φ 当且仅当对于某些 $s' \approx_{x-n} s$,s'满足 ψ 并且 n 是奇数。根据 (1),一个存在量化公式被一个序列满足仅当对象语言语句中的变项的数字下标是奇数。形式上这是量化语句的一个完全融贯的满足条款(当然它并不与这个量词在直观上的自然解释相符)。

② 正如卡尔纳普(1958, p.131)提出的观点:根据弗雷格的方法,同一个名称在不同的语境中可能有不同的指称。这个事实已经被当作一个缺点。但是实体的多样性远超过弗雷格最初区分的名称的普通指称和间接指称。实际上,这两个指称只构成了同一个名称的无穷指称序列的开始。如果我们把弗雷格的方法应用于多重倾向的语境,那么,我们需要区分名称的普通指称、第一间接指称、第二间接指称,依次类推。对弗雷格的这个反驳现在有大量评价文献,经典的有 Davidson (1990a)、Burge (1979)、Church (1951)、Dummett (1981, pp. 267ff.),以及 Parsons (1981)。

种缺点。①

从当代视角看，弗雷格/丘奇的方法和卡尔纳普的方法在处理从物模态问题上都同属一类。它们都把模态语境中出现的变项当作是某种意义上比较特殊的，**不只是**（相对于指派函数）为它们出现于其中的句子的语义值提供普通的指称。对于丘奇和卡尔纳普来说，非外延语境中的变项的一次出现的语义相关值（相对于一个指派函数）不是单称词项的外延，而是某些类似内涵的东西。②

根据卡尔纳普，命题态度词与模态表达式不同，它们不创造内涵语境。相反，命题态度词辖域中的位置**既不是内涵的也不是外延的**。回忆一下，对于卡尔纳普来说句子的内涵是命题，两个句子表达相同的命题当且仅当这些句子相对于每一个可能世界都有相同的真值（用卡尔纳普的术语来说是"L等价的"）。假设约翰相信 $2+2=4$。但是约翰不相信皮亚诺算术是不完全的（假设他被误导了）。但是，根据卡尔纳普的命题同一性标准，"$2+2=4$"和"皮亚诺算术是不完全的"表达的是相同命题。两个句子都是必然真的，而根据卡尔纳普命题同一性标准，只有一个必然真命题。所以"相信"并不产生内涵语境，因为我们可以用相同内涵的表达式来置换到其辖域内，进而改变整个句子的真值。

根据卡尔纳普的命题同一性标准，"$2+2=4$"和"皮亚诺算术是不完全的"表达相同的命题，尽管结构很不一样。确实，与弗雷格的思想和罗素的命题不一样，没有理由认为卡尔纳普的命题有任何结构。我们可以把卡尔纳普命题当作从可能世界到真值的函数，或者换句话说，可以把它当作该命题为真的所有可能世界的集合。但是，卡尔纳普对于包含命题态度词的句子的语义学的说明确实意味着认识到它们的真值依赖于结构。因为卡尔纳普的命题不是被建

---

① 正如杰弗里·金曾为我们指出的，卡尔纳普的方法也避免了对弗雷格/丘奇方法的一些经典反驳。比如，对弗雷格/丘奇版本的"名称关系方法"的经典反驳包括这样的例子：一个单称量词约束（在非外延语境之内和之外的）变项的出现，比如："任给一个老师$_i$，约翰见过 x_i 并且约翰相信 x_i 是医生"。"x"的第一次出现是外延语境，第二次出现是非外延语境。卡尔纳普认为这里的例子没有任何问题，因为"x"的两次出现有相同的语义值——一个内涵，一个外延。相反，并不清楚弗雷格的方法如何处理这类例子 [想要一种代表弗雷格的方案，可以参看卡普兰（1968，第5节）]。

② 蒯因（1947，p.47）批判这个说明包含"奇怪的本体论后果"。本质上，蒯因把个体概念解释为一类奇怪的对象，理由是"……逻辑的本体论只不过是量化变项的允许值的范围"。

构的，卡尔纳普使包括命题态度词的句子的真值依赖于出现在它们辖域中的**句子的结构**。两个句子是"内涵同构的"当且仅当"它们由指示词以相同的方式组成，使得任意两个对应的指示词都是 L 等价的"（有相同的内涵）（Carnap，1958，p. 56）。卡尔纳普在说明命题态度归属（比如"约翰相信 D"）的真值条件时使用了内涵同构概念。根据这种说明，"约翰相信 D"是真的当且仅当约翰理解的一种语言中有句子 S，它与 D 是内涵同构的，并且约翰对 S 倾向于肯定回答。卡尔纳普对命题态度结构的分析是后续分析的典范。这些后续分析把命题态度的对象当作句子而非语言之外的实体，比如命题。①

包含命题态度词的句子的语义说明面对与从物模态相似的问题。一个**从物态度归属**是这样一个句子，它在命题态度词的辖域内包含一个自由变项，比如"∃x（N 相信 x 是 F）"，或者英语中这样的句子"Some mayor is such that John believes he is not in politics"。既然命题态度词至少创造了内涵语境，那么从物态度归属应该至少与从物模态句一样令人困惑。在两种情况下，都有一个量词似乎能通过约束变项来涉及对象（词项的外延），在这个变项出现的语境中与语义相关的是个体概念而不是它们的外延。但是，有意思的是，至少在一段时间内，蒯因对不能把从物模态句改编为可接受的形式主义的信念没有扩展到从物态度归属。关于后者，蒯因（1955，p. 188）写道，"……我们很少会准备牺牲关系结构……"。在这篇文章中，蒯因提出了一种方法来拯救从物态度归属的真，即把从物态度归属改编为这样一种形式主义，在其中并没有对非外延语境的量化[事实上卡普兰（1986）表明可以使用同样的方法来改编从物模态主张]。蒯因区分从物模态问题和从物命题态度归属问题，这毫无疑问是由于他相信要使从物模态有意义，最终涉及接受一些可疑的形而上学概念（比如**本质**）的一致性。而使从物态度归属有意义并不包括这些形而上学的承诺。

但是蒯因（1976，1977）最终对改编从物态度归属的可能性产生了同样的怀疑，正如他在从物模态上的怀疑一样。特别地，蒯因得出结论说从物态度归属与从物模态归属一样有易变性。同一个从物态度归属在一种语境下（对象以一种方式被考量）可能是真的，而在另一种语境下（对象以另一种方式被考量）可能就是假的。亨迪卡对蒯因从事的认知逻辑研究有重要影响，按照亨迪卡

---

① 卡尔纳普的分析也受到了有力的批判（Church，1950），尤其是考虑迭代态度归属的时候问题就产生了。当我们说约翰相信汉斯相信雪是白的，人们并没有把对个别语言的信念归属于约翰。

(1962，p. 153）的说法，蒯因把从物命题态度归属"∃x（N 知道（b = x））"当作与 **N 知道 b 是谁**是相似的。正如蒯因（1976，p. 863）指出的：

> 确实，说知道某物是谁或什么是很正常的语言。但是，尽管正常，离开语境我并不理解这些习语的意义。它本质上是索引的。

蒯因得出结论说从物态度归属的不一致性使得它们并不比从物模态归属更容易被改编。正如蒯因所说［Quine（1976，p. 863）］"我并没有在这里看到严格科学语言的合适附件"。

蒯因对卡尔纳普语义系统的批判不只包括对量化模态逻辑的怀疑。回忆一下，卡尔纳普把必然真是且只是分析真当作定义必然真的充分条件。在卡尔纳普所描述的语义学中，这个充分条件是通过意义假设来实施的。对于卡尔纳普来说，可能世界首先是极大一致的句子集合。尽管没有这样的集合能包含逻辑矛盾（比如"S"和"~S"），但是没有什么能阻止这个集合包含"单身汉是已婚的"这样的句子。给定这种语义学，就有单身汉已婚的可能，并且因此"单身汉是未婚者"不是必然真的（参看 Quine，1951）。为了阻止这种情况，每一个词项都与一个分析定义（或者"意义假定"）有关，而状态描述必须使所有这些分析定义为真（Carnap，1958b）。所以，在"单身汉"的例子中，意义假设是"单身汉"与"未婚男子"是同义的，并且任何可能的状态描述都必须包含"单身汉是未婚男子"这个句子。因此，意义假设排除了包含"单身汉是已婚男子"的状态描述（因为这个句子与"单身汉是未婚男子"的意义假设是逻辑上不一致的），而"单身汉是未婚男子"是必然真的（并因此是分析的且非事实的）。

分析性概念是卡尔纳普语义系统的核心。在蒯因有重要影响的 1951 年的文章《经验论的两个教条》（Quine，1961a）中，他对分析性的观念一致性进行了相当有影响力的攻击。根据蒯因，没有一致的方法来区分综合的真和分析的真，即没有办法构造出卡尔纳普所区分的**事实与非事实**的内部问题。蒯因的大部分论证采取的形式都是表明分析真的解释总是要诉诸同样有问题的概念，比如，卡尔纳普试图通过把分析真说成是根据语言的语义规则为真来为分析性奠定基础。但是正如蒯因所指出的，语义规则的概念并不比分析真的概念更清楚，除了"……出现在抬头是'语义规则'的纸上之外"，没有什么能区分语义规则的陈述和不是语义规则的陈述（Quine，1961a，p. 34）。在发现没有什么概念能解释分析性的概念之后，蒯因把它当作是没有根据的而拒绝了它。① 如果它是没有根据的，那么区分真正有关科学的经验主张和有关形而上学的非事实主张这个计划就注定是失败的，而这个计划是卡尔纳普语义学的核心。

自从《经验论的两个教条》发表之后，蒯因反驳分析性论证的精确形式就一直是争论的主题，而这里我不能提供更多的讨论。完全可以说，尽管蒯因的根据依旧是有些模糊，但是他对分析性的反驳却被广泛（尽管不是完全）接受。② 不管人们如何看待蒯因对分析性的攻击，卡尔纳普把内涵语义学工具发展并改善到了这种程度：人们可以独立于卡尔纳普所意图的对必然性的解释而使用这些工具。所以正如我们稍后会看到的，卡尔纳普自己的语义学计划的动机陷入对其核心概念是否一致的争论，他反形而上学的哲学计划也不再流行，但是很多逻辑学家和哲学家却拿起了卡尔纳普发展的工具，并且把它们应用到意义理论的一些传统问题上去。

六、斯特劳森与来自日常语言哲学的挑战

我们讨论的所有哲学家都怀疑使用逻辑工具来研究自然语言的可能性。弗雷格认为自然语言太模糊而且语境敏感，因而不能进行科学研究。塔斯基认为自然语言的"共同特征"使它们成为不一致的。卡尔纳普的语义系统是要成为分析的规定系统，而这些规定用于控制语言中词项的意义。卡尔纳普对把他的形式工具应用于经验语义学毫无兴趣。③ 这些哲学家对于把逻辑工具应用于自然语言表示担忧，这种担忧被主要关注自然语言的哲学家（所谓"日常语言"哲学学派）反映了出来，他们的工作在奥斯汀和斯特劳森的著作中得到了最好的

---

① 尽管如 Boghossian（1997, pp. 340-341）所强调的，从现代观点看，并不清楚蒯因是认为谓词"是分析的"没有任何确定的意义，还是它有确定的意义却没有实例。

② 相反，蒯因（比如1960，第2章）怀疑意义事实的论证并没有被普遍接受。这里的文献太多以至于无法引用。但是，很多哲学家接受乔姆斯基的著名指控 [(1969)(1975, pp. 179ff)]：蒯因怀疑意义的论证的问题在于其论证的前提只是理论不能被证据完全确定的一个标准例子，它并没有产生特定于意义的问题。

③ 正如卡尔纳普（1958b, pp. 223-225）所写"假设一个系统的作者希望谓词'B'和'M'分别指称属性单身汉（Bachelor）和已婚男子（Married）。他如何知道这些属性是不相容的，并且因此他需要制定 [相关的意义假设]？这不是知识的问题，而是决定的问题。他对英文词'bachelor'和'married'总是或通常被理解为不相容的知识或信念可能影响他的决定，如果他意图在其系统中反映单词的一些意义关系"。

体现。在解释这个学说的时候我主要关注后者。

弗雷格、罗素、塔斯基和卡尔纳普等人发展的语义学工具包括给出刻画给定语言的句子在其中（可能相对于一个模型）为真的条件。正如我们已经看到的，这样一个刻画包括对词项指称和谓词的满足条件的指派。日常语言哲学的核心观点是诸如真和指称这样的属性并不能应用于语言学表达式，它们只是人们**使用**语言学表达式的属性。个人对单称词项的**使用**才有指称，对句子的断定才有真值。我们不能说一个**词项**有指称或一个**句子**有真值。简言之，词并不指称，是人在指称。如果指称与真不是语言学表达式的属性，那么用指称和真来说明语言学的意义就根本是误入歧途。卡尔纳普和塔斯基主要关注形式语言，这是正确的，因为他们试图（根据指称和真）给出的这种对意义的说明不能应用于自然语言。

既然真与指称不是语言学表达式的属性，并且语言学意义是语言表达式的属性，那么日常语言哲学家寻求另一种对语言学意义的说明。据此，一个表达式的语言学意义是**其恰当使用的规则**。正如斯特劳森在其1950年经典论文《论指称》（1996，pp. 219–220）中所说的那样：

> 给出一个表达式的意义（按照我使用这个词的涵义）就是给出其用于指称或提到具体对象或人的**通用规则**；给出一个句子的意义就是给出其在做出真或假的断定时所用的通用规则……一个表达式的意义不能等同于（在特殊情况下）用它来指称的对象，句子的意义不能等同于（在特殊情况下）用它来做出的断定。因为讨论一个表达式或一个句子的意义不是讨论它在特殊情况下的用法，而是讨论规则、习惯、约定，它们规定了它在所有情况下指称或断定的正确用法。

在《论指称》中，斯特劳森不只陈述了意义就是使用。他通过一个详细的例子表明两个句子可以被用来表达相同的真值条件，但是其使用条件却不同，而这种不同在于所用词的约定意义。通过对一个具体例子的仔细考虑，他表明给出句子的一次出现的真值条件或者给出它所表达的命题就错失了那个表达式的某些约定意义。不出所料，斯特劳森使用的例子是**限定摹状词**的例子。

对于罗素来说，包含限定摹状词的句子表达存在命题。对于罗素来说，"最矮的间谍很友好"这样一个句子表达了一个命题，其初始量词是有效的存在量词（即这样的命题：存在一个最矮的间谍，任给一个最矮的间谍都等于她，并且她是友好的）。但是把包含限定摹状词的句子解释为与只包含存在量词和全称量词的句子表达了相同命题，这忽略了限定摹状词和非限定摹状词在使用条件上的关键区分。另外，这些使用条件显然是限定摹状词和非限定摹状词的部分约定意义。正如斯特劳森（1996，p. 228）所说：

> 简单地说，定冠词和不定冠词用法的区别如下：当前面有指称并且"the"表明是相同指称的时候，或者前面没有非限定指称但语境（包括听者假设的知识）希望能使听者告知所指称的是**什么**的时候，这些情况下我们使用"the"。当这些条件不能被实现的时候，或者尽管**可以**做限定指称，但我们希望隐瞒我们指称的个体是谁或是什么的时候，这些情况下我们用"a"。

所以，即使我们同意罗素的论题"最矮的间谍是友好的"与"存在一个最矮的间谍，任给一个最矮的间谍都等于她，并且她是友好的"表达相同的命题，那么也不能得出这两个句子有相同的**意义**。与这两个句子相关的使用条件是非常不同的，尽管真值条件一样。另外，这些用法上的区别显然与限定摹状词和非限定摹状词的约定属性有关。正如斯特劳森指出的，限定摹状词主要用于指称已经引入的实体（熟悉的实体），非限定摹状词主要用于把新实体引入讨论。这里斯特劳森对罗素摹状词理论的反驳是：通过忽略用法的非真值条件特征，它忽略了限定摹状词与非限定摹状词在约定意义上的关键区别。①

斯特劳森在《论指称》中的著名结论（1996，p. 230）是"亚里士多德的规则和罗素的规则都没有给出任何日常语言表达式的精确逻辑，因为日常语言没有精确逻辑"。这个主张可以在斯特劳森（1952）中的讨论看出来。这个讨论是命题逻辑的逻辑联结词的真值表分析与日常语言中"和"、"或"、"如果……那么"以及"当且仅当"之间的区别。斯特劳森论证，在每一种情况下，逻辑联结词与它所宣称的日常语言对应词之间都有巨大区别。比如斯特劳森（1952，p. 80）反对真值表意义作为英语中出现在下面句子之间的"and"的恰当刻画（我用 & 来指称真值表所定义的联结词）：

---

① 广义的罗素限定摹状词观点的现代支持者可以规避斯特劳森的这个批判，方法是把"the"处理为有独立的意义，比如集合之间的二元关系。按照这种更现代的观点，由包含限定摹状词的句子的一次出现所表达的结构命题与在同一个语境中包含这个限定摹状词的罗素式扩展的句子的一次出现所表达的命题不是同一个命题，而且可能没有共同的真值条件［Stanley and Williamson（1995，p. 294）］。

人们可能会承认"and"有"&"没有的功能……但是认为在它用于联结两个句子的地方"and"所适用的规则与"&"所适用的规则相同。即使这不是真的。(根据"&"的真值表,)"p&q"与"q&p"是逻辑等值的,但是"他们结婚了并且有了一个孩子"或者"他开始工作并且找到了一份工作"与"他们有了一个孩子并且结婚了"或"他找到一份工作并且开始工作"并不是逻辑等值的。

斯特劳森也拒绝实质蕴涵"→"与日常语言的"如果……那么"之间的意义等价。关于"如果……那么"他曾说到(Strawson, 1996, p.37),"一般而言,它在联结两个分句时的应用表明使用第一个分句得到的陈述是使用第二个分句得到的陈述的基础或原因"。更精确地说,斯特劳森写道(1996, p.88):

我说过"如果……那么"或者"如果"的"首要或标准"用法,其主要特点是:对由"如果"构成的每一个假言陈述来说,只有**一个**陈述能成为这个假言的前件并且只有**一个**陈述能成为它的后件;这个假言陈述是可接受的(真的、合理的),如果前件陈述(如果确证或被接受)是接受后件陈述的基础或原因,而且做假言陈述蕴涵着不确定或不相信前件和后件能同时满足。

确实,关于"如果……那么"在英语中的首要用法或标准用法的这些事实都不能被实质条件句的真值表所把握。

同样的观点也适用于英语中析取陈述(即"P或Q"这种模式的例子)的"标准用法"。只有人们不确定两个析取支的真值的时候,断定"P或Q"的例子才是合理的。比如,如果某人(在2006年)完全意识到了政治事实还说"现在或者乔治·布什是美国总统或者比尔·克林顿是美国总统"就很奇怪。除非不确定两个析取支的真值否则断定"P或Q"的例子是不合理的,这个事实显然是关于包含"or"的句子的标准使用的事实,而且没有被关于析取的逻辑联结词的真值表所把握。析取的真值表与英语中"or"的进一步区别是,"在某些语言语境中,'或者……或者……'显然蕴涵着'并非既是……也是……',而在其他语境中并非如此"(Strawson, 1952, p.92)。所以,英语单词"or"有两个不同的用法,因此显然有两种不同的意义——一种对应着真值表,或者是"or"的相容意思,另一种对应的是"or"的"不相容"意思(斯特劳森引入的"并非都是"读法)。所以"or"是有歧义的,而析取的逻辑联结词不是(当然两个析取的意义都可以用真值表刻画)。

日常语言哲学的核心挑战是：在解释有普遍语境敏感性、协调语词与世界之间关系的语言的语言学意义时，指称与真是不恰当的概念。相反，我们需要一个恰当使用的规则的概念。指称和真无助于分析大多数使用规则，支配语词的恰当使用的规则不适用于严格的语义分析。比如，在解释自然语言假言陈述的前件和后件之间联系以及这类陈述是可断定的仅当说话者不相信前件和后件时，真值表显然是没有希望的。在解释与自然语言析取句有关的相似事实时，它们也同样是无用的。

七、格赖斯与语义学—语用学的区分

在非常有影响力的论文《逻辑与会话》（Grice，1989a）中，格赖斯开始为对自然语言逻辑部分的意义进行真值表分析做辩护，来抵抗日常语言的攻击。回忆一下，当斯特劳森说前件与后件的联结是英语条件句陈述的"初始用法"的一部分时，他谈论了条件句陈述的一个用法的**可接受性**、**真**或**合理性**。这暗示了斯特劳森并没有区分一个表达式的**真**与这个表达式的**可接受性**。格赖斯为"and"、"or"与"if……not"的意义的真值表分析做辩护，其关键是这些观念可以（并且经常）拆开。一个给定的表达式可以是真的，即使说它不是可接受的，因为它破坏了会话标准。在解释这种区别的时候，格赖斯为会话标准理论提供了基础。格赖斯给出的理论清晰地解释了一个陈述如何能够是真的，尽管由于交谈及其参与者的特殊事实而不能把它作为一个断定来接受。格赖斯进而使用陈述的真与其会话的可接受性的区别来为命题逻辑联结词是对自然语言的对应部分的正确解释做辩护。更确切地说，格赖斯假设自然语言逻辑部分有它们的逻辑对应物的真值表意义，并且论证这些不能被真值表解释的表达式的用法特点是由于支配会话的规则的事实，而不是语词的意义。

根据格赖斯，会话是合作的理性行为，每一个会话都有目的。关于会话的这个事实把格赖斯（1989a，p.26）称作**合作原则**的东西当作一条标准，它"构成了你的会话贡献，比如在你所参加的会话交流的已接受的目的或指导所要求的贡献"。合作原则是指导会话的首要原则。接着它又给会话参与者规定了很多更精确的规则。比如，说谎包含一类不合作的会话行为；有意不相关包含另一类不合作的会话行为；不充分的信息是第三类不合作行为。遵循合作原则并不总是说某事物是真的、相关的并且有极大信息量的问题，它也是人们如何说他所说的东西的问题。根据**行为**准则，人们应该试着列出事情发生的顺序，并且在结果之前先引用原因。

使用这些会话原则，格赖斯试图解释斯特劳森援引的标准用法的诸多事实而不放弃下面这个论题：对于逻辑联结词的真值表分析也同样能给它们的自然语言对应物以意义。考虑斯特劳森的观点："或者"在日常语言中是有歧义的，它有**排除性**用法（"但不全是"）以及**相容性**用法。假设"或者"明显意味着相容性"或者"（析取式的逻辑联结词意义），人们可以用一般的会话原则来解释"或者"经常是排除性用法这个事实。假设汉娜陈述了"P 或者 Q"的一个例子，但是事实上相信 P 和 Q 都是真的。那么汉娜不是有极大信息量的，她违背格赖斯关于数量的会话准则。所以，如果某人相信 P 和 Q，如果他希望遵循会话规则，那么他应该说更有信息量的 P 和 Q，而不是更少信息量的 P 或 Q（这与 P 和 Q 中只有一个是真的相容）。所以，在某人说"P 或者 Q"的例子的时候，它们表达（而非作为语言学上被决定的内容而断定）的是它们并不知道 P 和 Q。这是遵循会话原则所表达的部分内容，而不是被断定为作为语言学上被决定了的部分内容，这个事实可以通过诉诸格赖斯的核心标准来断定，这个标准用来区别所说内容的一部分（语言学上确定的断定内容）与仅仅是会话表达的东西，这是对**可取消性**的测试。人们可以通过说"P 或者 Q，但事实上，P 和 Q 都是真的"来取消"P 或者 Q"（即并非既知道 P 也知道 Q）的表达式所蕴涵的东西，就像"约翰或者与比尔在一起或者与弗兰克在一起，但事实上他与两个人都在一起"一样。所以，一致地假定"或者"明显意味的是相容性的"或者"，由此可以解释为什么"或者"经常被**用作排除性的"或者"**。

说话者没有意识到每一个析取支的真是析取陈述的部分意义，这可以用类似的解释消解掉。如果汉娜知道约翰在宴会上，那么她断定或者约翰在宴会上或者在家就是在破坏数量规则。通过断定析取陈述她并没有提供极大信息量，并且因此将破坏数量规则。另外，它所蕴涵的说话者没有意识到每一个析取支的真就可以取消了，正如格赖斯（1989b, pp. 44-45）的例子所言"奖品或者在花园或者在阁楼，我知道是因为我知道我把它放在哪，但是我不想告诉你"。因此，可以解释一个事实而不必使它成为任何语词的约定意义的一部分，这个事实是：一个析取陈述通常只在说话者没有意识到任一析取支为真时才是恰当的。格赖斯也意图为条件句的真值表意义与日常直陈条件句的分歧提供语义解释（即用支配会话的一般原则来解释）（Grice，1989c）。① 为了说明关联论题，即只有当前件为接受后件提供了根据或好的理由的时候这个条件句才是可断定的，格赖斯（1989c, pp. 61-62）诉诸会话规则，尤其是数量规则，它指导对话者总是断定与其证据一致的最强主张，还有质量规则，它指导对话者有充分的证据来断定。如果直陈条件句是实质条件句，那么它是真的当且仅当前件假或后件真。如果说话者知道前件假，那么遵循数量规则要求说话者仅断定前件的否定，而不是整个条件句，做出的适当调整也适用于后件的真。所以，只有说话者没有意识到前件和后件的真值，条件句才是可断定的。但是质量规则要求任何断定一个条件句的人都要有证据证明实质条件句的真。根据刚刚给出的原因，既然证据不能是真值函数（即说话者的根据不能是关于前件或后件的真值的知识），那么，如果说话者遵循数量规则和质量规则，那么她必须有非真值函数的根据来断定实质蕴涵。所以，假设直陈条件句有实质蕴涵的意义，断定它就要求说话者的断定有非真值函数的依据。更确切地说，它要求说话者知道或相信前件是后件的好的根据。

正如我们会看到的，格赖斯用实质条件句对直陈条件句的分析有很多问题。但是格赖斯对下面这个论题的辩护（就像格赖斯对用法事实的很多解释一样）却被广泛接受，这个论题是："或者"的意义被相容"或者"的真值表所穷尽。格赖斯工作的意义是：语言用法的事实是两个因素的产物：意义和会话规则。没能注意到这个事实破坏了很多日常语言哲学的主要论题。

但是，回忆一下，日常语言哲学家的观点有两个方面。第一方面包括强调逻辑词项与其日常语言对应物在用法上的分歧。第二方面包括的事实有：自然语言包括语境敏感词（比如"我""这里""现在"），很多语词只有相对于用法语境的指称，以及很多句子只有相对于用法语境的真值。既然指称和真值只是表达式的**用法**属性，那么，在分析表达式的语言学意义的时候使用它们就是不恰当的观念。一般而言，自然语言中表达式的类型并没有指称或真值，只有它们的用法才有。如此使用语义理论工具（主要是利用指称和真

---

① 对于直陈条件句与虚拟条件句之间的区别，参考下面的第十节。

这样一些观念）并不是给出自然语言意义理论的正确方式。格赖斯对日常语言哲学家的回应只谈论了日常语言哲学家哲学观点中的第一个方面，但是对日常语言哲学家观点的第二方面的回应来自发展并改良内涵语义学的哲学家的工作。

八、内涵语义学的发展：从蒙塔古到卡普兰

正如我们在第五节中看到的那样，卡尔纳普语义学理论在定义表达式的语义值的时候，发展了可能世界的观念。每一个表达式都有一个内涵作为其初始语义值，它是一个从可能世界到这个表达式在那个世界中的外延的函数。在句子的情况下，一个句子的内涵是从可能世界到真值的函数。卡尔纳普的语义学理论以**相对于一个可能世界为真**的观念为"核心观念"（在达米特的意义上）。逻辑学家理查德·蒙塔古是塔斯基的学生，他论证说一个意义理论应该采取更一般的**相对于使用的语境为真**的形式，这里的可能世界只是使用语境的特点（Montague，1974a，p. 96）。蒙塔古把使用语境处理为**指示词**，是使用语境的语义相关方面的集合。如果讨论的语言包含时态和模态算子，那么这个语言的语义解释中所包括的指示词将包含时间和世界。如果这个语言也包含指示词"我"和"这里"，那么这些指示词就也有人和地点的方面。蒙塔古进而推广了卡尔纳普的内涵观念。对于蒙塔古来说，内涵不是从可能世界到外延的函数，它是从指示词到外延的函数。比如，像"我累了"这样的句子的内涵是从指示词到真值的函数，它把涉及时间、世界和人等方面的指示词映射到真当且仅当这个指示词指示的人在这个指示词指示的时间和世界中累了。

在蒙塔古系统中，模态算子的解释也是对它们在模态语义学中解释的推广。在卡尔纳普的系统中，模态算子的功能是把命题的赋值从一个可能世界**转换**到另一个可能世界，一个模态算子有内涵，并且在其他可能世界中给这个内涵赋值。按照这种说明，像"可能S"这样的句子相对于一个世界w是真的当且仅当S的内涵在某个（可能不同的）世界w'中为真。所以，对于卡尔纳普来说，"可能"的功能是把S的内涵的赋值从w转换到w'；"可能S"在w中是真的当且仅当S在w'中是真的（"必然"功能是把嵌入的语句的内容的赋值转换到所有可能世界）。在蒙塔古系统中，模态算子和时态算子在指示词上而不只是在可

能世界上对内涵进行赋值。由此，像"可能S"这样的句子在指示词 i 上是真的当且仅当 S 的内涵在 i' 上是真的，这里 i' 与 i 至多在其世界特征上不一样。所以，关于可能世界的真并非基础观念，关于指示词的真才是蒙塔古的基础观念，世界是指示词的一个元素。① 这种设置允许蒙塔古把内涵语义学的设置推广到在自然语言中处理**语境敏感**问题，而不需要牺牲对模态算子和时态算子的精致处理。正如我们下面将看到的，这导致另外一种回应日常语言哲学挑战的方式，它与格赖斯发展的回应方式不同。

蒙塔古对语言的系统研究的贡献远超过了把内涵语义学推广到时态和语境敏感。蒙塔古最有影响的论文聚焦于自然语言的内涵建构。在 Montague（1974c）中，他说明的不是命题态度词、模态语境和时态语境的经典案例而是很多内涵建构，比如，蒙塔古提供了**内涵及物动词**的语义分析，比如"寻找"和"崇拜"。内涵及物动词和外延及物动词（比如"踢"和"遇见"）的区别是：尽管人们不能遇见独角兽或踢独角兽（因为没有独角兽），但他可以寻找独角兽。所以，满足谓词"遇见 N"的例子要求遇见了某个存在的实体，而满足谓词"寻找 N"的例子并不要求寻找某个存在实体。

内涵及物动词在以弗雷格和罗素开始的文章中普遍被忽视，这主要是由于罗素的摹状词理论（消解明显指称非存在实体的标准方法）的影响。罗素的理论包括提供限定摹状词的语境定义，即意义只被指派给包含限定摹状词的句子，而不是限定摹状词自身。罗素的理论帮我们把"约翰相信不老泉在秘鲁"这样结构中对非存在实体的明显指称分析掉，因为我们可以把这个理论应用到"不老泉在秘鲁"的句子中，并且得到约翰相信的对象，而不需要存在不老泉。相反，人们不能使用罗素的理论来为"皮萨诺寻找不老泉"这样结构中的句子找到一个寻找的对象，因为这个理论没有给我们提供孤立地处理"不老泉"这个限定摹状词的方式。正因为如此，蒯因（1960，32 节）更喜欢命题态度词而不是内涵及物动词（所以内涵及物结构句"x 寻找 y"变成了命题态度结构句"x

---

① 显然蒙塔古受卡尔纳普的影响。但是，杰弗里·金曾对我强调，蒙塔古反复承认卡尔纳普的经典文章（1963）对他有影响。克里普克为模态逻辑提供了一个精致的语义学，其解释包括有限制的可及关系。显然这个事实对于蒙塔古来说很重要，因为这类语义学对于蒙塔古在心智上的应用来说很重要。但是克里普克对蒙塔古还有更大的影响。蒙塔古（1974b，p. 153）批判了卡尔纳普把可能世界处理为蒙塔古所谓的**模型**（大概他意味的是状态描述，即句子的集合），并且把可能世界不是模型而是初始"指称点"〔Montague（1974a，p. 109）〕的发现归于克里普克。

努力让 x 找到 y")。① 分析哲学家没有成功地分析内涵及物动词这个事实确实有点尴尬。内涵及物动词的问题是 20 世纪对内容进行讨论的原动力。比如，人们可以对不存在的对象有一个心理的状态，这个事实在布伦坦诺及其学生（他们想为心理状态的典型特征是关于事物的这个论题提供一致性说明）头脑中是显然的。蒙塔古对于内涵及物动词的讨论是意义理论的一个分水岭。接下来它催生了语义学和语言哲学在这个问题上的大量文献［比如，Partee（1974）、Zimmerman（1993）、Forbes（2000）、Richard（2001）］。

蒙塔古语义理论不只是因为其关注自然语言的内涵建构而著名。蒙塔古也使语言哲学家和语义学家回到一个丢失了的传统，或者至少在塔斯基（和戴维森）的语义学中被掩盖了的传统。回忆一下，弗雷格把句子的主语与谓语的传统关系处理为**主目**和**函数**关系，即弗雷格把一个句子中表达式的语义值之间的关系处理为**函数应用**关系。尽管对于弗雷格来说，量词有约束其辖域中变项的功能，但是它们也有决定语义值即**二层函数**的功能。② 比如，正如我们上面看到的，"所有"指称从一层函数到真值的函数。"所有"的指称是一个函数，它使任何使每个对象都为真的一层函数为真，并且使每一个其他实体为假。相似地，"有些"的指称使任何至少有一个值为真的一层函数为真，其他都是假。所以弗雷格把分层的本体处理为**类型**。先有对象，然后是从对象到真值的函数（一层函数），然后是从一层函数到真值的函数（二层函数），以此类推。相反，在塔斯基的工作中并没有把函数应用用作语义值之间的关系。量词没有被指派给各种函数，一个对象语言在对象上的全称量词通过元语言量词在序列上的使用来解释。蒙塔古语义学使语言哲学回到了弗雷格的传统，即把语义值处理为从主目到值的函数，把函数应用处理为语义组合的首要模式。在处理语义学的蒙塔古类型论方法与塔斯基方法的支持者（比如 James Higginbotham）之间的基础争论非常活跃。

蒙塔古使内涵语义与类型论的结合极富成果，并且［在他的优秀学生芭芭

---

① 在最近几年，一些更注重经验的哲学家和语言学家认为蒯因的分析并不需要被吸收进它所意图的修正精神之中，因为有证据表明作为对自然语言的分析它事实上是正确的［参看 Larson、Den Dikked，以及 Ludlow（即将发表）］。

② 在蒙塔古传统里，最近对量词的处理中量化名称短语被处理为指称二层函数，尽管它们被认为是引入了λ抽象来约束它们辖域中的变项。换句话说，量化的这两个方面形式上是不同的［比如，参看 Heim 和 Kratzer（1998）第 7 章］。

拉·帕蒂（Barbara Partee）的工作帮助下］导致语义学作为语言学理论中一个新的学科诞生了。但是，这并不是说（作为其计划核心的）内涵语义学的推广被广泛接受了。事实上，今天大多数语言哲学认为它是不正确的。蒙塔古的错误是认为模态的研究是**语用学**（自然语言中的语境敏感研究）的一个分支。回忆一下，蒙塔古推广的内涵语义学，它把可能世界处理为更一般的使用**语境**概念的特征。然后他把算子的一种处理方式推广为把内容的真的赋值从一个使用语境（或指示词）转换到另一个使用语境，这种处理方式是把内容的真的赋值从一个世界转换到另一个世界。正是这种推广才被广泛（但不是全部）当作是错的。

把模态算子和时态算子类比为相对于使用语境为真的一般研究，最早认为这种类比有问题的暗示来自坎普（Hans Kamp）对时态指示词"现在"的研究。坎普是蒙塔古的学生，他建立了时态逻辑的很多论题。第一个论题是：某些自然语言语句的理解不只是通过假设时态算子过去和将来来把握的。比如，考虑（1）中的句子［来自 Kamp（1971，p. 231）］

（1）将来会成为世界统治者的小孩出生了。

句子（1）意味着"过去有一个小孩出生了，他在将来会成为世界的统治者"。为了支持对（1）的自然理解，我们需要有一个可支配的算子，它有英文词"now"的意思，其功能是在**此刻**对其嵌入内容进行赋值。① 然后坎普认为对"now"的一个令人满意的语义学要求蒙塔古的"索引词"中有两个时间，这个索引词被认为是表达了使用语境。一个时间将根据时态算子（比如"以前是这样的情况"和"将来是这样的情况"）而转变。另一个时间将是直观上的陈述时间，并且不会根据算子而转变。其功能是允许对句子中"now"的任意出现进行解释。蒙塔古的索引词此刻的特征不能因任何算子而改变，否则，在解释任何"now"的嵌入出现的时候（即嵌入其他时态算子），人们将不再能进入此刻，并因此成功解释"now"。

---

① 还有为句子提供自然解释的其他改编，比如，通过在量化名词短语"a child"中的"a"与"child"之间放置过去时态算子，可以把这个句子有效地处理为 ∃x［Past (Child (x) & Future (King (x)))］。但问题不是给一阶逻辑语言中的句子以意义。相反，问题是给（1）中的英语句子以意义。提出的分析要求为这种观点辩护：过去时态算子的辖域处于限定词"a"与"child"之间的中介位置。而我不确定如何能论证这个句法结构。

坎普对"now"的观点直接持续到模态索引词"实际的"。为了对"实际的"的嵌入出现做成功的解释（即，"实际的"出现在其他模态算子中），每一个蒙塔古索引词必须包含两个世界，一个将根据模态算子而转换，另一个是陈述的世界。解释"实际的"的嵌入出现（即出现在其他模态算子的辖域内）要求不断追踪陈述的世界。因为初始模态算子的功能是把嵌入语境的内容的赋值转换到另一个可能世界，并且需要保留实际的陈述世界的信息，以便解释那个嵌入语句中"实际的"的任意出现。所以蒙塔古的每一个索引词都包含两类特征。首先，它们包含根据算子而转换的特征（世界和时间）。其次，为了解释索引算子（比如"现在"和"实际的"），索引词包括不能根据算子转换的特征，但它总是表达所陈述的句子的实际使用语境的特征。

所以，坎普的工作暗示在单个蒙塔古索引词中有两类非常不同的特征。首先，有根据算子转换的特征，比如"必然"和"可能"（如果过去时和将来时也是算子的话，还有过去时和将来时）。其次，有直观上表达实际用法语境的特征，这包括做出陈述的时刻，以及做出陈述的世界，这分别被用于解释索引算子，比如"现在"和"实际的"。另外，这些特征不能被算子转换，或者人们不能解释索引算子的嵌入出现。所以，比如在给相对于索引词 i 来说"必然 S"的内涵赋值时，人们会在所有索引词 i' 上对 S 的内涵赋值，这些 i' 与 i 至多在其世界的索引词上有区别，并且在与解释指示词算子相关的特征上与 i 一样，这些特征代表了"必然 S"在其中被陈述的使用语境的各个方面。这暗示说蒙塔古的指示词不是自然种类词。每一个指示词都包含两类信息：一类是与解释模态算子和时态算子相关的信息，另一类信息表达使用语境的特征，它们与解释索引词表达式（比如"现在""实际的""我""这里"）有关。

还有其他理由来怀疑蒙塔古的索引词理论方法。在 1970 年，罗伯特·斯托内克指出 [（1999a, pp. 36ff.）]，蒙塔古的语义学（或者如斯托内克所说，蒙塔古的"语义—语用学"）并不允许表达**命题**。对于蒙塔古来说，"我累了"这个句子的一次表述（或出现）只有一个语义内容，并且那是从使用语境到真值的函数。如果汉娜说"我累了"，并且约翰说"我累了"，那么它们表述内容之间的唯一区别是一个可能是真的而另一个可能是假的（即，"我累了"的语义内容的值可能是不同的，因为它是相对于不同的索引词来赋值）。但是，正如斯托内克所强调的，它们的表述之间还有其他区别。直观上说，当汉娜说"我累了"

的时候她说的不同于约翰说"我累了"的时候所说的；它们表达了不同的命题。但是，在蒙塔古系统中没有语义值表达这里的不同命题。从索引词到与"我累了"相关的真值只有一个函数，而这并不是这两个"我累了"的表述所表达的命题（因为它们表达了**不同的命题**）。

坎普的工作清晰地表明需要"双重索引词"。第一类索引词被要求解释在句子中出现的索引表达式。第二类索引词被要求给出内容算子（比如"必然"和"可能"，如果时态也是算子的话，还包括时态）的恰当语义学。但蒙塔古的另一个学生大卫·卡普兰勾勒出了双重索引词背后所需要的真正标准，在其影响巨大的作品《指示词》[Kaplan (1989)]中，卡普兰论证说，这两类索引词对应着两类语义值。① 第一类索引词表达语义值对语境的依赖。语境依赖句（比如"我累了"）的语义内容依赖于使用语境的特点。如果约翰是使用语境中的说话者，那么"我累了"表达的命题就是约翰累了；如果汉娜是使用语境的说话者，那么它表达的命题就是汉娜累了。第二类索引词表达了语义内容的真对**赋值环境**（比如一个可能世界或一个时间，如果时态是内容上的算子的话）的依赖，并且被要求给语句算子一个令人满意的语义学。命题可能在某个可能世界上是真的，但在其他可能世界上是假的。

因此，表达式是与两类语义值相关的，卡普兰分别称它们为**特性**和**内容**。一个表达式的特性是从使用语境到与此语境有关的表达式的内容的函数。根据卡普兰，一个表达式的特性也是这个表达式的语言学意义。所以，第一人称代词"我"的语言学意义是从使用语境到人（直观上是那些语境的说话者）的函数。"我"的任一用法与任一其他用法都有相同意义，尽管可能有不一样的语义内容。卡普兰让单称词项（比如专名和像"我"这样的索引词）的语义内容是弗雷格意义上的指称，而让相对于语境的语句的语义内容是命题。语句算子，比如"必然"和"可能"，改变了表达赋值环境的索引词的世界特征。表达用法语境的索引词并不包含被语言中的算子所改变的任何特征（Kaplan, 1989, pp. 510ff.）。

通过把索引词的特征分为使用语境和赋值环境，卡普兰的语义学理论代表了对蒙塔古语义学的一个明显进步。它解释了为什么只有某些特征是可以根据

---

① 卡普兰的文章只在1989年发表，但是在20世纪70年代就已经作为"UCLA油印#2"广泛流传。

算子改变的，而且更重要的是，它给出了**命题**的语义表示（句子特性的值）。①结果，卡普兰的区分在过去 30 年被语言哲学广泛接受。特别地，大多数哲学家开始接受语境依赖表达式所表明的两个语义值的层次，首先是语言学意义，其次是一个表达式在某个场合的一次出现的内容。一个表达式的不同出现可能有不同的语义内容，尽管它们有相同的语言学意义，正如有第一人称代词"我"和其他索引词的情况一样清晰。

日常语言哲学家对给日常语言提供一种比格赖斯的语义学更严格的语义学的可能性表示怀疑，蒙塔古和卡普兰的工作则允许对它们的怀疑有另一种回应。回忆一下，日常语言哲学家的怀疑产生自确信真和指称是表达式的**使用**的属性，而非表达式的属性，而意义是使用这些表达式的规则。卡普兰的语义理论破坏了这些考虑，他说单称词项有指称（尽管**相对于语境**）是能说得通的，而且说句子有真值（尽管也是相对于语境）也是能说得通的。所以，一旦语境相对性被拆分到语义理论中，把指称和真归于表达式类型也是说得通的了。用法规则的观念是模糊且神秘的，而卡普兰表达式特性的观念不只是清晰，而且根据基础语义观念是理论上可表达的，一个表达式的特性是从语境到这个语境中的表达式的指称的函数。并非语义敏感阻碍用指称和真来为语言学的意义做恰当说明，相反诉诸这些语义观念使我们能给出一个语言学意义的刻画，它比日常语言哲学家能够提供的刻画更清晰。

九、重回必然性

尽管蒙塔古及其后继者改良并推广了卡尔纳普发展的内涵语义框架，但是

---

① 尽管有不同观点，参见 Lewis（1981）。因为卡普兰把时态和空间表达式（比如"某地"）当作内容算子，他被迫把句子的内容当作相对于不同赋值环境特点为真的。所以，对于卡普兰来说，"天在下雨"的一次出现的内容相对于时间和空间来说是中立的（Kaplan，1989，p.504）。但是，经典命题并不是中立于时间和空间的。比如，"天在下雨"的一个表述所表达的命题直观上是关于具体的时间和空间，比如 2005 年 12 月 16 日的纽约。结果，卡普兰的内容并没有"……精确地对应经典命题概念"（Kaplan，1989，p.504）。继续这个推理，刘易斯证明给定语言中句子算子的数目，卡普兰的句子内容并不比蒙塔古的索引词理论的语义更接近命题。杰弗里·金（King，2003）令人信服地论证卡普兰和刘易斯在把基本时态当作句子算子上是错的。遵循帕蒂（1973）的传统，他证明它们是句法上表示时间的谓词。如果地点表达式（比如"某地"）也不是算子（而是句子中地点变项的算子），那么模态语句算子是唯一真正的内容算子，而且句子内容是真正的经典命题。

他们并不同意他把必然性解释为分析性。相反，**形而上学**的必然性是对模态的合理解释这个理念逐渐成为共识。但是，这个共识建立得很慢，并且很大一部分是为了回应蒯因对从物模态的著名批判。

回忆一下，卡尔纳普对从物模态问题的解决包括为每一个表达式赋予双重解释，一个表达式（包括变项）的每一次出现都既有内涵也有外延。对嵌入模态算子中的开语句的真起作用的是出现在其中的变项的内涵值。相反，弗雷格／丘奇的方法包括把出现在模态语境中的表达式当作是指称内涵的而非外延的。根据这种方法，出现在模态语境中的变项只涉及内涵。这两种方法都把出现在模态语境中的变项的语义相对值当作内涵，而在个体层次的变项被当作**个体概念**（从可能世界到对象的函数）。

对从物模态量化的个体概念方法承认对模态语境的量化在某种意义上是很特殊的。导致目前对模态的共识的观点在于认识到对模态语境的量化在任何意义上都不是特殊的。处理模态语境的量化应该像处理外延语境的量化一样。换句话说，在量化的**对象**概念上，模态语境中变项的语义相关值与外延语境中变项（即标准对象）的语义相关值是相同的。

回到蒯因所担忧的，尤其是（1）和（2）之间真值的区别：

（1） □(行星的数目≥7)

（2） □(9≥7)

蒯因关注的是对开模态句"□(x≥7)"中的变项"x"的位置进行对象量化是不融贯的，因为是否有序列满足"□(9≥7)"并不只依赖于那个序列指派给"x"的对象，而且依赖于我们如何**描述**那个对象（比如"9"或"行星的数目"）。对象概念包括拒绝这个思想：在对模态语境进行量化的时候人们需要描述作为变项值的对象。变项值就是他所指称的对象，所以变项不论出现在什么地方都是在蒯因意义上**纯粹指称的**，并因此允许被量词约束，即使它们出现在模态算子的辖域内。

但是回忆一下，第五节中蒯因论证对模态语境进行量化是不融贯的。同外延的词项（比如"行星的数目"和"9"）在模态算子语境中无法等值替换而不改变真值，蒯因从这个事实出发得出结论：变项"x"在开模态句"□(x≥7)"中的位置不是纯粹指称性的。所以，根据（1）和（2）的事实，如何能够使"□(x≥7)"中变项"x"是纯粹指称性的？

从对象量化的支持者的观点看，蒯因的错误是从两个同外延的词项（"9"

和"行星的数目")不能在"□(x≥7)"中相互替换这个前提得出结论说变项"x"占据的位置不是纯粹指称性的。正如卡普兰（1986，p. 235）所明确强调的，能从前提得出来的是"9"和"行星的数目"在（1）和（2）的两个出现中至少有一个不是纯粹指称性的。关于这些词项占据的**位置**什么都得不出了。特别地，可能"行星的数目"在（1）中没有纯粹指称性的出现，而"9"在（2）中有纯粹指称性的出现，而且变项"x"在"∃x□(x≥7)"有纯粹指称性的出现。

根据对象量化的支持者，一个变项的任意出现的功能是纯粹指称性的。所以对象量化的支持者认可下面形式中的同一替换：

(3) ∀x∀y（x=y →(ϕ(x)↔ϕ(y))）

（1）是假的且（2）是真的这个事实一点也没有威胁到（3）的真。因为，根据对象量化的支持者，尽管并非所有词项的出现都是纯粹指称性的，变项却总是纯粹指称性的。（1）和（2）在真值上不同这个事实证明"行星的数目"和"9"中至少一个词项在"□(x≥7)"中有非纯粹指称性的出现。但是这并没有表明（3）是假的。给定变项的对象解释，（3）所表达的是**莱布尼茨律**。正如 Cartwright（1971）所清楚表明的，莱布尼茨律是显然为真的形而上学原则，不能与任何两个同外延的词项（包括描述词项）可以在模态语境中保真替换的错误原则相混淆。

斯坦利（1997a，p. 561）强调了对蒯因论证的失败的另一种思考方式，即，如果我们替换性地思考量词，比如允许单称词项（包括摹状词）任意替换变项，那么如（3）中所说的变项的同一替换的失败就源自词项的同一替换的失败［如在（1）和（2）中那样］。对象量化的支持者拒绝对量化的这种解释。蒯因对量化模态语境做替换性解释的原因是他的目标是把必然性解释为分析性（正如我们在卡尔纳普那里看到的那样）。既然分析性本质上是句子的属性，那么根据没有自由变项的句子的分析性对开模态句进行量化解释就很自然了（Neale, 2000, pp. 302-303）。但是对象量化的支持者拒绝对必然性的这种解释以及与之相对应的对量化的非对象说明。根据量化的对象理解，对"□"的自然解释是形而上学的必然性。按照这种解释，一个对象满足"□Fx"当且仅当这个对象有 F 这个本质属性。因此，蒯因断言（Quine, 1953）的对模态语境的对象性量化使得"亚里士多德的本质主义"被部分证明了。至少对形而上学理解的必然性算子进行量化解释预设了本质主义属性的融贯性。①

那么在比如（1）和（2）这样的一对句子中替换的失败是什么呢？哲学家们很早就开始认识到蒯因的论证似乎利用了某些限定摹状词独有的特点来反对专名。在对蒯因（1947）的评论中，亚瑟·斯穆里安（Arthur Smullyan）写到，关于昏星并非必然等同于晨星这个主张：

> 我们现在可能会问，为了证成外延量化原则的应用，需要"常项"这个词的什么涵义呢？有可能"常项"意味的是通常用"专名"所理解的东西。在此解释下，对这位评论者来说显然外延概括原则是真的。但是，我们发现，如果"昏星"和"晨星"恰当地命名了相同的个体，那么它们是同义的，并且因此（这个主张是假的）。(Smullyan, 1947, p. 140)

所以，斯穆里安主张用作专名的同外延词项可以在模态语境中保真相互替换（特别地，如果"昏星"和"晨星"被用作专名，那么必然地昏星是晨星）。所以正是因为蒯因把这词项用作摹状词而非专名，它们才在模态语境中不能相互替换。② 相似地，几年之后，巴坎在其1961年经典论文《模态与内涵语言》中写道：

> 现在，假设我们有如下一个陈述：
> (15) 司各特是《威弗利》的作者。
> 并且我们需要做出决定……如果我们决定"昏星"和"晨星"是同一个事物的专名，并且"司各特"和"《威弗利》的作者"是同一个事物的专名，那么它们必须在所有语境中能相互替换。(Barcan Marcus, 1993a, p. 10)

确实，巴坎得出结论说：

> 我一直在论证的是要想真的说同一性（在这个词的最强意义上）是真的，它必须是重言真或分析真的。(Barcan Marcus, 1993a, p. 12)

---

① Parsons（1969，第6节）提到量化模态逻辑并不致力于本质主义的**意义**。但是帕森斯这里所考虑的是可以为量化模态逻辑语言提供一个**替代的**解释，某些不同于克里普克的"**其他**真值条件"。帕森斯在他的文章中并不支持这种替代解释［相关建议可以参见Stalnaker (2003a)］。

② Smullgan (1948) 提出当摹状词相对于模态算子有宽辖域的时候同外延的摹状词可以相互替换。Neale (2000, pp. 308ff.) 令人信服地证明这只是使争论变模糊了。

所以巴坎主张当"a"和"b"被用作名字（在罗素意义上，可能是逻辑专名）而非摹状词的时候（Barcan Marcus，1993a，pp. 10–12），如果"a = b"是真的，那么它就是分析真的。①

从斯穆里安和巴坎的建议中浮现出来的是，在用作专名的词项和用作摹状词的词项之间有区别。如果人们把两个词项用作名字，并且他们指称相同的对象，那么这两个词项是同义的，并且同一性是分析真的。结果是即使在模态语境中也允许替换。所以，如果"行星的数目"被用作9的专名，那么（1）和（2）都是真的，而蒯因的一个前提［（1）是假的］就被破坏了。另一方面，如果（1）是假的，那么"行星的数目"就被用作摹状词而不是一个名字，并且（1）不是真正的同一性。

斯穆里安和巴坎的建议的问题是，把一个句子［比如巴坎的（15）］当作分析真的是非常难以置信的，而且同样难以置信的是把"昏星"和"晨星"当作同义的（并因此把"昏星是晨星"当作分析真的）。由于并没有清晰地区分形而上学的必然观念与其认识论上的相似观念（比如分析性和先验性），斯穆里安和巴坎没能证明真的同一性是分析的这个论题。

在1972年，克里普克出版了《命名与必然性》，它把已经是本质上确定的、抽象的、形式的可能性转化为通常意义上的、最终哲学上的正统学说。首先，克里普克清晰地区分了必然与偶然的形而上学观念和先验与后验的认识论观念（Kripke，1980，pp. 34ff.）。正如他指出的，先验概念是从认识论得出的概念，它的意思简单地说就是，陈述是独立于经验而可知的。尽管"必然的"可以表达认知概念（确实，如克里普克所指出的那样，有时可以被用作表达先验属性），它也可以被用作表达**形而上学必然性**，这个概念与认识论没有任何关系，但是它是一个**形而上学**概念。另外，简单地说，一个真理是形而上学必然的当且仅当世界不能以使这个命题为假的不同方式出现。乍看起来没有理由认为先验性（来自认识论的概念）与形而上学必然性（形而上学概念）相一致，而且确实克里普克创造了一些形而上学必然的但不是先验的例子，以及形而上学偶然的但却是先验的例子。

比如，克里普克（1980，pp. 100–103、108–109）论证说巴坎和斯穆里安的主张是正确的，即包括名字的真的同一性陈述（比如"长庚星是启明星"以

---

① 在Barcan（1947）中，她证明如果同一是真的，那么它必然真，即使所在语言中只有变项是单称词项。

及"西塞罗是图利")是必然真的。但是,克里普克(1980,pp. 103-104)拒绝巴坎的下面论题:"长庚星是启明星"以及"西塞罗是图利"这两个陈述都是分析真的,因为他拒绝它们是先验的,并且把"分析陈述"解释为蕴涵着一个陈述是必然的且是先验的。① 所以,对于克里普克来说,包括普通专名的真的同一性陈述是必然且(如弗雷格指出的)后验的陈述的例子。② 除了像"长庚星是启明星"和"西塞罗是图利"这样的同一性例子之外,克里普克也给出了其他既是必然的又是后验的陈述的例子。比如,克里普克论证我们对事物的本质属性有直观并且这些事物的**起源**就在它们的本质属性中。人本质上是产生精子和卵子的产物,认为**这同一个人**是由不同的精子和卵子产生的是没有意义的(Kripke, 1980, p. 113)。如果一张桌子是由一大块木头做成的,那么它本质上是由那块木头做成的,它不能是由(比如)铁做成的同一张桌子。既然什么是一个事物的起源并不是先验的,那么由"伊丽莎白起源于这个精子和这个卵子"或"这张桌子由这块大木头做成"这样的句子所表达的必然性都是必然的和后验的。最后,克里普克还论证**理论同一性陈述**都是必然后验的,比如"热意味着分子运动"、"水是H_2O",以及"金子是原子数为 79 的元素"都是这样的陈述。但是,他这里的论证争议很大,包括通名的"严格性"的问题[最近对于这里的问题的一个很好的介绍,请参看 Soames(2002,第 9 章)]。克里普克也给出了一些既是偶然的又是先验的陈述的例子。比如,考虑一下巴黎的"标准米"(以后记为尺 S),它的用处是确定"一米"的指称。尺 S 本可以更长一些或更短一些(比如,假设它被加热)。但是,"对于通过指称尺 S 而确定公制的人来说"(Soames,2002,p. 56),"尺 S 是一米长"是先验的。所

---

① 人们可以对克里普克"分析陈述"的定义进行争辩,因为他定义它的方式是一个分析陈述既是先验的也是必然的。某些根据意义的真(比如"我现在在这里")似乎既是先验的也是偶然的。但是,克里普克不断强调他试图让"分析陈述"的定义成为规范性的。另外,这独立于真正的问题,这即他不同意巴坎的观点。所有人都同意分析陈述是先验的,所以巴坎致力于讨论包含用作名称的表达式的真的同一性陈述是先验的。

② 这里我遵循克里普克使用不清晰的词项"陈述"来描述既是必然的也是先验的事物。显然克里普克把句子的一次表述所表达的命题当作是必然的。但是,并不清楚克里普克把**什么**当作先验的或后验的。比如,并不清楚他把句子的一次表述所表达的命题当作是先验的还是后验的。可能是句子自身或者它的表述而非它在某个场合所表达的东西是认知属性的载体。所以,可能克里普克想要否定有一个事物(命题)既是后验的也是必然的。我对这种解释问题的答案并不确定。

以，对于通过指称尺 S 来确定公制的人来说，"尺 S 是一米长"既是偶然的又是先验的。①

克里普克也提供了被广泛接受的决定性论证来反对罗素关于普通专名的摹状词理论。自从内森·萨蒙在《指称与本质》（1981，pp. 23ff.）中的讨论开始，区分克里普克反对普通专名摹状词理论的三类论证就成了标准。这三类论证是：**模态**论证、**认识论**论证以及**语义**论证。根据反对专名的摹状词理论的模态论证，专名是**严格指示词**，这里对象 o 的指示词 N 是严格的当且仅当 N 在 o 存在的所有可能世界 w 中指称 o，并且在 o 不存在的所有可能世界中也只指称 o。相反，可能给出普通专名意义的摹状词不是严格指示词。比如，如果有任何摹状词能赋予"亚里士多德"这个名字以意义，那么"古代最后一位伟大哲学家"也能赋予它以意义。但是"亚里士多德是古代最后一位伟大哲学家"这样的句子的一次表述表达了一个偶然命题。指示词"古代最后一位伟大哲学家"相对于有些亚里士多德存在的世界来说指称的人不是亚里士多德，比如，相对于亚里士多德并没有写任何哲学著作的可能世界，它指称柏拉图。所以"古代最后一位伟大哲学家"不是亚里士多德的严格指示词，而"亚里士多德"是亚里士多德的严格指示词［关于名字是严格指示词的经验论证的更详细的例子，请参考 Stanley（1997a，pp. 565ff.）］。② 根据反对名称的摹状词理论的**认识论论证**，包含名称以及赋予名称意义的摹状词的句子不是先验真的，而如果摹状词与这些名字是同义的则它们应该是先验真的。比如"亚里士多德是古代最后一位哲学家"不是先验真的，而如果"亚里士多德"真是隐藏的限定摹状词"古代最后一位伟大哲学家"，则它应该是先验真的。最后，根据反对名称的摹状词理论的语义论证，人们依旧可以使用名称来指称对象，即使他们完全没有意识到固定指称的摹状词。③

所以根据克里普克，名称不是隐藏的限定摹状词。克里普克（1980，p. 78）论证说名称不只是严格指示词，而且在名称相对于每一个可能世界（包括这个

---

① 但是，必须说，克里普克（1972）处理的先验观念某种意义上是非标准的，即它似乎是相对于**个人**而言的。克里普克还在脚注 33 中谈论相对于**阶段**的先验真，但这同样是不熟悉的。

② 对于克里普克模态论证的一个经典回应，参看 Dummett（1981）第 5 章的附录。对于最近的回应，参看 Stanley［1997a（第 7 节），1997b，2002］，以及 Sosa（2001）。

③ 对于语义论证的回应，参看 Stanley（1999）。

对象不在的世界）都指称同一个对象的意义上是［用 Salmon（1981）中的术语］**顽固的**严格指示词，如果是这样，那么，根据对模态语境量化的对象解释，模态算子之下的名称就和**相对于指派的变项一样**。按照从物模态量化的这种解释，相对于一个序列来说，变项"x"在开模态公式"□Fx"中的出现相对于任意可能世界都有相同的值。这里的序列 s 把对象 o 指派给"x"，"x"的值相对于任何可能世界都是 o。我们认为"□Fx"被一个把对象 o 指派给变项"x"的指派 s 满足当且仅当对象 o 在所有可能世界中都是 F。克里普克的观点是名称在模态算子下起相同作用，**而限定摹状词并非如此**。蒯因反对从物模态归属融贯性的逻辑论证失败了，因为（正如相对于指派而外延相同的变项一样）同外延的名称在模态语境中可相互替换。在模态算子的辖域内像"行星的数目"这种限定摹状词不能替换一个同外延的表达式，这个事实并不能推出这个限定摹状词出现的**位置**阻碍替换。相反，它与**限定摹状词**的特征有关，即限定摹状词（不同于与指派有关的名称和变项）不是严格指示词。

根据蒯因，我们对从物模态陈述的直观是不一致的，它依赖于我们思考对象的方式而变化。如果我们把 9 当作行星的数目，那么它并非必然是奇数，而如果我们把 9 当作数目 9，那么它必然是奇数。克里普克论证说，我们对从物模态陈述的直观不是语境敏感的。一个真正的从物模态归属本质上把一个属性归于一个对象［这个观点的更清晰的支持者是普兰廷加（1974）］。蒯因对于从物模态归属不一致性的论证产生于没有清晰地区分带限定摹状词的从言模态陈述和带名称的从言模态陈述。①

大卫·刘易斯对蒯因反对量化模态逻辑给出了非常不一样的回应。刘易斯对不同的可能世界而言是一个现实主义者，并且相信任何对象只存在于一个可能世界中。刘易斯关于可能世界的形而上学观点使他不能接受从物模态量化的对象解释，因为对象解释要求理解对象所在的现实世界是存在的并且有其他可能世

---

① 对这个问题的一个很有意思的不同回应是由斯托内克（2003b）给出的。斯托内克并没有通过区别名称和限定摹状词来确定解释量化模态逻辑的困难，因为他认为它们都是单称词项。相反，斯托内克认为替换模式根据**谓述**而被恰当地公式化了，而且"一般不能把句子处理为谓述"（2003b, p. 148）。为了创造句子与谓述之间所要求的区别，斯托内克使用带复杂谓词形成工具的语言。对于斯托内克观点的批判，参考威廉姆森（2006）。

界的属性。相反，刘易斯（1968）提出了他所谓的量化模态逻辑的**对应理论**解释。① 根据对应理论，从物模态句依据拥有其他可能世界中属性的实际对象的**对应体**为真。与克里普克不一样，刘易斯同意蒯因的前提：我们对从物模态归属的直观是不一致的，即随语境而变。② 事实上，刘易斯认为从物模态归属的这个特征是解决很多经典形而上学问题的关键。但是，刘易斯把从物模态归属的这种不一致性当作它们需要**语境敏感语义理论**的证据。更具体地说，刘易斯认为有很多不同的**对应关系**。一个开模态公式，比如"□Fx"被一个对象 o 所满足当且仅当在任何世界 w 中 o 的对应体 c 都有属性 F。既然有不同的对应关系，可能相对于一个对应关系，"□Fx"对某个对象为真；而相对于另外的对应关系，"□Fx"对于某个对象为假（因为不同的对应集合由不同语境中产生的不同对应关系决定）。所以，刘易斯接受蒯因的主张：从物模态归属是不稳定的。但是他并不认为这表明量化模态逻辑（的问题）在形式上是无法解决的。相反，刘易斯把语境相对性纳入形式语义学自身之中。

刘易斯对量化模态逻辑的说明是借鉴蒯因怀疑论的一个很有启发的例子，蒯因对改编从物模态陈述的可能性表示怀疑。蒯因对形式化从物模态陈述（以及从物态度归属）的怀疑部分地来自他相信我们对这些结构的直观是语境敏感的，而这个语境敏感是阻碍改编的。但是，这个从物模态句显然是语境敏感的，刘易斯对此的回应是：把语境敏感纳入这个改编之中。这表明所宣称的某类论述的语境敏感并不是用来阻碍改编的，而仅仅是改编的进一步素材。③

---

① 事实上，正如 Kripke（1963）看到，在模态理论语义学的意义上，刘易斯并没有提供量化模态逻辑的解释。相反，Lewis（1968）提出把量化模态逻辑翻译进对应理论的语言。刘易斯翻译模式的成功（特别地，对于增加了带有"实际的"意思的算子的量化模态逻辑语言）受到 Hazen（1979）以及 Fara & Williamson（2005）的挑战。

② 刘易斯在这个观点上与蒯因的一致被两个事实所掩盖。首先，在刘易斯讨论蒯因关于对应理论的原始文章的时候（Lewis, 1969，第 3 节），他写到从物模态归属中没有易变性，而且确实在这篇文章中刘易斯说似乎有一个对应关系。其次，刘易斯确实不同意蒯因关于从物模态归属的易变度的观点。然而，从物模态归属的易变性（通过可得到多个不同的对应关系解释的）是刘易斯对应理论的形而上学应用的关键（Lewis, 1971）。

③ 与刘易斯相似的改变出现在从物命题归属的文献中，以回应蒯因对这些结构的易变性的担忧。即正如我们所看到的，蒯因稍后对改编从物命题归属的怀疑是源于他相信我们对它们的直观太过语境依赖。某些哲学家［特别是（Richard, 1990）］为命题态度语句提出一个语境敏感语义学，这里我们直观的语境相对性反映在一个包含语境敏感的形式语义学中。

十、条件句

格赖斯对日常语言哲学家的回应包括捍卫对直陈条件句的实质蕴涵分析。通过对矛盾资料的语用说明，格赖斯希望消除对直陈条件句进行真值函数分析的挑战。但是，格赖斯对实质条件句分析的辩护是很有问题的，比如，格赖斯的分析预示如果人们高度相信前件的否定或后件的真，那么条件句就不是可断定的。但是，正如杰克逊（1987，p. 20）曾经强调过的，有很多条件句是高度可断定的，即使我们高度信任前件的假或后件的真，比如"如果太阳 10 分钟内就不存在了，那么在大约 18 分钟内地球就会陷入黑暗"，或者，如果我们相信贝克莱会赢得比赛，那么"如果韦伯跑了，贝克莱将赢得比赛，并且如果韦伯没有跑，贝克莱将赢得比赛"。在前一种情况下，我们对前件的确定与对这个条件句的真的确定是一样，但是它是高度可断定的。在后一种情况下，我们可以确定后件的真，但是这个条件句依旧是可断定的。最后，格赖斯关于直陈条件句的理论预示着与实质条件句逻辑等价的陈述有相同的真值条件，且是同样可断定的，比如，格赖斯的理论预示"如果 A 那么 B"应该与"如果非 B 那么非 A"有相同的真值条件并且是同样可断定的。但是这个预测并没有被证实（Bennett，2003，p. 32）。格赖斯对条件句的辩护假设了条件句的标准用法与它们的意义之间有很大的差距，他试图用通用会话原则来解释这个差距。不幸的是，会话原则在解释（被理解为实质条件句的）直陈条件句与它们的标准用法之间的差距的时候没有成功，还需要其他的理论。

格赖斯关注的是自然语言中的直陈条件句。在 20 世纪 60 年代，哲学家受模态语言意义理论的影响，开始把注意力转移到自然语言中的虚拟条件句。精确地刻画直陈条件句与虚拟条件句之间的区别是一件很棘手的事。但是这两类条件句之间的基本对比在这对经典的语句中显现出来：

（a）如果奥斯瓦尔德没有射杀肯尼迪，那就是其他人这么做了。（If Oswald didn't shoot Kennedy, someone else did.）

（b）如果奥斯瓦尔德还没有射杀肯尼迪，那会有其他人这么做。（If Oswald hadn't shot Kennedy, someone else would have.）

（a）中这个直陈条件句是真的，但是（b）中的虚拟条件句可能不是真的。虚拟条件句一般（或总是）在其后件中包含模态词。

斯托内克（1968）第一次发表了对虚拟条件句的模态语义学说明。根据斯托内克，虚拟条件句"如果 A 成立，那么 B 就会成立"（If A were the case, then B would be the case）在可能世界 w 中是真的当且仅当 A 在 w 中为真，B 在与 w 最接近的可能世界中为真。斯托内克的最初分析是简单优雅的。但是它也有一些戏剧性的后果。称命题 A 在其中为真的世界为"A-世界"。根据斯托内克的理论，当虚拟条件句"如果 A 成立，那么 B 就会成立"有真值的时候，总有唯一一个与赋值世界最接近的 A-世界。因此，斯托内克的理论也使条件句排中律（CEM）有效，即"或者如果 A 成立，那么 B 就会成立，或者如果 A 成立，~B 就会成立"。这两个结论都被普遍认为是有问题的［根据 David Lewis（1973，p.79），CEM 的有效性是"斯托内克理论的首要优点也是其首要缺点"］。刘易斯（1973）给出了一个更复杂的虚拟条件句理论，它在为一个虚拟条件句的真赋值的时候没有假设最接近的 A-世界，并且它没有使 CEM 有效。

斯托内克 1968 年的条件句理论"被希望能一般性地适用于条件句"，而不需要考虑说话者对前件或后件的态度或陈述它们时的目的，而且也不需要考虑这个条件句被表达时的语气（Stalnaker，1999b，p.68），尽管这个理论"首先被用来说明反事实条件句"（Stalnaker，1999b，p.68）。根据这种分析，条件句"如果 A 那么 B"是真的当且仅当 B 在最相似的 A 世界中是真的。在直陈条件句情况下，有语用原则支配语境依赖的相似性观念。最相似的世界是假设为活生生的有认知可能的世界。当然，现实世界总是与它自己最相似的世界，所以，如果条件句的前件是真的，那么这个条件句是真的当且仅当其后件是真的。但是，如果前件是假的，那么这个条件句的真就依赖于后件在最相似的认知可能的世界中为真，前件在这个世界中为真。因此，斯托内克对条件句的分析很好地解释了这个事实：自然语言使用相同的表达式来公式化直陈条件句和虚拟条件句。另外，斯托内克的分析预示直陈条件句是语境敏感的结构，因为它们的真值依赖一个随语境变化的参数，即相似度。斯托内克的理论为格赖斯理论无力解释的一些区分给出了一个语义解释，比如，斯托内克的理论预示"如果 A 那么 B"与"如果~B 那么~A"没有相同的真值条件。斯托内克的理论也解释了我们对直陈条件句的真值的直观中的很多语境可变性。

格赖斯试图给直陈条件句一个简单的语义分析，并且对条件句的日常使用与它们实际的真值条件之间的分歧给出语用解释。但是，格赖斯的解释留下了一个难以置信的巨大间隙，它是我们对直陈条件句的真值条件的直觉与语义内容之间的间隙，相似观点的发展也没能弥补这个间隙［参考 Jackson（1987）以及 Jackson 在 Bennett（2003，pp. 38ff.）中的批判］。相反，斯托内克利用内涵逻辑的工具来为直陈条件句提供语境敏感语义理论，他利用更复杂的逻辑工具使语义内容与它直观上的内容更接近。条件句的主题是另外一个领域，其核心争论是下面两种理论之间的争论：一种是通过合并语境敏感把握直观资料的复杂语义理论，另一种是避免更复杂的机制和语境敏感而主张对直觉进行语用解释的语义理论。

在最近 30 年，条件句的争论比其他语言哲学中的争论合法地吸引了更多的关注，这不只是因为这个结构对很多思想领域有向心性，而且因为这些问题被一些意外的事实弄得更复杂了。斯托内克的直陈条件句语义学的目标是使这些结构的真值条件与它们直观上所是的东西更接近。关于直陈条件句用法的一个直观主张涉及**概率**。一般来说，人们希望断定的命题是他们相信很有可能为真的命题，这暗示了一个一般命题：某事物在某时刻对说话者是可断定的当且仅当它对于这个人来说有很高的主观概率。如果是这样，那么条件句是可断定的当且仅当它有很高的主观概率。把直陈条件句"如果 A 那么 C"的概率当作假定 A 的情况下 C 的条件句概率，这是很直观的。这暗示与其用法条件相一致的直陈条件句的语义理论应该有的后果是：在某时刻对于某人来说直陈条件句"如果 A 那么 C"的概率应该与假定 A 的情况下 C 的条件句概率等价。但是刘易斯（1976）证明了一个意外的结果。没有联结命题的联结词 O 可以有这个属性：O（A，C）的概率是假定 A 的情况下 C 的条件概率，与此同时令人满意地（或者接近令人满意地）说明了对各种条件句概率的日常直观。如果对直陈条件句（与对其内容的直观判断相匹配）的意义的说明要求这样一个联结词，那么这个研究就是徒劳的。吉伯德（1981）中强调的第二个关于直陈条件句的事实是它们是极端语境敏感的，说话者可以断定"如果 A，那么 C"，并且直观上是正确的，而另一个说话者可以断定"如果 A，那么~C"也描述同一种情况，而且也是直观上正确的。关于直陈条件句的另一个事实［也是吉伯德（1981）中强调的］是很难把直陈条件句嵌入其他条件句。很多卓越的哲学家用过这些考量（以及其他考量）得出直陈条件句完全不具备真值条件这个观点。[①] 根据他

[①] 除了吉伯德之外，Adams（1975）和 Edgington（1986）也为这种直陈条件句的观点提出了论证。我应该说，我认为语境敏感语义学（斯托内克给出的那种）为吉伯德所表达的资料提供了一个精致的解释，参看 Stalnaker（1984，pp. 108ff.）。

们的意义的这种观点，直陈条件句是一类非规范语句的例子，对于这些句子，某些类似被道德话语的表达派所支持的意义模型是正确的。①

十一、结论

在20世纪60年代和70年代，哲学家开始利用形式语言的语义理论资源来分析自然语言的意义。形式语言不同于自然语言之处在于它有简单的、清晰定义的句法。为了避免自然语言语法的复杂性，这些哲学家中很多人为自然语言的片段给出了语义理论，这些片段被改编到一阶谓词逻辑语言（比如量化模态语言或内涵逻辑语言）的各种扩张中。但是，当我们理解自然语言语句的时候，我们所解释的是这些句子的结构，而不是某些被改编了的形式语言语句。所以，为自然语言提供意义理论的计划与一阶逻辑语言的各种扩张的语义理论之间的关联并不是完全清晰的。

但是，在20世纪60年代，语言学家（尤其是语言学家乔姆斯基）的工作开始表明，自然语言与形式语言一样有可以形式描述的语法。乔姆斯基的工作使得用逻辑学家的工具进行意义分析的计划更容易操作。如果自然语言有系统句法，那么就没有什么能阻碍自然语言模仿形式语义学的计划了。使用现代句法研究，可以表示自然语言解释的对象是什么，使用语义学工具可以解释它们，使用格赖斯描述的话语规则，可以解释用法与意义的区别。哲学家们花了很多年吸收句法的教训。但是，既然关于意义的一个明显事实可能或者是由于给定语句的句法，或者由于它的语义，或者由于语言用法的一般事实，那么现代语言哲学家必须掌握所有研究分支。

指称与真的观念可以被用来给自然语言一个意义理论，这个发现以及语法和语用的共同发展解决了20世纪中叶语言哲学家的很多基础争论。当最好的语境敏感模型诉诸指称来给出语境敏感表达式的意义（正如卡普兰的特征观念）的时候，很难说语境敏感破坏了为自然语言提供一个关于指称与真的系统理论的计划。当发展了模糊表达式的精致语义理论［比如，Fine（1975）为模糊性发展的超赋值语义学］的时候，很难说模糊性破坏了这个计划。用于怀疑形式化的可能性的特征一直是形式化计划的下一个挑战。结果，人们的注意力转移

---

① 吉伯德既是道德表现主义者又否定直陈条件句有真值条件，这可能不是偶然的。

到为自然语言中有特殊哲学兴趣的结构（其中条件句文本不过是一个尤其有意思的例子）赋予意义。确实，在某些文本中，哲学家们被相关结构造成的棘手问题所阻碍，他们试图勾勒出更广泛的标准，而且有时候在这个框架中出现了一些回到对系统的意义理论的悲观主义态度的诉求［比如，很有重要影响的 Schiffer（1987）］。被特殊结构的困难所阻碍很沮丧，但这还没有遇到全部失败，给意义理论以系统说明的计划依旧在继续。

一旦很多基本问题得以解决，语言哲学以及（尤其是）其在语言学中的近亲（即语义学领域）那里就会产生大量工作。不可能为最近 30 年在副词、回指词、限定词、集合词、复数、形容词以及可分级性、模态、时态方面以及其他主题等的丰富工作提供一个交通图。在细节方面，自从 20 世纪 70 年代开始，哲学家所从事的自然语言意义研究的那个子部分就开始（相对于各种结构）详细论证格赖斯的回应是否可以说明远超过简单的语义分析的现象，或者是否可能有一个更复杂的吸收了语义学上语境敏感的语义理论（比如斯托内克对条件句的分析）。对于我们讨论的每一个结构、每一个观点都有支持者。可以预测有些争论发生在元层次，发生在非语义说明的支持者与语义说明的支持者之间。前者论证格赖斯或准格赖斯的工具对这个现象的解释比通常以为的更多，后者更关注自然语言在意义和形式上的细微差别。但是即使大多数在元层次上的争论者之间也有普遍的共识，这种普遍共识是意义和用法绝不应该被混为一谈，而且任何对意义的充分说明本质上都使用了指称和真的观念。

参考文献

Adams, Ernest (1975): *The Logic of Conditionals* (Dordrecht: Reidel).

Azzouni, Jody (2006): *Tracking Reason: Proof, Consequence, and Truth* (Oxford: Oxford University Press).

Barcan, Ruth (1947): "The Identity of Individuals, In A Strict Functional Calculus of Second Order", *The Journal of Symbolic Logic* 12. 1: 12-15.

Barcan Marcus, Ruth (1993): *Modalities: Philosophical Essays* (Oxford: Oxford University Press).

Barcan Marcus, Ruth (1993a): "Modalities and Intensional Languages", in Barcan Marcus (1993a): 5-23 (first published in 1961).

Bennett, Jonathan (2003): *A Philosophical Guide to Conditionals* (Oxford: Oxford University Press).

Boghossian, Paul (1997): "Analyticity", in Hale and Wright (1997): 331−368.

Brandom, Robert (1994): *Making it Explicit* (Boston: Harvard University Press).

Brentano, Franz (1995): *Psychology from an Empirical Standpoint* (London: Routledge) (First published 1874).

Burge, Tyler (1979): "Frege and the Hierarchy", *Synthese* 40: 265−281.

Carnap, Rudolf (1949): *The Logical Syntax of Language* (London: Routledge & Kegan Paul) (first published in English in 1937).

Carnap, Rudolf (1958): *Meaning and Necessity: A Study in Semantics and Modal Logic* (Chicago: University of Chicago Press) (first published 1947).

Carnap, Rudolf (1958a): "Empiricism, Semantics, and Ontology", in Carnap (1958): 205−221.

Carnap, Rudolf (1958b): "Meaning Postulates", in Carnap (1958): 222−229.

Chomsky, Noam (1969): "Quine's Empirical Assumptions", in Davidson and Hintikka (1969).

Chomsky, Noam (1975): *Reflections on Language* (New York: Pantheon Books).

Church, Alonzo (1950): "On Carnap's Analysis of Statements of Assertion and Belief", *Analysis 10*: 97−99.

Church, Alonzo (1951): "A Formulation of the Logic of Sense and Denotation", in *Structure, Method, and Meaning: Essays in Honor of H. M. Sheffer*, ed. by P. Henle, H. M. Kallen, and S. K. Langer (New York: Liberal Arts Press).

Davidson, Donald (1967): "Truth and Meaning", *Synthese 17*: 304 − 323. Also reprinted in Davidson (1990).

Davidson, Donald (1990): *Inquiries into Truth & Interpretation* (Clarendon Press: Oxford 1990).

Davidson, Donald (1990a): "Theories of Meaning and Learnable Languages", in Davidson (1990): 3−15.

Davidson, Donald and Hintikka, Jakko (1969): *Words and Objections: Essays on the Work of W. V. Quine* (Dordrecht: Reidel).

Dummett, Michael (1981): *Frege: Philosophy of Language* (London: Duckworth).

Edgington, Dorothy (1986): "Do Conditionals Have Truth-Conditions?"

Eklund, Matti (2002): "Inconsistent Languages", *Philosophy and Phenomenological Research* 64: 251-275.

Evans, Gareth (1981) "Understanding Demonstratives", in *Meaning and Understanding*, H. Parret and Jacques Bouveresse (eds.) (Berlin: W. de Gruyter).

Evans, Gareth (1982): *The Varieties of Reference* (Oxford: Clarendon Press).

Fara, Michael and Williamson, Timothy (2005): "Counterparts and Actuality", *Mind 114*: pp. 1-30.

Field, Hartry (1972): "Tarski's Theory of Truth", *Journal of Philosophy 69*: 347-375.

Fine, Kit (1975): "Vagueness, Truth and Logic", *Synthese 54*: 235-259.

Fine, Kit (2005): *Modality and Tense* (Oxford: Oxford University Press).

Fine, Kit (2005a): "The Problem of De Re Modality", in Fine (2005): 40-104.

Fine, Kit (2005b): "Quine on Quantifying In", in Fine (2005): 105-130.

Forbes, Graeme (2000): "Objectual Attitudes", *Linguistics and Philosophy* 23.2: 141-183.

Frege, Gottlob (1879): *Begriffsschrift*, in Gottlob Frege (1988), *Begriffsschrift und andere Aufsaetze*, ed. By Ignacio Angelelli (Hildesheim: Georg Olms Verlag).

Frege, Gottlob (1966): *Grundgesetze der Arithmetik* (Hildesheim: Georg Olms) (first published 1892).

Frege, Gottlob (1980a): *Gottlob Freges Briefwechsel*, ed. G. Gabriel, F. Kambartel, and C. Thiel (Felix Meiner Verlag).

Frege, Gottlob (1980b): *The Foundations of Arithmetic* (Evanston: Northwestern University Press) (First published 1884).

Frege, Gottlob (1993): "On Sense and Meaning", in Geach, Peter and Black, Max Translations from *the Philosophical Writings of Gottlob Frege* (Oxford: Basil Blackwell): 56-78.

Gibbard, Allan (1981): "Two Recent Theories of Conditionals", in Harper, W., Stalnaker, R., and Pearce, G. (eds.) *Ifs* (Dordrecht: Reidel): 211-247.

Graff, Delia (2001): "Descriptions as Predicates", *Philosophical Studies 102* (1): 1-42.

Hale, Bob and Wright, Crispin (1997): *A Companion to the Philosophy of Language* (Oxford: Blackwell Press).

Grice, Paul (1989): *Studies in the Way of Words* (Cambridge: Harvard University Press).

Grice, Paul (1989a): "Logic and Conversation", in Grice (1989): 22-40.

Grice, Paul (1989b): "Further Notes on Logic and Conversation", in Grice (1989): 41-57.

Grice, Paul (1989c): "Indicative Conditionals", in Grice (1989): 58-85.

Hazen, Alan (1979): "Counterpart Theoretic Semantics for Modal Logic", *Journal of Philosophy 76*: 319-338.

Heck, Richard (1993): "The Development of Arithmetic in Frege's Grundgesetze der Arithmetik", *Journal of Symbolic Logic 58*: 579-602.

Heck, Richard (1998): "*Grundgesetze der Arithmetik* I §§29-32", *Notre Dame Journal of Formal Logic 38*: 437-474.

Heim, Irene and Kratzer, Angelika (1998): *Semantics in Generative Grammar* (Oxford: Blackwell Press).

Higginbotham, James (1988): "Contexts, Models, and Meanings: A Note on the Data of Semantics", in *Mental Representations: The Interface between Language and Reality* (ed. by Ruth Kempson) (Cambridge: Cambridge University Press): 29-48.

Hintikka, Jaakko (1962): *Knowledge and Belief: An Introduction to the Logic of the Two Notions* (Ithaca: Cornell University Press).

Jackson, Frank (1987): *Conditionals* (Oxford: Basil Blackwell).

Kaplan, David (1968): "Quantifying In", *Synthese 19*: 178-214.

Kaplan, David (1986): "Opacity", in *The Philosophy of W. V. Quine*, edited by Lewis Edwin Hahn and P. A. Schilpp (La Salle, Open Court): 229-288.

Kamp, Hans (1971): "Formal Properties of 'Now'", *Theoria* 37. 3: 227-273.

King, Jeffrey (2003): "Tense, Modality, and Semantic Value", in John Hawthorne and Dean Zimmerman (ed.), *Language and Philosophical Linguistics*, *Philosophical Perspectives 17* (Oxford: Blackwell).

Kripke, Saul (1963): "Semantical Considerations on Modal Logic", *Acta Philosophica Fennica*, 16: 83-94.

Kripke, Saul (1980): *Naming and Necessity* (Cambridge: Harvard University Press).

Kripke, Saul (2005): "Russell's Notion of Scope", in *Mind 114. 456*: 1005-1037.

Larson, Richard, Den Dikken, Marcel, and Ludlow, Peter (forthcoming): "Intensional Transitive Verbs and Abstract Clausal Complementation". *Linguistic Inquiry*.

Lepore, Ernest (1982): "What Model Theoretic Semantics Cannot Do", *Synthese*, 54: 167-187.

Lewis, David (1968): "Counterpart Theory and Quantified Modal Logic", *Journal of Philosophy 65*: 113-26.

Lewis, David (1971): "Counterparts of Persons and Their Bodies", *Journal of Philosophy 68*: 203-211.

Lewis, David (1973): *Counterfactuals* (Cambridge: Harvard University Press).

Lewis, David (1976): "Probabilities of Conditionals and Conditional Probabilities", *Philosophical Review 85*: 297-315.

Lewis, David (1979): "Scorekeeping in a Language Game", *Journal of Philosophical Logic 8*: 339-359.

Lewis, David (1981): "Index, Context, and Content". In *Philosophy and Grammar: Papers on the Occasion of the Quincentennial of Uppsala University*. Edited by Stig Kanger and Sven Ohman (D. Reidel, Dordrecht): 79-100.

Meinong, Alexius (1910): Ueber Annahmen.

Montague, Richard (1974): *Formal Philosophy* (New Haven: Yale University Press).

Montague, Richard (1974a): "Pragmatics", in Montague (1974): 95-118.

Montague, Richard (1974b): "On the Nature of Certain Philosophical Entities", in Montague (1974): 148-187.

Montague, Richard (1974c): "On the Proper Treatment of Quantification in Ordinary English", in Montague (1974): 247-270.

Moore, G. E. (1899): "The Nature of Judgment", *Mind 5. 8*: 176-193.

Moore, G. E. (1910): *Some Main Problems of Philosophy*.

Neale, Stephen (1990): *Descriptions* (Cambridge: MIT Press).

Neale, Stephen (2000): "On A Milestone of Empiricism", in Alex Orenstein and Petr Kotatko (eds.), *Knowledge, Language, and Logic* (London: Kluwer): 237-346.

Parsons, Terry (1969): "Essentialism and Quantified Modal Logic", *The Philosophical Review* 78. 1: 35-42.

Parsons, Terry (1981): "Frege's Hierarchies of Indirect Sense and the Paradox of Analysis", *Midwest Studies in Philosophy* 6: 37-57.

Partee, Barbara (1973): "Some Structural Analogies between Tenses and Pronouns in English", *Journal of Philosophy* 70: 601-609.

Partee, B., 1974, "Opacity and Scope", in *Semantics and Philosophy*, M. Munitz and P. Unger (ed.), New York: NYU Press: 81-101.

Perry, John (1977): "Frege on Demonstratives", *The Philosophical Review* 86. 4: 474-497.

Plantinga, Alvin (1974): *The Nature of Necessity* (Oxford: Clarendon Press).

Putnam, Hilary (1975): *Mind, Language, and Reality: Philosophical Papers*, Volume 2 (Cambridge: Cambridge University Press).

Putnam, Hilary (1975a): "Do True Assertions Correspond to Reality?", in Putnam (1975): 70-84.

Quine, W. V. O. (1943): "Notes on Existence and Necessity", *Journal of Philosophy* 40: 113-127.

Quine, W. V. O. (1947): "The Problem of Interpreting Modal Logic", *Journal of Symbolic Logic* 12: 43-48.

Quine, W. V. O. (1953): "Three Grades of Modal Involvement", in Quine (1976): 158-176.

Quine, W. V. O. (1955): "Quantifiers and Propositional Attitudes", in Quine (1976): 185-196.

Quine, W. V. O. (1960): *Word and Object* (Cambridge: MIT Press).

Quine, W. V. O. (1961): "From A Logical Point of View" (Cambridge: Harvard University Press).

Quine, W. V. O. (1961a): "Two Dogmas of Empiricism", reprinted in Quine (1961): 20−46. (First published in *The Philosophical Review*, 1951).

Quine, W. V. O. (1976): *The Ways of Paradox and Other Essays* (Cambridge: Harvard University Press).

Quine, W. V. O. (1976): "Worlds Away", *The Journal of Philosophy* 73. 22: 859−863.

Quine, W. V. O. (1977): "Intensions Revisited", *Midwest Studies in Philosophy 2*: 5−11.

Richard, Mark (1987): "Quantification and Leibniz's Law", *Philosophical Review 96*: 555−578.

Richard, Mark (1990): *Propositional Attitudes: An Essay on Thoughts and How We Ascribe Them* (Cambridge: Cambridge University Press).

Richard, Mark (2001): "Seeking a Centaur, Adoring Adonis: Intensional Transitives and Empty Terms", in *Figurative Language: Midwest Studies in Philosophy Volume 25*, P. French and H. Wettstein (ed.) (Oxford: Basil Blackwell): 103−127.

Russell, Bertrand (1919): *Introduction to Mathematical Philosophy* (New York: Simon and Schuster).

Russell, Bertrand (1996): *The Principles of Mathematics* (New York: Norton & Company) (First published 1903).

Russell, Bertand (1905): "On Denoting".

Russell, Bertrand and Whitehead, Alfred (1910): *Principia Mathematica* (Cambridge: Cambridge University Press).

Russell, Bertrand (1988): *The Problems of Philosophy* (Buffalo: Prometheus Books).

Russell, Bertrand (1994): "On the Nature of Truth and Falsehood", in his *Philosophical Essays* (London: Routledge): 147−159.

Russell, Bertrand (1985): *The Philosophy of Logical Atomism* (La Salle: Open Court).

Smullyan, Arthus Francis (1947): "Review of W. V. Quine, The Problem of Interpreting Modal Logic", *The Journal of Symbolic Logic 12*: 139−141.

Salmon, Nathan (1981): *Reference and Essence* (Princeton: Princeton University Press).

Schiffer, S. (1987): *Remnants of Meaning*. (Cambridge, Massachusetts: MIT Press).

Smullyan, Arthur Francis (1948): "Modality and Description", *The Journal of Symbolic Logic 13.1*: 31-37.

Soames, Scott (2002): *Beyond Rigidity: The Unfinished Semantic Agenda of Naming and Necessity* (New York: Oxford University Press).

Sosa, David (2001): "Rigidity in the Scope of Russell's Theory", *Nous* 35: 1-38.

Stalnaker, Robert (1968): "A Theory of Conditionals" in *Studies in Logical Theory* (N. Rescher, ed.), Oxford, 1968, 98-112.

Stalnaker, Robert (1984): *Inquiry* (Cambridge: MIT Press).

Stalnaker, Robert (1999): *Context and Content* (Oxford: Oxford University Press).

Stalnaker, Robert (1999a): "Pragmatics", in Stalnaker (1999): 31-46. (First published in *Synthese* 1970).

Stalnaker, Robert (1999b): "Indicative Conditionals", in Stalnaker (1999): 63-77. (First published in *Philosophia* 1975).

Stalnaker, Robert (2003): *Ways a World Might Be: Metaphysical and Anti-Metaphysical Essays* (Oxford: Oxford University Press).

Stalnaker, Robert (2003a): "Anti-Essentialism", in Stalnaker (2003): 71-85.

Stalnaker, Robert (2003b): "The Interaction of Modality with Quantification and Identity", in Stalnaker (2003): 144-159.

Stanley, Jason and Williamson, Timothy (1995): "Quantifiers and Context-Dependence", *Analysis 55.4*: 291-295.

Stanley, Jason (1996): "Truth and Metatheory in Frege", *Pacific Philosophical Quarterly* 77: 45-70.

Stanley, Jason (1997a): "Names and Rigid Designation", in Hale and Wright (1997): 555-585.

Stanley, Jason (1997b): "Rigidity and Content", in *Language, Thought, and Logic: Essays in Honor of Michael Dummett*, R. Heck, ed. (Oxford: Oxford University Press, 1997): 131-156.

Stanley, Jason (1999): "Understanding, Context-Relativity, and the Description Theory", *Analysis 59*: 14−18.

Stanley, Jason (2002): "Modality and What is Said", *Philosophical Perspectives 16: Language and Mind*, J. Tomberlin, ed. (Blackwell Press, 2002): 321−344.

Strawson, Peter (1952): *Introduction to Logical Theory* (London: Metheun).

Strawson, Peter (1996): "On Referring", in *The Philosophy of Language*, Third Edition, A. P. Martinich, ed. (New York: Oxford University Press): 208−230.

Szabo, Zoltan (2000): "Descriptions and Uniqueness", *Philosophical Studies 101*: 29−57.

Tarski, Alfred (1983): *Logic, Semantics, Meta-Mathematics* (ed. by John Corcoran, translated by J. H. Woodger) (Indianapolis: Hackett Publishing).

Tarski, Alfred (1983a): "The Establishment of Scientific Semantics", in Tarski (1983): 401−408.

Tarski, Alfred (1983b): "The Concept of Truth in Formalized Languages", in Tarski (1983): 152−278.

Tarski, Alfred (1983c): "On the Concept of Logical Consequence", in Tarski (1983): 409−420.

Williamson, Timothy (2006): "Stalnaker on the Interaction of Modality with Quantification and Identity", in J. Thomason and A. Byrne, ed. *Content and Modality: Themes from the Philosophy of Robert Stalnaker* (New York: Oxford University Press): 123−147.

Zimmerman, T. E. (1993): "On the Proper Treatment of Opacity in Certain Verbs", *Natural Language Semantics*, 1: 149−179.

（赵震译，徐召清校）

分析哲学的起源、发展和主题*

迈克·比尼

所有在符号学上概括了一个完整过程的概念都逃避了定义，而只有那些没有历史的概念才是可定义的。（尼采：《论道德的谱系》，1887，第二篇论文，§13）

我是一个分析哲学家，我独立思考。（塞尔，来自穆里根，2003，p. 267；参阅格洛克，2008a，p. 211）

分析哲学的首要特征是，以明晰性（clarity）为目标，强调哲学论证的明确性（explicit argumentation），并要求所表达的观点应当展现同行严格的批判性评价和讨论。（欧洲分析哲学学会主页，< http://www.dif.unige.it/esap >；accessed 18 October 2011）

分析哲学现在一般被看作是英语世界中主流的哲学传统①，至少从20世纪

---

* 译自 Micheal Beaney, *Oxford Handbook of the History of Analytic Philosophy*, Oxford: Oxford University Press, 2013, Chapter 1 in Introduction。题目为译者所加。

① 即使我用奥斯汀的方法，我也无法找出"analytic"与"analytical"用法的任何显著区别（无论是语义的还是语用的）。有些人谈论"analytical"哲学，另一些人则谈论"analytic"哲学，但后者显然是大多数，所以这里我将采用这种主流用法。有一种说法是，前者是在方法论上基于心中的看法，而后者更多地指一种传统或运动。我在本章第四节讨论了这种区分，但在"analytic"和"analytical"的用法中，我没有找到任何支持这种区分的根据。就所有哲学的（与当下的）用途（purpose）而言，它们可以被看作是同义的。在德语的哲学文献中，既有"analytisch"，也有"sprachanalytisch"，更具体地说，"sprachanalytisch"通常被用于语言的哲学（linguistic philosophy）或分析的语言哲学（analytic philosophy of language）（参见 Tugendhat 1976）。

中期开始就一直是这样。过去 20 年间,它的影响力在非英语世界也已经稳步增长,这体现在分析哲学学会数量在全世界范围内的迅速增加。① 然而,分析传统日渐增长的支配地位并不意味着目标、方法或观点的趋同(convergence)。相反,分析哲学现在比早期包含更多不同的方法、观念和立场。从最初对逻辑和数学哲学(弗雷格和罗素)与伦理学和判断理论(摩尔)中认识论与形而上学

---

① 在欧洲,许多国家都有分析哲学学会,例如奥地利(WFAP,成立于 2009 年,有大约 20 名会员)、克罗地亚(CSAP,成立于 2001 年)、法国(SoPhA,成立于 1993 年)、德国(GAP,成立于 1990 年,有大约 900 名会员,号称欧洲最大的哲学学会之一)、意大利(SIFA,成立于 1992 年,有超过 400 名会员)、荷兰(与讲荷兰语的比利时,VAF,成立于 2006 年)、葡萄牙(SPFA,成立于 2004 年)、罗马尼亚(SRFA,成立于 2007 年)、斯洛文尼亚(DAF,成立于 1991 年)和西班牙(SEFA,成立于 1995 年,有大约 100 名会员),其中大部分都是欧洲分析哲学学会(ESAP,成立于 1991 年)的成员,其网站 http://www.dif.unige.it/esap 能够链接到所有成员学会。自哈格斯多姆(Hägerström)、凯拉(Kaila)和奈斯(Naess)的工作之后,分析哲学自 20 世纪早期以来在北欧(Nordic)国家一直是十分强势的。有关斯堪的纳维亚(Scandanavian)和北欧哲学,参见 Olson & Paul 1972;Manninen and Stadler 2010;有关芬兰的分析哲学,参见 Pihlström 2001;Haaparanta 和 Niiniluouto 2003。波兰和奥地利也以其分析哲学传统而骄傲,特别是利沃夫-华沙学派(the Lvov-Warsaw school)和奥地利实在论者的工作。

在拉丁美洲也有许多分析哲学学会,例如阿根廷(SADAF,成立于 1972 年,有超过 200 名会员)、巴西(SBFA,成立于 2008 年,有超过 50 名会员)、智利(SCFA,成立于 2007 年,有大约 20 名会员)、秘鲁(CESFIA,成立于 2006 年)以及墨西哥主办的分析哲学拉丁美洲协会(the Asociación Latinoamericana de Filosofía Analítica,ALFAn,成立于 2006 年,有超过 120 名会员)。有关拉丁美洲的分析哲学,参见 Gracia et al. 1984;Martí 1998。

在日本,科学哲学协会(the Association for Philosophy of Science)与美国哲学研究协会(the Association for the Study of American Philosophy)促进了分析哲学的发展[cf. Piovesana 1962 (1997), pp. 219–21]。在中国,北京大学外国哲学研究所有一个分析哲学中心(成立于 2003 年),另外也有分析哲学学会(成立于 2005 年)(准确地说,该学会名称为"分析哲学专业委员会",隶属于中国现代外国哲学学会。——校者注)。

也有一些相关学会,例如维也纳学派研究所(the Institut Wiener Kreis)致力于研究和进一步发展原维也纳学派的工作,早期分析哲学史学会(HEAPS,成立于 2003 年,有超过 60 名会员)以及分析哲学史研究学会(SSHAP,成立于 2009 年)。这里也应当提及许多致力于研究个别分析哲学家的学会和组织(networks),例如极度活跃和历史悠久的罗素学会(BRS,成立于 1974 年,有大约 100 名会员)、奥地利维特根斯坦学会(ALWS,成立于 1974 年,有大约 120 名会员)、英国维特根斯坦学会(BWS,成立于 2007 年,有超过 300 名会员)、国际维特根斯坦学会(前身是德国维特根斯坦学会,成立于 1994 年,后来在 2006 年变更为 ILWG)、北欧维特根斯坦研究协会(network)(NNWR,成立于 2006 年,有超过 110 名会员)以及北美维特根斯坦学会(NAWS,成立于 2000 年)。这一切体现出全世界对分析哲学(其过去和未来)研究的极大的而且迅速增长的兴趣。

问题的关注开始,通过语言转向(始于维特根斯坦),分析哲学的分支已经遍布哲学的所有领域。除了语言哲学、逻辑哲学、数学哲学、心灵哲学、科学哲学以及分析伦理学中的主流分析哲学之外,也出现了分析美学、分析马克思主义、分析女性主义、分析有神论以及分析托马斯主义这些完全不同的(diverse)领域①,也有各种观点的逆转以及变化。早期分析哲学的一个主线是逻辑实证主义,对形而上学的拒斥(repudiation)是其基本原则(fundamental)。然而,形而上学在20世纪下半叶经历了复兴。尽管早期分析哲学家们可能会把"分析的形而上学"看作是一种矛盾的说法(oxymoron),但这个术语(term)现在专指一门受人尊重的(respectable)分支学科。② 分析哲学一般被认为是源自对康德和黑格尔式唯心论的反动(reaction to),但分析的康德主义已经活跃并兴盛(alive and flourishing)了许多年,而且,现在人们在谈论分析哲学正由康德阶段被引入(ushered)到黑格尔阶段。③ 现象学一般被看作是20世纪上半叶分析传统

---

① 关于分析美学,参见 *Oxford Handbook of the History of Analytic Philosophy* 中拉马克(Lamarque)的一章;关于分析的马克思主义,参见 Cohen 1978 和 Wolff 的章节(更一般地讨论分析的政治哲学);有关分析的女性主义,参见 Garry 2004 以及分析女性主义学会的网站(成立于1991年,<https://sites.google.com/site/analyticalfeminism>; accessed 9 January 2012);关于分析的有神论(特别是普兰廷加的工作),参见 Sennett 1998;关于分析的托马斯主义,参见 Haldane 1995、1997、2006 以及 Paterson & Pugh 2006。今天,"分析的"("analytic" or "analytical")能够证明绝大多数哲学方法和领域是合格的。对"分析"资格的践行,在20世纪60年代晚期和70年代早期,当丹托(Danto)发表其关于分析的历史哲学(1965)、分析的知识哲学(1968)以及分析的行动哲学(1973)这三部曲时,就已经被稳固地确立了。

② 关于分析的形而上学,参见 *Oxford Handbook of the History of Analytic Philosophy* 中塞蒙斯(Simons)的一章,以及参见 Tooley 1999;Loux & Zimmerman 2003;Lowe 2008a;Chalmers et al. 2009。虽然他对"分析的形而上学"这一术语及其近亲"分析的本体论"的使用有所保留(2008b,2011),但 Lowe(1998, p. vi)将其看作是分析哲学的基本分支学科。关于早期分析哲学中的形而上学,参见 Bradford 1981;Beaney 2012b;Shieh 2012。后两者包含在 Haaparanta & Koskinen 2012 中,该书追溯了逻辑与形而上学的关系从亚里士多德到近期分析形而上学的发展。

③ 斯特劳森的工作,特别是 Strawson 1959 与 1966,是分析哲学中康德主义转向的主要来源。有关康德和分析哲学的讨论,参见 Hanna 2001,2008;Glock 2003b(格洛克的贡献是开始明确地探讨"分析的康德主义",参见 Glock 2003c);O'shea 2006。有关分析哲学中的黑格尔主义阶段走向,参见罗蒂给 Sellars 1997 写的序,pp. 8–9;cf. Redding 2007, p. 1。雷迪(Redding)特别讨论了麦克道尔和布兰顿的工作。*Oxford Handbook of the History of Analytic Philosophy* 佩里格林(Peregrin)一章阐述了布兰顿的推理主义(inferentialism),特拉维斯和卡德隆(Kalderon)一章在牛津实在论传统语境中考察了麦克道尔关于知觉的观点。

的主要竞争者，但分析的现象学，尤其是分析的精神现象学在21世纪却既享有盛誉又蓬勃发展（both reputable and thriving）。①

面对这些发展，人们或许会怀疑，继续谈论"分析哲学"是否还有意义。弗雷格曾经说过，一个词的外延越广，其内容就越少（1884，§29）。由于想把这个标签限于分析传统的早期阶段，有些人就提出，分析哲学最晚在20世纪70年代就气数已尽了，我们现在正处于"后分析的"时代。② 然而，这些观点无法解释"分析哲学"被普遍用来指大多数当代哲学，而且"早期分析哲学"这一术语专门用来指分析哲学的早期阶段。③ 那么，我们最好尽可能尊重这一术语的现有用法，并将分析哲学看作是这样一个传统：尽管它更加多样化，但它现在比过去任何时候都更加健康，更加强大。毫无疑问，对分析哲学历史的关注可能会在包容性上误入歧途。即使有些人可能意图把一些哲学家、思想流派或发展阶段排除在这种传统之外，但他们与分析哲学的关系仍然是与理解分析哲学的性质和发展相关的，无论人们所接受的看法有多么狭义。

那么，作为最初大致的说法，在最宽泛的意义上说，分析哲学可以被刻画为这样一种传统，它起源于弗雷格、罗素、摩尔和维特根斯坦的工作，随后进

---

① "分析的现象学"作为一本书的标题最远可追溯至1970年（Erickson 1970）。更近的使用是Huemer 2005的副标题。有关分析的现象学的讨论，参见 *Oxford Handbook of the History of Analytic Philosopny* 史密斯（Smith）一章。另一些初看起来是矛盾说法的"分析"资格的例子包括"分析的唯心主义"（一直被用来描述欧文的工作）、"分析的解释学"（被用作Howard 1982第一章的标题）以及"分析的存在主义"（2001年在开普敦举行的一次会议使用的标题）。

② 蒯因对分析/综合区分的抨击和维特根斯坦后期对他自己早期哲学的批判被看作开启了"后分析的"时代。"后分析哲学"是1985年出版的一本书的标题（Rajchman & West），但这里只讨论了美国哲学。王浩在同一年出版了一本书叫作《超越分析哲学》（*Beyond Analytic Philosophy*）。蒯因在Borradori 1994中将他自己描述为"后分析的"。南汉普顿大学（The University of Southampton）在1997年成立了一个后分析哲学研究中心（Bernard Williams发表了开幕演讲，后来作为Williams 2006a的第17章出版），但它很快变成了一个"后中心"。一本以《后分析的〈逻辑哲学论〉》（*Post-Analytic 'Tractatus'*）为题的文集出版于2004年（Stocker 2004）。有关"后分析"哲学的进一步讨论，参见Mulhall 2002；Reynolds et al. 2010。

③ 第一本把"早期分析哲学"作为其标题内容的著作是Cocchiarella 1987。后来的著作包括Clarke 1997；Tait 1997；Reck 2002a；Beaney 2007a以及Textor 2013。如前面注释所说，早期分析哲学史学会成立于2003年。"早期分析哲学"的使用类似于"早期现代哲学"被用于指称"现代哲学"的第一阶段，即一般被看作是从笛卡儿到康德（或康德之前）的阶段，康德的工作标志着早期现代哲学的终结，无论康德的工作本身是否算作其中的一部分。

一步发展并不断产生分支，成为今天我们所知的这一复杂运动（或一套内在关联的分支传统）。我在第一节将讨论分析哲学的起源，并在第二节讨论它的发展。在第三节，我将讨论"哪些主题在分析哲学的历史中特别重要"这个问题，或许由此可以揭示分析传统的某些特征。上述这三节与 Oxford Handbook of the History of Analytic Philosophy 的三个主要部分（或多或少）是一致的。在第四节中，我将基于以上各节与整个手册直接回答作为本节题目的这个问题。我将在下一章考察过去 20 年分析哲学中出现的历史转向，关于分析传统所记载的历史，以及由此引发的涉及分析哲学与哲学史关系的一些问题。① 这个手册本身既是上述历史转向的历史产物，也被看作是在哲学上整合和深化这一历史的转向。

一、分析哲学的起源

罗素和摩尔对英国唯心论的反叛通常被看作分析哲学诞生的标志。② 毫无疑问，这是分析哲学产生（emergence）的关键事件之一，格里芬在 Oxford Handbook of the History of Analytic Philosophy 第十一章中阐释了这一反叛的性质。就罗素而言，他对数学基础的关注是至关重要的。在他与新黑格尔主义最初的暧昧关系结束之后，他得出了以下结论：只有摒弃新黑格尔主义的内在关系说，对数学的详细说明才能够被提供。关系命题在数学中是基本的（fundamental），而且在罗素看来，关系必须被看作命题"真实"的（独立的和不可化约的）组成部分，以便使得数学能够包含真理。就摩尔而言，至关重要的是他不满唯心主义者否定不依赖于心灵的对象（objects）的存在。摩尔开始相信世界确实是（quite literally）由概念构成的，命题只是复杂的概念。在摩尔看来，在理解命题的过程中，我们掌握了命题实际上所讨论的构成命题的概念。由此，罗素和摩尔都开始接受（come to adopt）直接实在论的一种原始（crude）形式，而这是他们反叛英国唯心论的核心。

---

① 以下我将用"哲学史"（history of philosophy）来指称哲学史这一学科或实践，而用"分析哲学的历史"（the history of analytic philosophy）来指称分析哲学的真实历史。然而，Oxford Handbook of the History of Analytic Philosophy 的标题应当同时从这两个意义上来理解。它既是分析哲学的历史（the history of analytic philosophy）的手册，又是分析哲学史（history of analytic philosophy）的手册。

② 参见 Hylton 1990；Griffin 1991；Hacker 1996。

罗素自己在《我的哲学的发展》中对他们反叛的描述只谈论了他们的"新哲学"①，而且无论是罗素还是摩尔，在他们早期的著作中都未曾谈及"analytic"或"analytical"哲学。（我在下一章追溯了"分析哲学"这一提法的发展历程与分析哲学作为一种传统的相应解释。）然而，我们所发现的是对分析作用的强调。罗素的首次认可是在他关于莱布尼茨的一本书中，在这里他将"所有健全的哲学都应当从对命题的分析开始"看作是一个"显而易见"（evident）的真理（1900, p.8）。对摩尔来说，这样的分析在于将命题解构为构成命题的概念，而且这个解构的概念也在《伦理学原理》的第一章中被他用来证明"善"的不可定义性，也就是说，"善"的所指之物是没有部分的，因此它是不可解构的。②

正如格里芬注意到的，我们能够清楚地感觉到，罗素和摩尔的"新哲学"是"分析的"：他们的方法核心是对命题的解构分析。对摩尔来说，这是概念分析；但是罗素的立场更加复杂。虽然摩尔和罗素都同意哲学分析的目标是揭示命题的基本组成部分③，但罗素是在更宽泛的逻辑分析纲领中来理解这一点的。这首先涉及对命题的逻辑组成部分即逻辑常量的确认（identification）④，但其次，也更重要的是，对逻辑命题本身的确认，特别是对所有其他逻辑命题可以由之导出的基本命题或逻辑原则的确认。正是这一想法构成了他从 1901 年起关于数学基础工作的核心，此时，他首次提出了他的逻辑主义计划，这一计划旨在表明，如何能够从纯粹逻辑命题导出数学命题。⑤

---

① Russell 1959, ch.5, pp.42, 48-9. 我在下一章的第二节和第三节将更详细地探讨罗素自己对这种"新哲学"的讨论。

② Cf. Beaney 2009, §6.4. 摩尔在《伦理学原理》序言中也认可了分析，但他这里所说的是对问题的解析，以便使我们在试图回答问题之前能够清楚地知道我们要问的问题究竟是什么。摩尔写道，"分析和区别的工作通常是非常困难的"，但是如果我们能够完成这样的工作，那么我们就能够解决我们面对的哲学问题（1903, p.vii）。这里所说的仍然是解构的分析概念。我们也许能够将他对分析的各种不同描述综合起来，表明按照摩尔的观点，哲学的目标是澄清产生哲学问题的那些命题中的构成命题的概念。

③ 对早期摩尔来说，基本组成部分是一切概念。罗素在《数学原则》中的观点是，它们都是词项（terms），其中有两种类型，即事物和概念，概念进而又被分成谓词和关系（1903, p.44）。所以，摩尔和罗素的观点在这里是不同的（cf. Russell 1903, p.44, n.*）。

④ 参见 Russell, 1903, p.9："发现逻辑常量的方法是对符号逻辑的分析"；cf. p.xx。

⑤ 参见 Russell 1901。两年后他写道："数学是符号逻辑这一事实是我们这个时代的伟大发现之一，当这一事实被确立时，《数学原则》的剩余部分（remainder）就在于对符号逻辑本身的分析"（1903, p.5）。

使得逻辑主义得以可行的是现代逻辑即命题谓词逻辑系统的诞生,对它们的运用成为分析哲学发展的主要动力。此时弗雷格登上了历史舞台,使得我们认可他为分析哲学的共同创始人之一。因为正是弗雷格创造了量词逻辑,尽管罗素是从皮亚诺那里学到这种逻辑,并且改编了皮亚诺的记号法而不是弗雷格的,但是毫无疑问,在1902年5月完成了《数学原则》之后,罗素就恰当地研究了弗雷格的著作,他不仅从中获益良多,而且在批评弗雷格的一些关键想法中发展了他自己的立场。① 弗雷格也影响了维特根斯坦,维特根斯坦的早期思想就是由他在弗雷格和罗素的工作中发现的一些问题而引发的,他接受了他们的某些想法和假定,但也批判了其他的想法和假定。所以也是基于这个理由,弗雷格必须算作是分析哲学的共同创始人之一。虽然摩尔和罗素对英国唯心论的反叛与弗雷格没有任何关系,但罗素后来的工作和维特根斯坦的思考与弗雷格的思想密不可分。②

量词逻辑首次出现在弗雷格1879年出版的《概念文字》(*Begriffsschrift*)中,他在书中宣布,他的终极目标是给出数字的逻辑分析(1879,p. viii)。弗雷格早于罗素二十多年,就开始着手证明算术是可还原为逻辑的(与罗素不同,弗雷格从来不是一个几何学上的逻辑主义者)。他在1884年出版的《算术基础》(*Die Grundlagen der Arithmetik*)中给出了他的首个非形式化阐释(account),而形式化证明是他在《算术基本原则》(*Grundgesetze der Arithmetik*)中的目标,这本书的第一卷出版于1893年,第二卷出版于1903年。1902年6月,在第二卷付梓之时,罗素指出了能够破坏他整个系统的那个悖论,这导致弗雷格不久便放弃了他的逻辑主义计划。证明逻辑主义的任务传给了罗素,他发现,要避免这个悖论(以及其他相关悖论)就必须构建一个复杂的类型论。然而,在贯彻逻辑主义计划的过程中,弗雷格由此提出了许多对后来的分析哲学颇具影响力的观点,例如,现在许多语言哲学的课程都从弗雷格对概念与对象、意义与意谓(Sinn and Bedeutung)的区分开始;当今心灵哲学中内在主义与外在主义的

---

① 有关弗雷格与罗素关系的详情,特别是有关他们的逻辑学和数学哲学,参见Beaney 2005a。

② 弗雷格和罗素对维特根斯坦的影响究竟有多大是存在争议的,参见:Anscombe 1959;Diamond 1981,1984,2010,本书的第三十章;Dummett 1981b;Baker 1988;Hacker 1996,ch. 2,1999;Ricketts 1996,2002,2010;Reck 1997,2002b;Green 1999;Conant 2000,2002;Goldfarb 2002;Travis 2006a;Carey 2007;Landini 2007;Floyd 2009;Potter 2009;Kienzler 2011;Beaney 2012b。

争论也可追溯至弗雷格的思想理论（theory of thought）和他关于索引性（indexicality）的观点。伯吉在 *Oxford Handbook of the History of Analytic Philosophy* 第十章中提供了对弗雷格影响的说明（account）（也可参见 Burge 1992）。

弗雷格量词逻辑的发明与罗素和摩尔对英国唯心论的反叛，是分析哲学产生过程中两个最有意义的事件，这两个事件是早期分析哲学许多思想和成就的根源，例如弗雷格对存在命题和数字命题的逻辑分析，摩尔对自然主义的批判，罗素的摹状词理论和类型论，以及维特根斯坦把逻辑命题看作重言式的想法。那么，对分析哲学起源的深入理解就要求了解这些事件的背景，特别是弗雷格和维特根斯坦工作的德国哲学和科学背景，罗素和摩尔反叛的英国哲学背景，以及弗雷格和罗素逻辑主义的数学和逻辑背景。David Hyder、Gottfried Gabriel、John Skorupski 和 Jamie Tappenden 的章节提供了对这些背景的说明。我在下一章的第一节也会对此做更多的讨论，但进一步的细节将在构成第三章的编年史中提供。这里我只想指出，将一个哲学家的工作放在历史的语境中未必会消解其原创性和重要性（originality or significance），相反，这有助于确定究竟什么是新的和重要的。

然而，原创性和重要性通常只能得到后见之明的欣赏。弗雷格的工作在当时几乎没有人认可。罗素声称是他第一个注意到了弗雷格。这个说法是错的，但他首次用英文概述了弗雷格哲学，这一点他是对的，而且正是通过这个概述，维特根斯坦了解了弗雷格的工作。[1] 然而，弗雷格对罗素和（在更大程度上）对维特根斯坦的影响直到第二次世界大战之后才被认可，而且弗雷格的工作在分析哲学的早期历史中是被忽视的（参见下一章）。甚至今天，有时他仍然是被忽略的[2]，但普遍的共识则坚决把他定位于分析哲学的核心。

---

[1]　例如，罗素在他的《西方哲学史》中做出了这一论断（1945，p. 784），而在《数学原则》（1903）的附录 A 中提供了他的阐述，维特根斯坦在 1909 年读到了这部分内容。但实际上是皮亚诺把罗素的注意力引向了弗雷格，而且那时许多德国和波兰的逻辑学家和数学家也熟知弗雷格的工作。

[2]　哈克（非常意外地，基于他对维特根斯坦的研究）总是贬低弗雷格在分析哲学史中的作用（参见 Hacker 1996，2007，以及本卷他的章节）。但最近最惊人的对弗雷格的忽略，出现在索姆斯的两卷本历史中（2003）。索姆斯声称，他的期望是写一卷关于分析传统中"高度技术化部分"的指南（2003，I, pp. xvii f.），但弗雷格关于概念与对象、意义与意谓、思想、构成性、索引性、分析性、分析以及语境原则等思想，很难算作是"高度技术化的"（cf. Beaney 2006b，§3）。

近年来，人们对波尔查诺工作的兴趣不断增长。正如弗雷格和罗素一样，波尔查诺批评了康德对数学的解释，而且他的分析性、先验性、逻辑推论（logical consequence）和命题性（propositionality）概念，以及他对变异方法（method of variation）的使用，预示了后来分析哲学家们的许多观念。波尔查诺并没有直接影响已经被认可的分析哲学的四位主要创始人，但他确实影响了塔瓦多夫斯基（Kazimierz Twardowski），也就是利沃夫-华沙学派（Lvov-Warsaw School）的创始人。塔瓦多夫斯基的工作通过迈农和塔斯基等人，为后来的分析传统提供了养料。对波兰人和奥地利人对分析哲学影响的认可，或者更准确地说，对分析哲学中波兰和奥地利分支的认可，就把波尔查诺作为分析传统的叔祖引入了其家谱之中。① 然而，无论我们是否同意将波尔查诺算作是一个分析哲学家，他的工作无疑在理解分析哲学的历史中占有一席之地。Mark Textor 在 *Oxford Handbook of the History of Analytic Philosophy* 第五章阐释（explain）了波尔查诺对康德的批判。

如果有什么东西能够给出"分析"哲学的明确特征的话，那么，正如其名称所表明的，显而易见的候选者就是分析（analysis）在其中所起的作用。如前文所述，对命题的解构分析是罗素和摩尔方法论（methodology）的核心，在这个意义上说，他们的早期哲学确实是"分析的"。正如罗素自己在 1900 年所说，"所有健全的哲学都应当从对命题的分析开始，也许这是一个太明显而不需要证明的真理"（1900，p. 8）。这番论述出现在他关于莱布尼茨的书中，并且他随即指出："莱布尼茨的哲学从这样的分析开始，这一点虽不是十分明显的，但似乎仍然是真的"（ibid）。罗素的第一个论述常常被引用，而第二个论述的言下之意却不经常被意识到：莱布尼茨也许是一位正如罗素一样的分析哲学家。但如果莱布尼茨是分析哲学家，那么我们能够追溯多远？到笛卡儿？到奥康、布里丹（Buridan）与其他中世纪逻辑学家？到亚里士多德甚至柏拉图？加斯金（Richard Gaskin）在第二十九章中指出，如赖尔和其他人已经揭示的那样，柏拉图的《泰阿泰德篇》（*Theaetetus*）中包含了逻辑原子主义的主题。

事实上，摩尔和罗素所采用的解构的分析概念既不是新的，也肯定不是后

---

① 有关分析哲学的波兰和奥地利分支，参见 Woleński 1989，1999；Simons 1992；Nyirí 1996；Textor 2006；Lapointe et al. 2009；Mulligan et al. 2013；有关波尔查诺与分析哲学关系的讨论，参见 Künne，Siebel 与 Textor 1997；Lapointe 2011。

期分析哲学的特征,即便在罗素和摩尔自己的晚期哲学中也不是。通常认为,摩尔通过斯陶德(Stout)和沃特(Ward)从布伦坦诺那里得到了他的早期想法①,并随之影响了罗素,这一想法在罗素 1899 年关于莱布尼茨的著作中得到了巩固。② 摩尔和罗素的早期分析概念是相当粗糙的,这体现在他们最初的素朴实在论中,但是,更丰富和更引人注意的分析概念很快就得到了发展。目前为止,最重要和最具影响力的概念呈现在罗素的摹状词理论中,这一理论首先发表于 1905 年,并被拉姆塞正确地(famously)描述为"哲学的典范"(1931b, p. 263)。关于这一点已经有了许多论述③,但对当前目的而言,重要的是我称之为"解释的"(interpretive)或"转化的"(transformative)分析概念所起的作用。④ 对"The F is G"这种(语法)形式的句子的分析,第一步在于将其解释为或转化为不同(量化)形式的句子,即"有且仅有一个 F,并且任何 F 都是 G",这个句子被看作是体现了原句所表达的命题的真正逻辑形式,或者至少是更接近完整体现其真正逻辑形式这一目标的一个步骤。[其中涉及的对逻辑上完备的语言概念(the idea of a logically perfect language)的讨论,参见 Hylton 的相关章节。]

罗素的摹状词理论开启了一个全新的哲学纲领的前景:明晰命题的真正逻辑形式以揭示世界的基本结构和构成方式(composition)并解决由对语言和思想的逻辑的误解而引发的哲学困惑。通过发展与之相关的"不完全符号"与"逻辑虚构"的思想,罗素用这个理论试图解决几乎威胁其逻辑主义的悖论,并由此转向他后来称之为在哲学其他领域中的"逻辑建构",林斯基(Bernard Linsky)在第十二章中对此进行了阐释。⑤

鲍德温(Thomas Baldwin)在第十三章中指出,摩尔关于分析的观点也有所发展。摩尔早期(粗糙的)解构的分析概念既是他在《伦理学原理》(1903a)中抨击所谓自然主义谬误的基础,也是哲学分歧源自未能将缠绕在一起的哲学

---

① 参见 Bell 1999;Beaney 2002/2007c;Schaar 1996, 2013。
② 我在下一章第二节会更详细地探讨罗素对莱布尼茨的研究的意义,Cf. Beaney 2013a,§5. 1。
③ 参见 Hylton 1990, ch. 6;2003;Linsky 与 Imaguire 2005;Neale 2005;Stevens 2011。
④ 参见 Beaney 2007b, 2007c, 2009a;cf. 以下注释 62。
⑤ 对于当时在英国进行争论的更宽泛的语境中对逻辑建构的进一步讨论,参见 Nasim 2008。

问题分开这一思想的基础（1903a, p. vii）。在这之后，摩尔的观点变得更加复杂了。例如，摩尔（1944）赞同拉姆塞对罗素摹状词理论的评价，但他并不像罗素那样提倡任何分析的系统计划。由于受到维特根斯坦《逻辑哲学论》（1921）的影响，摩尔坚持认为，人们能够在无法对一个表达式的意义给出正确分析的情况下理解该表达式的意义。这使得他在《捍卫常识》（1925）中主张，即使没有对相关命题的分析，人们也能够知道某些常识的判决是真的。科里瓦（Annalisa Coliva）在第三十四章第一节中表明，这一思想也是构成摩尔《对外部世界的证明》（1939）的基础（还可参见 Juliet Floyd 一章的第三节）。

　　罗素、摩尔和维特根斯坦的思想都有助于形成众所周知的剑桥分析学派，其影响力在20世纪30年代达到了顶峰，鲍德温在他的章节的后半部分对此做出了描述。除了罗素、摩尔和维特根斯坦，在剑桥的重要人物还包括布劳德、拉姆塞和威斯顿以及在伦敦的斯特宾（Susan Stebbing，尽管她是在剑桥接受的教育）。《分析》（Analysis）杂志创刊于1933年，在《分析》和《亚里士多德学会会刊》（Proceedings of the Aristotelian Society）中都有对分析的性质及其产生了争论的使用案例的生动讨论。"分析哲学"这一术语的首次使用是与剑桥学派相关的，我将在下一章中对此进行更详细的说明，同时更详细地讨论分析传统的建构。

　　维特根斯坦的《逻辑哲学论》是唯一对剑桥学派影响最大的著作，它被普遍看作是早期分析哲学的唯一重要文本，影响了后来每一代分析哲学家。在 Oxford Handbook of the History of Analytic Philosophy 第一部分的最后一章，克里姆（Michael Kremer）对它的主要观点加以阐述，他阐述的重点是维特根斯坦自己在序言中给出的对本书整体意义的总结："凡是可以说的东西都是可以清楚地说的；而凡是不能说的东西，我们就必须保持沉默"（1922, p. 27）。在书的最后，维特根斯坦声名狼藉地声称，《逻辑哲学论》中的命题是无意义的，一旦人们通过它们获得了正确的观点，它们就应当被抛弃。传统上，注释者们将维特根斯坦解读为他认为无意义仍然是有启发性的，旨在表达关于语言、逻辑和世界的不可说出的（ineffable）真理。① 然而近些年来，出现了一种挑战传统观点的新兴的"治疗式的"（therapeutic）或"果断的"（resolute）解读，这种解读引发

---

① "启发性的"这一术语来自哈克（1986, p. 18）。哈克是目前对这种传统解读最突出的支持者。有关他对这种新解读的批判，参见 Hacker 2000, 2003。

了许多争论。按照这种新的解读，我们应当按照维特根斯坦的字面意思来解读他，而不应当临阵退缩（chicken out）去讨论有启发性的无意义和不可言说的真理。① 克里姆更赞同新的解读而不是旧的解读，并用他的讨论来阐明维特根斯坦的著名言论（在1919年给菲克的一封信中）：他的书的要义实际上是伦理的（ethical）。

二、分析哲学的发展

维特根斯坦的《逻辑哲学论》被看作是标志着分析哲学早期阶段的顶峰。维特根斯坦自己在序言中指出，他"受惠于弗雷格的伟大著作和我的朋友罗素先生的著作"（1922, p.3），这一说法强化了以下观点：将弗雷格看作分析哲学创始人之一，并将弗雷格量词逻辑的发明与摩尔和罗素对英国唯心论的反叛归为分析哲学产生的两个最重要的事件。随着对分析哲学早期阶段中弗雷格、罗素、摩尔与维特根斯坦的思想的应用、批判、扩展与改造，分析哲学的进一步发展则被刻画为逐渐扩展和形成分支。罗素、摩尔与维特根斯坦自身在这一发展中起着主要作用。林斯基的章节阐述了罗素《物的分析》（1927）中的计划，科里瓦在第三十四章也评述了摩尔的《对外部世界的证明》（1939）。哈特菲尔德（Gary Hatfield）在第三十三章讨论了罗素和摩尔有关知觉和感觉材料的观点。格洛克（Hans-Johann Glock）在第十八章考察了维特根斯坦的后期哲学，最后对维特根斯坦有争议的遗留问题与后期维特根斯坦是否是一位"分析"哲学家这两个问题给出了回答。

在分析哲学发展的第二个阶段，形形色色的新一代哲学家加入了罗素、摩尔和维特根斯坦的行列，在回应更早的哲学观点以及逻辑、数学、科学和其他学科的后续发展中，他们带着不同的背景和兴趣引进了新的方法和观点。前面已经提到了20世纪20年代到30年代间剑桥分析学派的工作。第二次世界大战

---

① 参见 Diamond 1988，"临阵退缩"（chickening out）这一短语出现在这里（1991a, p.181），1991b；Ricketts 1996a；Goldfarb 1997b，"果敢的"（resolute）一词出现在这里（p.64）；Conant 2002, 2007；Conant 与 Diamond 2004。有关试图调和传统解读和新解读的一种"阐释性"解读，参见 McGinn 1999, 2006；对这一争论的进一步讨论，参见 Kremer 2001, 2007；Proops 2001；Sullivan 2002, 2003。

之后，分析哲学在英国的发展转移到了牛津和所谓的日常语言学派，赖尔、奥斯汀与斯特劳森成为了主要人物。① 然而，事实上在牛津有一个更早的运动，它在某种程度上与分析哲学在剑桥的发展是平行的。牛津对英国唯心论的拒斥确实比摩尔和罗素的反叛要早几年，而且牛津对知识与知觉的反心理主义与实在论观点的辩护，与摩尔和罗素的辩护是相关的。毫无疑问，它们构成了20世纪上半叶发生在英国的激烈的认识论争论，而且持续到了现在。重要人物有威尔逊和普赖查得（H. A. Prichard，1871 – 1947），*Oxford Handbook of the History of Analytic Philosophy* 第二部分开始就是特纳维斯和卡德隆对牛津实在论的阐述。他们认为，对后期牛津哲学家工作的考察，特别是奥斯汀和麦克道尔，必须立足于牛津传统更广的历史语境。我在下一章第三节会更详细地讨论牛津实在论，哈特菲尔德的章节也有进一步的讨论。

但在分析哲学第二阶段的发展中，最重要的事件是1928年马赫协会成立之后维也纳学派的成立与其1929年发表的联名宣言（Carnap、Hahn 和 Neurath 1929）。逻辑实证主义或逻辑经验主义（这两个名称通常是被作为同义词来使用的）运动被证明是比剑桥分析学派更具影响力的。的确，虽然它们都被看作是20世纪30年代分析哲学的形式（见下一章），但是分析哲学在公众心目中更多地被看成是逻辑实证主义，特别是艾耶尔在《语言、真理和逻辑》（1936）中将它普及到了英语世界，而且维特根斯坦对维也纳学派的影响与他自己20世纪30年代早期的证实主义（verificationist）阶段（phase）（错误地）表明他也算是一名逻辑实证主义者。② 在 *Oxford Handbook of the History of Analytic Philosophy* 的第十六章中，于贝尔（Thomas Uebel）强调了逻辑经验主义的异质性（heterogeneity）：实际上它不仅包括维也纳学派成员的工作，从与维特根斯坦关系最密切的石里克与魏斯曼到纽拉特与卡尔纳普，也包括由赖欣巴赫领导的经验哲学柏林

---

① 这种标准说法可以以其最原始的形式在 Milkov 2003 中被找到，但也有一些完全不同的反思，例如，Warnock 1958/1969，Stroll 2000 和 Soames 2003。英国分析哲学的重心在二战之后的确由剑桥转向了牛津（cf. Beaney 2006c，2006f），但我现在更倾向于认为牛津日常语言哲学深深根植于更早的牛津实在主义，特别是库克·威尔逊的工作（Beaney 2012a）。

② 关于维特根斯坦与维也纳学派之间备受争议的关系，参见 Baker 1988，2003；McGuinness 1991；Carus 2007，ch. 7；Stern 2007。关于维特根斯坦与维也纳学派成员的对话，参见 Waismann 1979。

学会的工作。①

20世纪20年代晚期和30年代早期的维也纳不仅仅是逻辑经验主义的中心。里克（Erich Reck）在第十七章中指出，它也是逻辑学发展的前沿阵地。② 卡尔纳普对逻辑学和哲学都做出了贡献，维也纳学派中更年轻的成员之一哥德尔在1931年发表了他著名的不完备性定理。利沃夫—华沙逻辑学派的领导人物之一塔斯基与卡尔纳普和哥德尔保持着密切关系，他关于真理的有创意的（seminal）文章于1933年用波兰文发表并于1935年用德文发表。这不仅影响到了卡尔纳普的哲学，使其"句法转向"让位于"语义转向"③，也影响了许多后来的哲学家，最显著的是戴维森30年后关于意义理论的工作。米勒（Alexander Miller）在第二十一章中阐释了戴维森对塔斯基的真理理论的使用。

然而，20世纪30年代也见证了纳粹在德国崛起，这导致第二次世界大战开始之时欧洲大陆逻辑实证主义者和逻辑学家的大批离去，他们中的大多数最后去了美国。例如，卡尔纳普于1935年底移居美国；塔斯基在一次前往美国参加会议的旅程之后，由于战争爆发，不得不留在美国；而哥德尔于1940年去了普林斯顿。赖欣巴赫在伊斯坦布尔待了五年之后，于1938年去了加州大学洛杉矶分校，加上英国哲学家包括罗素和摩尔日益增多的访问，这些事件改变了美国的哲学。④ 美国哲学家也通过访问欧洲来了解哲学在那里的发展，并将所见所闻

---

① 关于柏林学会，参见 Hoffmann 2007。对逻辑经验主义的更详细讨论，参见 Hanfling 1981a；Uebel 1992，2007；Giere 与 Richardson 1996；Stadler 1997/2001，2003；Friedman 1999；Richardson 与 Uebel 2007。关于 Carnap 和 Reichenbach，参见 Spohn 1992。关于 Carnap，参见 Richardson 1998；Awodey 与 Klein 2004；Carus 2007；Friedman 与 Creath 2007。经典文集有 Ayer 1959，后来的文集有 Hanfling 1981b。

② 也可参见 Mancosu, Zach, Badesa 2009，对现代逻辑发展的更详细说明，参见 Haaparanta 2009 的其他章节。

③ 卡尔纳普将哲学看作是科学的逻辑的思想，即将哲学理解为对科学语言的逻辑句法加以形式化的思想在 Carnap 1934/1937 有所阐述。他的"语义转向"表现在 Carnap 1942，1943，1947。关于前者，参见 Friedman 1999，Part 3；Wagner 2009。关于卡尔纳普观点的发展，参见 Coffa 1991，chs. 15–17；Ricketts 1996b；Creath 1999；Awodey 2007。

④ 所有这些事件的进一步的细节由 *Oxford Handbook of the History of Analytic Philosophy* 第三章的编年史提供。罗素是美国的常客（如果有争议的话）（参见他的《自传》，1967—1969/1975，特别是第十三章）。在摩尔从剑桥退休之后，他于1940年10月去了美国并在战争期间任教于多所机构（Moore 1942a, pp. 38–39）。他的影响的一个证明，参见 White 1999，ch. 5。

带回了美国①，但直到欧洲哲学家去了美国并开始在那里工作之后，美国的分析哲学才开始成长。在美国，这被一些人看成是有益的引进，而另一些人则将这看作是对现有美国哲学传统的威胁，特别是实用主义，但分析哲学不久就在美国的土壤上扎稳了根基，并在与美国的其他传统和欧洲分析哲学的批判性互动中开始形成自己的特色。米沙克（Cheryl Misak）在第三十八章阐述了美国实用主义与分析哲学的关系。②

维也纳学派最著名的美国访客是蒯因，他于1932年到1933年间在欧洲待了一年。他后来与卡尔纳普关于分析/综合区分的争论也许是分析哲学历史上最著名的一个，这被某些人看作奏响了分析哲学终结的序曲，但被大多数人看作预示着分析哲学一个新阶段的到来。关于这一争论有许多著作③，巴格拉米恩（Maria Baghramian）和约根森（Andrew Jorgensen）在第十九章中、谢善福（Sanford Shieh）在第三十六章中讨论了这一争论。蒯因的工作对美国哲学和整个分析哲学都有重大影响。戴维森、普特南和克里普克是与蒯因的思想在最深刻的层次上有批判性交流的最杰出的三位美国分析哲学家。巴格拉米恩和约根森阐释了普特南和克里普克对蒯因有关意义和指称的观点的批判，而谢善福讨论了一些对蒯因有关模态性观点的回应，特别是来自克里普克和马库斯的回应。

按照分析哲学的一种普遍观点，其早期阶段的研究重点是（哲学的）逻辑学和数学哲学领域中的意义问题，随后语言哲学开始被看作是其他哲学领域的基础，尤其是日渐成为抨击目标的形而上学。毫无疑问，语言哲学的发展是分析哲学历史中的一条主线，甚至有理由被看作是唯一的主线。米勒在第二十一章中指出，意义理论的建构在这一发展中起着关键的作用。然而事实上，对传统认识论和形而上学的关注在分析哲学之始就出现了。弗雷格和罗素都关心数学的认识论，并且都做出了形而上的预设或得出了形而上的结论以支持他们的

---

① 一个值得注意的例子是内格尔，他在1936年第一个给美国听众报告了"分析哲学"，参见下一章的第四节。

② 关于分析哲学在美国的复杂发展的进一步说明，参见 Kuklick 2001, Part III; Isaac 2005; Reisch 2005, 2007; 特别是 Misak 2008, chs. 14ff。

③ 例如，参见 Ebbs 1997, Part II; Hylton 2001a; 2007a, chs. 2−3; Creath 2007。有关蒯因和卡尔纳普的通信，参见 Quine 与 Carnap 1990。默顿·怀特在这段故事中的作用经常被忽视，参见 White 1950; 1956, ch. 8; cf. 1999, 附录。

逻辑的与逻辑主义的观点。① 摩尔对唯心主义的反对主要是认识论意义上的，并且他也主张一种概念的形而上学以支持他的批判。② 当然，逻辑实证主义促使了对形而上学的拒斥这一点是真的，但这是相对短暂的，而且逻辑实证主义也由于其自己的形而上预设而被抨击。到蒯因和斯特劳森的时代，无论形而上学被限定为"分析的"还是"描述的"，它都坚定地回到了分析哲学的议程中。塞蒙斯（Peter Simons）在第二十三章中勾勒了形而上学在分析哲学中的历史。③

如果语言哲学通常被看作是早期分析哲学的核心，那么心灵哲学有时被看作是夺取了它在后期分析哲学中的位置。毫无疑问，在过去的50多年里，人们对心灵哲学中很多问题的兴趣一直在激增。④ 一个根本的争论涉及心身问题，在第二十章克劳福德（Sean Crawford）阐述了同一性理论（identity theory）的起源。按照标准说法，这一理论产生于对由逻辑实证主义者和赖尔所提出的各种形式的所谓逻辑行为主义的批判。然而，克劳福德指出，被抨击的这个"逻辑行为主义"在某种程度上是由其批评者所建构的一个"影子立场"，而真实历史则更加有趣并在哲学上更加发人深省。

在第二十二章中，坎德里奇（Stewart Candlish）和丹亚诺维奇（Nic Damnjanovic）在对第二个相关争论的讨论中采用了类似的策略，这一争论对心灵哲学和行动哲学而言都是根本性的。这涉及理由（reasons）和原因（causes）之间的区分（或缺乏这种区分）。这里标准的说法是早期分析哲学反因果论的共识，他们强调了这种区分，而戴维森1963年的文章《行动、理由和原因》则摧毁了这一区分。但坎德里奇和丹亚诺维奇认为，戴维森抨击的所谓新维特根斯坦式的"行为主义"立场是维特根斯坦、赖尔和安斯康姆实际所持观点的一幅讽刺画，而目前的因果论共识也不像许多人认为的那样有充分的根据。⑤

分析哲学在其他领域也有重大发展。从摩尔最早期的工作开始，分析哲学家们已经开始关注伦理学，特别是情感主义（emotivism）与规范主义（prescrip-

---

① 参见 Beaney 2012b。
② 参见 Baldwin 1990, chs. 1—2。
③ 有关进一步的讨论，参见 Loux 与 Zimmerman 2003b 以及 Loux 与 Zimmerman 2003a 的其他章节；Lowe 2008a；Moore 2012, Part 2。
④ 有关对这种激增广度的恰当认识，参见 Crawford 2011 四卷本。关于1950年到1990年间语言哲学和心灵哲学的发展，参见 Burge 1992. Cf. Crane 与 Patterson 2000；Kim 2004。
⑤ 对这一争论的更详细的讨论，参见 D'Oro and Sandis 2013。

tivism）分别与逻辑实证主义和日常语言学派密切相关。在后期分析伦理学中，出现了平行于心灵哲学发展的"自然主义转向"，尽管这也引发了许多争论，而且康德主义理论（以及其他理论）作为一种回应也得到了复活。在第二十四章中，丹西（Jonathan Dancy）阐述了20世纪分析哲学中的元伦理学，而在第二十五章中，德赖佛（Julia Driver）讨论了规范伦理理论。① 如本章开篇所述，现在"分析"传统几乎已经进入了哲学的所有领域。在第二十六章中，拉马克（Peter Lamarque）将分析美学的开端看作是1954年出版的文集《美学与语言》（*Aesthetics and Language*, Elton 1954），并简要介绍了分析美学的发展和关注的主要问题。1956年出版了系列丛书《哲学、政治和社会》（*Philosophy, Politics and Society*, Laslett 1956）的第一本。在第二十七章中，沃尔夫（Jonathan Wolff）在对分析政治哲学发展的描述中考察了这套丛书。这些日期是有重大意义的，我将在下一章第五节中表明，直到20世纪50年代，分析哲学才开始恰当地被看作是一种传统。这应当发生在分析哲学的分支遍布哲学的所有领域之时，这一点不是一个巧合。

三、分析哲学历史中的主题

在前两节中，通过对 *Oxford Handbook of the History of Analytic Philosophy* 第一部分和第二部分章节的介绍，分析哲学历史中的主要发展轮廓已经被勾勒出来了。这些章节通过以个别人物、运动、发展阶段或哲学领域为重点，集中讨论研究而丰满了这一轮廓，但这不是研究分析哲学史（history of analytic philosophy）的唯一方式。第三部分的章节也通过探讨某些能够描述分析哲学特征的，或与分析哲学特别相关的主题来阐明分析哲学的历史（the history of analytic philosophy）。②

弗雷格在《概念文字》（1879）中发明量词逻辑（quantificational logic）的基础是函项-自变量分析（function-argument analysis）的使用，这一分析方法替

---

① 对分析伦理学历史的更详细讨论，参见 Darwall、Gibbard 与 Railton 1992；Railton 1998；Hurka 2004, 2011；Irwin 2009；Deigh 2013。

② 这不是说对这三部分有一个硬性的和快速的划分。例如，第二十一章和二十二章有可能被分在第三部分，第三十八章有可能被放在第一部分。虽然规划这个手册时考虑到区分部分，但也允许最后做出一些调整。

代了传统逻辑中的主谓分析（subject-predicate analysis）。弗雷格进而将函项的特征描述为"不饱和的"（unsaturated）[体现了函项表达式中自变量所处位置的空缺，例如"（　）是有死的"]，并由此将它们与（被看作是"饱和的"）对象区分开来。这种区分为弗雷格提供了一种解决众所周知的命题统一性问题（the problem of the unity of the proposition）的方法，这涉及命题的构成性（the compositionality of propositions）。在第二十八章中，梅伊（Robert May）和海克（Richard Heck）指出，弗雷格的不饱和性（unsaturatedness）概念源于《概念文字》出版之后他与布尔（George Boole）的对峙。弗雷格由此将"Fa"这种形式的命题看作在逻辑上是首要的，而这意味着他坚持这样一种观点：这种原子命题的构成在本质上不可化约地是谓词性的。

构成性也是第二十九章的主题，但是，随着将研究的重点转向分析传统中的一个后期人物赖尔，并且转向与一个更早哲学家柏拉图的对峙，这里出现了一个形成鲜明对比的结论。加斯金认为，赖尔是带着罗素和维特根斯坦的逻辑原子主义的"眼镜"来解读柏拉图的《泰阿泰德篇》的，而且提供了一种对苏格拉底梦境理论的"命题式"解释。在加斯金看来，赖尔夸大了命名（naming）和言语（saying）之间的区别，解决命题统一性问题不需要这一区别。加斯金的讨论表明，分析哲学关注的问题和其观点如何影响了对过去哲学家的解释，以及对他们自己历史语境的理解如何能够帮助诊断这样的解释中所涉及的曲解。

对维特根斯坦《逻辑哲学论》（有重大影响的分析哲学著作之一）解释的发展本身是第三十章的主题。戴蒙德（Cora Diamond）认为，安斯康姆实现了我们对分析哲学历史理解中的一种变革，这体现了维特根斯坦自己希望他的工作将完成的哲学变革。这里的主要问题是承认弗雷格对维特根斯坦的影响，以及承认弗雷格与罗素的"基于对象"（object-based）的方法完全不同的"基于判断"（judgment-based）的意义研究方法的重要性。戴蒙德认为，通过罗素主义的镜头来看《逻辑哲学论》产生了一种实在论的"形而上学"解读，这种解读不能恰当地处理维特根斯坦把哲学看作是一种阐释活动的观念。然而，通过深入考察弗雷格的影响以及基于判断的方法来思考，则能产生对维特根斯坦工作的一种解读，这种解读将其方法论革命放在核心位置。这里我们发现，分析哲学史研究被应用于哲学阐释本身。我在下一章的最后一节考察了加斯金和戴蒙德的章节所提出的一些方法论问题。

罗素在《逻辑哲学论》导言中指出，维特根斯坦"关心的是一种逻辑上完备的语言的条件"（1922，p.8）。罗素误解了维特根斯坦的目标，但关心逻辑上完备的语言确实是罗素自己在其逻辑原子主义阶段的计划。希尔顿在第三十一章阐释了逻辑上完备的语言这一观念在这个计划中所起的作用，并追溯了其在卡尔纳普、蒯因和刘易斯工作中的发展。他认为，尽管最初促使这一观念产生的理由早已失去说服力，但这一观念在分析哲学中、在限定论（regimented theory）的概念中一直阴魂不散，而限定论被看作呈现了从哲学分析中得出的形而上结论。

罗素在他的导言中表现出的对维特根斯坦《逻辑哲学论》的误解，通常被看作是体现了分析哲学中两种不同的传统，即"日常语言哲学"和"理想语言哲学"。这两者都被看作是分析哲学产生过程中哲学所发生的"语言转向"（linguistic turn）的结果。这一术语由伯格曼在1960年初次使用，并随后成为1967年出版的罗蒂主编的一本颇具影响力的文集的标题。哈克在第三十二章中批判性地考察了伯格曼和罗蒂的语言转向概念，他认为，语言转向源于《逻辑哲学论》，而且我们应当把语言转向与19世纪中期发生的更早的"逻辑转向"区分开来。他简要说明了语言转向在维也纳学派、维特根斯坦后期思想与牛津哲学中的发展，并回应了一些批评。①

现在转向认识论，有两个内在关联的争论可能被看作是分析哲学的显著特征。一个是关于感觉材料的观念和它们在知觉中的作用，另一个是关于外部世界的怀疑主义（scepticism about the external world）。关于感觉材料的争论是20世纪上半叶认识论讨论的显著特征。哈特·菲尔德在第三十三章中指出，虽然罗素和摩尔对这一争论做出了重要贡献，但他们自己的立场绝不是仅有的。哈特·菲尔德勾勒了这一争论从19世纪末到20世纪中期的发展轮廓，讨论了牛津实在论者与美国"新实在论者"和"批判的实在论者"、塞拉斯对"所予神话"（myth of the given）的抨击以及奥斯汀对诉诸感觉材料的批判。

外部世界的存在问题也许是最声名狼藉的哲学问题，是一个令人不断痴迷而又沮丧的源泉。摩尔在1939年给出了一个著名的外部世界存在的"证明"，这个证明从那时起到现在一直都备受争议。科里瓦在第三十四章中讨论了这个证明和对它的一些不同解释，从最初的反响直到最近的争论。基于维特根斯坦

---

① 最近的一种说法是，语言转向现在已经被分析哲学中的"表征转向"（representational turn）取代了，参见 Williamson 2003；2007，ch.1。有关他的回应，参见 Hacker 2007。

《论确实性》（这本书是受摩尔工作的启发并且是在维特根斯坦生命最后18个月中写成的）中的观点与当代认知外在主义（epistemic externalism）的论证，科里瓦对摩尔的证明提供了一种"新维特根斯坦式"的分析并回答了外部世界的存在问题。

摩尔的"证明"是弗洛叶德（Juliet Floyd）在第三十五章中给出的有关"严格性"（rigour）的一个例子，严格性通常也被看作是分析哲学的特征。她用它来描绘分析哲学家们所渴求的各种各样的"严格的经验"，这目标对在理想语言哲学传统中工作的那些人而言并不是独特的，但也与日常语言哲学中提醒我们注意所熟知之物的尝试有关。她在第三十五章的第一节中写道，每一个分析或严格性"在其后都留下了解释的需要，留下了一条小径，而狡猾的人类由这条小径将哲学和知识带进了失乐园"。这个她称之为"残留物"的东西总是必须要被解释，而一旦这一点被指出来，我们就能够看到它以某种形式或其他形式被自弗雷格以后的分析哲学家们所认可。例如，弗雷格谈到了基本逻辑概念的前理论"阐明"的重要性①，而且弗洛叶德表明，图灵对逻辑的"常识基础"的必要性是特别敏感的。

严格性在分析哲学发展中起到关键作用的一个领域是模态（modality）。康德将分析/综合、先验/后验、必然/偶然的区分看作是他哲学的思想核心，而批判康德对这些区分的理解则是分析哲学发展的动力。这里的情形是非常复杂的，但有一个主题是非常突出的：对模态概念的不信任逐渐减弱。谢善福在第二十六章中说明了减弱的过程，并将其划分为两个主要阶段。第一个阶段从弗雷格、摩尔和罗素的观点开始，并包括对罗素逻辑观念的批判，特别是刘易斯和维特根斯坦在《逻辑哲学论》中的批判。第二个阶段从卡尔纳普的《逻辑句法》（1934/1937）和蒯因的模态怀疑主义（modal scepticism）开始，并包括马库斯和克里普克等人对蒯因的怀疑主义的拒斥。

模态问题与推理（inference）和规范性（normativity）问题有着密切的关系。上述概念的各种不同说明都已经被给出，而且它们的历史发展也有不同的路径，这些被选择的路径是用来支持被给出的那些说明的。② 近年来，一种特别

---

① 参见 Frege 1914（1997），pp. 313–318。关于"阐明"的重要性，参见 Weiner 1990, ch. 6; 2005; Conant 2002; Beaney 2006a。

② 一种显著的也是有争议的阐释来自 Soames（2003），他将我们对模态概念理解的逐渐发展（直到在克里普克的工作中达到顶峰）看作是分析哲学的唯一核心故事。

的说明通过对分析哲学历史的一种新的解读而强有力地被表达出来了，这种说明试图建构一种"推理主义"（inferentialist）传统，使用的这个术语是由其主要设计者布兰顿最初开始引入的。佩里格林（Jaroslav Peregrin）在第三十七章中介绍了推理主义（inferentialism）的主要观点，并将它与表征主义（representationalism）进行了区分，表征主义在分析哲学中是更占支配地位的范式。他通过弗雷格、维特根斯坦、卡尔纳普和塞拉斯的工作追溯了推理主义的历史，也利用了甘岑（Gentzen）对自然推理逻辑系统的发展。

布兰顿的推理主义不仅根植于分析哲学传统，也根植于相关的实用主义传统。这两个传统历来有一种亲密而又复杂的关系，尤其是在美国。米沙克在第三十八章对这种关系进行了说明，讨论了赖特（Chauncey Wright）、皮尔士、詹姆斯、杜威、蒯因和罗蒂的工作。米沙克指出，尽管实用主义和分析哲学有所不同，但他们对论证的严格性、逻辑和科学的方法论的强调是共同的。

在最后一章中，史密斯（David Woodruff Smith）考察了分析哲学与一般被看作是其主要对手的现象学（尤其是在 20 世纪上半叶）之间的关系。然而，史密斯指出，从它们各自在弗雷格和胡塞尔工作中的起源中，很难找到研究兴趣或方法论上的任何明显不同。例如，他们都注重对意义或内容（content）的分析，都反对心理主义。自现象学产生以来，它或许更侧重概念结构（conceptual structure）而不是语言结构（linguistic structure），但是，随着分析哲学的重心由语言哲学转向心灵哲学，它与现象学有了更多的交集。对意向性（intentionality）和意识（consciousness）的研究拉近了现象学与分析的现象学之间的距离，而现在"分析的现象学"的存在只是它们之间至少在某些领域和解（rapprochement）的一个标志。无论如何，现在分析哲学和现象学之间有了更多的对话[1]，这预示着哲学的美好未来。

四、"分析哲学"能够被定义吗？

至少概括地说，有关分析哲学性质的一种确定的观点，现在应当在对 *Oxford Handbook of the History of Analytic Philosophy* 三个主要部分的章节介绍中浮现

---

[1] 参见 Mays 与 Brown 1972；Durfee 1976；Dreyfus 与 Hall 1982；Petitot et al. 1999；Horgan et al. 2002；Smith 与 Thomasson 2005；Tieszen 2005；Beaney 2007a；Textor 2013。

出来了。当然，或许反对者会认为，这个观点在所提供的概述中就已经被预设了，或者退一步说，这些章节本身确实就已经被预设了这一观点。所以，还能有什么来确证这种观点呢？我将在下一章中阐释分析哲学传统是如何历史地被建构的。这里我要集中讨论的问题是"分析哲学"是否能够被定义。在他们各自的章节中，Oxford Handbook of the History of Analytic Philosophy 的作者们要么明确地说出他们把分析哲学看作是什么，要么通过他们的讨论来表明他们将分析哲学看作是什么。虽然寻找使哲学能够是"分析的"的充分必要条件可能会误入歧途，但是，关于分析哲学一般特征的某种共识是否可以从他们的讨论中被提取出来呢？如果可以，那么这是否体现了更广泛的哲学共同体中的共识呢？①

我们已经注意到了一个特别的分歧：关于谁是分析传统的创始人。通过摩尔和罗素对英国唯心主义的反叛，通过维特根斯坦的《逻辑哲学论》，人们都同意他们是创始人，但甚至今天有些人仍将弗雷格排除在外，例如，哈克就十分明确地这样做，而弗雷格在索姆斯的分析哲学故事中也被遗漏了。② 尽管大多数作者会说排除弗雷格仅仅是因为他们的框架不包括弗雷格，但对弗雷格的排除

---

① 对分析哲学性质的反思有很多。截至目前最有帮助和最全面的讨论来自 Glock (2008)。我同意格洛克的很多说法，但我不认为（下面将会做出清楚的阐述）他正确处理了分析在分析哲学中的作用（这有助于为分析哲学的一种令人满意的说明提供基础）或哲学史研究对哲学的重要性，cf. Beaney 2011b。以下是按字母表顺序排列的为分析哲学提供了特征描述和说明的其他著作，它们有助于阐发本节中概述的这种观点：Akehurst 2010；Ammerman 1965b；Baldwin 1998；Beaney 1998，2006c，2006f，2007b；Boundas 2007b；Bouveresse 1983；Charlton 1991，ch. 1；Cohen 1996；Cozzo 1999；Danto 1980；Engel 1988，1999；Floyd 与 Shieh 2001，introd.；Føllesdal 1997；Hacker 1996，1998，2007，2011；Martin 2002；Martinich 2001a；Monk 1996b，1997；E. Nagel 1936；Preston 2006，2007；Quinton 1995a；Rorty 1981，2007b；J. Ross 1998；Schwartz 2012，introd.；Soames 2003，2005，2008；Stroll 2000，ch. 1；Urmson 1956；van Inwagen 2006；von Wright 1993b；Weitz 1966，introd.，1967；White 1955，editorial material；Williams 1996。对分析哲学和"大陆"哲学关系的探讨，参见第二章中的注释60所给出的参考文献。

② 参见 Hacker 1996b，2007，2011，和他在本卷中的章节；Soames 2003；对两者的批评，参见 Floyd 2009；cf. Beaney 2006b。弗雷格在施瓦茨（Schwartz）最近的分析哲学史中也被排除在外，理由是他的文章"发表于数学期刊"（2012，p. 197）。弗雷格的三本书（1879，1884，1893/1903），1891到1892年间的三篇文章以及"Logical Investigations"（1918—1923）的三篇文章没有一个是发表在数学期刊上的。后六个中的五个都发表在哲学期刊上，另一个（1891）以一种小册子的形式出现。

被看作是内含在某些关于罗素和摩尔的讨论中。① 另一些人明确地将弗雷格看作是分析传统背后的主要灵感源泉（inspiration），例如，这一点在 *Oxford Handbook of the History of Analytic Philosophy* 中伯吉的章节与他的其他著作中都是非常明确的，而在达米特的所有著作中这一点都是极其鲜明的。② 戴蒙德在她的章节中指出，弗雷格对维特根斯坦的重要影响也越来越被认可。无论如何，鉴于分析传统中逻辑的重要性，仅弗雷格发明了量词理论这一点，就使得他有资格在分析哲学的神庙中占有牢固的一席之地。

对关键创始人的一致认可已经勾勒出了分析传统的某些轮廓：我们可以初步将它的特征描述为受到他们的工作启发而来的东西。出于这种考虑，我们就可以整理出分析哲学的两个后续线索，它们是分析哲学四位创始人思想的发展。第一个是剑桥分析学派，以罗素、摩尔和维特根斯坦的工作为基础，而第二个是逻辑经验主义，受弗雷格、罗素和维特根斯坦的影响。当然，这两个学派也都受到了其他的影响，最显著的是以德语为母语的科学哲学家、新康德主义者和波兰的逻辑学家对逻辑经验主义的影响。这将更多的哲学家带入了框架之中，强化和扩展了分析哲学：剑桥学派的斯特宾、布劳德、拉姆塞、威斯顿、布兰克；逻辑经验主义学派的石里克、纽拉特、卡尔纳普、魏斯曼、塔斯基、波普尔、费格尔、亨普尔、哥德尔、伯格曼、洪谦、艾耶尔。常言道，一个传统的确立不仅需要发展新的思想，也要维护适当的前辈（securing suitable predecessors）。以这种方式，分析传统才能够回顾性地被追溯至包括斯陶德、塔瓦多夫斯基、莱斯尼文斯基（Leśniewski）甚至是波尔查诺这样的人物。③

---

① 例如，Hylton 1990 和 Stevens 2005 的标题表明罗素被看作是分析哲学的主要创始人。但两者都没有排除弗雷格的意思。

② 参见 Burge 2005a；Dummett 1973, 1981a, 1991a, 1991b, 1993a。关于分析哲学的起源，达米特只把重点放在弗雷格身上，但有许多与胡塞尔的对比。罗素和摩尔被排除在外，"因为这个工作已经被很好地公正地彻底完成了"（1993a, p.1）。

③ 逻辑经验主义提供了追溯的一个极好案例。在维也纳学派的宣言（Carnap, Hahn, and Neurath 1929）中，以下前辈都被增加为新的成员：Avenarius, Bentham, Boltzmann, Brentano, Comte, Duhem, Einstein, Enriques, Epicurus, Feuerbach, Frege, Helmholtz, Hilbert, Hume, Leibniz, Mach, Marx, Menger, Mill, Müller-Lyer, Pasch, Peano, Pieri, Poincaré, Popper-Lynkeus, Riemann, Russell, Schröder, Spencer, Vailati, Whitehead, Wittgenstein. Cf. Ayer 1959, p.4。为一个传统建构一种（自我确证的）宏大叙事的过程中寻找前辈的需要，参见 Moran 2008, pp. 23-24。

随着逻辑经验主义移居美国，通过与本土实用主义的相互作用而进一步发展，并且随着英国分析哲学的阵地转移到牛津以促进日常语言哲学的发展，这一整合和分支的过程持续到了第二次世界大战之后。大量新的名字进入了分析哲学的神庙，最著名的有：美国的古德曼、蒯因、斯蒂文森、塞拉斯、齐硕姆、戴维森、普特南和克里普克，以及牛津的赖尔、奥斯汀、格赖斯、黑尔和斯特劳森。这给出了描述分析哲学特征的另一种方式：简单地列出那些在这个神庙之中的人。这正是马蒂尼奇（Martinich）和索萨（Sosa）在他们的《分析哲学指南》（2001a）中所做的：三十九章依次介绍了四十二位哲学家。① 在引言中，马蒂尼奇简单介绍了分析哲学的历史，但并未找到任何可以定义或描述分析哲学特征的东西，由此他得出结论："分析模式的多样性是以单个哲学家而不以主题来规划这一卷的一个原因"（2001a, p. 5）。

那么，转向主题，这里是否有任何东西，可以借助于来描述分析哲学的特征？有一些显而易见的候选者，最显著的是对语言问题的关注。分析哲学出现于语言转向发生之际，这是它最流行的诞生神话之一。② 然而，哈克在第三十二章中指出，语言转向仅仅恰当地发生在维特根斯坦的《逻辑哲学论》中，这意味着早期罗素和摩尔将被排除在分析传统之外。另外，达米特声称语言转向最先发生在弗雷格《算术基础》第 62 节。③ 这也许恢复了弗雷格在神庙中的地位，但仍将排除早期罗素和摩尔。如果我们还可以补充说，语言转向也发生在

---

① 塔斯基、丘奇和哥德尔在一章中都被涵盖了。郑重声明，完整的名单在第三章中以年代的顺序列出了，最晚到 2001 年。马蒂尼奇指出，还有一些人被考虑到，但最终被排除了：Black, Bergmann, Feigl, Feyerabend, Evans, C. I. Lewis, Mackie, E. Nagel, Price, Prichard, Prior, Reichenbach, Schlick, Vlastos, Waismann, Wisdom。另一些人被排除"是因为他们不能与通常理解的分析哲学传统恰当地匹配"：Dewey, James, Peirce, Cook Wilson, Whitehead（2001a, p. 5）。所有人都包含在以下的年表中。在他们的选集（Martinich 与 Sosa 2001b）中做出的不同选择，参见以下截至 2001 年的年表。

② "诞生神话"这一术语来自杰拉德（Gerrard, 1997, p. 40），专指摩尔和罗素对英国唯心论的反叛。杰拉德认为，摩尔和罗素从布拉德雷唯心论中继承了比他们所承认的更多的东西，最显著的是反心理主义。

③ Dummett 1991a, p. 111. 达米特写道，"§62 可以说是古往今来的书写出的最富有意义的哲学段落"，这可以说是哲学史上最夸张的说法。

20 世纪的解释学和早期的德国哲学中①,那么它就不能被看作是为哲学是"分析的"提供充分条件或必要条件。

当我们考察任何其他的主题或教义(doctrine)时,我们都会发现自己处于类似的困境。对形而上学的敌意经常被提议为另一个候选者。然而,塞蒙斯在第二十三章中指出,尽管这是逻辑实证主义和维特根斯坦思考的特征,但它既不是弗雷格哲学的特征,也不是罗素和摩尔早期实在论的特征,而分析的形而上学现在也是生机勃勃的。其他候选者包括反心理主义、对分析/综合区分的承认(endorsement)、自然主义和非历史主义(ahistoricism)。然而,在每一个案例中,反例都能够轻易地被发现,这些反例表明任何一种候选的特征描述,要么排除了某些确定无疑算作是分析哲学家的哲学家,要么包括了某些确定无疑算作是非分析哲学家的哲学家,要么两种情况都有。例如,胡塞尔也是心理主义的批判者(从他的《逻辑研究》开始),新康德主义者和英国唯心主义者也是心理主义的批判者。今天许多跟随蒯因而拒斥分析/综合区分(或分析/综合区分的绝对性)的哲学家仍然将他们自己看作是在分析传统中工作。尽管在后期分析哲学中可能出现了一种"自然主义转向"(naturalistic turn),这在一定程度上是受到了这种蒯因式拒斥的启发,但自然主义在今天远远不是被普遍接受的,而且无论如何都是被早期的分析哲学家们明确地否定的。② 至于非历史主义,我将在下一章中对此做更多讨论。这里我们只需要注意到,*Oxford Handbook of the History of Analytic Philosophy* 的存在就是一个反例。③

对分析哲学特征的更好描述在于对方法(method)和风格(style)的考察。

---

① 关于解释学中的语言转向(尤其是海德格尔和伽达默尔的工作),参见 Gadamer 1960, Part 3; 1962; 1972; Habermas 1999; Lafont 1999; Davey 2008。关于胡塞尔和语言转向,参见 Parsons 2001。关于早期的语言转向,参见 Losonsky 2006。普雷斯顿(Preston, 2007)将语言转向看作是为将分析哲学的特征描述为一个学派提供了基础,并由此(正确地)指出这并没有给我们充分和必要条件,指出分析哲学的历史是虚幻的历史。这个虚幻的历史是普雷斯顿的预设:分析哲学必须被看作是被一组教条所定义的一个学派。参见 Beaney 2007e; cf. 第二章的注释46。

② 近期对分析的非自然主义哲学方法的辩护,参见 Corradini, Galvan 和 Lowe 2006,特别是 van Inwagen 2006。

③ 关于按照主题或理论来定义分析哲学的困难,进一步的讨论参见 Glock 2008, chs. 4—5。

就风格而言，分析哲学普遍被看作是侧重于论证、明晰性和严格性。① 在《概念文字》的序言中，弗雷格写道，他的概念文字（concept-script）"首先应该用来以最可靠的方式检验一个推理串的有效性，指出每个悄悄潜入的假设前提，以便能够研究这些前提的根源"（1879/1997，pp. 48-49）。弗雷格所创造的量词逻辑，自诞生之日起就被看作是一种用于加强和评判论证的手段。但逻辑的使用本身并不是新的，逻辑是由亚里士多德发明的，是由中世纪逻辑学家加以系统化并发展的，是由莱布尼茨和波尔查诺等人进一步扩展和利用的。当然，弗雷格发明的逻辑比任何迄今可用的逻辑都更为强大，对论证的强调在哲学中总是自觉地成为核心。②

就明晰性而言，找到例如布拉德雷、海德格尔或德里达的著作中的段落，并将它们与例如弗雷格、罗素或普特南著作中的段落放在一起以证明风格上的一些主要区别，这是很容易的。但是，例如科林伍德（R. G. Collingwood），他的写作至少与罗素的一样清晰，而维特根斯坦毫无疑问是个异类，他的格言警句式的论述比尼采的还需要更多的解释。在今天的许多分析哲学中，也有一种对行话和复杂技术的渴望，这比对应的非分析哲学家对新词的喜爱和对深刻性的暗示都更多。我也认为，清晰性是哲学思考和写作的最重要优点之一，但它不可能只体现在最好的分析哲学中。这一优点早在弗雷格和罗素之前就被蒲伯（19 世纪英国诗人）以诗的明晰性表达出来了：

> 真正的机智是打扮得体的自然，
> 虽经再三思考却从未精妙表白，
> 我们一眼就确信为真，
> 它会再现我们的心前。③

如果一个观念是值得思考的，那么它就值得清晰地说出来；而如果它被清晰地说出了，那么它将使他人的思考更清晰。

就严格性而言，弗洛叶德在第三十五章中指出，这里比通常预想的涉及更

---

① 参见分析哲学欧洲学会的网站，引用在本章的开头；Soames 2003，Ⅰ，p. xiii. Cf. Føllesdal 1997；Ross 1998。

② 关于逻辑学的发展，参见 Kneale 与 Kneale 1962，最新的进展参见 Haaparanta 2009。

③ Pope, *An Essay on Criticism*, Part 2, 11. 297-300. 关于明晰性，也可参见 Price 1945；Lewis 1963；Hart 1990；Glock 2008, pp. 168-173。

多。无论"严格的"某物可能怎样,总有"残留物"(residue)需要阐明,这里人们只能够以某种非形式的方式诉诸"常识"、"直觉"或某种"心灵的一致"。① 无论如何,再说一次,不是只有分析哲学才重视严格性。在胡塞尔对狄尔泰的历史解释学的批判中,他也强调哲学是一门严格的科学(1911)。现象学涉及一种不同的严格性概念,但这种概念上的差异——例如与弗雷格或罗素的严格性概念之间的差异——不会比摩尔与罗素,或摩尔与弗雷格之间的差异更大。

尽管否认分析哲学对论证、明晰性和严格性的强调可能是错误的,但最正确的说法可能是,分析哲学一般而言比其他哲学传统更强调这些优点。如果我们想更实质性地描述分析哲学的特征,那么我们应当转向方法,更具体地,转向分析的方法。最明显的迹象是,分析哲学是"分析的"(analytic),是因为分析(analysis)在其中所起的核心作用。这里最直接的反对意见是,分析从哲学在古希腊思想中诞生开始就是哲学的核心,而这难以凸显分析哲学的不同。然而,正如我在其他地方所说的那样,从弗雷格的逻辑和逻辑主义分析、语境定义的使用以及罗素的摹状词理论开始,分析的新方法和类型的确被引入了分析哲学。② 这些分析的新方法和类型在罗素的逻辑建构方法中(参见林斯基的章节)、在维特根斯坦的《逻辑哲学论》中(参见克里姆的章节)、在剑桥分析学派的其他成员著作中(参见鲍德温的章节)、在卡尔纳普的《世界的逻辑构造》(1928a)中以及他关于逻辑和语义学的工作中(参见里克的章节)被进一步地发展。③ 这些思想由赖尔的《系统地引人误解的表达式》(1932)与艾耶尔的《语言、真理和逻辑》(1936)介绍到了牛津(参见于贝尔的章节),而且蒯因

---

① 对"直觉"在哲学中作用的讨论,参见 Baghramian 和 Jorgensen 的第十九章。关于诉诸"心灵的一致"的需要,参见 Frege 1892b/1997, p. 192; 1914/1997, p. 313。我在 Beaney 2006a 中讨论了这一点的重要性。

② 参见 Beaney 2009a(第一版 2003);cf. 2002, 2007b, 2007c, 2013c。我认为,分析的"解释"形式在早期分析哲学中是打头阵的,这基于新的逻辑将句子转换或重述以展现它们"真正的"逻辑形式和内容,而对它们的本质和确证的反思由此引发了在分析哲学第二阶段被巩固的语言转向。我也认为,与体现在摩尔和罗素早期素朴实在论中的原始解构意义相比,分析哲学在其弗雷格和罗素的表现形式中,更应当在解析几何学是"分析的"这一意义上被看作是"分析的"。

③ 在 1967 年乔治的 Der logische Aufbau der Welt 英译本中,这个标题被写成"The Logical Structure of the World"(《世界的逻辑构造》),但缺少了"Aufbau"的意义。有关卡尔纳普的《构造》(Aufbau)纲领,参见 Richardson 1998。我在 Beaney 2004b 中讨论了卡尔纳普该书中核心的分析概念,他称为"准分析"。

通过他自己的逻辑和哲学工作将它们介绍到了美国（参见巴格拉米恩和约根森的章节与希尔顿的章节），而其他人，例如 C. I. 刘易斯、马库斯和克里普克对模态概念的分析做出了贡献（参见谢善福的章节）。

分析哲学中的摩尔分支补充了弗雷格的分支，这两个主要分支之间的创造性张力形成了分析传统内在动力的核心。① 摩尔分支从摩尔早期对仔细区分和明晰我们所提出的哲学问题的强调与他的命题分析的解构概念开始（参见格里芬的章节），并通过维特根斯坦的《逻辑哲学论》的阐释性计划（参见戴蒙德的章节）、他的后期哲学（参见格洛克的章节）以及摩尔后期诉诸常识反驳怀疑主义（参见科里瓦的章节）而进一步发展。第二次世界大战之后，概念分析在牛津日常语言哲学中得到进一步发展，体现在奥斯汀的由哲学驱动的语言分析（参见特纳维斯和卡德隆的章节）与赖尔、斯特劳森等人的关联分析（connective analyses）中（参见哈克的章节）。

所有这些不同的分析概念和分析技术，以及由许多其他分析哲学家引入的变种和改良，已经成为分析哲学方法工具箱中的一部分。那么，分析哲学家们就可能被刻画为这样一些人，他们通过现代逻辑训练而知道如何使用这些工具，并且研究前辈的工作。每一个分析哲学家可能有不同的目标、野心、背景、关注的问题、动机、预设和计划，而他们可能以不同的方式使用这些工具，做出不同的建构、批判、评判和综合，但他们可以利用分析技术的共同系统和丰富的启发性案例，而正是这些形成了分析哲学的方法论基础。随着分析哲学的发展和分支的形成，它的工具箱也扩大了，而且实践的案例（好坏都有）也增加了。

这一基于方法论的概念能够说明分析哲学的许多其他特征与通常围绕分析哲学引发的一些争论。首先，它解释了分析哲学为什么有时被说成是采纳（或被批评采纳）了一种零敲碎打的方法，鼓励小规模的研究而不是宏大体系的建构。② 罗素在提倡哲学中的科学方法时指出，"分解并征服"是成功的准则（1914d，p. 86）。分析的技术显然适用于零敲碎打的方法和科学中常见的协同工作。概念可以被逐个分析，而且是在非常具体的使用语境中；论证的过程可以插入中间步骤，并且增加进一步的预设；对公认定义的盖梯尔式反例能够呈现

---

① 我在 Beaney 2006c, 2006f, 2009 §6, 2012a（关于摩尔分支）中更详细地讲述了这个故事。

② 参见 Soames 2003, I, p. xv; Glock 2008, pp. 164–168。对这一特征的批判，参见 Ryle 1957/1971b, p. 385; Boundas 2007c, pp. 33–34。

在简短的文章中等。毫无疑问，那些技术能够被用在无聊的认知游戏中（can be employed in idle cog-spinning or epicycling），或者盖梯尔游戏只是一种自娱自乐，或巨大的逻辑之锤用来击碎微小的哲学坚果，所有这些都为对分析哲学的批判提供了根据。但分析哲学本质上并不是零敲碎打的，通过将许多不同种类的分析结果汇集起来就的确可以进行宏大叙事。

其次，我们对分析哲学的成功有一种解释，这就是，尽管偶而有"后分析"哲学的说法和"欧洲大陆"哲学家们的反对和担忧，为什么分析哲学在过去百余年来如此坚固并广泛地确立了自己的地位。这个工具箱装满了有用的工具，包括明晰的概念、做出的区分、改进的教义和丰富的逻辑理论。虽然大的哲学问题也许看起来一如既往地使人着迷和令人沮丧，但有许多可用的回答进一步吸引和激怒着人们。然而，分析哲学在全世界成功的一个主要原因是，它相对民主和精英化的性质。没有如马克思主义那里所需要的意识形态负担，没有如托马斯主义那里所承认的教义，没有如康德主义、黑格尔主义或现象学那里所采纳的"主义"或态度。尽管如果人们想成为"某某主义者"的话，他们可以成为分析"主义者"，但人们不需要"主义"来成为分析哲学家。① 分析哲学出现在那些已经脱离或正在脱离马克思列宁主义的国家是不奇怪的。例如，东欧的分析哲学转向几乎立即发生在1989年共产主义政权瓦解之后。② 而且分析哲学在中国也逐渐发展。随着教育机会的普及和网上资源、期刊和教材的激增，哲学的大门从没有像现在这样敞开过，而且特别是，处于最佳状态的分析哲学适合所有人的参与，它的零敲碎打特征鼓励

---

① 在《站在哲学一边》（Taking Sides in Philosophy）中，赖尔写道："我的立场的主旨是这样的：哲学中没有'主义'的位置"（1937b/1971b, p. 161）。在文章的结尾，他承认"主义"标签"是适用的和便利的，正如滥用、怜悯或辩解这些词一样"，但他叮嘱，它们只"为我们间断谣言和忏悔"而被保存（1937b/1971b, p. 175）。与这一点相一致，赖尔也避免谈论"分析哲学"，但这里他将"分析"一词看作误导的是由于另一个原因："分析"的误导在于它表明哲学问题能够被零敲碎打地解决（参见前一个注释），但事实是，它"与这样一些表达例如'猜测''假说''体系建构'，甚至是'说教'和'写诗'是完全对立的"（1957/1971b, p. 385）。艾耶尔也认为，"哲学的性质中没有任何东西保证哲学派别或'学派'的存在"（1936, p. 176）。最近，英瓦根（van Inwagen）写道："做一个分析哲学家不涉及信奉任何哲学主张……一个哲学家可能就任何哲学问题采取任何立场，但仍然是一个声誉良好的分析哲学家"（2006, p. 88）。

② 分析哲学的学会最早开始形成于1991年。

人们的参与。① 每一个人原则上都能够做出贡献，即使只是找到了知识定义的一个反例；而且关于任何主题，都有某些现成可用的可能与人们的"直觉"相一致的立场，不管这些立场可能不可靠或强有力。而即使（或当）有人提出了一个令人困惑或错误的观点时，它可能是错误的，但是以一种有启发作用的方式，而对它的分析能够引发进一步的争论。对那些在被压迫和镇压的环境中有个人主义倾向的人来说，分析哲学能够从思想上解放他们。塞尔曾经说过（本章开头引用），"我是一个分析哲学家，我独立思考"②。

最后，基于上述说法，我们可以看出谈论"后分析"哲学的错误是什么，为什么"分析的"能够用于证明任何哲学立场或传统。谈论"后"什么东西，是提出某种已经超出那个事情之外的东西，它的错误和局限性已经被发现，问题已经被解决或证明是不可解决的，它的可能性已经耗尽。这种批判性的疏远总是过度的。但如果分析哲学被看作是基于方法论的，而它的工具箱仍在使用中，那么即使某些工具被加入而另一些被扔到了箱底，谈论"后分析的"仍是没有意义的。虽然人们可以是前木匠或前水管工，但没有人会是后木匠或后水管工。正如本章开篇所说，"分析的"远没有到被"后分析的"替代的时候，而"分析的"作为限定词的使用比以往任何时候都更频繁。但如果说某物是"分析的"只是说它能够以分析的方式（用分析的工具箱）被处理，这也并不奇怪。

然而，虽然基于方法论的概念能够解释"分析的"的许多用法，但它并没有正确处理所有的用法，特别是当我们说分析哲学是一种传统或一场运动的时候。也许我们应该基于我们考虑的是活动（"分析哲学化"）还是传统（"分析传统"），来简单地区分"分析哲学"的这两种意义。但这两者显然是历史地相关，也是概念地相关的。我在下一章中指出，谈论分析（或逻辑分析）的方法是在谈论分析哲学之前，而直到 20 世纪 30 年代人们才开始谈论分析哲学，到了 50 年代，分析哲学这一说法才得到普遍传播，直到这个时候，分析传统才终于被认可了。分析的方法为分析传统提供了基础，从弗雷格和罗素的逻辑主义

---

① 这毫无疑问得到了这一事实的帮助：分析哲学的研究几乎全部是以英语作为媒介的，而英语现在已将自己确立为国际交流语言。

② 据报道，塞尔是在被介绍给一个现象学家时说出了这番话（Mulligan 2003, p. 26; Glock 2008, p. 211）。这也许是一个半开玩笑地顺嘴一说的言语行为的例子，但它捕捉到了这里所说的情绪。

开始，它们在具体纲领（projects）中的应用，提供了在它们相互联系，共同形成分析传统的过程中逐渐积累起来的分析、方法、论证、概念、信条、转变、立场、文本、主题和理论。

这些分析和方法等没有一个单独就能够定义这种分析传统。但一种有哲学洞察力的、有历史敏感性的解释能够使潜在的互相关联性显现出来，是基于方法的、概念的与因果的联系。要做到这一点有许多互相支持的方法，例如比较各种分析、使得方法语境化、重建论证、明晰概念、认识早期哲学中的理论预见、解释在争论中所发生的转变、在考察批评者和解释者的反应中改进立场、探索文本之间的互引、指出隐含的主题、综合各种理论等。分析哲学的历史中没有捷径，当然也没有一个章节就能恰当处理的唯一路径，但在如此多人合写的手册中，各种方法都能够被采用，哲学争论的各个方面都能够被阐明，这足以体现这一历史的丰富性和复杂性。最后，回答"分析哲学是什么"这个问题的唯一方式，就是描述出这种分析传统的历史。我在下一章中考察了这种历史的一些例子，更详细深入地探讨了分析传统的历史建构和由它们引发的一些历史编纂学的（historiographical）问题。其余章节的内容既提供了这样的历史，也阐明了分析哲学历史中始终作为核心的哲学争论和主题。

（张桔译，江怡校）

分析哲学在美国[*]

斯科特·索姆斯

皮尔士不仅是美国领军的前期分析哲学家，也是美国分析哲学史上的一位巨人。在接受了系统的科学教育（包括1863年在哈佛大学获得化学领域的学士学位）之后，他分别在哈佛大学（1864—1865，1869—1871）与约翰·霍普金斯大学（1879—1884）讲授逻辑学和科学哲学。之后，他移居宾夕法尼亚州的米尔福德笔耕不辍，著作惊人。他最突出的贡献在逻辑学领域，涉及量化理论的语法分析（1870，1883）和基于"谢费尔竖线"的完整的真值函项系统。尽管在很多方面，他的贡献可以与同样进行独立工作的逻辑学家弗雷格比肩，但弗雷格的工作因为影响了罗素，而更广为人知。但是，怀特海却是皮尔士的仰慕者，他对量化理论的了解可以说在很大程度上来源于皮尔士。而普特南对皮尔士的评论是"耳熟能详的现代逻辑在逻辑世界得以众所周知，这得益于皮尔士及其学生的努力"。1985年，蒯因评价皮尔士在现代量化理论发展上的贡献可以与弗雷格平分秋色，并且表彰了皮尔士对施罗德（Ernst Schröder）和皮亚诺的影响。

除了逻辑学之外，皮尔士的实用主义哲学也广受赞誉。这种实用主义哲学被皮尔士自己称为"实效主义"（pragmaticism）哲学。在认识论领域，他是一名反基础主义者。他不支持某些语句（例如，表达私人感受的语句）具有特殊的基础起点的主张。作为指导性的假说而言，他主张，虽然可证实性的科学方法具有主体间性，但通过自我修正的过程，无论研究起点如何，这种研究方法的应用终会导致不同的研究者归于一个共同结果之上。虽然皮尔士并没有明确区分真理与理想的（科学）探究的界限，但他的确认为，真信念的实用结果是为证实真理提供依据，而这种证实可以通过持续的调查研究得以实现。相应地，

---

[*] 译自 Scott Soames, *Analytic Philosophy in America*, Princeton and Oxford: Princeton University Press, 2014, pp. 3-34。

他将理论主张视为经验的"兑现价值"。理论主张的意义可以看作是对其进行验证的可能的经验观察的集合。对关于"物自体"这类潜藏于可观察现象之下的形而上学思辨或者宏大的形而上学系统而言，他缺乏兴趣。在所有上述这些方面，皮尔士都对那些跟随者产生了强烈的影响。皮尔士尊重逻辑，尊重科学，怀疑先验的形而上学。在强调理论差异的实用性结果中，他发现了适合分析哲学发展的肥沃土壤，并为其扎根美国，不断发展与成型创造了适宜的环境。

另一位伟大的美国实用主义者是詹姆斯。和皮尔士一样，詹姆斯在哈佛大学接受了化学、解剖学和医学的科学教育，并于1869年获得了医学博士学位。他于1872年教授生理学，并于1875年建立了美国实验心理学的第一个实验室。在1885年至1907年间，他担任哈佛大学的心理学和哲学教授。在此期间，他在爱丁堡作了名为《宗教经验之种种》（*The Varieties of Religious Experience*，1902）的吉福德讲座，并于1907年出版了《实用主义》（*Pragmatism*）一书。尽管深受皮尔士的影响，但相比而言，詹姆斯的观点科学性较弱，听众更为广泛。对于皮尔士来说，真理和意义依赖于可观察的知识性基础，而对于詹姆斯而言，真理和意义依赖于何者于信仰有益。他认为，在某种程度上，宗教信仰就像科学信仰一样，有助于我们过上更好的生活，这一结论通过他的语用测试被证实为真。

前期分析的实用主义三剑客中的第三位是杜威，他于1884年从约翰·霍普金斯大学获得哲学博士学位，在那里他遇到了皮尔士。从1884年到1930年间，杜威先后在密歇根大学、明尼苏达大学、芝加哥大学以及哥伦比亚大学任教，在哥伦比亚大学他度过了最后的24年。如同皮尔士一样，杜威是一名反基础主义者，他相信研究共同体中的经验调查具有自我修正的性质。像他所追随的蒯因一样，杜威坚持认为，没有被确证的绝对的第一原则，也没有根据新的经验而超越理性修正的绝对的第一原则。对杜威而言，真理是值得肯定的。虽然在分析哲学领域之后的发展中，杜威的影响力不及皮尔士，但杜威在教育以及其他社会问题上的主张都影响巨大。

除了实用主义之外，实在论和自然主义也描绘了在皮尔士与蒯因之间的美国哲学的主要特征。皮尔士在1896年写道，"没有什么比我们只能经验自身理念这种观点更为荒谬的了。毫不夸张地说，这是所有谬误的典型"（皮尔士，CP 6.95）。诸如霍尔特（Edwin Bissell Holt）和佩里（Ralph Barton Perry）等哲学家都在《新实在论》（*The New Realism*，1912）中强调了来自感知者的感知与认知者的认知之间的独立性。正如巴斯摩尔（John Passmore，1957）所指出的，他们对感知的概念与摩尔的《驳斥唯心主义》（"The Refutation of Idealism"，1903）一文所给出的观点相似，而他们对"内在关系"的拒斥，与摩尔和罗素对绝对唯心主义的核心驳斥并行不悖。（拒斥新实在论者的重要性在于：他们观察到，就 a 知道 b 而言，"知道 b" 和 "被 a 知道" 这两个关系性质对于 a 和 b 分别而言，都并非是必不可少的性质。）20 世纪 20 年代，实在论的另一个流派——批判实在论出现。批判实在论由洛夫乔伊（Arthur Oncken Lovejoy）、桑塔亚纳（George Santayana）和塞拉斯等人所倡导。批判实在论试图在客观物质世界与不可归约的康德残留之间进行调和，前者是由感知所揭示的客观物质世界，后者是由感知者加入经验内容的不可归约的康德残留。如今，尽管各种实在论派别之间的争论已经失去了力量，但它们在自然主义的广泛主题上，对科学和常识的尊重上，以及对唯心主义和其他先验推断的怀疑上，都具有一致性。由此，它们对美国分析哲学的发展所做出的贡献是令人震惊的。

向分析哲学过渡

美国哲学向分析哲学的过渡经由几个关键人物、机构和事件得以促成。其中一个关键人物是科恩（Morris Cohen，1880—1947）。他出生于俄罗斯，就读于纽约市立学院并于 1906 年获得哈佛大学哲学博士学位。在 1912 年至 1938 年间，他任教于纽约市立学院，在 1938 年至 1941 年间，他任教于芝加哥大学。他以逻辑学和科学哲学而闻名。科恩是一位坚定的自然主义者，他主张哲学知识不能通过任何非科学方法获得。出生于捷克斯洛伐克的内格尔是科恩的一名学生。内格尔在纽约市立学院获得学士学位后，于 1931 年（师从杜威）在哥伦比亚大学获得哲学博士学位。在哥伦比亚大学（除 20 世纪 60 年代，他在洛克菲勒大学度过的一年时间外），内格尔以教学、撰著科学哲学著作以及解释哲学的逻辑中心性为主，度过了他的职业生涯。他与纽曼（James R. Newman）合著的薄本《哥德尔证明》（*Gödel's Proof*，1958）向很多学生介绍了不完全性定理，而他的主要著作《科学的结构》（*The Structure of Science*，1961）总结了他几十年来有关解释的本质以及科学知识的逻辑结构的教学与研究成果。

在所有过渡时期的哲学家中，最为杰出的当属 C. I. 刘易斯。刘易斯从哈佛大学获得学士学位（1905）和哲学博士学位（1910）之后，曾与詹姆斯、罗伊斯及佩里共事，并深受他们的影响。在伯克利大学执教 9 年之后，刘易斯于 1920 年回到哈佛大学任教，一直工作至 33 年后退休。他在哈佛大学培养的学生，后来很多成为分析哲学中的领军人物，其中包括蒯因、齐硕姆、弗思（Roderick Firth）、弗兰克纳、古德曼和马尔康姆。1960 年，刘易斯在斯坦福大学结束了他的职业生涯。作为一个兼收并蓄的思想家和系统构建者，刘易斯将佩里所过滤的知觉实在论的要素、罗伊斯所筛选的康德哲学的要素以及皮尔士所过滤的实用主义的要素（在为皮尔士编录其大量未发表著作时，刘易斯接触到了皮尔士的这些工作）结合在一起。和佩里一样，刘易斯认为，感知和知识需要从独立实在得来，这种独立实在依据经验所给出。和罗伊斯一样，刘易斯深信，经验是结构和解释的结果，这种结果依据头脑中所添加的"先验"概念而给出。和皮尔士一样，刘易斯主张，(i) 我们的概念，即使是那些"先验的"概念，也并不是由心灵的本质所决定的，它们是依据经验可修正的；(ii) 概念、思想和经验的意义在于，它们在预见和预测新经验以及采取成功行动方面具有实用主义价值。这些思想在他的两部主要作品《心灵与世界秩序》（Mind and the World Order, 1929）以及《对知识和评价的分析》（An Analysis of Knowledge and Valuation, 1946）中得到呈现。这两部作品是他们那个时代被最为广泛阅读的——由奥斯汀和伯林在 1936—1937 学年主持的轰动一时的牛津大学研讨会就以《心灵与世界秩序》为主题。

刘易斯与逻辑实证主义者的关系是模糊不清的。他赞同逻辑实证主义者的科学自然主义的主张，赞同他们对逻辑分析的强调以及他们将可测试结果视为经验意义的基础的观点。但是刘易斯极力反对逻辑实证主义者有关评价的非认知主义主张，反对他们的物理主义主张以及他们对"语言转向"的接受。对刘易斯而言，意义和真理的主要承载者是精神上的：思想、概念和经验。对于分析哲学来说，刘易斯在模态逻辑上的开创性工作是最为重要的，其中包括他与朗福德（Cooper Harold Langford）合著的被广泛阅读的《符号逻辑》（Symbolic Logic, 1932）。刘易斯的主要贡献在于他对（含有必然和可能算子的）模态命题演算给出了一系列逐渐增强的公理系统（即 S 系统）——这为以下进展提供了基础：(i) 马库斯（1946）和卡尔纳普（1946）所提出的对谓词演算的公理扩展，(ii) 卡尔纳普初步的语义处理（1947），(iii) 克里普克分别于 1959 年和 1963 年对 S 系统所做出的突破性的模态理论解释。对于刘易斯来说，从矛盾的公理系统中所得出的哲理是，逻辑的第一原则不是先验可判定的而是需要以实用主义成功来进行判断的，由此刘易斯得出的结论是，无论其最终价值何在，相比后续工作而言，它都是不成熟的。最后，刘易斯（1946）所提出的差别涉及不同的"语词意义模式"——（i）外延，包括语词指称或适用的对象；（ii）"理解"（现在被称为"内涵"），由可能世界到外延的映射构成；（iii）"意义"，由概念或（ii）所决定的性质构成——这是语言分析哲学后来发展的重要先驱。

在理解美国分析时期的转变时，需要谨记的是，分析哲学不是一个固定的实体性学说，不是一种精确的方法论，也不是与作为浪漫主义、有神论和绝对唯心主义的变种而保存的传统哲学的彻底决裂。相反，分析哲学是源于弗雷格、摩尔、罗素、维特根斯坦和逻辑实证主义者的不连续的历史传统，其特点为：尊重科学和常识，确信逻辑和哲学语言的相关性，强调精确和清晰的论证，怀疑先验的形而上学，将真理和知识的目标高度提升到灵感、道德提升和精神慰藉之上——此外，分析哲学还具有专业分工的特点。所有这些趋势都已经在美国出现，哈佛大学尤为显著，但哥伦比亚大学、纽约市立学院、密歇根大学和其他学府也出现了该趋势。摩尔（1940—1944）和罗素（1896，1914，1924，1927，1929，1931，1938，1939，1940—1942）多次访问美国并授课和讲座，以及与罗素合著《数学原理》的怀特海于1924年加入哈佛大学哲学系，使得这种趋势得以加强。他们每一位都对当地学者产生了显著的影响。例如，蒯因在他的第一篇重要论文《约定为真》（"Truth by Convention"，1936）中描述他1931年遇到罗素，是他"与伟人最耀眼的接触"，这被载于纪念怀特海的合集之中。而蒯因哈佛大学的同事默顿·怀特则说，在20世纪40年代早期，他与摩尔在哥伦比亚大学里的相逢是"在（他的）哲学教育时期最令人振奋的片段"。那时，美国进入分析哲学大潮所需要的是，美国哲学家们的工作能够定期地、大量地进入到英国和欧洲的哲学洪流之中。

分析哲学的开端

分析哲学在美国出现由三大事件作为标志——（i）欧洲领军的逻辑学家、科学哲学家、逻辑实证主义者和其他分析哲学家来到美国；（ii）20世纪五六十年代，由蒯因所领导的哈佛大学哲学系转型；（iii）二战后，美国高等教育大规模扩张，大量哲学人才从不列颠流入美国——其中（不同时间阶段）包括诸如格赖斯、汉普谢尔、厄姆逊以及福特等人。

这些标志性事件的第一个也是最引人注目的一个是，一群极具天赋的杰出的欧洲移民的到来。其中有1931年来自维也纳的费格尔；1935年来自布拉格的卡尔纳普；1937年来自德国的亨普尔；1938年来自德国途经土耳其到达美国的赖欣巴赫；1938年来自维也纳的伯格曼；1939年来自波兰的塔斯基；1940年来自维也纳的哥德尔。

师从石里克，学习科学哲学和概率论的费格尔，曾是维也纳学派的一员。他于1931年至1940年在艾奥瓦大学任教，后于1940年到1973年执教明尼苏达大学。他最为人所知的是他与塞拉斯的合作：(i) 他们共同编辑合集《哲学分析读本》(Readings in Philosophical Analysis, 1949)，数十年来这本书都占据了分析哲学家们的讲堂；(ii) 他们于1950年共同创办的期刊《哲学研究》(Philosophical Studies) 成了"分析哲学"新学派的论坛阵地。

卡尔纳普堪称首位逻辑实证主义者。他于1936—1952年在芝加哥大学任教，于1941—1942年在哈佛大学进行了为期一年的访问，于1952—1954年在普林斯顿高等研究院任职，于1954—1962年在加州大学洛杉矶分校担任哲学教授。卡尔纳普曾师从弗雷格学习逻辑，他自己的学生包括著名的美国哲学家杰弗里 (Richard Jeffrey, 主要研究主观概率) 和卡普兰 (主要研究指示词逻辑)。卡尔纳普在美国出版的主要作品有《可检验性与意义》("Testability and Meaning", 1936—1937)、《语义学导论》(Introduction to Semantics, 1942)、《意义与必然性》(Meaning and Necessity, 1947, 1956b)、《概率的逻辑基础》(The Logical Foundations of Probability, 1950a)，以及《经验论、语义学与本体论》("Empiricism, Semantics, and Ontology", 1950b, 1956b)。

赖欣巴赫是另一位领军的实证主义者和杰出的科学哲学家。他曾学习过土木工程、物理、数学和哲学，曾跟随希尔伯特、普朗克 (Max Planck) 以及爱因斯坦，学习或聆听他们的讲座。在20世纪20年代，他出版了几本解释相对论的书。1930年，赖欣巴赫与卡尔纳普一起接任了逻辑实证主义的主要期刊《认识》(Erkenntnis) 的编辑职位。1935年，他在土耳其发表了《概率论》(The Theory of Probability)。移居美国之后，赖欣巴赫供职于加州大学洛杉矶分校直至1953年逝世。普林斯顿大学、麻省理工学院和哈佛大学的领军哲学家普特南是他的学生。赖欣巴赫在美国的主要著作包括《经验与预测》(Experience and Prediction, 1938)、《量子力学的哲学基础》(Philosophic Foundations of Quantum Mechanics, 1944)、《符号逻辑基础》(Elements of Symbolic Logic, 1947) 以及《科学哲学的兴起》(*The Rise of Scientific Philosophy*, 1951)。

亨普尔是欧洲逻辑实证主义的杰出贡献者。他刚到美国的第一年，就在卡尔纳普的安排下进入芝加哥大学担任研究助理。从 1939 年到 1948 年，亨普尔在纽约市立学院和皇后学院任教，之后他去了耶鲁大学，直至 1955 年。同年他加入了普林斯顿大学，在那里，他与著名的古典哲学家弗拉斯托（Gregory Vlasto）一道，成为世界上最著名的分析哲学中心之一的核心力量。亨普尔供职于普林斯顿大学直至 1973 年退休，之后他又在匹兹堡大学任教 10 年。从匹兹堡大学退休后，亨普尔又回到了普林斯顿（那里为他留有房子和办公室），度过了余生。他在美国的主要著作包括：《关于确证逻辑的研究》（"Studies in the Logic of Confirmation", 1945）；与奥本海姆（Paul Oppenheim）合写的《定义确证度》（"A Definition of Degree of Confirmation", 1945）和《解释的逻辑研究》（"Studies in the Logic of Explanation", 1948）；《意义的经验主义标准》（"The Empiricist Criterion of Meaning", 1950）；《科学说明的各个方面》（*Aspects of Scientific Explanation*, 1965）以及《自然科学的哲学》（*Philosophy of Natural Science*, 1966）。

曾与维也纳学派联系在一起的伯格曼，于 1939—1974 年在艾奥瓦大学任教，并于 1967—1968 年担任美国哲学协会西部地区会长。他的学生在美国各地的许多哲学机构执教。

塔斯基在 1939 年 8 月从波兰出发（事实上，他登上了纳粹入侵苏联之前开往美国的最后一艘船），前往哈佛大学的科学统一大会讲演。在此之前，他已经着手于有关真和逻辑后承的开创性工作。发现自己国家沦陷，无国可归之后，他留在了美国。起初他无法获得正式教职，故经由蒯因安排，塔斯基在哈佛大学担任了两年研究助理。除此以外，他在纽约市立学院兼授两门逻辑学课程。在 1941—1942 年，他与哥德尔一起在普林斯顿高等研究院供职。此后，塔斯基加入加州大学伯克利分校数学系，并一直任教于此。塔斯基除了被公认为是有史以来最伟大的逻辑学家之一以外，他也是一位具有奉献精神和具有影响力的教师。作为加州大学伯克利分校逻辑和科学方法论的博士项目带头人，塔斯基对包括斯科特（Dana Scott）在内的年轻同事，以及对他所指导的 24 篇博士学位论文的学生们都产生了巨大的影响，其中包括蒙塔古和费弗曼（Solomon Feferman）。事实上，这三位以及他们各自所在的研究机构（斯科特所在的普林斯顿大学，蒙塔古所在的加州大学洛杉矶分校，费弗曼所在的斯坦福大学）反过来也在很大程度上影响了分析哲学的进程。塔斯基、哥德尔以及丘奇不仅改变了符号逻辑的数理研究，而且对分析哲学家们在逻辑哲学方面的研究发挥了巨大的作用。哥德尔从 1940 年直至 1978 年逝世，一直供职于普林斯顿高等研究院。丘奇于 1929—1967 年执教于普林斯顿大学，于 1967—1990 年执教于加州大学洛杉矶分校。他的学生包括安德森（Anthony Anderson）、亨金（Leon Henkin）、克莱尼（Stephen Kleene）、罗杰斯（Hartley Rogers）、罗斯（J. B. Rosser）、斯科特和图灵。

  导致美国分析哲学得以成功的第二个因素是由蒯因领导的哈佛大学哲学系的转型。就美国分析哲学的决定性转型而言，蒯因比其他任何一个人都做出了更大的贡献。1932 年，他在哈佛大学完成了有关罗素《数学原理》研究的博士论文。此后的一年里，蒯因获得了访问欧洲的资助，对于卡尔纳普、塔斯基、莱斯尼文斯基（Leśniewski）、卢卡西维茨（Lukasiewicz）、石里克、哈恩（Hahn）、赖欣巴赫、哥德尔和艾耶尔等人，他在此期间见过或参加过他们所举办的研讨会（早在 1930 年，他就曾见过费格尔）。蒯因与卡尔纳普的关系最为深厚。回到哈佛学会的三年的时间中，蒯因举办了阐释卡尔纳普思想的讲座，并从中引发观点，发表了他的著名论文《约定为真》。其中，蒯因批驳了当时在实证主义者中流行的有关先验知识的语言学理论。与包括逻辑知识在内的先验知识的观点相对的是语言约定的知识。他指出，可以从假设传统公理的可操作性的集合中推出逻辑知识的无穷的潜在范畴。但是由于我们预设逻辑知识由此推出，因此不能用它们再来解释。这个反驳理由阐释了蒯因思想的典型特征，直至今天仍有强大的说服力。蒯因从他的实证主义的导师们所提出的问题开始研究，从相关的解决方案中分离出有关意义的核心信条，并揭露了其内在问题。当然，蒯因的做法并不是就先验知识给出一个非语言的描述，而是通过完全摒弃先验知识来净化经验论。

  相同的观点在《论何物存在》（"On What There Is"，1948）的本体论承诺的讨论中，以及《经验论的两个教条》的分析性的讨论中，都被加以阐释。《经验论的两个教条》展示了他对分析性的怀疑主义立场，以及他关于经验内容的整体论立场。与卡尔纳普和其他实证主义者一样，蒯因同意（i）我们所主张的经验内容可以在证实它们的观察中被发现，（ii）如果必然性存在的话，那么它需由分析性确定。但与他们不同的是，蒯因拒斥任何通过拆分句子而得到的有关经验内容和意义的解释，如果非要如此的话，则他主张，我们最终要以放弃分析性、先验性和必要性为代价。因此，最终的结果是一种与逻辑实证主义的版本相同的经验主义的版本。除了更为激进之外，蒯因并没有赋予意义任何特殊的认知作用。由此，美国哲学改变了它的路线，进入了分析哲学的主流。

时至1951年，蒯因成为世界闻名的人物。然而，尽管在哈佛大学连续担任了10年高级教授（因第二次世界大战中服役而中断），但他在那里仍势单力薄，他于1948年提出的引进卡尔纳普任职的提议遭到哲学系拒绝就说明了这一问题。在那些年里，他的第一位主要盟友是1946年加入哈佛大学哲学系的艾肯（Henry Aiken），随后是1948年由艾肯和蒯因极力引进的怀特。人才的引进以及C. I. 刘易斯1953年的退休，令哈佛大学哲学系的改革蓄势待发。20世纪50年代和60年代，在蒯因的哲学引导和怀特的主持工作下，哈佛大学哲学系引进了弗思、德雷本（Burton Dreben）、谢弗勒（Israel Scheffler）、阿尔布里顿、卡维尔、罗尔斯、古德曼、普特南、诺齐克。到这一时期的尾声，哈佛大学哲学系人才济济，聚集了在任何地方所能找到的最优秀的哲学家。

20世纪的五六十年代也见证了哈佛大学和牛津大学之间哲学家们的活跃互动。怀特在牛津大学访问了一年，在1949年他与以赛亚·伯林相识，离开时他不仅受到伯林的深刻影响，而且赖尔、奥斯汀、哈特（H. L. A. Hart）和格赖斯也给他留下了深刻的印象。此后不久，奥斯汀、哈特和格赖斯就开始在哈佛大学授课。首先，奥斯汀于1955年春在哈佛大学的威廉·詹姆斯讲座上发表讲演《如何以言行事》（后于1962年出版）。之后，哈特于1956—1957学年在哈佛大学讲授哲学和法律。再后是格赖斯，他在1967年的威廉·詹姆斯讲座报告了《逻辑与会话》["Logic and Conversation"，最终出版于格赖斯（1989）]。在此之前，格赖斯已于50年代末在哈佛大学进行了第一次讲演。

由蒯因所主导的卡尔纳普后学与赖尔—奥斯汀—格赖斯所主导的维特根斯坦后学之间的互动，组成了当时分析哲学最重要的线索。在哈佛大学中，双方都得以很好的展现，而在整个哲学世界里，这种知识发酵更为活跃。哈佛大学的真实情况也越来越多地成为整个美国的真实情况——英国顶尖哲学家的访问以及担任长期教授，为美国迅速发展的分析哲学家队伍带来了重要的非实证主义的观点。其中包括安斯康姆、福特、汉普谢尔、皮尔斯和厄姆逊。尽管最后不管就哈佛大学还是就整个美国而言，蒯因—皮尔士学派的逻辑和科学的分析哲学线索被证明是最具实力的，但是对蒯因进行含蓄驳斥的传统在不断增强。为增援卡尔纳普的"哲学将被科学逻辑所取代——也就是说，被对科学概念和句子所进行的逻辑分析所取代"[出自《语言的逻辑句法》（*The Logical Syntax of Language*）（1934，1937）］，蒯因做出了声名狼藉的回应——"科学哲学就是全部哲学"。而蒯因的这一回应被越来越多地反驳。

到 20 世纪 70 年代早期，分析哲学在美国占据主导地位。得益于战后高等教育的大规模扩张，以分析哲学为主的哲学类教岗数量激增。美国哲学协会的成员人数从 1940 年的 747 人上升到 1950 年的 1 248 人，1960 年的 1 984 人，1970 年的 2 725 人，1980 年的 5 125 人。这些数字反映了几个具有实力的分析哲学机构的成长。其中居于首位的是普林斯顿大学哲学系。贝纳塞拉夫（Paul Benacerraf）、伯吉斯（John Burgess）、弗雷德（Michael Frede）、哈曼、杰弗里、克里普克、大卫·刘易斯、托马斯·内格尔、斯坎伦（Thomas Scanlon）以及威尔逊（Margaret Wilson）等人位列其中。截至 20 世纪 70 年代末，普林斯顿大学被公认为冠绝群雄。紧随其后的是在科学哲学领域术业专攻的匹兹堡大学哲学系。当塞拉斯 1963 年协同一群最优秀的年轻哲学家从耶鲁大学来到匹兹堡大学时，匹兹堡大学哲学系已位居优秀哲学机构之列。在整个时期，密歇根大学哲学系在伦理学与元伦理学领域一直享有卓越声誉。当著名的情感主义伦理学家史蒂文森于 1946 年（从耶鲁大学）来此之后，密歇根大学哲学系就在该领域独占鳌头。另外两个哲学机构，加州大学洛杉矶分校和康奈尔大学也值得特别关注。在迎入赖欣巴赫和卡尔纳普，纳入蒙塔古和丘奇，并聘请了毕业于本校的杰出哲学博士大卫·卡普兰之后，加州大学洛杉矶分校在哲学逻辑领域的研究卓尔不群，无人望其项背。随着马丁（Tony Martin）、伯吉、阿尔布里顿及福特的加入，加州大学洛杉矶分校成为分析哲学兵工厂中的发电站。与此同时，康奈尔大学在马尔康姆和麦克思·布莱克的影响下已经成为维特根斯坦主义在美国的故乡。马尔康姆曾与维特根斯坦在牛津大学一同学习，布莱克撰写了有关《逻辑哲学论》的重要著作。当舒梅克（Sydney Shoemaker）、唐奈兰以及（后来的）斯托内克加入后，康奈尔大学哲学系取得了持续的优势地位。在 1940 年到 1980 年间，其他领先的哲学机构还包括伯克利大学、斯坦福大学、麻省理工学院以及布朗大学的哲学系。

在这一时期，分析哲学在质量和数量上的发展令人惊讶，它在哲学界的主导地位扩展到整个美国，这种情形可以通过两个迥然不同的高等学府的哲学系之间的鲜明对比来加以说明。第一个是位于底特律市中心的韦恩州立大学哲学系，它主要招收中产阶级和工薪阶层的学生群体。随着大量可用人才以及年轻热忱的哲学家们的加入，在 1955 年到 1970 年间，韦恩州立大学哲学系以无可匹敌的精确、激情和激烈的分析论证著称。在韦恩州立大学取得实质性工作进展的杰出哲学家包括：卡特莱特（Richard Cartwright）、卡斯塔涅达（Hector-Neri Castaneda）、盖梯尔、莱勒（Keith Lehrer）、麦肯锡（Michael McKinsey）、纳克尼基安（George Nakhnikian）、普兰廷加和斯雷（Robert Sleigh）。1967年，顶尖期刊《心灵》就是由卡斯塔涅达（塞拉斯的一名学生）在韦恩州立大学创办的。与之相比的是美国最杰出的精英大学之一的耶鲁大学哲学系的经历。在20世纪四五十年代，耶鲁大学哲学系坚决抵制分析哲学的兴起浪潮，将其自身定位为削弱科学主义、强调人文主义和强调形而上学传统的捍卫者。耶鲁大学哲学系在1946年拒绝授予史蒂文森终身教授职位，在1955年拒绝晋升亨普尔，在1963年失去了塞拉斯，在70年代早期拒绝与斯托内克续签合同。仅有三名高级教授的耶鲁大学哲学系在20世纪80年代末被剥夺了任命权，处于破产管理的状态之中。在新世纪破晓之初，它才刚刚开始复苏。这就是美国接受（韦恩州立大学）与拒斥（耶鲁大学）分析哲学的对比。

在交代了背景，给出了研究机构概况之后，下面开始介绍美国分析哲学的主要哲学论题和代表性人物。

蒯因/卡尔纳普有关意义、指称和分析性的论争

逻辑经验主义者卡尔纳普将有意义的语句区分为两类——即分析的与综合的——综合语句的内容可以根据可证实的观察结果来解释。就此观点，蒯因部分同意，部分反对。他欣慰于可以通过可证实的观察结果来确定综合理论的意义，但他抨击了卡尔纳普基于错误预设对句子所做出的区分。卡尔纳普预设一种科学可辩护的意义概念，这种意义概念可以合理地应用于单个句子，并以此类推。这意味着否定句子或其他表达式可能是同义的，以及句子或其他表达式可以凭借意义为真的主张。而卡尔纳普的回应是，在没有拒斥真和指称的外延性概念的情况下，意义和同义的内涵性概念不能被拒斥。因这一进程太过激进，为此他发展了有关外延概念和内涵概念完整关系的解释，同时也解释了经验证据如何对表达式的语义值施加影响。

作为塔斯基的早期追随者，卡尔纳普在《真理与证实》（"Truth and Confirmation"，1949）中，正确地从诸如确定性和证实等认知概念中区分出了塔斯基的真概念，并主张真理常常被与之混淆。在早期实证主义者对意义的解释中，正是这些混淆阻碍了真理核心作用的发挥。在正确指出此问题之后，卡尔纳普将这一观点作为他后来语义理论的基础——《思想自传》("Intellectual Autobiography", 1963)。(不幸的是，就像其他早期的理论家一样，他错误地将这一工作所需要的真概念当作是塔斯基的形式概念。然而幸运的是，他的语义理论并不依赖于这个错误。)在《语义学导论》中，卡尔纳普提出了他的意义概念的真值条件理论。在《意义与必然性》中，他将其扩展为模态语言。在此书中，他提出必然真由分析性确定。后来，在《自然语言的意义与同义词研究》("Meaning and Synonymy in Natural Languages", 1956a) 中，他试图阐明，在指称之外，语词的意义何以能够在语言使用者的经验理论中发挥重要作用。他认为，尽管在建立某一给定语词的意义和指称方面存在经验的不确定性，但有一些可靠的经验方法可以为这两个问题提供证据。由此，他得出结论，意义和指称同命相连。因此，卡尔纳普认为，蒯因明显地保留了诸如指称（和真）这样的外延性概念，却忽略了诸如意义和同义这样的内涵性概念，这种做法是不明智的。与蒯因相反的是，卡尔纳普认为，内涵概念和外延概念是科学同等的——两者都是需要的，都是值得尊重的。

　　蒯因的回应是，赞成意义和指称具有同等地位要以同等拒斥二者为代价。这最终是他关于翻译不确定性和指称不可测知性的信条所遗留的问题——详见《语词和对象》、《答乔姆斯基》("Reply to Chomsky", 1969)、《本体论的相对性》("Ontological Relativity", 1969) 和《论翻译不确定性之因》("On the Reasons for the Indeterminacy of Translation", 1970)。正如他所看到的，问题在于，无论是赋予句子以相同意义的理论，还是对从句表达式赋予指称的理论，都不是根据证实的可能（行为）材料来决定的。此外，蒯因声称，即便加入所有自然科学语言可表达的真理，也并不能消解不确定性。由于他（大体上）主张所有真正的真理都是由物理真理所决定的，由此他得出结论，无论是意义相同的陈述还是从句表达式的指称相同的陈述，都不具备客观真理资格。

　　尽管这一观点引人注目，但它并没有被持续赞同。其论证隐含分歧，其中涉及确定性关系——不能确定所有蒯因的前提是能够同时证真的（索姆斯，2003b，第10章）。此外，命题的不确定性看起来是自毁的。总的来说，对于意义、指称和真理这类通常概念而言，它们相当于激进的消除主义，此外，还有一个与之匹配的建议，用诸如刺激意义概念、去引号的塔斯基指称概念和塔斯基真概念这类体面的科学概念来取代它们。但困难在于，如果没有蒯因所提出的缩减的概念,那么其学说所依赖的关键论点就似乎站不住脚了(索姆斯,2003b,第11章)。因此,他的立场是否站得住脚,尚不可知。

模态逻辑的奋进与哲学逻辑的兴起

如前所述,在1946年,马库斯与卡尔纳普各自独立地将刘易斯对模态命题演算的公理处理扩展到(带量词的)谓词演算。1947年,卡尔纳普将这种处理方式与一种素朴的可能世界语义学结合起来。然而,这种将量化纳入模态结构的逻辑扩展,激起了蒯因的强烈反驳(蒯因1943,1947,1953)。不幸的是,几十年来,这些反驳都没有被谨慎地厘清。正如伯吉斯(1998)所言,蒯因最强也是最合理的观点是,对模态结构进行量化的形式方法与根据模态逻辑学家所运用的必然算子的内容而给出的非正规的、哲学上的解释之间并不匹配。当被问及:"什么是包含必然算子的系统所形式化构建的逻辑概念"时,回答通常是:"必然性就是逻辑真理"或者"必然性就是分析性"。当然,蒯因对分析性存有疑义。然而令他排斥量化模态逻辑的原因在于,因为分析性被假定为句子属性,那么由必然算子所建构的结构量化意味着"依据意义而赋予真值",这不是就单个句子而言,而是就包含自由变元公式的一对句子,以及作为变量值的对象而言。蒯因认为这种依据意义的想法可能是正确的,但却没有意义。从原则上讲,无论这种观点是否可以理解,但就当时的模态逻辑学家而言,他们并没有采用这样的处理。由此,他有理由得出结论:量化模态逻辑建立在一个错误的基础之上。

更一般地说,蒯因的结论是:指称相同的单称词项的替换无法保真,这样的结构量化(在客观上)是无法理解的。这是一个毋庸置疑的错误,但多年以来并未被清晰地认识,卡普兰(1986)、卡兹米(Ali Kazmi,1987)、理查德(1987)以及索姆斯(1995)都曾提到。由于这种错误的干扰,模态逻辑的捍卫者,诸如斯穆里安(1947,1948)、费奇(Fitch,1949)、马库斯(1960,1961)和弗洛斯达尔(Føllesdal,1961)都专注于他们所需要的逻辑语言,以包含名称词项(纯粹的称呼)来应对(在指称相同的情况下的)替换失效。然而,对蒯因反对量化模态逻辑的明确回应,不是发明一类特定词项,而是不再视必然性为分析性,是开始将必然性认定为在所有反事实的可能世界情形中为真的情形,以此解释,具有或失去特定属性的给定对象所在的命题在此种情形下为何为真。

这些在克里普克的模态逻辑语义学的正式版本里有所暗示的变革，在克里普克1970年的演讲中被明确指出，这一演讲后被结集为《命名与必然性》。卡普兰在1971年的手稿中对此进行了加强，后以《论指示词》("Demonstratives", 1989) 出版。

在克里普克语义学发展之后，哲学逻辑也有了爆炸式进展。建立在普赖尔（Arthur Prior）《时间与模态》（*Time and Modality*, 1957）基础上的时态逻辑以及直觉主义逻辑，都迅速跟进了类似的处理方式。最全面的推进是蒙塔古的阐述。他在20世纪60年代与70年代初出版一系列论文，这些论文后被收录到他的《形式哲学》（*Formal Philosophy*, 1974）中。其中，蒙塔古提出了一个高度概括的内涵逻辑系统，用以作为分析自然语言大片段的语法、语义和语用学的框架。这一工作不仅影响了跟进此项研究的哲学逻辑学家们，而且也为理论语言学的语义研究方法奠定了基础，这种语义研究方法一直持续到新的世纪。现代符号逻辑语言的形式化真值条件语义研究，肇始于20世纪30年代的塔斯基。之后马库斯、卡尔纳普、普赖尔、普里普克、蒙塔古等人的哲学逻辑研究，将采用这一研究方法的语言结构的范围扩展到时间和时态、必然性和可能性的表达，以及其他许多方面。卡普兰的《论指示词》扩展了这一纲领，以囊括自然语言中包括诸如"我"、"我们"、"你"、"她"、"那个"、"现在"、"今天"和"实际上"这类指示词在内的语境敏感性语句，这是自然语言的另一个本质特征。可以想及，到20世纪末，后来的学者们可以运用由塔斯基提出的逻辑技术，用来处理近乎全部的自然语言。

对反事实条件句的斯托内克—刘易斯处理方法的发展（斯托内克1968，1975，1978；大卫·刘易斯1973a），是这种新逻辑方法最重要的哲学应用之一。这个分析哲学家们一直以来都感兴趣的问题，在古德曼的《反事实条件难题》("The Problem of Counterfactual Conditionals", 1947) 与《事实、虚构和预测》（*Fact, Fiction, and Forecast*, 1954）中被阐明，但却并未得解。按照被公认为具有显著优势的斯托内克—刘易斯方法的解释，"如果A那么B"为真，当且仅当，在所有A为真的世界情形中，B真比B假更接近于现实世界的状态（相关的相似性关系则取决于话语语境的不同）。除了对逻辑和语义问题提供解决方案之外，这一分析方法还具有一定的意义，也即合法化并澄清了在阐明各种哲学重要概念时，反事实条件句的作用。例如，参见刘易斯有关因果性的论述（1973b，1986b），斯托内克有关心理内容的论述（1984），以及刘易斯有关语气的论述（1997）。

戴维森纲领

戴维森在塔斯基的研究基础上，试图为自然语言提供一个有哲学意义的真值条件意义理论，这一纲领与模态语义的目标相似，但在方法上有所不同。然而，在卡尔纳普—克里普克—蒙塔古—卡普兰的传统中，句子的真值是相对于可能世界而言的，此外在许多情况下，还要加上时间或语境。与传统哲学逻辑学家们所运用的复杂的内涵逻辑系统不同的是，戴维森在塔斯基所使用的简单的外延框架内工作。正如戴维森（1965，1967a，1970，1973a，1973b）所指出的，他的目标是为自然语言 L 建构有限的公理化真理理论，使人们能够从阐释语词和短语的指称性性质的公理中推出，对于 L 的任意句子 S 而言为真的 T-语句，"'S' 是 L 的真语句当且仅当 p"。因为这一理论可以根据语义上的重要结构，给出每一个句子的真值条件，由此戴维森认为，这个理论可以算作 L 的意义理论。说话者所主张的特定句子为真的条件以及该理论指派给这些句子的真值条件，通过将二者进行对比，他设想了这样一种被经验主义验证的理论。在戴维森看来，正确的意义理论大体上是如下的 T_M 理论：根据这个理论，说话者所主张的句子为真的条件更匹配于如下条件，即 T_M 理论加上我们关于世界的理论一起预测语句为真的条件。粗略地说，戴维森将正确的理论视为，依据该理论，除了解释错误的实例之外，L 的说话者是比其他 L 的解释更为常见的说真话者。

这种大胆的想法引起了两种反应。按照戴维森的术语而言，第一个尝试是通过给出自然语言结构的分析来实施这一纲领。处理的典型例子是：（i）事件名词和状语修饰，戴维森（1967b）以及希金博特姆（1983）；（ii）命题态度归属，戴维森（1968）、拉尔森与拉德洛（Larson and Ludlow，1993）；（iii）隐喻，戴维森（1978）；（iv）代词，埃文斯（1977）以及希金博特姆（1980）。对戴维森纲领的第二种反应是质疑他将真理理论作为意义理论的基础。戴维森的真理理论强调不指派任何实体作为句子的意义，也不就个别句子的意义给出定理。然而，戴维森最初声称的意义理论的争论在于，知道语句陈述的内容就会掌握有关语言中相关联句子的真值条件的复杂系统。正是这种知识的系统性使他确信，掌握相对于 L 而言的适当的真理理论 T_M，就足以理解句子。然而，这是一个错误——就像福斯特（Foster, 1976）所表明的那样，即使系统地误解了 L 所赋予的真值条件下的句子，但经由 T_M 理论，我们仍能知了 L 所阐明之意。尽管戴维森的《对福斯特的回应》（"Reply to Foster", 1976）修改了把真理理论理解为意义理论这一原始论证，但是其新的论证也被索姆斯（1992）证明不成立。从那时起，例如，希金博特姆（1991, 2006）、拉尔森和拉德洛（1995）等也提出其他尝试性论证，但这一问题仍然存在争议。

时至今日，戴维森纲领仍是对自然语言的诸多语义理解中的一种。作为一个历史问题，由于戴维森纲领在连接不同的传统分支上扮演的角色，故它在美国分析传统中占据重要地位。戴维森纲领对逻辑技术应用于理解自然语言的任务的关注，使它与哲学逻辑学家的更复杂的技术性工作联系在一起。其重点在于对语义能力的解释，这主要依据句子的表面结构与其潜在的逻辑形式之间的复杂映射来完成，这就与倾向于语言学的哲学家们联系起来，与乔姆斯基式的生成语法学家热衷于共同的事业。戴维森对内涵的回避——以及他依据真值与指称的外延性概念和句子为真的主张来解释句子意义和信念内容的决心——将他与蒯因的自然主义和"逃离内涵"的主张联系起来。最终，戴维森具有系统性的而又逻辑简单的意义理论方法，将他的工作与那些主要的哲学家们联系起来。这些哲学家主要是英国哲学家，但不仅限于英国。他们仍旧主张意义在哲学中扮演着核心作用，并为早期日常语言学派的哲学家们的失败而感到沮丧，这是因为日常语言学派的哲学家曾为意义理论提出了富有成效的研究方法。

克里普克和语言转向的终结

20 世纪最后 30 年中，最重要的发展是对从克里普克（1980）、普特南（1970, 1975a）和卡普兰（1989）的作品中引发的（i）—（iv）论题所提出的挑战。

（i）一个语词的意义不是其指称，而是描述性涵义，它编码确定其指称的充分必要条件。

（ii）因为一个语词的意义是与说话者相关联的描述性涵义，因此意义是透明的。如果两个语词的意义是相同的，那么任何理解这两个语词的人，都能够通过检查与说话者相关联的语词涵义来识别语词。语词意义和心理内容由主体的内在因素决定。

(iii) 先验真理和必然真理是一回事。它们都基于意义。

(iv) 形而上学中独立于对象如何被加以描述，而讨论有关对象具有或失去其本质属性的主张是没有意义的。如果一个语词 t 指称一个对象 o，并且"（如果 t 存在），那么，必然地，t 是 F"是真的，那么总会有另一个指称对象 o 的语词 t*，"（如果 t* 存在），那么，必然地，t* 是 F"是假的。因为在确定对象 o 的本质属性时，我们给出句子的优先次序是任意的，所以对象具有或不具有这些属性的思想必须是相对于它们如何被描述而言的。

在克里普克对这些学说给出具有启发性的抨击之前，分析哲学家通常认为所有的可能性都是语言的可能性，并且必然的、先验的和分析的是同一回事。即使是拒斥模态的蒯因，也将"必然性"、"先验性"和"分析性"视为相同概念的不同名称。反对这种严格区分的哲学家们通常把这三个概念混为一谈，并继续把哲学工作看成是通过对意义的分析来揭示概念的——也即分析的—先验的—必然的——真理。

所有这些都随着克里普克的严格指示词、直接指称和非描述性这些概念的引入而发生变化。克里普克主张名称和自然种类词都是严格指示词，因此不等同于说话者关联的摹状词，这一观点是导致发生变化的楔子。他接着又用严格指示词来反驳蒯因对本质主义的著名驳斥，这一说法被载为（iv）。o 的严格指示词 t 是那些在对象 o 存在的所有可能情况下都能唯一识别出对象 o 的指示词。因此，当 t 是严格指示词时，对象 o 是否具有 F 所描述的性质在本质上等值于语句"（如果 t 存在），那么，必然地，t 是 F"是否为真。包含非严格指示词的其他语句的真值，是无关紧要的。一旦这一主张被直视，那么对本质主义可解性的反对就会坍塌（索姆斯 2003b，第 14 章）。

通过运用非描述性语义与改进的本质主义的概念，克里普克接下来展示了后验必然的实例如何生成。如果 n 是一个名称或者严格指示存在对象 o 的索引词，F 表示对象 o 的本质属性，并且对象 o 具有 F 性质需要经验证据，那么"如果 n 存在，那么 n 是 F"表达的命题既是必然的又是只能后验可知的（参见索姆斯 2006）。突然之间，必然的和先验的不再相同，其中一者或者两者都可能来自语言之外，这种观点成为可以被接受的观点。

通过这条本质主义的路线，后验必然就有了可设想性与真实可能性的区分，也就是说，事情是可被设想的方式与其可以为真（或已经为真）的方式的区分。这种区别通常是根据可能世界，或者更好的表达为可能世界的情形，被加以典型刻画。对于克里普克来说，世界的可能情形不是具体世界的可选择情形，而是抽象对象（参见斯托内克，1976，1984）。形而上学上的可能世界情形是实在的具体世界所应具有的极大完全的方式——世界所例示的极大完全的性质。在认识论上，可能世界情形是日常世界能够融贯一致的极大完全的方式，它是世界可以被实例化设想的极大完全的性质，并且人们不能先验地知道它没有或者不能被例示（参见萨蒙1989；索姆斯2003b，2005，2007）。这两个性质集是不同的。正如，有一些性质是日常对象所具有的性质，而有一些性质是日常对象所不具有的性质一样。所以，存在日常世界所具有的特定的极大完全的性质集——形而上学上的可能世界情形，以及日常世界所不具有的极大完全的性质集——形而上学上的不可能世界情形。正如其中的一些性质是对象所不具有的属性，人们可以设想对象具有这些性质，但人们却不能先验地知道对象没有或不能具有此类性质。所以日常世界所不具有的极大完全的性质集是那些我们可以设想对象具有但却不能先验地知道对象没有或不能具有此类性质的性质集。世界的这些情形是认识论上可能的，但却不是形而上学可能的。在这一图景中，经验证据的推论需要建立在仅仅后验可知的必然真理的知识之上，而这种知识排除形而上学不可能的世界情形，仅建立在认识论上可能的世界情形之上。在这些可能世界情形中，这些必然真理为假。

这是克里普克及其盟友所领导的哲学变革的核心。当这一变革曲终人散时，(i)—(iv) 被质疑，并被多次驳斥。最重要的是，必然性、先验性和分析性的解耦扩大了哲学探究的范围——包括有关本质的形而上学探究——超越了本应基于意义分析的探究。似乎，语言转向已棋逢对手。

罗尔斯与规范理论的复兴

同一时期，在伦理学、政治哲学和法哲学中也发生了类似的转向。从 20 世纪 30 年代中期到 20 世纪 60 年代早期，是情感主义和可评估的非认知主义的全盛时期。多年来，美国伦理学方向最著名的分析作家之一是查尔斯·史蒂文森，其 1937 年的《伦理学术语的情感意义》("The Emotive Meaning of Ethical Terms")，以及 1944 年的《伦理学与语言》(*Ethics and Language*)，已成为经典。在这些作品中，他认为，诸如"好的""坏的""正确的""错误的"这类评价性术语的功能，不是对世界或行动方案的描述，而是人们对世界或行动方案的情感态度的表达。他主张，包含这些术语的句子并不是用来做出真假陈述的，而是用来表达情感以及引发行动的。因此，关于正确和善的规范性理论不是对象的知识，也不是理性的确证信念，因此也就被排除在哲学范畴之外。正如史蒂文森在他的名篇（1937）结尾所说，"'x 很好'在本质上是一种建议的载体，它不是哲学家们相比其他人而言，更需要做出的陈述。当伦理学到了仅仅是阐明伦理学术语，而不是解释其意义的程度时，那么它就不再是一种反思性的研究。"因此，他认为，伦理哲学家唯一的工作就是解释评价性语言是如何运作的。伦理学早已被元伦理学所吞噬。

这一观点在 20 世纪 50 年代发展得更为精细成熟，然而到了 50 年代末期，这一观点却遭到了著名的"弗雷格—吉奇论点"（Frege–Geach point）的强烈反驳。这种反驳被英国哲学家吉奇（1960）和美国哲学家塞尔（1962）所大力推进。这种反对意见是基于这样一种观察：诸如"那个很好"这类评价性语句作为子句的形式出现在更长的描述性的语句中时，它们的意义就会对经由长句子表达所做出的陈述的真值条件提供系统性贡献。当使用评价性语句作为长句的子句出现时，由于评价性语句具有相同的意义，因此其意义不能被任何伴随语句使用的特定的情感反应或行动来识别——诸如鼓励或引导选择——而是需要通过其自身的表达方式来完成。因此，评价性语句具有描述性的内容或类似内容的观点得以恢复，这就促进了正在前进中的规范理论的复兴。

20 世纪 50 年代末到 70 年代初，从诸如费恩伯格（Joel Fineberg）、布兰特（Richard Brandt）、拜尔（Kurt Baier）和内格尔这些理论家的著作中，人们看到了这种复兴。但最重要的是，人们在罗尔斯的著作中看到了这种复兴。尤其是从他的《作为公正的正义》（"Justice as Fairness"，1958）、《正义感》（"The Sense of Justice"，1963），以及他的经典著作《正义论》中，人们看到了这种复兴。无论如何夸大这本书对当时伦理学和政治哲学的影响，都不为过。但《正义论》充分知晓相关的社会科学理论，以一种合理的、自觉的方法论作为指导，深入研究功利主义、道义论、契约论、平等主义和自由主义的概念和历史基础，因此可以说，它为分析哲学带来了有关现有规范性问题基本原理的最有说服力和系统性的研究。

其主要思想是，公正社会是由理性的、利己主义的代理人，在确定支配社会交往的基本规则的公平谈判中，自由且一致地选择出的基本结构。这一谈判过程涉及的选择原则受到罗尔斯所定义的"原初状态"（the original position）的约束。"原初状态"是一种假设的情形,它假设了人们拥有关于人性和社会的普遍事实的所有相关知识,但与此同时,人们被剥夺了对自身能力、需求或在社会秩序中的地位等这些会导致人们赞成利己原则的知识的了解。鉴于这些限制条件,罗尔斯认为,下面这两个一般原则是公正社会的基础。一个原则在于保障每个公民拥有最广泛的基本自由,但这种基本自由需要兼容他人也具有相同的自由。另一个(所谓的差别原则)规定,社会和经济的不平等(在机会平等的前提下,职务和岗位向所有社会成员开放),只有在一种情形下是可容忍的,也就是该制度下最不富裕的个体比任何可选择制度下最贫困的个体的境况都要更为优越。这些原则的制定涉及平衡自由、平等和效用,并且在争取权利的同时抛弃了古典功利主义。罗尔斯的观点也可以被解读为是自由主义左翼(但不是极端左翼)的财富再分配论者的现代民主资本主义版本的辩护,而这引发了来自社会主义左翼和自由主义右翼的批评。

其中最著名的自由主义经典著作《无政府、国家和乌托邦》(*Anarchy, State, and Utopia*, 1974)是罗尔斯在哈佛大学的同事诺齐克撰写的。《无政府、国家和乌托邦》对罗尔斯的观点在某种程度上进行了否定批判,在某种程度上进行了积极吸取。其核心思想是:自由是政治价值的主导。对诺齐克而言,商品分配受到历史性资格这一原则的约束,这一原则与罗尔斯的目的—结果原则相反,是完全程序化的。按照资格理论,任何由一系列公正程序所产生的商品分配——包括赋予当事人自愿交换财产的权利("成年人之间的资本行为")——都是公正的。由于任何分配方式都会被这种自愿交换所干扰,因此,这也就意味着没有一种分配方式——绝对平等、差别原则、整体效用、最大平均效用或任何其他分配原则——可以构建一个公正社会。这是诺齐克最具挑衅性的结论。

罗尔斯和诺齐克特别将政治哲学,以及一般意义上志向远大的道德理论,直接纳入了分析传统的主流。正如斯坎伦在《我们彼此负有什么义务》(*What We Owe to Each Other*, 1998)中,以契约方法履行义务所阐明的那样,政治哲学和道德理论仍然是关注的焦点。发生在法哲学领域的类似复兴,由(美国)德沃金(Ronald Dworkin, 1931—2013)的《认真对待权力》(*Taking Rights Seriously*, 1977)与《法律帝国》(*Law's Empire*, 1986)所引领。德沃金分别于1953年和1955年在哈佛大学和牛津大学获得文学学士学位,于1957年在哈佛大学法学院获得法学学士学位。在1969年,德沃金成功接替伟大的实证主义法学家哈特担任牛津大学法理学首席教授。在那里，他很快就被认为是哈特实证主义的主要批评者——这源于他的观点：法律效力涉及对制定法的制度来源的忠诚问题，除了一些边缘问题之外，法律效力独立于实质性的道德考量。与此相反，德沃金主张"建构性解释"的理论。这一理论主张，原则上，无论是法律内容，还是法律内容在具体案件下的应用，都不是由常规的应用程序以及法律规定所完全决定的——它们独立于任何对特定法律实践结果的道德评估，也独立于任何有关这些结果如何对带有法律颁布者意图的社会目标施加影响的判断。对于德沃金而言，在融通过去的裁定结果与现有的法律实践时，所有裁决都要求法官在实质性的道德问题与现有的法律历史之间做出权衡，以达到最公正和最合乎道义的原则，从而实现法律的正当目标。在此限度内，这是合理可行的。虽然这一过程似乎允许在特定案件的裁定结果和涉及这些案件的法律内容方面享有特别的司法自由裁量权——这令不同派别的政党所兴奋或惊愕——但德沃金并不这样认为。德沃金融合规范与实际考量的理论决定了即使在"疑难案件"中都有唯一的裁定结果，他不认为法官有权创造新的法律（或在法律之外裁定结果）。并且他认为发现已经成型的未公布的法律是一项艰巨而复杂的任务，以此为由，他对这些进行法外裁定的法官们进行控诉。在所有这些方面，他为过去半个世纪盛行的自由主义左翼的法理学实践提供了一个复杂而有争议的哲学基础——这与罗尔斯为自由主义左翼提供的对具有自由市场经济特点的现代民主福利国家的合理化理解方式是极为相同的。尽管由拉兹（Joseph Raz）等人所引导的，关于德沃金观点的辩论是非常激烈的，但它似乎并没有像罗尔斯—诺齐克的辩论那样，一直承载着政治上的输送。然而，从1975年德沃金开始在纽约大学法学院工作成为弗兰克·亨利·索默法理学讲席教授开始，到他1994至2011年担任哲学教授期间，与他有关的激烈争论都并不缺乏。

分门别类

截至20世纪末，美国和其他地方的分析哲学的现有研究项目的扩展，可以囊括几乎所有传统哲学所关注的课题。在形而上学上，物理主义、时间与空间的本质以及物质的构成问题，都被激烈辩论，其中至少有一个成熟的形而上学体系——由大卫·刘易斯所创建的——占据了舞台中央。在认识论上，由盖梯尔在1963年提出的盖梯尔问题，所引发的有关超越真理、信念确证以及知识构成的讨论卷帙浩繁。诸如戈德曼（Goldman，1967）和德雷特斯克（Dretske，1981）在其著作中所主张的，盖梯尔问题的一个核心思想是——知识是由正确的方式所引发的真信念。另一个革新是语境主义，这在科恩（1986，1988，1998）和德瑞斯（DeRose，1992，1995，2002）的著作中被倡导，后由刘易斯采纳（1996）。根据语境主义的观点，谓词"知道"（know）中所包含的证明标准相对于话语语境的变化而言是敏感的。这对各种认识论问题，包括怀疑论所构成的问题都具有重要的影响。

在心灵哲学中，哲学家们围绕着一系列相关话题展开了生动而激烈的讨论：有关心灵状态的功能主义讨论［例如，普特南（1967a，1967b）、杰瑞·福多（Fodor，1968）、刘易斯（1980）］；心灵计算理论［例如，福多（1975，1979，1983）、塞尔（1980，1984））；心灵内容的科学可接受概念（例如，伯奇（1979）以及福多（1987，1990）］；意向主义［其观点是：心灵状态的所有内容都是其表征内容，诸如哈曼（1990）、泰伊（Tye，1995）、德雷特斯克（1995）、伯恩（Byrne，2002）］；有关现象的质的讨论［所谓的"感受质"（qualia）］［诸如内格尔（1974）、舒梅克（1982，1994）、沙（Thau，2002）］以及意识的本质［例如，莱康（Lycan，1996）］。伦理学见证了功利主义的激烈论争［例如，谢弗勒（1982）与卡根（Kagan，1989）］，以及复杂的元伦理学理论的发展［例如，哈曼（1997）和吉伯德（1990，2003）］。在科学哲学领域中，没有什么能像库恩的《科学革命的结构》（1962）那样引人注目。然而，由逻辑经验主义者所拥护的一般的科学概念，可能是语义实在论与语用证实主义的结合，这由范·弗拉森（Bas van Fraassen）在《科学的形象》（The Scientific Image，1980）的建构经验论中提出。从那时起，科学事业的总体特征在很大程度上演变成更具专业、高度集中、研究单个科学领域的具体问题。

这只是美国分析哲学家们巨大的研究范围和多样的研究课题中的一个小样本。除了少数领域——最为显著的是宗教学，或许还有美学——值得怀疑的是，任何哲学话题都没有像现在这样受到如此多的关注。即使是在宗教学和美学方面，这种情况也得到了改观，这源于一些卓越的分析哲学家的工作：宗教哲学方面的普兰廷加、阿尔斯通（William Alston）和范·英瓦根；美学领域的沃尔顿（Kendall Walton）、丹托、卡维尔和齐夫，以及在电影美学方面做出研究的威尔逊（George Wilson）。如果说当今的分析哲学领域存在一个系统性问题的话，那么这个问题不在于对学科领域的忽视，也不在于缺乏处理不同问题的方法，而是在于在这个空前丰富的时代中，对那些历来被哲学家们众所周知的论题给出统一的综合性概述。

质量、数量以及身份

在20世纪初，除了独自在宾夕法尼亚州的米尔福德工作的隐士般的天才皮尔士之外，美国的哲学实质上是哈佛大学的哲学——美国哲学主要由实用主义者詹姆斯、绝对唯心论者罗伊斯和实在论者佩里所主导。分析哲学在美国尚未存在时，作为其先驱的实用主义，却已达到了顶峰。半个世纪之后，在20世纪50年代初，最后一位伟大的前期分析哲学的实用主义者C. I. 刘易斯，从哈佛大学退休，将哈佛大学哲学系交到蒯因手中。蒯因是美国第一个世界级的分析哲学家。虽然哈佛大学仍然是分析哲学的中心，而且在未来的20年里仍继续保持这一中心地位，但是随着来自欧洲的学者的加入以及大量本土学者的辅助，加州大学洛杉矶分校、伯克利大学、芝加哥大学、哥伦比亚大学、密歇根大学、康奈尔大学、布朗大学、宾夕法尼亚大学以及其他一些机构，都建立了坚实的分析哲学基础。20年后，在20世纪70年代中期，美国的哲学是分析的哲学，而分析哲学领导地位的接力棒已经传递给了克里普克和大卫·刘易斯所在的普林斯顿大学。

那时，高等教育的大规模扩张导致了专业哲学家数量的激增，并且促进了许多卓越的具有竞争力的哲学中心的崛起。这其中包括强大的匹兹堡大学哲学系和虽然机构不大，却越来越具有影响力的麻省理工学院哲学系。这种趋势持续到21世纪之初，那时纽约大学哲学系和罗格斯大学哲学系，这两个新的哲学机构上升到了顶峰，而哲学家的数量仍在持续增长。那时，拥有卓有成效的研究生课程的实力较强的哲学机构的数量已经上升到大约20个，而具有卓越天赋的哲学人才远远超出了这一范围。如今的哲学家们已完全专业化，而他们以专业哲学家为主要受众的研究工作则更为精专。

虽然哲学天才的出现是不可预测，而且难以量化的，但整个美国总体的哲学质量似乎比以往任何时候都要高。然而，真正令人震惊的是数量的增加。正如前面所说，美国哲学协会所报告的会员人数从1940年的747人上升到1980年的5 125人。在1990年，这个数字是8 336；在2000年是10 474；而在2006年，这个数字超过了11 200。其成员不仅仅是教师。其中很多人积极参与研究工作，并定期发表文章。因此，毫不奇怪的是，为与之适应，哲学出版媒介的数量也在增加。例如，《美国哲学家词典（2004—2005）》(Directory of American Philosophers 2004—2005) 中报告了位于美国的 267 个哲学出版期刊和 168 个哲学学会。

尽管这些数字看起来不高。只关注美国是错误地假定了如今有一个独特的美国哲学界，这个学界产生了它自己可辨认的哲学类型。然而，并非如此。今天的美国哲学是分析传统下的哲学，这是不可辩驳的。但分析哲学不再仅仅是美国血统，它并不与英国、澳大利亚、新西兰、加拿大甚至是日益庞大和数量众多的非英语国家飞地的分析哲学存在本质差别。当然，美国分析哲学的规模和影响要比其他地方大得多。但分析哲学绝不仅仅是美国人的专利。越来越多的来自不同国家的分析哲学家组成了一个唯一而又完整的学术团体，他们在其中来回穿梭，自由交流。美国是这个学术团体的中心，但它并没有定义这个学术团体。

参考文献

Austin, J. L. 1962. *How to Do Things with Words*. Cambridge：Harvard University Press.

Ayer, Alfred Jules, ed. 1959. *Logical Positivism*. New York：Free Press.

Byrne, Alex. 2002. "Intentionalism Defended." *Philosophical Review* 110：199−240.

Burgess, John. 1998. "Quinus ab Omni Naevo Vindicatus," in Ali Kazmi, ed., *Meaning and Reference*. Calgary：University of Calgary Press.

Burge, Tyler. 1979. "Individualism and the Mental," in Peter French, Theodore Uehling Jr., and Howard Wettstein, eds., *Midwest Studies in Philosophy*, vol. 4. Minneapolis：University of Minnesota Press.

Carnap, Rudolf. 1936—1937. "Testability and Meaning." *Philosophy of Science* 3：419−471 and 4：1−40.

——（1934）1937. *Logische Syntax der Sprache*. Translated as *the Logical Syntax of Language*. London：Kegan Paul.

——1942. *Introduction to Semantics*. Cambridge：Harvard University Press.

——1946. "Modalities and Quantification." *Journal of Symbolic Logic* 11：33−64.

——1947. *Meaning and Necessity*. Chicago：University of Chicago Press.

——1949. "Truth and Confirmation," in Feigl and Sellars 1949.

——1950a. *The Logical Foundations of Probability*. Chicago: University of Chicago Press.

——1950b. "Empiricism, Semantics, and Ontology." *Revue International de Philosophie* 4: 20-40; reprinted and revised in Carnap 1956b.

——1956a. "Meaning and Synonymy in Natural Languages." *Philosophical Studies* 7: 33-47; reprinted in Carnap 1956b.

——1956b. *Meaning and Necessity*, 2nd exp. ed. Chicago: University of Chicago Press.

——1963. "Intellectual Autobiography," in P. A. Schilpp, ed., *The Philosophy of Rudolf Carnap*. La Salle, Ill.: Open Court.

Cohen, Stewart. 1986. "Knowledge and Context." *Journal of Philosophy* 83: 574-583.

——. 1988. "How to Be a Falliblist." *Philosophical Perspectives* 2: 581-605.

——1998. "Contextualist Solutions to Epistemological Problems: Scepticism, Gettier, and the Lottery." *Australasian Journal of Philosophy* 76: 289-306.

Davidson, Donald. 1965. "Theories of Meaning and Learnable Languages," in *Yehoshua Bar-hillel, ed., Logic, Methodology and Philosophy of Science: Proceedings of the 1964 international Congress*. Amsterdam: North-Holland Publishing Company; reprinted in Davidson 2001a.

——1967a. "Truth and Meaning." *Synthese* 17: 304-23; reprinted in Davidson 2001a.

——1967b. "The Logical Form of Action Sentences," in N. Rescher, ed., *The Logic of Decision and Action*. Pittsburgh: University of Pittsburgh Press; reprinted in Davidson 2001b.

——1968. "On Saying That." *Synthese* 19: 130-46; reprinted in Davidson 2001a.

——1970. "Semantics for Natural Languages," in B. Visentini, ed., *Linguaggi nella Societa e nella Tecnica*. Milan: Edizioni di Comunita; reprinted in Davidson 2001a.

——1973a. "In Defense of Convention T," in Hughes Leblanc, ed., *Truth, Syntax, and Modality*. Amsterdam: North-Holland Publishing Company; reprinted in Davidson 2001a.

——1973b. "Radical Interpretation." *Dialectica* 27: 313-328; reprinted in

Davidson 2001a.

——1976. "Reply to Foster," in Gareth Evans and John McDowell, eds., *Truth and Meaning: Essays in Semantics*. Oxford: Clarendon Press; reprinted in Davidson 2001a.

——1978. "What Metaphors Mean." *Critical Inquiry* 5: 31-347; reprinted in Davidson 2001a.

——2001a. *Inquiries into Truth and Interpretation*. Oxford: Clarendon Press.

——2001b. *Essays on Actions and Events*. Oxford: Clarendon Press.

DeRose, Keith. 1992. "Contextualism and Knowledge Attributions." *Philosophy and Phenomenological Research* 52: 913-29.

——1995. "Solving the Sceptical Problem." *Philosophical Review* 104: 1-52.

——2002. "Assertion, Knowledge and Context." *Philosophical Review* 111: 167-203.

Dretske, Fred. 1981. *Knowledge and the Flow of Information*. Cambridge, MA: MIT Press.

——1995. *Naturalizing the Mind*. Cambridge, MA: MIT Press.

Dworkin, Ronald. 1977. *Taking Rights Seriously*. Cambridge, MA: Harvard University Press.

——1986. *Law's Empire*. Cambridge, MA: Harvard University Press.

Evans, Gareth. 1977. "Pronouns, Quantifiers and Relative Clauses." *Canadian Journal of Philosophy* 7: 467-536.

Feigl, Herbert, and Wilfrid Sellars. 1949. *Readings in Philosophical Analysis*. New York: Appleton.

Fitch, Frederic B. 1949. "The Problem of the Morning Star and the Evening Star." *Philosophy of Science* 16: 137-41.

Fodor, J. A. 1968. *Psychological Explanation*. New York: Random House.

——1975. *The Language of Thought*. New York: Crowell.

——1979. *Representations*. Cambridge, MA: MIT Press.

——1983. *The Modularity of Mind*. Cambridge, MA: MIT Press.

——1987. *Psychosemantics: The Problem of Meaning in the Philosophy of Mind*. Cambridge, MA: MIT Press.

――1990. *A Theory of Content and Other Essays*. Cambridge, MA: MIT Press.

Føllesdal, Dagfinn. 1961. *Referential Opacity and Modal Logic*. PhD diss., Harvard University.

Foster, J. A. 1976. "Meaning and Truth Theory," in G. Evans and J. McDowell, eds., *Truth and Meaning*. Oxford: Clarendon Press.

Geach, Peter. 1960. "Ascriptivism." *Philosophical Review* 69: 221–25.

Gettier, Edmund. 1963. "Is Justified True Belief Knowledge?" *Analysis* 23: 121–23.

Gibbard, Alan. 1990. *Wise Choices, Apt Feelings: A Theory of Normative Judgment*. Cambridge: Harvard University Press.

――2003. *Thinking How to Live*. Cambridge: Harvard University Press.

Goldman, Alvin. 1967. "A Causal Theory of Knowing." *Journal of Philosophy* 64: 335–72.

Goodman, Nelson. 1947. "The Problem of Counterfactual Conditionals." *Journal of Philosophy* 44: 113–28.

――1954. *Fact, Fiction, and Forecast*. Cambridge: Harvard University Press.

Grice, Paul. 1989. *Studies in the Way of Words*. Cambridge: Harvard University Press.

Harman, Gilbert. 1977. *The Nature of Morality*. New York: Oxford University Press.

――1990. "The Intrinsic Quality of Experience." *Philosophical Perspectives* 4: 31–52.

Hempel, Carl. 1945. "Studies in the Logic of Confirmation." *Mind* 54: 1–16, 97–121.

――1950. "The Empiricist Criterion of Meaning." *Revue Internationale de Philosophie* 4: 41–63; reprinted in Ayer 1959.

――1965. *Aspects of Scientific Explanation*. New York: Free Press.

――1966. *Philosophy of Natural Science*. Englewood Cliffs, NJ: Prentice-Hall.

Hempel, Carl, and Paul Oppenheim. 1945. "A Definition of Degree of Confirmation." *Philosophy of Science* 12: 98–115.

――1948. "Studies in the Logic of Explanation." *Philosophy of Science* 15: 135–175.

Higginbotham, James. 1980. "Pronouns and Bound Variables." *Linguistic inquiry* 11: 679–708.

——1983. "The Logic of Perceptual Reports: An Extensional Alternative to Situation Semantics." *Journal of Philosophy* 80: 100–127.

——1991. "Truth and Understanding." *Iyyun* 40: 271–288.

——2006. "Truth and Reference as the Basis of Meaning," in Michael Devitt and Richard Hanley, eds., *Blackwell Guide to the Philosophy of Language*. Oxford: Blackwell.

Holt, Edwin; Marvin, Walter Taylor; Montague, W. P.; Perry, Ralph Barton; Pitkin, Walter; Spaulding, Edward. 1912. *The New Realism*. New York: Macmillan.

Houser, Nathan, Don Roberts, and James Van Evra, eds. 1997. *Studies in the Logic of Charles Sanders Peirce*. Bloomington: Indiana University Press.

Jackson, Frank, ed. 1991. *Conditionals*. Oxford: Oxford University Press.

James, William. 1902. *The Varieties of Religious Experience*. New York: Longmans, Green.

——1907. *Pragmatism: A New Name for Some Old Ways of Thinking*. New York: Longmans, Green.

Kagan, Shelly. 1989. *The Limits of Morality*. New York: Oxford University Press.

Kaplan, David. 1986. "Opacity," in Lewis E. Hahn and Paul A. Schilpp, eds., *The Philosophy of W. V. Quine*. La Salle, Ill.: Open Court.

——1989. "Demonstratives," in Joseph Almog, John Perry, and Howard Wettstein, eds., *Themes from Kaplan*. Oxford: Oxford University Press.

Kazmi, Ali. 1987. "Quantification and Opacity." *Linguistics and Philosophy* 10: 77–100.

Kripke, Saul. 1959. "A Completeness Theorem in Modal Logic." *Journal of Symbolic Logic* 24: 1–13.

——1963. "Semantical Analysis of Modal Logic I. Normal Modal Propositional Calculi." *Zeitschrift für matematische Logik und Grundlagen der Mathematik* 9: 67–96.

——1980. *Naming and Necessity*. Cambridge, MA: Harvard University Press.

Kuhn, Thomas. 1962. *The Structure of Scientific Revolutions*. Chicago: University of Chicago Press.

Kuklick, Bruce. 1977. *The Rise of American Philosophy*. New Haven, CT: Yale University Press.

——2001. *A History of Philosophy in America*. Oxford: Oxford University Press.

Larson, Richard, and Peter Ludlow. 1993. "Interpreted Logical Forms." *Synthese* 95: 305–356; reprinted in Ludlow 1997.

Larson, Richard, and Gabriel Segal. 1995. *Knowledge of Meaning*. Cambridge, MA: MIT Press.

Lewis, C. I. 1929. *Mind and the World Order*. New York: Charles Scribner's Sons.

——1946. *An Analysis of Knowledge and Valuation*. La Salle, Ill. : Open Court.

Lewis, C. I., and C. H. Langford. 1932. *Symbolic Logic*. New York: Appleton-Century.

Lewis, David. 1973a. *Counterfactuals*. Cambridge, MA: Harvard University Press.

——1973b. "Causation." *Journal of Philosophy* 70: 556–567; Repr-inted in Lewis 1986a.

——1980. "Mad Pain and Martian Pain," in Ned Block, ed. , *Readings in the Philosophy of Psychology*, vol. 1. Cambridge, MA: Harvard University Press; reprinted in Lewis 1983.

——1983. *Philosophical Papers*, vol. 1. New York: Oxford University Press.

——1986a. *Philosophical Papers*, vol. 2. New York: Oxford University Press.

——1986b. "Causal Explanation," in Lewis 1986a.

——1996. "Elusive Knowledge." *Australasian Journal of Philosophy* 74: 549–567; reprinted in Lewis 1999.

——1997. "Finkish Dispositions." *Philosophical Quarterly* 47: 143–158; reprinted in Lewis 1999.

——1999. *Papers in Metaphysics and Epistemology*. Cambridge: Cambridge University Press.

Ludlow, Peter, ed. 1997. *Readings in the Philosophy of Language*. Cambridge, MA: MIT Press.

Lycan, William. 1996. *Consciousness and Experience*. Cambridge, MA: MIT

Press.

Marcus, Ruth. 1946. "A Functional Calculus of First Order Based on Strict Implication." *Journal of Symbolic Logic* 11: 115-118.

―― 1960. "Extensionality." *Mind* 69: 55-62.

―― 1961. "Modalities and Intensional Languages." *Synthese* 13: 303-322.

Misak, Cheryl, ed. 2004. *The Cambridge Companion to Peirce*. Cambridge: Cambridge University Press.

Montague, Richard. 1974. *Formal Philosophy: Selected Papers of Richard Montague*. New Haven, CT: Yale University Press.

Moore, G. E. 1903. "The Refutation of Idealism." *Mind* 12: 433-453.

Nagel, Ernest. 1961. *The Structure of Science*. London: Routledge and Kegan Paul.

Nagel, Ernest, and J. R. Newman. 1958. *Gödel's Proof*. New York: New York University Press.

Nagel, Thomas. 1974. "What Is It Like to Be a Bat?" *Philosophical Review* 83: 435-450.

Nozick, Robert. 1974. *Anarchy, State, and Utopia*. New York: Basic Books.

Passmore, John. 1968. *A Hundred Years of Philosophy*, Baltimore: Penguin Books.

Peirce, Charles Sanders. 1870. "Description for a Notation of the Logic of Relatives." *Memoirs of the American Academy of Arts and Sciences* 9: 317-378.

―― 1883. "Note B: The Logic of Relatives," in C. S. Peirce, ed., *Studies in Logic by Members of the Johns Hopkins University*, 187-203. Boston: Little, Brown.

―― 1931—1958. *Collected Papers of Charles Sanders Peirce*. Cambridge, MA: Belknap Press, i-vi, C. Hartshorne and P. Weiss, eds. (1931—1935); vii and viii, A. Burks, ed. (1958).

Prior, Arthur. 1957. *Time and Modality*. Oxford: Clarendon Press.

Putnam, Hilary. 1967a. "The Mental Life of Some Machines," in H. Castaneda, ed., *Intentionality, Minds, and Perception*. Detroit: Wayne State University Press; reprinted in Putnam 1975b.

―― 1967b. "The Nature of Mental States," in W. H. Capitan and D. D. Merrill, eds., *Art, Mind, and Religion*. Pittsburgh: University of Pittsburgh Press; reprinted in Putnam 1975b.

——1970. "Is Semantics Possible?" in H. Kiefer and M. Munitz, eds., *Language, Belief and Metaphysics*. Albany, NY: State University of New York Press; reprinted in Putnam 1975b.

——1975a. "The Meaning of 'Meaning'," in K. Gunderson, ed., *Language, Mind and Knowledge*. Minneapolis: University of Minnesota Press; reprinted in Putnam 1975b.

——1975b. *Collected Papers*, vol. 2. Cambridge: Cambridge University Press.

——1982. "Peirce as Logician." *Historia Mathematica* 9: 290–301.

Quine, W. V. 1936. "Truth by Convention," in O. H. Lee, ed., *Philosophical Essays for A. N. Whitehead*. New York: Longmans; reprinted in Quine 1966.

——1943. "Notes on Existence and Necessity." *Journal of Philosophy* 40: 113–127.

——1947. "The Problem of Interpreting Modal Logic." *Journal of Symbolic Logic* 12: 43–48.

——1948. "On What There Is." *Review of Metaphysics* 2: 21–38; reprinted in Quine 1980.

——1951. "Two Dogmas of Empiricism." *Philosophical Review* 60; reprinted and revised in Quine 1980.

——1953. "Reference and Modality," in *From a Logical Point of View*. Cambridge, MA: Harvard University Press.

——1960. *Word and Object*. Cambridge, MA: MIT Press.

——1966. *The Ways of Paradox*. New York: Random House.

——1969. "Reply to Chomsky," in Donald Davidson and Jaakko Hintikka, eds., *Words and Objections*. Dordrecht: Reidel.

——1969. "Ontological Relativity," in *Ontological Relativity and Other Essays*. New York: Columbia University.

——1970. "On the Reasons for the Indeterminacy of Translation." *Journal of Philosophy* 67: 178–183.

——1980. *From a Logical Point of View*, rev. 2nd ed. Cambridge: Harvard University Press.

——1985. "In the Logical Vestibule." *Times Literary Supplement*, July 12; reprinted as "MacHale on Boole" in *Selected Logic Papers* (enlarged ed.). Cambridge, MA: Harvard University Press, 1995.

Rawls, John. 1958. "Justice as Fairness." *Philosophical Review* 67: 164−194.

——1963. "The Sense of Justice." *Philosophical Review* 72: 281−305.

——1971. *A Theory of Justice*. Cambridge, MA: Harvard University Press.

Reichenbach, Hans. 1935. *Wahrscheinlichkeitslehre: Eine Untersuchung über dielogischen und mathematischen Grundlagen der Wahrscheinlichkeitsrechnung*. Leiden: Sijthoff. Translated as *The Theory of Probability: An Inquiry into the Logical and Mathematical Foundations of The Calculus of Probability*. Berkeley: University of California Press, 1948.

——1938. *Experience and Prediction: An Analysis of the Foundations and the Structure of Knowledge*. Chicago: University of Chicago Press.

——1944. *Philosophic Foundations of Quantum Mechanics*. Berkeley: University of California Press.

——1947. *Elements of Symbolic Logic*. New York: Macmillan.

——1951. *The Rise of Scientific Philosophy*. Berkeley: University of California Press.

Rescher, Nicholas. 1994. *American Philosophy Today*. Maryland: Rowman & Littlefield.

Richard, Mark. 1987. "Quantification and Leibniz's Law." *Linguistics and Philosophy* 10: 77−100.

Russell, Bertrand, and Alfred North Whitehead. 1910. *Principia Mathematica*. Cambridge: Cambridge University Press.

Salmon, Nathan. 1989. "On the Logic of What Might Have Been." *Philosophical Review* 98: 3−34.

Scanlon, Thomas. 1998. *What We Owe to Each Other*. Cambridge: Harvard University Press.

Searle, John. 1962. "Meaning and Speech Acts." *Philosophical Review* 71: 423−432.

——1980. "Minds, Brains, and Programs." *Behavioral and Brain Sciences* 3: 417−424.

——1984. *Minds, Brains, and Science*. Cambridge: Harvard University Press.

Scheffler, Samuel. 1982. *The Rejection of Consequentialism*. Oxford: Clarendon Press.

Shoemaker, Sydney. 1982. "The Inverted Spectrum." *Journal of Philosophy* 79: 357-381.

——1994. "Phenomenal Character." *Nous* 28: 21-38.

Smullyan, A. F. 1947. "Review of Quine's 'The Problem of Interpreting Modal Logic'." *Journal of Symbolic Logic* 12: 139-141.

——1948. "Modality and Description." *Journal of Symbolic Logic* 13: 31-37.

Soames, Scott. 1992. "Truth, Meaning, and Understanding." *Philosophical Studies* 65: 17-35.

——1995. "Revisionism about Reference." *Synthese* 104: 191-216.

——2003a. *Philosophical Analysis in the Twentieth Century*, vol. 1. Princeton, NJ: Princeton University Press.

——2003b. *Philosophical Analysis in the Twentieth Century*, vol. 2. Princeton, NJ: Princeton University Press.

——2005. *Reference and Description*. Princeton, NJ: Princeton University Press.

——2006. "The Philosophical Significance of the Kripkean Necessary Aposteriori," in Ernest Sosa and Enrique Villanueva (eds.). *Philosophical Issues* 16: 288-309.

——2007. "Actually." *Proceedings of the Aristotelian Society*, Suppl. Vol. 81: 251-77.

——2008. "Truth and Meaning: In Perspective," in Peter French and Howard Wettstein, eds. *Midwest Studies in Philosophy* 32: 1-19.

Stalnaker, Robert. 1968. "A Theory of Conditionals," in *Studies in Logical Theory*, *American Philosophical Quarterly Monograph Series*, no. 2. Oxford: Blackwell; reprinted in Jackson 1991.

——1975. "Indicative Conditionals." *Philosophia* 5: 269 - 286; reprinted in Jackson 1991.

——1976. "Possible Worlds." *Nous* 10: 1976, 65-75; revised and reprinted as chapter 3 of Stalnaker 1984.

——1978. "Assertion," in Peter Cole, ed., *Syntax and Semantics* 9: *Pragmat-*

ics. New York: Academic Press; reprinted in Stalnaker 1999.

——1984. *Inquiry*. Cambridge, MA: MIT Press.

——1999. *Context and Content*, Oxford: Oxford University Press.

Stevenson, Charles. 1937. "The Emotive Meaning of Ethical Terms." *Mind* 46: 14-31.

——1944. *Ethics and Language*. New Haven, CT: Yale University Press.

Thau, Michael. 2002. *Consciousness and Cognition*. Oxford: Oxford University Press.

Tye, Michael. 1995. *Ten Problems of Consciousness*. Cambridge, MA: MIT Press.

Van Fraassen, Bas. 1980. *The Scientific Image*. Oxford: Oxford University Press.

White, Morton. 1999. *A Philosopher's Story*. University Park: Pennsylvania State University Press.

（彭杉杉译，刘靖贤校）

分析哲学：在科学主义和先验论之间*

苏珊·哈克

普特南在《重塑哲学》的序言中写道："分析哲学愈来愈被这样的观念所主导：科学，并且只有科学才描述了世界本来的样子。"不过，他接着又写道："分析哲学内部也有这么一些重要的代表人物，他们反对这种科学主义：只要提及彼得·斯特劳森便足够了……"①

在一篇富于启发性的论文中，彼得爵士本人把他自己的分析哲学风格与蒯因的更注重科学的态度做了对照，只是他矢口不谈各自的优点，而仅把这种选择当成"可能只是关乎个人性情的问题"②。尽管如此，在此处，并且更明确地在另外一处③，他十分清晰地表明，普特南关于他的评断是大致不差的；他不仅从性情上对科学主义不抱同情，而且敏锐地意识到那种与科学联系过紧或不适当地偏向科学的哲学观所面临的困难和局限。相反，斯特劳森所同情的则是如下的哲学观：它主要关注对"日常理解（区别于科学理解）"的"一般概念及概念类型……的相互关系及依存性"的描述性分析。④

就像本文标题所显示的，我将力陈一种中间立场的优点，这一立场拒绝接受蒯因有时与之靠得太近的那种科学主义，同时也拒斥斯特劳森似乎为之所吸引的那种先验主义。我宁愿将它描述为科学的却非科学主义的（以突出它与蒯

---

* 译自 The Philosophy of Sir Peter Strawson（《彼得·斯特劳森的哲学》），ed. Lewis Hahn, Library of Living Philosophers, Open Court, La Salle, Ill., 1998。

① 普特南，《重塑哲学》（哈佛大学出版社，1993年）。

② 斯特劳森，《两种哲学观》，载巴雷特和吉布森（编），《蒯因论集》（牛津：布拉克威尔，1990），第310—318页（引文见于318页）。

③ 见《怀疑论与自然主义：某些种类》（哥伦比亚大学出版社，1985），第2页及73页，以及《经验论的不一致性》，载《亚里士多德学会学报》增刊第66号（1992），第139—143页。

④ 斯特劳森，《两种哲学观》，第312—313页。参见《分析与形而上学》（牛津大学出版社，1992），尤其是第一、二章。

因立场的对立），或者将它描述为分析的却非完全先验的（以强调它与斯特劳森立场的对立），此外还将它描述为用一种潜在批判的而非纯粹描述的精神对常识性概念关联的关注。

我急于想补充的一点是，我将阐明的这一中间立场同新近时髦起来的下述观念毫无共同之处：哲学根本就不是一种探究方式，它更接近于文学而不是科学，并且应当是"教化的"或"诠释性的"，而不是系统的、分析的、以追求真理为目标的。毫无疑问，这种时髦的极端主义，部分地导源于对某些当代分析哲学的科学主义不满；但是，尽管我像斯特劳森一样也怀着这种不满，可我也像斯特劳森一样，对这种时髦的反应不抱任何同情。①

在《两种哲学观》一文中，斯特劳森本着研究者的中立立场就蒯因的"科学承诺"写道：这是一个精心构制的短语，它透露出蒯因的下述用意：将哲学同科学紧密结合起来，又无须指出他希望这种结合所具有的密切性的性质或程度。② 斯特劳森引述了蒯因的话："哲学，或者处于这一名称下的使我感兴趣的东西，是与科学相连续的，"并且评论说，"是'与……相连续'而非'与……相等同'。"③ 这一精当的评论激发了如下思路，那便是：蒯因的"科学承诺"，细究起来似乎将几种并不完全协调一致的要素组合在一起了。我从区分其中的三个要素开始。

第一个要素是：哲学乃是这样一种探究形式，它并非在类型上，而只是在抽象性及一般性程度上有别于科学探究；尤其是，哲学探究并不追求一类特殊的哲学真理，也不需要特殊的哲学方法。哲学探究是以一种类似于自然科学的探究方式进行的，并且渴求得到像自然科学一样的严密性和精确性标准。为方便起见，以下就用"连续性论题"这个标签指代上述这些观念。④

蒯因的"科学承诺"的第二个要素要激进得多。他多次提出，这种或那种哲学问题应转交给科学去解决：例如，认识论"作为经验心理学的一章"；归纳问题中明显有意义的那部分需要求助于进化论加以处理；关于时间的论说应参

---

① 斯特劳森，《两种哲学观》，第312页。在《证据与探究——走向认识论的重构》（牛津：布拉克威尔，1993）一书的第九章《庸俗实用主义：一种不诱人的前景》中，我比较详细地展开了我反对革命性回应的论证。
② 《两种哲学观》，第310页。在《经验论的不一致性》的第140页，他直截了当地谈到了蒯因的"反内涵主义的科学主义"。
③ 斯特劳森，《两种哲学观》，第310页。
④ 参看，例如蒯因《语词和对象》（剑桥：麻省理工学院出版社，1960），第22页。

照相对论加以解决。① 他有时甚至走得更远，主张不能在科学之内解决的问题就不是真正的问题，例如，外间世界的实在性问题，或者科学本身的认识论地位问题。② 为方便起见，以下将上述这些观念称作"科学主义论题"，并用"改良的科学主义"和"革命的科学主义"这两个标签去区别前一种不那么激进的观念和后一种更为激进的观念。

连续性论题与科学主义论题之间的区别，正是斯特劳森关于"'与……相连续'而非'与……相等同'"的见解所暗示的那种区别。而且，正如这种见解所揭示的，连续性论题不仅不同于，而且有悖于科学主义论题。哲学不可能既与科学相连续，又同时被科学所同化或取代。蒯因怎么会注意不到这一点呢？也许是因为他在使用"科学"一词时有些含混不清，时而取其狭义，特指自然科学；时而又取其广义，泛指经验知识。这种歧义性诱使人们将连续性论题（哲学是经验知识的一部分，同自然科学相连续）与改良的科学主义论题（哲学是自然科学的一部分）等量齐观。随后，"传统的哲学问题能够交由各门科学去解决"这一主张完全不足信（应由哪一个科学部门来告诉我们，为什么成功的预测乃是一理论为真的标志？为什么包含"绿蓝"之类谓词的归纳是不正确的？等等），又诱使人们转向革命的科学主义，后者否认自然科学所不能解决的问题的合法性。③

我将把蒯因的"科学承诺"的第三个要素称作"外延主义论题"。这一短语指的是蒯因对各种意义、同义性及分析性的拒斥，对性质、命题或可能世界的拒斥，对虚拟句及反事实条件句的忧虑，以及对命题态度的保留态度。④

他的外延主义论题深深地影响到如何对其连续性论题进行阐释。连续性论题牵涉否认哲学是一种追求特殊真理的特殊探究活动；而外延主义论题则表明，蒯因实际上只承认一种探究，一种真理——亦即经验真理。蒯因的连续性论题

---

① 参看，例如《自然种类》，载《本体论的相对性及其他论文》（纽约：哥伦比亚大学出版社，1969），第29页；《指称之根》（La Salle, Ill.: Open Court, 1973），第19-20页，论进化与归纳；《语词和对象》第36节：论时态逻辑。

② 参看《经验论的五座里程碑》，载《理论与事物》（哈佛大学出版社，1981），第72页，以及《事物及其在理论中的地位》，载《理论与事物》，第22页。

③ 参看《免除歧义的自然主义》，《证据与探究》第六章，那里有对这种诊断的详尽阐述。

④ 外延主义主题在蒯因哲学中随处可见，不过可以参见《语词和对象》的第六章《逃离内涵》。

包含如下观念：哲学探究应当追求与科学探究一样的精确性及严密性标准。外延主义论题揭示出，蒯因关于这样一些标准的看法远非那么素朴；至少从表面上看，这一看法明显是修正的。因为蒯因的精确性及严密性标准——关于可理解性的？① ——似乎比仅仅参照实际的科学便可得到辩护的标准更苛刻一些。这无疑部分地说明了蒯因的下述两种希望：其一是，一种严格的行为主义方法便足以应付人文科学了；其二是，意向的、虚拟的及反事实的谈论可通过外延阐释予以排除——或者，要是不能排除的话，毕竟还可表明这样一些特殊的谈话方式并不是科学所需要的。而这反过来又部分地说明了：蒯因对于究竟从何处为科学划定界限的忧虑，以及当他得以将注意力集中到物理学上时所表现出的轻松快意。②

如此一来，蒯因的"科学承诺"，往轻里说，是模棱两可；往重里说，则包含着冲突。他的外延主义对严密性与精确性给予了一种严格的且明显修正的解释；根据连续性论题，哲学就应该追求这种严密性与精确性。他的科学主义倾向又将连续性论题转变成了一种科学帝国主义，根据这种科学帝国主义，往好里说，哲学探究要转交给各门科学；往坏里说，哲学探究则应被一股脑儿地抛弃掉，以有利于科学探究。

斯特劳森对蒯因哲学观的探讨集中在本体论问题上，他对蒯因做法的限制性颇为恼火，尤其是对以下这种限制：只假定那些（如他所谑称的）"可由蒯因确证的"实体的存在，亦即，使得可将外延的识别标准应用于这一类型的事物。斯特劳森喜欢一种更宽松的条件：简单地说，一个被许可的实体必须可以识别为该事物本身——而不管对于这一类的所有事物，是否存在一个共同的同一性标准；而且他也不要求这种识别条件排除内涵性实体。这是与他的下述倾向相一致的：不仅容许科学所要求的那些实体，而且也容许这样一些实体，它们是其他谈话方式（他提到艺术史、文学史及其他一些东西）和我们日常关于事物、

---

① "在谓词演算框架内的可表述性不是完全可理解性的一个充分条件，但依我看，它十分接近于是一个必要条件。"——蒯因，《真理的追求》，第72页。

② 参看，例如《语词和对象》第46节，蒯因在其中对倾向性陈述提供了一个外延的分析；《自然种类》，他在此文中建议，此类陈述可以从完善的科学中消除掉；《布尔迪克的态度》，《综合》52（1982），蒯因在此文中这样谈到命题态度，"它们像模态词一样，是肉中刺，但却是不容易拔掉的肉中刺"；《答普特南》，载 L. 汉恩和 P. A. 希尔普编，《蒯因的哲学》（La Salle, Ill.：Open Court, 1986），第430−431页，那里有我所描述的"当他得以将注意力集中到物理学上时所表现出的轻松快意"。

人及其性质和心灵状态——他认为，这里蒯因的可确证性当然得牺牲掉——的谈论所要求的。①

斯特劳森所赞成的哲学观，与他拿来对照的蒯因的哲学观一样，也是由几种要素合成的。就像上面已指出的，其中的一个论题是：哲学不应单单只关注科学中的概念与范畴，还应当关注其他学科中的概念与范畴，最主要的是应该关注"我们日常思维的结构"。我将把它称作"超科学范围论题"。另一个论题是：哲学的中心任务是分析概念结构及其内在联系——亦即"概念分析论题"。第三个论题是：这一任务要本着一种描述的而非批判的精神来完成。斯特劳森有时把它当作一种自然主义，不过，（考虑到蒯因对该术语的不同使用）若称之为"描述主义论题"，便不至于引起更多的混乱。②

如果我的论证没错的话，蒯因的连续性论题是独立于其外延主义的③——并且是与其科学主义不相容的。斯特劳森的三个论题——超科学范围、概念分析、描述主义——并不相互冲突，它们是相互独立的。所以，这样的可能性是存在的：把连续性论题与蒯因的其他论题分离开，并且把超科学范围论题同斯特劳森的其他论题分离开——并使它们在一种中间构想中实现联姻。这便是我的构想。

我的处理办法可归纳为四个论题。第一，哲学应当处理那些没有理由将其归在科学范围内的问题（这同斯特劳森的超科学范围论题很相近）。然而，第二，在某些重要方面，哲学探究类似于科学探究（这同蒯因的连续性论题很相近）。第三，哲学探究既不是纯概念的，也不是纯经验的，而是二者兼有。第四，对常识概念及概念关联的分析是哲学的一项重要任务，但这项任务应本着一种并非纯粹描述的而是潜在批判的精神来完成。

我先来探讨第一个，也是最具斯特劳森特点的论题。在那些合法地归于哲

---

① 见《两种哲学观》，第311页及以后各页；《经验论的不一致性》，第140页及以后各页。

② 所有这三个论题都在《两种哲学观》、《怀疑主义与自然主义》及《分析与形而上学》中以不同的方式得到了阐释。"自然主义"一词在这个语境中是潜在地致人迷误的，其理由当然是：蒯因把它用于他的认识论探究，后者是一种科学主义的探究，尽管这一点使人爱恨交加。"描述主义"一词的优点是，它使人回想起斯特劳森在《个体》（伦敦，1959）一书中，近来是在《怀疑论与自然主义》一书中对"描述的形而上学"的捍卫。

③ "外延性并不是我的科学观本身的一个部分"，蒯因在《真理的追求》第72页写道。

学而不能指望由科学来回答的问题中，包含如下这些元科学问题：一种理论做出成功预测是否就是它为真的标志，如果是，为什么？哪些谓词是归纳可投射的，以及为什么它们是如此而其他谓词却不是？科学是否占据一种特殊的认识论地位，如果是，为什么？接下来是所谓的"搭桥问题"，诸如，关于物理理论的本体论与关于通常物体的本体论，或者关于神经生理学理论的本体论与关于通常心灵状态的本体论，是否是真正相互对立的？如果是，人们应该如何在它们之间做出选择？再接下来是那些本质上经验的却由于所涉及的范围及所带有的一般性而成为哲学的而非科学的问题，例如，知觉是否包含同外在对象的直接关联，或者它只不过是由直接经验到的感觉材料推论而来的。再接下来就是斯特劳森提醒我们注意的，关于历史、文学理论活动的元问题，以及关于美学、伦理学等的问题。

斯特劳森赋予其以最高地位的问题，亦即关于"我们的日常理解"之概念及其相互关联的问题，情况又如何呢？要说我迄今为止还没有赋予它们以斯特劳森所赋予的那种中心地位的话，那部分地是因为我将它们看作是无处不在的了——看作在人们处理前面所列的各种超科学范围问题的过程中随时会出现的问题。①

现在来探讨我的第二个，也是较具蒯因特点的论题：哲学是与科学相连续的。当然，我想对这一论题做一种温和的解释，它小心地避免了蒯因所倾向的那种科学主义转换。哲学是一种探究，一种对真理的追求。它在一种宽泛而模糊的意义上使用着科学方法，在这种意义上，不只是科学家，历史学家、侦探和我们其余这些人都使用着"科学方法"：也就是说，它包含着做出一些猜想，发展它们、检验它们，并就它们为真的可能性做出判断。这种刻画所带有的宽泛性及模糊性是非常关键的；因为这里不存在像这一术语有时借以被理解的那种更狭窄、更明确意义上的"科学方法"：不存在一套可被机械地遵循并可确保产生真的甚或是概然真的结果的规则，也不存在为科学所特有、其他领域的探究者无法得到的方法。

哲学探究也像科学探究一样，渴求尽可能大的精确性和严密性。上述这种看法所附带的谨慎性也是很关键的：尽管严密性和精确性是值得向往的，可它们并非总是可行的或者压倒一切的。在早期的摸索性探究阶段，无论是科学的、

---

① 斯特劳森在《分析与形而上学》第10页及以后各页，尤其是第21页的讨论中提出了与此类似的思想。

数学的、哲学的、类比的或隐喻的，还是纯粹模糊的连接都是最好不过的——而且，在这样一个摸索阶段，这种连接可能要胜于某种来得过早的精确性，因为后者可能会不经意地切断值得进一步探索的线索。更重要的是，哲学探索不仅应该追求严密性和精确性，而且应该追求深度与广度；而且，这些追求的目标之间经常是存在张力的，这种张力在科学探究中当然也是免不了的。譬如，在当代心理学中，往往把追求可测定的、数学的严密性看得很重，而把追求去发现有关这样一点——是什么使得人们像钟表一样持续动作？——的深刻而重大的真理看得很轻。可是，存在于严密性和精确性与深度和广度之间的张力，可以毫不夸张地被描述为哲学所面临的职业危险；因为哲学探究的范围尤其会抗拒任何人为的框框。詹姆斯说，任何一种哲学体系要想被人接受，就必须既满足于"对简化的热情"又满足于"对区辨的热情"——这真可谓是一句至理名言。①

精确性与严密性是不那么容易定义的。在这一点上，外延性表现出相当大的优点，因为我们语言的外延部分，亦即将其得到明确规定的语义转译为一种逻辑记法的那些部分，乃是我们对之有最好理解的部分。尽管如此，我想要赋予这种见解的也还是一种温和的解释，它小心避免蒯因所倾向的那种武断的外延主义。我要说，在追求精确性与严密性时，人们是在适当寻求对仍然顽强不屈的观念进行解释的外延方法；然而这倒不是说，只有进行了这种再解释，人们才得以适当地避开这样一些观念。

到目前为止，我一直都在有意回避以下问题：我是否像斯特劳森最近所主张的那样，对哲学的自主性论题抱有同情。② 不过此刻我倒是可以着手解释为什么我的回答是"既是也不是"了。一个原因是：就其追求的目标及所使用的方法而言，我将哲学看作是与科学相类似的，却在其范围上与科学不同。另一个原因是：我一方面承认科学结果可能会对某些哲学问题做出有益的贡献（譬如，关于知觉对象的问题），另一方面却否认光凭这些结果便足以解决这些问题。③

一个更进一步的原因出自我的第二个论题与第三个论题的交汇处。（我将其称为"概念/经验缠绕论题"。）在这里，我穿行于蒯因和斯特劳森之间，将哲学

---

① 詹姆斯，《合理性情感》，见《信仰的意志及其他通俗哲学论文》（纽约，1956），第66—67页。
② 《经验论的不一致性》，第139页。
③ 参阅《证据与探究》第五章第五节和第六章第二、三节。

探究看作经验探究与概念探究的结合，我认为科学正是如此，尽管在科学和哲学中这两种探究所占的比重无疑是不同的。

我已间接地提到哲学探究中的两个经验因素的来源。第一，在哲学关注于元科学问题时，经验证据可能会与哲学发生关联，此时的经验证据疏远了与科学理论构造的关联。第二，由于哲学探究有时要回答那些尽管因带有抽象性和一般性而被当作超出科学范围之外，却明显属综合性质的问题，所以有时它所要求的便不是被小心加以控制和设计的科学观察，而是对日常经验的由于无处不在而一般会被忽视的那些特征的密切注视。有趣的是，在斯特劳森的下述说法中，我们发现了一种与此类似的姿态：与那些钟情于科学的哲学家不同，他甘心"在……更为平淡的氛围——在另一个传统中，被叫作'实际经验'的氛围——中"过自己的理智生活。①

还有第三个尚未涉及的来源：被斯特劳森看作哲学的主要关注中心的概念结构及其相互关联中的经验混合物。有些概念显示出巨大的内在复杂性，而这种内在复杂性有时是依赖于经验前提的。我把普特南的术语，"规律簇概念"②，应用于那些预先假定了将特性束聚拢在一起的自然律概念上。（我认为自然种类的概念大致就是这样的。）这是经验前提被纳入概念结构的一种方式，却不是唯一的方式。另外一种情形是由我们关于感官证据的看法来例示的，正如我在别处所论证的，这种看法已将下述假定纳入自身之中：我们的感官是关于我们周围的事物和事件的信息的一个源泉。③ 甚至那些最缺少维度的概念——亦即最苍白无力的分析真理所依据的那些概念——有时也会出乎意料地揭示出隐藏着的经验深度，正像当奎因顿注意到下述一点时所提醒我们的一样：代孕关系的可能性为定义"X的母亲"制造了麻烦。④ 经验与概念的这种相互缠绕隐藏在表面现象的背后：随着知识的增长，我们的有些概念日渐确定下来，其余的则变得破碎不堪。

在《个体》一书的导言中，斯特劳森写道：存在着一个属于概念和范畴的"无历史的"硬核。⑤ 但是，在该书以及最近在《怀疑主义与自然主义》中，他

---

① 斯特劳森，《两种哲学观》，第318页；参阅《怀疑论与自然主义》，第52页。

② 普特南，《分析的与综合的》，载费格尔和麦克斯韦尔（编），《明尼苏达科学哲学研究》（明尼苏达大学出版社，1962）第3卷，第376页。

③ 《证据与探究》第五章。参看斯特劳森，《怀疑论与自然主义》，第60-61页。

④ 奎因顿，《无意义地行事》，载巴雷特和吉布森（编），《蒯因论集》，第302-303页。

⑤ 斯特劳森，《个体》，第10页。

均承认，有些概念本质上是所有时代和文化所共有的，很少发生变化，而其他的概念则不那么稳固，经历了较大的变化和更为显著的增生。①《个体》所关注的那些概念——关于物理对象以及关于人的——无疑属于最稳固的行列。不过我倒是觉得，就是这样一些概念，其意义也会随着时间的流逝而发生改变和增生。鉴于此，我认为形而上学分析不应该像斯特劳森所主张的那样是纯粹描述的，而应该容许这样的可能性：甚至最为稳固的概念和范畴也需要精致化，需要为其剥去不可靠的增生物，甚至需要为其更正暗含着的经验前提。这便是我的第四个论题，我将其称为"批判的常识主义"论题。

为更清楚起见，我还是要明确一下这一论题同我前面提到的"搭桥问题"之间的联系，该问题是日常理解的概念和范畴与有时明显与之竞争的科学的概念和范畴之间的关系问题。

为缓解到目前为止的讨论的抽象性，或可略微仔细地看一下一个特殊的搭桥问题。这一问题以不同的方式困惑着斯特劳森和蒯因，那便是：关于心灵状态的常识看法同认知科学的范畴和概念的关系问题。

近来，一些毫不含糊的科学主义哲学家声称，信念在当今最优秀的科学中没有什么位置，从而拒绝承认"大众心理学"并干脆否认存在着信念这类东西。② 蒯因没有走这么远。可他长期以来似乎都处在一种惴惴不安的矛盾状态：完全避开信念似乎会威胁到历史、人文科学——以及认识论的活力；直接还原到大脑状态却又前景不妙，况且信念归因似乎是无可挽回地内涵的。

斯特劳森并不同情对"纯化关于所有内涵观念的知识论"的追求。③ 他从《个体》一书十分精彩的第三章开始便强调，我们关于一个人的概念是关于"可最终地、本质地刻画为一个既满足心理学的或精神论的谓词，又满足于实质的或物理主义的谓词的单一存在者的"。而且他不为那些"明显带着轻蔑之意"把我们关于行为的精神论解释看作"大众心理学"的人所动。他还幽默地指出，这样一些解释是由"像莎士比亚、托尔斯泰、普鲁斯特和亨利·詹姆斯这样一些普通大众"做出的。④〔而且人们也许会补充说，做出这些解释的还有威廉·詹姆斯和亚历

---

① 斯特劳森，《怀疑论与自然主义》，第 14 页及以后各页。
② 丘奇兰，《一种神经计算观点：心灵的本性与科学的结构》（麻省理工学院出版社，1989）；斯蒂奇，《从大众心理学到认知科学》（麻省理工学院出版社，1983）。
③ 《经验论的不一致性》，第 143 页。
④ 引文出自《怀疑论与自然主义》，第 54、56、61 页。

山大·拜因（Alexander Bain）这样一些敏锐的心理学家、这样一些普通大众。]

斯特劳森指出，我们关于一个人可以讲述的物理的和心理的故事是"从两种不同观点出发讲述的故事"；他接着指出，当我们"企图讲述一个子虚乌有的统一故事时"，困惑便产生了。① 而且，蒯因那一向模棱两可的态度近来似乎也明确起来，变得同上述态度颇为类似了。在《真理的追求》一书中，蒯因毫不含糊地写到，他认为意向的东西既是不可还原的又是不可或缺的。他还写道（尽管不是毫无歧义地），我们不应当去寻求物理故事与心理故事的理论统一性，而只应寻求"分立的""供选择的领域"。②

我完全赞同斯特劳森对那些简单地将心灵状态斥为非科学的"大众心理学"的人所采取的明确拒斥态度。与此同时，我也强烈地感受到蒯因对信念的物理化及信念归因的明显非外延特征所表现出来的担忧。可是，——自然，我有些不安地承认——蒯因近来似乎同意斯特劳森的下述观点，即物理与心理的统一是无法达致的，对此我仍不能安然地加以接受。（这种不安部分地源于"统一的"一词意义上的模糊性，后面我将回到这一论点。）

我认为，信念这个概念是本质上为一切时代和文化所共同拥有的概念之一；可是尚需使之明确化、精致化，并使之适应于我们最好的科学理论构造。我对这一概念的明确化始于对"信念"一词的两种涵义的区分：一种涵义是指信念状态，即某人相信某物；另一种涵义是指信念内容，即某人所相信的东西，也就是一个命题。（此后，前者缩写为 S-信念，后者缩写为 C-信念。）

信念状态，即 S-信念，包含普赖斯称作的"各种各样的倾向"③，亦即一大批（无疑极为复杂的）导致言语及非言语行为的相互关联的倾向：断言及赞同如此这般的句子及句子成分④，以及参与这种或那种与这些句子所论及的事物、事件等相关的行为。例如，我关于湖面上的冰足以承载我的重量的信念状态，会包括一种断言或赞同类如"湖面上的冰足以承载我的重量"的句子的倾向，以及一种要是我需要到湖对岸去便会从冰上穿行的倾向。假如赞同伴随着

---

① 《怀疑论与自然主义》，第 62 页。

② 我说"不是毫无歧义地"，是因为蒯因在一处写道："有充足的理由，不要试图把（意向性话语）纳入我们关于世界的科学理论，以便得到一个更为全面的系统"，可紧接着在下一页，他又写道："在内涵一边也有供科学探究的领域"（《真理的追求》，第 71—72 页）。这一上下文表明，"意向的"和"内涵的"之间的差别无法解释这一明显的转变。

③ 普赖斯，《信念》，伦敦，1969 年，第 267 页及以后各页。

④ 或其他非自然符号。

适当的非言语行为,那么这种赞同便是真诚的。①

这种关于信念状态的阐释,尽管有些简略,却为里德(Thomas Reid)关于怀疑论的评论提供了进一步的支持。尽管一位哲学家会做出各种表示他不相信感官证据的言语行为,可谁也无法长期以这样一种方式来生活,即做出表示他具有这种信念状态的各种非言语行为。里德更为痛心地写道:"事实上,自称坚信怀疑论的一小撮人总是落得如下命运:当他们竭尽全力对自己的感官表示怀疑时,他们最终还是发现自己不得不相信它们……我从没听说过任何一名怀疑论者由于不相信自己的眼睛而把头撞向一根柱子。"②

这种阐释也指出了,为什么人们会期望同一种信念状态在不同的人那里以不同的方式实现出来。包含于我相信 p 这一状态中的那种倾向复合体,将包括我赞同或断言某些英语句子的倾向以及我在我所处的环境中以某些方式行事的倾向;而包含于伊万对同一种东西的信念中的那种倾向复合体,则会包括他赞同或断言某些俄语句子的倾向以及他在他所处的不同环境中以颇为不同的方式行事的倾向。这种阐述通过指明处在大脑中的不是句子而是对句子表示赞同的倾向,也使我们得以避开以下这个尴尬的问题:大脑状态何以能具备语义特征呢?它甚至表现出了同大脑科学最新发展的一致性。保罗·丘奇兰相信,由于联结论的神经生理学所假定的机制在结构上是非命题的,我们就应当得出结论说,不存在信念这种东西。相反我认为,这一工作有助于我们理解:一个人是如何在其他东西和语言表达式中识别和再认出赞同倾向的,后者是作为信念状态的多种倾向中的一种。

我们的信念是关于世界中的事物和事件的:除非所指的是湖面上我在上面穿行的冰,否则,我关于足以承载我的重量的信念状态就无助于解释我的行为。可是,下面的要求如何来满足呢:我的信念内容即 C -信念是关于某某湖的?——我毕竟有可能并不知道这是什么湖。这或许可以通过构造一个 C -信念来实现,它虽然是关于一个普通对象的却要受制于某一特定的描述;就像布尔迪克(H. Burdick)所断言的③,它可以表述为一个对象和一个谓词的有序对,

---

① 参见斯特劳森,《分析与形而上学》,第 80 页。

② 托马斯·里德,《关于人的理智力的论文集》,第二章,《著作集》,G. N. 赖特和 T. 特格编(伦敦,1842),第 28-29 页。在这一章稍前一点的地方(第 22 页),里德评论说,一个真正的怀疑论者将被视为疯子,"与这样的人认真讲理"是不合适的。

③ 布尔迪克,《命题态度的一种逻辑形式》,《综合》第 52 卷(1982),第 185-230 页。

后者代表合适的"呈现方式"——在当下这个例子中,表述为〈某某湖面上的冰,"我正站在上面的这个湖面上的冰"〉。经过这么一次重构,就再也没有任何内涵性的东西留下来了;但是,在这一解说中,呈现方式亦即所提及的那个谓词的作用却解释了,为什么信念归因看起来是包含着非外延对象的。①

这是一个"统一的故事"吗?既是又不是。是:人是物理环境中的物理对象,是可以进行思维、可以做出意向行为的物理机体。不是:不能指望对一个人意向行为的说明可还原为一个纯神经生理学的故事。与条件反射或任何由结构决定的"行为"不同,意向行为是以符号为中介的。我所能想到的表达这样一点的最好方式是,这个故事可以在下述意义上统一起来:人们可以把关于同一地带的地形图和路线图统一起来。(或许,正是实证主义者关于"统一科学"的完全还原论构想所造成的影响,使我们忽视了"统一"的这种朴素的、却很重要的意义。)

我希望已经澄清了,如连续性论题所提出的,通过哲学分析可以找到常识概念与科学理论的一致之处,以及如批判的常识主义论题所提出的,可以把我们的前分析概念精致化和清晰化。

我之所以选取"批判的常识主义"这一短语,不仅是考虑到其内在的适当性,而且还考虑到它的历史反响。它源自皮尔士(他在提及他企图对里德和康德对休谟的回应做出综合时用到了这一短语)。② 我使用这一短语的意图不只是想指出我的第四个论题的历史先驱,而且还是为了承认我这里所阐释的关于哲学任务的看法完全是皮尔士式的。

皮尔士致力于一种革新的、"科学的"哲学,这一点是广为人知的;不那么为人所知的是,他关于这种革新的、科学的哲学的构想是多么不同于当代哲学的科学主义。首先,要用"科学的态度"来从事哲学探讨。皮尔士所指出的"科学态度"是:从一种纯粹的、不涉及个人利益的愿望出发去探明事物的本来状况。而且他还使用"科学的方法",皮尔士将其理解为溯因的(abductive)、演绎的(deductive)、归纳的(inductive)等经验和推理的方法。这丝毫不意味着,如改良的科学主义所假定的,哲学问题可以转交给科学去解决;更不意味着,如革命的科学主义所假定的,哲学问题是错误地构想出来的。皮尔士确实

---

① 《证据与探究》第八章对相关问题做了进一步探讨。

② 皮尔士,《论文集》,C.哈特肖恩、P.维斯、A.伯克斯编(哈佛大学出版社,1931—1958),5.522,1950年版。

明确否认了这样一些科学主义主张。它的确意味着，哲学探讨部分地依赖于经验。事实上，皮尔士明确提出，哲学探讨的鲜明特征之一，便是它不像自然科学那样依赖于实验的设计和控制的观察，而依赖于我们日常经验的那些由于太过平常而被忽略的特征——因此才有了他对现象学〔或者如他所称的，"对外表的形式分析"（phaneroscopy）〕的兴趣。这样一条实用主义准则：一个概念的意义是由应用这一概念而导致的经验后果赋予的，是广为人知的；不那么为人所知的是这一准则同皮尔士的下述论点的关联：随着知识的增长，意义也会增长，概念也会变得更加确定。而且，皮尔士把他的哲学描述为"批判的常识主义"的部分涵义是：尽管他将常识中的自然的、本能的信念作为出发点，他并不是不加批判地接受它们；因为他指出，它们表面上的不容置疑性是同它们的模糊性成正比的，所以它们需要进一步的测定，需要重新构造，需要批判地考察。①

如果说我的四个论题让人想起皮尔士的话，那么斯特劳森把一个人的哲学观看作个人的性情问题，则使人想起了詹姆斯关于刚性的人和柔性的人的讨论。② 斯特劳森说："或许是一个关于个人性情的问题"，而且正如他所加的限定条件所暗示的，这个问题也并不那么简单。要是把这一提法解释为仅仅是关

---

① 皮尔士，《论文集》，C.哈特肖恩、P.维斯、A.伯克斯编（哈佛大学出版社，1931—1958），6.1-5，1898，1.126-129，1905年版（关于在哲学中需要科学态度和科学方法）；1.241，1902（关于哲学依赖于"锥光观察，后者是在每一个人的苏醒经验中出现的"）；5.14-40，1903（关于实用主义准则）；2.302，1895年版（关于意义的增生）；5.439-442，1905，以及5.497及其以后各页，1950年版（关于有必要批判和琢磨常识信念）。皮尔士兴高采烈地抛弃了科学主义，我引证如下："举例来说，通过做实验去确证自然界中是否存在任何齐一性，就相当于打赌说：给海洋中加一勺糖精就能够使海洋变甜。"5.522，1950年版。

学者们还可以欣赏皮尔士的下述评论，它与今天要求我们将其作为"大众心理学"打发掉的东西有关："丝毫没有理由去假定，自然的心理学完全是精确地真的；相反，它可能包含着大量的错误。与此同时，就在生活行为中很重要的所有特征而言，确实允许赋予它以相当高的权威性；因为整体而言，人就是在这样的信念下生长繁衍的。"7.441，1893年版，并且在《精神论》的一个著名段落中，他还预示了某些联结论题，7.370，1902。

② 詹姆斯，《实用主义》（1907），布克哈特和F.鲍威尔编（哈佛大学出版社，1975），第13页。（我顺便注意到，尽管詹姆斯的下述建议具有某种历史合理性，即一位实用主义哲学家将典型地结合两种性情要素，但不同的实用主义哲学家在这样做时，似乎依据的是要素的不同结合。）

在斯特劳森关于代理（agency）概念如何对定位（location）概念起作用的说明中，我还注意到一点实用主义的影子（《分析与形而上学》，第78页）。

乎脑力劳动的实际分工的，那么它便是对的。从嗜好和性情看，有些人无疑更适合于科学哲学方面的工作，另一些人则更适合于譬如伦理学或文论。从嗜好和性情看，有些人无疑更适合于大而化之的思辨性理论思考，另一些人则适合于精细的分析或逻辑阐明。所有这些都没有什么不好：哲学探讨无疑就是由这样一些不同类型的人所推动的。

然而，除此之外，这种提法似乎就不那么吸引人了。事实上，斯特劳森对蒯因的外延主义及其科学主义倾向的批判就揭示了这一点。斯特劳森的哲学方法与蒯因的哲学方法之间的区别，既不仅仅在于蒯因赞同科学哲学而斯特劳森赞同传统形而上学问题，也不仅仅在于蒯因更喜欢外延逻辑的精确的且受约束的技术，而斯特劳森更喜欢自然语言分析的更广泛、更细微却更模糊的来源。除此之外，还有不关乎嗜好或性情而带有实质性的问题。我在本文中所探讨的正是这样一些问题。

附　录

答苏珊·哈克

彼得·斯特劳森

我带着极大的喜悦及对任何一个倾向于在对立的立场之间寻求一条中间道路的人都会油然而生的那种同情，阅读了苏珊·哈克的文章。事实上，尽管我本人被当成了所涉及的两种立场之一（甲方）的代表，而蒯因被当成了另一立场（乙方）的代表，我却发现并不那么容易找出我与哈克教授观点相左的重大问题来。我完全赞同她的亲乙方观点：哲学探究与自然科学探究当然应该分享共同的一般合理性标准并追求尽可能多的严密性与精确性；与此同时，哲学探究不应受制于自然科学的唯我独尊或者受制于对内涵的清教徒似的嫌恶。

当转而考虑我本人所赞同的哲学观时，哈克教授找到了一个可借以达成一致的主要理由以及两个对之持异议或至少有所保留的理由（对蒯因的哲学观也是一样）。她因此与我一样主张哲学探究的范围是延伸到科学概念和范畴之外的，从而拒斥这样的观点："全部哲学就是科学哲学"。但是，她否认哲学的任务纯粹就是概念分析，即对概念结构及其内在关联的阐明。相反，她极力主张，哲学探究既非纯概念的又非纯经验的，而是兼有这两种特征。最后，她争辩说，分析活动应本着并非纯描述的而是潜在批判的精神来进行。这两点显然是联系在一起的：经验研究所得的结果会要求概念调整或修正。

我绝无意于就最后这种见解发表异议。正如关于物理空间的看法所经历的历史变迁充分显示的，这样做是很愚蠢的。我也不想就下列观点挑起争端：某些时兴或曾经时兴的观念本质上是不一致的、混乱的或空洞的；例如，关于命运的观念，或者关于简单的、非物质性的、不灭的灵魂实体或精神的观念。要是对它们的排除乃是批判精神发生作用的结果，那可就太好了！

然而，哈克教授主要关心的并不是这样一些事例。当考虑到她实际所引证的那些事例时，我便不那么深信哲学探究兼具概念的和经验的特征了。她说，我们关于感官证据的看法已经把"我们的感官是关于我们周围的事物和事件的信息的一个源泉这一预设"纳入自身之中；该预设又附带地接受了关于"外在世界的实在性"的信念。这样，断言物理世界存在及我们的感官是关于这一世界的信息的一个源泉的命题，正如哈克教授所说的，当然具备一定程度的抽象性和一般性，从而可称作哲学命题；而将它们称作关于我们通常的概念实践、我们日常思想的"预设"就是完全合理的了。我们不愿意承认的是，同时又将它们称作"经验的"，因为这样一种描述在这种语境里是同"预设"严重冲突的。这里最好遵照维特根斯坦在《论确定性》一书中的有些论述。在该书中，他将这样一些命题当作我们的"指称框架"，当作"我们思想的脚手架"，或者当作我们所有经验探究和断言的"基层"，亦即我们对照它来区辨真假的背景。因此，尽管如他所言，它们具备"经验命题的形式"，可它们既不是真正的经验命题，当然也没有逻辑的或分析的保证，人们甚至可以戏称，他实际上是像康德一样把它们当作了先天综合命题。维特根斯坦当然没有，而且也不愿意这样来称呼它们；在一处地方，他甚至对它们是否有资格被称作"命题"都提出了质疑，尽管他在另一处很情愿地如此称呼它们；而一旦使用了这些术语，要是再否认它是"哲学的"，就不大正常了。

哈克教授不只是在上述领域中找到了支持如下观点的根据：哲学探究不仅事实上把经验的东西同概念的东西、后天的东西同先天的东西结合起来了，而且也应该如此。她提到了"那些假定了自然律的概念，这些自然律将被它们表现为相互关联的特征束聚拢在一起"。通过发现这样一些规律来对这些关联加以证明，要是真能做到的话，那也是一种由自然科学家来进行的经验研究；而这样做所得的结果，就像许多别的结果一样，会让哲学家也像别人那样感兴趣；

但很难说这就是哲学家的职业关注中心之一。就像前面所提出的，当经验发现和自然科学及技术进步需要概念的修正、调整甚至决定时，情况就不同了。通常的例子有：对"鱼"这个概念进行修正以排除哺乳动物鲸，"……的母亲"这个概念需要调整以应付这样的事实：怀孩子的人可能并不是提供受精卵的人。最近关于人格同一性的讨论提供了进一步的、更有哲学意味的这一类可能性。不过，与此更直接相关的还是风行一时的、被称作形而上学的必然性的东西以及被描述为后天确立的必然同一性的东西：水 = H_2O。我将把这当作根据经验发现合理地采纳的另一种概念决定或概念修正。援用一个较为陈旧的术语，可称之为被吸收进名义本质中的实在本质。哈克教授把"知觉是否包含同外部事物的直接关系，抑或只是从直接经验到的感觉材料中推论而来的"的问题，当作那些"本质上是经验的，却由于其所涵盖的范围及所带有的一般性而被当作哲学的而非科学的问题"的一个例子看待。这种并不完全清晰的语言表达形式所意指的这个或这组问题，在整个20世纪，尤其是被英国哲学家持续不断地，或者说着魔般地讨论着。只需密切注意并小心使用我们的语言，便足以解决这些问题。哈克教授在其著作《证据与探究》中对这一问题的讨论便是这种处理办法的一个很好的例子。我看不出还有什么必要假定，进一步的经验发现会同实质性的哲学问题有什么重大联系，不管这些发现本身是多么有意思。

哈克教授明确提到甲方立场的另一个在她看来容易受到批评的方面。她说，哲学分析应当本着一种并非纯描述的而是潜在批判的精神来进行；它应当"允许这样的可能性：甚至最为稳固的概念和范畴也需要精致化，需要为其剥去不可靠的增生物，甚至需要为其更正暗含着的经验前提"。我觉得，无论在这一点上所要求的是什么样的让步，我都通过指出经验发现和科学进步会要求概念调整或概念修正而做出了让步。不过，我倒是想就一个术语使用问题同苏珊·哈克商讨一下。我无法就她对"描述主义"一词的使用提出疑义，因为我本人对与之相关的形容词的使用足以证明她是对的。但是我也把我的一般立场描述为一种"自然主义"，而她则暗示这种描述会引起混乱。本来也许会出现这种情况，可是我已尽力在乙方那种科学主义的或"刚性的"或"还原的"自然主义与我本人的"柔性的"或"自由的"或"人道的"自然主义之间做了区分；我同样也尽力在许多哲学的纷争领域内对这一区分进行了阐明。对于我们这个具有人性的、思考着的物种而言，除了在自然科学中找到一个位置之外，还有从概念上讲（并且是不可反驳地）更为自然的东西；正如休谟和维特根斯坦二人，尽管彼此观点迥异，却共同承认，或者更确切些说，共同倡导的那样。

哈克教授最后转向了一个在她看来我和蒯因至少最近一段时间内观点出人意料地接近了的问题，关于"心灵状态的常识归因与认知科学的范畴与概念之间的关系"的问题，她所针对的两位哲学家近来似乎一致公认：这里没有一个统一的故事可讲；可她又承认这种情况让她感到有些不安。她自然同意，用一种纯神经心理学的故事取代关于意向行为的"大众心理学"解释，或者将后者的术语还原为前者的术语，是没有什么前途的。尽管如此，她还更加谦和地希望双方达成"和解"。

显然，当事人的当下信念会实质性地进入关于其意向行为的解释中。哈克教授的下述观点当然是正确的：这一领域内的任何一种理论方法都应当首先区分开信念的内容（被相信的命题）与相信它的那种状态；而且很难怀疑任何这样一种状态至少都是有某种物理的（神经心理学的）实现形式的。这些都没有问题。可是，关于"统一的故事"，她只给我们提供了一个小小的得自地图的类比，而没有提供超出此点之外的任何暗示。

还是让我们暂且满足于"和解"吧。这是一个该死的外交辞令。它包含了相互承认与相互尊重，包含了一个协定，甚至某种交易。我们最终可以，而且必须，满足于此。

（李国山译，陈波校）

分析哲学中的分析[*]

彼得·希尔顿

设想哲学分析与分析哲学有某种关系，是十分自然的事情。这种设想要是与分析哲学的另外两个突出特征（本文结尾处将以颇为不同的方式重新回到这两个特征）联系起来，便可获得支持。其中一个特征便是分析哲学内部对于清晰性的强调。[①] 一方面，这只是一件实际的事务，不过是责成自己在著述中保持思路清晰（当然也不见得总是如此）。可另一方面，这也是一项理论性的事务，其中假定了：只要我们足够清晰地去阐述哲学问题，这些问题便会消失，或者会变成可解决的，或者至少有史以来会第一次被看穿。在这里，与哲学分析的联系表现为：分析有时被当成了一条，甚至是唯一一条，达到真正的清晰的途径。分析哲学的另一个特征是强调现代的（即弗雷格以后的）逻辑——多数情况下是指一阶逻辑。逻辑对于分析哲学之所以如此重要，其原因之一至少与它被用作哲学分析的工具有关。我所提及的这两个特征通过下述观点联系在一起了：一阶逻辑的记法支持一种关于清晰性的理想。

当然，也存在着与哲学分析没有多少直接关联的分析哲学。[②] 而且分析哲学中被称作哲学分析的东西并不都同逻辑有关。然而，至少初看之下，分析哲学中还是有一条以建基于初等数理逻辑之上的分析范式为目标的清晰思路。罗素的摹状词理论被拉姆塞（1931）和摩尔（1946）称作"哲学的典范"，便是一例。设想你步入一间教室，并看见黑板上写着：

（1）（当今的）法国国王是秃头。

而且在这些字下方还写着由词和符号组成的如下东西：

---

[*] 译自 The Story of Analytic Philosophy: Plot and Heroes, eds. by Anat Biletzki and Anat Matar, Routledge, 1998, pp. 37-55。

[①] 参见 Hart (1990)。

[②] 我这里说"直接地"，是因为很多与分析没有明显联系的工作都十分认真地对待那些确实强调这一方法的人；这是一种重要却不直接的联系。

(2)（∃x）（x 是（当今的）法国国王 &（y）（如果 y 是（当今的）法国国王，则 x = y）& x 是秃头）。

要是这样的话，你所进入的便是这样一间教室，在那里分析哲学刚刚被练习过（或者一门深受分析哲学影响的语言学刚刚被练习过，或者这样的一门学科刚刚受到了攻击，或者刚刚被历史地讨论过：总之，那里发生过同分析哲学密切相关的事情）。再重申一遍，这样说并不否认有过而且现在还有一些分析哲学家，他们所从事的并不是这样一种分析。但是我确实认为，从事于这种分析，已接近于成为一名分析哲学家的一个充分条件了（尽管还不是一个必要条件）。我还认为——尽管这可能更会引起争议——强调上述意义上的分析这一思路，在下述观念中起到了重要作用：分析哲学中有一个或多或少是统一的传统。

假如所有这些说法都没有错，或者无论如何总可以合理地进行下去的话，那么，对于那些怀抱着界定分析哲学之计划的人来说，了解哲学分析究竟是什么，就必定是有益的。在一种意义上，哲学分析是什么已足够清楚：我们可以举出如上所述的一些事例，并一般地同意它们可充作例证——甚或是典范式的例证。可是，在另一种意义上，哲学分析是什么还远不是那么清楚。在理论阐释方面，关于哲学分析究竟是什么，当我们从类如（1）的语句（一个"未被分析的语句"）过渡到类如（2）的语句（其"经过分析的"形式）时究竟发生了什么，正像我要指明的，我们仍然没有达成一致。

我们是从这样一种观念开始的：通过对哲学分析的思考，或许会给分析哲学的观念带来某种统一性。然而，仔细考察过后的结论是：没有哪一种哲学分析的观念可当此任。像弗雷格、罗素、卡尔纳普、蒯因这样的哲学家们，其工作以数理逻辑为基础，人们倾向于将其视为分析哲学家的典范。关于我们从（1）过渡到（2）时究竟发生了什么，他们之间也没有什么一致的看法。时常听人说，将分析哲学统一起来的是其方法——这其中包含的一个意思是，使用哲学分析乃是分析哲学的一个特点。表面上看，这一说法对于有些（尽管不是所有的）分析哲学家是成立的——许多人都同意，从（1）到（2）的转换是取得了某种哲学进步。但是，假如这里的"方法"也包括人们给予这些转换的阐释在内的话，那么这种一致便不复存在了，分析哲学的统一性从而也就变成一个更加困难，或许也更为有趣的问题。

就像前面所表明的，我将从探讨不同的哲学家如何看待哲学分析开始。

弗雷格

初看之下，弗雷格的情况不够清晰。我认为，这种不清晰恰恰是富有启发性的。一方面，弗雷格确实说，就字面意义而言，思想似乎是由各部分构成的，哲学分析因此被假定为一个将思想分解为其组成部分的过程——或者至少是以清晰的方式将其展现为由哪些部分构成的一个过程。他因此说道："如果一个名字是一个真值的名字的一部分，那么前一个名字的涵义便是由后一个名字所表达的思想的一部分。"（Frege，1964：90）在《数学中的逻辑》这篇论文中，他又说道："思想是由部分建构而成的。这些部分、这些构筑材料，对应于一组组声音，表达该思想的那一语句就是由它们构成的……"（Frege，1979：225）在《复合的思想》开头一段中，他再一次坚持认为，我们可以"在思想中区分出部分，它们与语句中的部分相对应，以至该语句的结构可以视为该思想的结构的一幅图像"（Frege，1984：390）；十分相近的评论还出现在别的地方，例如在《否定》（1984：373-389）一文中。

另一方面，别的一些段落却毁掉了这幅率直的图像。在前面引述的《复合的思想》中的那个句子后面，紧跟着一句致命的表示限定条件的话："确实，当我们把整体与部分的关系转到思想上时，实际上不过是打个比方；可是，这种类比太容易做出，太让人习以为常了，以至于让我们对时不时出现的麻烦也熟视无睹。"为什么弗雷格此时倒犹豫不决起来了呢？最一般性的回答是：他所援用的基本分析方法是区分函项和主目的方法，他的哲学在很大程度上就是以此为依据的；而至少从表面上看，函项—主目分析同整体—部分比喻并不那么吻合。事实上，两者通常是相互冲突而不是相互吻合的；通常情况下，一个给定主目的函项的值，既不以这个函项也不以这个主目为组成部分，它全然就不是一个由函项和主目构成的整体。若不这样看，立即会有荒诞不经的推论：数字4是由数字2和函项"……的平方"构成的整体；也是由数字5和1及函项"减去"构成的整体；还是由数字3和1及函项"加上"构成的整体；如此等等。这种荒唐事也不仅仅出现在数学中。要是把"……的父亲"当成表示人们与其父亲之间的映射关系的一个函项的话，那么很显然，给定一个主目，这个函项的值并不包含这个主目和这个函项。

当然，指出函项和主目在大多数情况下事实上就是如此，仍解决不了问题。

或许，涵义的领域就是这个一般规则的例外，在涉及涵义的特殊情况下，（函项的）值（譬如，一语句的涵义）确实既包含了主目（譬如，一名字的涵义），又包含了函项（该概念表达式的涵义）。正如我们所看到的，弗雷格在有些地方就是这么认为的。但是他也有理由在这一问题上犹疑不定。人们说，由一个简单的主谓句表达的思想可用弗雷格模式分析为函项（在这个例子中指一个概念）和主目（一个对象）。然而，这种探讨问题的方式是不严格的。严格地说，思想不可以被分析为相关的函项和相关的对象，因为把该函项应用到该对象上，所产生的不是该句子的思想，而是它的真值。宁可说，函项表达式的涵义和对象名称的涵义必须是分析的相关基础。这要求我们把函项表达式的涵义本身当作一个函项，而这一点能否正确地归于弗雷格，以及它是否与弗雷格的术语相容，都是不清楚的。这里还有另外一个困难，就像上述关于数字 4 的例子所表明的那样。绝不可以明确地说，一个给定的思想可被分析为唯一确定的一组函项和主目。例如由我们简单的主谓句表达的思想似乎可被分析为一个（一阶）函项和对象；可是它也可以被分析为一个一阶函项和一个可应用于该一阶函项的二阶函项。假如这样说没错的话，那么，究竟哪一个分析是合适的，可能有赖于我们希望加以解释的是哪一种推理：一个给定的思想会在无限多个推理中发挥作用，而有些推理可能需要某一种分析，另一些推理则可能需要一种不同的、与之不相容的分析。根据这幅图像，便不存在一种正确的分析：分析是相对于推理而言的。

我认为，这种情况会让我们无法确定：在何种程度上，一个持弗雷格立场的人可以认为，分析过程清楚地揭示了在思想中存在的结构，它们是客观的、独立于我们的。几乎所有弗雷格的语言都带有的那种实在论基调，很自然地会让人们假定：他认为这样一些结构是客观的；但是，对他的观点的更仔细的考察，至少会让我们在做出这一断语时有所保留。①

罗　素

在弗雷格那里，分析的地位或许不那么清晰。然而，在罗素及摩尔这里，我们却看到了十分确定的观点。② 在弗雷格那里，关于整体和部分的谈论只不过

---

① 十分感谢里基茨（T. G. Ricketts），我在同他的通信中交换了关于本节论题的看法。
② 我要说，我这里谈到的是罗素从拒斥唯心主义到维特根斯坦对其思想发生重大影响的那段时期，尽管我认为我将讨论的罗素的那些观念至少到 1918 年才发生了变化。

是有说服力的隐喻；在罗素和摩尔这里，这种谈论却受到了认真对待；如此一来，哲学分析便如同化学分析一般，是一个将复合物拆解为更简单的（最终是绝对简单的）组成部分的过程。

1900年，罗素刚抛弃唯心主义不久，他直截了当而又强有力地（有人会加上，言过其实地）宣布了新的观点："所有健全的哲学都应当从分析命题开始，这乃是一个不证自明的真理。"（Russell，1900：8）罗素这里强调的是这样一种观念：分析将向我们表明，许多命题（或者，按有些说法，所有命题）都是关系式的。这与被他当作唯心主义的下述观点正好相反，即所有命题都是主谓式的；在他看来，对命题的分析直接提供了一种对唯心主义的毁灭性的并且是完全一般的驳斥。（依我看，这种估计是太过乐观了，我在别处曾对之加以讨论。）① 然而，能够证实这一观念的分析却几乎没有出现过，因为可以这样说，罗素所主要关心的命题仅仅从表面上看是关系式的。他坚持认为，它们实际上就是它们看起来的那种样子。

尽管有1900年的那份声明，可罗素最初强调的分析（譬如，在1905年以前），更多的是对可作为命题组成部分的那些观念或概念的分析，而不是对命题的分析。在这里起作用的似乎是一种颇为不同的分析——作为一种零敲碎打的哲学方法的分析，而不是作为大举反对唯心主义之论证的分析。这种分析（或者如罗素时常称呼的，定义），完全依赖于整体—部分类比。罗素因此说道："显然，只有就复合观点而言，定义才是可能的。大体上说，定义就在于把复合观念分析为它们的组成部分。"（1900：18）《数学原则》（1903）提出的是一幅类似的图像。不过在该书中，由于罗素区分了数学定义和哲学定义，说明也相应地复杂一些。数学定义只要求我们（大致）给出成为我们所关注的对象的充要条件；而哲学定义则更苛刻一些："从哲学上看，定义一词……事实上只限于把一个观点分析为它的组成部分"（1903：111）。

非常类似的观点出现在摩尔的《伦理学原理》（1903）中，事实上，这种论点是被更加戏剧化地提出的。摩尔用的也是"定义"一词，而不是"分析"，但是他费了老大的劲让我们不要以为他所关注的是"用其他的词来表达某一个词的意义"（Moore，1903：6）；他说，这种意义上的定义"除了对于词典编纂学之外，对于任何别的研究都不具有根本的重要性"（Moore，1903：6）。他所

---

① 见 Hylton（1990），尤其是第二部分第四章。

关注的毋宁是"这样一些定义，它们描述由该词指谓的对象或观念的真实性质，而不只是告诉我们该词通常意指什么"（1903：7）。摩尔举出的例子是给"马"下定义。这里，摩尔并不对英文单词"horse"感兴趣。他所关心的是一种"更为重要的"（1903：7）意义上的定义，在该种意义上，关于马的一个定义告诉我们，"我们所有人都知道的一个特定的对象，是以某种特定的方式构成的：它有四条腿、一个头、一个心脏、一个肝脏，等等，所有这些东西都按照确定的关系相互配置在一起"（1903：7）。人们或许会由此想到，摩尔所偏爱的这种定义仅仅适用于可分解为部分的对象。但事实上他是很一般地应用这一观念的。紧接着上面引用的那句话，他说道："正是在这种意义上，我否认善是可定义的。我要说，它不是由任何这样的部分组成的，当我们思考它的时候，就可以在头脑中用这些部分来替换它。"

尽管我不打算就摩尔的情况做更详细的阐述，可仍值得一提的是，至少就某一方面而言他的分析观从未改变。他一贯主张，他所分析的不是言语表达式，而是抽象实体，亦即概念或命题。在答复朗福德时——收入希尔普卷（Schilpp，1942：660-667），他以典型的摩尔式风格把这一点说得明明白白。例如，在661页，他说道："当我谈到分析任何东西的时候，我所谈论的分析对象总是一个观念或概念或命题，而不是一个言语表达式。"至少摩尔看来，分析的对象永远是一种结构，它隐藏在我们的言词背后，并给言辞赋予意义；分析的目的就是去揭示这种结构，去把那些否则便会被掩藏起来的东西彰显出来。

在讨论罗素和摩尔时，我所强调的是，他们按照其字面意义来看待整体—部分的类比。这里，对于我们所关心的事情或许更为根本、更为重要的东西是：他们从来没有怀疑过，在哲学分析中他们达到了实际存在着的、支撑着我们的话语的那些结构。哲学分析就在于揭示已经存于那里，先前却未被识别出来的东西。我把这叫作关于哲学分析的实在论构想。

当罗素以别的方式对哲学分析观进行修改时，这一主要的指导观念依然没有受到触动。这一构想赖以发生转变的最明显的方式是，从《论指谓》一文开始，他把强调的重点从概念分析转向了命题分析。在《数学原理》一书中，他一般地假定，语句的结构或形式一般性地对应于它所表达的命题的结构（尤其见于1903：42）。尽管他在实践中并不总是坚守这一假定，可理论上它至少适用于大多数的情况。《论指谓》一文及由它引发的进一步研究所产生的革命性变化之一，便是这样一个观念：一般来说，语句的形式并不是通向命题的形式即深层的逻辑形式的好向导。《论指谓》一文因此论证说，包含着一个限定摹状词的语句，所表达的是这样一个命题，其逻辑形式乃是一个存在量化句的逻辑形式；随后，几乎所有包含专名的语句都被以同样的方式看待了。（沿着同一思路，罗素进一步主张，唯一的复杂性便是命题的复杂性，或者如后来所主张的，是事实的复杂性；不过，再这样追究下去，就要跑题了。）

　　独立于摹状词理论的第二条发展线索也是与此相关的。这种发展是认识论方面的。在拒绝唯心主义之后，罗素把关于心灵之外的任何东西的知识，都看作是关于心灵与对象之间无前提、无中介的关系的问题——他把这种关系称作"亲知"（acquaintance）。起初，亲知这个观念乃是一个可以称作因变量的东西：只要罗素在其理论构思中感到，假定下面一点将是方便的，即我们具有关于某物的直接知识，他便径直做出这种假定——我们事实上在亲知该事物。他经常心照不宣地便接受了这一点。因此，《数学原则》中提出的那些学说似乎暗示，我们可以亲知四不像的怪物、荷马诸神，以及我们能够举出的任何东西。然而，从1904或1905年开始，罗素越来越关注亲知这个观念，并且越来越多地对他愿意承认我们对之具有亲知的事物种类加以限定。没过多久，亲知事物的范围就变窄了，并且被分门别类：一方面是在感知中被直接给予的感觉材料；另一方面是不在时空中的抽象对象。罗素也认为——尽管他后来改变了主意——我们每个人都亲知自己的心灵或自我。由于罗素坚持认为，除非我们能够表明命题完全是由我们所亲知的要素构成的，否则我们便没有达到对语句的正确分析，没有揭示出隐藏着的命题，亲知与分析之间的关联于是便显现了出来。这种关联作为施加于分析观念之上的认识论约束而发挥作用。然而，我们的大多数语句显然不是由这样的语词组成的，它们指称我们所亲知的（根据罗素对亲知的狭义理解）实体。所以，若假定这种认识论约束，几乎我们的所有语句都必定表达这样的命题，其组成部分和结构被这些语句本身所掩藏，而不是被它们所揭示。

　　由《论指谓》一文所代表和由其日益增长的认识论关怀所引起的分析观念的这两次转变，并不表明罗素从实在论构想退却了。实际上，他对于命题的终极成分必定是我们所亲知的实体这一观念的强调，如果说意味着什么的话，那也似乎是对实在论的进一步强化。（罗素思想中日益增强的认识论偏向清楚地表明：在他看来，分析所揭示出来的是带有心理实在性的结构。由分析命题而得的每一个要素都对应于一种心理的亲知行为。）不过，罗素所关注的实体类型确实发生了变化。一命题所可能具有的各种逻辑形式，被看作独立自存的实体，并日益成为关注的对象。哲学分析依然要致力于发现一给定命题由之构成的那些实体，不过，它首先关注的却是如何发现该命题的逻辑形式，以及如何识别命题或事实所可能具有的各种逻辑形式。①

所以，在罗素看来，哲学分析越来越关乎逻辑形式了；他同时也已认定，哲学分析乃是哲学的主要组成部分。实际上，到 1914 年，他就已明确提出，哲学就是哲学分析。他坚持认为，哲学必须有自己的研究主题，而这一主题便是逻辑形式。② 罗素逐渐把哲学等同于逻辑（或逻辑的一部分）。他说："哲学变得与逻辑密不可分了"（1918：111）；又说："任何一个哲学问题，在对它进行必要的分析和纯化后，便要么被表明根本不是哲学问题，要么就在我们使用'逻辑'这个词的意义上，是逻辑问题"（1914：42）。但是，他这样说并不是指，哲学等同于我们意义上的数理逻辑。仅仅因为把逻辑观念加以引申之后，"哲学就是逻辑"这一说法才是可能的。罗素说，逻辑分为"两个并非截然不同的部分"。第一部分指那个为人熟知的学科，它为定理之类的东西提供证明。第二部分，在逻辑可被等同于哲学这个意义上，才是逻辑。在这种意义上，逻辑"关注对逻辑形式的分析和清点，也就是说，关注可能出现的命题类型，关注事实的各种不同类型，以及对事实的组成部分的分类整理"（1918：112；参阅 1914：67）。

因此，至少根据罗素于 1914 年做的声明，哲学乃是由分析构成的。而分析反过来又主要涉及逻辑形式，尽管也要涉及对命题的各种不同成分进行分类清理。可以说，这一过程所包含的认识论依赖于亲知这一观念，亦即依赖于如下观念：在心灵与各种非精神实体（包括逻辑形式及其他抽象实体在内）之间，存在着一种直接的、无前提的关系。一旦发现了实际的组成部分和隐藏于任一给定语句所表达的东西之下的那个实际的形式，分析的过程便完结了；从事这一分析的哲学家知道自己已经做到了这一点，因为命题组成部分的最后清单上

---

① 我这里泛泛地谈到"命题或事实"，因为就我的目的而言，这种区分并不那么重要。在 1906—1910 年的某个时期（我觉得，确切时间弄不大清楚），罗素放弃了命题是真正实体的观念；打那以后，关于事实的观念就开始在他的思想中扮演了主角，而此前它只是一个很次要的角色。确切地说，在讨论罗素那一时期以前的思想时，我们应当说命题的逻辑形式；而在讨论他那一时期以后的思想时，就应当说事实的逻辑形式了。

② 见 Russell（1914），尤其是第 27 页。

全都是亲知的对象（事实上，可以假定，全都是这位哲学家所实际亲知的对象）。

维特根斯坦

表面上看，而且至少就其大部分篇幅而言，维特根斯坦的《逻辑哲学论》提出的是这样一种哲学分析观：它在许多方面都可看作是一种对罗素版本的更鲜明、更清楚的再现——尽管其中完全缺乏认识论方面的要素。世界是由事实构成的；复杂事实是简单事实的真值函项复合体，而每一个简单事实都是由简单对象经过某种确定的配置构成的。语言具有一种为其表面结构所隐藏着的真实结构；语言的真实结构恰恰映现了实在的结构。每一个表达了一个事实的语句，都是——尽管表面上看起来不是——基本语句的真值函项复合体；基本语句是由简单名称经过确定的配置而构成的。语句表达事实，因为在基本语句和基本事实这个层面上，语言同世界建立起了联系：基本语句中的简单名称是相应的事实中的简单对象的名称，而对象在事实中相互配置的方式同名称在语句中相互配置的方式是一样的。因此，给一个语句以完全的分析，就是在相关的真值函项组合中展示出相关的基本语句。

正如我上面所说的，这幅图像似乎就是《逻辑哲学论》在其大部分篇幅中所提出的。这里之所以需要加上限定条件，是因为该书后面的一些段落，通过宣布前面所说的所有的话都是无意义的而在根本上摧毁了它们。以某种方式看，这只是一个内部的一致性问题：根据《逻辑哲学论》中的学说，所有语句——所有有意义的指号——都必须可被分析为基本语句的真值函项组合，而基本语句本身又是基本名称的组合。然而，很难设想表达《逻辑哲学论》本身学说的那些语句可以满足这些要求；所以，假如《逻辑哲学论》的学说是真实的，它们便是不可表达的，因此，那些（表面上）企图表达它们的语句便是无意义的。① 同样，我们还可以把这个激进步骤看作是这样一个结果，它是通过周密思考罗素 1914 年所持哲学观中（甚或是类型论中）所隐含的东西而获得的。假如

---

① 我这里并不想暗示：维特根斯坦认为，《逻辑哲学论》的学说是真实的却是无意义的；或者暗示：他会认为这样一种状况是完全可能的。恰恰相反，我认为上述看法歪曲了维特根斯坦的思想。我所持的论点只是：看出人们为什么会把那本书的学说当作无意义的一种办法是：一开始就辩证地假定它们是真的。

像罗素有时候说的，哲学是由哲学分析构成的，那么，哲学又怎么可能包含罗素所提出的诸如此类的断言呢？（尤其是，它怎么可能包含哲学是由哲学分析所构成的这样一个断言呢？）

维特根斯坦认为，所有哲学——包括《逻辑哲学论》表面上的观点，但也包括所有其他哲学——都是无意义的胡说。这种对所有哲学的拒斥将哲学分析摆在哪儿呢？依我看，这并不是那么清楚的；或许他并不拒斥关于这种分析的观念或过程；或许他认为，在某些情境下，用语句（2）替换语句（1）是有道理的。然而，很清楚的是，他完全拒斥可能被加在这一过程之上的任何一层哲学虚饰物，以及任何一种关于我们在进行哲学分析时会接近某种东西的说法。尤其是，抛开该书其余大部分内容不管，其最后的几段论述——假如我们完全严肃地看待它们的话——等于拒斥了我所谓的关于哲学分析的实在论构想，也就是这样一种观念：哲学分析揭示出了完全独立于我们而存在、从根底上支撑着我们的言谈并使之成为可能的结构。

罗素的哲学分析观，依赖于关于命题的结构及其构成成分的形而上学解释，以及我们关于那些要素的知识的形而上学解释。维特根斯坦不只是反对罗素的解释，他还反对任何可与之相比的解释，反对罗素所致力的、企图揭示隐藏着的实在的那样一种计划的可行性。然而，尽管有维特根斯坦的这样一些反对意见，罗素的计划似乎还是取得了一些人们勉强承认的结果——体现在《数学原理》中的不朽成就（不管这部著作所取得的确切成就是什么）；在《我们关于外间世界的知识》中所提出的那种为经验知识做类似事情的诱人观念；以及像摹状词理论所提供的那种小规模的意义澄清。在不陷入任何类似于罗素的那种形而上学的情况下，我们怎样才能使这个世界对于这样一些观念是安全的呢？

卡尔纳普

卡尔纳普深受弗雷格、《数学原理》及《我们关于外间世界的知识》的影响，他所面对的正是这样一种问题。他也深受维特根斯坦的影响——只是他不愿意把所有可归于哲学名下的东西全部抛弃掉。我们如何能在不提出任何形而上学要求的情况下进行哲学分析呢？——的确，在这种情况下，我还能做哲学吗？像罗素一样，卡尔纳普也认为哲学无关乎提出可由感觉经验回答的经验要求。不过,他追随维特根斯坦,把所有非经验的主张都斥为无意义的。所以,他面对的是更为紧迫的问题:我们如何能够在不做出任何这样的要求的情况下从事哲学分析呢?

为平息这些疑虑,卡尔纳普十分认真地考虑下述观念:哲学的题材是语言。他对有关哲学分析的性质问题的回答,依赖于关于我们可以在其中自由挑选的可供选择语言这一观念。他会把从语句(1)到语句(2)的过渡大致理解为这样一个过程。我们从包含着形如(1)的语句的某种语言——譬如说,口头英语——开始。某位哲学家看出来了:英语之所以对于某些目的而言是不便利的或者是引人误解的,恰恰是因为它包含着具备这种形式的语句(例如,它会引发这样一些毫无结果的形而上学忧虑:假如一个语句包含着一个明显的指称表达式,后者实际上却不指称任何东西,该语句如何才能是有意义的呢?)这位哲学家于是便构造出了另外一种语言,除它引入了形如(1)的语句作为形如(2)的语句的缩写之外,在其他方面都等同于英语。

对卡尔纳普关于哲学分析和哲学自身的图像来说,另外两点也是至关重要的。其一是关于一种语言或另外一种语言的断言所处的地位。当然,某位哲学家会做出这样一些断言:例如,他或她会说,在英语中限定摹状词是初始表达式,而在另一种语言——我们且称之为英语*——中,限定摹状词是通过缩写引进的。卡尔纳普不会容许这些断言是经验的——因为他不希望将哲学等同于经验语言学。可是,他似乎也不容许它们是非经验的,因为这样一来它们似乎就是形而上学的了。这位哲学家的(明显的)断言怎么可能既是非经验的又是非形而上学的呢?卡尔纳普根本否认那位哲学家所说的话是真正的断言:它们必定是分析的——空无内容却也不是无意义的。按这种观点,这位哲学家并不是把语言当作实际存在的现象来对待——这种意义上的语言乃是经验语言学的研究领域。这位哲学家所关注的毋宁是人工语言,这些语言首先被当成了一套套语义规则和句法规则。① 设定这样一些规则,可能是为了与一种实际的语言相对应(就像设计一种纯数学可能是为了模拟一种物理现象一样);这位哲学家所关心的这种语言,是由它的规则定义的,而不是由操这种语言的人如何行动来定义的(就像那种纯数学是由那些数学规则控制的,而不是由那个物理现象控制的一样)。这样一来,这位哲学家关于任一给定语言的(明显的)断言,仅仅是

---

① 在写作《语言的逻辑句法》(1937)期间,卡尔纳普认为只需要句法规则;后来他逐渐认为,语义规则也是需要的。不过,就我们的目的而言,这一点并不重要。

由这种语言的规则得来的。按卡尔纳普的说法，它们是分析的；它们只是在解说业已包含于那些规则之中的东西，并没有增添任何这样的新知识：它们或者属于经验类型，或者属于据称是形而上学的类型。按卡尔纳普的解释，它们就像逻辑真理一样，既不是经验的也不是形而上学的，因为它们根本就不是断言。

从我们对卡尔纳普的图像的概述中产生的第二个问题，是各种可能的语言——在我们的例子中是英语和英语*——所处的地位。依卡尔纳普的观点，为这种或那种语言的使用订立规矩不是哲学家分内的事。哲学家并不说这一种或那一种语言是正确的。这一点至关重要。假如这里存在着正确与否的问题，那么是什么东西使一种语言正确而其他语言不正确呢？或许是像这样的观念，即前一种语言对应着从根底上支撑思想和言谈的真实结构，而卡尔纳普斥之为形而上学的，恰恰是这种关于所有语言的底层真实结构的谈论。与罗素（或许还与弗雷格，尽管情况不是那么清楚）截然相反，卡尔纳普把这些断言当作无意义的加以拒斥。与此同时，他也放弃了关于正确语言的任何观念，甚至也（更为温和地）放弃了关于分析一个给定语句或习语的正确方法的观念。如果这些事情都没有正确与否的问题，那么在他看来，它们便是一个自由选择的问题。只有下述类型的批评才是合法的：某一给定语言没有得到清楚的解释，或者是这样一种纯粹实用的观点，即：就某一特定的目标而言，某一给定的语言可能不像另外一种语言那样方便。这便是卡尔纳普的宽容原则所维护的立场：

> 在逻辑中没有道德可言。每个人都可以按照自己的意愿，随意地建造他自己的逻辑，即他的语言形式。所要求于他的只是这样一点，如果他想就它展开讨论，他就得把他的方法陈述清楚，并且给出句法规则而不是哲学论证。
>
> （Carnap，1973：52）

卡尔纳普对语言选择的宽容，受到了下述观念的支持：可以明确地区分这二者：一是在一种语言内部发生的事情，一是当我们从一种语言转换到另一种语言时所发生的事情。也就是说，我们信念的改变分为两个截然不同的类型。包含语言改变的那些改变，他称作外在的。这里不存在正确与否的标准，因为所有这类标准都是某种语言的一部分。自然，这便是宽容为什么是一种合适的态度的原因。我们不拥有任何可据以判定这种语言是正确的、那种语言是不正确的标准；我们所拥有的是一些实际的考虑，如：就这个或那个目标而言，一种语言比另一种语言更方便或更不方便。不过，卡尔纳普所持的可不是一种普遍的宽容观点；他的观点与认识论无政府主义者的立场——主张任何东西都同任何别的东西一样好或一样坏——不是一码事。对于内在的改变——不涉及语言改变的那些改变——来说，却存在着清楚的关于正确与否的标准，它们是由该语言定下的。因而，卡尔纳普的立场似乎是要求在内在改变与外在改变之间做明确的区分，也要求这两类改变的认识论地位完全不同。

值得一提的是，这里的内在—外在区分本质上就是分析—综合区分的另外一种形式：有一些改变，涉及关于先前的分析语句的看法的改变，是语言的改变，因为这些分析语句（或多或少）是该语言的构成要素；不过，有一些改变只涉及综合语句，是内在的改变。

让我们再描摹一下从卡尔纳普的工作中呈现出来的分析图像。对于一类给定语句的分析——例如将形如（1）的语句分析为形如（2）的语句，严格说来，应当被理解为是在用另外一种语言来替代一种语言，它们两者或许只在很细小的方面有所不同。这里没有任何这样的断言，即一种语言正确，另一种语言不正确；而只有一种语言学建议：为了如此这般的目标，我们应当使用第二种语言，而不是第一种语言。因此，这里不存在要么是经验的、要么是形而上学的论断。当那位哲学家告诉我们使用这种语言而不是那种语言的结果时，他也没有做出任何实质性的断言。我们所得到的只是从给定语言的规则而来的分析性结论；既然它们是分析的，它们就没有做出任何真正的断言。

这一图像与我们在罗素的工作中看到的关于分析的实在论构想完全相反。它不谈深层结构，不谈使思想和语言成为可能的、为我们语言的表层结构所掩盖的真实形式（逻辑形式）。然而，尽管存在着这种对立，也不是毫无共同之点。尤其是，卡尔纳普还可以照着罗素的样子把形如（1）的语句分析为形如（2）的语句。从（1）到（2）的过渡步骤可以仍然是完全一样的。然而，关于这一步骤、它的哲学意蕴、它被认为做出的哲学承诺的谈论，却彻底改变了。

蒯　因

卡尔纳普关于分析的图像是下述哲学观的一部分，它旨在避免他所认为的罗素对形而上学的承诺。然而，这一图像也是有其自身的承诺的。一方面，必须有一类分析语句，它们可以被断定，却没有对知识做出任何真正的或实质性的断言。另一方面，在从一种语言转换到另一种语言与在一特定语言之内改变某人的信念之间，必须有一种明确的、在认识论上有意义的区分。这两点都是分析—综合区分——它已逐渐成为一块哲学巨石——的表现形式。蒯因当然是拒斥这一区分的，至少是拒斥它的每一种将会产生哲学影响的形式；相应地，蒯因也拒斥卡尔纳普加在哲学分析之上的虚饰物。

尽管如此，哲学分析，或者类似于此的某种东西，在蒯因哲学中依然保留了下来。关于分析或释义的例子，充斥于《语词和对象》一书，尤其是在前两章那种明显的哲学奇谈怪论之后。该书的第53节冠名为"有序对作为哲学之典范"——这确实是对于拉姆塞有关罗素摹状词理论的描述的有意识回应。赞许现在投给了另外一个不同的事例，不过其观念依然如故：哲学分析——最不偏不倚地说，是从一种表达形式到另一种表达形式的转换——乃是哲学最好的事例。关于这种转换蒯因究竟有哪些话要说呢，他又给它加上了什么样的哲学虚饰物呢？正像人们所预料到的，他拒不接受我们在罗素那里看到的那种实在论构想：谈论或许可以直接呈现于心灵面前的深层结构，不符合他关于科学严密性的标准。当然，他也不会采纳卡尔纳普关于自由选择这种或那种语言的说法。

我们就来看看，关于以下这个被他当作是典范的事例，蒯因究竟说了些什么：

> 我们不要求同义语。我们不要求去弄清楚，这个不清晰表达式的使用者一直在心中无意识考虑的东西。我们并不揭示隐藏着的意义，就像"分析"和"精释"这些词语所暗示的那样；我们补足差缺。我们选定不清晰表达式的那些值得为之烦神的特定功能，然后设计出一个适于担当那些功能的替代者，它是清晰的，并且是根据我们的喜好铸造的。
>
> (Quine, 1960: 258-259)

这里，分析（或"分析"）似乎是一件相对随意的事情，不带有任何形而上学的承诺。人们发现，不管由于什么原因，一种表达形式比另外一种更为清晰，却可以达到人们在使用第二种表达形式时所怀有的那些目的；于是，人们就使用第一种表达形式。事情就这么简单。

《语词和对象》中靠前的一段话也是富有启发性的。蒯因谈到了把语句S释义为或分析为语句S'。他强调说，我们不应当期待，或者甚至不应当希望，二者是同义的。他接着谈到了S'："它与S的关系便是：说话者在那种情况下试图借助于S及其他东西去应付的那一特定的事情，通过使用S'而不是S，也可以处理得令他心满意足。我们甚至可以让他在这种转换之下修正自己的目标，如果他愿意的话。"（1960：160）在这里，释义的有些例证似乎可以完全是特设性的；这并不是暗示，一种表达形式能够实现由某个不甚清晰的表达形式所担当的所有功能。确切地说，情况可能是这样的：在一个特定的场合下，我们发现可以使用一个不同的表达式，却仍然可以取得想要取得的东西，甚至会做得更好。如此看来，似乎难以对此表示不同意见。另一方面，蒯因这里所说的似乎不过就是这么一道指令：假如在某一特定情境下，某一特定的表述事情的方式不能够提供帮助，譬如这种方式似乎并不能推进通畅无误的交流，那么就试着去找寻另外一种会做得更好的谈论方式吧！这无疑是一句忠告，却很难认为：这种在最低意义上理解的分析，能够成为哲学的核心。我们业已远离了罗素将分析当作通向哲学真理之康庄大道的观念，甚至也远离了卡尔纳普的下述观点：对可供选择语言的建构乃是哲学家对知识的突出贡献。

结　论

我并没有奢望，本篇对分析哲学中关于分析的各种说明的概述是包揽无余的。另外一个值得一提的观念出自语言学中的乔姆斯基革命。它建立在如下观念之上：从根底上支撑着我们的言谈并使之成为可能的实在，并不是由抽象实体构成的实在，毋宁说是由精神实体与结构所构成的实在，它们与我们通常意识到的任何东西都很不相同（可以断言这些精神实体与结构具有一种神经学的实在性，亦即可以用某种方式在大脑中例示出来）。这显然是一种很不相同的关于哲学（或语言学）分析的构想，并且有赖于一套相当不同的技术和范例（尽管相互间的交叉重叠程度或许是让人吃惊的）。

我也不打算宣称，我所概述的这一发展脉络——从罗素到卡尔纳普再到蒯因——以任何一种确凿无疑的方式对应着时代精神的运动过程，甚或是分析哲学精神的运动过程。不存在一个有条不紊的辩证演进过程。在我所概述的这一发展脉络中，关于哲学分析的构想越来越少形而上学的意味。罗素的形而上学预设被卡尔纳普所拒斥（人们不禁要说，维特根斯坦《逻辑哲学论》中的形而上学预设，被维特根斯坦在《逻辑哲学论》中加以拒斥）。卡尔纳普随后提出了一种关于分析的构想，这一构想之所以看起来是非形而上学的，只是因为它依赖于其他的假定（实质上就是分析—综合区分的这种或那种形式）。这样一些假定又遭到蒯因的拒绝：他提出了一种似乎不带有任何特定理论承诺的分析观——但也正是由于同样的原因,它似乎并不具有普遍的意义。不过,要说的故事不止这一个。尤其是,关于分析的某个版本的实在论构想的复兴也是应当说一说的。或许,这样一种构想,亦即将哲学看作关于从根底上支撑我们言谈的抽象结构之理解的观点,自从罗素将其提出以来,就从未完全销声匿迹过;然而在过去 25 年间,这种观点确实赢取了更大的声势。(可以假定,关于分析的实在论构想以及与之相伴随的形而上学的复兴,可归因于卡尔纳普反形而上学观点的失势。这反过来又是蒯因对卡尔纳普批判的结果,就此而言,真可谓是哲学史上的一个绝妙的讽刺。)有些人没有给从(1)到(2)的转换加上特定的虚饰物,没有给它提供哲学解释,却假定了这一转换必定具有哲学意义,关于这些人,无疑也有一个更为凄凉的故事可以叙说。

更引起我关注的,与其说是这些不同的哲学立场,不如说是它们的多样化这个事实。它们全都是关于哲学分析、关于它做了什么、关于它为什么重要的故事。至少在我看来,它们的多样化表明了:尽管哲学分析这一概念可能为分析哲学的核心处带来某种统一性,但这仅仅在表面的意义上是方法的统一——一种实际做法的统一,而不是关于这一做法的解释的统一。(愿意的话,你可以将它称作方法的统一,却不可以将它称作方法论的统一、关于该方法的言说的统一。)

我认为,在有些(当然不是全部)分析哲学家之间存在的这种表面上的方法统一,确实向我们表明了关于分析哲学的某些事情。时常有人评论说——无疑是正确地——分析哲学尤其关注于语言(这一观念将罗素 1905 年以前的工作,或许还有弗雷格的工作,归为前分析哲学;不过这一结论似乎也是可以接受的)。对于哲学分析的强调,给了我们某种观念,它与分析哲学家们(与其他哲学家恰成对照)关注语言的那些特定方式相关。(例如,赫尔德也可以被描述为"特别关注语言";然而他的兴趣显然与我们当作是分析哲学所持有的那些兴趣相去甚远。)哲学分析的典型对象仅仅只有陈述句;而且分析哲学家们经常是逐个地关注语句,着眼于准确理解每一语句对世界做出了什么样的陈述。我认为,更为重要的是哲学分析借以将我们的注意力引向未分析语言的(实际或潜在的)引人误解性的那种方式。我以为,这一观念是与哲学分析观念紧密相关的;在许多分析哲学家看来,正是语言的引人误解性导致了对于分析的需求。

我认为,语言使我们误入歧途这一观念是分析哲学中的一个重要论题。[1] 然

---

[1] 在此我要感谢同列奥纳德·林斯基(Leonard Linsky)的一次谈话。

而，就像哲学分析技术本身一样，这种观念是共存于十分不同的哲学见解之中的。举一个明显的例子：这是一个既可用于表达形而上学倾向又可用于表达反形而上学倾向的观念。形而上学家可能会说：语言之所以是引人误解的，是因为它隐藏了我们思想或（更深意义上的）语言的真实结构，而这种真实的结构将向我们显示出世界的形式。正是本着这种精神，罗素在1918年指出，符号主义理论是重要的，这主要是出于以下负面的理由：假如我们对符号没有正确的意识，我们便会错误地思考它们，而不是思考哲学的真正题材，因为符号是有形的，而（哲学的）真正题材是抽象的、难以捉摸的。在这种上下文中，他发出了这样一个著名的感慨：一个好的哲学家会设法"每六个月……花上一分钟时间"去思考哲学的真正题材，而"坏哲学家从来就不做这种思考"（1986：166）。从这里我们得到了这样的观点：存在着真正的（哲学）题材和一些真正的（哲学）问题，它们隐藏于我们的语言之后，或深埋于我们的语言之下。

反形而上学家同样可以把语言看作引人误解的，但采取的是不同的方式，得出的是不同的结论。其独特观点是：不存在真正的哲学问题，而关于这些问题的错觉就出自我们语言的结构，或者出自我们在做哲学时所使用的那种语言，或者出自关于我们语言结构的混乱思考。这里表达出的观念是：语言带有这样那样的欺骗性，而哲学问题之所以产生就是因为我们受到了语言的欺骗——就像《逻辑哲学论》的作者所说的，它们产生于"我们对于我们语言的逻辑的误解"（4.003）。或许正是本着这一精神，《哲学研究》的作者才把哲学说成是"一场反对借语言使我们的理智着魔的战斗"（§109）。

哲学家们可能（一致地）强调语言的引人误解性，却在其他重要方面表现出差异。就像我已经指明的，分析哲学中一条强有力的思想线索受到以下事实的深刻影响：（中立地看）初等数理逻辑——弗雷格和罗素的逻辑的一个片段——能够给我们提供关于我们的断言句的（某些方面的）推演力的伟大洞见。逻辑为我们提供关于语言和思想的结构的洞见（或者至少是这样一种洞见的幻觉）。我认为，这乃是一个对分析哲学具有最重大意义的事实。我想，或许正是因为这一点，数理逻辑的发明才如此紧密地同一种将语言置于关注中心的哲学联系在了一起。然而，在分析哲学内部也有这样一些人，他们站出来反对这样的观念：用逻辑将我们的日常语言图式化，这种做法在哲学上是有用的。最明显不过的就是哲学中的所谓"日常语言"学派了。卡尔纳普和奥斯汀都关注语言，都反对形而上学，但与这些相似点同在的是彼此之间深深的意见分歧。

我希望我在上面已经清楚地表明：我认为，不可能也没有必要给做一名分析哲学家下一个充分必要条件式的严格定义。① 我们对这一观念的理解得自于某些经典人物、经典作品以及构想哲学问题的经典方式。就像维特根斯坦关于游戏所说的那样，在所有这些东西中，我们所看到的只是由纤维交织起来的绳索，而不是一条（或两条或三条）贯穿始终的主线（Wittgenstein, 1953：§67）。按这种图解方式，关于哲学分析的观念就相当于这样一根绳索，不过，它本身又是由各种不同的纤维拧成的。这篇论文只不过是这样一种尝试的开端，它试图勾画出这些问题的某些复杂性。

参考文献

Carnap, R. (1937) *The Logical Syntax of Language*, London: Routledge and Kegan Paul.

Frege, G. (1964) *Basic Laws of Arithmetic*, trans. M. Furth, Berkeley and Los Angeles: University of California Press; cf. *Grundgesetze der Arithmetik, Begriffsschriftlich abgeleitet*, volume 1, Jena: Verlag Hermann Pohle, 1893.

—— (1979) *Posthumous Writings*, Oxford: Basil Blackwell, cf. *Nachgelassene Schriften*, Harnburg: Fefix Meiner Verlag, 1976.

—— (1984) *Collected Papers*, Oxford: Basil Blackwell. ("Compound Thoughts", original publication in *Beitrage zur Philosophie des deutschen ldealismus*, III, 1923—1926. 36 – 51; "Negation", first published in *Beitrage des deutschen ldealismus*, I, 1918—1919; 143 –157.

Hart, W. D. (1990) "Clarity", in D. Bell and N. Cooper (eds), *The Analytic Tradition*, Oxford: Basil Blackwell.

Hylton, P. (1990) *Russell, Idealism, and the Emergence of Analytic Philosophy*, Oxford: Oxford University Press.

—— (1995) Review of Michael Dummett's Origins of Analytic Philosophy (Cambridge, Mass.: Harvard University Press, 1993), in *Journal of Philosophy* XCII, 10.

Moore, G. E. (1903) *Principia Ethica*, Cambridge: Cambridge University Press.

---

① 参见 Hylton (1995)。

―― (1946) "Russell's 'Theory of Descriptions'", in P. A. Schilpp (ed.), *The Philosophy of Bertrand Russell*, Evanston, Ill.: The Library of Living Philosophers.

Quine, W. V. O. (1960) *Word and Object*, Cambridge, Mass.: MIT Press.

Ramsey, F. (1931) *The Foundations of Mathematics and Other Logical Essays*, London: Kegan Paul.

Russell, B. (1900) *A Critical Exposition of the Philosophy of Leibniz*, London: George Allen and Unwin, new edition 1937.

―― (1903) *The Principles of Mathematics*, Cambridge: Cambridge University Press, second edition, London: Allen and Unwin, 1937.

―― (1905) "On Denoting", in *Mind*, NS 14: 479-493.

―― (1914) *Our Knowledge of the External World*, London: Allen and Unwin, revised edition, 1926.

―― (1918) "On Scientific Method in Philosophy", in *Mysticism and Logic*, London: Longmans, Green and Co.

―― (1986) Lecture I on "The Philosophy of Logical Atomism", in John G. Slater (ed.) *Collected Papers of Bertrand Russell*, Vol. 8, London: Allen and Unwin.

Schilpp, P A. (ed.) (1942) *The Philosophy of G E Moore*, Evanston and Chicago: Northwestern University.

Wittgenstein, L. (1922) *Tractatus Logico-Philosophicus*, New York: Harcourt, Brace and Co.

―― (1953) *Philosophical Investigation*, London: Basil Blackwell.

(李国山译，陈波校)

分析哲学：风格问题*

J. J. 罗斯

迈克尔·达米特最近出了一本非常有意思的书，叫作《分析哲学的起源》，该书所依据的是他于1987年在博洛尼亚（Bologna）大学所做的系列演讲。我想就他对这一运动的阐释发表一些评论，不过，我更为关注的是他关于这一运动的当代表现形式的看法，而不是他对其起源的解释。我期望从这些评论中得到的教益同达米特在该书中所论述的一个主题有某种共同之处，这个主题便是：需要在现象学与分析哲学之间架起一座桥梁。不过，达米特提出，交流可以而且应当通过追溯到共同的起源并在分手的地方重新携起手来而实现，而我将极力主张，我们必须朝前看，以期找到一个共同争论问题的场所，在这里风格的不同不再重要，重要的是将会被提出来并加以讨论的实际解决办法。我认为，已经有了这样一个场所，它是由认知研究领域提供的，尤其是在这些研究与"心灵哲学"交叉重叠的地方。

在讨论这一观点的时候，我将采纳达米特关于分析哲学有一种特殊风格的观念。我将力图弄明白在他眼中这一风格是什么样的，我还将把它同其他人关于分析哲学风格的看法相比较。

一

从达米特本人先前对于弗雷格著作的研究来看，完全可以预料到：他将把弗雷格当作分析革命的大英雄。他的讲演的一大部分内容都将涉及弗雷格关于真理与意义、思想与语言之关系的富有特色的观点。弗雷格的观念同布伦坦诺及胡塞尔的遗产之间的关系在那里也颇受关注。尽管他特别提出将"语言学转

---

* 译自 *The Story of Analytic Philosophy*: *Plot and Heroes*, eds. by Anat Biletzki and Anat Matar, Routledge, 1998, pp. 56–70。

向"看作分析哲学的起点,并认为是维特根斯坦在1922年的《逻辑哲学论》中跨出了决定性的一步,可他还是把弗雷格、摩尔和罗素看作奠基人(Dummett,1994:127)。所以,在看到他关于弗雷格说了一大堆却很少谈及摩尔、罗素,甚至维特根斯坦的工作时,着实让人吃惊。原来他所持的是这样的观点:尽管罗素和摩尔是重要的先行者,可他们两人谁也不是分析哲学的真正来源。在他看来:

> 分析哲学的来源是那些主要或专门以德语写作的哲学家们的著述;而且,要不是纳粹主义的瘟疫将一大批操德语的哲学家驱逐到了大西洋彼岸的话,这将会是一个众人皆知的事实。

(1994:ix)

他说,是赖尔在他关于波尔查诺、布伦坦诺、迈农和胡塞尔的讲演中认清了这一事实。达米特之所以让自己不去考虑罗素和摩尔的贡献,既因为(他说)"地基已经打牢了",又因为罗素和摩尔出身于一个十分不同的哲学环境。至于对维特根斯坦的观念的解释,达米特在这些讲演中没有直接提及过;他倾向于理所当然地把维特根斯坦的观念视作某种读者或听众业已了解的东西。他本人确实注意到戴维森——他认为他遵循着接近弗雷格的路线——的观点与后期维特根斯坦的那些观点之间的差别(Dummett,1994:14-21),注意到维特根斯坦关于如何从事语言学研究——亦即通过考察我们在语言中对陈述的使用——的新建议的寓意(Dummett,1994:162-166)。尽管他对戴维森所主张的真值条件理论怀有敬意,可他在讲演中还是几次表现出对维特根斯坦后期观点的一般性同情。然而他在结束讲演时却指出:"对(维特根斯坦的)这些一般性观念的辩护,只能靠合理地概述依据那些观念本身对一种语言所做的系统说明"(1994:166),而他觉得这件事还有待去做。这表明,达米特的这本书确实在集中探讨分析运动的起源,而不是按照维特根斯坦的两种方式去解释"语言学转向"。

二

相比之下,达米特关于分析哲学的现状及未来的看法要有趣得多,正是在这里他引入了这样的观念:分析哲学拥有一种独特的风格。他考虑到了有些作者,如后期埃文斯,所表现出的新趋向。后期埃文斯颠覆了语言相对于思想的优先性,认为对语言的解释只有依据先前给定的关于不同类型的思想的观念,这些思想类型是同它们的语言表达式分开来考虑的。达米特对埃文斯的下述观念印象颇深：信息获取是比知识更为根本的一个概念，因为信息是在不必掌握携带它的那个命题的情况下获得的（Dummett，1994：186）。可是，由于达米特相信将分析哲学与其他学派区分开来的恰恰是自弗雷格以来便发生的"语言学转向"，而在他看来，这种转向是建基于下述观念之上的，即对思想的哲学说明只能借助对语言的说明才能达到，而这似乎意味着埃文斯已不再是一名分析哲学家了。达米特显然觉得这一结论是无法接受的，因为正如他所言，罗素、摩尔、弗雷格构成了埃文斯遗著《指称种种》的三大支柱，而他们当然是分析哲学的杰出代表。所以，他通过表达如下意思来宽慰自己：就埃文斯而言，"只是就他从属于这一传统——亦即采纳一种哲学风格，并诉诸某些作家而不是别的作家——而言，他才仍算作分析学派的一员"（Dummett，1994：4-5）。这样一来便清楚了：在达米特看来，尽管"语言学转向"仍然是分析哲学的核心，却存在着这样一种东西，它是一种特殊的哲学风格，刻画着分析哲学的特征；这一风格，连同对作为这一运动偶像人物的某些哲学家之著述的诉求，会容许我们甚至把这样一些人也包括在分析哲学家之列，这些人拒绝接受他所认为的分析运动的最根本的观念。

我觉得这实在有些可笑。在下述情形下，即一些读者可以清楚地看出，埃文斯、皮考克（Christopher Peacocke）以及其他当代思想家，在许多方面都已越出了可当作"语言学转向"一度被公认的学说的任何东西，达米特还要把他们俩算作分析学派的成员。我弄不懂，为什么这么做对达米特如此重要。依我看，将他们及其他许多当代哲学家，如伯吉、丹内特、唐奈兰、卡普兰、大卫·刘易斯、斯托内克、斯蒂奇（Stephen Stich）等，看作"后分析"哲学家，要更为合适一些。我认为，下面这件事也不是那么清楚的：这一"语言学转向"乃是那场"哲学中的革命"唯一甚至是主要的组成部分，该次革命一度被说成是从19世纪末到20世纪60年代在奥地利、英国及美国的那些哲学新动向的标志性特征，我们现在把这些新动向称作"分析哲学"。说它是一个重要的组成部分肯定没有问题——维特根斯坦的著述在这次革命中所占据的中心地位，就足以保证这一点。说它是主要的部分，说弗雷格应当被看作分析运动的唯一源头——分析哲学的唯一"祖父"（Dummett，1994：171）——波尔查诺是曾祖父，罗素及摩尔更像是叔叔（甚或是"祖叔叔"），这就很能反映达米特的偏心眼：把弗雷格及他的观念放在了中心位置。（顺便说一下，别的造物都有一双祖辈，而这种造物——分析哲学——却只有一个祖父,这也太稀奇、太反常了吧!)但是我们有理由这样做,即把这场运动因之得名的"分析"概念看作更多地与摩尔及罗素在其生涯的一个阶段所使用的各类哲学技术相关,而较少与同弗雷格直接相关的任何东西有联系。

在《分析哲学的起源》的另一处(1994:128-129),达米特对下述一点做了略微不同的解释:仍然可以说埃文斯和皮考克属于分析传统,即便在这两人拒绝他所认为的分析哲学的基本公理——对思想的分析必须通过对语言的分析来进行——之后。达米特提出,他们尽管不再把语言视为根本,却仍将关于思想的哲学视为哲学的基础,所以,一如对于那些仍然坚持上述基本公理的哲学家,在他们这里,主体的组织构造没有本质的改变。我认为这一说法站不住脚,而我还想表明,这种情况使得埃文斯同分析学派的关联更成问题了。假如对思想哲学的关注被当作分析传统的基本要素,那就很难说哲学中的分析转向有什么地方真正不同于从笛卡儿到康德的近代认识论传统。罗蒂在其确凿无疑的"后分析"哲学著作《哲学和自然之镜》中业已指出,作为认识论转向的近代哲学与作为语言学转向的分析哲学之间,其经历十分类似。达米特或许是想说,正是弗雷格把思想当作命题态度的内容这种非心理学解释导致了他的哲学革命,并向笛卡儿以来一直为认识论所占据的那一特权发起了挑战(1994:184-185),而这种反认识论态度被保留在埃文斯和皮考克的工作中。这因此便成了将他们关于思想的理论与从笛卡儿到康德的认识论哲学关于思想的理论区别开来的东西。达米特关于埃文斯和皮考克的反认识论做法的判断或许是对的。可是,由于他们对于思想这一概念的处理触及了由乔姆斯基及许多受他影响的当代哲学家所提出的话题,又由于乔姆斯基极力主张思想哲学是心灵哲学的一部分、意义与发生在大脑中的错综复杂的事情密切相关(1994:187-188),所以,要想把思想哲学的问题与传统认识论的问题之间的关系一下子理清楚,将是十分困难的。不管怎样,既然眼下乔姆斯基的追随者和弗雷格/分析传统的追随者是在一个公共领域内探讨他们之间的分歧,难道能如此容易地把前一拨人所做的当成非分析哲学,而同时认为后一拨人是在继续做真正的分析哲学吗?

三

值得注意的是,达米特认为分析哲学中具有革命性的东西是思想须经由语言加以分析,后者正是牛津哲学的真正特征之所在。这正是一帮杰出的牛津讲演者,艾耶尔、涅尔、斯特劳森、保罗、皮尔斯、瓦诺克和瓦尔海姆(R. A. Wollheim),在英国广播公司第三套节目所发表的系列谈话中所表达出的观点,这些谈话以《哲学中的革命》为题结集出版,赖尔为之作序。但在此书中,这场革命的发起还被归功于牛津哲学家布拉德雷,他是弗雷格的同代人。于是乎,此人也该被达米特当成分析学派的另一位被埋没了的"祖父"。根据赖尔(1967:6-8),弗雷格与布拉德雷均同样拒斥错误的联想主义心理学,后者认为字词先于命题,并坚持认为思想或判断是一个拥有可辨别特征的功能整体,而不是由可拆解的部分组成的。在弗雷格和布拉德雷那里,思想的内在本质乃是为真或者为假,或者具有"客观的指称",正是像这样的意义成了摩尔的分析打算分析的东西,也成了罗素的原子想要作为其原子的东西,如此等等。或许达米特宁愿对布拉德雷等人在分析哲学中所起的作用置之不理,因为(他说)他并不特别恋慕牛津哲学,在二战结束之后的头些年里,当时他在牛津求学,这种哲学表现得极其自信、极其偏狭。

在另一本文集的导言里,我们看到了对分析哲学风格的一种颇为不同的诠释。该文集名为《英国分析哲学》,在差不多同一时期(1966年)出版,主要由年轻一代牛津哲学家撰写,并由威廉姆斯和蒙蒂菲奥里(Alan Montefiore)编辑。这篇导言先使人注意到以下事实:将某些哲学著述认作是存在主义的(这本集子起初是为大陆读者编的),就是辨认出一种特殊的风格和关切类型,而不是承认一套易于区辨的学说或者同某些伟大哲学家的关系,这场运动的主要观念及名称都归因于这些伟大的哲学家。它接着论证说,上述说法甚至更明显地适合于被收进该文集的那些哲学家所属的类型。这篇导言说,这一时期不同学派之间的分歧与其说在于学说,毋宁说在于方法,这一点绝非出于偶然。

> 正是在某些思想风格及思想方法上,在某些类型的问题以及讨论这些问题的一套套术语及观念上,才最为明显地体现出,例如,存在主义思想的统一性。对于本书收录的这些论文,情况也近乎如此。它们都是这样一些哲学讨论方法的实例,这些方法战后在英国及其他英语地区最富影响,而且(公平地说)至今仍势头不减。
>
> (Williams and Montefiore, 1966: 2)

接下来,对在该书中被归于分析哲学名下的"风格"及"方法",并没有给出任何说明。事实上,编者们反倒指出,这本集子所涵盖的风格和主题的范围表明，分析风格仍然是同哲学旨趣和一般信念的相当大的差异相容的。因此，他们并不试图为这类哲学活动提供一个一般性说明，而认为该文集通过体现这种风格从而以例证展示了这种风格。尽管如此，这篇导言接下来还是非常一般性地指出：大陆风格被描述成了思辨的、形而上学的，要么在言辞上含糊不清，要么就带有与野心勃勃的理性主义相伴而生的特别的清晰性；而英国风格则被描述成了经验的、脚踏实地的、出言审慎的。根据这篇导言（Williams and Montefiore, 1966: 5），在这种粗略的描摹背后，关于什么东西构成哲学中的严格性，却隐藏着真正的不一致：英国哲学具有学术上的自觉，强调同事关系而不是信奉宗师。它因此拒斥大陆哲学中十分常见的那种戏剧化风格，即寻求惹人注目的范例以提高我们所见、所感的事物的强烈程度。

值得怀疑的是，关于分析哲学而不是英国哲学的风格，这种说明真正提供了很多的阐明。就某一方面而言，这倒是一群英国分析哲学家，即所谓的牛津学派所特有的风格。达米特本人所反对的正是这一学派，尤其是像赖尔和奥斯汀这样的哲学家，在他求学于牛津的那些年里，这两位是该学派的领头人物。他认为，赖尔在教导他的学生们忽视卡尔纳普时，所产生的影响是负面的，而奥斯汀在把人们推向错误的方向方面则肯定造成了有害的影响。达米特说，就像当时的安斯康姆和福特一样，他发现自己成了一个局外人，对牛津"日常语言"分析不抱同情，而是更敬重（尽管带着批判）蒯因，后者在 20 世纪 50 年代早期正在牛津访问（Dummett, 1994: 167-170）。显然，达米特更看重以蒯因和戴维森——他们是一度被称为"理想语言分析"的继承人——为代表的美国后笛卡儿哲学，而不那么看重致力于"日常语言分析"的牛津学派。

四

在同一时期，我们中那些在剑桥就读并更多沐浴由威斯顿接续的维特根斯坦遗风的人，被教导（像达米特一样）去怀疑牛津学派企图加以传播的新"日常语言分析"。不过，对我们来说，分析学派的遗产应概括为"形而上学的变种"（威斯顿发明了这一短语），而不应概括为"哲学中的革命"。后期维特根斯坦把哲学研究引向对日常用法的详细分析（威斯顿认为，早在维特根斯坦阐明这样做的缘由之前，这一思想就已经是摩尔技术的基础），这一做法的主要解放作用在于：让我们意识到，必须学会使自己免受由过分仓促的哲学概括所造成的狡诈圈套的误导，这些圈套基于给下述东西绘制的一幅错误图像之上，这些东西有时暗藏于日常语言用法的怪异之处。所以，哲学主要是治疗性的。然而，威斯顿（就像当时在牛津的魏斯曼一样）认为，哲学家们的形而上的奇谈怪论，有时可以反映这样一些识见，它们有助于我们比以前更好地理解事物。然而，当牛津的斯特劳森继续争辩说，现在又一次给哲学的体系建构留下了更多的空间，在这种建构过程中，我们可以尝试着用与治疗分析同样的材料和方法，去更一般、更系统地区辨和描述我们的概念及言语形式的逻辑特征。而威斯顿却对之嗤之以鼻，并争辩说，这是在背叛维特根斯坦的观点，即日常用法事实上是完全正确的。斯特劳森确实也承认，系统建构者确实受到正在美国使用的后笛卡儿理想语言技术的启发和支持。在他看来，这些技术与英国哲学所追求的那种对日常用法的考察是互相补充的，而不必是互相对立的。但是，当我们觉得分析哲学的根基已丧失殆尽时，我们中间的许多人又可以受到谅解。我们不必为如下情形大惊小怪：六七十年代，对传统的、有时是古代的哲学立场的五花八门的陈述又卷土重来，而这些陈述全都是用分析哲学的新术语、新风格表达出来的。回想起来，威斯顿的观念以及他对维特根斯坦的解说，或许依然太过接近于对艾耶尔和维也纳学派的逻辑实证主义的反动，后者正是后期维特根斯坦哲学所代表的。

五

事实上，许多人一直没弄清以下事实：自 20 世纪 50 年代以来分析哲学与逻辑实证主义之间的积怨一直在加深。在《哲学中的革命》最后一篇讲演中，瓦诺克不得不承认："我要明确地说，我不是逻辑实证主义者，并且我所熟悉的任何一位哲学家也不是。尽管从这一系列讲演中可明显看出这一点，但仍然值得把它明确说出来，因为逻辑实证主义似乎已被公认为当代哲学的官方学说了"（1967：124）。时至今日（瓦诺克做出这一断语 40 年后），分析哲学的许多批评者还认定，至少维也纳学派的有些观点仍然被任何一位声称分析哲学家的人保留着。这种看法荒谬至极。尽管《逻辑哲学论》被维也纳学派奉若圣经，可维特根斯坦本人从来不是一名实证主义者。他一度与他们一样坚持意的可证实性理论，拒斥无意义的形而上学，对逻辑和数学做约定论解释，以及把逻辑分析视为哲学的唯一合法任务。可他与他们截然不同，因为他相信：关于形而上学主体的存在、关于宗教、关于善与恶,尽管人们说不出任何切实可感的东西,可它们却构成了他所谓的"神秘的东西"的一部分,这些神秘的东西对于人而言,或许比任何别的东西都来得重要。卡尔纳普认为形而上学就像是没有音乐才能的人所创作的音乐作品,而早期维特根斯坦却把它看作去说不可说者的勇敢尝试。这种体验本身是无法言表的。从20世纪30年代末到50年代,大多数哲学家,包括先前的逻辑实证主义者在内,都开始意识到:若不做重大修改,他们的学说是站不住脚的。与此同时,自1933年起,维特根斯坦本人也背离其早期的意义图像论,并已经在剑桥与其学生讨论那些新观念,其中心思想是:意义基于用法,而不基于真值函项性。这些新观念成为他的遗著《哲学研究》的基础。

达米特说,他发现很难把一套清晰而连贯的学说归于维也纳学派。对实证主义的如下这种严格解释带有过多的约束性:如果我们不拥有判定一陈述为真或为假的程序,那么它必定就是无意义的。实证主义者们因此想把这一原则弱化。可是,假如说我们并不一定要有一个现成的证实程序,那么我们便得丢开经典逻辑,因为排中律只对于那些我们确实知道如何去证实或证伪的陈述有效。然而,维也纳学派却坚信经典逻辑是正确的——对于他们的整个逻辑观以及他们以《逻辑哲学论》的方式对重言式的谈论,它都是至关重要的。达米特因此得出结论说:"我看不出他们的观点如何能够自圆其说"(Dummett,1994:189－190)。尽管他明确地将维也纳学派阶段当作一个死胡同和一种反常现象(就像他似乎把他学生时代的牛津日常语言时期当作一个不幸的死胡同一样),但他却明确将卡尔纳普的后期观点,当然还有卡尔纳普传给他的美国追随者如蒯因和戴维森的那些技术,视为分析哲学的活的机体,它们继续着弗雷格所发起的那场革命。

六

或许达米特过分强调了弗雷格影响的一个方面,即从中发展出语言优先于思想的学说的那些观念,却忽视了它的另一方面,亦即关于逻辑和谓述(predication)的特征的那些观念,这些观念引发了数理逻辑或符号逻辑在罗素早期著作中的发展,而这种发展最终又在罗素和怀特海的《数学原理》中达到顶峰。新的符号逻辑容许我们以这样一种方式去表述我们的思想,它比在任何一种自然语言中我们惯用的方式更严格和更精确,正是这一思想引发了下述观念:仅仅求助于符号逻辑,我们便可分析出真正被断言或被论证的东西。正因为如此,在20世纪早期,罗素的"摹状词理论"被公认是哲学分析的典范。让我们回想一下,正是这一理论引发了维特根斯坦关于"逻辑形式"的观念、罗素随后的逻辑原子主义,以及维特根斯坦《逻辑哲学论》中的意义作为"图像"理论。我们这里无须重述卡尔纳普对于其中某些观念的发展,这种发展引出了"理想语言分析"的观念。这种分析已遗传给时至今日的分析哲学,以及一大类哲学论著和论文,它们坚持使用符号逻辑展开它们的论证。我们前面提到过的"日常语言"哲学家们,从未对罗素的逻辑主义留下过什么深刻印象。在维特根斯坦于20世纪30年代后期从其早期观念的退却中,以及在他后期关于语言与逻辑的性质的态度中,他们寻求到了对他们所持态度的支持。到1950年,随着斯特劳森的《论指称》一文——其中他拒斥了罗素的摹状词理论——的发表,他们便鼓足了勇气。赖尔的《心的概念》一书,几乎在同一时间出版,其文笔生动怡人,而且除对日常语言概念的分析之外,不再假求任何别的东西。即便如此,就其中的论辩主要是靠明确求助于已经体现在英语语言中的区分而言,它乃是一部"语言哲学"著作。奥斯汀所使用的技巧便是这同一种东西的更为精细的延伸,他关注某些英语表达式的意义及用法方面的极为细微的区分。他认为,体现在日常言语中的任何区分都是不容忽视的,并寻求通过仔细考察那些会被他人视为微不足道的细微意义差别来做出阐明。威廉姆斯和蒙蒂菲奥里所主编的那本文集的导言,因此也乐于承认(Williams and Montefiore, 1966: 8–9),奥斯汀的某些以这种风格完成的著述(他自己称之为"语言现象学")几乎无法译成其他语言,尽管这两位编者认为在其他发达的自然语言中也许可能找到类似的区分。以此种方式专注于日常语言用法的牛津哲学家,其写作风格是很独特的,而且有时会让人感到确实揭示出了一些有价值的区分。但是,在许多批评者看来,避免使用技术手段乃是一道自我设置的障碍。达米特不是唯一一位有下述感觉的人:这种形式的分析哲学不再有什么益处了。这或许可以解释,在近20年来,分析哲学的美国风格何以会对年轻一代英国哲学家产生越来越大的影响。

七

这种影响肇始于蒯因。在他不再专注于纯逻辑问题并开始探讨更具实质性、更本源的论题(《论何物存在》,1948;《经验论的两个教条》,1951)之后,蒯因的哲学风格变得更富文学色彩，并且让人联想到像詹姆斯和杜威这样的一流实用主义者的最好的著述。他对卡尔纳普高度技术化风格的背离，与他对后者的彻底经验主义观念的批评，是同样引人注目的。蒯因的《语词和对象》（1960）一书被誉为对语言哲学的一个主要贡献。语言哲学脱颖而出成为关注中心之一，确实反映了分析哲学内部一直发生着的一般情况。但是，乔姆斯基在20世纪50年代的工作以及蒯因在60年代的工作，却把美国哲学推向了有时与在英国所发生的情况完全相反的方向。1970年，克里普克在关于"命名与必然性"的讲演中，探讨了指称问题，并提出一种与19世纪约翰·密尔的观点有些相似的理论，他之所以被认为开辟了一片新天地，主要是因为他挖掘出了认识论、形而上学、科学哲学和心灵哲学方面的问题的隐含意义。这一点被戴维森的著述进一步加强了。戴维森关于心灵哲学、行动哲学和形而上学的新颖观点引起了广泛的注意，不仅在美国而且在英国也产生了很大的影响。因此，在过去20年间，一直进行着一场涉及方方面面的论争，所争论的问题一部分集中在语言哲学，一部分集中在心灵哲学。可是，是不是所有这些都是"分析哲学"呢？其中有些（所讨论的）问题是一样的，有些的论辩方式基本相同。在20世纪60年代乃至70年代，人们有一种感觉：哲学中发生了一场革命，哲学已经变得从根本上与过去不相同了。不过，这种感觉如今似乎不再那么强烈了。

八

前面提到过达米特的下述观点：在保持分析运动的机体不失掉由弗雷格所发动的那场革命的精神方面，蒯因和戴维森的观点做出了贡献。可是，哲学中的分析学派确实还存在吗？瓦诺克于1967年便已写道：他那时的"当代哲学"（他显然更倾向于使用这一术语，而不是"分析哲学"这个表达式）完全不再是一套独断的、带有约束性的学说，而是在某些领域中对于阐明（illumination）的共同追求。他补充道：

> 有一种尽管或许自然却有些恼人的倾向，就是在思考学术主题时，依据的是各自拥有相互竞争的英雄和首领的相互竞争的学派和团体；让我们尽可能地抛开这种习惯吧，要是不能，那就让我们至少不要再把过时的划分弄到现在来吧！

（Warnock, in Ryle 1967：124）

要说当时是这种情形的话，那么今天的情况就更是如此。那么，我们如何来理解达米特的下述断言：埃文斯依然是分析学派的一员，"因为他采纳了某一种哲学风格，并且诉诸某些作者而不是某些别的作者"？

九

正如我们所看到的，尽管很难为这样一种风格下定义，可我还是相信达米特所说的有些道理。我弄清楚这一点是在几个月前的一次周末讨论班上，当时我有机会聆听一个关于法国哲学家列维纳斯（E. Levinas）——他不久后便去世了——的哲学工作的演讲。我发现其表达观念的方式很神秘，所使用的术语以及对其他哲学家如笛卡儿、黑格尔和罗森茨威格（Franz Rosenzweig）的工作的引用也很费解。那中间确实有一种关于一种独特的哲学化方式的感觉，仅有圈内人士才可体验到。被诉求的先贤中恐怕绝不会包括维特根斯坦、蒯因、戴维森或达米特。可是，列维纳斯是一名"存在主义"哲学家，受教于现象学学派而且是正宗的胡塞尔弟子。在达米特和列维纳斯之间能不能透过下述途径实现交流呢，即回溯到这样的分歧点，在那里，弗雷格和布伦坦诺的思想被胡塞尔拽向一方，又被罗素、维特根斯坦和蒯因拽向另一方？对此我表示怀疑。在讲演者所提到的那篇文章中，列维纳斯所关注的整个问题，与达米特可能会感兴趣的东西没有任何联系。仅当他们拥有一个共同关注的问题的情况下，列维纳斯和达米特才能比较他们各自的答案，求证于从古到今的共同权威，达成一致或彼此有所保留。依我看，即便列维纳斯和达米特具有同样深刻的宗教信仰，他们维护各自观点的方法也不会有多少共同之处。

十

就像前边顺便提及的，存在着许多种做分析哲学的文学或修辞学风格。维特根斯坦本人的风格，假如不是技术性和数学的，那就像尼采和叔本华的风格一样，通常是格言警句式的。更为散文化的风格，如在《蓝皮书和棕皮书》这样的讲演笔记中所采用的，显然不能最好地代表他的风格。要是威廉姆斯和蒙蒂菲奥里的那篇导言说得没错的话，他根本就不是一位英国哲学家。那么，他是否是一名真正的"分析"哲学家呢？倘若分析学派的主要先贤之一反倒是一位非分析哲学家，那就真叫奇怪了！在撰写其大部分哲学著作时，罗素所采用的是一种明白易懂且貌似清晰的散文风格。卡尔纳普赞成采用一种高度技术化的表达方式。近观我们自己的时代，有那么一些以科学论文模式写就的哲学著作，文中引文和注释极多，文末参考文献一大串。接下来是这么一类由某些当代英国哲学家撰写的论文，它们的作者压根儿就不参照任何别的哲学家的著述。有倚重于逻辑符号体系并追求"精确"哲学目标的，也有偏爱富于文采的对话风格并刻意避免专业术语的。在所有这些中间到底有没有某种共同点呢？或许，有时会引用维特根斯坦或弗雷格的只言片语，或者诸如"可能世界"之类的时髦用语。可是，要说这些著作有什么共同之处的话，也最多不过是彼此之间的一种淡化了的"家族相似"（又一个时髦用语！）。那么，是什么将它们归于"分析的"或"后分析的"哲学呢？

十一

我想指出的是，眼下作为（后）分析哲学之特征的那种风格如此宽泛，以至足以囊括所有其他学派——只要这些学派的成员都是为职业圈内人士而写作的。在《哲学中的革命》一书的导言中，赖尔所做的如下判断或许是正确的：自19世纪末以来，由于创办了自己的专业杂志并为之写作，哲学家们都变成了非宗教的和学术化的了。

> 这种将问题和论证提出来让同行们加以评判的新职业实践，导致了对哲学技术问题的日益增长的关注，以及对推理严密性的日益增长的关注。雄辩不再能让专业对手沉默，教诲的口吻已不再能让同事们满意了。任何一篇文章或论战文稿，无论其覆盖范围有多大，都不足以发起一场反对或维护任何伟大"主义"的运动了。眼下哲学家不得不成为哲学家的哲学家了。

(Ryle 1967：3-4)

赖尔接着指出，"分析"是对下述问题所建议的回答：亦即由其他学科的实践者提出来的、有关哲学的研究主题究竟是什么的问题。如果赖尔在这一点上是对的——我觉得这至少部分地是事实——那么，罗素的论文《哲学中的科学方法》便可被看作新分析学派最重要的奠基文献之一，因为正是在这篇文章中，罗素为零打碎敲式的哲学研究方法做了辩护，认为它能够确保进步。

十二

很清楚，维特根斯坦后期哲学为下述类型的后分析哲学的进一步发展提供了刺激，因为后者通过日渐关注心灵哲学，表现为多产的、科学式的。随着计算机的发展以及人工智能时代的来临，再加上对电脑翻译的需求——这引发了语言学中的乔姆斯基革命及认知科学的成长，至少有一个跨学科领域已被确定下来，无论什么样的哲学家都可以在其中施展才华。其中有些人（如埃文斯和皮考克）确实从弗雷格/分析传统那里获得了灵感。其他人则在别的地方寻求启示。所以，有些人，如德雷福斯（Hubert L. Dreyfus），从胡塞尔的现象学那里受到启发，也就没有什么奇怪了。人们确实希望，分析型哲学和现象学型哲学之间的鸿沟将被填平。人们同样也希望，大陆哲学与英美哲学之间的鸿沟，以及有些欧陆大学中哲学系与语言学系之间更大的鸿沟，也将被填平。

参考文献

Dummett, Michael (1994). *Origin of Analytical Philosophy*, Mass: Harvard University Press.

Evans, Gareth (1982). *The Varieties of Reference*, ed. J. McDowell, Oxford: Clarendon Press.

Kripke, S. (1980). *Naming and Necessity*, Oxford: Blackwell.

Quine, W. V. O. (1948). "On What There Is", reprinted in *From a Logical Point of View*, Cambridge, Mass.: Harvard University Press (1953).

—— (1951). "Two Dogmas of Empiricism", reprinted in *From a Logical Point of View*, Cambridge, Mass.: Harvard University Press (1953).

—— (1960). *Word and Object*, Cambridge, Mass.: MIT Press.

Richard Rorty (1980). *Philosophy and the Mirror of Nature*, Princeton, N. J.: Princeton University Press.

Russell, Bertrand and Alfred N. Whitehead (1911). *Principia Mathematica*, Cambridge: Cambridge University Press.

—— (1917). "The Scientific Method in Philosophy", in *Mysticism and Logic*, London: Allen and Unwin.

Ryle, Gilbert (1949). *The Concept of Mind*, London: Hutchinson.

—— (1967). *The Revolution in Philosophy*, A. J. Ayer et al. (eds), London: Macmillan.

Strawson, P. F. (1950). "On Referring", *Mind* LIX: 320-344.

Williams, B and Montefiore, A. (1966). *British Analytical Philosophy*, London: Routledge and Kegan Paul.

Wittgenstein, L. (1922). *Tractatus Logico-Philosophicus*, London, Boston and Henley: Routledge and Kegan Paul.

—— (1953). *Philosophical Investigation*, New York: Macmillan Publishing Co. Inc.

—— (1958). *Blue and Brown Books*, Oxford: Blackwell.

(李国山译，陈波校)

分析哲学: 理性主义对浪漫主义*

阿勒特·迈塔

我们似乎倾向于使用二分思维法。20世纪哲学中,分析学派与大陆学派之间的区分便是一个老掉牙的二元区分。不过,依我看这种二元区分是引人误解的,尤其是因为它模糊了一个更重要的二元区分——对哲学的理性主义态度与浪漫主义态度之间的区分。只有通过指明后一区分,我们才能正确评价支撑着分析传统的那些前提条件。分析哲学家们总是把理性主义框架视为理所当然的:无论反抗的是康德还是黑格尔、是布伦坦诺还是密尔,他们所发起的战斗总是在纯理性主义的基础上展开的。实际上,分析哲学时常被看作(至少被它的实践者看作)是以最大的清晰性表达出了关于心灵的理性主义框架。然而,颇具讽刺意味的是,在当今浪漫主义者①看来,当理性主义与浪漫主义之间的区分本身要用分析的方法加以阐述的时候,这恰恰暴露出了分析哲学内部存在着的一些严重的——实际上是致命的——问题。而且,由于分析哲学被当成了理性主义的典范,所以这些问题又指向了一般的理性主义态度的无益性。汉斯·斯鲁格论弗雷格的著作(1980)可当作遵循这一思路的一个实例:该书讲述了理性主义的分析哲学的盛衰史,追踪它的演变过程一直到在作者看来面临不可避免的危机时为止。然而,故事都是根据特定的视角撰述出来的:一位故事讲述者在一种哲学传统中觉察出不可避免的危机,他必定身处于这一传统之外。我本人采取局内人的视角。我认为,只是在浪漫主义者的眼中,分析哲学或者一般的理性主义,才是注定要失败的。尽管浪漫主义的批判有时是正当的,分析哲学却也能从中获取一些重要的洞见——这些批判绝不是摧毁性的。恰恰相反,它可以帮助分析哲学家们重新检视自己的立场并更好地理解它。

---

* 译自 *The Story of Analytic Philosophy: Plot and Heroes*, eds. by Anat Biletzki and Anat Matar, Routledge, 1998, pp.71-87。

① 我觉得,我们目前正被强大的浪漫主义潮流带着走。首先让人想起的自然是卡维尔,不过我所想到的还有罗蒂、麦克道尔及戴蒙德——只是略举几位而已。

浪漫主义者

让我们在克兰·布林顿（Crane Brinton）关于浪漫主义的文章（载于《哲学百科全书》，1967）的帮助下，草拟出一幅关于浪漫主义态度的图画，以便随后将它同理性主义态度做比较。布林顿一开始便指出，他的努力乃是"一位严谨的语义学家的绝望挣扎"，并且承认"典型的浪漫主义者会认为他自己不可能是典型的，因为正是'典型的'这一概念本身暗含着他所鄙夷的那种分档归类的理智工作"。不过，还是可以从他的文章中提炼出浪漫主义哲学家的四个相互关联的特征。

- 由于执着于个人的独一无二性，他们抵制概括，而只专注于特殊情况。他们反对概括是同他们不信任"抽象观念"及"人和社会的合理组织"紧密连在一起的，所以他们嘲笑"理性及常识计算的世界"，嘲笑"多管闲事的理智"，嘲笑"不懂艺术、刻板乏味的常人"。

- 浪漫主义哲学家倾向于强调不可言传者在哲学中的作用。由于憎恶"理性主义的枯燥无味和偏狭，他们努力寻求更多的东西，寻求无限"。布林顿举出赫尔德（J. G. Herder）和叔本华作为体现这两个特征的代表，但他也把尼采归为浪漫主义者，尽管后者把"浪漫主义者""当作一个耻辱的字眼"来使用。他写到，尼采"分享浪漫主义者对于求助于常识的零售商人世界的所有憎恶，并且最重要的是，他拥有浪漫主义者对于更多东西的那种渴求"。基于同样理由，为强调审美经验在获取领悟方面相对于理性作用的优先性，我也把海德格尔看作浪漫主义者，尽管他发出过相同的警告。

- 然而，一般不容易将所谓的"职业哲学家"同作为广义的文化运动的浪漫主义挂起钩来，因为直到最近哲学本身还一直被主要当作理性主义者独霸的疆土。在布林顿看来，更为适合代表浪漫主义精神的是"通俗作家、散文家、传道士"。这些人，譬如卡莱尔（T. Carlyle）、爱默生（R. Emerson）、拉斯金（J. Ruskin），强调"直觉、精神、敏感性、想象力及信念的提升，强调不可度量者、无限者、不可言传者——或者至少强调的是最为高贵的话语"。根据以上所说的所有内容，"诗歌、小说和历史乃是巨大的浪漫主义文学体裁"，相比之下，传统的哲学体裁就渺小多了。据此，浪漫主义哲学家赞同在艺术及文学中表露哲学，而不把哲学当成一门自主的学科。

- 浪漫主义者的第四个特征是抵制哲学对于"永恒原则"的痴迷。浪漫主义者们强调"连续性,生活及流动、成长、发展的连续性;一个总是为专事分割的分析心灵所污损、毁坏的过程"。他们因此赞同作为"时间的产物,而不是作为计划性的、只盯眼前的理智的产物"的变化。

有了这样一种关于浪漫主义的大致刻画,我将为理性主义者关于上述四点的立场提供一种说明。我相信,这种说明将一般性地标明理性主义者与浪漫主义者之间的差异,并且也将具体地标明分析哲学家与他们的(后)现代批评者之间的差异。

我对每一点的讨论都是从康德就某一相关问题对赫尔德的批判开始的,因此我是把康德归在理性主义者队伍中的。正像布林顿正确地指出的,康德总是把自己看作是"坚定地启蒙的",可无论如何还是可以在他的观点中找到"一株浪漫主义的幼苗":康德在现象界与本体界、在推论的确定性与直觉的确定性,或者在可知领域与不可知领域之间做出的区分,有时就被看作这样一些"幼苗"。① 当然,这是一个解释方面的问题;在我看来,以下做法仍然是合适的:将本体界当作一种使我们"追求普遍性"的某种形式合法化的方式,以及把先天综合判断看作对于一种规范性维度的明确的、独断的及非常理性主义的执着,这种规范性维度受到了自然主义及其他取消主义倾向的威胁。

"普遍性的追求"

让我们先来仔细考虑一下理性主义对概括的强调与浪漫主义对特殊事物的专注之间的冲突。在《论关于人类历史哲学的观念》一书中,赫尔德以"每一个人都拥有衡量自身幸福的尺度"为根据,为他倾向于特殊事物做辩护。康德在引述了这句话之后,答复说:"可是,就它们的存在价值本身——也就是它们一开始就存在的理由,而不是它们赖以存在的条件——而言,只有这样,包含于整体中的一种机巧才可以辨别出来"(1970:219)。这样一个最为根本的问题,应当本着一种更为普遍化的精神加以处理。

我们说过,浪漫主义者抵制诉诸"抽象的观念",而坚持"个体的独一无二性"。他们将一种个性化视角同如下这个论点结合起来:哲学"理论"或"抽

---

① 关于对这些区分的典型理性主义批判的阐述,请参阅 Hylton(1993:457)。

象"牵涉到在现象与"对于这个世界确实成立的东西"之间的区分——这一区分表达出一种触及不可达致的"物自体"的无益尝试。① 这种尝试之所以是无益的，要么是因为这样一个"虚构的"领域毫无意义，要么是因为它仅仅显现于审美经验中，而本质上是不可能用任何语言描述出来的。② 理性主义观点与浪漫主义观点之间的对立，于是便被当成这样两拨人之间的对立：一拨是那些试图达到一个神秘的、隐藏着的根基的人，另一拨是那些坚持认为哲学中没有什么隐藏着的东西的人；后一对立反过来又被看作一种寻求理论的科学倾向与一种把哲学当作纯粹描述的看法之间的对立。但是这样一些辨识是恰当的吗？

以理性主义者的眼光看，它们表露出一种完全的误解，因为人们可以——有时还应当——以"理论的"方式问一些根本性问题并对它们做出回答，这种方式强调统一性而忽略差异，不必乞灵于"隐藏着的结构"，更不用提不可表达的结构了。可以看出，浪漫主义者的错误在于无视我们在使用下述区分时所带有的那种至为重要的模棱两可性，即在"事物的本来状态"与"事物向我们显示的状态"之间的区分。正像达米特所指出的，这种区分

> 分叉为两种尽管互有联系，却又十分不同的区分：在对这个世界为真的东西与仅仅显得对它为真，但实际上并不为真的东西之间的区分；以及所谓绝对的描述形式与所谓相对的描述形式之间的区分。
>
> （Dummett，1993：389）

如果说第一个区分牵涉到表明常识会引人误解的一个超验实在的话，第二个区分则既承认特殊描述又承认一般描述的合法性与正确性。达米特进一步写道："一个以相对的字眼做出的描述本身可以是完全正确的，可是，经过反思，而且很大程度上为了实际的目标，我们却倾向于以绝对的字眼做出描述。"通过回避第一种区分，理性主义者就可以避免把特殊事物看作虚幻的——后一步骤会迫使他们根据隐藏着的、神秘的柏拉图式的形式王国去描述一般或绝对的东

---

① "作为哲学家……我们做出那些区分以反映如下一些信念：有些现象是，其余的现象不是，以某些方式由那些自身不直接向我们显现的事物所引起的；这些现象只是另外一种东西的不同显现形式。"这是与"这样的观念联系在一起的：在我们关于真实世界的思想中，我们所意指的某些东西，完全独立于在人类知性生活中被实际注意的东西"（Diamond，1991：68）。

② 这两个选项均被 Cavell（1988：53）承认为浪漫主义的；他分别给它们贴上了"泛灵论"和"高贵者"的标签。

西。另外，第二种区分仅仅是想描述出一个我们概念间关系的融贯的网络系统，澄清混乱并把我们带向对于自身的更为充分的理解。

由于相信这样一个一般的看法是避不开的、重要的——尤其是在涉及根本性问题的地方——理性主义者把浪漫主义者的下述断言，即：由于哲学是"纯粹描述性的"，其中"一无所藏"，看作是过分简单化的，并暴露出疏懒、默认以及缺乏好奇心。这样一来，他们便武断地免除了浪漫主义在这方面的批评。对浪漫主义倾向的这样一种反应，其典型的例子就是弗雷格强调他对于数的本质（或意义）的探究的紧迫性：

> 正整数概念免除了它曾经面临的所有困难，以至于连孩子也能明白关于它的解释可以既是科学的又是详尽的；而且，在没有对其他人所思考过的东西做任何进一步的反思或了解的情况下，每一名学童便知道所有关于它的知识了。因此，学习任何东西所必备的首要条件便是完全缺乏的——我指的是我们所不知道的知识。结果便是，我们仍然满足于最为原始的观点。……数的概念……具有一种比其他科学中的大多数概念更为精致的结构……我的目标……是唤起一种（对它）做更严格的探究的愿望。
>
> （Frege，1953：iii 及以后各页）

理性主义者认为，浪漫主义者在"直接的"与"隐藏着的"、"描述的"与"解释的"或"理论的"之间所做的那些区分，是很可疑的。他们并不是想要构造出一种科学理论或解释，而是想要提供一种关于在"人类的知性生活"中显现给我们的东西及其他一些东西的描述；可由于他们的描述乃是一种哲学描述，所以它必须是系统化的。他们并不是力图揭示出一种深层结构，而毋宁是要表达出一种清晰明白的结构。所得的结果不是一种牵涉到关于"起支撑作用的"底层"假设"的理论，而是对于我们所有人共同分享的观念的一种系统而清楚的表达。按拉姆塞的说法："在哲学中，我们处理在科学和日常生活中所处理的那些命题，并试图在一个逻辑系统中把它们展示出来……哲学本质上是一个定义系统，或者是……关于如何给出定义的描述系统"（Ramsey，1931：321）。这样一种做法是一般的理性主义者的特征，并且也为许多杰出的分析哲学家所分享。①

---

① 甚至也为那些几乎不同意任何别的东西的哲学家所分享。试比较，Russell（1912：154）和 Strawson（1992：9）对于哲学中的统一性和系统性的强调。

表达不可言传者？

现在轮到浪漫主义者提抗议了，因为理性主义者的回应似乎是在回避他们的批评的根本性质。他们的抱怨不只是指：与我们的"绝对主义"哲学观点并行的还有其他形式的知识，在这些知识中特殊情形是必不可少的。理性主义者会愉快地承认这一点。宁可说，浪漫主义者的论点是彻底的：没有多少空间留给任何有意义的"理论性"哲学。实际上，哲学陈述这个概念本身就是受攻击的目标，因为这样的陈述要么是白费力气地企图表达知识的不可言传方面，即崇高的东西，要么就干脆表明是没有任何意义的。

理性主义者基于他们对于总体明晰性的追求，拒绝接受这一思路。这一思路本身毕竟也是建立在纯粹的哲学陈述基础之上的，并因此在实践中要涉及它们，仿佛它们是具有解释能力的。不可表达的真理是不可能具备这种能力的。① 不可言传者对于哲学判断必然是无用的，因为"这里所考虑的唯一一件事情……就是影响到……可能后果的东西。一个正确的推理所必需的每一样东西都是充分地表达出来了的……没有什么东西留给猜测"（Frege，1972：113）。这样一个回答表明了，在关于哲学性质的浪漫主义看法与理性主义看法之间，隔着一道多么深的深渊。就分析哲学家的特殊情况而言，关于形而上学问题的争论就是关于语言的争论；于是，这一深渊所反映的便必定是关于意义的极为不同的观点。现在就来考察一下它的两种表现形式。

家族相似与模糊性

康德在评述赫尔德的《论关于人类历史哲学的观念》一书时，批评了赫尔德大量使用类比的做法：

> 评述者必须承认，他无法理解这种求助于自然的类比的思路。……除了对在任何关于自然的知识中找到答案感到绝望，以及迫不得已决定在广大富饶的诗歌想象领域中去寻找答案之外，这位哲学家还能援引什么来支

---

① "不可说的东西也不可以用口哨吹出来。"或者，用不那么玄乎的话说，如果哲学是胡说，我们就必须"认真对待它是胡说这件事，而不要妄称……它是重要的胡说！"（Ramsey，1931：321）。

持他的论断呢？这仍将是形而上学，而且是非常武断的形而上学，不管我们的这位作者为了与潮流保持一致，是多么地想要拒斥这种寓意。

(Kant, 1970: 208-209)

关于类比、家族相似及模糊性的问题是很有吸引力的，因为理性主义者在这些问题上的思想有了巨大的发展。尽管像弗雷格这样的早期分析哲学家坚持严格的定义以及完全消除模糊性，认为模糊性是自然语言的缺陷，后来的理性主义者们则倾向于承认：至少有些模糊的概念是不可缺少的，把一个通常的定义强加给正在演变的概念有时是错误的。这种新的态度与上面强调过的那种避免执着于由柏拉图式的纯粹本质组成的外在领域的态度是一脉相承的：

> 可是不要忘了，一个词不能具有由似乎是独立于我们的一种力量赋予它的意义，以至有可能有一种科学的探讨去揭示这个词的真实意义。……说我们在哲学中考虑一种与日常语言相反的理想语言，是错误的。

(Wittgenstein, 1958b: 28)

于是，现代理性主义者便给定义及语法的观念引入了一种新的内容。确实，"有时候，哲学应当澄清和区分先前是模糊和混乱的概念……可是，就我们原有的意义不是完全混乱的而言，哲学自然会给出它来"（Ramsey, 1931: 321）。模糊词项并不必然是"完全混乱的"，而且并非每一个概念都适于严格的定义。尽管如此，这种向浪漫主义的让步，并不等于是从下述理性主义追求的大撤退，它要求对我们概念框架中各种关联做普遍而清晰的考察。

从浪漫主义立场看，这种新的探究恰恰是看起来不可能的事情。弗雷格坚持使用清晰定义的词项，这并不被看作是我们关于语言本质的思想发展中的一个步骤，却被看作理性主义的分析哲学的一个本质性特征。弗雷格从要求一表达式在不同场合下具有内容同一性开始；可是

> 假如这一表达式出现在用来表达推理的前提或结论的语句中，它就得有指称。无论我们的词项是如何被引入的，某种别的东西都是必要的——指称领域必须具备某些特点——要是逻辑可与包含着那些词项的语句建立起联系的话。

(Diamond, 1991: 175-176)

对于精确性和明晰性的要求因此便与同一和重复的重要性紧密联系在一起；可这样一来，它就得预先设定一个柏拉图式的领域——一个外在于逻辑、供逻

辑去把握并且决定着逻辑的身份的领域。而且,表达"思想本身"的语句的无效性蕴涵着模糊词项之间的一个区分的无效性——这一区分将那些混乱的、需要澄清的词项与其余那些本身有次序的模糊词项区分开来。"家族相似"并不是语言的一个单纯而有趣的特征;它揭示出没有什么外在的领域可以在我们的语言用法中分辨出什么是对的、什么是错的,从而表明关键性的角色是语言中独一无二的不同玩法。对于维特根斯坦关于遵循规则的论述的一种浪漫主义解读,徒劳地强调语言所固有的公共性,以及定义和理论相比于实践、相比于实际情况的卑微性。①

然而,还有另外一种对于维特根斯坦同一论点的读解,这便是理性主义的读解。在对《哲学研究》中相关段落的阐释中,贝克(G. P. Baker)和哈克(1985)首先强调的是诸如"有规则性""同一性""规则",当然还有"语言",这样一些不可或缺的概念之间的概念性关联。为了能够判定一种独特的使用是不正确的,亦即为了不使公开性变成无序性,我们至少必须把弗雷格对于不同语境下话语内容同一性的要求合法化。从语法上说,同一性观念是与语言和意义的观念连在一起的。实际上,正如弗雷格本人所宣称的:"在将同一符号应用到不同却彼此相似的事物时,实际上我们所符号化的已不再是单个的事物,而宁可说是(类似的事物)共同具有的东西,即概念"(Frege,1972:84)。可是,仍然存在着这样的问题:我们如何判定我们关于"同一性"的决定是否正确呢?什么东西可资作为我们的标准呢?我们是不是必须承认一个外在的,且不说柏拉图式的领域呢?

标准的缺乏

关于哲学陈述是否"可被说出来"这一问题的争论,可以用下述方式提出来:通过指出,理性主义者认为这些陈述是有能力传达某种真理的,而浪漫主义者则否认这种能力。后者主张,依据某些外在的标准来判断,经验陈述能够为真或者为假。存在着某种可以使"这张桌子是一米长"这一陈述为真或假的东西(亦即这张桌子的实际长度)。当我们去评价哲学陈述表达真理的能力时,必定会陷入以下的两难境地:要么有一个使哲学陈述为真的外在领域,要么就没有。倘若有,我们必须要问这个领域是什么,我们是如何知道关于它的事情

---

① 参见 Cavell,1990,第二章"日常的论证"。

的，是什么使得我们关于它的陈述为真或者为假。由于理性主义哲学家不是自然主义者，所以决定他们陈述的真假的不可能是经验领域，如此一来，由于坚持哲学陈述具有内容，他们势必要承认一个神秘的超验领域。另一方面，拒绝接受这一虚假的指称领域会直接导向（上述两难困境中的）第二难——主张不存在任何一个使哲学陈述为真的外在领域。逻辑是"内在地"适用于语言的。在这种情况下，关于内容——或真理——的整个观念似乎不适合哲学陈述。这些陈述旨在表达的无非就是虚无。剩下来要做的便是如何去阐释这种"虚无"，亦即去表明：哲学陈述到底是纯粹的胡说，还是试图表达不可言说者的"重要的胡说"。

分析哲学家们对于使得一陈述有意义或无意义的东西了如指掌，所以自然会深受上述批评之苦。主要就是由于这个原因，分析哲学的衰落才被如此坚定地等同于一般理性哲学的死亡。当今的浪漫主义者相信，业已在上述基础上揭露出了如下一连串理性主义崇拜物的不足：概念记法、分析、范畴区分、清晰性要求、语法的阐释，如此等等。①

理性主义者们如何去应对对于他们的陈述之意义的这种攻击呢？他们如何才能摆脱上述的两难困境呢？涌上心头的是两条或许可以合而为一的途径。若选取第一难，理性主义者确实可以承认一个使哲学陈述为真的"外在领域"，即我们对语言的使用。通常的用法，亦即日常的语言实践，可充当梦寐以求的那种标准。哲学家所追求的便是对这一领域的系统描述。

摆脱困境的第二条途径是完全否弃它，并转而求助于一种颇为类似于库恩的科学构想，根据这一构想，甚至连经验陈述也不是依据外在于它们的独立实在而为真或者为假的。一旦科学不再被认为表现外在于它的任何东西了，以外在标准的存在（或不存在）为基础，在"合法的"经验陈述与"不合法的"概念陈述之间做出的区分便不复存在。换言之，一旦表现主义的图画被整个抛弃了，再去攻击特定的概念或语法话语没能表达外在于它的真理，便没什么用处了。或许有人会争辩说，这样一幅新图画由于本质上是整体论的，没有为享有特权的一类"哲学"陈述留下任何空间，所以本来就是反理性主义的。可这个结论还是下得太仓促了点，因为这一享有特权的类所要求的那种区分，并不是那个古典的认识论区分，后者假定了一个"粗糙的"与料层和一个起组织作用

---

① 戴蒙德对于弗雷格和维特根斯坦的解释，以及她对于当今分析哲学家的不懈批判，都是建基于这样一些论证的。见 Diamond, 1991, 尤其是第 1—6 章。在 1991: 58 中，不可言说性问题与上一节提到的浪漫主义者设想绝对观点的方式联系起来了。

的框架。宁可说，这是在语法的（概念的、标准学的）话语同经验的话语之间的一种语言学区分——没有这一区分，语言便是不可能的。① 哲学或逻辑话语所独具的特征是：它甚至没有妄称要去表现任何外在于它本身的东西，因为"真理的逻辑原则便是知性与其自身规律的一致性"（Kant, 1885: 10）。正如康德业已指出的，尽管逻辑

> 不是发现的一般技艺，不是真理的工具，也不是可借以发现隐藏着的真理的代数学……它作为对知识的一种批判仍然是有用的、不可或缺的；或者说，它把判断交付给普通理性和思辨理性，其目的不是为了传授判断，而是为了使它成为正确的并且与其自身一致的。
>
> （Kant, 1885: 10）

这听起来有点像浪漫主义者主张的那种"内在的"图画——它使哲学陈述成为无意义的——的另外一个版本，因为逻辑与语言之间的距离似乎不存在了。实际上，为了避免对于第一种理性主义回答的自然主义化的、经验的理解，我们也应当消除存在着的距离——由此表明这两种回答是多么地接近。然而，上述的推理表明了，内在的话语并不就是胡说。只要坚持这种语法—经验区分，我们便可看出康德——以及其他理性主义者——如何可能去支持一种更为正面的哲学观。指出下述一点是重要的：一旦牵涉到一种系统的解释，便不可避免地要产生同日常用法的距离。如此一来，便为一种类似于康德上面所提及的批判性探究铺平了道路。这也构成了拉姆塞批评维特根斯坦的下述观念的基础，即"我们所有的日常命题都是完全有序的，非逻辑地思考是不可能的"（1931: 325）。

尤其在英国，许多分析哲学家在实践中都采纳了这种对于浪漫主义困境的解决办法。拉姆塞、奥斯汀、斯特劳森、赖尔（前期及后期）、达米特、哈克以及其他一些人的工作，尽管相互之间存在着巨大的差异，可它们至少都预先假定了这样一些解决办法的主要精神。所有这些哲学家都认为，严格说来，哲学并不是胡说；它不仅是有意义的，而且还能够表达真理，即便没有什么外在的标准。②

---

① 见 Wittgenstein, 1969, 第 5、82、88 节（及以后各节）中对这种语言观的辩护。
② 这甚至是同《逻辑哲学论》作者的观点相吻合的，他在序言中称，"在我看来，这里所表达出来的思想的真是不容置疑的、确定的"。试比较 Austin (1962: 1)："我愿意（为我这里所说的话）要求的唯一优点便是：它们是真的。"

哲学的自主性

我们前面在讨论"家族相似"时已看到，康德反对将哲学处理办法让渡给"诗人的想象力"。实际上，他关于赫尔德的著作的更为痛切的陈述之一，便是赫尔德的"诗人的雄辩"给他的著作的本质所造成的恶劣影响，其中以讽喻取代真理，使用隐喻和诗一般的意象以至掩盖了思想。康德以讽刺的口吻宣称（1970：215），他不打算考虑赫尔德是否"不只是从哲学语言区域到邻近的诗歌语言区域做短途旅行，而是常常完全忽略了两者之间的界限和疆域"。

典型的理性主义者科林伍德提到了哲学同诗歌真正的相像之处，并说明了产生这种相像的根源（1933：212-213）。他继而指出了两者间最根本的区别。他说道：与诗人不同，

> 散文作家的技能是一种必须将自己隐藏起来的技能，所产生出来的不是一件因其自身的美而被欣赏的宝石，而是一块在其深处可以准确无误地见到思想的水晶；而哲学家所特别仿效的，不是宝石商的技艺，而是镜片磨制人的技艺。

(Collingwood, 1933: 214)

这些话清楚地表明了另外一个主题，它既为理性主义者所赞同，又时常受到浪漫主义者的攻击：哲学的独一无二性。在理性主义者看来，哲学不应当被同其他学科串联起来：既不应当同文学、文艺批评及社会科学串联起来，也不应当同自然科学串联起来。哲学话语——就像我们在上一节中所看到的——是作为唯一一种处理思想本身的话语而引人注目的。它因此是一个自足的类，应当保持其纯洁性和自主性。

反心理主义，作为分析哲学的著名标志，便是这种态度的一个方面。事实上，它所宣称的目标便是把所有非"客观的"东西当作无关的东西清除掉，并将自身维持在"遵循规律的、可被设想和判断的、可用言语表达的东西"的范围之内（Frege，1950：35）。直觉便是这样被排斥在哲学解释的工具之外，因为"纯粹可直觉的东西是无法交流的"。任何其他形式的不可表达的知识都被以同样的方式排除在外。

不过，应当认识到，客观性并不是反心理主义的唯一动因。弗雷格决心"总是清楚地区分开心理的东西与逻辑的东西、主观的东西与客观的东西"，这

通常被理解为将心理主义的错误等同于它的主观性。这种等同忽略了这样的事实：弗雷格也将据称为客观的科学排除在哲学话语之外。就像对于一位理性主义哲学家一样，对于弗雷格而言，哲学——或者通常被他称为"逻辑"的东西①——是纯粹概念的。

> 所有科学都以真理为目标，逻辑却以与此完全不同的方式关注真理。……发现真理乃是所有科学的任务；逻辑的职责是去识别真理的规律……人们也完全可以说是思想的规律。
>
> （Frege，1967：17）

当"表达式'思想的规律'被参照'自然的规律'加以解释"的时候，心理主义便出现了——因此说，它的科学主义错误不亚于其主观主义错误。事实上，反科学主义是一个教条——不只为经验主义所拥有，任何理性主义哲学全都奉行它。维特根斯坦在《逻辑哲学论》中清楚地表达了这一教条："'哲学'一词必定意指某种处于自然科学之上或之下的东西，而不是某种与之并列的东西"（4.111）。而且，尽管维特根斯坦前后期思想存在着差别，可《哲学研究》中却再次出现了如下的论述：

> 假如概念的形成可以通过自然的事实来解释，我们难道不应该不对语法感兴趣，而对在自然中构成语法的基础的东西感兴趣吗？……但是我们的兴趣并不有赖于概念形成的这些可能的原因；我们并不是在做自然科学；也不是在做自然史，因为我们也可以为我们的目的编造出虚幻的自然史。
>
> （Wittgenstein，1958a：230）

维特根斯坦的反科学主义源自他的这种理性主义观念：将哲学当作对于可能领域的概念化研究；而且这一观念必定是把规范话语与描述话语这种二元区分视为当然的了。在这样一种背景——自主性教条——之下，蒯因在追求对分析性概念的解释或辩护时所犯下的错误便是显而易见的了。为解释定义、必然性或意义这类规范性概念，我们只能使用其他同类的概念，否则便会陷入错误的科学主义。所以，任何这样的解释都必将导致循环。从理性主义的观点看，自然主义根本不是一种可以接受的立场；任何一种将哲学的（或概念的）术语还原为任何其他语汇的企图也都是不可接受的。

---

① 康德、黑格尔以及理性主义者也是这样称呼的。

请注意,"规范的"在这里并不意味着涉及道德的及政治的考虑。实际上,理性主义者坚持哲学的自主性所引起的另外一个后果是这样一个教条:哲学是有等级划分的。许多理性主义哲学家——尤其是分析学派的哲学家——都采纳了如下的假定:在不顾及道德或政治因素的情况下研究形而上学、逻辑或语法,乃是必然的(更不用说是可能的)。这一事实似乎令人震惊,尤其是当我们反思他们中有些人是那么深入、那么虔诚地涉入政治的时候。那么,这一假定的根源何在呢?答案在于,将哲学的自主特性等同于它是基础性的——不是在认识论意义上,而是在下述意义上:对于哲学的目的、限度及范围的方法论的、元哲学的澄清,必定不同于并且优先于任何一种特殊的哲学探究,包括道德和政治的探究在内。这一假定一再出现于理性主义文献中。在分析哲学家那里,这一假定采取了下述形式:捍卫分析、阐明或意义理论,认为它们甚至先于哲学本身之内的任何特定的步骤。这也是不把这种基础性研究冠以"理论"之名的原因之一,因为"先于任何理论构造的东西本身不可能是一种理论"(Schlick,1932/3:88)。

永恒的发展?

关于基础的观念直接将我们引导到借以区分开浪漫主义者与理性主义者的一串标准中的最后一条,即变化与发展问题。关于基础的观念几乎必然要携带一幅关于稳固的、静止不动的原则的图画——这幅图画与想看到任何事物都处于自然的变化、发展和成长过程中的浪漫主义愿望截然相反。

然而,浪漫主义者与理性主义者在这一问题上的真正区别,却远不像前述的那几种区别那样容易描绘。历史的维度实际上是由浪漫主义者赫尔德引入哲学的,可后来却被许多启蒙思想家所采纳,并且在随后的理性主义哲学中一直是一个重要的因素。在其著名的论文《对"什么是启蒙?"这一问题的回答》中,康德十分清楚地表达了对于变化的重要性的意识:

> 一代人不可能结盟立誓把下一代人推向这样一种位置,在那里后一代人不可能拓展和修正前一代人的知识……或者不可能取得任何启蒙方面的进步。这将是一桩反人性的罪恶,因为人性恰恰注定是要取得这种进步的。
> (Kant,1970:57)

自黑格尔以降,历史的成分便被许多理性主义哲学家所吸纳。一般来说,分析哲学家并不强调它，可是他们对于它的意识要比通常得到承认的多得多。例如，弗雷格在为其概念记法做辩护时，也保持着一种真正辩证的洞见：

> 有人或许会说，不可能用概念记法来推进科学，因为后者的发明已预先假定了前者的完成。……对自然律的研究援用物理的工具；但是这些工具只有借助于先进的技术才能制造出来，而先进的技术又是建立在关于自然律的知识基础之上的。这种（明显恶性的）循环又在每一情形下以同样方式被解决了：物理学的进步导致技术的进步，这使得制造新的工具成为可能，借助于这些工具，物理学又被推向前进了。（这一事例）在我们的情形中的应用是显而易见的。

（Frege，1972：89）

这一观点在达米特的下述文字中得到了回应：

> 语言习惯在改变，我们应当为之负责的是现在的习惯而不是古代的惯例。不过，在我们不断努力弄清我们语言的工作方式的过程中，我们也试图让意义变得清晰起来，并提出更为稳固的甚或全新的联系。我们知道，随着时间的推移，有些联系会出现松动，新的联系也将形成：我们并不想一劳永逸，不过是想在紧要时刻引入足够的刚性，以服务于我们在评价、修正或简单地把清晰性赋予我们所说的东西时所要达到的当前目标。

（Dummett，1973：626）

如此看来，浪漫主义者谴责理性主义者忽视了历史和变化，是有失公允的。然而，在将变化引入哲学阐释中的程序方面，仍存在着重大差别。理性主义者认为，由于消除了普遍的、绝对的或理论的维度，浪漫主义者没有为理论批判实践留下任何空间，并因此倾向于听任在整个历史长河中随意出现的任何一种变化。由于抛开了任何稳固的标准，并着力强调语言和思想的不断演化的、"家族相似"的本质，他们必定要无条件地屈从于一般的习俗，"因为一般的习俗具有为所作所为提供辩护的能力，正如时尚可以为最可恶的做派打上美的标记一样"（Frege，1952：141）。因此，从理性主义观点看，在浪漫主义者那里，变化似乎永远都不是进步；因为既然变化就是顺从现实而不是作为"管闲事的"的批判思维的结果，它便只是自然的和渐进的。在上面引述的弗雷格和达米特的论述中，这样的批判只是隐含着的，但是，在康德对赫尔德的历史主义倾向的批判中，这种批判却是显而易见的。康德所批判的不是赫尔德关于进步的观念——亦即由他引入哲学领域的那种历史维度——而是它的根源、它的动力。正如康德所看到的，在赫尔德看来，"所有文化进步都只是原有传统的进一步传递及随意利用；而人们为所有这种朝向智慧的进步而不得不加以感谢的正是这一点，而不是其自身的努力"（Kant，1970：218）。另外，在康德看来，理性为我们提供了一个目标，从而让我们能够设想一种审慎的而不只是随意的变化：

> 这位哲学家会说，整个人类的命运就是一个永无休止的过程，而且它的实现仅仅是一个观念——但是不管怎么看，都是一个十分有用的观念——即关于……我们不得不向着它努力的那个目标的观念。
>
> （Kant，1970：220）

浪漫主义者将他们对实践的接受看作唯一健全的、摆脱了多余的无意义疑虑的行为。结果，他们有时便把坚持某种抽象的"目标"或"刚性点"的理性主义者描述为不快乐的，因为"这个世界并不满足于他所规定的条件"（Diamond，1991：10）。然而，浪漫主义者也可能将某些随机的因素确立为指令，而不顾其暂时的、依赖于文化的性质，由此来否决理性主义者的责难。这些因素指导我们的判断，并帮助我们批判当下的实践活动；但最后它们自己也成了易受攻击的对象，准备领受未来的批判。①

这种反应离开上述的理性主义构想有多远呢？几乎看不到什么差别。我们是从对等的两种责难开始的：浪漫主义者指责理性主义者忽视了历史维度，而理性主义者则非难浪漫主义者关于变化的最悄无声息的构想。然而，结果却表明，两者间的距离可能比他们想象的要小。

结　论

我们从对第四个分歧点的考察中所得到的最大教训是，我们应当十分小心地对待不管是理性主义者还是浪漫主义者所使用过的口号。作为一名健全的理性主义者，我相信可以对这一教训加以概括。

在理性主义与浪漫主义的出发点之间确实存在着真正的差别。尽管如此，我还是觉得以下的情形是引人入胜的：有时双方提出了类似的相互责难——这

---

① 我认为这是，例如 Rorty（1989）的基本观念。

些责难只是随着他们所针对的目标而显示出不同来。一方面，浪漫主义者被指责为神秘的，因为据称他们在自己的观点中把模糊的观念作为不可表达者接纳下来。另一方面，理性主义者则被谴责犯下了同样的罪过，因为他们"必定要依附于"不可思议的柏拉图式的领域。理性主义者一边指责浪漫主义者追求有疑问的更多的东西，一边又要求助于一个可疑的"普遍维度"。最近，理性主义者和浪漫主义者又在相互指责：由于对规则决定意义的作用做出了荒唐的解释而曲解了语言这个概念。

因此，理性主义/浪漫主义之争很容易流于巧辩。戴蒙德把理性主义者描述为不快乐的这件事可作为一个例证：从这样一种关于理性主义性格的描述中可以得到些什么呢？唯一值得一提的是与之相伴的严重歪曲：

> 在（霍桑的）故事中，这种伦理精神与作恶的关系被显现出来了。这个故事是一种几何构造的伦理学：将（这种不快乐的性格的）直线延长到足够远，它便会毁掉生活、善、美。

(Diamond，1991：10)

完全有理由拒绝把这样一些口号当作令人信服的论证来使用，也完全有理由采纳一种更具建设性的做法。通过把本性的永恒变化的本性引入他们的哲学，通过重新考虑赋予哲学的自主性程度，并通过发展出一种关于判别他们自己的判断标准的令人信服的阐释，理性主义者便可望做更多的事情。

另外，浪漫主义者也应该承认系统而明晰的哲学图画的不可避免性。这种结论是无法逃避的。浪漫主义者对理性主义思想方式的反驳是经过很好地论证的，远不只是凭直觉而起的；它们都建基于隐含着的形而上学假定之上，而这些假定的地位是受到质疑的。他们将其论证建立于其上的那些标准本身，既不是经验的也不是单纯常识性的。总之，浪漫主义立场一点也不比理性主义者所采取的立场少一些武断。康德在对赫尔德的观点进行批判时业已看出了这一点："这仍将是形而上学，而且是十分武断的形而上学，而不管我们的这位作者为了与潮流保持一致，是多么地想要拒斥这种寓意"(Kant，1970：209)。然而，这里并不存在对等的情况。实际上，正像理性主义立场一样，浪漫主义立场"包含着关于自然、方法及哲学思想之限度的正面理论"；可是与其对立面不同的是，"它既是同它本身所假定的原则相违背的，又是——有意或无意地——不诚实的，因为它将一种在其自身情况中不被允许的批判形式应用到了其他情况中"

(Collingwood, 1933: 140-141)。①

在一种新的哲学视野下，理性主义者应当重新考虑赋予哲学的那种自主性程度，并找寻到在他们的形而上学及意义理论中更为满意地体现随机性、变化和模糊性的方式。然而，这些浪漫主义的主题必须在承认哲学的有意义性及概括的不可避免性的情况下，在理性主义的框架之内扎下根来。我再也想不出一个比分析哲学更适合于开辟这样一个视界的候选者了。

参考文献

Austin, J. L. (1962) *How to Do Things with Words*, Oxford: Oxford University Press.

Ayer, A. J. (ed.) (1959) *Logical Positivism*, New York: Free Press.

Baker, G. P. and Hacker, P. M. S. (1985) *Wittgenstein: Rules, Grammar and Necessity*, Oxford: Basil Blackwell.

Brinton, C. (1967) "Romanticism," in P. Edwards (ed.) *The Encyclopedia of Philosophy*, vol. 7, New York: Macmillan.

Cavell, S. (1988) *In Quest of the Ordinary*, Chicago: The University of Chicago Press.

—— (1990) *Conditions Handsome and Unhandsome*, Chicago: The University of Chicago Press.

Collingwood, R. G. (1933) *An Essay on Philosophical Method*, reprinted 1995, Bristol: Thoemes Press.

Diamond, C. (1991) *The Realistic Spirit*, Cambridge, Mass.: MIT Press.

Dummett, M. (1973) *Frege: Philosophy of Language*, London: Duckworth.

—— (1993) *The Seas of Language*, Oxford: Oxford University Press.

Frege, G. (1950) *The Foundations of Arithmetic*, trans. J. L. Austin, second revised edition, 1953, Oxford: Basil Blackwell.

(1952) *Translations from the Philosophical Writings of Frege*, P. Geach and M. Black (eds.) third edition, 1980, Oxford: Basil Blackwell.

(1967) "The Thought: A Logical Inquiry," trans. A. M. and Marcelle Quin-

---

① 科林伍德的批评是针对任何形式的怀疑论立场的。

ton, in P. F. Strawson (ed.) *Philosophical Logic*, Oxford: Basil Blackwell.

—— (1972) *Conceptual Notation and Related Articles*, trans. T. W. Bynum, Oxford: Clarendon Press.

Hylton, P. (1993) "Hegel and Analytic Philosophy," in F. C. Beiser (ed.) *The Cambridge Companion to Hegel*, Cambridge: Cambridge University Press.

Kant, I. (1885) *Kant's Introduction to Logic*, trans. T. K. Abbott, London: Langmans, Green and Co.

—— (1970) *Political Writings*, ed. H. Reiss, trans. H. B. Nisbet, second enlarged edition, 1991, Cambridge: Cambridge University Press.

Ramsey, F (1931) *The Foundations of Mathematics*, London: Routledge and Kegan Paul. Quotes taken from excerpts reprinted in Ayer (1995).

Rorty, R. (1989) *Contingency, Irony, and Solidarity*, Cambridge: Cambridge University Press.

Russell, B. (1912) *The Problems of Philosophy*, Oxford: Oxford University Press.

Schlick, M. (1932/3) "Positivism and Realism," *Erkenntis* Ⅲ. Reprinted in A. J. Ayer (1959).

Sluga, H. (1980) *Gottlob Frege*, London: Routledge and Kegan Paul.

Strawson, P. F. (1992) *Analysis and Metaphysics*, Oxford: Oxford University Press.

Wittgenstein, L. (1922) *Tractatus Logico-Philosophicus*, trans. C. K. Ogden, London: Routledge and Kegan Paul.

—— (1958a) *Philosophical Investigations*, trans. G. E. Anscombe, Oxford: Basil Blackwell.

—— (1958b) *The Blue and Brown Books*, Oxford: Basil Blackwell.

—— (1969) *On Certainty*, Oxford: Basil Blackwell.

(李国山译)

谁将扼杀分析哲学？*

雅科·亨迪卡

一、维特根斯坦是那只手吗？

我可以引入我的论题，以及我对这一论题的探究，其方法是参照路德维希·维特根斯坦以及他的思想迫使我们所面对的景观。① 他的哲学已经被以多种方式加以解释。就我当前的目的而言，很显然，理解他的最佳出发点是关于维特根斯坦的虚无主义解释。这种解释已经被伯顿·德雷本特别雄辩地做了详细的阐述。它的线索来自如下事实：维特根斯坦相信并且说过，传统哲学问题是由关于我们的语言运作方式的混淆和错误而引起的。那些所谓的问题不能被解决，而只能被消解。

相应地，维特根斯坦很少注意当代学院哲学，包括分析哲学，因为它本质上是那些混乱的先入之见的一个延续。毫不奇怪，那些宣告哲学终结的作者力图诉诸维特根斯坦。具有讽刺意义的是，这些作者没有抓住维特根斯坦的真正动机。他们把维特根斯坦对坏的论证与坏的哲学分析的拒斥，误以为是对论证与分析本身的拒斥。事实上，他同学院哲学的疏远并不是他厌恶学院的生活方式和价值观念的一个方面，无论这种厌恶是社会意义上的、意识形态意义上的，还是宗教意义上的。② 它不是一个个人喜好的问题，而是一个理智判断的问题。当维特根斯坦宁愿选择阅读施特里特-史密斯出版社的侦探杂志，而不

---

* 译自 The Story of Analytic Philosophy: Plot and Heroes, ed. by Anat Biletzki and Anat Matar, Routledge, 1998, pp. 253-269。

① 这一章是我过去几年内关于本书主题所做工作结果的一次提炼。就维特根斯坦而言，我的大部分工作都发表在 Hintikka and Hintikka (1986) 或 Hintikka (1996a) 中。

② 关于维特根斯坦的个性及生活，参看 Malcolm (1958)。

是《心灵》时，他的判断不是社会意义上的，也不是审美或道德意义上的。它是理智意义上的。他反对的是当代哲学作品缺乏目的性和严肃性，还有它过于频繁地显现出混乱的思考和论辩。维特根斯坦发现有些哲学问题是重要的，并且敏锐地意识到那些问题所带来的困难。当罗素惊呼"逻辑是地狱！"时，他却鼓掌欢呼。我从未期望从理查德·罗蒂那里听到那种惊呼。

很清楚，维特根斯坦将同样严厉地评判大多数后继哲学，包括他自己的许多追随者的思想，假如他还活着的话。维特根斯坦曾经以这样一句话总结他一年的讲课："我可能播种的唯一种子是某些行话。"

鉴于维特根斯坦在分析哲学史上的核心地位，我打算通过这样的方式来着重强调维特根斯坦思想中反传统、反学院的锋芒，即把伯托尔德·布雷赫特（Bertold Brecht）针对维特根斯坦的维也纳同道（Doppelgänger）卡尔·克劳斯（Karl Kraus）所做的同样评论，做适当修改后也应用于维特根斯坦：当分析哲学死于我们自己手上时，维特根斯坦就是那只手。①

就像布雷赫特的原话一样，这句并不十分机智的评语是夸大其词和不公正的。然而它却有着令人不舒服的很大的真理成分。当然它需要各种限定。比方说，所提到的自杀企图就是不成功的。维特根斯坦的重要信息在很大程度上未受重视。即使那些正宣告哲学终结的作者们也是通过参照某些论证来完成这个企图的，而这些论证可能会激起维特根斯坦那臭名昭著的愤怒，他一贯地以这种愤怒对待那些歪曲他的想法的人。

新近哲学的其他方面甚至将更明显地受到他的谴责。对于任何严肃地对待维特根斯坦思想的人来说，见证下面一点是令人痛苦的：自作自受的传统实在论问题成为新近分析哲学的一个主要论题。另外，对于试图根据最古老的、最混乱的传统哲学问题之一，即所谓的怀疑论问题，来解释维特根斯坦后期哲学最为人所知的论题，我禁不住视之为对维特根斯坦哲学智力与忠诚的根本性侮辱。维特根斯坦的主要认识论观点，或者更确切地，他的主要观点的前一半是：在关于内部感觉、颜色概念、规则遵循等的初级语言游戏中，知识、怀疑、确定性、证据、规则和标准等观念完全不适用。他的观点的后一半是：当我们进入次级语言游戏时，知识、确定性和证据等观念可以纳入其中，我们的确需要

---

① 布雷赫特的原话更一般化，但也可能并不完全不适合于维特根斯坦的情形："当时间把手放在那里时，他就是那只手。"

标准，也正是那些标准会使得我们能够回答烦扰着怀疑论者的那些类型问题。①

当论及分析哲学的未来景观时，维特根斯坦的重要信息应当受到严肃、认真得多的对待。我确实相信维特根斯坦是正确的，也相信哲学杂志里大量的当前讨论不在一个很高的智力水准上，这一点不仅出现在《心灵》中，而且也在其他杂志中出现。如果维特根斯坦是正确的，那么整个学院哲学的地位必须被重新加以审视。维特根斯坦劝阻自己的大多数学生从事学术工作。我们或许应该把同样的考虑针对哲学系科，而不是，或者说不仅仅是针对哲学家个体。

二、蒯因的不可测知性

将维特根斯坦否认建构特殊领域哲学思想的可能性视为他许多怪癖之一，而不予理会，这也会是一个错误。在其他一些有影响的思想家那里，而且不总是在人们最初期待的地方，相同的否认以更不引人注目的形式，通过不同的思想体系的改装而被发现。近来，逻辑实证主义者们经常被指责为代表了一种关于哲学可以——并且应该——是什么样子的据称是狭隘的见解。实际上，正是分析传统内逻辑实证主义的批评者剥夺了哲学家的职业（métier）。至少为了便于讨论，提议哲学真正研究的是思想世界、我们的概念世界，这不会特别地引起争议。就我当前的目的而言，把语言看作思想之家（das Haus des Denkens），看作由概念和思想构成的第三世界的具体表现，这也不会引起太多的争议。如果是这样，理性的自我反思哲学不可避免地需要使用语言来谈论语言。但这恰恰是20世纪哲学的普遍主义传统声称不可能做到的事情。在我新近的著作中，对这一传统做了审查并且发现它是不够可靠的。② 这一传统以不同的伪装得以显现，其代表人物却是这样一些惊人的同道者，如弗雷格、维特根斯坦、海德格尔和蒯因。

这些先生中的最后一位可作为一件简要案例研究的对象。基于蒯因关于意义不可言状性的根本假定，他最终捍卫指称的不可测知性也就不足为奇了。即使他的论辩是无懈可击的，他也没有从毫无疑问的假定出发证明彻底翻译（rad-

---

① 此处参看 Hintikka and Hintikka (1986) 的最后一章，也参看 Hintikka (1996a) 中的第15篇论文：《维特根斯坦理论中的不同语言游戏》。

② 参看收录于 Hintikka (1996b) 的论文，特别是《蒯因作为语言普遍性传统的一员》。

ical translation) 的不确定性或指称的不可测知性。蒯因推理中所暗含的前提在某些方面比他的结论更具限制性。在蒯因的论辩中，引人注意的不是他证明了指称的不可测知性，而是他假定了语义学的不可言状性以及其他更多的内容。① 考虑到他暗含的限制性假定，他不能理解诸如分析性或必然性之类概念也就不足为奇了。尽管如此，这里所触及的只不过是逻辑论辩伟大原则的一个例证：从预设开始，以预设结束。

蒯因哲学的真正本性为何尚未被人们意识到？其中一条原因是它的非反思特征。他是当代哲学家中最少有科林伍德气质的人。像休谟一样，他没有将他的观念与其历史背景或者终极预设相联系，而是以每一个真正的经验论者都显然会赏识的形式提出这些观念。例如，只有从历史的视角考察蒯因的著作，像《经验论的两个教条》这样的论文才会得到因其所是的看待：与其说它闯入了哲学观念的荒野，还不如说它是对卡尔纳普的《意义与必然性》的批判性评论。蒯因追随者们的诅咒是：那些不能承认他们假定的人，注定要重新做同样的假定。

蒯因假定的一个后果是清楚的。如果我们不能以那同样的语言来谈论我们语言的语义学，我们就不能合理地审查我们的概念世界。我们充其量可以做的事情是根据经验的行为主义心理学，去探究我们语言的语义学。同样的道理，在认识论里我们唯一能做的是对人类认知及人类推理行为的科学研究。当蒯因竭力倡导认识论的自然化时，他所具有的只是得出其结论的勇气。

我并不是在说，当蒯因断言认识论应当自然化时他完全是错误的。而不应忽视的东西是，就将哲学作为一个独立的学科清除掉而言，这一结论比起维特根斯坦的任何严厉批评来都是要更致命得多的方式。除了少许罕见的例外，像蒯因这样的哲学家没有资本，他们所能做的仅是空谈心理学或语言学。我自己关于分析哲学史的亲身经历使得我对这个问题非常敏感。特别地，自然主义认识论的观念触动了我的某根神经。无论何时，我一听到有人提及"自然主义认识论"，就禁不住想起埃诺·凯拉的辉煌但非结论性的工作。这个人在某个时候曾参加过维也纳小组的讨论，是一位相当有能力的心理学家，他可以将他在心理学中的洞见应用于人类知识的本性。② 他的"自然主义认识论"远远地优于其新生形态。

---

① 参看 Hintikka (1997)。

② 参看 Eino Kaila (1979)，特别是《日常经验的感知成分和概念成分》一文。

三、库恩的否定范式

类似的评论所适用的范围更是远远超出了蒯因哲学。例如，由托马斯·库恩所提出的"新科学哲学"通常呈现为丰富了我们关于在科学的实际生活中所涉之物的观念。① 但是，从批判哲学的视角看来，这个传统的一个主要来源是有关以下问题的一种极其狭隘的观念：在科学的语言中什么能够被有意义地说出，而不仅仅是什么可以通过范式显示出来。为何这一观念在库恩的作品中不再突出？其原因与在蒯因那里是相同的。库恩充分地例证了自己的断言，即大多数思想家没有意识到他们自己的"范式"。但当受到追问时，库恩将不得不迅速地求助于限制性假定。例如，库恩的断言：如果科学中的进步决定性地依赖于他的论题，那么在科学中我们不能有意义地谈论逼近真理，这一点就是讲不通的。但如果我们可以谈论真理，理解逼近真理这一观念也不过就是一件仔细分析的事情而已。② 因而，在最后的分析中，库恩不得不依靠语义学断言是不可言状的某个说法。真理不可言状性论题事实上一直是逻辑实证主义批评者所关注的焦点。尽管如此，近期的工作还在设法削弱一切关于不可定义性与不可表达性的断言。③ 我们必须非常严肃地对待这种可能性，即真理的实在论概念是我们自己语言逻辑（Sprachlogik）的一个不可分割的组成部分。

缺乏哲学自我意识是库恩理论的特征，正如蒯因语言哲学显示出的同样的缺乏。"新科学哲学家"使用诸如观察的理论负荷或者理论的不可通约那样的概念，而这些使用表明关于那样的概念包含什么的一个异常肤浅的意识水平。我实际上已经说明了这两者都没有支持它们用以论证的悲观主义结论。④

正如从蒯因的语言观点来看，唯一忠实的结论是以行为主义语言学来代替严肃的语言哲学，由接受库恩追随者所解释的库恩式观念，能得到的唯一合理结论就是将科学哲学转变为科学史和科学社会学。在我看来，那样不仅将结束

---

① Kuhn（1970）.
② 参看，例如，Niiniluoto（1987）。
③ 参看，例如，Hintikka（1996b），特别是论文《定义真理，那个全部真理，以及唯有那个真理》和《当代哲学和真理问题》）。
④ 此处参看 Hintikka（1988a）和（1992），例如，在前者中被吹捧的关于理论不可比较标准的观念，原来可以得到非常好的理解，其根据是把理论的正常科学结果陌生化。

为理解科学所做的真正哲学尝试，而且将不可估量地削弱科学史和科学社会学。并且那样还将削弱我们对科学自身的理解。

四、不存在的直觉

如果看一眼分析哲学家现今所使用的方法论与论辩模式，对当代分析哲学前景所抱的悲观看法将进一步加深。在这个分支，大量的不当行为肆意蔓生。如果我随意打开现今英语哲学杂志上所发表的一篇论文，我极有可能发现作者为了支持自己的观点而求助于直觉。有时候，一篇哲学论文或一本哲学图书的全部任务据说就是严密地组织我们关于所讨论话题的直觉。

我发现这种行为是可耻的。过去，每一个较重要的哲学家求助于直觉时，他对于为什么我们通过反思自己的观念可以得到新知识或新洞见都有一个理论或至少一个解释。亚里士多德在其理论中将思想视为形式在思想者灵魂中的真正实现，从而为这类诉诸直觉的行为找到根据。笛卡儿在天赋观念理论里找到根据。康德则在他关于数学关系的超验理论里找到根据，这种数学关系是由我们自己在感观知觉行动中赋予对象的，从而使得它们在直觉上是可知的，也就是说，借助于我们所谓的直觉是可回收的。但是，当代哲学中直觉的使用从未得到任何这样辩护的支持，这就足以使得如此使用是高度可疑的。

从历史的视角看，所发生的事情明显令人难堪。方法论上不自信的哲学家们在 20 世纪 60 年代开始模仿乔姆斯基，或者更确切地说，模仿他们所以为的乔姆斯基方法论。这个方法论被理解为在很大程度上依赖于够资格说话者有关不同符号串的合乎语法性直觉。有时候，一个语法学家的工作性质被刻画为严密地组织这样的直觉。模仿乔姆斯基的哲学家们最初没有意识到的是，他是一名隐蔽的笛卡儿主义者，对于诉诸至少令他满意的直觉，他确实有着委婉的支持。唉！可是现今诉诸直觉的绝大部分哲学家并非笛卡儿主义者，对于自己诉诸直觉的行为，他们也没有任何其他的理论支持。因此，对于那些直接或间接地基于诉诸直觉的结论，他们没有向我们提供任何我们应当信任其中任一个的理由。

当对哲学家们的所谓直觉加以分析时，在绝大多数情况下，它们原来是派生的认知断言，这些断言实际上又是以逻辑、观察、默认的实用主义理由等为基础的。夏洛克·福尔摩斯的"直觉"提供了一个范式实例，这个直觉的大意是华生大夫最近去过阿富汗。("我有一种直觉……")无论如何，福尔摩斯是第一个承认他的"直觉"是"思想训练"结果的人，这种直觉"如此迅速地划过我的脑海，以至于我根本没有意识到中间步骤就达到了结论。但不管怎样，仍然有这样的步骤"。对于维特根斯坦为什么更喜欢侦探故事而不是哲学杂志，也许我们在这里就有了一个说明。

话虽如此，在分析哲学家的论辩实践中一个重要的变化已就绪。我很想建议，未加分析的诉诸直觉应当在哲学论辩中长期中止，除非作者可以提供让我们相信他或她的直觉的某些进一步理由。

请注意，在这个问题上我已避免设想维特根斯坦对哲学论辩中诉诸直觉的嘲弄。在这里，我不需要他的权威。我的观点足够深刻，甚至无须诉诸维特根斯坦。

五、关于维特根斯坦的 $1\frac{1}{2}$ 真理

然而，在这一章我要传递给你们的真正信息与悲观主义截然相反。我可以再次参照维特根斯坦阐述我的观点。他是一个哲学天才，但在社交及才智上是一匹孤独的狼，他对于我们的社会及文化的许多建制不承担任何责任，甚至也不对其表现出任何兴趣。他在同自己的魔障抗争，或者也许是更精确地，与我们的语言海妖对他才智的蛊惑相抗争。对他来说，这场抗争是真正的"天才的职责"。（这里事实上是他与卡尔·克劳斯最为相似之处。）[①] 如同充满激情地拒斥自己的家庭，维特根斯坦以同样的激情拒斥我们的许多建制，即便不说是充满憎恶地加以拒斥。而且他对我们最优秀文化中诸多内容的这种漠视与拒斥，不仅仅局限于学院哲学，对数学或物理学的理论建构，维特根斯坦也不抱有任何同情，或者并不真正地理解。尽管他有审美感知力，但他感觉不到比如一个真正数学理论的雅致及力量。没有迹象表明，他欣赏甚至知道诸如伽罗瓦理论、残数演算、高斯-黎曼曲面理论或者希尔伯特空间理论之类的东西。他同样也对

[①] 更一般地说，语言的真实性对他们两人而言都是强制性的。对于维特根斯坦来说，思维法则就是语言的理想规则。"逻辑规则就是语言规则。"对于克劳斯来说，道德规则最适于归结为语言使用的规则。"如果德国人不顺从语言武器之外的任何其他武器，那么会形成何种生活方式！"Edward Timms（1986：341-348）将克劳斯与里奇滕伯格（Lichtenberg）做了比较。将他与维特根斯坦做比较似乎更为恰当。

当代物理学理论中已产生的真正的哲学问题极不感兴趣。更有甚者，对他来讲，逻辑只不过是消除个人困惑及误解的一个工具，而不是帮助数学家与科学家开展工作的一种手段。据凯恩斯说①，维特根斯坦反对他的剑桥朋友们的"早期信仰"，声称他们缺乏"对一切事物及人"的敬意。但在某些行当，他以虚无主义者的态度胜过布鲁姆斯伯里人。②

所有这一切并不意味着对维特根斯坦在其哲学中实际所做工作的哪怕是最轻微的实质性异议。它真正意味的是：在绝大多数情况下，维特根斯坦完全没想到建构自己观念的可能性，或者说对此根本不感兴趣。这些可能性衍推关于前文提及的虚无主义解释的一个重要限定。众所周知，那些建构可能性未使维特根斯坦感兴趣，但对处于当前情景下我们的职业而言，它们至关重要。

因此，应当极其谨慎地处理对维特根斯坦的虚无主义解释。尽管这种解释可能公正地对待维特根斯坦的意图，但它没有公正地对待其观念的潜在可能性。为充分地赏识其观念之魅力，人们常常不得不比维特根斯坦本人把那些观念发挥得更远，比他本人可能希望发挥的还要远。

建构性使用维特根斯坦的观念，其最简单同时也最有意义的例子始于他著名的语言游戏概念。正如我已说明的，我们必须要做的一切（在我们已弄清楚维特根斯坦本人用这个词所表达的意思之后）就是比他本人更按照字面意思去看待他，并且把游戏（博弈）的数学理论概念应用于他的语言游戏。我已论证过，其结果是既适用于自然语言又适用于形式语言的现有最好的语义学理论。③

不能利用这样的机会，可以部分地归咎于维特根斯坦的自诩（soi-disant）追随者，他们已经不能把他的观念用于建构性目的。我能为他们想到的唯一借口是：挖掘这些维特根斯坦式观念将使我们超越维特根斯坦本人的所说和所做。但随之他们应已意识到卡尔·克劳斯关于 $1\frac{1}{2}$ 真理所做评论的真实性：有时候需要用 $1\frac{1}{2}$ 真理去战胜 $\frac{1}{2}$ 真理。在维特根斯坦的一生中，他那些自封的追随者

---

① Keynes（1949）.

② 布鲁姆斯伯里（Bloomsbury）是伦敦中北部居住区，临近大英博物馆，20世纪初因聚集包括福斯特（E. M. Forster）、伍尔夫（V. Woolf）和凯恩斯等人在内的一批知识界名人，而以"布鲁姆斯伯里文化"闻名于世。——译者注

③ 参看，例如，Hintikka（1983），Hintikka and Kulas（1985），Hintikka and Sandu（1997）.

没有勇气去勇敢地面对他以及迫使他将自己的观念同当代逻辑、数学、心理学和物理学中正在发生的事情相联系。弗兰克·拉姆塞或许是可能做出此事的唯一哲学家,而这一点使他的英年早逝更具悲剧性。为了其简单生活的理想,维特根斯坦牺牲了巨额物质财富遗产。在我看来,当拒绝将他的哲学观念用作建构性目的时,他似乎放弃了更为巨大的智识财富。

我的主要观点是,即使撇开维特根斯坦的观念不谈,仍有多得难以选择的好东西,以当代分析哲学面临的新机遇形式呈现。我坚定地相信,分析哲学的生存依赖于哲学家们对这些机遇的认可与利用。事情的另一面是,在我们能够利用这些革命性的新机遇之前,首先必须除却各种错误与错觉。

其实,我相信,在几乎所有的哲学研究分支中,包括逻辑、数学基础、语言理论、认识论与哲学方法论,我们必须确立新的起点。本章余下部分是概述这些领域的一些新机遇。在有些情形下,尽管并不是在其他情形下,新观念可看作由维特根斯坦的建议所激发。

六、策略的策划

这样做的时候,最有趣的焦点之一是由规则概念及它在新近哲学和新近语言学的方法论中所起作用提供的。在这里,我们有一个绝妙的例子,它既有方法论上的缺点,又有克服这些缺点的极好机遇。可以不太夸张地说,我们都在试图通过发现支配种种现象的规则来控制它们。但是哪种规则呢?一个具有代表性的例子将有助于澄清局面。① 目标导向的活动通常与策略游戏相比较。在这样的游戏中,我们可以把两种规则或原则相互区别开来。我已称它们为定义性规则与策略性规则。前者确定哪一步是允许的,哪一步是不允许的,它们定义了所讨论的游戏。例如,在国际象棋中,定义性规则包括在棋盘上棋子怎样走动的规范,如果违反这样的规则,那么这一步棋就是无效的。它不是一盘象棋的一部分,它必须被撤回。

但如果你只知道象棋的定义性规则,还不能说你知道怎样下棋了。实际上,没有人会屈尊来与你下棋。你要想能自称知道怎样下棋,就必须对玩游戏的优劣方法有一定的了解。你必须对象棋的所谓策略性规则有所认识。它们不能通

---

① 此处参看 Hintikka,《"哲学的转变":维特根斯坦 1928 年的新逻辑》,载于 Hintikka（1996c）。

过定义性规则而获取，因为定义性规则只定义了什么是容许的，什么是不容许的。可以在非常一般的意义上，清晰地区分定义性规则与策略性规则。

两种规则之间最重要的差异之一在于：定义性规则特有地只关注所讨论游戏中的孤立的走法，而与之相反，策略性规则（正如人们可以从数学的博弈论中习得的那样）归根结底关注整个游戏的策略，而不是个别的走法。正如一个博弈论理论家会指出的，效益可以无条件地只与整体策略相联系，而不是与个别走法相关。众所周知，在实践中我们确实也经常评论某着棋，但这样的估价只能根据有关棋手全局策略的一些设想背景才能做出。

我心目中新近哲学家在方法论上的缺点（以及未来哲学家的相关机遇），现在可以得到简要的描述。分析哲学家正在做的事情是：仅为人们玩的不同游戏制定定义性规则，从而忽略依赖于策略性规则的概念化，试图据此脱身。这已然导致他们进入各种死胡同，错失机遇。

也许最重要的恰当例子是在认识论中发现的。在那里，人们一般地一致认为，我们不能指望为了发现而制定定义性规则，也就是说，不能为了获取真正的新知识而制定定义性规则。由此，哲学家实际上已然匆匆做出这样的结论，即对理论分析而言发现是不可通达的，认识论理论家和科学哲学家所能做的至多是研究"辩护语境"，而不是"发现语境"。例如，我们不可能拥有一个关于基于有限证据要做出何种概括的理论。我们最多只能为这样的步骤寻找可能的"担保"（warrant）。

根据刚刚所做的评论，这个结论可能被视为只不过是一个巨大的谬见。从原则上说，建立发现的策略性规则没有什么障碍。① 我甚至能非常清楚地让你知道它们是像什么样子的，因为我已经表明，纯粹发现的策略性规则与演绎的策略性规则非常密切地关联着。②

更有甚者，发现与辩护当然是同一个知识获取过程的两个方面。知识获取的策略包含这两个组成部分。并且，由于知识获取的最起码策略评价必须包括整个策略，人们因此就不能孤立地研究辩护过程，而不同时顾及发现过程。发现过程不仅仅是合法的哲学研究对象。归根结底，若不同时研究发现，人们就不可能研究辩护。

这一点应是显然的。一个夏洛克·福尔摩斯式的人可以典型地通过以下方

---

① 例如，参看 Hintikka (1985) 和 (1988b)。
② 参看 Hintikka (1989)。

式找到犯罪者犯罪的证据：他只需首先弄清楚罪犯是谁，再更一般来说，弄清楚（不择手段地，可以这么说）实际上发生了什么。例如，早在夏洛克·福尔摩斯根据看出狡诈的窃贼是否可能已首先在附近吃草的无辜绵羊身上试行手术，试图确证自己的"演绎"之前，福尔摩斯必须弄明白：为了经由精细的外科手术而弄跛著名的赛马——银色马，马夫已先偷窃了它。

既然这样一个过程可以包括最初地基于非决定性证据而达至真理，它也可能初看上去像一个假设演绎的程序，直到人们意识到：它的发现部分也是由规则支配，即由策略性规则支配。

于是，定义性规则与策略性规则之间的区别引起认识论领域里的一场重要革命，其中哲学家们近来把99%的精力都耗在处理辩护过程的尝试上，却没有考虑到这一过程与发现过程之间不可分割的联系。

例如，归纳规则和其他形式的所谓科学推理规则应当被视作策略性规则，而不是定义性规则。公认地，一些科学家——其中主要是计算机科学家——已经意识到当前的规则概念对他们的目的来说限制性太强。非单调推理模式的发展是向正确方向迈出的一步，但是由于非单调推理的非单调规则仍旧是定义性规则，而不是策略性规则，因此这一步是不充分的一步。

维特根斯坦有关语言游戏整体较其自身（定义性）规则的首要地位论题，能否理解为要求注意语言游戏的策略性方面？这是我要提出的一个问题，但不打算在这里回答。

此外，定义性（一步接一步的）规则与策略性规则之间的区别，还有数十个同样直接的应用。如果有微妙的策略性变化过程，这就是对话中说话者间的相互作用。不强调策略性角度，就不可能指望发展出令人满意的对话理论。然而，哲学家们的话语与对话理论试图做的只是那样的事。[1] 言语行为理论专注于归于单个语言行为的语力，而格赖斯则逐个地处理适用于话语的会话准则。这样的路径绝不会达到关于对话的逻辑和语义学的完整真理。

而在另一个方向，像达米特这样的构造主义者，已经尝试着通过改变我们证实过程的定义性规则来完善他们的观念。我已经表明，在逻辑和数学基础中贯彻构造主义观念的一个更有意思得多的途径是：限制可以为证实者采用的策略的集合。[2]

---

[1] 此处参看 Hintikka (1986)。

[2] Hintikka (1996d) 第 10 章。

七、纠正弗雷格的谬误

但是当代分析哲学家们的缺点，以及经由纠正这些缺点所获得的机遇，源头上并不都是方法论的。理由之一，他们甚至没能使得他们的基本逻辑成为正确的。① 几乎一致认为，逻辑大厦的基础部分是普通的一阶逻辑，又称量词理论。目前看来，这一逻辑没有什么毛病，但它绝对不是它所声称的那样：是（一阶）量词的真正的、全面的理论。它是真理，但只是关于我们基本逻辑的真理，即关于量词与联结词逻辑的真理，而绝不是全部真理。这一不足并不是偶然的疏忽。它是由于不能理解量词是什么以及量词如何起作用的结果。量词不是高阶谓词。不能通过指明它们"变化范围"（range over）的实体类，而穷尽它们的意义。它们的功用不可替代。② 事实上，量词所做的事情是：从简单或复杂的谓词外延中，标明选择哪些实体。更有甚者，并且这是此处的关键之点，这些选择可能依赖于先前的选择。确实，一阶语言的表达力主要地依赖于这样的依赖性量词的使用：例如，在形如 $(\forall x)(\exists y) S[x, y]$ 的句子中表示函数依赖性。

但是，一旦你意识到量词依赖性与独立性的至关重要作用，你就能够明白：当弗雷格（或者罗素和怀特海，或者希尔伯特和阿克曼，或者无论是谁，只要可以将他视作最初制定了当前的普通一阶逻辑规则）确立我们传统一阶逻辑的形成规则时，他（或他们）犯了一个愚蠢而明显的错误，他或他们的逻辑并未涵盖它应该涵盖的范围。目前的形式化只是强行地排除了某些完全可能的、可说明的依赖性与独立性配置：这样的配置存在于量词以及基于同一理由的命题联结词之间。最知名的典型例证是所谓分支量词前缀，但所考虑的这种现象在自然语言语义学中是极其广泛的。在形式语言中，如果它不符合旧规则，那么可以通过允许量词（$Q_2 x$）独立于另一量词（$Q_1 y$），而得到它。这可以将前者写为（$Q_2 x / Q_1 y$）来表示。类似的记法可以应用于其他的逻辑常项和非逻辑常项。在一阶水平上，我们可以用这种方式得到一个新的、更强的逻辑，我称之为友好独立的（IF）一阶逻辑，它更适于声称是真正的基本逻辑，是完整的量词逻辑。它不包括为理解普通一阶逻辑所不需要的任何观念。然而，它要求彻底重估我们关于逻辑和数学基础的观念。对所有的逻辑学家和数学哲学家、分

---

① 此处参看 Hintikka (1995a) and (1996d) 第 3–4 章。
② Hintikka (1995d).

析的或非分析的哲学家来说，这是一个重要的新机遇。他们所能做的贡献当然不是解决传统的哲学问题。然而，他们的贡献却能帮助逻辑学家和数学家更好地理解他们自己的事业，除此之外还能对他们正在做的事情产生实质性影响。[①]为了能让你理解我心中所想，我也许会提及是 IF 逻辑促使我论证：目前做数学研究的最常见架构，即公理集合论，是数学理论化工作的人为、扭曲的媒介。它是一头不折不扣的"弗兰克尔斯坦怪兽"，可以说已经开始将它自己的意志强加给我们，而不是服务于它被创造出来所要达到的目的。

能否将我在这个方向上的成果说成是证实了维特根斯坦对类型论的厌恶？这是一个问题，我宁愿把它留给未来的研究去评判。

八、指称系统与识别系统

同样引人注意的机遇将在哲学的其他部分出现。语言理论提供了一个大规模、多方面的例子。某些东西也许在现实中很容易看上去是最平淡无奇的可能景观，但它却为解决大量有意思的问题提供了一把钥匙。这幅景观只是强调了不同认知系统之间的区别，这些认知系统包含在语言的理解与使用中。这一点同维特根斯坦区分不同语言游戏的观念相关，但维特根斯坦本人又一次很唐突地终止下来，不给实际的语言理论提出任何实在的指导原则。

一旦我们不得不考虑不止一个的可能情况（模型或"世界"），我们就面临着最简单的区别，正如在处理认知概念与置信概念（doxostic concept）时我们不得不做的那样。于是，很显然我们必须区分指称问题与识别问题，前者关注某一词项在若干不同的"世界"（模型）中挑选出哪一个实体，后者则关注实体在不同的世界中的同一性。我们可分别称它们为指称系统与识别系统，尽管事实上两者都是不同子系统的复合体。从概念上来讲，两个系统显然是迥然有别的。而且，少量的经验证据表明，在我们实际的语言和概念实践中，它们事实上是很大程度地相互独立的，例如，我们关于知道某事（knowing that）的标准并没有影响我们关于知道是谁（knowing who）的标准。后者可以有所变化，而且经常在变化，前者则保持不变。

所有这些评论显得足够单纯。然而，再一次的思考表明，它们对近期及当

---

① 此处参看 Hintikka（1996d），特别是第 8—9 章。

前的讨论有意义深远的重要性。因为可以看出，所谓的新指称理论（the New Theory of Reference）正好就是基于一个错误的同化过程，即把识别系统同化到指称系统去。① 我们语言里的某些表达式，显然地包括有量词，依赖于识别系统。换句话说，它们依赖于人们对于不同可能情况下事物同一性的知识。新指称理论持有者的错误在于：认为只需通过假定在所有不同世界中必然挑选出同一实体的词项，这样的知识就可以得到阐明。然而，事实上这里什么也没有提供，因为试图根据指称系统来说明识别系统只不过是一个错误。此外，易于看出，所谓直接或严格指称的具体个例只不过是幻觉。

九、什么与哪里

更具建设性地说来，识别系统原来就是实际上在我们的概念系统中同时运作的两个系统。② 在我看来，这两个系统之间的区别是新近哲学中被忽略的最重要机遇。以人的识别为例，我们一方面有公众系统，在其中，通过将他或她置于公众世界历史中的一个确定的位置，而识别这个人。在这项计划中，一个角色是由诸如出生地点和时间、父母姓名、社会保险号码、联邦调查局档案以及《名人录》上的词条之类事项所扮演的。但是，另一方面，人们又可以从自身的有利视角出发，根据自己与它们的直接认知关系，去识别人、事物、事件、地点、时间等。我已经称这样的识别系统为透视性的（perspectival）。最简单的典型事例是由视觉认知提供的，在视觉认知那里，人与物可通过它们在人的视觉空间中的坐标得以识别。这样的识别会通过以下方式得到夸大：仅使用罗素所赞成的英语中的"逻辑专名"，即"这"、"那"和"我"。透视性系统无疑是局部的，至于它们在我们的思想中如何整合为一个统一的公众系统，则是一个哲学问题，这个问题处于若干重要哲学工作的底部，例如，透视性识别系统当然是一群哲学家与哲学逻辑学家枉费心机地试图要完成的，为此他们假定了所谓的索引性指称。③ 在这样的尝试中，再一次包含着不同系统之间的混淆。区别于指称的识别几乎不能概念化为神秘的直接指称，同样地，透视性识别几乎也不能借助于被称作索引性指称的一种所谓特殊类型指称而得到充分说明。

---

① Hintikka (1995b).
② 此处参照 Hintikka (1990b)。
③ 参看 Hintikka（即将出版）。

但我谈及被忽视的机遇的主要原因在于：我这里在两个识别系统间所做逻辑和语义学区别，等同于认知科学家在两个不同认知系统间所做区别——或者也许是在两类认知系统间所做区别。此外，这些系统之间的相互区别不仅是功能上的，也是神经解剖学上的。① 自笛卡儿以来，重要的哲学观点第一次可以非凡地与解剖学发现联系在一起。不同种类的神经损伤可能导致其中一个系统的丧失，而另一个则保持完好无损。这样的病人为我的概念区别提供了激动人心的例证与阐释。奥利弗·塞克斯（Oliver Sacks）的病人错将他的妻子当作一顶帽子，他给我提供了视觉认知中公众系统丧失的一个阐释，这一阐释较我本人有可能敢于捏造的都要好得多。② 我的以什么系统（公众系统）与哪里系统（透视性系统）之间的区别，为神经科学家所知晓。在认知心理学中，一个类似的区别很惹人注目，它以恩德尔·图尔文（Endel Tulving）所谓的语义性记忆与情景性记忆之间的对比形式出现。③

关于我的区别与神经科学家的区别之间的这种等同，值得注意的是：它在概念研究与经验研究之间建造起桥梁。约翰·塞尔抱怨说，关于神经网络以及类似事情的大多数思考都没有说明意识。为此目的，我们需要更多地了解大脑的硬件（和"湿件"）。④ 透视性与公众的区别是重要的，因为它为建设性地回应塞尔挑战给出一个具体的例证，所以也就为在认知科学的哲学里可以做什么以及应该做什么给出一个例证。

有可能又一次在维特根斯坦的著作中发现对于新洞见的预测，特别是在《蓝皮书和棕皮书》（Wittgenstein 1958）的最后几页中。又一次，无论维特根斯坦，还是他自封的追随者，都没有充分发挥他的洞见，以致清楚地显示出这些洞见与具体的哲学和科学问题相关联。据我所知，唯一意识到识别系统（识别问题）在维特根斯坦思想中的重要性的评论人是大卫·皮尔斯。

十、谁将扼杀分析哲学？

因此，分析哲学家们目前主要的先入之见中，没有一个能显著地推进他们

---

① 此处参照 Vaina（1990）。
② Sacks（1985），标题论文。
③ Tulving（1983）.
④ 参照，例如，Searle（1994：1—10）。

的论题，也许甚至还不能使之继续存在。起误导作用的先入之见清单包括：求助于直觉的行径、有别于策略性概念化的一步接一步概念化、与知识获取的认识论（"发现的逻辑"）相分离的知识辩护的认识论、普通一阶逻辑、公理集合论、克里普克-马库斯的直接指称理论、索引性指称理论，等等。在每一种情形下，起误导作用的理论都阻碍了当代哲学家们利用一个重要的机遇，去进一步拓展他们自己的主题。

新机遇的清单可以继续延伸。我坚信，除非我们的同事利用它们（和/或类似的机遇），否则真的可以说，分析哲学正死在它自己手上，但那只手既不是我的，也不是路德维希·维特根斯坦的，我想我已向你们论证过了，即使他希望自己能扮演那个角色。

参考文献

Hintikka, J. (1983) *The Game Of Language*, Dordrecht: D. Reidel.

—— (1985) "True and False Logics of Scientific Discovery," *Communication and Cognition* 18, 1-2: 3-14.

—— (1986) "Logic of Conversation as a Logic of Dialogue," in Grandy, R. and Wagner, R. (eds) *Philosophical Grounds of Rationality*, Oxford: Clarendon Press.

—— (1988a) "On the Incommensurability of Theories," *Philosophy of Science* 55: 25-38.

—— (1988b) "What is the Logic of Experimental Inquiry," *Synthese* 74. 173-190.

—— (1989) "The Role of Logic in Argumentation," *The Monist* 72, 1: 3-24.

—— (1990a) "Paradigms for Language Theory," *Acta Philosophica Fennica*, 49: 181-209.

—— (1990b) "Cartesian *cogito*, Epistemic Logic and Neuroscience," *Synthese* 83: 133-157.

—— (1992) "Theory-ladenness of Observations as a Test Case of Kuhn's Approach to Scientific Inquiry," in D. Hull, M. Forbes and K. Okruhliki (eds), PAS, 1: 277-286, East Lansing: Philosophy of Science Association.

—— (1995a) "What is Elementary Logic?," in K. Gavroglu et al. (eds) *Physics, Philosophy and Scientific Community*, Dordrecht: Kluwer Academic.

—— (1995b) "The Fallacies of the New Theory of Reference," *Synthese* 104:

245-283.

—— (1996a) "Ludwig Wittgenstein: Half-truths and One-and-a-half-truths," Dordrecht: Kluwer Academic.

—— (1996b) *Lingua Universalis vs. Calculus Ratiocinator*, Dordrecht: Kluwer Academic.

—— (1996c) "Strategic Thinking in Argumentation and Argumentation Theory," *Revue Internationale de Philosophie* 50, 2: 307-324.

—— (1996d) *The Principles of Mathematics Revisited*, Cambridge: Cambridge University Press.

—— (1997) "Three Dogmas of Quine's Empiricism," *Revue Internationale de Philosophie* 50.

—— (forthcoming) "Perspectival Identification, Demonstratives and Small Worlds," Hintikka, M. B. and Hintikka, J. (1986) *Investigating Wittgenstein*, Oxford: Basil Blackwell.

Hintikka, J. and Kulas, J. (1985) *Anaphora and Definite Descriptions*, Dordrecht: D. Reidel.

Hintikka, J. and Sandu, G. (1997) "Game-theoretical Semantics," in Johan van Benthem and Alice ter Meulen (eds), *Handbook of Logic and Language*, Amsterdam: Elsevier, 361-710.

Kaila, E. (1979) *Reality and Experience*, ed. by Robert S. Cohen, Dordrecht: D. Reidel.

Keynes, J. M. (1949) "My Early Beliefs," in *Two Memoirs*, London: Rupert Hart-Davis.

Kuhn, T. (1970) *The Structure of Scientific Revolutions*, second edition, Chicago: University of Chicago Press.

Malcolm, N. (1958) *Ludwig Wittgenstein: A Memoir*, with a biographical sketch by G. H. von Wright, Oxford: Oxford University Press.

Niiniluoto, I. (1987), *Truthlikeness*, Dordrecht: D. Reidel.

Sacks, O. (1985) *The Man Who Mistook His Wife for a Hat*, New York: Summit Books.

Searle, J. (1994) "The Problem of Consciousness," in R. Casati, B. Smith, and G. White (eds) *Philosophy and the Cognitive Sciences*, Vienna: Holder-Pichler-Tempsky.

Timms, E. (1986) *Karl Kraus*, *Apocalyptic Satirist*, New Haven: Yale University Press.

Tulving, E. (1983) *Elements of Episodic Memory*, Oxford: Clarendon Press.

Vaina, L. (1990) "'What' and 'Where' in the Human Visual System," *Synthese* 83: 49−91.

Wittgenstein, L. (1958) *The Blue and Brown Books*, Oxford: Basil Blackwell.

（张力锋译，陈波校）

本书由北京大学外国哲学研究所、北京师范大学哲学学院共同支持和资助

分析哲学
——回顾与反省（第二版）下卷

陈波　江怡　主编

中国人民大学出版社
·北京·

目 录

上卷　西方哲学家论分析哲学

分析哲学：一个批判的历史概述	冯·赖特（陈波译）	3
分析哲学：内容、历史与走向	P. M. S.哈克（江怡译）	28
当代美国分析哲学	约翰·塞尔（涂纪亮译）	57
从内部看哲学的半个世纪	希拉里·普特南（王义军译）	83
分析哲学的兴起与衰落	N.雷谢尔（张力锋译）	111
分析哲学的两种图像	彼得·斯特劳森（肖阳译）	122
语言的转向	迈克尔·达米特（江怡译）	130
理想语言哲学与日常语言哲学	理查德·罗蒂（孙伟平译）	137
语言哲学与心灵哲学：1950—2000	泰勒·伯吉（李绍猛译）	151
近40年来分析哲学的转变	蒂莫西·威廉姆森（徐召清译）	201
20世纪的语言哲学	杰森·斯坦利（赵震译）	231
分析哲学的起源、发展和主题	迈克·比尼（张桔译）	294
分析哲学在美国	斯科特·索姆斯（彭杉杉译）	325
分析哲学：在科学主义和先验论之间	苏珊·哈克（李国山译）	359
分析哲学中的分析	彼得·希尔顿（李国山译）	376
分析哲学：风格问题	J. J.罗斯（李国山译）	395
分析哲学：理性主义对浪漫主义	阿勒特·迈塔（李国山译）	409
谁将扼杀分析哲学？	雅科·亨迪卡（张力锋译）	427

下卷　中国哲学家论分析哲学

归纳原则与先验性	金岳霖（邓生庆译）	447

论形上学的性质和方法	冯友兰	456
真理底分野	沈有鼎	475
关于逻辑经验主义		
——我的个人见解	洪　谦	487
分析经验主义的两个戒条	王浩（康宏逵译）	497
科学经验论底征性及其批评	殷海光	511
20世纪英美哲学中"语言的转向"	徐友渔	527
弗雷格关于意义和意谓的理论	王　路	539
重议罗素对布拉德雷否定关系的批评	陈启伟	553
《逻辑哲学论》对维也纳学派的影响和经验主义解释问题	洪汉鼎	563
知识、语言和行动		
——维特根斯坦与近代西方哲学的困境	江天骥	571
后期维特根斯坦的哲学观	涂纪亮	588
心灵活动的主体		
——亚里士多德和维特根斯坦的理解	韩林合	604
维特根斯坦对先验问题的重新思考		
——兼谈维特根斯坦的"现象学"与胡塞尔的现象学的关系	张庆熊	615
"为辩解进一言"		
——日常语言分析的一篇经典	陈嘉映	636
卡尔·波普尔和卡尔·马克思	邱仁宗	644
论波普尔的基本陈述句	林正弘	654
哥德尔对卡尔纳普的批判	刘晓力	673
对塔斯基"真"理论的批评与重建	陈晓平	681
论本质主义	张家龙	701
以维特根斯坦之矛攻蒯因之盾		
——论威廉斯对蒯因的"不确定说"的批评	方万全	720
蒯因的"两个教条"批判及其影响	陈　波	741
化约主义、典范理论、无政府主义		
——现代西方自然科学方法论争议	庄文瑞	757
休谟问题的不可解性与归纳的局部辩护	鞠实儿（李章吕、任晓明译）	774
回溯推理与科学发现的逻辑	朱志方	788

谈谈论理词	陈嘉映	800
克里普克语言理论再思考		
——语义值的刻画与指称的确定	叶 闯	817
专名、摹状词与盖梯尔问题	陈嘉明	832
意向行动与信念	唐热风	840
一种物理主义的数学哲学	叶 峰	857
论知行之辨的三条路径	陈亚军	870
抽象与具体事物的区分	王文方	884
什么是德性知识论？知识的本质与价值问题	米建国	904
论"扮演上帝角色"的论证	邱仁宗	927
规范性问题与自然主义		
——当代分析哲学的一个范式性挑战	郑宇健	946
论分析哲学运动发展中的三大转变	江 怡	960
分析哲学的分析		
——关于分析哲学的对话	张志林 何朝安	979
分析哲学在中国	江 怡	1007
分析哲学的一支中土异军	周柏乔	1027
中国古代的语言哲学		
——逻辑和本体论	成中英（郭桥译）	1038
真理概念与先秦哲学		
——论陈汉生的观点	方万全	1079
中西哲学中的思想实验	冯耀明	1096
濠梁之辩的共鸣解释	刘靖贤	1107
从中国哲学的角度看分析哲学的价值	陈 波	1121

CONTENTS

Part One Western Philosophers on Analytic Philosophy

Analytic Philosophy: A Historico-Critical Survey ...... Georg Henrik von Wright 3
Analytic Philosophy: What, Whence, and Whither .... P. M. S. Hacker 28
Contemporary American Philosophy .... John Searle 57
A Half Century of Philosophy, Viewed from Within .... Hilary Putnam 83
The Rise and Fall of Analytic Philosophy .... Nicholas Rescher 111
Two Conceptions of Analytic Philosophy .... Peter Strawson 122
The Linguistic Turn .... Michael Dummett 130
Ideal Language Philosophy and Ordinary Language
  Philosophy .... Richard Rorty 137
Philosophy of Language and Mind: 1950—2000 .... Tyler Burge 151
The Transformation of Analytic Philosophy .... Timothy Williamson 201
Philosophy of Language in the Twentieth Century .... Jason Stanley 231
Analytic Philosophy: Origin, Development and Themes ...... Michael Beaney 294
Analytic Philosophy in America .... Scott Soames 325
Analytic Philosophy: between Scientism and Apriorism .... Susan Haack 359
Analysis in Analytic Philosophy .... Peter Hylton 376
Analytic Philosophy as a Matter of Style .... J. J. Ross 395
Analytic Philosophy: Rationalism vs. Romanticism .... Anat Matar 409
Who is about to Kill Analytic Philosophy? .... Jaakko Hintikka 427

Part Two Chinese Philosophers on Analytic Philosophy

The Principles of Induction and *A Priori* .... Jin Yue-lin 447

The Nature and Methods of Metaphysics	Fung Yu-lan	456
Demarcation of Truth	Shen You-ding	475
Logical Empiricism: My Personal Perspective	Hong Qian	487
Two Commandments of Analytic Empiricism	Hao Wang	497
The Characteristics and Critiques of Scientific Empiricism	Yin Hai-guang	511
The Linguistic Turn in the Anglo-American Philosophy of the 20th Century	Xu You-yu	527
Frege's Theory of Sinn and Bedeutung	Wang Lu	539
Review of Russell's Critiques of Bradley's Negative Relation	Chen Qi-wei	553
The Impacts of *Tratatus* to the Vienna Circle and the Interpretation Problem of Empiricism	Hong Han-ding	563
Knowledge, Language and Action: Wittgenstein and the Predicament of Modern Western Philosophy	Jiang Tian-ji	571
Later Wittgenstein's Conception of Philosophy	Tu Ji-liang	588
The Subject of the Mental Activities: Understandings of Aristotle and Wittgenstein	Han Lin-he	604
Wittgenstein's Reconsideration of Transcendental Problem, Referring to the Relation between Wittgenstein's "Phenomenology" and Husserl's Phenomenology	Zhang Qing-xiong	615
A Plea for Ordinary Language	Chen Jia-ying	636
Karl Popper and Kar Marx	Qiu Ren-zong	644
On Popper's Basic Statement	Lin Cheng-Hung	654
Gödel's Criticism of Carnap	Liu Xiao-li	673
A Critique and Reconstruction of Tarski's Theory of Truth	Chen Xiao-ping	681
On Essentialism	Zhang Jia-long	701
Can Wittgenstein Help Eliminate Quine's Indeterminacies? On Meredith Williams's View	Fang Wan-Chuan	720
Quine's Criticism of "Two Dogmas" and Its Influences	Chen Bo	741
Reductivism, Theory of Paradigm and Anarchism: Disputes in Contemporary Methodology of Science	Chuang Wen-Ruey	757
The Unsolvability of Hume's Problem and the Local Justification		

of Induction	Ju Shi-er	774
Abduction: Logic or Heuristic of Discovery	Zhu Zhi-fang	788
On Theoretic Lexes	Chen Jia-ying	800
Rethinking of Kripke's Theory of Language: Characterization of Semantic Value and Determination of Reference	Ye Chuang	817
Proper Names, Descriptions, and the Gettier's Problem	Chen Jia-ming	832
Intention, Action and Belief	Tang Re-feng	840
A Physicalist Philosophy of Mathematics	Ye Feng	857
On Three Approaches to the Debate of Knowledge and Action	Chen Ya-jun	870
Abstract/Concrete Objects Distinction	Wang Wen-fang	884
What is the Virtue Epistemology: Problems on the Nature and Value of Knowledge	Mi Chien-kuo	904
Against the Argument of Playing God	Qiu Ren-zong	927
The Normativity Question and Naturalism: A Paradigmatic Challenge in Contemporary Analytic Philosophy	Zheng Yu-jian	946
Three Shifts in the Development of Analytic Philosophy	Jiang Yi	960
Analysis in Analytic Philosophy: Dialogue about Analytic Philosophy	Zhang Zhi-lin, He Chao-an	979
Analytic Philosophy in China	Jiang Yi	1007
Launching Analytic Philosophy in China: The Forerunners and Their Contributions	Chow Pak Kiu	1027
Classical Chinese Philosophies of Languages: Logic and Ontology	Chung-ying Cheng	1038
The Concept of Truth and Pre-Qin Chinese Philosophy On Chad Hansen's View	Fang Wan-Chuan	1079
Thought Experiment in Chinese and Western Philosophy	Fung Yiu-ming	1096
Resonance: An Interpretation for the Happy Fish Debate	Liu Jing-xian	1107
Value of Analytic Philosophy: From the Perspective of Chinese Philosophy	Chen Bo	1121

下卷
中国哲学家论分析哲学

归纳原则与先验性*

金岳霖

在讨论原因与结果时，休谟提出了我们对将来类似于过去有无保证的问题。也许是感觉这样做没什么意义，他随即又将此问题弃置一旁了。这个问题看起来是不可解决的。我觉得罗素先生在某个地方曾指出，归纳原则不能归纳地得出，因为任何打算通过归纳得到这个原则显然就已经假设了这个原则。对将来类似于过去的问题据信也是一样：倘若假定了这种类似，那么我们可以证明这种类似，不假设这种类似则不能证明这种类似，再多的证明也都不能给我们以任何保证。在以下的论述中，我要说明，上述这个想象中的问题其实并不成其为问题，我们乃是具有保证的。这个保证虽然不是一个重言式，其本质却是先验性的。

在论述中，我将采用罗素先生所表述的归纳原则："如果一类事物在大量的事例中以某种方式与第一类事物相联系，那么，第一类事物有可能始终以类似的方式与第二类事物相联系，并且，随着事例的增多，这种可能性几乎会趋近于确定性。"由于手头一本书都没有[①]，我不敢担保上述引文的正确性，也不拟评述这是否是对这条重要原则的适当表述。

同时，我也不打算涉及概率问题，尽管这个问题很重要；我准备专注于归纳原则本身以及休谟的将来是否类似于过去的问题。我们可能会说，倘若将来不类似于过去，那么，关于某种联系的事例不论有多少，都不会有它超出这些已有事例而发生的概率。这种概率并不直接涉及某种联系的普遍性，而是在有历经时空而存在的普遍联系的假设下，与已有事例所提供的普遍命题的代表性相关。在本文看来，较之于将来是否类似于过去的问题，概率问题无论如何都是较为次要的。

---

* CHIN Y L. The Principle of Induction and A Priori [J]. The Journal of Philosophy, 1940, 37 (7): 178–187. 英文原文收入：金岳霖文集：第二卷 [M]. 兰州：甘肃人民出版社, 1995: 358–372; 中译文见：金岳霖学术论文选 [M]. 北京：中国社会科学出版社, 1990: 324–334.

① 金岳霖教授所在的大学已内迁到离北京 3 000 英里的西南地区，在没有足够的图书资料的情况下开办。——*The Journal of Philosophy* 编者注

以"a""b"表示事物或特指的东西,"A""B"表示事物类,"——"表示经验到的联系,上述原则可表为

$$
\begin{array}{c}
\text{如果}\quad at_1 \text{——} bt_1 \\
at_2 \text{——} bt_2 \\
at_3 \text{——} bt_3 \\
\vdots \qquad \vdots \\
at_n \text{——} bt_n \\
\hline
\text{那么}\quad A \text{——} B
\end{array}
$$

那些 a、b 作为特定的对象或事件,乃是在或发生在特定的空间和时间中的。本文不考虑空间问题。对于时间,用对 a、b 附以 t_1、t_2、t_3……t_n 来表示。以 A、B 作为事物类,A——B 便是作为归纳目标的概括命题了。

at_{n+1} 是否以类似的方式与 bt_{n+1} 相联系,这种可能性据信是对将来是否类似于过去问题的决定性检验。容易想见,倘若 at_{n+1} 不以类似的方式与 bt_{n+1} 相联系,那么 A——B 不成立,将来于是不与过去相类似。不错,在这样的情况下,A——B 是不成立了,但却决不能由此得出将来不类似于过去。尽管当一概括命题成立时,归纳原则获得了成功,当一概括命题不成立时,它却并没有不成功。将来是否类似于过去的问题,总是可分解为现在或过去与它本身一致或不一致的问题。我想通过下文的讨论来说明这一点。

首先,既然 A——B 是普遍命题,那么显然不能以某种方式把它当作特殊的。然而,我们易于采取下述方式来考虑问题:倘若如此,A——B 就被看成在 t_n 对迄至 t_n 的事例所做的总结了。

$$
\begin{array}{c}
at_1 \text{——} bt_1 \\
at_2 \text{——} bt_2 \\
at_3 \text{——} bt_3 \\
\vdots \qquad \vdots \\
at_n \text{——} bt_n \\
\hline
A \text{——} B \\
\hline
at_{n+1} \text{——} bt_{n+1}
\end{array}
$$

虽然它本身并非一个事例,但却成了一个特殊的命题,被视为对 t_1 至 t_n 的那些 a、b 为真。这个命题如果为真,那么它往后始终为真,不论 at_{n+1} 与 bt_{n+1} 以何种方式相联系。不论将来怎样,甚至即令我们假定将来与过去完全不同,A——B 也不会无效。照这样的想象,将来与过去一致或不一致,纯粹就是 t_n 后的任一事例与 t_n 及 t_n 前的事例一致或不一致。倘若一致,那当然好;倘若不一致,我们甚至可能不得不说历史反正不会重演。

那种不只是历史问题的一致或不一致乃是这样的一致或不一致,其中,at_{n+1} 与 bt_{n+1} 不仅仅与过去的事例一致或不一致,而且也要证明 A——B 或使它无效。然而,仅当 A——B 不只是在 t_n 对从 t_1 到 t_n 的事例的总结,同时也是对包括 at_{n+1} 及 bt_{n+1} 在内的所有事例的概括,即当 A——B 是普遍命题时,at_{n+1} 与 bt_{n+1} 才能影响到 A——B。当 A——B 如此理解时,我们得按下述方式来考虑问题:

或者　　at_1 —— bt_1 　　　　或者　　at_1 —— bt_1
　　　　at_2 —— bt_2 　　　　　　　　at_2 —— bt_2
　　　　at_3 —— bt_3 　　　　　　　　at_3 —— bt_3
　　　　　⋮　　　⋮　　　　　　　　　　⋮　　　⋮
　　　　at_n —— bt_n 　　　　　　　　at_n —— bt_n
　　　　at_{n+1}——bt_{n+1} 　　　　　at_{n+1}——bt_{n+1}
　　　　─────────　　　　　　─────────
　　　　　A——B　　　　　　　　　　　A——B

这依赖于新事例是正例还是反例。新事例若与先前事例一致,则增加了概括命题的力量,若不一致,则使概括命题无效。然而,这是否意谓着将来与过去一致或不一致呢?由上表或许能明白,回答应是否定的。不过,我们暂且不对此做任何结论,因为我们只讨论了 A——B 的普遍性,尚未涉及时间以及事例的枚举与概括命题之间的关系问题。归纳原则是以如果—则关系来表述的。且以任一"如果 p,则 q"为例。倘若 p 与 q 代表重言式,或自然律,或经验的概括命题,那么,无论是如果—则关系的有效性或对此关系的断定都没有时间性的问题,尽管时间自然可能会作为一个要素进入 p 或 q。倘若 p 与 q 都代表特殊的命题,时间问题可能会相当复杂,不过至少在这里我们不考虑它。然而,倘若 p 有时间性,而 q 是无时间限制的,"如果 p,则 q"的有效性就可以是也可以不是无时间限制的,对它的断定把时间作为一个起作用的因素包括在内。照罗素先生的表述，归纳原则的前件是对所有的事例的总结，而它的后件则包括了概括命题。不论此原则是否始终有效（我们在后文再考虑此问题），联系到任一特定的归纳来断定这原则必须包括迄至做出断定的时刻以及在做出断定的时刻所收集到的所有已知或经验到的事例。这就是说，在 a 和 b 作为 A——B 的事例的情况下断定这条原则，必须把相对于做出断定时刻的最后事例包括在内。这样，在 t_n 时，我们有

$$
\begin{aligned}
\text{如果} \quad & at_1 \text{——} bt_1 \\
& at_2 \text{——} bt_2 \\
& at_3 \text{——} bt_3 \\
& \vdots \quad \vdots \\
& at_n \text{——} bt_n \\
\hline
\text{则} \quad & A \text{——} B
\end{aligned}
$$

而在 at_{n+1}，我们有

$$
\begin{aligned}
\text{如果} \quad & at_1 \text{——} bt_1 \\
& at_2 \text{——} bt_2 \\
& at_3 \text{——} bt_3 \\
& \vdots \quad \vdots \\
& at_n \text{——} bt_n \\
& at_{n+1} \text{——} bt_{n+1} \\
\hline
\text{则} \quad & A \text{——} B
\end{aligned}
$$

由此，容易想到，在表示对迄今为止的综合的横线下再没有获得 a 和 b 的新事例。在 t_n 时，将来任一可能的 at_{n+1} 与 bt_{n+1} 确实都可能会或可能不会与先前的事例一致。尽管如此，在任何时候，将来都不会与过去的一致或不一致。我们必须将现在与 t_n 区别开来，同时将将来与 t_{n+1} 区别开来。现在与将来都是变元，而 t_n 与 t_{n+1} 则是变元的特定值。现在永远不会中止不动，而 t_n 则是永远不变的。注意到这个区别，便不难看出，当 at_{n+1} 和 bt_{n+1} 与先前事例一致时，现在已从 t_n 进到了 t_{n+1}，换句话说，已不再是将来的事例了，不再是将来与过去相一致，而是 at_{n+1} 和 bt_{n+1} 与先前事例相一致。

在有了像 at_{n+1}——bt_{n+1} 这样的事例时，概括命题 A——B 至少得到了又一个事例所增添力量的加强，但这并不意谓着归纳原则也得到了加强。假如说此原则可为一正例所加强，那么它就该为反例所削弱。但事情并非如此。假设我们面临着一个反例，那么我们当有下面的情况：

$$
\begin{aligned}
\text{因为} \quad & at_1\text{——}bt_1 \\
& at_2\text{——}bt_2 \\
& at_3\text{——}bt_3 \\
& \vdots \quad\quad \vdots \\
& at_n\text{——}bt_n \\
& at_{n+1}\text{——}bt_{n+1} \\
\hline
\therefore \quad & A\text{——}B
\end{aligned}
$$

这是一个以上述事例的枚举为前件，以上述概括命题为后件的蕴涵式的例子。

在一反例的面前，概括命题 A——B 确实不成立了。但此时不难看出，所收集到的材料不满足归纳原则对做出一个肯定的概括所要求的条件，因此，归纳原则并未受到影响。这里，仍然不是将来与过去不一致，而是 at_{n+1} 及 bt_{n+1} 与先前事例不一致。事实上，不仅归纳原则未受影响，并且，根据这条原则及别的原则，我们还能由上述的材料得出与 A——B 的否定不同的别的某种概括命题。

现在大概清楚了，一概括命题是成功还是不成功，并不隐含着归纳原则相应的成功或不成功；一事例与先前事例一致或不一致，也并不隐含着将来与过去相应的一致或不一致。那么，归纳原则依赖于什么样的证据呢？有什么保证这条原则的有效性呢？我们将会看到，将来与过去相类似的问题与归纳原则的有效性乃是同一个问题。为处理此问题，我们须回到与时间相关联的"如果—则"关系上来。时间是推移、流动着的，至于归纳原则中的如果—则关系，我们说，它乃是一个横断面。不管时间会如何流动，这种关系可以径直地穿过它。不过，在一特定的归纳中，当如果—则关系穿过时间时，前件的内容以及后件的真值可能会发生改变。令 p 表示任一特定的前件，q 表示后件。随时间向前推移，p 的内容改变了，同时，q 的真值也可能改变。上文所举正例与反例的例子已经显示了这一点：两个事例都改变了 p 的内容，正例让 q 的真值保持不变，而反例则改变了 q 的真值。

由此可见，相对于任一特定的归纳来说，时间所提供的事例仅仅改变前件的内容且可能会改变后件的真值，而与此同时，归纳原则的真值并不受影响。它之所以不受影响，部分是由于任一特定的归纳只不过是归纳原则的一个真值（这意谓着可以代入不同的真值而归纳原则的形式保持不变）；部分还由于后件可以相应于前件而自动地调整，以使得它们之间的如果—则关系始终具有相同的真值。不过，具有恒定的真值与永远有效并不是一回事。假命题同样具有恒定的真值。我们还得进一步分析，以证明归纳原则始终是有效的。

且考虑概括命题 A——B，它具有如下形式：

(1) (a, b) φ(a, b)

由于不考虑空间问题，(1) 按照定义等值于

(2) $\varphi(at_1, bt_1) \cdot \varphi(at_2, bt_2) \cdot \cdots \cdot \varphi(at_n, bt_n) \cdot \cdots \cdot \varphi(at_\infty, bt_\infty)$

归纳原则的前件是在任一时刻 t_n 对事例的一个综合，它只不过是

(3) $\varphi(at_1, bt_1) \cdot \varphi(at_2, bt_2) \cdot \cdots \cdot \varphi(at_n, bt_n)$

显然它不是完全的，永远也不等值于（2）。然而，（3）虽然不等值于（2），（1）也永远不为假。不论增添多少正例，（3）将保持相同的形式。这就是说"如果（3）为真，则（1）为真"总是可以断定的。不过，时间也可能提供出一个反例，反例的出现会把（3）改变为

(4) $\varphi(at_1, bt_1) \cdot \varphi(at_2, bt_2) \cdot \cdots \cdot \varphi(at_n, bt_n) \cdot \sim\varphi(at_{n+1}, bt_{n+1})$

这里（4）等值于

(5) ∼(a, b)φ(a, b)

于是，"如果（4）为真，则（5）为真"始终成立；这就是所谓反例有决定性的涵义所在。（4）与（5）之间的蕴涵既是演绎的又是归纳的。它是演绎的，因为纯逻辑保证了它的有效性；它是归纳的，因为（5）这个后件作为一概括命题是从一个实际的事例的出现而得来的。在 t_n 时，我们确实并不知道在 t_{n+1} 的一个可能的事例究竟是正例还是反例，但我们知道它或者是正例或者是反例。并且知道，无论它事实上是正例，或事实上是反例，它总要进入前件，而后件也或者是肯定或者是否定的。不论在哪种情况下，都有（3）蕴涵（1）或（4）蕴涵（5），并且不论是哪一种情形，归纳原则都是成立的。

由此可见，归纳原则不会无效，而且，倘若说有将来的话，将来也不会推翻过去。过去与现在被分离开来，被合为一体，被编上目录。就像图书馆的书一样，可用这种或那种方式来加以标记。它们不过是许许多多零散经验的集合

名称；借助于用以对付已有东西的大量概念，我们有时精确地有时任意地对这些经验加以命名。当将来进入现在之时，它便丧失了模糊性。如果它并不属于所期望的范围，我们也许会失望。但是我们很快会发现它与别的什么相一致，或者，倘若它不与别的什么东西相一致，它只不过就以一个新的范畴来丰富了过去与现在。它所不做的一件事就是推翻过去。它不这样，因为当我们对它能确定地说些什么时，它就不再是模糊不清的，而变成了已被分离、被编目的过去与现在了。这里所采取的论证方式类似于 C. I. 刘易斯所持的见解。我们的概念是约定俗成的，并非在确定将来会是什么样的意义上，而是在如何接收它的意义上约定俗成的。不管将来会怎么样，我们有这种或那种方式来接收它的保证。以我们在 t_{n+1} 对任一可能事例 a、b 的态度为例来说。首先，我们说它或者是正例或者是反例。有人也许会认为这什么也没说。但是，他同时又应该承认，我们在概念上，虽然可能不是在心理上，是准备接收任何东西的。假设过去建立起来的一个概括命题被推翻了。我们只说，这个概括命题从来就不真。所提过的概括命题固然已失去，过去却并未受到破坏。对新事例的进一步考察，或者使我们受困惑，或者不这样。如果是这样，那么，它是在向我们提供新概念的过程中使我们受困惑；如果不是这样，那就等于是说我们备有的概念工具足以用来对付它。

归纳原则是先验的，它在任何时候都有效。这里的先验性概念并不具有任何使经验借助于它而成为可能的超验形式。它所具有的乃是对任何经验都有效的形式。它的来源并不涉及一个超验的心灵。并且，我们对它的意识也不先于任何经验。由以上的论述可见，归纳原则作为对任何经验都为真的原则，乃是一条先验的原则。罗素先生在某个地方说，这条原则是先验的，因为它不是通过并且不可能通过归纳得到，这仅仅是指出了，任一归纳都假设了这条原则。通过归纳得出这条原则就是要假设这条原则以使得出这条原则；他并未证明，这条原则在我们所认可的意义上是先验的。为能证明这条原则是先验的，我们得证明。它在任何时刻都有效，或者，相对于将来而言，将来并不能起推翻它的作用。我希望这一点在上文已得到了说明。

现在，让我们假设时间停顿了，而某个游离于肉体之外的理智仍在思维着。这也许难以思议，但显然又是可以想象的。我们所理解的经验停止了，但某个模糊的事物状态还继续存在。重言式仍然是有效的，它们并未把任何可能性断定为事实，只是断定所有的可能性是可能性；而任何可以想象的事物状态都在可能性的范围之内。实际上，说某个事物状态可想象就是意谓着重言式对它成立。因为倘若有某个重言式对其不成立的东西，那么它自动地就不可想象了。我不打算讨论只有一个逻辑还是有多个逻辑的问题。我本人相信只有一个逻辑。且假设有多个逻辑，显然，我们不能同时使用它们；而如果我们采用其中的某一个，那么这一个就成为可想象性的范围和工具了。可见，不管是哪一种情形，我们都可以想象一个没有时间的模糊不清的事物状态，用以取代我们现在的世界。随时间的停顿，运动没有了，生命没有了，可能空间也没有了；此与彼的界限也没有了；特定的东西、个体没有了；先前所有的区别都模糊了；宇宙变成了空的可能性。在这样的事物状态下，归纳原则是否成立呢？

　　首先，考虑显然的东西，这条原则会毫无用处了。脱离肉体的理智会看出，它的用处依赖于将已有东西的时间分离进一些范畴，倘若时间停顿了，就再没有分离发生，从而，就没有那些 a、b 了。A——B 曾用来表示形如 (2) 的普遍命题，现在，再不能如此看待了；随时间的停顿，它也不再是自然律，最多只不过变成了对形如"古希腊人是体魄健壮的人"这样的历史事实的一个简略总结。对于一个作为历史学家的脱离肉体的理智来说，这也许很有意义；但若他是一个哲学家或科学家，就不这样了。归纳原则看来是毫无用处了。但承认它在这样一种事物状态下无用远非说它无效。在这种情况下，重言式同样也是无用的，但它决非无效。如果要说归纳原则不再有效，那就还得给出别的理由。

　　重言式无论如何都是有效的。这部分是由于它什么也没说。它并未断定模糊不清的事物状态的存在，也没有描述这种状态是什么样；它对于这种状态有效，就像对我们现在的世界有效一样，什么承诺也没作。归纳原则不是重言式，它是说了什么的。它虽然不同于可能涉及某一特殊领域内所考察对象的任一特殊的归纳，它却是假设了特定的事例存在，假设了普遍的联系存在，假设了特称命题为全称命题所包含；它假设它所处理的全称命题不是空的可能性，而是在有顺序的事例中得以实现；这就假设了一个被分离为时间、空间支架的世界。因此，所想的无时间的模糊不清的事物状态就完全否定了它的断定。因为总结事例的前件还是真的，而由于时间停顿，意想中的自然律不再存在，它的后件却是假的了。

　　现在需要来弄清楚为什么排除了时间便没有自然律。真正的自然律应当具有分离的物理意义。在没有时间的模糊不清的事物状态中，普遍性的关系可能兼而具有数学与形而上学的意义，但却不具有分离的物理意义。它们具有数学意义；因为其中所包括的所有概念都可以编排进一个演绎系统，在此演绎系统中，这些关系都是定理。它们可能会具有形而上学的意义，是说上述的事物状态可以视为一个整体，在其中，所有的属性都以一种布拉德雷的方式而一致起来了。然而，它们不具有分离的物理意义。因为模糊不清的世界没有给我们供观察的事例或供实验的事例，而真正的自然律的物理意义必须依赖这样的事例。

但是，不论我们的假设如何能想象，对它的实现我们却提不出肯定的根据，提不出除纯逻辑以外的别的根据。时间是不会被废除的，它是所与之物、难对付之物、具体事物的真正核心，是纯逻辑所不提供、但世界却由之构成的事实的基础。将来永远都存在，只要有变动着的将来，也就永远有变动着的现在与过去。过去不可能被推翻，因为不论什么东西出现，都将被以这种或那种方式所接收。对已有事物的概念上的接收，乃是一个认识经验；而归纳原则乃是一条接收原则。只要时间向我们提供被接收的东西，归纳原则就将有效。它是一条先验性的原则，不过是一种与重言式不同的先验性原则。

（邓生庆译）

论形上学的性质和方法*

冯友兰

第一章　论形上学的方法

"形上学"，是一个西洋哲学中底名词。有时也译为玄学。民国八九年间，在中国曾有所谓科学与玄学的论战，其所谓玄学，即形上学。

就最哲学底形上学说，科学与形上学没有论战的必要。因为科学与形上学，本来没有冲突，亦永远不会有冲突。最哲学底形上学，并不是"先科学底"科学，亦不是"后科学底"科学，亦不是"太上科学"。它不必根据科学，但亦不违反科学，更不反对科学。所以它与科学，绝不会发生冲突。即不发生冲突，当然亦没有论战的必要。

科学的目的是对于经验做积极释义。（释义就是解释其中所涵蕴底义理。这是一个新词。其意义相当于英文 interpretation 一词，作名词用则曰释义，作动词用则曰义释。）其方法是实验底，其结论的成立，靠经验的证实。在人类的知识的进步过程中，人的知识中底有些理论，其目的亦是对于经验做积极底释义，但其方法，却不是实验底。这就是说，持这些理论底人，虽持这些理论，但却不以，或不能以，实验底方法，从经验上证实之。此种理论，就其目的说，是科学底；就其方法说，不是科学的。此种理论，可以说是"先科学底"科学。因为此种理论，就其目的说，是与科学一类底。但其方法，是人未知严格底科学方法以前所用底方法。所以我们说：此种理论是"先科学底"科学。

---

　　* 选自《新知言》第一、第五和第六章，题目为本书编者所加。《新知言》，上海，商务印书馆，1946 年初版。后收入《三松堂全集》第五卷，郑州，河南人民出版社，2001 年第二版，146-155 页、187-201 页。

例如，就医学说，说传染病的病源是一种微生物，这是可以实验底方法从经验中证实底，这是科学的理论。说传染病的病源是"四时不正之气"，这是"想当然耳"，是不能以实验底方法，从经验中证实底。这是"先科学底"科学的理论。这种理论，虽是"想当然耳"，但亦是对于传染病的病源底一种比较合理底解释。相比较于传染病是上帝降罚，或鬼神作祟，这种理论，已经进步得多。

说传染病的病源是上帝降罚或鬼神作祟，是宗教的说法。说传染病的病源是"四时不正之气"，是"先科学底"科学的说法。说传染病的病源是一种微生物，是科学的说法。从宗教的说法，到科学的说法，是一种进步，是人的知识在医学方面底进步。

"先科学底"科学，有些人称为形上学。孔德说：人类进步，有三阶段：一、神学阶段；二、形上学阶段；三、科学阶段。他所谓形上学，正是我们所谓"先科学底"科学。如所谓形上学是如此底性质，则形上学只可于"无佛处称尊"，于没有科学的时候，此所谓形上学，在人的知识中占现在科学在现在人的知识中所占底地位。换句话说，此所谓形上学，就是那个时候的人的科学。于既有现在底科学以后，此所谓形上学，即应功成身退，将其地位让与现在底科学。如既有现在底科学，此所谓形上学，仍不退位，则即与现在底科学冲突。此等冲突，严格地说，是现在底科学与以往底科学的冲突。是进步底、好底科学，与落伍底、坏底科学的冲突。

照另有一部分人底说法，形上学可以说是"后科学底"科学。照这一部分人的说法，科学以实验底方法，义释经验。但现在底科学，尚不能以实验底方法，义释所有底经验。现在底科学所尚不能义释底经验，形上学可暂以另一种方法义释之。等到科学进步，形上学所义释底经验，科学亦能以实验底方法义释之。至此时，科学的释义替代形上学的释义。用另一套话说，形上学专讨论科学尚未讨论，或尚未能解决底问题。形上学的问题与科学的问题，是一类底。在这一类底问题中，有些问题是科学所不能以实验底方法解决的。形上学随科学之后，取此等问题，以另一种方法，试为解决。不过这种解决是临时底。将来科学进步，即能以实验方法解决此等问题，这是真正底解决。真正底解决将来即替代临时底解决。形上学专在科学后面，捡拾问题。科学愈进步，形上学愈无问题可捡拾。至全无问题可捡拾之时，形上学即没有了。有人说：哲学亦没有了。

照这一部分人的说法，形上学是"后科学底"科学。它亦是科学，因为它的问题与科学的问题是一类底，形上学与科学，都以积极底义释经验为目的。形上学随科学之后，试以另一种方法解决科学以实验底方法所不能解决底问题。由此方面说，它是后科学底科学。但它必为将来底科学所替代。由此方面说，所谓"后科学底"科学，仍是"先科学底"科学。对于现在底科学说，它是"后科学底"科学。对于将来底科学说，它是"先科学底"科学。

或可说，形上学的问题，虽与科学的问题，是一类底，但并不是科学所尚不能解决底问题，而是科学所永不能解决的问题。形上学于科学之后，专捡拾科学所永不能解决底问题，以另一种方法解决之。所以它只是"后科学底"科学，不是"先科学底"科学。例如在西洋哲学史中，所谓上帝存在、灵魂不灭、意志自由等问题，都是关于宇宙人生底根本问题，亦都是科学所永不能解决底问题。这一类底问题，正是形上学的问题，形上学专讨论这一类底问题，所以是"后科学底"科学。

亦有人认为科学的问题是无穷尽底，解决一个问题之后，随之就有别底问题发生。科学的进步，永远是一波未平，一波又起的情形。所以"后科学底"科学，不会没有，它是随着科学发展而发展底，不过它的领域，时时移动。

照另有一部分人的说法，形上学可以说是"太上科学"。照这一部分人的说法，形上学的目的，是求所谓"第一原理"。从"第一原理"可以推出人的所有底知识，中国古代有些人以为，《周易》一书就包含有这一种底原理。现在虽有很少人持这种说法，但颇有些人以为，形上学的第一原理，可为科学中底原理之根据，它是一切科学原理的原理。例如黑格尔所讲底辩证法，在他的形上学中，就是这一种底第一原理。在辩证唯物论的形上学中，马克思所讲底辩证法，也是这一种底第一原理。照此一部分人的说法，形上学是科学之母，也就是"太上科学"。

以上各部分人的各种说法，虽不尽相同，但有一相同之点，即均以为形上学的目的，与科学同是积极地义释经验。不过形上学的方法与科学不同，形上学不以实验底方法，从经验证实其结论，因此即可与科学冲突。因为积极地义释经验，而又不用实验底方法，从经验证实其结论，是为科学所不许底。

形上学不用实验底方法，不从经验证实其结论，如何可以解决有关于积极地义释经验底问题？这是很不容易回答底。在西洋现代哲学中，维也纳学派，即从此观点，以批评形上学。如所谓形上学是"先科学底"科学，或"后科学底"科学，或"太上科学"，则维也纳学派，对于形上学底批评，是很有理由底。他们说，形上学中命题是没有意义底，形上学是应该取消底。如所谓形上学是如上文所说者，形上学似乎没有方法可以应付维也纳学派的批评。

不过最哲学底形上学，亦可说是真正底形上学，并不是"先科学底"科学，亦不是"后科学底"科学，亦不是"太上科学"。在哲学史中，有些哲学家的形上学，确不免有这些性质。但不能说"形上学"必须有这些性质。维也纳学派对于形上学底批评，可以说是对于西洋传统底形上学底批评。这些批评，对于真正底形上学，是无干底。

我们于以下，将要说明真正形上学的性质。《新知言》主要底目的是讲形上学的方法，一门学问的性质与它的方法有密切底关系。我们于以下希望，从讲形上学的方法说明形上学的性质。

真正形上学的方法有两种，一种是正底方法；另一种是负底方法。正底方法是以逻辑分析法讲形上学；负底方法是讲形上学不能讲，讲形上学不能讲亦是一种讲形上学的方法，犹之乎不屑于教诲人，或不教诲人，亦是一种教诲人的方法。孟子说："不屑之教诲者，是亦教诲之而已矣。"《世说新语》说；"谢公夫人教儿，问太傅：'那得初不见公教儿？'答曰；'我常自教儿。'"孟子、谢公此言，正可引以说明此义。讲形上学不能讲，即对于形上学的对象，有所表显。既有所表显，即是讲形上学。此种讲形上学的方法，可以说是"烘云托月"的方法。画家画月的一种方法，是只在纸上烘云，于所烘云中留一圆底或半圆底空白，其空白即是月。画家的意思本在画月。但其所画之月，正在他所未画底地方。用正底方法讲形上学，则如以线条描一月，或以颜色涂一月，如此画月的画家，其意思亦在画月。其所画之月，在他画底地方。用负底方法讲形上学者，可以说是讲其所不讲，讲其所不讲亦是讲。此讲是其形上学，犹之乎以"烘云托月"的方法画月者，可以说是画其所不画。画其所不画亦是画。

正底方法，以逻辑分析法讲形上学，就是对于经验做逻辑底释义。其方法就是以理智对于经验做分析、综合及解释。这就是说以理智义释经验。这就是形上学与科学的不同。科学的目的，是对于经验做积极底释义。形上学的目的，是对于经验做逻辑底释义。

我们所谓"逻辑底"，意思是说"形式底"。我们所谓"积极底"意思是说"实质底"。在《新知言》中，"积极底"是与"逻辑底"或"形式底"相对待底，并不是与"消极底"或"否定底"相对待底。所谓"形式底"，意思是说

"没有内容底",是"空底"。所谓"实质底",意思是说"有内容底",这种分别,我们于下文举例说明之。

《世说新语》谓:"钟士季精有才理,先不识嵇康。钟要于时贤俊之士,俱往寻康。康方大树下锻,向子期为佐鼓排。康扬槌不辍,傍若无人,移时不交一言。钟起去,康曰:'何所闻而来?何所见而去?'钟曰:'闻所闻而来,见所见而去。'"又传说:邵康节与程伊川闻雷声,康节"谓伊川曰:'子知雷起处乎?'伊川曰:'某知之,尧父不知也。'先生(康节)愕然曰:'何谓也?'曰:'既知之,安用数推之?以其不知,故待推而知。'先生曰:'子云知,以为何处起?'曰:'起于起处。'先生哑然。"(《宋元学案》引)在此二故事中,钟会及伊川的答案,都是形式底答案。这就是说,这种答案是空底,没有内容底。因为专凭程伊川的答案,我们并不能知道他所闻底雷果从何起。专凭钟会的答案,我们并不能知道他果何所闻而来,何所见而去。若程伊川答说:雷从北邓山起。若钟会答说:他闻嵇康是个狂士,他见嵇康打铁。他们的答案,即不是形式底,而是有内容底。有内容底即是积极底。

钟会及伊川的答案,以前人却觉其颇有意思,这就是说都觉其有哲学底兴趣。为甚么如此?其原因约有三点:(一)这些答案几乎都是重复叙述命题。(二)就一方面说,这些答案可以说是对于实际都没有说甚么,至少是所说很少。(三)但就又一方面说,这些答案又都是包括甚广。形上学中底命题,就是有这种性质底命题。

为讨论方便起见,我们把钟会及伊川的答案,写成下列三个命题:"我看见我所看见底""我听见我所听见底""我们所听见底雷起于它所起底地方",这三个命题都几乎是重复叙述底。为甚么说"几乎"?因为这三个命题,都是肯定其主辞的存在。钟会肯定他是听见些甚么,看见些甚么。伊川肯定他所听见底是雷声,而且雷有其起处。这些就是他们所从以说起底事物。他们肯定其存在。这就是肯定其主辞的存在。肯定其主辞的存在底命题,不是重复叙述命题。不过这三个命题的客辞,只是重复叙述它的主辞。所以我们说它们几乎是重复叙述命题。我们说:钟会、伊川的答案,可以说是对于实际没有说甚么,至少是所说甚少。所以要加上末一句,就是因为他们并非全无所说。

重复叙述命题,不能是肯定其主辞的存在底命题,因为肯定其主辞存在底命题,不能是必然地真底,例如我们说:"现在底法兰西国王是现在底法兰西国王。""那个使圆为方底人,是那个使圆为方底人。"这两个命题都是重复叙述命题。但照罗素在《数学原理》中，对于这两个命题底解释，这两个命题，都不是真底。因为这两个命题的主辞，都是不存在底。现在底法兰西没有国王，亦没有能使圆为方底人。照这种解释，这两个命题固不是真底，但同时它们亦失去重复叙述命题所有底性质。以为它们不是真底，而同时又是重复叙述命题，这是错误底。这两个命题，应解释为"如果甲是现在底法兰西国王，甲是现在底法兰西国王""如果甲是那个使圆为方底人，甲是那个使圆为方底人"。照如此解释，则虽现在底法兰西没有国王，虽没有人能使圆为方，而这两个命题永是真底，同为它们意义是"如果甲，则甲"，并不肯定主辞的存在。

"我听见我所听见底""我看见我所看见底""我们所听见底雷起于它所起底地方"。我们当然亦可将其解释为重复叙述底命题。我们可以将其解释为"如果我有所听见，我所听见底是我所听见底"；"如果我有所看见，我所看见底是我所看见底"；"如果我们所听见底是雷声，又如果雷声有其起处，它的起处是它的起处"。照这样解释，这三个命题，对于实际，都没有说甚么。它们都是重复叙述底命题。不过这样解释，显然不是钟会、伊川的意思。而形上学中底命题，也不是这一种底命题。

重复叙述命题，不可能是假底。上面所述三个命题，只有在一个情形下才可能是假底。只有在钟会没有听见甚么，没有看见甚么的情形下，钟会所说，才会是假底；只有在伊川没有听见雷声，或雷声根本无起处的情形下，伊川所说，才会是假底。

这三个命题，都是从实际事物说起，所以不是逻辑中底命题。逻辑中底命题，不从实际底事物说起。讲逻辑底书中，亦常有关于实际底事物底命题，但此不过是为学人举例，并不是逻辑中有这一类底命题。钟会、伊川所说底命题，虽都从实际底事物说起，而对于他们所说底事物，除其存在外，均无所肯定，无所建立。钟会并没有肯定，他所听到底是甚么，他所见到底是甚么。伊川并没有肯定，他所听底雷声，从甚么地方起。就这一方面说，他们对于实际，是没说甚么，至少是所说甚少。

钟会虽没有肯定他所闻底是甚么，他所见底是甚么，但无论他所闻底是甚么，他所见底是甚么，他的这种答案，都可以适用。只要他是有所闻，有所见，他所说底命题，都是真底。伊川的答案亦是如此。于此我们又可见，这一种命题，与逻辑中底命题不同。严格地说，有许多逻辑中底命题，只是命题套子。从套子中可以套出命题。例如"甲是甲"，并不是个命题，只是个命题套子。从这个套子中，我们可以套出山是山，水是水。虽是如此，但"甲是甲"并不包括山是山，水是水。这就是说，从"甲是甲"，我们虽可以套出山是山，水是水，但山或水都不是"甲"的外延。甲不能有外延。"我听见我所听见底""我看见我所看见底""我们所听见底雷起于它所起底地方"这些是命题，并不是命题套子，从这些命题中，我们不能套出，钟会所听见底是甚么，所看见底是甚么，伊川所听见底雷声，起于甚么地方。但无论钟会所听见底、所看见底是甚么，他所实际听见底或看见底，都是"我所听见底"或"我所看见底"这两个辞的外延。伊川所听见底雷声，无论起于何处，但它的实际起处（如果它有起处），就是"我所听见底雷声的起处"这个辞的外延。由这一方面说，这三个命题，所包括甚广。

这三个命题，并不是形上学中底命题，不过有上所述底三种性质。这三种性质是形上学中底命题所有底。因此，人觉得这三个命题有哲学底兴趣，我们也以它们作例，说明形上学中底命题的性质。

形上学的工作，是对于经验做逻辑底释义。科学的工作，是对于经验做积极底释义。所以形上学及科学，都从实际底事物说起；所谓实际底事物，就是经验中底事物。这是形上学与逻辑学、算学不同之处。在对于实际事物底释义中，形上学只作形式底肯定，科学则做积极肯定，这是形上学与科学不同之处。

逻辑学中，及算学中底命题，都是分析命题，所以不可能是假底。科学中底命题，是综合命题，可能是假底。形上学中底命题，仅几乎是重复叙述命题，所以也是综合命题，也可能是假底。不过形上学中底命题，除肯定其主词的存在外，对于实际底事物，不积极底说甚么，不作积极底肯定，不增加我们对于实际事物底知识。所以它是假的可能是很小底，只有在它所从说起底事物的存在不是真底的情形下，它才能是假底。形上学是对于一切事物做形式底释义，只要有任何事物存在，它的命题都是真底。任何事物都不存在，如果是有这种可能，其可能是很小底。所以形上学中底命题，虽不如逻辑学、算学中底命题，是必然地真底，但亦近乎是必然地真底。

人的知识，可以分为四种。第一种是逻辑学、算学。这一种知识，是对于命题套子或对于概念分析底知识。第二种知识是形上学。这一种知识，是对于经验做形式底释义底知识。知识论及伦理学的一部分，亦属此种。伦理学的此部分，就是康德所谓道德形上学。第三种是科学。这一种知识，是对于经验做积极底释义底知识。第四种是历史。这一种知识，是对于经验底记述底知识。

真正形上学底命题，可以说是"一片空灵"。空是空虚，灵是灵活。与空相对者是实，与灵相对者是死。历史底命题，是实而且死的。因为一个历史底命题，所说者是一件已定底事实，亦止于此一件事实。科学的命题，是灵而不空底。科学底命题，对于经验做积极底释义，积极则有内容，所以不是空底。但一科学命题，可以适用于一类事实，不为一件事实所限，不沾滞于一件事实，所以是灵底。逻辑学、算学中底命题，是空而不灵底，因为逻辑学中底命题，其只是命题套子者，因其是套子，所以是空底。从套子中虽可以套出许多命题，但一个套子，只是一个套子，所以是死底，其是分析概念，以及算学中底命题，都只分析概念，不管事实，所以是空底。分析一个概念底命题，只是一个分析概念底命题，所以是死底。形上学底命题，是空而且灵底。形上学底命题，对于实际，无所肯定，至少是甚少肯定，所以是空底。其命题对于一切事实，无不适用，所以是灵底。

真正底形上学，必须是一片空灵。哲学史中底哲学家底形上学，其合乎真正底形上学的标准的多少，视其空灵的程度。其不空灵者，即是坏底形上学。坏底形上学即所谓坏底科学。此种形上学，用禅宗的话说，是"拖泥带水"底。沾滞于"拖泥带水"底形上学底人，禅宗谓为"被枷带锁"。

第五章　维也纳学派对于形上学底看法

在现代哲学中，持经验主义以批评形上学底哲学家，有维也纳学派。照他们所做底正式宣言，维也纳学派的主要工作是：（一）为科学取得稳固底基础，（二）证明形上学中的命题是无意义底，以取消形上学。他们所用底方法，是对概念及命题做逻辑底分析。此等分析，可以使科学中底概念清楚，可以使科学中底命题确定，因此可以使科学得到稳固底基础。他们以为科学中底概念及命题，是经得起分析底。经过分析以后，科学中底概念即更清楚，科学中底命题即更确定。形上学中底概念及命题，则是经不起分析底。形上学中底概念及命题，一经分析，即见其是似是而非底概念，无意义底命题。严格地说，似是而非底概念，不是概念；无意义底命题，不是命题。所以所谓形上学者，不过是一堆字堆在一起，其没有意义，正如我们说"砚台是道德""桌子是爱情"。形上学要不得，正如这一类底话说不得。说这一类底话底人，不是低能，便是疯颠。讲形上学底人，亦不是低能，便是疯颠。

照传统底说法，形上学是哲学中重要底一部分。照维也纳学派的说法，形上学既被取消，则所谓哲学者，即不是一种知识的系统，而是一种思想的活动，一种替科学做廓清运动的活动。照维也纳学派的说法，也就是休谟的说法，学问不外两种，一种是关于概念底或言语底，这就是逻辑算学，一种是关于事实底，这就是科学。于概念及事实之外，没有甚么可以作为哲学的对象。幸而在事实中，有一种事物，不能为科学的对象，那就是科学。科学不能研究它自己。所以科学就成为哲学的对象。分析科学中底概念及命题，使之清楚确定，就成为哲学的主要任务。

维也纳学派分命题为二种，一种是分析命题，一种是综合命题。命题有此二种，亦只有此二种。一命题不属于此种，必属于彼种。分析命题是无关于事实底，我们只从形式上即可以断定其是真底。例如"白马是白底""一马必是白底或非白底"，这一类底命题，我们不必待事实的证实，即可断定其是真底。综合命题是有关于事实底，例如"太阳每天出来"，这一类命题必待事实的证明，我们才可以认它是真底。

我们说"以为"它是真底，因为事实只能证实一个命题或是真底，不能证明其必是真底。事实证实在过去"太阳每天出来"。但在将来太阳每天是否出来，过去底事实，不能保证。所以综合命题即有事实的证实，其是真仍是或然底。所以这种命题，亦称为或然命题，科学中底命题，都是这一种命题。

至于分析命题，我们只在形式上即可断定其是真底。这种命题，不能与我们积极底知识。"白马是白底"，从实用的观点看，这个命题可以说是废话。但我们不能不承认它是真底，而且是必然地真底。我们可以设想太阳不是每天出来，但我们不能设想，白马不是白底。说太阳不是每天出来，虽未必合乎事实，但在逻辑上并没有甚么矛盾。太阳每天出来，并不是由于逻辑底必然。但说白马不是白底，则在逻辑上是一个矛盾。无论事实上有没有白马，白马必然地是白底，如其不是白底，它必然地不是白马。这是我们不待事实的证实，而即可以断定底。这种命题，必然地是真底，所以这种命题，亦称为必然命题，逻辑算学中底命题，都是这一种命题。

康德以为尚有第三种命题。他以为算学及纯粹科学中底命题，是综合底，但又是必然底。这种命题，他称为先验综合命题。他先以为有这种命题，然后问：这种命题，如何可能？他的《纯粹理性批判》，即从此问出发。但照维也纳学派的说法，命题只有上述二种。算学中底命题，是必然底，但不是综合底。

科学中底命题，是综合底，但不是必然底。

照维也纳学派的说法，一个综合命题的意义，在于它的证实的方法。这就是说，一个综合命题，必有可证实性，然后才有意义；一个无可证实底综合命题，只是一个似是而非底命题，严格地说，不是命题。此所谓可证实性，是说一个命题可以事实证实其是真或是假。一个命题有可证实性，并不必现在即可以事实证实，只需要在原则上有此种可能。例如我们说："火星上有人。"此命题可以是假底，但是一个有意义的命题，因为假使我们能飞到火星上，我们即可以事实证实这个命题是真底或是假底。我们现在不能飞到火星上，也许将来永远不能飞到火星上，因此这个命题是真底或是假底，永远不能证实，但这是事实问题，我们不能说，这个命题在原则上没有可证实性。它有可证实性，它即是一个有意义底命题。但如我们说："一个针尖上可站 2 个天使。"这是在原则上不能以事实证实底，这个命题没有可证实性，因此是无意义底，是个似是而非底命题，严格地说，不是命题。

维也纳学派，以为形上学中底命题，都是综合命题，又都无可证实性，所以形上学中底命题，都是无意义底。从知识的观点看，形上学中底命题，都是如"砚台是道德""桌子是爱情"之类，只是一堆好看、好听底名词而已。其中底命题既是如此，所以形上学可以取消。这也是维也纳学派对于形上学底最有力底批评，也是他们主张取消形上学的主要理由。

于上两章中，我们说：在近代西洋哲学史中，形上学所讨论底主要问题是上帝存在、灵魂不灭、意志自由。对于这三个问题，无论做肯定底命题或否定底命题，其命题都是没有意义底。我们说：上帝是存在底，灵魂是不灭底，意志是自由底，这固然无可证实性。我们说：上帝是不存在底，灵魂不是不灭底，意志不是自由底，这也同样地无可证实性。这正如，在某一论域，我们说：砚台是道德，桌子是爱情，因是无意义底；但在同一论域，我们说：砚台不是道德，桌子不是爱情，也同样底是无意义底。关于这三大问题底讨论，既都是无意义底，所以都是可以取消底。

传统底形上学中，还有些别底永不能解决底争论，也可以用维也纳学派的方法，将其取消。例如在中国近来特别流行底所谓心物之争，照维也纳学派的标准，也都是没有意义底。普通所谓唯心论或唯物论的主要命题，都是综合命题，但无可证实性。普通所谓唯心论的主要命题是：一切事物，都从心生；或：一切事物，都有心的性质。普通所谓唯物论的主要命题是：一切事物，都由物生；或：一切事物，都有物的性质。这些命题，都是在原则上不能以事实证实底。照维也纳学派的说法，凡有意义底命题，其是真或假，必使事实有点不同。例如说：疟疾是人被疟蚊咬而得底，如果此命题是真底，如人不被疟蚊咬，即必不得疟疾。如果此命题是假底，则人即不被疟蚊咬，亦可得疟疾。但是唯心论或唯物论的主要命题，无论其中哪一个是真或是假，都不能使事实有甚么不同。无论哪一个命题是真或是假，我们都须承认"桌子"及"我想桌子"中间，有根本底不同。由此方面说，我们也可以说，普通所谓唯心论或唯物论的主要命题，都是没有意义底，严格地说，都不是命题。

普通所谓唯心论或唯物论的主要命题，是无意义底，又可从另一方面说。说一切事物都有心的性质，或说一切事物都有物的性质。此所谓心或物，如是普通所谓心或物，则说一切事物都有心的性质，即等于说，一切事物，都是有感觉，有情意底。说一切事物，都有物的性质，即等于说，一切事物，都是在空间底，有硬度底。这都是与经验冲突底。如此所谓心或物，不是普通所谓心或物，则此所谓心或物，究竟是什么意义，亦是很难说底。一名词的外延愈大，则其内涵愈少。一名词的外延，如广至无所不包，则其内涵必少至不能有任何意义。普通所谓唯心论或唯物论所谓心或物的外延，如广至无所不包，则其内涵必少至不足以分别普通所谓心及物的分别。

如上所举底诸命题，维也纳学派说它们是无意义底，是有理由底。西洋传统底形上学中底命题，大部分都是这一类底命题，所以维也纳学派说形上学是应该取消底，亦是有理由底。但真正形上学并没有这一类的命题。这一类的命题，都是综合命题，对于实际有积极底肯定，但是其肯定是无可证实性底。照我们于第一章所说，真正底形上学中底命题，虽亦是综合命题，但对于实际极少肯定。其所肯定底那一点，不但是有可证实性，而且是随时随地，都可以事实证实底。所以真正形上学中底命题，不在维也纳学派的批评的范围之内；而真正底形上学，也不是维也纳学派的批评所可以取消底。这还是就用正底方法底形上学说。至于用负底方法底形上学，更不在维也纳学派的批评的范围之内，而且照我们的看法，维也纳学派中底有些人，实在是以负底方法讲形上学。

又有批评形上学者，以为形上学常拟自概念推出存在或事实。例如以本体论底证明证明上帝底存在者，以为我们只需分析上帝一概念，我们即可见上帝是存在底。又有批评形上学者，以为形上学常拟自内容少底概念，推出内容多底概念。例如斯宾诺莎拟自本体一概念。推出心、物等概念。本体一概念是内容少底概念，心、物等概念是内容多底概念。就逻辑说，我们只能从分析内容多底概念，推出内容少底概念；不能从分析内容少底概念，推出内容多底概念。我们分析人的概念，可以推出动物的概念。但我们分析动物的概念，不能推出人的概念。形上学拟自内容少底概念，推出内容多底概念，这是逻辑所不许底。

哲学史中底形上学，有些是应该受此等批评底。但此等批评亦与真正底形上学无干。真正底形上学并不拟从概念推出存在或事实。有存在底事物，这是事实。形上学并不拟从甚么推出事实，或创造事实。形上学只拟义释事实。自义释事实出发——这是形上学与科学之所同。但一种科学只拟义释一种事实，其释义是积极底。形上学则拟义释一切事实，其释义又是形式底。这是形上学与科学之所异。

就知识方面说，自内容少底概念，不能推出内容多底概念。就逻辑方面说，内容少底概念，先于内容多底概念。就知识方面说，知有动物，不能使我们知有人、狗等。但就逻辑方面说，有动物先于人、狗等。因为有人、狗等涵蕴有动物。但有动物不能涵蕴有人、狗等。形上学常光讲内容少底概念，因为在逻辑上它先于内容多底概念。形上学所讲内容少底概念，亦是从分析内容多底概念而得者，形上学先讲内容少底概念乃所以义释内容多底概念，并不是从内容少底概念，推出内容多底概念，至少就真正底形上学说是如此。

维也纳学派所批评底形上学，严格地说，实在是坏底科学。照我们所谓科学的意义，坏底科学是应该被取消底。取消坏底科学，这是维也纳学派的贡献；不知道他们所取消底只是坏底科学，这是维也纳学派的错误。不过这也不专是维也纳学派的错误。因为向来大部分哲学家所讲底形上学，确是坏底科学。对于形上学之所以为形上学，向来哲学家也不是人人都有清楚底认识。所以维也纳学派，以为形上学不过是坏底科学，原也是不足为异底。

我们是讲形上学底。但是维也纳学派对于形上学的批评的大部分，我们却是赞同底。他们的取消形上学的运动，在某一意义下，我们也是欢迎底。因为他们的批评确能取消坏底形上学。坏底形上学既被取消，真正底形上学的本质即更显露。所以维也纳学派对于形上学底批评，不但与真正底形上学无干，而且对于真正底形上学，有"显正摧邪"的功用。由此方面说，维也纳学派虽批评形上学，而实在是形上学的功臣。

维也纳学派所用底方法，是逻辑分析法，是分析法的很高底发展。不过他们没有应用这个方法到形上学，而只应用这个方法到历史中底形上学。这就是说，他们没有应用这个方法以研究形上学，而只应用这个方法以批评已有底哲学家的形上学。他们以逻辑分析法，批评已有底哲学家的形上学及科学。他们所讲底，是比形上学及科学高一层次底。他们所讨论底，大半是属于知识论及逻辑中间底问题。自一种意义说，知识论，也是比其余学问高一层次底。因为其余底学问都是知识。知识论是讨论知识底。

对于知识的来源，维也纳学派的见解是经验主义底。关于取得知识的方法，维也纳学派所提倡底方法是经验法。就此方面说，维也纳学派是休谟的继续。休谟的经验主义及怀疑主义使康德自"武断的迷睡中惊醒"。维也纳学派的经验主义及怀疑主义也应该使现代哲学家自"武断的迷睡中惊醒"。

第六章　新理学的方法

康德的批评底哲学的工作，是要经过休谟的经验主义而重新建立形上学。它"于武断主义及怀疑主义中间，得一中道"。新理学的工作，是要经过维也纳学派的经验主义而重新建立形上学。它于武断主义及怀疑主义中间，得一中道。这中道也不是只于两极端各机械地取一部分，而是"照原理确切地决定底"。

于《新知言》第一章，我们说明了真正形上学的性质，及真正形上学的方法。新理学的形上学，是用这种方法建立底，所以也是合乎真正底形上学的标准底。它的主要底观念，可以四组主要命题表示之。这四组主要命题，或是，或几乎是，重复叙述底。就一方面说，这些命题都是包括甚广；就又一方面说，又都是对于实际没有，或甚少，肯定。

于第一章中，我们说：形上学的工作是对于经验做形式底释义。在我们的经验或可能底经验中，有如是如是底事物。禅宗中有禅师问僧云：《金刚经》的头一句的头两个字是甚么？僧云：如是（"如是我闻"）。师云：如是如是。如是二字，应该是真正形上学的开端，也应该是真正形上学的收尾。所谓如是者，"山是山，水是水"（亦禅宗中用语）。山如山的是，水如水的是。这座山如这座山的是，这条水如这条水的是。一切事物各如其是，是谓如是，一切底如是，就是实际。形上学就是从如是如是底实际出发，对之做形式底释义。

从如是如是底实际出发，形上学对于实际所做底第一肯定，也是唯一底肯定，就是：事物存在。这可以说是对于实际有所肯定底肯定。但这一个肯定，与普遍对于实际有所肯定底肯定不同，因为说事物存在，就等于说有实际。从如是如是底实际出发，而说有实际，这一说并没有增加我们对于实际底知识。所以这一肯定，虽可以说是对于实际有所肯定，但仍是形式底肯定，不是积极底肯定。

这一肯定与普通对于实际有所肯定底肯定，还有一点不同。普通对于实际有所肯定底肯定，其是真都是或然底。但这一肯定，其是真，如果不能说是确实底，亦近乎是确实底。某些事物不存在，是可能底。但任何事物不存在，至少在我们作了这个肯定以后，是不可能底。我们可以说，所谓外界事物，不过都是些感觉，或感觉"堆它"。但照我们所谓事物的意义，感觉及感觉"堆它"也是某种事物。肯定有事物存在底这个肯定，也是某种事物。你如否认这个肯定，你的否认，也是一种事物。从这一方面着思（这也是一个事物），我们可见，任何事物不存在，至少在我们作了这个肯定以后，是不可能底。这一段推论，有似于笛卡儿的"我思故我在"的推论，但在这一段推论中，我们并不肯定有"我"。笛卡儿的推论，对于实际有所肯定。我们的推论，除了肯定有实际之外，对于实际，并无肯定。

事物存在。我们对于事物及存在，作形式底分析，即得到理及气的观念。我们对于事物及存在作形式底总括，即得到大全及道体的观念。此种分析及总括，都是对于实际做形式底释义，也就是对于经验做形式底释义。

新理学的形上学的第一组主要命题是：凡事物必都是甚么事物，必都是某种事物。某种事物是某种事物，必有某种事物之所以为某种事物者。借用中国旧日哲学家的话说："有物必有则。"

某种事物之所以为某种事物者，新理学谓之理。此组命题，肯定有理。有人批评新理学，谓《新理学》中说，有方底东西，则必有方所以为方者，有圆底东西，则必有圆之所以为圆者。如此说，不过是将一句话重说一遍，与科学、哲学俱无帮助。这种批评，正是亚里士多德对于柏拉图底批评（见上第二章）。这些命题，本来是对于实际无所肯定底。因其是如此，所以于科学，本来不能有所帮助。但不能说这些命题于哲学无所帮助。因为这些命题，对于实际虽无所肯定；对于真际，却有所表显。这正是形上学所需要底。

对于这一组命题，我们于《新原道》中，已有说明（看《新原道》第十章）。在《新原道》中，在这一组命题中，有一命题是："有某种事物，必有某种事物之所以为某种事物者"。现在我们将此命题改为："某种事物为某种事物，必有某种事物之所以为某种事物者"。这就是说：山是山，必有山之所以为山者；水是水，必有水之所以为水者（这一点是沈有鼎先生的提示）。照原来底说法，我们固然可以说从"有某种事物必有某种事物之所以为某种事物者"这个命题，我们可以推出两命题。一是：某种事物之所以为某种事物者，可以无某种事物而有。一是：某种事物之所以为某种事物者，可以先某种事物而有（参看《新原道》第十章）。不过这个推论，很可受批评。批评者可以说，在"有某种事物必有某种事物之所以为某种事物者"一命题中，"有"的意义，非常含混。例如你说：有山必有山之所以为山者。这个命题中底两个"有"，若都是存在的意思，则这个命题，只能是说：如果山存在，山的性质必也存在。山的性质就存在于存在底山中。如果山不存在，山的性质也不存在。如果这个命题中底第一个"有"，是存在的意思，第二个"有"不是存在的意思，则这个命题的真与否，尚待讨论。至于你从"有某种事物必有某种事物之所以为某种事物者"所推出底两个命题，更似乎只是玩弄一种言语上底把戏，至少说，你亦是为文字所迷惑了。为免除这个批评，我们改用现在底说法。现在我们说：山是山，必有山之所以为山者。这个命题，并不肯定某些山的存在。只要"山是山"是有意义底一句话，有山存在，固然必有山之所以为山者，没有山存在，也必有山之所以为山者。因为如果"山是山"是有意义的一句话，所谓山者，必不只是一个空名，它必有其所指。其所指就是其对象。其对象就是山之所以为山者。所以从"山是山必有山之所以为山者"，确可推出二命题，一是："山之所以为山者，可以无存在底山而有。"一是："山之所以为山者，先存在底山而有。"专就山之所以为山者说，它不是存在底，而又不能说是无。它是不存在底有。不存在底有，我们称为真际底有。

我们还可从另一点证明有理。这就是，我们可以离开某种事物而专讨论，某种事物之所以为某种事物者。例如我们可以离开方底东西，而说方有四隅。这是一个分析命题。分析命题是必然地真底。从这一点，我们可以证明有理。关于这一点，我们于以下另有专章论之。

在新理学的形上学的系统中，第二组主要命题是：事物必都存在。存在底事物必都能存在。能存在底事物必都有其所以能存在者。借用中国旧日哲学家的话说："有理必有气。"

对于这一组命题，我们于《新原道》中已有说明。现在我们专就方法方面说。我们虽亦说存在底事物，但存在并不是一事物的性质。这就是所谓"存在不是一个客词"。关于这一点，我们于上文第四章中，已引康德的说法，详为说明。第一组命题，是就事物的性质着思得来底。第二组命题是就事物的存在着思得来底。就事物"存在"这个事实加以形式底分析，我们即得到这一组命题及气之观念。

新理学所谓气，并不是有些中国哲学家所谓"体"，亦不是有些西洋哲学家所谓"本体"。维也纳学派以为哲学家说有"本体"是由于受言语的迷惑。在言语中（尤其是欧洲言语中），一句话有主词、客词。例如我们说：这个狗是白底，这个狗是长毛底。哲学家见我们的话如此说，他们即以为除了是白底，是长毛底之外，还有一个甚么东西，是这些现象的支持者。这个支持者，就是所谓本体。其实这个狗就是如此等等现象底全体。我们说这个狗时，我们所说底话，有主词、客词，其实不过是话如此说而已。其实除了现象，更无本体，我们不可为文法所欺。维也纳学派的此种说法，是否不错，我们不论。我们只说，新理学中所谓气，并不是所谓本体，如维也纳学派所批评者。即令这个狗就是"是白底""是长毛底"，等等现象的全体，这些等等现象总存在。既存在总能存在，总有其所以能存在者。这就是新理学所谓气。

或可以说：从"能存在"说到"有其所以能存在者"，这中间还是有言语上底迷惑。"能存在"之"能"是一个助动词。"其所以能存在者"是一个名词。将这一个助动词变成名词，便以为此名词代表一种实体。此若不是言语上底迷惑，亦是利用言语上底变换，以掩饰一句话的无意义。对于这种批评，我们说：我们说"其所以能存在者"时，我们是将"能存在"之能，由助动词变为名词。但虽如此变，我们并没有变"能存在"的意义，不过是将其意义说得更清楚。犹如我们说：人能生活，就是说，他有其所以能生活者。我们并没有变更"能生活"的意义，不过是将其意义说得更清楚。将"能存在"的意义说得更清楚以后，如果"其所以能存在者"代表一种实体，那亦是因为本来有一种实体，为"能存在"所拟说，但隐而未显。我们说"如果"，因为新理学所谓气，并不是一种实体。此于下文所说可见。

气并不是一种实体，因为我们不能说气是甚么，其所以如此，有两点可说。就第一点说，说气是甚么，即须说存在底事物是此种甚么所构成底。如此说，即是对于实际有所肯定。此是一综合命题，但是无可证实性，照维也纳学派的标准，此命题是无意义底，不是命题。就第二点说，我们若说气是甚么，则所谓气即一种能存在底事物，不是一切事物所以能存在者。新理学所谓气，是"一切事物"所以能存在者，所以决不是一种事物。我们不可以此与科学所谓

"能"相混，更不可以此与"空气""电气"等气相混。空气等气，固是存在底事物，科学中所谓能，亦是存在底事物，它们既能存在，都需有其所以能存在者。所以它并不是新理学所谓气。新理学所谓气，并不是甚么。

哲学家多拟说一种事物，是其余事物所以构成者，是其余事物的根源。有说此种事物是心者，有说此种事物是物者。有说此种事物是非心非物底"事"者。在诸如此类的说法中，说是心是物者，对于实际所肯定者多。说是"事"者，对于实际所肯定者少。然总之，对于实际皆有所肯定。新理学中所谓气，不能说它是甚么。不但不能说它是心是物，亦不能说是"事"。新理学如此说，完全是只拟对于经验作形式底释义，除肯定有实际之外，对于实际，不做肯定。

柏拉图及亚里士多德哲学中所说"质料"，与新理学所说气相似。旧理学中亦说气，但其所谓气，是从横渠哲学中得来。横渠所谓气，"升降飞扬，未尝止息"，是一种事物。旧理学中说，气有清浊正偏，可见其所谓气，是可以说是甚么者。既可以说是甚么，则是一种事物。既是一种事物，则说"人物之生，必禀此气，然后有形"（朱子语），即对于实际，有所肯定。

新理学亦可以借用朱子这两句话。新理学亦可以说："人物之生，必禀此理，然后有性；必禀此气，然后有形。"新理学若如此说，亦不过是说：事物既是事物，必是某种事物。既是某种事物，必有依照于某种事物之所以为某种事物者。事物既存在，必能存在。能存在必有其所以能存在者。

在新理学的形上学的系统中，第三组主要命题是：存在是一流行。凡存在都是事物的存在。事物的存在都是其气实现某理或某某理的流行。总所有底流行，谓之道体。一切流行涵蕴动。一切流行所涵蕴底动，谓之乾元，借用中国旧日哲学家的话说："无极而太极"。又曰："乾道变化，各正性命。"

对于这一组命题，在《新原道》中亦有说明，今就方法方面说，此一组命题可分为两部分。第一部分是我们对于存在作形式底分析而得者。上述第二组命题，亦是我们对于存在做形式底分析而得者。不过我们于彼所分析，是存在的事实，如"存在"一名词所表示者。我们于此所分析，是存在的动作，如"存在"一动词所表示者。第二部分是我们对于一切底存在的动作，如"存在"一动词所表示者，作形式底总括而得者。

或可说，如此所说，似乎只是与"存在"以定义。照你的定义，存在是流行，存在当然是流行。不过这是一个分析命题。分析命题只代表一种言语上底约定。照言语上习惯底用法，"存在"是一动词，因此你就说：存在是流行；流行涵蕴动。你未免太为言语所迷惑了。对于此批评，我们说，我们承认，存在是流行，流行涵蕴动，是分析命题。但我们以为分析命题不是，或不只是代表言语上底约定。照我们的说法，并不是因为"存在"是一动词，所以存在是流行，流行涵蕴动。而是因为存在是流行，流行涵蕴动，所以"存在"是动词。关于这一点，我们于下文另有专章讨论。

存在是一种底有。其另外一种底有，是不需要"所以能存在者"底。这就是我们所谓真际底有。属于这一种底有者，无所谓流行不流行，无所谓动或不动，不过它也不存在，它就是所谓永恒底。

在新理学的形上学的系统中，第四组主要命题是：总一切底有，谓之大全，大全就是一切底有。借助中国旧日哲学家的话说："一即一切，一切即一。"

总一切底有而得到大全的观念，是我们对于一切底有做形式底总括所得底结果。对于事物做形式底总括所得底结果，我们都用"凡"或"一切"等词表示之。"凡"或"一切"是真正地哲学底词。因为它们所表示底，都是超乎经验底。无论甚么事物，只要我们一说到凡或一切甚么，这凡或一切甚么，都是超乎经验底。例如这个马、那个马是可经验底，但凡马、一切马，却不是可经验底。这一点是经验主义者所遇见底最大底困难。因为他们虽不承认我们可以有对于超乎经验底知识，但他们也常说凡或一切，例如他们说，凡知识都是经验底，他们虽如此说，但一说到凡知识，他们已超乎经验了。在我们的经验中，只有知识，没有凡知识。

"一即一切，一切即一"，本是佛家哲学中所常用底一句话。新理学说"一即一切，一切即一"，与佛学所说，意义不同。华严宗说"一即一切，一切即一"，其所谓一是个体。"一一毛中，皆有无边师子"，此是所谓"一即一切"。又复"一一毛皆带此无边师子，还入一毛中"。此是所肯"一切即一"。新理学所谓一，则是大全，不是个体。又佛家及有些西洋哲学家说"一"，以"一"为事物的本原或本体。他们以为事物间本有内部底关联。一切事物，本来在实质上是"一"。事物的万殊是表面底，是现象。此"一"或是心或是物。或有些西洋哲学家，以为事物之间，有内在底关系。每一事物，皆与其余底事物，有内在底关系。一事物若离开其余底事物，则即不是其事物。所以一切事物，皆依其间底内在关系，联合为不可分底"一"。若所谓"一"有如此类底意义，则说"一即一切，一切即一"，即是综合命题，即是对于实际，有所肯定。新理学所谓"一"，不过是一切的总名。新理学虽说"一即一切，一切即一"，但对于实际,并无所肯定。普通所谓唯心论、唯物论、一元论、二元论等名称,对于新理学均用不上。

新理学中的四组命题,提出四个观念。在其所提出底四个观念中,有三个与其所拟代表者,不完全相当,其中有三个所拟代表者,是不可思议,不可言说底。这就是说,是不可以观念代表底。气是不可思议,不可言说底。因为气不是甚么,如思议言说它,就要当它是甚么。是甚么者就不是气。道体是一切底流行,大全是一切底有。思议言说中底道体或大全,不包括这个思议言说,所以在思议言说中底道体或大全,不是道体或大全。气、道体、大全,是"拟议即乖"。

由此方面说,则形上学不能讲。从形上学不能讲讲起,就是以负底方法讲形上学。形上学的正底方法,从讲形上学讲起。到结尾亦需承认,形上学可以说是不能讲。负底方法,从讲形上学不能讲讲起,至结尾也讲了一些形上学。

真理底分野*

沈有鼎

本文内的思想，萌芽是在1931年春，当时做了一篇英文的短文，没有发表，文中主要的意思有两点：纯逻辑的概念与命题，在内容上，对于实在，没有任何积极性的肯定，也没有任何积极性的假定；非纯逻辑的概念中，形上学的概念与科学的或历史概念之区别，在是否"纯理的"。1934年回国以后，我曾将纯逻辑是什么一个问题特别提出来在清华哲学讨论会上讲了一次，金龙荪先生与冯芝生先生似乎都接受我底见解底一部分，但他们底意见并不完全与我相同，对于我底主要的意思也不能说完全了解。这题目我后来又在北大与燕大底哲学讨论会上讲过两次。现在冯芝生先生与金龙荪先生对这问题的见解，已经各别地在他们所发表的文章内陈说过。本文不过是将我原来的意思重说一遍，但是只能说一个大意，因为本文已把范围扩大了，已经兼讨论到形上学是什么这问题，规模与在国外时所做的短文一样。关于纯逻辑，在本文内因为篇幅底限制并不能畅所欲言，预备以后另做一专篇，来详细讨论。

一

"真理"（Truth），若是指绝对的真理说，是唯一的，不容有二，也就无所谓"分野"。绝对的真理——所谓"如如"，"同一与不同一底同一"（Identitat der Identitat und Nichtidentitat）——唯有在纯净的直觉中始能体会。我们提出"真理底分野"五个字的时候，我们所谓"真理"，乃是指着我们在一个一个的判断中所达到的一条一条的真理。这样的"真理"，又有广狭二义。狭义的真理，是有普遍性与必然性的。（例如万有引力律。）广义的真理，只要是真命题

---

* 原载《哲学评论》1940年第7卷第4期。后收入：沈有鼎文集[M]．北京：人民出版社，1992：111-126。

所显示的都是。所以广义的"真理",也包括特殊的"事实"(Fact)而言。(例如"太阳与地球互相吸引""地球上有猫活着"。)"真理底分野"五个字里面"真理"两字,乃是就广义说的。真命题所显示的既然就是真理,那么真理底分野,也就是等于真命题底分野。

语句、判断、命题、真理,这四个东西底关系是这样:语句是判断底表示,判断底内容是命题,命题是语句底意义。判断是个别的,命题是公共的。命题有真有妄;真命题有与之相应的真理(或事实)为它所显示,妄命题没有与之相应的真理(或事实)为它所显示。

命题必须由概念组成。概念是思观(Begriffliches Vorstellen)底内容。思观底表示是名词,概念是名词底意义。思观是个别的,概念是公共的。名词、思观、概念、对象,四个东西与上文所说的四个东西有同样的关系。凡是一个概念可以应用上去的事物,就是以这个概念为意义的名词所代表的事物,也就是思观底对象。一个名词底意义(所谓概念),不但与这个名词所表示的思观不同,并且与这个名词所代表的事物也不同。例如"红性"这个名词,它所代表的是红性,它所表示的是以红性为对象的思观,而它底意义既不是红性,又不是对红性的思观,而是这样的思观底公共的内容,就是"红性"这个概念。再如"红的"这个名词,它所代表的是红的事物,它所表示的是总以红的事物为对象的思观,而它底意义既不是红的,也不是对红的事物的总的思观,而是这样的思观底公共的内容,就是"红的"这个概念。

"概念"有广狭二义。狭义的概念是可以成为思观底直接内容的,这内容里面没有任何斥指个别的成分。广义的概念不一定能成为思观底直接内容,它也有只能成为思观底间接内容的,这内容里面有斥指个别的成分,这个成分只能做感观(Sinnliches Vorstellen)底直接内容,不能成为思观底直接内容。狭义的概念我们称为"通性概念"。(例如"人""马""马性""红性"。)此外所有的广义概念,我们称为"历史概念"。(例如"孔子""孔子底子孙"。)一个通性概念所根据的是"性"(Essence),这性底没有是不可设想的,因此这概念底效力底失掉也是不可设想的。宇宙间尽可以没有马,但马性是不会有"没有"底可能的。我们不能设想"马性"与"马"这两个概念会没有效力,因为这两个概念都是根据于马性的。"孔子"特指某一个个别的人,宇宙间有某一个个别的人,可以说是偶然的,这个个别的人本来就没有"没有"底可能。假若本来没有孔子,那么"孔子"这个概念根本就失去了它底根据。因为"孔子"是一个私名，是一个斥指名词，不是一个涵义名词，它底功用就在斥指某一个个别的事物；假若这个个别的事物本来就没有，这个斥指名词根据就完全失去，而且根本也不会有这个斥指名词。（这是严格的逻辑的说法。事实上如神话与古代历史底许多私名，虽有其名，可以并无所指，而俨然若有所指；考证家考证某人有无的时候，也用这样的私名，这样的私名已经有了种种的涵义，其实并不是私名了。）总之，马性不仅是有，而是必有；孔子只是有，不是必有。所以"马"是通性概念，"孔子"是历史概念。至于"孔子底子孙"这个概念，虽然可以应用到多数个别的人身上（它不是一个私名），但假若没有孔子，那么"孔子"这个名词既然失去了根据，"孔子底子孙"当然也就没有意义，而且根本就不会有"孔子底子孙"这个名词。因此，"孔子"与"孔子底子孙"都是历史概念，不是通性概念。（"历史"两字，有人用它来与"自然"对立，这并不是这里所用的意义。照我们底定义，不但"孔子""孔子底子孙"是历史概念，就是"地球""地心""太阳系"以至整个的"爱因斯坦宇宙"，也都是历史概念。）

一个历史概念，绝对不能用一个通性概念来替代。有人以为世界上没有两个性质完全相同的个别的事物，因此我们若将某一个个别的事物所有的性质合起来看作一个复合的性质，与这复合的性质相当的概念既是通性概念，同时又只能应用于这一个个别的事物，可以用来替代这个个别的事物底私名。但当我们说，世界上没有两个性质完全相同的个别的事物，这句话里面所谓性质，若是指与通性概念相当的性质，这句话决不能纯用逻辑证明。若是所谓性质，也包括这个个别的事物对某某别的个别的事物的关系，如说"在昆明与重庆之间"，这些性质，固然有与通性概念相当的成分，如"在——之间"三字，但它底本身不是单用通性概念（或以通性概念为意义的通性名词）所能代表的，因此与把这类性质合起来所得的复合性质相当的概念，当然也不是通性概念。其实凡是时间与位置坐标底规定，都不是通性概念。例如"1932年"，就是说"耶稣诞生后1932年"。这里面包藏了"耶稣"这个私名，所以是历史概念，如"孔子底子孙""法国人"，都不用通性概念来替代。"法国人"无论指生在法国的人或者有法国籍的人或者法国族底人，都是从他对某某别的个别的事物的关系来说的，因此既不是通性概念，也不能用通性概念来替代。假若"法国人"只是说面貌怎么样、形态怎么样、性格怎么样的人，那么这样的人说不定在别的星球上也会有。"法国人"三字像这样的用法，在文法与修辞学上成为一种特例。这所谓"法国人"并不是说的法国人,因为它相当于一个通性概念。

"概念"底广狭二义,已经说明。狭义的"概念"只包括通性概念,广义的"概念"兼包通性概念与历史概念两种。以后我们单说"概念"的时候,取的是广义。

二

概念与概念,命题与命题之间,纯从逻辑底立场来看,可以有"含藏"或"涵蕴"底关系。

甲概念含藏乙概念就是说,凡是了解甲概念的,一定也能了解乙概念;从甲概念过渡至乙概念,中间只需经过一种或几种形式逻辑的手续,如分、合、反等。例如能了解"红"的一定也能了解"不红",了解"不红"的,一定也能了解"红"。"红"与"不红",是两个互相含藏的概念。再如能了解"坚白石"的,一定也能了解"坚",也能了解"不坚"。但了解"坚"或"不坚"的,不一定能了解"坚白石"。"坚白石"含藏"坚",也含藏"不坚",但是"坚"并不含藏"坚白石","不坚"也并不含藏"坚白石"。

甲命题涵蕴乙命题,就是说,凡是了解甲命题而且承认甲命题之为真的,一定也能了解乙命题,而且从逻辑上不得不承认乙命题之为真(从甲命题过渡到乙命题,中间只需经过形式逻辑的推理历程)。例如承认"人都有理性"的,一定得承认"没有理性的都不是人",承认"没有理性的都不是人"的,也一定得承认"人都有理性"。这两个命题,是互相涵蕴的。再如承认"孔子是圣人"的,一定得承认"有圣人",但承认"有圣人"的,可以不承认"孔子是圣人"。"孔子是圣人"涵蕴"有圣人","有圣人"并不涵蕴"孔子是圣人"。我们这里用"涵蕴"两字,与一般的用法大致相同,不过略有一点差别。照普通的说法,"一切事物都有相互关系"涵蕴"人与人都有相互关系",因为承认了前一个命题,同时再来否认后一个命题,就陷于矛盾。但照我们给"涵蕴"两字的意义来说,了解且承认"一切事物都有相互关系"的,不一定了解"人"这个概念,所以也不一定了解"人与人都有相互关系"这个命题。根据我们底定义,我们不能说"一切事物都有相互关系"涵蕴"人与人都有相互关系"。我们至多可以说,承认前一个命题之为真的,假若他能了解后一个命题,那就不得不承认后一个命题之为真;不能说,承认前一个命题之为真的,一定也能了解后一个命题而同时承认它为真。

前面我们所说的概念与概念之间的含藏关系，与普通所说的概念与概念之间的涵蕴关系完全不同。普通所说的概念与概念之间的涵蕴关系，照我们底说法，实在是命题与命题之间的涵蕴关系。例如，普通说"狗"涵蕴"动物"，不说"狗"涵蕴"非动物"。用我们底话说，就是：无论甲是什么，"甲是狗"一定涵蕴"甲是动物"。我们不能说：无论甲是什么，"甲是狗"一定涵蕴"甲是非动物"。至于"狗"这个概念，照我们底说法，不但含藏"动物"这个概念，并且也含藏"非动物"这个概念。

概念与概念、命题与命题之间的含藏与涵蕴关系，都说过了。这两种关系，表面上看起来很不一样，归根说起来还是一个东西。我们若要推广说，概念与命题之间，也可以有纯逻辑的含藏或涵蕴关系。

甲命题含藏乙概念，就是说，凡是了解甲命题而且承认甲命题之为真的，一定也能了解乙概念，例如了解而且承认"这朵花是红的"或"红是颜色"的，一定也能了解"红"，也能了解"不红"。"这朵花是红的"含藏"红"，也含藏"不红"；"红是颜色"含藏"红"，也含藏"不红"。甲概念涵蕴乙命题，就是说，凡是了解甲概念的，一定也能了解乙命题，而且从逻辑上不得不承认乙命题之为真。例如了解"红"的，一定了解而且承认"凡红的都是红的"，也一定了解而且承认"红是颜色"。（因为"红"本来就是指的一种颜色，就是红色；说"红是颜色"，等于说"红色是颜色"。）"红"涵蕴"凡红的都是红的"，也涵蕴"红是颜色"。但是了解"红"的，不一定承认"这朵花是红的"。所以"红"并不涵蕴"这朵花是红的"。

含藏与涵蕴关系不止在一个概念与一个概念之间，或一个命题与一个命题之间。几个概念可以含藏一个概念，几个命题可以涵蕴一个命题。这里所说的，不是各别的含藏或涵蕴，而是联合的含藏或涵蕴。例如"坚"并不含藏"坚白石"，"白"或"石"也并不含藏"坚白石"，但是"坚"与"白"与"石"三个概念联合地含藏"坚白石"；因为了解"坚"与"白"与"石"的，一定也能了解"坚白石"。在我们这个例子里，"坚白石"又反过来含藏"坚"，含藏"白"，含藏"石"。任何一串概念，都可以有一个概念为它们所联合地含藏，同时又各别地含藏它们。命题也是同样。

一个通性概念，决不能含藏一个历史概念。因为通性概念没有任何关于事实的假定，历史概念有关于事实的假定。但是"通性概念"底范围还是很广的。

不但形上学的概念，就是自然科学中的概念，里面大部分如"电子""细胞""习惯"等，只要除去了关于事实上存在的假定，也都是通性概念。

凡是为通性概念所涵蕴的命题，我们称为"纯分析命题"，（例如，"人是动物""红是颜色"。）纯分析命题对于事实是无所肯定，也无所假定的。一个纯分析命题，决不能涵蕴一个非纯分析命题。

凡是有普遍性与必然性的命题，我们一概称为"理法命题"。理法命题以外的真命题，我们称为"历史命题"。（例如"孔子生于鲁""地球上有文化""有猫"。）历史命题也有讲法则的，例如法文文法里面的许多命题，这样的命题只是讲的某一部分事实底法则，不是讲的普遍的、必然的法则。理法命题所预示的，就是前面所说的狭义的真理。历史命题所显示的，是事实。一个理法命题，绝不能涵蕴一个历史命题。"科学"两字，照狭义的用法，应该指研究普遍法则的学问，并不能包括历史以及其他记载事实或整理事实的学问。狭义的"科学命题"，严格说，应该都是理法命题。

凡是纯分析命题，都是理法命题。但似乎有的理法命题，不是纯分析命题。例如物理学所有的命题，虽然为通性概念所构成，但我们似乎可以设想这些命题不真，它们似乎并不为通性概念所涵蕴，并没有"逻辑的必然性"，而仅有"势的必然性"。物理学的定律，其中或许有一部分不是理法命题，不是绝对普遍的，而是为我们这个爱因斯坦宇宙底特殊性所限制的，但我们觉得至少有一部分（固然指不出那部分）确有绝对普遍的效力，确是理法命题。我们得到这一类命题，仍是靠的归纳法，但仅是归纳法并不能给我们纯分析的必然。可是从另一方面说，我们要把理法命题分为纯分析与非纯分析两种，有时候（特别在最进步的科学例如物理学里面）很难划出一条明确的界线。因此有人认为所有的理法命题，只要真正是理法命题，都是纯分析命题，不过有时候人类底知识不够证明它是纯分析的罢了。照这个说法，"理法命题"与"纯分析命题"两个名词是没有区别的。但是照我们底看法，纯分析命题只有"分析的或静的必然性"，而理法命题似乎也有是非纯分析命题的，这类非纯分析的理法命题，似乎另有一种"综合的或动的必然性"，不仅仅从通性概念底分析可以得到的。

三

凡是为一切概念（各别地）所含藏的概念，就是纯逻辑的概念。（例

"不""都"等。）否则就是非纯逻辑的概念。（例如"时间""因果""红"等。）凡是为一切命题（各别地）所涵蕴的命题，就是纯逻辑的命题。（例如"任何东西都同于自己""两个与两个是四个"。）否则就是非逻辑的命题。（例如几何学、物理学的、形上学的命题。）每一个非纯逻辑的概念或命题一定含藏或涵蕴任何纯逻辑的概念或命题，但是纯逻辑的概念或命题决不能含藏或涵蕴非逻辑的概念或命题。纯逻辑的概念与命题，又都是互相含藏、互相涵蕴的。我们假若把所有互相含藏、涵蕴的概念与命题，合为一个"蕴聚"，我们可以说，所有纯逻辑的概念与命题，都在一个蕴聚中，这个蕴聚我们称为"纯逻辑蕴聚"。

纯逻辑的概念与纯逻辑的命题，在内容上，对于实在，没有任何积极性的肯定，也没有任何积极性的假定。这个特点，是纯逻辑的概念与命题所独有的。这也就是纯逻辑的概念与命题之所以异于形上学的、科学的、历史的概念与命题之所在。我们说"假定"（Presupposition），并不是说"假设"（Hypothesis）；"假定"是指着某知识所涵蕴的那些已被默认为不成问题的知识，"假设"是指不曾断定是非的命题，我们暂时认它为真。"积极性的"（Positive）四个字，照我们底用法，并不与"消极性或否定性的"（Negative）相对，而与"滔滔洛汲"或"无真正内容的"（Tautological；inhaltlos）相对。"肯定"两字，我们也取广义，包括"否定"。

任何非纯逻辑的概念，对于实在，都有积极性的假定。例如"因果"这个概念，虽然并不肯定或假定宇宙间有因果这类事实（因为它是一个通性概念），但它总是先已假定了有因果这个意义或"性"或"可能"，这个，虽然没有关于事实的肯定或假定，本身已经是一个对于实在的积极性的知识了；换句话说，它实是有所谓，实是知识。任何非纯逻辑的命题，不是对于实在有积极性的肯定，就是对于实在有积极性的假定。前者底例如"有人"，后者底例如"人是人""孔子是孔子"。"有人"这是关于事实的肯定。"人是人""孔子是孔子"，这两个命题普通往往被认为是纯逻辑的命题，但照我们底说法，这两个命题是应用纯逻辑得来的命题，不是纯逻辑的命题。因为里面含藏着的"孔子""人"两个概念，一个有关于事实的假定，一个有意义方面的积极性的假定。纯逻辑的概念或纯逻辑的命题，完全不是这样。它不但是"什么都没有说"，可以说"简直没有说什么"。"不""都""一个""两个"，这哪里是真正的"概念"，它说了什么来？"甲是甲"，这话不但对甲无所肯定，连甲都没有指定是什么，这哪里是一个真正的命题，这哪里是知识，里面一点真正的内容都没有！

纯逻辑的概念或命题，因为在内容上没有任何积极性的肯定或假定，所以它底效力倒是普遍而必然的。你不说什么，当然没有错误。

纯逻辑的概念与命题，虽然在内容上没有任何积极性的肯定或假定，但是我们假若不专从内容来看，不纯从逻辑的含藏或涵蕴关系来看，而从事实方面或进一步从超验的形上学认识论方面去探一个纯逻辑命题，背后有什么必要的主观条件，我们曾发现它是以"有思想"或至少以"思想"这个可能为假定。但是，"思想"这个概念，仍不是我们所讲的纯逻辑的。

凡是纯逻辑的概念都是通性概念，但通性概念不都是纯逻辑的概念。凡是纯逻辑的命题都是纯分析命题（当然也都是理法命题），但纯分析命题不都是纯逻辑的命题。"马"是通性概念，因为"马"这个概念，没有任何关于事实的假定；它所根据的是马性，马性是必有而不仅是有。但它不是纯逻辑的概念，因为它有意义方面的（不是关于事实的）积极性的假定；不是一切概念都含藏"马"。"红是颜色"是一个纯分析命题，因为它没有任何关于事实的肯定或假定。照普通的说法，这类命题是有"逻辑的必然性"的；但是我们不称它为纯逻辑命题，因为它有积极性的内容，有意义方面的积极性的假定。"红是红"，这个命题虽然只是纯逻辑里面的同一律底应用，但我们也不称它为纯逻辑的命题，只称它为纯分析命题，因为"红"这个内容还是有积极性的，这在前面也已说到。"孔子是孔子"这个命题，也不过是同一律底应用，但我们不但不称它为纯逻辑的命题，并且不称它为纯分析命题，因为"孔子"是一个历史概念，不是通性概念。

四

凡是以思想做纯粹的反省就可以得到的概念，我们称为"纯概念"或"范畴性概念"。"纯"就是不杂，因为我们得到这概念，并不由感官底经验，我们纯用思力，没有经验底成分夹杂其间，所以纯概念又名为"先验的概念"。"红"这个概念虽然没有关于事实的肯定或假定，但我们非恃感官底经验，非由经验出发而加以概括或抽象，不能得到"红"底概念。因为这样，"红"虽然是通性概念，并不是纯概念。我们得到一个概念，虽然事实上也是先有了种种的经验，在表面看起来，也是由经验出发加以概括抽象而得到的，但是我们只要进一步推究，就知道不然。一切经验知识，都要假定纯概念。（红的事物底知识虽然也假定"红"这个概念，但是我们假若离开了感性，专恃思力，决不能得"红"这个概念，）再进一步，我们可以说任何概念，若是我们不单从内容来看，而追究它底根柢时，都要假定一切纯概念。纯逻辑的概念，也不是例外。例如"不"这个概念，单从内容看，并不含藏"价值"这个概念（我们所指不是逻辑里面的"价值"，乃是价值论所讨论的价值）；但我们只要往根柢处追究，若是不假定"价值"，那么我们既然不求"真"（这"真"是知识底真、价值论底"真"，不单是命题底"真"、纯逻辑底"真"），还有什么"不"与不"不"？"价值"是一个纯概念，一个范畴性概念。

凡是纯逻辑的概念都是纯概念，但纯概念不都是纯逻辑的概念。凡是纯概念都是通性概念，但通性概念不都是纯概念。"纯概念"底范围，比"纯逻辑的概念"广，比"通性概念"窄。一个纯概念，决不能含藏一个非纯概念。

在人类底知识历程中，常常发生一类问题，人类觉得这类问题是宇宙间最根本的问题，人类底理性，只要一天回到自己，就会发生这类问题，要追问宇宙底究竟。人类遇到这类问题，最初给它种种神话的答案，次后就有多大胆的近乎原始科学的解释，最后才知道返求之于理性自身，纯概念就由此而发现了。

凡是为纯概念所涵蕴的命题，我们称为"范畴性命题"。（例如"一切都以至善为归宿"。）凡是纯逻辑的命题都是范畴性命题，但范畴性命题不都是纯逻辑的命题。凡是范畴性命题都是纯分析命题，但纯分析命题不都是范畴性命题。"范畴性命题"底范围比"纯逻辑的命题"广，比"纯分析命题"窄。一个范畴性命题，决不能涵蕴一个非范畴性命题。

范畴性命题又名为"先验的命题"，因为它不夹杂经验底成分，而经验知识都要假定它。进一步说，任何命题，我们若是不单从内容来看，而追究它底根柢时，都要假定一切范畴性命题。

凡是一个概念，我们从各方面追问宇宙底究竟时所得的正确的答案能含藏它，我们就称它为"哲学的概念"。（例如"生命""自由"。）凡是哲学的概念都是通性概念，但通性概念不都是哲学的概念。凡是纯概念都是哲学的概念，但哲学的概念似乎不都是纯概念。哲学的概念里面，有一部分——如"知识""善"等——固然是纯概念，但另有一部分—如"生命""快乐"等——似乎不是纯概念。也有人认为凡是哲学的概念，只要真是哲学的概念，全都是纯概念（范畴性概念），不过有些我们不很容易看出纯概念就是。这个见解，在本文里我们并不采用。

一个哲学的概念决不能含藏一个非哲学的概念。哲学的概念以外的通性概念，我们都称为"科学的概念"。（这里"科学"两字取的是狭义。）所以一个哲学的概念，绝不能含藏一个科学的概念。哲学的概念，除了纯逻辑的概念以外，都称为"形上学的概念"。

凡是一个命题，我们从各方面追问宇宙底究竟时所得的正确的答案能涵蕴它，我们就称它为"哲学的命题"。（例如"宇宙是进化的"。）凡是哲学的命题都是理法命题，但理法命题不都是哲学的命题。凡是范畴性命题都是哲学的命题，但哲学的命题似乎不都是范畴性命题。也有人认为凡是哲学的命题，只要真是哲学的命题，全都是范畴性命题，因此也都是纯分析命题，不过有的哲学的命题我们不容易看出它是范畴性命题，也不容易看出它是纯分析命题。但是在我们看来，像"宇宙是进化的"这一类命题，似乎并没有逻辑的或静的必然性，而确有一种形上学的综合的必然性。在这里，"先验"与"后验"底对立才得到了统一，这统一可以说是先天的统一。

一个哲学的命题决不能涵蕴一个非哲学的命题：哲学的命题以外的理法命题——不论是纯分析的或是非纯分析的——我们一概都称为"科学的命题"，（"科学的命题"不包括历史命题，因为要取"科学"两字底狭义。）所以一个哲学的命题，绝不能涵蕴一个科学的命题。哲学的命题，除了纯逻辑的命题以外，都称为"形上学的命题"。

形上学的概念与科学的概念，形上学的命题与科学的命题，其间差别我们不可以这样表示：形上学的概念或命题底每一个成分都是充满了"意义"的。这所谓意义不是认识论所讲的"意义"，而比较接近价值所讲的"意义"，但范围宽些，科学的概念与命题就不能完全免于"无意义"的，单单的差别，例如红与青底，色与声底差别。我们又可以说，形上学的概念与命题是可以"纯然地理解"的（例如"价值"），科学的概念与命题不是可以"纯然地理解"的（例如"红""电子"）。

假如我们采用了本文所没有采用的见解（就是认为所有的理法命题都是纯分析命题，所有的哲学的概念都是纯概念，所有的哲学的命题都是范畴性命题），那么真理就只有四个分野：逻辑、形上学、科学、历史。逻辑不能涵蕴形上学，形上学不能涵蕴科学，科学不能涵蕴历史，形上学、科学、历史都是有积极性、"有内容"的知识。独有纯逻辑底种种概念、种种命题，都是没有积极性,"没有内容"的。但是我们若是追究它底根抵,就可以发现所有的纯逻辑的概念与命题,都是思力底别异作用底内在法则底反映。所以逻辑底本源也是有积极性的,逻辑也不妨认为就是研究这些内在法则的学问,那么纯逻辑也成为一种有积极性的知识,而且形成形上学底一部分了。

"知识"两字,可以有两个意义,它可以指思观与正确的判断说,它也可以指二者底内容（就是概念与真命题）说。"逻辑""历史"等等名词,每一个都可以有三个意义,它可以指某类的思观与正确的判断所形成的系统说,它可以指二者底内容（某类底概念与真命题）所组成的系统说,它也可以指二者底对象（某类底"物"与真理）所组成的系统说。

因为本文并没有采用上文所说的简单的四分法,所以真理底分野（也等于真命题底分野）可以用下图表示：

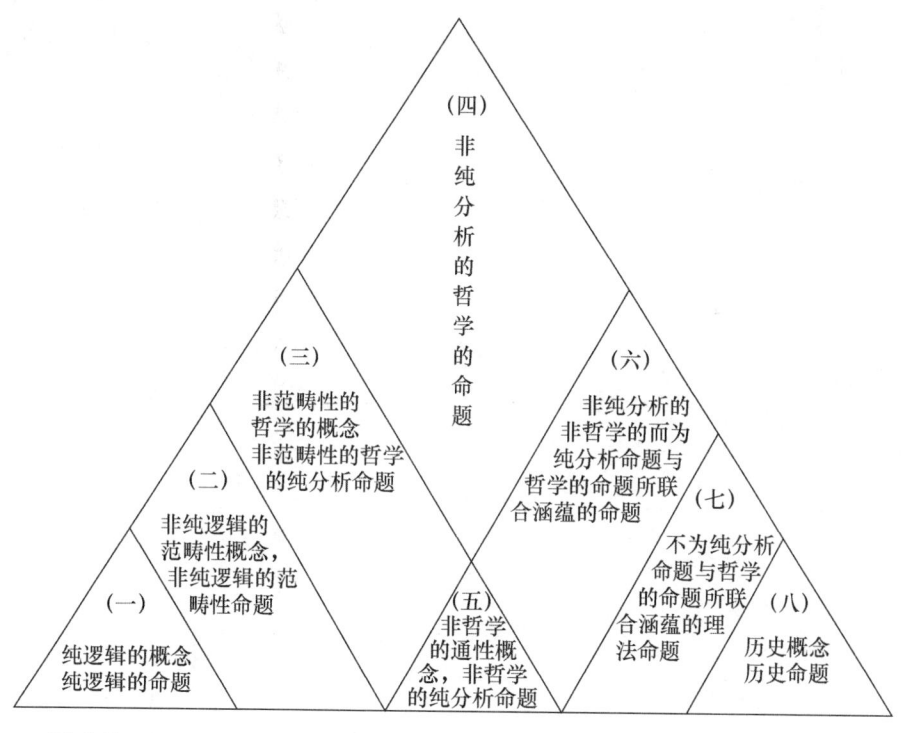

```
                    (四)
                    非
                    纯
                    分
                    析
              (三)  的        (六)
              非范畴性的  哲    非纯分析的
              哲学的概念  学    非哲学的而为
         (二) 非范畴性的哲学 的  纯分析命题与
         非纯逻辑的  的纯分析命题 命  哲学的命题所联
         范畴性概念,         题  合涵蕴的命题  (七)
    (一) 非纯逻辑的范                        不为纯分析
    纯逻辑的  畴性命题    (五)              命题与哲学
    概念                  非哲学             的命题所联  (八)
    纯逻辑的              的通性概            合涵蕴的理  历史概念
    命题                  念,非哲学           法命题      历史命题
                          的纯分析命题
```

图中的（一）是逻辑,（二）、（三）、（四）是形上学,（五）、（六）、（七）是科学,（八）是历史。（一）、（二）、（三）与（五）底命题都是纯分析的,（四）与（六）、（七）、（八）底命题都是非纯分析的。

哲学的概念与非哲学的概念,哲学的命题与非哲学的命题,这中间的界限〔（一）、（二）、（三）、（四）与（五）、（六）、（七）、（八）底分界〕是不可逾越的。这个界限，我们可以称为"先天"与"后天"底界限。哲学的或先天的知识，实在是不由外铄，只要反求诸己就得。内外既由于一本，知一即可知万。哲学所研究的，是万有底究竟、万有底"意义"。科学底种种内容，哲学并不要问。科学与历史，必须有了哲学，才能理解自己。一切，到了哲学的理解，才可以说是真正地被理解了。

关于逻辑经验主义[*]

——我的个人见解

洪 谦

一

今天，逻辑实证主义或逻辑经验主义已不像50年前那样时兴了，然而人们不能否认它仍是现代西方哲学中一个有影响的学派。

从哲学史的角度看，逻辑实证主义的基本思想可以回溯到洛克、休谟、孔德和密尔（J. S. Mill，通译穆勒）。于是这里就发生了一个问题：这样一种经验主义哲学学派为什么不是出现于美国或法国，倒是产生于近百年来一直处于康德的先验唯心主义以及费希特（J. G. Fichte）、谢林（F. W. Schelling）和黑格尔的思辨哲学影响之下的德语国家奥地利？其原因何在？换句话说，其真正的历史背景究竟如何？

这的确是一个发人深省的问题。当人们仔细考察了奥地利哲学的历史之后，便不难得出如下结论：逻辑经验主义出现在这个国家绝非偶然，它确有其深刻的历史背景。奥匈帝国有着它自己不同于德意志帝国的哲学传统。二者不仅各不相同，甚至彼此针锋相对。这种对立表现在经验的实在论与先验的唯心论、经验主义与唯理主义以及反形而上学倾向与形而上学传统之间的对立。只有在这种特定的哲学历史条件下，马赫才能建立他的现象主义或一般所说的实证主义，从而维也纳学派也才可能在马赫哲学的基础上借助现代物理学、数学和逻辑学的发展创立新的实证主义，即逻辑实证主义（或逻辑经验主义）。

---

[*] 本文是在日本东京大学的讲演，原文是德文，中译文载《哲学译丛》1987年第5期，译者还学文，后收入：洪谦. 论逻辑经验主义 [M]. 北京：商务印书馆，1999：71-83. 有些外国人名的英文原名，系本书编者按本书体例所加。

二

奥地利哲学的创建者应该是布伦坦诺和布伦坦诺学派，包含波尔查诺、迈农和胡塞尔。布伦坦诺在他的主要著作《从经验观点出发的心理学》中着重强调了哲学发展中以下几个方面：（1）一切科学研究活动（包括哲学研究）必须从经验出发，并且以经验为基础；（2）哲学必须与科学携手共进，必须以科学的方法为其唯一可行的研究方法；（3）康德的先验唯心主义与德国的思辨哲学必须从哲学当中清除出去；（4）某些哲学问题实际上是语言问题，因此语言批评应当是哲学的一个必要的组成部分。这里由布伦坦诺提出的四个方面显然是与维也纳学派的基本思想一致的，即科学经验主义、反形而上学和语言的逻辑分析。尽管布伦坦诺本人和他的学派试图从不同角度实现上述哲学纲领，可惜并无结果。这一哲学纲领的实现到了维也纳学派才能完成。

布伦坦诺在维也纳大学任教期间，由于一项对他的婚姻诉讼的法律裁决而被迫离职。嗣后，大学又为他重新设置了一个名为"归纳科学的历史与理论"的讲座，但由于未获得奥地利王朝宫廷的批准，他仍然不能接受这一职位。于是，维也纳大学聘任了原布拉格大学的马赫教授主持这个讲座。继马赫之后这个讲座的主持人分别为玻尔兹曼（L. Boltzmann）——统计力学的创始人，施托尔（A. Stohr）——著名的生物学家，和石里克——维也纳学派的创始人。这一讲座的最后一位主持人是维也纳学派的重要代表人物之一克拉夫特（V. Kraft），他退休之后，这一讲座便撤销了。

三

在维也纳大学的多年间，我在石里克小组有机会结识了逻辑经验主义的许多重要代表人物：哈恩、纽拉特、克拉夫特、魏斯曼、弗朗克（Ph. Frank）、卡尔纳普、费格尔、门格尔（K. Menger）、哥德尔、拉达科维奇（T. Radakovic）、济塞（E. Zisel）和现象学者考夫曼（F. Kaufmann）等人。其中石里克和卡尔纳普以及纽拉特给我的印象尤其深刻，他们之间不仅哲学见解彼此相异，而且个性与哲学风格也各具特色。但他们一致对当时的哲学现状所表示强烈不满的，是在于它致力于某些被视为基础的哲学问题，首先是形而上学问题的解决上，显得如此软弱无力，周旋不休。他们一致坚信这类问题只能借助以现代逻辑为基础的分析方法或者得以解决，或者被证明根本是无意义的伪问题。

四

石里克（作为我的指导教授，我曾与他有过长期而密切的接触），他是个严谨持重的人，但并不专横武断，对待同事和学生总是热情诚挚。卡尔纳普在他的自传中写道："洋溢在维也纳小组学术讨论中的那种友好融洽的气氛，大部分要归于石里克那始终如一的诚挚、宽容和友善的精神。"[1] 我个人觉得无论在演讲中还是在讨论班上，石里克都是一个极富启发性的循循善诱之师。

谈到石里克的哲学思想，有所谓"前维特根斯坦时期"与"后维特根斯坦时期"之说。在前一个时期，他是一个强烈的实在论者，主张批判的实在论；到后一时期，在维特根斯坦的影响下，"他转向马赫的科学观点，即科学中观察的基础命题（basic proposition）不是别的，只是关于给予的命题"，这是艾耶尔所主张的。在其"后维特根斯坦时期"，石里克的确多少改变了他的哲学观点。但这种改变是否可以理解为"回返到马赫的实证主义"呢？我下面就来考察这个问题。

维特根斯坦在其《逻辑哲学论》中试图根据基本命题（elementary proposition），借助真值表从逻辑上表述句子的意义。石里克采纳了维特根斯坦的基本命题的理论，即真值理论和意义理论，并由此出发去区分自然科学的经验命题（以及其中的数学命题和逻辑命题）与形而上学命题。石里克指出，每一经验命题都是确定的基本命题的真值函项，而基本命题是完全可以为适当的观察句证实的。那些不能以任何方式与可证实的基本命题相关联的陈述，都不是关于实在的命题，都是不包含任何经验内容的。这类命题的基本特征是：它们既不是分析的，如数学或逻辑命题那样；又不像综合命题那样，可以通过基本命题在经验中检验真伪。石里克称这类命题为认识上无意义的命题，或者说为似是而非的伪命题。他认为，哲学在求解形而上学问题上的徘徊不前，就因为形而上学家没有认识到迄今为止所提出的一切解答并不包含认识的内容。这样他们的努力只能是徒劳无益的。

---

[1] SCHILPP P. The Philosophy of Rudolf Carnap [M]. Library of Living Philosophers volume 11. La Salle, Ill.: Open Court, 1963: 21.

五

根据维特根斯坦的看法，基本命题是描述那些逻辑上彼此独立的事态存在。在《逻辑哲学论》中维特根斯坦说："简单句子，基本命题断言事态的存在。基本命题是由名字构成的，是名字间的联系和组合。"他向我们说明，关于事态的存在与不存在，有其多种可能性，即 $K_n = \sum_{v=0}^{n} \binom{n}{v}$ 种可能性。事态的一切组合可以存在，然而有些组合可能不存在。[①] 但他没有说到，基本命题是怎样组成的，应当视作怎样的一种命题。然而很多人却有这样一种印象，好像基本命题作为简单句或观察句只是关于直接的体验或给予的命题，他们没有注意到，维特根斯坦在《逻辑哲学论》中的相关论述看来是排除了这种理解的可能性。

石里克在他的文章《实证论和实在论》中严格地根据维特根斯坦的用法使用"所与"与"体验"两个概念。他强调指出，那种认为关于实在的命题（经验命题）的内容是所与的或者可在意识中直接体验的看法是不正确的；人们必须明确，只有在所与中的可证实性或在体验中的可检验性才是一切经验命题（无论是科学命题还是常识命题）的唯一标准。石里克认为马赫把外部世界溶化于感觉之中的理论是完全荒谬的，应当予以排斥。他不仅排斥了这样的可溶性，而且把它看作似是而非的伪命题。"实证主义"一词对于石里克来说，只是意味着克服上述的那类伪命题，同时把自己局限于能用经验验证的命题。石里克坚决反对"逻辑实证主义"这个名称，而赞成代之以"彻底经验主义"或"逻辑经验主义"。

六

在石里克小组中，对于人类知识可靠性的问题，一直意见纷纭，特别是在石里克与纽拉特以及卡尔纳普之间（卡尔纳普开始赞同石里克，后来转向纽拉特）。石里克主张有一种综合命题，它具有确定性而并不只是假说，他称之为确证（die Konstatierungen）。与此相反，纽拉特认为只有记录句才构成经验认识的

[①] WITTGENSTEIN L. Tractatus Logico-Philosophicus [M]. London & New York：Routledge，1961：4.21，4.22，4.27.

科学基础，它们是随时可更改和修正的，它们只具有假说的性质。石里克所断言的确证的绝对确定性以及它与实在的一致性是形而上学的空话。应该从科学领域中清除出去。

所谓"确证"，石里克理解为一种观察句。这种观察句都有这样一种形式，例如："现在这里黑与白临界""这里现在有一片黑色"，简言之，"此时此地如此这般"。在此，"如此这般"仅指当下的感觉材料或体验，并不包含对于它们的解释或判断。石里克认为对这类命题，重要的不是其语言的逻辑形式，而是出现于其中的指示词，如"现在""这里"等，尽管它们并不表述任何确定的内容而只是指示某种当下状态，然而不确定这些指示词的所指，人们就无法把握它们参与构成的记录句子的意思。并且一旦人们理解了这类观察句子，自然也就认识了它们的真假。因为构成这种句子意义的内容，是直接呈现于我们面前的。与此相反，其他综合命题的意义与真值的确定则是两个彼此分离的过程，只有在确证的意义上，二者才能结合为一。

石里克这一富有创见、引人入胜的确证说，引起了强烈的反响，也遭到了尖锐的批评，这里我只提及艾耶尔和亨普尔的意见。艾耶尔1936年在其著作《语言、真理和逻辑》中表达了如下的看法：在自然科学命题体系中根本不存在一类石里克所谓"确证"的综合命题。因为这种句子一方面必须由真正的指示词构成，另一方面又必须是完全可以理解的，而这在逻辑上是不可能的。因为一个仅由指示词构成的句子不过是某种指示、暗示或指称，绝不是真正的命题。显然在语言中人们如果不能描述对象，也就无法指示它们。这就是说，如果一个句子表达一个命题，它就不仅是指称一种状态，而且必须对它有所陈说。这样，这个句子就超出了直接所与而过渡到非直接所与的某种东西了，而且是确证命题无法达到的。由此可见，一个确证句子在逻辑上根本不可能是一个真正的命题，而且没有任何综合命题可能具有石里克所说的绝对的确定性。

亨普尔认为，石里克试图通过所谓的确证为认识奠定一个坚实基础的尝试是行不通的。因为石里克的确证只是纯粹的心理事件。就一个事件而言，人们至多只能说，当它为一个适当的句子所描述时，它能证实或反驳某个经验假说。这种确证句子只能对于某种句子有所断定。如波普尔、纽拉特以及卡尔纳普后来所认识到的，综合命题永远面临着进一步的经验检验，因此总有被否定的可能性。

七

卡尔纳普性格内向，但对同事、对学生总是十分友善，乐于助人。作为一个大思想家，对于哲学问题及其论证，他一贯追求严格而准确的表述。他建议，为了实现这一目的，人们必须学会使用由弗雷格、罗素和怀特海所创立的数理逻辑方法去处理哲学问题。卡尔纳普本人就在其全部哲学研究中创造性地应用了符号逻辑的方法。不幸的是，卡尔纳普这种有步骤的、递进的、典型的系统化的思维方法却被维特根斯坦认为是"学究式的卖弄"。这或许导致了其后卡尔纳普与维特根斯坦的疏远。

卡尔纳普在其重要著作《世界的逻辑构造》中试图将体验的构造流解释为一切实在概念的根源与基本要素。为了建立他的构造系统，卡尔纳普根据马赫的现象主义的语言，借助相似性回忆的经验关联，通过符号化的方法，一步步地构造了对于描述世界必要的概念：物理对象的展开与非我的心理状态的构造，并已试图以这种混合要素构造他的世界框架。

在这部著作中，卡尔纳普把他的哲学观点称之为"方法论的唯我主义"。他说，这并不意味着只有我的意识才是唯一实在的；这仅仅是说，人们为了表述经验的或科学的命题，可以从自己的体验出发。这就是说，卡尔纳普在此不是在本体论的意义上而是在方法论的意义上使用"自我意识"或"我的体验"这样的概念的。然而我很怀疑，是否卡尔纳普在唯我主义前面加上"方法上的"或其他修饰词，就可以改变唯我论的本质了？

八

在石里克小组内，围绕维特根斯坦的《逻辑哲学论》争论也很激烈，以石里克和魏斯曼为一方，纽拉特和卡尔纳普为另一方。纽拉特完全持与维特根斯坦相反的意见：他对维特根斯坦的逻辑原子主义、拒斥形而上学、关于"不可说"的概念以及哲学仅仅是阐明的观点，都持保留态度。与纽拉特相比，卡尔纳普对维特根斯坦学说的态度则比较温和，尽管如此，他仍然认为在《逻辑哲学论》中，维特根斯坦的许多命题是很可疑的，有些则是不能成立的，例如关于可说与不可说的划界。卡尔纳普反驳这些论题的论证见于他的《语言的逻辑句法》。根据卡尔纳普的观点，语言的构造不仅是可以分析的，而且完全可以确切地加以表述。为语言划界（在可说的与不可说的之间）在逻辑上是没有根据的。在这部著作中，卡尔纳普只把语言看成一种符号系统，而未涉及它们的意义。语言由符号构成，语言包含符号和符号组合以及由此一句子转换为另一句子的规则。这些规则基于某种规定，由于规则可以用不同的方式确定，于是就有各种不同的规则以及各种不同的语言。卡尔纳普因此拒绝了维特根斯坦只有一种唯一的语言的观点。

这里就产生了一个问题。按照卡尔纳普的上述观点，一种包含形而上学命题的语言也是可能构成的，而且这些命题也能有其意义。形而上学命题只有根据一个经验标准才能被排除于科学认识，即科学命题必须是经验可检验的。如果是这样的话，语言就不能理解为一个只表明语词间形式关系的纯符号系统，而是一个还表达了其中的概念与命题和意义的符号系统。后来卡尔纳普察觉了他对语言所做的纯形式的句法考察的片面性，并在《语义学导引》中承认语义研究对语言逻辑和语言哲学是必不可少的。由此卡尔纳普完成了其语言分析上的一个重大转折，即从句法分析转向语义分析。

卡尔纳普在哲学上的这一转变是在著名的波兰逻辑学家塔斯基的巨大影响下完成的。塔斯基于1929年和1935年两度到维也纳，并且每次都到石里克小组做关于数理逻辑的演讲。他的演讲在石里克小组成员间产生了深刻的影响，尤其是对卡尔纳普。如人们所熟知的，正是由于塔斯基的数理逻辑理论和对真值概念的定义，卡尔纳普后来不再将语言分析局限于句法分析，而开始关注语义分析。如果人们认真考察了卡尔纳普的这一转变，便不难得出结论：卡尔纳普的转变发源于塔斯基，正如石里克的转变发端于维特根斯坦，这是卡尔纳普在其自传中曾经谈到的。

卡尔纳普在其自传中再三申明：语言分析作为哲学研究的一种重要手段，首先必须构成逻辑句法的形式系统；这种分析最终必须是语义学的，即意义理论和塔斯基的真值理论。与塔斯基一致，卡尔纳普认为人们可以给出一个语言模式，用它来谈论语言问题，谈论语言的语义；人们不仅可以运用这个语言模式分析语言的意义，还可以分析它的真值。因此卡尔纳普认为，这样人们就可以谈论语言与实在的关系了。由于以往尚无一种严格的系统化的语言，以至于人们只能谈及它的某种相关语言，而现在在一种新的语义学的元语言中，人们就可以处理关于符号和真值的命题了。

卡尔纳普采纳了塔斯基语义学的基本思想，并且在此基础上会同他的句法分析的基本概念和模式化的方法，发展了他自己的语义学理论。从1942年到1947年他写了三本语义学理论专著，即《语义学导引》（1942）、《逻辑的形式化》（1943）和《意义与必然性》（1947）。

九

纽拉特性格幽默，精力充沛，善于行动，头脑里永远充满着思想和计划。他是维也纳学派中出色的组织家和卓越的宣传家。没有他的非凡的组织才能，就没有维也纳学派，没有马赫学会，没有世界性的统一科学运动，就不会有在布拉格、哥尼斯堡、哥本哈根、巴黎和剑桥关于科学哲学的一系列国际会议。就我所知，维也纳学派的基点，即《科学观丛书》和《统一科学》的小册子，也是经由纽拉特的组织才得以出版的。1938年后纽拉特接管了《认识》杂志，并改名为《统一科学杂志》，我可以说，没有纽拉特，就没有逻辑实证主义在那个时期的国际性的传播和发展。

纽拉特不仅是一位经验丰富的实践家，还是一位富于创见的理论家，一位当代西方知名的哲学家。他与卡尔纳普一起提出和发展了物理主义和统一科学的理论。纽拉特的物理主义是一种新形式的唯物主义——世界上的一切都不外乎物理对象和物理事件。他认为这种解释尤其适于说明那些心理学、社会学和编史学所处理的对象与事件。他认为，根据这种物理主义，一切命题都能够运用物理语言来陈述，或者如卡尔纳普所说那样，物理学语言能够为全部经验科学服务：自然科学和社会科学。

纽拉特、卡尔纳普还有石里克把"哲学问题向语言问题的转化"视为当代哲学发展中最引人注目的成果。他们的基本思想是这样的：传统哲学问题的表述是易于导致谬误的，因为这种表述使人们误认为它们是涉及实在世界的问题。为了避免这种概念上的混乱，人们应当把哲学问题作为涉及不同科学学科的语言问题去处理。例如，我们不去问："在实在的现象中究竟有无思想和感觉？"而是问："在心理学或社会学假说中使用的概念（如思想、感觉）是否能避免精神方面的术语而以物理概念表达？"对此，纽拉特的回答是：完全可以，如果给定的假说具备经验内容的话。

纽拉特的物理主义还主张，那些以精神术语表达的假说只有当它们能被翻译成物理语言时，才能成为经验的假说。心理学或社会学的假说只有在客观或科学可证实的条件下，才能成立。而这种可翻译性则是科学命题的唯一标准。但是这种精神的、心理学的语言向物理语言的翻译如何实现，人们如何能规定这种翻译的对应规则，这种翻译是否正确以及对物理学是否可及，纽拉特并没有给予严格而确切的解答。对物理主义严格而明确的表述，人们是在卡尔纳普那里找到的。石里克和卡尔纳普对纽拉特在哲学命题及其论证上缺乏严格性和准确性都深感遗憾。

十

波普尔提出一个问题：逻辑实证主义死了，究竟谁该对其死亡负责？他答道他不能辞其责。一位像波普尔这样世界驰名的哲学家把"对逻辑实证主义的谋杀"引为自豪，这在哲学史上确是罕见的。

但是我相信，波普尔的谋杀实际上并没有得逞，因为他为此所使用的武器并不那么锐利，不足以置逻辑实证主义于死地。他的武器就是所谓证伪理论。根据这种理论，原则上每一科学命题都是不可证实的，却必是可证伪的。但是任何一位科学理论家都必须承认，作为经验有效的命题，自然规律具有无限多的全称命题的形式，而这种自然规律的普遍命题并不和很多的具体命题相对应。也就是说，它既不能通过某个或某些基本命题得到证实，也不能被它们所证伪。对此，卡尔纳普发表了一个极有见地的看法：在科学命题的可确定性中，可证实性和可证伪性只能作为特例来看待。

自然，在今天，那样一种逻辑经验主义运动的中心（如50年前以石里克为首在维也纳，或36年前以卡尔纳普和赖欣巴赫为首在洛杉矶，或其后以费格尔为首在明尼苏达）已不复存在了。然而逻辑经验主义的科学观却依然活跃于当代西方国家的许多哲学派别中，例如，英国：艾耶尔在伦敦，麦吉尼斯（B. McGuinness）和奎因顿在牛津；美国：费格尔在明尼苏达，亨普尔在普林斯顿；奥地利：哈勒（R. Haller）在格拉茨，维恩加特纳（P. Wiengartner）在萨尔茨堡；联邦德国：施太格缪勒在慕尼黑；意大利：吉莫那特（L. Gymonat）在都灵；挪威：内斯（A. Ness）在奥斯陆；荷兰：穆德（H. Mulder）在阿姆斯特丹；等等。

逻辑经验主义思潮一直延续至今，不过自维也纳学派初创以来至今的50年间，它经历了巨大的发展和变革，而完全改变了它最初的外貌。这种发展主要在于如下方面：意义概念的提出，从句法分析转向语义分析的过渡，可证实性定义的改变，可能性概念的提出和归纳逻辑的建立，对物理主义和统一科学理论的保留和疏远，还有对于经验主义的调整、限定和修正。

这些年来，维也纳学派的逻辑经验主义者们出版了《精确哲学丛书》。这部丛书是由费格尔等编辑的，已出版了多种有关这个学派的译著，例如石里克的《普通认识论》（1974）英译本，就是其中的一册。此外，还有科恩（Cohen）、麦吉尼斯等编辑了维也纳学派丛书，其中有关纽拉特、克拉夫特、魏斯曼、哈恩等的著作，也都继续出版多种英文本，哈勒和麦吉尼斯等现在计划一种名为《回到石里克》的丛书，该丛书于1985年出版了一本石里克100周年诞辰纪念册，现在陆续出版有关维也纳学派的发展的各种专著。因此，有人谈道"当前是维也纳学派和逻辑经验主义的复兴时代"，这是有一定根据的。

分析经验主义的两个戒条*

王浩

时不我待，自从蒯因初次颁布破天荒的檄文，要捣毁逻辑（和数学）的分析性与（物理知识中）意义的还原论这"两个教条"以来，已经三分之一个世纪有余了。① 我对这篇宏论一向不满意，也曾经尝试再三，想一语道破自己不满意的理由，却总不能成功。障碍所在，现在恍然大悟，是我和他在好几个层次上都出现分歧，其中有一些，比方说各自如何看待哲学的宗旨，讲得条分缕析是要费力气的。我才写完一本旁及分析经验主义源流的书，书里从多种角度剖析了蒯因的目光与我的视野的对立。② 然而，像这类有点面面俱到的说明也有缺点，就是读者务必要权衡各个方面是不是都言之成理，直到一一做出判断为止。这就非有心驰神往的韧性不可，让那些对流行哲学中攻其一点的局部论证习以为常的人做到这一步，似乎是苛求。

尽管如此，我自信还是能够把起中心作用的一面挑选出来，而对这一面有相当明确的表述，也许有助于一开始就使焦点对准比较大的争端。这个表述，

---

* 本文英文版"Two Commandments of Analytic Empiricism"发表于 *Journal of Philosophy*, 1985, 82 (9): 449-462; 中译文发表于《中国社会科学》, 1985 (4): 93-104。

① W. V. 蒯因. 经验论的两个教条 [J]. 哲学评论, 1951, 60: 20-43. 重印多次，格式不一。我用的文本见于 BP, 即 P. Benacerraf（贝纳塞拉夫）和 H. Putnam（普特南）所编:《数理哲学选读》, 1964; 第二版, 1983（这篇文章只收入了 1964 年版）。参阅页数一律指第一版。按蒯因的表述，第一教条是一种认为分析命题与综合命题"有原则之分的信念"；他不把注意力花在逻辑和数学上，反而花在同义词上，他说，那才是"主要困难所在"。据我看，这是把重点从首要的争端转移到次要的争端，也是把首先巩固我们有较稳固的直觉的地带这个明智的研究路线弄颠倒了。因此，我重新给第一教条做的表述，我相信，更接近问题的核心。（参照后面第 2 个注释中卡尔纳普对维也纳小组关注中心的表述，它似乎是支持我的解释的。）

② 暂名《越出分析经验主义：走向对人类知识的公正评价》（麻省理工学院出版社已接受）。我想追加某种缩影，使这本头绪过多的书有个更鲜明的焦点，这一尝试的副产品就是本文。在这个过程中，我禁不住也提到了一部正在草撰的书里要更全面论述的一些观点。

据我看不但抓住了卡尔纳普与蒯因的差异，更值得重视的是抓住了他们所共有的基本的隐蔽预设。它本身还很难说是最终的表述，但可望激发读者去找它的佐证和蕴义。它还会缩小分歧区，便于更专心追寻分歧的根源。

卡尔纳普与蒯因的哲学实践的一个共性是偏爱局部的（大多是形式的）精确，同时又都心甘情愿地忍受乃至极力炫耀全局的不定。所不同的是卡尔纳普试图（不成功）描出大一点的局部。他们这样做的原因无疑与特化在科学中的领先和相对成功有联系。我偏偏遗老味十足，还相信哲学的切身大事依旧是要做到在某种程度上裁定全局。在他们的做法背后，则是一种共同的心愿，巴不得屈从于物理的和其他较为具体或可触摸的对象和经验（诸如语言表达式和观察命题之类）。

我认为，根本的东西不是促使他们分手的分析性和还原论这两个教条，倒是促使他们合流的另一点，即否认概念性知识有任何自律性。对于经验主义和逻辑，虽然他们所见大有不同，但所共同的先入之见够多的了，把他们二位都称作"分析经验主义者"（或曰"逻辑经验主义者"），我想，还是名副其实的。因为他们都自认是经验主义者，又都让自己的哲学围着逻辑和"逻辑分析"这个中心转。姑且牺牲点准确性，步蒯因生花妙语之后鹦鹉学舌，建议将"分析经验主义的两个戒条"的标签，贴在他们对分析（或逻辑）和经验主义的观点的交合部上。鉴于他们的立场究竟有种种显著差异，很遗憾，只拿两个简洁的命题就讲得恰到好处，确有一点儿难。暂用的表述可以是：

（a）经验主义就是全部哲学，不会有什么（根本的）东西真正能叫概念性经验或概念性直觉。

（b）逻辑对哲学极为重要，而分析性（甚至必然性）只能指按约定为真。

把（a）和（b）划开，稍嫌任意，因为，主要之点还是他们的否认概念性知识有任何独立性的经验主义。

众所周知，蒯因的哲学一多半是有感于卡尔纳普的立场而发的。鉴于他们分享（a）和（b），我认为这是内讧。后期维特根斯坦的著作（本文不考虑）和哥德尔的哲学，尽管（原先）不是有感于卡尔纳普而发，但两者都包含一些重要成分，可以视为对逻辑实证主义的严肃批评。其实，我自信，我在本文中的立场与哥德尔十分接近，得益于我同他的讨论的地方也很多。然而，他认为经验主义对数学的说明"荒谬绝伦"。所以，他更关切的是去正面建立表现他的强客观主义立场的强论断，不是来捍卫本文的较弱的否定性的论点：数学仍然是经验主义所不能说明的。

我认为，分析经验主义者（取我定的那种涵义）未曾摆脱也无法摆脱的困难，还是上一个世纪的约翰·斯图亚特·密尔面对的那个困难：

（DE）经验主义怎么给数学的确实、清晰、范围和可用做恰当的说明呢？①

据我看，分析哲学里占中心地位的许许多多争端大可看成横生枝节，都是竭力要摆脱这个困难才引出来的。特别要指出的是，逻辑和逻辑主义所以登台，就是为了更轻易地完成这一任务。这套变形术何以有拨云见天之功，其妙莫名。其实，我倒相信，根本不必请逻辑出场，只要不是"两个戒条"横行一时，就会看出：

（A）（密尔或）卡尔纳普或蒯因那种涵义上的经验主义不能给数学做恰当的说明。

这正是本文的话题，也正是本文的论点。

为了劝说经验主义者服从这个结论，先来确证他们反驳它的计谋不当，这虽然不够，总是有帮助的。最直截了当的反驳（A）的方案是卡尔纳普提出来的，不妨分解成以下几步：

（C1）逻辑主义：数学可还原为逻辑。

（C2）分析性：逻辑真理是分析的。

（C3）约定论：分析命题按约定为真，所以毫无内容。

接受这三个命题会摆脱（DE），因为由此得到的结论必如罗素所说，"数学知识无不与一码等于三尺这个'伟大的真理'性质相同"②。因此，数学也就没有什么"神秘"了。

可是，这些论断又引起了有关逻辑、分析性和约定论的性质的那些人所共知的问题。逻辑有众多相持不下的说法，从当前的目的着眼，可以按它们给逻辑定的范围来分类，其中只有两类需要考虑：

（1a）逻辑仅仅是一阶逻辑（初等逻辑）。

---

① 使经验主义两面作难的这个基本问题，卡尔纳普是很记挂在心的。例如，卡尔纳普就数学的"重言性"蒙混其词一通，然后接着说："这种见解所以重要，从我们的观点看来，就在于第一次有了可能把经验主义的基本主张与对于逻辑和数学的性质的满意说明结合在一起。"（SCHILPP P. The Philosophy of Rudolf Carnap [M]. Library of Living Philosophers volume 11. La Salle, Ill.：Open Court, 1963：47.）

② RUSSELL B. A History of Western Philosophy [M]. New York：Simmon Schuster, 1945：860.

（1b）逻辑包括集合论（至少也是集合论中足以推演"普通数学"的一部分）。

既然（1a）与（C1）冲突，采纳它就会使逻辑与（DE）毫不相干。（它只和数学的"如果—那么"式的解释相干，然而，那是把数学当作未解释的或按假设为真的，明明不当，因而这里无须考虑。）无可怀疑，（C1）要迫使卡尔纳普承诺（1b）。所以，我只限于（1b）一说，顺便提一提，这也是我现在赞赏的立场。（DE）的无法摆脱却不必依赖这个选择，假使不拿——当然可以不拿——逻辑做数学与经验主义的中介，这个选择就变成不相干的了。

"分析的"一词有各式各样的涵义，哥德尔从中挑选了两种值得重视的涵义①：

（2a）重言的。这个词已经用成多义的了。如果它想有一个充分确定和广泛的涵义，它必定要以某种方式涉及定义及公理和演绎。应用于集合论或数论等时，它具有"纯形式的涵义，即出现的词都能够定义（或者用显式，或者用从所在句子中消去它们的规则），达到公理和定理变成同一律的特例而不可证命题变成该规律的否定的地步。按这种涵义（就是说，如果让'分析的'指这种涵义上'重言的'），连整数理论也能证明是非分析的，假定要求消去规则允许一个人在每一情况下都在有穷多步之内实际上做到消去的话"。（删掉"有穷"这层限制，给数学做说明时会窃题，证明选择公理或无穷公理等是重言命题时会循环。要注意，按这种特定涵义，连一阶逻辑也不是重言的。）

（2b）分析的。一个"命题，如果它成立的'理由在于其中出现的概念的意义'，就叫作分析的。在此处，这种意义也许可以是不可定义的（就是说，不可还原为任何更根本的东西）"。按这种涵义，数学、集合论和逻辑的公理和定理全都是分析的，但不一定因此就"毫无内容"。这也是我现在赞赏的"分析的"一词的涵义。② 不过，（DE）的无法摆脱不必依赖这个选择，因为，前文交代过了，我们尽可叫数学（不管说不说它是分析的）和经验主义直接对阵。

卡尔纳普论证里的关键问题是（C3），至少对选定（1b）和（2b）的人来说是如此，这两说，对不欣赏约定论（取其一般涵义）和唯名论（取其传统涵

---

① BENACERRAF P, PUTNAM H. Philosophy of Mathematics: Selected Readings [M]. Cambridge: Cambridge University Press, 1983: 230.

② 这话并不意味着哲学所关切的仅仅是寻找分析命题。其实，我相信有真正属于哲学的非分析命题（比方说，在本文第 2 个注释所提到的书中我称之为"必要理由原则"的那个命题）。

义）的人，是言之成理的。① 方才提醒过了，(C1) 要迫使卡尔纳普承诺 (1b)。现在（C2）与（C1）结合之后看来又要迫使卡尔纳普承诺某种类似 (2b) 的东西。可是，(1b) 和 (2b) 一旦被接受，(C3) 可能有的解释，或者说，按约定为真是指重言的还是指分析的还是指别的这个问题，就会由此受到限制。如果它指按 (2a) 的涵义是分析的，那么，"按约定为真"不一定毫无内容；其实，一旦像前文那样区分了 (2a) 与 (2b)，不费力气也看得出 (C3) 与 (2b) 有冲突之嫌。在这件事上，幸好卡尔纳普以他坦率的风格留下了如何使出蒙混其词这关键一着的证词，他和其他实证主义者，处在自己立场的成败系于 (DE) 的时代，使出这一着也可谓情不自禁。

蒙混其词部分起因于维特根斯坦把逻辑列入了重言的，后者又是由于《逻辑哲学论》里有穷与无穷的界线不知怎么被错误地一笔勾销（也由于一个理想化的要求：初始或原子命题彼此独立）的缘故，正如他在1932年自责的那样。② 除此以外，卡尔纳普承认，维也纳小组向《逻辑哲学论》的重言式观点归顺是既有所变更又有所猜测的。③ "但是，在小组成员们看来，初等逻辑与包括数学在内的高等逻辑之间并没有根本区别。于是，我们就形成一种见解：一切有效的数学陈述在一切可能的情况都成立，因而没有关涉事实的内容，在这种特定的涵义上，它们都是分析的。"实在不解，比方说哈恩，也就是哥德尔的尊敬的数学老师，居然会附和（确实附和了）这种不足信的蒙混其词。

卡尔纳普继续照《语言的逻辑句法》里的老样子，重提他的集合论（还不如说是一种较窄的类型论）公理是分析命题的证明。④ 其实，从种种可以到手

---

① 特别要说明，不取彭加勒用于几何学的"约定论"的特殊涵义，不取蒯因精心炮制的"唯名论"的涵义。

② 见 G. E. 摩尔的报道，《心》，第64卷（1955），1-4页。

③ SCHILPP P. The Philosophy of Rudolf Carnap [M]. Library of Living Philosophers volume 11. La Salle, Ill.：Open Court, 1963：47. 在它前面总结了维特根斯坦的重言式思想，并且承认有所变更："无论如何，他没有把算术、代数等等的定理算作重言命题。"

④ CARNAP R. The Logical Syntax of Language [M]. London & New York：Kegan Paul, 1937. 这个说明见之于第121-124页和第141页，以卡尔纳普的文风而言，稍嫌简略。特别要说说，第141页上无穷公理的处理是闪烁其词的，有各种各样的人提出质疑，包括我和H. 波奈特。在《卡尔纳普》第47-48页上，卡尔纳普旧话重提："我找出了无穷公理的若干种可能的解释，都能使该公理变成分析命题。例如说，假使不取事物而取位置充当个体，就得到这个结果。"我相信，这是卡尔纳普混淆 (C3) 与 (2b) 的另一例，也是他企图只从物理经验获得数学的那种希望的另一例。

的证据（包括这一例）看得很清楚，卡尔纳普著作里的约定论原不过是对逻辑和数学的语法观点，换言之，认为数学论断能够解释成语法约定及其结果的观点。（附带说一说，规定真假条件的"语言规则"，由于把句子作为语法对象处置，也是语法的。）

说起这个问题，我们算碰见了在"重言的"与"分析的"两可之间蒙混其词的一种更精巧的形式。如果语法是遵循希尔伯特学派的传统，按标准（也是本来的涵义）去理解，它必须是有穷论的，于是，根据哥德尔的不完全性结果，无可奈何，得不出能摆脱（DE）和驳倒（A）的足够多的数学。另一方面，如果语法放大到包括非有穷论成分，那么我们又回到了怎么给数学做经验主义的说明这个老问题，因为，要达到非有穷论的概念和推理，至今可以到手的唯一手段还是诉诸数学的直觉。事实上，卡尔纳普似乎不只是为语法提供了若干助力，还果真把语法本身当作助力转送给更丰富的东西，与他所谓数学已然还原为语法的大言适成对照。例如，证明选择公理是分析命题的时候，卡尔纳普在元语言中起用了它："这里起用了语法言中的一条定理，正相当于对象语言中应当证明它的分析性的那条定理"①。因此，这个推理一丝不挂地循环。我们不得不先就把逻辑当成真的，然后才能追加语法约定去推演出逻辑定理是分析命题（即按这些约定为真）的结论。

不仅如此，各约定还应当一致，否则，每个命题就都能由它们得到证明了。所以，根据哥德尔第二定理，任何一套能得出很多逻辑或数学的约定必定预设了大量的数学知识。卡尔纳普稍后转到语义学也不免陷入同样的循环；与"人工"语言相连的任意性的增加无助于数学的奠基，因为，是数学在决定什么是能推演它的正确的"人工"语言，而不是相反。

经过这一番推考，可以论定，采纳（C1）和（C2）的人必须拒绝（C3），代之以（2b），至少也要代之以它的某种不致剥夺掉一切分析命题的"内容"的（较弱的）变体。为了使我的推理路线简单一点，我宁愿不用卡尔纳普的立场迫使他自己直接承诺的那些稍弱的论断，而考虑下面三个有所改变的更明确的命题，我相信，这些命题是真的，是符合哥德尔的立场的：

（G1）逻辑包括集合论，所以，也包括数学。

（G2）逻辑和数学的真命题是分析的。

---

① CARNAP R. The Logical Syntax of Language ［M］. London & New York：Kegan Paul，1937：121.

（G3）"分析的"应当按（2b）涵义去理解，因而分析命题并不一定毫无内容；其实，数学（和逻辑）有"实在的"内容。

（G1）比（C1）强一点。不过，从这里的目的着眼，取（C1）、（C2）和（2b）（的某种较弱的变体）作这三个命题也同样可行。为省文计，后文要用三个 G 命题充当三类论断的代表。

这些命题合在一起给出命题（A）的一个迂回的证明。人们也可以选（A）的某种更直接的证明，办法不外是指出数学的内容总比经验主义（不论是卡尔纳普变种还是蒯因变种）所能说明的要多。他们两者都不能接受的是（G3），因为他们都深知（G3）和他们的（不同种类的）经验主义是不相容的。就卡尔纳普而言，既然他接受（G1）和（G2），他似乎也非承诺（G3）不可；就他那种类型的经验主义而言，这个事实足以证明（A）了。至于蒯因，事情要复杂些，因为，他尽管正确地坚决地否认（C3）能跟（C1）和（C2）凑合，但他对于（C1）和（C2）是十分矛盾的。所以，落实到（C3）上，他就不像卡尔纳普那样非直接承诺不可。

例如，蒯因对（G1）的观点在变。他最近的观点似乎是拒绝（G1），而接受（1a），即认为逻辑不外是一阶逻辑。① 从当前的目的着眼，这倒不是什么大问题，因为我们可以不说"逻辑"而改说"集合论"。但蒯因对集合论的观点似乎也在变。多年以来，他常常声称集合论仿佛只是或多或少任意的约定；近来，他好像承认集合论的各种标准系统有更合直觉的内容。② 我们照旧可把逻辑撇在一边，直接去思考好的古老数学。但即使想这么做，人家还是不许我们有个清清楚楚的争论题目，因为我们撞上了蒯因喜欢勾销基本区分的又一例，在这里，就是数学与自然科学之间的区分。③ 然而，在我们中的大多数人眼里，数

---

① 例如，在 SCHILPP P. The Philosophy of Rudolf Carnap [M]. Library of Living Philosophers volume 11. La Salle, Ill.：Open Court, 1963：388；蒯因说："逻辑的下一部分是集合论"。可是，在他的《逻辑哲学》（1970）里，他又长篇大论，说逻辑仅仅是一阶逻辑（例如第 64—70 页；又参照他的《指称之根》，1974）。

② 蒯因力主集合论的任意性，对此有所知的人太多，无须引证。例如，"即使只是由于集合论的缘故，约定论在数理哲学中也理应得到认真的注意"（见《卡尔纳普》第392 页；又参照第 348 页和第 396 页，可对同一观点了解更多）。也许人们所知较少的是近期他内心的明显变化。例如，在《从逻辑的观点看》一书 1980 年版的前言里，他亲口赞同普遍的意见：熟知的集合论系统比他本人偏离正轨的系统更近似地符合我们的直觉。

③ 例如，见《逻辑哲学》98—100 页。在他的《哲学中的数学》（1983）里，查尔斯·帕森斯通过广征博评对蒯因的这种立场提出质疑，既见于引言又见于论文 7。

学与专门科学的界限似乎还是够分明的。

勾销界限有一个出名的例证，与（G2）和（G3）直接相关，是蒯因对区分分析与综合命题（鉴于他更爱可触摸物，不如说"陈述"为好）的态度："要说真有这样一个区分应当作，那是经验主义者的一个非经验的教条，一个形而上学的信条"①。这要比卡尔纳普的立场一致些，总还替非经验主义者留了余地，准其仿照（2b）以某种方式做这样的区分。究其实，他还是对这种区分进行了反驳，靠的是暗中接受（G3），否认（2b）是"分析的"这个概念的一种有意义的限定。他进而下了结论，然而，不说（C2）假，只说它意义不明。

蒯因牌的经验主义有时被称为整体论的实用主义。无疑，在某种意义上，这和中等教育程度的常识相吻合，因为，人类知识是松散地连成整体的，而我们却往往是靠局部的"实用"考虑在科学和日常生活中前进的。然而，一当我们试图决定它对哲学切身之事有何蕴义，例如说，怎样理解人有概念性知识这个不容否认的事实，怎样划出科学中根本的东西等，这时候，就发现蒯因的经验主义言之无物了。特别令人费解的是，蒯因竟是由潜心研究逻辑的和数学的哲学这条路走到这样的立场的。其实，据我看，恰恰在这些领域里，蒯因的整体论之不中用最为分明。既然如此，我同样可以集中考虑这些领域，尤其因为这里我要做的是确证命题（A）言之成理，它所断定的正是经验主义对数学的说明不当。

蒯因改变他的集合论见解，我觉得这是在沿着正确方向行进，但仍然处在进退两难和举棋不定的状态之中。在别处我已经详细考察了这个问题②；这里我只着眼于我们的直觉比较强而分歧比较小的领域中的一些例子。最重要的例子就是也曾被蒯因当成反驳逻辑中约定论的头号武器的取式原则。③ 恰恰在这条原则上，我们碰见了一个无可争辩的基于逻辑（或数学）直觉的概念性知识的实例，关于它，蒯因的整体论做不出堪称满意的说明，只能不着边际、大而化之来上一句：求助于它在累积起来的全部人类经验中尚待规定的地位。毫不奇

---

① BENACERRAF P, PUTNAM H. Philosophy of Mathematics: Selected Readings [M]. Cambridge: Cambridge University Press, 1983: 358.

② 《从数学到哲学》(MP), 1974，第Ⅵ章；这一章也在 BP 的二版中重印，成为该书结尾的一篇。我的论文《大集合》继续对这些问题做了考察（载于 R. E. 布茨和 J. 亨迪卡编：《逻辑、数学基础与可计算性理论》, 1977，309-334 页）。

③ BENACERRAF P, PUTNAM H. Philosophy of Mathematics: Selected Readings [M]. Cambridge: Cambridge University Press, 1983: 342-344. 这个论证可以追溯到：路易士·卡洛尔. 乌龟对阿基里斯说了什么 [J]. 心, 1895, 4: 278-280.

怪，在蒯因这种眼光之下，一切大的区分都变成"程度"之差了。（分析经验主义者当然像躲开瘟疫似的回避直觉概念，有许多别的哲学家也被诉诸直觉搅得惶惶不安。在本文末尾，我还要回过头来谈谈这个问题。）

整数理论里有一些引人注目的发现得自概念性分析，其关键在于我们对整数的数学直觉。早期的一例是戴德金发现所谓的皮阿诺公理，正如他在 1980 年的信中所解释的那样，他依靠的是对算术真理概念做某种自如的反思。① 戴德金的分析表明，这些公理分别而论都是必要的而合在一起便是充分的，像这样几乎尽善尽美的成果，用经验的（更不必说经验主义的）研究方法休想得到。在哥德尔写给我的两封信里②，他指出了非有穷论的算术真理概念对他发现不完全性定理有决定成败的重要性；其实不止于此，就是要对这些定理及其证明有健全（直觉的）理解，这个非有穷论概念也是重要的。（哥德尔还指出，他发现可构成集的关键一步是设想已经给定了序数组成的高度非构造的总体，就我们的知识而言，的确也是高度不确定的总体。）换个角度说（从数学说到哲学），不完全性定理表明了，没有（能懂的）有穷规则能够穷尽有关整数的一切真理。这个结论有利于（G3），不大有利于（C3），至少把"分析的"换成了"数学的"之后是如此。对于非有穷论的算术真理概念会有这种"神秘的"而稳定的直觉，蒯因的整体论怎么做出可以服人的说明呢？

卡尔纳普和蒯因都十分注重逻辑和数学，可是，据我看，他们两位都是未能郑重其事奉逻辑和数学为概念性知识的显明代表。这并不奇怪，因为，经验主义这个戒条在他们二位心目中是压倒一切的，每当它跟逻辑中心性这一个戒条起了冲突，他们总是被迫修修补补，削后者之足以适前者之履。结果，在他们二位身上，我们看到一种对逻辑（和数学）的矛盾态度，逻辑原是他们哲学的两大支柱之一，可是偏不准有一丝一毫的自律性，生怕冲击了经验（限于一个类型）对事实和内容的垄断，归根结蒂，还是要仅仅立足于感觉经验，它尽管飘忽不定，为免受污染，也决不能和任何概念性直觉接触。经验主义者商定的"事实"和"内容"这些词的用法，其实是一种很惹眼的预期理由：根据定

---

① 见我的论文：算术的公理化 [J]. 符号逻辑杂志，1957，22：145-157；该文在我的《数理逻辑概论》（1962）中重印，1970 年该书又以《逻辑、计算机与集合》为书名（1970）再版。

② BENACERRAF P, PUTNAM H. Philosophy of Mathematics: Selected Readings [M]. Cambridge: Cambridge University Press, 1983: 8-11.

义，数学的（或概念性的）事实和内容就是不会有的。这种先入为主的用语习惯有增强先入之见而把数学与经验主义刺目的冲突掩盖起来的坏作用。本短论中初具轮廓的一番推考，细致琢磨之后，我相信，会得出命题（A）的一个非常言之成理的证明。

对于（C3）与（C2）和（C1）之间的矛盾，蒯因的反应酿成了我愿名之曰"逻辑否定主义"的恶果。① 反之，用（G3）替代（C3）的那另一种反应，据我看，才是比较公正地评价人类知识。至少在精密科学及其哲学反思方面，它也对理性的力量保持了一种比较肯定的（取其乐观主义涵义）态度。只要放弃（分析）经验主义的第一戒条，人们就有权把不大具体的数学事实和直觉看成会使哲学得以丰富的值得欢迎的材料来源，而不看成非要曲为之辩不可的恼人的神秘物。在我看来，求分析哲学的彻底解放（返老还童？），这才是正道。

我相信，在不怀成见的哲学家看来，本文的一番推考确实证明了卡尔纳普和蒯因对数学都拿不出稍微恰当点的说明，或者说，不管数学是什么，反正不是他们的理论所说的那种东西。难得多的问题是正面说数学是什么。这个问题，我还没有一个接近于完备的答案，而且，在本文中就连概述我的极不完备的观点也做不到。但是，关于取式和整数两例中谈到的诉诸逻辑或数学直觉，却有再说几句的必要，因为，我料到，很多哲学家早已无动于衷，不想听人提起这类直觉了。

哥德尔不止一次对我说：多妙呀，（难道）实证主义者（和经验主义者）是靠切掉自己脑子的一部分（指排斥概念性知识）来搞哲学？1955年前后，他花了好几年写一篇题为《数学是语法吗?》的文章，六易其稿。这篇文章是反驳他的老师们哈恩、石里克和卡尔纳普所鼓吹的数学观的。他终于没有发表这篇文章，并多次告诉我，这是因为他对数学是什么这个正面问题没有恰当的答案。

---

① 否定主义不但指蒯因的否定论点之多（相对性、模糊性、不可思议性等等），也指他评分析哲学状况的种种惊人成功之说的效果，我以为是否定的效果。尽管他对卡尔纳普学说有敏锐的大体正确的洞察，但由于拒不放弃经验主义，我想，蒯因还是身不由己走上了一种无定型的伪装的立场，在我看来，这是分析经验主义的归谬，又由于这种主义占优势，整个分析的研究方法似乎一概不受信任了，因为，它说过要把我们在不同领域里重要的较大的直觉加以澄清，它的诺言却被这种主义弄得暗淡无光了。

有些人出于这样那样的理由，宁愿采取根本不同的（非分析的）研究方法，对他们来说，蒯因的工作或许能看成在哲学中通向解放的一个肯定步骤"（见后面最后一个注释）"。然而，既然蒯因委身于分析哲学旗号之下，既然对卡尔纳普还有更好的"分析的"反应，我相信，认为蒯因的影响是否定影响也许还是公正的。

为了证明命题（A），当然不必给数学做面面俱到的说明；只要摆出它的某一基本的方面而经验主义无法说明，也就够了。有关取式和整数的例子是我们知识中很坚固的部分，而哲学是有义务公正评价我们的知识的。因此，即使避而不用"直觉"这个危险的词，这些例子也足以显示卡尔纳普和蒯因的哲学基本上不当。

假使先把伴随直觉概念而来的某些隐约的联想搬开，也许会有助于清扫基地。谈直觉并不意味着它不会犯错误，也不是说它不能靠训练或者靠推进人类知识的集体努力而得到改进。因此，诉诸直觉不一定要排斥，其实倒往往在某种限度内要依赖从舆论和实用后果得来的证据。这一切，按公认的用语习惯是清楚的，哥德尔在他的著述和谈话里也直言不讳。我当然同意他的观点。在哲学家中间似乎流传甚广的这些隐约的联想一旦改过来，厌恶有选择地谨慎地诉诸直觉的心理就应当消失，至少也该减少。当诉诸直觉已是既成事实，那么，合乎情理的反应并不是当即以不清晰为由推之门外，而是反躬自问：人家是不是同样有这种直觉，强到何等地步，可分离到何等地步。归根结蒂绝对确实的知识根本就没有，小心依赖直觉是日常生活和科学中所绝对必需的。唯独从事哲学研究的人要抛弃自觉地直接诉诸（公众的和个人的）直觉，这是没有道理的，也确实令人费解。

还剩下一个难点，即一种由经验主义横行造成的偏见，那就是：概念性直觉即使被接受了，也必须在某种涵义上还原为感觉经验（和感觉直觉）。为了证明（A），我不必驳倒这种可能性，因为，我自信已经明表明了，无论卡尔纳普还是蒯因都不曾做到这样的还原。宁可说，为了向正面说明数学是什么的目标前进，才必须正视一个认识论问题，即数学对象（首先是集合）的可通达性，或者更广些，概念的可通达性。这里只能扼要谈谈这个问题，把进一步展开的说明留待来日。①

---

① 我正在写一本书，暂名《哥德尔与理性主义的乐观主义》。在该书中，对于我以为是哥德尔的哲学观点的东西，我将区分出哪些地方我同意，哪些地方我不同意。同意之处，预计要做广泛的讲解，也要在此基础上做进一步的发挥（哥德尔大概一多半尚未着手，但是打定了主意专攻"起点"的）；不同意之处，要阐明我自己的观点。前几段正文提出的那几点，在其中一定会有更长的讨论。我对他的重要思想解释不当或领会不到的地方无疑会很多的，为了增设一道防线，该书将包括一份我和他谈话的记录，由我做的颇不完备的笔记整理而成，尽我所能做到详尽。无论如何，这样的记录公之于众本身就有价值。当然，他的汗牛充栋的遗稿总有一天会翻译出来，使学人更易于识其真面。

包括埃尔米特、早期的罗素、哥德尔和蒯因在内的很多人，曾经建议在数学和物理学之间做类比。这种类比，对哥德尔和蒯因，意思不一样。对蒯因来说，这只是他的整体论的一部分，看上去是说哲学对任何东西都不可近看，免得不明智地侵入科学的领土。哥德尔的比较却有更多的内容。在一段名言里①，他把物理对象与集合（数学对象）相比，从而认为"甚至涉及物理对象的那些观念也包含在质上不同于感觉或单纯感觉复合的成分"。他还说，集合与物理对象二者都有"由多生一"的功能：集合的本质显然如此，就物理对象来说则表现了康德式的"一个对象由它的各个侧面"生成的思想。在交谈中，哥德尔说集合是"准物理"对象。

从本文的目的着眼，我不必为哥德尔提出的这两种"综合"是主观的还是客观的问题耽误时间了。（与康德相反，他相信而且唯愿它是客观的，但涵义比康德的由心决定的"客观性"要强。）在这里与本题相干之点，是康德和哥德尔都被物理对象的一个基本方面深深打动了，这个方面不过是把更确定的意义赋予某种更普及人心的信念，即物理对象不大"能还原为"感觉，换言之，还需要"直觉"的协助。可见，经验主义是连物理对象也说明不了的（康德哲学的一个要点）。其实，人们从儿童心理学研究中已经知道，"形状识别器"和"对象识别器"只是在儿童发育期间逐渐在脑子里实现的：这似乎是形状和物理对象的知觉与天然的感觉可以划开的经验证据。

对于小的简单物理集合（比方说我右手五指的集合）的知觉与对于简单物理对象的知觉十分类似（在某些方面显然还不及它复杂），这无疑是言之成理的。凭借这种知觉，数学中就开始了一个推广过程，向更抽象更复杂的集合行进。这和物理中从桌椅进至病毒、银河、电子、正子等之类的过程既相仿而又不同。当然，从简单物理集合到全体"纯粹的"（即根本排除了非集合的）有穷集合（整数的言之成理的替身）所组成的集合F，再到F的全体子集总合而

---

① BENACERRAF P, PUTNAM H. Philosophy of Mathematics: Selected Readings [M]. Cambridge: Cambridge University Press, 1983: 271-272. 这几页写于1963。在别处，在他论罗素的文章（1944）里，哥德尔提到假定集合与假定物理物体（或对象）相类似；见 BP, 195页，在1950年的"两个教条"里又一次谈起集合是神话，在认识论上"与物理对象和神处于同等地位，既不更好也不更糟，除非要顾及[它们的有用性的]程度之差"（见 BP, 363-364页）。我一直觉得，蒯因在这里存心误用"神话"和"程度之差"这些词来制造混乱。哥德尔的类比与蒯因的类比在字面上的相似，据我看，仅仅是外在的。

成的集合等等，这样一个进程引起了数理哲学应当考察的各种令人神魂颠倒的问题；不言而喻，这里是无须深究的了。

我在本文中说的决不致与哥德尔的观点矛盾，这是显而易见的。其实，我还颇有自信，除去哥德尔在谈话中明言暗喻之外，实质上我无所增添。另一方面，哥德尔表现他的强立场的强论断，我却并未引以为据。至于我在哪些地方不同意或未能理解他的观点，我不希望在这里讨论。更确切些说，我的希望和信念是，本文的弱论断更易于接受，也很可能已经足以唤起某种根本的反省（至少是本着"分析的"传统来反省①，特别是在以科学为中心的部分），这会

---

① 有一种想把分析经验主义等同于分析哲学的倾向，即使后面这个称号确实准许而且真正诱发了某种更广的解释，也在所不惜。这种历史促成的倾向是不幸的，因为，它助长人们从符合分析精神的非经验主义工作上强行夺走一个自然的名字，同时又制造了概念混淆和措辞不便的一个根源。例如，约翰·罗尔斯在政治哲学方面著名的工作（环绕着他的《正义论》，1971），还有霍华德·斯泰因在物理哲学方面远非众所周知的工作（在他的散见各刊的论文中），和我本人在数理哲学方面的工作（以 MP 的一大部分为代表），我是会列入分析哲学的，但决不会列入分析经验主义。现在我同意哥德尔说的，他所有极少发表的哲学论著和他许多的哲学手稿也属于分析哲学。（有几次，我在否定的意义上谈起分析哲学，指的是分析经验主义，哥德尔为了强调分析在哲学中的作用而坚决反对。假使我那时做了区分，问题也许早已澄清，可以皆大欢喜了。）其实，这些例子尽可看成是针对分析经验主义的几种沉默（说到我本人，却不是那样沉默的）反应，来源于同一信念：分析经验主义是个错误的发展趋势。

我应当强调一下，分析经验主义与分析哲学的区分，和（C3）与（G3）［或（2b）］的对立显示出来的不同"分析"观，是密切结合在一起的。换句话说，据我看，没有什么堂而皇之的理由，把概念性的或逻辑的分析局限于一个狭隘的类型，根本上都成了"语言"分析，尤其不可取其更为特殊的约定论涵义，认为分析只能产生（C3）那种涵义上的"分析"命题。因此，我所做的区分是与不同的逻辑观、不同的对待概念性知识的态度有密切联系的。"分析经验主义"，照我的词义辨析（我自信是贴切的、正确的），也包括一种和它的第一戒条即经验主义戒条紧密相连的狭窄的分析观，而该戒条则是基于一种狭窄的经验观。越出（C3）界限之外更广一些的语言分析观是有的。不过，我相信，作为我们对逻辑或概念性分析的直觉见解的一个确解或替身，它们仍然不恰当，除非塞好多意思进去硬要叫有（G3）那种特征的分析也包括在内。然而，这是个更纠缠不清的争论题目，超出本短论原定的范围了。

理查德·罗蒂描绘了一幅"今日美国哲学"惨景。他用一个令人难忘的比喻来总结近况："一位美国哲学家最高的愿望就是实现安迪·华洛尔的诺言：我们全都会成为超级明星，每人约莫当十五分钟。"（《实用主义的后果》，1982，第216页）不用说，罗尔斯已经是而且还将继续是超级明星，为期远不止于十五分钟。斯泰因和我呢，从来不曾有幸当上超级明星，恐怕也永远当不上；不过，在一些心相通的小圈子里面，我们的工作引起的兴趣，不用说，也远不止于十五分钟而已。

使哲学发生某种方向性变化而脱离那条在我看是充塞着任意滥用非常美妙的分析力的小路。

(康宏逵译)

的确,罗蒂直截了当承认罗尔斯的工作是个例外,然而,是"在道德和社会哲学里",并不"在哲学的所谓'中心'区",但"它的重要性和经久性从种种方面看都是理应得到承认的"。接着罗蒂就碰上了措辞的不便,我刚才用区分分析经验主义与分析哲学去设法摆脱的那种不便。罗蒂说:"如果分析哲学想替自己搞出一份尊容说明书,让赖欣巴赫的说明书(见于《科学哲学的兴起》,1951)能保住元气又能赶上时髦的话,那么,从这个事实,是得不到半点安慰的";"这不是'分析的'哲学研究的一曲凯歌"。据我看,还是"分析经验主义"这个复合词来得方便,既便于捕获那么一种先入之见,又便于捕获哲学研究的一种独特的路数,当罗蒂一面把赖欣巴赫扯进来给分析哲学打了及格,一面又把"分析的"添上引号来点破另有所指的时候,他心里想的正是这种路数。

在他的《哲学和自然界之镜》(1979)里,罗蒂用上了蒯因(和塞拉斯)的工作,我相信,用法却不合这些哲学家的意图。据他看,这竟然是在取消人为束缚从而恢复哲学失去的自由方面的一个决定性进展。我跟罗蒂分道扬镳的地方是,当他(在我看来)把分析哲学等同于分析经验主义的时候,对前者和后者一视同仁也下手"推倒重来"。有人相信分析哲学是搞哲学唯一适当的途径,我可决不在其中,尽管事出有巧,不论我如何刻意以求扩大眼界,到现在为止,分析哲学仍是我能稍有自信地从事哲学思考的唯一途径。我想找一条把得自不同研究方法的真知灼见合为一体的途径,这个野心勃勃的愿望或许有点非现实主义吧。但是,至少在某个较为适中、较不思辨的层次上,我相信,罗蒂和我不致有分歧;是的,某个人可能更适于追随某种独特的研究方法,自觉得心应手、称心如意,但无论取什么方向,我们都同意,华洛尔提醒的那种状态总是哲学(或任何别的学科)必须避免的泥淖。可见,撇开更内在的标准不谈,帮助哲学离开华洛尔状态的工作终究要比纵容哲学陷得更深的工作有价值些。哪怕只是有这块小得可怜的共同基地,我相信,看了本文所概述的针对分析经验主义而又别具一格的反应,罗蒂还是会多少有点共鸣的。

科学经验论底征性及其批评[*]

殷海光

一

这里所称的科学经验论（Scientific Empiricism）是指谓内容并未完全谐同的若干派别或若干单独个人底关于哲学或逻辑或科学的某一类底学说的名词。这里所指的若干派别是维也纳学派（Vienna Circle）、逻辑实证论（Logical Positivism）和逻辑经验主义（Logical Empiricism）。这里所指的若干单独个人是虽未属于上述派别但却对于这一类底学说多少有所贡献而分散在欧美的个人。

虽然，在关于哲学或逻辑或科学的某一类底学说之中，这些派别或单独个人底看法于枝节上尚未全然一致，可是，从历史方面观察，他们所承受的影响大致相同。因此，他们禀赋了大致相同的思想质素和认知模态，并且曾在或正在朝着一个大致相同的为学方向发展。以科学经验论名之的这一类底学说出现和发展给现代哲学思想界以相当的刺激。假若我们不否认新的刺激为思想进步之所必需，那么我们必须对于这一类底学说予以相当的注意。

从历史方面观察，科学经验论自三种来源得到影响甚或启示：第一，旧传的经验论和实证论，尤其是休谟、密尔，以及孔德与马赫，诸氏底学说。第二，科学方法论。自 19 世纪中叶以来诸科学家如赫门霍兹（H. von Helmholtz）、潘加列（H. Poincare）和爱因斯坦等人所衍发的。第三，数理逻辑或逻辑解析。在这个范围以内的先导人物除莱布尼茨以外，当推弗雷格、罗素和维特根斯坦。罗素更进一步将这三者加以联系与某种程度的融通。所以，他对于科学经验论

---

[*] 原载于 1951 年 2 月《台大文史哲学报》第二期，后收入《殷海光全集十三·学术与思想（一）》，第 93-120 页，台北：桂冠图书公司，1990。

底导发作用尤大。

二

承受上述三种来源底影响甚或启示的科学经验论者处理关于哲学或逻辑或科学的问题主要地是从语言解析（sprachanalyse）着手。从语言解析着手，科学经验论者规定语言底意谓条件。依据语言底意谓条件，科学经验论者划分语言意谓底种类。依据语言底意谓条件以及语言意谓底种类，科学经验论者建立他们关于哲学或逻辑或科学的学说，并且批评关于哲学或逻辑或科学的旧传学说。

卡尔纳普是科学经验论底领导者之一。依据卡尔纳普，在记号学（Semiotic）中，语言底意谓即语言表词底函量（function）及其所传达的内容。语言底意谓可以分作两大种类：第一，认知意谓（cognitive meaning）。假若一个表词或语句肯断某事某物因而为真或为假，那么便有认知意谓。假若一个语句具有认知意谓，那么其真值（truth-value）通常依据两条件：（1）语句之中的辞端之语意的意谓（semantical meaning）。（2）语句所指涉的事实。依据这两个条件，语句的意谓又可次分为两种。假若一个语句既建立于（1）之上又建立于（2）之上，那么这个语句具有实际的意谓。因而我们将这个语句叫作表实语句。假如一个语句仅建立在（1）之上，言意谓的一个标准。① 制定证实原理的一个简单方法是："假若而且仅仅假若一个语句所表示的命题或为解析的或为可藉经验证实的，那么这个语句便有语言意谓。"②

在石里克以后，科学经验论者将证实原理分为实际可证实性（practical verifiability）和在原则上可证实性（verifiability in principle）。依照这种划分，"可证实性"有强的意谓和弱的意谓。依可证实性之强的意谓来说，假若而且仅仅假若一个语句可以决定地藉着经验来肯定，那么这个语句是可证实的语句。依可证实性之弱的意谓来说，假若可以藉着经验盖然地肯断一个语句，那么这个语句是可证实的语句。可证实性之强或弱，常取决于科学技术。

无论可证实性是强的或是弱的，一个表实语句只要可被证实是真的或是假的，总是有认知意谓的。这也就是说，一个表实语句被证实是真的固然有认知意谓，一个表实语句被证实是假的也有认知意谓。假若一个语句既然无法证实

---

① 此处疑有误，但殷氏原文如此。——编者注
② AYER A J. Language, Truth and Logic [M]. London: Dove Publications, 1936: 5.

它是真的又无法证实它是假的,那么这个语句便没有认知意谓。

三

科学经验论者除了着重证实原理以外,对于逻辑解析特别着重。有许多科学经验论者简直主张以逻辑解析代替哲学。提出逻辑解析本不自科学经验论者开始。不过,科学经验论者特别强调逻辑解析底重要作用,并且扩大逻辑解析底引用范围。

在科学经验论者之中,有一部分人认为哲学底任务就是"语言底批评"。过去的时代,表达哲学问题底方式,正如维特根斯坦所曾指出,是基于"误解吾人语言底逻辑"①。卡尔纳普主此说颇力。他说:"一个哲学那么这个语句仅有逻辑意谓。②因而我们将这个语句叫作解析语句。第二,表达意谓(expressive meaning)。假若一个表词是被用来表达表达者所处情况之中的某事某物,那么这个表词便具有表达意谓。这一类底意谓也许含有构象、情绪和决意等成素。假若一个表词只有表达意谓而且如果我们说它具有认知意谓则陷入错误,那么这个表词叫作拟似叙辞(pseudos tatement)。拟似叙辞没有认知意谓的真或假可言。"

意谓底条件必须为二:第一,证实原理;第二,逻辑语法。这两大条件乃科学经验论者所坚持的认知意谓底条件。固然如此,但从科学经验论底理论体系之构造而言,这两大条件实为科学经验论底始基命题。从此两个始基命题出发,科学经验论者提出积极与消极两方面的趣旨:在积极方面,着重经验,着重逻辑解析;并且由此衍生出统一科学底主张。在消极方面,除革形上学于哲学范围之外;并依相同的理由严格批评伦理学与美学。

四

证实原理是科学经验论底认知意谓条件,而且也是实证(positivistic)精神底重要的表现。从技术方面着眼,科学经验论者近来以"印证"(confirmation)

---

① WITTGENSTEIN L. Tractatus Logico-Philosophicus [M]. London & New York: Routledge, 1961: 27.

② 此处疑有误,但殷氏原文如此。——编者注

一概念代替原有的证实（verification）概念。这种技术底精炼不在作者预备讨论的范围之列。证实原理乃石里克所首先提出。这个原理说："一个命题底意谓是它底证实方法。"依此，如果一个表实语句在经验中既没有方法肯证又没有方法否证，那么这个语句便是没有认知意谓的。

艾耶尔说："我们认为证实原理乃决定一个语句是否具有语的，亦即逻辑的研究，必须是语言底解析。"①

照这一部分底科学经验论者看来，哲学与科学不同，哲学必须专一研究逻辑问题，即研究关于语言底逻辑问题。哲学家不应研究事物底性质，不应分析实在底本质。这一类底题材，如果可能成为真正的问题，那么应该留给科学去研究；如果不可能成为真正的问题，那么就应须消去。

卡尔纳普将理论范围以内的问题分作两种：一种是事物问题（object questions）；另一种是逻辑的问题（logical questions）。依照传统的用法，"哲学"这个名词指谓一组颇不相同的研究题材。事物问题和逻辑问题都被包含于这一组之中。其实，事物问题应须划归心理学或其他科学去研究。在名之曰"哲学"的这一组研究题材里将事物问题净除，所剩下的只有逻辑问题。

科学经验论者将哲学问题限制于逻辑问题因而限制于语言解析，于是他们所规定要做的工作是提供界说（definition），将这一语句形变（transform）而为另一语句；运用蕴涵推绎等纯形式的工作。这一类底工作可以显露原有语句所涵蕴的逻辑复杂结构；因此可以增长吾人对于原有语句认知意谓之了解。所以，有人甚至以为"哲学乃逻辑底一支"。

如何确立知识底效率（Gultigkeit）乃哲学者所拟解决的一大问题。自来哲学者极欲将知识置基于绝对可靠而无可置疑的基础之上。笛卡儿虽未获致此种成功，但彼无疑为近代表现这种意愿之最为显明者。科学经验论者既将哲学题材限于语言之逻辑的解析，便是将哲学底语句效准置基于逻辑之上。依自维特根斯坦以来一部分逻辑学者底解析，一切未经分析的逻辑语句皆为套套络基（tautology）。套套络基之为真乃必然的真。必然真的语句不可反驳。凡反驳必然真的语句的语句皆陷入矛盾而成为自相矛盾的语句。所以，逻辑形式是确然普遍有效的形式。既然科学经验论者将哲学题材限制于逻辑解析，于是哲学语句皆属普遍有效。

---

① CARNAP R. The Unity of Science [M]. Bristol：Thoemmes Press，1934. 此处注释有误，但殷氏原文如此。

五

科学经验论者处理关于哲学或逻辑或科学的问题之锁钥是语言解析。科学底统一也是从语言解析着手的。从语言解析着手，科学经验论者建立物理论（physicalism）。依卡尔纳普，物理论是在科学里的每一摹述名词（descriptive term）与谓指事物之可观察性质的名词相关联。这种关联即为含有这些名词的语句乃互为主观地（intersubjectively）可观察来证实者。据此，科学语言里的一切名词，包括心理学和社会科学底名词在内，也都可化约（reduce to）为物理语言底名词。最后解析起来，心理学和社会科学底名词也表示时间与空间界域底性质或关系。采取物理论的观点的人承认一种比较广涵的语法（syntax）乃构成科学之完备的语法基础。

卡尔纳普说得很清楚："物理论底要旨乃主张物理语言为科学底普遍语言——这也就是说，科学底任何次级领域底每种语言可以同等有效地翻译成为物理语言。因之，科学成为一个单一的系统。这个系统之中，没有在根本上彼此差异的事物领域。结果，比如说，在自然科学与心理科学之间没有鸿沟。这就是统一科学底主旨。"[①]

从型构底发展精神方面着眼，莱布尼茨底 *Characterstica Universalis* 可说是物理论底先导。孔德从层次（hierarchy）底观点而做科学统一底看法或将科学安排于一个系列底看法，亦为与此同型的思想。

自知识之系统的构造方面着眼，科学底统一就是科学之公理的整合（axiomatic integration）。经过公理的整合的科学，可以纳入一套百科全书以内。因此，有一部分科学经验论者主张百科全书论（encyclopedism）。

六

我们已经在前面第二节说过科学经验论者将意谓划分为认知意谓和表达意谓。具有认知意谓的语句必须合于逻辑语法或者可被证实。假若一个表词只有表达意谓而且如果我们以为它具有认知意谓则陷入错误，那么这个表词就是一

---

① CARNAP R. Logical Syntax of Language [M]. London：Routledge，2000：320.

个拟似叙辞。拟似叙辞既不合逻辑语法又无从证实，所以它没有认知意谓。科学经验论者认为传统形上学底叙辞既不合逻辑语法又无从证实，因此，传统形上学底叙辞是拟似叙辞。拟似叙辞只有表达意谓而无认知意谓。只有表达意谓而无认知意谓的表词根本无真亦无假可言。严格的知识系统必须是一组具有认知意谓的语句系统因而也就是一组有真亦有假的语句系统。传统形上学底叙辞既然是无真亦无假可言的拟似叙辞，所以不得入于严格的知识系统之林。本此理由，科学经验论者以激烈的或温和的态度主张消除传统形上学。

艾耶尔说："哲学家之间的传统论争底最大部分是没有保证的，亦如其无结果然。……我们以从批评形上学的说素开问。这种说素底内容是，哲学供给我们以超乎科学和常识的关于实在的知识。……许多形上学的说素之所以出现，是由于触犯了逻辑上的种种错误。"他又说："我们之所以反对形上学家，并非由于他企图将人类底理解引用于不利于探险的领域，而是因为他创造了一些语句，但这些语句不合于语句底意谓条件。"他又说："我们最好说形上学家是一人搞错了行的诗人。他所做的陈述没有语言意谓。既然他底陈述没有语言意谓，因而说不上以真或假底标准来衡量。不过，这些陈述辞依然表示或掀起情绪，因而应须属于伦理学或美学之一格。"他又说："在我们藉摒弃形上学而破除的迷信之中，有一种迷信的看法就是，以为哲学家底工作是构作一个演绎系统。我们之所以反对这种看法，当然，并非说哲学家可以废弃演绎的推理。我们只是说，形上学家无理树立第一原理，然后将这些原理及其结论当作实在的一个完整的图像。"① 显然得很，在此艾耶尔所反对的是理性理论的形上学的演绎式的体系。

卡尔纳普对于这个问题曾表现得相当尖锐，"形上学的命题都是……像笑、抒情诗和音乐一样，乃表达性的"②。他又说："有的时候维也纳学派的看法有一种错误，即是，他们反对物理世界底实在观。但是，我们不做这样的反对。的确，我们反对物理世界底实在观之说素。但是，我们之所反对者，并非谓这些说素是假的，而是说它们没有意义；而且对于与之对立的观念论的说素，我们恰好做相同的反对。我们既不肯定又不否定这些说素，而是反对整个的问题。"③ 由

---

① AYER A J. Language, Truth and Logic [M]. London: Victor Gollancz, 1936: Chapter I and II.

② CARNAP R. Philosophy and Logical Syntax [M]. London: Kegan Paul, Trench, Trubner & Co., Ltd, 1935: 29.

③ 同②20.

此可知卡尔纳普对于传统的观念论与唯物论俱属无所选择。因为二者都是形上学范围以内的说素。形上学范围以内的说素是没有认知意谓的。没有认知意谓的说素无所谓真假。无所谓真假的说素当然既无从肯定又无从否定。

科学经验论者除了主张消除传统形上学以外，又对于伦理学和美学提出批评。批评底理由在基本上与批评传统形上学的理由相同。我们不必在此重述。

七

前述各节已列论科学经验论底来源、主旨，及其特点。此后，吾人拟对科学经验论加以批评。兹从有关形上学的问题开始。

为便于讨论起见，作者在此构作两个名词。大体划分起来，哲学可分两大类型：第一类型叫作高限度的哲学；第二类型为低限度的哲学。前者乃包含甚多的哲学，这种哲学要求高踞诸学之首，并且包含宇宙论、人生论、知识论、价值论、美学，或以历史精神文化名之的题材。低限度的哲学与高限度的哲学相较，究竟低至何种程度，虽不易划一明显的几何界线，但自哲学史上看来或自大陆与海洋二型大体看来，低限度的哲学淡而无味。然而，无论是否如此，要求建立形上学的体系则为高限度的哲学者较低限度的哲学者更有兴趣的要求。

以大陆理性派所建立的形上学体系为例，例如笛卡儿与斯宾诺莎底体系，形上学的体系常以封闭的"直观"为始基观念（primitive ideas），而以形式有未完备的演绎（deduction）展衍构成之。这样构成的体系难免为一封闭体系（block system）。一封闭体系犹如一束类（a closed class）。假若一个封闭体系确是或近乎是一个自足体系（self-sufficient system），那么这一体系或者包含其所预定议拟包含的内容，或者足以闭束思想，或者甚至美丽壮观。这样的体系，对于体系构造者本人，或可满足他之作为一个哲学思想者底智性要求；对于一个时代或若干时代里的一部分人，或可予以某种感兴或是某种精神生活的满足。然而，无论效应如何，既然这样的体系从得自直观的封闭概念开始而又摒弃经验或倾向于摒弃经验，于是不能无所蔽障。

逻辑解析可显示这种蔽障。形上学的体系① 既为一体系自不能不受自有的始基观念与结构所限制。体系内部所设部分（given parts）恒规定衍生部分

---

① 依作者的用法，"系统"只有逻辑形构而无特定内容，而"体系"除须有逻辑形构以外还有特定内容。

(derived parts)。一个体系若有所取必有所舍。一个封闭体系如自限于封闭概念，而且结构封闭愈严，则被排斥于体系以外而不被吸纳于体系以内的要素必不少。假若指词底外范愈大则内涵愈少，那么构造一指谓万有的体系必至几近无说。

依此，无论一个形上学的体系怎样丰富，总不能等于宇宙全体，而是人类凭着认知作用对于宇宙的反映或说释。这反映或说释以一串语句表出。在这一串语句以内，体系建立者固然不难头头是道，神游其中，亦若乘于设备完善的海船；但是，航行大海时刻面对气象瞬息万变的水手则从未以海船设备完善为满足。智力强胜的哲学思想家常喜穷力构作一体系以贯串思识，亦若古代金钱多者常喜以绳串之。这类哲学思想家每以知识而无体系则支离破碎为病。建立体系这种要求或冲动固然多少可医知识支离破碎之病；可是，如果专凭直观与演绎以建立封闭体系，那么知识蔽障于一种观标而不能涵摄其余。自来单一的形上学体系常犯此病。

科学经验论者谓传统形上学没有认知意谓。这种批评似嫌笼统：并非所有的形上学陈述辞都没有认知意谓。但是，传统形上学底许多陈述辞的确没有认知意谓；有些陈述辞在可解或不可解之间；有些问题或说法之出现则是由于语言底限制或缺陷；有些问题底意义是正确的，但表现的形式却错误了（but wrongly formulated），以致为有现代解析训练者所蔑忽。

语言的用法大致可分两种：一种是语言之科学的用法（scientific use of language）；另一种是语言之情绪的用法（emotive use of language）。一切严格的知识应须藉语言之科学的用法表示出来，虽然，藉语言之科学的用法表示出来的知识不必是一般所谓的科学知识，至少不必是经验的科学知识。纯诗的语言乃在语言之情绪的用法之中语言之一。固然在事实上，语言之科学的用法和语言之情绪的用法并非泾渭分明而系常常混同使用，但是二者底性质则不可混为一谈。这二者底性质不同，所产生的语言效应往往不同。假若在不明白知悉这二种用法底性质不同时将二者混同使用，那么或者产生歧义或者产生近乎错误的结果。形上学的陈述辞所引起的效应可以不必是纯知识的，但形上学在作为一种学时它底本身应是纯知识的。既然形上学在作为一种学时它底本身应是纯知识的，于是它底陈述辞底用法必须是语言之科学的方法。可是，有些形上学的陈述辞并未满足这一必要条件；有的形上学者甚至立意倾向将形上学的陈述辞导向语言之非科学的用法，以致在这一倾向影响之下的形上学不易走上纯知识之路。

依据行为派心理学家底说法，思想就是没有声音的潜伏的语言。这种说法，如果仅仅就已经到达准语言阶段的思想之心理活动而言，是真确的。显然，人类底思维活动常靠语言符号之助。既然如此，于是思维活动在某种程度以内易受语言底形式或结构或习惯所影响甚或限制。形上学底若干问题系由此而出。关于存在（existence）是否为一属性底问题，就是一例。语句底主宾形式（subject-predicate form）自亚里士多德以来即为在哲学界占优势的语句形式。这种语句形式因长期使用而成一习惯。这种习惯使哲学思想家常以为一个名物词（substantive）必须有一谓词（predicate）以形容之。于是，存在是否为一属性底问题发生。笛卡儿所说的 Cogito ergo sum 被誉为哲学名言。其实，当时的思想家未知"我"并非实体，而系一自我中心特词（egocentric particular）；而且"我思"并不涵蕴（implies）"我在"。① 因"思"（thinking）并无涵蕴"在"（Being）的必然性。

科学经验论者从语言层面（linguistic level）对传统形上学的批评，在一适当的程度以内是诚然可以接受的，然而并非完全可以接受。语言并非一切。在知识底关涉（reference）场合，过分着重语言层面之易生弊端亦若过分忽视语言层面之易生弊端。如果以为语言层面就是知识底一切层面，那么便是导向不可知论。既然导向不可知论就不必有言说。既然不必有言说而又欲有所言说，便陷入自相矛盾之境。科学经验论者之中有人以为哲学底任务只限于逻辑解析或语言批评。这种看法，不是以哲学为逻辑练习，便是过分着重哲学之语言的层面：以为哲学除了一组语言以外别无其他。这种看法正是以为名理乃 flatus vocis 而且只 post res 而存在。这种看法就是唯名论（nominalism）的看法。可是，科学经验论者同时又极其着重证实原理。唯名论与证实原理实不易相容。假若着重证实原理，那么在同一论说之中不易又采取唯名论。从唯名论来批评哲学，不过以此一是非来是非彼一是非。从内部不甚融通的论说来批评全部哲学，问题似乎更大。

固然，对于语言本身的研究可以成一独立的科学，但是在语言被运用时它是有传达作用（communicative function）的。传达作用者与被传达的内容是二而不是一。吾人总不能说指（designation）即是所指（what is designated）。如果除音符以外而无音乐，那么世上必无音乐家，而人生也少一样乐趣。根据这种道

---

① 关于自我中心特词，请参看：RUSSELL B. Human Knowledge [M]. London：George Allan & Unwin Lt., 1948：Chapter Ⅳ。

理，我们不可因形上学底许多陈述辞有语法的毛病而一概抹杀形上学底真实内蕴。作者承认一切严格的形上学必须是严格的知识。一切严格的知识必须具有认知意谓。所以一切严格的形上学必须具有认知意谓。不过，认知意谓与表达意谓并非永远不可逾越的鸿沟。表达意谓如加精炼，并非全部不能化为认知意谓。形上学中蕴藏知识底泉源。吾人可说，"了悟""通观""赏识"等都尚未成形为知识。但是，这些可说是知识底基因（gene）或对象或原料。这些因素可能发展而成知识或者被提炼而为知识。禅宗之伸一个指头，用卡尔纳普底名词说，就是姿势语言（gesture language）。姿势语言经过比较复杂的程术也可以得到认知意谓。

八

科学经验论者对于证实原理倚若长城。但是，这道长城在经验论底范围以内基础是否稳固实在大成问题，它底困难殊多。

首先，吾人必须分别证实程术（verification procedure）与证实原理。假若吾人要证实程术可被施行，那么在理论基础上必须首先假定证实原理或以证实原理为依据。既然如此，证实原理便不能被证实。假若我们说证实原理可被证实，那么便难逃出下列两种结果之一：第一，如果说证实原理再被证实一次，那么陷入 petitio principli 底谬误。第二，如果证实原理 V1 需要以 V2 来证实，V2 需要以 V3 来证实，这样一直下去，便成 regressus in infinitum。需要无穷后退来证实的证实原理其自身永远在有待证实之中。自身永远在有待证实之中的证实原理至少在理论上不堪做证实程术底理论基础。所以，无论如何，证实原理不可再被证实而只要引用来证实其他表实语句。自身不可被证实而只可引用来证实其他语句的原理，无论如何，总是非经验性质的。非经验性质的东西是否为先验（a priori）的呢？科学经验论者似乎确难承认它是康德意义的先验的（a priori in the Kantian sense）。证实原理不是康德意义的先验的东西，那么又是什么性质的东西呢？不是经验性质的原理，若就科学经验理论的立场而言，怎样可以用来观照经验呢？它底效准又何在呢？这些问题，在科学经验论底范围以内，都是不易解答的。

证实原理与归纳原理是性质相类的东西。证实原理之不能靠证实而得亦若归纳原理之不能靠归纳而得。可是，科学经验论者认为肯断先验或共相的表词都是拟似叙辞。在这两方面底困难之下，有的科学经验论者，例如费格尔，认为归纳原理乃一预存原理（prescriptive principle）而不是摹述原理（descriptive principle）。这一原理类似逻辑演算中的替代规律。在这一看法之下，归纳原理不是语句函量（sentential function），而是对于语句所行的一个运作规律（a rule of operation）。这样一解释，归纳原理底困难固然在字面消除，可是却移植于预存（prescription）和运作论（operationism）之上。证实原理亦然。

于目前的讨论中，作者对于证实原理之类底东西暂不表示是否采取一低限度的形上学的观点。作者现在只拟表示对于证实原理之类底东西作一低限度的逻辑解析。作者预备将这一类底东西叫作方法论的设意（methodological assumptions）。无论这类设意有无何种形上学的性质，它们确为科学知识之必不可无的构建条件。方法具有两种功能：一种是形成功能（formative function）；另一种是形变功能（transformative function）。至少从逻辑秩序着想，同一方法可以型定有限或无限同型底知识实例，例如，归纳方法先于藉归纳方法所得到的经验知识。同一归纳方法塑制许许多多关于实际的知识。可是，如果 X 是一个体而且吾人说"X 是归纳的"，那么这个语句便没有语言意谓。"归纳的"（inductive）不能做任何个体的底谓词。由此可知方法是非经验性的。非经验性的方法乃经验知识底建构之所必须。证实原理是方法性质的东西。所以，吾人将它叫作方法论的设意。

九

作者已经在前面提及，科学经验论者特别着重逻辑解析。这一着想，使科学经验论者无可避免地遭遇经验论历来易受攻击的一大知识论的困难。逻辑和算学之为真与经验科学之为真显然各不相同。至少就一般而论，经验科学之为真乃盖然为真。而逻辑和算学之为真则为必然而普通的真。显然，吾人在此所欲论析者，并不自心理衍发之观点（psycho-genetic point of view）而着想。自心理衍发之观点而着想，逻辑和算学之习得在一初期阶段之需靠经验正与经验科学之习得之需靠经验无有以异。然而，逻辑和算学是否从经验开始习得为一回事，二者是否自经验而张发（arise out）又为一回事。关于此点，康德已有明言。[①] 吾

[①] KANT I. Critique of Pure Reason [M]. London：Macmillan, 1929：Introduction, Section i.

人现在所欲究诘者，乃必然而普遍真的逻辑和算学之必然而普遍的真理何以无待于证实而确然绝对独立于经验。科学经验论者既然着重逻辑解析，对于这一问题应须具备圆满的解答。

近代经验论者尝试解答这一难题。密尔为着确保其经验论的立场之始终一贯，认为逻辑和数学底真理并非必然而确定的真理，他说逻辑和数学底语句都是基于数量极大的实例之归纳推广（inductive generalizations）。因着支持这些归纳推广的实例为数极大，遂使吾人相信这些推广为必然而普遍的真。既然有利的实例为数如此之大，于是吾人不复相信相反的实例可能发生。然而，这些推广并无必然保证，因而在原则上可能被新例推翻的。逻辑和数学底语句与经验科学之间的不同只是程度之不同并非种类之不同。逻辑和数学仍然是可以错误。密尔底这种说法是一种外范说（extensional theory），这种说法之不适当，在现今明了逻辑和数学底性质的人看来，是显然易明的，无须费词。

科学经验论者没有采取外范说，而是采取约定说（convention theory）。约定说的思想元素虽可溯源于古代希腊德谟克利特（Democritus）及一部分辩士底思想，但科学经验论所受现代的直接影响则为潘加列及希尔伯特底学说。依约定说，任何语句之为真并非被事实所决定而系被社会同意或其用法所决定。可藉纯逻辑方法证明的语句之为真乃语言的约定或公设的（postulational）约定。因而，这种语句之为真虽属必然而普遍，但系相对的而不是绝对的，这种说法虽然相当流行，可是，它底理论困难还是不少。

首先，吾人必须指出，约定说者似未做任何表现来表明其已将"外于系统"的真理和"内于系统"的真理分辨清楚。所谓"外于系统"系指系统与系统之间而言。所谓"内于系统"系指系统底内部结构而言。约定说在现代激起于演绎底公设方法（postulational method）。在现代逻辑与数学领域以内，各个演绎系统自行规定其公设或所设部分；而且这种规定多少可以任意为之。非欧几何学底众多系统各有不同的所设部分。罗素所构的 Principia Mathematica 系统底公设与希尔伯特所构作的系统底公设各不相同。因有这种事实，约定说乃得流行于一部分逻辑家与数学家之间。就系统与系统之间而言，各个系统自行规定其公设，似乎真理为相对的。其实，稍加考析，吾人不难发现，所谓"相对的"乃公设行动（Postulating）甚或其符号表式（Symbolische Darstellung），而非被表示的公设。如其不然，则所谓演绎系统将为一堆毫无意谓的记号，而非一个有秩序的符号之排列或组合。因为，"秩序""排列"与"组合"等是可离任一特殊记号群而独立的可能。这类底可能是有意谓的。任一特殊记号群必须依这类有意谓的可能才能成为合格的演绎系统。由此可见，可以以外于系统而相对的乃公设行动或符号表式而非被表示的公设。吾人有理由设想，每一组公设分享一部分或一方面底逻辑与数学的真理。既然如此，可知外于系统，逻辑与数学的真理并非相对的。技术的证实不在本文范围以内。

诚然，各个演绎系统可以各有其语言的约定。现有的逻辑亦不必如古典逻辑以三个思考律为基本原理。但是，离断原则（principle of detachment）、三段式（syllogism）、Modus ponens、Modus tollens、Reductio ad absurdum 等，无论怎样符示（symbolize），为任一逻辑家在实际思维时常须运用。显然，这些律则底可能性完全独立于任何演绎系统底语言约定或符号表示。为何有此可能性，约定说无以解释。

就内于系统而言，在任何合格演绎系统以内，所设部分恒涵蕴衍出部分。这也就是说，衍出部分恒为所设部分所涵蕴。假若吾人将整个所设部分视作 implicans，将整个有限（finite）衍出部分视作 implicate，那么前者对后者的关系为必然的蕴涵关系（implicative relation）。不仅如此，如果在一演绎系统以内规定同一既设条件，无论何人依之而行推衍，所循推衍程术如未错误，那么所得结论必皆相同。这也就是说，在这样的条件之下，所得的结论不是可以"这样或那样的"（alternative），而是有定的。从此看来，在一个演绎系统以内，即使所设部分可以随意地（arbitrarily）规定，可是，既经规定以后由所设部分所推出的衍出部分恒为一定，而且规定所设部分时的随意性（arbitrariety）并未随蕴涵关系传导于衍出部分。这是内于系统的非相对而是绝对的可能性。演绎系统内部何以发生这种绝对的可能性，约定说不能解答。

密尔的外范说虽不适当，但未与经验底立场相左。科学经验论者所采取的约定说，即使关涉于语言层而言，亦属困难重重，而无以符合其经验论的立场。

十

统一科学被科学经验论者列为重要工作之一。如第五节所述，科学经验论者，尤其是卡尔纳普，认为一切科学底语言部分可以化约而为物理语言。物理语言乃表示时空界域底关系或性质的语言或为 protocols。一切科学底语言化约而为物理语言以后，科学底各个部门之间的歧异，特别是心理科学与物理科学之间的歧异，便为之消除。这样一来，科学就可为一个和谐而单一的体系。

从技术方面着眼，这种工作并不十分困难。可是，即使这种工作能够圆满完成，也没有什么要旨（significance）。因为它是纯语言层面底解析。这种解析对于科学底进步并无决定的作用。

从语言底逻辑层面观察，一切表示高限度涵义（maximum import）的语句涵蕴表示低限度涵义（minimum import）的语句。在蕴涵的推论之中，implicans 大于或等于 implicate，implicate 小于或等于 implicans。既然如此，于是可由 implicans 之真而推出 implicate 之真，但不能由 implicate 之真而推出 implicans 之真。吾人不难明了，心理科学或社会科学底语言为高限度涵义的语言，物理语言为低限度涵义的语言。因前者需假定时空关系或性质，而后者不必假定前者。既然如此，于是前者固然可以化约为后者，但后者不能化约为前者。

兹依上述原则以分析这个问题。假若心理科学和社会科学俱为经验科学，那么皆需假定时空关系或性质。假若心理科学和社会科学都需假定时空关系或性质，那么二者自与物理科学不相冲突。但是，二者是否与物理科学冲突是一回事，二者是否同于一是另一回事。男与女皆为人而不相冲突，但男与女固不同于一。依同理，心理科学和社会科学虽然在同为经验科学并假定时空关系或性质上与物理科学不相冲突，但并不同一于物理科学。假若二者同一于物理科学，那么推而广之，一切科学皆可取消而以物理科学代之，则何需乎有如此众多部门底科学？而如此众多部门底科学更何致产生？在事实上，如此众多部门底科学已经产生，足见物理科学不能取一切科学而代之。物理科学之所以不能取一切科学而代之，是因为其他科学除需假定时空关系或性质以外尚各自有其特定因素（specific elements）。这些特定因素构成各门科学底特定题材（specific subject matter）。这些特定题材又分别构成各门科学。这些特定因素既不能被解释而消失（interpret away）又不能以另种因素来兼消。所以，各种科学得以屹然独立。这些屹然独立的科学之语言相对于物理语言都是高限度涵义的语言，而物理语言是低限度涵义的语言。既然如此，各种科学语言一经化约为物理语言以后，便不能还原。既不能还原，当是在化约过程中无形抽去了各门科学之所以成为各门科学的必须的特定因素。牺牲了各门科学之必须的特定因素而换取科学在语言层面的统一，这对于科学底展进有何助益呢？

由上可知，即使统一了科学语言也统一不了科学内容。既然如此，统一科学底工作既少理论的意义尤少实际上的必要。假若吾人欲防止各门科学之间发生基本的理论歧异，那么假定自然齐一（uniformity of nature）较为有助。

十一

有前列各节，吾人已扼述科学经验论底征性并对之加以批评。依据上列扼述与批评，吾人可引申如下：

科学经验论一方面着重证实原理、物理语言或 protocols，同时在另一方面又着重逻辑解析。显然，前者为知识方面的经验的成素；后者为方法方面的理性的成素。既然如此，科学经验论者在知识论上为经验论；在方法论上则为理性论。这二种成素各在一个极端，在哲学史上常成水火不相容之势。今科学经验论者藉语言约定将此二者挈合于一说之中。自来经验论与理性论之争乃纯粹哲学上最严重争端之一。至少自洛克以来无数哲学思想家苦思玄索以求此一争端解决。而科学经验论者于勇敢抹杀形上学之余，将经验与理性两种成素不独挈合于一说，且又极力张扬二者之特点与作用；同时，谈言约定之桥梁又不够坚固。如此一来，科学经验论在实际上不独没有解决此一无可抹杀且亦不可不谋解决的争端，而且增长此一争端之复杂性。

复次，吾人由前列第四节可知，科学经验论在哲学上的贡献为解析技术底增进与精炼。虽然如此，科学经验论在哲学思想的原本观念（original ideas）上似少增加。科学经验论底思想成素，大都可从传统经验论、实证论及约定说与马赫底感觉解析等来源之中寻析出来。旧有经验论多与心理学黏结不解；而科学经验论则以逻辑、数学、物理学为利器。这一点可说是科学经验论较旧有经验论新的一点。科学经验论者之反形上学的思想虽系自洛克、休谟以及孔德诸人底思想脉络中流出，可是科学经验论者似较缺少诡思（sophistication）与反省的思维（reflective thinking），缺少这二者就缺少哲学，如没有这二者就没有哲学。显然，科学经验论者底科学气质较其哲学气质浓厚。因此，他们称他们底哲学为"科学的哲学"；而且对于传统哲学、伦理学及美学似乎抱持过分粗糙的批评态度。

十二

虽然，科学经验论有上述可议之处，但是，它对于哲学底进步并非全无助益。

无疑科学经验论之兴起及其向传统形上学之挑战（challenge），乃哲学界之新的刺激。哲学固不止于语言，但至少迄今不能离于语言。今科学经验论者专从语言解析着手以攻击传统哲学诚属一偏之见，但可促使哲学家自语言层面着手反省与考验其自身思想。东方型的哲学者似尤需冷静接受此种挑战。因东方型底哲学学者，如直观悟性愈高，则愈易忽视语言层面，甚者以不落言诠为高，于是，难免思意幽微晦涩，语言几失交流传达之效。显然，这种情形足以阻滞哲学底进步。逻辑解析不必能助人深思，但确可助人精思，更有助于清晰地达理表意。所以，东方型底哲学者似应较西方型底哲学者接受科学经验论者更多的挑战。

　　科学经验论之最显著的提示乃真理底技术化（technicalization of truth）之趋向。这一趋向，如果走出所需范围之外，确实易趋末流。然而，就作为一种解析工具而论，这一提示获实多。近 30 年来名理之学之所以猛进，多少不可不归功于科学经验论者之倡导。Meta-language 之衔接 Object-language 而出现，乃数理逻辑史上的一大进步。①　循此进步，哲学思想者当可藉以开辟新天地。

　　科学经验论自其前身维也纳科学派发端于德奥以后逐渐向英美流派，流向英国的一支更受经验论的故乡之浸润，流到美国的一支则受实用主义与工具主义老家之影响。这些因素使正在发展之中的科学经验论徐徐改变。也许，科学经验论可能逐渐克服其本身如前所述的种种困难或不甚融通之处，而向有利于哲学思想的途程发展。

---

　　①　关于 Mata-language 与 Object-language，请参看：CARNAP R. Foundations of Logic and Mathematics in International Encyclopedia of Unified Science [M]. Chicagao：University of Chicago Press, 1939, 1 (3)。

20 世纪英美哲学中 "语言的转向"*

徐友渔

从 20 世纪初起，西方哲学中发生了一场所谓的"语言的转向"，使得哲学研究的对象、方法、内容、风格都大大区别于古典哲学。这种巨变影响了一代代哲学家，至今未显衰落的趋势。从哲学中产生的根本性变化影响到了文学、社会学、历史、考古学、人类学等学科，而对文学，尤其是文艺理论和文艺批评的影响既深且远。

语言的转向几乎席卷西方各个流派的哲学，不仅英美的分析学派从语言入手研究哲学，而且欧洲大陆的各个学派，从现象学、存在主义到结构主义和解释学，都在大谈语言。比如，胡塞尔在《逻辑研究》中指出，语言问题是建立纯粹逻辑学的必不可少的哲学准备工作；海德格尔认为语言问题处于哲学的中心地位，语言不仅是思想交流的工具，而且是存在的家园；伽达默尔声称，语言问题处于 20 世纪哲学的中心地位，而利科相信，当今哲学家应找到一种无所不包的语言来说明人类表达行为的多种功能。

本文目的仅在于阐明英美哲学中的语言的转向，它产生的原因、影响，以及转向之后的主要内容。显而易见，要较为全面地评述其基本内容也是需要长篇巨制的，本文仅集中讨论其与文学关系最为密切的、影响最大的几个方面。

和欧洲大陆各派当代哲学相比，英美语言哲学与文学的关系要疏远和间接得多，其原因并不在于英美哲学家不关心文学，或认为语言哲学与文学无关，而在于他们坚持认为，不把基础问题研究透彻就不应该把结论和方法运用于更为实际和具体的领域——就像不应该在沙滩上修建高楼大厦一样。问题在于，他们对于最基本的问题始终是争辩不休，愈搞愈深，愈搞愈复杂。所以，英美的语言哲学很难从基本问题中跳出来，参与一些与生活更为有关的讨论。

这些基本问题大致是：意义问题、指称问题、存在问题、真理问题、心身

---

* 本文是在《分析哲学——回顾与反省》第一版的有关著述的基础上改写的。

问题。当然，也有一些哲学家试图将哲学研究成果推广到文学领域，于是有了"分析的美学"。但相比于其他问题，分析的美学显得不那么重要，影响也不是很大。

语言转向何以发生？

和欧洲大陆各派哲学家不同，英美语言哲学家对于哲学中的转向具有十分清楚、自觉的意识，他们发表了许多观点，来阐明语言转向如何发生，以及它对哲学研究的意义。

最为流行的，许多哲学教科书中阐明的说法是把整个西方哲学史从古希腊到20世纪的发展粗线条式地概括为本体论—认识论—语言这个三段发展模式。

在古希腊时期，哲学正处于从素朴、直观的思考到精致化过渡的阶段。哲学家对于世界何以如此充满敬畏和惊奇，他们力图从变动不居的现象中找到长驻不变的东西，从现象中看到本质。这一时期哲学的基本课题是本体论，哲学家们研究"存在什么""构成世界的最基本的元素是什么"等问题。

到了近代，哲学发生了一次重大的、根本性的转向，即研究的中心课题从本体论变成了认识论。因为仅仅对"世界的本质是什么"这样的问题给出一个答案，不免显得有些独断，而没有对于这种答案的理由做出说明。从逻辑上说，回答"实在是什么"的问题，前提在于另一个问题："我们知道什么？"做出这种转变的是被誉为近代哲学之父的笛卡儿，他提倡一种"方法论的怀疑主义"。他认为，哲学的目的是要使人们知道，我们获得的知识哪些是经不起批判性考察的，哪些是确实无误的。他认为，对于人的思想明晰无误，再加以怀疑就会陷入自相矛盾的认识，可以作为人类知识系统的基础，这是典型的唯理主义观点。另外一些哲学家的思路和笛卡儿一样，但坚持认为人的感觉经验才是认识的出发点，这些人是经验主义者。不管怎样，这不同的两派哲学家都把认识论置于哲学的中心地位。认识论阶段，从16世纪开始，一直持续到20世纪。

西方哲学发展到20世纪初，又发生了一次根本性的转向，即从研究人的认识能力、认识的起源和限度转而研究语言，尤其是语词和语句的意义。发生这次转向的原因在于，哲学研究是一项集体的、社会性的活动，哲学的任务不是研究外部世界（这应由各门自然科学来完成），而是研究人的思维活动，因此，认识问题以人们之间可能相互交流和理解为前提。只有弄清楚了人们使用语言想要表达什么意义,以及一般地研究意义是什么,由哪些因素构成,意义如何与外部世界的存在物发生关系,下一步才能谈其他问题。所以,当代德国哲学家施太格缪勒提出,古希腊哲学家早已接触过的话题——传达问题成了当代哲学研究的中心,因为如果人们只想看自己具有关于某些事物的思想,这成不了科学,只有当这种思想成为可以交流的,即可以理解、讨论、争辩,科学才能发生。换句话说,主体间性,或主体间可理解性,成了取代人的认识能力的中心话题。①

照这种说法,继笛卡儿之后完成哲学转向的人是德国逻辑学家和哲学家弗雷格,他在《算术基础》一书中回答"数是什么"的问题时指出,如果我们懂得一个包含有关于数的语词的语句的意义,我们就对于数有充分的理解。这种借助于对于语句意义的理解而达到对于某个对象的把握,就开创了语言哲学的新的研究方法。

也有人从另一个角度来阐释哲学中的语言的转向,英国哲学家佩斯(David Pears)在《维特根斯坦》一书中提出了另一种说明。哲学与其他科学、其他知识门类的区别在于:它力图超出一般的经验描述,从总体上把握世界。这就需要找到一个类似于"阿基米德点"的出发点,哲学史上的各种大哲学家就是以别出心裁的方式在超验领域提供一个这样的基点。康德的伟大功绩就在于他证明了这样的点不存在,这种思路是错误的,我们想超出人类的思想以达到一种形而上学的"绝对",但我们唯一可资利用的东西只能是自己的思想。因此,以前哲学思考的路子是未经批判的,即"前批判"的,康德把自己的哲学称为"批判哲学",他给自己规定的任务是探究人类思维的界限。问题在于,康德哲学的心理主义气息太浓,因此暴露了许多漏洞和弊病。沿着康德路线前进,而用语言分析方法代替心理方法的是维特根斯坦。照佩斯的解说,西方哲学史上发动两次转向的不是笛卡儿和弗雷格,而是康德和维特根斯坦。不过,标志虽然不同,对哲学中发生了一次认识论转向、一次语言转向这种总体趋势的认同,则是一样的。

澄清对语言的"误用"

英美语言哲学家一致地表现出对于古典哲学传统中"形而上学"思辨方法

---

① 施太格缪勒. 当代哲学主流:上[M]. 北京:商务印书馆,1986:376.

的敌视,他们认为,许多自古以来纠缠不休、争辩不清的哲学问题可以借助于对语言进行分析而获得完满的、彻底的解决。上一两个世纪中那些堂而皇之的思想体系和引人入胜的论题,实际上不过是误用语言所致。因此,哲学中的语言转向代表了哲学发展中的一场伟大革命,借助于对语言的分析,一些哲学难题要么可以得到根本解决,要么可以证明它们是假问题,应该被取消而不应该予以解答。因此,哲学的正当任务不是提出理论或营造体系,而是澄清哲学家们对于语言的误用。

对语言的分析分为两种不同的、往往是相互对立的方法。一种是逻辑分析,主张这种方法的人认为,日常语言天然具有缺陷,它表面的语法形式掩盖了语言实质上应有的逻辑形式,因此,分析的任务在于揭示出语言的逻辑形式,指出日常用法是如何导致谬误的。如果有必要,应该用理想语言,即合逻辑的形式语言改造或代替日常语言,以避免错误。赞成日常语言分析的人则认为语言本身没有弊病,问题出在人们有时歪曲了语言的正常用法,因此,语言不应改造,而应维持其纯洁性。哲学分析的任务是小心谨慎地考察人们的日常用语发生了哪些歪曲,避免形而上学的用法,坚持日常的用法。

罗素的摹状词理论被誉为"哲学分析的典范"。所谓摹状词(description),就是描述事物性状特征的短语,它不同于专名(proper name),后者以事先已经存在被命名的对象为前提,而前者可能是指并不存在的东西。比如有"菲多"这个专名,就一定有叫作菲多的小狗,而摹状词"20世纪的法国国王"并不指称任何东西。自柏拉图以来,历代哲学家对于"不存在的事物"这个问题深感困惑,比如说"金山不存在",由于"金山"作为语句的主语,似乎它在某种特定的涵义上存在着,因为人们可以问:"你说的那个不存在的东西是什么?"你只好回答:"是金山。"要别人懂你的回答,是否总有金山那么个东西呢?罗素对英语中以定冠词"the"打头的确定摹状词做出了一种精彩的逻辑分析。他说,"金山不存在"在逻辑上等值于以下三个句子的合取:(1)"有一个实体C";(2)"而且仅有一个实体C";(3)"这个实体是金的而且是山"。由于第一句子为假,因此原句为假,按照罗素的分析,"金山"作为句子主词的情况被消除了,金山似乎在某种意义上潜在地存在这种令人困惑的情况也随之消失了。罗素认为逻辑分析可以为解决哲学难题做出贡献。

以卡尔纳普为代表的逻辑经验主义者也偏爱逻辑分析方法,他们的重点是利用语言分析清除形而上学。例如,卡尔纳普猛烈抨击存在主义大师海德格尔的学说不过是滥用语言的典型。海德格尔在《形而上学是什么?》的论文中说："要研究的只是有,再没有别的了……这个'没有'怎么样?……这个没有本身没有着。"卡尔纳普分析说,"有"在最开始是以正常的、日常的方式在使用,但马上就变成了名词,最后居然成了动词。他认为,以上貌似深奥的句子其实是伪语句,因为它违反了句法。

维特根斯坦在他的前后期分别使用逻辑分析和日常语言分析的方法。他在前期的《逻辑哲学论》中宣称,哲学问题的出现是由于人们误解了语言的逻辑而造成的,他的这部著作想要表达的观点是,凡是可以说的事情,都能够说清楚,对一切不可说的东西,则应该保持沉默。因此,他的书是要为人的思维,精确地说是要为思想的表达划出一条界限。他认为,由于他的逻辑分析已经穷尽了语言的本质,从而一举解决(或者消除)了所有的哲学问题,所以研究哲学就成为不必要的了。但他后来否定了前期的方法,认为语言的真实生命在于它在人的实际生活中所起的作用,如果把语言与活生生的生活相隔离,把它当成静止和固定的东西,就会产生哲学上的问题。因此,哲学家唯一正当的工作就是把哲学从"语言病"中解救出来。不论前期还是后期,维特根斯坦都主张哲学的任务仅在于治疗,以语言分析为手段治疗精神上的疾患。

对文艺理论产生较大影响的是英国哲学家赖尔的思想,他对日常生活中语言的种种不同用法有极其敏锐的感觉和极其精细的分析。他认为哲学家只能按日常语言的涵义来理解语言,不需要用逻辑方法来分析和阐明语言的本质。他在著名论文《系统地引入误解的表达式》中主要分析了若干种类的使人在哲学上产生错误的用法。这里没有必要详细引证他的观点,只用一个著名的笑话就可以显示他对日常语言分析的特色。有人做了如下的推理:"没有东西比爱情更好;有一块钱比没有东西好;因此,一块钱比爱情好。"之所以有这种荒唐和滑稽的推论,是因为把"没有东西"在两个前提中当成一样的东西,但实际上它的用法在不同句子中是很不相同的。

赖尔后来写了一篇题为《感觉》的论文,对美学中常用的术语"感觉"进行分析,表明由于术语使用不当,美学中充满了令人不愉快的混乱。他在此文中分析了"感觉"一词的 7 种不同用法,认为混乱产生于人们把这些不同用法归结为其中的一种,并且把感觉到痛或痒与感觉到心跳,把感觉到口袋里有个东西或感觉到文章写得不好的诸种"感觉"当成一回事。

意义理论

转向之后的英美语言哲学集中全力研究意义理论，这是观点最丰富、最集中，争论最充分、最激烈的领域。赖尔不无挖苦地发表评论说，全神贯注于意义理论是英美和奥地利哲学的职业病。而另一位英国哲学家达米特则正面主张，哲学的首要任务是分析意义，因此哲学的基础不是如笛卡儿所说的认识论，而是意义理论。

以下简介几种意义理论：

一曰观念论。它主张语词或语句的意义在于它们在人心中引起的观念（idea），即经验的印象或精神的图像。这种主张原来是英国经验主义者洛克提出的，他认为人之所以有思想、有知识，在于他们心灵中有由于感官知觉被刺激而产生的观念，观念属于个人所有，人为了交流，用语言符号来代表观念，以期对听话的人产生同样的观念。这种主张在现代颇受冷遇，只有罗素曾将其作为一种可行的意义理论，他认为字词的作用就在于描述或创造一种想象的意象，尤其是对于诗人或小说家，情况更是如此。

二曰指示论。此一理论曾长期为许多哲学家所支持，它主张语词的意义即在于它所指示的外部事物，或者在于这种指示关系。这种理论的代表是罗素和维特根斯坦。罗素曾说，如果听到一个词产生的效果和某事物实际出现时在感觉上产生的效果相似，那么这个词的意义就是这个事物。维特根斯坦说，名称的作用是标示对象，对象就是它的意义。这种理论虽然揭示了语言功能的最基本、最重要的方向——表示事物，但它太简单机械了，因而受到强烈的批评。有人指出，许多词有意义，但并不对应外物，有人挖苦说，你可以从手袋里掏出手帕，但你掏出的绝不是手帕的意义。

三曰证实论。它集中表现为逻辑经验主义者的一个口号："一个命题的意义，即证实它的方法。"这与其说是一种意义理论，不如说是一个"有意义性的标准"，因为逻辑经验主义者的根本目的，是要把那些所谓形而上学的论断排除在有意义的语言之外。说月亮背面有火山是有意义的，虽然在当时还没有技术手段证实这一点，但在原则上可以设想如何证实这一点。说世界由绝对精神构成或发动是无意义的，因为没有办法从经验上证实或否证这一点。这个理论引起了热烈的争论，有人指出，牛顿的物理学定律可以从经验上证实，但牛顿力学体系中的形而上学世界观却不可证实，但它是该体系不可分割的部分。还有人诘难说，科学定律都是全称命题，而全称命题是得不到证实的，因为谁也不能在理性上保证在未来不出现反例。

四曰言语行为论。这是从新的角度研究语言的意义问题而提出的主张。按这种观点，研究语言的意义和研究言语行为没有区别，因为说出一句话往往是完成了一种行为，而不仅仅是静态地描述了一件事。比如当我们说"对不起"以表示道歉，说"见到你真高兴"表示欢迎，说"快去办这件事"表示命令。描述事态就有真假问题，而完成一种行为无所谓真假，区别却在于能否达到目的。它要求的是某种必要的配合条件，比如，如果你口袋里没有钱，你对一个商贩宣称"我出10元买下它"，就是无效的。英国哲学家奥斯汀认为人们可以用语句来完成三种不同语气行为，一是以言表意行为，二是以言行事行为，三是以言取效行为。他的理论引起人们的广泛兴趣，后来由塞尔加以发展。

五曰意向论。这种理论认为，讲话者的意图是构成意义的关键因素。该理论的主要代表格赖斯认为，"表达式×来意指事物"，相等于人们可以用表达式×来意指某事，"讲话者A以表达式×来意指某事"相当于A有意说×而在听话人那里产生某种效果，而这是由于听话人意识到他有某种目的而获得的。这种理论特别适用于讲话者有言外之意的场合。比如当甲和乙说了很长一段时间的话之后，甲说："我累了"或"现在时间不早了"，如果乙明白甲的意图，他就会起身告辞。当然，不论讲话者想要传达他的意图，或者听话人想要了解其意图，前提都在于有一套现在的习俗，即话语和讲话者的意图之间有一种呈规则性的联系。

意义理论中最重要，赞成的人最多的是维特根斯坦提出的用法说，值得略为详细地专门介绍一下。

语言游戏说

维特根斯坦是英美语言哲学中最重要的代表，他的观点深刻地影响了哲学家和文艺理论家的思想，至今都有广泛的影响。他的一系列概念，如"意义即用法"、"语言游戏"、"家族相似"、"遵守规则"、"私人语言"以及"生活形式"等，成了人们思考哲学和文学问题时经常使用的概念。

维特根斯坦是在批判他自己前期思想时提出以上概念的。在他前期的《逻辑哲学论》中，他认为语言中一个语句和现实世界中一个事态相对应，语言是世界的图画；他认为语句的意义就在于，如果它是真的，世界就是怎么回事；他认为对语句能做一种、也只能做一种分析；他主张用理想语言代替日常语言，因为后者不精确、太含混。这些主张说明，维特根斯坦前期从事语言分析时，假定语言有一种本质，它隐蔽在日常用法的表象之后，只要能揭示语言的本质，就可以清楚把握语言的意义。

维特根斯坦在后期的《哲学研究》中不但放弃了，而且有力地批判了前期的本质论，在当代西方哲学、文学等领域，反本质是一种重要的方法论特征。

维特根斯坦在后期从生活和实践的角度看问题，放弃了前期的逻辑眼光。他说，语词的意义就是它们在语言中的用法，这就像在象棋中一样，如果我们撇开某个棋子在棋戏中的位置、作用和功能，问这个棋子是什么，那是不得要领的。他说，每个语言符号本身好像是死东西，什么东西给它生命，它在使用中就是活的。

根据意义即用法的观点，维特根斯坦又把语词比喻为工具，它们只有在使用中才发挥作用，而且发挥的作用是各不相同的。人们时常觉得许多工具作用是差不多的，因为它们的外形看上去差别不大，但这种想法是错误的。人们往火车驾驶室张望一下，发现里面有许多曲柄式把手，会以为它们是大致相同的工具，但实际上有的是调节活门开启的曲柄把，有的是开关把，还有的是刹车把，等等。

维特根斯坦把使用语言的活动比喻为语言游戏，他想说明的是，语言只有在人们的使用活动中才有意义，更重要的是，游戏是一种没有本质、没有共同特征的活动。如果我们仔细想想那些被称为"游戏"的活动，例如打球、下棋、玩牌、赛马等，我们找不到一个贯穿于这一切活动之中的特征。我们看到，也许甲和乙之间有一个或几个共同点，乙和丙之间、丙和丁之间也是如此，但某个或某些特点在这两项之间存在，却不会在全部游戏中都存在。这就像在一个大家庭的成员之间一样，有的人头发颜色一样，有的人眼珠相像，有的人面庞相像，有的人走路姿势相像，但就是不存在一个共同点为所有的成员所共有，这就叫作家族相似。

从语言游戏和家族相似的概念可以过渡到维特根斯坦的另一个重要概念——规则，人们在玩游戏时遵循一定的规则。"规则"这个概念是有趣的，同时又是令人困惑的：我们玩游戏时有一定之规，但并不是有一个规则事先规定好我们应该怎样玩，我们可以边玩边创造规则，虽然这时也是在遵守规则地玩着。规则不但是不清楚的、变化着的，而且它只能在玩游戏的过程中显示出来。

从"规则"这个概念，维特根斯坦得出了不存在私人语言这个结论，从根本上说，理由在于我们不可能"私自地"遵守规则。这里所说的私人语言，既不是指一个人用于描述自己独特的内心感受的语言，也不是可以借助于密码翻译的语言，而是指这样的语言：其中的词指称语言使用者个人的感觉，因而另外的人不可能懂得。

总的来说，维特根斯坦认为语言不是静态反映世界的镜子，而是人类社会活动的一部分，是一种生活形式，它像制度一样和人类生活不可分离。

维特根斯坦的以上观点对于分析美学产生了巨大的影响，有人认为，就像语言游戏没有统一特征、语言没有本质一样，美学理论企图找到"艺术"和其他概念的定义，只是在做徒劳无益的事。这并不仅仅是说，以前的美学家给艺术下的定义有太严重的缺陷，很难找到令人满意的定义，而是说，为艺术下定义在原则上、在逻辑上就是不可能的。他们认为，与其去追求美的本质、艺术的定义，不如去看看语词在语言中是如何用的。广而言之，美学的任务不是寻求定义，而是澄清概念，阐明正确使用语词的条件。有人认为，维特根斯坦对于哲学理论化的否定，对于寻求语言本质的否定，构成了分析美学的方法论基础，为新美学的发展开辟了方向。但同时也有人认为，传统美学的问题并未因为语言的分析而消解，它们依然存在，只不过分析美学不能解决问题。

整体论

语言的意义问题，除了实质性问题，即用什么来说明意义之外，还有形式方面的问题，即负载意义的语言单位是什么？是单个词、词组、句子，还是全部语言？

在语言哲学的前期，罗素和维特根斯坦主张一种意义的原子论——他们称之为逻辑原子论。这种理论认为，命题表现了世界上的一项事实，这种对应关系就是命题的意义。命题的意义是语言意义的单位，命题以逻辑符号相关联，构成了整个人类知识体系，整个语言就是科学理论的总体。逻辑原子论的关键概念是"命题函项"，它来自现代数理逻辑。与一件事实对应的叫原子命题，事实存在，命题为真，事实不存在，命题为假。复杂命题由原子命题构成，它的真假由各原子命题的真假决定。

与意义原子论相反的是整体论,它认为只有整个语言系统才谈得上意义,不是原子命题意义的总和构成语言体系的意义,恰恰相反,只有了解了整体语言的意义,才能充分了解单个命题的意义。

最早表述整体论原则的是弗雷格,他在《算术基础》一书中提出了著名的语境原则:决不要孤立地寻问一个词的意义,而只能在命题的语境中寻问它的意义。后来,逻辑经验主义者亨普尔等人也提出了他们的整体论:我们无法依靠一个实验产生的单个观察经验来判断一个科学语句的真假,因为与这个实验相关的有一系列辅助性条件,还有一整套科学理论,如果实验结果与原先假定的科学语句冲突,出问题的不一定是这个语句,而是与它相关的假定和理论。因此,受到实验检验的不是一个单独语句,而是一个语句系统。

影响更大的整体论被称为"迪昂-蒯因原则",因为法国科学哲学家迪昂早就提出过整体性原则,而美国哲学家蒯因在20世纪50年代也主张,有意义的单位既非语词,也非语句,而是语言整体。在他看来,人类知识是一个有结构的整体,处于中心地位的是最抽象、最稳定的逻辑和数学,最外层的是与自然界和社会密切相关的学科的命题,中层是抽象程度不等的科学理论。面对经验而受到检验的不是这个整体中的单个命题,而是整体本身。如果处于边缘的命题与经验相冲突,并不一定必须抛弃它,可以通过往深层做调整而保全这个命题。

后期维特根斯坦也持语言的整体观,他曾说过,理解一个语句就是理解一种语言。问题在于,语言,哪怕是作为整体的语言,也是不断发展扩充的,我们能否因为今天的语言丰富了,就说几十年前的人没有掌握那时语言中的句子?这种极端的观点似乎是说不能的。因此,达米特在极端的整体论和原子论之间持有一种中庸立场,他把自己的观点称为分子论。他认为,虽然不能就单个语句谈意义,但意义的单位也不必是整体语言,而可以是语言的一部分,这一部分不能是任意的,而要能够自成一体。

英美语言哲学中关于原子论和整体论的争论与解释学中关于文本的理解和解释的循环有类似之处:不理解单个句子的意义如何可能知道整个文本的意义,因为文本是由若干句子构成的?但不知全局,又如何可能透彻地理解局部呢?看来,把握意义不是一次完成的,要在整个句子、段落和整个语言系统之间循环往复若干遍,不断加深。

问题和评论

即使是在英美哲学界，也有许多人对于语言的转向，以及转向之后的语言哲学持怀疑和批评态度。他们认为，哲学应该研究和回答世界是什么、人生的意义是什么等对人和社会有重大关系的问题，而转向之后的语言哲学要么用一长串的符号代替生动活泼的思考，要么对诸如"猫在草席上"这类琐屑语句做学究式的分析，而把领悟和洞见抛在一边。这哪里是哲学的转折和革命，完全是哲学的衰落和消亡！

我认为，对所谓哲学的转向可以怀疑和批评，但不能如此简单化地批评。应该看到，哲学中许多问题确实是因为语言而产生的，早在苏格拉底那里，哲学探讨活动基本上就依靠对哲学语词的涵义做分析而进行，他宣称他要进入语言，从语言开始研究事物的真相。在近代，培根提出"市场偶像"，以说明语言对于人类认识事实真相的障碍。其实，在《圣经·旧约·创世记》的第十一章，就描述了耶和华为了阻止人类无往而不利，而变乱他们的语言，使他们不能相互理解，这是一个寓意深远的譬喻和象征。由此也许可以引申说，人类最深刻的苦恼，是由于语言引起，而我们也可以把人类最深刻的苦恼理解为哲学上的困惑。同样在比喻的涵义上，我们可以把当代的意义理论理解为人类追寻自己的语言，以重建巴比伦塔的努力。

问题在于，人类以自己世俗的力量能否战胜耶和华的神力，以及，人们是否一定要恢复了语言才能重建巴比伦塔？英美语言哲学半个多世纪的努力告诉我们，对意义理论的研究似乎是一项永无止境的事业，人们有理由担心，人类的哲学思考会不会在此走进死胡同？波普尔坚决反对哲学研究仅仅停留在语言领域，他对维特根斯坦只研究语言、不研究科学的发展做了一个有趣而又有启发性的批评。他说，弄清语言对于哲学研究固然是重要的，但总不能忘了研究哲学而一味研究语言呀？就像有人说，他要把眼镜片擦干净才能更清楚地看世界，但他擦眼镜片越来越上瘾，就再也不看世界了！

哲学问题非归结为语言问题不可，非靠分析语言来解决不可吗？如果坚持这种看法，就会得到维特根斯坦在《逻辑哲学论》的结论：哲学不是创造理论，而是分析语言的活动。分析语言的目的无非是证明，以前的一切哲学问题都是假问题，那么维特根斯坦自己的哲学是什么呢？他只能硬着头皮回答，在他帮助人们认识到哲学问题是假问题之后,他的种种说法也属于应该抛弃之列,就像人借助梯子爬上墙再把梯子蹬掉一样。卡尔纳普大声疾呼道:维特根斯坦说的话很有意义,并不是应该忘掉的废话!既然如此,为何别人的哲学论断就是"形而上学",就该被他们的语言分析活动清除?

照许多语言哲学家看来,语言和世界没有什么关系,哪怕是间接的关系,它是一个自由、自足的体系,哲学就在这个体系内部活动。语言表达的命题是否为真,与世界没有关系,仅由语言内部的规则来确定。罗素和早期的维特根斯坦主张,我们可以通过分析语言的结构而知道世界的结构。这些经过语言哲学乔装打扮的新说法,不过是重复了过去哲学唯心主义的主张。说思想或语言在认识论上逻辑在先,本来就是一个可争议的问题,如果我们谈的是本体论,这种说法就更难于成立了。连一直坚持哲学的任务是通过分析语言来分析世界的达米特都坦然表示,坚持上述说法就会产生严重的形而上学后果,这就是说,它导致恢复古典的唯心主义观点:世界将随我们思想或认识的改变而改变。

语言转向到底该如何看?依我说,它是一台好戏,不可不看,不可不看懂,但未必要全信那些神仙故事。

弗雷格关于意义和意谓的理论*

王　路

在现代的逻辑哲学、语言哲学和分析哲学中，意义理论是一个十分重要的问题。围绕这一理论的讨论，许多重要的思想和论题都追溯到弗雷格关于意义和意谓的论述。甚至有人据此称弗雷格是语言哲学之父，是分析哲学的创始人。与此同时，也有许多人从不同角度和方面对弗雷格的论述提出批评。无论这些桂冠是否名副其实，不管这些批评是否合乎实际，它们至少说明弗雷格关于意义和意谓的理论极为重要。本文试图论述、分析弗雷格的这一重要思想，并对它做出正确的评价。

一

弗雷格在其划时代的著作《概念文字——一种按照算术的形式语言构造的纯思维的形式语言》（1879）中，构造了一种形式语言并以这种语言建立了一阶谓词演算系统。在这一过程中，他谈到"同一"的问题。他指出，在引入同一符号时，即当一个同一符号把两个符号联系起来时，就产生意谓方面的问题，因为符号有时表示内容，有时表示符号自身。比如，a = b 是表示 a 和 b 这两个符号同一，还是表示它们代表的内容同一呢？但是在《概念文字》中，弗雷格只是提出这个问题，而没有展开讨论。

1892 年，弗雷格发表了《论意义和意谓》这篇著名文章，详细探讨了《概念文字》中提出的这个问题。他认为，相等（同一）关系既可以表示对象之间的关系，也可以表示对象的名字或符号之间的关系。这其中隐含着极其复杂的问题。他区别出符号、符号的意义和符号的意谓这三种东西，并把这一区别应用于专名和句子，探讨了专名的意义和意谓，特别是详细探讨了句子的意义和

---

* 本文原载于《哲学研究》，1993 年第 8 期，54-62 页。

意谓，提出句子的意义是其思想，句子的意谓是其真值这一著名论断。但是在这篇文章中，他没有探讨概念词的意义和意谓，他明确地说："对于概念和关系应在另一篇论文中更详细地讨论。"①

在完成《论意义和意谓》的同时，弗雷格写了一部著作，题为《施劳德逻辑》，该书第二部分的标题是"对意义和意谓的解释"，这里他详细讨论了概念词的意义和意谓，他指出，概念词的意谓不是对象，而是概念。但是该书在他生前没有出版，后来该书第一部分遗失，第二部分被收入他的遗著中。

二

弗雷格说："符号、符号的意义和符号的意谓之间的有规律的联系是这样的，相应于符号，有确定的意义；相应于这种意义，又有某一个意谓，而对于一个意谓（对象），不仅有一个符号。"② 从这段话可以清楚地看出，他区别出三种东西：符号、符号的意义和符号的意谓。

这里应该注意一个问题，弗雷格是把符号与专名混在一起谈的。一方面，他把名称、语词组合、文字符号都归为符号；另一方面，他把符号和专名理解为任意的标记，它代表一个专名，其意谓是一个确定的对象。这两种用法显然是不一样的，前面一种符号范围要宽泛一些，后面一种符号范围则比较狭窄，对此应该如何理解呢？

从弗雷格的思想来看，他在《概念文字》中给出一种形式语言，这是一种人工语言符号，他理解的符号肯定不会不包含这种符号。他在谈论"相等"时，考虑的情况是 $a = b$ 这样的公式，而这又是在《概念文字》中提出的问题，因此他说的符号也不会与《概念文字》中的公式符号没有关系。此外，在数学中，a 和 b 只表示个体对象，这里以 $a = b$ 为例来讨论，就很容易把符号和名称等同起来，而且弗雷格所说的符号也常常包括自然语言。因此，弗雷格所说的符号指的是一般意义的符号，比如，他的形式语言是符号。他举例的"$a = b$"是符号，"离地球最远的天体"也是符号。

上面那段话说明一个符号有某种意义，还有某个意谓，但是弗雷格在另一

---

① 弗雷格. 弗雷格哲学论著选辑［M］. 王路，译. 王炳文，校. 北京：商务印书馆，1994：91.

② 同①92.

个地方说，这是一般情况，也有例外情况，即一个符号有意义，但没有意谓。比如"离地球最远的天体"有意义，但它是否有一个意谓，则令人怀疑；"最小的收敛级数"有意义，但没有意谓。这样弗雷格就区别出符号的意义和意谓的两种关系：其一，一个符号有某种意义，有某个意谓；其二，一个符号有某种意义，没有意谓。具有重要意义的是，弗雷格把这种对意义和意谓的区别应用到专名和语句上，得出十分重要的结论。

在弗雷格的论述中，有两种专名：一种是广义的专名，一种是狭义的专名。他常常使用的是广义的专名，而且对此有明确的说明："一个单一对象的标记也可以由多个语词或其他的符号组成。为了简便起见，这些标记均可以称为专名"①。有时，他也提到"像'亚里士多德'这样真正的专名"②。这两种专名显然是不同的，后一种专名就是一个人的名字，推而广之，是单一事件、单一地点、单一事物的名字等，而前一种专名显然不限于这样的名字，至少包含像摹状词那样的东西。这说明，弗雷格知道单一事物的名字（真正的专名）和它的摹状词（专名）是有区别的。

弗雷格对专名的意谓有明确的说明，他说，"一个专名的意谓是我们以它所表示的对象本身"③。从弗雷格的论述来看，专名的意谓就是专名所代表的那个东西。比如"晨星"是个专名，它的意谓是它所代表的那颗行星。但是，奇怪的是看不到弗雷格对专名的意义的详细说明。

弗雷格多次谈到符号有意义，专名有意义，一个词有意义。但什么是意义，他却没有像对专名的意谓那样做出明确的说明，不过我们可以从他的一个比喻来理解他所说的"意义"。他比喻说，有人用望远镜观察月亮，这样就有三个东西：一是月亮，二是望远镜中物镜所显示的真实图像，三是观察者视网膜上的图像，观察月亮是通过"二"和"三"实现的。这里，他把一比作意谓，把"二"比作意义，把"三"比作表象，他说，望远镜中的图像"是客观的，因为它可供许多观察者使用"④。从这里可以看出，他所说的语词和符号的意义是客观的、固定的、不依赖人的主观意识的，可以被许多人所把握和共同使用。

---

① 弗雷格. 弗雷格哲学论著选辑 [M]. 王路，译. 王炳文，校. 北京：商务印书馆，1994：91.
② 同①91-92.
③ 同①94.
④ 同①94.

弗雷格认为符号有意义和意谓这一思想也适用于直陈句，这样就区别出直陈句的意义和意谓。他认为直陈句包含着一个思想，思想就是直陈句的意义。对于思想，他说："我用'思想'不是指思维的主观活动，而是指思维的客观内容，它能够成为许多人共有的东西"①。在这段话中，"思维的客观内容"的意思是不太确切的，但是"成为许多人共有的东西"这句话和弗雷格在描述专名的那个比喻中所说的"可供许多观察者使用"这句话的意思差不多是一样的。由此出发就可以看出，弗雷格讲的思想是指语句本身具有的涵义，不包含人的主观因素，这与传统逻辑所说的命题的意思差不多。

弗雷格认为，直陈句的意谓就是句子的真值。什么是句子的真值呢？他说："我们把句子中的真值理解为句子是真的或句子是假的情况，再没有其他情况。"② 这就是说，句子的真值是句子的真或句子的假。这样，弗雷格明确地说明句子有意义和意谓，他通过举例说明了句子的意义和句子的意谓之间的区别。

第一个例子是两个句子："晨星是一个被太阳照亮的物体"和"昏星是一个被太阳照亮的物体"，弗雷格认为这两个句子的思想是不同的，一个人若不知道晨星是昏星，可能会认为一个句子是真的，而另一个句子是假的。因此，思想不是句子的意谓，而是句子的意义。这个例子说明，两个同样意谓的句子可以表达得不同，也可以得到不同真值的认识。这是因为句子的表达与句子的真假是不同的，即句子的意义和句子的意谓是不同的。

第二个例子是一个句子："奥德赛在沉睡中被放到伊萨卡岸上"。弗雷格认为，这个句子显然有意义，但其真值是不确定的。我们可以考虑这个句子的意义，而不考虑这个句子的真值，这样只要考虑句子部分的意义就够了。我们也可以考虑句子的真值，这样就必须考虑这个句子部分的真值。但是奥德赛这个名字是否有意谓是不确定的，这样就无法确定整个句子是否有意谓，因而无法确定整个句子的真值。这个例子说明，理解一个句子的意义与认识一个句子的意谓是不同的。它还说明，句子的真值与句子部分的意谓有关，在这个例子中，则是和句子中的专名有关。

除了区别句子的意义和意谓，弗雷格还阐明了句子真值的两种重要性质。

第一种性质："如果我们的假设是正确的，即一个句子的意谓就是它的真

---

① 弗雷格. 弗雷格哲学论著选辑[M]. 王路, 译. 王炳文, 校. 北京：商务印书馆, 1994：96.

② 同①97.

值，那么当句子的一部分被意谓相同而意义不同的一个表达式替代时，句子的真值必然保持不变。"①

第二种性质："如果一个句子的真值就是它的意谓，那么一方面所有真句子就有相同的意谓，另一方面所有假句子也有相同的意谓。"②

弗雷格对这两种性质没有展开说明。表面上看，他只是在此之后依据这两种性质检验了语言中的情况，从而证实这两种性质的合理性。而实际上，联系他关于概念文字的思想，就很容易理解这两种性质。在构造概念文字时，他引入了断定符号，一个带断定符号的表达式相当于一个判断，即对思想的真或假的断定，比如，⊢A 即是对 A 的真的判断。⊢₁A 是对 A 的假的判断，一个思想只有这两种情况。对所有真的思想来说，只有⊢这一种情况，对所有假的思想来说，只有⊢₁这一种情况，这恰恰就是上面说的第二种性质。在构造概念文字时，当引入函数和自变元之后，就产生代入的问题，在弗雷格思想中，自变元隶属于函数的一部分，自变元的变化带来了函数的变化，但是代入等值的自变元，函数值不变，这恰恰就是上面说的第一种性质。这两种性质对于弗雷格构造他的概念文字和建立逻辑演算系统极为重要，因此在《论意义和意谓》这里出现绝不是偶然的，可以说，这里是对他在《概念文字》中得出的这两种性质的应用，或者说是他把对形式语言研究的结果推广到一般语言情况上，得出的普遍性的结论。

从第一种性质来看，区别出句子整体和句子部分，这样就涉及句子的意谓和句子部分的意谓的关系。在自然语言中，一个句子的部分可以是一个词、一个词组，也可以是一个句子，比如从句，因此马上就有这样的问题：句子的意谓是一个真值，这对从句是否同样有效？具体地说，句子有意义和意谓，从句也就有意义和意谓，但是由于从句是句子的一部分，那么从句的意义是不是一般所说的句子的意义？从句的意谓，即真值，是不是一般所说的句子的意谓，即真值？弗雷格从名词从句、同位语从句和状语从句等方面详细探讨了这个问题。他的结论是：句子表述思想，而从句有时只表达思想的一部分；句子的意谓是真值，而当从句只表述思想的一部分时，它的意谓不是真值；句子的意义包含一个思想，而从句的意义除包含一个思想外，还包含另一个思想的一部分

---

① 弗雷格. 弗雷格哲学论著选辑[M]. 王路，译. 王炳文，校. 北京：商务印书馆，1994：98.

② 同①98-99.

（因为它只表达主句的一部分），这时，从句的意谓是一个真值，却不限于这个真值。因此，把一个从句代之以另一个具有同样真值的从句并不总是损害整个主从复合句的真值。

弗雷格在《论意义和意谓》中没有讨论概念的意义和意谓，但是在《对意义和意谓的解释》中却讨论了这个问题。他认为概念词也可以区别出意义和意谓，"相应于每个概念词或专名，一般都有一个意义和一个意谓"[1]，"在科学中和任何我们探讨真这一问题的地方，我们都不会满足于意义，而是把一个意谓与专名和概念词结合起来"[2]。这些论述和《论意义和意谓》中的有关论述是极为相似的。

在弗雷格区别概念词的意义和意谓的地方，同样没有对意义进行说明，而是只说明了意谓。他认为概念词的意谓既不是由一个对象也不是由几个对象形成的，而是一个概念。逻辑关系有一个对象处于一个概念之下，也有一个概念处于另一个概念之下，但是这种关系只是直接地与概念有关，间接地才与概念词有关，因此不应该混淆这种区别。应该指出，若想说明弗雷格关于概念的论述，绝不是这里所能允许的。但是必须明确一点，在弗雷格的思想中，概念词的意谓是概念，通常意义下的概念的外延不是概念词的意谓，绝不能把内涵和外延的划分与意义和意谓的区别混淆起来，绝不能把概念和对象的划分与意义和意谓的区别混淆起来。

三

弗雷格使用的"意谓"（Bedeutung）一词，英文的通用译法是"所指"（reference）。在有关弗雷格思想的讨论中，有许多问题是由这个英文译名产生的。限于篇幅，这里无法展开对这些问题的讨论，我仅想指出，译法的不同实际上造成了对弗雷格思想的不同理解和解释。

我国学术界以前也根据英文翻译而采用"所指"这一术语，这就是说，它不是从德文"Bedeutung"翻译过来的，而是从英文的"reference"翻译过来的。"指"做名词表示手指，做动词表示用手指向某物的动作；"所"是个虚词，本

---

[1] FREGE G. Nachgelassene Schriften [M]. HERMES H, KAMBARTEL R, KAULBACH F, hg. Hamburg, 1969: 128.

[2] 同[1]128.

身没有意思。二者结合起来,"所指"的意思是"被指的东西",以"所指"做"Bedeutung"的翻译,把具体的东西理解为"被指的东西"似乎没有什么困难,但是把真和假理解为"被指的东西"就会有很大困难,因为用手指无法去指真和假。因此,从中文"所指"出发,很难理解真和假怎么成了句子的"所指"。实际上,中文的这种译法带来的偏差恰恰是英译名"reference"造成的。中文"所指"作为译名是比较忠实于"reference"的,因为"reference"恰恰有"指的行为"这种涵义。否则在英语国家中不会出现这样一种现象:人们很难理解句子的所指,却不难理解专名的所指。①

作为翻译,当然最好是选择一个可以全面反映弗雷格思想的词,"所指"显然不是这样的一个词。即使我们找不到这样一个词,我们至少应该找一个适合反映他的主要思想的词,而"所指"也不是这样一个词。因此我们不禁要问,为什么用"所指"来翻译"Bedeutung"呢?

我认为,这大致有以下几点原因:第一,"所指"(reference)似乎与弗雷格在《论意义和意谓》开始时谈论的"Bedeutung"并无相悖之处。

第二,罗素在《论指谓》(*On Denoting*)这篇文章中探讨了专名和摹状词的问题,建立了摹状词理论。他提到弗雷格,并批评了弗雷格关于专名的说法。自这篇文章起,探讨专名问题必谈罗素这篇文章,由此必谈弗雷格,因此认为弗雷格有一个专名理论,并在罗素的"指谓"的意义上把弗雷格的"Bedeutung"翻译为"所指"似乎是很自然的。

第三,在传统逻辑和哲学中,概念分析的一种基本方法是区别出概念的内涵和外延。这种方法几乎是人人皆知并已用来得心应手。在这种背景下,很容易在专名的情况中把弗雷格的"Bedeutung"译为"所指"。以晨星为例,晨星的意义就像是它的内涵,根据它我们可以理解这个词,而晨星的所指就像是它的外延,以此我们可以指一颗行星,并说这是这个词指称的东西。在这一点上,意义和内涵与一个词或一个名字的内容联系起来,而所指和外延与一个词或一个名字所代表的对象联系起来。唯一的区别仅在于在专名区别出意义和所指,而在概念区别出内涵和外延。但是这种理解与弗雷格的思想是不一致的,因为弗雷格在探讨概念词的意义和意谓时告诫我们,不要把意义和意谓的区别与内

---

① GRAYLLING AC. An Introduction to Philosophical Logic [M]. Cambridge, Mass.: Harvard University Press, 1982:34; YOURGRAU P. Frege On Truth and Reference [J]. Notre Dame Journal of Formal Logic, 1989, 28 (1):132.

涵和外延的区别混淆起来。①

第四,"meaning"一词在20世纪哲学中有一种专门的意义,而且它的使用常常与我们的理解或语义学联系起来。比如,在语言哲学中,意义理论(theory of meaning)是有专门涵义的。在意义理论的框架下,人们研究句子的意义和所指,研究句子部分的意义和所指,其中包括专名的意义和所指,因此"意义"是更宽泛的概念。如果把"Bedeutung"翻译为"meaning",似乎扩大了"Bedeutung"的涵义,而且由于把"Bedeutung"只看作与世界中的具体对象相联系,因而根本就不能把它翻译成"meaning"。

此外,在学术界围绕"Bedeutung"的译法有一段非常有趣的历史,而且这确实说明些问题。一方面,1958年,英国出版了《大英哲学百科全书》,达米特在他写的"弗雷格"这一条目中,把"Bedeutung"译为"meaning",而在15年以后的1973年,当他出版他的名著《弗雷格的语言哲学》时,他把"Bedeutung"译为"reference"。很可能他开始时不同意把"Bedeutung"译为"reference",但是由于"reference"这种译法已广为接受了,他不得不改变他的翻译。另一方面,Geach和Black于1952年出版了他们的译著《弗雷格哲学著作翻译》。在这一版本中,他们把"Bedeutung"译为"reference",但是到了1980年该书出第三版时,他们把"Bedeutung"又译为"meaning"。他们这样做似乎是为了"使弗雷格的术语使用在所有翻译中一致起来"(第三版序)。但是他们为什么不用"reference"作为统一的翻译术语呢?如果人们想在对一个词的两种译法中做出取舍,当然应该保留那个更好的、更合适的译法。而Geach和Black改变翻译的做法表明他们实际上接受了Long和White的批评②。如果一个翻译不给我们理解弗雷格的思想造成障碍,这个翻译就是好的。但是"所指"一词的翻译情况显然不是这样。③

以上讨论似乎仅仅是翻译和术语的问题,其实不然。对于解释弗雷格的思想,以上讨论是有重要意义的,下面我通过解释弗雷格的思想来说明它的重要意义。

理解意义和所指的区别之所以困难,是因为意义和所指涉及了不同的东西。

---

① FREGE G. Posthumous Writings [M]. LONG P, WHITE R, trans. Oxford: Basil Blackwell, 1979: 128.

② 同①vi–vii.

③ 关于上述历史,详见拙文:走访达米特[J]. 哲学动态, 1993 (7).

从字面上说，意义表示通过表达式本身可以把握的东西，而所指表示作为实体特别是具体实体存在于外界的东西，比如亚里士多德、北京，等等。因此，当我们说一个专名的所指时就容易理解，当我们说一个句子的所指时就不容易理解。而在弗雷格的著作中，是没有这样的问题的。从字面上说"意义"和"意谓"本身都是指通过表达式本身可以把握的东西，而不是指具体的实体。因此，这里的根本问题在于"意义"忠实于弗雷格使用的"Sinn"，而"所指"不忠实于"Bedeutung"。这种理解上的困难不是来自弗雷格的著作，而是来自翻译。让我们看看弗雷格是怎么说的。

弗雷格认为，句子的意义是它的思想，句子的意谓是它的真值：真和假。这是他的一个最基本、最重要的思想。但是他也说，从句的意谓是一个思想，概念词的意谓是一个概念。思想、真值和概念显然不是具体的实体。所有这些东西属于一个可能不涉及具体事物的领域。

此外，在弗雷格的论述中有一个显著特征，这就是意义和意谓有非常明显的相似性，因为句子的意义是思想，而从句的意谓也是思想（间接意谓）。因此，弗雷格在意义和意谓之间做出的区别，就不是对两种完全不同的、属于不同领域的东西做出的区别，比如像一个句子所表达的东西和存在于外界的东西之间的区别。弗雷格使用的"意义"和"意谓"这两个德文词，从字面上说有类似的涵义，但是不完全相同，因而可以表明上述所有特征。

如上所述，根据弗雷格自己的论述，意义和意谓的区别产生可判断内容，因此可以说意义和意谓与句子的内容有密切的联系。而在《论意义和意谓》中，弗雷格还说："我们一般也承认并要求句子本身有一个意谓。只要我们认识到句子的某一部分没有意谓，思想对于我们就失去了价值。因此，我们大概完全有理由不满足于一个句子的意义，而总是探讨它的意谓。但是我们为什么要求，每个专名不但有意义，而且有一个意谓呢？为什么思想满足不了我们呢？一般来说重要的是句子的真值。情况并非总是这样，比如，聆听一首史诗，除了语言本身优美的声调外，句子的意义和由此唤起的想象和感情也深深吸引打动了我们。若是寻找真这一问题，我们就会离开这些艺术享受，而转向科学的思考。……因此对我们来说，追求真就是努力从意义推进到意谓"①。从这段话可以看出句子的意义和意谓有一种层次上的区别。把握句子的意义是一个层次，

---

① 弗雷格. 弗雷格哲学论著选辑［M］. 王路，译. 王炳文，校. 北京：商务印书馆，1994：97.

把握句子的意谓是另一个更进一步的层次,我们可以这样表达弗雷格的思想:就句子内容来说有两个层次:层次$_1$和层次$_2$。层次$_1$叫作思想,层次$_2$叫作真值,真值可分为真或假。在接触句子内容的时候,我们可以达到层次$_1$,而不必达到层次$_2$。但是我们也可从层次$_1$进到层次$_2$。研究层次$_1$与层次$_2$是不同的,因为研究层次$_2$是研究真假,而研究层次$_1$不是研究真假。

这样可以使我们清楚地看出意义和意谓之间的区别不是内涵和外延之间的区别,也不是句子所表达的意思和处于外界中的那些属于不同领域的东西的区别。意义和意谓的区别只是一种与句子内容相关的区别。它把内容分为两部分,它们处于不同的层次。这种简单的区别具有重要意义。

如果以"意谓"(meaning)来翻译"Bedeutung",就会反映出这种区别。从字面说,"意义"和"意谓"有些相似性,也有一些区别。如果我们说句子的意谓是它的真值即真和假,从句的意谓是它的思想,概念词的意谓是它的概念,那么在意谓与真值、思想与概念之间似乎就有一种联系。不论我们如何解释"意谓"这个词,至少从字面上就可以看出,它适合于用来解释真值、思想和概念这些词,因为它与这些概念的联系是完全可以理解的。

也许有人会说,把"Bedeutung"译为"所指"并不错。因为根据弗雷格的思想,真值即真和假也是对象。确实,在某种意义上说,弗雷格把真值看作句子意谓的对象,但是如果我们认为,由于专名的所指是对象,句子的所指也是对象,因此可以把"Bedeutung"译为"所指",那么在解释弗雷格的思想时,就会产生一种十分严重的混淆。首先我们就要问,专名所指的对象与句子所指的对象是不是相同意义上的对象。从弗雷格著作中我们可以看出,它们不是相同意义上的对象。一个专名所指的对象可以是外界的具体事物,而一个句子所指的对象,即真值,却不能是外界的具体事物。因此专名所指的对象和句子所指的对象是不同的。

一个专名所指的对象也可以不是外界的具体事物,而是一个抽象对象,比如数字所指的对象。但是在这种情况下,我们必须区别专名所指的对象既有具体的对象也有抽象的对象,同时我们还必须在同样是抽象对象即专名所指的对象与真值之间做出区别。弗雷格正是这样做的,例如他区别出两类函数,一类函数只有数作为值,比如 x^2+y^2,另一类函数的值却总是一个真值,譬如 $x^2+y^2=5$。在自然语言的句子中反映出来的这种区别也存在于专名与句子之间。

其次我们还要问:真值是什么样的对象?如上所说,由于真值和思想与句子内容联系在一起，我们可以联系弗雷格所说的思想来考虑真值。在弗雷格看来，思想是可以被把握的，因此思想是对象。但是思想与外界的具体对象是不同的，因为它们没有时间性，是永恒的和不变的，既不是外界的事物，也不是我们内心的表象，它们属于第三领域——它们与句子内容相联系。我们看到，真值几乎具有与此相同的性质，它们同样既不是外界的事物，也不是我们内心的表象。在弗雷格看来，真值也是没有时间性的，真假本身也是不变的，因此可以说它们也属于第三领域——它们与句子内容相联系。所以，即使我们说真值是对象，它们也不是与专名的对象同等意义上的对象，而是与思想同等意义上的对象。

在做出这些区别以后，我们就可以看出，如果把"所指"理解为对象，从而把"Bedeutung"翻译为"所指"，就会为解释弗雷格的思想带来上述混淆。实际上，我们不能简单地在对象的意义上理解"Bedeutung"，如果我们在对象的意义上理解它，我们就必须区别所指和专名所指的对象，还要区别专名所指的对象与真值所指的对象。但是应该说，这些问题是关于对象的问题，而不是关于"Bedeutung"的问题。

这里还有一个问题：弗雷格为什么要先谈专名的意义和意谓呢？为什么他把专名的意谓说成是它们所指或所代表的对象？达米特认为，弗雷格把一个专名的所指是它的载体看作当然的，因为对他来说，所指这一概念起着语义值的作用，而一个专名的所指是它的载体就是所指这个概念的一部分。[①] 我认为，达米特的这种解释是正确的。但是，为什么一个专名的所指是它的载体就是弗雷格的意谓这一概念的一部分？它是如何起这一部分的作用的？我认为对于这一问题，应该从弗雷格的逻辑观去寻找答案。

弗雷格认为，逻辑研究真，作为逻辑学家，他就必须指出什么是真和如何研究它。他在《概念文字》中构造了一种形式语言并建立了一个逻辑演算系统，以此他告诉我们如何研究真。但是在自然语言中，我们如何研究真呢？弗雷格的方法是区别意义和意谓：句子的意谓是真值即真和假。这样，他就说明，由于逻辑研究真，因此在自然语言中，逻辑应该研究真值，或者说从真值的角度去研究句子。在探讨自然语言的语句时，直观上说，从以单称词做主语的简单句出发是很自然的。因此，他首先谈论专名的意义和意谓。我想这里可能还有

[①] DUMMETT M. Frege and Other Philosophers [M]. Oxford: Oxford University Press, 1991: 172-173.

另一个原因，即最初他构造形式语言逻辑系统时，引入了数学中的函数概念，而他对函数这一概念又做了两个方向上的扩展。一方面他引入"＝""＜"">"，从一般函数扩展到等式，从而实际上扩展到句子；另一方面从数扩展到具体的人物，比如恺撒。这样，他在自然语句的范围内探讨逻辑问题时，就必须谈到专名。此外，有时我们可以不涉及句子的意义，而是通过分析句子结构和逻辑推理来探讨真。例如，我们不用知道贾宝玉、林黛玉、薛宝钗是谁，就可以知道"贾宝玉爱林黛玉，并且贾宝玉爱薛宝钗，所以贾宝玉爱林黛玉"这句子是真的。但是，有时我们不涉及句子的意义就无法知道一个句子是不是真的，特别是在以单称词为主语的表达科学规律和历史事实的简单句子中，比如"弗雷格于1925年逝世"这个句子就是如此。我们必须知道是否有一个人叫弗雷格，他是不是有"于1925年逝世"这种性质。考虑这样的句子，必须与其中出现的专名联系起来，因此在决定这样的句子的真值时，必须考虑其中出现的专名。所以专名的意谓是其载体这一思想在弗雷格关于意义和意谓的思想中才具有重要性。

四

以上研究说明，我们应该从整体上准确地把握弗雷格关于意义和意谓的思想，而不能带有成见，这样我们才能更深刻地理解它。深入地分析弗雷格关于意义和意谓的思想也有助于我们理解弗雷格的本体论。显然，他的本体论的对象并不限于外在世界的具体事物，更不是我们头脑中的表象，他的本体论的对象主要是一些抽象实体，比如思想、真、假（如果我们也考虑他的《算术基础》，则还有数）。我们可以谈论这些对象，研究它们的性质，并表达它们的规律。这样的研究可以有不同的出发点，使用不同的方法。弗雷格主要是从逻辑观点出发的，他的方法主要也是逻辑的。但是他的研究成果为当代哲学所普遍接受，这说明，逻辑的研究对于哲学具有极其重要的意义。

参考文献

[1] AUSTIN J L The Foundation of Arithmetic [M]. Oxford: Basil Blackwell, 1950.

[2] BELL D. Frege's Theory of Judgement [M]. Oxford: Oxford University

Press, 1979.

[3] BRANDOM R. Frege's Technical Concept: Some Recent Developments [M]. Frege Synthesized. HAAPARANTA L, HINTIKKA J, ed. Dordrecht: D. Reidel Publishing Company, 1986: 253-295.

[4] CURRIE G. Frege: An Introduction to His Philosophy [M]. Sussex: The Harvest Press, 1982.

[5] DUMMETT M. Frege: Philosophy of Language [M]. 2nd ed. London: Duckworth, 1981.

[6] DUMMETT M. The Interpretation of Frege's Philosophy [M]. Cambridge: Harvard University Press, 1981.

[7] DUMMETT M. Frege and Other Philosophers [M]. Oxford: Oxford University Press, 1991.

[8] FREGE G. Begriffsschrift und andere Aufsaetze [M]. ANGELELLI I, ed. 2nd ed. Hildesheim, 1964.

[9] FREGE G. Posthumous Writings [M]. LONG P, WHITE R, trans. Oxford: Basil Blackwell, 1979.

[10] FREGE G. Nachgelassene Schriften [M]. HERMES H, KAMBARTEL R, KAULBACH F, hg. Hamburg, 1969.

[11] GEACH P, BLACK M. Translations from the Philosophy Writings of Gottlob Frege [M]. Oxford: Basil Blackwell, 1952.

[12] GRAYLLING A C. An Introduction to Philosophical Logic [M]. Cambridge: Harvard University Press, 1982.

[13] HEIJENOORT J. From Frege to Gödel [M]. Cambridge: Harvard University Press, 1967.

[14] KRIPKE S. Naming and Necessity [M]. Oxford: Blackwell, 1979.

[15] PATZIG G. Gottlob Frege, Logische Untersuchungen [M]. Kleine Vandenhoeck-Reihe, 1976.

[16] PATZIG G. Gottlob Frege, F'unktion, Begriff, Bedeutung [M]. Kleine Vandenhoeck-Reihe, 1980.

[17] RESNIK MD. The Role of the Context Principle in Frege's Philosophy [J]. Philosophy and Pheno-menological Research, 1967, 27 (3): 356-365.

[18] RESNIK MD. Frege's Context Principle Revisited, in Studien zu Frege, vol. Ⅲ, ed. Schirn, M., Frommann-Holzboog, pp. 35-49.

[19] RUSSELL B. On Denoting [M] //MARCH R C, ed. Logic and Knowledge. London, 1956: 41-56.

[20] SLUGA H. Gottlob Frege [M]. London: Routledge & Kegan Paul, 1980.

[21] STRAWSON PF. Philosophical Logic [M]. London: Oxford University Press, 1967.

[22] TUGENDHAT E. The Meaning of "Bedeutung" in Frege [J]. Analysis, 1970, 30: 177-189.

[23] YOURGRAU P. Frege On Truth and Reference [J]. Notre Dame Journal of Formal Logic, 1989, 28 (1): 152-158.

[24] WRIGHT C. Frege's Conception of Numbers as Objects [M]. Aberdeen: Aberdeen University Press, 1983.

[25] 弗雷格. 弗雷格哲学论著选辑 [M]. 王路, 译. 王炳文, 校. 北京: 商务印书馆, 1994.

重议罗素对布拉德雷否定关系的批评*

陈启伟

罗素说,"关系问题是哲学上提出的最重要的问题之一"①。如罗素所述,他最初之"反叛"新黑格尔主义,从绝对唯心主义的一元论而转向一种极端实在论的多元论时,他特别关注的就是"关于关系的学说",他着重致力的就是提出自己的一种关系学说去否定新黑格尔主义者的关系学说,前者他称为"外在关系说",后者则是以布拉德雷为代表的所谓"内在关系说"②。罗素认为,"全部一元论的基本前提"就是"其关于关系的学说"③,即"内在关系说",而由此出发,无论导致对多元论的否定,得出"既没有关系也没有众多事物,而只有一个东西的结论"④,从而否定分析作为一种认识方法的意义和价值,而认为任何分析都是对实在的歪曲或伪造(Falsification)。在罗素看来,"如果我们能够指出这个学说是没有根据的和站不住脚的,我们就会由此而完成对一元论的驳斥"⑤。这就是罗素的"外在关系说"所要做的工作。他相信,这种关系理论,而且只有这种关系理论,真正维护了承认世界上有众多事物存在并承认事物间关系的实在性的多元论,从而也为哲学分析提供了坚实的理论依据,如他所说,外在关系说"是对分析的正当性的辩护,又是对以分析为伪造的观点的否定"⑥。

---

* 本文系为《分析哲学——回顾与反省》第一版而撰写。
① RUSSELL B. Logic and Knowledge [M]. MARSH R C, ed. Capricorn Books, 1991: 333.
② RUSSELL B. My Philosophical Development [M]. London: George Allen & Unwin, Ltd, 1959: 54.
③ RUSSELL B. Philosophical Essays [M]. Rev. ed. London: George Allen & Unwin, Ltd, 1966: 139.
④ 同③141.
⑤ 同③.
⑥ RUSSELL B. Collected Papers of B. Russell [M]. Routledge, 1996, 6: 129-130.

本文并不对罗素和布拉德雷的关系理论做详细的讨论，而只是就罗素对布拉德雷否定关系实在性所做的某些批评重新加以考察，略做议论，或许对罗素本人的某些说法及以往学者的解释有所辨正。

关系是否具有实在性？这是罗素批评布拉德雷关系理论时首先讨论的主要的中心问题。罗素认为，无论布拉德雷所谓内在关系的涵义如何，"都会导致认为关系根本不存在的观点"①。至于布拉德雷是如何否定关系的存在或实在性的，罗素的批评主要有如下两种论证：一是批评布氏的关系归约论（关系可还原为性质），二是批评布氏的关系不可能论（承认关系的存在会陷入无穷倒退的困难）。

一、对关系归约论的批评

我们先看罗素对关系归约论的批评。在罗素看来，内在关系说最基本的主张是强调关系与其相关事项之间有一种本质的必然的联系，"认为两项之间的每种关系根本上是表示这两项的内在特性，而归根结底是由这两项所组成的整体的一个特性"②。按照这种观点，罗素说："凡是我们觉得好像有一种关系的地方，那实际上是这个假定的关系的事项组成的那个整体的一个形容词"，亦即它的一个属性。③ 罗素认为，这样关系就必然还原为性质而被消除掉。而这种还原或归约，据罗素说是有其深刻的逻辑根源的，那就是传统的主谓逻辑的观念，即把一切命题都看作是主谓式命题，凡属关系命题也都被还原为把一个谓词加于一个主词之上的命题，亦即关于某物具有某种性质的命题，于是关系就从逻辑上被排除了。所以，罗素甚至说"内在关系说"实即"等于这个假定：每个命题有一主词和一谓词。因为一个断定一关系的命题必然总是被还原为一个关于由诸关系项组成的整体的主谓命题"④。

据罗素说，他是在研究莱布尼茨（其结果就是1900年出版的《莱布尼茨哲学之批判的解说》）的时候"第一次意识到关系问题的重要性"，并且"发现"

---

① RUSSELL B. Philosophical Essays [M]. Rev. ed. London：George Allen & Unwin，LTD，1966：141.

② RUSSELL B. My Philosophical Development [M]. London：George Allen & Unwin，LTD，1959：54.

③ 同①142.

④ 同①142.

过去的形而上学（包括斯宾诺莎、莱布尼茨、黑格尔和布拉德雷的哲学体系）及其对关系实在性的否定，都是以主谓逻辑的错误观念为基础的。① 后来在《数学的原则》（1903）中，罗素更着重而详细地从这一逻辑根源上批判了那些"厌恶关系"，"认为任何关系都不可能具有绝对和形而上学的确实性"的哲学家，他们有一个共同的看法，就是认为"一切命题归根结底都是由一主词和一谓词构成的"，不过他们"处理"关系命题即把关系命题还原为主谓命题的方法却有不同：一是"单子论的"方法，以莱布尼茨为代表；一是"一元论的"方法，以布拉德雷为代表。② "单子论的"方法是把一个关系命题中的关系者看作主词，把关系和被关系者看作谓词。例如，"甲较大于乙"这个关系命题被化为一个主谓命题："甲是（较大于乙的）"，括号内的话被认为是甲的形容词，因而是其属性。在莱布尼茨看来，所有关系命题都可照此处理，这样我们似乎就可以认为，存在的只有一个个独立自存的实体（单子）及其属性，而关系则被消解了，用莱布尼茨的话说，"它（关系）是一个纯然观念的东西"而非实在。罗素指出，这种还原是不可能的。例如，若把"较大于乙的"看作甲的形容词，我们立即可见它是复杂的，它至少是由"较大"和"乙"二者构成的，而这二者都是必不可缺的，只说甲是"较大"的，没有任何意义，因为乙也很可能是"较大"的（如与丙、丁或别的东西相比）。"较大"这个形容词总是与另一个可比较的东西相关联而被使用才有意义。罗素说："一个包含有与乙关联的形容词显然是一个相对于乙而言的形容词，这不过是用一种笨拙的方式说明关系而已"③。"一元论的"方法则是把关系命题包含的事项构成的整体看作一个主词，而把关系看作这个整体的谓词或属性。罗素指出，这个说法对于对称关系似乎行得通，例如，"甲不同于乙"，反过来可以说"乙不同于甲"，这里的"不同"是对称关系，我们似乎可以把甲和乙构成的整体作为主词，而把"不同"作为这个整体的谓词，即"甲和乙是不同的"。但是，要把关于不对称关系的命题这样归结为主谓命题则是绝不可能的。例如，"甲较大于乙"，甲对于乙的这种"大于"关系是不可逆反的，即不能反过来说"乙较大于甲"，因

---

① RUSSELL B. My Philosophical Development [M]. London: George Allen & Unwin, LTD, 1966: 61.

② RUSSELL B. Principles of Mathematics [M]. 2nd ed. London: George Allen & Unwin, LTD, 1937: 221.

③ 同②222.

而是不对称的。如果把甲和乙当作一个整体，显然不可能把"大于"关系看作它的谓词或属性。对于甲和乙构成的整体来说，"甲大于乙"和"乙大于甲"都是"大于"，因而是无区别的。它们的区别只在于这个事实，即在前者中"大于"是甲对乙的关系，在后者中"大于"是乙对甲的关系，也就是说其区别在于甲、乙这两个关系项在这两种关系中的次序不同或者说正好相反，而关系项的次序对于关系的成立是至关重要的，罗素说"这就是可称之为关系的意义的东西"，又说"关系的意义是一个根本的概念"①。因此，要说明上面这两个不对称关系的命题的区别，还必须从整体回到部分（关系项）和它们的关系，这种关系（例如"大于"）是既不能归结为各个部分（如甲、乙）的属性，也不能归结为整体（如甲和乙）的属性的。② 也就是说，布拉德雷企图通过关系命题的逻辑归约以消解或否定关系，是不可能的。

诚然，一个哲学家的形而上学或本体论学说与其逻辑的观念无疑有着密切的联系，罗素试图从主谓逻辑的观念中寻找和揭示布拉德雷及其他哲学家否定关系实在性的形而上学的学说的根源，的确是很深刻、很有意义的。而且，罗素此处对传统主谓逻辑模式的批评，在逻辑发展史上也是一个重大的贡献，是他建立现代数理逻辑的一个基本理论要素，数理逻辑之有别于并优越于旧逻辑者，正在于把关系引入了逻辑。

但是，我们这里有几个问题要讨论一下，即布拉德雷是否真的认为一切命题都是主谓命题？认为一切命题都是主谓命题，是否一定导致对关系的否定？布拉德雷是否确实从一切命题都是主谓式的逻辑观念得出了否定关系实在性的结论？

布拉德雷在《逻辑原理》中说过："我们看到所有的判断都是将一个观念的内容赋予一个实在，因而这个实在就是这个内容所述谓的主词。因此，在'A 先于 B'中，A—B 这整个关系是谓词，当我们说这是真的时，我们就是把它（这个关系）看作实在世界的一个形容词。它是超乎 A—B 的某物的一种性质。但如果这样，则形容词 A—B 所关涉的那个实在就是 A—B 的主词……"③ 从这一段话，我们可以相信，布拉德雷是追随传统的主谓逻辑的，而且明确地将关系命题作为主谓命题看待。但是我们要进一步追问：布氏是否认为正如在逻辑

---

① RUSSELL B. Philosophical of Mathematics [M]. 2nd ed. London：George Allen & Unwin, Ltd, 1937：95-96.

② 同①224-226.

③ BRADLEY F H. Principles of Logic [M]. 2nd ed. Oxford University Press，1922，1：28.

上可将关系命题归约为主谓命题一样,在本体论上也可将关系归约为性质,从而否定关系?我们在上面说,逻辑与本体论有密切的关联。但是,我们又必须指出,二者并不等同,例如,亚里士多德为主谓逻辑之祖,他关于实体的本体论学说,关于实体是一切其他范畴(性质、关系、数量等)所述谓的主词的学说,与他的主谓逻辑密不可分,但是亚里士多德并未因此取消关系之为其本体论的一大范畴。至于布拉德雷,虽然坚持主谓逻辑,但是并未因此主张关系可还原为性质而消解之。其实,布拉德雷就曾表明,主谓逻辑并不足以充分表达对实在的本体论观念,他说:"我不能承认主谓关系是对实在的一种充分恰当的表述"[1]。布拉德雷认为,关系和性质属于现象的领域,是现象领域中不可或缺的两个方面,二者不可彼此分离,也不能互相归约。他说:"没有关系,性质就什么也不是","关系以性质为前提,性质也以关系为前提","要找到没有关系的性质肯定是不可能的","对于思想来说,没有关系的性质是否有任何意义?就我自己来说,我相信它们没有意义"[2]。诚然,在布拉德雷那里,现象领域的一切都是相对、有限的,因而在最后的终极的实在即所谓"绝对"或"绝对经验"中都要被扬弃、被超越,在这个意义上,可以说现象是非实在的,性质如此,关系亦如此。布拉德雷说:"对我来说,终极的实在似乎是超关系性的(supra-relational)。"但这并不意味着否定关系的存在,而只是说关系作为现象的东西不是也不可能是作为终极实在的"绝对"的一种规定性。他说:"关系不可能正确地述谓原初的统一(即一切为一体的'绝对')",但是,"关系又是其(终极的实在)发展所必要的",因此,可以说"不完善的关系性模式""既被包含又被吞没在这样一种统一中了"[3]。布氏在一个地方还特别提醒人们不要因为他否认世界的某个方面、某个特征具有"绝对的实在性"而误以为他根本否认这个方面、这个特征的存在,他说:"我觉得,我的反对者们在这一点大都没有理解我。在我否定整体的某个特征的绝对实在性的地方,他们老是把这解释为否定有这样一种特征存在"[4]。在另外一个地方,布拉德雷更明确肯定地说:"凡是作为现象并被否定的东西,绝非纯粹的虚无。我们不可能把它们统统撇开

---

[1] BRADLEY F H. Essays on Truth and Reality [M]. Oxford: Clarendon Press, 1950: 239.

[2] BRADLEY F H. Appearance and Reality [M]. 2nd ed. Oxford: Clarendon Press, 1930: 21-22, 25.

[3] 同[1]238-239.

[4] 同[2]471.

和全然除掉，既然它们必然在某处发生，它们就必然属于实在"①。由此可见，罗素认为布拉德雷否认关系具有"绝对的和形而上学的确实性"就是否定关系的存在，显然是对布氏关系学说的一种误解。

二、对关系不可能论的批评

现在我们来看罗素对布拉德雷的所谓"关系不可能论"的批评。"关系不可能论"意指如果承认关系的存在，就会陷入"无穷倒退"的困难，因而关系不可能存在。罗素和西方以至中国的许多学者都曾指责布拉德雷以此论否定关系。罗素最早似乎是在《数学的原则》（1903）中提出这个批评的，他说："布拉德雷在《现象与实在》第三章中反对关系实在性的一个论证，其根据是把两个（关系）项联系起来的关系必然与其中每个项有联系这个事实所引起的无穷倒退"②。罗素并没有详细说明这个"无穷倒退"的论证，后来 C. D. 布劳德按照罗素的观点也批评布拉德雷否定关系的这个论证时倒是说得比较明白，他说："这个论证是这样的，如果 A 要通过 R 与 B 相联系，则 A 必须通过一个关系 R_1 与 R 相联系，而 R 则必须通过一个 R_1 与 B 相联系。根据同样的理由，A 必须通过一个 R_{11} 与 R_1 相联系，R_1 必须通过一个关系 R_{12} 与 R 相联系，R 必须通过一个关系 R_{21} 与 R_2 相联系，而 R_2 则必须通过一个关系 R_{22} 与 B 相联系。如此类推，以至无穷"③。在中国，金岳霖先生在《知识论》一书中批判布拉德雷的关系学说，对其"关系不可能论"（此名即金先生所创）有更为简明的表述："关系不可能的理由大致说来如下。如果两个体能有关系，例如 X 与 Y 之间能有 R^1 关系，则 X 与 R^1 之间不能没有关系，假如它们的关系为 R^2，则 X 与 R^2 之间不能没有关系，假如它们的关系为 R^3……两个体非有无量数的关系不可"④。

我们无意仔细推究这个无穷倒退（金先生称为"无量推延"）的论证，我们只想辨明，布拉德雷是否有此论证？若有，其目的是否在否定关系存在的可

---

① BRADLEY F H. Appearance and Reality [M]. 2nd ed. Oxford：Clarendon Press，1930：119.

② RUSSELL B. Principles of Mathematics [M]. 2nd ed. London：George Allen & Unwin，Ltd，1937：99.

③ 转引自 CHURCH R W. Bradley's Dialectics [M]. London：George Allen & Unwin，Ltd，1942：162.

④ 金岳霖. 知识论 [M]. 北京：商务印书馆，1983：148.

能性？重读布拉德雷原著，我们发现，对第一点可做肯定的回答，对第二点的回答却不能不是否定的。我们且看布氏在《现象与实在》第二章（罗素说是第三章，显然有误）中是怎样论述的。

首先，布拉德雷提出这个论证的前提是如下的一个假定，即"假定我们不使关系成为相关事物的一个属性，而使之成为或多或少独立的东西"。从这样一个假定出发去看事物的关系，就会陷入"无穷倒退"的困难。例如，"有一个关系C，A与B处于这个关系中"。由于C是不同于A和B的独立的东西，它不能是A与B的属性，不能归属于A与B，因而要对关系C和A与B有所说，就必须引入另一个关系D，"处于这个关系中的一方面是C，另一方面是A与B"，但这样一来"立即会导致一个无穷的过程。这个新的关系D绝不可能述谓C或A与B。因此，我们必须求助于一个处于D和前面已有事物之间的新的关系E。但是这又必然导致另一个关系F；如此等等，以至无穷"。布拉德雷由此做出结论说："因此，问题并不因为把关系作为独立的实在而被解决了。因为如果这样，性质和它们的关系就是全然离散的，这样我们就什么也没有说。否则我们就必须在旧有关系及其诸项之间设置一个新的关系，但设置了这个新的关系，对我们并无帮助。要么它本身又需要一个新的关系，如此以至无穷；要么它让我们停在原处，被种种困难纠缠住"①。

从这一大段话我们清楚地看到，布拉德雷在这里的全部论证实际上是一个归谬论证：从假定关系为独立实在这个前提出发总导致无穷倒退的结果，由此证明假定关系为独立实在之谬误。所谓把关系作为独立实在，布拉德雷是指把关系作为如同各关系项一样的东西，实即把关系也看作一个与其他诸项并列的另一个项，正因此故，关系才失掉了把诸关系项联系起来的功能，才需要有另外一个关系来联系这个关系及其诸项，而另外一个关系也像这个关系一样缺乏联系的作用，于是需要再有另一个关系，如此类推，以至无穷。显然，布拉德雷这个论证的目的只是否定关系之为独立实在，而不是否定关系的存在。在布拉德雷看来，罗素及一切主张外在关系说的人就是犯了把关系视为独立实在的错误。例如，他在同罗素争论时就一再说罗素认为"可能设想关系为独立于一切关系项的实在"，并说"至于我自己，我肯定不能设想它（独立于关系项的关系）是实在的"②。其实，

---

① BRADLEY F H. Appearance and Reality [M]. 2nd ed. Oxford：Clarendon Press，1930：17−18.

② BRADLEY F H. Essays on Truth and Reality [M]. Oxford：Clarendon Press，1950：295.

罗素自己心里也明白，布拉德雷的这个论证并不是要反对关系的实在性，而实在是针对外在关系说而发的。他说："反对外在关系说的人以为我们的意思是说：关系是介乎两个项之间的第三项，而且不知怎么把这两项结构在一起了。如果我们是这个意思，那显然是荒谬的，因为在这种情况下关系已不再成其为关系，一切真正关系性的东西都只是把关系钩在关系项上。"① 尤应（A. C. Ewing）也曾指出，布拉德雷的这个论证是批评外在关系说的："布拉德雷和乔基姆（H. H. Joachim，另一主张内在关系说的英国新黑格尔主义者）似乎认为，承认外在关系就是使关系成为与被认为由它所联结的其他两项分离的第三项。这种观点既然使关系成为一种事物，就会完全否定关系特有的特征，而且很快就会遭受报复，因为关系既已实际上变成了一个项，就会需要另外的关系把它与其他诸项联系起来，如此下去以至无穷"。不过，尤应认为，布氏这种批评是妄加给主张外在关系说的人的，他说："我不知道有任何主张外在关系说的人持有这种错误的观点"，并且为罗素辩护说："罗素的类型论意思非常明确，认为关系属于一个与关系项不同的类型，因而不可能以刚刚被这些唯心主义者批判了的那种方式看待关系"②。罗素自己也说："把关系看作其他两项间的第三项的想法违反类型论，必须极其小心地加以避免。"③

但是，我以为，罗素在反对内在关系说，强调关系是外在的、不影响不限定关系项的性质时，确实是把关系看作一种可以与关系项分离而独立的实在，也就是说实际上是把关系看作介乎诸关系项之间的另一个项。无论在他提出类型论之前还是在那之后，都是如此。例如，在《数学的原则》（1903）中，罗素说："两项之间的关系是一个概念"④，按照罗素这时的极端实在论的观点，概念就是柏拉图的理念那样的东西，是一种"实体性的、独立自存的、自我同一的"存在⑤，虽然其存在是一种"虚存"而非"实存"，罗素认为，概念和事物一样都是"项"（term），而"项"就是"单个物（unit）、个体（individual）和

---

① RUSSELL B. Logic and Knowledge [M]. MARSH R C, ed. Capricorn Books, 1991：335.

② EWING A C. Idealism：A Critical Survey [M]. London：Methuen & Co., LTD, 1934：143.

③ 同②.

④ RUSSELL B. Principles of Mathematics [M]. 2nd ed. London：George Allen & Unwin, LTD, 1937：95.

⑤ 同④45.

存在物（entity）的同义语"①。罗素承认，在对于关系的认识上，"我在写《数学的原则》时还不了解逻辑类型的必要"②，这就是说那时还未能将关系与其诸项作为不同的逻辑类型区别开来。但在提出逻辑类型论之后所写的《哲学问题》中，罗素在本体论上还是一个柏拉图式的极端实在论者，不过这时他把原来称为"概念"的东西用中世纪实在论的用语称为"共相"了。关系共相和由关系所联结的诸项一样"属于思想可以把握但不能创造的独立的世界"，不过作为共相，关系不是像诸关系项那样在时空中"实存"，而是一种超时空的"虚存"。③"实存"和"虚存"是本体论上不同方式的"存在"，不必是逻辑类型的区别，而且关系作为"虚存"，作为一种超时空的存在，当然是一种可以离开"实存"的诸关系项而独立自在的实在。那么，这样又如何能够逃避布拉德雷之指责其将关系作为"独立实在"因而实际变为一个"第三项"以致陷入无穷倒退的泥潭呢？

如上所说，我以为，罗素以所谓"关系不可能说"攻击布拉德雷否定关系的实在性，不仅是对布氏的一个误解乃至曲解，而且是将自身的理论弱点推上审判台的自我行为（当然是不自觉的），或者用一句通俗的话说，搬起石头砸自己的脚。

参考文献

[1] RUSSELL B. Principles of Mathematics [M]. 2nd ed. London：George Allen & Unwin, LTD, 1937.

[2] RUSSELL B. Philosophical Essays [M]. Rev. ed. London：George Allen & Unwin, LTD, 1966.

[3] RUSSELL B. Problems of Philosophy [M]. London：Willams & Norgate, 1912.

[4] RUSSELL B. Logic and Knowledge [M]. MARSH R C, ed. Capricorn Books, 1991.

---

① RUSSELL B. Principles of Mathematics [M]. 2nd ed. London：George Allen & Unwin, LTD, 1937：43.
② RUSSELL B. Logic and Knowledge [M]. MARSH R C, ed. Capricorn Books, 1991：333.
③ RUSSELL B. Problems of Philosophy [M]. London：Willams & Norgate, 1912：153, 156.

[5] RUSSELL B. My Philosophical Development [M]. London: George Allen & Unwin, LTD, 1959.

[6] RUSSELL B. Collected Papers of B. Russell [M]. London: Routledge, 1996: 6.

[7] BRADLEY F H. Appearance and Reality [M]. 2nd ed. Oxford: Clarendon Press, 1930.

[8] BRADLEY F H. Essays on Truth and Reality [M]. Oxford: Clarendon Press, 1950.

[9] BRADLEY F H. Principles of Logic [M]. 2nd ed. [S. I.]: Oxford University Press, 1922.

[10] EWING A C. Idealism: A Critical Survey [M]. London: Methuen & Co., LTD, 1934.

[11] CHURCH R W. Bradley's Dialectics [M]. London: George Allen & Unwin, LTD, 1942.

《逻辑哲学论》对维也纳学派的影响和经验主义解释问题[*]

洪汉鼎

《逻辑哲学论》对逻辑经验主义或逻辑实证主义产生了非常重要的影响，这种影响特别明显地表现在维也纳学派的哲学基本观点中。维也纳学派奠基人莫里斯·石里克很早就在奥斯特瓦尔德的《哲学年鉴》（1921）上读到过维特根斯坦的《逻辑哲学论》德文版，对这部著作产生了强烈的兴趣，而这种兴趣很快在维也纳学派内部传开和扩大了。数学家哈恩——当时也是维也纳学派主要成员之一——曾在1922年以这部著作为基础开了一学期讨论班。在1924—1926年期间，《逻辑哲学论》几乎成了维也纳学派的主要读物，据卡尔纳普回忆，当时"在维也纳学派里，路德维希·维特根斯坦的著作《逻辑哲学论》大部分警句被大声地朗读和被逐句地讨论……维特根斯坦的著作对我们学派产生了强烈的影响。……从我们关于这部著作的讨论中我们学习了很多东西，而且就我们能使其与我们自己的基本观念相一致而言，我们接受了他的许多观点。当然，影响的程度对于不同的成员来说是不同的"[①]。石里克自己——当时正在维也纳大学任教——就在1924年给维特根斯坦写过这样一封极度赞扬的信："作为您的《逻辑哲学论》的崇拜者，我很久就想和您认识，但是我的教学和其他事务却使我一而再不能实现我的这一愿望……这里有许多人——我是他们中的一员——都确信您的基本观点的重要性和正确性，都强烈地想更多地知道您的观点"[②]。

《逻辑哲学论》对于维也纳学派观点的形成起了决定性的作用。石里克曾在《哲学的转变》（1930）一文中宣布，"我确信我们正处在哲学上彻底的转变之

---

[*] 原载于《哲学研究》1987年第9期，51—56页。

[①] SCHILPP P. The Philosophy of Rudolf Carnap [M]. Library of Living Philosophers volume 11. La Salle, Ill.: Open Court, 1963: 24-25.

[②] 麦金尼斯. 维特根斯坦 [M]. 纽约, 1973: 146.

中……而维特根斯坦（在1922年的《逻辑哲学论》中）则是一直推进到这个决定性转变的第一人"①。在《逻辑哲学论》的启发和诱导下，维也纳学派确立了自己的基本方向和理论宗旨。他们直接继承和发展了以下三个基本思想：(1)一切真正的命题都是基本命题的真值函项；(2)逻辑真是一种重言式，对事实无所陈述；(3)哲学不是理论学说体系，而是澄清思想的活动。从这些思想出发，维也纳学派进一步确信了先天的分析命题和后天的综合命题二分法，驳斥了康德关于先天综合判断的论述，只承认事实真理和形式真理，不承认在这之外还有一个"哲学的"真理；从命题的意义理论出发，展开了著名的证实原则的讨论，试图以命题的意义在于它的证实方法作为该学派的基本原则；并由此确立反对形而上学的哲学基本立场，认为哲学是语言批判的逻辑分析活动。

根据《逻辑哲学论》的观点，"一切命题描述原子事实的存在和不存在"(4.1)，"命题的意义就是与原子事实存在或不存在可能性符合不符合"(4.2)，"为了知道图像的真或假，我们必须把它与实在做比较"(2.223)。维也纳学派认为，一个命题是否有意义就在于它是否包含有经验的可能性。一个描述事实的命题，如果不能找到一个事实或一种方法来证实它或否证它，它就完全没有任何验证的可能性，因而只能是无意义的命题。在维也纳学派看来，唯有通过人的经验观察才能比较出一个命题和它所描述的事实是否符合一致。他们进一步认为，一切真正的命题都可以还原成为记录"直接感知的"，或者"在经验中直接给予的"东西的基本命题，而基本命题都可以通过观察的手段和实验的方法加以证实，因此，"命题的意义就是它的证实方法"这条著名的"证实原则"，在维也纳学派看来，是受惠于《逻辑哲学论》的最大成果之一。

不过，我们这里需指出，虽然我们有理由把感觉经验的证实学说和维特根斯坦的真值条件概念联系起来，但从这里认为《逻辑哲学论》的命题意义理论乃是一种类似于维也纳学派的经验主义的意义证实理论，则是错误的。正因为如此，维特根斯坦生前一直抱怨别人对他的思想有所误解。冯·赖特在他给维特根斯坦所写的"传略"中曾这样讲过："维特根斯坦对他本人影响的后果不满意，这也部分地是真实的。他没有介入由于他的著作和思想所引起的世界范围的讨论。他认为——我相信是有理由的——他的思想经常被那些甚至自称为他的信奉者的人所误解和歪曲。他怀疑将来他是否会得到人们较好的了解"②。据

---

① 洪谦. 逻辑经验主义：上卷 [M]. 北京：商务印书馆，1982：6–7.
② 诺尔曼·马尔康姆. 回忆维特根斯坦 [M]. 北京：商务印书馆，1984：1.

伽斯金（C. I. Gasking）和杰克逊（A. C. Jackson）报道，维特根斯坦曾经指责有些人这样误解了他的观点："我在一段时间习惯于说，为了弄清楚如何使用某一语句，最好的主意是问自己一个问题：我们会怎样努力去证实这样一个断定呢？但这仅仅是弄清楚一个词或者一个语句的用法的一种方式……有些人把这个意见转变成为一个关于要求证实的教条——好像我一直在提倡一个关于意义的理论似的"[①]。另外，据维特根斯坦的学生、英国著名的维特根斯坦研究者安斯康姆女士的回忆，当时有人问维特根斯坦，证实原则是否是他提出的，维特根斯坦立即气愤地大声说："Wer？Ich？gar nichts！"（"谁？是我？根本不是！"）

如果我们仔细地研究一下《逻辑哲学论》，那么我们确实会看到，《逻辑哲学论》并没有包含一个关于意义的经验主义理论，维特根斯坦的语言图像论也确实不是一个意义的证实理论。我认为，诺尔曼·马尔康姆对这个问题已做了充分的说明（见他的《维特根斯坦及其哲学》）。这里我们需要补充的是——为了正确理解《逻辑哲学论》一书的性质——如果《逻辑哲学论》里所阐述的命题意义理论不是一种经验主义的意义理论，那么它究竟是一种什么样的学说呢？

我们知道，《逻辑哲学论》是在弗雷格和罗素的影响下写成的，维特根斯坦在该书的序言里说，"我只想提及弗雷格的巨著和我的朋友伯特兰·罗素先生的著作，感谢它们在颇大程度上激发了我的思想"。弗雷格和罗素的根本工作就是试图运用现代数理逻辑的工具构造一种理想的人工语言，以消除日常生活里的自然语言的混乱和含糊不清。罗素特别有意地想到，用这种语言来解决一些哲学问题，比如摹状词理论就是他突出的贡献，他自认为他这个理论"澄清了从柏拉图的《泰阿泰德篇》开始的、两千年来关于'存在'的思想混乱"[②]。就弗雷格和罗素而论，弗雷格偏重于语言的形式结构方面，而罗素则偏重于语言的意义和实在的关系方面。在《逻辑哲学论》里，虽然维特根斯坦与弗雷格的观点有些不同，但他是在弗雷格方向上工作的。就他研讨语言作为"什么是可说的"的媒介作用而言，他与弗雷格一样，对语言采取了一种逻辑构造的观点，强调形式的真值函项逻辑为探讨语言的"深层语法"提供了必要的逻辑工具。因此，虽然他和罗素一样强调，日常语言需要改造成理想语言，即完全由某些基本表达式，即名称和基本命题所组成的语言，但究竟怎样去构造这样一种逻

[①] 参见《澳大利亚哲学杂志》（1951），同时可参阅巴斯摩尔（J. Passmore）的《哲学百年》，1986年，伦敦，368页。

[②] 罗素. 西方哲学史：下卷 [M]. 北京：商务印书馆，1976：392.

辑上完备的人工语言，他和罗素是有某种分歧的。在早期罗素那里，逻辑是事物之间的关系，逻辑与句子的意义有关，因而逻辑分析或逻辑规则就与句子意义有关；反之，维特根斯坦认为，逻辑只与语言的形式或结构有关，所以在制定逻辑规则或进行逻辑分析时，不应考虑符号的意义，而只要考虑符号的形式和表达式的结构。简言之，他更多是从语形学（Syntax），而不是光从语义学（Semantik）上考虑，所以他说："规则仅涉及符号，而不涉及符号的意义"（3.317）。他曾明确提出"逻辑句法"（Logische Syntax）的思想："为了避免这些错误，我们必须使用一种能排除这些错误的记号语言，这种语言禁止用相同的记号来标示不同的符号，而且不允许以表面上相同的方式来使用有着不同的标示方式的记号；这就是指一种完全服从于逻辑语法或逻辑句法的记号语言"（3.325），"在逻辑句法中，记号的意义不应该起任何作用，逻辑句法应该丝毫不提及记号的意义而能够建立起来，它只需假定表达式的描述"（3.33），他并且说，"罗素的错误表现在：在制定某符号规则时，他谈到记号的意义"（3.331）。显然，在维特根斯坦的《逻辑哲学论》里，逻辑句法的思想占了主要地位，也就是说，他在构造理想语言时，偏重于记号与记号的形式关系或形式结构，而较少涉及记号的内容和意义。

毋庸置疑，前期维特根斯坦和后期维特根斯坦不同，他当时所设想的理想语言是单一性的语言，而不是后期《哲学研究》所设想的多种语言。他当时在弗雷格的启发下，认为语言只有唯一的一种功能，即描述功能。因此这种单一的理想语言应当建立在语言的描述功能上，只有这样，理想语言才有唯一性和确定性。正是这样一种想法使他提出了语言图像论，即语言是实在的逻辑图像。但是这里很重要的几点却被许多人忽视了或误解了：首先，维特根斯坦这里所说的"实在"（Wirklichkeit）究竟是指什么？是指我们实际存在的世界吗？或者是指实际存在的事实的总和吗？显然不是，他所谓实在是指一切逻辑可能事态的总称。为了说明这一点，我们有必要对维特根斯坦所使用的德文词做一些解释，很大部分误解是来自对他所用的一些词未做出区分。比如 Sachverhalt（基本事态）和 Tatsache（事实）这两个词的意思是完全不同的，Sachverhalt 是指一种最基本的事情关系，意思是"事物（或事情）的相关性"或"事物可能处于何种状态"，它不一定是实际存在或实际不存在的，它可能发生，也可能不发生，因此它是一种可能的事态或逻辑的事态，而不是实际存在的事实。反之，Tatsache 是指实际存在或实际不存在的事实，我们也可以说，当 Sachverhalt 这种逻辑存在变成实际存在或实际不存在时，它就成了 Tatsache。因此维特根斯坦说："基本事态的存在和不存在就是实在。（我们也把基本事态的存在称之为一个肯定的事实，把基本事态的不存在称为否定的事实。）"（2.06）"发生的东西，即事实，就是基本事态的存在。"（2）另外还有一个词，Sachlage（事态），这词的外延比 Sachverhalt 广，每一个 Sachverhalt 都是 Sachlage，反之，却不一定。但 Sachlage 也是指可能的事态、逻辑的事态，而不是指实际存在或不存在的事实。正确的译法似乎是 Tatsache：事实；Sachlage：逻辑事态；Sachverhalt：基本（原子）逻辑事态。《逻辑哲学论》英译本第一版将 Sachlage 和 Sachverhalt 译成 fact（事实）和 atomic fact（原子事实）是不正确的。① 因此，在维特根斯坦的实在概念里，不仅包括我们实际生活的这个现实世界，而且也包括任何有逻辑可能性的可能世界；"实在"在《逻辑哲学论》中，不是指实际存在的经验事实的世界，而是指一种逻辑世界或逻辑空间，如他所说的，"在逻辑空间中的事实就是世界"（1.13），在这个世界里，基本事态有存在或不存在的逻辑可能性。其次，图像是指什么图像？是指照片那样反映事实的图画吗？显然不是，它是指一种逻辑图像（logisehe Bild）。维特根斯坦说，"图像在逻辑空间中描述事态，即基本事态的存在或不存在"（2.11），"图像在逻辑空间中描述可能的事态"（2.202），"图像包含着它所描述的事态的可能性"（2.203），也就是说，图像是描述可能逻辑事态的图像，而不只是描述实际存在的事实的图像。最后，维特根斯坦说"图像是实在的模型"（2.12），这里所谓模型是指什么？是指像照片或镜子那样的反映吗？显然也不是。维特根斯坦自己说："图像的要素彼此以一定的方式结合起来，这表明事物也是这样相互结合起来的。图像的要素的这种结合称之为它的结构（Struktur），而这种结构的可能性则称之为图像的描画形式（form der Abbildung）"（2.15），"描画的关系是由图像的要素和事物的格式而构成的"（2.514），"如果描画的形式是逻辑形式，那么图像就叫作逻辑图像"（2.181）。很清楚，这里是讲形式结构的一致性，因此模型是指一种逻辑结构方面的模型。

如果我们考察一下维特根斯坦的真值概念和意义概念，这一点是更清楚的。首先，虽然维特根斯坦强调意义概念和真值概念是有联系的，但他对真值概念

---

① D.F. 皮尔斯和 B.F. 麦金尼斯重新译的《逻辑哲学论》英文版（伦敦，1961）里已经改正了这种错误。在新英译本中，Sachlage 译为 situation（情况），Sachverhalt 译为 state of affair（事态），Tatsache 译为 fact（事实）。

的说明是完全不同于维也纳学派的经验主义解释的。就基本命题而言，他认为命题成真所必需的条件是，命题的图像形式等同于它所代表的事态的形式，即基本命题里的名称和名称的联结一定要与该命题所描画的事态里的对象和对象的结构排列具有同一性；如果命题的图像结构符合于事态的实际结构，那么命题就是真的，反之则是假的，因此他这种真值概念不同于一般经验主义的真值概念。按照经验主义的真值概念，一个命题是真的，当且仅当它所描述的事实存在，反之则是假的。而对于维特根斯坦，真值问题是与命题和事实之间的结构同一性相联系的，真值的本质在于命题和事实之间是否有一种形式结构的同一性，而不是在于命题所表达的事实是否和经验事实的存在符合或不符合。其次，在维特根斯坦这里，意义概念虽然和真值概念有联系，但它们又有区别，意义概念比真值概念更广。凡是本身的图像结构与可能事态的结构一致的命题，都是有意义的，而一个真或假的命题，其图像结构却必须与实际存在的（不是可能的）事态（即事实）的结构一致或不一致。简言之，一个真或假的命题才可能是有意义的命题，反之，一个有意义的命题却并不一定是真或假的命题。

这样，我们就可以看出早期维特根斯坦的意义理论不同于逻辑经验主义的意义证实理论了。首先，在维特根斯坦的意义理论里，"意义"和"真值"是两个虽然有联系但是不同的概念，意义概念比真值概念更宽泛；反之，在逻辑经验主义的意义证实理论里，意义概念和真值概念是同一个概念。对于维特根斯坦，真或假的命题固然是有意义的命题，但有意义的命题倒并不一定非是真或假的命题；反之，对于逻辑经验主义者，凡是有意义的命题则一定要么是真要么是假，否则就不是意义的命题。其次，真值概念虽然在这两种理论中都是强调语言和实在的符合或一致，但在维特根斯坦的意义理论里，这种真值在于命题和事实之间是否有一种形式结构的同一性；而在逻辑经验主义的意义证实理论里，真值乃是命题所表达的事实和实际观察的经验事实是否有一种内容方面的一致性。因此我们可以说，《逻辑哲学论》的语言图像论是一种逻辑的意义理论，而维也纳学派的意义证实理论是一种经验主义理论。在维也纳学派里，至少卡尔纳普后来是认识到了这种区别，他曾在上述讲到《逻辑哲学论》对维也纳学派的影响时说："但是说维也纳学派的哲学就是维特根斯坦的哲学，这是不正确的……影响（指《逻辑哲学论》对维也纳学派的影响。——引者注）的程度对于不同的成员来说是不同的。就我个人而言，维特根斯坦也许是，除了罗素和弗雷格外，曾经对我的思想产生最大影响的哲学家。我从他的著作获取的最重要的见解是这样一种看法：逻辑陈述的真只基于它们的逻辑结构和词项的意义上。"① 显然，这里是强调维特根斯坦的意义理论是一种逻辑结构方面的理论，而不是一种经验主义理论。

有了上述这些看法，我们现在就可以来考察一下《逻辑哲学论》里两句经常被人作为经验主义意义理论加以引用的话了：(1)"命题的意义就是该命题与基本事态的存在和不存在的可能性符合和不符合"(4.2)。首先，显然这里只是说命题的意义是该命题与可能的逻辑事态符合或不符合，而绝不是指与实际存在的经验事情符合或不符合；以经验世界来替换逻辑世界，是错误的。其次，这里符合或不符合也不是指命题所表达的事实与实际的经验事实相符或不相符，而是指命题的逻辑结构是否与可能事态的逻辑结构是同一结构，这里符合是指一种形式结构方面的一致性。(2)"为了知道图像的真或假，我们必须把它与实在做比较"(2.223)。首先，这里实在仍是指逻辑可能世界，而不是指实际存在的经验世界。其次，这里所谓比较，不是指命题所表达的事实是否与实际的经验事实一致或不一致，而是指命题和逻辑可能事态之间是否有同一逻辑结构，这里是谈真命题的一种形式结构的同一性。

实际上，《逻辑哲学论》里有两句极为重要、但为经验主义解释者极力回避或曲解的话：(1)"如果理解它（指命题。——引者注）的组成部分，也就是理解它"(4.024)。按照经验主义解释者的看法，既然命题的意义在于它与经验事实符合或不符合，为什么这里维特根斯坦又说命题的意义可以不从与经验事实做比较，而先从语句本身的语词得以理解。实际上这正是维特根斯坦的语言的逻辑意义理论的关键所在，语句的意义在于其中语词的逻辑句法或逻辑结构。(2)"如果基本命题是真的，基本事态就存在；如果基本命题是假的，则基本事态就不存在"(4.25)。按照经验主义解释者的看法，维特根斯坦在这里似乎把情况说反了，他应当说"如果基本事态存在，基本命题就是真的；如果基本事态不存在，基本命题就是假的"。其实，对于维特根斯坦，因为命题是事态的逻辑图像，而这种图像仅在于形式结构的同一性，所以，我们从语言的结构也可以推知事态的结构，从语句的真也可以推知它所描述的基本事态的存在。

因此，我们可以简短地做出如下结论：虽然《逻辑哲学论》对维也纳学派

---

① SCHILPP P. The Philosophy of Rudolf Carnap [M]. Library of Living Philosophers volume 11. La Salle, Ill.: Open Court, 1963: 24-25.

产生了明显的影响，但是维也纳学派的证实原则却不是《逻辑哲学论》的意义理论。《逻辑哲学论》的语言图像论虽然强调了语言的描述功能，但它本身并不是一个关于意义的经验主义证实理论。当然，在《逻辑哲学论》发表后，特别是在20世纪20年代中期到30年代初期，由于与维也纳学派主要成员多次接触和讨论，维特根斯坦是否接受了证实原则？倒是很有可能，甚至从他在这一时期所写的著作如《哲学评论》（第200页）看来，很有可能在前期维特根维坦和后期维特根维坦之间还有一个证实主义的过渡时期。（例如，他写道："证实不是真的标志，而是命题的意义"。）但是，如果仅就《逻辑哲学论》而言，我们无论如何不能接受这种对维特根斯坦意义理论的经验主义解释。

知识、语言和行动[*]

——维特根斯坦与近代西方哲学的困境

江天骥

一

西方哲学（主要是认识论）的宗旨是要证明或说明科学的客观性和真理性。这就是"确定性的寻求"，但从17世纪新科学诞生之日起，它就已遭到怀疑论的反驳。休谟曾论证指出：感觉中没有任何东西使我们能得到因果关系或自我同一性的知识。康德对此有深刻印象，由于他不赞同休谟的怀疑论，他便放弃经验来自感觉的假设，而论证道：某些概念（范畴）给经验提供必要的形式框架。正是由于某些概念的必要性使他能避免休谟的怀疑论。没有这些把感官得来的杂多加以统一组织的概念，经验便根本不会发生。康德用这个先验论证表明我们能够有外在世界的、自我同一性的和因果关系的知识。于是通过把概念和感觉结合起来，康德得以解决知识如何可能的认识论问题。

康德虽然试图解决主体和对象的关系问题，但主观经验和客观知识之间仍然没有真正联结起来。当代哲学家仍然以先验论证方式讨论语言和世界的关系，指出知识和实在必然以语言为基础。但人们对语言的理解仍然被主体性的阴影所笼罩，尽管维特根斯坦指出意义与理解和心理状态与过程之间存在着严格的范畴区别。一方面，人文主义学者伽达默尔、利科、哈贝马斯、巴威斯（J. Barwise）、佩里（J. Perry）和温诺格瑞德（Winograd）等都明显地研究意义与理解，而非研究心理状态与过程。但另一方面，作为认知科学主流的大多数专家却从事心理状态和过程的研究。

维特根斯坦主张目的性行动在科学知识之先，这个观点是对西方自亚里士

---

[*] 原载于《哲学研究》1999年第3期，21-30页。

多德到康德的主流哲学的挑战，实现这一挑战是把主张科学知识先于行动的传统认识论的优先次序倒转过来。如果说康德是最后一位"意识哲学"或"主体性哲学"的大师，那么维特根斯坦便是最先倡导行动哲学的伟大哲学家。

但维特根斯坦和康德也有共同点。他们各自使用先验论证达到自己的目的。康德证明经验（或科学知识）如何可能，维特根斯坦则要表明生活实践和语言交流如何可能。康德所反对的是贝克莱的唯心论和休谟的怀疑论；维特根斯坦则反对否认或怀疑外在世界实在性和科学知识正确性的形而上学和意识哲学。

二

维特根斯坦在《论确定性》（以下简称 OC）中反复谈论由摩尔（英国新实在论者）论文中引用的若干陈述和他自己的一些语句：有关知识、信念、怀疑和确定性的全部讨论都围绕着这些语句。维特根斯坦关于摩尔命题所谈的话自相矛盾。一方面他说："我知道"这表达式被摩尔误用了[1]，他说的"我知道那是一只手……"是没有意义的。另一方面又认为"摩尔说我知道那是一棵树是讲得通的"[2]。"摩尔完全有权利说他知道这个那个"[3]，在摩尔提及的情况中使用"我知道"也是正确的。[4]

为什么维特根斯坦这样明显地自相矛盾呢？我认为维特根斯坦区别了关于"知道"或"我知道"的三种不同用法：哲学的、对话的和由习惯与行动表现出来的知识。对于摩尔"我知道"的哲学用法他要回答："你什么也不知道"，因为他反对任何这种形而上学的强调的用法[5]，更因为摩尔旨在反驳怀疑论的那些语句并没有提出任何根据。有的语句十分明显地不可能提出根据（例如，你怎么证明"这是一只手"呢？），摩尔断言他知道不过是"他相信他知道"[6]。

维特根斯坦偏好对话用法，"我知道这事情，我对别人说。这里就有理由，

---

[1] WITTGENSTEIN L. On Certainty [M]. ANSCOMBE G E M, VON WRIGHT G H, ed. PAUL D, ANSCOMBE G E M, trans. Oxford：Basil Blackwell, 1969：§6.

[2] 同[1] §387.

[3] 同[1] §520.

[4] 同[1] §622.

[5] 同[1] §482.

[6] 同[1] §137.

但我的信念却没有理由"①。所以他宁愿把这个表达式保留给正常的语言交流场合使用②，这里"我知道"的意思常常是：我的陈述有合适的根据。这是"知道"和"相信"的区别。维特根斯坦批评摩尔，因为他并无根据就说"我知道这个那个"。但摩尔命题的特点在于不可能提出比这些命题更加确实的证据。"摩尔的错误在于用'我的确知道那件事'来反驳这个断言'你不能知道那个'。"③ 但人家却不必相信他。

另一类型的知识在生活中更重要。"我知道＝我确定地熟知这件事。"④ 当我们开始相信任何事情时，我们相信的不是一个单独的命题，而是整个命题系统。"……并非我能够描述这些确信的系统。然而我的确信的确形成一个系统，一个结构。"⑤ "这样我觉得我向来已经知道好些事情，然而这样说，这样讲出这个真理是没有什么意思的。"⑥

"为什么我如此确信这是我的手呢？难道整个语言游戏不是以这种确定性为基础吗？…… 就是由于这个事实：如果你并不确定地辨认出对象，你就不是做这个游戏，或者把它做错了。"⑦ 一切语言游戏都是以语词"和对象"再次被辨认出来为基础的。⑧ 这是我的生活实践所必须依赖的知识，任何人都有很多这种无须陈述、表现于平日行动习惯中的知识。

"我的生活就在于我乐意承认许多事情"⑨，维特根斯坦举例说，"有个疯医生指着一张椅子问他'是否知道那是什么？'他说这话可能不是要检验我的眼睛，而是检验我辨认事物、晓得它们的名字和功用的能力。这是涉及一种完全熟悉住处周围情况的知识（know one's way about）"⑩。

这种并不表述为命题的、但表现为行动的确定性和不可怀疑性的知识乃是维特根斯坦最富有创见的看法。人们一般认为这些不过是日常生活的信念，并

---

① WITTGENSTEIN L. On Certainty [M]. ANSCOMBE G E M, VON WRIGHT G H, ed. PAUL D, ANSCOMBE G E M, trans. Oxford：Basil Blackwell, 1969：§175.
② 同① §260.
③ 同① §521.
④ 同① §272.
⑤ 同① §102.
⑥ 同① §466.
⑦ 同① §466.
⑧ 同① §455.
⑨ 同① §344.
⑩ 同① §355.

非知识，甚至也不是学到的常识。现在我把维特根斯坦关于信念和知识的复杂看法分析为下列几点：（1）知识（包括科学和常识）和信念严格地说有区别，知识有客观的确定性（不可能错），信念的确定性是主观的。（2）"知识"要求有根据或者证明，但有根据的知识并非无条件地是真的。（3）日常生活经过反复实践的信念无须证明或不能够证明（因为没有比它本身更确实的证据），可以叫作知识，而且习惯上都使用"知道"这个词。所以，在维特根斯坦看来，信念不是知识，但也是知识。这里有两个不同的知识概念。我把后者唤作"前理性的知识"，它指称个人从小儿起在生活中听到、看到许多事情，通过自己实践不加反思地获得的许多知识。这种知识可以有"令人信服的根据"而得到客观确定性。①

前一个概念是理性知识，它指称人们在学校和其他社会机构学到的以及同别人交谈所得到的一切知识，包括真的和假的知识，但都是通过个人理性反思获得的。这个知识概念同传统的知识概念——"得到辩护的真信念"——有别。因为知识不等于真理现今已被普遍承认了。

《论确定性》以这两个知识概念解决了西方哲学的危机。因为西方认识论（包括理智主义和经验主义）寻求确定性（意指确定的真理性）、反驳怀疑论的种种努力到20世纪中期已陷于失败，幸而维特根斯坦指出另一种确定性；他以通过共同体的语言和行动而非通过个人的理智直觉或感觉经验所获得的大量不可置疑的知识驳倒了怀疑论，恢复自然的实在论和科学及常识的地位。

三

自笛卡儿以来的西方古典哲学的真正危机，表现在以下几个方面：（1）主体性或意识哲学已被抛弃；（2）实体或事物是否存在要由人类意识是否具有客观性、确定性推论出来，而不是相反；（3）不再相信科学知识的确定性和真理性；（4）科学和非科学、伪科学的区别依靠其独特的科学方法，但逻辑已证明一切增加经验内容的推理都是不正确的，而休谟的怀疑论是不可反驳的；（5）库恩在科学理论评价中引入心理学和社会学的因素，导致方法论的多元主义和认识论的相对主义；（6）汉森提出的感觉经验受理论的污染，没有中立的

---

① WITTGENSTEIN L. On Certainty [M]. ANSCOMBE G E M, VON WRIGHT G H, ed. PAUL D, ANSCOMBE G E M, trans. Oxford: Basil Blackwell, 1969: §269, 278.

观察，更加强了多元主义和相对主义；（7）费耶阿本德否认有任何离开研究实践，并且从外面施加于决策过程的合理性标准，更表明所谓的科学方法是不存在的；（8）既然知识以认知者的文化背景和社会历史、地域、民族等为转移，知识就和意识形态毫无区别了。

笛卡儿、康德、黑格尔的哲学至此似乎困难重重，陷于一片混乱。在这个局面尚未完全出现的时候，维特根斯坦在其最后、最系统和最有创见的著作《论确定性》中，从他的"语言游戏"的逻辑观点出发，就已经指出这个危机的出路，亦即指出了自然实在论和常识哲学的合理性、可靠性。

维特根斯坦的纲领如下：

1. 语言和语言游戏的基础与本质

在早斯的《逻辑哲学论》时期，他强调逻辑的重要性，认为语言和世界有共同的逻辑形式："逻辑必须照管自己"（TS473）。

20世纪30年代初期，他不再相信在解决语言如何能够表象世界的问题上逻辑是最重要的因素。他在《哲学语法》中说："语言必须管自己的事。"

到了《论确定性》，他就说，"确立一种实践不单要有规则，还需要榜样。我们的规则有漏洞，实践得要管自己的事"①。

实践的核心是行动，维特根斯坦起初在他的语言游戏的概念中看到语言和行动之间的密切关系。② 这仍然是他谈这一个道理的较早方式，那是在1936年。

在他生活的最后日子，在《论确定性》中，他关于这个论点的陈述便很不同了，"实践得要管自己的事"，这表示他深信语言和世界如何经由一个巨大的方面互相关联的集合事实上交织在一起。

维特根斯坦指出：人类的共同行为"所给予我们的确定性是我们一切行动的基础。它甚至并不表达于命题中，因为语言本身依赖它"。"我要说我们语言的特征在于它是在我们的稳定生活形式，即在我们按照规则的行动方式中。""语言游戏的本质是一种实践方法（一种行动方式）——不是思辨，不是闲谈。"③

在《论确定性》中维特根斯坦谈到物理学的一些命题，例如水在一定条件

---

① WITTGENSTEIN L. On Gertainty [M]. ANSCOMBE G E M, VON WRIGHT G H, ed. PAUL D, ANSCOMBE G E M, trans. Oxford：Basil Blackwell, 1969：§135.

② WITTGENTEIN L. Philosophical Investigations [M]. 4th ed. Oxford：Clarendon Press, 2009：§23.

③ RHEES R. 原因和结果：直觉的掌握 [J]. Philosophia, 1976：420, 405.

下烧开,他指出"可以设想我们错了吗?难道不是一个错误便会连带推倒所有判断?……无论将来发生什么,不管将来水如何表现,我们知道直到现在为止它已经这样地表现了无数次。这个事实已经溶合于我们语言游戏的基础中了"①。

他还谈到"我们认定地球在过去已存在多年了。这一点属于我们语言游戏整个系统的基础。你可以说这个认定构成行动的基础,因而自然地构成思想的基础"②。

总之,维特根斯坦认为语言游戏在本质上是在某些点上没有怀疑。③"我在语句中使用'手'一词和所有其余的词一样都是丝毫没有加以怀疑,的确如果我打算怀疑它们的意义我就会面临深渊这一事实——就表明'不怀疑'属于语言游戏的本质,'我如何知道……'这个问题就会使语言游戏缓慢乏味地进行,或者把它取消。"④ 换句话说,语言游戏的本质就在于谈话者兼行动者的绝对确定性。

维特根斯坦把语言戏看作把语词与行动松懈地组织起来的各种方式的总和。(1) 词、符号、语句只是语言的一部分。(2) 它们也许是最小的、最不重要的部分,过去哲学的第一大错误就是把语言的成分同它本身混为一谈;第二大错误就是以为语词起作用的方式只有一种,即表象某一事物或其他的。维特根斯坦强调语言最重要的职能就是命令:学习遵照命令行事。小孩未能讲话就通过经验学会走路,但首先是通过别人的经验来学习的。

2. 语法和事实、语法命题和经验命题

依照维特根斯坦,语法像他早期著作中的逻辑那样,是完全独立于事实的。语法的使用是"任意指定"的事情。⑤

语法命题的特点是它们完全停留在语言层面上,它们在真与假的界域之外。你可以把语法命题描述为偏向真命题一方的"退化命题"。⑥

---

① WITTGENSTEIN L. On Certainty [M]. ANSCOMBE G E M, VON WRIGHT G H, ed. PAUL D, ANSCOMBE G E M, trans. Oxford: Basil Blackwell, 1969:§558.
② 同① §411.
③ 同① §524.
④ 同① §370.
⑤ WITTGENSTEIN L. Philosophical Grammar [M]. RHEES R, ed. KENNY A, trans. Oxford: Basil Blackwell, 1974:184.
⑥ WITTGENSTEIN L. Remarks on the Foundations of Mathematics [M]. VON WRIGHT G H, RHEES R, ANSCOMBE G E M, ed. ANSCOMBE G E M, trans. Oxford: Basil Blackwell, 1956: part Ⅲ, §33.

"语法没有说明任何实在的义务。决定意义，构成它的是语法规则，因而它们本身不对任何意义负责（没有任何意义），在这个限度内它们是任意的。"①

语法命题不同于经验命题，前者是不容怀疑的。维特根斯坦说："如果我知道等等"被理解作语法命题，那么当然"我"不能够是重要的。它合适地有这个意思："在这个场合没有怀疑这样的东西"或"在这个场合'我不知道'这个表述便是无意义的。当然由此便得出'我知道'也是没有意义的。"② 总之对一个语法命题谈不上知道或不知道，因为它不是假设，无所谓真或假，只对经验命题可以说真或假。但"语法表达的是本质"③，"语法告诉我们任何东西是什么种类的对象"④。"所以什么叫作逻辑地可能的和什么不是亦即什么是语法所容许的，完全靠语法来决定"⑤。

假设每人都说他只从他自己的情况才知道什么是痛，这是一个经验命题，还是一个语法命题？

虽然这个命题并不提供任何信息，它会唤起一个图像。当我们作为哲学家在省察自己的内心过程时，看到的常常是这样一幅图像。它是我们语法的充分展开的图像表现。没有事实，却是仿佛把说话的措辞特征画出来了。⑥

3. 确定性、信念、知识、真理、行动之间的相互关系

依维特根斯坦看，这几个概念相互间有密切关系。笛卡儿以来基础主义寻求真理的确定性意图驳倒认识论的怀疑论彻底失败了。因为人们的生活习惯、生活方式要求确定性，维特根斯坦以充分理由肯定了信念的确定性，肯定了自然界齐一律和归纳推理的有效性，并且肯定了人们不仅有关于"感觉资料"的知识，而且有关于物质对象的直接知识，从而彻底地反驳了怀疑论，恢复了自然的实在论。这是他从生活实践出发，从人的行动出发，驳倒了认识论的怀疑

---

① WITTGENSTEIN L. Remarks on the Foundations of Mathematics [M], VON WRIGHT G H, RHEES R, ANSCOMBE G E M, ed. ANSCOMBE G E M, trans. Oxford：Basil Blackwell，1956：§184.

② WITTGENSTEIN L. On Certainty [M]. ANSCOMBE G E M, VON WRIGHT G H, ed. PAUL D, ANSCOMBE G E M, trans. Oxford：Basil Blackwell，1969：§58.

③ WITTGENSTEIN L. Philosophical Investigations [M]. 4th ed. Oxford：Clarendon Press，2009：§371.

④ 同③§373.

⑤ 同③§520.

⑥ 同③§293.

论和相对主义，预见到并且拯救了20世纪中叶西方哲学所发生的危机。

维特根斯坦首先指出，"确信"和"知道"的区别并不重要，除了在"我知道"意指"我不可能是错的"这个场合之外。① 在并没有怀疑和怀疑的表示令人不可理解的地方说"我知道……"是合适的。②

另一方面，从一个人说"我知道"推不出他确实知道。因为"我知道"只表示我确信自己不会错，仍需要客观地确证对那件事我是没有错的。③ 因为"我知道"的意思常常是我的陈述有合适的根据。④

正像确定性和知识的关系那样，知识和真理的关系也有两方面。"我要说并非在某些点上人们以完全的确定性知道真理，否：完全的确定性不过是他们的态度。"⑤ 但要区别哲学家的和平常人的知识：当哲学家说"知道"，他应该能辩护他的陈述。而日常生活则不同：知识＝真理，真理＝知识。从理论上说，知识并不是真理（这已成为当代科学哲学的主流观点，维特根斯坦实在有先见之明）。在生活实践中，我们却常有真理的知识，即知道许多真理。维特根斯坦指出，"我知道"涉及证明真理的可能性⑥；另外，他提出这个问题："我应当说：'我相信物理学'，还是'我知道物理学是真的'？"⑦ 他当然认为物理学是真的。⑧

我有辨认事物、知道它们的名字和它们的功用的能力，这里的问题是一种人们熟知住处周围的情况（Know one's way about）。

关于物质对象的陈述不同于假设，假设若被确证是假的，就会被别的替代，而前者则是我们进行思想、语言运算的基础。⑨

四

维特根斯坦指出，一个明显可见的命题往往有两个方面，他举出"我现在

---

① WITTGENSTEIN L. On Certainty [M]. ANSCOMBE G E M, VON WRIGHT G H, ed. PAUL D, ANSCOMBE M, trans. Oxford：Basil Blackwell, 1969：§8.
② 同①§10.
③ 同①§15.
④ 同①§18.
⑤ 同①§404.
⑥ 同①§243.
⑦ 同①§602.
⑧ 同①§604, 607, 608.
⑨ 同①§401, 402.

住在英国"这个命题为例。一方面:"这没有错"。但另一方面,人们进我房间来,一致认为我是错的,甚至提出证明,我便突然像一个疯子,而他们大家都是正常人,或者只有我是正常人,他们都是疯子,难道这不可能吗?①

这就是说:疯狂和常态是人的两个方面。更确切地说是两种人,一方面相信是确实无误的,另一方面却认为是疯狂的,彼此不可能相互理解。维特根斯坦还举出不少其他例子,"……如果摩尔断言他宣称是确实的那些命题的反面,我们不仅不赞同他的意见,倒要把他当作发疯了"②。又如,"……我知道我的名字只是因为像大家一样,我一次又一次地使用它"③。关于我自己的名字我是不会错的。"要是错了,那么我发了疯。"④

关于这个知识问题,有一个要点:"内在经验不能够证明我知道(表示心理状态。——引者注)什么。如果不管这一点我仍然说:'我知道我的名字是……',这却显然不是一个经验命题"⑤,即不是可检验其真或假的命题。

"根据人的威信我学习和接受了大量的东西,然后我发现有些事情被我自己的经验所确证或否证。"⑥

要点在于内在经验或私人经验不能检验或证明任何证明。以公共语言为基础的经验或自己和大家一起的经验才是知识问题的关键。维特根斯坦对疯狂和常态问题的这个观点,可以把疯狂更好地理解为改变了的人格所患的疾病。它能够更富有成效地被看作一个别异的而非退化的正常状态。维特根斯坦有关变化了的人格所说的指出了这个问题的主体方面。而别异的常态这个观念、一种不同的语言游戏则触及这个问题的主体间(inter-subjective)方面。主体间这一方面集中注意那通过共同的规则结构使彼此交谈成为可能的确定信念系统。用语言描述实在以游戏规则为根基,这些规则是认识系统,维特根斯坦的《论确定性》指出它是信念系统。作为"知识"的凝固形式的言谈不能够被经验证伪,因为它恰恰是那个我们不能放弃而不至于丧失我们的立足点的确定命题系统。说话也被维特根斯坦描绘为世界的一个图像。如果我们把疯狂理解为有一种同

---

① WITTGENSTEIN L. On Gertainty [M]. ANSCOMBE G E M, VON WRIGHT G H, ed. PAUL D, ANSCONBE M, trans. Oxford: Basil Blackwell, 1969: §420.
② 同① §155.
③ 同① §568.
④ 同① §572.
⑤ 同① §569.
⑥ 同① §161.

等的生活形式与其改变了的说话、改变了的世界图像相配，我们便能够认识疯狂的内在逻辑。狂人语言和狂人的实在也是互相关联的，因此一个疯子的实在充满了对他的信念的证实，正如我们的实在充满了对我们的证实一样。

这里维特根斯坦完全与尼采的视界主义一致，因为语法是对实在的一个视界形式，它不是真的，也不是假的，它是无基础的和不可能奠定基础的。因此，疯子的思想不是错误的而是和常人不同的。

五

"'我知道我怎样感觉疼的那儿'，'我知道这里我觉得疼'同'我知道我有疼的感觉'一样是错的"。"'但我知道你触着我的臂膀的那儿'是对的"①。（OC41）

1. 西方哲学的中心问题是要证明或说明知识的客观性和真理性，这叫作"确定性的寻求"。认识论的中心任务便是反驳怀疑论。从笛卡儿到康德不少哲学家都试图完成这个任务。可以说他们的努力都失败了。20世纪以来，英国新实在论者摩尔和罗素重又进行这一工作。摩尔在《对外部世界的证明》（1939）和《为常识辩护》两文中举出许多命题，（例如"我知道这是一只手"）认为它们是无可怀疑的。维特根斯坦的最后著作就是针对摩尔的论证来谈的，他指出摩尔的哪些陈述在什么具体情况下是真的，在不同情况下只是表示"他相信他知道"，但他未讲出根据所在，因而他并没有反驳怀疑论。他特别指出，哲学家在谈哲学时说"我知道"与一般人在日常生活中说"我知道……"意思很不相同。哲学家的陈述往往不正确，而日常生活这样说则是对的。

维特根斯坦采取下面的步骤反驳怀疑论：

第一，首先论证"私人语言"是不可能的，这已在《哲学研究》中做了。

第二，他划分几种不同的命题：逻辑命题、语法命题、逻辑规则或检验规则和经验命题。仅仅经验命题才有真假可言，其他命题或是永真或是无意义的（nosensical）。上面所引"OC41"里头三个关于私人感觉的命题便没有意义，它们不是经验命题，不涉及语言和世界的关系。

第三，维特根斯坦指出，我们在日常生活实践中，知道很多事实，并不在

---

① WITTGENSTEIN L. On Certainty [M]. ANSCOMBE G E M, VON WRIGHT G H, ed. PAUL D, ANSCOMBE M, trans. Oxford：Basil Blackwell, 1969：§41.

命题中表达出来。但从我们的行动或谈话中就已显示出我们一向就有许多实际知识，其中有关于物质对象的知识，这些都是反对怀疑论的最好证据。

第四，如果承认数学知识是不可争辩的，那么物理知识也同样是不可改变的和不可争辩的。我在生活实践中验证过无数次的知识，例如这是一张椅子，等等。①

第五，即使在这样的事例中我不可能弄错，但怀疑论仍可指出：难道你不可能服了麻醉药吗？但如果药物令我失去意识，那么我此刻就不是真正在讲话和思想了。我也不能认真地假定我这一瞬间正在做梦。正在做梦的某个人说"我在做梦"，即使他说的话可以听得清楚，并不比如果在梦中他说"正在下雨"而事实上正是下雨的场合更正确些，即使他的梦实际上同雨声相联系。②

在双方辩论的时刻，怀疑论者提出服麻醉药或做梦的质疑是非常可笑的。如果他们责难说，对方一贯地可能受麻醉药或做梦的影响才有那样的看法，那就表明他们正陷于"无计可施"、胡言乱语的境地。

维特根斯坦通过这些策略，驳倒否认外在世界或物质对象存在的怀疑论。他还通过彼此谈话和整个社会用共同语言表达思想或意见这事实来反驳对知识和真理的怀疑论。

维特根斯坦不仅承认主观的确定性，他还肯定主观确信在满足了一定条件之后可以成为客观的确定性。所以他主张与笛卡儿的基础主义有别的另一种基础主义。他指出："然而提供根据，为证据辩护有一个终点，但终点不是某些命题引人注目地立刻令我们觉得是真的，它不是我们方面的一种看法，而是基于语言游戏之上的我们的行动。"③ 这是立足于行动的基础主义。

传统基础主义为科学辩护，旨在说明科学知识如何可能。维特根斯坦基础主义是为常识辩护，它要解决生活如何可能的问题。在生活实际中你必须确定地辨认对象④，"每一语言游戏都以语词'和对象'的再认识为基础"⑤。

在《论确定性》中他指出："如在数学中我说'我知道'，那么这句话的辩

---

① WITTGENSTEIN L. On Certainty [M]. ANSCOMBE G E M, VON WRIGHT G H, ed. PAUL D, ANSCOMBE G E M, trans. Oxford: Basil Blackwell, 1969: §7.
② 同① §676.
③ 同① §204.
④ 同① §440.
⑤ 同① §455.

护便是证明。"① 这跟后期不大一样。《哲学研究》谈到"有很多种辩护"②，有各种不同的确定性③，他问我们为什么相信过去发生的事情在将来要发生？"我自己经验过无数次，也常听说相同的经验……"④；以怕火烧伤为例，"如果把手放到火里，我就会被烧，这是一个确定性"⑤。这里他重视经验的辩护，提出"这种信念的根据就是过去的信息……请注意这里的根据并不是逻辑地蕴涵信念的命题"⑥。"一个信念的辩护就是用经验来辩护……"⑦，这种辩护就是信念的根据。"辩护"一词怎样使用？描绘语言游戏。"从这些你能见得到辩护的重要性。"⑧

在末期，维特根斯坦谈到根据问题说：提供根据是有终点的，"但终点不是某个无根据的预设，而是一个无根据的行动方式"⑨。而在后期，他只说："……根据不是逻辑地蕴涵信念的命题"⑩，"用经验来辩护到达终点，如果不这样它就不是辩护了"⑪。

从以上的语气，可以断言，关于信念和知识的辩护或根据的问题，《哲学研究》和《论确定性》有显著不同之处，不只是用词问题。

2. 在后期，维特根斯坦相当重视人的生活方式和动物生活方式的区别。这主要由于人讲语言，而动物不讲话。他指出："你能想象一个动物发怒/受惊……但抱有希望吗？"例如一只狗相信它的主人在门前，但它也期望它的主人后天将返回吗？他认为"只有那些'掌握语言使用的'才能有希望"，也就是说，希望的现象是这种复杂的生活形式的样态（Modes）⑫，即讲话这个生活形式所具有的样态。

---

① WITTGENSTEIN L. On Certainty [M]. ANSCOMBE G E M, VON WRIGHT G H, ed. PAUL D, ANSCOMBE G E M, trans. Oxford: Basil Blackwell, 1969: §563.
② WITTGENSTEIN L. Philosophical Investigations [M]. 4th ed. Oxford: Clarendon Press, 2009: §527.
③ 同② §324, 325.
④ 同② §478.
⑤ 同② §474.
⑥ 同② §481.
⑦ 同② §471.
⑧ 同② §486.
⑨ 同① §110.
⑩ 同② §481.
⑪ 同① §485.
⑫ 同② §174.

但在末期，他在谈到"我知道"这种舒适的确定性时却这样说："现在我愿意把这种确定性……看作一种生活形式"①，"但这就意指我要把它理解为动物般的东西"②。在谈到学语言时他指出："这里我要把人看作一个动物；看作有本能而没有推理的原始动物，是一个处于原始状态的动物，运用于原始的交谈的任何逻辑不需要我们为之辩解。语言并不是某种推理形成的。"③ 显然，到了末期，就讲话这种形式来说，他已不大重视人和动物的区别。

顺便提一下，在《哲学研究》中"生活形式"一词使用了6次，而在《论确定性》中只使用了1次，而且他对于把确定性看作生活形式，认为表达得很不妥当，而且也许思想亦不对头。④ 这时显然他把"生活形式"看作普遍概念。语言游戏可以不看作普遍概念，因为语言游戏是无限多而且层出不穷，而"生活形式"怎能是无限多呢？

3. 前面谈维特根斯坦思想的进化过程，提及前期逻辑是主要的，后期则是语言最重要，到了末期重要性不在于语言本身，而在生活实践，即行为。

许多维特根斯坦思想的解释者大谈特谈遵守规则（rule-following），似乎人们全部生活都是属规则管辖（rule-governed），当然他们以分析维特根斯坦的后期著作为主要对象。但到末期，维特根斯坦不仅指出规则常有漏洞，还需要例子，遵守规则显然不够⑤，而且更谈到，如果你要给出一个类似规则的东西，那么它会包含："在正常情况下"这个措辞。而我们认识正常情况但不能确切地描述它们。⑥

"'什么是学会规则'——这个。'什么是应用规则时有错误'——这个；这里指出的都是个确定的东西。"⑦ 这表明教人学习和应用都得靠例子，靠具体场合。

"使用规则的实践也表明什么是使用中的错误。"⑧ 从上面的引文能清楚地

---

① WITTGENSTEIN L. On Certainty [M]. ANSCOMBE G E M, VON WRIGHT G H, ed. PAUL D, ANSCOMBE G E M, trans. Oxford: Basil Blackwell, 1969: §358.
② 同① §359.
③ 同① §475.
④ 同① §358.
⑤ 同① §139.
⑥ 同① §27.
⑦ 同① §28.
⑧ 同① §29.

看到实践比规则重要得多。理由在于，依维特根斯坦看，同一命题可以在一个时候被当作是被经验检验的东西，另一个时候却当作检验的规则。① "假说的一切检验、一切确证和否证都已经在一个系统中出现。"② 虽然我不能够描述这些信念的体系，"我的信念的确形成一个系统、一个结构"③。这是我的世界图像。"描述这个世界图像的这些命题可以是一种神话的一部分。它们的作用像游戏的规则，这个游戏能纯粹靠实践学会而无须学习任何明显的规则。"④ 为什么说世界图像是神话呢？"这难道不是完全像你能够教导一个小孩相信有上帝，或者并没有上帝，这小孩将因此能够提出有或没有上帝的有力根据吗？"⑤ 而"世界图像"或"观察世界的方式"这概念却未曾在《哲学研究》中出现。

由此可见，这时维特根斯坦认为规则和非规则的命题没有根本区别，因而规则并不重要。那些大谈一切活动都是遵循规则的或生活是规范性的（Normative）等的解释都未能抓住要害。

4. 维特根斯坦的后期著作《哲学语法》指出语法规定命题的意义，但跟它的真或假不相干，这是语法的任意性。在《哲学研究》中，意义和真或假没有什么关系。例如他指出命题是什么在一个意义上由一民族语言的造句规则决定（这同《哲学语法》所讲的一致），在另一个意义上决定于记号在语言游戏中的使用。"而'真'和'假'这两词是这个游戏的构成要素之一"（PI 136）；但在《论确定性》中，有无意义和真或假关系非常密切。它反复指出在一个具体情况中，即一个命题必定在一个语言游戏中才不是无意义的，要有意义它就具有确定性，即不可能是错的。但"不会错"并不意谓"是无条件的真理"。"不会错"可分为这些不同情况：

（a）数学命题如"2+2=4"是不可争辩的。

（b）物理学命题是不可能错的。在法院中"水在摄氏 100 度将煮沸被作为无条件的真理"⑥。

---

① WITTGENSTEIN L. On Certainty [M]. ANSCOMBE G E M, VON WRIGHT G H, ed. PAUL D, ANSCOMBE G E M, trans. Oxford：Basil Blackwell, 1969：§98.

② 同① §105.

③ 同① §102.

④ 同① §95.

⑤ 同① §107.

⑥ 同① §603.

（c）"我关于自己名字的知识是绝对确定的。"① 关于人名的语言游戏的一部分就是每个人都以最大确定性知道自己的名字。一有怀疑就连带地使一切事情都陷于混乱了。② 这就是说，如果这个人的名字不是我一向知道的那个，那么我一切判断的基础就会垮了。③ "在特定情况下一个人说，'你能够信赖这个'……这一保证即使当所预言的事情并不发生也可以是有理由的，存在着使用这个保证的语言游戏。"④ "当我说某些命题必不可加以怀疑"，好像我应把这些命题置于逻辑书之中……但"我叫作 L. W. （维特根斯坦）"这命题不属于逻辑。⑤ "不可能弄错——但如果最坏的事发生了，我将把我的命题变为一个规范。"⑥ "我不可能弄错"是个日常语句，用于给出一个陈述的确定值。只有它的日常使用才是合理的。⑦ 我不会弄错，但万一我弄错了呢？"……能够证明我的陈述是错的，这里证据和证据相对立必须决定哪一方面让步。"⑧

"然而有某些类型的事例……N. N 几天前由美国飞英国，这件事他不可能弄错，只有他疯了才能够认为情况可能是任何别的样子。"⑨

（d）在后期著作中维特根斯坦并不重视真理问题，《论确定性》就不同了。"如果一切事例都支持一个假说，而没有任何东西反驳它，它便是确定地真吗？你可以这样地称谓它。——但它确定地和实在相符吗？或它是客观地确定的吗？"⑩ "你能够那样地称谓它。"⑪

维特根斯坦指出人们的世界图像可以很不相同，彼此不可通约。例如我们认为没有人到过月球，我知道自己从来没有到过那里，要是有人相信人们曾经被携带离开地球，飞到月球上，我觉得自己和这些人在理智上有很大距离。我们认为，这是违反物理学规律的。依照我们的信念系统或图像，这件事是不可能的。

---

① WITTGENSTEIN L. On Certainty [M]. ANSCOMBE G E M, VON WRIGHT G H, ed. PAUL D, ANSCOMBE G E M, trans. Oxford：Basil Blackwell, 1969：§577.
② 同①§613.
③ 同①§614.
④ 同①§620.
⑤ 同①§628.
⑥ 同①§634.
⑦ 同①§638.
⑧ 同①§640.
⑨ 同①§674.
⑩ 同①§91.
⑪ 同①§203.

维特根斯坦的末期思想可以总结如下：

1. 世界图像是我们从长辈、老师、朋友等学来的，不是我自觉地通过思考认为正确而接受的。它是我继承来的据以区别真和假的背景信念。① "描述这个世界图像的命题可以是一种神话的部分。它们的作用有如一种游戏的规则；这游戏能够纯粹靠实习学得，无须学任何明显的规则。"② 但神话可以由固定状态转回流动状态。两种状态有如河床上的流水和河床本身的区别。河床本身可以变动，但较之流水的变动是很不明显的。③

2. 我们根据世界图像去区分真和假，但世界图像本身既不真也不假，它是没有根据的，很类似于神话。不同的世界图像可以是不可通约的。

3. 维特根斯坦区别于传统哲学，他探究的问题是生活实践即行动本身如何可能，而不是科学知识如何可能，他的结论是：

（a）一切行动的基础是人们的信念系统或世界图像，亦即神话。

（b）神话是不可证伪的（也不可证实的）真理（或谬误）的根据。不可证伪并非世界图像的缺点。

（c）提供理由的终点即是一种神话，因为真（或假）是有根据的。这根据本身却无根据。但这过程并不因此是不合理的。

（d）把原始的（生活方式或文化）和现代的根本对立起来，否则便视之为范畴谬误（category mistake），这是传统思想的严重错误。

4. 不同神话的不可通约性含有政治意义：今天我们一般依照物理学命题来指导自己的行动，例如我们遇见那些人，他们同我们相反，却根据神谕来指导行动（我们因此视他们为原始人）。我们若说他们"错误"，就是以我们的语言游戏为基础去"反对"他们的语言游戏，并且用各种口号来支持我们的作为。凡是两种不能够协调的原则相遇并发生格斗，每一方面都宣称对方为蠢材和异端。④

5. 我们通过语言游戏或实践被社会化。我们的行动本身包括科学知识根植于一个似神话的世界图像中，可以说我们的实践是自立基础的，是合理的。

---

① WITTGENSTEIN L. On Certainty [M]. ANSCOMBE G E M, VON WRIGHT G H, ed. PAUL D, ANSCOMBE G E M, trans. Oxford：Basil Blackwell, 1969：§94, 103.

② 同①§95.

③ 同①§97, 99.

④ 同①§608–611.

6. 知识的概念是同语言游戏的概念结伴的。① 这就是说，不仅知识以语言游戏为行动基础，反过来也一样。因为信念系统或世界图像便是我们早已接受或继承的知识。简言之，知与行是不可分离的，它们在不同层次上都有依存关系：科学假说依赖科学家在实验室中的行动，即实验，反过来实验工作又依赖科学家的世界图像。例如在实验时，"拉瓦锡持有一个确定的世界图像"，"世界图像不是假说，因为它是他的研究工作的当然基础，也是无须提到的"②。在另一层面，工程技术既需要技术知识，也需要理论知识，而技术知识的培养、训练更依赖于技师和工程师的行动。

---

① WITTGENSTEIN L. On Certainty [M]. ANSCOMBE G E M, VON WRIGHT G H, ed. PAUL D, ANSCOMBE G E M, trans. Oxford：Basil Blackwell, 1969：§560.
② 同① §167.

后期维特根斯坦的哲学观[*]

涂纪亮

后期维特根斯坦的哲学观是他后期全部哲学思想的核心，也就是说，他后期的语言哲学、心智哲学、数学哲学以及文化哲学思想，都与这个核心有或多或少密切的联系。在这篇短文中不可能详细阐述他后期的哲学观，只准备从说明与描述、世界与语言是不是有本质结构、普遍与个别、精确与模糊、逻辑分析与哲学语法这几个方面，通过对他前后期有关观点的对比，来说明他对哲学的性质和任务的基本看法，以及这些看法对日常语言学派的影响。

一、说明与描述

在对哲学的性质和任务的看法上，维特根斯坦在前期和后期的观点有相同之处，也有不同之处。在《逻辑哲学论》中，他声称哲学不是理论，而是活动，哲学的任务在于说明（explanation），使思想在逻辑上变得明晰。在《哲学研究》中，他仍然承认哲学不是理论，而是活动，不过，他认为这种活动主要不是说明，而是描述（description），哲学是一种"纯粹的描述活动"。说明是科学的任务，描述乃是哲学的任务。他在对哲学的性质和任务的看法上发生这种根本转变，来源于他后来抛弃了早期所持的语言和世界有其本质结构的观点，抛弃了早期所主张的图像说，不再认为命题和事实具有相同的逻辑形式，不再认为有什么可据以确定命题的正确形式的标准。因此，他后来认为哲学家的任务不是说明，不是澄清命题的意义，而是描述命题有什么功能，起什么作用，达到什么目的等。

在《蓝皮书和棕皮书》中，维特根斯坦指出，许多哲学家之所以陷入迷途，其原因在于他们企图把自然科学中使用的说明方法搬到哲学中来。他所指的自

---

[*] 本文是在《分析哲学——回顾与反省》第一版的有关著述的基础上改写的。

然科学中的说明方法是这样一种方法，它力图把对自然现象的说明归结为数量尽可能少的、原初的自然规律；在数学中，这就是那种借助于普遍化来概括对各种不同问题的处理的方法。他说："哲学家们经常看重自然科学的方法，于是禁不住也想象科学家所做的那样提出问题和回答问题。这种倾向是形而上学的真正根源，它把哲学家引入绝境。我想在这里指出，我们的任务绝不是把任何事物归结为另一事物，也不是对任何事物做出说明。哲学的确是'纯粹描述的'。"①

在《哲学研究》中，维特根斯坦进一步详细阐述这个观点，反复强调哲学的任务不是说明，而是描述。因为，在他看来，哲学思考不同于科学思考，哲学不提出任何理论，在哲学思考中不应采用任何假说性的东西。他承认："如果有人说我们的考察不可能是科学的考察，那倒是对的。我们根本没有任何兴趣从经验上发现"有可能相反于我们的先入之见而如此这般地思想，"——不论这么想意指什么"②。他强调哲学与科学的区别，认为哲学的任务不是做出结论，而只不过是陈述众所公认的事情。哲学问题也不是数学问题或逻辑问题，它不需要借助数学和数理逻辑的发现去解决某种矛盾。他说："我们不提出任何理论，在我们的推论中不应有什么假说性的东西。我们必须抛弃一切说明，而仅仅代之以描述。这种描述从哲学问题中觉察出它的光明，即它的目的。"③

前期维特根斯坦十分强调数学和数理逻辑在哲学研究中的作用，后期则彻底抛弃这个观点，认为数学的任何发现都不能把哲学向前推进。在他看来，数理逻辑的重要问题是数学问题，就像其他数学问题一样，与哲学问题无关。他说："哲学的任务并不是通过数学或逻辑—数学的发现去解决矛盾，而是使我们看清楚给我们造成麻烦的数学的现状：在矛盾解决之前的事态。"④ 他在评论数学的基础时也强调说："我们所需要的是描述，而不是说明。"⑤

---

① WITTGENSTEIN L. The Blue and Brown Books [M]. Oxford：Basil Blackwell，1958：18.
② WITTGENSTEIN L. Philosophical Investigations [M]. 4th ed. Oxford：Clarendon Press，2009：§109.
③ 同②.
④ 同②§125.
⑤ WITTGENSTEIN L. Remarks on the Foundations of Mathematics (1937—1944) [M]. VON WRIGHT G H, RHEES R, ANSCOMBE G E M, ed. ANSCOMBE G E M, trans. ANSCOMBE G E M, Rev. ed. Oxford：Blackwell，1969：§205.

对于为什么需要用描述取代说明，维特根斯坦做过这样的解释。在他看来，当我们提出"什么是意义""什么是思维""什么是时间"这样一些问题时，我们所涉及的是这些现象的性质。如果我们从理论的角度去观察这些问题，也就是企图通过提出系统的理论来解决或说明这些现象，那我们就会误入歧途。因为，当我们未能做出说明时，我们会认为现有的理论或说明不得到、不够恰当，于是深入进行理论研究，力求提出更加深入、更加恰当的理论或说明，于是沿着这条歧途愈走愈远。他说："在这里要使我们的头脑保持清醒是不容易的，——我们不容易看到：我们必须只考虑日常思维的对象而不走上歧路，幻想我们应当描述极端微妙的东西——这种东西根本不可能通过我们所掌握的手段加以描述。我们感到似乎我们必须用手指去修补一张撕破了的蜘蛛网。"①

维特根斯坦认为，这里的错误倒不在于我们的说明还不够深入或恰当，而在于我们试图用新的说明、新的发现去排除我们所看到的困惑。要弄清楚这些现象的性质，并不需要通过更深入的发掘和发现，而是需要通过分析关于这些现象的陈述的种类，弄清楚不同语言领域中使用语言的方式来加以揭示。这就是说，正是需要通过描述和分析我们语言中的那些摆在眼前的特有构造才能做到这一点。困难在于这些语言构造经常摆在我们的眼前，因而往往被我们所忽视，视而不见，不做考察。他说："事物的那些对我们最为重要的方面由于它们的简单和为人熟知而不受人们注意。（人们没有注意某个事物，就是因为它总在眼前。）他的探索的真正基础根本没有引起他的注意。——这就意味着，我们没有注意到那些一旦被看见就会被发现是最为显眼、最为有力的东西。"② 因此，必须改变传统的思维方式，把目光从提出新的说明、构造新的理论这个方向，转移到仔细考察语言实践中的大量具体事例，以弄清楚语言的具体使用。

在维特根斯坦看来，哲学混乱既来源于我们对语言问题采取一种错误的理论观点，即企图用理论去说明语言现象，也来源于语言本身，即语言本身具有一种诱使我们陷入迷途的力量。换句话说，哲学混乱既产生于我们的那种错误的思维方式，也根植于语言本身的形式之中。他说："这些问题产生于对我们的语言形式所做的错误解释。它们具有深刻性这个特点。它们是深刻的不安；它们的根子就像我们的语言形式一样深深地扎在我们之中，它们的意义就像我们

---

① WITTGENSTEIN L. Philosophical Investigations [M]. 4th ed. Oxford：Clarendon Press，2009：§106.

② 同①§129.

语言的重要性一样重大。"①

按照维特根斯坦的观点，我们对语言形式本身的误解，最常见的是把不同的语言游戏混淆起来，或者认为某种语言游戏是唯一合法的。这种混淆和简单化的做法深深地扎根在我们的思想方式之中，以致往往没有被我们所察觉。不仅如此，对语言逻辑的误解还往往根植于我们的语言形式之中。因为，在棋类、牌类等游戏中，以及在数学和逻辑的演绎体系中，各种规律都是十分明确的，我们根据它们可以知道怎样做是正确的，而语言的规律却没有那么明确，我们不能依据它们而明确地知道词或语句在特定语境中的准确用法。因此，可以说，哲学问题产生于对语言用法的误解，而对语言用法的误解又产生于对语言形式的误解，即不了解许多词和语句虽然在形式上相似，但各有不同的功能。

因此，维特根斯坦强调哲学的首要任务就是对语言的实际使用进行描述，而不以任何方式干预语言的实际使用。他说："哲学不应以任何方式干预语言的实际使用，它最终只能是对语言的实际使用进行描述。因此，它也不可能给语言的实际使用提供任何基础。它没有改变任何东西。"② 他认为哲学的描述不同于任何科学的描述。譬如说，物理学描述的对象是原子，心理学描述的对象是心理状态，哲学描述的对象则是日常语言的实际用法。他认为哲学对语言的描述与语法所起的作用相类似。他说："语法并没有告诉我们，为了使语言实现它的目的，为了对人类发生这种或那种影响，必须怎样构造语言。语法只不过描述记号的用法，而没有对记号做任何说明。"③

维特根斯坦始终把语言——特别是日常语言看作哲学的主要研究对象，把通过描述语言的实际用法以澄清哲学混乱看作哲学的首要任务。他有时把哲学混乱比拟为一层迷雾，一层笼罩在语言的使用方式之上的浓雾，它使人们不可能有清晰的视线。他说："如果我们通过语言应用的原始类型来研究语言现象，迷雾就会澄清，人们就能看清楚词的目标和功能。"④ 他特别喜欢把哲学对语言的实际用法的描述比作一场斗争，他在不同论著中以类似的方式表达他的这个观点。在《蓝皮书和棕皮书》中，他说："哲学就我们对这个词的使用而言，是

---

① WITTGENSTEIN L. Philosophical Investigations [M]. 4th ed. Oxford: Clarendon Press, 2009: §111.
② 同① §124.
③ 同① §496.
④ 同① §5.

一种对表达方式向我们施加的魔力进行的斗争"①。在《文化和价值》中,他也说:"我们从事于对语言进行斗争"②。在《哲学研究》中,他说:"哲学是一种为了反对通过语言手段使我们的理智着魔而进行的战斗"③。

二、本质结构、明晰性、普遍性

后期维特根斯坦在对哲学的性质和任务的看法上,从主张说明转向主张描述,这一点与他从早期主张语言和世界具有本质结构到后期转向否认语言和世界具有本质结构有关,也与他从早期认为哲学应追求明晰性、确定性、普遍性,到后期转向主张哲学应满足于模糊性、不确定性、个别性有关。因为,如果语言和世界中没有什么隐藏的本质结构,那就没有什么东西需要加以发掘和说明,只需要对语言的实际用法进行描述就足够了。而如果没有本质结构,哲学就不应以明晰性、确定性为目标,语言和世界本来就是模糊的、不确定的;哲学也不应片面强调普遍性而轻视个别性。

在早期维特根斯坦的哲学观中,以及在弗雷格、罗素、维也纳学派等老一代分析哲学家的思想中,"本质结构""秩序""理想物"这些概念都占有十分重要的地位。在《逻辑哲学论》中,维特根斯坦详细陈述了他关于语言和世界具有本质结构的观点。在他看来,语言是一个由所有命题组成的、封闭而且完善的结构,所有的命题都可以还原为基本命题,而基本命题又可以还原为最简单的符号,即名称;与此相对应,世界也是一个由所有事实组成的、封闭的且完善的体系,所有的命题都可以还原为基本事实,而基本事实又由对象组成。在《哲学研究》中,维特根斯坦对他在前期持有的这种关于语言和世界具有本质结构的观点,进行了系统的批判,断定语言和世界都不具有任何本质结构,否认命题是事态或事实的逻辑图像,认为语言由各种各样的语言游戏组成,而语言游戏根植于生活形式之中,因此哲学应从描述日常语言的实际用法着手,

---

① WITTGENSTEIN L. The Blue and Brown Books [M]. Oxford:Basil Blackwell,1958:27.

② WITTGENSTEIN L. Culture and Value [M]. VON WRIGHT G H, NYMAN H, ed. WINCH P, trans. German-English parallel text. Oxford:Blackwell,1980:11.

③ WITTGENSTEIN L. Philosophical Investigations [M]. 4th ed. Oxford:Clarendon Press,2009:§109.

逐步澄清各种哲学混乱。

维特根斯坦对本质结构的批判是与他对逻辑的地位和逻辑分析的作用的批判结合在一起的。在他看来，人们之所以认为逻辑似乎具有一种特殊的深度和普遍的意义，是因为人们把探索一切事物的本性和穷尽一切事物的底蕴看作逻辑研究的目标。逻辑并非起源于对自然事实的兴趣，也不是来自把握因果关系的需要，而是起源于企图理解一切经验事物的本质或基础这样一种追求。人们之所以进行逻辑研究，并不是企图通过这种研究以获知任何新的事物，而只不过为了理解某些隐蔽的、仍未被我们理解的事物。因为，本质不是某种已经摆在面前，只要重新加以整理就会变得一目了然的事物，而是某种处于表层之下的事物，某种隐藏在内部，需要透过表面现象，通过分析才能发掘出来的东西。他说："'本质对我们是隐藏着的。'这就是我们的问题现在所采取的形式。"①这就是说，我们通常的表述形式似乎基本上是未经分析的，似乎其中有某种隐藏着的东西需要加以阐明。如果做到这一点，这种表述就得到完全澄清，我们的问题也就解决了。他说："我们使表达形式更加确切，从而使误解得以消除。此时，似乎我们正致力于达到一种特殊的状态，一种完全确定的状态，似乎这就是我们的研究的真正目标。"② 然而，维特根斯坦认为，哲学的任务不过是把每件事情原原本本地展现在我们面前，既不对它们做出说明，也不能对它们进行推演。既然每件事情都明明白白地摆在眼前，那就没有加以说明的必要。至于那些隐蔽的东西，哲学家是不感兴趣的。他说："哲学只把一切都摆在我们面前，既不做说明，也不做推论，——因为一切都是一览无余，没有什么需要说明，因为隐藏着的东西是我们不感兴趣的。人们可以用'哲学'这个名称来称呼在一切新发现和新发明之前为可能的东西。"③ 他认为当哲学家使用"知识""存在""对象""我""命题""名称"这些词，并试图把握事物的本质时，人们必须经常问问自己：这些词在语言游戏中真是这样使用的吗？他认为"这种做法是要把词的形而上学使用带回到日常的使用中来"④。

维特根斯坦在批判本质结构观念时，也批判了与之紧密相连的"秩序"这

---

① WITTGENSTEIN L. Philosophical Investigations [M]. 4th ed. Oxford：Clarendon Press，2009：§92.
② 同①§91.
③ 同①§126.
④ 同①§116.

个概念。按照《逻辑哲学论》表述的那个传统观点，逻辑作为思想的本质呈现出一种秩序，它对于世界和思想而言都一定是相同的。而且，这种秩序看来一定是极其简单的，它先于一切经验，同时又必定贯穿于一切经验之中。它一定是像纯洁的晶体那样，不容许任何经验的模糊性和不确定性影响它的明晰性和确定性。不过，这种晶体并不是呈现为一种抽象，相反，它呈现为某种具体的东西，而且是最具体的东西，简直可以说是最为坚硬的东西。然而，维特根斯坦把这种看法斥之为幻觉，把这种秩序看作是一种存在于所谓超-概念之内的超-秩序。他说："我们有一种幻觉，即以为在我们的研究中，那些独特的、深邃的、本质的东西就在于企图通过这种研究把握住语言的无可比拟的本质，也就是把握住那种存在于命题、词、推论、真理、经验等概念之中的秩序。这种秩序是一种存在于所谓超-概念之内的超-秩序。"① 其实，当我们转向考察或描述日常语言的实际用法时，只要"语言""经验""世界"这些词有一种用法，那么它们的用法一定与"桌子""灯""门"这样一些词的用法一样平凡，毫无独特之处。

与此相关，维特根斯坦也批判"理想物""明晰性""精确性"等概念。按照早期维特根斯坦的观点，逻辑所处理的命题和词应当是纯粹而又明确的东西，逻辑中不可能有任何模糊性、不确定性。他说："我们想要说，逻辑中不可能有任何模糊性。我们现在被下面这种想法所吸引：理想物'必定'能在现实中被找到。"②"理想物在我们的设想中是不可动摇的。"③ 当我们相信必定能在我们的实际语言中找到那种秩序、那种理想物时，我们便对通常称之为"命题""词""记号"的东西感到不满，因为它们都有不清晰、不精确之处。然而，维特根斯坦对所谓理想物在现实中的必然存在深表怀疑，他说："我们还看不出理想物怎么存在于现实之中，我们也不理解这种'必定'的性质"④。我们越是仔细地考察实际的语言，就会发现实际的语言与关于这种"明晰性""精确性""理想物"的要求之间的冲突越来越尖锐，使得这种要求有变成空洞之物的危险。他呼吁放弃对这种理想物的追求，回过头来认真考察语言的实际用法。他

---

① WITTGENSTEIN L. Philosophical Investigations [M]. 4th ed. Oxford: Clarendon Press, 2009: §97.
② 同① §101.
③ 同① §103.
④ 同① §101.

做了一个形象生动的比喻："我们站在没有摩擦力的、光滑的冰面上,从某种意义上说这个条件是理想的,但是,正因为如此,我们也就不能行走了。我们想要行走,所以我们需要摩擦力。回到粗糙的地面上来吧!"①

维特根斯坦特别着重批驳对确定性、确切性的追求。有些人强调任何词或命题都必须具有确定的或确切的意思,一个不确定的意思根本就不是一个意思,正如一条不确定的边界根本就不是一条边界。维特根斯坦则强调在确定与不确定之间,或者在确切与不确切之间,并没有一条固定不变的、十分明确的分界线。他举出一些生动的事例:与实验室或天文台里所用的确定时间的方式相比,是否在日常生活中说"你应当更准时地赴宴,你知道宴会在一点钟准时开始",这种说法就不准确呢?或者,如果我们给出的太阳与我们之间的距离没有准确到一米,或者我给细木工指出的桌子宽度没有准确到一毫米,这是不是不准确呢?这里的关键是要根据测量时的背景条件和所要达到的目标,来规定准确与不准确之间的大致分界线,不可能给准确性或确切性提出一个绝对的、固定不变的标准。有人认为,如果在某种游戏规则中有一些含糊不清的地方,那这就不是游戏了,至少不是一种完善的游戏。维特根斯坦对此反驳说:"我们误解了理想物在我们的表达方式中所起的作用。这也就是说,我们也应当把它称为游戏;我们只是被理想物所眩惑,因而不能清楚地看出'游戏'一词的实际用法。"② 又说:"我所反对的是那个理想的精确性概念,它仿佛是先验地给予我们的。我们在不同的时期具有不同的精确性理想,它们都不是绝对的。"③

维特根斯坦还批驳了传统哲学家对普遍性的追求,他认为这种追求也是造成哲学混乱的根源之一。一般说来,对普遍性的追求表现在人们大多倾向于从异中求同,从差别中寻找统一,从杂多中寻找单一,从变化中寻找稳定。或者说,它主要表现在人们渴望找到某种为通常被我们概括在一个普遍词项之下的一切事物所共有的东西。例如,有人倾向于认为必定有某种为一切游戏所共有的东西,这种普遍的特性使我们有权把"游戏"这个普遍词项应用在各种各样的游戏中。这就是说,普遍概念是它的单个事例所共有的特性,这种特性是所

---

① WITTGENSTEIN L. Philosophical Investigations [M]. 4th ed. Oxford: Clarendon Press, 2009: §107.
② 同① §100.
③ WITTGENSTEIN L. Culture and Value [M]. VON WRIGHT G H, NYMAN H, ed. WINCH P, trans. German-English parallel text. Oxford: Blackwell, 1980: §37.

有那些具有这种特性的事物的组成部分，正如酒精是啤酒和白酒的组成部分那样，美是一切美的事物的组成部分，它是一种不与一切美的事物混杂在一起的纯粹的美。一个人学会理解一个普遍词项，例如"树叶"这个词项，他就通过这种学习而获得某种普遍的树叶形象，这种形象不同于个别的树叶表象。维特根斯坦否认这种纯粹的普遍性的存在，认为在任何一类事物中并没有某种为这一类事物所共有的组成部分，它的存在可以独立于这一类中的各个个别事物。例如，在各种各样的游戏之间没有某种为一切游戏所共有的特性，而只具有或多或少的相似之处。对于形形色色的语言有没有一种共同的东西，他说："我没有提出某种对于所有我们称为语言的东西所共同的东西，我说的是，这些现象中没有一种共同的东西能够使我把同一个词用于全体，——但这些现象以许多种不同的方式彼此关联。正是由于这种或这些关联，我们才把它们全称为'语言'"①。可以说，维特根斯坦提出的"家族相似"这个重要概念，充分表现出他不赞成对普遍性或"共同的东西"的盲目追求，而以"家族相似"取而代之。

维特根斯坦还认为，对普遍性的追求会导致对个别事例的轻视，仿佛个别事例缺乏普遍性，因而是没有价值的。例如，在数学中，有人认为基数算术是某种与普遍之物相对立的特殊之物，因而它是不完备的。维特根斯坦却认为基数算术中不具有任何不完备的标志，他说："如果我想弄清楚什么是算术，那我会十分满足于对一种有限基数算术的事例所做的研究。因为：一、这个事例将把我引导至一切复杂的事例；二、有限基数的算术并不是不完备的，它没有任何需要用其余的算术加以补充的漏洞"②。在维特根斯坦看来，对普遍性的追求和对个别事例的轻视这种错误态度，对哲学研究起了阻碍作用，"因为，这个想法不仅得不出任何结果，而且完全导致哲学家把具体事例当作无关的东西加以忽视；当然，只有这些事例才能帮助哲学家理解普遍词项的用法"③。他主张改变这种错误的思维方式，认为一旦人们改变了那种力求对现象做出更加普遍、更加统一的解释的做法，而"扎扎实实地描述、研究与我们的问题密切相关的

---

① WITTGENSTEIN L. Philosophical Investigations [M]. 4th ed. Oxford：Clarendon Press，2009：§65.
② WITTGENSTEIN L. The Blue and Brown Books [M]. Oxford：Basil Blackwell，1958：59.
③ 同②.

语言事实或语词用法"①，困扰我们的哲学困惑便会自然而然地消失。

在维特根斯坦看来，哲学家把哲学的任务归结为说明，把哲学研究归结为对本质结构、秩序、理想物、明晰性、精确性、普遍性等的追求，这都是一些偏见，都是一种需要彻底加以改变的思维方式。然而，要排除这些偏见是十分困难的，因为它们已深深扎根于传统哲学家的思想之中。有人反对进行这种排除，认为它仿佛"摧毁了一切有趣的东西，即一切伟大和重要的东西"，可以说摧毁了哲学这幢建筑物，留下的只是一堆石块和瓦砾。维特根斯坦却坚持必须排除这些偏见，认为"我们摧毁的只是一些纸糊的房屋；我们是在清扫语言的基础，那些纸糊的房屋正是建造在这个基础之上的"②。他还把这些偏见看作"明显的胡说"，看作"理智把头撞到语言的界限上而撞出的肿块"。他说："哲学的成果使我们发现这种或那种明显的胡说，发现理智把头撞到语言的界限上而撞出的肿块。正是这些肿块使我们看出上述发现的价值。"③

三、逻辑分析与语法研究

维特根斯坦的这种把哲学的任务归结为描述的观点，是与传统哲学关于逻辑分析的观点截然不同的。所说的"传统哲学"，主要指19世纪末至20世纪上半叶弗雷格、罗素、前斯维特根斯坦以及维也纳学派为代表的分析哲学家所主张的那种把逻辑分析看作哲学的首要任务的观点。

《逻辑哲学论》是这种传统观点的一部重要的代表作。维特根斯坦生活在数理逻辑兴起和蓬勃发展的年代里，他早期对数理逻辑的研究促使他对语言的逻辑结构进行研究，进而对世界的逻辑结构进行逻辑分析，得出语言的逻辑结构就是语言的本质结构，世界的逻辑结构就是世界的本质结构等基本论点。他提出"全部哲学就是语言批判"这个著名话题，认为哲学的任务就是研究语言的逻辑，即对语言和概念的应用进行逻辑分析，弄清楚我们的语言是否符合逻辑，确定哪些形式的表达式或命题符合逻辑规则，因而是有意义的，哪些形式的表

---

① WITTGENSTEIN L. Zettel [M]. ANSCOMBE G E M, VON WRIGHT G H, ed. ANSCOMBE G E M, trans. 1945—1948, German-English parallel text. Oxford: Blackwell, 1967: §447.
② WITTGENSTEIN L. Philosophical Investigations [M]. 4th ed. Oxford: Clarendon Press, 2009: §118.
③ 同② §119.

达式或命题不符合逻辑规则，因而是没有意义的，应当排除于哲学之外。他说："哲学的目的是使思想在逻辑上明晰。哲学不是理论，而是活动。哲学工作主要是由说明构成的。哲学的结果不是某些数量的'哲学命题'，而是使命题明晰。哲学应该说明和清楚地划分那些否则就是模糊不清的思想。"①

后期维特根斯坦彻底抛弃了把哲学的全部任务归结为逻辑分析这种传统观点，同时也否定了逻辑的崇高地位，否定数学和数理逻辑对哲学研究的重大作用，但他并不反对对语言进行其他形式的分析。不仅如此，他十分强调哲学家要认真研究日常语言的实际用法，把这看作哲学家的首要任务。因为，在他看来，各种各样哲学问题的产生都来源于人们对语言有了某种误解。他说："当语言休假的时候，哲学问题便产生了。"② 这句话的意思是：当我们没有正确使用语言时，哲学问题便产生了。哲学家的任务就在于从研究语言的具体用法着手去寻找我们对语言有了怎样的误解。哲学家应当深入考察语言的具体功能，仔细了解各种实际进行的语言游戏。

在维特根斯坦看来，哲学的任务在于通过语言表达式的用法来排除因对它们的误解而产生的哲学困惑，他把这种哲学研究称为"语法研究"。他说："因此，我们的研究是一种语法研究。这种研究通过消除误解来澄清我们的问题。与词的使用有关的误解，除了别的原因之外，还来自对语言在不同领域中的表达形式所做的某些类比。——其中有些误解可以通过用一种表达形式替换另一种表达形式加以消除，可以称之为对表达形式的一种'分析'，因为这一过程有时类似于把一个事物分拆开来的过程。"③ 可以说，在维特根斯坦那里，语法研究起着双重的作用：一是通过这种研究以揭示哲学家用以说明语言现象的那些语词是空洞的；二是通过这种研究表明我们用以理解语言作用方式的一切手段都存在于日常语言的实践之中，明显地摆在我们眼前，用不着透过现象加以发掘。维特根斯坦不是把他所考察的那些具体的语言事件看作用以构造新理论的基础，而是看作用以揭露哲学家们的理论论证的空洞，并表明那些用以排除哲学混乱的手段就明显地存在于我们的日常语言的实践之中。

---

① WITTGENSTEIN L. Tractatus Logico-Philosophicus [M]. PEARS D F, MCGUINNESS B F, trans. German-English parallel text. London：Routledge & Kegan Paul, 1961：4. 112.

② WITTGENSTEIN L. Philosophical Investigations [M]. 4th ed. Oxford：Clarendon Press, 2009：§38.

③ 同②§90.

维特根斯坦所倡导的这种从哲学角度进行的语法研究，不同于语言学家从语言学角度进行的语法研究。因为，前者的目的在于排除因对某些语言表达式缺乏正确理解而引起的哲学困惑，后者却对此漠不关心，它仅仅关注语言的词法和句法的历史演变等。从前一种研究中得出的结果是排除哲学困惑，消除哲学问题；从后一种研究中得出的结果则是提出新的语言信息或者语言理论。因此，维特根斯坦所说的语法研究指的是对特定语境中语言表达式的用法的研究，而不是通常所说的那种语法研究。正如维特根斯坦所说："……只有当语言给我们造成麻烦时，我们才关注语言。只有在为了排除我们打算排除的这种麻烦而必须描述语词的实际用法时，我们才做这种描述。"① 因此，罗素等人指责维特根斯坦用语法研究取代哲学研究，这是不公正的，因为维特根斯坦并没有把从哲学角度进行的语法研究与从语言学角度进行的语法研究混为一谈。

进行语法研究的目的在于排除哲学混乱，"解决"哲学问题。不过，按照维特根斯坦的观点，严格说来，哲学问题不是被"解决"了，而是自行"消失"了。因为，哲学推理的目标在于达到一种完全的清晰；一旦达到了这种完全的清晰，也就是说，完全消除了误解，哲学问题便会自行消失。他之所以强调哲学问题不是被解决，而是自行消失，正是因为他强调哲学问题由以产生的根源在于对语言用法的误解，因此，一旦消除了误解，哲学问题由以产生的根源不存在了，哲学问题本身也就自然消失了。他说："因为，我们指望获得的那种清晰的确是一种完全的清晰。不过，这仅仅意味着哲学问题应当完全消失。"②

维特根斯坦把哲学问题的存在比拟为人们患了一种疾病，病根在于人们对语言的用法有了误解，消除了误解，也就消除了病根，或者说，哲学的任务就在于给着了魔的哲学家解除精神的困惑，使他们在哲学思想中获得安宁。因此，他把哲学研究看作一种治疗。他说："哲学处理问题像治疗疾病那样。"③ "治疗"这个概念表现出维特根斯坦的哲学方法的特征。治疗是一个漫长的、循序渐进的过程，以唤起患者自身抵抗病毒的能力。维特根斯坦用以排除哲学混乱的方法主要在于引导谈话者自己去考察各种各样的具体的使用语言的事例，从

---

① WITTGENSTEIN L. Wittgenstein's Lectures, Cambridge 1932—1935: From the Notes of A. Ambrose and M. MacDonald [M]. AMBROSE A, ed. Oxford: Blackwell, 1979: 97.

② WITTGENSTEIN L. Philosophical Investigations [M]. 4th ed. Oxford: Clarendon Press, 2009: §148.

③ 同② §255.

中发现自己在何处对语言用法有了误解，从而使哲学混乱自行消失。这正像医生通过各种各样的手段，缓慢地、循序渐进地在患者身上唤起或培养出一种抵抗病毒、排除病毒的体质或能力，以达到治疗疾病的目的。

维特根斯坦认为，哲学问题不是经验问题，而是语法研究问题。我们不可能通过科学研究来解决哲学问题，而只能通过语法研究，也就是通过仔细地观察我们语言的工作情况，通过考察大量的语言事例，弄清楚我们怎样误解语言的用法，才能逐步地加以解决。他不打算在其著作中提出任何学说和理论，而是举出语言实践中大量的具体事例，以便向人们提出一些用以消除误解的启示。他说："哲学家的工作在于为一个特定的目标搜集提示物。"①

维特根斯坦承认，消除哲学困惑这项工作不是一朝一夕所能完成的，需要一个十分漫长的，甚至无限长的过程。因为，哲学困惑产生于对语言表达式的误用或滥用，而只要语言存在一天，就有可能对新的表达式做出新的误用或滥用。随着时间的转移，旧的误用或滥用被纠正了，又会出现新的误用或滥用，也就是说，旧的哲学问题消失了，又会出现新的哲学问题。他说："哲学家们的迷惑在不同的时代会有所变化，因为术语变化了。当一个术语消失时，一些困惑也许会随之消失，可是它会以类似术语的形式重新出现。"② 有些人评论说，哲学其实没有任何进步，我们仍然在探讨希腊人已经探讨过的那些同样的问题。维特根斯坦认为，"做出这种评论的人不懂得哲学为什么不如此。原因在于我们的语言没有变化，它不断地引诱人们提出同样的问题。只要继续有与'吃''喝'等词的功能似乎相同的'是'这个动词，只要还有'同一的''真的''假的'等形容词，只要我们继续谈论时间之流、空间的广延等等，大家就会不断碰到一些同等的难于捉摸的困难，凝视一些似乎不可能解释清楚的事物。"③

*　　　　　*　　　　　*

众所周知，维特根斯坦的后期哲学思想对日常语言学派产生了巨大影响。这里不准备全面分析这种影响，而只限于分析后期维特根斯坦的哲学观，即他

---

① WITTGENSTEIN L. Philosophical Investigations [M]. 4th ed. Oxford：Clarendon Press，2009：§127.

② WITTGENSTEIN L. Wittgenstein's Lectures, Cambridge 1932—1935：from the notes of A. Ambrose and M. MacDonald [M]. Ambrose A. ed. Oxford：Blackwell，1979：98.

③ WITTGENSTEIN L. Culture and Value [M]. VON WRIGHT G H, NYMAN H, ed. WINCH P, tr. German-English parallel text. Oxford：Blackwell，1980：15.

对哲学的性质和任务的看法，对日常语言学派的主要代表人物的影响。

日常语言学派中剑桥学派的创始人威斯顿首先对后期维特根斯坦的哲学观做出强烈的反应。哲学的性质和任务问题是威斯顿在其许多著作中探讨的中心问题。他在1936年前后两个时期所写的著作，反映了他在回答这个问题上发生的巨大变化。从总的趋向上看，前一时期他倾向于逻辑原子论的观点，认为哲学的目的在于"对于事实的终极结构获得比较清晰的认识"（参见《逻辑构造》一文）；后一时期他倾向于后期维特根斯坦的观点，这与他当时在剑桥多次与维特根斯坦交谈有关。他在其著作中多次表示他后期的观点来自维特根斯坦，但他也表示在个别问题上他们之间也有分歧，不能把他的著作看作是对维特根斯坦思想的转述。

与后期维特根斯坦一样，威斯顿也认为哲学的任务不在于回答传统的哲学问题，而在于"消除疑难"，这就是要用"治疗"的方法去医治哲学疾病。在他看来，哲学家的任务不是提出哲学问题及其解决办法，不是制定理论和创立体系，而是要弄清楚哲学混乱由以产生的原因，设法消除哲学疑难。这就是说，哲学家的目的不是力图发现某些不可提供的事物，而是给人们指明走出迷宫的途径。用他常用的话来说，这意味着不需要解决哲学问题，而是使哲学问题自行消失。他有时把哲学治疗与精神治疗相类比，认为哲学上的疑难在一定意义上类似于精神病理方面的疑难。他承认需要把哲学讨论中所使用的语言弄得纯洁一些，但他认为这种做法作为一种治疗手段来说是不够的，需要用精神分析来补充哲学分析。他不像维特根斯坦那样认为，只要用明确的词汇去取代模糊的词汇，用准确、严密的语法去替换模糊、松散的语法结构，就能清除哲学混乱。他不赞同维特根斯坦关于传统哲学的命题仅仅是语言混乱的征兆的观点，也不赞同把语言的日常用法看作解决哲学问题的最高法庭。

与威斯顿相似，日常语言学派中牛津学派的创始人赖尔，也是逐步从逻辑原子论立场转向日常语言学派的立场。他没有像威斯顿那样直接接受后期维特根斯坦的影响，这种影响在他身上不像在威斯顿那里表现得那么明显。不过，在一些问题上也能看出他接受了后期维特根斯坦关于哲学的性质和任务的基本观点。例如，他也强调哲学的首要任务在于仔细分析语言的日常用法，从而找出那些经常发生的误解和荒谬学说的根源。他在许多篇论文中从不同角度陈述了他对哲学的性质和任务的看法。例如，在《系统地引人误解的表达式》一文中，他首次提出哲学的任务在于从语言形式中发现错误论题和荒谬理论的根源，排除哲学命题中的语言混乱。他认为哲学分析是"哲学的唯一的和全部的职能",哲学的目标是"在语言的用法中找出那些反复出现的误解和意识理论的根源"①。他主张把语句的句法形式和语句所描述的事实的形式区别开,语言混乱之所以产生,是由于人们往往把句法上的异同误认为逻辑上的异同的标志。当所记录的事实的真实形式被有关的语词掩盖起来或伪装起来,而不能获得应有的表现时,我们就应研究这种真实形式究竟是什么。我们经常能够用一些新的句法形式来陈述这个事实,从而表现出用其他句法形式不能表现出的东西,这就是他所说的"哲学分析"的涵义。他强调对日常语言进行哲学分析,但他不像牛津学派中其他某些人物那样把日常语言的用法看作判断关于世界的知识的真实性的试金石,他的思想中还保留了逻辑原子论影响的痕迹。

与赖尔相比,奥斯汀在强调对日常语言进行细致分析方面又进了一大步。他主要接受摩尔的概念分析方法和后期维特根斯坦的哲学观的影响,认为在语言的日常用法中隐藏着的种种区别比人们想象的复杂得多,哲学家如果不首先仔细地分析和了解他所使用的语言这个不可缺少的研究手段,而立即着手研究哲学问题和做出哲学结论,必然会犯错误。因此,在他看来,对日常语言的研究即使不是哲学研究的全部目的,至少也是哲学研究的起点。他还认为,过去哲学问题之所以得不到解决,原因在于哲学家们的研究方法过于简单化,他们往往根据少量的而且是反复引证过的事例,匆促地做出过于广泛的概括,以致没有把他们的结论建立在广泛、深入而又细致的研究基础上。他反对哲学研究中的这种简单化倾向,主张根据尽量广泛的、多种多样的例句,对语言规则进行十分细致的研究。他认为日常语言中包含的任何区别都是不能忽视的,主张仔细研究某些英语语词在意义和用法上的细微区别。在其他哲学家看来,这些区别也许不具有哲学意义,不值得加以研究,他却认为正是由于许多哲学家忽视这些细致区别,才使某些哲学问题长期得不到解决。因此,哲学研究必须从头做起,必须采取他所提供的方法,即收集数量众多而且范围广泛的事例,逐个进行深入细致的研究,反对匆忙草率地做出任何概括性结论。他承认他所进行的研究只是一个开端,还远远不能从他的研究中做出概括性结论,更谈不上建立什么包罗万象的哲学体系。不过,他强调说,坚持这样的研究方法,一定能够把哲学研究建立在坚实牢固的基础之上。可以看出,奥斯汀对日常语言的

---

① RYLE G. Systematically Misleading Expressions [J]. Proceedings of the Aristotelian Society, 1932, 32: 139-170.

细致分析比后期维特根斯坦又前进了一大步，而且他们两人从事语言分析的目标也有所不同。维特根斯坦之所以强调研究日常语言的实际用法，只是因为他认为许多传统的哲学问题产生于对日常语言用法的误解，研究日常语言的用法只是为了消除这些误解。与此不同，奥斯汀则强调研究日常语言本身，研究日常语言用法上的许多细致差别，为哲学研究打下牢固基础。至于把这种研究成果应用于解决传统的哲学问题，他倾向于把它看作一种副产品，没有给它以高度重视。

后期维特根斯坦的哲学观不仅对威斯顿、赖尔、奥斯汀等人产生相当明显的影响，而且通过他的门生和友人布莱克、马尔康姆以及拉策罗维茨夫妇（A. Ambrose 和 M. Lazerowitz）等人传播到美国，影响了美国的某些分析哲学家，如齐硕姆、塞尔等人。

总的来说，在哲学的性质和任务这个核心问题上，维特根斯坦在前期提出的"哲学不是理论，而是活动，哲学的任务在于说明，使思想在逻辑上变得明晰"这个基本观点，是对他之前或者分析哲学诞生之前的传统哲学观点的批判和否定；而他后期提出的哲学活动不是说明，而是描述，哲学不应探索本质结构、秩序、理想物，不应片面追求确定性、明晰性、普遍性，而应以语法研究取代逻辑分析等观点，又是对他前期哲学的批判的否定。这两次否定在理论上都具有重大意义。因此，深入考察维特根斯坦在前期和后期哲学思想的演变过程，分析他的前期哲学思想和后期哲学思想之间的区别和联系，考察他的哲学思想在现代西方哲学中的地位和影响，这项工作无论如何是有价值的。

心灵活动的主体[*]
——亚里士多德和维特根斯坦的理解

韩林合

作为有生命的存在物,我们总是在进行着各种各样的生命活动。这些生命活动最终说来都是以身心活动为基础而进行的。那么,这些身心活动的主体是什么?单纯的身体活动的主体似乎只能是身体。心灵(或心理)活动的主体是什么?答案似乎也非常清楚:心灵活动的主体当然是心灵,正如日常的一些说法所提示的那样,比如"心情好""心里高兴""心里想到某某"等。那么,这样的回答真的不可置疑吗?当然未必如此。实际上,早在两千多年以前,亚里士多德就对此提出了质疑。无独有偶,在20世纪30年代,维特根斯坦也对这种回答进行了深刻的反思并提出了严厉的批评。

1. 我们首先梳理亚里士多德的相关观点。按照亚里士多德的理解,人的心灵属于灵魂(psuche;anima;soul)之一种。在他看来,不仅人是有灵魂的,而且所有动物均拥有灵魂,甚至植物也拥有灵魂。对于这种宽泛意义上的灵魂,亚里士多德首先给出了如下规定:"灵魂是作为潜在地拥有生命的自然物体的形式的实体"(Soul is a substance as the form of a natural body which has life in potentiality)。[①]

亚里士多德是在其质形说和实体观的框架中来规定灵魂的。按照质形说,任何一个具体的个体均是由质料和形式构成的;而按照其实体观,只有形式是真正意义上的实体。亚里士多德将物体区分为自然物体(natural body)和人造物体(artificial body)。自然物体是指就其自身来说便包含着运动(在此泛指变化)和静止的本原或原因的物体,而人造物体的运动则完全源自外力或者源自它们所包含的自然的部分。[②] 自然物体包括生物及其部分、四大元素等,人造物

---

[*] 本文系首次发表,其写作受到如下项目支持:国家社科基金重点项目"'人是遵守规则的动物'之论题研究",项目号 15AZX017;教育部人文社科重点研究基地重大项目"规范性研究",项目号 16JJD720003。

[①] ARISTOTLE. De Anima [M]. SHIELDS C, trans. Oxford: Clarendon Press, 2016: 412a19—21.

[②] ARISTOTLE. Physics [M]. HARDIE R P, GAYE R K, trans. // The Complete Works of Aristotle. BARNES J, ed. Princeton: Princeton University Press, 1995, 1: ii 1.

体包括床、大衣、书柜等。自然物体是人造物体的本原，构成了后者的质料。亚里士多德断言，进入灵魂的定义中的物体只能是自然物体。当然，并非任何自然物体都与灵魂有着定义性关联，只有特定的自然物体才拥有这样的资格，此即拥有生命的自然物体（living natural body）（这样的自然物体构成了所谓原初质料之一种）。事实上，正是灵魂使得相应的自然物体拥有了生命。但是，就其本身来说，这样的自然物体并非现实地就拥有生命，而只是从潜能上说——或者潜在地——拥有生命。因此，我们便有了灵魂之为潜在地拥有生命的自然物体的形式这样的说法。

由于形式是现实，所以上面的定义也可表述为：灵魂是潜在地拥有生命的自然物体的现实。① 我们知道，亚里士多德实际上区分开了两种现实。那么，进入灵魂定义中的现实是哪一种现实？亚里士多德认为应当是第一现实，即所谓第二潜能。因此，灵魂定义应当进一步重新表述如下："灵魂是潜在地拥有生命的自然物体的第一现实"②。

那么，潜在地拥有生命的自然物体究竟是一种什么样的物体？无论如何，简单物体（simple body）无法担当此任。简单物体是指仅仅由一种元素构成的物体，包括水、土、空气和火，还包括组成天体的物质即以太（aether），进而还包括天体本身。月下世界中的事物均由四大元素构成。四大元素首先构成均一的（homoeomerous）物体，即这样的物体：其各部分均具有相同的性质，同时每个部分均与它们所构成的整体具有相同的性质。诸如木头、血液、肉、骨头等组织都是均一的物体。接着，均一的物体构成非均一的（anhomoeomerous）物体。就有生命的物体来说，相应的非均一的物体是指其各种器官（organs），诸如树干、枝叶、头、眼睛、耳朵、大腿、胃等。最后，非均一的物体与均一的物体一起构成世间万物。按照亚里士多德的理解，只有复杂的物体即由非均一的物体构成的自然物体才可能是潜在地拥有生命的物体。因为只有这样的物体才能为诸种复杂的生命活动进而复杂的灵魂活动乃至灵魂本身提供适当的工具（organon；instrument；tool）。基于如上理解，亚里士多德给出了其灵魂定义的最终的表述形式："灵魂是工具性的自然物体的第一现实（the soul is the first actuality of an organic natural body）"③。在此"工具性的"（organic, instrumental）

---

① ARISTOTLE. De Anima [M]. SHIELDS C, trans. Oxford: Clarendon Press, 2016: 412a21–22.
② 同①412a27–28.
③ 同①412b5–6.

一词所对应的希腊单词为"organikon"。按照一些作者的解释①，其意当为：作为某某的工具的（或者说适合于充当某某的工具的）；或者，拥有诸多工具的（或者说是由诸多工具构成的）。在有生命的物体的情况下，相关的工具中的一些或者说其某些关键的部分通常被称为器官。

尽管植物、动物和人均拥有灵魂，但是植物的灵魂不同于动物的灵魂，更不同于人的灵魂。植物的灵魂只具备营养能力，而动物的灵魂除此而外还具备感知能力——感性，而人的灵魂则进一步具备理知能力——理性。亚里士多德认为，除了如上三种基本的灵魂能力以外，还存在着其他灵魂能力：想象力、欲求能力和位置运动能力等。

亚里士多德的灵魂学说最终说来旨在解释各种生命活动。在他看来，灵魂构成了诸种生命活动的原因或本原，或者说是灵魂赋予了自然物体或身体以生命。因此，有灵魂的存在物即有生命的存在物，是否有生命这点区别开了有灵魂的和没有灵魂的存在物。存在着各种形式的生命活动，比如营养生命、感知生命、理知生命等。亚里士多德认为，营养生命是最基本的生命形式，构成了所有其他类型的生命活动的基础。营养生命的原因或本原则是营养灵魂。因此，所有生命活动的终极的原因或本原是营养灵魂。进而，不同的生命活动的直接的原因或本原则为各种不同的灵魂能力。

按照上面的定义，灵魂就是潜在地拥有生命的自然物体的形式或其第一现实。这样，整体说来，灵魂不可能独立于特定的自然物体或身体而存在，或者说灵魂通常不可能与特定的自然物体或身体相分离。就营养能力、感性、想象力、欲望和位置运动能力而言，情况显然是这样的。这些能力的运用都需要相应的自然物体部分或相应的身体器官的配合。或者说，特定的灵魂需要特定的自然物体或身体充当其工具。因此，一些哲学家所坚持的灵魂转世说是不可能成立的。换言之，认为任何灵魂均可与任何偶遇的身体（chance body）或者任何身体均可与任何偶遇的灵魂（chance soul）适当地甚或完美地结合在一起的观点是不能接受的。不过，理性的情况则有所不同。由于不存在与理性相应的身体器官，因此理性不是任何身体部分的现实性。这样，理性从某种意义上说可以独立于任何身体而存在，即是可以与身体分离的，进而也是可以与其他的灵魂能力分离的。不过，就人来说，其理性，特别是其理性之运用，最终并不

---

① POLANSKY R. Aristotle's De Anima [M]. Cambridge：Cambridge University Press，2007：160.

能独立于身体，因为理性的成熟及其运用均要依赖于想象力及其运用，而想象力是通过感性的运用得到定义的（想象力是这样一种灵魂能力，其运用即想象是因现实的感知过程所引起的一种运动），感性与身体密切相关。①

显然，有灵魂的存在物特别是动物的身体是由诸身体部分构成的统一的整体。那么，身体的统一性来源于何处？亚里士多德断言，身体的统一性只能源自灵魂，而灵魂为了提供这种统一性，其本身不应当也不可能又是由有待统一在一起的部分构成的，否则就会出现无穷后退的困境。灵魂的确直接就是完美的统一体，因为其拥有的部分是形式部分。②

亚里士多德进一步断言，由身体和灵魂所构成的复合物的统一性进而其同一性和存在性（或现实性）最后也只能来源于灵魂。这也就是说，就一个特定的有灵魂的存在物来说，正是其灵魂使得其作为一个特定的存在物而现实地存在着。尽管灵魂、身体和二者的复合物即有灵魂的存在物（质形复合物之一种）可以说都是实体，但是就一个特定的有灵魂的存在物来说，我们根本无法实际地区分出这三种不同的实体（而只能从分析上或从理论上将它们区分开），在这种意义上可以说灵魂与身体是同一个东西——灵魂从现实上说是这个东西，而身体则从潜能上说是这个东西。最低限度说来，在此它们彼此绝不是独立或分离的；相反，它们以如下方式构成了一个统一体——直接具有统一性的灵魂首先赋予身体以统一性，进而赋予该复合物以统一性乃至同一性和存在性（或现实性）。③

最后，亚里士多德有关灵魂与身体的关系的观点可以总结如下：灵魂是身体的形式和现实，因此一方面，没有身体便没有灵魂，进而任何灵魂活动必定涉及身体运动；另一方面，灵魂并非就是身体，而是某种与身体相关的东西。由于现实必定出现于相应的潜能之中，因此灵魂出现于某种特定的、适合于它

---

① ARISTOTLE. De Anima [M]. SCHIELDS C. trans. Oxford: Clarendon Press, 2016: 402a9-10, 403a1-28, 403b10, 407b12-26, 408b18-19, 411a11-30, 412b13-14, 413a4-10, 413b11-414a28, 427b14-16, 429a10-b5, 430a10-25, 431a1-b19, 432a3-14, 435a11-b3; Posterior Analytics [M]. BARNES J, trans. //The Complete Works of Aristotle, Vol. one. BARNES J, ed. Princeton: Princeton University Press, 1995: ii 19; Metaphysics [M]. Ross W D, trans. // The Complete Works of Aristotle, Vol. two. BARNES J, ed. Princeton: Princeton University Press, 1995: i 1.

② 同①410b10-15, 411b5-14, 412b6-9.

③ 同②412a6-9, 412b6-9, 414a14-16.

的身体之中。①

按照亚里士多德的理解，诸灵魂官能或灵魂能力的运用严格说来并非是运动（kinesis；motion），而是活动（energeia；activity）。相应地，灵魂的运作严格说来也只能是活动，而非运动。② 灵魂本身并非处于运动之中，更不可能是自我运动者（self-mover），因为灵魂不是物体，即不是任何有广延的量值（extended magnitude）。不过，有灵魂的存在物即有生命之物则可以处于运动之中，进而是自我运动者：其灵魂为其运动的原因或本原，是不动的推动者；而其身体则可以受到灵魂的推动而处于运动之中，因而是被推动的推动者。由于由灵魂和身体构成的整个存在物可以处于运动之中，因此灵魂可以处于偶然的运动之中，进而可以是偶然的自我运动者。③

人们常常说灵魂或某种灵魂能力在感知什么，在思考什么，在憎恨某人，在爱慕某人，在发怒，在高兴，等等。由于感知、思考、憎恨、爱慕、发怒、高兴等似乎均是运动，因此灵魂似乎必定也可以处于运动之中。对此，亚里士多德的回答是这样的：尽管人们常常这样说（他自己也常常这样做），但是严格说来相关的说法是不适当的，因为相应的活动必定要涉及特定的身体过程。严格说来，这些活动的主体只能是拥有灵魂或相关灵魂能力的自然物体，即相关的有生命之物。但是，相关的主体之所以能够进行这些生命活动，恰恰是因为他们拥有灵魂或相关的灵魂能力。④

---

① ARISTOTLE. De Anima [M]. SCHIELDS C, trans. Oxford: Clarendon Press, 2016: 403a3−25, 414a14−28.

② 按照亚里士多德的理解，活动是一种完全的现实（complete actuality），即在每个时刻都是完全的，并且始终可继续进行下去（continuable），而不必停留在某个特定的点，这是因为活动已然将其终点包含在自身之内了。与此相对照的是，运动总是在趋向一个外在的终点，并且当达到其终点以后，它才算最终完成了。因此，运动是一种不完全的现实（incomplete actuality），而且并非总是可以继续进行下去。最后，对于相关的事物来说，通常意义的运动是其所拥有的某种形式的丧失，即该形式之被同一个属的相反性质（the contrary in the same genus）所替换，而活动则是其所拥有的相关的能力的保存和实现（进而是其本身的自然即本性的实现）。（Aristotle. De Anima. 417b2−b16；Metaphysics, ix 6；Polansky. Aristotle's De Anima. 12−15, 228−230, 234−240, 345−346.）

③ ARISTOTLE, De Anima [M]. SCHIELDS C, trans. Oxford: Clarendon Press, 2016: 403b20−409a30；Physics, viii 4 and 6. 进一步参见 Polansky, Aristotle's De Anima. pp. 62−71, 83−122, 151−153, 175, 212n. 18。

④ 同①403a3−25, 408a34−b30, 411a26−b5, 414a12−13, 429a10−11、22−27, 429a31−b4.

2. 维特根斯坦是在分析和批评行为主义心灵观过程中提出并论证心灵内容的主体不是心灵而是作为心身统一体的人这个论断的。行为主义是实体一元论的一种形态。按照其一种形式，心理学并非是研究人的心灵的，而是研究身体行为的，实际上根本就不存在不同于身体行为的心灵过程。按照其另一种形式，关于心灵内容的表达式（包括语词和命题）均可以翻译为（同义地改写为）关于身体行为或行为倾向的表达式。前一种形式的行为主义被称为心理学行为主义，后一种被称为逻辑行为主义。对这两种形式的行为主义，维特根斯坦均持批评态度。首先，维特根斯坦认为，我们当然不能否认心灵内容（诸如回忆、想象、悲伤、相信、意志等）或曰内部的东西（das Innere）的存在。其次，维特根斯坦也不认为关于心灵内容的表达式可以翻译为关于身体行为或行为倾向的表达式，因为二者的意义或用法显然是不一样的。在这种意义上，可以说二者从逻辑上或语法上就是彼此有别的："心灵内容不是行为，也不是行为倾向"是一个语法命题。①

不过，尽管心灵内容（或曰内部的东西）不同于，或者说逻辑上不同于，单纯的身体行为（和言语行为）（所谓外部的东西之一部分），但是二者又紧密地，甚至可以说逻辑地，联系在一起，也即：特定的心灵内容通常情况下总与特定的身体行为（和言语行为）密不可分；而且，在正常的语言游戏中，关于心灵内容的表达式的语法规则便将其与关于身体行为（和言语行为）的表达式联系在一起了，因此，为了描述心灵内容，我们常常需要描述相关的身体行为（和言语行为），反之亦然。②

---

① WITTGENSTEIN L. Notes for Lectures on "Private Experience" and "Sense Data" [M] //KIAGGE J, NORDMANN A Ludwig Wittgenstein: Philosophical Occasions: 1912—1951. Indianapolis and Cambridge: Hackett Publishing Company, 1993: 254 - 255, 278 - 280; WITTGENSTEIN L. Letzte Schriften über die Philosophie der Psychologie (1949—1951): Das Innere und das Äußere [M]. VON WRIGHT G H, NGMAN H, hrsg. Frankfurt: Suhrkamp, 1993: 87; WITTGENSTEIN L. Philosophische Untersuchungen [M]. SCHULTE J, NGMAN H, VON SAVIGNY E, et al. hrsg. Kritisch-genet; sche ed. Frankfurt: Suhrkamp, 2001: §302.

② WITTGENSTEIN L. The Blue and Brown Books [M]. RHEES R, ed. Oxford: Blackwell, 1958: 68; WITTGENSTEIN L. Letzte Schriften über die Philosophie der Psychologie (1949—1951): Das Innere und das Äußere [M]. VON WRIGHT G H, NGMAN H, hrsg. Frankfurt: Suhrkamp, 1993: 88; WITTGENSTEIN L. Philosophische Untersuchungen [M]. SCHULTE J, NGMAN H, VON SAVIGNY E, et al. hrsg. Kritisch-genet; sche ed. Frankfurt: Suhrkamp, 2001: §§579, 589-590.

正是由于在心灵内容和身体行为（和言语行为）之间存在着这样的紧密的甚或逻辑的联系，所以我们才可以说：通常情况下，或者在正常的语言游戏中，只有针对（活着的）人和像（活着的）人一样行动的东西，我们才能说它们具有如此这般的心灵内容（具有如此这般的心理性质，处于如此这般的心理状态等等）；人的身体是人的心灵（灵魂）的最好的图像（人云："眼睛是心灵的窗户"），或者说人的身体行为（和言语行为）构成了其心灵内容的标准。比如，通常情况下，我们不能针对桌子、椅子、石头、炉子等说它们在看、在听、在想、具有疼、非常悲伤、相信什么、怀疑什么、意使什么、是有意识的或无意识的，等等。在此，"一张桌子不思维""一块石头或一个炉子不具有疼"之类的命题不是经验命题，而是语法命题；相应地，"一张桌子在思维""一块石头或一个炉子具有疼"等命题根本没有任何意义。当然，不可否认，存在着一些过渡的、模糊的、不确定的情形，在其中我们不知道是否应当针对一个东西说它具有还是不具有疼。比如在如下情形中：我承受着可怕的疼痛，在其持续期间，我变成一块石头。此时，我们是否可以针对这块石头说它在疼？在此我们只能说：我们还没有针对诸如此类的情况做出决定。［或许，在这样的情形中，我们最好不要谈论疼，更不要谈论谁是疼的承受者（Träger）这样的问题。］但是，针对我们面前的一块平常的石头，我们则总是充满确信地说：它不具有疼。

针对桌子和椅子，人们不说"它现在在思维"，也不说"它现在没有思维"，也不说"它从来不思维"；也不针对植物、鱼这样说，几乎也不针对狗这样说；但是，针对人，人们这样说。而且，也并非针对所有人都这样说。

"一张桌子不思维"不能与"一张桌子不生长"这样的陈述加以比较。（我根本不知道"当"一张桌子思维"时"，"情况会是什么样子的"。）在此，显然存在着一种到人的情形的逐渐的过渡。①

"人们**看到了**情感活动。"——相对于什么？——人们并非看到情感活动并且现在**推论出**愉快、悲伤、无聊（像一个做出诊断的医生所做的那样）。人们直接将他的脸描述为悲伤的、欢快的、感到无聊的，即使人们还不能给出关于脸部特征的一种不同的描述。——人们想说，悲伤被拟人化在脸上了（Die Trauer ist im Gesicht personifiziert）。

---

① WITTGENSTEIN L. Zettel［M］//Werkausgabe. Band 8. ANSCOMBE G E M, VON WRIGHT G H, hrsg. Frankfurt am Main：Suhrkamp, 1984：§129.

这点属于情感活动概念。①

我们**究竟**是从哪里得到**这样的想法**的：存在物、对象能够感觉到什么？是我的教育以如下方式引导我得出这样的想法的吗：首先它让我注意到我之内的感受，于是我将这个观念转用到我之外的客体之上？我认识到，这里（在我之内）存在着某种东西，某种我可以在不与其他人的语词用法发生矛盾的情况下称作"疼"的东西？——我不将我的观念转用到石头和植物等等之上。

我难道不可以设想如下情形吗：我具有可怕的疼痛，而且在其持续期间，我变成一块石头？是的，当我闭上眼睛时，我如何知道我没有变成一块石头？——如果现在这样的事情发生了，那么在什么样的范围内**这块石头**具有疼？在什么样的范围内人们可以将这点表述给这块石头？是的，为什么疼在这里无论如何要有一个承受者?!

…………

只有针对一个像人一样行动的东西人们才能说它**具有疼**。

请观察一块石头并设想它具有感觉！——一个人对自己说：人们如何竟然能够产生将一种**感觉**归属给一个**物件**这样的想法？人们也可以同样好地将其归属给一个数！——现在，请观察一只扭动着身体的小飞虫，这样的困难便立即消失了，疼似乎能够**把捉住**这里了，而此前这里的一切对于它来说可以说都是**光滑的**。

以同样的方式，对于我们来说，一具尸体似乎也完全不接受疼。——我们对待一个活着的东西的态度不同于我们对待一个死了的东西的态度。我们的所有反应均是不同的。——假定一个人说："这不可能仅仅是因为活着的东西以如此这般的方式活动，而死了的东西则不这样活动"——我将向他指出，在此出现的是一种"从量到质的"转变的情形。②

虽然通常只能将心灵内容表述给具有身体或像人一样行动的东西，但是这并不是说"具有"（更准确地说，感觉到、感受到、经历到等）心灵内容的东

---

① WITTGENSTEIN L. Zettel [M] //Werkausgabe. Band 8. ANSCOMBE G E M, VON WRIGHT G H, hrsg. Frankfurt am Main：Suhrkamp, 1984： §225.

② WITTGENSTEIN L. Philosophische Untersuchungen [M]. SCHULTE J, NYMAN H, VON SAVIGNY E, et al., hrsg. Kritisch-genetische ed. Frankfurt：Suhrkamp, 2001： §§ 283-284.

西是身体或身体部分（比如大脑），当然也不是据称"为身体所具有"或"具有身体"的心灵，而是作为心身统一体的人。不过，这点并不是由心灵内容的形而上学本性决定的，而仅仅是由相关的语法（用法）规则决定的：我们通常就是这样（学习）使用心灵内容概念的。我们当然可以设想，在另一种生活形式中人们以不同的方式使用相关的心灵内容概念，比如，也针对身体或心灵说它们具有疼。请参见如下段落：

现在，让我们来提出如下问题："一个人的**身体**能够具有疼吗？"人们倾向于说："身体如何能够具有疼？身体就其自身而言是死的；一个身体并非是有意识的！"在此情况再一次地似乎是这样：好像我们窥视了一下疼的本性，并且看到，按照其本性，一个物质对象不能具有它。好像我们看到，具有疼的东西必须是这样一个存在物，它具有一种不同于物质对象的本性的本性；事实上，它必须具有某种心灵本性。但是，说自我是心灵性的就有如说数 3 具有一种心灵本性或一种非物质的本性——当我们认识到数字"3"不是用作一个物理对象的符号的时候。

另一方面，我们完全可以采用"这个身体感觉到疼"这个表达式，接着，我们便与往常情况一样，告诉它去看医生，躺下，甚至让它回忆起它上次具有疼时，它们一天之内就终止了。"可是，这种表达形式难道至少不是一种间接的表达形式吗？"——当我们说"在这个公式中的'x'处写下'3'"而非"用3替换x"时，我们在使用一种间接的表达式吗？（或者另一方面，这两种表达式中的第一种是唯一直接的表达式——如某些哲学家所认为的那样？）一个表达式并非比另一个更为直接。一个表达式的意义完全取决于我们如何继续使用它。请不要将意义想象成心灵在一个语词和一个事物之间所建立的一种神秘的结合，不要想象这种结合**包含着**一个词的全部用法，有如种子会被说成包含树木一样。

我们的命题——具有疼或看到什么或思维什么的东西具有心灵性质——的精髓仅仅在于：出现于"我具有疼"中的"我"这个词并不是指谓一个特定的身体的，因为我们不能将其替换成一个关于某个身体的描述语。[1]

---

[1] WITTGENSTEIN L. The Blue and Brown Books [M]. RHEES R, ed. Oxford: Blackwell, 1958: 73-74.

人们能够针对一块石头说它具有一个灵魂并且**这个灵魂**具有疼吗？——一个灵魂，疼，与一块石头具有什么关系？

只有针对一个像人一样行动的东西人们才能说它**具有**疼。

因为人们必须针对一个身体，或者，如果你愿意的话，针对一个为一个身体所**具有**的灵魂，说出这点。而且，一个身体如何能够**具有**一个灵魂？①

但是，难道如下做法不荒唐吗：针对一个**身体**说它具有疼？——那么，为什么人们感觉到在此存在着某种荒唐之处呢？在什么范围内并非我的手感受到疼；而是我在我的手上感受到疼？

如下问题是一个什么样的有争议的问题：那个感受到疼的东西是**身体**吗？——如何决断这个问题？它**不**是身体这点是如何引起人们注意的？——好了，大致以这样的方式：当一个人在手中具有疼时，并非是**手**说出这点（除非它写下这点），而且人们并非安慰手，而是安慰那个忍受着疼的人；人们看着他的眼睛。②

我如何心中充满了**对于这个人的**同情？这点如何显示出来，这种同情具有哪一个对象？（人们可以说，同情是一种如下形式的深信：另一个人具有疼。）

疼的行为可以指向一个疼的位置，——但是那个忍受着疼的人是那个表露疼的人。③

3. 从前面的梳理我们看到，亚里士多德是从有关心灵内容的经验事实进而其形而上学本性出发提出并论证其心灵内容的主体不是心灵而是作为心身统一体的人这个论断的。与此形成鲜明对照的是，维特根斯坦主要是基于有关心灵内容的概念或表达式的用法或语法而提出并论证该论断的。心灵观上的这种鲜明的区别很好地反映了这两位哲学家对哲学本性的截然不同的看法。

按照亚里士多德的理解，哲学的使命在于揭示世界的本质，给出有关世间万象的终极的本质解释。这也是绝大多数西方传统哲学家所坚持的看法，前期维特根斯坦自然也不例外。但是，在后期维特根斯坦看来，这样的哲学观是建

---

① WITTGENSTEIN L . Philosophische Untersuchungen ［M］. SCHUITE J, NYMAN H, VON SAVIGNY E, et al., hrsg. Kritisch-genetische ed. Frankfurt：Suhrkamp, 2001：§283.

② 同① §§286-287.

③ 同① §302.

立在一种严重的混淆基础之上的，即科学研究与哲学研究的混淆。我们知道，科学研究的对象是或大或小的特殊领域的事物，其目的是发现制约着其的特殊规律，以便为相关的现象提供因果解释。与此相应，西方传统哲学家认为，哲学研究的对象是世间的所有事物，其目的是发现制约着其的最为普遍的规律，其本质，以便为世间万象提供终极的本质解释。这样，与科学研究一样，哲学所要做的也是提供关于事物的真理体系。因此，就如同科学家们之间的争论是有关实际事情的争论一样，哲学家们认为，他们之间的争论也是有关实际事情的争论。这种哲学观显然是以如下假定为前提的：存在着独立于人们的表现系统和概念框架的事物的普遍的、终极的本质。按照后期维特根斯坦的理解，根本不存在独立于人们的表现系统和概念框架的事物的普遍的、终极的本质。传统哲学家们（包括亚里士多德和前期维特根斯坦）所做的工作实际上不过是在努力提供一种不同于常人、科学家和其他哲学家的关于世界的表现体系和概念框架。维特根斯坦认为，如此理解的哲学在某种意义上讲就是语法研究或概念研究。

正是因为亚里士多德和维特根斯坦持有如此不同的哲学观，所以虽然他们均断言心灵内容的主体是作为心身统一体的人，但是他们对这个断言的理解进而对其所做的论证则是完全不同的。

维特根斯坦对先验问题的重新思考[*]

——兼谈维特根斯坦的"现象学"与胡塞尔的现象学的关系

张庆熊

维特根斯坦的某些深刻的思想，至今还没有得到充分认识。他对先验问题（transcendental problem）的看法，就是其中之一。维特根斯坦常被混同为逻辑实证主义者，其中的一个重要原因是人们不理解他对先验问题的深刻见解。逻辑实证主义者认为，先验的问题是一个没有意义的伪问题，因为它既不能被经验证实，也不能被经验证伪，不符合逻辑实证主义的意义标准，从而拒斥它。维特根斯坦同样认为，先验的问题既不能被经验证实，也不能被经验证伪，它不像经验命题那样具有经验意义，也不像分析命题那样具有逻辑意义，但并非无中生有，而是有其不可取消的地位和价值。在维特根斯坦的前期哲学中，它被认为是本身不可说，却决定了可说的范围或语言的界限的问题。在维特根斯坦的后期哲学中，它被认为是一个从根本上决定什么有意义、什么无意义的语言的范式或准则的问题。在一定意义上可以说，这些范式或准则是先于经验的。在这一点上，维特根斯坦与康德和胡塞尔相类似。但维特根斯坦不像康德那样认为，这些范式或准则是人类普遍和先天的（a priori）认识的结构或框架，也不像胡塞尔那样认为它们是由先验的主体通过本质直觉把握的先天的本质和本质关系，而认为它们是与人类的各种各样的生活形式结合在一起的语言用法的规则，形象地说，语言游戏的规则。这样，先验问题就被化解为一个相对于生活形式和语言用法的规则问题。以下我将论证这一观点。

一、三类句子

让我们看以下三类句子：
A1 这个苹果是红的。

---

[*] 原载于《哲学研究》2006年第10期，68—76页。

A2 这个苹果是甜的。

B1 苹果树是一种树。

B2 p 和 q 蕴涵 p。

C1 苹果是一种实体。

C2 红是一种属性。

我们通常认为，A 类句子属于经验命题。这个苹果是否是红的，要靠我们看一看才能知道，我们的视觉经验将证实它是否是红的。同样，这个苹果是否是甜的，要靠我们尝一尝才能知道，我们的味觉经验将证实它是否是甜的。A 类句子具有偶然的真理性：苹果可能是红的，也可能是青的；可能是甜的，也可能是酸的。用康德的话来说，A 类命题是后天的（a posteriori）综合命题，即谓词的涵义超出主词的涵义，需要靠经验验证才能知道其是否为真的命题。

对于 B 类句子的性质，我们通常把它们归为分析命题。对于这类命题的真假，我们只要分析它们的词义和逻辑的形式就可以确定。在"苹果树"的词义中已经包含"树"的词义，因此，B1"苹果树是一种树"是一个必然真的命题。① B2 是一个重言式的逻辑命题，它的逻辑形式已经决定了它是一个必然真的命题。按照康德的看法，分析命题是先天的必然的命题，即从分析词义和逻辑形式出发进行推导，就可知道它是否是真的命题。

对于 A 类和 B 类句子的性质的分析和归类是否合理，我们在此不做研究。在此引起我们关注的是 C 类句子。C 类句子看来不像经验命题。对于"苹果是一种实体"或"红是一种属性"之类的句子的真假，我们不需要靠经验观察来证实。它们看来是必然真的。但它们看来也不像分析命题。"实体"的词义包含在"苹果"中吗？"属性"的词义包含在"苹果"中吗？有的哲学家主张包含，有的哲学家主张不包含。他们从不同的视角出发，对这个问题给出了不同的答案。

从彻底的经验主义的视角看，"苹果"中不包含"实体"的词义。因为，按照他们的观点，苹果无非是一系列感觉性质的组合，如红的颜色、圆的形状、

---

① 对于这类分析命题是否是必然真的命题的问题，在当代哲学界存在争论。蒯因等哲学家认为它们不是必然真的命题，因为这关系到如何确定同义词的问题，而蒯因认为确定同义词必定涉及经验。我在此是在同义词已经得到确认这一前提下谈的。一旦"苹果树"被确认为是"这样的一个实体 C，它是树，并且它是能生长苹果的"，那么"苹果树是树"的逻辑形式就是"p∧q→p"，这样就是一个必然真的逻辑命题。

甜的滋味等。这些感觉性质是可以被我们经验到的。我们用"苹果"这个词指称具有这一系列感觉性质的对象,"苹果"这个概念所包含的无非就是这一系列感觉性质。实体是不能被我们感知的,因而"实体"的词义不可能包含在"苹果"中。贝克莱、休谟持这种观点。卡尔纳普等逻辑实证主义者继承贝克莱和休谟的观点,主张把"实体"当作一个没有经验意义的形而上学观念加以清除。

那么,怎样来理解"红是一种属性"呢?如果把"属性"理解为"实体具有属性"意义上的属性,那么从彻底经验主义的视角看,正如"苹果是一种实体"被认为是没有意义的形而上学命题一样,"红是一种属性"同样也被认为是没有意义的形而上学命题。但是,如果"属性"在此被理解为"感觉性质","红是一种属性"就是一个经验命题。因为,必须通过感知,我们才知道红是否是一种感觉性质。

从康德的先验主义的视角看,"苹果是一种实体"和"红是一种属性"是(准)先天综合命题或(不纯粹的)先天综合命题,因为在此概念"红"和"苹果"是经验性的,而"实体"和"属性"是康德哲学中的先验分析阶段的知性范畴。确切地说,它们是"实体具有属性"这一先天综合判断在经验领域中的应用。我们为什么会认为"苹果是一种实体"或"红是一种属性"是必然真的命题呢?是因为我们的心灵把实体—属性这一先验范畴应用于经验上,因而我们不需经验观察就知道"苹果是一种实体"是一个真的判断,"红是一种属性"也是一个真的判断。当然,这不是在严格意义上说的,因为"苹果"和"红"毕竟是经验性的概念,只要在经验世界中存在苹果和红,并且我们理解它们的意义,那么我们凭借人类所普遍具有的先天的知性能力,就能确定它们是真的判断。康德认为,"实体具有属性"不是分析命题,而是综合命题,因为属性的涵义不包括在实体中,在此谓词的涵义超出了主词的涵义。另外,"实体具有属性"又是必然真的命题,这是因为它不是来自经验概括,而是来自先天的认知框架。按照康德的看法,正是因为实体—属性、原因—结果之类的先验范畴能被应用于经验领域,普遍有效的自然科学知识才是可能的。

从后期维特根斯坦哲学的视角看,"苹果是一种实体"或"红是一种属性"之类的句子是按照语言的语法规则(语言游戏的规则)进行判断而得出的命题。这类命题之真假,不取决于经验观察,而取决于是否准确地按照语法规则(语言游戏的规则)做出判断。从这个意义上可以说,这类命题是"先验的",因为它们的真假已经在先地由语法规则(语言游戏的规则)决定了。在康德那里,

"先验"是认识论的问题，确切地说，是有关认识的可能性的问题，先验的认识范畴决定了认识的可能性的范围。在后期维特根斯坦那里，先验成为语言游戏的规则的问题，语言游戏的规则决定了语言的语词和语句的用法范围。按照康德的看法，这些先验的认识范畴对于全人类具有普遍性。按照维特根斯坦的观点，一定的语言游戏的规则是相对于一定的语言共同体的语言游戏和生活形式的；我们完全能够想象没有实体和属性那样的语法规则的语言游戏。我们并非天生就知道，哪些词是指称实体的词，哪些词是表示属性的词。我们是在语言游戏和生活形式中逐步学会按照实体—属性的模式来使用语词的。

二、如何理解实体—属性之类的范畴

洛克在《人类理解论》中对实体观念的形成做了如下论述："实体观念是怎样形成的——我已经声明过，人心中所接受的许多简单的观念一面是由外物经感官传来的，一面是由人心反省它自己的动作来的。不过人心在得到这些动作以后，它又注意到，有些简单的观念是经常在一块的。这些简单的观念既被人认为是属于一个事物，因此，人们就为迅速传递起见，把它们集合在一个寓体中，而以众所了解的一个名词称呼它。后来我们又因为不注意的缘故，往往在谈起来时把它当作一个简单的观念看，实则它是由许多观念所凑合成的。因为，如前所说，我们不能想象这些简单的观念怎样会自己存在，所以我们便惯于假设一种基层，以为它们存在的归宿，以为它们产生的源泉。这种东西，我们就叫作实体（substance）。"①

从这段话中，我们可以看到，洛克认为实体仅仅是一个假设。人们所能知觉的只是简单观念以及它们的复合。我们不能知觉到实体。由于这些简单观念经常聚集在一起，就设想有一个基层来支撑使得我们产生简单观念的那些性质。于是，这一支托就被认为是实体，而这些性质就被认为是属性。洛克讥讽这一支托是"莫名其妙的东西"。正如那个印度人似的，说世界是为一个大象所支撑的。当问象在什么地方站住时，又说在大龟上。"实在是他们完全不知晓，而对之漆黑一团的。因此，我们以概括的实体一名所称的那种观念，只是我们所假设而实不知其如何的一种支托。"②

---

① 洛克. 人类理解论：上 [M]. 关文运，译. 北京：商务印书馆，1959：265-266.
② 同①266.

洛克的这一论述为休谟怀疑实体的存在铺平了道路。既然实体只是一种假设,那么就值得怀疑这样的实体是否真实存在。也许所存在的只是一系列的感觉印象,这些感觉印象时而这样集聚,时而那样集聚,我们根本无须假定在它们背后有一种支托的存在。这就导致产生休谟的彻底怀疑论和贝克莱的"存在就是被感知"的彻底的主观唯心论。

康德认为,洛克的思想中有不连贯的地方。他一方面论证"实体—属性""因果关系"等"纯粹概念"是通过经验推论得到的,另一方面又尝试凭借这些概念得到远远超出一切经验界限的知识。康德把这种"越界"的做法称为"独断"或"**狂热**"(Schwärmerei)①,而"**狂热**"这个称呼正是来自洛克自己的著作《人类理解论》的第四卷第十九章的标题②,洛克用以批评别人狂热,现在被用到他本人身上,这多少带点讽刺意义。康德赞赏休谟注意到凭借经验的概念所导致的原理要超出经验的界限是不可能的,并承认休谟使他从独断论的迷梦中惊醒过来。然而他认为,休谟一旦相信那些被普遍视为理性的认识能力实质为欺骗后,完全陷入怀疑论。康德认为,洛克和休谟的一个基本观点,即把"实体—属性""因果关系"等"纯粹概念"当作经由经验推导得出的经验概念(经验命题只具有偶然的真理性)的观点,与纯粹数学和自然科学具有普遍的真理性的事实不相吻合。因而他提出了另一种解决方案,即把这些纯粹概念视为先验的知性范畴,同时确定它们的有效性的范围。"——我们现在正要做一番尝试,看人们是否能够幸运地使人类理性在这两道礁岩之间渡过难关,给它指出确定的界限,并尽管如此却把它的合目的行动的整个领域都视为对它开放的。"③

康德所说的人类理性的确定的界限,就是"实体—属性"之类的范畴的有效运用的范围。按照康德的看法,这些范畴本身是非经验的,却又是使经验知识成为可能的纯粹的知性概念。在心作用于感官的印象,把先天的时空关系加到它们上面之后,人的认识从先验感性阶段过渡到先验分析阶段。这时,人的知性把已经经过时空概念的整理的知觉表象转变为具有分析的统一性概念或概

---

① 康德. 纯粹理性批判 [M]. 李秋零, 译. 北京: 中国人民大学出版社, 2004: 115.
② 洛克. 人类理解论: 下 [M]. 关文运, 译. 北京: 商务印书馆, 1959: 696. 参见: 洛克《人类理解论》的德译本(LOCKE J. Versuch über den menschlichen Verstand [M]. Neunzehntes Kapitel Über die Schwärmerei, Berlin: L. Heimann, 1872, 2: 326)。
③ 同①.

念间的关联（判断）。心灵现在把先天的知性范畴应用于经验上。这些范畴分为四组，共十二个：（1）量：单一性、多元性、总体性；（2）质：实在性、否定性、限定性；（3）关系：实体—属性、原因—结果、主动—被动；（4）样式：可能性—不可能性、存在—非存在、必然—偶然。它们规范人的思想，使得人类的心智有可能描述和分析自然的活动方式及其规律，从而使科学成为可能。康德试图表明，由于心灵把先天的范畴加到经验表象上去，把它们组织起来，因而心灵不是被动的白板，而是具有创造力的。这是康德对洛克的经验论的改造。

现在摆在我们面前的有三种观点：第一种观点是把实体—属性、因果关系之类的概念归结为来自事物本身的东西。第二种观点是把实体—属性、因果关系之类的概念归结为来自人的主观方面的东西，但认为它们是经验性的概念，因为它们来自心理联想之类的经验的规律。第三种观点是把实体—属性、因果关系之类的概念归结为认识的先天范畴。第一种观点常被称为实在论，第二种观点常被称为主观经验论，第三种观点常被称为先验唯心论。第三种观点主张在我们的认识中存在某些非分析真理的必然推导，即主张存在"先天综合判断"。

维特根斯坦对于这一问题的看法，与上述三种观点都不相同。维特根斯坦显然不同意实体—属性、因果关系之类的理念（Ideal）来自事物本身的看法。他写道："我们现在被下面这种想法所吸引：理想物（Ideal）'必定'会在现实中被找到。与此同时，我们还看不出它是怎么会存在于现实中的，我们也不理解这一'必定'的性质。我们想它必定存在于现实中，因为我们想我们已经在现实中看到了它。"① 维特根斯坦在此描述了类似于洛克的那种处境：一方面不能在外在事物的现实中发现实体—属性、因果关系之类的东西，另一方面又认为必须设想它们在现实中存在。这正是康德所称的"独断论"。

维特根斯坦也不主张把实体—属性、因果关系之类的概念归结为出自心理联想律的经验性的概念，因为这样就无法解释为何"苹果是一种实体"或"红是一种属性"之类的句子具有某种非经验的必然的真理性。

既然实体—属性、因果关系之类的概念不来自事物本身，也不是一种经验性的概念，那么它们是什么呢？剩下来的就是康德式的思路。对此，维特根斯坦做了如下描述：

---

① 维特根斯坦. 哲学研究 [M]. 李步楼，译. 陈维杭，校. 北京：商务印书馆，1996：1-101.

"思想为一个光轮所环绕。——思想的本质，即逻辑，呈现出一种秩序，而且是世界的先天秩序：也就是可能性的秩序，它对于世界和思想一定是相同的。但是，这种秩序看来一定是极其简单的。它先于一切经验，又必定贯穿于一切经验之中；不容许任何经验的模糊性和不确定性有影响它的可能——它一定得像最纯净的晶体一般。"①

"理想物在我们的设想中是不可动摇的。你永远不可能超出它之外：你总是必须转回来。根本没有外部，在外部你就无从呼吸。——这种看法从何而来？它就像戴在我们鼻梁上的一副眼镜，只有通过它我们才看到我们所看到的任何东西。我们从来没有想过要把它脱掉。"②

维特根斯坦类似于康德，主张："我们将本属于描述方式的东西断言给了事物。我们将给我们留下了深刻印象的比较的可能性当成了是对一种具有最高概括性的事态的知觉"③。但需要注意的是，维特根斯坦在这里说的不是"认识的方式"，而是"描述的方式"（Darstellungsweise）。描述的方式当然与认识的方式相关，但在此谈论描述的方式旨在把关注的焦点引向语言，引向语言游戏的规则。这一焦点的转移，至少引起以下三个方面与康德的区别：

（1）先天的认识范畴被语法的规则或语言游戏的规则所取代；

（2）先天推导的普遍必然性被改造为相对于一定的语言游戏的规则的推导的必然性；

（3）从内在的意识层面考虑问题的思路被改造为以外在的生活形式为立足点的考虑问题的思路。

维特根斯坦写道："哲学不应以任何方式干涉语言的实际使用，它最终只能是对语言的实际使用进行描述。因为，它也不可能给语言的实际使用提供任何基础。"④ 根据这段话，我们还可以进一步明确地说，先验唯心论的哲学不顾语言实际使用的情况，企图把所谓人类认识的普遍统一的先验范畴强加给语言的做法是行不通的。在不同的人类语言的共同体中有不同的语言游戏的规则。在有的语言的共同体中可能有康德所说的那 12 个知性范畴，在有的语言的共同体

---

① 维特根斯坦. 哲学研究 [M]. 李步楼, 译. 陈维杭, 校. 北京：商务印书馆, 1996：1-97.
② 同①1-103.
③ 同①1-104.
④ 同①1-124.

中被认可的诸如此类的范畴或规则可能不是这 12 个，很可能多一些或者少一些，其用法也很可能与康德所说的不同。我们应以语言游戏中实际具有的那些规则或范畴为基础，而不是干涉它们。因为这些规则或范畴来自实际的生活形式，对它们是否被遵守的判别也是由该语言的共同体决定的，而不是以所谓先验的认识方式决定的。

三、"规则"和"先天范畴"

现在让我们具体说明维特根斯坦有关先验问题的思路。在我们面前，存在这样一类判断，我们不需要依据经验，就可以知道它们的真假，并且它们的真假也不是只需分析它们的主词和谓词的词义就能得出的。这类命题被康德称为"先天综合命题"。有关先天综合命题，我在第一节已经给出"苹果是一种实体""红是一种属性"这两个例子。这两句话，在许多人眼里之所以对，是因为在他们的语言使用的方式中已经存在实体—属性的模式，他们大致知道如何去套用这个模式，并且对于这种套用的规则和有效性范围在他们的共同体中已经形成一定的共识，从而知道哪种套用是被许可的，哪种套用是不被许可的。

为了说明简便起见，我们引用维特根斯坦给出的数列的例子：A 按照一个特殊的秩序写下一系列数字，B 看着 A 写下它们，并试图发现他所遵循的规则。过了一会儿，他掌握它了，于是他喊："现在我知道是如何继续了。"他说这话的理由是什么呢？假如这一系列数字是 1、5、11、19、29。在 29 被写下后，B 说他现在知道是如何接下去了。当 A 正在写的时候，B 根据这些数字试着不同的代数公式。当数字 19 被写下后，B 猜测公式 $an = n^2 + n - 1$，会不会就是他正在寻找的公式。如果是的话，在这个系列中接下去的数字应是 29，恰巧 A 写下了这个数字，B 就想到他发现了这规则。但是这仅仅是一种方法，绝不意味着唯一可能的方法。看着 A 写下数字的 B 也许有过很多不同的想法，也许后来注意到这些数字间的差别是 4、6、8、10，因而他宣布知道怎样接下去。①

数列 1、5、11、19 的后续为什么是 29 呢？在此，29 之所以对，是相对于公式 $an = n^2 + n - 1$ 的，或相对于数字间隔的差别 4、6、8、10 等的。如果 B 掌握了 A 写下这一数列的规则，那么 B 就知道后续的数字是什么。显然，这不是

---

① 维特根斯坦. 哲学研究 [M]. 李步楼，译. 陈维杭，校. 北京：商务印书馆，1996：1-151.

一个经验的判断，而是一个根据规则的判断。这时，A不是事后才知道29是否是该数列的后续，而是事先就知道它是否是。如果A和B默认了同样的规则，那么他们就能相互判别某一数字是否就是该数列的后续的数字。所谓根据先验范畴所做出的先天综合判断，在性质上类似于根据数列的规则写下后续数字的情况。

套用规则的情况，发生在人们的生活的各个领域中，有的涉及认识问题，有的涉及伦理问题，有的涉及自然之物，有的涉及社会生活。它们有一个共同的特点：一旦承认了规则，就必须承认推断的必然性。举例来说，A买了一批书，B问：他究竟买了多少本？在我们的日常生活中，书按本来计算是一个规则，因此B的问题必定是对的，这里包含对社会习俗的规则的套用。我们不需经验观察，就知道这是一个有意义的问题。至于B究竟买了多少本书，则是一个需要靠经验加以证实的问题。同样，B还可以问：A买这批书花了多少钱？在我们的社会中，买东西是要花钱的，所以B的问题也是一个正确地套用规则的问题。再假如，A借给B一本书，B不把这本书还给A，因此B受到批评。我们认为B受到批评是应该的，因为B的行为不符合我们的道德准则。这是一个套用伦理准则进行判断的问题。我们还可以进一步推断，B不把这本书还给A必有原因。我们认为这一推断具有某种必然的真理性，因为它是一个按照因果关系进行的推断。但是要知道B究竟为什么不把书还给A，则是需要靠经验加以证实的问题。

从以上例子可以看出，按照规则进行推断都是依赖于一定的语境的。只有在一定的语境下，我们才知道是否正确地套用规则。由此可见，这里所谓的必然的真理性是以承认相关的规则和准确地套用规则为前提的。如果语境变了，相关的规则也必须跟着变化，否则就得不出正确的结论。举例来说，以上我们考虑的图书借阅的情况是传统的图书的借阅情况，假如我们现在遇到的不是一个传统的图书馆，而是一个电子图书馆，情况就完全不同。在此情况下，借阅者必须购买一个电子账号才能在一定时间段内阅读网上图书馆内的电子图书，此时就不存在还书的问题。一旦电子账号到期，你就不再能阅读网上电子图书馆的图书了。对于一本纸质的图书，我们可以问它有多么大、多么重，对于一个电子图书我们就不可以问它的面积和重量的大小。物体必有广延，对于康德来说，这是一个先天综合判断，是一个先验的真理。但是电子图书是不是物体呢？信息是不是物质性的东西呢？当然，对于信息可以问信息量的大小。而康德在那时还没有遇到过这样的问题。康德如果活到现在，也许会重新思考他有关认识范畴的论述。

如果把先验的问题视为套用规则的问题，那么"经验"与"先验"之间的关系也就相对化了。按照规则的判断，相对于规则而言是先天的判断。但是这些规则本身是否完全不依赖于经验呢？在这里我们可以看到后期维特根斯坦哲学与康德哲学的重大差别。对于康德而言，这些范畴（规则）先于一切经验，对于全人类普遍有效。对于后期维特根斯坦而言，这些规则（范畴）是在生活中形成的，是人类生活的一种方式。语言游戏是生活形式的一部分，语言游戏的规则是一部分生活形式的规则。生活是我们一切直接经验的来源，人类不免根据所积累的经验改变自己的生活方式和语言游戏的规则。尽管规则归根结底也是经验的，但是规则在按照规则的推论中起先验的作用。这有助于理解为什么在不同的人类文化和历史发展阶段内有着不同的认识世界和指导生活的范畴和规则。

四、维特根斯坦对"现象学"与"先天综合判断"的看法

维特根斯坦有关先验问题的某些观点已经表现在他的早期哲学的代表作《逻辑哲学论》中。在这本书中，维特根斯坦主张，语言要能描述世界，在语言与世界之间必须要有相同的结构；这种结构本身是语言不能描述的，但它却构成语言之能描述世界的基础。维特根斯坦还主张，一切复合命题是由基本命题组成的，基本命题是互相独立的、不可再分解的最简单的命题；以及世界的实体是不变的、最简单的对象。这些构成《逻辑哲学论》中的语言理论的先决条件，因而某些西方哲学家把这种观点称为语言观上的先验论。例如，施太格缪勒指出："所以康德的先验的考察就被对语言的逻辑分析所代替。对于维特根斯坦来说，也有一种经验的形式，它必须先于一切经验的内容，因此可以被称为是先验的东西：它就是现实的内部结构，它只能在语言中表明（在表明 i 的意义上），但是不能用语言描述。因此，维特根斯坦的立场可以按照施特纽斯的说法，称作'先验的语言主义'"①。

维特根斯坦在《逻辑哲学论》的"先验的语言主义"是不容易被辨别和理解的。维特根斯坦一方面说，"没有先天为真的图像"②，"相信因果联系是

---

① 施太格缪勒. 当代哲学主流：上卷 [M]. 王炳文，燕宏远，张金言，等译. 北京：商务印书馆，1986：548.

② 维特根斯坦. 逻辑哲学论 [M]. 贺绍甲，译. 北京：商务印书馆，1996：§2.225.

迷信"①,反对有所谓先天综合命题的存在;另一方面又说,"逻辑是先验的"②,"伦理是先验的"③,"我们必须先天地回答关于基本命题的一切可能形式的问题"④,主张存在"不可说而可显示的"语言的结构和伦理的规范等,认为它们是"先于任何经验"⑤的先验的规则。有人主张,既然维特根斯坦只承认分析命题和综合命题,否定先天综合命题,那么维特根斯坦必定不是先验论者,因为据他们看来先验论的主要特征是承认先天综合命题。又有人认为,既然维特根斯坦主张"逻辑是先验的""伦理是先验的",那么维特根斯坦必定是康德式的先验论者。我认为这两种观点都有偏颇。维特根斯坦确实反对先天综合命题,因为他主张:"重言式的真是确定的,命题的真是可能的,矛盾式的真是不可能的"⑥。这也就是说,任何综合命题都是描述事态或事实的命题,它们是可能真或可能假的,因而它们都只有偶然的真理性,不是必然真或必然假的;"先天的"在维特根斯坦看来就是"必然的",并且,只有一种逻辑的必然性,没有任何其他的必然性;据此,就不可能存在先天综合命题。但这并不意味维特根斯坦绝对地反对任何先验的东西。确实,维特根斯坦严格划定"可说的"领域和"不可说"领域的界限,但是维特根斯坦还主张存在"不可说"但"可显示"的东西。这些"不可说"但"可显示"的东西,如"世界的结构""语法的规则""伦理的规范"等,被维特根斯坦认为是"先验的"。事实上,《逻辑哲学论》中"说"了一大堆按照维特根斯坦自己的标准来说"不可说"的东西,它们在康德那里往往被称为"先天综合判断",如:"空间对象必须处在无限的空间之中"⑦,"视域里的一个斑块,虽然不一定是红的,但它必须有某种颜色"⑧,"一个想象的世界,无论它怎样不同于实在的世界,必有某种东西——一种形式——为它与实在的世界所共有"⑨。康德认为,是人把先验的感性认识的形式和知性认识的范畴加给世界,所以人才能认识世界。维特根斯坦

---

① 维特根斯坦. 逻辑哲学论 [M]. 贺绍甲,译. 北京:商务印书馆,1996:§5.1361.
② 同①§6.13.
③ 同①§6.412. 贺绍甲把"transcendental"译为"超验的",在此为统一译文故改。
④ 同①§5.55.
⑤ 同①§5.552.
⑥ 同①§4.464.
⑦ 同①§2.0131.
⑧ 同①§2.0131.
⑨ 同①§2.022.

认为，因为语言和世界先验地具有相同的结构，所以语言才能描述世界。这里，我们可以看到康德的先验论和维特根斯坦在《逻辑哲学论》中的先验论的共同点和区别。因此我认为，把维特根斯坦早期的立场称作"**先验的语言主义**"有其合理之处。

维特根斯坦的思想在后来发生了变化，其中的一个重要原因是他发现他早期所持的先验论的立场有问题。让我们仔细琢磨维特根斯坦与石里克和魏斯曼之间的一场涉及胡塞尔的著名谈话。

1929年12月中下旬维特根斯坦利用从英国剑桥回奥地利维也纳度假的机会与石里克和魏斯曼讨论哲学问题。其中，25日圣诞节那天他谈到现象学：

"物理学要确定的是规律性（Regelmäßigkeit），它不研究什么是可能的。因此，在物理学（即使它得到充分发展的话）中是没有对现象学的事态结构的描述的。现象学总是关系到可能性，也即关系到意义，而不关系到真和假。"[①]

我觉得维特根斯坦的这段话很重要。这里谈到存在这样一类句子，它们是有意义的，但是它们不涉及真假。逻辑实证主义主张，任何无法判断其真假的句子都是无意义的句子。维特根斯坦则在这里主张，至少存在这样的一类句子，它们关系到可能性，也即关系到意义，而不关系到真和假。在这里，"事态结构"的问题是与可能性的问题相关联的，而现象学就被当作一门研究事态结构及其可能性的学问。假如有人问我：这是什么颜色？我回答：这是红色的。我的这一回答是在有意义的范围内诸可能的回答之一；它是有意义的，但不一定是真的。但是如果我回答：这颜色是3，那么我就说了一个无意义的句子。再假如我回答：这既是红的也是绿的，那么听者会说，这绝不可能，即使他们连一眼都不看这东西究竟是什么颜色。这是为什么呢？这是由句法决定的。研究这个问题，在维特根斯坦看来，就是现象学的主题范围。

现在我们可以这样说，物理学研究的是"规律性"，现象学研究的是"句法"（Syntax）。物理学与现象学的差别在此就表现在规律性与句法的差异。物理学的规律性是建立在经验观察、归纳、假设、预言的基础之上的。句法则不是这样建立其规则性的。我们根据物理学的规律性预言："太阳明天从东方升起"。但是我们可以根据句法判断，"太阳明天从西方升起"是一个有意义的句子，它在句法上是可能的，尽管它不合已知的物理学的规律性。这就是物理学

[①] WITTGENSTEIN L. Ludwig Wittgenstein und der Wiener Kreis [M] // Ludwig Wittgenstein Werkausgabe. Band 3. Frankfurt am Main：Suhrkamp, 1984：63.

的规律性与句法的规则性的差异。

那么句法的规则性是如何建立起来的呢？这是一个维特根斯坦在那时正在思考但还没有最终结论的问题。我觉得维特根斯坦在那时仍然在考虑如何能找到知觉现象的结构与事态结构的关联性，仍然没有完全放弃"我的意识的结构"、"语言的结构"和"世界的结构"具有同构关系的设想。他除了谈到"现象学总是关系到可能性"外，还在同一个谈话中谈到"天体和谐"之类的命题不是通过"听"等方式可证实的句子，因而不是"现象学的"①。由此可见，"现象学"一方面是与知觉现象相关的，另一方面是与"可能性"相关的。如何从知觉现象出发，研究由句法决定的可能性，大概就是维特根斯坦当时所设想的现象学的研究课题。

维特根斯坦这里所谈的"现象学"是否纯属他自己个人的用语，与当时德国流行的胡塞尔等人的现象学没有任何关系呢？我觉得尽管维特根斯坦对"现象学"一词的用法相当特殊，但就其所探讨的问题的领域而言，还是有一定的联系的。胡塞尔主张：存在先天的本质和本质关系；它们不涉及存在，却涉及存在的可能性；它们决定了一切经验知识的可能性的结构；它们不是经验认识和逻辑证明的方法所能把握的，它们是通过本质直觉的方法把握的。胡塞尔还把这种先天的本质和本质关系区分为两类：一类涉及形式，另一类涉及实质；前者构成形式的本体论（die formale Ontologie）的研究范围，后者构成区域的本体论（die regionale Ontologie）的研究范围。前者以先天的方式确定形式逻辑和纯数学的基本公理，后者以先天的方式确定存有者的各个区域。如果套用康德的术语来说，前者是先天分析知识，后者是先天综合知识。胡塞尔写道："如果人们想与康德纯粹理性批判一致（尽管在基本概念上极为不同，彼此的差别并未排除一种内在的类似性），我们就应当用先天综合知识来理解区域的公理；而且我们有如此多的不可还原的、作为区域的知识类。"② 我认为，康德的"先天综合知识"、胡塞尔的有关区域的"先天的本质和本质结构"的知识、维特根斯

---

① WITTGENSTEIN L. Ludwig Wittgenstein und der Wiener Kreis [M] // Ludwig Wittgenstein Werkausgabe. Band 3. Frankfurt am Main：Suhrkamp，1984：65.

② HUSSERL E. Ideen zu einer reinen Phänomenologie und phänomenologischen Philosophie [M] // Husserliana. Band III. 1. Haag：Martinus Nijhoff，1976：37. 中译本：胡塞尔. 纯粹现象学通论 [M]. 李幼蒸，译. 北京：商务印书馆，1992：72. 要进一步了解康德的先天综合判断与胡塞尔的区域本体论中的本质判断的关系，可参考 Iso Kern 的《胡塞尔与康德》（*Husserl und Kant*），Haag：Martinus Nijhoff Publishers，1964：57-59。

坦这里所谈的"事态结构"和"句法"的知识，就其所指而言，是同一类知识，尽管他们在有关这些知识的性质及如何把握它们的问题上存在重大分歧。它们所探讨的就是我在第一节中谈到的"实体-属性"之类的结构，以及"苹果是一种实体""红是一种属性"之类的判断。用维特根斯坦自己举的例子来说："即使某人从不走出他的房间，但他知道空间的延伸，也即说，存在走出这房间的可能性（即便它有铜墙铁壁）。所以，这一点不是经验。它先天地存在于空间的句法中"①。

维特根斯坦是否读过胡塞尔的著作呢？我还找不到确切的证据。但是我知道与维特根斯坦谈话的石里克和魏斯曼肯定是读过胡塞尔的著作。在魏斯曼记录的维特根斯坦的谈话中有一段关于"空间是一个'确定的复多体'"的论述注明参照胡塞尔的《纯粹现象学和现象学的哲学的观念》。② 由于这段话加了方括号，我们姑且假定是魏斯曼自己添加的。石里克在其《普通认识论》（*Allgemeine Erkenntnislehre*）中用大量的篇幅批评胡塞尔的现象学。胡塞尔则抱怨石里克对现象学的理解相当"肤浅"，以及他的"整个批评都建立在一些歪曲意义的偷梁换柱做法之基础上"③。

我认为石里克确实没有理解现象学的实质问题，而维特根斯坦则不然。不

---

① WITTGENSTEIN L. Ludwig Wittgenstein und der Wiener Kreis [M] // Ludwig Wittgenstein Werkausgabe. Band 3. Frankfurt am Main：Suhrkamp, 1984：66.

② 同①38. 并参见 HUSSERL E. Ideen zu einer reinen Phänomenologie und phänomenologischen Philosophie [M] // Husserliana. Band III. 1. Haag：Martinus Nijhoff, 1976：152. 中译本：胡塞尔. 纯粹现象学通论 [M]. 李幼蒸, 译. 北京：商务印书馆, 1992：177.

③ HUSSERL E. Logische Untersuchungen [M]. Zweiter Band. Zweiter Teil. Husserliana. Band XIX/2：535f；中译本参见：胡塞尔. 逻辑研究：第二卷第二部分 [M]. 倪梁康, 译. 上海：上海译文出版社, 1999：3-4. 石里克在《普通认识论》第二版的一个注中对胡塞尔的批评做了如下回应："在该书第一版的这个地方还有一段对现象学的方法的批判性的评述。现在我根据在第二版前言（见第10页及下页）中陈述的理由把它删去了。这绝不意味，我被胡塞尔在《逻辑研究》第二卷第二版前言中的针对我的那段言辞过激的话吓倒而不敢对现象学的方法做观点鲜明的点评了。胡塞尔还指责我太草率地阅读了他的书，但是他自己在同一个句子里却错误地引证了我的话。他还抱怨，我错误地对待'观念化'（Ideation）。他认为，观念化绝不是一种实在的心理行为。对于这一误解的澄清是通过下述方式达到的，为要进行现象学的直观，必须把一切实在的东西'放在括号内'或'悬置起来'，从而这已不是一种实在的心理过程，所剩下的只是一种纯粹的抽象。这表明在该文中对现象学的批评完全不着边际。"SCHLICK M. Allgemeine Erkenntnislehre [M]. Frankfurt am Main：Suhrkamp, 1979：446.

论维特根斯坦读没读过胡塞尔的书，就其中涉及的实质问题而言，维特根斯坦确实抓住了它们的要害。我们可以通过维特根斯坦和石里克的对话来说明这一点。

石里克：如何反驳这样的一个哲学家，他认为现象学的陈述是先天的综合判断？

维特根斯坦：如果我说"我没有胃疼"，那么这已经预设了胃疼这种状态的可能性。我的眼下状态和胃疼状态好比处在同一个逻辑空间里。（就如我说：我没有钱。这一陈述已预设了我有钱这种可能性。它标示了钱的空间中的零数值。）否定命题以肯定命题为前提，反之亦然。

试取一陈述："一对象不能够是红的同时又是绿的。"我是否想借此说，我迄今还没有见过那样一个对象？显然不是。我是指"我不可能见到一个那样的对象"，"红的和绿的不能够出现在同一个地方"。我现在要问："能够（kann）"一词在这里是什么意思？"能够"一词显然是一个语法（逻辑）概念，而不是事实概念。

现在姑且让我们假定，陈述"一个对象不能够是红的同时又是绿的"是一综合判断，而且"不能够"这一术语是指逻辑上的不可能性。由于命题是其否定之否定，所以必定有一命题："有一对象能够既是红的又是绿的"，这一命题也同样是综合的。作为综合命题，它是有意义的，这意味着，它所描述的事况是能存在的。这样，如果"不能够"意味着逻辑上的不可能，那么我们就会得出这样的结论：不可能的东西是可能的。

在这里胡塞尔只剩下这样的出路：他解释说，还有第三种可能性。我对此的反驳是：人们的确能发现一些托词，但是我却不能用它们去思想任何东西。①

石里克在这里所说的"这样的一个哲学家"是指胡塞尔。但胡塞尔并没有直接说过这样的话。从以上引证看，胡塞尔只是在一种相当保留（即指出它们在基本概念上极为不同）的意义上同意可按照康德的先天综合知识来理解现象学的区域本体论中的公理。我想胡塞尔若听到石里克的这段话还会抱怨石里克歪曲了他的思想。我以上还谈到，康德、胡塞尔、维特根斯坦实际上在关心同一类知识，因此可以说他们具有一种"内在的类似性"，尽管他们对这类知识的性质的看法很不相同。这类知识是指那些看上去必然真的，但却不能用"逻辑

---

① WITTGENSTEIN L. Ludwig Wittgenstein und der Wiener Kreis ［M］// Ludwig Wittgenstein Werkausgabe. Band 3. Frankfurt am Main：Suhrkamp, 1984：67.

的重言式"和"谓词的意义包含在主词的意义中的分析定义"来说明。有关这类知识的例子是:"实体具有属性","空间延伸","同一斑块上不可能具有两种颜色"等。对于这类知识,康德认为它们是先天综合判断,胡塞尔认为它们是通过现象学的本质直觉所把握的在区域本体论中的本质和本质关系,维特根斯坦认为它们是句法或按照句法的推论,逻辑实证主义者则主张消解这类句子,认为它们要么可以归为分析命题,要么可以归为经验命题,要么是没有意义的伪命题。从维特根斯坦对石里克的问题的回答看,维特根斯坦同时驳斥了康德、胡塞尔和逻辑实证主义者的观点。

维特根斯坦在此对康德的观点的反驳最为明显。按照维特根斯坦的看法,综合命题的一个基本特征是它的否定命题是可能成立的,如"我有胃痛"预设了"我没有胃痛"的可能性,"我有钱"预设了"我没有钱"的可能性。现在,如果断定"一个对象不能够是红的同时又是绿的"是综合命题,那么它的否定命题"一个对象能够是红的同时又是绿的"就是可能成立的。这就导致自相矛盾:不可能的是可能的。既然"先天的"意味"必然的",一个必然真的命题的否定式是必然假的命题,而一个综合命题的否定式是可能真或可能假的命题,所以"先天综合命题"的提法简直是不可思议的。

那么"一个对象不能够是红的同时又是绿的"是不是一个逻辑上的矛盾命题呢?这正是逻辑实证主义者企图达到的结果。如果是这样的话,就可以消解一个所谓的先天综合命题了。有人把以上命题化解为逻辑的矛盾式:$p \wedge -p$。然而这样的化解是错误的。因为如果"一个对象是红的"用"p"表示,那么"一个对象是绿的"就不应该用"$-p$",而应该用"q"表示。"一个对象是红的"和"一个对象是绿的"是两个不同的综合命题,它们的合取式不可能成为矛盾式。但是为什么同一斑点上的两种颜色不相容呢?这问题引发维特根斯坦深入思考,并成为维特根斯坦从他的前期哲学转向后期哲学的一个诱导因素。

这里的关键是规则(句法),一定的规则可以使两个本来不相关的命题变得相关。这就是说,在一定的规则之下,两个本来独立的命题变得不独立了,对其中的一个命题的肯定,内含着要否定另一个命题能够成立的可能性。对于同一斑块上的两种颜色,如果肯定"这是红的"是真的,那就内含着"这是绿的"不可能是真的。这里的逻辑不是外延逻辑,即不是有关互相独立的命题之间的真值关系的逻辑,而是涉及内涵逻辑。这种逻辑是不能用弗雷格—罗素的外延逻辑的公理来解释的,即不是借助于"不""和""或者""如果—那么"

等逻辑常量就能说明的关系。可以说有各种各样的涉及内涵逻辑，它们的真值关系依赖于各自的句法规则。句法的问题制约逻辑的问题，要知道在此适用哪种逻辑，首先要了解其句法。对于这个问题，维特根斯坦在写《逻辑哲学论》时还没有注意到，现在通过对颜色不相容问题的思考，纠正了以前的观点。对此，维特根斯坦这样对石里克和魏斯曼解说：

> 我曾写道："命题就像一把衡量现实的标尺。只有标尺的最外端部分的点才触及要测量的对象。"现在我更愿意说：一个命题的系统就像是一把衡量现实的标尺。……现在，与现实相比较的不是个别的命题，而是一个这样的整体命题系统。比如，如果我说，视域里的某某点是蓝色的，那么我知道该点不是绿色的，不是红色的，不是灰色的，等等；我一次就安置了整体的颜色刻度。这也是一个点同时不能有不同颜色的理由。一旦我对现实安置一命题系统，那么这就（正如在空间里情况一样）等于已经说，总是只有一个事态能够存在，从无更多的。
>
> 在撰写我的那本著作时，我还没有认识到所有这一切，当时我认为，一切推论都建立在重言式的形式基础上。我当时还没有看到，推论也能有这样的一种形式：某人是 2 米高，所以，他不是 3 米高。这大概与下面这点有联系，即当时我认为，基本命题必定是独立的，人们不能从一事态存在推论出另一事态不存在。但是，如果我现在关于命题系统的观点是正确的，那么它甚至就成了一条可由命题系统来描述的规则：从一事态存在可以推论出所有其他事态不存在。①

对此，石里克提出这样的问题：我从何知道这一句法是正确的，另一句法是不正确的呢？经验认识与句法有什么样的关系？让我们设想某人长期被关在一间红颜色的房子里，并且只能看见红色，或者某人在整个视域里就只有一种固定的红色，那么情况会是怎样呢？他能否说：我只看见红的；但肯定还有其他颜色？

对于石里克的这个问题，维特根斯坦在开始时有所为难，他回答，一个只看到红色的人也会看到红色的深浅层次，因而有可能具有与看到不同颜色的人相同的句法。但几天之后（即在 1929 年 12 月 30 日），他纠正了这一说法，他

---

① WITTGENSTEIN L. Ludwig Wittgenstein und der Wiener Kreis [M] // Ludwig Wittgenstein Werkausgabe. Band 3. Frankfurt am Main：Suhrkamp, 1984：64.

现在强调：要知道有关颜色的句法，不在于已经看到了多少种颜色或颜色的深浅层次，正如要知道数的句法，不在于实际上看到过多少个体和个体的组合。这里的关键是以什么方式建立相关的句法。举例来说，有如下线条组合：

| ||| |||| |||||
||||| |||||||| ||||||||||||

我们能看清以上1条线的组合、2条线的组合、3条线的组合、4条线的组合、5条线的组合及其差别，但是我们难以看清以上15条线的组合、16条线的组合及其差别，更毋庸说100条线的组合和101条线的组合及其差别了。为什么我们能够知道100条线的组合和101条线的组合及其差别呢？因为我们学会了数数，我们一个一个数下去，我们就能辨别它们。一旦我们依靠数数等方式建立了数的句法，不用说100和101的差别，哪怕10 000和10 001的差别，我们也清清楚楚。

同样，颜色也是这样。一旦我们知道了颜色的句法，我们就知道"除了红还有其他的颜色"，"同一斑块不能既是红的又是绿的"，等等。之所以能够做出这些有关颜色的推断，不在于所看到的颜色的数量，而在于句法，正如之所以能够做出空间可以延伸的推断，不在于去过多少地方一样。① 维特根斯坦还谈到，建立另外一种关于颜色的句法也是可设想的。② 让我们以现今在电视机等领域内广泛应用的颜色理论来说明维特根斯坦的这一观点。有三基色的电视颜色成像和六基色的电视颜色成像。用三种颜色的光或六种颜色的光同时投射到荧光屏的一个点上，可以形成各种各样的颜色。在这样的一种有关颜色成像的句法中，我们就可以说，三种颜色或六种颜色同时在一个点上。

把维特根斯坦的这一有关事态的可能性和句法的论述与胡塞尔关于通过现象学的本质直觉把握本质和本质关系的学说做一对比很有意思。胡塞尔认为，本质关系到可能性而不关系到事实性，因此如要把握本质，必须先进行现象学的还原，把有关存在的问题悬置起来。在此之后，通过自由想象的变更，在一个一个想象中产生的具有差别但又保持同一的例子中，找到它们共同的规定性，

---

① WITTGENSTEIN L. Ludwig Wittgenstein und der Wiener Kreis [M] // Ludwig Wittgenstein Werkausgabe. Band 3. Frankfurt am Main：Suhrkamp，1984：66-67.

② 同①79.

这些共同的规定性就是它们的本质。胡塞尔在《经验与判断》一书中以如下三个步骤说明这种把握本质的观念化过程（Prozeß der Ideation）：

（1）变更多样性的创造性展现；

（2）在持续的相叠合中的统一联系；

（3）通过直观主动地确认差别之中的同一性。①

让我们用胡塞尔自己举的例子来说明。为了把握房子的本质，我们可以以一幢知觉到或想象的房子为出发点。它现在是黄色的，我们可以把它想象为蓝色的；它现在是尖顶的，我们可以把它想象为平顶的。我们可以任意在想象中变更它的颜色、形状等各种规定性，产生形形色色不同的例子。其中有些例子与作为出发点的例子还是相容的，即它们仍然可被视为房子，但有些例子已经不相容了，它们不再能被视为房子了。通过对照这些在变更中仍保持同一性的例子和那些在变更中已经失去了同一性的例子，在我们面前就能清楚地显现出房子之为房子的基本规定性。那些使得诸变项仍然能保持同一性的基本的规定性就是它们的本质。②

对于以上把握本质的方法，我们有需要追问的地方：

我们在自由想象的变更中，不断改变例子的某一方面的规定性，我们不断地问自己，这个经改变了规定性的例子是否属于另一类东西，是否已经失去了原来的身份。这也就是说，这种方法是以我们知道这一类东西的"边界"为前提的。在边界这一边的东西属于这一类东西，在边界那一边的东西不属于这一类东西。边界定在什么地方，对于确定某一类东西的本质起决定性的作用。因为本质就是边界之内的这一类东西所共同具有的规定性。现在的问题是，这种边界是如何被确定的呢？我们是如何知道某一类东西的边界的呢？一种可能的答复是：本质提供了确定边界的规则，我们根据这些规则知道边界定在哪里。但这将导致循环论证：我们通过知道边界来确定本质，我们又通过知道本质来确定边界。另一种回答是：在我们使用语言的习惯中，已经存在使用它们的规则，尽管这些规则对于使用者往往不怎么清楚，通过在自由想象的变更中不断追问它们是否保持同一，是否失去了可继续认同的身份，就把那些本来不怎么清楚的规则清楚地显现出来。

我觉得后一种观点更加可取，而后一种观点实质上就是后期维特根斯坦的

---

① HUSSERL E. Erfahrung und Urteil [M]. Hamburg: Felix Meiner, 1972: 419.

② 同①416—417.

观点：所谓本质，无非就是语言使用的规则或句法。按照后期维特根斯坦的看法，"本质"这个概念容易引起误解，容易导致人们把它当作先天的、固有的观念，各种各样的形而上学的哲学疾病由此应运而生。为了医治这种形而上学的疾病，就需要把这种对本质的思辨的追问引导到对语言的实际使用的考察中去。脱离一定的语境、脱离语言的实际的用法，被语言的表面的语法形式误导，从语言的主谓结构中产生实体—属性关系的联想，并把这种联想普遍化，是导致西方形而上学谬误的一个重要根源。在这一意义上，维特根斯坦写道："一个被吸收到我们的语言形式中去的比喻产生了一个假象，并使我们感到不安。'事情当然不是这样的！'我们说。'可事情又必须是这样的'"①。因此，为了避免语言形式对哲学的误导，维特根斯坦告诫我们："当哲学家使用'知识'、'存在'、'对象'、'我'、'命题'、'名称'之类的词——并试图把握事物的本质时，人们必须经常问自己：在本来的语言游戏中，这词实际上是以这种方法使用的吗？我们所要做的就是要把这些词，从它们的形而上学的用法中，带回到它们的日常用法中去。"②

维特根斯坦在其早期哲学中还有某种先验论的思想。在1929年至1932年间，他开始改变他原先的思想。他开始认识到，所谓本质和本质关系的先天性，无非就是按照语言的规则进行推论的可能性。而这种语言的规则是与一定的语言的系统结合在一起的。在他后期的《哲学研究》中我们可以看到，语言的图像理论被打破了，语言被认为与生活形式结合在一起。生活形式是多种多样的。语言的形式也是多种多样的，并随生活形式的改变而改变。这意味着原先的那种"先验的语言主义"被彻底抛弃了，取而代之的是一种以实际的生活形式为出发点的哲学。

维特根斯坦的这种转变，在一定程度上也表现在胡塞尔晚年对哲学问题的重新思考上，即表现在他对"生活世界"的研究上。胡塞尔后来注意到，存在着许许多多不同的生活世界，科学家有科学家的生活世界，不同职业的人有各自与其职业相关的生活世界，当他们离开他们的工作场地回家后又有日常生活的生活世界。在不同的生活世界中有着不同的本质及其本质关系。人们对本质的认识与他们所处的生活世界有关。而且，生活世界是处于发展中的，人们对

---

① 维特根斯坦. 哲学研究 [M]. 李步楼，译. 陈维杭，校. 北京：商务印书馆，1996：1-112.

② 同①1-116.

本质及其本质关系的认识也有一个发展过程。但是胡塞尔仍然没有放弃他的先验主义的现象学的基本观点，他坚持生活世界以及在生活世界中形成的观念和规则只是通向先验主体以及由先验主体把握的本质和本质关系的一条途径。我认为，如果胡塞尔把他的生活世界的理论贯彻到底，就必须放弃他的先验唯心主义的立场。在这方面，维特根斯坦走上了正确的道路，他对先验问题的论证更加具有说服力。

"为辩解进一言"*
——日常语言分析的一篇经典

陈嘉映

日常语言学派是分析哲学的重要一支。举其重镇,有摩尔、后期维特根斯坦、赖尔、奥斯汀、斯特劳森。这五个人中,以奥斯汀对日常语言的分析最为精彩。在奥斯汀的文章里,又以《为辩解进一言》(A Plea for Excuses)一文最为精彩,每次读,都有奇文共欣赏的欲望。

下面我以《为辩解进一言》①为本,用奥斯汀自己的语气来介绍他的一些重要思想。我主要想介绍的是他关于日常语言哲学的一般看法,而不是他关于辩解概念的具体研究。②

这篇文章所讨论的题目是辩解,所要探讨的当然不只是"辩解",而是一个概念群,包括辩护、强辩、借口、原谅等。

辩解经常依赖的理由,也在我们的考察范围之内。好忘事儿,笨手笨脚,不讲究方式方法,不通人情世故,这些本来都是批评责怪之词,可是最常用来请求原谅。因为我们在请求原谅的时候,很少指望别人能让自己全身而退,能把责任减轻一些就蛮不错,笨手笨脚之类恰是把大事化小的说辞。你要真想把自己洗刷得一干二净,往往不仅得不到原谅,反倒火上加油。这些用语的反义词也在我们的考察之列,成心、故意、有组织、有计划,这些词加重了错误的分量,要定罪的话,自然罪加一等。

道歉、辩解、原谅或不原谅,这些是生活里的重要内容,为这些现象本身的缘故就颇值得加以考察。不过,我们的探讨却更多出于理论的兴趣。我们相

---

* 原载于《读书》1998年第3期,54—62页。

① AUSTIN J. A Plea for Excuses [J]. Proceedings of Aristotelian Society, 1956, 57: 1-30. 这篇文章有中译文,载于洪谦主编《现代西方哲学论著选辑》,题目是《为辩解辩》。译文很糟,误译连绵,还有大段大段脱译的,我不推荐读者去读,以免倒了胃口。

② 为了保持文义的连贯,我在这里没有明确区分哪些是奥斯汀说的,哪些是我自己的发挥。

信哲学探索不限于治疗，同样也为了建设。我们不相信只有在别的领域，争论是为了获取共识，唯在哲学中似乎无须建设，重要的只是互相反驳一番。对于伦理学建设，"辩解"这个课题能做出特殊的贡献，从正面说，它有助于发展一套谨慎的、较合乎当代精神的方式来描述行为，从反面说，它有助于纠正一些以往的比较草率的理论。都说伦理学研究善行恶行，可是伦理学却不太过问我们都有哪些具体的行为模式，而是一上来就从概括的"行为"出发。像"行为"这样的词，原不是基础层次上的词汇，究竟指什么，通常要看上下文，就像百搭，究竟充当什么牌，要由一手具体的牌来定。你很难泛泛问：行为是什么？行为有什么特点？"物""属性"也都是这一类词。可从前人们不管这些，就匆匆通过一些概括建立起物和属性的形而上学，建立起关于行为善恶的一般理论。世界是由一个、一个又一个物体组成的，每个物体具有一种、一种又一种属性。人生是由一个、一个又一个行动接续而成。所谓"物"者，我们首先想到的是桌、椅、木、石，于是万物都要以桌、椅、木、石的简单范式来描述，我们甚至不问一问：火焰是物还是活动？同样，我们也不细究睡觉算不算干一件事。我问你"下午干什么了"，你答"睡了一觉"，我于是乎得出结论：睡觉像挖坑、种树、收核桃一样，也是干事的一种方式。更喜欢坐逻辑滑梯滑到底而不怕语言撞墙的还会说，睡觉是一种行动，做梦是一个动宾结构。

我们现在希望发展出一些比较谨慎的方式来描述人类行为。为此，考察一下人们什么时候请求原谅，以什么方式请求原谅，会是项很有益的工作。我们可以由此了解，哪些行为人们看作自然而然，哪些却被看作是不正常的，需要辩解；哪些辩解人们认为可以接受，哪些却不可以接受，或在什么场合接受，在什么场合不接受。这还有助于我们看清那是一件独立的行为抑或是某件行为的一个部分或一个阶段。我们还会看到，即使"最简单的"行为也不是那么简单——反正不只是身体的一些活动。描述行为，难免要用上描述意图的词，如"打算""正要"等。通过形形色色的辩护词，我们还可以看到影响行为的种种重要方面。例如，一种最常见的辩解是声称行动者当时不是自由的，所以严格说起来，不是他做了这件事。反对的人则须表明，不，他当时是自由的，的确是他做了那件事。仔细考察这些说法，我们就能看到，"自由"这个词是争辩性的，并非某一类行为所具有的属性。说我们"自由地"行动只不过是说我们并非不自由地行动。常态下的行为，说不上是自由的行为还是不自由的行为，这和"真实"这个词一样，实际上在争辩意义上使用，而人们不察，把"真实"

当成了"导电"那样的属性,可以依此共同属性归纳出一类事物,称之为"真实事物""实在世界"。

人们把我们的分析称作"语言分析"。我们的确是要检查在这样那样的场合我们会说什么,会怎么说,但这时我们重新审视的却不只是语词,我们同时也重新审视我们用语词来描述的实际情境。我们通过对语词的更敏锐的感觉来更敏锐地把握现实。所以,"分析哲学""日常语言学派"这些名称都容易引起误解,也许把我们的方法称为"语言现象学"比较好,只是这个名称够绕口的。

但我们为什么特别着重分析日常语言呢?我们现在使用的语词是前人一代一代传下来的,不知经过了多少锻炼修正,凝结着无数世代承传下来的经验与才智,体现着我们对世界的基本理解。哪里须得加以区别?哪里须得保持联系?快乐和幸福有区别吗?为什么"光芒"的光和"光滑"的光连在一起,又和"用完用光"的光连在一起?适者生存,概念在这里分野而在那里交叉,这种说法成立而那种说法不成立,总有一定的道理。那些见微知著的区别,那些盘根错节的联系,非经一代人一代人的言说,不会凝聚到语词的分合之中。哲学家也能想出一些重要的区别和联系,但这些通常有赖语词中已经体现出来的更基层的分合,要用我们一下午躺在摇椅里想出来的东西取代**万千年千万人经验的结晶**,不亦荒诞乎?

常有人批评日常语言不够精确。我说我儿子成绩极差,你问到底多少分,60分。也许我说得更精确了,但我为什么一开始不这么说呢?我们首先不是需要精确,而是需要最集中的、最富含意义的表达,60分可能并不差,而"成绩差"连同我儿子的得分、连同我的判断和忧虑一起说出来。也常有人批评日常语言含混、模糊。含混、模糊和混乱接壤,但两者并非一事。没有梳理过的感觉是含混的,但不一定混乱。感觉混乱是另一类感觉:混乱是理应清楚的地方不清楚,已经露出了自相矛盾的苗头。格林斯潘答记者问一向很含混,但并不混乱。

日常语言的用武之地是日常生活。比较起科学上使用的语言,日常语言常常不是那么精确严格。锤子、斧头、撬棍可以应付多种多样的工作,但在流水线上拧一个特定尺寸的螺丝,一把特制的螺丝刀会更加合用。我们在日常生活中会碰到意想不到的情况,事先都定义得毫厘不爽的概念经常派不上用场。此外,生活在流动,我们有了新的知识、新的爱好,这些新知识、新爱好又和旧知识、旧爱好藕断丝连。一个语词在不同语境中的意义变迁是自然概念的本质而不是偶然具有的一个缺陷。日常生活可不是个小领域，而且其中荆棘丛生，日常语言在其中辟出宽宽窄窄许多道路，能耐了得。

然而，我们无意主张日常语言十全十美。日常语言有自己的限度，到了另一些领域，我们就必须求助于更为精密的语言，例如数学语言。我们得发明出新的语汇才能自如地谈论显微镜底下发现的新事物。我们的身体经多少百万年的进化长成现在这样，其构造的精妙让人赞叹，然而它远不完美，它不能像老鹰一样飞上云端，不能像骆驼一样耐热耐饥。但在这里说"完美"是什么意思呢？我们不愿抓了烙铁立时烫起个大泡疼得嗷嗷直叫，但若我们的手指敏感到能摩挲出红木桌面和橡木桌面的区别，它就不太可能摩挲着烙铁不烫起泡来。我们在"快乐"这个词里用了个快字，就把快乐和畅行无阻、海阔天空联系起来了，可同时生出了"不快"的歧义。英语和汉语各有千秋，大致能够应付各种情境，但各有难应付的事情。碰上这些不如人意之处，有人一下子走得太远，希望全盘克服一切不便，发明出一种理想语言，把思考和说话变成一种全自动过程。其实，唯有不完美的世界才是有意思的世界，我们才有机会因改善、因创新而感惊喜，因绕过陷阱、因克服障碍而感庆幸。

日常语言确实不是一锤定音的最后之言，原则上我们处处都可以补充它、改善它、胜过它。但请记住：它确是**我们由之出发的最初之言**。

但是在日常生活中，这人这么说，那人那么说，以谁为准？语言事实尚不能确定，自难进一步对语言进行分析。不过这个困难被大大夸张了，我们以为同一种情境下人们会有种种不同的说法，往往由于我们设想的情境大而化之，待我们增添几许细节，把情境设想得十分具体，我们会发现人们在这种特定情境下会采用的说法相当一致，而一开始那些不同的说法提示出所设想的情境其实各有细致却重要的差别。有人主张冷热之类只是主观感觉，与此互为表里，似乎凡可以说"屋里冷"的场合，我们也都可以说"我觉得屋里冷"。但若你已经知道暖气烧得好好的，气温计指着25度，除你以外的人都不觉得冷，这时候你大概只会说"我还是觉得（屋里）冷"而不会说"屋里还是冷"。前一个说法让人猜测你也许外感了风寒，后一个说法却让人猜测你内感了偏执狂。什么时候我觉得屋里冷等于屋里冷，什么时候不等于，这对于澄清有关感觉的哲学讨论大有干系，而这种讨论占了哲学论著差不多一半。

一模一样的情境而常见两三种说法，也许由于说话邋遢，那我们可以研究一下怎样把话说得更加准确切实。但若出现了认真的分歧呢？这会提示我们，这里出现了两个略有差别的概念体系，我们须得通过对这两个概念体系的进一步了解来澄清分歧。澄清这一类分歧，通常最富启发。物理学家碰上一个转"错"了的电子，如获至宝；我们碰上一个真正说话怪异的人，也不要轻易放过。

我们现在既已准备好通过日常语言分析来进行探讨，那么我们肯定希望找到某个领域，在那里日常用语既丰富又精细。辩解之词正属此类。凡需辩解，必已处于不妙的境地，情急之下，无所不言，所以用来辩解的说法特别丰富。辩解不像谈论天气，说错说对没人在意，辩解能否让人接受，通常事关重大，两种说法，差之毫厘，失之千里，所以辩解的说法不仅丰富而且微妙。何况，"辩解"这个题目还不曾成为哲学研究的乐园。我们选择来加以分析的用语，最好还不曾被人们议论太滥。道路上走过的人太多，路走得秃秃的，踩上去容易打滑。一提到"美"这个字，就会有几十上百个关于美的定义涌上前来，接下去就是一排排哲学家自己编出来的包含"美"这个字的例句，乃至我们记不清人们实际上是怎样使用"美"这个字的，甚至记不清人们到底用不用这个字。从以上几项特点看，辩解都算得上哲学中进行田野工作的良好选址。哲学家同样需要从事田野工作，而不要去用一些不知所云的概念做想当然的演绎。我们好生想象一个需要辩解的场景，检查各种各样用来辩解的说法，然后一次次把这个场景稍加改变，看看刚才设想的说法是否还适用，又需要提供哪些新的辩解。假如你犯错误赔不是的经验特别丰富，而且想象力也不弱，那你这样考察一番，绝不会无功而返。不过，还有几套方法可以使我们的探讨更为系统。

第一套方法是使用字典。我们检查的结果，发现碰到最多的是副词——哲学一向不予重视的词类。此外，"误解""偶然""意图"这一类抽象名词出现得也不少。另有一些动词词组，如"不得已""并不是要""没注意到""原本打算"。第二套方法是借助法律案例。这一资源出奇丰富——法庭上所做的本来就是指控和辩解。不过，法庭和我们的关注点不尽相同。法庭要把每一个案子都归到一个特定条款之下，并且最后必须做出非此即彼的判决，结论难免太过黑白分明。你当时那么做的时候，知道不知道这种做法的后果？你也许知道大致会有这一类后果，但没想到具体会是这个样子，也许你知道直接的后果，却没想到这后果又引发另外的事件。情况有时那么复杂，不可能只用简单的语词就能描述清楚。按照语言的经济法则，我们不会为每一个事物、每一种情形发明出一个单词，绝大多数事情要通过已有语词的结合来进行描述。第三套办法是向科学讨教。心理学、人类学、对动物行为的研究，都会提供帮助。日常话语里凝结了对行为的广泛而切实的观察，尽管如此，近代科学还是在很多关节点上揭示出日常话语的不足。例如"错位行为""强迫症"所指的现象，在生活中并不少见，却没有像这些科学语汇一样适当的日常用语。这也不奇怪：至少，科学家占有大量的资料，进行全面的研究，研究时又不带什么感情色彩，普通人就没有这样工作的机会，就连律师也通常做不到这样。

通过这些系统的研究，我们就可能把平时的零星看法发展为具有一定普遍性的理解，把平时模模糊糊感觉到的东西转变为清晰的理解。人们现在常说，仅仅清晰是不够的。不过我们也不该满足于聪明过人地指出天下之事莫不幽隐难测。碰上能够获得清朗见识的机会，我们也该试上一把。在"辩解"这个题目之下，我们得出以下几点：

1. 修饰语必然带来某种偏离。人们会以为，张三做了一件事，要么他是有意做的，要么是无意做的，因此，"某人做了某事"这句话里，总可以插进一个副词，或它的反义词。其实不然。我们的语言颇为经济，在标准的情况下，用了一个动词就不再需要一个副词，甚至不允许插入一个副词。我坐下了，既不是蓄意坐到椅子上，也不是不由自主地坐下去的。与此相接的一条结论是——

2. 副词的应用范围颇受限制。哲学家和法庭人士最喜欢使用自发地、自觉地、冲动地这一类副词，似乎它们可以加到任何动词头上。其实，它们只能用来修饰很少一些动词，远不可以用于很多动词和很多场合。小伙子抬头看见了什么，怪诱人的，他捡起块砖头扔过去。难道我们可以说他自发地捡起块砖头扔过去吗？我们经常考察我们都能怎样说，但我们通常不大善于考察我们不能怎样说，而后一种考察常比前一种更富启发。

3. 反义词不可"貌相"。很多人想当然认为自觉的反义词是不自觉。我自觉遵守纪律。但我能不自觉地遵守纪律吗？这时候，自觉的反义词不是不自觉，而是被迫。反过来，被迫的反义词可以是自觉，但有时候却是自愿、故意等。"不小心"打碎了玻璃杯的反义词绝不是"小心翼翼地"打碎了玻璃杯。一个副词不一定有一个独一无二的反义词，有时干脆没有反义词，我们说"无意间"，却不说"有意间""故意间"，说"忍不住"，却不说"忍得住"。为什么没有这样的说法，这事颇有蹊跷，值得好生琢磨一番。

4. "我自觉捐款,自觉锻炼身体。""我不自觉哆嗦了一下,不觉叹了口气。"从字面上看,"自觉"和"不自觉"是反义词,其实它们几乎从不在同等的层次上使用,只有说到重大的或长期的事情我们才用得上"自觉",而"不自觉"却总用在一些小事上。我们通过这些情况可以了解到我们是怎样把行为分门别类的。

5. 副词不仅能帮助我们为行为分类,而且能帮助我们透视一件行为的机制。我们都知道,行为不仅包括落实的阶段,考察、计划等也都是一件行为的部分。其中有一个阶段我们却经常忽视,那就是对情势进行估价。想得不周到,缺乏想象力,多半是在抱歉说对情势的估价出了毛病。为行为的这一阶段道歉的用语还有很多:我当时太高兴了、太着急了等,皆属此类。打仗的时候,我方配备处于优势,又获得了高质量的情报,却仍可能制定出一个导致灾难的作战计划,这很可能就因为不明人情物理。平常年代这样的情况也不少见。也许我解一个二次方程很在行,最后却得出答案说有两个半同学病了。我们多读点唐诗宋词,虽然没增加多少知识,也没变得更会推理,然而在审时度势的大感觉上能力可能大大提高。

6. 词源和构词所含的"深层模式"总在隐隐约约起作用。一个词几乎从不会完全摆脱它的词源和构词。两下没对上,于是出了"错";赶火车没赶上,于是"误"了车;出了错误,事情弄"糟"了,烂糊糊地收拾不起来了。语义尽管变化,但仍有一些基本的模式深藏在这些语词里;也许应该说,正是这些深藏的模式统治着语义的变化。爱"盘"算的人一轮一轮兜圈子,"负""责"的人像欠着债似的,心里不会完全轻松,同时由于能背负重物,我们就知道他稳重有力。我们从一些简单的模式开始来理解世界,即使面对十分复杂的现象,我们也经常要变换着使用一些简单的模式来抓住要点。但问题在于,有时那个简单的模式已经完全无力促进我们的理解,甚至会扭曲我们面对的现象,我们却仍然习惯于那个模式。说到秋天的果园,"结果"是个十分自然的说法。扩展一层,我们可以把某些由自然条件或人类行为孕育出来的事情叫作"结果"。再进一步,我们可以把公式演算出来的东西也叫作"结果"。但若这时候你问"这结果是怎么孕育在那些公式里面的",我该怎么回答?最后,根本不消生长的东西也被叫作"结果",运动是力的结果,现象是本质的结果,整个宇宙就是一大串因和果。我们陷于这个词不能自拔:我们一方面挣扎着赋予这个词某种新的意义,另一方面却不断碰上那个古老模式的这个那个特征。检查这一类词的历史演变，我们很可能发现我们把它抻得太远了，它现在应用于其上的某些事例和原来的典型事例关系太细弱了，于是引来混乱和迷信。

最后，还有一点值得提醒。我们绝无理由认定语汇由之生长出来的各种模式互相之间丝丝入扣，形成一个完整的体系，使我们始终能以协调的方式来描绘世界。其实这些模式叠床架屋甚至互相冲突，而更多的时候则各行其是。

卡尔·波普尔和卡尔·马克思[*]

邱仁宗

20世纪最重大的事件之一是，社会主义在世界范围的实验及其后来的挫折。当然，人们可以说：严格地说来，遭受挫折的不是一般的社会主义，而是特殊模式的社会主义，即列宁版本的社会主义，因为正是列宁对马克思主义做了重大修正，使之适应俄罗斯的社会文化情境。然而，根据70年的经验重新审查马克思主义的一般原则和方法，原是合情合理的。除此以外，也要求重新审查其他学派对马克思主义的批评，看看它们在多大程度上是合理的。这是一件艰巨的工作。本文将审查卡尔·波普尔的批评以及他所提供的替代办法。

在他的思想自传[①]中，波普尔描述了马克思主义在他生活中所起的特殊作用。他与马克思主义的邂逅是他思想发展中的重要事件之一。正如他所说的，这使他成为可错论者，认识到教条思维与批判思维之间的区别。马克思主义和弗洛伊德、阿特勒的工作一起，帮助他解决了"分界问题（demarcation problem）"：科学陈述的特点是它们对经验反驳和批判评价保持开放，换言之，它们应该是可证伪的（falsifiable）。波普尔虽然从此以后成为马克思主义的批判者，但他对马克思个人和马克思主义仍怀着情不自禁的尊敬。他写道：

"马克思主义的人道主义动机是无可怀疑的……马克思做出了真诚的努力将理性方法应用于社会生活最迫切的问题……他并没有白费心血……"[②] "回到前

---

[*] 此文英文题目为"Karl Popper and Karl Marx"，载于 Science, Politics and Social Practices, edited by Kostas Gavroglu, John Stachel and Marx W. Wartofsky, Boston Studies in the Philosophy of Science, Volume 194, 1995, Dordrecht: Kluwer Academic Publishers, 87–98。中译文《卡尔·波普尔和卡尔·马克思》发表于《自然辩证法通讯》1995年第17卷第4期，第10–15页。本版对中译文有所校正。

[①] POPPER K. Unending Quest: An Intellectual Autobiography [M]. London: Fontana Press, 1978: 36.

[②] POPPER K. The Open Society and its Enemies [M]. London: Routledge and Kegan Paul, 1952, 2: 81–82.

马克思主义的社会科学已经是不可思议的了。所有现代学者都应归功于马克思，即使他们不知道他……甚至他的错误的理论也是他的不可战胜的人道主义和正义感的证明。"① "马克思的信念基本上是开放社会的信念。"②

波普尔认为，马克思的社会理论可归结为两个主要学说：历史决定论（historicism）和经济决定论（economism）。按他的意见，马克思主义的和其他的社会理论家信奉的历史决定论观点，使他们不能提出可证伪的社会理论。那么，什么是历史决定论呢？

历史决定论

按照波普尔的意见，历史决定论主张：

"社会科学的任务是根据历史规律提供给我们的长期的历史预言。"③ 或者说，历史决定论是："对社会科学的一种探讨方法，认为社会科学的主要目的是提供历史预见，认为这个目的可以通过发现历史演变背后的'节奏'或'模式'，'规律'或'倾向'而达到"④。

根据这些和其他段落⑤，历史决定论可用以下论点表征：

（1）社会科学方法是历史方法，是一个研究历史的问题。

（2）研究历史能够发现社会发展的内在的、必然的、不可抗拒的规律。

（3）这些规律形成"预言"的基础，即关于社会发展未来进程的可靠预见。

波普尔认为，历史决定论的这一表征隐含着：自然科学与社会科学在以下意义上有根本的区别：

（1）自然科学规律是普遍的，如牛顿的运动和引力定律，但社会科学规律则不是，仅适用于特定社会。其逻辑结果是，没有普遍的历史规律为社会提供预见。

---

① POPPER K. The Open Society and its Enemies [M]. London: Routledge and Kegan Paul, 1952, 2: 121.
② 同①200.
③ 同①3.
④ POPPER K. The Poverty of Historicism [M]. London: Routledge and Kegan Paul, 1957: 3.
⑤ 同①82, 86, 106, 136, 319.

(2) 社会不能归结为个人及其关系的集合。马克思说"社会不是由个人组成的，而是这些个人所在的关系的总和"①，这意味着社会结构对个人行为的影响，并不能为从事该行为的个人所理解。

波普尔认为，社会科学与自然科学这一区别使有关社会和历史的陈述免遭证伪。从一个社会取得的证据不能用来反驳有关另一社会的任何陈述。它也使人们能够在理论上将一个完美的社会描述为一个可以不惜一切代价追求的理想。由于这一点，历史决定论一般与某种形式的乌托邦主义有着紧密的联系。由于社会科学没有普遍规律，历史决定论者只是试图确定社会将采取的发展方向。他们常常认为社会历史发展的方向是社会结构的必然结果，正如马克思主义者认为，资本主义由于其内在的矛盾必然会摧毁自己。历史决定论者认为，对社会未来的长期预测是社会研究的中心。

波普尔对历史决定论的解释，至少对马克思主义是欠公允的。马克思和他的许多支持者主张自然科学与社会科学的统一；而他们确实主张社会科学中有普遍规律，如在所有社会生产力与生产关系相关的规律，以及所有人类社会都要依次通过原始社会、奴隶社会、封建社会、资本主义社会、社会主义社会，然后共产主义社会。人们可以争辩，这些规律在社会中是否存在，但是不能否认马克思主义者确实主张像自然科学一样，社会科学中有普遍规律。另一方面，波普尔自己的一些陈述使人认为事实上他也主张社会科学与自然科学不同。例如，波普尔强烈反对还原论（reductionism）②，然而他又主张方法论个体论③（methodological individualism），即认为有关一个社会的事实总能用一系列个人的行动来说明，这样他就是一个社会还原论者，我们且不管一个社会是否完全能用个人行动来说明。波普尔指责马克思主义不可证伪也是如此——我们将在下面加以讨论。但是波普尔批判历史决定论与乌托邦主义有亲缘关系似乎是有道理的。

---

① POPPER K, JOHN E. The Brain and Its Self [M]. Berlin-Springer, 1977: 14-21.

② POPPER K. Thesen über Feuerback [M] // Marx Engels Werke. Band 3. Berlin: Dietz Verlag, 1969: 533.

③ 在哲学上将"individualism"译为"个人主义"是不妥的，在日常用语上"个人主义"是指只顾自己不顾他人的人，而在哲学上"individualism"是指认为社会仅由个体组成的实体，与认为社会仅是人组成的整体相对，二者各执一端，各具以一概全的错误，但它们也各自把握社会这一实体的一个方面，因此译为"个体论"较妥。而在另一些场合，"individualism"还有发挥个人独立性、创造精神之意，译为"个人主义"也是不妥的。

现在我们来看看波普尔反对历史决定论的论证。

可证伪性（Unfalsifiability）

波普尔的基本论点是，不可能用科学或任何其他理性手段对人类历史做出预见。这可能意味着，这些预见是不可证伪的。然而，马克思主义假设，所有人类社会经历原始社会、奴隶社会、封建社会、资本主义社会、社会主义社会和共产主义社会可以是高度可证伪的和严格的普遍概括。后来，波普尔反对对历史事件做出科学预测的可能性，他依据的事实是这种预见或语言可能是错误的。理由是，历史决定论者赖以做出预见的证据并不能有效地保证预见的真理性。因为如果我们根据观察到不同社会演变的类似性而提出一个假说，我们并没有理由预期历史的发展会继续产生这种类似。如果我们在一定的时期内观察到某种模式或倾向后提出，这种模式或倾向是某一社会的普遍特点，那么，正如波普尔指出的，一种持续几百年甚至几千年的倾向，会在几十年或更短的时间内发生改变。波普尔对历史预见的可错性的论证是有道理的，但这结果意味着：历史的预见，同科学中的任何预见一样是容易被证伪的和可错的，这样他指责历史决定论不可证伪也就不能成立了。

波普尔批判历史决定论是根据它所说的"发展规律"其实不是规律，而是外推到未来的"倾向"，而倾向是依赖于初始条件的。[1] 波普尔认为，在自然或社会世界中所有的进化系列都有由种种初始条件决定的特点。然而，如果初始条件改变了，那么进化也会采取完全不同的途径。从20世纪初开始的共产主义运动的涨落本身似乎验证了倾向依赖于初始条件的论点。

波普尔基于预测有可能错误而提出的反对有可能对历史事件做出预测论证，是自我拆台的。如果这些预测有可能错误，那么这意味着从中做出预见的理论是可证伪的。而预见的失败并不总是提供强烈的理由来反驳从中做出预见的理论。根据预见的失败而修改科学理论是完全可以接受的。仅当理论的支持者坚持正确应用理论不可能发生错误时，预见的失败才成为反驳。但是，并不是所有的马克思主义者，而只有教条的马克思主义者才坚持这一点。在许多情况下，马克思主义的预见是模糊的。他们勾画出一个发展的轮廓，而并不提供发展的

---

[1] POPPER K. The Poverty of Historicism [M]. London: Routledge and Kegan Paul, 1957: 118.

细节或时间表。这样，就没有确定一个何时预见失败构成反驳的时刻，而理论就会被认为是不可证伪的。但马克思主义者可以争辩说，历史的发展并不要求完全精确的规定时间的预见，而只有一个社会要达到的总目标才能预先确定，细节可以在实现这一目标的过程中再加以确定。

乌托邦主义（Utopianism）

然而，波普尔对历史决定论提出的最决定性的反证是在他的①《历史决定论的贫困》中提出的。这个论证是："由于严格的逻辑理由，预见历史的未来进程是不可能的"，因为：

（1）"人类历史的进程受到人类知识的强烈影响。"

（2）"我们不能用理性或科学的方法预测我们科学知识的未来增长。"

（3）"所以，我们不能（用理性或科学的方法）预测人类历史的未来进程。"②

波普尔在这一点上是对的：我们仅能在数字或字母系列中，根据对该系列的元素的概括对该系列的后续元素做出可证伪的、可检验的预测。但在人类历史的系列中则不能：因为这里存在着知识对人类历史的影响，以及知识增长的不可预测性。

许多忠诚的马克思主义者为建立一个人与人之间没有剥削和压迫的理想社会而斗争，但他们混淆了崇高的理想和科学的规律。他们对共产主义必然实现的信念基于这样的预设，即科学和人都是万能的，没有任何的不确定性和有限性：人能够根据科学规律来确定地预测人类历史的未来。然而，科学规律并不能帮助我们预测人类的未来，也不能预测科学本身的未来。马克思规定的共产主义分配原则应该是"各尽所能，按需分配"，然而，实现这一分配原则的前提是：

第一，产品要丰富到足以满足社会所有成员的需要；

第二，社会所有成员都愿意和实际上做到各尽所能。

然而，这两个前提在所有时候都能得到满足，是值得怀疑的。第一，是因为，需要和要求总是不断扩展的，尤其是因技术的进步而膨胀。技术的进展能

---

① POPPER K. The Poverty of Historicism [M]. London: Routledge and Kegan Paul, 1957.

② 同①vi, vii.

够有助于满足人的需要，但是同时它又极大地刺激人们的需要、欲望和要求。当中国开放她的大门、引进先进技术后，人们就不再满足于收音机了，他们需要电视机，从黑白到彩色，从小到大，从老式到新式。但任何新产品，当它开始研制、开发、试销时，都是不多的。这样问题就来了：谁应该先获得它？因此，任何社会，尤其是技术不断日新月异的社会，不可能使所有产品都满足所有人的需要。于是，这一分配原则的第二部分"按需分配"无法实现。

第二，人不是制造出来的产品。他们不是一样的，也不可能使他们成为一样。每个人有23对染色体，每条染色体上面有5万到10万个基因。① 人是这些基因与他或她所处的复杂的自然和社会文化环境相互作用的产物。因此，任何社会都不能使所有人都愿意和能够做到尽力而为，"各尽所能"。

除此以外，在几乎所有的社会主义或前社会主义国家中马克思主义者做出了许多错误的预见：忽视了市场和民主在社会、经济和政治生活中的作用，夸大了阶级斗争，低估了社会或民族集团之间的矛盾，等等。他们根据这些错误的预测采取了一系列错误的政策，导致社会主义运动的挫折。

整体论（Holism）

在个人与作为一个整体的社会之间的关系上，一些马克思主义者和波普尔也许都只把握了一端。波普尔争辩说，历史决定论不能说明当社会体制（societal institution）改变时发生了什么，因为体制是由个人的行动改变的，而体制不可能自己改变自己。此外，历史决定论认为，体制改变人类行为的观点，不能说明当两个体制或社会冲突时发生了什么。波普尔争辩说，不仅体制的建立涉及个人的决定，而且最佳体制之起作用也总是在相当程度上依赖于有关个人。他将体制类比于堡垒，堡垒必须由人来设计和占领。这是对的。然而，一旦体制或堡垒建立了起来，它们必然对处于它们之内和之外的人产生影响。因此，认为在体制与个人行动之间存在着相互作用，是合理的：体制可引起个人的行动，而个人的行动反过来又改变体制，体制的改变又反过来引起个人的行动。

此外，波普尔的世界3在这里也引起了问题。他声称，世界3是独立于个人的决定，不能还原为人类的行动，一旦建立，对人类思维有强制性后果。波

---

① 现在经过人类基因组研究计划查实，仅有3万多个有功能的基因。

普尔关于世界 3 自主性的论证似乎同样可应用于社会世界，也许可称之为"世界 4"，尤其是因为波普尔强调个人面临的境况以及个人行动在这些境况中非意向的后果。承认社会体制或境况对个人行动的影响同他的关于下向因果作用（downward causation）的论证是一致的。① 因此，波普尔的还原个体论（reductive individualism）与他的世界 3 学说不一致，也与他对物理世界和精神世界的反还原论不相一致：他反对将化学还原为物理学，将精神状态还原为物理状态。当社会整体论（social holism）的支持者否认个人行动对社会体制的上向因果作用（upward causation）将个人仅看作实现某一社会集团、种族或阶级使命的工具而忽视个人利益时，他们是错误的。然而，用还原个体论来反对社会整体论就太强了。毕竟，社会要比个人的总和多点东西。个体论和整体论都各执一端；它们都掌握部分真理，但不是全部真理。个人利益与社会利益之间存在着永久的张力。当它们发生冲突时，我们必须采取务实的态度来按具体案例具体解决冲突。

波普尔在社会世界上的还原论与他在自然世界上的反还原论也许可以用他重视人类精神的创造性来说明。一个物质客体很难超越下向作用，但人类精神在一定程度上可以。即使如此，也不应忽视，包括个人创造性在内的个人行动受他们社会文化情景的制约。因此，波普尔的社会理论也许最好修改为：同意社会体制在许多情况下不能还原为个人行动，承认社会体制和世界 3 对说明人类社会是基本的。因而可以争辩说，社会体制的改变一般是非决定论的，个人行动可影响这种改变：它们之间有某种相互作用。

集权主义（Totalitarianism）②

波普尔发现历史决定论中有集权主义的倾向。如果恰如历史决定论者断言的那样，理想社会是社会发展不可抗拒的规律的必然结果，就要根据这些规律事先设计理想社会计划。为了实现这些计划，利用知识和权力来迫使不愿意接受计划的人参加进来，就是合理的和合乎伦理的，这里集权主义是用来达到理

---

① MARX K. Thesen über Feuerback [M] // Marx Engels Werke. Band 3. Berlin：Dietz Verlag，1969：533.

② "Totalitarianism"一般译为"极权主义"，这里译为"集权主义"稍显中性。原中文本译为"权力主义"也觉不妥。

想社会这一崇高目的的手段。然而这种集权主义很容易窒息人民的创造力和批判力。

对波普尔来说，社会可看作是解决问题的组织。在他关于开放社会的评论中，可以看出他如何应用他的猜测和反驳的科学方法于社会领域。在社会中，与在科学中一样，最佳的猜测可以来自任何地方，不只是来自上面。所以，信息不仅从上面流向下面，也从下面流向上面。这就要求在所有层次进行自由讨论和在所有成员中进行自由交流。这样，某种形式的自由和民主就是不可缺少的。因此，在波普尔的开放社会中，科学共同体特有的自由讨论应该是社会共同体的模型。虽然我认为波普尔的开放社会的规范图景优于封闭社会，但存在如下的问题。

首先，不知道有关信息如何能够传播到经济和教育上落后的国家中的所有成员。最重要的是，社会成员要有时间来倾听所提供给他们的信息，并且有能力来理解这些信息。如果维持生存、养家活口占据了他们几乎所有时间，或他们是或几乎是文盲，他们就很难参与自由讨论和做出理性批判或决定。当某些西方人急于输出他们的民主到发展中国家时，他们忘掉了这一简单的真理。他们在哪里这样做，哪里就出现混乱，而没有民主可言。即使在西方发达国家中，穷人和处于不利地位的人群，由于经济自由受限制或受剥削，也总是难以分享信息和自由讨论。

有人反驳说，在一个大的社会中，种种不同的社会、民族和文化集团有着不同甚至迥异的各自目的，不可能按照波普尔建议的那样完全靠争论理性地达到一致。这不完全对。波普尔的错误在于过分相信人类理性。人类理性同科学和权威一样，有它的局限。不同社会、民族和文化集团之间的不一致或矛盾应该而且可能通过争论后的对话、磋商和协商来解决。争论是必要的，但是不够的，需要的是妥协。每一个集团应该在任何时候准备与对方妥协。我同意丘吉尔所说的，民主是最糟中的最好的。民主主义比集权主义要好，但它不是人间天堂。

经济决定论

现在让我们来考察波普尔对马克思主义的经济决定论的批评。对波普尔来说，经济决定论是"主张，社会的经济组织，人们与自然进行物质交换的组织，是一切社会体制及其历史发展的基础"①。在波普尔看来，马克思用经济决定论来补充历史决定论，结果是："所有的政治、所有的法律和政治机构以及所有的政治斗争只是阶级之间的经济或物质实在和关系在意识形态和观念世界中的表现，它们绝不可能具有头等重要的意义。政治是软弱无力的"②。

我们可以发现马克思著作中的某些段落也许看起来像是经济决定论，如："随着经济基础的改变，整个巨大的上层建筑也或多或少得到急剧的改造"③。但其他段落不能证明波普尔的指责："工人阶级革命的第一步是将无产阶级提升到统治阶级的地位……无产阶级将利用它政治上的无上权威从资产阶级夺取资本。"④

波普尔反对经济决定论的论据是，经济决定论认为历史由仅基于经济因素的阶级结构决定，依赖于对人类行动动机的错误观念，而非经济因素同经济因素或多或少同样重要。

在我看来，经济决定论的概念并没有被很好地限定。如果它指在人类历史中仅是经济因素重要，而其他不重要，人类历史的一切变化只能用经济变化来说明，这种经济决定论就过分简单化，而站不住脚。然而，马克思及其亲密战友恩格斯并不是这种经济决定论者。恩格斯有一次写道："按照唯物史观，历史中最后起决定作用的要素是现实生活的生产和再生产。马克思和我的主张从未超越这一点。年轻人有时过分强调经济因素，马克思和我对此有部分责任。我们在反对对手时不得不强调主要原则，我们并不总有时间、地方和机会来赋予相互作用中的其他因素以应有的地位。"⑤

所有前马克思主义的史学家和社会科学家都忽视了经济因素在社会、经济、政治、文化和意识形态因素的相互作用中的特殊作用。特殊作用在于，人类的生存和发展有赖于形成社会基础的物质资料的生产。然而，这并不排斥其他因

---

① POPPER K. The Open Society and its Enemies [M]. London：Routledge and Kegan Paul，1952：2：106.

② 同①119.

③ MARX K. A Contribution to the Critique of Political Economy [M] //Marx Engels Werke. Band 13. Berlin：Dietz Verlag，1972：9.

④ MARX K，ENGELS F. The Manifesto of Communist Party [M] //Marx Engels Werke. Band 4. Berlin：Dietz Verlag，1967：481.

⑤ ENGELS F. A Letter to Joseoh Bloch [M] //Marx Engels Werke. Band 4. Berlin：Dietz Verlag，1967：493.

素的作用。波普尔对马克思理论的描绘是简单化的。马克思更清楚地看到了其他学者看不到的东西,即经济因素的特殊作用,正是马克思的功绩,而不是他的错误。这个星球上当代人对经济因素的重要性有着活生生的经验。相反,马克思以后的一些主要的马克思主义者,却过分地强调了政治因素。当西方政治家坚持要将他们的政治制度加于发展中国家,而不关心他们的生存和发展时,他们犯了同样的错误。

所有基于社会主义实践的挫折而视马克思的理论为胡说或伪科学,都忽视了马克思在我们关于人类和社会的思维重新定向中的重要作用。马克思和马克思主义者引入的分析,作为对现代社会的社会和经济动力学更为精致的理解的基础,是永远具有价值的。

参考文献

[1] POPPER K. Unending Quest: An Intellectual Autobiography [M]. London: Fontana Press, 1978.

[2] POPPER K. The Open Society and its Enemies [M]. London: Routledge and Kegan Paul, 1952.

[3] POPPER K. The Poverty of Historicism [M]. London: Routledge and Kegan Paul, 1957.

[4] POPPER K, JOHN E. The Brain and Its Self [M]. Berlin-Springer, 1977: 14−21.

[5] MARX K. Thesen über Feuerback [M] // Marx Engels Werke. Band 3. Berlin: Dietz Verlag, 1969: 533.

[6] MARX K. Capital [M] //Marx Engels Werke. Band 23. Berlin: Dietz Verlag, 1972.

[7] MARX K. A Contribution to the Critique of Political Economy [M] //Marx Engels Werke. Band 13. Berlin: Dietz Verlag, 1972.

[8] MARX K, ENGELS F. The Manifesto of Communist Party [M] //Marx Engels Werke. Band 4. Berlin: Dietz Verlag, 1967.

[9] ENGELS F. A Letter to Joseoh Bloch [M] //Marx Engels Werke. Band 4. Berlin: Dietz Verlag, 1967.

论波普尔的基本陈述句*

林正弘

（一）前言

波普尔的基本陈述句（basic statements）在他的科学哲学中扮演极重要的角色。详细分析基本陈述句的特性及功能，有助于厘清波普尔科学哲学的特色，及其与逻辑实证论、库恩等学派之关联和异同。然而，波普尔本人对基本陈述句所做的解说及逻辑分析，却颇为混乱，且前后矛盾。本文的目的是要阐明基本陈述句在其科学哲学中的功能，指出波普尔的解说与分析的不当之处，并企图提出尝试性的修正，使其充分发挥其所欲达成的功能。

（二）基本陈述句在波普尔科学哲学中所扮演的角色

在本节中，我们将略述波普尔科学哲学的几个要点，同时指出基本陈述句在其中所扮演的角色。[①]

首先，我们要略述波普尔的反归纳主义（anti-inductivism）及否证论（falsi-

---

* 中文初稿于1989年10月在香港中文大学主办的"分析哲学与科学哲学研讨会"上宣读，删节稿曾刊登于1988年10月出版之《自然辩证法通讯》第11卷第1期，修订稿收入香港中文大学新亚书院出版社出版之《分析哲学与科学哲学论文集》（《新亚学术集刊》第九期，1989）。英文稿于1991年8月12日在瑞典乌布沙拉大学（Uppsala University）承办之第九届国际逻辑、方法学及科学哲学大会（The IXth International Congress of Logic, Methodology and Philosophy of Science）上宣读，修订稿收入《波士顿科学哲学研究丛书》（Boston Studies in the Philosophy of Science, Kluwer Academic Publisher, The Netherlands, 1993）第141卷。

① 关于波普尔科学哲学的内容及特色，笔者在《波柏与当代科学哲学的蜕变》一文中有较全面的论述，本节只就有关基本陈述句部分择要重述。该文初稿曾于台湾大学创校四十周年中国哲学研讨会上宣读，内容极为简略，现经修订增补后，已收入《伽利略·波柏·科学说明》（台北东大图书公司，1988年7月）一书之中，69–113页。

ficationism)。① 早期的所谓"归纳法"是指由个别事象导出普遍定律的推理过程，而所谓"归纳逻辑"（inductive logic）则指由个别事象导出普遍定律的推理规则。其实，由个别事象到普遍定律并不是一种推理过程。当我们面对一些个别事象而想要寻求普遍定律来加以涵盖时，我们必须要有相当敏锐的透视力以及丰富的想象力。有敏锐的透视力才能看出那些个别事象的相似之处，有丰富的想象力才能想出普遍定律所要用到的抽象概念。可见寻求普遍定律不是呆板的推理过程，当然也没有固定的推理规则可以遵循。因此，波普尔认为没有这种早期的所谓"归纳法"。

当今一般逻辑家所谓的"归纳法"是指用个别事象来支持（support）或验证（confirm）普遍定律。当我们提出普遍定律之后，必须检验其是否可靠。如果有许多个别事象与普遍定律相符，则普遍定律的可靠性增强。在此情形下，我们说那些事象支持或验证了普遍定律。当今逻辑家所谓的"归纳逻辑"乃是指估计验证程度的方法，因此又称为"验证理论"（confirmation theory）。然而波普尔也不承认有这种意义的归纳法。他认为一个普遍定律只有可能被否证（falsified），不可能被验证。我们如果找到个别事象与普遍定律不符，则足以断定该定律不能成立。相反地，不管我们找到多少个别事象与普遍定律相符，都不足以断定该定律能够成立，因为以后永远有可能找到不相符的个别事象。波普尔甚至主张：相符的个别事象愈多，不足以断定普遍定律的可靠性（亦即成立的可能性）愈高。他的理由大概是这样：不管我们已找到的相符的个别事象是一千个还是一亿个，只要有一个不符的反例就足以推翻普遍定律。既然如此，则何以见得一亿个个别事象对普遍定律的支持力或验证程度高于一千个个别事象？

波普尔认为：科学家提出一项假设之后，无法用个别事象来验证，只能等待不相符的个别事象（亦即反例）来加以否证。科学理论或假设遭到否证，固然必须放弃或修改；若经过多次试验（test）而未遭否证，并不足以判定它能够成立，只是尚未证明其不成立，因此还不须放弃而已。

一个科学理论或假设提出之后，必须不断加以试验。其试验步骤如下：(i) 以待试验的理论或假设 T 为前提，配合一些已知为真的先行条件（initial conditions）C_1、C_2……C_n 及其他已通过足够的试验而足以令人接受的辅助前提 P_1、P_2……P_m，用演绎法导出叙述个别事象的语句 S。所谓"先行条件"是指 S

---

① 波普尔有关反归纳主义及否证论的讨论，请阅 POPPER K. The Logic of Scientific Discovery [M]. London: Hutchinson, 1959: Chapters I and II, 27-48, 78-92.

所叙述的事象尚未发生之前即已具备之条件或与之同时具备之条件。P_1、P_2……P_m 则为要导出 S 所需用到的其他前提（包括其他科学定律在内）。(ii) 查看 S 所叙述的事象是否与实验或观察所得相符。(iii) 若相符，则 T 通过了一次试验。(iv) 若不相符，则 T 遭到否证。①

上面所说的 C_1、C_2……C_n、S 都是叙述个别事象的语句，很像逻辑实证论者所谓的"观察语句"（observation sentences）。实证论者认为：我们可以使用中立的语言，把我们所观察到的事象，客观地加以描述，而不掺杂任何主观成分。这样描述事象的语句称为"观察语句"。其实，波普尔根本不承认有这种观察语句。他认为任何人若把观察到的某一事象用语句加以描述，则语句所描述的内容一定超出观察者实际观察到的内容。② 举例言之，设想一个人看到一杯白开水，伸手去摸，觉得它是冷的。于是他就写出一个语句来描述他的观察所得："这杯白开水是冷的"。这句话果真是客观描述观察所得，而未加入任何主观成分吗？波普尔的答案是否定的。这个人并不知道杯中装的是水。他不能只看一眼就断定那是水。要确定一杯液体是 H_2O，必须经过一套化验手续，因而必须涉及一些相关的定律。要确定一杯水煮沸过，也不容易。可见，这句话的内容远超过他所观察到的内容。至于说它是冷的，更须确定他的手不是刚从火炉边抽回来的，因而冷的感觉不是错觉。这也必须涉及相关的知觉理论。若改用温度计来量这杯水的温度，而不依靠手的感觉，则又必须涉及有关汞热胀冷缩的定律。有人也许会辩解说：如果"冷"字不是指客观温度的高低，而是指个人的感觉，则不管是否错觉，"冷"字正确地描述了这种感觉，并未超过实际的感觉内容。我们可不可能写出这类"知觉语句"（perceptual sentences），哲学界争论已久，迄今无定论。即使可能，那也是纯粹描述私人感觉的语句；描写是否正确，无法诉诸大众的公评。这样的描述在科学上是毫无用处的。波普尔主张：科学中的语句必须能够由大众（至少由科学社群中的成员）来判定真假或决定是否接受；简言之，必须是公众的（public）或客观的（objective）。③

----

① POPPER K. The Logic of Scientific Discovery [M]. London: Hutchinson, 1959: 32-33, 82-86.

② POPPER K. The logic of Scientific Discovery [M]. London: Hutchinson, 1959: 94-95; POPPER K. Conjectures and Refutations: The Growth of Scientific Knowledge [M]. London: Routledge & Kegan Paul, 1965: 387-388.

③ 同①46, 111, note 4.

描述事象之语句的内容既然会超出观察所得的内容，则我们如何凭观察所得来判断语句的真假？波普尔承认观察与语句之间没有必然的关联，尤其是没有逻辑关系。因为逻辑关系只出现于语句与语句之间，不可能出现于观察与语句之间。他认为观察与语句之间的关系是由大家约定或决定而产生的。假如观察某一事象的人，都一致认定某一语句是对该事象的正确描述，或一致加以否认，而无争议，我们就称该语句为"基本陈述句"，并把它当作试验理论或假设的基础。反之，假若那些观察者对该语句所做的描述无法达成一致的意见，则该语句本身必须成为试验对象。其试验过程与理论或假设的试验过程相同。①试验所导出的结论必须比受试验的语句较易取得大家一致的意见。这样的试验可以继续做下去，直到结论出现基本陈述句为止。②

从上述试验步骤，我们可以看出：若其他辅助前提 P_1、P_2……P_m 已被接受，则先行条件 C_1、C_2……C_n 之为真以及结论 S 之为假，两者合起来，就足以否证受试验的理论或假设。在此情形下，波普尔把先行条件之肯定句与结论之否定句所构成之连言（$C_1 \cdot C_2 \cdot \cdots\cdots \cdot C_n \cdot \sim S$）称为该理论或假设之"否证者"（falsifier）。如上所述，先行条件及结论都是描述个别事象的语句，而这类语句本身也需要接受试验，一直到出现基本陈述句为止。可见，理论或假设的试验，终究要归结到基本陈述句；而由基本陈述句所构成的否证者才是否证科学理论或假设的最后根据。这是我们所要指出的基本陈述句所扮演的第一种角色。

其次，我们要叙述波普尔区分科学理论与非科学理论的可否证标准（falsifiability as criterion of demarcation between scientific and nonscientific theories）。波普尔不但主张科学理论只能被否证而不能被验证，他还进一步主张：一个科学理论必须是有可能被否证的。在此我们必须把"已否证"（falsified）与"可否证"（falsifiable）这两个概念分清楚。一个科学理论，虽然尚未遭受个别事象的否证，但我们若能设想其遭受否证的情况，换言之，我们若能想象其可能的反例，则该科学理论是可否证的。反之，一个理论，我们若无法设想其遭受否证的情

---

① 这种描述个别事件的语句是否可以像普遍定律或假设一样接受试验，颇有问题。波普尔对此未加讨论。有关此问题之简要讨论，请阅：ANTHONY O. Karl Popper [M]. London: Routledge & Kegan Paul, 1980: 74.

② POPPER K. The Logic of Scientific Discovery [M]. London: Hutchinson, 1959: 46-48, 104-105.

况，任何可能想象的个别事象都不会和它冲突，则这个理论就不是科学理论。波普尔用可否证性（falsifiability）之有无来区分科学理论与非科学理论：科学理论是可否证的，非科学理论是无法否证的。①

上面曾经指出：在试验一个理论时，若已知其先行条件为真而结论为假。换言之，若已知（$C_1 \cdot C_2 \cdot \cdots \cdot C_n \cdot \sim S$）为真，则该理论即被否证，而（$C_1 \cdot C_2 \cdot \cdots \cdot C_n \cdot \sim S$）即为该理论的否证者。现在，假定我们未知（$C_1 \cdot C_2 \cdot \cdots \cdot C_n \cdot \sim S$）的真假，甚至已知其为假，则我们虽然不能使用这个语句来否证受试验的理论，因而不能认定该语句是该理论的否证者；但是，我们知道该语句与该理论是冲突的，只要该语句为真就足以否证该理论。简言之，（$C_1 \cdot C_2 \cdot \cdots \cdot C_n \cdot \sim S$）具有成为否证者的潜能，波普尔称之为"潜在否证者"（potential falsifier）。一个理论，我们若能设想其遭受否证的情况，换言之，我们若能想象其可能的反例，那么，我们把这些想象的情况或反例加以描述，就得到该理论的潜在否证者。因此，我们可以这样说：一个理论，若有否证者，换言之，若已知其潜在否证者为真，则该理论已被否证；若其潜在否证者有可能为真，则该理论是可否证的；若其潜在否证者不可能为真，或者根本没有潜在否证者，则该理论是无法否证的。②

波普尔认为：一个科学理论或定律的内容是告诉我们何种情况不会发生。举例言之，阿基米德原理告诉我们：若除了液体的浮力及物体的体重力以外，无其他因素干扰，则不会发生比重小于液体的物体竟然会沉入液体的情况。若有此情况发生，则足以否证阿基米德原理。可见，一个科学理论 T 的内容是告诉我们说：足以否证 T 的情况是不会发生的。一个理论的潜在否证者正是描述这种情况的语句，因此，一个理论的内容是告诉我们说：它的一切潜在否证者均为假。③ 上面已经说过，先行条件 C_1、$C_2 \cdots \cdots C_n$ 及结论 S 都是描述个别事象的语句，它们本身也必须接受试验，直到出现基本陈述句为止。因此，用来表达一个理论之基本内容的潜在否证者一定是用基本陈述句所写出的。这是基本

---

① 关于可否证性，请阅：POPPER K. The Logic of Scientific Discovery [M]. London：Hutchinson, 1959：40-42, 84-87。

② 关于潜在否证者及其与可否证性的关系，请阅：POPPER K. The Logic of Scientific Discovery [M]. London：Hutchinson, 1959：86。

③ 关于理论的内容及其与潜在否证者的关系，请阅：POPPER K. The Logic of Scientific Discovery [M]. London：Hutchinson, 1959：69, 112-113, 120。

陈述句所扮演的第二种角色。

最后，我们要简介波普尔的认可理论（corroboration theory）。波普尔虽然不承认归纳法或验证理论，不承认个别事象可以用来支持或验证科学理论，也不承认通过试验会增加科学理论的可靠性；但是，他却主张：一个科学理论，若具有丰富的内容并通过多次严格的试验而仍未遭否证，则可暂且接纳，作为说明已知事象及预测未知事象的依据，并且令其继续接受试验，直到遭受否证才加以放弃。一个科学理论，若符合上述条件而被暂时接纳，则波普尔称之为"已被认可"（corroborated）。他认为我们之所以接纳这样的科学理论，并不是因为相信已被认可的理论为真或很可能为真（true or probable），而是因为科学本来就是一种冒险事业（adventure enterprise），科学家要从错误中学习（learn from mistakes）。依照波普尔的认可理论，一个科学理论在尚未被否证的情况下，被否证的可能性越高越好。上面曾经说过：一个科学理论的内容是告诉我们一切足以否证它的情况不会发生，亦即它的一切潜在否证者均为假。因此，内容越丰富，则足以否证它的情况越多，亦即它的潜在否证者越多，因而越容易遭受否证。可见，一个科学理论内容之多寡是与其可否证度（degree of falsifiability）的高低成正比的。按照波普尔的主张，科学家要大胆地提出内容丰富而容易被否证的理论，然后要不断地试验，越严格的试验越好，只要遭受否证，就必须放弃，另提新理论；若通过试验，则继续使用该理论，并继续加以严格的试验。大胆地提出内容丰富的理论，表现了科学的冒险精神，而严格的试验则用以矫正大胆假设所可能发生的错误，使我们能够从错误中学习。[1]

在认可科学理论的过程中，有两处会用到基本陈述句。第一，一个理论必须通过许多严格的试验才能得到认可。我们在前面叙述理论的试验步骤时曾指出：试验理论，最后会用到基本陈述句。所谓一个理论通过一次试验，意思是说：它的结论 S 是我们认定可以接受的基本陈述句；换言之，我们认为 S 所描

---

[1] 有关确认理论，请阅：POPPER K. The Logic of Scientific Discovery [M]. London: Hutchinson, 1959: 33, 251, 265-269。有关理论被否证的可能性之高低与其内容之多寡及其潜在否证者之多寡，请阅：POPPER K. The Logic of Scientific Discovery [M]. London: Hutchinson, 1959: 86, 112-113。关于科学的冒险性及从错误中学习，请阅：POPPER K. Conjectures and Refutations: The Growth of Scientific Knowledge [M]. London: Routledge & Kegan Paul, 1965: vii, 231; POPPER K. Objective Knowledge: An Evolutionary Approach [M]. Oxford: The Clarendon Press, 1972: 186。

述的个别事象与我们的观察所得相符。第二，一个理论必须具有丰富的内容或高度的可否证性才能得到认可。使用基本陈述句所构成的潜在否证者，在某些情况下，可用来衡量一个理论内容之多寡或可否证度之高低。波普尔曾经指出：衡量一个理论的可否证度之高低，不能依据其潜在否定者之个数来计算。因为任何可否证的理论，其潜在否定者的个数均为无限多（infinite）而且是可数的（denumerable），换言之，都与自然数的个数相等。① 然而，若一个理论的潜在否证者全都是另一个理论的潜在否证者，而后者的潜在否证者却不全是前者的潜在否证者，则前一理论的可否证度较后一理论之可否证度为低。换言之，设有 T1 和 T2 两个理论，T1 的潜在否证者所构成的集合为 F(T1)，而 T2 的潜在否证者所构成的集合为 F(T2)。若 F(T1) ⊂ F(T2)，亦即 F(T1) 为 F(T2) 的部分集合且 F(T1) ≠ (T2)，则 T1 之可否证程度低于 T2 之可否证程度。② 可见，由基本陈述句所构成的潜在否证者，有时可用来衡量理论的可否证程度。因此，基本陈述句是认可理论的过程中不可缺少的。这是我们所要指出的基本陈述句所扮演的第三种角色。

（三）基本陈述句的特色及功能

我们在上节已指出基本陈述句在波普尔的科学哲学中所扮演的角色：在试验科学理论、否证科学理论、认可科学理论、表达科学理论的内容，以及区分科学与非科学理论等，都必须用到基本陈述句。我们仔细考察这些角色，不难发现它们发挥了一项重要的功能：那就是联系了理论与经验。

波普尔基本上是经验主义者，他认为科学理论的试验、否证、认可都必须要有经验基础（empirical basis）；科学理论与非科学理论的区别，就在于后者只凭玄想（例如：形上学）或推理（例如：数学）就足以决定是否要接受，而前者则必须依据经验来决定。这里所谓"经验"是指我们使用感觉器官所看到、听到、摸到、嗅到、尝到的一切感官经验。经验的对象则包括自然发生的事象及实验所产生的事象在内。科学理论与经验之间的关系必须靠基本陈述句来联

---

① POPPER K. The Logic of Scientific Discovery [M]. London: Hutchinson, 1959: 113-114.

② 关于此种衡量可否证度的方法及其限制，请阅：POPPER K. The Logic of Scientific Discovery [M]. London: Hutchinson, 1959: 115-118。

系。波普尔虽然不相信有任何语句可以非常客观地描述观察所得,但他不否认基本陈述句比科学理论或定律较易取得大家一致的认可或否认。一群人一起观看天象,对描述个别星球之间相互位置的基本陈述句,比较容易有一致的认定:一致认定其为正确描述或一致认定其不正确。相反地,对开普勒定律(Kepler's laws)是否正确或可否接受,则较难取得一致的意见。大家如果对描述星球位置的语句仍然无法取得一致的认定,则必须以该语句为前提,配合其他辅助前提,导出较容易取得一致意见的结论。同样的程序可以一直继续到导出大家一致认可或一致否认的结论为止。只有这种能够取得一致认定的语句才叫作"基本陈述句"。科学理论就是透过这样的基本陈述句而和经验发生关联。科学理论的否证或认可是依据我们对基本陈述句的取舍来决定的,因而也就比较容易取得一致的意见。假若没有透过基本陈述句来与经验发生关联,则我们对科学理论的取舍恐怕较难取得一致的意见。一个理论若无法透过基本陈述句来和经验发生关联,无法使用基本陈述句来表达其内容,则不能成为科学理论。这也就是波普尔所谓的"无法否证"的理论。

为了达成上述功能,基本陈述句必须具有下面几点特色[①]:

第一,基本陈述句必须描述个别事象(individual events)而非一般事象(general events)。所谓"个别事象"是指发生于某一特定时空的事象,例如:1986年11月15日清晨5点20分发生于台湾地区的地震。所谓"一般事象"则泛指任意时空所发生的某一类事象,例如:泛指一般地震而不特指某一次地震。一个语句若描述一般事象而非个别事象,则一群人无法凭其观察所得就轻易取得一致意见,决定认可或否认该语句。这样的语句无法用来帮助科学理论,使其较易取得一致的认可或否认。

第二,基本陈述句所描述的事象必须是可供大众观察,否则不能期望大众凭其观察所得对该语句取得一致的认可或否认。例如:描述我个人心境的语句,因其描述的对象无法供别人观察,故大众无法凭其观察所得来一致认定该语句的描述是否正确。

第三,基本陈述句所指涉的对象必须是具体物而非抽象体,否则观察者难

[①] POPPER K. The Logic of Scientific Discovery [M]. London:Hutchinson, 1959:102–103. 有关基本陈述句之实质要求(material requirement);POPPER K. Conjectures and Refutations:The Growth of Scientific Knowledge [M]. London:Routledge & Kegan Paul, 1965:267–268。

以取得一致的意见。①

第四，基本陈述句所指涉的具体物必须大小适中，否则，观察者因不方便做适当的观察，而无法凭观察所得来一致认定该语句的描述是否正确。

第五，基本陈述句所描述的具体物之性质或状况，必须是大众的感官能共同辨认的，例如："这张石蕊试纸由蓝色变成红色"是基本陈述句，因为一般人的眼睛都能辨别蓝色和红色。但是，"这张信纸由浅橘黄色变成浅米黄色"并非基本陈述句，因为有许多人不能分辨浅橘黄色和浅米黄色。

第六，基本陈述句所描述的事象必须发生于某一适当大小的时空范围之内。发生于广大空间的事象（如：全球性经济萧条）和经历长久时间的事象（如：台北车站改建），观察者不容易仅凭观察所得，就能一致断定其符合或不符合陈述句所描述的情况。

波普尔为"基本陈述句"所下的定义，大致已涵盖了上述特色，他的定义如下："基本陈述句是叙说某一可观察事象发生于某一特定的个别时空范围之内的语句"②。

（四）波普尔对基本陈述句所做的逻辑分析及其问题

波普尔除了主张基本陈述句必须具有上述特色之外，他还为基本陈述句做逻辑分析，认为它们的逻辑形式必须满足一些条件。本节将讨论这些条件，探讨它们的由来，并指出其引发的难题。

波普尔在其《科学发现的逻辑》一书中提出基本陈述句必须满足的形式条件如下③：

（a）从单独一个全称陈述句（universal statement），而没有先行条件配合，无法导出任何基本陈述句。

（b）全称陈述句能够与基本陈述句互相矛盾。

---

① Robert J. Ackermann 在其 *The Philosophy of Karl Popper*, p.183, note 6 主张：逻辑实证论的观察语句不能指涉抽象体，而波普尔的基本陈述句则无此限制。此种主张似不正确。请阅：POPPER K. Conjectures and Refutations：The Growth of Scientific Knowledge [M]. London：Routledge & Kegan Paul, 1965：267。

② POPPER K. The Logic of Scientific Discovery [M]. London：Hutchinson, 1959：103.

③ 同②100-102.

（c）基本陈述句要具有单一存在陈述句的形式（the form of singular existential statements）。

在尚未讨论这些条件之前，有一点必须先交代清楚：波普尔所列出的条件（conditions）只有上面的（a）和（b）两项。至于（c），他并未把它列为条件，而是把它当作规则（rule）。他虽然强调符合此规则的陈述句也将满足（a）和（b）两条件①，但我们认为此规则与（a）和（b）之间的关系尚未十分明确。因此把它列于（a）、（b）之后，并称之为"条件（c）"，而不预先认定它们之间有任何涵蕴关系。

现在我们要逐项讨论这些条件。

在条件（a）中的所谓"全称陈述句"乃是指科学定律而言。波普尔和大部分科学哲学家一样，认为科学定律都是全称陈述句。他又认为要从科学定律导出描述个别事象的结论，必须要有一些先行条件作为前提，和科学定律相配合；只有科学定律，而没有先行条件相配合，无法导出基本陈述句。以阿基米德原理为例，我们若要由此原理导出某一物体会浮出某池塘的液面上（后面将以"S"表示此结论），则必须加上下面的先行条件：

C_1：该物体的比重小于该池塘中液体的比重。

C_2：该物体已被放进该池塘的液体中。

C_3：除了该物体的重量及该池塘液体的浮力之外，没有其他因素干扰该物体的浮沉。

由阿基米德原理及 C_1、C_2、C_3，我们可导出 S。若没有 C_1、C_2、C_3，而只有阿基米德原理一个前提，则无法导出 S，而只能导出条件句（conditional）：$(C_1 \cdot C_2 \cdot C_3) \supset S$。这样的条件句是科学定律的个例（instance），正如（Ra ⊃ Ba）是（x）(Rx ⊃ Bx）的个例一样。使用全称个例化规则（rule of universal instantiation，简称"UI 规则"），可由后句导出前句，故波普尔把这样的条件句叫作"个例陈述句"（instantial statement）。他认为这种陈述句不是基本陈述句。

现在我们要问：波普尔为什么不承认个例陈述句为基本陈述句？这种陈述句有可能具有本文第三节所列的一切特色。只要 C_1、C_2、C_3、S 等陈述句具有这些特色，则由这些陈述句使用语句连词（sentential connective）所构成的个例陈述句，也会具有这些特色。因为这里所使用的语句连词都是真值函数的

---

① POPPER K. The Logic of Scientific Discovery [M]. London：Hutchinson, 1959：102.

（truth functional）语句连词；只要单句的真假认定之后，很容易就能认定其所构成之复句的真假。既然如此，为何不承认这样的复句是基本陈述句呢？波普尔的回答是：因为它们不能作为科学定律的潜在否证者。① 我们在第二节曾指出：基本陈述句的主要功能在于写出科学理论或定律的潜在否证者，用来试验、否证、确认科学理论或定律，并表达科学理论或定律的内容，以及区分科学与非科学理论。基本陈述句要达成这些功能，必须要写成潜在否证者的形式。因此，波普尔就把不具备这种形式的陈述句排除于基本陈述句之外，而只承认潜在否证者才是基本陈述句。② 我们已知潜在否证者的形式为（$C_1 \cdot C_2 \cdot C_3 \cdot \sim S$），而个例陈述句的形式为（$C_1 \cdot C_2 \cdot C_3$）⊃S。两者形式不同，故波普尔主张个例陈述句不是基本陈述句。

我们已经知道（虽未必赞同）波普尔认为基本陈述句必定为科学定律的潜在否证者，也就不难明了他为什么会要求条件（b）。基本陈述句既然是能够用来否证科学定律的语句，当然就会与某些科学定律相矛盾。波普尔还特别指出：由（a）和（b）两条件可推知任何基本陈述句的否定句不会是基本陈述句。③ 因为基本陈述句既然是科学定律的潜在否证者，其形式为（$C_1 \cdot C_2 \cdot C_3 \cdot \sim S$），而其否定句 $\sim$（$C_1 \cdot C_2 \cdot C_3 \cdot \sim S$）与科学定律的个例陈述句（$C_1 \cdot C_2 \cdot C_3$）⊃S 等值（equivalent），且照条件（a），个例陈述句不会是基本陈述句，则基本陈述句的否定句当然就不会是基本陈述句。

条件（c）中的所谓"单一存在陈述句"需要稍做解说。基本陈述句既然是描述个别事件且须是容易取得大家一致认定的语句，则该事件的主体（亦即该语句所指涉的个体）必须是某一特定的具体物。例如："某块石头沉入某一水池中"这个陈述句是描述大家可以看到的事象，而极易取得一致认定。其中所提到的石头和水池都是特定的具体物，而非泛指任意一块石头或任意一个水池。在逻辑上，这种语句通常用单称陈述句（singular statement）来表达。所谓"单称陈述句"是指含有个体常元（individual constant）而不使用全称量词（universal quantifier）或存在量词（existential quantifier）的陈述句。其中个体常元就是用来指称特定个体（包括物体在内）的名称或符号。但这种语句也可用波普尔

---

① POPPER K. The Logic of Scientific Discovery [M]. London：Hutchinson，1959：101，note*1.

② 波普尔这样归类所导致的难题，本节稍后将会讨论。

③ 同①.

所谓的"单一存在陈述句"来表达。通常存在陈述句只表达有合于它所描述的个体存在（例如："有石块沉入水中"），而没有指明是那一个个体（例如：没有指明那一块石头）。单一存在陈述句则进一步限定个体所在的特定时空或事象发生的特定时空，并指明在该特定时空中合于它所描述的个体只有一个。例如："有一个人现在正在这个教室内宣读论文"这个句子中，时间限定在现在，空间限定在此教室内，又指明在该特定时空中宣读论文的人只有一个。这样的句子虽然没有使用姓名来指称那个宣读论文的人，但是也和单称陈述句一样达成了指定某一特定人的功能。

有一点必须注意的是：单一存在陈述句虽是用限定单一存在的方法来指明某一特定的个体，但这并不表示一个单一存在陈述句中只能指明一个特定的个体，它可以用同样的限定方法来指明另一个特定的个体。例如："有一个人现在正在这个教室内宣读论文，而另有一人也正在同一个教室内专心听他宣读"这个句子中，指定两个特定的人。但每一个人都是用限定单一存在的方法来指定的；也就是说，当时在该教室宣读论文的只有一人，而同时在同一教室聆听他宣读的也只有一人。其实，单称陈述句也能够在同一句子中指称两个以上的个体。例如："曾国藩是曾纪泽的父亲"就指称两个特定的人。所谓"单称"乃是表示每一个名称只能指称一个特定的个体。

以上已逐项讨论了（a）、（b）、（c）三条件。现在我们要指出这些条件所引发的难题。

首先，我们要指出许多基本陈述句无法满足条件（c）。波普尔既然要求基本陈述句必须是科学定律的潜在否证者，而潜在否证者是由先行条件的肯定句和结论的否定句所构成之连言，其形式为（$C_1 \cdot C_2 \cdot \cdots\cdots \cdot C_n \cdot \sim S$），则很难再要求基本陈述句必须满足条件（c）。比较简单的潜在否证者固然有可能写成单一存在陈述句，因而满足条件（c）。例如："木栅动物园有一只白鸦"这个单一存在陈述句是"一切鸦都是黑的"这个全称陈述句的潜在否证者。但是，在比较复杂的情况，我们很难在一个单一存在陈述句中肯定一切先行条件，并否定其结论。例如，下面的先行条件 C_1、C_2、C_3、C_4 之肯定句与结论 S 之否定句所构成的连言（$C_1 \cdot C_2 \cdot C_3 \cdot C_4 \cdot \sim S$）就是阿基米德原理的潜在否证者。

C_1：这个池塘中的液体之比重为 0.9。

C_2：这个物体 a 之比重为 0.7。

C_3：a 投入池塘之中。

C_4：除了 a 的重量和池塘中液体的浮力之外，没有其他因素干扰。

S：a 浮出水面。

这个连言很难用一个单一存在陈述句来表达。严格说来，我们若硬要把它写成一个单一存在陈述句，在逻辑上是可以办到的。但这样的句子将极端复杂，很难在观察者之间取得一致的认定。这样将丧失基本陈述句的特色，也违背了条件（c）的用意。此条件的用意是要基本陈述句容易取得一致的认定。反之，我们若保留（$C_1 \cdot C_2 \cdot C_3 \cdot C_4 \cdot \sim S$）的原来形式，而不勉强写成一个极为复杂的单一存在陈述句，则观察者可以就其中的 C_1、C_2、C_3、S 等语句逐一取得一致的认定，然后再来认定它们所构成的复句（$C_1 \cdot C_2 \cdot C_3 \cdot C_4 \cdot \sim S$）可否接受。由此可见，条件（c）的要求与基本陈述句的基本特色背道而驰。符合基本特色且能达成其主要功能的基本陈述句未必能满足条件（c）。

从上面的论述，我们可以看出难题的来源。波普尔一方面要求基本陈述句必须为潜在否证者；另一方面又要求基本陈述句必须是简单的陈述句，以便容易取得一致的认定。这两项要求有时不易同时满足，因为许多科学定律的内容是极为复杂的，其潜在否证者不是简单的陈述句可以表达的。波普尔似乎看出其中的困难，而且也企图要解决这个难题。但依笔者浅见，他这项企图并未成功。其理由我们将论述如下：

波普尔在《科学发现的逻辑》一书中略述条件（a）~（c）之后，接着谈到用较简单的基本陈述句来构造较复杂的基本陈述句的一些规则。[①] 我们可以把这些规则归纳成下列两条：

（α）任意两个基本陈述句，只要它们不互相矛盾，则其连言也是基本陈述句。

（β）一个基本陈述句和一个非基本陈述句（non-basic statement）所构成的连言，有可能是基本陈述句。

根据规则（α），两个先行条件 C_1 和 C_2 若均为基本陈述句，则其连言（$C_1 \cdot C_2$）也是基本陈述句。可见，规则（α）是要使潜在否证者具有基本陈述句的资格。至于限制它们不能互相矛盾，则是因为互相矛盾的语句之连言不可能为真，因而不可能成为科学定律的否证者；而不可能成为否证者的陈述句就不会是潜在否证者。很明显，波普尔制定规则（α）时，还是念念不忘潜在否证

[①] POPPER K. The Logic of Scientific Discovery [M]. London: Hutchinson, 1959: 102.

者。规则（β）也是如此，他之所以允许基本陈述句与非基本陈述句所构成的连言有可能是基本陈述句，其目的就是要使（$C_1 \cdot C_2 \cdot \cdots\cdots \cdot C_n$）与~S所构成的潜在否证者属于基本陈述句。若$C_1$、$C_2$……$C_n$、S均为基本陈述句，则依据规则（α），（$C_1 \cdot C_2 \cdot \cdots\cdots \cdot C_n$）为基本陈述句，但~S是非基本陈述句，因为波普尔认为基本陈述句的否定句并非基本陈述句。假如不允许基本陈述句（$C_1 \cdot C_2 \cdot \cdots\cdots \cdot C_n$）与非基本陈述句~S所构成的连言（$C_1 \cdot C_2 \cdot \cdots\cdots \cdot C_n \cdot$ ~S）属于基本陈述句，那么一切潜在否证者均非基本陈述句。

从上面的说明看来，波普尔在制定规则（α）和（β）时，似乎考虑颇为周详，其实漏洞甚多，而且作为一套建构基本陈述句的规则来看，是一套失败的建构方法。兹论述如下：

第一，波普尔一方面要基本陈述句全为潜在否证者，另一方面又要潜在否证者由较简单的基本陈述句来构成。这两项要求不易同时满足。在大部分情况下，我们很难要求构成潜在否证者（$C_1 \cdot C_2 \cdot \cdots\cdots \cdot C_n \cdot$ ~S）的先行条件C_1、C_2……C_n及其结论S仍然是潜在否证者。就以我们稍早举的阿基米德原理的潜在否证者所含的先行条件及结论来说，我们很难想象"物体a投入池塘之中"会是何种科学定律之潜在否证者。波普尔自己所举的例子也有同样的问题。他曾举出一个潜在否证者的例子："现在在k地点有一指针静止不动"。据他分析，这个基本陈述句可写成（r. ~p），其中r是先行条件"现在在k地有一指针"，而p是结论"现在k地点有一指针移动"。他还特别强调r为基本陈述句。[①] 但我们实在很难想象r这个陈述句有可能是何种科学定律的潜在否证者。波普尔若要坚持潜在否证者所含的先行条件及其结论一定是基本陈述句，则他似乎不应同时又坚持一切基本陈述句（如上述的r）一定是潜在否证者。但是，如果他不要求基本陈述句必须是潜在否证者，则条件（a）和（b）实在没有必要，而在规则（α）中也不必限制构成基本陈述句的连言项（conjunct）不互相矛盾。

第二，规则（α）和（β）合起来并非一套完整的构成规则（formation rules）。其缺点有三。（1）它们只告诉我们：由基本陈述句所构成的连言，若不互相矛盾，则必为基本陈述句；但并未告诉我们：由基本陈述句所构成的选言（conjunction）、条件句（conditional）或双条件句（biconditional）是否为基本陈述句。按照条件（a），条件句似乎不能成为基本陈述句，但规则（α）和（β）

---

① 这个例子在：POPPER K. The Logic of Scientific Discovery [M]. London：Hutchinson，1959：102。

并未明言。(2) 依据规则 (β)，基本陈述句与非基本陈述句的连言，有可能是基本陈述句。从文意看来，它并不是说基本陈述句与任意非基本陈述句的连言均可成为基本陈述句。根据第三节所述的基本陈述句的特色，构成基本陈述句的连言项必须是一般观察者容易取得一致认定的陈述句。但规则 (β) 并未做此限制。(3) 规则 (β) 之所以允许非基本陈述句与基本陈述句所构的连言有可能是基本陈述句，其目的是要使由先行条件之肯定句 C_1、C_2……C_n 与结论之否定句 ~S 所构成之潜在否证者 ($C_1 \cdot C_2 \cdot \cdots \cdot C_n \cdot$ ~S) 属于基本陈述句；而波普尔又认为基本陈述句的否定句并非基本陈述句，因此才有必要允许非基本陈述句可成为基本陈述句之连言项。这一点刚才说明规则 (β) 时已经指明。现在我们要指出的是：规则 (β) 并未明确限定其所谓的"非基本陈述句"是指基本陈述句的否定句。由于 (1) ~ (3) 这三项缺点，规则 (α) 和 (β) 未能明确告诉我们如何建构基本陈述句，我们无法依据这套规则来判定任意一个陈述句是否为基本陈述句。这是一套失败的建构规则。

以上所讨论的是波普尔在《科学发现的逻辑》一书中对基本陈述句所做的逻辑分析。经过 28 年之后，波普尔在其《猜测与反驳》(*Conjectures and Refutations*) 一书的"补遗"(addenda) 中对基本陈述句的逻辑结构做了一些补充与修正。[①] 现论述如下：

波普尔在"补遗"中重述基本陈述句必须满足的三个最起码的要求：

(i) 基本陈述句必须陈述在相当狭小的特定时空范围内有可观察事象发生（不管其陈述是否真实）。

(ii) 基本陈述句的否定句通常不会是基本陈述句。

(iii) 两个基本陈述句的连言是基本陈述句，当且仅当该连言在逻辑上一致。

这三项要求都是在《科学发现的逻辑》中说过的，也是我们在本节稍早讨论过的。其中只有第 (ii) 要求与早先的要求稍有不同。我们在前面说过：波普尔曾指出由 (a) 和 (b) 两个条件可推知任何基本陈述句的否定句不会是基本陈述句。当时波普尔并未提到有例外的可能。但后来提出的第 (ii) 要求，却加上"通常"(in general) 一词，对原先的条件稍予放宽，允许在某些情况下，基本陈述句的否定句仍为基本陈述句，他并举例说明这种例外的情况。他认为下面两个句子都是基本陈述句："现在我的研究室中有一只大狗"，"现在我的研究

---

① POPPER K. Conjectures and Refutations: The Growth of Scientific Knowledge [M]. London: Routledge & Kegan Paul, 1965: 386–387.

室中有一只蚊子"。但他认为前者的否定句仍为基本陈述句,而后者的否定句则否。他说:两者之所以有此差异,其理由极为明显(by obvious reason)。很清楚,他所谓"明显的理由"是指前者的否定句容易取得一致的认定,而后者的否定句不易取得一致的认定。因为要认定研究室内没有大狗并不困难,而要认定没有蚊子则不容易。他所谓的理由不是指前者的否定句能够作为潜在否证者,而后者的否定句不能。我们想不出两者在能否作为潜在否证者方面会有什么差异。

除了上述三项起码要求之外,波普尔也再一次列出一些建构规则。在列出规则之前,他先提出"基本陈述单句"(atomic basic statement)的概念。① 所谓"单句"(atomic statement)是指不含语句连词的词句。使用语句连词由基本陈述单句所构成的基本陈述句叫作"基本陈述复句"(compound basic statement)。波普尔所列的下面三条建构规则就是要告诉我们如何由基本陈述单句来构成基本陈述复句:

(a′) 基本陈述单句的否定句不是基本陈述句。

(b′) 由基本陈述单句所构成的连言,只要互相一致,必定是基本陈述句。

(c′) 基本陈述复句的否定句不是基本陈述句;除了基本陈述句的连言之外,由基本陈述句所构成的任何复句均非基本陈述句。

作为一套基本陈述句的建构规则,(a′)~(c′)比原先的(α)和(β)较为完备。我们上面批评规则(α)和(β)时,在第二点所提到的三项缺点(1)~(3),都已在(a′)~(c′)中得到矫正。(c′)明白告诉我们:由基本陈述句所构成的选言、条件句、双条件句均非基本陈述句。故(α)和(β)的第(1)项缺点已不存在。再者,按照(c′)的后半段,所有复句中,只有由基本陈述句所构成的连言才是基本陈述句。因此,由基本陈述句与非基本陈述句所构成的连言并非基本陈述句。故(α)和(β)的第(2)、第(3)两项缺点也消失了。除此之外,(a′)~(c′)清楚地表明一切建构都是由单句开始的,因而能够比较明确地显示基本陈述句的建构程序。

与原先的规则(α)和(β)相比,修正过的新规则(a′)~(c′)虽然有上述的优点,但原有的基本困难仍然存在,并未解决。我们在批评规则(α)和

---

① 波普尔认为最简单的陈述句都有可能再分析成为两个更简单的陈述句所构成之复句。因此,他不认为有绝对的陈述单句(absolutely atomic statement),只能有相对的陈述单句(relatively atomic statement)。本文为简便起见,简称为"陈述单句"而省略"相对的"一词。

(β) 时，第一点就指出：波普尔一方面要求基本陈述句全为潜在否证者，另一方面又要潜在否证者由较简单的基本陈述句来构成。这两项要求不易同时被满足。修正后的规则（a′）~（c′）也有类似的困难。波普尔在说明为何要有规则（c′）的限制时，明白地指出是为了排除个例陈述句，而只让潜在否证者留在基本陈述句之内。可见，他要求基本陈述句必须是潜在否证者的主张并未改变。根据规则（a′）~（c′），他一方面承认有基本陈述单句，另一方面又要求基本陈述句（包括基本陈述单句在内）必须为潜在否证者，因而必须是具有（$C_1 \cdot C_2 \cdot \cdots \cdot C_n \cdot \sim S$）这种形式的基本陈述复句。这岂不是要求基本陈述单句必须是基本陈述复句？除了上述难题之外，规则（a′）~（c′）还有另外一个令人困惑的疑点。按照规则（a′），基本陈述单句的否定句不是基本陈述句；而按照规则（c′）的前半段，基本陈述复句的否定句也不是基本陈述句。换言之，一切基本陈述句，不论是单句还是复句，其否定句均非基本陈述句。这会令人产生两点疑惑：第一，波普尔在规则（a′）~（c′）之前所列的第（ii）个起码要求中，允许在某些情况下，某些基本陈述句的否定句仍为基本陈述句，而且还举例说明此种可能。但在同一页中隔不到 6 行，他就列出规则（a′）~（c′）否定有此可能。第二，科学定律的潜在否证者是先行条件的肯定句 C_1、C_2 …… C_n 与结论 S 的否定句 ~S 所构成的连言（$C_1 \cdot C_2 \cdot \cdots \cdot C_n \cdot \sim S$）。若 S 为基本陈述句，则不论其为单句或复句，其否定句 ~S 为非基本陈述句，因而（$C_1 \cdot C_2 \cdot \cdots \cdot C_n \cdot \sim S$）也为非基本陈述句。若要（$C_1 \cdot C_2 \cdot \cdots \cdot C_n \cdot \sim S$）为基本陈述句，则 S 必须为非基本陈述句。如此，则潜在否证者无法由基本陈述单句使用语句连词来建构。换言之，我们无法使用语句连词，由基本陈述单句开始，一步一步建构潜在否证者或基本陈述复句。这与规则（a′）~（c′）的目的背道而驰。这些规则的目的是要明确规定如何由基本陈述单句来建构基本陈述复句。

从本节的讨论与分析，我们可以看出波普尔对基本陈述句所做的解说及所定的规则相当紊乱，且颇多漏洞。修订后的规则仍未能令人满意。下一节，我们将尝试提出一个可能的修正方案，一方面避免本节所指出的缺失，另一方面能够发挥基本陈述句的功能。

（五）可能的修正方案

从上一节的分析，可以清楚地看出：问题的产生是由于波普尔把"潜在否证者"与"容易取得观察者一致认定的陈述句"这两个概念混合在一起，而用"基本陈述句"一词来涵盖这两个概念。他一方面要求基本陈述句必须是潜在否证者；另一方面又要求基本陈述句必须容易取得观察者一致认定是否接受，因而要求较复杂的基本陈述句必须由较简单的基本陈述句来建构。要满足后面这个要求不会产生上节所指出的难题。因为只要基本陈述单句是容易取得一致认定的陈述句，则利用真值函数的语句连词，由基本陈述单句所构成的基本陈述复句也不难取得一致认定。问题的产生是因为波普尔为了要使每一个基本陈述句都是潜在否证者，而有其特定的形式（$C_1 \cdot C_2 \cdot \cdots\cdots \cdot C_n \cdot \sim S$），因而在基本陈述句的建构规则中加入许多限制，干扰了建构的程序，例如，限制基本陈述句的否定句不能成为基本陈述句，而使得 $\sim S$ 无法构成。我们认为釜底抽薪的办法是把"潜在否证者"与"容易取得一致认定的陈述句"这两个概念分开。先制定后者的建构规则，再利用后者的概念，增加某些形式要求，来界定潜在否证者。至于"基本陈述句"一词是要用来指称前者，还是用来指称后者，倒是次要的问题。我们不妨用英文"basic statement"中两个开头字母的大写"BS"来当作基本陈述句的缩写，以"BS1"表容易取得一致认定的陈述句，以"BS2"表潜在否证者。现在提出我们的修正方案如下：

（Ⅰ）BS1 的建构规则：

（i）一个陈述句，若其所含个体常元或确定描述词所指称的个体为大小适中，可以观察到的物体，而其述词所描述的情况是在相当狭小的时空范围之内，一般观察者对是否有该情况产生，容易取得一致认定，则该陈述句为 BS1。

（ii）若 Φ 为任意一个 BS1，则 $\sim\Phi$ 为 BS1。

（iii）若 Φ 和 Ψ 为任意两个 BS1，则（$\Phi \cdot \Psi$）、（$\Phi \lor \Psi$）、（$\Phi \supset \Psi$）及（$\Phi \equiv \Psi$）均为 BS1。

（iv）只有依照（i）~（iii）构成的陈述句才是 BS1。

（Ⅱ）BS2 的定义：

一个陈述句要成为 BS2 之充分必要条件是：既非逻辑真亦非逻辑假（neither logically true nor logically false），且与具有如下形式的陈述句等值：（$\Phi_1 \cdot \Phi_2 \cdot \cdots\cdots \cdot \Phi_n \cdot \sim\Psi$），其中 $n \geq 1$，而 $\Phi_1, \Phi_2, \cdots\cdots, \Phi_n, \Psi$ 均为 BS1。

这里有五点必须说明：第一，我们并没有区分单句与复句。按照（ii）和（iii）所构成的陈述句固然是复句，但合于（i）的陈述句却不一定是单句，而可能是含有语句连词的复句，甚至可以含有全称量词或存在量词。其中所谓

"确定描述词"（definite description）就是使用述词（predicate）及量词来指称特定个体，与波普尔所谓"单一存在陈述句"作用相同。第二，我们虽然没有把含有量词的陈述句排除于 BS1 之外，但这样的陈述句必须其本身就符合（i）的要求，而不是由合于（i）的陈述句添加量词而建构起来的。一个 BS1 使用全称推广（universal generalization）或存在推广（existential generalization）所得的陈述句未必是 BS1。第三，我们只要求 BS2 中的 Φ_1，Φ_2，……，Φ_n，Ψ 为 BS1，而不要求其中不含语句连词或量词。因为我们没有理由要求科学试验中的先行条件及结论必须受此限制。由此又可看出波普尔的规则（c'）是不合理的限制。第四，我们限制一个 BS2 不能为逻辑假，因为逻辑假的陈述句不可能为真，因而不可能用来否证任何科学定律，亦即不会是潜在否证者。第五，我们限制一个 BS2 不能为逻辑真，因为逻辑真的陈述句必然为真，因而遭受其否证之科学定律乃必然为假，亦即逻辑假。科学定律或科学理论若为逻辑假，则仅用逻辑推理就足以证明其自相矛盾而加以舍弃，而不必使用潜在否证者来加以试验。因此，我们没有必要使潜在否证者包含逻辑真的陈述句在内。①

按照上面规则所构成的 BS2 具有本文第三节所描述的基本陈述句的特色，能够扮演第二节所述的角色，并发挥其应有的功能。

参考文献

[1] ACKERMAN N，ROBERT J. The Philosophy of Karl Popper [M]. University of Massachusetts Press，1976.

[2] ANTHONY O. Karl Popper [M]. London：Routledge & Kegan Paul，1980.

[3] POPPER K. The Logic of Scientific Discovery [M]. London：Hutchinson，1959.（本文使用 1968 年第二版）

[4] POPPER K. Conjectures and Refutations：The Growth of Scientific Knowledge [M]. London：Routledge & Kegan Paul，1963.（本文使用 1965 年第二版）

[5] POPPER K. Objective Knowledge：An Evolutionary Approach [M]. Oxford：The Clarendon Press，1972.（本文使用 1979 年修订本）

---

① 本文初稿只限制 BS2 不自相矛盾，亦即限制其不能逻辑假，而未限制其不能逻辑真。在研讨会中，香港中文大学李天命教授建议增加此限制。特此致谢。

哥德尔对卡尔纳普的批判*

刘晓力

哥德尔一向被看作维也纳学派值得骄傲的成员，这显然是一个误解。虽然由于历史的偶然，哥德尔适逢其时，在维也纳大学就读时亲领维也纳学派早期风采，并与学派领导人私人关系密切，但事实上，他从未赞成过他们的哲学主张，而且一生都在反对这一学派的哲学立场。新近公布的哥德尔的三篇哲学手稿中表达了他对逻辑实证主义的反对倾向。这三篇手稿是①：

1951 年的吉布斯纪念演讲稿《关于数学基础的若干基本定理及其哲学意蕴》；

1953/1959 年手稿：《数学是语言的句法吗？》；

1961 年为美国哲学会会员大会准备的演讲稿：《从哲学的观点看现代数学的发展》。

三篇手稿表达了哥德尔不仅在数学基础，而且在一般哲学观上与维也纳学派的哲学立场大相径庭，而最鲜明的观点则集中体现在 1953/1959 年对卡尔纳普语言约定论的尖锐批判中。

1. 相识维也纳小组

按照哥德尔本人的说法，1924 年他入维也纳大学学习，最初主修数学和物理，1926 年起开始结识维也纳小组，1926—1928 年频繁与其中的年轻成员讨论，定期参加小组聚会，但基本上采取的是一种与小组对立的哲学立场。诚然，是维也纳小组激起他对数学基础问题产生兴趣，使他从纯数学的研究逐渐转向数理逻辑的研究。与维也纳小组的长期接触，对他日后倾注半生精力研究哲学

---

* 本文是为《分析哲学——回顾与反省》第一版而撰写的。

① 三篇手稿均收入：GÖDEL K. Collected Works：Vol. 3. [M]. New York：Oxford Universty Press，1995。

不能不说起了极端重要的刺激作用。但是在数学基础问题和对于世界的哲学思考上，其见解却始终与他们相去甚远。1930年以后，他渐渐与小组疏远，随着时间的推移，也越来越远离维也纳学派的立场。而且晚年声称，从1925年起，他就是一个数学柏拉图主义者或概念实在论者，一般哲学观则与实证主义相反，是"理性主义的、唯心主义的和乐观主义的"。

1926年秋天，卡尔纳普应石里克邀请以讲师身份来到维也纳大学任教，并很快成为维也纳学派一位极有影响的人物。在卡尔纳普的建议下，石里克积极组织维也纳小组研读维特根斯坦的《逻辑哲学论》。哥德尔显然参加了讨论，但据他后来回忆，他并不喜欢维特根斯坦这部著作，也从未深入，只是"走马观花而已"。而且他认为，维特根斯坦关于数学哲学的观点对他的工作没有丝毫影响，维也纳小组对于数学哲学的兴趣也并非来自维特根斯坦。哥德尔对1956年维特根斯坦那篇《关于数学基础的评论》也颇有微词，特别指出他对哥德尔不完全性定理以及某些数学基础事实的误读。

根据卡尔纳普日记的记载，1927年卡尔纳普开始与哥德尔交谈，1928年，特别是他的《世界的逻辑构造》一书出版之后，两人交往开始更为频繁。卡尔纳普还保存了1928年5月以后一段时期与哥德尔的谈话记录①，这些记录提供了哥德尔与维也纳小组关系的某些线索。1928—1929学年冬季学期哥德尔修了卡尔纳普的"算术的哲学基础"讲座课程，这对他更深刻地关注数理逻辑显然起了重要的作用。1934年卡尔纳普出版《语言的逻辑句法》一书，哥德尔就这本书的内容曾与卡尔纳普进行过多次交流。

哥德尔首次结识维也纳小组另一重要人物汉斯·哈恩大约是1925—1926年。按照他自己的评价，这位日后成为他的博士论文指导老师的哈恩，对他"产生过非常大的影响"。哈恩在变分法、集合论、实函数论和傅立叶积分方面贡献突出，特别在实函数论中尤以哈恩-巴拿赫扩张定理闻名于世。但哥德尔入维也纳大学之前，哈恩的研究兴趣就已经从纯数学转向了哲学和数学基础，虽然在逻辑领域并未做出任何重要结果，但在维也纳大学他开设了多门逻辑课程并主持逻辑讨论班，还撰写过一系列数学哲学论文。② 尽管石里克是维也纳学

---

① 这些记录多半涉及卡尔纳普的手稿《语言的逻辑句法》，目前与卡尔纳普文稿一起保存在匹兹堡大学。

② MCGUINNESS B. Hans Hahn Empiricism, Logic, and Mathematics: Philosophical Papers [M]. Springer: Netherlands, 1980.

派公认的领袖，但哈恩却引导小组成员较多地关注逻辑领域，探讨各种前沿问题，这使哥德尔当时颇为受益。正是哈恩，当年力劝石里克到维也纳来接受为哈恩的老师马赫设立的"归纳逻辑的科学哲学"讲座教席，同时他还参加每周一次的实证主义哲学小组讨论，小组中大多是受马赫思想影响的实证主义者。从1980年出版、由卡尔·门格尔撰写序言的哈恩的《哲学论文集》中，可以全面了解哈恩的逻辑实证主义立场。

在维也纳学派成员中，门格尔是与哥德尔关系较为密切的一个。1924年，门格尔在哈恩的指导下获得博士学位后到阿姆斯特丹继续拓扑学中维数论方向的研究工作，1927年受哈恩之邀回到维也纳大学，哥德尔选修了这年秋季学期他开设的课程，在《追忆哥德尔》一文中，门格尔回忆说，在他开维数论课程时，"注册的学生里有一个叫哥德尔的纤弱的、安静得出奇的年轻人。稍后，我在石里克小组又见到他，然而，我从未见他在小组里发言或参加讨论，他只用轻微的头部动作表明自己的态度：同意，还是不同意"。"他表达问题时，无论是口头的还是书面的都异常严格而简洁。"[①] 后来门格尔模仿维也纳小组的形式，以他杰出的才能于1928年开始将一批优秀的年轻数学家组织起来，主办了当时较有影响的"数学讨论会"。1929年10月，哥德尔应邀开始定期出席门格尔讨论会并在其中扮演了非常重要的角色，而且积极参与讨论。他不仅协助门格尔编辑了几卷《数学讨论会成果通报》，还多次为《通报》投稿并撰写评论。

哥德尔在数学和逻辑学中的非凡才能使石里克和哈恩对他极为赏识。他当时与作为大学生的一些维也纳小组成员，如费格尔、纳特金等人来往也十分密切。据费格尔回忆，他们经常会面，一起步行穿过维也纳公园交谈，当然也经常在咖啡馆无休止地讨论逻辑、数学、认识论和科学哲学问题——有时甚至争论到深夜。1930年费格尔移居美国，后来成为在美国传播维也纳学派哲学纲领的重要人物，纳特金拿到博士学位后开始步入商界，但他们都与哥德尔保持了长期的通信联系。

从各种渠道我们可以了解到，虽然哥德尔20世纪20—30年代定期参加维也纳小组活动，甚至与维也纳小组个别领导人私人关系密切，但他从未赞成过他们的哲学立场，也从未在任何公开场合表达过自己相反的见解，对当时占统

[①] MENGER K. Memories of Kurt Gödel [M] // GOLLAND L, MCGUINNESS B, SKLAR A. Reminiscences of the Vienna Circle and the Mathematic Colloquium. Dordrecht, Boston and London: Kluwer Academic Publisher, 1994: 1-2.

治地位的这一"官方立场"始终保持缄默,直到50年代后,哥德尔才在他的哲学手稿中对这一学派的某些基本观点给予尖锐批判。按照王浩的说法,除了石里克和哈恩吸引人的个性以外,哥德尔与小组的共鸣之处恐怕不外是追求精确性、非独断的自由讨论和密切关注基础问题等方面。

哥德尔曾指出,维也纳学派所倡导的逻辑实证主义没有正确对待我们的知识,尤其是对数学本质的理解是错误的。而且逻辑实证主义的一个恶劣影响是宣称自己与数理逻辑紧密相关。他们倾向于把自己的哲学表现为一种逻辑的结果——为的是给它加上科学的威严。而其他哲学家以为逻辑实证主义就是数理逻辑,因此避之唯恐不及。由于其他的哲学家自然而然反对他们所不喜欢的这一哲学的所谓支柱,让自己远离数理逻辑,因而错过了从一种精确的思维方式中获益的机会。数理逻辑让人更容易避免错误——即使对于一个常人来说,也是如此。数理逻辑应该被非实证主义哲学家们更多地使用。非实证主义哲学家们对数理逻辑的无知令人吃惊。①

2. 对卡尔纳普语言约定论的批判

哥德尔对逻辑实证主义最尖锐的批判集中体现在他1953/1959年的哲学手稿中。

1953年,哥德尔再次应希尔普之邀,为《在世哲学家文库》中的卡尔纳普卷撰稿。希尔普建议哥德尔以"卡尔纳普与数学本体论"为题写一篇25~40页的文章,但哥德尔提出只想写一篇《对数学本质的唯名论观点的评论》短文。此后1953—1959年,哥德尔花费六年时间完成了以《数学是语言的句法吗?》为题的六篇手稿。到1959年2月却突然给希尔普写信告之不想发表自己的文章了。信中陈述的理由是:

第一,完稿之时已经过了卡尔纳普向作者作答的时间,如果没有卡尔纳普的答复而发表对他的评论文章对大家都不公平,也难以向世人交代。

第二,更深刻的原因是:"我完成了这个题目的几个版本,但对哪一个都不满意。按照我自己的意愿做出严厉断言或给出强硬的论证是不难的,但我发现这一题目与哲学的基本问题之一:概念及其关系的客观实在性问题密切相关,想要彻底阐明它比我预想的要困难,而且以目前普遍持有的偏见,发表只完成

---

① WANG H. A Logical Journey: From Gödel to Philosophy [M]. Cambridge Mass.: The MIT Press, 1996: 4-5.

了一半的工作将弊大于利"①。

阅读哥德尔未发表的论文手稿，我们发现几个版本中的立场没有任何实质性变化，其目的都是对逻辑实证主义，特别是对卡尔纳普等人关于数学中的语言约定论给予严厉深刻的批判。在第六版中哥德尔声称，"语言约定论立场的任何哲学断言都是站不住脚的"。

1930年前后，石里克、哈恩和卡尔纳普极大地受到维特根斯坦的影响，形成了关于数学本体论中被哥德尔描述为"唯名论和约定论相融合"的观点，在第三版中哥德尔将其称为数学中的"语法观点"，在第五版中称为"语言约定论"。按照这种观点，数学完全可以归约为语言的语法，即数学定理的有效性仅由某些使用符号的语法约定的推论确定，数学定理不是对事件域中事件状态的描述。或者如卡尔纳普所说，数学是不含内容、不含对象的辅助语句的系统。语法方案的目标是，无须借助数学直觉，不必依赖数学对象和数学事实，以独立于经验的语法为基础建构整个数学大厦。在哥德尔看来，卡尔纳普在《语言的逻辑句法》中就是试图实施这样一种语法方案，拉姆塞沿着另外一条路也在实施这一方案，希尔伯特学派关于形式公理化和证明数学一致性的工作也可以解释成赞同这种方案的行动。

在第五版中，哥德尔把语言约定论归结为如下三个基本论题：

（1）逻辑和数学命题仅仅是支配符号规则的产物。数学直觉可由约定来代替。

（2）数学是不含内容的，不存在数学对象，也不存在数学事实。

（3）由于数学命题不含内容，关于它们的语言约定不可能被任何可能的经验证伪，因此数学的先验确定性、语言约定论及严格经验论是一致的。

首先哥德尔承认，关于数学本质的这种约定论对于指出数学真理与经验真理之间的区别具有不可否认的价值。而这种区别主要是由于"与经验命题不同，数学命题的真依赖于命题中包含的概念的意义"②。但是按照哥德尔的分析，语法方案试图不借助数学直觉，不依赖数学对象和数学内容，以语法约定来建构

---

① Warren Goldfarb 为哥德尔 1953/1959 所写的导读文章。GÖDEL K. Collected Works：Vol. 3. [M]. New York：Oxford Universty Press, 1995：324。

② 这正是哥德尔对分析命题的理解。在这个意义上，哥德尔认为包括集合论和逻辑在内的数学中的所有公理和定理都是分析命题。但他与逻辑实证主义的根本分歧在于，他把概念的域当作独立的实在，对它可以运用数学对象、事实和内容这些概念。帕尔森（Charles Parsons）在1995年有关于哥德尔在这方面见解的详细分析。

数学大厦这条道路显然是行不通的，而且重要的是，卡尔纳普并没有提供有效的将数学归约为语言的语法的途径。

哥德尔的批判性论证基于三个论据：（1）数学的不可完全性；（2）数学内容和数学直觉的不可消除性；（3）数学和自然科学的某种可类比性。

他的具体论证如下：

（1）能够称判定命题为真还是为假的一套规则系统为语法的，如果它能从表达经验理论的系统说明中消除，或者预先知道它不蕴涵任何"事实命题"的真或假。这就要求系统中的语法规则必须具有一致性，因为从不一致可以推出任何命题，包括假命题。同时没有一致性证明，语法约定容易招致否证，实际上与假说无异。但是由哥德尔不完全性定理，不可能在系统内部获得该系统的一致性证明。因此，如果构造了将数学化归为语言的语法的规则系统，必定有借助所给的语法规则所未捕获到的数学，即：说数学仅仅是语言的语法必定导致矛盾。

（2）哥德尔认为，在实施数学的语法方案的过程中，刻画抽象概念和超穷概念的那些公理不可能用关于符号的组合以及这些组合的性质及其关系的有穷约定所代替。因为抽象概念和超穷概念所构成的"非有穷概念类"不是直接所与的，甚至超越时空实在之外。对这些对象的认识以及对非有穷推理的应用只能诉诸经验不可达的抽象数学直觉。于是哥德尔得出的结论是："借助语法解释，数学内容和数学直觉具有不可消除性。"① 数学不可能被约定所代替，只能用约定加上直觉，或者约定加上一种相关的经验知识——在某种意义上它们是数学内容的等价物——所代替。

（3）如果说数学是不含内容的，数学命题没有断言任何经验事实，那么自然律也同样如此。因为人们从自然律获得经验推论离不开数学。没有数学和逻辑的自然律像没有自然律的数学一样不含内容。数学加到自然律上的不是关于物理实在的什么新性质，而是与物理实在有关的概念——更确切讲是关于事物组合的概念性质，这些概念性质像物理特性一样也是客观的，不依赖于我们的选择。因此有必要区分"事实内容"（factual content）和"概念内容"（conceptual content）。卡尔纳普称为内容的东西在哥德尔看来只是事实内容，而数学是包含概念内容的。说数学不含内容显然基于一种先验的假定：内容即等同于事实内容。②

---

① GÖDEL K. Collected Works：Vol. 3. [M]. New York：Oxford Universty Press，1995：345.

② 同①348.

卡尔纳普早期在维特根斯坦和维也纳学派其他成员的影响下接受了数学是不含事实内容的观点：一切有效的数学命题，仅就它们在一切场合都成立这种意义上是分析的，因而不具有任何事实内容。卡尔纳普正是基于此，开始致力于寻求一种通用语言以调和逻辑主义和形式主义。① 其后，又在希尔伯特和塔斯基的元数学的影响下，利用哥德尔的算术化方法，逐渐形成一套通用语言结构的理论，写成了《语言的逻辑句法》一书。书中引进两种类型的通用语言：语言Ⅰ和语言Ⅱ，语言Ⅰ只承认满足构造主义要求的定义和命题，因此所表达的数学仅限于原始递归算术；语言Ⅱ则较为丰富，试图向世人提供表达古典数学和经典物理学的语言结构。②

在证明语言Ⅱ的一致性时，卡尔纳普除了借助他所引入的"非限定"概念，还使用了超穷归纳法，并明确提出了表明他自己的约定论立场的"宽容原则"。在卡尔纳普看来，不存在事实和经验的世界是先于语言结构的，因此数学必定事先就定位为语言的语法。

显然，对卡尔纳普将唯名论和经验论融合的这种立场，哥德尔基于概念实在论的批判是切中要害的。我们来分析一下哥德尔批判语言约定论的关键之点。

按照哥德尔的分析，如果数学是语言的约定，是不含内容的，就不可能由它推出任何经验命题。因此，要按照卡尔纳普期望的那样，将它应用于经验科学就需要一种中介，哥德尔认为，这种中介应当是公理和语法规则的一致性。因为卡尔纳普在1930年的哥尼斯堡会议上曾同希尔伯特一样主张，一致性是理论可靠性的保证。但是由不完全性定理，一个理论的一致性在理论内部不可证。甚至对于仅仅包括有穷组合的那些形式系统，不诉诸超穷方法和抽象概念，其一致性也不可证。这样一来，严格经验论要求有穷数学，语言约定论要求一致性可证。可见，数学的先验确定性、语言约定论和严格经验论的结合完全是一个空中楼阁。在哥德尔看来，任何企图用形式系统解释整个数学的努力都会失败，因为，数学的终极内容不能归约到形式系统的逻辑构造；数学直觉也不可能用任何语法约定所替代，因为抽象数学直觉所把握的数学内容远远超出了任

---

① 依他之见，按照希尔伯特规划，数学最初仅仅是想作为一种纯粹形式系统被构造出来，但是为了把数学符号和命题应用于经验科学进行演绎推理，又增加了某些规则，这些规则相当于提供了对于数学的一种经验解释，这种解释就是弗雷格和罗素的逻辑主义解释。

② CARNAP. The Logical Syntax of Language [M]. New York: Harcourt, Brace and Co, 1937: 11-14.

何语法约定的界限。

哥德尔的论证显然从整体上提供了对于逻辑实证主义早期观点和卡尔纳普于 20 世纪 30 年代所采取的语言约定论的有力批判，正如他自己所说，借用卡尔纳普的话，实际上他"证明了数学的语法方案才是真正无内容的"，从而消解了它的哲学意义。

卡尔纳普当然清楚由哥德尔不完全性定理揭示的形式系统的一致性在系统中不可证的基本事实，认识到尽管从严格经验论的有穷主义扩展到了超穷，一致性证明仍存在问题。他甚至也意识到，自己基于非限定概念和超穷归纳法给出的语言 II 的一致性证明不能作为整个古典数学的一致性证明，特别指出对这一证明"不可高估"①。但是卡尔纳普不会接受哥德尔的论证：没有一致性证明，数学的语言约定论就是靠不住的。因为在哥德尔的论证中预设了一种超越或贯穿于不同语言结构的超验的数学内容的存在，而卡尔纳普则根本取消任何这一类的形而上学假定。

晚年在与王浩的谈话中，哥德尔承认，他虽然指出了数学不是语言的语法，但终究未能说明数学是什么。在 1951 年中他曾说自己特意区分了"事物的世界"和"概念的世界"，1953/1959 年也曾主张"事实内容"和"概念内容"的分离，但在他的整个概念实在论中对这些问题的阐释是不能令人满意的，这恐怕也正是哥德尔几易其稿最终未发表这篇文章的主要原因。虽然哥德尔没有提供令他自己满意的对于数学基础中的语言约定论的批判，但却指出了这种理论的内在困境，并提供了新颖而有力的论证。

同样需要强调的是，自 1959 年起，哥德尔系统研读胡塞尔现象学达 10 年之久，几乎阅读了胡塞尔所有的重要著作，1961 年手稿对胡塞尔曾给予高度评价。哥德尔所以推崇胡塞尔，是由于他在数学基础中的许多基本立场与胡塞尔的现象学实在论和本质直观论颇有契合之处：胡塞尔的现象学实在论有可能为他关于数学本质的理解提供系统化阐释的理论框架；胡塞尔对于清晰把握概念意义的本质直观论有可能为他的概念实在论的合理性提供一种理论基础；同时胡塞尔倡导的"作为严格科学的哲学"也正是哥德尔所追求的理性主义哲学的重要目标。②

---

① CARNAP. The Logical Syntax of Language [M]. New York：Harcourt，Brace and Co，1937：129.

② 刘晓力. 哥德尔与胡塞尔现象学 [J]. 自然辩证法通讯，2001 (1).

对塔斯基"真"理论的批评与重建*

陈晓平

"真"概念及其理论在哲学中历来占据核心的地位。自 20 世纪前半叶以来，由于塔斯基从语义学的角度对"真"做出别具一格的探讨，引发哲学界关于"真"理论的新一轮的研究高潮。[①] 这些研究不仅使传统的"真"理论如符合论、实用论、融贯论和冗余论等被赋予新的涵义，并且促生一些新的研究纲领，如收缩论等；还有一些哲学家如普特南等则认为塔斯基的"真"理论是空洞的，没有触及真的实质。为什么塔斯基的"真"理论会有如此大的影响和会引起如此大的争论？在笔者看来，这是因为塔斯基的"真"理论同时具有正确性和错误性，并且它的这两个方面都堪称"深刻"。本文的目的就在于对塔斯基"真"理论的这两个方面进行剖析，进而对之加以改进或提出一种新的真之理论。

一、T 模式的内容恰当性

塔斯基强调，关于"真"（truth）的令人满意的定义必须具备两个条件，即内容恰当（materially adequate）和形式正确（formally correct），并且他认为自己给出的"真"定义满足这两个条件。我们先看一下塔斯基说其定义具有内容恰

---

* 此文最初发表于《逻辑学研究》，2014 年第 2 期。
① 塔斯基关于"真"的理论最早出现于他的力作《形式语言中的"真"概念》（*The Concept of Truth in Formalized Languages*），该文用波兰文发表于 1933 年，其英译文收入塔斯基的论文集《逻辑、语义学、元数学》（*Logic, Semantics, Metamathematics*），该论文集由伍杰（J. H. Woodger）翻译，1956 年出版。在此之前，塔斯基于 1944 年发表了一篇主要为哲学家们而写的文章，即《真之语义概念——兼论语义学的基础》（*The Semantic Conception of Truth: And the Foundations of Semantics*），载于《哲学与现象学研究》杂志（*Philosophy and Phenomenological Research*）。后者的中译文见牟博等人编译的《语言哲学》，北京，商务印书馆，1998。

当性的理由。

塔斯基对"真"给出一个著名的但却看似颇为简单的定义模式即T模式（T-schema），该模式也被他称为T公约（T-convention）或T型等值式（equivalence of the form T），在文献中也被称为"塔斯基双条件句"（Tarski biconditionals），即：

T："p"是真的，当且仅当，p。[1]

在这里，p是一个陈述句，简称为"语句"；"p"是p的名称，指称p。塔斯基特别指出，T并不是一个语句，而是一个语句模式（a schema of a sentence），即通常所说的"开语句"。对于一个开语句如"x是人"，由它可以得出真语句如"柏拉图是人"，也可由它得出假语句如"天安门是人"，这些具有真值的语句都是这个开语句即语句模式的例子，属于闭语句。T模式不同于一般开语句的地方在于，它的所有例子都是真的，如："雪是白的"是真的，当且仅当，雪是白的；"雪是绿的"是真的，当且仅当，雪是绿的。对于这后一个例子，由于雪不是绿的，根据T模式，"雪是绿的"不是真的，而是假的。T模式的所有例子都是真的，这是塔斯基认为T模式具有内容恰当性的一个理由。

塔斯基说道："我们希望以这样一种方式来使用'真的'这个词：所有（T）型等值式都能被断定（can be asserted），并且，我们将称一个真之定义是'适当的'，如果所有这些等值式都是从它推导出来的。"[2] 塔斯基认为T模式具有内容恰当性的另一个理由是，由T模式得出的那些真命题与亚里士多德关于"真"的古典符合论定义是一致的。

在讨论亚里士多德的古典符合论定义之前，我们先插入这样一个问题：我们如何确定雪是白的，从而根据T模式确定"雪是白的"是真的？类似地，我们如何确定雪不是绿的，从而根据T模式确定"雪是绿的"是假的。在一般的

---

[1] TARSKI A. The Semantic Conception of Truth: And the Foundations of Semantics [J]. Philosophy and Phenomenological Research, 1944, 4 (3): 344; TARSKI A. The Concept of Truth in Formalized Languages [M] // TARSKI A. Logic, Semantics, Metamathematics. WOODGER J H, trans. Oxford: Clarendon press, 1956: 155. 这里对塔斯基的T模式在表述上略作改变，原表达式是：X是真的，当且仅当，p。其中的X大致相当于"p"。对于这两种表述之间的区别，本文第四节要给予专门的讨论，但不影响本节的讨论。

[2] TARSKI A. The Semantic Conception of Truth: And the Foundations of Semantics [J]. Philosophy and Phenomenological Research, 1944, 4 (3): 344.

真之符合论看来,答案是很简单的,即根据事实;具体地说,雪是白的符合事实,而雪是绿的不符合事实。然而,塔斯基的T模式与古典符合论的关键性区别就在于,T模式右边的p所描述的不是事实,而是语句本身即对象语言的语句;更准确地说,p是语句的指称对象,而指称对象不同于存在着的事实。

塔斯基把他所反对的一般符合论的"真"定义表述为:

> 一个语句是真的,如果它指称一种存在着的事态(existing state of affairs)。①

这里的"事态"(state of affairs)是指"一个语句的指称对象"(the designata of a sentence)。我们知道,"指称"(designate, refer to)和"指称对象"(designata, referent)通常是对名称而言的,在这里,塔斯基对它们的用法做了一种推广,从名称推广到语句。② 正如一个名称的指称对象不等于相应的客体(object),只有当该指称对象存在时它才等于那个客体,一个语句的指称对象即事态也不等于相应的事实(fact),只有当该指称对象即事态存在时它才等于那个事实。不过,"事态"是有歧义的,为了避免混淆,我们还是把"事态"和"客体"、"事实"、"现实"(reality)等归入同一范畴即"存在者"(existent),以同名称或语句的指称对象区别开来。这也就是说,与"指称对象"相等的不是"事态"本身,而是命题"所描述的事态"。塔斯基把上面的古典定义又表述为:

> 语句之真在于它对现实的一致(agreement)或符合(correspondence)。③

然而,在塔斯基看来,像"存在"、"客体"、"事实"以及"现实"这些哲学术语是很含混的,因此他决定避开这些术语。他说:"所有这些表达能够导致各种误解,因为它们之中没有一个足够的精确或清晰(尽管最初的亚里士多德的表达要比其他表达好得多);总之,这两个表达都不能被看作令人满意的真之定义,这就需要我们去寻找符合我们直觉的更为精确的定义。"④

为什么塔斯基认为亚里士多德关于"真"的最初的符合论表达要比一般的符合论表达好得多呢?那是因为塔斯基所引用的亚里士多德的那个"真"定义

---

① TARSKI A. The Semantic Conception of Truth: And the Foundations of Semantics [J]. Philosophy and Phenomenological Research, 1944, 4 (3): 343.
② 同①.
③ 同①.
④ 同①.

没有明确提及存在者之类的概念，即："说非者是，或是者非，即为假；说是者是，或非者非，即为真"①。因此，塔斯基宣称，T模式与亚里士多德的符合论的"真"定义是接近的，因而是有历史传承性的。

真之T模式具有历史传承性，这在塔斯基看来是很重要的，因为它是真之定义的内容恰当性的一个方面。塔斯基谈道："所期待的定义并非是要为一个熟悉的语词指定一种意义，用以表达一种新的概念；相反，其目的是要抓住一个旧概念的实际意义。"② 塔斯基所抓住的"真"这个旧概念的实际意义就是亚里士多德的"真"定义。

二、对T模式的内容恰当性的质疑与T′模式的提出

塔斯基的T模式的右边只有p，如**雪是白的**，其左边是对于p之名称的真实性的断定："p"是真的。这便产生一个问题：既然T模式右边部分如**雪是白的**不代表事实，那么，左边部分的语句如"雪是白的"就不是与事实相符，而是与该语句的指称对象相符；既然如此，我们凭什么说"雪是绿的"这个语句是假的？该语句同样符合它的指称对象即**雪是绿的**，尽管**雪是绿的**事实上不存在。

在笔者看来，为了回答这一问题，必须对塔斯基的T模式做出如下修正：

T′："p"是真的，当且仅当，p是存在的。

T′模式与T模式相比，右边部分增加了"存在"谓词，可以说，T′模式是用"存在"来定义"真"，而存在着的指称对象就是事实，可见，T′正是古典符合论的真之定义（亚里士多德在大多数场合也是用"存在"来定义"真"的）。③ 一方面，T′模式把"真"定义为与事实相符合，从而可以回答"雪是绿的"为什么不是真的，即因为它与事实不符。另一方面，T′与"真"的符合论定义更加一致，因而更具历史传承性。由此可见，T′具有塔斯基所说的内容恰

---

① 这段话原来出自亚里士多德的《形而上学》第1011b小节。转引自：TARSKI A. The Semantic Conception of Truth：And the Foundations of Semantics [J]. Philosophy and Phenomenological Research, 1944, 4 (3): 343. 中译文参照：A. P. 马蒂尼奇. 语言哲学 [M]. 牟博，杨音莱，韩林合，等译. 北京：商务印书馆，1998：84。

② TARSKI A. The Semantic Conception of Truth：And the Foundations of Semantics [J]. Philosophy and Phenomenological Research, 1944, 4 (3): 341.

③ 陈晓平. 真之符合论与真之等同论辨析 [J]. 哲学分析, 2014 (1): 118-130, 199.

当性，而他的 T 模式反而不具有这种性质。

其实，早有学者对塔斯基的 T 模式给出类似的批评，尽管论证方式有所不同。塔斯基在其《真之语义概念》中提到这种批评并给以答复。塔斯基特别提到朱霍斯（B. von Juhos）的批评，朱霍斯指责 T 模式作为真之定义具有"令人不可接受的简短性即不完全性"，"没有为我们提出一种方法用以决定'等值'（equivalence）是指一种逻辑形式的关系还是指一种非逻辑的并且也非结构上可描述的关系"。为了弥补这一"缺陷"，朱霍斯建议把 T 模式修正为 T*：

T*："p" 是真的，当且仅当，p 是事实（即 p 所描述的是事实）。①

不难看出，朱霍斯所建议的 T* 和笔者建议的 T′ 是基本相同的，其中的 p 是语句 "p" 的指称对象。说 "p" 的指称对象 p "是事实"和说它"是存在的"大致相同，其中的微妙差别不影响这里的讨论。

对于朱霍斯的批评，塔斯基的回答是："一般来说，那个论证整个地建立在一个明显的混淆之上，即对语句与它们的名称的混淆。……在短语 'p 是真的'和 'p 是事实'（即 'p 所描述的是事实'）中，如果 'p' 是由一个语句而不是由语句名称所替换，那么这两个句子都变成无意义的了"②。塔斯基还特别注明，他这样说的理由可参考他这篇文章的第 4 节。从那里我们看到，塔斯基的论证是从"形式正确性"的角度入手的，主要涉及一个语句与其名称之关系的问题。为说明塔斯基对朱霍斯的回答或批评是不成立的，我们转而讨论 T 模式的形式正确性。

三、对 T 模式的形式正确性的质疑：名称的语法和语义之混淆

关于真之定义的形式正确性，塔斯基谈道："我们必须对用来定义'真'概念的语词或概念加以界定、同时还必须给出这个定义所应遵循的形式规则。更

---

① TARSKI A. The Semantic Conception of Truth：And the Foundations of Semantics [J]. Philosophy and Phenomenological Research，1944，4（3）：357-358. 这里的 T* 是原文中的（T″），在表述上略有改变，改变的理由如对模式 T 的改变，将在后面专门讨论。（T″）的原文是：X is true, if and only if, p is the case (i.e., if what p sates is the case)。

② TARSKI A. The Semantic Conception of Truth：And the Foundations of Semantics [J]. Philosophy and Phenomenological Research，1944，4（3）：358.

一般地讲，我们必须对于在其中给出该定义的语言的形式结构做出描述"①。关于语句本身和语句之名称的区分，就是塔斯基进行概念界定的一个重要方面。

上面提到，塔斯基对于朱霍斯所建议的 T* 模式的批评也可看作是针对笔者所建议的 T′ 模式的批评。在塔斯基看来，"p 是存在的"或"p 是事实"这类语句中，由于 p 占据着主词的位置，因而只能代入语句的名称，而不能代入语句本身，否则就成为无意义的。然而，如果代入 p 的是语句名称，那么，T* 模式和 T′ 模式的左边和右边都在谈论语句的名称，而与它们所强调的"事实"或"存在"是无关的，因而谈不上对 T 模式的改进或弥补。所以，T* 模式和 T′ 模式要么是无意义的，要么对 T 模式没有改进，甚至有退步，因为它们使用了"存在"或"事实"这类颇为含混的语词。

塔斯基的以上反驳基于一个基本观点：P 作为语句本身只能独立出现，正如 T 模式右边的情形；如果 p 不是独立出现，而是作为谈论对象而出现在主词的位置上，那么被谈论的只能是 p 的名称即"p"，而不是 p 本身。其理由很简单：一个语句的主词只能是名称，这是基本的语法结构决定的。如果 p 出现在主词的位置上而不作为名称却作为语句本身，那就是不合语法的，因而是无意义的。塔斯基在他建议参考的第 4 节中这样谈道：

"首先，从我们语言之语法的角度来看，对于一个'X 是真的'形式的表达式，如果我们用一个语句或者其他不是名称的任何东西来替换其中的 X，都不能使它成为一个有意义的语句。——因为一个语句的主词只能是名词或者名词性的表达式。其次，不论我们对一个对象做出任何表述，任何语言之用法的基本惯例都要求必须使用对象的名称而不是使用对象本身。因此，如果我们想对一个语句说点什么，比如说它是真的，我们就必须使用这个语句的名称，而非这个语句本身。"②

据此，T* 模式的右边即"p 是事实"或 T′ 模式的右边即"p 是存在的"正如它们的左边"'p'是真的"，所谈论的都是 p 这个语句的名称而不是语句本身，只有 T 模式的右边独立出现的 p 才是语句本身。然而，T* 模式和 T′ 模式的右边却把 p 作为主词，同时又想让它代表语句本身，这是不合语法的，因而是无意义的。

---

① TARSKI A. The Semantic Conception of Truth：And the Foundations of Semantics ［J］. Philosophy and Phenomenological Research，1944，4 (3)：342.

② 同①343-344.

关于塔斯基的这一论证，笔者认为是有严重缺陷的，其缺陷在于对名称的语法与语义的混淆，即对名称的语法结构与其指称对象的混淆。具体地说，一旦一个语句被作为谈论对象即出现在主词的位置上，它便在语法上具有名称的功能，但是它的指称对象则是一个语句。无论在 T 模式还是在 T* 模式和 T′模式中，我们谈论的是名称"p"的指称对象 p，而不是"p"这个名称本身。其理由是显而易见的，即：

如果 T 模式的左边所谈论的是"p"这个名称本身，而不是它的指称对象 p，那么其左边——"p"是真的——便成为无意义的，因为一个名称没有真假可言，而有实空可言。我们只可以说一个名称是实的或空的，如"北京"是实的而"方的圆"是空的，而不能说"北京"是真的而"方的圆"是假的。既然只有语句才有真假可言，那么 T 模式左边所谈论的不是"p"这个名称本身，而是它的指称对象即语句 p，确切地说，是语句 p 的涵义。语句 p 是真的或假的，确切的说法是，p 的涵义是真的或假的。我们知道，自弗雷格以来，对于语言之涵义和指称的区分已经得到公认，这一区分对我们现在的讨论是十分重要的。

T* 模式和 T′模式的左边与 T 模式相同，其不同之处在于右边。由于 T* 模式和 T′模式的意思相近，我们只讨论 T′模式。T′模式的右边是：p 是存在的。这里的 p 也是语句，但它的指称对象不是该语句的涵义，而是该语句的指称对象。借用弗雷格的语境理论来说，T′模式的左边是内涵语境，而其右边是外延语境。事实上，内涵语境与外延语境的区分恰好对应于元语言与对象语言的区分，即谈论语言的语境是内涵语境，谈论客观世界的语境是外延语境。① 这样，T′模式本身则处于一种十分特殊的语境，不妨称之为"交叉语境"，即跨越内涵语境和外延语境的语境。

我们在第二节指出，一个语句的指称对象是它所说的事态，当所说事态存在时，相应的语句（涵义）为真，而当所说事态不存在时，相应的语句（涵义）为假。这就是 T′模式所要告诉我们的，即："p"是真的，当且仅当，p 是存在的。再次强调，T′模式的左边的主词是"p"，它具有名称的语法功能，该

---

① 例如"张三说过明天下雨"，其中"明天下雨"这个子命题处于内涵语境，这整句话涉及的是它的涵义而不是它的指称对象。因此，这整句话的真假不取决于"明天下雨"是否为真，而取决于张三是否表达过"明天下雨"的意思：如果张三表达过，即使明天不下雨，这整句话也是真的；如果张三没有表达过，即使明天下雨，这整句话也是假的。

名称的指称对象是 p 的涵义，这是由它的内涵语境决定的；T′模式的右边的主词是 p，它也具有名称的语法功能，但它的指称对象不是它的涵义，而是它本来的指称对象即所说事态，这是由它的外延语境决定的。指称对象无真或假可言，却有存在与不存在可言。

由此可见，T′模式（或 T* 模式）并不像塔斯基所说那样是无意义的，相反，如果塔斯基坚持 T 模式的左边所谈论的是语句的名称而不是语句，那么 T 模式则是无意义的，因为名称无真假可言。这样一来，塔斯基的 T 模式不仅在内容恰当性上有缺陷，而且在形式正确性上也有缺陷。接下来的两节将进一步揭示 T 模式在形式正确性方面的缺陷。

四、将 T 模式中的"p"换成 X 是不必要的

前一节指出，塔斯基在对 T 模式的解释上犯了一个严重的错误，即混淆了"p"的语法和语义。这一错误的严重性使他拒绝接受具有"内容恰当性"的 T′模式（或 T* 模式）。此外，这一错误的另一个后果是使他将 T 模式左边的"p"换成令人费解的 X。现将塔斯基记为 T 的模式改记为 T^x，T^x 模式是塔斯基对真之定义模式的正式表达，其内容是：

T^x：X 是真的，当且仅当，p。①

从形式上看，我们不知道 X 与 p 有何关系，如果不加以说明，从 T^x 模式可以得出："雪是白的"是真的，当且仅当，北京在中国。与之不同，从 T 模式只能得出："雪是白的"是真的，当且仅当，雪是白的。这是因为 T 模式的左右两边有一个共同的元素 p，而 T^x 模式的左右两边却没有共同的元素。尽管前面指出，T 模式作为真之定义缺乏内容恰当性，但相比之下，T^x 模式更加缺乏内容恰当性，至少从字面上看就是如此。为了避免从 T^x 模式得出类似于上面的荒谬语句，塔斯基谈到 T^x 模式时总要额外地加以说明：X 代表 p 的名称。现在的问题是：塔斯基为什么要用 X 取代"p"来作为 p 的名称？在笔者看来，其原因仍然是他对名称的语法和语义的混淆。现在，我们先来考察塔斯基这样处理的理由。

---

① TARSKI A. The Semantic Conception of Truth: And the Foundations of Semantics [J]. Philosophy and Phenomenological Research, 1944, 4 (3): 344.

塔斯基强调，T 模式左边的"p"是语句 p 的名称，而不是语句。既然是名称，那就可用多种方式来为 p 命名，"p"只是其中一种命名方式，塔斯基称之为"加引号名称"（quotation-mark names）。另一种命名方式叫作"结构描述性名称"（structural-descriptive names）。例如，p 代表语句 **it is snowing**（天在下雪），它的加引号名称是"it is snowing"，由 T 模式得出的例子是：

（1）"it is snowing"是真的，当且仅当，it is snowing。

不过，我们也可采用结构描述性名称。语句 **it is snowing** 的结构描述性名称可以有许多，其中之一是：这个表达式由三个词组成，第一个词依次由字母 i 和 t 组成，第二个词依次由字母 i 和 s 组成，第三个词依次由字母 s、n、o、w、i、n 和 g 组成。相应地，由 T 模式得出的例子是：

（2）这样构成的表达式——由三个词组成，第一个词依次由字母 i 和 t 组成，第二个词依次由字母 i 和 s 组成，第三个词依次由字母 s、n、o、w、i、n 和 g 组成——是真的，当且仅当，it is snowing。

塔斯基认为，对于"真"概念的定义来说，（1）和（2）是完全相同的，二者表达了同样的意思。① 由于一个语句的名称有多种甚至无穷，而不限于它的加引号名称，因此我们应当用 X 而不是"p"作为语句 p 的名称，否则我们就会以偏概全，这就是他用 T^X 模式取代 T 模式的原因。为了说明用 T^X 模式取代 T 模式的必要性，塔斯基还讨论了一种似乎可取的方案，不妨记为 $T^\#$。

$T^\#$：对于所有 X 而言，X 是真的，当且仅当，X 等于"p"并且 p。

塔斯基指出，$T^\#$ 模式似乎结合了 T 模式和 T^X 模式的优点，使 p 的名称不限于加引号名称，同时又使该名称 X 与所表达的语句 p 在形式上联系起来。然而，塔斯基认为这个定义其实如同 T 模式是不可取的，其理由如下②：

加引号名称可以看作结构描述性名称的一种，因此我们也可以对它给以另外的结构描述，即把它看作一个完整的单词，这个单词即"p"是由三个符号组成即左引号、右引号和处于引号之间的 p。这时，"p"中的 p 不能被代入其他语句，正如我们不能用其他东西代入单词 true 中的 t。这使得"p"与 p 只是在

---

① TARSKI A. The Concept of Truth in Formalized Languages ［M］// TARSKI A. Logic, Semantics, Metamathematics. WOODGER J H, trans. Oxford: Clarendon press, 1956: 156-157. 这里对原文中的结构描述性的例句（4）有所简化。

② 同①：159-160.

语形上有联系，而在语义上没有任何联系，正如单词 true 和字母 t 的关系。在对"p"做了这样的结构描述之后，T# 模式中的"p"与 p 之间就没有关系了，正如 T^X 模式中的 X 与 p 没有关系。这样一来，T# 模式中的那个限制条件即 **X 等于"p"** 如同 **X = Y**，不能起到把 X 与 p 联系起来的作用，从而使 T# 模式失效。与之不同，T^X 模式对其中的 X 额外地加了一个限制即 **X 是 p** 的名称，这就决定了 X 的指称对象只能是 p，而不能是其他什么东西。塔斯基对 T# 模式的批评也是对 T 模式的批评，二者均包含 p 的加引号名称"p"。这样，塔斯基便进一步给出用 T^X 模式来取代 T 模式的理由。

在笔者看来，塔斯基的上述分析有一定道理，但是并不构成用 T^X 模式来取代 T 模式的理由，因为同样的理由也可说明他的这种替换是不必要的。我们注意到，T^X 模式之所以有效，是因为它附加了一个限制条件即 **X 是 p 的名称**。而这个附加条件把 X 与 p 联系起来。可见，作为"真"的定义模式，其左边和右边必须以 p 作为共同的元素。现在，我们对加引号名称"p"做另一种结构性描述，就把它描述为 **p 的名称**，并且不作为专名而作为通名，其外延包括任何一个作为 p 的名称的其他符号如 X。这样，塔斯基对 T# 模式和 T 模式的上述批评便失效了，因为他的批评是基于对加引号名称"p"做一种特殊的结构性描述，即把它看作一个不可分解的完整的单词，相当于专名。而我们现在则把"p"作为一个有内部结构的可以分解的摹状词即 **p 的名称**，它由 p 和"……的名称"这两部分组成。或者说，在我们的这种解释下，"p"和塔斯基的 X 是同一个意思即 **p 的名称**。因此，塔斯基用 X 代替"p"是不必要的。

为什么塔斯基把那种在笔者看来几乎微不足道的理由看得如此重要，以致使他放弃 T 模式而采取较为笨拙的 T^X 模式，那是因为他把结构描述性名称的语法作用误以为语义作用。我们在前一节已经指出，T 模式左边谈论的是语句 p 的名称（在内涵语境下）的指称对象即 p 的涵义，而不是该名称本身。该名称本身的结构可以具有多种形式，但其指称对象只能有一个即所指语句的涵义，否则，它就不是谈论那个语句，而是谈论别的什么东西。所以，语句 p 的名称采取什么形式并不重要，重要的是必须标明它的指称对象是 p。加引号名称"p"以一种简单自然的方式做到这一点，那就够了，无需再附加一个条件（即 **p 的名称**）的 X 来代替它。当然，采用附加条件的 T^X 模式并不错，但它比起采用"p"的 T 模式来，显得迂回和累赘。从简单性原则出发，笔者更愿意采用 T 模式（甚至 T# 模式）。

T 模式和 T# 模式的区别在于，前者是定义"真"的模式即开语句，后者是定义"真"的普遍命题；不过，在其替换例子均为真的情况下，二者是逻辑等价的。需要说明的是，笔者愿意采用 T 模式（或 T# 模式）只是相对于 T^X 模式而言的，并且只是把它们作为进一步探讨的参照物，笔者真正采纳的是 T′模式（或 T* 模式）。

五、用"满足"来定义"真"是不必要的

前面的分析表明，塔斯基对于名称的语法和语义的混淆导致其真之理论的诸多不妥之处。本节还将指出，塔斯基对语法和语义的混淆并非仅限于名称，而是存在于他对元理论的整体理解之中。塔斯基对元语言和对象语言的区分蕴涵着对元理论和对象理论的区分，可以说，元语言就是表达元理论的语言，对象语言就是表达对象理论的语言。我们知道，元理论中还有语法和语义的区别，塔斯基作为逻辑语义学的创始人之一，在总体上自然是把语法和语义相区别的。但是，由于语法和语义事实上是纠缠在一起的，这使塔斯基在讨论真之定义的时候在一定程度上把语法和语义混淆起来。其后果之一是他用"满足"来定义"真"，这种做法无益于对"真"概念和"真"理论的澄清，而是或多或少地起到相反的作用。下面对此加以说明。

塔斯基的初衷是给"真"下定义，可是他在给出真之定义的 T 模式之后转而用"满足"来定义"真"。这便产生一个问题：既然已经有了定义真的 T 模式，为什么还要用"满足"重新定义"真"呢？难道在直观上"满足"比"真"更容易理解吗？显然不是的，通常的做法是用"真"来定义"满足"。

在现代逻辑中，满足一般是指个体与语句函项之间的逻辑关系。语句函项也叫作命题函项、谓词函项或开语句，它由谓词常项和若干空位（自由变项）而组成。为讨论方便，在此仅以最简单的一目语句函项"F（ ）"为例，让它代表谓词"……是人"。个体柏拉图（记为 a）代入该语句函项得到语句 F（a）即"柏拉图是人"，这是一个真语句，于是，我们就说个体 a 满足语句函项 F（ ）。个体泰山（记为 b）代入该语句函项得到语句 F（b）即"泰山是人"，这是一个假语句，于是，我们就说个体 b 不满足语句函项 F（ ）。这是逻辑学中定义"满足"的常用方法，即用"真"或"假"来定义"满足"或"不满足"；其步骤是，首先将个体代入语句函项的空位（自由变项）而形成语句，然

后判别该语句的真或假。

请注意，语句函项含有自由变项即空位，而语句则没有空位，因为语句恰好是由个体词代入自由变项而形成的完整形式。因此，塔斯基把**语句定义为不含自由变项的语句函项**。① 当然，我们也可以反过来把语句函项定义为含有自由变项的语句。不过，笔者对这样的定义不感兴趣，因为它恰好是抹杀了语句和语句函项之间的区别特征；正如把男人定义为长着男性器官的女人，把女人定义为长着女性器官的男人。塔斯基之所以要引入这样一个不自然的定义，那是为他用"满足"来定义"真"而服务的，即试图把通常只用于语句函项的"满足"概念推广到语句上。

塔斯基谈到"满足"时先采用上述方式，即用"真"定义"满足"。然而，他话锋一转说道："不过，即使先不考虑其他困难，这个方法对于我们来说也是不可行的，因为我们是要用满足概念来定义真。为了获得满足的定义，我们宁愿再次使用递归程序"②。在塔斯基看来，从使用递归程序的角度看，语句函项比起语句更具普遍性。他说："我们采用迂回的路线来给语句为真下定义，而没有试图用一种方法如递归程序来直接对它下定义，这看起来有些奇怪。这样做的理由是，复合语句是由简单的语句函项所构成，而并非总是由简单语句所构成；所以我们并不知道有一种专门适用于语句的一般性递归方法。"③

我们看到，正是从递归方法对于语句函项更具普遍性这一点出发，塔斯基选择了用"满足"来定义"真"的迂回路线。然而，笔者要指出，递归方法对于语句函项的普遍性是从语法角度讲的。由于语句函项把一个语句展开为个体词和谓词的组合，从而深入到基本语句的内部结构，因此，将递归方法用于语句函项，对于合式语句的形成或构造来说更为基本，因而更具普遍性。

但是，一个语言系统的合式语句就是通常所说的"合乎语法的语句"，它们的形成和构造属于语法范围，而不属于语义范围。当然，语义学可以利用语法上的递归结构而进行语义上的递归，但这只是利用而已，用不着为此而改变或调整语义学的初始概念。正如人体可以利用交通工具，但无须用交通工具来重新定义人体结构。从语义学的角度讲，用"真"来定义"满足"是很自然的，

---

① TARSKI A. The Semantic Conception of Truth: And the Foundations of Semantics [J]. Philosophy and Phenomenological Research, 1944, 4 (3): 353.

② 同①.

③ 同①.

当塔斯基反其道而行之的时候，他也承认走了一条迂回路线。这就是说，塔斯基用"满足"来定义"真"，只是为获得语法上的优点，而宁愿容忍语义学上的缺点。这种做法对于语义学的研究来说是舍本逐末的。

事实上，塔斯基用"满足"给出的"真"定义是令人费解的，即："p"是真的，当且仅当，所有对象满足"p"；"p"是假的，当且仅当，所有对象不满足"p"。① 我们知道，"雪是白的"是真的，但说所有对象满足它是什么意思，柏拉图满足"雪是白的"吗？类似地，"煤是白的"是假的，但说所有对象不满足它又是什么意思，我家的电视机不满足它吗？必须承认，至少从直观语义学的角度来讲，这个"真"定义是不可取的。塔斯基的这个定义的不自然性从他把语句定义为没有自由变项的语句函项的时候就埋下了种子。

对此，塔斯基似乎可以给出这样的回答：尽管在一般情况下我们只说一个或一些对象满足或不满足某个语句函项如"……是白的"，而不说它们满足或不满足某个语句如"雪是白的"，但是，我们可以把语句看作特殊的语句函项即没有空位（或不含自由变项）的语句函项，因此也就可以在某种特殊的意义上说，一个或一些对象满足或不满足某个语句。例如，在一般情况下我们说：雪满足"……是白的"，当且仅当，雪是白的；既然我们接受此等值式的右边，那么我们也就接受此等值式的左边。再如，在一般情况下我们说：煤满足"……是白的"，当且仅当，煤是白的；既然我们不接受此等值式的右边，那么我们也就不接受此等值式的左边。现在将"满足"推广到语句"雪是白的"，即：雪满足"雪是白的"，当且仅当，雪是白的；煤满足"雪是白的"，当且仅当，雪是白的。对于这两个等值式，我们均接受它们的右边，因此我们也均接受它们的左边，即雪和煤都满足"雪是白的"。广而言之，任何对象都满足"雪是白的"，据此可以说，"雪是白的"是真的。这就是塔斯基用"满足"来定义"真"的一个例子。类似地，由于我们不接受语句"煤是白的"，所以任何对象都不满足"煤是白的"，据此可以说，"煤是白的"是假的。

尽管以上用"满足"来定义真语句和假语句的辩解也可以说得过去，但是很勉强，很别扭，从语义学上讲绝非上策。其实，这一迂回策略还面临更大的困难，正如塔斯基指出的："如果把这个想法贯彻到底，就会出现某种技术上的困难。语句函项可能包含任何数目的自由变项；而满足概念的逻辑特性随此数

---

① TARSKI A. The Semantic Conception of Truth：And the Foundations of Semantics [J]. Philosophy and Phenomenological Research, 1944, 4 (3)：353.

目的变化而变化。于是，当把'满足'概念用于只含一个变项的函项时，它是关于该函项和单一对象之间的二项关系；当把它用于含有两个变项的函项时，它便成为该函项和一对对象之间的三项关系；以此类推。因此，严格地说，我们面对的不是一个'满足'概念，而是无数多个'满足'概念。由此带来的结果是：这些概念不能彼此独立地加以定义，而必须一起同时被引进。为了克服这一困难，我们使用无穷数列这个数学概念（或者，如果可能，具有任意多项的有穷序列）。我们同意把'满足'看作函项和对象之序列之间的二项关系，而不是函项和不定数目的对象之间的多项关系。在这一假设下，对'满足'之定义给出一个一般的精确的表述就不再有困难了；真语句现在可以定义为被每一序列满足的语句。"①

当塔斯基用"对象序列"取代"对象"来作为语句函项的满足项时，其结果是使塔斯基的"真"理论变得异常的复杂，离人们关于"真"的常识越来越远。有鉴于此，笔者强烈地倾向于回到用"真"来定义"满足"的途径上来，并试图克服这条途径上的一些并不严重的障碍。

前面我们已经用"真"定义了个体对语句函项的"满足"，如：a 满足 F（），当且仅当，F（a）是真的；a 不满足 F（），当且仅当，F（a）是假的。这就是说，我们可以用单称语句 F（a）的真或假来定义个体 a 是否满足语句函项 F（）。在此基础上，我们可以进一步定义量化语句（即含有量词"所有"或"有些"的语句）的真或假。如："所有人是生物"是真的，当且仅当，所有人满足"……是生物"；所有人满足"……是生物"，当且仅当，"柏拉图是生物"是真的并且"孔子是生物"是真的并且……这样，我们便通过若干单称语句的真给出量化语句的真，而"满足"在其中只起过渡的作用。

在已知单称语句和量化语句的真值的基础上，根据真值表，可以确定任何复合语句（即由"并且""或者""并非"等联结词构成的语句）的真值。真值表方法就是一种关于语句真值的递归程序，只是它的基本单位是单称语句或量化语句，而不是构成语句的更为基本的个体词和谓词；在这个意义上，真值表方法作为一种递归方法，其适用范围是有限的。

需要指出，当论域中的个体数目无穷多时，量化语句所包含的支语句也是无穷多的。这一事实也促使塔斯基把语义学的"基石"从语句改为语句函项，

---

① TARSKI A. The Semantic Conception of Truth：And the Foundations of Semantics [J]. Philosophy and Phenomenological Research, 1944, 4 (3): 371-372.

进而用"满足"来定义"真"。塔斯基谈道:"当一个语言包含了无数多语句的时候,那么,根据以上模式自动构造起来的定义将包含无数多个项目,而这样的语句是不能形成的,无论是在元语言中还是在任何其他语言中。这将使我们的任务变得极为复杂。"①

塔斯基的这一担忧不无道理。我们知道,在逻辑学中,合式公式的长度必须是有限的,而上面那个包含无数多个支语句的合取式"'柏拉图是生物'是真的,并且'孔子是生物'是真的,并且……"不是一个合式公式。然而,正如我们已经指出的,合式公式的构造属于语法范围,而不属于语义范围;包含无穷多支语句的合取式在语法上的困难并不妨碍我们在语义上对它的理解。正如无穷集合在其构造上的困难并不妨碍我们在语义上对无穷集合的理解和承认;事实上,集合论数学就是这样对待无穷集合的。② 其实,塔斯基用无穷序列对语句函项的满足来定义真语句也是以对无穷集合的承认为前提的;既然如此,塔斯基用以拒绝用无穷多个语句的合取来定义量化语句的理由就不复存在了。

"所有人是生物"这个量化语句的个体域是所有人的集合,而所有人的集合是一个无穷集合。既然我们对这个无穷集合的理解不成问题,那么对于由其中个体代入语句函项"……是生物"而形成的无穷语句集合即｛柏拉图是生物,孔子是生物……｝的理解也不成问题。由于该集合中的每个语句都是真的,因此,合取式"'柏拉图是生物'是真的,并且'孔子是生物'是真的,并且……"也是真的,这在语义上也是无可怀疑的。这样,我们便用无穷多个单称语句的真实性定义了量化语句"所有人是生物"的真实性,而不必借助"满足"来定义"真";相反,"满足"是用"真"来定义的。

然而,塔斯基却根据语法学对于语义学在递归程序上的彻底性,从语法学的角度来改变语义学的初始概念,即用"满足"来定义"真"。在笔者看来,这一做法对于语义学来说是本末倒置和画蛇添足的,这是把元理论中的语义学和语法学在一定程度上相混淆的结果。

---

① TARSKI A. The Concept of Truth in Formalized Languages [M] // TARSKI A. Logic, Semantics, Metamathematics. WOODGER J H, trans. Oxford: Clarendon press, 1956: 188-189.

② 这也涉及潜无限和实无限的问题。就一个无穷集合的语法构造来说,只能是潜无限的,永远处在构造的过程之中;但就一个无穷集合的语义理解来说,则是实无限的,一个无穷集合如自然数的集合是语义完整的,因而是已经完成了的。潜无限和实无限可以并行不悖,因为它们分别是从语法和语义两个角度来讲的。

六、塔斯基关于"满足"的递归定义及其改造

关于用"满足"来定义"真",塔斯基还做了这样的解释:"在极端情况下,当函项是一个语句因而不含自由变项时,一个函项是否被一个序列满足,完全不依赖该序列的项的性质。这样便只留下两种可能性:要么每一个由集合构成的无穷序列满足一个语句,要么没有任何序列满足它"[1]。这里有两点需要说明。其一,当把一个语句看作一个命题函项的时候,该命题函项是否被一个序列满足完全与该序列的性质无关,这也就是说,满足关系对于语句来说具有任意性,因而对语句的满足关系的规定具有任意性。其二,塔斯基这里所说的无穷序列的某一项相当于一个对象,说一个序列满足一个语句函项相当于说该序列的一个或一些项满足该语句函项,因而相当于说一个或一些对象满足该语句函项。

塔斯基承认,用"无穷序列"代替"对象"这种烦琐的表达方式,是他用"满足"来定义"真"的一个不得已而为之的措施。现在,我们先撇开这一缺点不说,只就"真语句被任何对象满足,假语句被任何对象不满足"而言,塔斯基给出的理由是相当牵强的。其理由似乎可以归结为:既然一个语句没有自由变项,实际上它与"满足"这种关系是无关的,因此我们不妨说语句与"满足"之间有一种**特别**的关系,即:要么所有对象全都满足它,要么所有对象全都不满足它;应该说,这种逻辑是很奇怪的。对此,我们在前边第五节已经有所讨论。

接下来,我们对塔斯基关于"满足"的递归定义给以较为深入的考察。塔斯基提出这个定义的时候,是以类演算(calculus of classes)作为对象语言的。[2] 这仅仅是作为一个例示,因而有一定的局限性;并且由于前一节所说原因,他把由类或集合构成的无穷序列当作通常所说的对象。此外,塔斯基采用的是当时波兰学界常用的符号,现在读起来很不方便。因此,文献中常常对塔斯基的符号表达式加以改写,关于其"满足"的递归定义可以改写如下[3]:

---

[1] TARSKI A. The Concept of Truth in Formalized Languages [M] // TARSKI A. Logic, Semantics, Metamathematics. WOODGER J H, trans. Oxford: Clarendon press, 1956: 194.

[2] 同[1]193.

[3] EDWARD N. Gómez-Torrente, Mario, "Alfred Tarski" [EB/OL]. The Stanford Encyclopedia of Philosophy, 2012. URL = < http://plato.stanford.edu/archives/fall2012/entries/tarski/ > .

一个由集合构成的无穷序列 f 满足语句函项 F，当且仅当，f 和 F 具备如下条件之一：

1. 存在自然数 k 和 i 使得，$F = I_{x_k x_i}$ 并且 $f_k \subseteq f_i$；

2. 存在语句函项 G 使得，$F = \neg G$ 并且 f 不满足 G；

3. 存在语句函项 G 和 H 使得，$F = (G \vee H)$，并且 f 满足 G 或者 f 满足 H；

4. 存在自然数 k 和语句函项 G 使得，$F = \forall x_k G$，并且，所有与 f 至多在第 k 项上有所不同的无穷序列满足 G。

这一形式化语言的初始谓词只有一个即 I，代表包含关系即 $\subseteq$；初始逻辑词只有三个：$\neg$、$\vee$ 和 $\forall$。因此，以上递归定义覆盖了该语言中的所有语句函项与对象之间的满足关系。

然而，笔者对其中第 4 个条件提出质疑。我们知道，全称量化公式 $\forall x_k G$ 是一个语句而不是语句函项，这便决定了用"满足"来定义 $\forall x_k G$ 是具有任意性的。我们注意到，塔斯基是用对象（无穷序列 f）对语句**函项** G 的满足来定义对语句 $\forall x_k G$ 的满足，这种做法实际上是用单称语句的"真"来定义语句函项的"满足"，而后用单称语句之合取的真来定义全称量化语句的真。对此具体分析如下：

$\forall x_k G$ 中的全称量词所约束的变项 x_k 带有下标 k，K 表示各个无穷序列的第 k 项，x_k 表示仅在第 K 项上与 f 不同的任一无穷序列，实即表示任一不同的第 k 项亦即任一集合。相应地，$\forall x_k G$ 意为：所有序列的第 K 项满足 G。现令 k_1，k_2，…k_n 分别表示第一无穷序列的第 k 项，第二无穷序列的第 k 项……第 n 无穷序列的第 k 项，那么，$\forall x_k G$ 意为：$G(k_1) \wedge G(k_2) \wedge \cdots \wedge G(k_n)$。当 n→∞，$\forall x_k G$ 相当于由无穷多个支语句构成的合取式（前边已经指出，尽管从语法的角度看，这个"合取式"是无法构造的，但是不影响我们从语义上理解它，正如无穷集合那样）。显然，$\forall x_k G$ 是真的，当且仅当，以上合取式为真；以上合取式为真，当且仅当，其中每一个支语句为真；每一个支语句为真便决定了"所有与 f 至多在第 k 项上有所不同的无穷序列满足 G"。由此可见，以上第 4 个条件实际上是用简单语句的"真"定义了全称量化语句的"真"，而"满足"只是其中的过渡环节而已。

既然如此，我们很容易将塔斯基关于"满足"的递归定义改造为关于"真"的递归定义，并且不用"集合的无穷序列"而直接用"集合"表示对象。

关于"真"的递归定义如下：

> 对于全部 n 个集合即 a_1，a_2，$\cdots a_n$（n 可以是有穷数，也可趋于无穷大）而言，语句 F 是真的，当且仅当，这些集合和 F 具备如下条件之一：
> 1. 存在集合 a_k 和 a_i 使得，F =（$a_k \subseteq a_i$），并且 $a_k \subseteq a_i$；
> 2. 存在语句 G 使得，F = ¬ G 并且 G 是假的；
> 3. 存在语句 G 和 H 使得，F =（G∨H），并且 G 是真的或者 H 是真的；
> 4. 存在语句函项 B 使得，F = ∀xB，并且 B（a_1）∧B（a_2）∧……∧B（a_n）是真的。

由于原来的形式化语言的初始逻辑词只有三个：¬、∨和∀，因此需要引入关于"∧"的定义：G∧H = $_{df}$ ¬（¬ G∨¬ H），这样，以上递归定义便可覆盖该语言中的所有语句的真值。另外，在第 1 个条件中去掉了塔斯基的初始谓词 I 而代之以 ⊆，既然 I 代表 ⊆。塔斯基引入初始谓词 I 不过是说 I 是 ⊆ 在此语言中的"翻译"，但是这个翻译功能已经体现在该语言的 F 上了，不必多此一举。

正如塔斯基已经看到的，由于语句不包含自由变项，因而语句的真或假与"满足"其实是无关的。笔者已经指出，从语义学的角度讲，最自然的途径是用"真"来定义"满足"而不是相反。现在，我们给出了关于"真"的递归定义，而递归定义的奠基是关于原子语句（简单语句）的"真"定义，即满足以上递归定义条件 1 而得到的定义。这个定义是：

> (1) 存在集合 a_k 和 a_i 使得，F 即 $a_k \subseteq a_i$ 是真的，当且仅当，$a_k \subseteq a_i$。

乍看上去，这个定义似乎是由塔斯基的 T^x 模式（即他所说的 T 模式或 T 约定）得出的一个例句：其中的 $a_k \subseteq a_i$ 相当于 T^x 模式中的 p，F 相当于 T^x 模式中的 X，即 $a_k \subseteq a_i$ 的"名称"。然而，这样的理解是不恰当的，因为忽略了短语"存在集合 a_k 和 a_i 使得"，而这个短语和"当且仅当"之后的"$a_k \subseteq a_i$"结合起来相当于断定：$a_k \subseteq a_i$ 是存在的。这表明，(1) 相当于 (1′)：

> (1′) F 是真的，当且仅当，$a_k \subseteq a_i$ 存在。

显然，(1′) 所对应的是笔者给出的 T′ 模式而不是塔斯基的 T^x 模式（或 T 模式）。这就是说，以上关于"真"的递归定义的奠基即条件 1 相当于 T′ 模式的一个例句，而不是 T^x 模式或 T 模式的一个例句。由此可见，T′ 模式表达了真的基本性质或"真"谓词的基本涵义，而 T^x 模式（或 T 模式）却没有做到这一点。

七、结论

我们不妨回到塔斯基对 T^x 模式的表述，以对其真之定义做进一步的考察或审视。塔斯基说道："现在我们要问：在'X 是真的'和'p'这两个句子之间有什么逻辑关系。从我们关于真的基本概念来看，这些句子显然是等值的，换言之，下面的等值式成立：（T）X 是真的，当且仅当，p。对于任何这类等值式，我们将称之为（T）型等值式。（其中'p'可以用该语言中的任何由'真的'这个词所指称的句子来代替，'X'则可由这句子的名称来代替）。"①

按照塔斯基的说法，其右边的"p"是真语句的指称对象，其左边的"X"是这个语句的名称，二者之间的逻辑关系是明显的，即"X 是真的"是由其指称对象 p 决定的。问题在于，塔斯基又说，p 是真语句的指称对象，这意味着，当用 p 来定义"X 是真的"这句话的时候已经知道 p 是真的。可见，（T）型等值式实际上是用 p 的真来定义其"名称"X 的真，即：**X 是真的，当且仅当，p 是真的。**

笔者曾指出，塔斯基把 T^x 模式中的 X 当作 p 的名称是不妥的，因为名称没有真假可言。我们可以把 X 看作 p 在元语言中的等价表达式。这样，塔斯基 T^x 模式的必然性和平庸性同时凸显出来。T^x 模式（或 T 模式）实际上是用一个命题在低一层语言中的真来定义它在高一层语言中的真，或者说，用其在对象语言中的真来定义其在元语言中的真，但却没有对"真"本身给予定义，或者说，没有对一个命题的最低层次的真给予定义。由此我们可以得出类似于普特南的结论：塔斯基的 T^x 模式（或 T 模式）作为真之定义是空洞的。相应地，笔者用 T′ 模式来改进或补充塔斯基的"真"定义是必要的。

另一方面，笔者的基于 T′ 模式的"真"理论是把塔斯基的 T 模式包容在内的，因而对于塔斯基的真之理论具有一定的继承性，此继承性主要表现在如下两个方面：首先，区分对象语言和元语言，接受语言层次论，并对之给以进一

---

① TARSKI A. The Semantic Conception of Truth：And the Foundations of Semantics [J]. Philosophy and Phenomenological Research，1944，4（3）：344.

步的完善,即把 T 模式和 T′模式作为语言层次结构中的两个必要的并且相互补充的部分。① 其次,澄清真之符合论的本质:在 T 模式中,这种关系表现为元语句"p"与对象语句 p 之间的符合;在 T′模式中,这种关系表现为语句涵义"p"与该语句指称对象 p 之间的符合,当 p 存在时 p 成为事实。②

参考文献

[1] TARSKI A. The Semantic Conception of Truth: And the Foundations of Semantics [J]. Philosophy and Phenomenological Research, 1944, 4 (3): 341-376.

[2] TARSKI A. The Concept of Truth in Formalized Languages [M] // TARSKI A. Logic, Semantics, Metamathematics. WOODGER J H, trans. Oxford: Clarendon press, 1956: 152-278.

[3] FREGE G. On Sense and Reference [M] // SULLIVAN A. Logicism and the Philosophy of Language: Selections from Frege and Russell. Canada: Broadview Press, 2003: 175-192.

[4] EDWARD N. Gómez-Torrente, Mario, "Alfred Tarski" [EB/OL]. The Stanford Encyclopedia of Philosophy, 2012. URL = < http://plato. stanford. edu/archives/fall2012/entries/tarski/ >.

[5] 陈晓平. 真之符合论与真之等同论辨析 [J]. 哲学分析, 2014 (1): 118-130.

[6] 陈晓平. 真之统一多元论 [J]. 科学技术哲学研究, 2014 (2): 1-8.

---

① 陈晓平. 真之统一多元论 [J]. 科学技术哲学研究, 2014 (2): 1-8.
② 陈晓平. 真之符合论与真之等同论辨析 [J]. 哲学分析, 2014 (1): 118-130, 199.

论本质主义*

张家龙

一、蒯因对本质主义的诘难

蒯因认为，如果承认从物模态就会导致亚里士多德的本质主义。他的论证如下①：

同样的一个数可由以下条件唯一地决定：

(1) $x = \sqrt{2} + \sqrt{2} + \sqrt{2} \neq \sqrt{2}$。

(2) 恰有 x 个行星。

但是，(1) 有"$x>7$"作为必然后承，(2) 则没有。必然大于 7 这个性质应用于一个数是没有意义的；必然性只是属于"$x>7$"同举出 x 的特殊方法 (1) 或 (2) 之间的联系。这就是说，他不承认 □Fx 这样的从物模态，当然就不承认 ($\exists x$) □Fx 这样的量化模态式。蒯因认为，主张量化模态逻辑的人必须满足于本质主义。这些人坚持所说的对象 x 必然大于 7，他们采用 (1) 作为唯一的规定 x 的方法，认为用这种方法可更好地揭示对象的"本质"，把 (1) 的结果"$x>7$"看成是对于那个是 9（而且是行星数目）的对象必然成立的，而 (2) 的某些结果则被认为只是偶然地适用于那个对象的。蒯因说："显然，要坚持对模态语组进行量化，就需要这种向亚里士多德本质主义的复归。一个对象，就其本身说，也无论是否具有什么名字，我们必须认为某些特性是它必然具有的，另一些特性则是它偶然具有的……"② 蒯因认为，本质主义同卡尔纳普、刘易斯以及其他一些人

---

* 原载于《哲学研究》1999 年第 11 期，50-60 页。
① 蒯因. 从逻辑的观点看 [M]. 江天骥, 宋文淦, 张家龙, 等译. 上海：上海译文出版社，1987：138-145.
② 同①144.

所喜爱的用分析性解释必然性的观点是断然不一致的，诉诸分析性并不能绝对地而只是相对于对象被如何规定才能要求区别一个对象的本质的和偶然的特性。

巴坎曾提出以下的定理：

$$(\forall x)(\forall y)((x=y)\rightarrow(\Box(x=y)))$$

蒯因认为，这一定理似乎已明显暗示巴坎准备接受本质主义的假定：决定一对象的特性中至少（而且事实上也是至多）有某个特性是必然地决定它的。蒯因得出结论说："这些思考的结果意在表明，搞量化模态逻辑（果若有这么一种逻辑的话）的方法就是接受亚里士多德的本质主义。但是，我并不打算为亚里士多德的本质主义辩护。照我的看法，正如卡尔纳普和刘易斯的看法一样，这种哲学是不合理的。"①

蒯因还提出了一个"作为数学家的骑车人的悖论"来非难本质主义。他说："人们按照设想可能会说，数学家必然地是有推理能力的，而并非必然地是有两条腿的；骑车人必然地是有两条腿的，而并非必然地是有推理能力的。但是，对于一个既嗜好数学又嗜好骑车的个体来说情况又如何呢？这个具体的人到底是必然地有推理能力而偶然地有两条腿的，还是必然地有两条腿而偶然地有推理能力的？我们有所指地谈论该对象而没有把数学家分为一类以与骑车人相对照或是相反这样一种先入之见作为谈话背景，恰恰是就此而论，把那个个体的某些属性列为必然的，而把其他那些属性列为偶然的这种做法是毫无意义的。"② 蒯因的意思是，对本质主义做出承诺会造成悖论：相对于某些兴趣而言，某些特性是本质，而相对于其他一些兴趣而言，这些特性又会是偶性，因此，一个给定的个体既本质地又偶然地具有这些特性。

总之，蒯因坚决反对本质主义，反对个体必然具有本质，从而反对搞量化模态逻辑。如果本质主义是一种合理的哲学，那么蒯因对量化模态逻辑的否定就失败了。下面我们就来论述本质主义的一些学说，最后提出我们对本质主义所做的辩护。

二、亚里士多德的本质主义

亚里士多德的本质主义集中表现在他的四谓词理论之中。他说："所有命题

---

① 蒯因. 从逻辑的观点看 [M]. 江天骥, 宋文淦, 张家龙, 等译. 上海：上海译文出版社, 1987：145.

② QUINE W V. Word and Object [M]. Cambridge, Mass.：The MIT Press, 1960：199.

和所有问题所表示的或是某个属,或是一特性,或是一偶性;因为种差具有类的属性,应与属处于相同序列。但是,既然在事物的特性中,有的表现本质,有的并不表现本质,那么,就可以把特性区分为上述的两个部分,把表现本质的那个部分称为定义,把剩下的部分按通常所用的术语叫作特性。根据上述,因此很明显,按现在的区分,一共出现有四个要素,即特性、定义、属和偶性。"①

亚里士多德所说的"定义"实际上是指"定义项",它与特性、属和偶性一起构成四谓词。他说:"定义乃是揭示事物本质的短语。"② 怎样才能揭示事物的本质呢?他采取了"属加种差"的定义方法:"必须把被定义者置于属中,然后再加上种差;因为在定义的若干构成要素中,属最被认为是揭示被定义者本质的"。特性不表示事物的本质,只是属于事物。亚里士多德认为,谓词可以与主词换位,就应该是定义或特性;如果谓词揭示了主词的本质,它就是定义;如果没有揭示本质,则是特性。按照亚里士多德的用语,本质即本质特性,它与一般的特性不同。"本质特性被设定为与其他所有事物相关且又使一事物区别于其他所有事物的东西;例如,能够获得知识的那种有死的动物就是人的本质特性。""本质特性可以在和若干事物的对比关系中得到说明;因为这个特性必定属于与每一存在的事物相关的那个东西,所以,如果这个特性没有与相关的一切事物区分开,它就不可能很好地被设定。"③ 这就是说,本质(本质特性)必然属于它们的主体,能够获得知识的有死动物这个本质属于人这个种,而且是必然地属于。

在四谓词中的属是表述种的,而且是表述种的"本质范畴"。所谓"本质范畴"是指适于回答"你面前的东西是什么"这类问题的语词。亚里士多德举例说,有一个人在那里,当被问及你面前是什么时,就适于回答说是动物。这就是说,动物是人的属,人是动物的种,动物是表述人的"本质范畴"。他认为,高一层次的属应该在本质中表述种,高一层次的属不分有任何低一层次的东西。

第四个谓词是偶性。亚里士多德说:"偶性是指:它不是上述那些的任何一种,即既不是定义和特性,又不是属,但是也属于事物;并且,它可能属于,

---

① 亚里士多德全集:第一卷[M]. 苗力田,主编. 北京:中国人民大学出版社,1990:356.(对译文中的"种"和"属"做了对调。——引者注)

② 同①357.

③ 同①440-441.

也可能不属于同一的某个体，例如坐的姿势就可能属于也可能不属于同一的某物。白色也是如此；因为没有什么东西能妨碍同一个事物在此时为白，在彼时为非白。"① 这里，亚里士多德给出了关于偶性的两个定义。他认为，第二个更好一些。因为假如某人要想理解第一个定义，就必须首先说明什么是定义、属和特性；而第二个定义自身就能完全充分地使我们知道语词的意义是什么。在定义和特性的情况下，主谓词可以换位；但在偶性的情况下，换位不是必然的，例如，证明了"白色或公正是甲的一种属性"对于证明"甲是白色的或公正的"并不充分，因为能用"甲只是部分的白或部分的公正"去反驳。由上可见，体现在四谓词理论中的本质主义是关于种的，种通过"属加种差"下定义，定义项就揭示了种的本质，而且这种本质是种必然具有的。亚里士多德的这些基本看法也适用于个体的本质问题，以下就来论述这一问题。

亚里士多德在《范畴篇》中提出了十范畴理论。第一个范畴是"实体"。实体分为第一实体和第二实体。第一实体就是个体，第二实体就是种和属，如"人""动物"。亚里士多德认为，种比属更能被称为第二实体，因为种更接近于第一实体。在说明一个第一实体是什么的时候，说出它的种比说出它的属，就会是更有益的、更恰当的。例如，描述一个个别的人时，说他是人比说他是动物，就会是说得更明白，因为前一种说法在更大的程度上指出个别人的特性，而后一种则过于一般化。

亚里士多德认为，述说个别的人不但可以用种名"人"，而且可以用种名"人"的定义，因为某一个个别的人既是人又是动物。② 这就是说，个体可以用它所属的种的定义来述说，即个体必然具有其所属的种的本质。关于个体的本质，亚里士多德还说："从量上对实体加以规定，其中的一个被认为是是其所是，就是那就其自身而言的东西。因为'是你'不等于'是文雅'，因为文雅不是就你自身而言的东西，而你的是其所是乃是就你自身而言的东西。……不出现于定义中的东西，且自身得到说明，方为个别事物是其所是的定义"③。他举例说，如果把一个"白面"定义为一个"光滑平面"，那么白与光滑由于相同而就是一回事，但这是对"白"的定义，而不是对"白面"的是其所是的定

---

① 亚里士多德全集：第一卷[M]. 苗力田，主编. 北京：中国人民大学出版社，1990：358.

② 同①6.

③ 同①156.

义。他举的正确的例子是，卡里亚就自身而言是动物，因为动物蕴涵在其定义之中，卡里亚是一种动物。

三、克里普克的本质主义

克里普克的本质主义旨在指明一个事物的哪些特性是本质特性，哪些是偶有特性。他提出两个论点：一是认为一个个体的起源（或它由以构成的材料）对于该个体是本质的；二是认为一类个体的本质是那个种类里的一切个体所具有的内在本质，它使得那个种类的成员资格在本质上依赖于具有这种适当的内在结构。

关于个体的起源[1]，克里普克假设，英国女王确实是由她的这对父母所生的，假设这对父母其肉体组织都是生物的精子和卵子的来源的人。这样一来你就摆脱了这样一种可能性：即把其父的精子或其母的卵子移入其他两个人的身体里，从而在某种意义上使这两个人可能成为女王的父母。如果这样的事情果真发生了，那么在另一种意义上说女王的父母仍然是原来的国王和王后。此外，能否设想这个女人是杜鲁门夫妇生育的呢？他们或许有一个在许多特性上与女王相似的孩子。也许在某个可能的世界中，杜鲁门夫妇甚至可能有一个孩子，她后来实际上成为英国女王，她曾经甚至冒充过别的父母的孩子。克里普克认为，这并不是说明这个被称之为"伊丽莎白二世"的女人是杜鲁门夫妇的孩子的情形。它只是表明，有另一个女人，她具有许多事实上对于伊丽莎白来说都是真的特性。现在的问题是，在这个可能的世界中，伊丽莎白这个人自己曾经出生过吗？克里普克假设她从来没有出生过，这是另外的一种情形，尽管杜鲁门夫妇有一个具有伊丽莎白的许多特性的孩子，但是伊丽莎白本人却根本不存在。

克里普克问道：一个由别的父母生育的，由另一对精子和卵子合成的人怎么能够成为这个女人呢？人们可以设想，假定在这个女人的一生中发生过许多变化：假设她变成了一个贫儿；假设她的王室血统根本不为人们所知；等等。又如，假设你知道这个世界到某一时刻为止的以往的历史，而从这一刻起，历史就与实际的进程大不同了。这种情况是可能的。同样可能的是，即使女王是

---

[1] 克里普克. 命名与必然性 [M]. 梅文，译. 上海：上海译文出版社，1988：111-116.

这对父母生的孩子，但她却从未成为女王；即使女王是这对父母生的孩子，但是她后来被另一位姑娘调换了。克里普克提出，很难设想女王是由另一对父母所生。他认为，任何来自另一来源的事物都不会成为这个对象。据此，他提出了一条原理："一个对象的起源对这个对象来说是本质的"①。克里普克还举了这个房间中的一张木制桌子的例子。他问道：这张桌子能由一块与原来的完全不同的木料制作出来，或者甚至是由从泰晤士河中取来的水冻成冰块做成的吗？他认为，可以设想发现这张桌子确实是由从泰晤士河中取来的水冻的冰做成的。但可以假设情况并非如此。他指出，尽管我们可以设想用另一块木料或者甚至用冰来制作一张桌子，它的外表与眼前这张桌子一模一样，而且我们也可以把它放到这间房子的这个位置上，但这并不是在设想眼前的这张桌子是由另一块木料或冰块做成的，而是在设想另一张桌子，它用另一块木料或者甚至用冰做成，它的所有的外表细节都与这张桌子完全相似。这张桌子本身不可能有与它事实上的来源不同的来源。由此，克里普克提出了另一条原理："制造一个对象的物质对于这个对象来说也是本质的"。这一原理也可表述为："如果某一个物质对象是由某一块物质构成的，那么它就不可能由任何其他物质构成。"② 克里普克对这个原理从逻辑上做了证明，他使用了关于个体的同一性的必然原理。设"B"为一张桌子的名称即固定指示词，设"A"为实际上制成这张桌子的那块木料的名称，再设"C"为另一块木料的名称。然后假设 B 是由 A 制成的，就像在现实世界中所发生的那样，另一张桌子 D 是同时用 C 做出来的（假定在 A 与 C 之间没有那种能使得用一块木料制造一张桌子的可能性取决于用另一块木料制造一张桌子的可能性的关系）。在这种情况下，B≠D；因此，即使 D 是从它自身中制造出来的，而且没有一张桌子是用 A 做出来的，那么 D 也不会是 B。严格说来，这里使用的是从等同的必然性原理得出的不等同的必然性原理：在 B 系统中，由 □I 得到¬ □x = y→x≠y，即◇x≠y→x≠y，据 B 的导出规则可得 x≠y→□x≠y。

克里普克考察了人们会提出的两个问题。一个问题是："如果一个对象不会停止其存在的话，它必须保留什么特性，而在这个对象继续存在下去的时间里，它的哪些特性是可以改变的？"他认为这个问题是一个具有时间性的问题。另一个问题是："当该对象存在时，不可不具备哪些（没有时间限制的）特性，可能

---

① 克里普克. 命名与必然性 [M]. 梅文，译. 上海：上海译文出版社，1988：116.
② 同①115.

不具备哪些特性？"他认为这个问题是关于必然性的问题，而不是时间性的问题，这是所要讨论的问题。这两个问题不应混淆。因此，这张桌子是否可能变成冰的问题在这里就是毫不相干的。而这张桌子是否最初有可能是用木料之外的其他任何东西制造的问题在这里是相关的。这个问题显然与这张桌子是否必然源出于某一块木料有关，也与那块木料是否从本质上说也是木料（甚至是一种特殊种类的木料）有关。不回溯宇宙的全部历史（这是一件使人望而生畏的大难事），而想象桌子是由任何不同于实际上被用来制造它的一种物质制成的，这通常是不可能的。克里普里这里提出这个观点是针对斯洛特（Slote）的。斯洛特在《形而上学与本质》一书中，对克里普克的论点提出质疑，说制成这张桌子 B 的木料 A，在制成这张桌子之前，曾变成一块银子，而后又变成一块木头，B 可能是在 A 变为银的阶段由 A 制成的，随后，它又作为 B 变成木头，因此，B 仅仅是偶然地起源于木头。克里普克认为这个质疑是完全不能令人信服的。

关于自然种类的本质，克里普克认为，如果一个自然种类（用种名或通名表达）具有某种内部结构，那么它具有某种内部结构便是必然的、本质的。他举了几个实例说明了这个观点。

第一个例子，黄金的本质。①

克里普克认为，黄金的本质是具有原子序数 79。他用可能世界理论做了论证。在现实世界中，假设科学家们研究了黄金的性质并且已经发现，具有原子序数 79 是它的本性的一个组成部分。假设我们现在发现了另外某种黄色金属，或者是某种别的黄色东西，它们带有我们最早识别黄金的那些特殊性和我们后来发现的其他许多特性。另外那种具有许多最初特性的黄色东西的例子就是黄铁矿或"假金"，我们不会说这种物质就是黄金。以上所说的是现实世界。现在考虑可能世界，在一种非真实的情形中，黄铁矿或假金在美国的许多山上，或是在南非和俄罗斯的一些地区被发现了。假设在所有这些现在实际上蕴藏黄金的地区中蕴藏着黄铁矿而不是黄金，或蕴藏着某种别的与黄金的一些表面特性极为相似但不具备其原子结构的物质，甚至还存在着一些更好的成对的相似物，例如，在周期表的一栏中的某对元素彼此十分相似，但是它们仍然是不同的元素。克里克普克认为，在这种非真实的情况下，我们不会说黄金不是一种元素；

---

① 克里普克. 命名与必然性 [M]. 梅文, 译. 上海：上海译文出版社, 1988: 125-127.

而是说：某种物体，例如不是黄金的黄铁矿，会在实际上蕴藏着黄金的那座山上被发现，并会具有我们通常用以识别黄金的那些特性，然而它却不是黄金，它是某种别的东西。克里普克指出，我们不应当说，在这个可能世界中，它将仍是黄金，尽管黄金在这时可能不具备原子序数79；它将是某种别的材料，或某种别的物质。他强调说，人们是否会非真实地称其为"黄金"，这是无关紧要的；重要的是，我们并不把它描述为黄金。假设黄金就是一种原子序数为79的元素，那么任何一种别的物质，即使它看上去像是黄金，而且在黄金产地被发现，它也不会是黄金。它会是某种别的与黄金极为相似的物质。在任何非真实的情形下，在同样的一些地理区域中蕴藏着这样一种物质，然而它们却不会蕴藏着黄金，所蕴藏的是某种别的东西。因此，黄金是一种原子序数为79的元素，这一点就是必然的而不是偶然的。

克里普克认为，我们还可以用同样的方式进一步地研究颜色和金属特性是怎样从我们所发现的黄金这种物质中得出来的。就这种性质是从黄金的原子结构中得出的来说，它们是黄金的必然性质，即使它毫无疑问地不是"黄金"这个词的意义的组成部分，而且不是以先验的确定性被人认识的。克里普克把对黄金本质的考察所得到的结论做了推广，认为这些描述了关于这种东西是什么的科学发现的陈述在尽可能严格的意义上不是偶然真理而是必然真理。

第二个例子，猫的本质。①

克里普克认为，如果猫是动物（具有某种把猫确定为动物的内部结构），那么任何不具有适当的内部结构像猫的动物便不是猫。设想在一种非真实的情况中，有一些外形像猫的精灵，但这些精灵并不是猫。我们可能发现，我们所有的实际的猫都是精灵。然而我们一旦发现它们不是精灵时，那么猫的性质的一部分就在于：当我们描述一种到处都有这样的精灵存在的世界时，就必须说，这些精灵不会是猫；这个世界是一个包含有装扮成猫的精灵的世界。虽然我们可以说猫可能被证明是精灵，是某个种类的精灵；但假设这些猫事实上就是动物，那么任何猫形的但不是动物的存在物，在现实世界中或在可能的非真实的世界中就都不是猫。同样的道理也适用于那些具有猫的外貌但又具有爬行动物的内部结构的动物，如果这种动物果真存在，那么它就不会是猫，而是"假猫"。

第三个例子，水的本质。②

---

① 克里普克. 命名与必然性 [M]. 梅文，译. 上海：上海译文出版社，1988：127.
② 同①129-130.

克里普克认为，水是 H_2O，是科学发现的必然真理，水的本质就是具有 H_2O 的结构。我们最初识别水是根据它对我造成的特有的触觉、它的外貌特征或者由于水不纯净而产生的味道。如果实际上甚至某种物质，它具有与水完全不同的原子结构，但在上述方面却都与水相似，那么我们会不会说有些水不是 H_2O 呢？克里普克的回答是：不会，我们会说，正如存在着假金那样，可能也会有某种假水；存在着这么一种物质，它尽管具有我们最初用来识别水的各种特性，但是它事实上却并不是水。这一点不仅适用于现实世界，而且也适用于谈论非真实的情况。如果有某种物质是一种假水，那么它就是假水，而不是水。如果这种物质可以采取另一种形式，例如在俄罗斯所发现的高聚水（polywater），它具有与我们现在称之为水的东西非常不同的识别标志，那么，它也是水的一种形式，因为它是同一种物质，即使它不具备我们最初用来识别水的那些外貌特征。

此外，克里普克还举了"虎""热是分子运动"等例子，这里不赘述。

克里普克关于种类本质的结论是："一般说来，科学试图通过研究某一种类的某些基本的结构特征来寻找该种类的本性，从而找到该种类（哲学意义上）的本质。"[①]

克里普克关于种类本质的考察，同以下的理论是密切相关的：（1）在"黄金是原子序数为 79 的元素"、"水是 H_2O"和"热是分子运动"等表达理论同一性的陈述中，种名或通名"黄金""水""热"等是严格的（或固定的）指示词，用克里普克的话说，它们"比通常想象的更接近于专名"，"与专名之间具有比通常所认识到的更多的亲缘关系"，这就是说，通名并没有表达出什么特性，不是字典用来定义它们的那些特性的结合之缩写；与通名或种名相同一的语词，"原子序数为 79 的元素""H_2O""分子运动"也是严格的指示词。因此，它们所命名的现象之间的同一性就是必然的。（2）理论同一性的陈述是后验必然真理的例证，"黄金是原子序数为 79 的元素"等命题是科学通过经验发现的，因而人们完全可以通过经验去发现事物的本质或必然的性质。这两点也适用于对个体本质的考察。

四、普特南的本质主义

美国哲学家普特南关于本质主义的基本观点与克里普克的观点是相似的。

---

① 克里普克. 命名与必然性 [M]. 梅文，译. 上海：上海译文出版社，1988：138.

下面我们介绍他的观点。① 有一种传统观点认为，说某物属于某一自然种类就是将一组属性归于它。普特南反驳说，构成一个自然种类的那些对象的集合可能有一些异常成员。他举柠檬为例，按上述观点，柠檬的所谓"定义特征"是：黄色，酸味，具有某种果皮等。他接着指出，说所有这些特征都属于每一个柠檬实例，这并不是分析地真的。一个未能变黄的绿柠檬也许是一个稀有之物，但谈论这样的东西在用语上并不自相矛盾。

持上述传统观点的人对普特南的反驳做了如下的回答：这里列举的特征所定义的只是有关种类的"正常成员"。如果一个特殊的对象并不具备一个或一个以上这样的特征，只要它具备其他特征，它还算是这个种类的成员。一个对象在多大程度上背离这个标准而不丧失其成员资格，这是一个有待解决的问题。此外，并不能将所有属性都等量齐观。狮子是食肉的四足动物，但是一个生来只有三条腿的对象，凭着它的其他特征也还可以被包括到这个类当中来，就像我们允许一个一条腿的人作为"人是无羽毛有两足的动物"这条规则的例外情况一样；但是，一个不食肉的动物就不配称为狮子。

普特南对此提出了两点反驳：第一，有关的自然种类的正常成员也许在实际上并不是我们认为是正常的那些成员；第二，自然种类的这些特征可能随着时间而变化，也可能随条件的变化而变化，可是"本质"却没有改变到要使我们不再用同一个词来称呼它的程度。普特南提出的两点反驳可以归结为这样一个假定：一个适用于某一自然种类的成员的词的意义是唯一地与这些成员的"本质"相联系的。这个假定既考虑到在一定的时间内，我们把具有这种本质的种类的一个非典型子类看作正常的种类的实例这种可能性，也考虑到该种类的真正典型的成员所表现出的属性在时间过程中发生变化的可能性。在这两种情形中，该词的意义都保持稳定，因为它是稳定地与本质联结在一起的。

本质是如何被决定的呢？普特南以水的例子说明了这个问题。日常使用的英语语词"water"（水）以及它在其他自然语言中的对应词被认为在外延上是固定的。在某一段时间内，科学发现表明，那种被认为是属于这些词的外延的物质的化学成分是 H_2O，因此水就被定义为任何具备这些化学成分的东西，这些化学成分构成了它们的本质，不仅现在必须把它理解为那些代表水的词所指的东西，而且也是它们一贯所指的东西，不管使用这些词的人是否知道这一点。

---

① 艾耶尔. 二十世纪哲学 [M]. 上海：上海译文出版社，1987：304-308.

普特南构造了一个叫作"孪生地球"的想象世界,这个孪生地球与实际地球的不同在于:在那里满足水的操作定义的物质的化学成分与现实地球上的水的化学成分不同。他用"相同L"来简称"相同的液体",他的论证如下:"操作定义,像实指的定义一样,只不过是一种指出一个范本的办法——指出现实世界中的那种物质,使得在任何世界上要成为水,就要与满足该操作定义的本地实体的类的正常成员有相同L关系。即使孪生地球上的'水'满足了这个操作定义,它也不是水,因为它与满足这个操作定义的本地物质没有相同L关系,而且有些本地物质虽然满足这个操作定义,但却与其余的本地物质有不同的微观结构,因而它们也不是水,因为它与本地水的正常样品没有相同L关系"。"一旦我们发现水(现实世界中的)是H_2O,任何世界,如果其中水不是H_2O,那么就不能算作可能世界。尤其是,如果一个'在逻辑上可能的'陈述是一个在某些'逻辑上可能的世界'成立的陈述,那么水不是H_2O就是逻辑上不可能的。"[1]

普特南的观点与克里普克的观点有些微小的差别。普特南认为,不存在水不是H_2O的可能世界;克里普克则认为,在一个非真实的可能世界中,如果有一种物质具有我们最初用来识别水的各种特性,但其原子结构不是H_2O,那么它就不是水,而是假水。这两种说法本质上是相同的。

五、捍卫本质主义

以上我们陈述了亚里士多德、克里普克和普特南的本质主义的要点,我们认为这些要点基本上是正确的。现在,我们要对他们的理论做些补充和发挥。

(一)世界上的万事万物形形色色,但是它们都形成各个不同的种类

各个种类都有表达它们的名称,例如,"猫""虎""黄金""水""热""光"等,它们都是"种名"。

一个种类就自身而言总有其"是其所是"的东西,这就是本质;说得详细一点就是,一个种类的本质是该种类所有、其他种类所没有并在一切可能世界所具有的性质。否认了本质的存在就否定了种类的存在,这就使世界上形形色色的事物无从区分,混沌一团。由此可见,反本质主义是令人完全不能接受的

---

[1] 艾耶尔. 二十世纪哲学 [M]. 上海:上海译文出版社,1987:307.

一种哲学。

(二) 种类的本质主要是该种类的内部结构特征

以水为例，水的本质是 H_2O，也就是说，水在一切可能世界中都是 H_2O。假定我用罗素说的逻辑专名"这"给"水"下实指定义，在现实世界 w_1 和其他可能世界（比如说 w_2）中，指着这个杯子里的液体说："这是水"。对这个实指定义的解释应该是：对一切可能世界 w 和 w 中的一切个体 x 而言，x 是水当且仅当 x 与现实世界 w_1 中是"这"的所指的那个东西有相同液体关系。这里，"这"一词的所指属于现实世界 w_1，不受元语言量词"一切可能世界 w"的约束。因此，在上述实指定义中的"这"是严格的（或固定的）。实指定义中的种名"水"，是"这"所指的种类之名，因而是一个严格的（或固定的）指示词。一般说来，如果我们给一个种名 K 下一个实指定义："这是 K"，而且把指示词"这"理解为严格的（或固定的）"这"，那么 K 就是一个严格的（或固定的）指示词。因此，种类 K 的成员资格就具有严格性（或固定性）：如果 x 是 K 的成员，那么 x 就必然是 K 的成员。根据这样的理解，一旦发现水在现实世界 w_1 中是 H_2O，它在其他可能世界也都是 H_2O，在可能世界 w_2 中，不可能出现水不是 H_2O 的情形。这是因为当我在可能世界 w_2 中指着这个杯子里的液体说："这是水"时，意思是说：在可能世界 w_2 中，x 是水当且仅当 x 与现实世界 w_1 中是"这"的所指的那个东西有相同液体关系。假定在可能世界 w_2（比如说孪生地球）中，那里的人所说的"水"是由 XYZ 组成的，它们可以给"水"下实指定义："这是水"，但是，这种"水"与现实世界 w_1 中是"这"的所指的那个东西没有相同液体关系，因此，它不是水，而是假水。由于相同液体关系是一种跨世界的关系，因而我们可以把上述的说明重新表述为：x 在任一可能世界中是水，当且仅当 x 与现实世界中被称为"水"的物质有相同液体关系。正如普特南所说，一旦我们发现现实世界中的水是 H_2O，那就不存在一个其中水不是 H_2O 的可能世界。这就是说，"水是 H_2O"是一个必然真理，即 H_2O 是水的本质。以上关于水所说的话适用于一切种类。人们在科学实践中，不断地揭示事物种类的内部结构特征，如分子结构、微观结构、遗传密码结构、思维的内在机制等。我们还可以推广这种"内部结构"的概念，作为社会种类的"人"，其内部结构除具有动物的内部结构之外，更重要的是处于社会关系之中，我们在下面的"人的本质"中分析这个问题。除内部结构特征之外，种类的本质是否还有别的构成要素，这是需要进一步研究的问题。比如说，黄色这种外部特征是否是黄金本质的一部分呢？我们知道，黄色对黄金来说是从黄金的原子结构中得出来的，因此黄色是黄金本质的一部分。对内部结构和外部特征的关系要具体分析，凡是由内部结构决定的外部特征属于事物本质的一部分，但是我们不能单独把这样的外部特征作为事物的本质。凡不是由内部结构决定的外部特征不属于事物的本质，我们更不能把这样的外部特征当成事物的本质或本质的一部分。随着科学的发展，人们对事物种类的本质的认识会不断深化，会建立越来越多的经验必然真理。

（三）谈论单独个体的本质，实际是把它同以它为唯一分子的单元类联系在一起的

如果两个个体不能有同样的起源，那么它们就分属于不同的单元类。这里的关键是要区分两种摹状词。假设这张桌子 B 是由那块木料 A 制成的，"这张由那块木料 A 制成的桌子"是一个严格的（或固定的）摹状词，与非严格的（或非固定的）摹状词"那张方形的桌子"根本不同，前者唯一地确定了一个单元类，B 是一个专名，是一个严格的（或固定的）指示词，单元类的名称"由那块木料 A 制成的桌子"也是一个严格的（或固定的）指示词，设这一名称用 K 表示，K = {a : a 是由那块木料 A 制成的桌子}。我们可以像上面那样来论证 K 的严格性（或固定性）。假定我在现实世界 w_1 和其他任一可能世界 w_2 中，指着我房间里的这张桌子 B 说："这是 K"（实际上是说："这属于 K"或"这等于 a"），对这个实指定义可做如下解释：

对一切可能世界 w 和 w 中的一切个体 x 而言，x 是 K 当且仅当 x 与现实世界 w_1 中是"这"的所指的那个东西有相同材料关系。这就是说，x 在任何一可能世界中是 K，当且仅当 x 与现实世界中被称为 K 的东西有相同材料关系。

我们通过实指定义中的"这"的严格性（或固定性）和跨世界的"相同材料关系"，论证了 K 的严格性（或固定性）。由此也可得出：单元类 K 的成员资格也具有严格性（或固定性）。

我们已经发现，我房间里的这张桌子 B 是由那块木料 A 制成的，这样，这个命题就在一切可能世界成立。这就是说，这是一个必然真理，即这张桌子 B 的起源是 B 的必然特性，也就是本质。我们还可以补充一个例子："月亮是地球的卫星"，在这里"月亮"是专名，"地球的卫星"是单元类的名称，它们都是严格的（或固定的）指示词。

由上所说，本质主义是一种正确的合理的哲学理论。反本质主义者极力攻

击的从物模态的公式□Fx是可以为真的。上述的"这张桌子B是由那块木料A制成的"是一个必然真理，可表述成：□Fb（"b"表示这张桌子B），"水是H_2O"是一个必然真理可表示成：□∀x□（Fx→Gx）（"F"表示"……是水"，"G"表示"……是H_2O"），其中□（Fx→Gx）是一个从物模态的公式。对于克里普克所举的另一个例子："伊丽莎白二世是由她父母的特定的精子和卵子发育成的"，我们不同意这种分析，他把自然个体的桌子和社会个体的人混为一谈了，下面将进行讨论。

（四）人的本质

1. 克里普克探讨了自然种类的本质，但是没有讨论社会种类的人的本质。马克思主义哲学认为，人的本质在其现实性上是一切社会关系的总和。

一切社会关系的总和形成一种很复杂的社会关系结构，与自然种类的结构有根本区别。首先，这种社会关系结构把人和动物区别开来。科学告诉我们，人是由类人猿进化而来的。地理环境的变化是猿变成人的一个外部条件。早在二三百万年前，地球上气候变冷，森林大大减少，这就使类人猿不能像以前那样靠大自然提供的食物和条件生活了。地理环境的变化迫使类人猿发生了巨大的变化。这是猿变成人的一个外部条件，显然不是人的本质。类人猿要继续生存下去，就必须要战胜恶劣的自然环境，创造自然界不能提供的物质生活资料。而要战胜自然界，创造物质生活资料，单靠个体的力量是不行的，必须结成一定的关系。这种结成一定关系去创造物质生活资料的活动，就是劳动。由此可知，正是由于结成一定的社会关系，才能进行劳动，类人猿才变成人，人才和猿区别开来。决定劳动的是一定的社会关系，人一产生就是社会关系中的人，人从一开始就是社会关系的总和。其次，人是在复杂的社会关系结构中存在和发展的。人是社会的人，是社会动物；人不能脱离社会、脱离各种社会关系而存在。人在实践中，总要结成一定的生产关系，并在此基础上形成一定的政治、法律和思想关系等。人们结成怎样的社会关系，人们就怎样劳动创造，人们也就怎样存在和发展。另外，人和动物的另一个重要区别是，人有目的意识性。人的目的意识性是在劳动实践中形成和发展的，因此人的目的意识性也就是由人的社会关系所决定的。人的意识一开始就是社会的产物，现代人和未来人的意识仍然是社会的产物，所以，不仅劳动创造性，而且目的意识性，都是由于人们结成一定的社会关系才具有的。

总之，作为社会种类的人的本质就是一切社会关系的总和，或者说社会关系结构。人具有社会关系结构是必然的,也就是说,人都具有社会关系结构。设想在一种可能世界,有一些外形像人的动物,例如比类人猿更像人的动物,但是不具有如上所说的社会关系结构,这样,这些动物就不是人。我们用"人"这个语词指示一个具有社会关系结构的社会种类,不属于这个社会种类的任何动物,即使它看上去像人,事实上也不是人。现代科学还没有证明有外星人,假定某个星球上有外星人,那么,他们就必须生存在一种社会形态中,他们的本质也必然是一切社会关系的总和,不具有社会关系结构的"外星人"不能称为人。

由于社会形态是发展的,由原始社会经封建社会、资本主义社会、社会主义社会到共产主义社会,这是一个不以人的意志为转移的客观规律。相对于不同的社会形态,社会关系结构是不同的,因而各个社会形态的人的本质也就不同,这就是说,人的本质不是绝对的,而是相对的,这是人的本质的个性。但是,各个社会形态的人的本质有共性,这就是社会关系结构,即一切社会关系的总和。人的本质就是这种共性和个性的统一。

2. 克里普克在考察个体本质时,没有区分自然个体和社会个体,把社会个体的个人例如英国女王伊丽莎白二世同一张桌子混为一谈,把个体自然起源都作为它们的本质。一个个人脱离了社会,就不成其为个人,印度的一些村庄有狼孩的报道,狼把某村的一个婴儿叼到狼窝里,用狼奶把这个婴儿喂养大,结果这个在狼群中长大的狼孩具有狼的本质,例如爬行、两眼发光、吃狼的食物、没有语言能力、咬人等,已不具有人的本质了,即使回到社会中来,也不具有人的本质,恢复起来十分困难,而且寿命很短。可是按照克里普克的理论,这个狼孩的本质是起源于他的父母的受精卵,这是极其错误的。

任何个人既是社会整体中的成员,又是一个独立的个体;既有共同的社会本质,又有自己的个人本质。作为个体存在的人,一方面是自然性的肉体存在,另一方面是社会性的精神存在。正是社会性决定了一个人是有灵魂的精神存在,人的精神存在不能脱离肉体存在,必须以肉体存在为载体,因此,当社会性产生了人的精神存在时,也必然影响人的肉体存在,使人的身和心形成更加密切的联系。人的个体存在的本质是人的社会性。社会性本身不但把一个人的肉体存在与精神存在区别开来,而且也把一个人和另一个人区别开来,因为社会性本质只能在社会关系中存在,每个人在社会关系中的地位总是有差别的,每个人的社会关系总和不可能完全一样,这就必然造成人们的社会性本质的差异,这种社会性本质的差异就是个人之间相互区别的个性。个人的起源与一张桌子的起源不同，是由处于社会关系结构中的双亲所生并在社会环境和教育影响下成长起来的，这就是个人的本质。简单说来，个人的本质是其社会性的起源。英国女王伊丽莎白二世的本质是由处于英国社会关系结构中的双亲所生并且在英国社会环境和教育影响下成长起来的，与一张桌子的自然起源根本不同。"由处于英国社会关系结构中的伊丽莎白二世的双亲所生并且在英国社会环境和教育影响下成长起来的"是个严格的（或固定的）摹状词，与"菲利普亲王的妻子"这个非严格的（或非固定的）摹状词不同，这个严格的（或固定的）摹状词在一切可能世界中都指称伊丽莎白二世；现实的情况是，伊丽莎白二世是由处于英国社会关系结构中的她的双亲所生并且在英国社会环境和教育影响下成长起来的，这样一来，这个命题就在一切可能世界成立，是一个必然命题。也就是说，伊丽莎白二世的社会性起源构成为她的本质。

（五）模态集合论对本质主义的捍卫

根据本质主义的观点，一个集合的成员产生那个集合的本质，这就是说，如果某些对象是某个可能世界中一个集合的成员，那么恰有那些对象作为成员这样的特性就是那个集合的本质。以下我们概述福尔布斯按这种本质主义观点构造的模态集合论系统 MST。①

MST 的语言 L（MST）是带 3 个谓词符号的一阶模态语言：

1. 一元符号'S'代表是一个集合；
2. 一元符号'I'代表是一个个体；
3. 二元符号'∈'代表集合的成员关系（"属于"）。

在 L（MST）中，为避免使用"S"和"I"，使公式缩短，有三种变元可以使用：

1. 一般变元，使用'x'、'y'等，其变程是集合和个体；
2. 集合变元，使用'X'、'Y'等；
3. 个体变元，使用'i'、'j'等。

公理有两大类：一类是处理关于集合、个体和集合成员关系的跨世界事实的从物模态公理，另一类是处理集合内部世界理论的从言模态公理。

第一类公理有：

---

① GRAEME F. The Metaphysics of Modality [M]. Oxford：Clarendon Press，1985：100-123.

1. （F） $\Box(\forall x) \Box(\forall X) \Box(x \in X \rightarrow E(x) \wedge E(X))$。这就是说，必然对所有 x，必然对所有 X，必然地如果 $x \in X$ 那么 x 存在并且 X 存在。这一公理称为关于"$\in$"的"假性原理"，"$x \in X$"的真应当蕴涵 x 的存在和 X 的存在。例如，"苏格拉底 $\in$ ｛苏格拉底｝"在苏格拉底不存在的世界上就是假的。

2. （MR） $\Box(\forall x) \Box(\forall X) \Box(x \in X \rightarrow \Box(E(X) \rightarrow x \in X))$。这一原理称为"成员资格固定性原理"。对于一个给定集合的每一成员 y 来说，y 属于它这一点对该集合是本质的，一个集合的成员资格在集合存在的每一可能世界中是同样的。

（MR）可读为：必然对所有 x，必然对所有 X，必然地（如果 x 是 X 的成员那么就必然地若 X 存在则 x 是 X 的成员）。

成员资格固定性原理是本质主义的原理，福尔布斯把它用于考察抽象集合的本质，并使之形式化，成为一条公理。（MR）为集合提供了本质特性，所谓 P 是 x 的一个本质特性是指，对所有可能世界 w 而言，如果 x 在 w 存在，那么 x 在 w 有 P。成员资格固定性原理是同把集合看成是在不同世界有不同成员的盒子的观点相冲突的，后一种观点是反本质主义的，把成员资格受制于不同的可能世界，认为一集合的成员随可能世界的变化而变化，从而取消了集合的本质。反本质主义的观点完全违反了人们的直观。

3. （CE） $\Box_1(\forall X) \Box_2(\forall Y)([\Box(\forall z)(A_1(z \in X) \leftrightarrow A_2(z \in Y))] \rightarrow X = Y)$。这一公理称为"跨世界外延性原理"，规定了两个集合跨世界同一性的条件。（CE）中的'A_1'、'A_2'是加数标的"现实性"算子，'$\Box_1$'与'A_1'相配，'$\Box_2$'与'A_2'相配。我们从一个世界 w_1 为'X'选择一个值 a，从另一个世界 w_2 为'Y'选择一个值 b，然后引进加数标的"现实性"算子'A_1'和'A_2'，以保持可能世界 w_1 和 w_2 的联系，这样我们就可以说 a 在 w_1 的成员和 b 在 w_2 的成员，在 w_1 和 w_2 中，a 和 b 有我们所想要比较的成员资格。（CE）中的开始一串符号"$\Box_1(\forall X) \Box_2(\forall Y)$"可读成："对任何两个可能的集合 X 和 Y 以及使得 X 在第一个世界存在、Y 在第二个世界存在的任何一对世界而言，'$\Box_1$'表任选的一世界，'$\Box_2$'表示任选的另一世界。[$\Box(\forall z)(A_1(z \in X) \leftrightarrow A_2(z \in Y))$] 是说：在第一个世界存在于 X 中等值于在第二个世界存在于 Y 中；如果这个等值条件成立则 X = Y。要注意的是，在（CE）中未加数标的'$\Box$'是很重要的，不能去掉，否则变元'z'将以第二个世界的域为变程。（MR）为集合提供了本质特性，但是它不能排除在一个可能世界中不同的集合有同样成员,(CE)不但为集合提供了本质特性,而且为集合提供了特有的本质,排除了在一个可能世界中不同的集合有同样成员这种情况。

从(CE)可推出(□E):□(∀X)(∀Y)[((∀z)(z∈X↔z∈Y))→X=Y]。这是"必然的外延性公理",它是说,必然地,对任一集合 X 和任一集合 Y 而言,如果它们有同样的成员,那么它们是同样的集合。

4.(SR)□(∀x)□(Sx→□(E(x)→Sx))。这一公理称为"集合固定性公理",它是说,如果集合必然地是集合,那么每一集合就会是一个必然的存在物。

5.(IR)□(∀x)□(Ix→□(E(x)→Ix))。这是"个体的本质性公理",它是说,如果个体必然地是个体,那么每一个体就是一个必然的存在物。

第二类公理是带"个体"的 ZF 集合论(记为 ZFI)公理的必然化,也就是说 ZFI 在每一可能世界是真的。ZFI 是关于两种实体(个体和集合)的理论,它的断定中有一些不是关于所有对象的断定,而只是关于所有集合的,或关于所有个体的。具体地说要增加:

1. 必然的无序对集合公理;

2. 必然的空集合存在公理;

3. 必然的并集合公理;

4. 必然的幂集合公理;

5. 必然的基础(正则)公理;

6. 必然的无穷公理;

7. 必然的外延性公理;由于从(CE)可推出 7,因而 7 可以省去。

8.(IFS)□(∃X)(∀y)(y∈X↔Iy),这就是说,必然地,现存的个体(如果有的话)形成一个集合。

9. 分离公理模式的必然化:对每一个带有自由变元 x, Z, u1, …, uk 的公式∅而言,□(∀u1)…□(∀uk)□(∀Z)(∃Y)(∀x)(x∈Y↔x∈Z∧∅)是一条公理。

实际上分离公理模式可从替换公理模式推出,所以,第 9 条公理可以省去。

10. 替换公理模式的必然化:对每一个带有自由变元 x, Z, y, u1, …, uk 的公式∅而言,□(∀u1)…□(∀uk)□(∀Z)[(∀x∈Z)(∃!y)∅→(∃Y)(∀x∈Z)(∃y∈Y)∅]是一条公理。

以上就是 MST 的公理。

MST 的一个模型是模态谓词演算 S5 的一个模型，只是 V（'I'）和 V（'S'）是 D 的子集合，V（'∈'）是 D×D 的一个子集。在这个模型中 MST 的所有公理是真的。

ZFI 与 MST 的关系有如下定理：如果 ZFI 是一致的，那么 MST 也是一致的，即 MST 对 ZFI 具有相对一致性。如果 MST 不是一致的，那么 ZFI 也不是一致的。此外，根据哥德尔的第一不完全性定理，ZFI 是不完全的，MST 与 ZFI 一样也是不完全的。模态集合论 MST 是建立在本质主义之上的理论，根据 MST 对 ZFI 集合论具有相对一致性的定理，以及现在通行的 ZFI 集合论是一致的，我们可以得到：MST 也是一致的。谁要是想推翻模态集合论，也就是要推翻 ZFI 集合论。这就是说，基于本质主义的模态集合论是科学的理论，是不可反驳的。模态集合论对本质主义做了强有力的辩护，反本质主义的理论在模态集合论面前只能败退。

以维特根斯坦之矛攻蒯因之盾*
——论威廉斯对蒯因的"不确定说"的批评

方万全

对许多人而言，蒯因的哲学中最引人注目的除了其对于所谓经验论的两个教条（dogmas）所提出的影响深远的批评之外，便是他所提出的翻译的不确定说（the thesis of the indeterminacy of translation）与指称的不可测度说（the thesis of the inscrutability of reference）。① （为方便往后的讨论，我们把此二说合称为蒯因的"不确定说"。）② 从一般人对于意义（meaning）与指称（reference）常识性的了解来看，个别的字词显然具有其特定的意义，而且通常我们对于自己的字词所指称的对象为何，也认为会有明确而特定的答案。但是翻译的不确定说却否定了前者，而后者也被指称的不可测度说所否定。或许是因为这两个学说看来明显违反了我们平常对于意义与指称的了解，因此长久以来它们便很自然地成了许多哲学家所亟欲加以推翻的对象。四五十年来对于"不确定说"的批评可说是屡见不鲜。虽然如此，到现在为止也说不上有什么人对"不确定说"提出了致命的打击。相反地，这许多的批评反而让我们更清楚地看到了蒯因的"不确定说"强韧的一面。看来批评者所面对的是远比他们所想象的要来得更为

---

* 原载于《哲学与文化》第411期（第三十五卷第八期）（2008年8月），5-23页。该期为"蒯因百年在台湾专题"，邓育仁为专题主编。

① 此二说分别见：QUINE W V. Word and Object [M]. Cambridge, Mass.：The MIT Press, 1960：ch. 2；QUINE W V. Ontological Relativity [M] //QUINE W V. Ontological Relativity and Other Essays. New York：Columbia University Press, 1969：30-34。蒯因对于经验论的两个教条的批评见于 QUINE W V. Two Dogmas of Empiricism [M] // QUINE W V. From a Logical Point of View. 2nd ed. Cambridge, Mass.：Harvard University Press, 1980。

② 在 QUINE W V. Pursuit of Truth [M]. Rev. ed. Cambridge, Mass.：Harvard University Press, 1992：50 中，蒯因把指称的不可测度又称为"指称的不确定（性）"（indeterminacy of reference），并认为这个新的称呼是比较好的称呼。因此把蒯因的两个说法合称为"不确定说"是有根据的。

棘手而难缠的说法。

本文所关注的是威廉斯（Meredith Williams）在其一篇论文[1]中对于蒯因的"不确定说"所提出的批评。与其他同类的批评比较不一样的是，威廉斯很明确地试图以后期维特根斯坦哲学中的一些重要的看法，来说明何以蒯因的"不确定说"是不成立的。本文的主要目的在于厘清与评估威廉斯对蒯因的"不确定说"所提出的批评。我们将可以看到的是，维特根斯坦的观点与蒯因的"不确定说"之间，并不像威廉斯所认为的有那么明显的不兼容，以至于我们可以利用前者来成功地反驳后者。

蒯因与维特根斯坦：观点上可能的关联

我们知道克里普克于1982年出版了一本书[2]，对于后期维特根斯坦哲学中所谓依循规则（following a rule）的问题，提出了很新颖但也极具争议性的诠释。此书的出版使得有关依循规则的问题，在20世纪80年代之后一跃而成为后期维特根斯坦哲学中最受瞩目的课题之一。[3] 根据克里普克在其书中所提出的诠释，维特根斯坦成了一个不折不扣的意义的怀疑论者（meaning skeptic）：在克里普克笔下的维特根斯坦看来，我们没有任何事实上的根据，去认为吾人语言中的字词或句子具有什么特定的语意内容或指称。

在20世纪的分析哲学中，与这样的怀疑论可堪比拟的，显然只有蒯因的"不确定说"。两者之间的类似性也未逃过克里普克的法眼。克里普克认为蒯因"著名的翻译的不确说与指称的不可测度说，也就我们（的字词）所意谓的为何（what we mean），质疑其是否有任何客观上的事实可言"[4]。克里普克不仅看到了两人之间观点上的类似性，他还进一步指出两人各自观点成立与否的可能的相互关联。例如克里普克认为，"对于不是像蒯因那样有如此之行为主

---

[1] WILLIAMS M. The Etiology of the Obvious: Wittgenstein and the Elimination of Indeterminacy [M] // WILLIAMS M. Wittgenstein, Mind and Meaning. London: Routledge, 1999.

[2] KRIPKE S. Wittgenstein on Rules and Private Language [M]. Cambridge, Mass.: Harvard University Press, 1982.

[3] 同[2]. 至于后期维特根斯坦哲学中其他重要的课题，可参见 WILLIAMS M. The Etiology of the Obvious: Wittgenstein and the Elimination of Indeterminacy [M] // WILLIAMS M. Wittgenstein, Mind and Meaning. London: Routledge, 1999: 216。

[4] 同[2]55.

义倾向的（behavioristically inclined）我们而言，维特根斯坦的问题可能会导致（我们）去重新看待蒯因的（上述的两个）学说（theses）"①。他还认为如果维特根斯坦的意义的怀疑论成立，那么蒯因的指称的不可测度说也似乎可以成立。②

但是把维特根斯坦有关依循规则的看法诠释成为意义的怀疑论，已经普遍地被认为是对维特根斯坦的误解。麦克道尔所提出的新的诠释，便是所谓正确诠释维特根斯坦的观点的一个具有代表性的例子。③ 而如果我们像克里普克那样认为维特根斯坦所谓的意义的怀疑论可用来支持蒯因的"不确定说"，那么一旦我们认为维特根斯坦不是意义的怀疑论者，我们也很自然地会想到去从维特根斯坦的立场，来重新检视蒯因的"不确定说"。威廉斯正是一个想从后期维特根斯坦的观点，来检讨与批评蒯因的"不确定说"的人。

诚如威廉斯所指出的，蒯因认为其所说的有关意义与指称的不确定性是无法加以消除的（ineliminable）。④ 而这也正是威廉斯所要检讨与批评的：威廉斯认为若从维特根斯坦的角度来看，这样的不确定性其实可以被消除；不但如此，我们甚至还可以说这样的不确定性根本就不会发生。⑤ 至于是维特根斯坦的什么看法被认为不但可以用来消除蒯因的"不确定性"，甚至还可以被用来显示蒯因的"不确定性"根本就不会发生，是我们接着要逐步加以说明的。⑥

规范性的相似性问题

威廉斯所凭以批评蒯因的"不确定说"的维特根斯坦的看法，涉及了威廉

---

① KRIPKE S. Wittgenstein on Rules and Private Language [M]. Cambridge, Mass.: Harvard University Press, 1982: 57.

② 同①。

③ MCDOWELL J. Wittgenstein on Following a Rule [M] // MCDOWELL J. Mind, Value, and Reality. Cambridge, Mass.: Harvard University Press, 1998.

④ WILLIAMS M. The Etiology of the Obvious: Wittgenstein and the Elimination of Indeterminacy [M] // WILLIAMS M. Wittgenstein, Mind and Meaning. London: Routledge, 1999: 218, 227.

⑤ 同④239.

⑥ 我们以蒯因的"不确定性"来通称蒯因所谓的指称与翻译的不确定性（indeterminacy）。而维特根斯坦所说的不确定性，我们则称之为维特根斯坦的"不确定性"。有关维特根斯坦的"不确定性"，下面会有进一步的说明。

斯所谓的"规范性的相似性问题"("the problem of normative similarity")①。这个问题与我们在学会字词的意义时，到底学到了什么东西的问题有关。以"橘子"一词为例，如果某人学会了"橘子"一词的意义，那么他在一般的情况下必须要能够认出什么是橘子。② 换言之，他需要能够分辨什么东西也**同样是橘子**。换个方式讲，学习"橘子"一词涉及学会如何去**归类**（categorization）。维特根斯坦所谓的依循规则的问题，也涉及了归类的问题。以其著名的以"+2"的方式所得到的系列这个例子而言，认为落在"1 000"的后面是"1 002"而非"1 004"，就是把从"1 000"到"1 002"的系列看成与例如"2"到"4"的系列是一样的，而与"1 000"到"1 004"的系列是有所不同的。③

在日常生活中这类的所谓相同或相异的判断可说随处可见。但是威廉斯认为根据维特根斯坦的看法，有关归类上或依循规则上的相同（sameness）或等同（identity）的基本判断（basic judgments），扮演着决定字词如何被**正确地**使用的所谓规范性的角色。④ 学习字词的用法或意义，就是要去学会正确地做出关联于此一字词的基本判断。让我们称这类的基本判断为"**基本的归类判断**"，以便能更清楚突显这类基本判断是有关归类的判断。对于威廉斯而言，基本的（为真的）归类判断有个很重要的特色，那就是对一般人而言它们是很显然（obvious）而无疑议的。⑤ 更重要的是，威廉斯认为这些显然的判断不会有不确定性之患（not subject to indeterminacy）。⑥ 我们可以从几个不同的角度来看基本的归类判断。小孩之所以能够学习语言，是因为在其学习之前已经有了基本的

---

① WILLIAMS M. The Etiology of the Obvious: Wittgenstein and the Elimination of Indeterminacy [M] // WILLIAMS M. Wittgenstein, Mind and Meaning. London: Routledge, 1999: 216.

② 基于普特南所谓的语言分工的原则（division of linguistic labor），我们当然不能要求对于每一个所谓学会了的字词，我们皆能分辨什么是或不是这个字词所谈到的东西。在此我们假定对"橘子"一词我们可以做这样的要求。普特南的语言分工的原则见（Putnam, 1975: 227）。

③ 上述学习"橘子"一词的例子，也是维特根斯坦的所谓的依循规则讨论的一部分。当一个人下一次要如何使用"橘子"一词，或即要把"橘子"一词应用于什么东西时，对维特根斯坦而言也是个依循规则的问题。换言之，维特根斯坦对于什么算是规则有很宽松的看法。

④ 同①.

⑤ 同①216, 223.

⑥ 同①217.

归类判断的能力。例如在学习"橘子"一词时，小孩能把别的橘子与老师所提供作为范例的橘子看成是相同的或同一类的东西，否则他便不可能学会如何去使用"橘子"这个词。而前述的"+2"的这个规则也涉及了基本的归类判断。让我们设想小孩是从如下的方式习得这个规则的：他直接从老师所给的像"2""4""6""8"等有限系列的例子，去学会"+2"这个规则。这样的学习方式是一种直接学习"+2"这个规则的方式，而不是先用其他的规则去定义"+2"这个规则，然后再透过学习其他的规则去学习"+2"这个规则。这种直接学习"+2"这个规则的方式，可说是让小孩学会了新的归类判断的能力。而由于这个能力不是透过学习其他规则而学会的，因此这种能力也是种基本的归类判断的能力。这样的基本的归类判断的能力与之前所提到的小孩原有的能力是不一样的：前者因学习而得，后者则是小孩原有的能力。

当一个人学会了"+2"这个规则之后他便能够知道，依据这个规则，"1 000"的后面是"1 002"而非"1 004"。这样的说法可能会让人误以为他之所以知道"1 000"的后面是"1 002"而不是"1 004"，乃是因为"+2"这个规则的**内容**这么"告诉"他的，因而以为"+2"这个规则（或其内容）具有优先性，可以用来解释他所做的归类判断。但这是不对的；对于我们或我们的语言社群内的人而言，"+2"这个规则并没有什么先在的语意内容，可以用来说明我们所做的归类判断。相反地，"+2"这个规则所具有的内容并不独立于我们或我们的语言社群的成员所具有的能做相关的归类判断的能力。所以严格说来，这里的相关的归类判断的能力不能说是有赖于"+2"这个规则的内容。因此威廉斯认为字词或规则"只有在实际的使用与相对于认知的技能（cognitive skills）的一个背景下"才会有意义或内容。① 学习是种训练，也是技能的学习；而当我们学会或受到足够的训练后，我们若要依循"+2"这个规则，那么我们便会在"1 000"之后直接写下"1 002"，而不是写下"1 004"或其他数字。这种直接反应的方式，维特根斯坦称之为"盲目地"（blindly）遵守（obey）规则（Wittgenstein, 1958b：§219；Williams, 1999：222）。② 而所谓"盲目的遵守"

---

① WILLIAMS M. The Etiology of the Obvious: Wittgenstein and the Elimination of Indeterminacy [M] // WILLIAMS M. Wittgenstein, Mind and Meaning. London: Routledge, 1999: 217.

② 在提到维特根斯坦的 *Philosophical Investigations* 一书（即 Wittgenstein, 1958b）的第一部分中的内容时，我们依照通行的习惯以像"§219"这样的符号来表示该部分的第219节。

(blind obedience)，至少是说在一个语言社群中人们对于基本的归类判断不但会有共识，而且他们各自也会认为这些判断既是显然（obvious）且具明确性（certainty）的。① 我们之所以能够以这样的方式来遵守规则，其实就是因为学会了某种技术（technique）的关系。② 这样的技术让我们有能力去判断怎么做才算是遵守"+2"这个规则。值得注意的是，基本的归类判断并不一定是形诸语言或文字的判断。前面提到的初学语言的小孩还是会做出某些归类判断，但因为还没有学会语言，因此还没有能力将其所做的判断说出或写下来。

对于规范性的相似性问题中所谓的规范性，我们有必要做进一步的说明。初学语言的小孩在学习"橘子"一词时，通常老师会一边指着面前的橘子一边教导小孩。但是如果小孩要能从这样的教导中学会使用"橘子"一词，那么小孩除了能够认出老师所指的东西与别的橘子是同类的东西之外，他必须还要能够把老师所出示的橘子当作是正确使用"橘子"一词的标准（standard）。③ 换言之，他以老师所出示的橘子作为标准或模板，去对于其他事物做归类或做出是否等同或相同的判断。而在做这些判断时，老师所出示的橘子便有了规范"橘子"一词如何被正确使用的规范性。像能判断别的东西是否与老师的范例属同一类，以及能把老师所指的东西当作正确使用字词的标准等能力，威廉斯称之为"背景理解"（background understanding）④。有时威廉斯也把"背景理解"简称为"背景"（background）。⑤

维特根斯坦的"不确定性"不同于蒯因的"不确定性"

为了能够更清楚地掌握威廉斯对蒯因的"不确定说"的批评，我们首先有必要了解为什么威廉斯认为与蒯因的主张不同的是，维特根斯坦可以避开"不确定性"的困扰。威廉斯对此的说明用到了类似于我们之前提到的两个例子：

---

① WILLIAMS M. The Etiology of the Obvious: Wittgenstein and the Elimination of Indeterminacy [M] // WILLIAMS M. Wittgenstein, Mind and Meaning. London: Routledge, 1999: 222.
② 我们前面谈到了认知的技能，但"技术"一词在威廉斯的论文中较为常见。
③ 同①217.
④ 同①217.
⑤ 同①218. 虽然"背景"或"背景理解"的说法是出于威廉斯对于维特根斯坦的解释，但我们认为这是合理的解释，因此有时我们也会直接就说是维特根斯坦的"背景"或"背景理解"。

有关像"橘子"这类通名（general names）的学习与像"+2"这类规则的学习。小孩在这里所遇到的学习方面的问题是，他为什么可以学会不在"1 000"之后写下"1 002"以外的数字？而威廉斯在谈到维特根斯坦的"不确定性"时，其所指的"不确定性"便是涉及在"1 000"之后写下"1 002"以外的数字的可能性所造成的"不确定性"。① 威廉斯认为这样的不确定性可透过吾人所习得的技术或"背景"等去加以排除，例如我们在学习这个规则的过程中学会去把在"998"之后写下"1 000"以及在"1 000"之后写下"1 002"，看成做相同的事，但把在"1 000"之后写下"1 004"看成做不同的事，而且会把这种相同或不同的认定看成是既显然而且明确的。同样地，在学习通名的过程中我们也有可能碰到一个通名到底是什么东西的通名的不确定性——例如当老师指着橘子说"橘子"时，我们有可能认为他是在指橘子的形状、颜色或橘子的一个部分，因此认为"橘子"有可能是指后面的这些东西，而不是指橘子本身。② 学习者同样也是透过学会去拥有做正确的基本的归类判断的能力或技术，而能把"橘子"一词与正确的东西关联起来，因而去除了这些不确定性。我们必须注意的是，就"+2"这个规则的学习而言维特根斯坦所谓的"不确定性"的排除，其实就是说学习者为了（确实）学会"+2"这个规则，必须要学会例如不在"1 000"之后写下"1 002"以外的其他数字。简言之，不管是学习"+2"这个规则或是"橘子"这个词，让学习者能够去除维特根斯坦所谓的"不确定性"的，就是因为学习者具有了必要的"背景理解"。

但是蒯因对于上述这些有关去除不确定性的说法显然不会而且也没有理由会加以反对。因为蒯因必定也会跟维特根斯坦一样，认为如果一个人要学会"+2"这个规则，那么他必须要学会去排除维特根斯坦所要排除的"不确定性"，例如在"1 000"之后只写下"1 002"等。（试想对"+2"这个规则而言，蒯因会去反对或有任何理由去反对"1 000"之后必定是"1 002"这样的数学"真理"吗？）但是如果蒯因在这一点上与维特根斯坦持同样的看法，那是不

---

① 与这个不确定性相关但有所不同的是，在 Kripke, 1983: 8-9 中克里普克谈到了"+2"这个规则可以有各种不同的方式来诠释或了解，因此如果我们在"1 000"之后写下"1 004"，我们也有可能算是在遵循"+2"这个规则。所以说是有所不同，乃是因为克里普克在这里所说的是在为他把维特根斯坦看成是个意义的怀疑论者铺路，因此不见得真正反映了维特根斯坦的想法。

② 维特根斯坦有关这类情形的讨论，可参见：Wittgenstein, 1958a: 2。

是就意味着蒯因也因而会同意自己所主张的"不确定性"也是可以加以排除，因此认为自己的"不确定说"是不成立的？

很显然地，蒯因并没有因为自己与维特根斯坦持上述相同的看法，而转过来否定自己的"不确定说"。这意味着蒯因并不会认为自己所说的"不确定性"与维特根斯坦的"不确定性"是一样的。而两者的确有所不同，其实也不难看出。维特根斯坦所关心的显然是如何学会语言的问题，尤其是学会语言的先决条件为何的问题。但是蒯因的"不确定说"所关心的并不是这类问题，而是在假定我们已经学会了一个语言之后，我们所学到的是不是这个语言的字词的所谓特定而不变的意义，以及字词特定而不变的指称。蒯因的"不确定说"所要告诉我们的是，我们并没有办法学到这些特定而不变的东西。相反地，他认为我们所学到的字词并没有一个特定不变的意义，而只有相对性的意义，即相对于某个特定的翻译手册（manuals of translation）而言的意义。① 同样地，字词的指称也不具有特定而不变的指称，而只有相对性的指称，即相对于某个特定的翻译手册而言的指称。其实根据蒯因的看法，严格说来不是我们没有办法学到这些特定而不变的东西，而是这样的东西根本就不存在。

既然蒯因的"不确定性"与维特根斯坦的"不确定性"有所不同，我们对于两者就有必要加以区分。而如果两人的"不确定性"有所不同，那两人所说的"确定性"自然也会有所不同。这两种"确定性"也因此有必要加以区分。可惜的是，在威廉斯的文章中这两个不同的"不确定性"却没有得到适当的区隔，因而造成了阅读上不少的困难。在以下的讨论中我们会特别强调这些区分，以避免不必要的混淆。

"背景"与蒯因的"不确定性"的消除

尽管威廉斯并未清楚区分维特根斯坦与蒯因的"不确定性"，但是从下面的一段文字我们可以看出，威廉斯的确有意用维特根斯坦的"确定性"来批评蒯因的"不确定性"：

> 对维特根斯坦而言，我们盲目地或自然就做的作为基石的相似性的判

---

① "manuals of translation"一词见 Quine, 1990: 4。早在 Quine, 1960: 27 中蒯因就有"……manuals of translating one language into another……"这种相关的说法。

断,当然是确定的(determinate)。那是一只手,就如同我们在计算时"5"必定在"4"之后一样地显然。这些判断的确定性不受蒯因对于指称与意义的顾虑的影响……①

在这里威廉斯把"那是一只手"与"'4'之后是'5'"所表达的内容的确定性与蒯因的"不确定说"做了直接的关联。这至少意味着她认为维特根斯坦的观点可以被用来批评蒯因的"不确定说"。至于两人的观点之间是否有这样的关联,以及这样的关联是如何建立起来的,都是我们紧接着就要加以研究的。为方便讨论,让我们把"这是一只手"或"'4'之后是'5'"这类作为基石的相似性的判断简称为"基石性判断"。

我们首先要问的是,为什么基石性判断不受蒯因对于指称与意义的顾虑的影响?在其一篇比较戴维森与维特根斯坦有关语言的社会性的看法的文章中,威廉斯对戴维森做了如下的批评:

> "用于戴维森的诠释(interpretation)工作中的"慈善(charity)"原则"隐蔽(disguises)了语言之了解(linguistic understanding)的特质,使得所有东西看起来都是可以诠释的(interpretable);然而只有那些由信念上、技术上与践行(practice)上大量的相一致(agreement)所**支撑**(backed by)的东西才可以被诠释。②

相关的还有:

> "背景"即我们诠释、用名字指称事物,以及用规则来证成(justify)时作为依靠(against which)的东西。③

从这里以及前面的两段引文中,我们除了可以看到哪些东西被认为是不能被诠释或翻译的之外,也多少看出何以那些东西是不能被诠释或翻译的,以及因为不能被诠释或翻译,因此就不会受到蒯因的"不确定性"的困扰。由于技术不是语文性的(linguistic)东西,说它是不能被诠释或翻译是不足为奇的。而

---

① WILLIAMS M. The Etiology of the Obvious: Wittgenstein and the Elimination of Indeterminacy [M] // WILLIAMS M. Wittgenstein, Mind and Meaning. London: Routledge, 1999: 238.

② WILLIAMS M. Wittgenstein and Davidson on the Sociality of Language [J]. Journal for the Theory of Social Behaviour, 2000, 30: 308. 粗体为引者所加。

③ 同①218.

践行中属非语文性的成分，当然也是在同样的意义下不能被诠释或翻译。因此在这个意义下说它们是（维特根斯坦所认为的是）"确定的"，其实不外乎就是说它们不能被诠释或翻译。

但是以同样的理由来说明"这是一只手""'4'之后是'5'"等基石性判断是"确定的"，就显得突兀了；毕竟这些判断不能说是非语文性的东西。威廉斯之所以认为它们不能被诠释或翻译（因此是"确定的"），毋宁是基于它们所具有的特殊的身份。从上面引述自威廉斯的几个说法以及我们之前的讨论可以看出，基石性判断的所谓的特殊身份包含有两个成分：除了这些判断本身的显然性与明确性之外，这些判断在决定字词意义上也扮演着特殊的角色。但是这样的特殊身份是不是就足以说明基石性判断可免于蒯因的"不确定性"呢？

以"这是一只手""'4'之后是'5'"等基石性判断为例，我们不难想见其中的"手""4""5"，以及"之后是"等字词，也会在许许多多我们不能称之为表达基石性判断的句子中出现。我们因此要问的是，这些表达非基石性判断的语句是不是可以被诠释或翻译？前面我们引自威廉斯的一段文字中她谈到了"然而只有那些由信念上、技术上与践行上大量的相一致所支撑的东西才可以被诠释"。非基石性判断显然是威廉斯所谓的"由信念上、技术上与践行上大量的相一致所支撑的东西"，因此根据她的说法，表达这些非基石性判断的语句自然成了可以被诠释或翻译的语句。从前面引自威廉斯谈及戴维森的文字中可得知，这里所说的诠释是戴维森所说的诠释。因此所谓可以被诠释，指的是可以被以不同的方式加以诠释，因此会有蒯因（或戴维森）所谓的"不确定性"。如此一来，这些表达非基石性判断的语句因为可以被诠释，因此也就不能免于蒯因的"不确定性"。但是如果"手""4""5"，以及"之后是"等字词在这些表达非基石性判断的语句中遇到了"不确定性"，那么我们又有什么理由可以说原先的"这是一只手""'4'之后是'5'"等基石性判断之中的"手""4""5"，以及"之后是"等字词就可以免于蒯因的"不确定性"之患？毕竟很清楚的是，基石性与非基石性判断因为共享相同的字词而彼此密切关联，因此当相同的字词在语言网络的一个角落遇到蒯因的"不确定性"时，我们不能说同样的字词却可以在语言网络的另一个角落里"平安无事"。

个体化原则与蒯因的"不确定说"

另外一个讨论维特根斯坦的观点能否用来避开蒯因的"不确定性"的途径,便是透过探讨威廉斯笔下的维特根斯坦所认为的,蒯因是基于什么样的因素而有其所谓的"不确定性"。因为一旦弄清楚了这些因素为何,我们便可以回头去看这些因素如何不在维特根斯坦哲学中出现,因此让维特根斯坦可以免于蒯因的"不确定性"之患。

首先让我们看看威廉斯如下的一段话:

> 蒯因误把[我们对于个物的个体化(individuation),除了实际所采用的个体化原则(principle of individuation)外,还]可有其他可供选择的个体化原则(alternative principles)的这样的可能性,看成了我们**实际**(actual)所做的判断的"不确定性",因为他认为在我们实际做显然(的事物)的判断(judgments of the obvious)时,预设必须涉及背景理论(background theory)与(用来把个物加以个体化的)背景的个体化的设备(background individuating apparatus)。但是维特根斯坦的看法是,所需的背景是娴熟的技术而不是去应用个体化原则或理论。①

我们可以为同一个语言设想出其各个不同的个体化原则,在这里成了产生蒯因的"不确定性"的根据。这样的说法并不足为奇,因为这是了解蒯因的"不确定说"的人都知道的。但是值得注意的是,"可有其他可供选择的个体化原则的这样的可能性"的说法,对蒯因而言其实就是他所说的"不确定性",因此根本就没有所谓蒯因**误**把这样的可能性,看成了我们**实际**所做的判断也有其"不确定性"的问题。但威廉斯对蒯因的错误的指控显然是有原因的。这个原因在于她认为我们可以做如下的区分:我们**实际**所采用的个体化原则与其他可供选择的个体化原则两者之间的区分。对于这样的区分,我们可以给予两个不同的解读。根据其中的一个解读,这样的区分是有的,但是这样的区分不能消除蒯因的"不确定性",因此对于威廉斯而言是没有用的。而根据另外的一个解读,我

---

① WILLIAMS M. The Etiology of the Obvious: Wittgenstein and the Elimination of Indeterminacy [M] // WILLIAMS M. Wittgenstein, Mind and Meaning. London: Routledge, 1999: 234. 粗体为引者所加。

们无法做这样的区分，因此威廉斯所要的区分并不存在。

可以做但没有什么用的区分是这样的。在我们的语言中我们知道如下的语句毫无疑问是成立的：

(1)"纽约"指称纽约。

(2)"橘子"指称橘子。①

这样的句子可说是构成或至少指向我们实际所采用的个体化原则。至于为什么说是**实际**所采用的个体化原则，乃是当我们被问到"纽约"或"橘子"所指称的是什么时，基于我们实际所使用的语言的关系，我们只能以(1)或(2)来加以回答，而不能答以"'纽约'指称纽约的时空片段"，或"'橘子'指称橘子的时空片段"②。但是如果我们接受蒯因的"不确定说"，那么"纽约"或"橘子"就可能有其他各种不同的指称，因而这些词便会对应于其他各种可能的个体化原则。(1)与(2)的一个特征是引号内的词与句子最后所使用的词是一样的。这个特色在某个（没有特别哲学意涵或重要性的）意义下，让所谓我们实际所使用的个体化原则可以从其他可能的个体化原则中加以区分出来，因此在这个意义下威廉斯所要的区分是存在的。但是尽管存在，这样的区分却无助于威廉斯的立场。因为虽然(1)与(2)看来都似乎给了我们的字词确定的指称（物），但就如同蒯因所说的，这不代表我们可以将我们的字词的指称（或意义）确定下来，从而消除蒯因的"不确定性"；相反地，蒯因的"不确定性"依然会存在③。

现在让我们接着探讨威廉斯所做的区分的另外一个解读。若撇开不适用于我们的语言的个体化原则不论，从蒯因的角度来看，严格说来我们无法区分什么叫作我们**实际**所采用或不是实际所采用的个体化原则。对于蒯因而言，所有

---

① 在此我们忽略了专名之指称个物与述词（predicates）之所谓"true of"个物之间的差别。

② 所谓纽约或一个橘子的时空片段，指的是纽约或一个橘子在其整个存在过程中所占的整个四度的时空区中的某个时空部分。上述的(1)与(2)所反映的是，我们把自己语言内的字词翻译为它自己本身。蒯因把这样的翻译称为"identity transformation"（Quine, 1990: 6; Quine, 1992: 52）。这样的翻译方式，其实就是接受我们自己的语言的外表所呈现的样子，而不对之加以深究；以蒯因的话来说，这就是"taking (our language's) words at face value" (Quine, 1969: 49; Quine, 1992: 52)。

③ QUINE W V. Ontological Relativity [M]//QUINE W V. Ontological Relativity and Other Essays. New York: Columbia University Press, 1969: 45−47.

的这些"可行的"个体化原则都与吾人的语言行为或语言行为的倾向（disposition）没有任何出入，因此我们无法利用吾人的语言行为或语言行为的倾向去区分什么是或不是我们实际所采用的个体化原则。对蒯因而言，语言的指称或意义是要从语言行为或语言行为的倾向中去找①，因此如果我们无法从所有可能的语言行为或语言行为的倾向中去找出所谓**实际**所采用与不是实际所采用的个体化原则这样的区分，那么我们就没有理由去认为有这样的区分存在。而既然威廉斯所要的区分不是不存在就是无助于她的立场，我们就更有理由说她认为蒯因误把一个东西当作另外一个东西的指控是有问题的。

威廉斯除了指控蒯因有所"误会"之外，她对于蒯因何以有所"误会"也做了说明。蒯因之所以有所"误会"，是——在此让我们重复先前的引文——"因为他认为在我们实际做显然（的事物）的判断时，预设必须涉及背景理论与（用来把个物加以个体化的）背景的个体化的设备"。这样的说明显然相当不清楚。从先前的引文中我们知道，这个说明中所述的蒯因的看法是要与维特根斯坦的如下看法相对照的（在此我们也要重复先前的引文）："但是维特根斯坦的看法是，所需的背景是娴熟的技术而不是去应用个体化原则或理论"。也就是说，当我们实际做显然（的事物）的判断时，维特根斯坦认为我们不需要应用什么个体化原则或理论，而只需要娴熟的归类能力等所构成的"背景"。与此对照的是，蒯因被看成是在实际做显然（的事物）的判断时，我们必须要用到个体化原则或理论。

但是说用到、"涉及"或"预设"个体化原则或理论，其实说得并不够清楚。这是因为在某种意义下这样的说法是无可厚非的。譬如说在判断某些东西属于同一类时，不管做判断的人是否知道或意识到，这些判断的背后可说的确预设或牵涉到个体化的设备。因为只要是做这些判断，我们在**理论上**都可为这些判断找出其"**隐含的**"个体化原则或理论。但从上下文来看，威廉斯在说到"涉及"或"预设"时，心中是有着更为明确的想法的。这首先可从她对蒯因与维特根斯坦所做的对照中见到端倪。相较于蒯因之预设个体化的设备与背景知识或理论，维特根斯坦所要的是娴熟的归类等技术，而"不是个体化原则或理论的应用"。我们知道这里所说的技术，是不必也不完全能以命题的形式加以述明的。相反地，有这些技术的人可以不假思索地、不透过所谓表征（represen-

---

① 这一点可参考：Quine，1987：5。

tations）而能做出适切的判断或行动。但既然这些发之于技术的判断都必然涉及**隐含**的个体化原则或理论，维特根斯坦的所谓不用个体化原则或理论就只能说是不用经**明文化**了的个体化原则或理论。如此一来，所谓蒯因认为的"我们实际做显然（的事物）的判断"必须预设或涉及"背景理论与（用来把个物加以个体化的）背景的个体化的设备"便是说，即使我们实际做的显然（的事物）的判断也需要应用到**明文化**的理论与个体化原则等。所以这里威廉斯所说的其实涉及了两个课题：（1）"背景"能否被完全明文化，以及（2）如果"背景"可被完全明文化，那么背景便会进一步成为可被诠释或翻译的对象。这一点可更清楚地从威廉斯对戴维森的一个批评中看出："（戴维森）有个错觉（illusion），认为诠释（interpretation）可以进行到底，即认为诠释可用于任何被说的话或任何被说的话（背后）所预设的任何东西"①。撇开这样的批评对戴维森是否公允不谈，我们要问的是：威廉斯有理由把这样的观点也加诸蒯因吗？

我们可以分别从两个角度来考虑这个问题。一个是蒯因的彻底翻译（radical translation）中被翻译者的角度，另一个则是翻译者的角度。对一个被翻译者而言，他可以对某类事物之归类做出适切的个别判断，但我们却可能无法说他因此知道或甚至**应用**了什么**明文化**了的个体化原则，因为个体化的原则往往需要透过理论的探索方能得知，而这一点也是蒯因所同意的。② 在这个意义下被翻译者也可说没有用到个体化原则或理论。现兹让我们从翻译者的角度，来看看威廉斯的说法是否能成立。在从事翻译工作时，翻译者必须建立起一组蒯因所谓的"分析性假设"（analytical hypotheses）③。这些分析性假设可说涉及了对个体化原则等的陈述，也就是涉及了先前提到的个体化的设备。这其实也是不令人感到意外的；毕竟翻译者在从事彻底翻译的工作时，他其实是在从事一种理论的建构，建构包含分析性假设在内的翻译手册，亦即他是站在一个理论性的角度，去对被翻译者的语言加以反思（reflect）。因此若我们谈的是翻译者，那威廉斯对蒯因的解读是有几分道理的，但只是有几分道理而已；严格说来，威廉

---

① WILLIAMS M. Wittgenstein and Davidson on the Sociality of Language [J]. Journal for the Theory of Social Behaviour, 2000, 30: 309.

② FANG W C. A Study of Davidsonian Events [M]. Taipei: Institute of American Culture, Academia Sinica, 1985: ch. 1.

③ QUINE W V. Word and Object [M]. Cambridge, Mass.: The MIT Press, 1960: 68-71; QUINE W V. Ontological Relativity [M] //QUINE W V. Ontological Relativity and Other Essays. New York: Columbia University Press, 1969: 33.

斯的说法是不正确的。我们先前已经提到，被翻译者在做各种相关判断时并不一定要用到明文化了的个体化原则等。而即连翻译者的反思工作，也是有其限度的。翻译者在利用自己的语言去从事各种与归类等有关的判断时，他自己的语言所涉及的个体化原则也往往是隐含的、未明文化的。因此不管是被翻译者或翻译者，当其做某些相关的判断时，都不必然表示他"用到"（明文化了的）个体化原则等。

撇开这一点不谈，我们要问的是：（1）用到明文化的个体化原则或理论，又是如何导致蒯因的"误会"的？（2）维特根斯坦的不用明文化的个体化原则或理论，而是诉诸娴熟的分类技术等，如何能因而避开蒯因的"不确定性"？

问题（1）的答案大致是这样的，威廉斯企图要把我们实际做"显然的判断"时对于事物做归类这一件事，与利用想象中其他可能的可供选择的个体化原则来对事物做归类的这一件事加以明确的区分。因此当蒯因认为在实际做"显然的判断"时我们也必须使用相关的明文化的个体化原则或理论，对威廉斯而言这无疑就是在泯灭她所坚持的这个区分。此一区分之所以被泯灭了，是因为事实上对事物做归类与想象中对事物做其他可能的归类，皆用到或涉及了明文化的个体化原则或理论。而威廉斯心目中的维特根斯坦则是要坚持这样的区分，因为当维特根斯坦在实际做"显然的判断"时，并不需要用到或涉及明文化的个体化原则或理论。

让我们接着探讨上述的问题（2）。但是在此之前我们需要指出威廉斯所说的另一句话："克服实指（ostension）与诠释的抽象的不确定性问题（the abstract problem of indeterminacy）的，是我们可以是以及是被以某种方式加以训练"①。这一句话是紧接着我们目前正在讨论的那段引文之前出现的。从其出现的脉络来看，这句话毫无疑问地是在谈蒯因的"不确定性"，尽管这也不一定排除它也可能谈到了维特根斯坦的"不确定性"。我们被以某种方式加以训练，其目的就是要让我们具备"背景"或"背景理解"等。因此威廉斯的意思是，我们所具有的"背景"或"背景理解"可让我们不会面临蒯因的"不确定性"。

为了回答问题（2）我们需要知道的是，为什么威廉斯（或维特根斯坦）认为"背景"可让我们免于蒯因的"不确定性"。其中的一个理由当然是因为

---

① WILLIAMS M. The Etiology of the Obvious: Wittgenstein and the Elimination of Indeterminacy [M] // WILLIAMS M. Wittgenstein, Mind and Meaning. London: Routledge, 1999: 234.

威廉斯认为她可以有她所坚持的一个区分。但是我们也知道，威廉斯所要做的区分不管能否做，皆无助于避开蒯因的"不确定性"。另外的一个我们更早之前讨论到的理由是，娴熟的分类技术不能被诠释或翻译。但从先前的讨论我们知道这样的看法也无助于消除蒯因的"不确定性"。

蒯因的行为主义与蒯因的"不确定性"

威廉斯除了认为"背景"不能被诠释或翻译之外，还把"背景"视为是意义的基础或来源，并希望从这个角度来批评蒯因的"不确定说"。但是我们将可以看出，威廉斯这样的批评也同时告诉了我们蒯因的"不确定性"之所以产生的另一个理由。此一理由，简言之，就是蒯因的行为主义导致了蒯因的"不确定说"。我们将分别探讨这样的理由是否成立，以及检视威廉斯所提到的维特根斯坦的观点，是否能够消除蒯因的行为主义所带来的"不确定性"。

威廉斯对蒯因的"不确定说"的另一个形式的批评，便是说蒯因不能提供**我们所要的**相似性判断。她说：

> 对维特根斯坦而言规范性的相似性问题之所以是问题，正是因为蒯因所运用的两个资源［感官刺激（sensory stimulation）与形成假设（hypothesis formation）］，皆未能刻画（characterize）**我们的**判断事物相同（或不同）的能力。①

我们知道蒯因基于其行为主义的主张，以及其对于翻译工作或语言学习的看法，因此在讨论翻译及语言学习时他仅用到了感官刺激，以及形成假设（即类似于提出所谓的分析性假设）等几项资源。但是威廉斯认为这几项资源不足以用来描述或刻画**我们的**判断事物相同或不同的能力。而所谓**我们的**这个能力指的是像做"这个与那个都同为兔子"或"那个不是兔子"等判断的能力。威廉斯之所以说"**我们的**"，乃是因为她要强调我们平常在用到"兔子"一词时是在谈兔子，而不是谈例如兔子的某个时空片段这样的东西。换言之，我们平常会谈到兔子，但不会把兔子的某一个时空片段当作个物来谈。威廉斯这样强调的用

---

① WILLIAMS M. The Etiology of the Obvious: Wittgenstein and the Elimination of Indeterminacy [M] // WILLIAMS M. Wittgenstein, Mind and Meaning. London: Routledge, 1999: 220. *粗体为引者所加。*

意当然是针对蒯因而来的：蒯因认为我们的"兔子"这个词有可能指称兔子的某一个时空片段，而不是指称兔子。

威廉斯认为我们平常对之做相同与否的判断的是像兔子、橘子等事物，而不是兔子、橘子等事物的某一个时空片段等。而我们所凭以做这类判断的是威廉斯所认为的维特根斯坦的"背景"或"背景理解"。比起"背景"或"背景理解"，感官刺激与形成假设可说是相对贫乏的资源。这就是为什么威廉斯认为如此贫乏的资源不足以刻画**我们的**判断事物相同（或不同）的能力。类似的看法也见于下面的文字：

> 因此……（蒯因的）相似性判断源自（derive from）一个受限的自然的相似性[各个感官系统的性质空间（quality space）内的相似性]，以及不确定的理论思考（indeterminate theorizing）——不确定的，正因为知觉的性质空间……内的相似性与相互竞争的存有论的理论（ontological theories）是相容的。①

威廉斯在此指出，蒯因在其行为主义等限制下所能使用的资源，使得一个语言可以被翻译成为具有不同的存有论，因而产生了指称的不确定性。如此一来，蒯因的"不确定说"之所以产生，便有了如下的面貌：蒯因的行为主义使得相互竞争的存有论成为可能，因而导致了"不确定说"。

另一个相关看法是：

> 相同性的判断（judgments of sameness）……不仅是立基于我们的感官系统所敏感的存于世界中的自然的相似性（natural resemblances），而且是立基于我们共有的对于显然事物与显然的方式去继续（做依循规则时该做的事）的觉察（sense）。②

这一段引言的前半段显然是针对蒯因而发的，而后半段则是在表达维特根斯坦的立场。威廉斯在这里所想要表达的是，做相同性的判断不只是靠蒯因所说的知觉的性质空间内的相似性，还要靠维特根斯坦的"背景"或"背景了解"。这不只涉及相同性的判断的正确的基础为何的问题，威廉斯还认为这个正确的

---

① WILLIAMS M. The Etiology of the Obvious: Wittgenstein and the Elimination of Indeterminacy [M] // WILLIAMS M. Wittgenstein, Mind and Meaning. London: Routledge, 1999: 228.

② 同①233.

基础可以让我们避开蒯因的"不确定性"。这一点可以从下面的一段话更清楚地看出：

> 蒯因未能排除不确定性（indeterminacy）是因为他对于语言的使用所必须满足的条件有所误会。而所谓语言使用，是指掌握如下基石性的实践（bedrock practices），它们提供了关于明显的东西以及规范的类似性的共享判断的基础。①

威廉斯显然是说，蒯因的"不确定性"是可以排除的，而排除此一"不确定性"的法宝就是维特根斯坦的"背景"或"背景了解"。

我们必须指出的是，尽管对蒯因的"不确定说"有所批评，威廉斯还是承认蒯因的"不确定说"在某种条件下是成立的。毕竟威廉斯也认为蒯因的行为主义容许一个语言被翻译成具有不同的存有论，因而会导致"不确定性"的产生。与蒯因不同的是，威廉斯认为维特根斯坦的"背景"或"背景了解"可以排除蒯因的"不确定性"。威廉斯这种既承认又不承认蒯因的"不确定说"的情形，让我们有必要对威廉斯所提出的对蒯因所做的批评到底是什么，做更进一步的讨论。很显然地，不同于蒯因的行为主义的是，维特根斯坦的"背景"或"背景了解"被认为可以用来刻画**我们的**判断事物相同（或不同）的能力。这其实也就是说，以"兔子"一词为例，我们**实际上**所拥有的"背景"或"背景了解"可以让我们所使用的"兔子"这个词能而且是**真正地**指称兔子，而不是指称兔子的某个时空片段或任何其他"不寻常"的东西。这也就是说，其他许许多多可能的存有论都没有我们的"背景"或"背景了解"的**支撑**，因此这些可能的存有论都只不过是抽象的可能性而已，并不反映我们的语言的实际状况。因此威廉斯所谓的排除了蒯因的"不确定性"，就是说因为我们实际所拥有的"背景"或"背景了解"的关系，我们的语言有其不同于任何其他抽象的可能性所告诉我们的意义或指称。让我们简称我们的"背景"或"背景了解"所告诉我们的意义与指称为"我们的意义与指称"。

但是我们真的可以从所有的可能性中挑出所谓的"我们的意义与指称"吗？我们先前谈到，由于基石性与非基石性判断间共享字词，因此基石性判断也是

---

① WILLIAMS M. The Etiology of the Obvious：Wittgenstein and the Elimination of the Indeterminacy [M] // WILLIAMS M. Wittgenstein, Mind and Meaning. London：Routledge, 1999：233.

不能免于蒯因的"不确定性"。如此一来,我们就很难说到底我们能凭什么去挑出"我们的意义与指称"。而且那些所谓抽象的可能性是未获得我们的"背景"或"背景了解"所支撑的说法,也是大有问题的。譬如说如果我们的"兔子"一词指的是兔子的某一个时空片段,而不是平常所说的兔子,那么为什么有关兔子的时空片段的相似性判断就没有获得我们的"背景"或"背景了解"的支撑呢?就我们实际拥有的"背景"或"背景了解"而言,我们除了学会"兔子"这个词之外,它也让我们学会了"兔子的时空片段"的意思。换言之,同样的"背景"或"背景了解"除了可以让我们学会"兔子"一词的意义与指称之外,也可以让我们学到像"时空区""时空区的一个部分"等词的意义与指称,因而让我们能进一步去掌握"兔子的时空片段"一词的意义与指称。这也就是说,"兔子的时空片段"一词的意义与指称也同样得到我们的"背景"或"背景了解"的支撑。因此威廉斯想以是否得到"背景"或"背景了解"的支撑,来从众多的可能性中挑出"我们的意义与指称"的做法显然是行不通的。

其实蒯因的"不确定说"也不一定需要牵涉到像兔子的某一个时空片段或甚至更"奇特"的东西。蒯因告诉我们,一个可以显示指称的不可测度(因此同时就显示翻译的不确定性)① 的方式,是透过对现有的存有论中的元素做重新的排比(permutation)(Quine, 1995: 72-73)。因此如果我们原有的存有论中所包含的东西是所谓的"寻常的"东西,那么经由对这个存有论中的"寻常的"元素做重新的排比而显现的"不确定性",自然也就不会涉及任何"奇特"的东西了。如此一来威廉斯就更没有理由说,另外的可能性所谈到的东西只是没有得到我们的"背景"或"背景了解"的支撑的抽象的可能性。

结语

维特根斯坦的"背景"或"背景了解"被认为扮演了决定字词的意义的角色。这样的看法很自然地会被了解为:就一个特定的"背景"或"背景了解"而言,它以单一而特定的方式决定了字词的意义与指称。这样的了解很显然与

---

① 蒯因的两个不确定说之间的关系值得进一步探讨,但诚如戴维森所认为的,蒯因的指称的不可测度说很显然可以导出翻译的不确定说(DAVIDSON D. The Inscrutability of Reference [M] // DAVIDSON D. Inquiries into Truth and Interpretation. 2nd ed. Oxford: Clarendon Press, 2001: 227)。

蒯因的"不确定说"背道而驰。也许就是因为基于这样的了解，威廉斯想当然地就认为我们可以用维特根斯坦的"背景"或"背景了解"来驳斥蒯因的"不确定说"。但是从我们在上面所做的一系列分析可以看出，即使"背景"或"背景了解"扮演了决定字词的意义的角色，"背景"或"背景了解"并不因此决定了字词只能具有单一而特定的意义与指称。我们的分析所凸显的是，维特根斯坦的"背景"或"背景了解"与蒯因的"不确定说"的成立与否，并没有像威廉斯所认为的那样有那么直接的关系，让我们可以直接拿"背景"或"背景了解"来反驳蒯因的"不确定说"。①

参考文献

[1] DAVIDSON D. The Inscrutability of Reference [M] // DAVIDSON D. Inquiries into Truth and Interpretation. 2nd ed. Oxford: Clarendon Press, 2001.

[2] FANG W C. A Study of Davidsonian Events [M]. Taipei: Institute of American Culture, Academia Sinica, 1985.

[3] KRIPKE S. Wittgenstein on Rules and Private Language [M]. Cambridge, Mass.: Harvard University Press, 1982.

[4] MCDOWELL J. Wittgenstein on Following a Rule [M] // MCDOWELL J. Mind, Value, and Reality. Cambridge, Mass.: Harvard University Press, 1998.

[5] PUTNAM H. The Meaning of "Meaning" [M] // PUTNAM H. Mind, Language and Reality: Philosophical Papers, Vol. 2. Cambridge: Cambridge University Press, 1975.

[6] QUINE W V. Word and Object [M]. Cambridge, Mass.: The MIT Press, 1960.

[7] QUINE W V. Ontological Relativity [M] //QUINE W V. Ontological Relativity and Other Essays. New York: Columbia University Press, 1969.

[8] QUINE W V. Two Dogmas of Empiricism [M] // QUINE W V. From a Logical Point of View. 2nd ed. Cambridge, Mass.: Harvard University Press, 1980.

[9] QUINE W V. Indeterminacy of Translation Again [J] Journal of Philosophy,

---

① 一位匿名的审查人提出了宝贵的改进意见，在此谨表谢意。本文是台湾"国科会"研究计划（编号：NSC 92-2411-H-001-028）的研究成果。"国科会"对于此一计划的资助，在此谨表感谢之意。

1987, 84: 5-10.

[10] QUINE W V. Three Indeterminacies [M] // BARRETT R, GIBSON R. Perspectives on Quine. Cambridge, Mass.: Basil Blackwell, 1990.

[11] QUINE W V. Pursuit of Truth [M]. Rev. ed. Cambridge, Mass.: Harvard University Press, 1992.

[12] QUINE W V. From Stimulus to Science [M] Cambridge, Mass.: Harvard University Press, 1995.

[13] WILLIAMS M. The Etiology of the Obvious: Wittgenstein and the Elimination of Indeterminacy [M] // WILLIAMS M. Wittgenstein, Mind and Meaning. London: Routledge, 1999.

[14] WILLIAMS M. Wittgenstein and Davidson on the Sociality of Language [J]. Journal for the Theory of Social Behaviour, 2000, 30: 299-318.

[15] WITTGENSTEIN L. Blue and Brown Books [M]. RHEES R, ed. Oxford: Basil Blackwell, 1958a.

[16] WITTGENSTEIN L. Philosophical Investigations [M]. ANSCOMBE G E M, RHEES R, ed. ANSCOMBE G E M, trans. 2nd ed. Oxford: Blackwell, 1958b.

蒯因的 "两个教条" 批判及其影响[*]

陈 波

1951 年，蒯因发表一篇著名论文《经验论的两个教条》[①]，对分析陈述与综合陈述的截然二分以及还原论或意义的证实说做了最尖锐、最内行、充满智慧的批判。他批判的真正靶子是逻辑经验主义的意义理论，后者认为分析性只是根据命题中所含词项的意义为真。他的批判是这样进行的：首先，他证明分析陈述和综合陈述的区分迄今没有得到清楚的刻画与阐明；其次，他证明认为需要做出这一区分是错误的。他用整体论批判还原论，认为后一纲领是不可能实现的，它基于一种有关理论如何与经验相联系的错误观点。他批判的真正意图则是：从拒斥同义性到拒斥意义，摒弃语句的意义这个概念；拒斥一切先验认识，把所有知识直接、间接地奠定在感觉经验知识的基础上。有人认为，蒯因的这篇论文是"20 世纪哲学中最有影响的论文之一"[②]，树立了"一块哲学史上的里程碑"[③]。本文将考察蒯因的批判及其所产生的影响。

一、"第一教条" 批判及其评价

蒯因的批判从考察分析性的背景开始。尽管从源流上看，分析陈述和综合陈述的区分既与莱布尼茨的推理真理和事实真理的区分有联系，同时也与休谟关于观念联系和事实问题的区分有关，但在哲学史上第一次明确做出这一区分的是康德，他从主谓式命题的角度把一切命题区分为分析命题和综合命题。分

---

[*] 原载于《首都师范大学学报》2000 年第 3 期，84-94 页。

[①] 蒯因. 从逻辑的观点看 [M]. 江天骥，宋文淦，张家龙，等译. 上海：上海译文出版社，1987：19-43. 本文引文除特别注明者外，均引自该文。

[②] MILLER A. Philosophy of Language [M]. London：UCL Press, 1998：114.

[③] 施太格缪勒. 当代哲学主流：下卷 [M]. 王炳文，王路，燕宏远，等译. 北京：商务印书馆，1992：203.

析命题"通过谓词不给主词的概念增加任何东西，它只是把我们在主词中所已经始终思考着的内容（虽然是不清楚地）分析为那些构成分析命题的概念"。而综合命题"给主词概念增加一个我们在任何方式下都没有思考过的谓词，并且这个谓词不能用分析的方法从主词中抽引出来"①。并且，康德认为，一切分析命题都是必然的、先验的，而综合命题都是偶然的、经验的。但他容许有例外存在，这就是先验综合命题，即谓词不是从主词分析出来的，但又必定和主词联结着的命题，也就是指既增添新内容又具有普遍必然性的命题。康德认为，一切科学知识都是由这类命题构成的。逻辑经验主义者接受了康德的区分，但对其做了两个不算小的修改：第一，重新定义分析命题和综合命题，使这一区分适用于包括主谓式命题在内的一切形式的命题。他们认为，"当一个命题的效准仅依据于它所包括的那些符号的定义，我们称之为分析命题；当一个命题的效准决定于经验事实，我们称之为综合命题"②。第二，排斥先验综合命题的存在，认为任何必然命题无例外地都是分析命题。这样，他们就把分析命题和综合命题的区分，与必然命题和偶然命题、先验命题和后验命题的区分完全等同起来了。在他们看来，凡分析命题都是必然的、先天的，凡综合命题都是偶然的、后验的。他们企图凭借上述区分，既坚持彻底的经验论立场，又承认逻辑和数学命题的真理性和必然性。因为逻辑和数学命题不包含任何经验内容，因此总是被经验空洞地证实着，它们是必然的、先天的。至于其他综合命题，由于包含经验内容，其真假取决于经验证实，因此是后验的、偶然的。正因如此，分析命题与综合命题的区分就成为逻辑经验主义的基石。

蒯因完全清楚分析—综合区分对于逻辑经验主义的重要性。在批判之初，他考察了人们赋予分析性概念的种种涵义。哲学上的分析陈述通常被分为两类，一类是逻辑真的陈述，例如：

（1）没有一个未婚男子是已婚的。

这是一个逻辑真理，因为其中除逻辑常项以外的成分在各种不同解释下总是真的。一类是能够通过同义词的替换而变成一个逻辑真理的陈述，例如：

（2）没有一个单身汉是已婚的。

在（2）中用"未结婚的男人"来替换它的同义词"单身汉"，（2）就能变

---

① 康德. 纯粹理性批判 [M]. 蓝公武，译. 北京：商务印书馆，1960：32-38.
② 艾耶尔. 语言、真理和逻辑 [M]. 尹大贻，译. 上海：上海译文出版社，1981：85.

成（1）。这就是说，分析性概念通常是被这样定义的：

A 是分析的，当且仅当

（i）A 是逻辑真理，或者

（ii）A 能够通过同义词的替换化归为逻辑真理。

包含（i）和（ii）的可以叫作广义分析性，只包含（ii）的叫作狭义分析性。

在《经验论的两个教条》中，蒯因暂时放过（i）而把批判的矛头对准（ii），其批判采取了这样的形式：如果 E 本身需要进一步的阐明，那么 E 就不是对于分析性的可接受的解释。他指出，上面的（ii）依赖"同义性"来说明分析性，而实际上同义性概念同分析性概念一样，本身也是需要进一步阐释的。这样一来，要提供分析性标准首先必须提供同义性标准。但蒯因通过考察发现，人们所提供的种种同义性（以及分析性）标准都是不能成立的，包含着逻辑循环。

首先，人们用定义说明同义性的努力是不成功的。尽管定义包含着同义性，例如定义项和被定义项的关系必定是同义性关系，这是正确定义的必要条件。但问题在于定义中的同义性来自何方？蒯因指出，它并不是字典编纂者、哲学家、语言学家先天规定的，而是从经验中来的。为了论证这一观点，他分别考察了定义的三种具体形式：词典定义、精释（explication）和约定定义。词典定义实际上是词典编纂人根据被定义词和定义词在以前用法上的相同来说明二者是同义的。"词典编纂人是一位经验科学家，他的任务是把以前的事实记录下来"，如果他把"单身汉"释义为"未婚男子"，那是因为在流行的或为人喜爱的用法中已"不明显地含有这两个词语形式之间的同义性关系"。同义性关系是先已存在的经验事实，是定义的前提，"'定义'是词典编纂人对观察到的同义性的报道，当然不能作为同义性的根据"。精释确实不是单纯地把定义词解释为另一个同义词，它是通过对被定义词的意义进行提炼或补充的方式来改进被定义词。因此，精释虽然不是单纯报道被定义词和定义词之间先已存在的同义性，但它却要依赖二者之间语言环境的同义。精释的目的就是保存某些特优语境的用法，同时使其他语境的用法更为明确。所以精释仍然是以一种在先的同义性为根据的，它也不能作为定义的根据。约定定义纯粹是为了达到缩写的目的根据约定引进新符号，它在形式语言中的用处是充当翻译规则，通过它引进或消去那些用于缩写目的的新符号和规则。只有在这种极端的场合，定义才创造了一种同义性，但是这以纯粹的约定为基础的同义性不能说明范围如此广泛的命题或陈述的分析性，否则就是把分析性奠基于纯粹约定的基础上。至此蒯因证明，除了约定定义这种极端场合之外，定义都是以在先的同义性关系为转移的，它本身并没有什么特殊的功能，以致能创造出有效的同义性来。因此，试图用定义去阐明同义性概念是毫无希望的。

其次，人们用保全真值的可替换性来说明同义性也是行不通的。人们通常认为，两个语言形式的同义性就在于它们在一切语境中可以相互替换而真值不变。蒯因指出，有些同义词不一定在一切语境中都可以保全真值地相互替换，由"单身汉是三个汉字"就不能得出"未婚的男子是三个汉字"。即使把这些反例弃之不顾，我们所面临的问题仍然是：保全真值的可替换性是不是同义性的充分条件。蒯因主要考虑了两种情形。一种情形是外延语言，即在其中具有相同的外延的表达式可以保全真值地相互替换的语言。在这样的语言框架内，同义词固然可以保全真值地相互替换，例如，由于"单身汉"与"未婚的男人"是同义词，有相同的外延，因此，从"单身汉没有儿子"这一命题真，可以知"未婚男人没有儿子"这一命题也真。但是，有些异义词也可以保全真值地相互替换，例如，在"有心脏的动物是有心脏的动物"这个句子中，用"有肾脏的动物"替换其异义词"有心脏的动物"，得到的还是一个真句子："有心脏的动物是有肾脏的动物"。这说明，保全真值的可替换性不是同义性的必要条件。另一种情形是：我们所考虑的语言足够丰富，以致包含着"必然地"这个内涵性短语，那么，保全真值的可替换性似乎是同义性的充分条件。考虑命题：

(3) 必然地所有并且只有单身汉是单身汉。

当"必然地"只可真实应用于分析命题时，(3) 显然是真的。如果"单身汉"和"未婚的男人"可保全真值地互相替换，那么其结果是

(4) 必然地所有并且只有单身汉是未婚的男人。

应像 (3) 一样是真的。但如果 (4) 为真，则

(5) 所有并且只有单身汉是未婚的男人。

也为真。于是，将 (2) 即"没有一个单身汉是已婚的"这样的分析命题化归、还原为 (1) 即"没有一个未婚男子是已婚的"这样的分析命题，这一任务就算完成了。但是，这里造成困难的是副词"必然地"。在逻辑上，"必然""可能""不可能"等叫作模态词。蒯因认为，这类词造成晦暗语境，在其中同一替换原理和存在概括规则失效；若要排除它们的指称晦暗性，则要承认像属性、

命题之类的抽象实体。即使如此，也仍然摆脱不了困境，并且还要导致模态特征的消失；并且，承认模态词还会导致亚里士多德的本质主义，而后者是一种说不清楚的哲学，归根结底要跑到承认共相的实在论或柏拉图主义那里去。因此，蒯因说：我们能够原谅含有这样一个副词的语言吗？这个副词真的有意义吗？假定它是有意义的，便是假定我们已经充分了解"分析性"的意义，那么我们何必如此费力地去探讨"分析性"呢？由此我们又会陷入循环论证，尽管"不是直截了当的循环论证，但类似于循环论证"。

最后，人们有时求助于"语义规则"来说明分析性。人们认为，在日常语言中把分析陈述和综合陈述分开的困难是由于日常语言的含混造成的，当我们有了带有明显的"语义规则"的精确的人工语言，这个区别就很清楚了。但蒯因通过分析后指出，这也只是一种一厢情愿的空想。他具体考虑了两种情形：第一种情形是：给定一个人工语言 L，其语义规则递归生成 L 的所有分析陈述，语义规则具有下列形式：

＊陈述 S 对于语言 L 是分析的，当且仅当……

但蒯因指出，"现在这里的困难恰好在于这些规则含有'分析的'一词，这是我们所不了解的"。简言之，在我们能够了解这样一个规则之前，"我们必须了解'对于……是分析的'这个一般的关系词；我们必须了解'S 对于 L 是分析的'，其中'S'和'L'都是变元"。这就是说，上述以解释分析性为目标的语义规则预设了一个对于"分析性"的先在的理解，这又是循环论证。

第二种情形是：给定一个人工语言 L，其语义规则递归生成 L 的所有真陈述，然后，通过下述方式解释分析性：

＊＊如果 L 中陈述 S 不仅为真，而且按 L 的语义规则为真，S 在 L 中便是分析的。

但蒯因指出，这"实际上依然没有任何进展。我们虽不再求助于一个没有解释的语词'分析的'，但还是求助于一个没有解释的短语'语义规则'。并非断定某一类陈述为真的一切真陈述都能算是语义规则——否则一切真理在按照语义规则是真的这个意义上，便会都是'分析的'了"。这就是说，如果接受＊＊对于分析性的解释，则 L 中的分析陈述就与其真陈述不可区别了，这当然是不可思议的。此外，蒯因还指出这样一种情形：有时语义规则实际上是怎样译成日常语言的翻译规则，在这个情况下人工语言的分析陈述实际上是从它们被指定的日常语言译文的分析性中辨认出来的。如果再用语义规则去说明分析性，就如同用同义性一样，都是预设所要解释的东西的循环论证。于是，蒯因做出结论说："从分析性问题的观点看，带有语义规则的人工语言概念是一个极其捉摸不定的东西。决定一种人工语言的分析陈述的语义规则仅仅在我们已经了解分析性概念的限度内，才是值得注意的；它们对于获得这种了解是毫无帮助的"。

通过上述分析和论证，蒯因旨在表明：企图利用同义词定义、保全真值的可替换性、人工语言内的语义规则来说明和刻画分析性是根本行不通的："分析陈述和综合陈述之间的分界线却一直根本没有划出来。认为有这样一条界线可划，这是经验论者的一个非经验的教条，一个形而上学的信条"。蒯因认为，这个"非经验的""形而上学的信条"就是下一节要讨论的还原论或意义的证实说。

现在所要考虑的问题是：蒯因上述批评的有效性如何？它本身又遭遇到哪些非议或反对意见？实际上，从一开始就有人不同意蒯因的观点，并著文对蒯因的批判进行反批判。例如，斯特劳森和格赖斯于1956年合作发表论文，题为《捍卫一个教条》①，指责蒯因的批判依赖于一个过高的清晰性标准，而后者实际上是不合理的。直到1979年，普赖斯特还发表论文《蒯因主义的两个教条》，对蒯因的批判进行反批判，并力图给出更合理的关于分析命题的定义。概括起来，对蒯因批判的非议主要在于：他要求一个过于严格的分析性定义的标准，即这一定义必须满足两个条件：它必须是具有下述充分必要条件形式的定义：x是分析的，当且仅当……。该定义中不能允许任何形式的循环。人们论证说，蒯因这样要求是不合理的，因为（1）即使不能给出充分必要条件形式的定义，也能获得关于概念、对象一定程度的认识，在实际思维中也能正确理解或使用相关词项。例如，对于颜色词如"红""蓝""绿"就很难提供充分必要条件的定义，但在日常生活中，我们都能很好地理解包含颜色词的句子，并且也能够正确地使用颜色词。（2）并非任何循环解释都是错误的，甚至有些循环解释还是极有教益的，能使人看透所涉及的那些词项的真正语义本质。例如，在定义关系词项如"大于"和"小于"以及最普遍的哲学概念或范畴如"物质"时，某种形式的循环是必不可少的。（3）假如绝对禁止任何循环，一个语言内将不

---

① GRICE H, STRAWSON P. In Defense of a Dogma [J]. The Philosophical Review, 1956, 65 (2): 141-158.

得不包含无穷多个语义初始词项，该语言的语义理论也将不得不包含无穷多条语义公理。这将使得该语言成为不可学习的。因为按照戴维森的理论，只有一个语言的语义理论可以有穷公理化，该语言才是可学习的。此外，在我看来，蒯因在讨论分析性、翻译的不确定性等时，经常采取这样的论证策略：给所讨论的对象设定一个非常高、非常严格的标准，然后证明该对象不满足这样的标准，由此得出该对象不存在的结论。他的结论实际上早已预设在他的前提中。问题在于：他所设定的那个（或那些）标准本身是否合理？仅就分析性而言，究竟能否非循环地以充分必要条件的形式给出它的定义？分析性究竟有没有这样唯一确定的涵义？这些都是值得深入思考的问题。

二、"第二教条"批判及其评价

在蒯因看来，还原论就是一种基础论，它在现代经验论中通过意义的证实说表现出来。后者认为，语句的意义纯粹取决于把什么视为它真的证据，或者换句话说，一个陈述的意义就是在经验上验证它或否证它的方法。这一理论从皮尔士以来在哲学文献中就占有显著地位。出于其特有的本体论立场，蒯因建议我们最好还是撇开把意义当作实体的问题，而直接谈意义的同一性或同义性。"那么证实说所说的就是：当且仅当陈述在经验验证或否证的方法上是同样的，它们才是同义的。"

蒯因指出，证实说所提供的意义标准，实际上是关于陈述与验证或否证它的经验之间关系的说明。而对这种关系最素朴的看法是说它是直接报道的关系，这就是彻底还原论，它认为每一个有意义的陈述都可以翻译成一个关于直接经验的陈述（真的或假的）。早在洛克和休谟时代，就出现了这种形式的还原论：每一个语词要有意义，就必定或者是一个感觉材料的名字，或者是这样一些名字的复合，或者是这样一个复合的缩写。这种看法把单个的语词作为意义的基本单位。后来在弗雷格和罗素等人的工作推动下，抛弃了把表达意义的单位局限在单个语词的狭隘观念，确定了陈述或语句作为表达意义的首要媒介物。这种形式的彻底还原论给自己提出的任务是：详细地规定一种感觉材料的语言，并且指出怎样把有意义论述的其余部分逐一地翻译为感觉材料语言。卡尔纳普在《世界的逻辑构造》一书中认真着手实施这一计划，但由于遇到种种困难，他后来放弃了这种彻底还原论纲领，转而提出一种关于经验证实的确证度学说，认为有一类独特的可感觉事件与每一个陈述相关联，其中任何一个的发生都会增加这个陈述为真的可能性；也另有一类独特的可感觉事件，它们的发生会减损那个可能性。在其中，还原论教条残存于下述假定，即认为每一陈述单独看来都是完全可以接受经验的验证或否证的。

蒯因明确意识到这样一种可能：逻辑经验主义者可以求助如上所述的意义证实说与还原论来做出分析命题与综合命题的区分，即用蒯因所说的经验论的第二个教条来支持第一个教条。他指出："还原论的教条，即使在它的弱化形式中，也和另一个认为分析和综合陈述是截然有区别的教条紧密联系着的。"其具体联系方式是这样的：真理一般地依赖于语言和语言之外的事实，因此人们一般倾向于假定一个陈述的真理性可以分析为一个语言成分和一个事实成分。有了这个假定，接着认为在某些陈述中，事实成分等于零，就似乎是合理的了；说不管发生什么情况，这些陈述都被经验空洞地验证着，似乎也是有意义的，而这些陈述就是分析陈述。蒯因甚至指出，还原论教条与分析—综合教条不仅是相互支持的，而且在根本上就是同一的。因而对第一个教条的批判必然导致对第二个教条的批判，并且只有驳倒了第二个教条才能真正驳倒第一个教条。蒯因也确实是这样做的。

还原论或证实论实际上是把整个科学分解为一个孤立的陈述，又把陈述还原为关于直接经验的报道来考察其经验意义的。但蒯因指出，这种还原论或证实论是根本错误的，因为"我们关于外界的陈述不是个别的，而是仅仅作为一个整体来面对感觉经验的法庭的"。"我们所谓的知识或信念的整体，从地理和历史的最偶然的事件到原子物理学甚至纯数学和逻辑的最深刻的规律，是一个人工的织造物。它只是沿着边缘同经验紧密接触。""具有经验意义的单位是整个科学。"尽管这个整体中只有处于最边缘的命题才与经验直接接触，但这并不意味着，只有它们才具有经验内容，才能被经验所证实或证伪。实际上，科学整体中的任何命题，包括逻辑和数学的命题，都是通过一系列中间环节而与经验联系着的，都具有或多或少的经验内容，在这方面它们与处于最边缘的命题"只是程度之差，而非种类的不同"。因此，在遇到顽强不屈的经验的情况下，它们也可以被修正。这样一来，"全部科学，数理科学、自然科学和人文科学，是同样地但更极端地被经验所不充分决定的"。

可以看出，蒯因是用他的整体论以及经验决定理论的不充分性学说来批判还原论教条，从而批判分析—综合教条的，前者是批判后者的理论武器，而拒斥两个教条则是前者的逻辑后果。于是，问蒯因"第二教条"批判的有效性，就是问蒯因的整体论是否成立。通常对整体论的质疑至少包含如下三点：（1）与语言学习和理论构造中的基础论要求相矛盾。如果整体论是对的，并且每个句子的意义依赖于其他句子的意义，那么我们的语言学习似乎没有出发点，似乎没有一个句子的意义好像是自我包含和可学习的，因而可以作为学习其他句子的第一步。但是，必须有某种出发点，学习者（不管是儿童还是语言学家）能够在他已往的经验中获得，并把它作为检验关于随后一些句子的意义是什么的假设的有力证据。因此，在意义论的某些方面，我们必须是原子论者，因为不如此，我们就会使基本的语言学习成为不可能的事情。这样一来，整体论就必须考虑语言学习者的需要而有所缓和。蒯因后来也确实奉行了所谓"相对的或温和的整体论"。但不管相对、温和到何种地步，只要还是整体论，就是与上述基础论要求相冲突的。（2）整体论将不能区分真理和有根据的信念，并且严格说来最终也不能有把握地说得到了真理。因为按照整体论，接受经验检验的是或大或小的理论整体，其中的单个语句由于不具有自己独立的经验内容，不能单独地接受经验的证实和证伪，因而我们不能在任何确定的意义上谈论单个语句的真假，也得不到关于哪些语句是真理的确切答案。于是，即使我们明白有根据的信念是什么，我们也不能将真理与有根据的信念区别开来；我们至多能获得有根据的信念，而得不到真理。而蒯因却一再强调："真理是一回事，有根据的信念是另一回事"①。整体论如何建立这两者之间的区别，这是一个问题。（3）基于上面同样的原因，整体论蕴涵着关于修改什么，我们不可能有任何确定的断言。按照蒯因的整体论，当遇到顽强不屈的经验时，人们可以采取以下几条可供选择的途径：修改某一个或者几个假说；修正可以针对初始条件和边界条件 R；当观察到的情况与人们所信赖的大部分信念相冲突时，人们会不太犹豫地"修正观察结果"，或者至少力图重新解释它；作为最后一种可能的选择，人们也可以修改逻辑或数学规律。问题是：在做出这每一种选择时，都没有充足的理由，都需要另外的辩护，由此可能陷入无穷倒退。

这里还有必要做两点澄清：（1）蒯因所证明的是：在经验论的基础上，分析陈述和综合陈述的界限迄今没有划出来，并且也不可能划出来，其最根本的理由就是他所持的整体主义知识观。蒯因并不否认可以在某种基础上，例如通

---

① QUINE W V. Pursuit of Truth [M]. Cambridge, Mass.: Harvard University Press, 1992: 94.

过诉诸所谓的"语义约定"或"语义公设",来建立关于分析陈述和综合陈述的某种相对的区分。他所要质疑的是作为这种区分基础的语义约定或语义公设本身的分析性,在他看来,后者的分析性不可能得到满意的说明,最终只能陷入无穷倒退、循环论证或纯粹主观任意的规定几种境地之中。分析性显然不能建立在这种基础上。(2)尽管蒯因在批判经验论的两个教条时,暂时放过了逻辑真理,但他的最终结论是把逻辑真理包括在内的。这是因为:既然分析命题和综合命题的分界线是不可能划出来的,没有任何经验内容或事实成分的分析命题根本不存在,逻辑和数学的真理因此也就不是如上所述的分析命题,不具有通常加给它的分析性,在经验的证据面前也是可修改的。那种认为蒯因的批判不包括逻辑真命题,"在逻辑真命题方面一切照旧"的解释是错误的。

三、"两个教条"批判的影响

对经验论两个教条的批判,充分显示了蒯因一贯的学术风格:抓住关键性问题直入主题的理论洞察力,清晰、简洁、经济而又精确、严密、细致的论述方式和写作风格,偏爱从逻辑和语言角度去考虑问题,等等。正如施太格缪勒所指出的,蒯因在此文中对逻辑经验主义做了最根本、最尖锐、最内行的批判[1],这一批判在蒯因哲学和现代分析哲学的发展过程中都产生了深远影响。

首先从蒯因哲学内部来说,这一批判造成的影响主要有以下几点:

1. 拒斥各种内涵性概念,走向对意义理论的建设性研究。在两个教条批判中,蒯因论证说,要区分分析命题和综合命题,就必须首先阐明同义性概念,而已有的各种阐述同义性的尝试,如诉诸定义、保真的可替换性、人工语言和语义公设等,都是不成功的,因此分析—综合命题的界限迄今没有划出来,并且由于这种划分的基础——还原论与意义的证实说是不成立的,因此这种界限根本不可能划出来。蒯因从对同义性的质疑,得出了对意义的拒斥:意义作为心理实体或精神实体根本不存在!我们也完全不需要设定意义!蒯因由此表达了对于各种内涵性概念如意义、命题等的彻底怀疑,阐发了一种关于意义的怀疑论。他后来在许多地方一再重复或者说更深入地展开了这种意义怀疑论。例如,蒯因提出并论证了一个著名的"翻译不确定性论题":"可以用不同的方式

---

[1] 施太格缪勒. 当代哲学主流:下卷[M]. 王炳文,王路,燕宏远,等译. 北京:商务印书馆,1992:202-203.

编纂一些把一种语言译为另一种语言的翻译手册,所有这些手册都与言语倾向的总体相容,但它们彼此之间却不相容。在无数场合,它们以下述方式互有歧异:对于一种语言的一个句子,它们给出另一种语言的一些句子作为各自的译文,但后面这些句子彼此之间却不具有任何似乎合理的等价关系,无论这种关系是多么松散。当然,一个句子与非言语刺激的直接关联越固定,它在不同翻译手册中的译文彼此就越少严重的歧异"①。蒯因自己明确指出:"翻译不确定性论题所表明的是,作为语句之意义的命题概念是站不住脚的。"② 在他那里,从翻译不确定性到意义怀疑论的过渡是这样进行的:既然翻译是不确定的,关于翻译手册的真假对错不存在事实问题,于是,作为翻译之对象的意义也是不确定的,关于意义也不存在事实问题,因此意义根本不存在,作为语句之意义的命题概念是站不住脚的!再如,在其最主要著作《语词和对象》中,蒯因用专门一章谈论应躲避内涵,其主要理由在于:一是不能为内涵性概念提供明确而又严格的同一性或同义性标准,这样我们就无法在各种内涵性概念之间进行区别和再认,它们就不能被个体化或实体化,不能被看作独立自足的实体。二是由于蒯因的自然主义态度,他认为世界上的所有东西都能够得到自然的解释。在各专门自然科学中,为了系统化和解释的目的,都不需要像内涵实体这样的东西,因此也就没有任何理由仅仅为了对我们世界的一个微小部分即人类的语言做出适当的分析,就允许引入这样一些新实体。由于不承认任何内涵性实体,导致蒯因也不承认一切处理内涵性概念的逻辑——模态逻辑和各种命题态度词的逻辑等,而他主张把逻辑局限在一阶逻辑的范围内。在展开他对内涵性概念的怀疑时,蒯因还发展了一种自然主义的语言观和行为主义的意义论。

2. 拒斥还原论,走向整体主义知识观,后者包括下述要点:(1)我们的信念或知识是作为一个整体面对感觉经验法庭的,具有经验意义的是整个科学。(2)由于整体内的各个陈述在逻辑上是相互联系的,对整体内部的某些陈述的再评价必将引起整体内部的重新调整,对其真值的重新分配。(3)在顽强不屈的经验面前,整体内部的任何陈述都可以被修正或免予修正,其至逻辑—数学规律也不例外。(4)之所以如此,是因为经验证据对于理论整体的决定是不充分的。(5)所以,在理论的评价和选择上,不存在唯一确定的真理标准,而受

---

① QUINE W V. Word and Object [M]. Cambridge, Mass.: MIT Press, 1960: 27.

② QUINE W V. Pursuit of Truth [M]. Cambridge, Mass.: Harvard University Press, 1992: 102.

是否方便和有用这样一些实用主义考虑支配，同时还要顾及该理论是否具有保守性、温和性、简单性、普遍性、可反驳性、精确性这样一些特性。这里，(1)—(2)可概括为"整体论论题"，亦称"迪昂—蒯因论题"；(3)可概括为"理论内陈述的可任意修正性原则"；(4)是"经验决定理论的不充分性论题"，它在这里成为支持整体论论题和可修正性论题的逻辑依据；(5)充分展现了蒯因哲学的实用主义倾向。后来，蒯因面对批评，对如上所述的整体论做温和化处理，提出了两个重要的修改或保留：(1)某些陈述如观察句可以分别地接受观察的检验，语句受观察检验只有程度上的差别；(2)科学的一个充分包容的部分，而不是整个科学，具有观察结果。

我认为，蒯因整体论的主旨或真正目标是：(i)拒斥先验认识，不承认任何终极或绝对的真理，使科学理论永远面对反面证据和批评。尽管蒯因对经验论的某种形式进行了严厉批判，但他本质上仍然是一名坚定的经验论者。在他看来，科学的一切证据都是感觉证据；关于词语意义的一切传授最终都依赖于感觉证据。这就是说，我们的一切认识归根结底都来源于感觉经验；凡是在思维中的无不是先在感觉中。因而，没有任何必然的、不可错的、不能被修正的先验知识，一切知识本质上都是经验知识，只是它们中有些离感觉经验近些，有些离感觉经验远些。也就是说，一切知识在经验内容方面只有多少之分，而无有无之别。既然一切知识都以某种方式保持着与经验的联系，因而当遇到顽强不屈的经验反例时，我们理论的任何部分、任何陈述在原则上都可以被修正，甚至包括逻辑数学命题。就这样，蒯因通过拒斥先验知识、拒斥分析命题，给逻辑数学命题的真理性以经验论说明，从而扫荡了一切终极真理，使科学理论（尽管是受到很好证实的理论）永远面对经验、面对批评开放，以此为科学进步扫清道路。(ii)强调科学家主体在提出或修正理论时的主动性和创造性。整体论的内容之一是：理论是由经验不充分决定的。这就是说，理论不是经验的函数，科学家不是一台接受经验输入而产生出固定的理论输出的机器。相反，科学家在接受经验刺激而产生理论输出的过程中，具有极大的选择自由，他的先天禀赋、性格特点、已有知识、理论偏好，甚至是政治的、宗教的、经济的等方面的因素都会以不同方式起作用。由于科学家们在上述背景因素方面差别殊异，因而不同的科学家就可以由同一组观察发展出不同的相互竞争的理论；面对同样的经验反证，不同的科学家可以做出不同的修正，使已有理论获得与经验的协调一致。"这里没有任何必然性的暗示！"蒯因就这样在经验论传统中，高扬了科学家的主体性因素，充分揭示了科学家主体在理论的创造、评价与选择活动中的能动性和创造性。他有时把这种能动性和创造性称为"人的概念主权范围"，认为人类知识是世界和主体两方面因素组合的产物，包含着世界的贡献和主体的贡献，因而知识是世界的暗示、线索与主体创造之和。如果从人的世界观和自然知识中去掉世界的成分，减去世界的贡献，得到的差就是主体的纯贡献。"这个差就是人的概念主权范围，即人可以在其中保留感觉材料修改理论的领域。"① 在概念主权范围内，主体的主观因素是统治力量，一切科学本质上是人的"自由创造"。可以这样说，蒯因整体论是对科学家的主动性与创造性的一曲赞歌！

3. 拒斥第一哲学，走向自然化认识论。对"经验论两个教条"的批判，促使蒯因走向了整体主义知识观，最终走向了自然化认识论。蒯因本人的表白就证明了这一点。例如，他自己说，他花了 9 年时间写的一本最重要的著作《语词和对象》（1960），其主要目的就是要充分展开在《经验论的两个教条》的最后几页中的简洁比喻的内容，对其中的认识论加以阐释与精制。② 而他的另一本主要著作《指称之根》（1974）则是对《语词和对象》第三章的思想的一种深化和开拓性发展。③ 此外，他的重要著作之一《本体论的相对性及其他论文》（1969）也是对《语词和对象》中提出的学说的扩充。正是在后面这些著作中，蒯因充分展开了他的自然主义语言观和行为主义意义论，展开了他的自然化认识论的各个主要论题，建构起他以自然主义为首要特征的哲学体系。

据我理解，蒯因的自然主义包括以下三个要点：（1）就其否定的方面而言，自然主义是一种反基础主义，它要抛弃第一哲学或传统认识论，因为后者力图凌驾在自然科学之上，或在自然科学之外，或在自然科学之先，对自然科学认识的合理性与真理性提供辩护和说明，以指导人们达到绝对确定和真实的认识。而在蒯因看来，这是根本做不到的，因为我们没有任何外在的优越之点。（2）就其肯定的方面而言，自然主义认为，哲学就是指向自身、反思自身的自然科学，它必须在自然科学内部，使用自然科学的方法，利用自然科学的发现，去实际地说

---

① QUINE W V. Word and Object [M]. Cambridge, Mass.：MIT Press, 1960：5.
② QUINE W V. Theories and Things [M]. Cambridge, Mass.：Harvard University Press, 1981：180.
③ QUINE W V. The Time of My Life：An Autobiography [M]. Cambridge, Mass.：MIT Press, 1985：236.

明我们是如何在"贫乏的"感觉刺激的基础上达到关于这个世界的丰富而正确的理论的。(3) 自然主义认为,哲学或认识论的主要研究方法就是发生学方法,即对认识发生发展的过程(在蒯因那里则是语言学习过程)做经验的研究和经验的描述,因此描述性是蒯因认识论的重要特征之一。所有这些,使哲学或认识论成为心理学的一章,成为自然科学的一章,这就是说哲学与其他自然科学一起构成了我们关于这个世界的知识总体。

4. 拒斥符合论意义上的绝对真理观,走向方法论上的实用主义。在《经验论的两个教条》的开头,蒯因就明确指出,抛弃两个教条的后果之一就是转向实用主义。在蒯因看来,经验决定理论是不充分的,理论本身包含对经验证据的超越与突破,在行为证据的基础上我们无法唯一地确定理论内各孤立陈述甚至是其中一小部分的经验内容与经验蕴涵,因此,"关于我们的科学是否或在多大程度上与物自体相符合的问题"是一个"超验的问题",在他的哲学中是"消失掉了的"。这样一来,我们在评价与选择理论时,就不应以是否与实在相一致或符合为标准,而应以是否方便和有用为标准,实用主义于是成为蒯因哲学的最后栖息地与最高准则:"每个人都被给予一份科学遗产,加上感官刺激的不断的袭击;在修改他的科学遗产以便适合于他的不断的感觉提示时,给他以指导的那些考虑,凡属合理的,都是实用的"。在这个实用的标准之下,又派生出保守性、简单性、宽容和实验精神这样一些子标准和子原则。例如,在对理论进行评价和选择时,就要考虑理论的保守性、温和性、简单性、精确性、普遍性和可反驳性等因素。

不过,我们也应看到,实用主义在蒯因哲学中不可能是彻底的和一贯的,会受到他的实在论立场和科学主义倾向的牵制。蒯因自称是"顽固不化的"实在论者,他承认"物体是实在的、永恒的和独立于我们的",科学起源于外部对象对我们的感官的刺激,科学的一切证据都是感觉证据;科学的功能就在于对外部世界做出解释和预测,以指导我们适应和改造环境,它的正确与否也要靠这些解释和预测的成功与否来检验。因此,在蒯因看来,科学既是一项实用主义工程,又是一项追求真理的事业。蒯因于82岁高龄时出版的带有总结性质的著作就是以《真理的追求》命名的。因此,蒯因不可能以纯粹的、彻底的实用主义态度来对待我们的科学和知识。例如,尽管他认为翻译是不确定的,其译得准与不准没有事实问题,但物理理论的真假对错却有事实判据,要在经验证据面前接受检验。也许正是在这一意义上,蒯因从不接受别人加给他的哲学的

"实用主义"称谓。不过我认为，方法论上的实用主义仍然是蒯因哲学的一大特征。

5. 允许形而上学问题，走向对本体论承诺的研究。也是在《经验论的两个教条》的开头，蒯因明确指出：抛弃两个教条的"一个后果是模糊了思辨形而上学与自然科学之间假定的分界线"。他认为，本体论是相对于一定的语言框架而言的，归根结底是与语言，例如我们的说话方式、科学理论系统或概念结构等相关的，它内在于任何科学理论本身之中，与自然科学具有同等地位。"一旦我们择定了要容纳最广义的科学的全面的概念结构，我们的本体论就决定了。"① 问题不是要去消除形而上学，而是从什么角度和采用什么方式去研究它。他把本体论归结为"What is there"（有什么东西存在），并区分出事实问题和承诺问题，前者追究实际上有什么东西存在，后者探询一个理论说有什么东西存在，这是两类完全不同的问题，本体论承诺与实际上有什么东西存在无关，而只与我们说有什么东西存在有关，因而归根结底只与语言有关。而实际上有什么东西存在则是一个事实问题，它并不完全取决于语言。蒯因认为，哲学家应该撇开实际有什么东西存在这一事实问题，而专注于一个理论说有什么东西存在这个语言问题。他们的任务"是使已经被默认的东西明显起来，使以前含混的东西变成精确的，揭示和解决悖论，解开纽结，剜除退化的赘生物，消除本体论的贫民窟"②。于是，哲学家在本体论方面的工作就具有一种治疗性质，它们要对涉及本体论的语言进行诊断，阐明和确定正当的实体，否定和排除那些不正当的、容易引起思想混乱的实体。在本体论方面，蒯因本人只承认两类成员：四维时空中的物理对象和数学中的类。蒯因之所以承认它们，是因为它们满足下述要求：（1）能够为其提供外延性同一的标准，它们因而能够被个体化，成为独立自在的实体；（2）在理论上有用，它们为自然科学特别是数学理论所需要；（3）能在经验上被证实。正是由于不能满足这三条要求特别是其中的第一条，蒯因拒绝承认像性质、关系、函项、数这样的共相存在，也不承认如意义、概念、命题这样的内涵性实体，更不承认所谓的可能个体、感觉材料以及事实等的存在。

从外部影响来看，蒯因的批判在英美分析哲学界激起了长达一二十年的论

---

① 蒯因. 从逻辑的观点看[M]. 江天骥，宋文淦，张家龙，等译. 上海：上海译文出版社，1987：10.

② QUINE W V. Word and Object[M]. Cambridge, Mass.：MIT Press, 1960：275.

战,使逻辑经验主义在哲学上的缺陷暴露无遗,它原有的许多研究纲领不得不加以修正,如"拒斥形而上学","分析—综合的截然二分",还原论和逻辑重构方案等,其研究领域也不得不一再予以扩大,并从其他的传统如美国实用主义中吸纳思想资源,随之而来的是它丧失了作为一个学派或一场运动的许多重要特征,不可更易地一步步走向衰落,并最后导致分析哲学的自行消亡与后分析哲学(即理查德·罗蒂所代表的新实用主义哲学)的兴起。其迹象之一是:许多今日最重要的美国哲学家往往不那么犹豫地乐于接受对他们的实用主义称呼。戴维森、普特南、伯恩斯坦、罗蒂等人都是实用主义者或至少是有明显的实用主义倾向的哲学家,其中最坚定、最自觉、最有影响的是罗蒂,他要消解分析哲学甚至是一切哲学,倡导一种后哲学文化。他高度评价美国哲学家在促使分析哲学自我消亡的过程中所起的作用,认为这些哲学家一方面信奉分析哲学,另一方面又有意无意地以美国所特有的实用主义精神来处理分析哲学问题,而这两者的结合却从内部动摇了分析哲学的基础。例如蒯因强调语言和理论的体系性的整体论,取消分析—综合区别的一元方法论,以及否认哲学先于和高于科学的自然化认识论,在分析哲学发展过程中所起的作用就是如此。罗蒂本人的新实用主义哲学就是在吸收这些人的思想成果的基础上发展起来的,例如他在其代表作《哲学和自然之镜》的中译本序言中指出:"……本书大部分内容都是重述和发展由一些分析哲学家所提出的论点,如塞拉斯、蒯因、戴维森、普特南、赖尔,以及特别是维特根斯坦"[1]。历史就是这样无情地提供了一幅讽刺画:蒯因本来想用实用主义去拯救分析哲学,不料却由此导致了分析哲学的消亡,导致了后分析哲学的诞生。也正是在这种意义上,我把蒯因视为处在分析哲学和后分析哲学之间的哲学家,并从这一角度去评价蒯因哲学的历史地位。[2]

---

[1] 罗蒂. 哲学和自然之镜 [M]. 李幼蒸, 译. 北京:三联书店,1987:14.
[2] 陈波. 奎因哲学研究——从逻辑和语言的观点看 [M]. 北京:三联书店,1998:第12章.

化约主义、典范理论、无政府主义*
——现代西方自然科学方法论争议

庄文瑞

现代西方自然科学方法论的发展，自20世纪50年代逻辑实证论或称逻辑经验主义衰微以后，呈现出百家争鸣的形势。本文旨在诠释这些科学方法论的争议何以从逻辑主义走向历史主义[1]，从客观主义走向相对主义，以及从一元论的方法论走向多元主义的方法论。这些发展线索的厘清，有助于我们理解科学方法的复杂多样的面貌，同时可让我们获致一截然不同的科学形象（scientific image）。

化约主义（reductionism）是逻辑实证论的代表观点。逻辑实证论者主张两个方向的化约：一是理论向观察述句（observational statements）化约，藉以寻求科学知识在经验上的稳固基础，并保障科学知识的客观性与价值中立性；二是高层理论向基层的理论化约，藉由寻求科学知识的共同基础，以追求科学的统一（unity of science）。这是逻辑主义、客观主义、一元论的方法论观点的立场。

典范理论（theory of paradigm）是库恩的主张，他与主张认识论上的无政府主义（epistemological anarchism）的费耶阿本德共同反对化约主义。他们提出实验与观察具有理论依赖性（theory-dependence），驳斥化约主义所谈的科学客观基础；他们还提出新旧理论经常出现不可共量性（incommensurability），反对在不同理论间进行任意的（专断的）化约。这就使逻辑实证论所主张的抽象、普遍适用、不随科学具体内容的变革而变化的方法论原则或规则，遭到了严重的挑战打击，使得科学方法论在历史主义观点注入后，出现了相对主义、多元主义的分歧与转向。

---

* 本文系为《分析哲学——回顾与反省》第一版所撰写。
[1] OLDROYD D. The Arch of Knowledge: An Introductory Study of the History of the Philosophy and Methodology of Science [M]. New York and London: Methuen & Co., 1986: 3-4; LOSEE J. A Historical Introduction to the Philosophy of Science [M]. Oxford: Oxford University Press, 1972, 1990: 7-10.

化约主义

科学方法论（methodology）是以科学方法（method）为讨论的对象。逻辑实证论所主张的科学方法，自认为是承继传统经验主义的方法，并加以健全的逻辑改造（这也是逻辑实证论后来强调改用"逻辑经验主义"的原因）。传统经验主义的方法，也即归纳主义的方法（inductivist method），就是从培根到密尔所发展的以经验概括（empirical generalization）来发现假说或理论，并以经验事实来检验科学假说或理论的方法。① 沃尔夫（A. B. Wolfe）在 1924 年发表的文章中，曾把这套方法较完整地型构如下："假如我们试着想象一个能力超凡的心灵，但思考的逻辑过程却属平凡的心灵……会如何运用科学方法，那么，这种过程将如下述：第一，要对所有事实加以观察和记录，关于它们的相对重要性不加选择也不做先验的猜测。第二，对于这些观察和记录下来的事实进行分析、比较和分类，除了必然包含在思想逻辑中的以外，无须任何假说和公设。第三，从对这些事实的分析中，用归纳法引出有关事实间分类关系和因果关系的概括性结论（generalizations）。第四，更进一步的研究既是演绎的又是归纳的，因为要根据以前建立的概括性结论来进行推理"②。

依据这套方法，科学研究要循一定的步骤或过程以达到科学的目标，则这些步骤或过程可分为四阶段：一是观察和记录全部的事实；二是对这些事实进行分析和分类；三是从这些事实中用归纳法推导出普遍性结论作为科学假说；四是进一步以经验事实来检验科学假说。这最后一个阶段所以既是演绎的又是

---

① HEMPEL C G. Philosophy of Natural Science [M]. Englewood Cliffs, N. J.：Prentice-Hall, 1966：11.

② 归纳概括在推理上所依据的是"归纳原理"（principle of induction），可以表述为："如果大量的 A 在各种不同条件下被观察到，而且所有已被观察到的 A 都毫无例外地具有性质 B；那么，所有的 A 都具有性质 B"。归纳法的难题，休谟早已提出质疑，不仅在逻辑上无法加以证明，在经验证明上由于会产生无穷后退（infinite regression）的困难，因此，传统归纳主义方法在 20 世纪已转化成概率的讨论，但许多争议仍未获致真正的解决。参阅：CHALMERS A F. What Is This Thing Called Science? An Assessment of the Nature and Status of Science and Its Methods [M]. 2nd ed. Milton Keynes：Open University Press, 1982：2；KYBURG H E, Jr, NAGEL E. Induction：Some Current Issues [M]. Middletown, Coon.：Wesleyan University Press, 1963. 另参阅：LOSEE J. A Historical Introduction to the Philosophy of Science [M]. Oxford：Oxford University Press, 1972, 1990.

归纳的，系指检验一个假说时，首先必须从假说中推导出可观察的预测（Prediction，对未知的事象而言）或逆测（postdiction，对已知的事象而言，也即给予说明），这必须藉由演绎推论来导出可检验的蕴涵（testable implication）；然后才可以用实验或观察对这些预测或逆测进行检验，而进行检验的结果，也就是把归纳的范围扩展到新的事象（个例）上去。因此，科学研究方法始于经验事实、经验观察，并以经验事实或经验观察之检验来建立妥当可靠、普遍适用的科学假说或理论为终极目标。这些步骤或过程可图标如下：

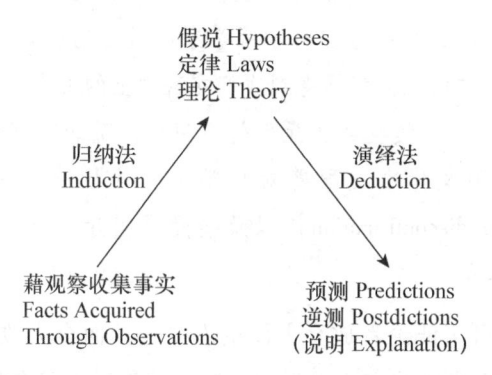

```
                    假说 Hypotheses
                    定律 Laws
                    理论 Theory
                       ↗ ↘
              归纳法        演绎法
              Induction     Deduction
               ↗                ↘
        藉观察收集事实        预测 Predictions
        Facts Acquired       逆测 Postdictions
       Through Observations  （说明 Explanation）
```

为了保证科学知识的客观性和科学假说或理论的可靠性，归纳主义者一方面强调观察的纯粹性（purity），也就是要不偏不倚、不带任何情感与价值涉入地做纯粹的观察（pure observation）；另一方面则为健全的归纳设定妥切性条件，包括（1）作为归纳基础的观察述句都是可靠的（即实验观察事实都是可靠的），（2）形成归纳概括的观察述句的数目（或实验观察的次数）必须相当多，（3）观察必须在极不相同的条件下予以重复，（4）没有任何可靠的观察述句（即实验观察结果）会与归纳概括的普遍定律相冲突，也即不能有反例出现。这样，经由客观、可靠的纯粹观察，如上图所示，透过健全的归纳概括，以及演绎推理对可检验蕴涵进行最严格的检验，正由于归纳、演绎都是客观的推理过程，可以传递客观性和可靠性，最后就能确实保证科学理论的客观性和可靠性了。

然而，逻辑实证论者深知归纳概括作为科学发现方法的问题重重。所以，从维也纳学派建立之初，他们就对"发现的脉络"（context of discovery）和"核证的脉络"（context of justification，辩护的脉络）做严格区分，主张科学假说或理论如何被创造、发明出来，如何从科学家的独特心灵与敏锐思维中被型构、发现出来，不见得有逻辑道理可言，因此并不属于科学方法论的讨论范畴；但是，一个科学假说或理论如何通过实验观察的检证，以及如何藉由实验观察证据来妥当建立起客观、可靠的知识真理，却是有逻辑依据和方法论规则可资凭借。费格尔曾将此源自赖欣巴赫的严格区分①，更清晰地表达出来：

> 关于怎样把科学哲学同科学史、科学心理学和科学社会学区分开来，今天有相当一致的看法。所有这些学科都是关于科学的，但是他们以不同的方式来研究科学。……按照赖欣巴赫已被广泛接受的术语，这种研究属于"发现的脉络"，另一方面科学哲学家所做出的分析则属于"核证（辩护）的脉络"。询问我们怎样得到我们在科学上的主张，以及何种社会文化因素促成这些主张的接受或拒斥，是一回事；而询问何种证据和什么一般的、客观的规则及标准支配着对科学主张的检验（test）、印证或否证（confirmation or disconfirmation）以及接受或拒斥（acception or rejection），则是另一回事。②

换句话说，逻辑实证论者放弃上图的左半边，而全力改造传统归纳主义、经验主义在上图的右半边的方法论观点，这也就是贯串整个逻辑实证论发展史的"意义与检证的理论"（theories of meaning and verification）。维也纳学派领导人石里克在1936年发表的《意义与检证》（Meaning and Verification）文中即指出，"陈述一个语句的意义，就等于陈述使用这个语句的规则，这也就是陈述检证（或否证）这个语句的方式。一个命题的意义，就是检证（证实）它的方法"③。而卡尔纳普更将这种论点清晰铺陈开来：

> 认识论的两个主要问题，就是意义问题（problem of meaning）和检证问题（problem of verification，证实问题）。第一个问题要问：在什么条件下一个语句是有意义的，所指的是认知的、事实的意义？第二个问题要问：

---

① REICHENBACH H. The Rise of Scientific Philosophy [M]. Berkeley：University of California Press，1959.

② FEIGL H. Philosophy of Science. 引自江天骥. 当代西方科学哲学 [M]. 台北：谷风出版社，1987：55. 另，Feigl 引在1970年发表的文章"The Orthodox View of Theories"，in Analyses of Theories and Methods of Physics and Psychology, ed. Radner and Winokur, Minneapolis，1970，仍坚持这种逻辑实证论传统的划分。

③ SCHLICH M. Meaning and Verification [J]. The Philosophical Review，1936，45（4）：339-369.

我们如何肯定知道（know）一些事实，我们如何能够发现一个语句是真的还是假的？第二个问题先假定了第一个问题。虽然，我们必须了解一个语句，就是说，我们必须晓得它的意义，然后我们才能试图发现它是真的还是假的。但是，从经验主义的观点看来，这两个问题之间存在着更密切的联系。在某种意义上，这两个问题仅仅有一个答案。如果我们知道是什么事情使一个语句被发现是真的，那么我们也就晓得它的意义是什么了。而如果两个语句在相同条件下我们必须承认它们都是真的，那么它们就具有相同的意义。因此，一个语句的意义在某种涵义上是和我们决定它为真或假的方式相等同；而且，只有当这样一种决定是可能的时候，一个语句才是有意义的（meaningful）。①

在此观点支配下，逻辑实证论者主张，科学假说或理论必须可以用描述观察实验结果的观察述句来直接或间接加以验证。虽然这个意义判准（criterion of meaning），同时也是划分科学与非科学或冒牌科学（pseudo-science）的划界判准（criterion of demarcation），后来备受批评与挑战，致使逻辑实证论者从完全检证（完全证实）放宽到可检验性（testability），乃至更弱形式，更具宽容的可印证性（confirmability）标准②，造成逻辑实证论的方法论立场越趋动摇；但是，随着上述的发现脉络与核证脉络的区分，也带出另外两个同样著名的区分：一是理论语词（theoretical term）与观察语词（observational term）的区分，二是事实与价值的区分，或更精确地说是理论与方法论的严格区分。前一区分，使逻辑实证论者得以从方法论层次论证科学的客观性和可靠性；后一区分，更使得逻辑实证论者得以坚持方法论的价值中立性与普遍适用性。总而言之，科学理论或许会受社会、心理、文化因素和条件的影响，但由于此二区分，使方法论变成超越历史文化、环境条件的后设原理和规则，是理性的、逻辑的产物，没有时、地限制，而可以是一套客观的、理性的规范标准。在这套规范标准的指导下，科学研究也就可以尽力朝客观的、理性的方向迈进，以追求科学的客

---

① CARNAP R. Testability and Meaning [J]. Philosophy of Science, 1936, 3 (4)：420-471.

② 关于逻辑实证论"经验意义判准"的变迁和评价，请参阅：HEMPEL C G. Aspects of Scientific Explanation and Other Essays in the Philosophy of Science [M]. New York：Free Press, 1965：101-122。另参阅：林正弘. 卡尔. 波柏与当代科学哲学的蜕变 [M] //林正弘. 伽利略 波柏 科学说明. 台北：东大图书公司，1978：74-82。

观性与价值中立性。这也就是谢弗勒所谓"在理论的历史的变迁底层,——有一种逻辑和方法的不变性(a constancy of logic and method),这种不变性将每一科学时代与此前的科学时代统一起来。……这种不变性不仅包括形式推理规则,还包括假说面对经验的检验和被拿来比较评价的判准(criteria)"①。换句话说,科学方法使科学得以具有跟其他学问截然不同的特性,而科学方法论不但保证科学方法的客观有效,也使科学知识的发展变得有理路可循。当然,这种规范的方法论只容许有一套,内部必须融贯、一致,不可相互矛盾、冲突。因而这是一元论的方法论(monist methodology)立场和主张,是以科学理论的逻辑结构,即述句与述句间的逻辑关系,作为主要的分析对象。所以,它也是客观主义的、逻辑主义的。

为了论证科学的客观性,逻辑实证论者建立了第一种类型的化约主义,笔者将之称为"方法论上的构成性化约主义"(methodologically constitutive reductionism),主要在分析科学语句的构成要素。也就是在理论语词和观察语词的区分下,为使理论语词和仅包含理论语词的理论语句(如定律、抽象理论),不致变成空无经验内容的无意义语词和语句,逻辑实证论者主张理论语词向观察语词化约(还原),以及理论语句向观察语句化约(还原)。

在这个主张上,型构的最完整当属卡尔纳普。对科学中不可观察的抽象概念,卡尔纳普把它们分为两种:倾向性词(disposition-terms)和理论构项(theoretical constructs)。② 前者如"电荷""磁""电阻""可溶性""易碎性"等,这些词都代表一个或多个对象在特定场合下有做某种一定反应的倾向,故称倾向性词;后者如"绝对温度""引力""电场""磁场""函数""曲线函数"等,通常是高层的纯粹理论语词。一般的经验定律,像波义耳定律、虎克定律等,或如金属受热体积膨胀等,或许可仅包含倾向性词;但是,真正普遍的高层理论,如牛顿力学理论、爱因斯坦相对论力学理论,都必然要依靠理论构项来建立,而以理论构项所建立的理论,一般都形成一公设(公理)系统,仅用

---

① SCHEFFLER I. Science and Subjectivity [M]. Indianapolis: Bobbs-Merrill Co., 1967: 9-10.

② CARNAP R. Testability and Confirmation [J]. Philosophy of Science, 1936, 3 (4): 439-453; CARNAP R. The Methodological Character of Theoretical Concepts [M] // FEIGL H, SCRIVEN M. Minnesota Studies in the Philosophy of Science, Vol. I, The Foundations of Science and the Concepts of Psychology and Psycho-analysis. Minneapolis: University of Minnesota Press, 1962: 38-75.

全称语句或普遍定律的形式出现。因此，在这类型的化约工作上，卡尔纳普创立两种模式来进行。

首先，针对倾向性词之化约成可观察语词，卡尔纳普创立了"化约语句"（reduction sentence）的概念。例如，要定义"可溶性"，我们可藉化约语句来引入这个倾向性词。假定"Q_1"与"Q_2"两个述词（Predicates，谓词）已经定义（或已获经验解释），$Q_1(x, t)$ 表"物体 x 在时间 t 内放入水中"，$Q_2(x, t)$ 表"物体 x 在时间 t 内分解"；那么，对于"Q_3"表示"在水中可溶解"的此一倾向性词，我们可藉如下的化约语句予以定义：

$$(D) \quad Q_3(x) \equiv (t)[Q_1(x,t) \supset Q_2(x,t)]$$

此意谓："x 在水中可溶解"可以定义为"无论在什么时间 t 内把 x 放入水中，则 x 即分解"。这就是把不可直接观察的倾向性词化约为观察语词了。但是上式（D）在逻辑上只要 $Q_1(x, t)$ 为假，则（D）式右边的被定义项（definiendum）就一定为真；而这样一来，即使不把物体放入水中，被定义项也可以为真。因此，（D）式虽已使用观察述词，却未能妥当界定"可溶性"一词。为解决这样的难题，卡尔纳普提出了修正：

$$(R)(x)(t)[Q_1(x,t) \supset (Q_3(x) \equiv Q_2(x,t))]$$

此意谓："如果把任何事物 x 在任何时间 t 内放入水中，那么，x 若是可溶于水的，x 就在时间 t 内分解；而且，x 若是不可溶于水的，x 就在时间 t 内不会分解。"这样的语句（R），卡尔纳普才将之称为化约语句。而为了实验观察上更加方便起见，卡尔纳普将此化约语句改成两个条件语句型式的化约句对（reduction pair）。例如，当我们要引入一个新述词"Q_3"进入理论时，按卡尔纳普的方法，可以型构如下的一组句对（a pair of sentence）：

$$(R1) \quad Q_1 \supset (Q_2 \supset Q_3)$$
$$(R2) \quad Q_4 \supset (Q_5 \supset \sim Q_3)$$

其中，"Q_1"和"Q_4"描述实验的条件，"Q_2"和"Q_5"则描述实验的可能结果。（R1）意谓：如果我们实现了实验条件 Q_1，那么，若发现实验结果 Q_2，则此事物便具有性质 Q_3。而（R2）意谓：如果我们满足了实验条件 Q_4，那么，若发现实验结果 Q_5，则此事物便不具有性质 Q_3。在上述"可溶性"概念的分析中，"Q_4"相符于（coincides with）"Q_1"，而且"Q_5"相符于"$\sim Q_2$"。在此情形下，化约句对便变成：$Q_1 \supset (Q_2 \supset Q_3)$ 与 $Q_1 \supset (\sim Q_2 \supset \sim Q_3)$。而后一句式又等值于：$Q_1 \supset (Q_3 \supset Q_2)$；所以，从这组句对可以导出如同上一化约语句形式的句式：$Q_1 \supset (Q_3 \equiv Q_2)$。这句式表达出：如果我们实现了实验条件 Q_1，则当且仅当我们发现实验结果 Q_2，此物体具有性质 Q_3。

其次，针对理论构项和理论语句的化约，卡尔纳普创立了两层语言模型（model of two level of language）。他首先将全部的科学语言 L 看作包含两个部分：观察语言 Lo 和理论语言 Lt。观察语言 Lo 由观察语词 Vo 和一些逻辑常元组成。观察语词 Vo 是用来描述事象（事件或对象）的可观察属性，如"红""热""大"等，以及它们之间的可观察关系，如"a 较 b 暖和""a 接近于 b"等的述句。理论语言 Lt 则由理论语词 Vt 和数学语言（包括一些逻辑常元）所组成。如上述，理论语词 Vt 用来标示一般不可观察的或非观察的事象，如电子、原子、温度、能、电磁场等。观察语言 Lo 中的语句，由于能被经验所直接检验，所以能完全被解释。而理论语言 Lt 由于刚开始犹未同观察语言 Lo 建立联系，因而其中的理论语词 Vt 是未曾加以解释的。如果要使科学理论中的理论语词 Vt，以及包含理论语词的理论语句获得解释，就必须借助于对应规则（correspondence rule），或解释规则（interpretative rule）。[①] 对应规则是被构述为在 L 中既包含 Vo 也包含 Vt 的名词的语句，且旨在体现各种实验程序等，以便将理论的定律应用于直接可观察的事象。[②] 这两层语言的联系，全然是逻辑的推导关系。例如，卡尔纳普在诠释理论语词的意义标准时，即以下述过程予以界定：

假定"m"为 Vt 的一个理论名词，它可以标示一个物理量 m。说"m"是经验上有意义的（empirically meaningful），意思就是说，某个涉及物理量 m 的假定，在一个可观察事象的预测方面是有关系的；也就是说，必须有一关于 m 的语句 Sm，使我们能由它推出一个 Lo 中的语句 So（此推论或是演绎的，或是概率性的）。这种推导关系，并不要求 So 能单独从 Sm 推论出来。因为在理论系统中通常要使用到理论公设（公理）T 和对应规则 C，而且，Sm 如包含的不只是 m，而还有 Vt 中的其他名词，则 So 能被推导出来并不足以证明"m"就是有经验意义的，也许它的被导出是由于其他名词的出现所致。因此，我们必须要求

[①] "对应规则"被不同科学哲学家称为"对等定义"（Reichenbach）、词典（Campbell）、操作定义（Bridgman）、连接原理（Hempel）以及解释规则、解释系统等。

[②] 关于对应规则的实例及其在科学理论中的作用，请参阅：庄文瑞：《科学理论变迁的合理性》（台大哲学系博士论文，未出版），第二章"科学理论的结构分析及其限制"。

Sm 只包含"m"作为 Vt 的仅有的名词,然后加上第二个假定 Sk,包含着 Vt 中的其他名词而不包含"m"。现在,如果 So 能从 Sm&Sk&T&C 的连言推导出来,却不能仅从 Sk&T&C 推导出来,则 Sm 这个语句就在一个可观察事象的预测方面有关系,并因此获得观察上的经验意义;而既然"m"是 Sm 中仅有的描述名词,那么"m"本身也就有了观察上的经验意义了。[①] 只是,此一结果必须给予条件限制。因为我们即使用包含 k 的第二个假定 Sk,即表明"m"的有意义不仅相对于 T 和 C,而且也必须相对于包含 k 的这个名词集合。这也是卡尔纳普后来所修正的,理论语词的经验意义必须置于理论系统来判定,而不可脱离系统脉络孤立、抽象地予以论断。然而,这种方法论分析上的修正,相对于较早的"意义检证(实证)原则",实质上已产生退却的效应。理论语词、理论语句,乃至一切科学语句的意义,变成必须置放于科学知识系统中来论断。一旦理论知识系统变动,概念的意义是否维持一致,变成一个待决的开放问题。同时,这也导致亨普尔后来的进一步修改,认为有无意义既然必须放在系统中来判断,那么,所有语词的经验意义仅是程度问题,从而也就使"两层语言模型"和逻辑实证论者的意义判准备受质疑。亨普尔即表明,"我不大相信,(逻辑经验主义的意义判准)这个一般性理念可能改造成一条准确的普遍性判准,并据以(a)在有纯逻辑意义的述句和有经验意义的述句之间,(b)在确有认知意义的语句和确无认知意义的语句之间,划定截然分明的界限"[②]。而亨普尔的这类质疑,甚至被魏茨(Morris Weitz)在《哲学百科全书》(*Encyclopedia of Philosophy*)中认为是逻辑实证论的终结。

以上所谈为第一类型的化约主义,接下来,逻辑实证论第二类型的化约主义,笔者将之区分为两种模式,一种是"方法论上的说明性化约主义"(methodologically explanatory reductionism),一种是"方法论上的理论性化约主义"(methodologically theoretical reductionism)。它们之所以属于同一类型,主要皆源自逻辑实证论者,尤其是亨普尔与另一位同属逻辑主义却强调非实证主义哲学家波普尔,所

[①] CARNAP R. The Methodological Character of Theoretical Concepts [M] // FEIGL H, SCRIVEN M. Minnesota Studies in the Philosophy of Science, Vol. I, The Foundations of Science and the Concepts of Psychology and Psycho-analysis. Minneapolis: University of Minnesota Press, 1962: 49-52.

[②] HEMPEL C G. Aspects of Scientific Explanation and Other Essays in the Philosophy of Science [M]. New York: The Fress Press, 1965: 102.

共同主张的科学说明模型（model of scientific explanation）。① 此类型化约主义的较完整表述，出现于内格尔的《科学的结构》（*The Structure of Science*）一书。②

　　犹如第一类型"方法论上的构成性化约主义"主要透过客观、纯粹的观察和检验，以及逻辑推导的化约关系，来保障科学的客观性与可靠性；第二类型的化约主义，则主要追求科学成为一完整的知识体（body of knowledge），也即是科学之统一。所谓"方法论上的说明性化约主义"，认为在不同层级结构（hierarchy）中，较高层级的一切现象和过程可以用最低层级的各种组成部分的作用和相互作用来说明。譬如，在生物学中，这就意味着要将一切现象与过程的研究化约到分子的层级，亦即"分子生物学就是生物学的一切"。这种化约主义，甚至得到不少强有力的佐证，像基因的功能，一直到 DNA 的结构问题解决以后才清楚；又如器官的功能一般也是在细胞层级的分子过程得到阐明后才被充分理解。所以，逻辑实证论者认为，这种往更基本粒子探索，像物理学家从寻找更基本的粒子（微粒子）的方向探讨，主要即在探求科学的共同基础，从而使科学知识殿堂能在此共同基础上延展建盖起来，形成绵延相倚的一片科学大厦。但是，这种构想很快遭到批评与拒斥。试图要用基本粒子的相互作用来说明飞机机翼上的气流，显然将会徒劳而无功。尤其生物学家大多认为，较高层级的系统都会"突现"（emerge）新性质和新机能，这些新性质和新机能只能由该层级的组成部分和相互作用来说明；而生物学家研究的现象，几乎都与极其复杂的系统有关，分子生物学无法取代细胞生物学，更无法完全说明种群的演化现象等。这种化约主义的限制，诚如物理学家安德森（P. W. Anderson）所说："基本粒子物理学家就基本定律向我们介绍得越多，则它们对科学中其他方面的实际问题就似乎越沾不上边，更不用说对社会问题了"。

　　至于"方法论上的理论性化约主义"，因学科和理论的不同，又可分为两种型式：一是主张对不同学门之间的理论进行化约，以使科学的统一落实到更基础性的学科上；二是主张以更具普遍性的、更富说明力的理论，来涵盖、收缩或化约普遍性较小而说明力也较弱的理论，期使同一学门内的理论发展得以统

---

① HEMPEL C G, OPPENHEIM P. Studies in the Logic of Explanation [J]. Philosophy of Science, 1948, 15: 245-290; POPPER K. The Logic of Scientific Discovery [M]. London: Hutchinson, 1959, 1968: 59-62, section 12. 另请参阅：林正私. 科学说明涵盖律模式之检讨 [M] //林正弘. 伽利略 波柏 科学说明. 台北：东大图书公司，1978: 39-68。

② NAGEL E. The Structure of Science [M]. New York: Harcourt Brace and World, 1961.

一在最普遍、最有说明力的理论中。前一型式的理论性化约主义，较典型的想法是认为，像社会学、政治学、经济学这些研究人类群体行为的理论，可以化约到心理学、生物学这样研究个体的理论；而心理学、生物学则可进一步化约到研究分子、原子和更基本粒子的化学、物理学。譬如，如果生物学的术语都可按物理学的概念下定义，而且生物学理论和定律都可由物理学理论和定律推导出来，成为物理学的特例，那么，生物学就被化约为物理学了。例如，在DNA、RNA 的结构和一些转化被发现后，有人声称遗传学已被化约成为化学。但是，这种化约主义同样遭到严重抗拒。通过化学分析弥补遗传学研究之不足，固然可喜，但一点也不足以证明遗传学可化约成为化学，遗传学的一些基本概念，如基因、基因型（遗传型）、突变、二倍体、分离、重组等，根本不是化学概念，也无法在化学教科书中找到。同样，像亨普尔在《自然科学的哲学》（Philosophy of Natural Science）书中，质疑行为主义（behaviorism）的化约，质疑将心理学化约到生物学、化学或神经生理学①，都相当程度反驳了这种化约主义。至于后一型式的理论性化约主义，较典型的例子，是认为从牛顿力学可以导出伽利略自由落体定律、开普勒运动定律等，而牛顿力学又可当作一个特例，藉由数学的推导从爱因斯坦的相对论力学中导出。但是，这种化约主义在20世纪60年代以后也破产了，尤其是库恩与费耶阿本德的科学史案例研究，以概念意义的变革、新旧理论间的不可共量性指出了这种化约主义的极大局限性。

典范理论与无政府主义

　　库恩在1962年出版的《科学革命的结构》②，无疑掀起了现代科学哲学和方法论的革命转向，尤其费耶阿本德同时期发展的许多新颖观念③，与库恩的观

---

　　① HEMPEL C G. Philosophy of Natural Science [M]. Englewood Cliffs, N. J.: Prentice-Hall, 1966: 8.

　　② KUHN T. The Structure of Scientific Revolutions [M]. 2nd ed. Chicago: University of Chicago Press, 1970.

　　③ FEYERABEND P. Problem of Empiricism [M] // COLODNY. Beyond the Edge of Certainty. Englewood Cliffs, New York: Prentice-Hall, 1965; FEYERABEND P. On the "Meaning" of Scientific Terms [J]. Journal of Philosophy, 1965, 62 (10); FEYERABEND P. Consolations for the Specialist [M] // LAKATOS I, MUSGRAVE A. Criticism and the Growth of Knowledge. Cambridge: Cambridge University Press, 1977. FEYERABEND P. Against Method [M]. Rev. ed. London: Verso, 1975, 1979, 1988.

点相互激荡又相辅相成，终于在强调科学史研究的历史主义见解下，将方法论的探究摆荡到相对主义和多元主义的另一方向；甚至，造成了科学方法论究竟是"规范的方法论"（normative methodology）还是"描述的方法论"（descriptive methodology）较合理的一场争议。

大体以观，库恩与费耶阿本德共同提出反对化约主义的重要论点，可分为三方面：（1）实验、观察都具有理论依赖性（theory-dependence），没有所谓"纯粹的观察"（pure observation），也没有客观不变、稳固牢靠的科学知识的基础。（2）科学革命造成前后理论会出现——a. 概念意义的变革（change of meaning）；b. 新旧理论间的不可共量性（incommensurability）。（3）不同的本体论假设使科学家具有不同的世界观，犹如看到了不同的世界。

底下，笔者将论述这三方面共同论点的重要意义。

关于实验、观察具有理论依赖性，波普尔早在《科学发现的逻辑》中提出："认为我们能够单独从纯粹的观察出发，而不带有一点点理论的东西，这是荒唐的"。"即使是日常语言也充满了理论性。观察总是在理论的光照指引下进行观察；理论支配着实验工作的进行，甚至从原始设计一直到在实验室中完成实验结果为止"①。对外界事物或现象的观察，是人主动探求的结果，是人的欲想、期望、假设或理论指导的结果；不带有任何观点、期望、理论的纯粹观察或经验，事实上并不存在。顺此，库恩和费耶阿本德进一步论证观察与实验活动自始至终都受理论污染，都渗透、伴随着理论，他们并且以科学史例的研究充分支持其学说，如库恩谈论开普勒观察黎明的太阳时，看到的跟第谷·布拉埃（Tycho Brahe）所见的虽是同一视觉对象，但第谷认为地球不动、太阳在运动，开普勒的结论正相反；这是因为第谷的观察带着托勒密的地心说，而开普勒的观察目的中则渗透着哥白尼的日心说。费耶阿本德在分析伽利略用望远镜"观察"月球表面的案例时更指出，"伽利略发明了一种具有形上学成分的新经验"，这种被他发明（invent）出来的"新经验不仅更为精致（sophisticated），而且远比亚里士多德的经验更具玄想性（more speculative）"②；尤其重要的是，这样一种新的"经验的变革（change of experience）容许我们去适应哥白尼理论"③，从而促使更多科学家去接受和支持哥白尼理论。因此，

---

① POPPER K. The Logic of Scientific Discovery [M]. London: Hutchinson, 1959: 59, 107.
② FEYERABEND P. Against Method [M]. London: Verso, 1979: 92.
③ 同②89.

"每一种理论都将有它自己的经验"①,经验同理论几乎是一体的,科学家要决定什么是"观察"事实或经验,通常必须参照其"典范"、"高层背景理论"或"背景知识"来做决断。

进一步说,相对于规范的方法论者主张观察必须客观,观察述句必须独立、中立于所要检验、评价的理论,库恩和费耶阿本德强调指出,这是不合理也是不合史实的要求。他们转而肯定如下的命题②:

1. 观察若要成为相关的(relevant;相干的),它就必须得到解释;这构成了观察述句的可检验性或相关性条件(condition of testability or relevance)。

2. 解释的依据(所使用语词)永远是理论。

3. 用作解释的理论也就是所要检验的理论。

4. 所要检验的理论是"科学的整体"(或它的一个分支整体)。

5. 这个整体形成了一个(某种类型的)统一体(在库恩是"典范",在费耶阿本德则是"高层背景理论")。

6. 这个统一的整体不只用作解释的基础,而且还决定("定义")了什么是观察、问题、方法、解答等。

虽然命题3至6并不是命题1(相关性条件)的逻辑必然结果,但库恩和费耶阿本德都以许多科学史案例指出,科学家社群的实践通常支持这些论点。譬如,库恩认为在科学革命的转变完成后,"该学科的视野、方法及目标皆已改变";他并引科学史家巴特菲尔德(Herbert Butterfield)的研究说,一门科学经由"典范变革"(paradigm change)而重新调整研究方向以后,就像"倒转乾坤"似的,虽然"与以前处理同一堆资料,但因套上一个新的架构,资料间就形成了一个全新的关系系统(a system of relation)"③。就像氧化说取代燃素说以后,科学家经由典范变革而在知觉经验上产生"格式塔转换"(Gestalt-shift),就不会再像早期普里斯特利(Priestley)那样把氧气看作是"已除去燃素的空气"(dephlogisticated air)。而费耶阿本德则以著名的"塔的问题"

---

① FEYERABEND P. Problem of Empiricism [M] // COLODNY. Beyond the Edge of Certainty. Englewood Cliffs, New York: Prentice-Hall, 1965: 214.

② SHAPERE D. Reason and Search for Knowledge: Investigations in the Philosophy of Science [M]. Dordrecht: D. Reidel Publishing Co., 1984: 163.

③ BUTTERFIELD H. The Origin of Modern Science, 1300—1800 [M]. New York: Macmillan, 1957: 1-7. 引文见 KUHN T. The Structure of Scientific Revolutions [M]. 2nd ed. Chicago: University of Chicago Press, 1970: 85.

(指石块若从高塔上落下，地球转动速度很快，为什么石块总是落在塔基前面而不是远抛于它的后方）指出，哥白尼的日心说在当时甚至连"塔的问题"这类日常经验现象都无法说明，但这对于托勒密的地心说却是明白不过的"经验事实"，它藉由亚里士多德力学所做的说明与人们日常的感知完全一致。直到伽利略以论证方式驳斥亚氏力学说明的矛盾结果，借着伽利略力学的辅助，哥白尼的日心说才真正把"塔的问题"从反常现象成功转变成为正面支持的事例。因此，费耶阿本德说："理论直接与'事实'相比较，或理论直接与'证据'相比较——这几乎就是子虚乌有的事。什么算作是相关的证据？什么又不算？这通常取决于理论以及其他课题研究成果，可以方便地称这些成果为'辅助科学'（auxiliary sciences）。这样一些辅助科学能在推导可检验述句的过程中产生附加前提的作用，但它们也能使观察语言本身受影响——藉由提供用来表述实验的那些概念。"① 因而，观察的理论依赖性在辅助科学相配套产生新经验的观点下，不但打破了规范方法论者企图从观察的纯粹、中立以建立科学客观性的神话，也进一步衍生出理论变革可能造成概念意义变化的问题。

概念意义在理论变革中的变化，指的是前后理论或新旧理论虽然使用同样的概念，但在理论的支配诠释下可能具有截然不同的意义。例如，虽然同样使用"力"，但亚氏力学中指的是"推动力"（需要一个原始推动力量），但在牛顿力学中，则以 $F = ma$（m 表质量，a 表加速度）来表达，完全与"推动力"毫无关联，也不问是否需要一个原动力。又如，同样的"质量"概念，在牛顿力学之前没有引力观念，但在牛顿力学之后则必须考虑引力作用。还有，"电子"在以前被认为必定带负电荷，但在狄拉克（P. A. M. Dirac）之后却出现"反电子"，概念意义显然已大变动。至于"时间""空间"概念，在物理学史上更在爱因斯坦之后起了大革命。因此，库恩据此推断，纵使从爱因斯坦相对论力学可以在数学方程式中导出牛顿力学，但这样导出的数学式已不再是牛顿的力学，而是经过相对论解释过的牛顿力学；所以，牛顿力学绝不是如一些化约主义的物理学家或科学哲学家所设想的那样，变成相对论力学的一个特例，或光速较低情况下的特殊状况。

至于"不可共量性"，大致可有三种不同意义的说法，但主要是指不同理论有

---

① FEYERABEND P. Consolations for the Specialist [M] // LAKATOS I, MUSGRAVE A. Criticism and the Growth of Knowledge. Cambridge: Cambridge University Press, 1977: 204.

时不能以同一标准衡量，甚至会发生沟通断裂（communication-break）情形①：

一是"论题的不可共量性"（topic-incommensurability）——典型表现是新理论 T2 比起旧理论 T1，可以进攻完全不同的问题，使用新的概念，并且做不同的应用；T2 可以完全忘掉 T1 在过去许多成功的例子；T2 的组织、分类与产生现象的方式可能与 T1 大异其趣。最具体的科学史例是化学史上说明燃烧现象的"燃素说"与"氧化说"的敌对竞争。② 在这种发展过程中，由于接受典范或理论的不同，可能有一些问题和解答会被抛弃，这种损失称为"库恩损失"（Kuhnian loss），表明了理论发展不必然是知识的线性累积，或如逻辑实证论者所说的涵盖范围越来越广，说明能力越来越强，而是有得亦有失的非连续性、革命性发展。

二是"断层的不可共量"（dissociation）——这种现象较易发生在理论变革时间够长、够剧烈，导致后来读者无法理解早期科学著作的情况。这种情形，颇似中国易数卜签方法失传后，后人已无法理解原始卜签及其诠释间的推理关系一样；而在库恩的宗教改宗（conversion）比喻中，即生动地形容了不同典范信念，如价值观、本体论假设变革的现象。而费耶阿本德则从史诗和瓮上图画发觉，荷马时代的希腊人看事物方式就和雅典人截然不同，甚至两者间不仅不可共量，还可说已不可比较了。③

三是"意义的不可共量性"（meaning incommensurability）——这主要指概念意义在理论变革中的变化，尤其理论语词的变化，在上面已予讨论。不过，附带说明的是，意义的不可共量性不仅指概念意义的变革，还指新理论或新典范从旧传统中借用过来的东西，包括老的语词、观念、实验等，都会在新的联系关系中获致新的诠释和意义。

综合上述，理论或典范的变革，可能使科学家会拥有不同的世界观、不同的本体论假定、不同的方法论原理等，从而犹如看到一个不同的世界。或者说，

---

① 此三种意义和表现型态，取自 HACKING I. Representing and Intervening: Introductory Topics in the Philosophy of Natural Science [M]. Cambridge: Cambridge University Press, 1983: 67.

② JAMES B. Conant, Science and Common Sense [M]. New Haven and London: Yale University Press, 1951, 1971, esp. ch. 7; BUTTERFIELD H. The Origin of Modern Science, 1300—1800 [M]. New York: Macmillan, 1957: 11; KUHN T. The Structure of Scientific Revolutions [M]. 2nd ed. Chicago: University of Chicago Press, 1970: Ch. 7 and 12.

③ FEYERABEND P. Against Method [M]. London: Verso, 1979: Ch. 17.

新的科学家会以不同的方式来"看"世界。库恩即指出,典范包含了观念上的、理论上的、工具(技术)上的、方法论上的和本体论上的不同信念;典范的变革,乃是整套价值观、世界观的转换。[1] 至于费耶阿本德则径直把科学规为一种"意识型态",他宣称"理论"应包括"日常信念(如物质客体存在的信念)、神话(如永恒轮回的神话)、宗教信仰等。总之,任何关系事实的足够普遍的观点,都可称之为'理论'"[2]。而科学理论和非科学理论并无截然二分的界限,它只不过是人类生活和文化发展上适应世界的意识型态之一。

在这些观点下,不但科学理论的变革无法再以逻辑结构关系来适切说明,社会、文化、心理因素和条件变得举足轻重;同时,科学的发展也变得呈现非连续性的革命式转换,传统累积式的进步观被挑战,科学发展的一致性也破灭了。至于逻辑实证论者追求的科学统一目标,由于非累积的断裂,以及不同知识系统的不一致发展,也更变成为乌托邦了。因此,在科学客观性、可靠性和价值中立性受批判,以及科学统一也变成神话故事后,规范方法论已被描述方法论所严重挑战;整个科学方法论的争议,自20世纪60年代到80年代,可说是一直在逻辑主义与历史主义、客观主义与相对主义、理性主义与非理性主义及一元论与多元论间摆荡摇晃不定。

结 论

上述这些方法论争议,表面上在库恩和费耶阿本德身上都出现相对主义、非理性主义的倾向;但是,如同他们两人同样辩称的,可能是我们传统上对客观性、合理性概念意涵的了解太狭隘了,他们试图打开哲学家的新视野,希望

---

[1] KUHN T. The Structure of Scientific Revolutions [M]. 2nd ed. Chicago: University of Chicago Press, 1970: Ch. X. 库恩曾努力说明知觉的转换系伴随着典范的改变,并借着维特根斯坦的语言分析及认知心理学的研究,还引用汉森(N. R. Hanson)在 Patterns of Discovery (Cambridge: Cambridge University Press, 1958) 书中的一些例证,说明这种世界观的转变。他说:"注视着月球,转变成哥白尼信徒的人不会说:'我过去看到的是一颗行星,而现在我看到的是一颗卫星。'这种说法无异暗示托勒密系统曾一度是正确的。其实,改信天文学的人曾说:'我曾经把月球当作(或把它看作)一颗行星,但是我错了。'这种陈述在科学革命以后一再出现过。"(HANSON N. Patterns of Discovery [M]. Cambridge: Cambridge University Press, 1958: 115.)

[2] FEYERABEND P. Problem of Empiricism [M] // COLODNY. Beyond the Edge of Certainty. Englewood Cliffs, New York: Prentice-Hall, 1965: 219.

以崭新的方式来诠释科学知识的客观性和合理性，从而矫正人们的科学观以及由科学知识所贯注的世界观和价值观。①

因此，可预见的是，在这样激烈争议的背景基础上，未来关于科学方法与方法论的探究，将会更趋于细致化，而争议也还会持续下去。因为这些争议既强烈冲击了传统知识论的见解，如知识的确定性（certainty）、知识的稳固牢靠的经验基础、知识的统一等之探求；同时这些争议也逐渐在改变人们对科学意象（scientific image；科学形象）的型构，改变人们对历史图景、世界图像的型构。换句话说，这些剧烈转变的过程中，人们的知识观、科学观、历史观、世界观，乃至理性观、进步观、价值观等，其实是与方法论的观点密切相关联的；而调整转变愈是剧烈，冲突对立的争议就愈难避免。不过，仅就科学方法论上述渐次形成的共同认知而言，笔者愿强调指出，科学方法的形成与转变，固然会随具体科学理论的建构和完成而变革，我们确实是透过具体科学内容的学习而同时在学习科学方法，但是，科学的变革仍有一些恒常存在而不可漠视的方法论原则。这些原则，例如科学理论内部不容许内在矛盾，科学理论应力求解决问题能力的极大化，以及科学理论必须能预测或说明新事实等，都仍是一个好的或成功的科学理论宜具备的条件。这也就是说，从具体的科学史来看，这些恒常存在的方法论原则或许仍不足以成为判定一个理论好坏抑或是否成功的充分条件，甚至也谈不上是必要条件；然而，它们无疑是我们检定理论好坏、成功与否的好理由（good reasons）。笔者以"好理由"称之，是希望避免"规则"的僵硬规范作用；而且，更重要的是，这些"理由"之所以被视为"好理由"，乃必须从科学史的具体发展脉络中，依据科学研究传统的具体成果，尤其是科学研究课题所累积的实践成果，作为基础来为这些"理由"之所以为"好理由"提供充分的辩解。据此以观，科学知识作为一个自主自律（autonomy）的知识体，乃是在具体的历史实践中证成它自己；而科学方法与方法论的探究，也就在科学知识体的这种证成中，不断吸纳相关的因素（包括科学内部和外部的各种合理因素），转化并且衍出更多、更丰硕的更新见解。

---

① 陈波. 分析哲学的价值 [J]. 中国社会科学, 1997, (4).

休谟问题的不可解性与归纳的局部辩护*

鞠实儿

1. 导论

一般说来，科学研究有两个主要目的：发现关于世界的假说和评价这些假说。所谓的科学研究活动的理性重建指：建立科学家实现其研究目标的合理的规则或方法论系统。科学家的直接感性知识受到时空限制，而科学假说却远远超出人的观察和实验范围。因此，如果存在科学方法，那么它们必须能够像归纳法那样来处理知识。这个结论立即遭遇来自休谟问题的巨大挑战。在演绎论证中，如果前提为真，那么结论不可能为假，这是因为结论的内容没有超出前提。反之，归纳论证具有放大性，它的结论的内容超出了前提。那么归纳论证必然保真吗？这就是休谟问题或归纳的一般形式。

在论述休谟问题时，韦斯利·萨尔蒙（Wesley Salmon）和沃尔夫冈·施太格缪勒已经指出，休谟问题所关注的是所有的放大性论证，而不是一个仅与枚举法有关的特殊归纳形式；并且它与假说评价方法的合理性有关，但与发现无关（Salmon 1976：3-23；Stegmuller 1977）。我赞同他们的大部分观点。但是，若要阐明科学发现方法的认知合理性和逻辑合理性，则休谟问题也同样与发现假说的方法有关（参见第五节的讨论）。因此，是否存在合理的科学方法取决于对休谟问题的解决。

在本文中，我并不试图如同人们反复所做的那样，用各种不同的途径对休

---

* 本文译自 Shier Ju. "The Unsolvability of Hume's Problem and the Local Justification of Induction", *Epistemologia* XVI (1993), pp. 77–96。在译校时对原文中若干错漏进行了文字上的修订。

谟问题给出正面的或反面的回答，而是要首先证明：休谟问题在逻辑范围内不可解，或在逻辑中没有方法对它做出正面或反面的解答。其次，我将在逻辑学的范围之外，给出局部合理性概念和归纳的局部辩护方法（LJI），并以此说明归纳法的合理性可以得到局部辩护、拒斥或悬置。最后，我将给出科学研究的局部归纳重建程序。

2. 对波普尔解决休谟问题办法的批评

在本文中，归纳论证是指结论内容超出前提内容的论证，即放大性论证。关于归纳的合理性，休谟已经指出：

> 说到过去的经验则我们不能不承认它所给我们的直接的确定的报告，只限于我们所认识的那些物象和认识发生时的那个时期，但是这经验为什么可以扩展到将来，扩展到我们所见仅在貌相上相似的别的物象？这正是我所欲坚持的一个问题。（Hume 1776：30）

这个问题构成休谟问题的原初形式。显然，它涉及归纳论证的前提和结论之间的保真关系，因而是一个逻辑问题。本节将表明：波普尔并没有能够在逻辑学的范围内对休谟问题做出反面的解答。这就是说，他没有能够使用正确的演绎论证从真前提得出这样的结论：归纳推理不具保真性。

休谟关于这个问题的解决方法具有双重性。他认为，我们既不能演绎地证明归纳论证具有保真性，否则它本身就是演绎的；也不能归纳地证明它的保真性，否则就会陷入恶性循环（参见 Hume 1776：30）。因此，他明确地说，要想在逻辑层面上正面解决这个问题是不可能的。不过，他并未讨论在逻辑范围内反面解答休谟问题的可能性。但是，他继而从心理主义的角度来回答问题：

> 在这里，我们的确发现了一个非常清楚的命题，即便它不是一个真命题，但至少在看到两个物象的持续会合之后，我们可以断言……当一个物象出现之后，我们仅仅根据习惯来期待另一个物象的出现……因此，根据经验得来的所有推理都是习惯的结果，而不是理性的结果。（Hume 1776：37–38）

因此，休谟指出，该问题可以在心理学范围内得到正面解答。

波普尔沿着休谟的道路来解决归纳问题："我认为，休谟指出归纳法不能获得逻辑的辩护,这一点是完全正确的。"(Popper 1963:42)因此,波普尔接受了休谟的第一个结论,即归纳问题在逻辑学范围内不可能有正面解答。但是,波普尔却尝试着超越休谟。他指出:

> 归纳原理必然是一个综合陈述,也就是说,否定它并不会导致自相矛盾,因而在逻辑上是可能的。……我依然认为,一个归纳原理……必然导致逻辑不一致。(Popper 1935/1986:1-4)

因此,波普尔提出了他反对归纳论证的第二个观点:在逻辑学范围内,休谟问题的反面解答是可能的。不仅如此,为反对休谟的心理主义解答,波普尔继续说道:

> 不仅某些经验事实不支持休谟;而且存在决定性的纯逻辑的论据反对他的心理学理论。……休谟的心理学归纳理论将导致无穷倒退。(Popper 1963:45)

因此,波普尔的第三个观点是,在心理学范围内对归纳进行辩护是不可能的。为了赢得反对归纳法的战役,波普尔最后一步是:建立证伪主义理论来代替科学方法论中的归纳法或归纳论证模式。

我接受波普尔的第一个结论——它与休谟的观点完全相同——但我并不赞同他的另外两个观点。事实上,波普尔似乎从来没有对休谟问题在逻辑范围内反面解决的可能性做出真正的证明。如果上述结论确实曾被证明为真,那么他必定能够在不借助经验假设的条件下证明这一命题:归纳必定导致逻辑矛盾。但他所有的努力只是表明:归纳辩护要么导致无穷倒退,要么导致先验论。与此同时,他还引用了一些反例,借此说明归纳法如枚举法是不可靠的。

但是,导致无穷倒退的论证或陷入循环的论证不同于自相矛盾的论证。证明中的无穷倒退和循环只是表明:所关注命题无法得到恰当证明或辩护,并且它的真值也无法通过这种方式来确定。但是,所关注命题的证明导致矛盾,则说明该命题是假的;根据排中律,我们可以断定这个命题的否定是真的。类似地,如果为了证明某个命题为真,我们必须假定一个先天综合命题作为前提;这也只是表明,我们无法找到一个合理的或可接受的方法来证明该命题为真。但是,这并不能证明该命题是假的。

不过,波普尔走得更远。他的另一个著名论断是:归纳原则容易导致矛盾。考虑一个典型的归纳论证:根据枚举法,从"所有已知的天鹅都是白的"可以推出"所有的天鹅都是白的"。但是，当发现一只黑天鹅时，这一新证据将证明上述全称命题是假的；我们就会认为"并非所有的天鹅都是白的"为真。因为"所有的天鹅都是白的"和"并非所有的天鹅都是白的"构成了一个矛盾。上述归纳论证合逻辑地被否定了。但是，这个典型论证却有一个无法克服的困难。从逻辑的观点看，新证据或枚举法应该对这个矛盾负责。为什么我们只把责任归咎于枚举法呢？事实上，根据波普尔所接受的"观察渗透理论"学说，仅当预设一系列辅助性假说时，我们才可以安全地把观察陈述看作真的。但是，当我们尝试着为这些辅助性假说进行辩护时，另外一系列的观察陈述和辅助假说又将被引进。这无疑将导致无穷倒退。因此，从逻辑的观点看，我们可以得出如下结论：上文所提到的矛盾不能成立，相应的归纳论证没有被反驳。

进一步，波普尔提出了两个理由来反驳休谟的心理主义辩护。其一，存在与休谟联想主义心理学不相容的经验事实。其二，心理学解决方案将导致无穷倒退这一逻辑事实。但是，正如上文所述，经验事实无法反驳归纳法，并且辩护过程中出现的无穷倒退也无法证伪被辩护的命题。因此，波普尔并没有证明归纳不具有保真性。

最后，在逼真性概念的基础上，波普尔提出了评价理论的一个标准。但是，这种评价方法却面临着一个困境。根据这个标准，理论 T_2 比理论 T_1 更逼近于真，当且仅当：(1) T_2 的真内容超过了 T_1；(2) T_1 的假内容超过了 T_2。但是，哪些内容构成了这个理论的真内容，这是根据对该理论进行的实验或观察来确定的。假定这些实验和观察是在时刻 t_0 进行的。如果这种方法对该理论在时刻 t_0 后的行为没有提供任何评价，那么它对于现实世界就没有任何指导作用，因而它是无用的；如果这种方法对该理论在时刻 t_0 后的行为提供某种评价的话，它无疑属于波普尔所拒斥的归纳论证。这一困境表明，归纳主义幽灵隐藏在波普尔的理论方法之中。总之，波普尔确实没有能够在逻辑范围内拒斥归纳法的合理性。

3. 休谟问题的不可解性

现在，进一步的问题是：事实上是否存在逻辑正确的方法可推导出休谟问题的反面解答，即归纳论证不具保真性。在我看来这是不可能的，正如不可能存在正确的逻辑方法可推导出休谟问题的正面解答。

令 $p_1, \cdots, p_n, q$ 是归纳论证的一般形式，其中 $p_1, \cdots, p_n$ 是前提，q 是结

论。如果存在一个正确的逻辑方法可以从前提推导出上述结论的否定或非 q，那么，我们就说归纳论证不具保真性，也就是说，在逻辑范围内休谟问题有一个反面的解答。由于仅有两种逻辑推导方法，即归纳法和演绎法。所以，如果居然可以从上述归纳论证的前提推出非 q，那么必采用归纳法或演绎法。为了方便起见，根据演绎证明的前提的组成，把它分为三类：D_1 为前提中只包含逻辑公理的证明；D_2 为前提中除包含逻辑公理外，至少还包含一个经验假设的证明；D_3 为前提仅包含数学公理的证明。不难看出，那些更复杂的演绎证明都可以还原为上述三种简单的证明形式。因此，我只考虑这三种简单的情况。另外，根据归纳法的使用情况，我们可以将归纳式"证明"分为两类：I_1 为运用一种归纳论证进行自我反驳；I_2 为运用一种归纳论证反驳其他归纳论证。下面，我将分别检验这些证明形式，最终表明没有一种可用来反驳归纳论证的合理性。

首先，让我们考虑演绎证明。D_1：假定归纳论证的前提与结论一致。在此假定下不可能存在一个演绎证明使得 $p_1, \cdots, p_n$；非 q。如果上述假定不成立，矛盾将被视为合法，进而任何结论都将成为可接受的；故上述假定不可缺失。因此不存在有效的 D_1 型演绎证明可以推翻归纳论证。

D_2：设 H 是经验陈述，且有演绎证明 H，$p_1, \cdots, p_n$；非 q。如所公认，一个证明是可接受的，当且仅当其前提为真并且证明有效。又设该证明有效。现在我们来分析该证明的前提。假定 H 是一个全称条件句。那么除非 H 确定为真，否则我们就没有理由接受非 q。但是，这一确定性的追求本身就蕴涵着无穷倒退。其次，假设 H 是一个单称命题且为 q 的一个反例。但是，将数学或逻辑反例等同于经验反例是不合适的。因为数学的或逻辑的反例由数学公理或逻辑公理构造出来，具有分析性。但是，正如我们在第二部分所看到的那样，经验反例是实验和观察的结果，并且预设了一系列经验假设。正是借助这些经验假设，那些反例为真。因此，一个数学或逻辑的反例能够证伪一个命题；相形之下，除非事先将这些假设视为先验的，单纯凭借经验反例无法证伪一个命题。因此，试图通过 D_2 型演绎证明对休谟问题做出反面解答，将导致无穷倒退或先验论，因而归于失败。

D_3：设 M 是一个数学理论，且有演绎证明 M，$p_1, \cdots, p_n$；非 q。如果 $p_1, \cdots, p_n$，q 被解释成数学公式和符号串，那么上述证明表明：归纳论证的形式结构与 M 不一致。但是，这并不能成为反驳归纳论证的充分条件。因为，不能排除该数学理论不适合于表达归纳论证的可能性。类似地，如果 $p_1, \cdots, p_n$， q 被解释成经验科学命题；那么该证明的结论是不可接受的，除非假定 M 真实地或者恰当地描述了经验世界。在数学理论中，纯数学命题的真值可根据数学公理来判定。而 M 相对于经验世界的真实性或恰当性由这两者之间的关系来确定。因此，上述证明是否是可接受的取决于 M 的经验真实性或恰当性。于是，我们从 D_3 绕了一圈又回到了 D_2。

现在我们考虑归纳法。I_1：如果一个归纳论证不借助其他原则就可以实行自我反驳，则必然导致悖论；因而论证 I_1 无效。进一步，如果需要借助其他假设才能实行自我反驳，那么这些假设必须被证明为真。显然，这将导致一个无穷倒退。

I_2：如果我们使用一个归纳论证来反驳另一个归纳论证，那么，我们必须相信前一个归纳论证是合理的。但是我们先前已经说明：归纳问题正面解答不可能。因此，无论如何 I_1 和 I_2 都是失败的。

最后，我的观点可以用更直接的方式加以证明。让我们从一个问题开始：当我们说"归纳论证不必然保真"时，确切意思是什么呢？包括波普尔在内的大多数人都会说，我们的意思是：或许某一归纳论证迄今为止所得结论尚未被证明为假。但是，存在一个逻辑可能的世界，在那个世界中这些结论是假的。现在，一个进一步的问题出现了：这个逻辑可能世界事实上可能吗？换句话说，这个逻辑可能世界有可能成为现实世界吗？有三种可能性：其一，如果相信存在这类可能性，那就对未来做出了某种假设，并用以决定归纳论证是否具有保真性；这本身就接受了某种归纳论证。其二，如果不相信这类可能性，那么在这样一个逻辑可能世界中讨论归纳论证的保真性，这只能是一个没有意义的逻辑游戏。其三，如果无法判定上述问题的答案，那就应该说：归纳论证是否具有保真性是不可判定的。因此，休谟问题的反面解答在逻辑上是不可能的。

根据以上所述，对归纳的反驳，如同对它的辩护一样，或者导致无穷倒退，或者导致先验论；我们不可能合乎逻辑地证明归纳论证不具有保真性。因此，部分地借助于休谟本人关于归纳合理性的讨论，本文证明了休谟问题的不可解原理（UHP）：在逻辑学范围内，休谟问题的反面解决与正面解决同样是不可能的。在下一节，本文将在不可解原理的基础上，提出新的归纳辩护方案。

4. 归纳的局部辩护方案

本文中，所谓归纳合理性辩护是指：制定一系列合理性标准，根据归纳推理是否满足这些标准来证明它的合理性。为了规避休谟问题所导致的严重困难，我们将放弃整体的或纯逻辑范围内的归纳辩护，转而进行一种局部的辩护（Bogdan 1976：ix）。博格丹指出："归纳是可以被局部辩护的"，所谓局部辩护就是"根据语言的句法和语义特征而进行的语言选择，以及相对于初始证据或背景知识、主体效用和偏好等进行的概率评价"。这就是最早的关于归纳的局部辩护思想的表述。

但是，上述观点似乎从来没有得到详细的说明和论证。根据上一节对休谟问题不可解原理的讨论可知，在归纳的辩护中，逻辑学是中立的。因此，如果可能的话，归纳合理性的判据或标准可从背景知识或非逻辑因素中选取。进一步，同样根据关于上述原理的讨论，归纳论证本身既不是自相矛盾也不是逻辑有效，那么非逻辑因素能够被用来进行归纳辩护。因此，在非逻辑因素的基础上归纳的局部辩护是可能的。现在，我试图给出局部合理性概念，它是归纳局部辩护的基础。

定义1：一个命题H是局部合理或局部可接受的，当且仅当它满足下列三个条件之一：(1) H是一个逻辑定理。(2)(a) H和非H都不是逻辑定理；并且(b) 在背景知识B中，存在命题B_1，使得H是B_1的后承或B_1是H的后承，但B中不存在B_2，使得非H是B_2的后承或非B_2是H的后承。(3) H是满足条件(1)或(2)的命题的逻辑后承。在这里，B由经验知识（BE）、价值信念（BV）和形式知识（BF）即逻辑和数学知识构成。

定义2：一个命题H是局部不合理或局部不可接受的，当且仅当它满足下列三条件之一：(1′) 非H是一个逻辑定理。(2′) H满足(2)(a)；但B中存在一个B_1且使得非H是B_1的后承或非B_1是H的后承。(3′) H是满足条件(1′)或(2′)的命题的后承。

定义3：一个命题H是局部不可判定的，当且仅当它满足下列两条件之一：(1″) H不满足定义1，并且也不满足定义2。(2″) H是满足(1″)的命题的逻辑后承。

上述三个定义就构成了局部合理性理论（LRT）。LRT的核心观念是：对于非逻辑定理的命题，提出包含非逻辑因素的判据，确定该命题是否局部可接受、局部不可接受或局部不可判定。首先，如果H与B不一致，那么，根据(2′)可知，LRT拒斥H；这就意味着，LRT拒绝与事实相矛盾命题。其次，如果B中成员是H为真的充分或必要条件，那么，根据(2) LRT接受H。这就意味着

LRT 接受得到事实支持的命题。最后，如果逻辑公理和背景知识对 H 的真值保持中立，LRT 只能将 H 悬置起来。值得一提的是：当 H 满足定义 1 时，它相对于 B 无可怀疑；此时，不可能存在任何逻辑或非逻辑理由能用来反对被 LJI 判定为局部合理的命题。因此，LRT 具有可靠性。

尽管 LRT 中的合理性（可接受）、不合理性（不可接受）和不可判定性概念与逻辑学中的相应概念有所不同，但是，它们还是与逻辑学、数学和经验科学所蕴涵的合理性概念相一致。首先，根据（1）和（1'），LRT 不允许逻辑矛盾存在，这与逻辑学相容。其次，所有的演绎系统，比如逻辑、数学和物理学系统等，都是建立在一些未经证明的公理之上。为什么这些公理具有可接受性呢？最主要的理由是：它们可以从其他系统推出，比如某些生物学公理就是物理学定理，或者它们的逻辑推论与 B 中的某些假设是相容的。事实上，一个逻辑系统被看作恰当的或合理的，仅当某些已被接受的推理规则可从该系统的公理推出。类似地，在数学中，当某个数学理论的定理与我们关于世界抽象结构的观点不相符时，该数学理论避免被拒绝的唯一途径是：修改该理论，使两者相吻合。因此，逻辑的、数学的和经验科学的合理性都是通过如同局部合理性理论所描述的方式得到辩护的。

进一步，LRT 为我们提供了一种新的归纳辩护方法。根据 LRT，休谟问题可以表述为：归纳论证具有局部保真性吗？或者，假定一个归纳论证的前提局部可接受，那么它的结论也是局部可接受的吗？假设归纳论证的规则可表达为条件句，例如著名的枚举归纳法可表达为：如果已观察到的 A 中有 m/n 是 B，那么在长时段内 A 是 B 的相对频率是 m/n。令 $p_1, \cdots, p_n$ 是归纳论证的前提，例如：已观察到的天鹅中的 m/n 是黑的。利用三段论规则，从归纳推理规则和前提可推出结论；例如：天鹅中 m/n 是黑的。根据以上案例分析，利用枚举归纳法则，可以得到一个枚举归纳论证：已观察到的天鹅中有 m/n 是黑的；因此，在长时段内天鹅中的黑天鹅的相对频率是 m/n。根据定义 1 中的第（3）条和 LRT 框架下的休谟问题的提法，一个归纳论证的结论是局部合理的，仅当归纳论证规则被局部辩护；由此可以明确判定依据某归纳规则构造的归纳论证是否具有局部合理性。因此，若要对归纳论证做辩护，就要对归纳论证的规则做辩护。然而，存在一系列非逻辑等值的归纳推理规则。因此，我们不可能使用一种统一的方法同时对所有的规则进行辩护。不仅如此，相对于某个固定的 B 来说，某些规则可能是局部合理的，某些却不是。因此，根据 LRT，所要做的并不是简单地对归纳规则自身进行辩护，而是要澄清使它们分别成为合理、不合理或不可判定的条件。

为了展示归纳的局部辩护方法，让我们试着对枚举归纳规则的局部合理性进行辩护。假定我们抛某个硬币 n 次，出现正面的次数为 m_1，出现反面的次数为 $n-m_1$。根据规则，在长时段内出现正面的相对频率是 m_1/n，出现反面的相对频率是 $n-m_1/n$。然而，我们能确定除了出现正面和反面这两种情况之外就不会出现第三种情况吗？例如：该硬币会不会侧立着呢？如果不能确定这一点，那么就不能否认第三种情况出现的可能性，就如我们不能否认上述两种情况发生的可能性那样。显然，在此条件下，上述归纳推理是不可接受的。事实上，沙克尔（Shackle 1965：49）已经指出：使用这条规则的必要条件是列举实验的所有可能结果。更一般地说，所有那些可以用数学概率来解释的归纳法则都必须满足上述条件。否则，我们就不可能构建样本空间和用概率度量归纳不确定性。值得一提的是：也许正如沙克尔所说的那样，对于任何上述条件不成立的试验，或许应该用一种非分布变量，例如潜在惊奇来描述其不确定性。

假定上述条件都已经满足了，另一个众所周知的问题却出现了：相对频率具有稳定性吗？如果不是（正如大多数人所承认的那样），那就不存在所谓的"长时段内的相对频率"。对这个问题的肯定回答构成了应用这条规则的必要条件。但是，这问题涉及描述一个随机装置未来的行为，即世界齐一性。解决它就是回答休谟问题。因此，它在逻辑学范围内不可解。以下，我将修改赖欣巴赫为这一规则做辩护的方法。为了回避休谟问题，赖欣巴赫从实用主义的立场为枚举法则辩护。其辩护过程可以概述为：（1）世界要么是齐一的要么不是；（2）如果世界是齐一的，那么枚举归纳法就成立；（3）如果某个归纳法成立，那么世界就是齐一的；因此，如果某个归纳法成立，那么枚举归纳法就是成立的（参见 Reichenbach 1940）。根据前提（3），赖欣巴赫的解决方案预先假定世界的齐一性在于：世界的行为可以通过使用某种归纳方法 X 进行预测；但是，X 并没有提到任何关于世界的性质。因此，他的方法可以让我们安全地假设：除去上述预测所展现的齐一性，世界混乱而无序（参见 Skyrms 1966）。所以，枚举法的唯一作用就是预测 X 的成功，而并没有告诉我们任何关于世界的知识。因此，相对频率的稳定性是没有经过任何解释而被预设了的一个预设；枚举法是否比 X 更合理？这依然没有定论。然而，LJI 可以克服这些困难。事实上，经验知识可接受或者不可接受；如果是，则可运用它做出可接受的选择；如果不是，则不能做出可接受的选择。为了生存，我们必须做出可接受的选择；所以，接受经验知识对于我们的生存是必需的。这样一来，从价值信念中的一个生存信念和 LRT 出发，我们已经证明了经验知识是局部合理的了。因此，如果可以通过 LRT 从经验知识推出相对频率的稳定性——正如它在概率论的应用场合中被广泛接受的那样——这里似乎就没有任何经验理由可以反对枚举归纳了。（否则，其他满足概率演算公理的归纳法则，比如先验法则、主观方法等，就应该被看作测量试验或假设不确定性的候选方法了。）

除经验知识和价值观念之外，归纳论证原则的局部合理性还受到论证所涉句子的形式特征的限制。假设归纳法则由二元函数 P［H，E］来表示；其中，H 和 E 分别表示假设和证据。H 可以是全称的也可以是特称的，它可以被认为描述了个体事件（individual event）或一般事件（average event）。但是，与一般事件不同，对个体事件不能进行重复检验——正如大多数人所接受的那样——个体事件的不确定性不能通过枚举法来度量。因此，成功运用枚举归纳法则的必要条件是：H 表达一个一般事件。

根据以上所述，如果 H 描述的是一般事件；同时，在 LJI 和 LRT 框架下，根据给定的 B 可以确定：穷竭地列举了关于 H 的试验的所有可能结果；长时段内相对频率具有稳定性；以及 B 中不存在与枚举规则相矛盾的元素。由此，枚举归纳法被辩护为局部合理。或许有人会认为：上述辩护受制于 B，可能忽略某些支持或反对枚举归纳法则的因素；因此，这不是一个成功的辩护。但是，如果真出现这样的情况，批评者就有责任罗列出那些被忽略掉的因素。不过，到那时候我需要做的只是：修改背景知识 B，继续进行局部辩护。虽然从逻辑的观点看，LJI 并非绝对可靠；但是，相对于 B 而言，LJI 的结论无可反驳。

现在，我将概述 LJI 程序。（1）列举所有已知的归纳法则。（2）列举 B 中所有可用于辩护或反驳这些归纳法则的因素。（3）确定一组因素，试图对某个规则进行局部辩护。最后，如果上述步骤都完成了，那么清单中的所有规则都得到了局部辩护；其结果是：它们或局部合理、局部不合理或局部不可判定。

观察上述程序，我们可以发现一个有趣的现象：假定有 n 个因素与归纳法则的合理性相关。可构建一个 n 元组，使得每个因素或它的否定两者之中必有一个出现在其中。令所有这样的 n 元组构成一个集合。显然，会出现这样的情况：存在该集合的一个子集，某个已知归纳法相对于该子集中的某个 n 元组成员得到辩护。不过，可能会出现这样的情况：对于该子集在上述集合中的补集而言，没有一个已知归纳法相对于该补集的成员得到辩护。所以，接下来的问题就是：哪一个归纳法则对应于该补集中的成员呢？换句话说，哪一种法则可以相对于该补集中的成员得到辩护呢？因此，与元素周期表在发现新元素中的作用类似，该子集展示的是未知归纳规则的性质，并且为进一步发现和研究新的归纳法指明方向。

5. 科学研究的局部归纳重建

根据上述结论，休谟问题的局部解决办法已经建立，借助它归纳论证可以得到局部辩护。因此，我们可以利用局部合理的归纳法，对科学研究活动进行合理的归纳重建。在本节，我将给出一个科学研究的局部归纳重建程序。

正如我在本文开篇所说，科学研究可以分为两部分，即科学假说的发现和评价。评价一个科学假说就是在给定证据的基础上评估它的可靠程度。一般说来，评价假说的过程分为两个阶段。（1）先验评价阶段：根据提出假说时所具有的背景知识 B 和证据，对假说进行评价。（2）后验评价阶段：通过构造假说检验收集证据，对假说进行评价。在本文中，科学发现是指：首次提出具有一定合理性的假说。它不简单地等同于产生一个没有认识论意义的新思想。由此，科学发现就包含了新假说产生和评价两个方面。然而，评价的两个阶段中究竟哪一个与科学发现相关呢？在提出假说时，科学家 X 可以依据他此时具有的背景知识 B，实行先验评价，以满足科学发现的需要。因此，科学发现过程中的评价应该是先验的。事实上，如果此时采用后验评价，那么对任何一个新提出的假说都要构造检验进行评价。但是，这不具有可行性。另外，从可计算性的观点看，使用先验评价来约束假说发生过程，以避免组合式的激增是必要的。总之，科学发现的过程必须包含一个假说产生过程和一个假说先验评价过程。上述结论可以严格地表示为：

令 X 是一个科学家，X 在时刻 t_i 时的背景知识为 Bxt_i，X 的评价函数是 Px [H, E]，其中 $i > 0$。

定义 4：在时刻 t_j，X 提出假说 H 的标准是，H 不属于 Bxt_i，其中 $j > i$。

定义 5：令 b 是阈值，$b > 0$；E 是证据。在时刻 t_j，X 关于 H 的可靠性或接受 H 的先验标准是 Px [H, E] > b, 其中, E 属于 Bxt_i。

定义6: 在时刻 t_j, X 发现假说 H, 当且仅当, 在时刻 t_j, X 提出假说 H 同时满足定义4和定义5。

根据定义5和 LJI, 我们有可能建立一个局部合理的具有假说评价功能的归纳论证或程序。但是, 我们同样有可能建立一个具有假说发现功能的归纳推理或程序吗? 如果回答是肯定的, 那么发现方法或程序结构是什么呢? 令 E 是 Bxt_i 中的初始数据, H 是时刻 t_j 发生程序输入 E 后输出的结果。因此, 从逻辑的观点看, 发生程序是一个归纳推理。同时, 如果把 E 和 H 看作是前提和结论的话, 那么可以借助局部合理归纳方法对 H 进行评价。因此, 发现程序的结构是: 它由归纳发生程序和归纳评价程序两者构成。现在, 一个严峻的问题是: X 提出假说 H 时, Bxt_i 提供初始数据 E 是否能成为评价 H 的有效证据? 波普尔认为, 只有那些新颖的可检验后承的才有可能为假说提供证据支持。如果这是正确的, 那么与发现相关的先验评价就是不可能的。但这种观点过于狭隘, 以至于不能给证据支持提供一个完整的描述。事实上, H 的评价应该在关于它的所有知识的基础上进行; 如果认为只有那些对 H 的新颖的可检验后承才有可能提供证据的话, 那么, 假说 H 发生时输入归纳发生程序的数据 E 以及 Bxt_i 中其他成员, 就会被系统地忽略而不能成为证据。因此, 由新颖后承检验和假说发生时所输入的数据所提供的都是有效的证据。不过, 正如尼古拉斯 (Nickles 1987: 189) 所指出的那样, 同样的信息不能既提供发生支持, 又提供后承检验支持。由此, 科学发现可以通过局部合理的归纳论证或程序来进行重建。最后, 从定义6可知, 科学发现可以通过一个生成程序和一个评价程序来实现, 并按下述次序运行: 前者生成一个假说, 后者评价前者所生成的假说。事实上, 从 20 世纪 80 年代中期开始, 人工智能领域的学者就已经意识到了机器学习中生成和评价之间的关系 (Michalski 1986: 1-43)。

在上述讨论的基础上, 我们现在可以给出科学研究中的局部归纳重建程序了: (1) 运用 LJI 方法, 从 B 出发来为归纳进行局部辩护; (2) 在具有局部合理性的归纳逻辑的基础上重建假说评价方法; (3) 运用局部合理的评价方法来约束假说发生程序的输出结果, 使得由科学发现程序给出的假说具有局部合理性。尽管我不认为我的程序已经完全刻画了人类的科学研究行为, 但是, 它可以为人工智能领域中的研究, 特别是机器学习和不确定性条件下的推理的研究提供一种研究方法。

参考文献

[1] BLACHOWICZ J. Discovery and Ampliative Inference [J]. Philosophy of Science, 1989, 57: 438-462.

[2] BOGDAN J. Local Induction [J]. Reidel, Dordrecht, 1973.

[3] COHEN L J. The Probable and the Provable [M]. Oxford: Oxford University Press, 1977.

[4] HUME D. An Enquiry concerning Human Understanding [M] //The Philosophical Works. GREEN T H, eds. Scientia Verlag, Aalen, 1964.

[5] JU S. The Local Justification and Applicable Region of Inductive Logic [J]. Journal of Dialectics of Nature, 1989, 11 (5): 1-8.

[6] JU S. On the Existence and Structure of Machines of Inductive Discovery [J]. Studies in Dialectics of Nature, 1990, 6 (3): 12-23.

[7] KELLY T. The Logic of Discovery [J]. Philosophy of Science, 1987, 54.

[8] LANGLEY P, GARY P, SIMON H. Rediscovering Chemistry with the Bacon System [J]. Machine Learning, 1984, 1.

[9] LEVI I. Isaac Levi-Self-Profile [M] // BOGDAN R J. Henry E. Kayberg and Lssac Levi. Dordrecht: Reidel, 1982.

[10] MICHALSKI R. A Theory and Methodology of Inductive Learning [J]. Machine Learning, 1984, 1.

[11] MICHALSKI R. Understanding the Nature of Learning [J]. Machine Learning, 1986, 2.

[12] NICKLES T. Beyond Divorce: Current Status of the Discovery Debate [J]. Philosophy of Science, 1985, 52: 177-206.

[13] NICKLES T. Lakatosian Heuristic and Epistemic Support [J]. British Journal for the Philosophy of Science, 1987, 38: 181-206.

[14] PERA M. Induction Methods and Scientific Discovery [M] //On Scientific Discovery, CRMEK M D, ed. 1981.

[15] POPPER K. The Logic of Scientific Discovery [M]. London: Hutchinson, 1959.

[16] POPPER K. Conjectures and Refutations [M]. Routledge & Kegan Paul, London, 1963.

[17] SALMON W. The Foundations of Scientific Inference [M]. Pittsburgh: University of Pittsburgh Press, 1967.

[18] SIMON H. Models of Discovery and Other Topics in Methods of Science [M]. Reidel, Dordrecht, 1977.

[19] SKYRMS B. Choice & Chance [M]. Dickenson Publishing Company, Encino (CA), 1966.

[20] STEGMULLER W. The Problem of Induction: Hume's Challenge and the Contemporary Answers [M] //Collected Papers on Epistemology. Philosophy of Science and History of Philosophy, Vol. 2. Reidel, Dordrecht, 1977: 68-136.

[21] SWINBURNE R. The Justification of Induction [M]. Oxford: Oxford University Press, 1974.

(李章吕、任晓明译，鞠实儿校)

回溯推理与科学发现的逻辑[*]

朱志方

1. 概述

自古以来，人类始终在寻求一种获得新知识的方法，其代表性的成果有亚里士多德的《工具论》、培根的《新工具》、密尔的《逻辑体系》，至逻辑经验主义者和波普尔彻底否定科学发现的逻辑。皮尔士毕生哲学研究的重点是科学逻辑，在演绎和归纳之外，皮尔士发现了第三种推理方式，即假说推理或回溯推理，后来学人多把类似的推理称之为最佳说明推理（inference to the best explanation）。

皮尔士和许多科学方法论者都相信，回溯推理是科学发现的逻辑，并致力于阐明这种推理的逻辑形式。但是皮尔士本人虽然把它看作推理的一个种类，却说这种推理是最弱的，是"猜想"（guessing），是指导性的（heuristic）。

如果我们把逻辑推理看作从前提到结论的形式演算，那么不存在科学发现的逻辑；如果我们把推理看作由前提到结论的思想路径，我们就必须承认存在着发现的逻辑。这就是求知的迷人之处：既充满希望又迷雾重重。

2. 皮尔士的回溯推理

回溯推理（Abduction）是皮尔士后期的用语，《文集》（*Collected Papers of Charles Sanders Peirce*，简记为 *CP*）第 7 卷第二篇（Book II）收入了皮尔士关于科学方法的部分手稿，其中第 3 章收入 1901—1902 年的有关手稿，名为《由古代文献推断历史的逻辑》（*The Logic of Drawing History from Ancient Documents*），

---

[*] 本文系为《分析哲学——回顾与反省》第二版所撰写。

第 6 节名为"回溯、归纳和演绎"(Abduction, induction, and Deduction);第 8 节名为"回溯"(Abduction)。1903 年的哈佛系列演讲中的最后一讲皮尔士本人没有命名,根据演讲内容,编者命名为《实用主义就是回溯的逻辑》(Pragmatism as the Logic of abduction)。

什么是回溯推理?皮尔士说:"当事实与我们预期出现的事情相反时就要接受一个结论,即(这个事实)需要说明,由此得出,这种说明必须是这样一个命题,它导致对观察的事实的预测,这个预测或者是必然的推导,或者在那些情况下是高概率的。于是我们就必须采纳一个假说,它本身是似然的,并且使那些事实成为似然的。这个基于事实的指向而采纳一个假说的步骤就是我所说的回溯。"①

皮尔士的另一用语是"反推"(Retroduction)。1913 年,即逝世前一年,皮尔士在致伍兹(F. A. Woods)的信中说:"自 19 世纪 60 年代初开始,我始终认定有三种不同的推理类型,即:第一,演绎……;第二,归纳……;第三,反推或假说推理,它依赖于我们希望或早或迟猜想到某种现象将会呈现出来的条件。"② 在这里,他把反推、假说推理和猜想看作同一种推理。

对于这种推理,皮尔士较早的用语是假说(推理)(Hypothesis)。1878 年《科学逻辑解说系列》(Illustration of the Logic of Science)中还没有出现"回溯"一词,这时皮尔士把这种推理叫作假说,在这里,皮尔士的推理分类是:演绎推理(或分析推理)与综合推理,而综合推理又分为归纳和假说。③

正如致伍兹的信里所说,在 19 世纪 60 年代,皮尔士就把假说看作一种推理。在 1867 年的论文《推理的分类》的一个注释中,皮尔士在讨论实证主义的假说可证实性标准时说,"实证主义者并不把假说看作一种推理,而是看作激发或引导观察的一个工具。但是我在上文已经阐明,某些前提使一个假说成为高概率的,因此合法的假说推理这样的事情是存在的"④。在这篇论文里,皮尔士

---

① PEIRCE C S. Scientific Method [M] // BURKS A W. Collected Papers of Charles Sanders Peirce, Vol. 7. Cambridge, Mass.: Harvard University Press, 1958: 202.

② PEIRCE C S. to F. A. Woods: On Would Be [M] // Burks A W. Collected Papers of Charles Sanders Peirce, Vol. 8. Cambridge, Mass.: Harvard University Press, 1958: 385.

③ PEIRCE C S. Deduction, Induction, and Hypothesis: Illustration of the Logic of Science [M] // KLOESEL C J W, et al. Writings of Charles S. Peirce, Vol. 3. Indiana: Indiana University Press, 1986: 326.

④ PEIRCE C S. Classification of Arguments [M] //MOORE E C. Writings of Charles S. Peirce, Vol. 2. Indiana: Indiana University Press, 1984: 45.

讨论了三种推理（即演绎、归纳和假说）的基本形式。而假说推理一说，最早出现于1866年的洛厄尔系列讲座（Lowell lecture）第五讲，此时他已经明确地区分了三种推理形式。①

在皮尔士的科学逻辑中，回溯、假说、假说推理、反推是指同一种推理形式。"abduction"汉译主要有以下几种：（1）假说推理，皮尔士经常有这样的表达，"abduction or hypothesis"，这也便于与作为理论体系的假说区别开来。（2）回溯推理，这是相对于演绎推理的顺序而言的。从理论推导出可检验的经验陈述的推理是演绎的，叫作预测。而从已经观察到的事实推导出可以说明该事实的理论或假说，则是一种反向的推理。（3）溯因推理，这种译法也可以找到皮尔士的文本依据："我们通过假设得出结论：存在着一个与已有的观察很不相同的事实，从这个结论出发，按照已知的定律，某种观察到的事情必然会产生。前者（归纳）是从特殊到一般定律的推理；后者是从结果到原因的推理。前者归类，后者做出说明"②。在这里，皮尔士认为"abduction"是从结果到原因的推理，因此，叫作溯因推理也是有道理的。（4）设证推理，这种汉译多为司法界人士所采用。

在诸多的汉译中，"回溯推理"比较符合皮尔士的原意，即从已经观察到的事实回溯到原因或说明事实的定律。"假说"或"假说推理"是用来解释"abduction"的。而溯因推理也不够全面，"abduction"的核心是观察到事实F，推导出一个能够说明F的假说H。在有些情况下H是F的原因，而在另一些情况下则是F背后的结构和规律。"retroduction"和"inference from effect to cause"在皮尔士著作中并不多见，而最常见的是"abduction"与"hypothesis"联用。

皮尔士本人所举回溯推理的实例有助于我们理解这种推理的本性。（1）土耳其总督："有一次，我在土耳其一个行省的码头上岸；在前往我将访问的那栋房子的路上，我遇到一个人骑着马，身边有4位骑士为他撑着华盖。由于我能想到的有这么大的排场的人唯有该省总督，于是我推断他就是这个人。这就是假说（推理）"。（2）内陆水生物化石："比如说，人们发现了一些化石，但它

---

① PEIRCE C S. Classification of Arguments [M] // MOORE E C. Writings of Charles S. Peirce, Vol. 2. Indiana: Indiana University Press, 1984: 225.

② PEIRCE C S. Deduction, Induction, and Hypothesis: Illustration of the Logic of Science [M] // KLOESEL C J W, et al. Writings of Charles S. Peirce, Vol. 3. Indiana: Indiana University Press, 1986: 332.

们是在远离海岸的内陆发现的。为了说明这种现象,我们设想这片陆地曾经是汪洋大海。这是另一个假说(推理)"。(3)历史人物:"无数的文件和文物指向一个叫作拿破仑·波拿巴的征服者。虽然我们没有见过这个人,然而,如果不假设他确实存在过,我们就无法说明我们所看到的,即所有这些文件和文物。这也是假说(推理)"①。(4)气体运动论:"气体运动理论是一个好例证。这个理论旨在说明一些简单的公式,其中主要有波义耳定律。这个定律说,如果把空气或任何其他气体装在一个有活塞的圆筒里,如果在大气压力下(比如每平方英寸 15 磅)测量了它的体积,如果在活塞上另外施加每平方英寸 15 磅的压力,那么气体将被压缩到它原来体积的一半,其他压力与体积也同样成反比。为说明这个定律而采用的假说是:气体分子是微小的、刚性的微粒,相互距离很远(相对于分子的大小),并高速运动着,没有可以察觉的吸引或排斥,除非它们相互靠得非常近。承认这个假说就可以得出,当气体处于压力之下时,阻止气体坍塌的是分子对活塞的撞击,而不是单个分子不可压缩,单个分子之间并不接触,因此并不处于压力之下。活塞下降更多,气体压缩更大,分子相距就更近;任一时刻距活塞某一处的分子数越多,任一分子在受别的分子影响改变路径之前所行走的路就越短,每个分子在一定时间内所走的新路径的数量就越多,每个分子在离活塞的一定距离内撞击活塞的次数就越多。这就说明了波义耳定律"②。

当代学者所说的最佳说明推理初看起来与回溯推理非常相似,但其中有着细微的差别,这种差别使这两种推理成为本质上不同的两种推理。简单地说,回溯推理是科学发现的逻辑,是构想新理论的逻辑,而最佳说明推理其实是理论检验与评价的逻辑。

按皮尔士的定义,回溯或假说推理的基本思路是:对于一个已经观察到的(令人惊讶的)事实 F,猜想一个假说 H,如果 H 是真的,那么 F 是必然的或高概率的 (H 说明 F)。所以 H 可能是真的。三种推理的基本图式是

$$演绎: H \to F$$
$$\underline{H\qquad\qquad}$$
$$\therefore F$$

---

① PEIRCE C S. Deduction, Induction, and Hypothesis: Illustration of the Logic of Science [M] // KLOESEL C J W, et al. Writings of Charles S. Peirce, Vol. 3. Indiana: Indiana University Press, 1986: 326.

② 同①333.

归纳：$H \to F$
$\underline{F}$
∴ H

回溯：F
$\underline{H \to F}$
∴ H

而最佳说明推理的基本格式是：

事实 $e_1, e_2, \cdots, e_n$ 需要说明

假说 $H_1, H_2, \cdots, H_n$ 都能提供对 $e_1, e_2, \cdots, e_n$ 的说明，其中 H_i 是最佳说明。

∴ 所以 Hi 很可能（probably）是真的。

从这个格式中可以看到，对于已知事实和多个备选假说，如果其中一个假说最好地说明了已知事实，则该假说很可能是真的，因此选择该假说。至于确定某个假说为最佳说明的标准，则是众所周知的理论评价标准，如一致性、预测力、简单性、成效性等。显然，在近现代科学哲学文献中，这属于理论评价的范围，而所用逻辑则是演绎和归纳。在谈到最佳说明推理时，哈曼说："'最佳说明推理'大致相当于人们所说的'回溯'、'假说方法'、'假说推理'、'消除法'、'消除归纳'和'理论推理'。我偏向于用我自己的用语，因为我相信它避免了那些备选用语所具有的多数令人误会的寓意。在做这个推理时，我们由某个假说能够说明某些证据这个事实，推断那个假说是真的。一般而言，我们会有几个假说，它们都能说明那些证据，因此，在有把握做这样的推理之前，我们必须能够否决这些假说选项。所以，由某个假说能够比其他每个假说提供对那些证据的'更好'的说明这个前提，我们推出结论说，那个假说是真的"[1]。

哈曼所说的最佳说明推理与回溯推理看起来很相似。皮尔士本人没有使用消除法、消除归纳法、理论推理等用语。这两种说法的核心在于通过推理得出一个能够最好地说明观察事实的假说（理论）。不过，两人的侧重点显然有差异。皮尔士旨在得出一个理论假说，因此属于科学发现的逻辑，而哈曼的重点是在诸多假说中选择一个最好的说明事实的假说。

---

[1] HARMAN G. The Inference to the Best Explanation [J]. The Philosophical Review, 1965, 74 (1): 88-89.

3. 回溯推理的格式

皮尔士早在 1867 年就讨论了回溯推理的格式。在呈现了几种具体的回溯推理格式后，他说，通过符号代换，假说推理（即后来的回溯推理）可以简化为如下的普通三段论形式：

M is, for instance, P′, P″, P‴,
S is P′, P″, P‴,
∴ S is M.（WP, Vol. 2, 47–48）

用 1878 年的事例来解释这个推理模式：

（1）这个人很威风；

该省总督很威风；

所以，这个人是该省总督。

（2）（内陆的）这些化石是海洋鱼类的化石；

海洋鱼类是生存在海洋里的；

所以这里（曾经）是海洋。

（3）气体压力与体积成反比；

容器里的大量高速运动粒子如果基本不发生碰撞，在遇到容器壁后会反弹，容器体积减小时，同一时间内撞击容器壁的粒子的数量增加，压力增加；

所以，气体分子是高速运动的粒子，直径很小而相互距离很大。

如果回溯推理是一种推理，似乎就应该有明确的推理规则。当代许多学者致力于构述回溯推理的模式。这里以 G. Schurz 的构造为例。Schurz 首先区分了选择型（selective）回溯和创新型（creative）回溯。进而，他提出了一个回溯推理的分类系统：（1）事实回溯（factual abduction），包括可观察事实回溯、一阶存在句回溯、不可观察事实回溯（史事回溯）；（2）定律回溯；（3）理论模型回溯；（4）二阶存在句回溯，包括微观构成回溯、类比回溯、假设原因回溯，假设原因回溯又包括玄思回溯（speculative abduction）、共同原因回溯等。Schurz 力图阐明每一种回溯推理的基本格式。这里仅以事实回溯和共同原因回溯为例，看看是否存在明确的推理格式。

Schurz 提出的事实回溯的基本格式是

已知定律：如果 Cx，那么 Ex
已知证据：Ea 发生了
回溯得出的猜想：Ca 可能是理由。

（Schurz 2008：206）

对于共同原因回溯，例如几种金属的共同属性的共同原因，Schurz 构造了如下图式：

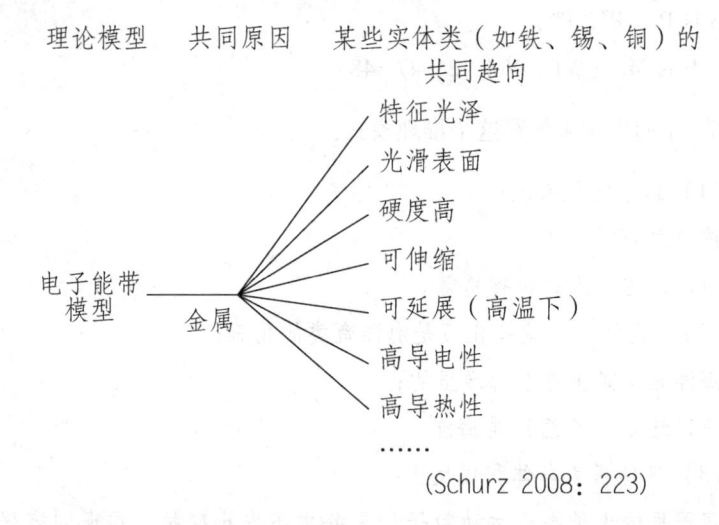

```
理论模型    共同原因    某些实体类（如铁、锡、铜）的
                            共同趋向
                         ┌── 特征光泽
                         ├── 光滑表面
                         ├── 硬度高
                         ├── 可伸缩
  电子能带 ──── 金属 ────┤
   模型                  ├── 可延展（高温下）
                         ├── 高导电性
                         └── 高导热性
                              ……
```

（Schurz 2008：223）

仅就以上两种推理格式来说，我们很难看出有任何明确的推理规则。先看事实回溯，已知定律的形式是"Cx →Ex"（箭头表示规律性蕴涵），前件和后件是关于同一类对象的。这个格式看起来很合适，例如，按定律，"如果 x 感冒，那么 x 发烧咳嗽"，由某人 p 发烧咳嗽，可以反推出 p 感冒了。这是我们在日常生活中针对感冒所使用的常见的推理方式。这种推理方式在刑侦实践中也有大量的应用。但是，当我们想要说明一个已知事实时，可以援引的已知定律有多种，即因果关系并不是单一的关系，同一结果可能由多种原因造成。于是我们就要在已知的多个备选原因或因果律之间做出选择。这很像是最佳说明推理。

而共同原因回溯没有呈现回溯推理的本质，这只是一个科学说明的模式。关键是，关于电子能带的假说是如何"推理"出来的？回溯推理可以大致分为两大类。一类是事实回溯：运用已知定律，得到关于事实的说明性假说。P → Q，Q，所以很可能 P。这种推理包括密尔的寻求原因的方法，在日常实践、刑侦、医学等领域有大量应用。另一类是理论回溯：构想新的不可观察对象、结构、模型、关系，使观察事实得到说明。从理论到观察的推理，是演绎的，实现了科学理论的预测与说明功能。而通过预测的成败来检验理论，是归纳推理。这里并无回溯。问题在于，是否存在某种推理途径，使科学家得到新的理论假说？这才是科学发现逻辑的焦点。关于多种金属具有一些共有的特征这个事实，如何得出一个说明性的理论呢。如果我们已知电子能带模型，说明金属特征并不是难事。问题是，并不存在明确的推理规则使我们可以得到电子能带假说。

Anya Plutynski 指出了回溯推理的四大问题：形式化不确定性、边界问题、辩护问题、描述问题。"第一，回溯推理应该怎样形式化；第二，回溯与其他推理形式之间的边界是什么；第三，回溯推理是否是一种健全的（sound）推理形式，或者，如何能够使它成为健全的推理；第四，回溯推理是否描述了实际的科学实践的特征，如果是，哪些特征？"[1]

边界问题与描述问题比较好回答。关于回溯与归纳的区分，皮尔士多次论述。而关于回溯推理是不是对科学实践的正确描述，这也没大问题，科学研究的常见程序是：明确问题—构想假说—设计和进行实验—检验假说。回溯推理就是构想假说的推理。最重要的问题是：回溯推理是否可以形式化或者是否有明确的推理格式？对这个问题的回答在一定程度上影响对第二个问题的回答：是否存在科学发现的逻辑？Peirce、Harman、Peter Achinstein、Paul Thagard、W. Salmon 认为可形式化或部分可形式化，因此存在科学发现的逻辑，而 K. Popper、N. R. Hanson、Bas. van Fraassen 否认形式化，因此不存在科学发现的逻辑。前者多借助于贝耶斯主义的概率推理，用语多为"最佳说明推理"。分歧在于如何理解逻辑。有些逻辑学家甚至否认归纳逻辑是逻辑。

4. 发现的逻辑与发现的指南

自亚里士多德至密尔，许多哲学家致力于建立科学发现的逻辑，即获得新假说的逻辑。但这种观点在近现代科学哲学中遭到多数科学哲学家的反对。只有理论辩护的逻辑，没有理论发现的逻辑，这一点几乎成为科学哲学的官方观点。科学发现与科学辩护的区分，始于赫歇尔（J. Herschel, *Preliminary Discourse on the Study of Natural Philosophy*, 1831），休厄尔（Whewell, *Philosophy of Induc-*

---

[1] PLUTYNSKI A. Four Problems of Abduction: A Brief History [J]. The Journal of the International Society for the History of Philosophy of Science, 2011, 1 (2): 229.

tive Sciences，1847）、石里克（M. Schlick，*Allgemeine Erkenntnisslehre*，1918）、卡尔纳普（Carnap，*Aufbau*，1928）和其他逻辑经验主义者（*Wissenschaftlicher Weltauffassung—Der Wiener Kreis*，1929）都支持这种区分并否认科学发现的逻辑。过去曾把归纳逻辑看作科学发现的逻辑、得出新知的逻辑，但逻辑经验主义者的归纳逻辑只是假说评价的逻辑。在当代学者中，波普尔是最卖力地否定科学发现的逻辑的，他主张归纳既不是发现的逻辑也不是辩护的逻辑；不存在任何发现的逻辑或方法，得到一个理论的过程是狂野的猜想（wild guess）。[1]

正如 Schurz 所言，回溯主要有两种，事实回溯和理论回溯。事实回溯在于运用已知定律和关系。如某人发烧，感冒、肺炎、伤口发炎等多种疾病导致发烧，困难在于排除其他选项，确定一个最可能的选项，这就是所谓最佳说明推理。但是，对于理论回溯，需要获得关于未知关系、定律、粒子、结构的假说，而它们并不处于我们的知识储备之中。如孟德尔的遗传因子假说、卢瑟福的原子模型假说、泡利的中微子假说，存在从现象到假说的逻辑吗？运用已知定律推测某个现象出现的原因，属于 Schurz 所说的选择型回溯。而他所说的创新型回溯，则要求构想新定律或新对象，存在这样的"创新型回溯"吗？

以哈夫病（Haff disease，又叫横纹肌溶解综合征）为例。1924 年夏秋，波罗的海 Haff 海滨出现急性中毒性肌肉病的流行，其表现为突然出现严重的肌肉僵硬疼痛，血清肌酸磷酸激酶和肌红蛋白升高，无中枢神经系统的异常，发热和肝脾大，部分病人存在咖啡色尿，以后 10 多年中，出现上千例病例，1940 后多年未见。1984 年美国又有报道，此后报道了 20 多例。2000 年 8 月上旬，在北京地区相继出现进食蝲蛄引起的 Haff 病患者。2010 年南京地区发现食用小龙虾相关的横纹肌溶解综合征患者。

猜测 1：清洗小龙虾的制剂有毒；但许多患者食用其他鱼类。

猜测 2：小龙虾生活在污水里，本身有毒。许多患者食用其他鱼类。

猜测 3：物理原因——外伤、剧烈运动，排除。

猜测 4：中毒：蛇咬蜂蜇、毒品、酒精、自身免疫疾病、一般感染、有机磷农药、砷、重金属中毒……排除

猜测 5：上帝的意志？

---

[1] POPPER K. Conjectures and Refutations：The Growth of Scientific Knowledge ［M］. New York：Basic Books，1962.

猜测 6：阴阳失调？

猜测 7：未知毒素

1997 年 6 名美国人食用大口胭脂鱼患横纹肌溶解综合征，显然，毒素来自大口胭脂鱼。Udo Buchholz 等对此进行了调查。他们发现，食物来源是清洁的。调查表明，食用前都经过高温烹煮，从而排除鱼肉腐败产生毒素。对大口胭脂鱼的出产水域其他鱼类进行检测排除了已知毒素。于是调查小组假设毒性来自一种未知毒素。小组进行了不明成分的毒理学测试。生鱼和熟鱼分别用三种不同的溶剂进行提取，然后将提取物投喂给老鼠，并注射于其腹腔内。结果，熟鱼的一种提取物令老鼠出现了肌肉损伤和酱油尿等类似症状。于是研究小组得出一个新假说：引起哈夫病的是一种可溶于非极性脂类的未知毒素，该毒素在高温下依然稳定，烹调无法使之消除。这种毒素很可能是海鱼体内的海葵毒素（palytoxin）以及淡水鱼体内的类似毒素。但这个假说还需要进一步验证。

哈夫病案例表明，不存在从观察事实到假说的形式化推理规则，如演绎和归纳规则；获得新假说的思想过程也不是"狂野的猜想"，在具体的研究域存在着具体的研究思路和思考方向。

逻辑有两种，即形式化演算与理性的思考。形式化并不是逻辑的定义特征。数学都是形式化的，但数学并不是逻辑。实践推理是不能全部形式化的，但仍然是推理。皮尔士并不认为回溯推理遵守严格规则的形式演算。他指出，在三种推理中，假说推理是最弱的，而且弱得多。首先，其结论只是概率性的，甚至是低概率的。但不论概率多么低，只要重复使用这种推理，我们将逐步走向真理。其次，其规则不是明确的。因此，假说推理是"猜想"（guess），与归纳和演绎相比，它只是指导性的（heuristic）。虽然没有明确的形式规则，但是，它有一些原则或规则，这使它有别于狂野的猜想。皮尔士提出的回溯推理的原则主要有以下几条。

（1）排除形而上学假说："这里我可以宣布一条由奥古斯特·孔德极力坚持的规则，这个规则说，形而上学的假说必须排除；他告诉我们，他所说的形而上学假说是指没有经验后果的假说……因此，孔德所说的形而上学假说是仿照命题做出的词语排列，但事实上不是命题，因为没有意义"①。

（2）所有回溯推理都有一个前提性假说，即事实是可说明的："现在我着手

---

① PEIRCE C S. Scientific Method [M] // BURKS A W. Collected Papers of Charles Sanders Peirce, Vol. 7. Cambridge, Mass.: Harvard University Press, 1958: 203.

考虑我们在做回溯时或者在选择一个假说的过程中应该受什么原则指导。在所有这样的原则的根基处，有一个根本的或首要的回溯，一个我们一开始就必须抱有的假说，不论它多么缺少证据的支持。这个假说就是，手上的事实可以得到合理化处理，这种合理化是由我们所做出的。我们必须希望事实可以这样处理……对于我们手上的问题，我们必须让这个希望给予我们力量，不论我们是否把它扩展为一个囊括所有事实的公设。从归纳或演绎中得不到新真理，这个事情我们已经看到了。新真理只能从回溯得来，而回溯只不过是猜测。因此，我们必定希望，虽然我们的事实可能有无限多的说明，然而，经过有限次数的猜测，我们的心灵能够猜测到那个唯一真的对事实的说明。我们必定要独立于任何证据来认定这是真的。受这个希望的鼓舞，我们进而构造假说"①。

（3）回溯得出的假说必须能够说明令我们疑惑的事实。

（4）假说必须是可检验的，因此假说必须是精确的，必须不是特设的，正面和反面的事例都必须考虑。"为了使构造假说的过程能够导致高概率的结果，以下规则必须遵守：1. 在我们做出观察检验其真假之前，假说必须明确地表达为一个问题。换句话说，我们必须看一看从假说得出怎样的预测结果。2. 必须随机地选取某个方面来考察其相似性。我们千万不要选取某些已知有利于该假说的特定的预测。3. 预测的成功和失败都必须得到诚实的记录。整个过程必须是公正无偏的。"②

（5）回溯推理必须遵守经济学原理："鉴于真假说只是无数的可能假的假说中的一个，也鉴于实验实施在资金、时间、精力和思维方面的巨大花费，同我提到的那些因素一样必要的考虑是经济性。经济性总体上依赖于三个因素：成本，所提方案本身的价值，以及它对其他项目的影响"③。

（6）必须采用平稳的假说："事实不能由比这些事实本身更反常的假说来说明；在多个假说中，必须采纳最不反常的假说"④。

---

① PEIRCE C S. Scientific Method [M] // BURKS A W. Collected Papers of Charles Sanders Peirce, Vol. 7. Cambridge, Mass.：Harvard University Press, 1958：219.

② PEIRCE C S. Deduction, Induction, and Hypothesis：Illustration of the Logic of Science [M] // KLOESEL C J W, et al. Writings of Charles S. Peirce, Vol. 3. Indiana：Indiana University Press, 1986：333.

③ 同①220.

④ Peirce MS. 696, quoted in Sebeok, T. (1981) "You Know My Method", in Sebeok, T., *The Play of Musement*, Bloomington, IA：Indiana, p. 31.

结论：最佳说明是一个误导性的概念。一个说明即一个理论，要么是真的，要么是假的。我们没有最后的真理论，但可以有适时最佳理论。只有相对于一组备选理论，我们才能说哪个是最佳。在一组备选理论中选出最佳理论的推理，是归纳与演绎的联合运用，并不是皮尔士所说的回溯，回溯就是科学发现的逻辑。逻辑作为形式化的算法，没有发现的逻辑。但逻辑作为理性的思考，存在着发现的逻辑。折中地说，这是发现的指南，不是发现的逻辑。

参考文献

［1］BUCHHOLZ U, et al. Haff Disease: From the Baltic Sea to the U. S. Shore ［J］. Emerging Infections Disease, 2000, 6 (2).

［2］HARMAN G. The Inference to the Best Explanation ［J］. The Philosophical Review, 1965, 74 (1).

［3］PEIRCE C S. Classification of Arguments ［M］// MOORE E C. Writings of Charles S. Peirce, Vol. 2. Indiana: Indiana University Press. 1984.

［4］PEIRCE C S. Deduction, Induction, and Hypothesis: Illustration of the Logic of Science ［M］// KLOESEL C J W, et al. Writings of Charles S. Peirce, Vol. 3. Indiana: Indiana University Press, 1986.

［5］PEIRCE C S. Scientific Method ［M］// BURKS A W. Collected Papers of Charles Sanders Peirce, Vol. 7. Cambridge, Mass. : Harvard University Press, 1958.

［6］PEIRCE C S. to F. A. Woods : On Would Be ［M］// BURKS A W. Collected Papers of Charles Sanders Peirce, Vol. 8. Cambridge, Mass. : Harvard University Press, 1958.

［7］PLUTYNSKI A. Four Problems of Abduction: A Brief History ［J］. The Journal of the International Society for the History of Philosophy of Science, 2011, 1 (2).

［8］POPPER K. Conjectures and Refutations: The Growth of Scientific Knowledge ［M］. New York: Basic Books, 1962.

［9］SCHURZ G. Patterns of Abduction ［J］. Synthese, 2008, 164 (2).

谈谈论理词*

陈嘉映

§1. 论理词

日常言谈中少见长篇说理,其实,在语言的种种用途中,除了叙事,其他的话语通常都很短。一个命令通常只有两三个字。表达感情,说太好了,漂亮极了,爽,我心里难受。请想想一个很长很长的命令,一个很长很长的感情表达会是什么样子。叙事是例外,可以很长。其中的道理不难领会:下命令、表达感情、讲说道理,这些本来都镶嵌在生活场景里,脱离了具体场景会不知所云。叙事则不然,最粗浅说,叙事本来是叙述生活场景。

叙事和别的言说不是同类。不用受教育,我们就能接受长长的叙事,听故事,听说书,听人讲家长里短、八卦新闻。平常说理则是在长长的事情中用短短一两句话说个道理。如果你不知道这件事情,我就得先把这件事情讲给你听,然后再讲事情里包含的是什么道理。寓言这种文体就是先讲个故事然后总结出一个道理。

比较起叙事、表达感情等等,说理要难懂些,我们跟小孩子说话时都能体会到这一点。至于长篇说理,即使成年人也不大容易跟上。我们在课堂教育上长大的人,较为习惯于长篇大论的说理,也许忘了这是有点儿奇特的。实际上,即使硕士、博士,大一半仍然只会听长长的故事,读厚厚的小说,很少有人能读厚厚的论理书。

口传传统里不会有长篇系统的说理。系统说理,道理连着道理,逻辑上起承转合,这只能靠文字。春秋以降,文字迅速普及,"至战国而著述之事专"①,系统论理得以兴起。

---

* 根据拙著《说理》(华夏出版社,2011)第四章改写。
① 章学诚. 文史通义校注 [M]. 叶瑛, 校注. 北京:中华书局,1994:60.

系统说理之际，哲人们有意无意之间发展出**专门论理的方式**，包括专门论理的语词、句式、文体等。"礼起于何也？曰：人生而有欲，欲而不得，则不能无求，求而无度量分界，则不能不争……"《礼论》这是一种新的文体，听得出来这是专门论理的。

专门而系统的论理，核心在论理词，因为论理的系统性由论理词之间的联系维系。哲学家特别爱用的、特别爱讨论的多半是这些语词。仁、礼、道、物质、心灵、分析、综合、平等、自由、经验、体验、感觉、实在、真、符号、形式、本质、原因、理由，这些是典型的论理词。可列举的还有很多，黑格尔的《逻辑学》可谓集论理词之大成。尤其值得提到不少不起眼但十分要紧的小词，像"一般说来""真正说来""实际上""直接/间接"，等等。

我们比较一下下面的语句就可以对何为论理词"有个"印象——

寻找钱包/寻找自我

把蛋糕分为平等的两份/人生来平等

像"飞"这样的词，像"书"这样的词，虽然很难定义，但它们的用法很清楚，我们几乎从小就不曾用错过，也不为它们的用法发生争论。但是像"平等""自我""利益""权利"这样的词，似乎谁都有多多少少不同的理解，理论家也的确给出多多少少不同的定义。吸进来呼出去的气、空气的气，我们都知道它的意思，而在宇宙理论中气的确切意思，理论家争论不已。台上发言的是谁？这话一听就懂。我是谁？这话是什么意思就不那么清楚，实际上它可以有很多不同的意思，也可能根本没意思。

我所说的论理词，与人们所说的哲学概念有大面积重合[1]；近义的用语还有理论概念、抽象概念[2]、形式语词，等等。逻辑经验主义斥之为"没有任何意义"的"形而上学专用术语"，本原、理念、本质、自我、绝对、自在自为的存在[3]，显然都是论理词。"哲学概念"这个用语有一些优点，有时也用得上。不

---

[1] 这里讨论的论理词不包括科学术语。"哲学概念"与科学术语的区别，可参见拙著《哲学 科学 常识》第五章，北京，东方出版社，2007。

[2] 欧克肖特在《政治论说》一文中有一段列举了百来个很容易在任何政治论说中出现的表示"抽象观念"的词汇（欧克肖特. 政治中的理性主义 [M]. 张汝伦，译. 上海：上海译文出版社，2004：64），它们差不多都是论理词。

[3] 卡尔纳普. 通过语言的逻辑分析清除形而上学 [M]//洪谦. 逻辑经验主义. 北京：商务印书馆，1989：20−21.

过，这个用语的意思不大明确，即使问哲学系的师生什么叫哲学概念，恐怕也人言人殊。而且，按流行的分科，哲学被设想为和化学、生物学、语言学平行的一门学科，人们难免把哲学概念想成和化学概念相平行的，仿佛它要么是哲学专用的，要么在哲学里有个特殊定义；实情却非如此。何况，很多时候我们更愿说词而不是说概念。所以，我觉得最好采用论理词而不采用哲学概念。

有少数论理词，几乎从不在日常言谈中出现，只在专门论理的场合出现，如先验的、概念图示、感觉资料、现象学，**大多数论理词则是从平常语词转变而来**，如平等、我、利益、知识，它们不是专门用来论理的，然而在论理时格外经常用到，而且，用它们来论理时的涵义与它们的普通涵义多多少少相异。就此而言，论理语词并不是一个界限分明的类别。我们也会用门或窗来论理。为了确定某个论证一步一步都很严密，其中没有出现跳跃，我们也许会转而讨论走和跳。就此而言，"语词的论理用法"也许比"论理词"更确切些。

§2. 论理词与日常语词

我们的语言是为言说日常事务发展起来的。我们在日常生活中也说理，但如前所述，那多半是在特定环境中的简短说理，不大需要用专门说理的词汇，只要所使用的词在这个特定环境中在说什么理是比较明确的就可以了。说到一个词，我们也许会说它比另一个词厚实一点儿、明亮一点儿，甚至说可爱一点儿，在特定上下文中，意思可以挺明白的。但也可能，在概念考察的工作中，我们发现概念之间有一种系统的区分，不妨用厚薄来表示这种区分，厚实概念/薄瘠概念便可能成为专门的论理词。君子不器，"器"这个字用得有点儿抽象，但它差不多就是器皿之器的形容词用法。进入专门论理的言说，器皿的器，哲学家赋予它一个更为广泛的意义，把它变成一个超级概念，用来总称形而下者。论理语词和论理用法是因穷理或曰专门论理的需要产生的。碰到这种需要，论理者会赋予旧语词以新意义，甚至创造出新语词来。

穷理，尤其是理论，会引使相关语词离开通常用法。万德勒概括说——

> 哲学话语中的一些关键术语过着双重生活，在理论上这一点众所周知，可是在实际讨论问题的时候却常常得不到充分的认识。我们在日常交际中理解这些语词，使用这些语词，于是它们出现在哲学家的著作中时，我们也以为自己理解它们，事实却是：从上下文说，甚至从语法上说，这些语

词的日常使用条件和哲学上的使用条件都有差异。这当然意味着我们实际上处理的不止一个概念:在自然环境中碰到这样一个语词我们能理解它,这一点本身并不确保把它移植到哲学园地之后我们也能理解它。因此,我们必须从哲学文本自身出发把它(或它们)作为新的概念来重新学习。①

弗洛伊德的移情不同于我们平常说的移情别恋。分析/综合与它们通常的用法差得更远。至于无物运动、无物静止,或把我们通常称作静止的情况称作运动——直线匀速运动,就走得更远了。论理词的意义渐少由日常用法约束,而**由其他论理词来界定**。仁、不仁不再主要依托管仲、子产的行迹得到理解,而更多是和义、礼、智这些其他论理词联系在一起得到理解。

论理词的意义渐少由日常用法约束,而与其他论理词互相搭配,哲学家用理、气、器、仁、欲这些专门论理的语词写作,便把我们带入一个似乎是由纯理构成的世界。我把周敦颐《太极图说》的前半篇抄在这里,读者自有体会——

> 无极而太极。太极动而生阳,动极而静,静而生阴,静极复动。一动一静,互为其根;分阴分阳,两仪立焉。阳变阴合而生水火木金土,五气顺布,四时行焉。五行一阴阳也,阴阳一太极也,太极本无极也。五行之生也,各一其性。无极之真,二五之精,妙合而凝。乾道成男,坤道成女。二气交感,化生万物,万物生生而变化无穷焉。

我们不妨拿这一段与盘古开天地的传说比较一下——

> 天地浑沌如鸡子,盘古生其中。万八千岁,天地开辟,阳清为天,阴浊为地。盘古在其中,一日九变,神于天,圣于地。天日高一丈,地日厚一丈,盘古日长一丈,如此万八千岁。天数极高,地数极深,盘古极长。后乃有三皇。数起于一,立于三,成于五,盛于七,处于九,故天去地九万里。

盘古开天地是个故事,笔法是具象的或形象的。鸡蛋里生出小人,小人长成巨人,清轻的浮起来,浊重的沉下去,这些都是我们所见所知,或依我们的所见所知稍加想象。与之相比,《太极图说》就抽象多了,太极怎么一来就本无极了?无极之真怎么一来就妙合而凝了?尽管相当抽象,但我们还是可以努力

---

① 万德勒. 哲学中的语言学 [M]. 陈嘉映,译. 北京:华夏出版社,2008:251.

把它当作故事来读——一个用论理词写的故事，毕竟，其中没有什么严格的论证、推论。太极是什么样子，它怎么生出阳，听起来的确挺抽象的，不过，合、生等，毕竟只能从它们的寻常意义来理解，二气交感化生万物，大致相应于公猪、母猪交配生出一窝小猪崽儿来。要读更纯粹的论理，让我从谢林的《先验唯心论体系》开头处① 抄几段——

　　如果一切知识都是以客观东西和主观东西的一致为基础（导论§1.），我们的全部知识就都是由一些命题组成的，这些命题并非直接就是真实的，它们是从某种别的东西中获得它们的实在性的。

　　单单把主观的东西同主观的东西拼凑在一起，决不能确立真正的知识。恰恰相反，真正的知识是以两个对立面的会和活动为前提的，而它们的会和只能是一种经过中介的会和活动。

　　因此，在我们的知识活动中必定有某种普遍的中介，它就是知识的唯一根据。

这里有些断言，有些推论。单单把主观的东西同主观的东西拼凑在一起决不能确立真正的知识，这个断言远不像"狗嘴里吐不出象牙"之类的断言那么清楚，倒是单单拼凑这话多少提示出合在一起的东西不是个"真家伙"，但这显然无关断言的实质。我们怎么从一切知识都是以客观东西和主观东西的一致为基础推论出我们的全部知识都是由一些命题组成的，怎么从主观的东西同客观的东西的会和是一种经过中介的会和推出这种中介必定是某种"普遍的"中介，为什么这种中介就成了两者会和而成的东西（知识）的"唯一"根据，都不是那么显然。这些推论既不像逻辑书、数学书里的推论，也不像推理小说里聪明侦探的推论。我们读懂侦探的推论，因为它们说的是事情之间的自然联系；读懂逻辑书、数学书里的推论，因为词项经过明确的定义，甚至词项是不含内涵的符号，而转换规则要么是自明的（就像事情之间的自然联系）要么是经过明确规定的。现在，我们面对客观的东西、主观的东西、命题、实在性，这些论理词既不像日常语词那样我们早已懂得它们指的是什么物事，也不像逻辑符号、数学符号或科学术语那样经过明确规定。即使知识、中介、根据，乃至直接、真正这些语词，哲学家之间也常争论它们的涵义。要理解这些语词的涵义，必

---

① 谢林．先验唯心论体系［M］．梁志学，石泉，译．北京：商务印书馆，1976：19．

须进入一个使用这些语词来论理的传统。

一切皆有，一切皆无，万物恒静，万物恒动，凡现实者皆合理者，我是世界的界限，无极而太极，凡此种种出名的"哲学命题"，都只有在某种论理传统中才能获得比较确定的意义。它们不是直接对万事万物的概括，不是所有道理归向的总道理，不是通俗意义上的"最普遍的道理"。一个人自可以把他的某种特定经验归为"动极而静"，说话人可能深有所悟如是说，但在这么普遍的层面上，差不多怎么说都行——你一边说动极而静一边折腾个不停，加上说"静极复动"就好了。这些道理离开具体的事境太远了，难免玄虚缥缈。我们借助它们到了如恍如惚的境界，无论什么具体的理解、体会，都可以容纳在其中。

§3. 论理词作为论题名称

我们说到论理词何如何如，是针对普通语词而言；论理词内部并不是一色的。论理词因系统论理的需要而生，论理则有多种多样的特别需要，相应地有不同种类的论理词或语词的不同论理用法。

我先从比较简单的一种论理词说起。在反思考察一批概念词的时候，我们可能需要一个总名。例如，我们需要把精神、思想、计算、感觉、梦想、错觉等归为一类，我们可以为这个类发明一个总名，如笛卡儿的 res cogitans。我们也可以在这批概念词里选一个作为总名，一般是选这批词里涵盖较广的词，如精神、思想。再例如，我们想把介绍、描述、称呼及其他归为一个大类，但自然语言中并没有现成的统称，于是，哲学家把它们统称为表达。休谟把心智的感知（the perceptions of the mind）分成两类，一类是感官感知（the perceptions of the senses），休谟说这一类没有名称，他发挥一点儿自由，名之曰 impressions，后来他也把它们称为 sensations。第一类心智感知没有名称的缘故，休谟猜想，是因为除了哲学目的，平常我们并不需要一个总名来涵盖不同感官的感知。他把这类总名称作"哲学语言"。他承认，按他的用法，相关语词的涵义与普通涵义"稍有不同"。[①] 另一类心智感知，他名之曰 thoughts 或 ideas。为什么第一类没有总名而第二类却有现成的名称，休谟未予考虑。他也没去考虑，哲学家若

[①] 休谟. 人类理解研究 [M]. 关文运，译. 北京：商务印书馆，1972：20-21.

各自发挥一点儿自由，想必会出现多种多样的"哲学语言"，由此是否会生出哲学讨论的困难。

总名只是个名称，造出或选出哪个语词作为总名，在一个意义上，关系不大；不过，所做的选择仍然多多少少反映出论理者的特定倾向。笛卡儿的 res extensa 是个突出的例子，这个用语已经强烈提示一切非精神事物的本质即为广延。

笛卡儿造出 res extensa，休谟概括出 thought，都着眼于共相。哲学家以共相为桥梁，通往理论构建，构建纯理的世界。这里不拟深入这个话题，我只想表明，在我看来，至少在通常情况下，我们把计算、感觉、梦想等都称为思想之时，把介绍、描述、称呼等统称为表达之时，与其说思想或表达是标识共相的总名，不如说它们是论题名称。维特根斯坦在他最后一册笔记里讨论了 Gewissheit、Bestimmtheit、Glaube、Ueberzeugung、Sichersein、es steht fest，遗著的编者把他这册笔记题名为 *Ueber Gewissheit*，《论确实性》，这并不意味着 Gewissheit 是上列概念的类名而 Bestimmtheit 等都是确实性的子类。哪本书里有一章叫知识，我们须留意，知识只是个总题，在这个题下我们会讨论认识、看法、理解、知道、了解等一大家子兄弟姐妹，平常所说的知识是兄弟姐妹中的一个，而不是家长，这个题目的意思是"知识及其他"，而不意味着看法、理解等都是知识的子概念。

为了某个特定的论理目的，并非不可以把感觉、计算、幻想归为一类，不过我们最好不要由于久做哲学就不再觉得到，感觉、计算、幻想一般说来是差异极大的"思想"或"精神活动"；只有在受到极为严格限制的意义上，这样笼统地谈论"思想"或"精神活动"才是有意义的。

我们可以把这视作广义、狭义之分，用于狭义和用于广义的虽是同一个语词，却不可任意混用。论者在两个层次间跳来跳去，鲜有不造成混乱的。苏珊·哈克系统揭示了胴因混用狭义的科学与广义的科学带来的一系列重要恶果。① 这种混淆固然不单单出现在论理词上，但在论理词上远更常见。更要紧的是，在系统论理中所出现的，往往并非一般的广义狭义的混淆，所用的语词本来并没有所拟的"广义用法"。例如，表达并没有一个广义用法可以囊括描述、感叹、命令。描述一样东西就是"描述"一样东西，不能说成"表达"。张三

---

① 苏珊·哈克. 证据与探究 [M]. 陈波，张力锋，刘叶涛译. 北京：中国人民大学出版社，2004：第六章，119-124.

说树上有只松鼠，李四不会问张三在表达什么。所谓广义用法，往往是为特殊论理生造出来的一个高层次的概括。论理也许用得上"表达式"这个表达式，但我们须记得表达式不只是用来表达的，我们用表达式来描述、论理、下命令、叹息。表达并不是所有这些"语言游戏"的共相或本质。一旦把表达或"表达思想"理解为所有言说的本质，很容易被引向话语都在反映心理活动的错误主张。

§4. 论理词用来明确标识两分

作为总名的论理词只是论理词中的一小部分。我们还为多种其他目的需用论理词。其中突出的一种是**系统明述我们平常默会的一些重要区别**，为此，论理者取用一对或一组语词，专门表示某种区分，如分析/综合、句子/命题、意义/指称、自由/任意、厚实概念/薄瘠概念、天/地/人、知/情/意。理论家用句子/命题来表示的区别，我们平常说话有时也要分疏，我们会说，嗨，这两句话说的是同一个意思，或这句话换到这个场合就不是这个意思了，等等，但我们平常并不用一对恒定的语词来表示这种区别。

这一类构成论理词的主体；在很大程度上，前面说到的总名也可从这个角度来理解：笛卡儿造出 res cogitans，以与 res extensa 对照，休谟概括出 thought，以与 impression 对照。

这种专门用法的涵义，如前面引用休谟所言，至少与其普通涵义"稍有不同"，考诸实际，区别往往甚大。在论理用法中使用时，分析/综合这两个词，我猜想若不加解说，外行无法从字面上了解它们所欲表示的区别。弗雷格采用的两个词，Sinn 和 Bedeutung，在普通用法中并不用来表示他所要表示的区分，因此也引出很多麻烦。

用一对论理词来系统标明某种重要的概念两分，是为了把某个特定的道理讲得更清楚、更鲜明。但哲学家有一种过度贯彻某种有效两分的倾向，使得原能够在某个局部概念领域中起到澄清作用的概念带来了全局的混乱。我相信，当弗雷格把 Sinn 和 Bedeutung 的区分用到句子上时，就出现了这种情况。相应地，在标举这类两分时，我们即使不说随说随扔，至少应当留意于适应新语词或新涵义的领域限制。

固然，使用论理词有时可以更鲜明地突出某种两分，但这并不意味着论理词本身比日常语词更清楚准确。我们论理时也许用得上先验、物质、民主这类语词，它们在何种意义上比我们平常使用的语词，如桌子、起床具有更确定清楚的涵义？理气的气比起空气的气、形而下之谓器比起祭祀器物之谓器，在何种意义上更确定清楚？情况似乎正相反：语词的日常用法相当稳定、清楚，相对而言，论理词的用法不那么稳定、清楚，常惹争论。

理论家在使用一个论理词时，常常先给出一个明确的定义。我们于是可能误以为这个词的用法因此是明确的。实际情况可能正好相反：恰恰因为这个词没有一个明确的用法，所以才需要定义。而且，我们须了解，形式严格的定义跟清楚确切的意思可能南辕北辙。罗素把专名定义为"代表殊相的词"①，这看上去是个蛮严格的定义，但它带来的混乱——按照这个定义严格筛选，最后只剩下这、那才是专名，然而，这、那恰恰不是专名。②

§5. 新概念与旧语词

论理词是为特定论理服务的；在一个论理系统中，理论家可能以一种不同于自由和任意的普通用法来使用它们，这种新用法可能有一定的道理，例如揭示出一种重要的区别。如果这种新用法与普遍用法的差别相当大，我们就会说，他们创造了新概念。"哲学永远是创造概念的……哲学不断创造新的概念。唯一的条件是，新的概念要具有必要性，也要具有奇特性。"③ 的确，说起一个哲学家，普通人首先想得到的是他所创的概念，孟子的孺子之心、浩然之气，庄子的齐物、无何有之乡，柏拉图的 eidos，康德的绝对命令，尼采的超人、永恒轮回，海德格尔的此在、das Man。

从形式上讲，我们可以区分三种情况：第一种：我们可以造一个新词来表示新概念，如索绪尔造出 signifier 或曰施指，弗洛伊德造出 id 或曰超我，海德格尔的 das Man 也略同此类。第二种：用旧词造出一个新合成词，永恒轮回、家

---

① 罗素. 逻辑原子主义哲学 [M] //罗素. 逻辑与知识. 苑莉均，译. 北京：商务印书馆，1996：242.

② 维特根斯坦. 哲学研究 [M]. 陈嘉映，译. 上海：上海人民出版社，2001：§45.

③ 吉尔·德勒兹. 哲学与权力的谈判 [M]. 刘汉全，译. 北京：商务印书馆，2000：155.

族相似、上帝之眼属于此类。第三种：赋予一个旧词以新涵义，如上文提到过的，休谟的 impression，又如弗雷格的 Bedeutung，海德格尔的沉沦，德勒兹的根茎、老调。

第一种情况不多见，多见的是第二种和第三种。第二种"创造"多半不惹什么麻烦——这类合成词像普通合成词一样，它们的字面意思通常一望而知。回过头看，第一种情况多半与此相似；signifier 是个新词，但它是藉常规的构词法从旧有词根构造出来的。

关于第三种情况值得多说几句。同一个词，它的论理用法会有一些特点。首先，既然论理词是用来论理的，语词所包含的情绪因素就会被调低。革命/反革命在实际政治生活中带有相当强烈的情绪，在学术讨论中则多多少少是情绪中性的。不过，语词固有的情绪因素、评价因素相当顽固，在很多情况下，它们被调低了或隐藏了，而不是被清除了。① 海德格尔说，他讲到人的沉沦，是在存在论层面上讨论问题，不含道德评价。这很难服人，在我看来，"沉沦"这个词摆脱不了它固有的评价维度。

其次，如上文说到的，系统论理往往会在特定方向上突出一个语词的某种涵义。说明和解释这两个词的语义本来是有差别的，哲学家们扩大了这种差别，用这对语词来标识实证科学方法与诠释学方法的基本区别。在特定上下文中突显一个语词某方面的涵义，这是言说的一种基本技术。论理用法则不是随不同上下文一时彰显它这一方面的涵义，另一时彰显它那一方面的涵义，而是系统地在特定方向上使用相关语词。

与之相似的是延伸语词的固有涵义。语义的延伸、转义等等也是言说的一种基本技术。然而，论理词的延伸是一类特殊的延伸——通过延伸来说明某个或某些特定的道理，通过延伸来建构理论。普通语词包含着多方面的内容，这些内容的互相制约限制了语词向一个方向过度延伸，与此对照，论理用法主要基于语词所含的道理来使用它们，它们的用法就可能延伸很远，例如把愿望满足延伸到直至把焦虑梦境包括在内②，甚至把我延伸到直至把宇宙万物都包括进来。

---

① 语词中的描述方面和评价方面通常不能完全分开，参见：伯纳德·威廉斯. 伦理学与哲学的限度 [M]. 陈嘉映，译. 北京：商务印书馆，2017：第七章。

② "一个概念在一种理论中的延伸（例如，梦作为愿望满足）。" WITTGENSTEIN L. Zettel [M]. ANSCOMBE G E M, VON WRIGHT, ed. Oxford：Blackwell, 1967：§449.

§6. 语词的"真义"与"本真概念"

理论家创造一个新概念，为何不造个新词或新合成词，偏要使用一个旧词？这当然是因为这个新概念的涵义跟旧词的涵义有密切联系。两者是怎么联系的呢？一种很强的主张是：新概念彰显了原来那个语词的深层涵义或真义。这里我尝试用王阳明关于知性的讨论来说明此点。

王阳明说："某今说个知行合一……不是某凿空杜撰，知行本体原来如此"，又说："未有知而不行者，知而不行只是未知。圣贤教人知行，正是安复那本体"（《传习录》上，本文所引王阳明皆此出）。这里的本体，陈来正当地解释为"本来意义"。① 理解了知的本来意义，即是真知，才是真知。按照知行合一论，知而不行，即非真知。

王阳明所称的真知，不同于我们平俗之知；就知行是否合一而言，竟与平俗之知是相反的——当然，唯其不同甚至相反，才值得一说。我们平常想来，知是一件，行是一件，我们先知道了一个道理，然后，也许会去行。《传习录》这段话，原本是因为要纠正徐爱的上述平俗想法。然而，把知和行分作两件的平俗想法，似乎是关于知行的语词和说法教给我们的，毕竟，我们的语言把知和行分成两个词；我明明知道吸烟有害健康，可就是戒不掉。若说我其实不知，但似乎总得承认，比起有些人根本不知道吸烟有害健康，我在某种意义上还是知道。

然而，王阳明特地强调他所宣扬的知行合一并非"凿空杜撰"，而是知行的本体，知和行的本来意义。若真是这样，这层本来意义想必也要体现在知和行这两个字的普通用法之中。实际上，**王阳明论证知行合一依赖的恰恰是这两个字的实际用法**。他从"如恶恶臭"说起，闻恶臭属知，恶恶臭属行，但"只闻那恶臭时已自恶了，不是闻了后别立个心去恶"。他又以知孝、知弟为例，"必是其人已曾行孝弟，方可称他知孝知弟，不成只是晓得说些孝弟的话，便可称为知孝弟。"他接下来还用知痛、知寒为例，"必自己痛了方知痛"。

知即行或人莫知善行恶者虽然异于我们平常对知行关系的看法，但这个结论仍然在知和行的实际用法中有其根苗。的确，如果论理者赋予了知和行完全

---

① 陈来. 有无之境 [M]. 北京：人民出版社，1991：95.

异于日常的意义，那我们就无法判明他是否在提出一个关于知行的新思想了。王阳明之所以从知和行的普通用法汲取理据，因为要论证本体或真义，这是最强有力的论证，否则概为"凿空杜撰"。

引发平俗理解的用法，按王阳明的意思，自然是非本体的用法。但我们似乎不能完全摆脱非本体的用法，王阳明本人也不例外。陈来指明此点："知行本体的概念提出后，意味着有本体的知行和非本体的知行这两个不同层次的知行。而阳明又常常把'知'与'行'同时用于这两种不同层次……'知而不行只是未知'，这句话中前一个知字就是通常意义上的知，即非本体意义的知，而后一个知字就是真知，即本体意义上的知。……如从知行本体的意义上说，'知而不行'这句话就是不通的，因为本体意义上知之必行……阳明在交互使用着两种语言。"①

陈来说清楚了他要说的，不过，我们这里还要问：当真有两种语言吗？的确，我们的平俗理解与王阳明的真知在知和行的实际用法里都有根苗，但似乎也**不好说**知和行**这两个字有两种用法**，一种平俗用法和一种本体用法。实际上，除了在专题讨论两者关系的场合，王阳明本人也只能在"平俗用法"上使用知和行，不可能一直保持在知即行的"真义"上使用这两个字。我想，我们不如平俗说，知和行并没有两种用法②，这里出现的事情只是：我们可以从这两个字的用法引申出不同的道理，有人引申出平俗的道理，有人引申出深刻的道理。"知即行"尽可以是个深刻的见解，比普通见解高明十分，但王阳明并不改变也不需要改变知和行的用法，或"赋予"这两个字以新意义，毋宁，他追究包含在知和行这些自然概念中的道理。

语词的普通用法是有道理的，不过，一个语词所依的道理纷纷杂杂、不止一端；每一个语词，如知、行，都要与大量的其他语词配合，依这个道理与这个语词配合，依那个道理与那个语词配合。行既与知形成对照，又与止形成对照。奥斯汀说，日常语词在世世代代的使用中打磨成那个样子，所谓"在使用中打磨"，就是在多种多样的配合中打磨。何况，**一个语词并不是一些道理的集合体**，更不是某个单独道理的缩写，它的用法还包含各种约定，有些约定没有什么道理——英语介词的用法，多半是有道理的，然而，外国人学英语尽管早明白了这些道理，但在很多上下文里，仍然拿不准该说 in the train 还是 on the

---

① 陈来. 有无之境 [M]. 北京：人民出版社，1991：96.
② 当然，在另外的意义上，知和行可以有两种用法乃至多种用法。

train。有些约定并非全无道理，但它们因应的是韵律、雅俗等其他方面的道理——我们说"另行惩办"却不说"另行罚"。道理与约定又互相渗透，不像长在杂草丛中的玫瑰，只要细心，就能完整分离出来。于是，要在语词的丛林中自由行走，知晓语言中的道理还远远不够，我们还需要培养语感。

系统论理的时候，写作者尝试清除一个词所含的其他因素，单就它所含的道理来使用它，然而，这种做法多半行之不远。上一节说明，王阳明本人多半也只能在普通涵义上使用知、行这些字。那么，我们何不抛开普通语词，使用某些只有"本真涵义"的语词？这是海德格尔尝试走的路子。

海德格尔有时采用与王阳明相似的做法，尝试在语词的"真义"上使用语词。他对 Sein、Existenz、Befindlichkeit 或 Sorge 做一番考察——多半是考察它真实或假想的词源/词根——揭示出这个语词的真义，并在这个真义上使用它。但更多时候，他直截了当区分本真概念与非本真（或曰流俗）概念。Faktizitaet 是本真概念，Tatsachlichkeit 则是流俗概念；时间性、当前、曾在是本真概念，时间、现在、过去则是流俗概念；他特地警告我们，在他用本真概念来讨论曾在、当前之类的时候，读者"首先必须远离一切从流俗的时间概念里涌上前来的'将来''过去'的涵义"①。如果找不到 Faktizitaet 与 Tatsachlichkeit 或现在和当前这样捉对的语词，他只好用同一个词，只是把流俗概念打上引号，例如"将来""世界"。字面上看不出 Faktizitaet 与 Tatsachlichkeit 或现在和当前哪个更本真些，这种区分差不多是硬行规定的。

用本真术语来论理，得出的命题颇不同于我们的流俗之见，例如海德格尔会主张"曾在源自将来"，"将来并不晚于曾在，而曾在并不早于当前"（372、398 页）等等。在流俗的耳朵听来，这些命题有点怪异。这种怪异部分地来自这样的实情——这套"本真术语"仍然要坐落在普通语言中才有意义。"将来并不晚于曾在"云云，其中的晚于还是普通的意思，如果它也有个本真的意思，反倒会抹杀了海德格尔想表达的新意。若多想一步，我们对将来和过去的理解，无论平俗抑或本真，并不止落在将来和过去这两个词上，毋宁说更多落在之前、晚于、开始、打算、完成这些语词中。我们不可能把所有这些语词都变成本真术语，或我们不可能同时对所有这些语词都做出"本真"理解；就此而言，我们的任何本真理解，都只能是局部的，依托于普通的或曰流俗的理解。

---

① 海德格尔. 存在与时间 [M]. 陈嘉映，王庆节，译. 北京：三联书店，1999：372. 本节所引海德格尔均出于此书，以下仅标出页码。

§7. 语词的理论负载

哲学家们所争论的，不是在语言学意义上哪个是语词的本义或真义，更不是哪些是本真语词哪些不是，而是在语词的多方面的用法中，哪个体现着我们的深层理解。简言之，所争的不是语词的涵义，而是一般道理。旌动还是心动？不是关于动的用法出现了分歧。

王阳明尝试从知和行这两个词的涵义中挖掘知行合一这层深意，这没有错，但这是对知和行这两个概念进行反思得出的结论，并不意味着有谁能够在这层深意上使用知和行。这里，我们须**区分语词的使用和对语词的考察**。知行合一中的"知"和"行"这两个字，与其说是在被使用，不如说是在被考察。赫拉克里特说，一切皆流变，这与其说在使用"流变"这个词来述谓一切，毋宁说是在讨论流变这个概念。一般说来，正在被讨论的概念，哲学家主要意在发明拢集在其中的道理，而不是在使用它。被考察的语词有时甚至根本不被使用—— logos 这个概念拢集了很多道理，现在的哲学文著仍然常谈论 logos 或逻各斯，但谁在文章中使用逻各斯这个词？

蒯因在《经验论的两个教条》中对分析性并随之对同义性这两个概念提出质疑，过了几年，格赖斯和斯特劳森发表了《捍卫一个教条》与蒯因争辩，他们认为：1. 意义从使用来，而"'分析'和'综合'在哲学中有一种或多或少已经确立的用法"；2. "具有相同意义"不是哲学用语而是日常说法，显然是有意义的。① 日常语词的意义来自日常使用，论理词的意义来自在论理中的使用，这听起来挺对称；不过，**说到论理词的"使用"，我们要多少有所保留**。民主、时间、形而上学都是重要的论理词，但它们经常不是被使用，而是像逻各斯那样只是被讨论。作为总名的论理词只在次级意义上谈得上使用。

格赖斯他们可以争辩说，分析/综合不同于逻各斯，它们被使用，而且有比较稳定的用法。然而，即使它们有比较稳定的用法，那也主要不是来自它们得到使用的传统，而是因为它们所标识的区别相当清楚，在论理中有广泛的用途。更重要的是，它们的论理用法已经比较稳定，并不能保护它们的"用法"免遭质疑，因为它们的用法本来是根据某些道理设计和规定的，并且始终与对这两

---

① GRICE, STRAWSON. In Defense of a Dogma [M] //GRICE. Studies in the Way of Words. Cambridge, Mass. : Harvard University Press, 1989: 198.

个语词的考察与界定纠结在一起。

其实，与其说蒯因是在质疑分析/综合的用法，不如说他在质疑这些"用法"背后的理论。有种相当流行的说法：任何话语都负载理论（theory-loaded）。我想，这是把论理词的一个特点糊里糊涂加到所有语词之上了。就负载理论而言，这是本书、我在山上、母猪下崽了显然跟这是你的权利、我在万物之外、二气交感化生万物有相当大的差异。

论理词一般地受到日常用语的约束，不过，随着穷理活动的延展，随着理论建构，核心论理词越来越少受到日常用语的约束，越来越多地负载相关理论赋予它们的涵义。在一个伦理理论中，自由的用法可能离开日常会话很远；这个理论中的自由，作为高端论理词，当然可以说它背后有理论。我刚从监狱里放出来，说"我自由了"，背后就无须什么理论——当然你可以说"你并不自由，这个世界是更大的监狱"；那是你有理论，不是我有理论。

理论负载意味着，你要掌握论理词的确切涵义，就需要了解它背后的理论。我们不能离开康德哲学来理解先验想象力，不能离开伽达默尔的哲学来理解视域融合，这些与某个哲学家的核心反思密切联系在一起的语词，体现着特定的理路。由于理论不同、反思的路径不同，即使那些通用的论理词，仍可能有相当不同的用法。说到"现象"这个词，我们常会补充说在康德的意义上，在黑格尔的意义上，在胡塞尔的意义上，在海德格尔的意义上。这个麻烦，大概要等天下只剩唯一一套哲学理论的时候才会消除。前几年，国内一些现象学学者和一些分析哲学学者开了个会，就 intentionality 展开"对话"，谈下来，两造达成的唯一"共识"是：两边各自所说的意向性，似乎是完全不相干的东西。罗素说："从来没有两个不同的哲学家曾在相同的意义上使用'逻辑'一词"①，语涉夸张，意思还在。读哲学论著，例如读亚里士多德，常见"在某种意义上"这个限制短语，读者难免嫌哲学家没个准主意，殊不知这确是论理词的特性之一。这里的"某种意义"不同于普通语词的"某种意义"，论理词的"某种意义"指向一套道理，而这套道理一言难尽。形式是一抑或内容是一？这样的问题不同于衣服是红的抑或帽子是红的。我听到这种问题，总回应说：你说下去，得看你要说什么，才知道形式是一抑或内容是一。

论理词的用法多多少少是根据某些道理设计和规定的，理论家尽量单就这

---

① 罗素. 我们关于外间世界的知识 [M]. 陈启伟, 译. 上海：上海译文出版社, 1990：24.

些道理来使用它，于是，其用法会深深浅浅体现着这一理论。而这个理论，当然不是人人都接受的。我们会经久不息地争论幸福、合理、正义这些论理词的"用法"，批评某种用法不合道理，而我们很少会批评谁用错了桌子、飞、吝啬的这些普通语词。关于普通语词的用法果若发生争论，大多数人的实际用法，包括人们历来的用法，差不多提供了唯一的判据。关于论理词的争论就不是这样，这些争论主要的论据是各种各样的道理，用法——包括大哲学家从前的用法——只能充当参考。

§8. 一定要用论理词论理吗？

论理词是因系统论理和理论的需要发展出来的。论理词通常不像普通语词那样明白易解，要掌握论理词的确切涵义，需要进入相关的大大小小的理论系统。在构建论理系统的时候，哲学家难免像休谟那样，各自"发挥一点儿自由"，于是出现了多多少少相异的"哲学语言"。到了当代，随着中心主义衰落，大大小小的哲学家和哲学爱好者构建起越来越多的理论系统。每一位理论家都像休谟那样"发挥一点儿自由"，事情已经不大好办，更何况他还可能发挥更多自由，把语词的用法押得很远很远，或者造出稀奇古怪的语词来——初试论理的学子往往以为，只要用了平常见不到的词，一定是讲出了不平常的道理。[①] 把"理论"杂志中所用的论理词收集起来，放到文科教授面前，大概多一半他会觉得眼生，遑论普通读者。前面说到，普通语词包含着多方面的内容，这些内容的互相制约限制了语词向一个方向过度延伸，因此，日常语言接纳一个新语词或一种新用法的条件比论理过程接纳一个新语词或新用法的条件要严格得多、确定得多。论理词则享有一定的自由，不完全由日常用法约束，若不加自律，论理领域很容易出现新语词、新用法的繁荣，就像癌变那样繁荣。

论理词的癌变降低了论理的公共可理解性。我们也许肯下一点儿功夫去读康德的体系和海德格尔的体系，以便弄清"海德格尔意义上的现象"跟"康德

[①] 在一段讨论"学术语言"的文字里，布迪厄力图揭示"对形式的强加产生了系统性秩序的幻觉"，"产生全面连贯性的幻觉"，他正确地指出，学术语言不同于科学语言，前者"不凭借日常语言之助就无法发挥效用"。他完全从负面谈到学术语言，但他本人的学术表达，就其远离日常表达而言，殊不亚于其他晦涩的哲学家。布迪厄. 海德格尔的政治存在论 [M]. 朱国华，译. 上海：学林出版社，2009：80-83.

意义上的现象"有什么不同，可我们实在打不起精神把两百位哲学教授的理论体系都琢磨清楚。

面对这样的局面，一种应对办法是走哲学科学化的路子——物理学家很少为术语的歧义苦恼。这条路子的利弊这里且放过不论。另一条路子是干脆铲除论理词，完全采用普通语词来论理。维特根斯坦既不认为哲学需要新语词——"哲学无须使用新词；语言中熟知的老词足够了"①，更不承认哲学家有权改变语词的用法——"哲学不可用任何方式干涉语言的实际用法……它让一切如其所是"②。诚然，他自己创造了不少新概念：逻辑空间、哲学语法、家族相似、语言游戏，不过，前面已经说过，这些都是合成词，字面意思一望而知。

我们该不该以及能不能只用普通语言论理？宋明理学家在语类、传习录一类问答中，使用的差不多都是普通语言。维特根斯坦后期几乎只用普通语言写作。

尽管我高度认同维特根斯坦的总体倾向，但我还是怀疑能不能完全使用普通语言来系统论理。就以维特根斯坦本人为例，他坚持他讲到的语法就是普通意义上的语法，但我们有相当充分的理由表明其实不然。③ 他所讲的用法也是这样。我们一般需要借助诠释才能把维特根斯坦的很多段落联系到他的总体思想上，这与上述事实恐怕有密切的联系，而这些诠释几乎无例外地是用论理语言撰写的。

系统论理大概无法避免使用论理词，但我还是希望，只要可能，理论家就使用普通语词；如果确有需要创造新概念，最好用可感的语词及搭配创造合成词，尽可能与普通语言保持联系。论理原是为了解释我们自然的困惑，若说理变得过于专业，就可能渐行渐远，背离了初衷。

---

① ANTHONY K. The Wittgenstein Reader [M]. Oxford: Blackwell, 1994: 271.
② 维特根斯坦. 哲学研究 [M]. 陈嘉映, 译. 上海: 上海人民出版社, 2001: §124.
③ 陈嘉映. 说理 [M]. 北京: 华夏出版社, 2011: 第三章.

克里普克语言理论再思考*

——语义值的刻画与指称的确定

叶 闯

就指称性的语言表达式来说,克里普克的语言理论力图回答两个问题:一是回答指称的语言表达式的语义值是什么的问题,相应的理论姑且叫作 WSt,二是回答如何在使用中确定或知道语言表达式指称的问题,就叫它 HSt 理论。[1]对前一问题克里普克的回答是,语义值分别为指称或外延;对后一问题克里普克的回答是,指称由初名中的命名来确定,并由语言共同体的社会学链条因果地传递。本文的主要任务是考察二者之间的关系,并在这个过程中分析克里普克的形而上学与此二者之间的关系。[2]

---

* 原载《哲学门》2001 年第 2 辑。

[1] WSt 及 HSt 中的"W"和"H"分别取"What"和"How"之涵义。上述两种理论的涵义结合我对"语义学"一词的界定来理解将会更明确。我的"语义学"一词用来指有关语言表达的语义值描述,语言表达的逻辑形式刻画等方面的理论。它既不包括更抽象的有关一般语言或意义本质的说明,也不包括有关语言使用的理论。可见,WSt 属于语义学,HSt 则属于这里所说的"语言使用理论"(只是注意不要同作为一种学说的"语言使用理论"相混淆。本文不用"语用学"一词的原因是,我对它作为一种严肃学科的种种性质尚有一些疑问,因此,权且用一个也许更含糊的表达)。如果需要有个对比,那么应该说我的"语义学"一词在基本精神上,大体相当于 D. 刘易斯在《普遍语义学》一文中所说的语言研究的第一类主题(LEWIS D. General Semantics [M] //DAVIDSON D, HARMAN G. Semantics of Natural Language. D. Reidel Publishing Company, 1972: 170)。至于能包容以上所提到的全部相关理论的词,在本文中是"语言理论"。

[2] 克里普克本人无疑相信这中间存在着的联系,《命名与必然性》开篇第一句话是:"我希望有些人看到了在题目(指 1970 年他在普林斯顿大学三次讲演的题目,也即所引的这本书的书名)中的两主题之间的联系。要是没有的话,我将在演讲过程中详细阐述这样一些联系。"有些哲学家看到研究克里普克理论中的这些关系的必要,并做了专门的讨论。比如,斯托内克的文章《指称与必然》主要就是讨论这些关系。在这篇文章中他写道:"在这些讲演中,克里普克为一些大胆的论点做了辩护,关于命名的那些论点属于语义学和语言哲学,其他关于必然(性)的论点属于形而上学。对这些不同论点的论证是相互联系在一起的,这一点十分清楚,只是对在克里普克的论证策略和议题本身中的这些联系究竟是什么尚存争议"(STALNAKER R. Reference and Necessity[M]//HALE B, WRIGHT C.

在此，我们不直接分析克里普克的可能世界语义学，以及他的形而上学理论本身，而主要从考察他的形而上学和 WSt 的论证入手，看它们能否给语言使用的指称确定理论一个直接的、逻辑上有效的支持，如果不能的话，看看两个理论间的关系究竟是怎样的。这个分析的结果，将能使我们看到，什么是克里普克的指称确定理论，也即他的指称因果理论的真正基础。

一

语言哲学中，有关同一性陈述之说明，至少从弗雷格之后，便是一个语言理论不可缺少的部分。克里普克在回答同一性问题时，明确地引用了他所特殊理解的必然性概念。克里普克是这样来谈论同一问题的。《命名与必然性》1980 年牛津的单行本补充了一个初版所没有的序言，在其中有一个他认为是正确的结论，即在仅考虑严格指示词时，有

式（1） $(x)(y)(x = y \supset \Box\, x = y)$

显然，(1) 不能解释为对任意同一陈述，如果它实际上真，则必然真。这明显是错的。因为 a = b 这样的同一陈述，当例示为"双光眼镜的发明者 = 美洲第

A Companion to the Philosophy of Language. Oxford: Basil Blackwell, 1997: 534）。但该文作者的结论是，克里普克的贡献正在于将语义学和形而上学加以分离。而达米特的看法与此不同，他认为克里普克企图在本身是相互独立的领域中追求某种联系。比如他在谈到克里普克的一个论点，即专名的唯一语言学功能就是命名它的承担者这个论点时，就说过："克里普克是抱着把他确信的有关专名的两个观点整合在一起的愿望，来陈述他的论点的，而两个观点本身是相互独立的。观点之一有关于在与现实世界不同的一个可能世界中专名的指称：这就是，要成为严格指示词，一个名字在那个世界就必须指称它在现实世界指称的同一个对象。观点之二有关于什么决定了一个名字在现实世界的指称。两个观点则可能被显示为双双出自有关专名的语言学功能的单一论点……"（DUMMETT M. Existence [M] //The Seas of Language. Oxford: Clarendon Press, 1993: 284-286.）更有一些哲学家，他们希望说明或补充说明克里普克理论的三个部分之间已有的或应该有的联系（其中有些也许是克里普克本人没有看到的，甚至也许是不赞成的）。以下引用纳尔逊（R. J. Nelson）在《命名与指称》一书中的几段话做个示例："名字的指称是严格的且是因果的。一个被命名的个体以他的个体本质同其他个体相区别……一次命名仪式建立了指称，指称通过讲这个语言的社会在社会的链条中传递。""克里普克不喜欢弗雷格的意义或卡尔纳普的个体概念。但他需要个体的本质，否则看来就不能解释严格性。这些本质就是名字承担者的客观性质，那些在指称中掌握的意义。"（NELSON R J. Naming and Reference [M]. London and New York: Routledge, 1992: 153-154.）

一个图书馆的创办人"时,我们几乎会一致同意,这是个偶然的同一陈述。只有当以单称词项(singular term)代替约束变项时,要求这些词项在各可能世界保持指称不变,即具有严格性,才能避免由(1)导出明显错误的结论。而式(1)在逻辑上的解释是:同一即必然的同一,没有偶然的同一(当理解为对象之间的关系时)。

在前面提到的序言中,克里普克区分了三种分属于不同领域的关于同一性的观点:(Ⅰ)同一的对象是必然同一的;(Ⅱ)严格指示词间的真同一陈述是必然的;(Ⅲ)在实际语言的名字间的同一陈述是必然的。随后他明确肯定了(Ⅰ)与(Ⅱ)之间具有内在的关联。同时,他十分正确地指出,(Ⅰ)和(Ⅱ)是关于哲学逻辑的学说,独立于自然语言,这意味着,在断定此二者的同时,我们并未在逻辑上承诺关于自然语言名字状况的任何说明。①

问题是,在接下来的论述中,克里普克说:"从(Ⅱ)出发严格导出的关于自然语言中所谓'名字'的全部结论是,要么它们不是严格的,要么它们之间的真同一是必然的"②。如果说那些非严格的不是"真正的"名字,则(Ⅲ)也可以被确认③。可是,这个结论是如何从据称独立于自然语言的哲学逻辑命题(Ⅱ)得出的呢?我们看出,不借助对自然语言本身的一些假设和观察,仅凭(Ⅱ)显然不足以得出(Ⅲ),所需要的是,"真正的"自然语言的名字是严格指示词的结论。典型的"真正的"名字即日常的专名。克里普克的论证逻辑很清楚是这样的:因为(Ⅱ)成立,且论题"自然语言的名字是严格指示词"成立,故(Ⅲ)得证。"自然语言名字是严格指示词"我们可以叫它"克里普克论题"。克里普克《命名与必然性》的中心结论之一就是这个论题。重要的是,他相信该论题已有某种证明。他肯定地说,"日常语言的名字是严格指示词这个自然直觉事实上可以被确认"④。可问题在于,什么是它的证明。

我想,诉诸以下两个直觉测试明显是克里普克证明的核心。

第一个直觉测试(记为ITa):

我们在日常思考反事实状况时,是先以名字固定一个对象,然后再来考虑

---

① KRIPKE S A. Naming and Necessity [M]. Oxford: Basil Blackwell, 1980: 3-4.
② 同①4.
③ 同①5.
④ 同①5.

这个对象在反事实条件下的状况,还是首先给出描述条件,然后考虑在各可能世界辨认满足条件的个体?①

第二个直觉测试(记为 ITb):

我们可以想象哥德尔从未证明不完全性定理,但我们能够想象哥德尔不是哥德尔吗?

先说 ITa。两个选择之间的差别是,前者把个体的给定当作给定一个可能世界的组成部分,后者提出了跨可能世界时个体的同一问题(对前者不存在的问题),要求给定一个标准,以判定在一可能世界究竟谁是哥德尔,谁是尼克松。两者描述反事实状况的句式不同,对前者,典型情况下我们说:考虑到尼克松这个人,可设想他也许不……(We think of Nixon that he might not have been……典型地应作 large scope 或 de re 的解释);对后者,典型的情况下我们说,我们设想在一个可能世界具有如此这般性质的一个人如何如何。为什么我们要求前者而舍弃后者,仅因为"那不是我们日常思考反事实状况的方式"②。这明显是借助直觉测试的选择。此直觉,我们记为 Ia。

ITa 是一个对我们日常说话与思考方式,谈论反事实状况的方式的直觉测试,仅此测试本身,相关于克里普克对语言问题的结论(如描述不给出意义等),但不直接相关于克里普克的形而上学结论,因为它并不关涉世界的内容,只关于如何说"世界"。

不论怎样,Ia 就是关于语言的直觉,因此可资作为语言学论证,其可反驳的要害处,在于我们可以不承认自己有与克里普克同样的语言学直觉。显然,与克里普克理论不同的任何理论都可宣称自己也以语言学直觉为基础,尽管是不同的直觉。但此处我们不来详述这个问题。

第二个直觉测试 ITb,具有显而易见的形而上学内容,它是我们关于在世界之中存在的个体能如何或不能如何的直觉,因此牵扯到最有争议的本质主义问题。蒯因认为赞成公式(1)也即接受本质主义的假定。③ 可能会引入此类假定

---

① KRIPKE S A. Naming and Necessity [M]. Oxford: Basil Blackwell, 1980: 43−53. 以这几页的解释最为典型。

② KRIPKE S A. Naming and Necessity [M]. Oxford: Basil Blackwell, 1980: 45. "那",指后者。

③ QUINE W V. From a Logical Point of View [M]. 2nd ed. Cambridge, Mass.: Harvard University Press, 1961: 155−156.

的危险是他反对量化模态逻辑的一个理由。克里普克直言自己是本质主义者。①一方面他认为本质主义即对 de re 模态的信念,本质不像蒯因或卡尔纳普等人所认为的那样仅相关于我们以描述规定对象的方式,而且,一性质对于一对象是否是本质的也无关于"我们是否可能发现尼克松其实是个机器人"这样的认识论问题;另一方面他又对本质主义给出更具体的亚里士多德式的说明,本质属性是一对象于任何世界存在所必须具有的属性。

第二个直觉测试依赖于对世界中存在物性质的直觉(在此测试下克里普克得出的结果,记为 Ib),这个直觉测试又促成一种形而上学理论(克里普克认为,此直觉是该理论成立的最主要证据,见 NN, pp. 41-42)。可现在我们很想知道,如何一种关于世界的直觉和与此相伴的形而上学理论就能成为关于语言的理论,或至少成为关于语言的理论的某个结论的证据,使我们据以相信自然语言的名字就是严格指示词?

二

克里普克整个语言理论的框架给人的感觉是这样的:从本质主义的形而上学(ITb 是主要证明),然后到他给予了特殊解释的可能世界语义学(对比于刘易斯的 Counterpart Theory 以及其他一些理论的不同解释),再从可能世界语义解释的形式理论和本质主义形而上学背景到语言的指称性表达之指称确定问题,似乎就此形成各部分间具有逻辑联系的有关语言的一个整体说明。尽管结果也许像他所说的那样只是一幅新的"图画",而不是一个系统的理论(至少对交流中的指称确定问题来说,情况可能如此)。②

问题已经明朗化了。就我们的目的来说,关键就在于考察第一步到第二步,第二步到第三步这两个跨越,以及两个测试作为证明的有效性。此节我们先来考察第一个跨越及 ITb、ITa;下一节我们将考察第二个跨越,且于此背景下再考察 ITa。

---

① KRIPKE. Speaker's Reference and Semantic Reference [M]//FRENCH P A, UEHLING T E, Jr, WETTSTEIN H K. Contemporary Perspectives in the Philosophy of Language. Minneapolis: University of Minnesota Press, 1979: 9.

② KRIPKE S A. Naming and Necessity [M]. Oxford: Basil Blackwell, 1980: 93, 96, 97.

直觉测试对克里普克来说是最终可资凭借的证据，似乎所有其他证明都有以自己理论的结论来证明自己理论的循环论证之嫌，或至少有对手们不赞成的一些假设必须在证明中加以引用，而直觉测试可以退到争议最少的基础上来说话。克里普克说："一些哲学家认为，某事物有直觉内容是特别不具有决定性的有利证据。我本人却认为它是支持任何事情的特别有分量的证据。从根本上说，我真的一点也不知道还有什么更具有决定性的证据。"①

直觉测试 ITb 及其结果 Ib 确实具有相当的自然性，让人觉得确实如此。哥德尔就是哥德尔，大致应该是 $(x)\Box(x=x)$ 这个定理以及它的一些特殊形而上学解释的直觉基础。按克里普克的理解，公式（1）其实与这个定理在本质上是一样的。② 毕竟在这个对世界的形而上学直觉上，比较起来人们之间分歧较小。真正特别需要考虑的是，Ib 是本体论直觉，是否必然也同时是一个语义学直觉，使得"哥德尔"一词的语义值即是其指称——哥德尔（假设按照克里普克规定，哥德尔按其本质在各可能世界保持同一性），从而使得日常名字是严格指示词。很显然，由本体论直觉到语义学结论的这个过渡克里普克是不反对的。从我们对《命名与必然性》第二版前言和整个这本书的解读上看，情况确实如此。但遗憾的是我们没在克里普克那里发现有力的证明使得这个过渡或跨越成立。

从逻辑上说，你可以在本体论上承认哥德尔这个人就其"本质"只能是哥德尔这个人，而同时在语义学上，说"哥德尔"这个词的指称由一些描述所决定，即把"哥德尔"解释为摹状词的简写。比如说，它在不同的可能世界，指称那恰好在所论及的世界证明不完全性定理的人，而不论在不同世界"哥德尔"所指称的对象是否由同一团物质构成，是否出自同一父母。反过来说，你可以在语义学上规定专名或其他指称表达是严格的，而同时在本体论上反对本质主义。或者你可以采取卡尔纳普的策略：相对语言框架，区分出内问题、外问题，又在外问题中，区分出语言框架的实践选择问题与形而上学问题。因此我们可以在语言框架内谈理论设定的具体对象的存在特性问题，而不必涉及全体对象的存在本质这样的形而上学问题。所以，尽管卡尔纳普在语义学中引入性质、命题等抽象的内涵实体，但他仍可说"使用这样的语言并不隐含接受柏拉图式

---

① KRIPKE S A. Naming and Necessity [M]. Oxford: Basil Blackwell, 1980: 42.

② KRIPKE S A. Identity and Necessity [M] //MOORE A W. Meaning and Reference. Oxford: Oxford University Press, 1993: 164.

的本体论"①。

如果一个本体论并不唯一决定一个语义理论，即不唯一决定我们谈论世界的方式，那么要想从本体论断定到一种特定的语义学，需要许多其他的考虑，这些考虑说明了为什么我们要选择这种而不是那种语义学。实践选择问题可以略过不谈，比如形式表达的简单性等无关于此的问题。即使我们不把形而上学问题作为无意义问题而拒绝讨论，要使得本体论决定语义学，也还需要更强的前提，这个前提设定本体论与语义学的关系。似可将此前提大致分为强弱两种，记为 WLh：

Ⅰ. 强 WLh　本体论蕴涵语义学，即对满足一定条件的任给的本体论系统，可以推论出语义学系统，或推出彼此等价的语义学系统的集。

Ⅱ. 弱 WLh　本体论结论限定了语义学可采用的基本假设。

实际上，克里普克在他自己的理论论证中，有意无意地常常把 WLh，或至少是把它较弱的版本作为一个隐含的假设，但是，他并未对 WLh 做专门的证明。然而，重要的是，没有对 WLh 的证明，第一过渡便没有逻辑的保证。

公平地讲，克里普克的理论中也绝不是没有任何资源可利用来支持 WLh，因为直觉测试 ITa 的结果是 WLh 成立的一个理由。固然，一个本体论并不唯一决定一个语言理论，但根据我们的语言学直觉 Ia，我们确实以最切合我们的本体论直觉的方式来谈话。但应注意，"支持"一语不意味着逻辑论证，因为我们实际的，且"自然的"说话方式合于本体论信念这件事，虽会使我们在心理上感到它"有利于"WLh，但并未证明这个相合是由本体论信念决定的。

不论怎样，我们考察的重点在于克里普克如何使语义学理论（给定语义值，或许还有更进一步的语义成分）说明指称在实际交际中的确定。这一步跨越及其论证无疑对此文的论题是更重要的，而在这一步上，ITa 确实举足轻重。

三

以 Ia 我们知道我们事实上要怎样来对待指称性表达的语义值问题，即 WSt 问题，因此至少就专名和自然类语词来说，可以确定语义值就是指称，也就是

---

① CARNAP R. Empiricism, Semantics and Ontology [M] //BENACERRAF P, PUTNAM H. Philosophy of Mathematics. 2nd ed. Cambridge：Cambridge University Press, 1983：242.

对具有某些不变本质的个体（对专名）或个体的类（对通名）的指谓。不过，想要 Ia 与第二步到第三步的过渡发生更具有决定性的关系，可能还需要在更广泛的意义上理解 Ia，即把 Ia 也同时理解为人们在语言交际中实际确定表达的指称时的直觉。以此直觉，则一个人在谈话中，决定或相信一个词指称一确定对象，而丝毫不借助任何对该对象的描述，且在对象的描述于历史中发生任何变化时，仍不变地指向那个对象。

怎样理解 Ia 与怎样理解克里普克论题极其相似，因为不但两者都可理解为在语义学领域和实践领域同时起作用（这个说法意味着我相信应有这两个领域的区分，因其他人可能不赞成有这样的区分，它就成为一个我在这里不予论证但确实假设了的命题），而且在语义学中克里普克论题就是 Ia 在某种意义上的理论化，故此对克里普克论题的分析大致上可适用于 Ia，以下只来分析前者。

"自然语言的名字是严格指示词"（克里普克论题）很显然可以有多种不同的理解，从大的方面至少有三种类型。

一种理解是，在我们为自然语言构造一种形式理论时，可以设定已按照某些要求规整后的名字为严格指示词。于是，名字的语义值可用此解释给出，这属于 WSt 理论。

另一种理解是，人们在使用日常名字时，受他们信念中隐含的 de re 模态观念的制约，使得无论设想对名字承担者的描述怎样变化，他们都相信名字必定指称一不变的对象。

还有一种理解是较难把握的，即认为"自然语言名字是严格指示词"是对自然语言名字本性或本质的描述。这个理解的困难是一切哲学中引入"本质"这类抽象暧昧表达时所可能产生的共同困难。因此我们将只考虑前面的两种理解。

根据与上一节我们关于语义学独立于本体论的类似分析，可推得第一种理解与第二种理解在逻辑上是相互独立的，而情况也确实如此。自然语言的形式语义学或者作为构造这个语义学之基础的直觉确实不能决定人们在实际语言交流中以怎样的信念或直觉来行事。但有人会说，当 Ia 实际上确实是语义学理论的形成，也是语言实际使用的共同基础时，难道这时它们之间也没有实质的联系吗？对这个质疑的回答已在前文中给出了，偶然地在两个领域中使用了同样的假设，并不否认在逻辑上有不使用同样假设的可能（假定可以有意义地在语义学领域和实践领域之间谈"同样"）。

可是，回答得如此简单显然还不足以使人信服。有人仍会接着问，难道在所有可选择的假设中，或在所有可能的直觉中，事实上在语言交流中人们恰好有与在语义学中一致的假设或直觉，难道这一点不包含比偶然性更深刻的东西吗？

在刚才的整个论述中，我们一直假定 Ia 确实是为最流行的语言（如汉语、英语）的说话者所持有，而不用一个简单的策略来应付克里普克，即我们不干脆说人们并无 Ia。但面对以上进一步的提问，我们将放弃这个假设，并对这个假设本身提出质疑。凭借于此，我们将把问题及其解决放到一个更具普遍性的考虑之下。我们设问：在语言具体使用中，人们真由某种共同的直觉和信念，使得他（她）们具有某种共同的说话方式吗？

人们在日常交往中，可以很好地理解"哥德尔于 1940 年 3 月 4 日乘船抵达旧金山"这类句子，并没有什么困难。对此句的理解也并不需要事先理解可能有无限数量的包含"哥德尔"一词的反事实条件句，或理解与"哥德尔"一词有关的所有"意义"或摹状的可设想的变化。一句话，他们可以不在任何反事实假设的背景下理解许多日常语言表达。一当反事实提问发生，我们并不是必得假定 Ia，或必须采用 Ia，或事实上大家都以 Ia 为直觉来谈问题。

能够设想的典型的反事实提问可能是这样的：如果设想一个并没有任何人证明了不完全性定理的世界，那么哥德尔这个人存在吗？哥德尔这个人并未证明不完全性定理是可能的吗？不是哥德尔而是其他人证明了不完全性定理是可能的吗？读者马上会注意到，提问主要关及语言之外的问题。如第一和第二个问题，其实均有关于某一性质是否是一个人之为哥德尔的必有性质的问题，回答它依赖于你采取哪种本体论立场，且如前面所说，此回答也不决定语义学选择。当有人像达米特一样，认为所有本体论问题其实都是语言问题，或应首先以语言的方式来解决，而把第一个问题转化为"'证明不完全性定理'属于'哥德尔'一词的意义吗？"这类提问时，情况进一步复杂化，因为看不出能有什么力量把大家推向同一个结论，语言哲学中关于此一问题有那么多相互对立的理论便很说明问题。① 这时通常会有的提问可能将人们引向 ITa 测试，而测试的结果却不一定是 Ia。因为，Ia 只是对上述测试的可能回答之一种。按卡尔纳

---

① 反形而上学论者以及达米特等人所持的观点，甚至引导整个语言学转向的哲学倾向，是否也是某种倒置，或者"畸型"的，WLh，本文不准备讨论。原因之一是，克里普克不是逻辑经验主义者那样的反形而上学论者，更不是达米特那样的反实在论者。

普的看法，Ia 不应是做出决定的前提，而应是选择的结果。接受它即意味着我们选择了一个语言框架。要害在于，克里普克是把 Ia 作为一个心理学或语言学事实提出来的，因此，便无所谓选择，而是事实如此。可真实情况是，世界发生变化，本体论立场发生变化时（甚至想象的变化，如反事实假设），我们如何以语言表达这些变化，常常是讨论，甚至是权威决定的事情。

四

前面已从语义学到语言实际使用的方向上，分析了本体论与语义学，语义学与语言使用的关系，又分析了 Ia 的以及克里普克论题的两种解释的关系。结论是，它们之间关系的密切程度不高。现在，我们将从另一个方向，即从克里普克的指称确定理论 HSt 本身来考察，看它究竟与 WSt 有怎样的关系。

克里普克的 HSt 理论，其实就是所谓指称的因果理论。如果顾及对克里普克论题及 Ia 的第二种理解，那么 HSt 就还要考虑这两项内容。不过，对此两项内容已有了一些分析，而且，无论对克里普克论题及 Ia 的解释对与不对，从语言使用的角度看，它们所处理的情况主要是知识发生了变化的情况，以及如前面第三节所说，是出现或需要进行反事实提问的情况。比如叫作"猫"的那类对象，如果突然被发现其实是外星人派来的机器人间谍，我们是否还把这些对象叫作"猫"。这时 Ia 和克里普克论题也许派上了用场（在承认它们可以有第二种理解的前提下），虽然，它们仍只是可供选择的处理方案中的一种。但即便如此，决定的做出还同时要参照因果理论，看以往"猫"一词的使用与怎样的对象有怎样的历史联系。① 鉴于指称因果论是指称确定理论的核心，接下来我们主要的任务是考察指称的因果理论。

指称因果论最简化的图像由两部分的联系构成，其一为命名，无论是一个命名仪式，还是一个描述性定义（如标准米尺），其二为已有名字在一个社会群体中通过因果链条的传递。此因果理论断言，日常交际中的指称由与命名相联系的因果过程决定。

我虽不同意指称的因果理论，但也不准备反驳它。在此我可以假设因果理论是对的，来看它所描述的过程是否必须借助 Ia、Ib 或克里普克论题等才能实

---

① 克里普克《命名与必然性》的附录中，关于"unicorn"一语的分析见：KRIPKE S A. Naming and Necessity [M]. Oxford: Basil Blackwell, 1980: 156-158。

现。首先，命名过程。克里普克提到的主要有三种情况：（a）实指，以某种物理状态标引一个对象，如用手指向一个对象，然后给一个名字。这可能是我们给一个孩子起名字，或原初人们给自然类命名的情况时实指自然类的一个样本。（b）描述，以给出一系列描述特征确定一个或一类对象，然后给一个名字。比如设想一个新生儿躺在医院时，他（她）的双亲及其他亲属在家里给他（她）起名字。这些人中的一个提议说，"我看就叫'张三'吧"，那么这里省略的是"某时在某地由某人生的，正躺在某医院里的那个婴儿"等一系列描述性短语，且省略只在每一个参加者都知道足够数量的相关短语，且彼此相信其他人也如此时才是可行的。属于此类命名方式，也为克里普克所多次引用的，是给尚未发现的海王星命名的情况。把一个对天王星产生如此扰动的，根据摄动理论计算出在特定位置的行星叫"海王星"，尽管当时不曾有人甚至用望远镜看见过这颗行星。（c）定义，比如用巴黎的那个定义完成后被叫作"米原尺"或"标准米尺"的物体在某时刻的长度来定义长度单位，按克里普克理解即确定了"米"作为一个长度的名字的指称。三种命名类型中的任何一种显然都不需要牵扯到 Ia、Ib 和克里普克论题，后两种情况，还是克里普克承认描述确定指称的少数例外的情况。①

其次，再来看名字通过因果链条的传递，以及具体场合下指称的决定。此传递过程应该理解为某种社会过程，且克里普克也是这样理解的。某个到达一个说话者的因果链，将因说话者属于某个说话者共同体而有效地确定了指称，即使说话者本人不能在实际上分辨此一名字的承担者与彼一名字的承担者，他也仍然指称由实际的社会链条决定了的被指称者。② 在克里普克给出的这幅指称的图画中，仍看不出在哪里必须借用 Ia、Ib 和克里普克论题，更不用说整个可能世界语义学。因为，整个传递的过程对指称，或者说对同一个指称的保证，仅在于传递与初名中的因果链的联系，以及社会的机制（也许还需加上说话者要在指称链条延伸时保持指称不变的心理意向）。克里普克 WSt 理论中的那些资源不是必不可少的，故而相应地，在 HSt 中，他也不需要援引他的 WSt。实际上，除了为提出因果论做准备时，他经常使用 WSt 的结果来批评指称的描述理论，在正面刻画指称因果论时，他引用 WSt 并不太多，因为后者与前者并无实

---

① KRIPKE S A. Naming and Necessity [M]. Oxford：Basil Blackwell, 1980：78－80, 94－95, 79 注 33.

② 同①91－92, 95, 106.

质性的联系。

需要注意的是，哲学家们常常把指称的因果理论看作是对指称的描述理论（description theory）的一种替代，是批评描述理论后的结果。但实际上，"描述理论"一词有两个涵义，一是指这样一种理论：指称性表达的意义就是与它相联系的那些描述；二是指另外一种理论：实际的语言交流中我们以一些描述的合取，或一些描述的析取作为标准，来确定指称性表达的指称，就是说，这些合取或析取将是这些表达为何指称它们实际所指称的东西的根据。显然，前者属于 WSt，而后者属于 HSt。弗雷格所阐释的也许主要是前一种"描述理论"。这样，如果假设弗雷格认为专名的意义在任何情况下都确切地等同于一些摹状词（描述）①，那么，因弗雷格清楚知道日常语言的说话者对同一专名并非都有同样的描述知识，以全部相关摹状词的合取为标准确认或找寻日常交流中专名的实际指称就不会是他的 HSt（他不小心的时候除外）。这意味着，在逻辑上他并不非得是第二个涵义下的描述理论的信奉者。相比之下，塞尔的工作倒是主要集中于第二种涵义上的描述理论。因此，反对前一种描述理论的证据，并不在原有涵义上自然成为反对后一种描述理论的证据。比如，"模态论证"就是如此。② 可见，笼统地说指称因果论是对描述理论的一种替代，至少是不够准确。类似地，还有模糊 WSt 问题和 HSt 问题之间区分的情况。③ 注意到以上一些事实，是作者完成此文的最初动因之一。

---

① 这里不讨论林斯基和达米特等人对此假设的反对。参见：LINSKY L. Names and Descriptions [M]. Chicago: The University of Chicago Press, 1977: 6, 42, 43; DUMMETT M. Frege: Philosophy of Language [M]. 2nd ed. Cambridge, Mass.: Harvard University Press, 1981: 110−111。

② 所谓"模态论证"克里普克曾加以采用。它的基本思路是，以揭示模态语境下严格指示词与摹状词（描述）的不同形式特征，比如指出它们在模态语境下的代换将对语句真值产生不同的结果，来说明专名不与摹状词同义。

③ 比如我可引用 A. C. 格雷林在其《哲学逻辑引论》中的一段话做一个例子。"思考指称问题的那些方式（指描述理论。——本文作者注），特别受到唐奈兰、克里普克和普特南等人工作的挑战。他们之观点的核心是，名字……并没有像传统理论家们所理解的内涵（intension），**相应地**（黑体是本文作者所加），指称也不是通过'给出（它们）的方式'（modes of presentation），或通过与它们相联系的描述来确定的；指称是通过与这些词项和它们的指称对象相联系的因果链（或某种类似的东西）来实现的。我们叫作指称'因果论'的这个观点对哲学其他方面的争论产生重要的推论"（GRAYLING A C. An Introduction to Philosophical Logic [M]. 3rd ed. Oxford: Basil Blackwell, 1997: 197）。

五

在一些流行的意义理论中，比如某些所谓意义的"使用论"，WSt 与 HSt 本就是融为一体的，甚至从根本上说后者决定前者（当然，所谓"决定"的说法只在承认有一个独立的 WSt，或者承认有所谓语义学的，字面的意义与说话者的意义之分的条件下才有意义）。对这些理论，应该说 WSt 和 HSt 之间"有实质性联系"，其实应该说有更深入、更本质的联系。可为什么在克里普克的指称理论中，WSt 与 HSt 事实上并无实质性联系呢？除了已经从克里普克理论自身的内容上看到，两者之间确无逻辑上必然的联系，且实际上他的 HSt 也并非确实需要他自己的 WSt 外，还有一种重要的、更深一层的原因可解释克里普克指称论框架中的 WSt 与 HSt 的无关性。这就是在思考语义值是什么与在思考语言使用中的指称决定时，他从截然不同的两个视角来看自然语言，而在这两个视角下，自然语言被赋予了完全不同的性质。

在考虑 WSt 时，克里普克眼中的语言其实是形式语言。最直接的证据是，他认为以一个特定的发音组合来称谓一人、一物对语义值是什么没有关系，也就是说，"被叫作"（is called）是一个非严格的性质。比如在设想的可能世界，亚里士多德也许不叫作"亚里士多德"，甚至那个世界由于某种禁忌不曾有任何人被叫作"亚里士多德"，那却仍可以是存在亚里士多德的世界。然而，请注意克里普克对 $(x)\,\Box\,(x=x)$ 及（1）等公式的解释。公式中表示变项的符号，显然与"被叫作"没有什么实质关系，只取决于一种方便的选择。表示常项或名字的符号，情况也相似。就像在数学中，当我们说给定一个方程 $f(x)=0$，设该方程的解或函数 $f(x)$ 的零点为 x^* 时，x^* 的设定隐含着两个语言学假定：I. x^* 代表那个解（是那个解的名字），而无论满足这个方程的解是什么；II. x^* 只是解的一种任意给定的记法，这意味着将 x^* 写成 A 或 B，或任何其他符号，需要考虑的因素包括是否方便、不与其他符号混淆或习惯的记法等，此类选择不影响数学推理的结果。

这使我们联想到所谓自然语言和人工语言的区别。说实在的，从逻辑观点看，自然语言也不过是一种符号系统。分析它的逻辑性质是语言学家和逻辑学家的共同任务。弗雷格和塔斯基等对它的完全形式化持怀疑或否定态度，而蒙塔古持乐观态度。所谓对自然语言的形式研究，一般只不过是对自然语言的某种改造过了的子集的研究。至于符号由怎样的物理状态来表示，即"被叫作"，没有什么重要的意义。相比之下，"被叫作"对自然语言却是十分重要的。亚里士多德被叫作"亚里士多德"是一个重要的语言史事实。"金"是原子量为79的元素在汉语中的名称，而"gold"是它在英语中相应的名称也是一个语言史事实，且为区别这两种自然语言的诸多要素之一。在数学中，懂得一个定理需要了解的是符号之间的关系，了解每个符号代表什么只具有学习过程中的工具意义，并非公式本身的理论内容，更别说一些符号只在它们与其他符号和整个系统的关系中才能说它表示什么。而自然语言的"被叫作"则不然，我们不懂得外语的重要障碍之一是因为我们不知道许多的"被叫作"，而我们学习或教给别人一种自然语言，大量的工作也是接受或传达"被叫作"的信息。即使对克里普克的 HSt 来说，"被叫作"也应是重要事件及其结果，命名中它初次发生，然后通过因果链传递。

准确地说，不是克里普克把自然语言看作符号系统，而是说从逻辑观点看，自然语言只是按某种逻辑标准完善或不完善的符号体系，这一条对所有人都适用。不过自然语言的语义学，包括它的形式的语义学，虽然本身的符号选择可以像数学等其他符号系统那样自由，但它作为语义理论就必有对"被叫作"的解释，这种不同的解释表达了不同的语义学观点。因此，克里普克对式（1）的那种解释，代表了一种语义学观点，涅尔把"被叫作"作为名字的意义引入语义理论也代表了一种语义学观点。同样，克里普克不承认语义值理论能导出"Tully = Tully"与"Tully = Cicero"两表达式之间的区别，只承认它们有认识论的区别（均为必然，但一为先天，一为后天）；而弗雷格承认"晨星 = 晨星"与"晨星 = 暮星"有语义上的区别，且认为语义学区别可帮助解释认识论的区别，对同一陈述的这两种相互冲突的解释，也代表了两种语义学观点。只是说这样一来，克里普克的语义学比起其他一些语义理论，更加远离了在语言交际中的指称确定理论。

这一点还可以从以下事实看出，因为克里普克的 WSt，将弗雷格以一整套指称与意义相区别的理论来解释的同一陈述对，解释为语义上无本质区别的、表达两同一对象必然同一的陈述对，其直接的结果是，对日常语言的专名，我们可以从 WSt 中得到的信息只是："'x'指称（严格地）x"。从 WSt 理论来看，此语并不像初看起来那样，是毋庸置疑的、自明的命题，因为这代表一种特定的语义学观点，既可以和"'x'指称'x'这个概念"，又可以和"'x'指称满足如此这般描述的一个对象"相区别。可是，凭着"'x'指称 x"，我们确定无法在具体语言使用中确定指称，即使我们可以承认这句话是对的。这就类似于达米特所言，是为知道命题真，而不知道此命题意味着什么的情况。在语言的实际交流中，你告诉我"'亚里士多德'指称亚里士多德"，完全不足以使我知道指称的真正所向，我仍然可以提一个合情的问题，"你所说的'亚里士多德'究竟指谁？"（虽不是在每种情况下都需要问，也不是每种情况下都需要知道回答），但它不能由克里普克的 WSt 给出回答。然而，因果指称论却是一种可选择的回答。只是，指称因果论仅仅属于 HSt。

以上所得出的主要结论不过是，从克里普克的形而上学推不出语义学，从克里普克的语义学也推不出关于言语交流的指称理论。他的言语交流的指称理论只需，实际上也正是由指称的因果论单独完成。因此，WSt 与 HSt 不是一个统一理论的两个密切相关的部分，也不存在由 WSt 导出 HSt 的逻辑通道。

专名、摹状词与盖梯尔问题[*]

陈嘉明

一、盖梯尔的第一个反例源于专名与摹状词的混用

盖梯尔问题称得上是当代西方知识论研究中的一个最热门话题。自20世纪60年代盖梯尔（Edmund Gettier）发表《确证的真信念是知识吗》一文，构造出与传统的知识三元定义（即作为知识需要满足"真"、"确证"与"相信"这三个要素）相悖的反例以来，学者们发表了许多文章，针对这些反例提出了各自的分析与解决方式。其中比较有代表性的回应主要有两类，一类是认为盖梯尔问题对传统的知识三元定义并不构成真正的挑战，因为它来自某种偶然性，即从某种碰巧为真的前提中得出真实的结论。另一类则认为盖梯尔问题对传统知识定义的挑战是重要的，需要认真对待，以完善知识的定义。他们试图在原有的知识定义的基础上，通过增加知识的第四个条件等方法，来达到"修补篱笆"的目的。其中比较著名的有"因果论"和"可信赖理论"等。

不过，与上述的分析与解决方式都不相同，本文拟从专名与摹状词这类"名称"理论的角度，来分析盖梯尔反例中第一个反例的实质所在[①]，也就是说在这一反例中盖梯尔问题之所以发生，在于其中所涉及的命题的主词（"史密斯""办公室里的某个人"等），利用了"专名"与"摹状词"在涵义（内涵）上的相近性，在它们之间进行切换，由此造成了指称对象的变换，从而造成了所谓的"盖梯尔问题"。因此，这一反例中的问题所在，并非是所谓的知识定义的不严密，而是一个语言的问题，具体说是名称使用的问题，即在专名与摹状词之间的混用。

---

[*] 原载于《世界哲学》，2008年第6期，12—18页。
[①] 盖梯尔本人给出的反例共有两个，本文所论究的只是其中的第一个。

为了使问题能够明了起见，我们需要先介绍一下盖梯尔本人构造的这第一个反例。假定有史密斯与琼斯两人一道申请某一工作，并假定史密斯对下述的合取命题有着强的证据：

（a）琼斯将得到一份工作，并且他有十个硬币在口袋里。

史密斯的这一证据可能来自公司老板曾对他说过琼斯将被录用，以及十分钟前他数过琼斯口袋里的硬币。

命题（a）蕴涵着如下的命题（b）：

（b）那位将得到工作的人，口袋里有十个硬币。

假定史密斯了解从（a）到（b）的推论，并且在他具有强的理由的命题（a）的基础上接受（b），在此情况下，史密斯显然有理由相信（b）是真的。

然而，让我们进一步设想，是史密斯而不是琼斯将得到那份工作（对此史密斯并不知道），并且，他同样不知道他有十个硬币在口袋里。由此，命题（b）是真的，尽管史密斯由之推论（b）的命题（a）是错误的。这样，在这一例子中如下的陈述都是真的：

（1）（b）是真的，

（2）史密斯相信（b）是真的，

（3）史密斯确证地①相信（b）是真的。

但是，同样清楚的是，史密斯并没有认识到（know）（b）是真的，因为（b）之真是由于史密斯口袋里硬币的数目，而史密斯实际上并不知道自己口袋里硬币的数目，他对（a）的相信，是基于对琼斯口袋里有多少硬币的计算，同时他错误地相信琼斯将得到那份工作。

盖梯尔通过这一反例所要证明的是，尽管满足了传统的知识三元定义，但仍然可能得出的是非知识，也就是反例中的这一结论："史密斯并没有认识到（b）是真的"；因为史密斯实际上并不知道他自己口袋里硬币的数目，而是通过计算琼斯口袋里硬币的数目来碰巧得出"那位将得到工作的人，口袋里有十个硬币"的结果。

从上面这段陈述中，我们可以看到，这一反例的问题出在从命题（a）向命题（b）的推论，而这一推论之所以貌似可行，在于它利用了所涉及的"专名"

---

① "Justified"，亦可译为"有理由地"。之所以译为"确证地"，是为了与上文提到的知识的三个要素，即"真"、"相信"与"确证"（justification），在中文的表达上相一致，以便有助于前后一致地理解有关问题。

与"摹状词"两者在涵义与指称上的部分同一,也就是利用"那位将得到工作的人"这一摹状词既可指"琼斯"又可指"史密斯",因而在推论中从"琼斯"转向"那位将得到工作的人",进而从后者又转为"史密斯"。而之所以能够进行这种转换,根源在于"摹状词"在涵义与指称上的模糊性,以及由此可能导致的"专名"与"摹状词"之间的混用。在上述反例中,摹状词的这一模糊性表现在,虽然从其涵义来说,"那位将得到工作的人"所蕴涵的语义内容是明确的,但在指称的对象上却具有含糊性,因为它所指的对象不是唯一的,而是至少包含两个对象——"琼斯"与"史密斯",这就蕴涵了反例中那种含混转换的可能。虽然第一个反例中命题(b)的真是来自某种偶然性(史密斯口袋里也有十个硬币),但假如没有上述的专名与摹状词之间的这一转换,那么从命题(a)到命题(b)的推理就不可能进行,更不可能将命题(b)的主词的指称对象转换为"史密斯",从而该反例也不可能产生。所以说,盖梯尔的第一个反例是建立在专名与摹状词之间的混用之上的。

在论述摹状词理论时,罗素这位在摹状词理论上做出过经典分析与重要贡献的哲学家,曾经在理论上指出了将包含专名的命题与包含摹状词的命题加以区分的必要性,并明确指出这是两类不同的命题。他写道:"包含一个摹状词的命题和以名字替换命题中的摹状词而得到的命题不是相同的,即使名字所指的和摹状词所描述的是同一个对象,这两个命题也不一样。"虽然这里罗素强调的是后半句:"即使名字所指的和摹状词所描述的是同一个对象,这两个命题也不一样"。他所举的例子是"司各特是那个写《威弗利》的人"和"司各特是司各特"①。而在盖梯尔反例中,其情况属于罗素所说的前半句,即"包含一个摹状词的命题和以名字替换命题中的摹状词而得到的命题不是相同的"。在盖梯尔反例中,正是用摹状词"那位将得到工作的人"替换了专名"琼斯",才产生了所谓的盖梯尔问题。因此,按照罗素的理论,盖梯尔反例中将这两类不同的命题加以混用,在名称的使用上是有问题的。

二、有关"名称"理论的三个问题

盖梯尔反例中由专名与摹状词的换用所产生的问题,使得我们可以、也有

---

① 罗素. 摹状词 [M] // A. P. 马蒂尼奇. 语言哲学. 牟博,杨音莱,韩林合,等译. 北京:商务印书馆,1998:407.

必要从知识论的角度，对有关的"名称"理论进行一番探讨。下面本文将论述如下三个问题：1. 名称的确定性问题；2. 专名与摹状词的关系问题；3. 专名（名称）作为约定符号的问题。

1. 名称的确定性问题

名称的根本作用是指称对象，并且重要的是这种指称应当具有确定性，否则会产生混乱。罗素下述的说法在大部分情况下是正确的："只有逻辑专名才直接而不含混地相应于（即指谓）世界中的某物"①，虽然并不是所有的专名都能够有这样相应的、现实的对象。但与摹状词相比，专名确实具有这样的优点。因为专名的作用就是直接命名、指称某一特定对象，如"鲁迅""司各特""厦门"等。反之，摹状词并没有命名的作用，而只有描述的作用，因此它们所指称的对象就不那么确定了。这种不确定性主要表现在它的对象可以在"零"与"多"之间变化。例如：

（1）无对象："当今的法国国王"。

（2）单一对象："《威弗利》的作者是司各特"。

（3）多数对象："办公室里的某个人"。假如该办公室有 20 个人，则它可指称这 20 个人中的任何一个。

不过，在专名与意义的关系问题上，罗素的看法并不完全。在罗素看来，一个专名的意义就是它的个体。② 索姆斯也有这样的观点：直接指称理论是正确的。即一个专名 n 的语义内容就是作为 n 的指称的那个对象本身。本人认为，这一看法并不全面。一个专名的意义应当是在它与有关个体的关联（关系）的基础上产生。个体提供了意义规定的基础，名称的意义离不开相关的个体，但个体并不等于意义本身。假如将专名的语义内容与其指称的对象等同起来，那么就会出现如下的情况：其一，没有相应对象存在的名称，就会变成没有意义，亦即没有语义内容，而这是不对的。"美人鱼"并没有相应的对象存在，但却有语义内容；其二，对象消失了，语义内容就相应地消失，但实际上却不是这样。"鲁迅"去世了，但这一名称的语义内容依然还在。

因此，对象并不能直接等同于名称的意义。这一点还可从下面的论述中看出。虽然对于一个名称而言，它的对象是恒定的，但这一名称的语义内容随着

---

① A. C. 格雷林. 哲学逻辑引论 [M]. 北京：中国社会科学出版社，1990：162.

② 罗素："一个名字乃是一个简单的符号，直接指一个个体，这个个体就是它的意义。"见：A. P. 马蒂尼奇. 语言哲学 [M]. 牟博，杨音莱，韩林合，等译. 北京：商务印书馆，1998：407.

时间的推移与认识的变化，却是可变的。例如，"厦门"这一专名的部分涵义，在20世纪50—60年代是"海防前线"，而到了80年代则是"经济特区"，等等。此外，对于不同的使用者而言，专名也可能意味着不一样的涵义。例如对于"鲁迅"这一名称，有的人只知道他是个作家，有的人则知道得很多，包括他的家庭、身世，作品的名称、内容以及对它们的评价，知道他还是个思想家、革命家，等等。因此，如果把名称的语义内容等同于这一名称的对象，那等于说只要知道这一名称的人，对它的语义内容的了解都是一样的。然而，显然事实上并不是这样。

由此自然引出的一个重要问题是：名称的确定性何在？在笔者看来，从本原上说，在于它与所指称的对象的关联性。一个名称如果与它的对象有明确的关联（这通过名称对其对象的指称关系而表现出来），那么它就建立了某种规则性，使得人们如果正确地使用它的话，就有了确定性。再以上面的"鲁迅"这一名称为例。不管人们对它的涵义知道多少，但这一名称具有确定性则是无疑的，因为人们总能将它与作为文学家的鲁迅联系起来。除非人们不知道这个名称。此外，从使用上说，尽管有着上述意义上的关联，语词的涵义不论是在规定上还是理解上都会有所变化，但语词仍然会有其基本的确定性。这种基本的确定性来自某一语词本身所具有的基本规范。一般而言，这种基本规范源于语词在辞书里的字面规定，并且它通过教育、大众传媒等手段而得到实行。

与之相比，摹状词在一般情况下则具有某种程度的不确定性。这除了上面所说的它们在对象指称上的数量的不确定性之外，还有其他的不确定因素。例如，"中国的首都"这一摹状词，虽然在对象的指称上显得是确定的，亦即只有一个对象；但是，由于没有时间方面的限定词，它就变得不确定。因为在历史上，中国曾经有过不同的首都所在地。当然，专名也不可能有绝对的确定性。例如同名同姓的人，虽然其名称同样是专名，但所指却不只有一个对象，有时甚至很多。在这种情况下，专名中原本潜藏着的涵义（下面会详细说到），在需要辨别同名同姓者时，就需要显露出来，以摹状词的形式出现。例如，假设在某一单位有两个叫"蔡国庆"的人。这样，虽然"蔡国庆"是个专名，但由于存在有同名的人，因此为了辨别的需要，人们就得在这名字前面加上诸如"老的""小的"之类的限制词，使得专名变成了限定性的摹状词。由此可见，专名与摹状词之间是可以转化的。假如专名与摹状词的关系不可转化，也就不可能出现盖梯尔反例中的由"史密斯"变为"办公室中的某个人"的用语上的变化。

2. 专名与摹状词的关系问题

这一关系表现在它们既有联系，又有区别。一方面，专名的涵义是潜在的、隐而未显的，其涵义是通过摹状词来展现的。因此，将专名与摹状词割裂开来的观点是不可取的。但另一方面，专名又与摹状词不同，后者的涵义可能会更广些，指称的对象可能会更多些，如盖梯尔反例中的"那个将得到工作的人"。

罗素所持的就是这样的观点。他认为，"一般而言，只有当我们用摹状词替换专名时，处于能正确地使用专名的人的心中的思想，才能被明确无遗地表达出来"①。因此在这个意义，一个专名实际上乃是一个缩略了的摹状词，使用者对于这一摹状词至少是在脑子里蕴涵地具有它。不过有如塞尔所指出的，与专名相关联的摹状词可能不止一个，而是模糊的一组，因此不能说它只是某个特定摹状词的缩写。如"厦门"这个名称，它可与"美丽的海岛"这一摹状词相联系，也可与"中国的经济特区""福建省第二大的城市"等摹状词相联系。

诚如克里普克所言，专名是有涵义的，不过就像我们所认为的，在一般情况下专名的涵义是隐而未显的。例如，对于不同的"蔡国庆"，人们实际上在心中有着关于他的不同涵义，如上面提到的："老的""小的"，乃至有"男的""女的"等。特别是，当我们说"鲁迅是周树人"时，这两个专名原本隐含的涵义就彰显出来了。假如它们没有涵义，我们怎么能知道这两个专名是指的同一对象呢？因此，专名的主要功能虽然是作为事物的标记，但却有内涵的标记。罗素曾认为日常语言所使用的普通专名都不是真正的专名，而是缩略的或伪装的摹状词，他所说的也正是这样的意思。

从盖梯尔问题看，当命题从"史密斯拥有一部福特车"改变为"琼斯拥有一部福特车"时，我们为什么会知道这一命题的主词（专名）被改变了，而不认为这两个主词（专名）是同一的（史密斯＝琼斯）呢？虽然他们都属于"办公室里的"某一个人。显然，这是因为史密斯与琼斯这两个专名有着明确不同的涵义（内涵）与单一指称（外延），据此我们得以知道上述两个命题的涵义得到改变。

进一步说，专名的涵义是通过展现为摹状词的方式来实现的。在盖梯尔的反例中，之所以我们能够从"史密斯"切换到"办公室里的某个人"，乃由于

---

① RUSSELL B. The Problems of Philosophy [M]. New York: Holt, 1912: 29.

在此特定语境中,"史密斯"这一专名的其中一个涵义就是"办公室里的某个人"。因此,克里普克认为专名和摹状词是两种性质决然不同的指示词的说法,并不能站得住脚。实际上,在弗雷格那里,不论是名称、词组还是表达式,他都看作是某种"指号";也就是说,不论是名称、词组还是表达式,都是同属于"指号",作为其中的一个种类在起作用的。①

因此,克里普克所提出的这种解释——专名的实际所指不满足摹状词的涵义,所以专名和摹状词在指称上是有区别的,专名不可能等同于一个或一组摹状词——重在强调专名与摹状词之间的区别,而没有指出它们的联系。上面提到的弗雷格的说法,指出的正是它们之间的联系。

3. 专名作为约定符号的问题

专名(名称)在获得命名之后,即成为一个约定的符号。使用符号的人并不必了解这一符号是如何被命名的,也不必知道有关它的使用是如何形成一个因果的链条。他只需按照有关的约定(实质上表现为某一使用规则)来使用该专名(名称)就行。违反规则的使用是不允许的。盖梯尔反例中的使用,就属于违反规则的使用,所以产生了错误。

斯特劳森曾对专名与摹状词的"意义"问题给出一种新的解释,认为它们乃是对语词或语句的使用提供"一些一般的指导"②,即指导使用者将某一语词使用于指称或某一特定的对象,或指导使用者将某一语句使用于构成某些真的或假的论断。斯特劳森的这种解释,论及的实质上也是语词(及语句)的使用规则问题。

遵守规则使得我们能够正确地使用名称,即使不同的使用者对名称的涵义所知的程度有较大的不同。例如对于"鲁迅"这一名称,小学生仅知道他是一个有名的作家,甚至不需要知道他是绍兴人,以及他在哪个年代写了哪些作品。但对于一个鲁迅研究者而言,他则有丰富的有关鲁迅的知识,甚至有着自己对鲁迅的理解和解释。但这些了解程度上的不同,并不妨碍人们同一地使用"鲁迅"这一专名。在这一意义上,我们也可以说使用者"承继地"使用相同的名称,不过所承继的只需是该名称的基本规范,亦即基本的涵义以及相应的指称。

---

① A.P. 马蒂尼奇. 语言哲学 [M]. 牟博,杨音莱,韩林合,等译. 北京:商务印书馆,1998:376,380,381.

② 斯特劳森. 论指称 [M] //A.P. 马蒂尼奇. 语言哲学. 牟博,杨音莱,韩林合,等译. 北京:商务印书馆,1998:423.

这种"承继"的关键同样在于遵守相同的规则。掌握了该名称的使用规则，就可让使用者不必"亲知"，而只需通过间接的描述，就可正确地使用相同的名称。

三、意义指称论是认识的语义学基础

对于任何名称来说，它的根本作用是指称对象，并且重要的是这种指称应当具有确定性，否则就会发生混乱，产生错误。盖梯尔的上述反例对于名称理论的启示，首先应当是在这里。就这种作用而言，专名比摹状词具有确定性，因此在使用上具有优越性。在一些特定的场合，需要像罗素所提出的那样消除摹状词。

认识的确定性首先源自名称与所指对象相关联而来的确定性。语词的所指越是确定，则相关的认识结果也就越确定。盖梯尔反例中由摹状词的引入而产生的问题表明，要保证名称的确定性，意义论的基础应当是"指称论"，而不是维特根斯坦的语言游戏说的意义"使用论"；也就是说，在名称的基本层面上，首先应当通过指称的作用来获得有关语词的语义规定，在此基础上才能进一步从语词的"使用"的层面来解释其"意义"。后者之所以可能，是建立在前者的基础上的。因此可以引出如下的结论：意义指称论是认识的语义学基础，从而也是知识论的一个前提条件。

这一语词意义的"指称"与"使用"层面的区分，即使以维特根斯坦本人的"板石"的例子来说明，也是如此。之所以当 A 喊一声"板石"，而不用喊出完整的句子："拿板石给我"，B 就懂得将板石给 A 拿过去，首先也是在于这一名称"板石"有其确定的所指，因此才有可能产生在这一特定语境下语词使用者所意指的"拿板石给我"的涵义。这一例子同时也表明，意义指称论与意义使用论两者是可以相容的，而并非是相互排斥的。它们在解释上的不同，只是在"指称"与"使用"层面上的不同。

意向行动与信念[*]

唐热风

一、引言

麦克道尔的概念论认为感性经验本身即概念能力的实施。他同时将概念论推广至行动领域并认为行动亦是概念能力的实施。[①] 其行动概念论的要点在于认为，意向行动本身已为概念能力所浸润，而不只是对概念状态或过程所做出的反应。[②] 在赞同他的经验概念论的同时，我认为我们应将概念论向前推进一步，即看到感性经验不仅是概念的，而且是信念的。[③] 相应地，在赞同他的行动概念论的同时，本文也将信念论推广至行动领域，即认为行动不仅是概念的，而且也是信念的。[④]

麦克道尔对行动概念论的论证主要基于一种安斯康姆式的意向理论。这种意向理论认为，意向存在于意向活动之中且贯穿意向活动始终。麦克道尔特别强调指出，意向既不是以高高在上的方式伴随着意向活动，也不是作为意向活动的一个部分而存在，而是意向活动不可分离的侧面或特征。而如果意向作为概念能力的典型运用是意向行动的不可分割的特征的话，那就意味着意向行动必然是概念能力的实施。因此，安斯康姆的意向理论在麦克道尔那里很自然地引

---

[*] 原载于《哲学动态》2016年第11期，此版有轻微文字改动。

[①] MCDOWELL J. Mind and World [M]. Cambridge, Mass.: Harvard University Press, 1994: 90.

[②] MCDOWELL J. Acting as One Intends [M] // DANCY J, SANDIS C. Philosophy of Action: An Anthology. Oxford: Wiley Blackwell, 2015: 145.

[③] TANG R. Conceptualism and the New Myth of the Given [J]. Synthese, 2010, 175 (1): 101-122.

[④] 有关对麦克道尔行动概念论的辩护，参见：唐热风. 心智具身性与行动的心智特征 [J]. 哲学研究, 2015 (2).

向行动概念论。事实上，如我所将论证的，安斯康姆的意向理论也会强有力地支持我所主张的行动信念论。

但安斯康姆的意向理论并非毫无争议。以海曼（John Hyman）新近对安斯康姆的意向理论的反驳为例，有关的争论既包含对安斯康姆理论的误解，亦起因于对意向本质的错误理解。因此我将首先针对海曼的反驳来捍卫安斯康姆的意向理论（第二节）。在此基础上，我将在支持麦克道尔的行动概念论的同时提出并阐释行动信念论，即认为意向行动必包含信念。这有两方面的涵义。一方面，信念作为意向行动的理由必在行动之中；另一方面，意向行动的实施中亦包含关于主体自身及其所处环境的即时信念（第三节）。行动信念论的这两方面涵义都可能面临反驳。我将分别就这两个方面为行动信念论进行辩护（第四、五节）。

二、意向行动与意向

麦克道尔对意向行动的理解大致是安斯康姆式的。根据安斯康姆的主张，区分意向行动与非意向行动的标准在于某种意义上的"为什么？"这个问题是否适用。而这个某种意义即这样一种意义：对这个问题的肯定回答给出行动的理由。① 在对意向行动和非意向行动做出区分以后，安斯康姆特别指出，对一个行动可以有不同的描述，这意味着一个行动可以有不同的意向。同时，一个行动可以在某些描述下是意向的，而在另一些描述下是非意向的。假定一个人站在路旁等她的朋友且碰巧无意地站在胶皮管上。② 这时候如果有人问她为何站在胶皮管上，她就会说："我没意识到我是站在胶皮管上。"这意味着"为什么？"这个问题对这一描述下的这个行动不适用，亦即这个行动在这一描述下是非意向的。但这并不意味着这个行动不可以在其他的描述下具有意向。假如有人问她为什么站在这里，她会说在等朋友。问她为什么要等朋友，她可能会说要跟朋友一起去吃饭。这样这个行动至少在两个描述下是意向的，即"站在这里"和"等朋友"。而在这两个不同描述下的同一行动也具有不同的意向。在第一个描述下，其意向是站在这里；在第二个描述下，其意向是等朋友。所以安斯康

---

① ANSCOMBE G E M. Intention [M]. Cambridge, Mass.：Harvard University Press, 1957：9.

② 这里的"无意"是指不但非故意且未意识到。

姆说:"称一个行动是意向的即是说它在我们给予(或可能给予)它的某种描述下是意向的。"① 在这里需要注意的是,给出行动意向的是"为什么?"这个问题中对行动的描述,而不是对这个问题的回答。

虽然安斯康姆强调对同一行动可以有不同的描述,但她指出这也是有限度的。考虑下面这个例子。一个人正将水注入蓄水池,这个蓄水池是给一所房屋提供饮用水的。这个注水的人知道这水会使饮用者慢性中毒而死。他也知道房子里住着一些纳粹分子和他们的家人。他还知道如果这些纳粹分子被毒死,就可能建立新的好政权。② 这样对他的注水行动就有如下几个描述:上下移动手臂、操作注水装置、给水池注水以及给居住者下毒。③ 这四个描述是有层级关系的。针对第一个描述,我们可以问:"为什么要上下移动手臂?"得到的回答是:"因为要操作注水装置。"这样便将这个行动描述为"正在操作注水装置"。针对这个描述,我们又可以问:"为什么要操作注水装置?"得到的回答是:"因为要给水池注水。"这样便将这个行动描述为"正在给水池注水"。针对这个描述,又可以问:"为什么要给水池注水?"得到的回答是:"因为要给房子里的居住者下毒。"这样就将这个行动描述为"正在给居住者下毒"。但需要注意的是,这个过程并不能无限延伸下去。即便注水者知道且意欲那些纳粹分子死后会有好的新政权建立,那也不意味着这个行动可以被表述为"正在拯救犹太人"或"正在帮助建立新政权"④。因此,根据安斯康姆的观点,尽管对于一个意向行动可以有不同的描述,但这个描述不能以超出行动以外的动机来进行。而这意味着意向不可等同于超出行动以外的动机。

安斯康姆的意向理论新近遭到海曼的质疑。海曼认为意向行动是欲求(desire)的体现。他因此认为安斯康姆对意向行动的理解是错误的,因为安斯康姆认为意向行动体现的是行动的理由而不是行动者的欲求。当海曼这样说的时候,他似乎忽视了两种不同理由,即理由—因为(reasons-why)和理由—为了(reasons-for-which)之间的区分。⑤ 理由—因为给出一个解释性理由,而理由—为了

---

① ANSCOMBE G E M. Intention [M]. Cambridge, Mass.: Harvard University Press, 1957: 29.

② 同①37.

③ 同①40-41.

④ 同①40.

⑤ McDOWELL J. Response to Dancy [M]//MACDONALD C, MACDONALD G. McDowell and His Critics. Oxford: Blackwell, 2006: 139.

则给出欲求或目的性理由；理由—因为是一个信念，理由—为了则是一个意向。而安斯康姆所说的对"为什么？"这个问题的回答则是给出一个理由—为了，即说明行动者以何意旨来行动。这个理由说明的是"为了什么"要如此做，而不是"由于什么"要如此做。海曼将对"为什么？"这一问题的回答看成是给出理由—因为，因而认为安斯康姆对于意向行动的理解不能体现行动者的欲求或目的，这显然是一个误解。

但是即便考虑到这两种理由之间的区分，海曼对意向行动的理解与安斯康姆还是有重要的不同。安斯康姆否认意向可以超出行动之外，而海曼则容许意向行动体现行动以外的欲求。以"詹姆士去教堂因为他想取悦他的母亲"为例。海曼认为这等于说"詹姆士去教堂的目的（意向）是取悦他的母亲"①。但安斯康姆会反对这样的说法。依照她的理解，詹姆士去教堂的行动可以描述为"詹姆士向教堂走去"、"詹姆士去参加礼拜"或"詹姆士向北面走去"，但却不能描述为"詹姆士在取悦他的母亲"。因为取悦他的母亲这个欲求作为行动的动机完全在行动之外，因此不能用来描述这个行动，也不能视为行动的意向。所以安斯康姆说一定要区分动机与意向。意向是行动的意旨或要点，是可以用来描述、刻画或区分行动的东西，而不是隐藏在行动背后的动机或欲求。简言之，意向一定在行动之中。

但海曼认为安斯康姆以"为什么？"这个问题的适用性来界定意向行动颇为不妥。他提出三点理由来反驳安斯康姆。他的第一个理由针对的是安斯康姆的一个类比。当安斯康姆说意向行动是"为什么？"这个问题适用的行动时，她特别指出对这个问题的否定回答并不表明这个问题不适用，正如对"口袋里有多少个硬币？"这个问题的否定回答并不表明这个问题不适用一样。海曼认为安斯康姆的意思是说我们可以通过宣称"里面有多少个硬币？"这个问题适用来定义口袋。而这在他看来显然是错误的，因此他反驳说，以"为什么？"这个问题的适用性来定义意向也是说不通的。②这显然是一个误解。首先，安斯康姆并不是说要以"为什么？"这个问题的适用性来定义意向，她的意思只是说这个问题的适用性可以将意向行动与非意向行动区分开来。相应地，她的意思并不是说我们可以用"里面有多少个硬币？"这个问题的适用性来定义口袋，而是用这个问

---

① HYMAN J. Action, Knowledge, & Will [M]. Oxford: Oxford University Press, 2015: 129.

② 同①141.

题来区分有口袋的衣服和没有口袋的衣服。而当她将二者类比时，她的意思是说，对"为什么？"这个问题的否定回答并不能表明相关行动是非意向的，正如对"口袋里面有多少个硬币？"这个问题的否定回答，即"一个也没有"，并不能表明没有口袋一样。这个类比的用意只是说，否定回答依然表明这个问题是可回答的，因此也说明这个问题是适用的。假定一个人在无聊地敲桌子。如果这时有人问他："你为什么敲桌子？"他可能会回答："不为什么。"这并不表明"为什么？"这个问题不适用。事实上，得到否定的回答恰恰表明这个问题是适用的。而这个否定的回答也并不表明他敲桌子这一行动是没有意向的，因为这个意向可以就是敲桌子。正如口袋里没有硬币不表明没有口袋一样，（意向）行动之没有理由也不表明这行动是没有意向的。这恰恰表明行动的意向是在行动之中而非超出行动以外的动机。当然这并不是说没有尚未实施于行动的意向，而是说，意向行动的意向一定在行动之中。

海曼反驳安斯康姆的第二个理由是，一个行动可能是有理由的，但并非意向的。假定一个人在听一个笑话且不由自主地发笑。那么她对"为什么发笑？"这个问题的回答可能是"这个笑话很好笑"。这说明这个行动是有理由的，但海曼认为这个行动并不是意向的。要回答这个反驳我们需要弄清楚安斯康姆认为在什么情况下"为什么？"这个问题不适用。安斯康姆列举了三种情况。① 第一种是行动者回答说"我没意识到我这么做"。假如一个人在敲桌子。这时有人问她："你为什么敲桌子？"而她回答说："我没意识到我在敲桌子。"这个回答就表明"为什么？"这个问题不适用，从而也说明这不是一个意向行动。第二种是行动者的回答暗示"我观察到自己这么做了"。安斯康姆特别强调行动者对于自己的意向行动的知识不能是基于观察获得的，亦即对行动的自我觉知不以对行动的观察为条件。假如一个人是通过观察才觉知自己在敲桌子，那么"为什么？"这个问题对于这个行动就是不适用的，这个行动也就不是意向的。第三种是对行动的刻画没有为心智因果性（mental causality）留下余地。假定一个正在打瞌睡的人由于抽搐而猝然一动。这时有人问他："是什么使你如此猝动？"这问题本身就已暗示原因是物理而非心智的。在这种情况下"为什么？"这个问题就是不适用的，而仅有物理原因的行动也不可能是意向行动。

---

① ANSCOMBE G E M. Intention [M]. Cambridge, Mass.: Harvard University Press, 1957: 25.

回到海曼的第二个反驳。这里我们需要考虑到两种情况。在第一种情况中，行动者可能会回答说："我没意识到我在发笑。"在这种情况下，即便行动者承认"这个笑话很好笑"是对他所没有意识到的行动的合理解释，这仍然是安斯康姆所说的"为什么？"这一问题不适用的第一种情况。因此按照安斯康姆的定义这是一例非意向的行动。在第二种情况中，行动者可能意识到自己在发笑并且像海曼所说的那样回答说："因为这个笑话很好笑。"在这种情况下这个行动就是意向的。海曼可能不认为这样一个自然而非目的性的行动是意向的。而这正是安斯康姆和海曼之间的重要区别。我们从安斯康姆对意向行动的阐述中可以看到，安斯康姆恰恰否认意向是行动以外的目的。安斯康姆完全可以说，在这种情况下，发笑这个行动就是意向的，其意向就是发笑。

因此海曼反对安斯康姆的第二个理由一方面是基于对安斯康姆所说的理由的一种误解，即认为安斯康姆所说的理由是理由—因为，而不是理由—为了，另一方面也是基于他对意向行动的错误理解，即认为意向是行动以外的动机。海曼对安斯康姆的上述误解也支持他反对安斯康姆的第三个理由。他对安斯康姆的第三个反驳是，我们不但因理由而行动，而且因理由而相信和想要，所以理由不为意向行动所特有，因而不可用来定义意向活动。① 但是就像我们前面已经看到的，安斯康姆所说的是理由—为了，而不是理由—因为。我们固然是因为理由—因为而相信，但却不太可能因为理由—为了而相信。当然，我们的确可能因为理由—为了而想要，但行动中的"想要"恰恰就是行动的意向。

基于以上的分析，我们可以认为，安斯康姆对意向行动的理解是站得住脚的。在这里至关重要的是"意向在行动之中"这一思想。正如安斯康姆所言：意向是"一个人以之做他所做的意向"②。或者，"粗略地说，一个人意图做他所做之事"。而这个粗略的说法，在安斯康姆看来，正可用以对抗下面这样一个荒谬的观点，即，"一个人所意图采取的行动只能通过描述他的**目标**（objective）来描述"③。麦克道尔正是基于这一点来论证行动是概念能力的实施。

---

① HYMAN J. Action, Knowledge, & Will [M]. Oxford：Oxford University Press，2015：142.

② ANSCOMBE G E M. Intention [M]. Cambridge, Mass.：Harvard University Press，1957：34.

③ 同②45.

三、行动、概念与信念

　　承袭安斯康姆对意向的理解，麦克道尔认为行动的意向"与它们被认为处于其中的行动并无区别"①。这意味着意向不仅在意向行动之中，而且贯穿意向行动始终。如他所言，"行动中的意向在整个它所在的行动中处于行动中，而非仅仅开始时是这样"②。而意向必是概念能力的实施，这表明意向活动必自始至终为概念能力所浸润。这具体表现在意向行动时时处于我们的意识掌控之中。这也同样可以从安斯康姆那里找到依据。我们在上一节中谈到，安斯康姆列举了三种"为什么？"这一问题不适用的情况。第一种是行动者回答说"我没觉知到我在做这个"；第二种是行动者只能靠观察觉知自己在做这个行动；第三种是所提问题没有为心智因果性留下余地。前两种情况意味着意向行动的主体无须观察即可觉知自己在做什么。第三种情况意味着意向行动中有心智因素在起作用。这三种情况都表明意向行动必为心智所引导或监控。因此，意向活动一定是概念的。

　　麦克道尔对行动概念论的这个论证实际上也同时说明意向行动必然包含信念。意向行动中既包含关于行动本身的信念，亦包含掌控行动所必需的关于外部环境和自身肢体状况的信念。信念导引行动的实施。行动者关于周围环境及其自身的即时信念为行动的实施提供认知基础。首先，行动者需要具有关于自己的行动进程的信念。正如麦克道尔所正确指出的，"觉知到自己的行动进程的能力是能够做像有意向地过马路这样的事情的条件"③。因此，其次，行动者需要具有关于周围环境的信念。如果我的意向是去书店且正走向书店，那么我至少具有关于书店是否仍然在前面某个地方这样一个信念。最后，行动者需要具有关于自身躯体位置及运动的信念。正如麦克道尔所看到的，意向行动中包含一种运动能力（motor competence），亦即"使一个人的肢体运动为此人在其中进行躯体活动的情境做准备的能力"④。

---

　　① MCDOWELL J. Acting as One Intends [M] //DANCY J, SANDIS C. Philosophy of Action：An Anthology. Oxford：Wiley-Blackwell, 2015：145.
　　② 同①149.
　　③ 同①148.
　　④ 同①149.

我们还有另外一个同样重要的理由相信意向行动中必然包含信念。这涉及我们对行动的理由的理解。这里所说的理由不是作为行动意向的理由——为了，而是作为行动依据的理由——因为。这个意义上的行动理由就是一个信念。假定我正走在去书店的路上。这时有人问我："为什么朝这个方向走？"而我回答说，"因为这个方向通向书店。"在这里，我之所以是朝这个方向走，就是因为我持有"这个方向通向书店"这一信念。信念在这个意义上决定意向行动实施的方式。

从上面的分析中我们可以看出，意向行动在两个涵义上必然包含信念。一方面，信念监控意向行动的实施，意向行动中因而包含有关行动、行动者及相关环境的信念；其二，信念作为行动的理由决定意向行动实施的方式。这两方面的涵义都表明，信念必在行动之中且贯穿行动始终。意向行动中必定包含信念。我们可以称这一观点为行动信念论。

支持意向行动的是主体关于世界的信念。当行动中包含错误信念时，一个人可能无法达成她所意图的事，但她仍然在做她意图做的事。所以，在基本的意义上，我们是依信念而做所意向的事。假如一个人打算去书店。因为错误地以为书店是在相反的方向，所以此人实际上是朝相反的方向走去。在这种情况下，她仍然是意图去书店，尽管就目前情况看，她的行动在她改变相关信念以前不会获得成功。这个错误的"去书店"的意向行动和根本不想去书店的意向行动的区别在于，在前一种情况下，主体在行动中得知正确信息后会改变行动方式，或在行动实施失败时会寻求正确信息以使得行动取得成功。当然也不排除这种情况，当行动者获取正确信息后发现此时继续实施这一行动有困难或不便之处，因而决定改变行动意向。但这并不意味着此前的行动也可以以新的行动意向来描述。

我们因此可以区分错误的行动和失败的行动。大致地说，错误的行动是由错误信念引起的与意向相违背的行动；而失败的行动则是与意向相一致但因技能不足而导致失败的行动。（这在另一个意义上支持了知道如此和知道如何的区分。）这里所说的错误不是道德意义上的错误，而是认知意义上的错误。如果一个意图射中老虎的射手将老虎旁边的石头当作老虎来射，那就是一个错误的行动；如果他瞄准老虎却没有射中，那就是一个失败的行动。

判断失误与能力不足显然是两个不同的概念。如果一个人想去书店却向相反的方向走，那就是判断失误导致的错误行动。如果她想去书店且走在正确的方向上但却因体力不支没走到书店就累趴下了，或因眼神不济路过书店却没看出这是书店而错过且无功而返，那这就是一个失败的行动。当然这种区分并非总是那么清晰。比如路过书店却没看出是书店也可以看作是一种判断失误。又比如一个球类运动员如果没有接到球，我们有时很难说她是判断失误还是能力不足，在这种需要手眼协调的行动中有时很难将二者的作用截然区分开来。但至少我们可以在概念上做这样的区分。

通常认为人与世界之间存在两种不同关系或适合方向（directions of fit）。一种是人对世界的认识关系，即使心智适合世界；另一种是人对世界的改变关系，即使世界适合心智。信念处于第一种关系中，而行动则处于第二种关系中。信念以使心智适合世界为目的，而行动则以使世界适合心智为目的。因此，行动在第二种关系中的地位对应于信念在第一种关系中的地位。行动有成败，正如信念有真假；行动有对错，正如信念有有据和无据之分。行动与信念之间的这种对应关系有助于我们理解行动中何以必然包含信念。

威廉姆森认为在这两种关系的类比中，行动对应知识，而意向则对应信念。具体地，知识使心智适合世界，而行动则使世界适合心智；信念力求使心智合世界，而意向则意图使世界适合心智。① 但威廉姆森所理解的这个对应关系显然不能令人满意。如果说知识使心智适合世界的话，行动却未见得能使世界适合心智。像我们前面看到的，行动有可能出错或失败，我们不能说出错或失败的行动不是行动。所以大致地说，正确且成功的行动对应知识，行动对应信念，行动的意向对应对信念的辩护，正确的行动对应得到辩护的信念，而成功的行动则对应真信念；侥幸成功的行动对应仅仅为真的信念，错误行动对应没有得到辩护的信念，而失败的行动则对应错误信念或假信念。错误行动未必导致失败，正如没有得到适当辩护的信念未必是错误信念。如果意图射中老虎的射手把旁边的石头当作老虎，那他瞄准石头进行射击就是一个错误行动。但如果他技术不精，瞄准石头却射中老虎，那么他的行动就是一个侥幸成功的行动，而不是一个失败的行动。正因为行动与信念之间存在这样的对应关系，信念才会成为行动中的基本认知成分。不可否认的是，意向行动中可能包含知识，但这首先是因为其中包含着信念。

---

① WILLIAMSON T. Acting on Knowledge [M] //CARTER J A, GORDON E, JAVIS B. Knowledge First. Oxford: Oxford University Press, 2017.

四、信念与行动的理由

我们在上一节中谈到意向行动在两个涵义上包含信念。其一，意向行动的实施中包含有关行动、行动者及相关环境的信念；其二，信念作为行动的理由决定意向行动实施的方式。行动信念论这两个方面的涵义都会面临反驳。我们首先来考虑针对第二个涵义的反驳。

根据行动信念论的第二个涵义，信念是意向行动的理由并决定意向行动实施的方式。如果我要去书店，那么我关于书店的方位以及我自己目前的地理位置的信念将决定我朝哪个方向、取何种路径、以何种交通工具或方式到达书店。这表明意向行动中一定包含信念。但丹西认为，通常情况下，我行动的理由是我所相信的东西而不是我的信念。这当然并不意味着行动中不必然包含信念。因为丹西明确承认，即便行动的理由不是信念而是所相信的东西，后者依然推定信念的存在。但我在这里想对丹西的观点做进一步考察，并论证信念的确在理由的意义上必然包含在行动之中，亦即信念作为意向行动的理由而贯穿行动始终。

丹西说，"一般且通常地，一个人行动的理由是 p，而不是他相信 p，或看起来是 p，或任何其他这样的替代物"①。但是，我们须得看到，一个人所相信的东西实际上就是她的信念。当一个人说明她行动的理由（而不是原因）时，她通常会引述一个关于外部世界的描述，而这个描述就是她的信念。这个描述通常误导性地被称为命题。但事实上，一旦这个命题被主体以肯定的方式给出，它就不仅仅是一个命题，而是一个信念或判断。一个人所提出或认可的命题就是她的信念。所以被认可的命题并不是信念的对象，而是信念本身。因此，我们可以同意丹西行动的理由是一个人所相信的东西，但需要澄清的是，行动者所相信的东西即是她的信念而不是信念的对象。信念的对象是世界而不是行动者对世界的描述。如果关于世界的信念是主体对世界的描述，那么信念的对象就是这个描述的对象，即世界。

丹西引用这样一个例子来说明信念与所相信的东西之间的区别：

---

① DANCY J. Acting in the light of the Appearances [M] //MACDONALD C, MACDONALD G. McDowell and His Critics. Oxford: Blackwell, 2006: 124.

考虑这样一个人,他相信他的靴子里有粉色的老鼠。他可能给害虫防治官员打电话。如果他这么做,他如此做的理由是他的靴子里面有粉色的老鼠。但他也可能反而去寻求医学上的帮助。如果他这么做,那他这么做的原因就将是他认为他的靴子里有粉色的老鼠,而不是他的靴子里有老鼠。因此,在以 p 这个理由而行动和以相信 p 这个理由而行动之间存在很大的差异,且这个差异支持这样的说法:通常的情境是更为简单的情境,在其中,一个人的理由是(被认为的)事实,而不是一个人如此认为。①

我们先来看丹西所说的不寻常的即第二种情况。丹西认为,如果这个人寻求医学帮助,其理由就是他**相信**或**认为**他的靴子里有粉色的老鼠,而不是他的靴子里**有**粉色老鼠。丹西的意思是说,这个人认为,他相信自己的靴子里有粉色的老鼠是一种病症,因而采取求医的行动。但是如果此人真的觉得他相信自己的靴子里有粉色的老鼠是一种病症,那他实际上就是并不相信自己的靴子里有粉色的老鼠。而如果他并不相信自己的靴子里有粉色的老鼠,那他又如何可能以相信自己的靴子里有粉色的老鼠为理由来行动呢?所以在这个不寻常的情况下,此人行动的理由恰恰是不相信他的靴子里有粉色的老鼠,而不是相信他的靴子里有粉色的老鼠。而且,他可能是相信或至少是怀疑自己的视觉或脑子出了问题,即有相关的幻视或幻想,而相信自己有相关的幻视或幻想恰恰表明他不相信所幻视或幻想的东西。在这种情况下,如果打电话给医生,他可能会说:"我觉得好像我的视觉(或脑子)出了问题。"这样他对自己求医这一行动的解释就是诉诸关于自身健康状况的信念,而不是关于靴子里的老鼠的信念。

实际上,无论此人是否使用"我相信"或"我怀疑"这样的字眼,他所表达的都只能是自己的信念。在我们的语言习惯中,除非特殊说明或刻意说谎,我们所表达的通常都是我们所相信的,即信念。在这种情况下,"我相信"这样的措辞就通常会被省略,而只有当说话者不太确信或者想表现得比较谨慎时才会特别加上"我相信""我觉得""我怀疑"这样的措辞。因此,在那个更为常见的即第一种情况下,此人给害虫防治官员打电话的行动则是以相信他的靴子

---

① DANCY J. Acting in the light of the Appearances [M] //MACDONALD C, MACDONALD G. McDowell and His Critics. Oxford:Blackwell, 2006:124.

里有粉色的老鼠为理由的，不管他是否特别使用"我相信""我发现"这样的字眼。一个人行动的理由是她对世界的认识，而不是她所认识的世界。

因此丹西所说的这两种情形的差异并不在于前者以 p 为理由而后者以相信 p 为理由，而在于前者以相信 p 为理由，而后者以不相信 p 却相信 q 为理由。事实上，以 p 为理由和以相信 p 为理由并无本质的差别，二者只是措辞的不同。所谓的以 p 为理由，不但像丹西所承认的那样，推定相信 p，而且根本就是以相信 p 为理由。世界中的事态只有当被认识或相信时才可能参与到我们的理性活动中。

丹西之所以要强调行动的理由是我所相信的东西而不是一个心智状态或心智事实，是因为他认为任何关于行动理由的理论都必须为规范性理由提供可能性。他因此认为，作为行动理由的东西必须有可能是一个事实，这样的理由才有可能是规范性理由或好的理由，即以事实为依据的理由。丹西写道，"当我们行动时，我们行动的理由是我们所相信的东西，我们以为事情所是的样子，在成功的事例中则是事情所是的样子"①。但将事实视为行动的理由显然是有问题的。事实在未被主体所把握时是不可能成为行动的理由的，而当它为主体所把握时，相关行动的理由就是为主体所把握的事实，而不仅仅是事实。当然，这种为主体所把握的事实未见得就是知识，而且也未见得如麦克道尔所认为的那样，"事实只有当被知道成立时才对意志具有理性影响"②。事实在被主体侥幸把握时也会对意志具有理性影响，只不过这种影响与知识所产生的影响有重要区别。而这个重要区别，的确如麦克道尔所说，是丹西版的依据事实而行动的思想所无法捕捉的。③ 因此，对这个问题的正确理解是，信念是行动的理由，而当信念是知识时，知识便成为行动的理由，且成为行动的规范性理由。这也同时满足丹西寻求好的理由的愿望。作为行动理由的信念因此存在于行动之中且贯穿行动始终。

---

① DANCY J. Acting in the light of the Appearances [M] //MACDONALD C, MACDONALD G. McDowell and His Critics. Oxford: Blackwell, 2006: 121.

② McDOWELL J. Response to Dancy [M] //MACDONALD C, MACDONALD G. McDowell and His Critics. Oxford: Blackwell, 2006: 137.

③ MCDOWELL J. Acting in the Light of a Fact [M] //BAKHURST D, HOOKER B, LITTLE M O. Thinking About Reasons: Themes from the Philosophy of Jonathan Dancy. Oxford: Oxford University Press, 2013: 16.

五、行动实施中的信念

根据行动信念论的第一个涵义，行动实施中必然包含对行动者的肢体及其所处外部环境的感性经验，而这些感性经验即是相关的信念。这与德雷福斯和凯利（Sean Kelly）对具身技能的理解截然对立。以海德格尔的现象学为依据，德雷福斯和凯利认为具身技能是非信念的。他们声称："当一个人专注于应对时，其内心并不包含信念……信念是无法捕捉应对与知觉的规范特征（normative aspect）的"①。对德雷福斯和凯利来说，"并非所有的有意识经验都是信念"②。而"具有这种独有特性的经验是关于'供给（affordance）'的经验，亦即，世界在其中引发（solicit）某种活动的经验"③。这也就是说，行动者或施动者（agent）"**感到即刻被拖引着**以某种方式行动"。他们特别强调说，这与**决定**实施某个活动是不同的，因为主体在其中并未经验到意志活动。"相反，他经验到环境**要求**某种方式的活动，并不期然地发现自己对这个请求做出反应"④。

我们可以看到，德雷福斯和凯利对行动信念性的否认乃是基于其对经验信念论的否认。而要考察后者，我们首先需要搞清楚他们是在什么意义上否认经验的信念特征的。对此，他们有明确的说明：

> 当我们声称并非所有的有意识经验都是信念时，我们的意思是说，存在不是信念的有意识的意向经验。换言之，我们相信存在一些一个主体可以拥有但并未相信他正在拥有的有意识的意向经验。实际上，这些经验仰赖于主体之不具有关于它们的信念：如果主体相信他正具有这个经验，而非仅仅具有这个经验，这个经验的意向内容就会有所不同。⑤

所以，当德雷福斯和凯利说经验可以不是信念时，他们的意思是说，我们可以

---

① DREYFUS H, KELLY S. Heterophenomenology: Heavy-handed Sleight-of-hand [J]. Phenomenology and the Cognitive Sciences, 2007, 6: 45.

② 同①50.

③ 有关"供给"这一概念的介绍，参见：唐热风. 心智具身性与行动的心智特征 [J]. 哲学研究, 2015（2）: 111−112.

④ 同①52.

⑤ 同①51.

具有某个知觉经验却并不相信自己具有这个经验。这是一种比较独特的非信念论。非信念论通常认为，知觉经验中不包含关于世界的信念。而德雷福斯和凯利所强调的则是：知觉经验中不包含关于主体及其相关经验的信念。前者涉及经验与世界的关系，后者则涉及经验的自我意识问题。这显然是两个不同的命题。而德雷福斯和凯利在这里首先要论证的是后者，即，主体可以具有一个经验却不相信自己具有这样的经验。我们且称这一观点为经验无意识论。

德雷福斯和凯利认为，当一个人说"电车正在靠近"时，他并不是在报告"我相信电车正在靠近"。他们论证说，如果是这样，我们就在原始报告中加入了具有这个经验的"我"并将这个经验刻画为"主体关于他正具有这个经验的**信念**"①。而这在他们看来是没有根据的。也许德雷福斯和凯利是对的。当一个人说"电车正在靠近"时，他的确不是在报告"我相信电车正在靠近"。但这并不能说明这个报告没有报告一个信念。很明显地，他报告的是"电车正在靠近"这样一个信念。"电车正在靠近"这样一个表达所报告的是"电车正在靠近"这样一个信念，而不是"我相信电车正在靠近"这样一个信念。经验中所包含的信念是关于经验对象或所经验的外部世界的信念，而不是关于经验主体的信念，尽管我们可以安全地将主体报告所表达的信念归诸主体。因此，德雷福斯和凯利对于经验无意识论的论证并不能表明经验不是关于世界的信念。

但在更进一步的具体论证中，德雷福斯和凯利的确试图说明经验亦不是关于所经验的外部世界的信念。他们认为，一个走出房间的人只是"对'走出去'做出反应，而没有想到门或那一边的地板"。他们声称："事实上，根本没有信念需要参与其中"②。他们确实否认，当一个人追赶电车时，此人"具有关于那个电车或他自己与电车的关系的信念"③。特别地，德雷福斯和凯利认为，信念与经验根本具有不同的结构。在他们看来："信念就世界所是的样子做出断言，而关于那个电车的经验则包含着一种就此而言我应该在哪儿的感觉"。或者说，"感觉一个状态"④。但这样的区分实际上是没有道理的。经验也可以包含就世

---

① DREYFUS H, KELLY S. Heterophenomenology: Heavy-handed Sleight-of-hand [J]. Phenomenology and the Cognitive Sciences, 2007, 6: 49.

② DREYFUS H, KELLY S. Heterophenomenology: Heavy-handed Sleight-of-hand [J]. Phenomenology and the Cognitive Sciences, 2007, 6.

③ 同①53.

④ 同①54.

界所是的样子所做的判断，信念也可以就我对此而言应该在哪儿做出断言。无论经验或信念，都可以有关于不同事物以及事物不同方面的内容，而这些内容都是得到肯定的。

德雷福斯和凯利试图以艾宾浩斯错觉（Ebbinghaus illusion）或铁钦钠环（Titchener circle）为例来论证经验和行动不包含关于所经验的外物或行动对象的信念。[①] 在这个错觉中，A、B 两个同样大小的环位于相临近的地方（以便可以在视觉上互相比较）。其中 A 为一些较大的环所围绕，而 B 则为较小的环所围绕。这时 A 看起来会比 B 小一些。这个现象后来在有关知觉与行动的关系的讨论中起着关键作用。一些实验发现，虽然 A 环看起来比 B 环小，当被试试图去抓握这两个环时，手指张开的幅度却是相同的。德雷福斯和凯利认为，这样的实验结果表明，行动并不表达一个信念，因为在这个实验中，被试相信 A 比 B 小，而不是 A 与 B 同样大小。[②]

这个结论显然是过于简单化了。首先，A 看起来比 B 小并不意味着被试相信 A 比 B 小。有经验的被试可能会悬置判断。其次，更重要的，即便被试确实相信 A 比 B 小，也不能说明后续实验中的抓握动作不表达信念。当被试试图抓握 A 环时，她相信 A 环的大小与她手指张开的幅度是一样的；而当她试图抓握 B 环时，她相信 B 环的大小与她彼时手指张开的幅度是一样的。这里既不涉及她两次手指张开幅度的比较，也不涉及 A 与 B 之间大小的比较，因此与 A 比 B 小这样一个知觉信念并无矛盾之处。

所以，无论是德雷福斯和凯利对于经验无意识论的论证，还是他们对于通常所理解的非信念论的论证，都无法证明经验和行动不包含关于世界的信念。而他们所引证的海德格尔关于经验与行动的现象学似乎也并未正确描述与经验及行动有关的现象。实际上，如德雷福斯所一向意识到的，现象学对于知觉与信念之关系的意蕴并不确定。斯密斯（A. D. Smith）就根据胡塞尔的现象学得出经验是信念这样的结论，虽然，很遗憾地，他认为经验中所包含的是非概念的信念。他写道：

在现象学上，我们在知觉中从未发现的，是任何类似于纯粹的无意旨

[①] 艾宾浩斯错觉由德国心理学家艾宾浩斯（Hermann Ebbinghaus, 1850—1909）发现，故名。后因心理学家铁钦钠（Edward Titchener, 1867—1927）而为英语世界所熟知，故又名"铁钦钠环"。

[②] DREYFUS H, KELLY S. Heterophenomenology: Heavy-handed Sleight-of-hand [J]. Phenomenology and the Cognitive Sciences, 2007, 6：48.

的（idle）思想的东西或……一个纯粹的对于命题的"玩味（entertaining）"。知觉总是以显明的方式（ostensibly）给予我们世界所是的一种样子：事实上，它显明地将世界的一部分，用胡塞尔的话来说，以实体呈现（bodily present）的方式，给予我们。①

这样的现象学似乎才是对于经验与行动现象的更真实的描述。②

参考文献

[1] ANSCOMBE G E M. Intention [M]. Cambridge, Mass.：Harvard University Press, 1957.

[2] DANCY, J. Acting in the Light of the Appearances [M]//MACDONALD C, MACDONALD G. McDowell and His Critics. Oxford：Blackwell Publishing, 2006：121-134.

[3] DREYFUS H. Being-in-the-world：Commentary on Heidegger's Being and Time [M]. Cambridge, Mass.：The MIT Press, 1991.

[4] DREYFUS H, KELLY S. Heterophenomenology：Heavy-handed Sleight-of-hand [J]. Phenomenology and the Cognitive Sciences, 2007, 6：45-55.

[5] HYMAN J. Action, Knowledge, & Will [M]. Oxford：Oxford University Press, 2015.

[6] MACDONALD C, MACDONALD G. McDowell and His Critics [M]. Oxford：Blackwell Publishing, 2006.

[7] MCDOWELL J. Mind and World [M]. Cambridge, Mass.：Harvard University Press, 1994.

[8] MCDOWELL J. Response to Dancy [M]//MACDONALD C, MACDONALD G. McDowell and His Critics [M]. Oxford：Blackwell Publishing, 2006：134-141.

---

① SMITH A D. Perception and Belief [J]. Philosophy and Phenomenological Research, 2001, 62 (2)：290.

② 本文的第二、三节曾作为会议论文的一部分报告于"牛津大学—伦敦大学—浙江大学行动哲学联合工作坊"，全文报告于山东大学。特别感谢 Maria Alvarez、John Hyman、Douglas Lavin、任会明、王华平、吴童立、徐竹的问题与讨论。本文系国家社科基金项目"经验、信念与知识"（15BZX028）的阶段性成果。

［9］MCDOWELL J. Acting in the Light of a Fact［M］//BAKHURST D, HOOKER B, LITTLE M O. Thinking About Reasons: Themes from the Philosophy of Jonathan Dancy. Oxford: Oxford University Press, 2013.

［10］MCDOWELL J. Acting as One Intends［M］//DANCY J, SANDIS C. Philosophy of Action: An Anthology. Oxford: Wiley-Blackwell, 2015.

［11］SMITH A D. Perception and Belief［J］. Philosophy and Phenomenological Research, 2001, 62（2）.

［12］TANG R. Conceptualism and the New Myth of the Given［J］. Synthese, 2010, 175（1）: 101-122.

［13］唐热风. 心智具身性与行动的心智特征［J］. 哲学研究, 2015（2）.

［14］WILLIAMSON T. Acting on Knowledge［M］//CARTER J A, GORDON E, JAVIS B. Knowledge First. Oxford: Oxford University Press, 2017.

一种物理主义的数学哲学[*]

叶 峰

§1. 背景

当代数学哲学的核心问题来源于以下两个表面上互相冲突因而令人困惑的事实[①]：一方面，现代数学似乎在研究一个无穷的、独立于物质世界的抽象数学世界；而另一方面，现代科学将人类描述为这个物质世界中的物质性的事物的自然进化的产物，而且人类的知识都来源于由基因决定的、有限的大脑神经元网络及大脑与环境之间的物质上的相互作用。因此，人类的大脑如何可能认识到那些独立于物质世界的抽象数学世界中的对象，尤其是无穷的抽象数学对象，这成为一个难解的谜。

比如，在物理学中，我们对之能够有比较确定的知识的事物都是有限的，即从微观的普朗克尺度（即 10^{-35} 米等）到宏观上有限的宇宙尺度范围内的事物。虽然我们用连续可微的数学模型来描述时空结构，但我们知道那只是对普朗

---

[*] 原载于《科学文化评论》第 5 卷第 4 期（2008），5-16 页，原标题为"一种自然主义的数学哲学"。它是报告当时笔者正在进行的这项数学哲学研究。虽然当时这项研究的一些成果还未发表，但基本思想已经确定，而且至今笔者的相关观点没有实质性的改变，因此这个报告在十年后的今天还是准确的。此次再版只做了少许表述方式上的修订，更新了当时未发表但现在已经发表的引用文献。物理主义是自然主义的一种具体形式，也是这项研究的真正哲学基础，因此近年来笔者更多地用"物理主义"这个名称来指称这个数学哲学理论的哲学基础，这样能够更明确一些。本文的标题也因此做了相应的修改。

[①] 关于当代数学哲学的更多的背景，可见文后参考文献：BENACERRAF P, PUTNAM H. Philosophy of Mathematics: Selected Readings [M]. Cambridge: Cambridge University Press, 1983; SHAPIRO S. The Oxford Handbook of Philosophy of Mathematics and Logic [M]. Oxford: Oxford University Press, 2005。

克尺度以上的时空结构的一种近似。在物理学中我们从不曾肯定地认识到无穷。这与我们自身的有限性是相一致的。有限的大脑，借助于有限的仪器，只能探测到相对于大脑与感官的有限范围内的事物。但另一方面，在现代数学中我们似乎非常肯定地断言有无穷的数学对象存在，比如，有无穷多个自然数存在，不可数无穷多的实数存在，乃至于任意大的无穷基数存在。这些无穷的抽象数学对象，如果确实存在的话，一定是独立于物质世界的，因为它们不是我们所认识的物质世界中的有限事物的抽象。注意，这里并没有假设物质世界一定是有限的。要点在于，科学对物质世界是否无穷没有确定的信念，而数学似乎很确定地断言无穷存在。因此数学中所说的无穷对象应该是独立于物质世界的。这样，我们的有限的、物质性的大脑究竟是如何认识到数学中的无穷的？

当代数学哲学的种种流派对此提出不同的回答。这些流派可大致地分为两类：**数学实在论**认为确实存在着一个无穷的、客观的、独立于物质世界，也独立于我们人类的抽象数学世界，然后他们试图说明我们如何可能认识那个抽象数学世界。比如，20 世纪最伟大的逻辑学家哥德尔认为，我们不仅仅是物质性的大脑，而且是有某种非物质的心灵，并且心灵有某种直觉能力可以直接地认识那个抽象数学世界中的事物。又比如，哲学家蒯因试图从无穷数学在自然科学中的应用的角度，来说明我们可以认识到无穷的数学对象。实在论面临着一些困难。最根本的难点依旧是，它与现代科学所描绘的人类有限的物质构成，及人类的认知活动仅仅是物质性的大脑与环境之间的物质性的相互作用这一点相矛盾。这使得它无法与现代科学的整体世界观相协调。

与数学实在论相反的是**数学反实在论**，它认为根本不存在那个所谓的抽象数学世界。比如，20 世纪初最伟大的数学家希尔伯特就曾经认为，无穷没有实在性，数学中涉及无穷的定理不应理解为字面意义上的真理，无穷数学只是从一些假设到一些结论的形式推导，而这种推导由于某些原因可以应用于描述有限的事物，虽然它们的前提可能不是字面意义上真的（比如，断言无穷集合存在的无穷公理就可能不被解释为关于这个宇宙中的任何事物的字面意义上的真理）。希尔伯特提出了一个方案来证明无穷数学的应用确实可以得出（而且仅仅得出）关于有限事物的真理。但今天一般认为，著名的哥德尔不完全性定理证明了这个方案不可能成功。其他一些反实在论者继续以其他方式为反实在论的数学哲学做辩护。比如，有的反实在论者坚持哲学上的**唯名论**，认为存在着的只能是时空中的具体事物。数学对象，如果存在的话，是所谓**抽象实体**，即它们是非物质的，且不存在于时空之中。唯名论认为，这样的抽象实体不可能存在。一些人进而认为，所谓数学对象是我们虚构出来的，一个数学理论就像一个虚构的故事。这些反实在论者面临的主要困难是，假设那个抽象数学世界不存在，因此数学定理不是字面意义上的真理，那么数学是什么？我们是否还具有数学知识？数学知识是关于什么的知识？数学还是客观的吗？数学又为什么可以在科学应用中得出真理？

限于篇幅这里不能详细介绍这些数学哲学流派以及它们各自的问题。[①] 本文的目的是介绍由笔者提出的一种数学哲学，它是一种反实在论的数学哲学，但它试图以完全科学的方式解释人类的数学实践活动，而不是从形而上学的思辨出发为唯名论做辩护，或反驳数学实在论。

§2. 哲学基础与基本思想

这个数学哲学的基础是物理主义。物理主义是当代哲学中的主要思潮之一。[②] 概要地说，物理主义认为，存在着的一切都是由现代物理学中认识到的物理对象构成的，即：一切都是物理的。笔者认为，就探讨数学哲学问题来说最重要的是，物理主义蕴涵了**关于人类及人类思维过程的物理主义观**，即：

> 人类本身是物质世界中的事物，即生物物理系统，人类思维过程是人类大脑的神经元活动过程，是物质世界之中的自然过程。

这意味着人类的数学实践是人类大脑的认知活动即神经元活动，因此，对人类的数学实践的研究应该是像认知科学中对人类其他认知活动的研究，或者说，应该是关于大脑作为一个物理系统如何工作的研究。另一方面，这意味着我们不应该将自己想象成在本质上是非物质的、与某个"外部实在"相对立的"心灵"。将自己想象成这样的"心灵"，就很自然地会从"心灵"的角度去思辨，在那个"外部实在"中是仅仅存在着一个物质性的世界，还是也存在着

[①] 有兴趣的读者可见文后参考文献 [1]–[4]。

[②] 关于自然主义及物理主义的一般性介绍可见：PAPINEAU D. Naturalism [EB/OL]. Stanford Encyclopedia of Philosophy, 2007. http://plato.stanford.edu/entries/naturalism/; STOLJAR D. Physicalism [EB/OL]. Stanford Encyclopaedia of Philosophy, 2009. http://plato.stanford.edu/entries/physicalism/。

一个抽象的数学世界。在物理主义者看来，没有这样的非物质的"心灵"，而只有物质性的大脑，且大脑是与环境中的物质性的事物处于物质性的相互作用之中。大脑没有任何可以神秘地"把握"所谓的"抽象数学世界"的能力。对所谓"抽象数学世界"的思辨，是来源于一个人站在主观的视角试图将自己大脑中的东西"投射"到外部的结果。作为研究人类数学实践的科学研究者，我们应该站在一个科学的客观观察者的视角去观察人类的大脑，研究大脑作为一个物理系统在数学实践中如何工作。在这样的观察中我们只看到大脑中与大脑之外的具体的、物质性的事物以及它们之间的相互作用。这包括大脑在做一些哲学思辨的时候的活动，即大脑尝试所谓"投射"的活动，但并不存在这种"投射"的结果，即并不存在所谓的独立于大脑及物质世界的抽象数学世界。

特别地，大脑只能观察到宇宙中有限的具体事物，不能观察到无穷。真正存在的只是大脑在"想象无穷"的时候的想象活动。比如，考虑古人所说的"一尺之棰，日取其半，万世不竭"。事实上，由于 $2^{120} > 10^{36}$，在现实世界中，"日取其半"不到 120 日我们就已经达到了普朗克尺度（10^{-35} 米），而时空在那个尺度上有可能是离散的，或不是四维的，因此"日取其半"不一定还有意义。只是在我们的想象中我们可以想象"日取其半，万世不竭"。真实存在的仅仅是这个想象活动本身。想象活动是大脑的神经元活动，想象活动不能创造出大脑之外的事物，尤其是不能创造出那个所谓的"无穷"。

许多当代的数学哲学家也公开地宣称自己是自然主义者或物理主义者，也不明确反对前述关于人类自身及人类思维过程的物理主义观，但是他们中的许多人似乎没有认真对待这一点。比如，在讨论数学哲学问题的时候，他们往往还是从一个超自然的心灵的角度去思辨我们是否必须"承诺"所谓"心灵"之外的"外部实在"中有所谓抽象数学对象。他们中间最典型的就是蒯因。蒯因是 20 世纪影响最大的分析哲学家之一，他自认为是自然主义者，而且声称人类就是"物质世界的物质性的居民（physical denizens in a physical world）"[1]。但是，在他的数学哲学中他用了"本体论承诺"这个概念。他提出，我们的科学理论"承诺"了抽象数学对象。只有假设一个非物质的、具有超自然的意向性能力的"心灵"，蒯因的这个概念才可以理解，因此蒯因在这里实际上背离了人

---

[1] QUINE W V. From Stimulus to Science [M]. Cambridge：Harvard University Press，1995：16.

类就是"物质世界的物质性的居民"这一立场。①

采纳彻底的物理主义的立场意味着，对人类数学实践的研究是认知心理学研究的延伸，是研究人类的数学认知活动这一类特殊的认知现象。一些人可能会反对将心理学引入数学哲学。他们认为数学、逻辑是精确的科学，而心理学包含太多不确定的、模糊不清的东西。但事实是，假如我们不引入心理学，我们就不得不去假设某种在本质上是非物质的"心灵"，然后去思辨这样的一个"心灵"如何"把握"（或"承诺"）独立于"心灵"的抽象概念或抽象实体等，那将是更不可靠的、更模糊不清的，而且是完全超出科学的范围的。我们关心的是认识论问题，即人类究竟如何获得数学知识、如何应用数学这个问题。认识论是关于一个"认知主体"如何认识事物的问题。要么这个"主体"是物质世界中的大脑，因此认识论问题就是关于大脑如何工作的问题，是属于认知心理学的；要么这个"主体"是某种在本质上非物质的"心灵"，这就直接否认了物理主义。所以，如果我们要坚持物理主义，要回避假设一个不知为何物的、不是科学的研究对象的"心灵"，那么我们就不得不认真对待认知心理学乃至于脑神经心理学。

另外，由于我们感兴趣的只是人类数学实践的哲学与逻辑方面，我们可以尽可能地忽略心理学上的细节。引入心理学仅仅是为了澄清对人类数学实践的研究的哲学基础，即强调物理主义这个背景，是为了拒绝传统的从"心灵"出发的形而上学的思辨。当我们开始讨论关于数学实践的具体的哲学与逻辑问题的时候，我们可以依赖一些简化的关于大脑的认知结构的模型，尽可能地抽象掉心理学上的细节。只要这些简化是合理的，它们就不会影响我们的哲学结论的有效性。至于究竟怎样的简化是合理的，怎样的简化会影响我们的结论的有效性，我们只能依靠我们的心理学知识来做判断。重要的是，这是一个科学问题，要以科学的标准来回答。它不是一个传统意义上的哲学问题。这种基于简化的认知模型的对数学实践的分析是可错的，但它是在科学的意义上可错的。物理主义者不认为哲学研究能够提供绝对可靠的知识。事实上，既然大脑的所有知识都来源于由基因决定的大脑的内在结构及大脑与环境之间的相互作用，大脑不会有什么绝对可靠的知识。

更具体地说，这个研究采纳了在认知科学与心灵哲学中被许多人接受的**心**

---

① 详细的论证可见：叶峰．二十世纪数学哲学——一个自然主义者的评述［M］．北京：北京大学出版社，2010：第9章。

灵的表征理论，它认为，人类认知结构的基本模块是大脑中由神经元实现的所谓**内在表征**。特别地，有**概念**、**思想**这两类内在表征。概念与思想分别在大脑的记忆中与词项和陈述相联结，我们说那些词项或陈述**表达**那些概念或思想。一类概念与思想可直接**表示**人类环境中的物质对象及它们的事态。这是所谓**语义表示关系**。比如，"兔子"这个词在一个大脑中表达一个（由一些神经元实现的）概念，这个概念又表示兔子这一类事物。另一类概念与思想不直接表示任何事物或事态。数学概念与思想属于这后一类。数学概念与思想在大脑的认知活动中有其他的认知功能，它们可以帮助组织、表达、处理其他概念与思想，包括那些可直接表示环境中的事物及它们的事态的概念与思想。

比如，"2＋3＝5"这个陈述在一个大脑中表达一个数学思想，它不直接表示环境中的事物的事态。（它也不表示所谓独立于大脑及整个物质世界的抽象数学对象的事态，因为没有这样的抽象数学世界。）但是，"2＋3＝5"在一个大脑中所表达的数学思想可以与"兔子"这个词所表达的概念结合，在大脑中构成一个可直接表示环境中的事物的事态的思想"2只兔子加3只兔子是5只兔子"。因此，数学概念与思想有更灵活抽象的认知功能，而且也能与环境中的事物产生间接的联系。这两类概念与思想之间的区别，就好像在一个电脑软件系统中，包括在一个模拟人类认知过程的人工智能系统中，那些直接表示外部事物及其特征的数据（如一个人的个人信息），与那些帮助组织、表达、处理这些数据的更抽象的程序之间的区别。后者不直接表示任何外部事物或它们的特征，但它们有更灵活抽象的功能。从物理主义的角度描述人类的数学实践，就在于描述大脑中的数学概念与思想的这些更灵活抽象的认知功能，包括描述它们如何使得数学应用得以成功。

这里我们也看到，从物理主义的角度看，去追问大脑中的那些数学概念与思想是否表示了某个独立于大脑及整个物质世界的抽象数学世界是无意义的。只要我们完整地描述了大脑中的作为神经元结构的数学概念与思想在大脑的数学认知活动中的功能，我们就已经完整地描述了人类的数学认知活动这一类自然现象。再去追问那些神经元结构是否表示了某个独立的抽象数学世界中的事物，这完全是多余的形而上学的思辨，是站在主观的视角试图将自己大脑中的概念、思想"投射"到外部而产生的幻觉，不是客观地、科学地观察大脑如何工作而得到的推论。

§3. 起点——表征、真理与逻辑有效性的自然化

前面已经提到，大脑中的数学概念与思想可以通过其他可直接表示环境中的事物的概念与思想，与环境中的事物产生间接的联系。因此，描述大脑中的数学概念与思想的认知功能的第一步，就是要描述大脑中可直接表示环境中的事物的概念、思想与环境中的事物之间的这种语义表示关系。既然大脑中的一个概念本身是由神经元实现的，在物理主义的框架下，一个概念与它所表示的对象之间的这种**语义表示关系**，在本质上是自然世界中的物质性的事物之间的关系。一些神经元（即一个概念）与它们所表示的对象之间的这种联系，最终是由那些神经元在大脑的认知活动中的作用来实现的，即在大脑的认知活动中那些神经元（如实现"兔子"这个概念的神经元）与环境中的某些事物（如兔子）之间产生了某种特殊的联系。我们需要用科学的语言，即用物理学、生物学等的语言，或者说，用不再预设"语义表示"这个概念的语言，来描述这种特殊的联系。

类似地，大脑中的可表示事物的事态的思想与它们所表示的事态之间的表示关系，也是神经元与环境中的事物之间的某种特殊的、但物质性的联系。思想与它们所表示的事态之间的表示关系即一般所说的"真"这个关系，但在物理主义的框架下，"真"不是一些传统哲学所认为的，"心灵"中的非物质性的"观念"与"外部世界"中的事物之间的某种神秘的"符合"关系。相反，"真"作为一个关系，是大脑中的某些神经元与环境中的事物之间的某种自然的、物质性的联系。我们需要做的就是用科学的语言来描述这种联系。这种研究称作"**表征与真理的自然化**"。

随着真理被自然化，逻辑推理规则的有效性也可被自然化。一个逻辑推理规则是一类具有相同模式的神经元活动过程，它们从一些作为推理的前提的、具有一些结构形式的思想，产生出另一个作为结论的、具有某种结构形式的思想。一个逻辑推理规则是有效的，假如在这一类的神经元活动过程中，只要那些前提和结论都属于可直接表示环境中的事物的思想，而且只要自然化的语义表示关系存在于那些前提与环境中的事物之间，它也一定存在于那个结论与环境中的事物之间。因此，关于一个推理规则的逻辑有效性的论断，是一个关于一类自然现象中的自然规律性的论断，它断言，假如某种自然属性（即自然化的"真"）存在于一类自然过程中的初始状态，那么它一定也存在于那一类自然

过程中的终止状态。这类似于断言某一类物理过程中的某种物理量的守恒性。

表征、真理与逻辑有效性的自然化帮助我们清除许多传统哲学中的迷雾，尤其是围绕真理问题的迷雾。它使得对真理、逻辑有效性等的完全自然化的、科学的研究成为可能，使得我们可以抛弃关于真理的传统形而上学的思辨。而且，它也是进一步描述大脑中的数学概念与思想的认知功能及它们与环境中的事物之间的间接联系的基础。换句话说，大脑中的一些可直接表示环境中的事物的概念与思想，是通过这个自然化的语义表示关系与环境中的事物相联系的；然后，大脑中的数学概念与思想则通过与这些可直接表示环境中的事物的概念与思想相结合，来与环境中的事物产生间接的联系。同时这也说明了，物理主义不是一些传统哲学家所批评的心理主义。一个大脑会常常使用一些依上面的物理主义的定义为不有效的逻辑推理。所以，有效的逻辑推理不等同于作为心理规律事实上被常常使用的推理。真理与逻辑有效性中还是有规范性，但它是自然化的规范性。

自然化的表征与真理理论是当代分析哲学中的心灵哲学的研究课题之一，已经有一些理论被提出来。它们都还不完备，而且更重要的是，它们似乎有一些实质性的困难。[1] 笔者也提出了一个新的理论作为这整个研究计划的一部分，它似乎可以回避以前的理论所遇到的那些实质性的问题。[2]

§4. 解释关于人类数学知识的一些哲学疑问

这个物理主义的数学哲学理论主要任务之一是回答关于人类数学知识的一些传统哲学问题，包括解释数学知识的对象、数学直觉的内容、数学的客观性、先天性等。

前面已经提到，从物理主义的角度看，在人类数学实践中真正存在着的是大脑中的（作为神经元结构的）数学概念与思想，大脑中的（作为神经元活动的）数学推理活动，以及它们与环境中的事物之间的联系，而没有所谓独立于大脑及整个物质世界的抽象数学世界。因此，人类的数学知识不能是关于某个独立的抽象数学世界的知识。相反，据有某一领域中的数学知识在于大脑中具

---

[1] 叶峰. 当前表征内容理论的难点与一个解决方案 [M] //外国哲学：第19辑. 北京：商务印书馆，2008.

[2] 见文后参考文献 [9]，Chapter 3、4。

有相关的数学概念与思想，具有相关的在大脑中处理这些概念与思想的能力（比如，证明相关的数学定理的能力），具有关于这种处理会导致什么结果的知识（即关于什么定理可以被证明的知识），以及具有关于如何将一个数学思想翻译为可直接表示环境中的事物的思想的能力（比如，将"2 + 3 = 5"翻译为"2只兔子加3只兔子是5只兔子"的能力）。同样地，数学直觉不是关于某个独立于大脑的抽象数学世界中的数学对象的直觉，而是关于大脑自身可以如何进行数学想象与推理，以及关于数学想象与数学推理会得出怎样的结果的直觉的认识，即关于大脑自身的活动的直觉认识。

至于数学的客观性问题，传统意义上的客观性观念是从一个超自然的、非物质的"心灵"的角度来理解的。观念、感觉材料等是属于"心灵"的，是主观的，而物体或所谓抽象实体等是属于"外部世界"的，是客观的。在这样的观念之下，大脑内部的神经元作为物体也应该是客观的。在物理主义的框架下没有这样的"心灵"，没有"属于心灵的"与"属于外部世界的"之间的区别，只有脑颅骨之内的物质与脑颅骨之外的物质之间的区别。因此，客观性只能被理解为相对于某个大脑的神经元活动的客观性。在这个意义上我们还是可以认为人类的数学知识是客观的。而且，承认数学的客观性并不需要假设一个独立于大脑的抽象数学世界。数学的各种意义上的客观性，都可以由大脑之间的（由共同的进化历史决定的）内在结构上的相似性，以及由那些大脑所处的环境之间的相似性得到解释。

类似地，传统的先天性与必然性观念也是相对于一个"心灵"而言的。先天真理是由"心灵"的先天结构或能力可以认识到的、其真理性不依赖于"心灵"的经验的知识；必然的真理是指不论"心灵"之外的"外部世界"是如何都会使之为真的判断，或者指由于"心灵"的内在结构使得"心灵"所能认识到的任何外部世界都必须具有某些特征。在物理主义的框架下，认知主体是受基因控制由一个胚胎细胞发育而成的大脑，而且大脑从发育的开始就不断地处于与环境的相互作用之中。没有相对于一个不变的"心灵"的先天性或必然性。但物理主义的框架下还是可以定义某种意义上的"先天性"与"必然性"，作为我们直观上的这些观念的物理主义解释。特别地，日常所说的"可能性"指的就是可想象性。（因此"必然"即其否定不可想象。）日常所说的"先天知识"则是指，由于进化的结果，大脑具有一种由基因决定的、可以先天地适应环境的内在认知结构，它使得大脑中产生的一些思想总是（依自然化的语义表示关系）对应于大脑生存的所有可能的环境，而且大脑可以仅仅通过大脑内部的活动，不需要使用感官通道，来得到这些知识。①

§5. 解释数学的可应用性

前面提到，反实在论数学哲学的一个重要任务是解释数学的可应用性。解释数学的可应用性其实是对所有数学哲学理论的挑战。数学实在论者声称，数学实在论对数学的可应用性提出了最好、最简单的解释。这是蒯因的主要观点之一。数学实在论对数学的可应用性的解释大致如下：数学定理是关于抽象数学世界的真理，就像科学定律是关于宇宙中的具体事物的真理，因此，科学中由数学定理加上其他科学定律所推导出的关于具体事物的结论，也是关于具体的事物的真理。这里的"解释"，是用数学定理之为真来解释数学应用中的科学结论之为真。反之，如果我们用实验验证了科学结论为真，蒯因认为，这不但可以作为证据支持科学定律的真理性，也可以作为证据支持数学定理的真理性。

这看上去是一个简单而完美的解释，但它实际上是一个幻觉。因为，科学理论所描述的都是宇宙中从普朗克尺度到宇宙尺度之间的有限、离散的事物，用无穷数学表达的科学理论从来都不是字面意义上真的，数学中的无穷与连续从来只是对有限离散的具体事物的近似的模拟。从用无穷数学表达的科学理论中的前提到结论的推导，从来都不是从字面意义上的真前提到真结论的推导。用无穷数学表达的科学理论中的前提最多只能说是在某种意义上"近似地真的"。现代数学在科学中的可应用性的真正难解之谜，其实是在于用无穷数学为何能够帮助推导出关于有限、离散的具体事物的真理。这在本质上是一个逻辑上的谜，是因为无穷、连续的数学模型究竟是如何"近似地模拟"有限、离散的事物，这一点从逻辑上说还不清楚，即在逻辑上我们还不清楚如何严格地刻画这个"近似地真的"，以及为什么无穷数学中的数学推导会保持这个"近似地真的"。实在论者并没有对此做出回答，因此并没有真正解释无穷数学为何可以帮助推导出关于有限、离散的具体事物的真理。仅仅假设无穷数学本身是字面意义上的真理是不够的。注意，这不是否认无穷数学的可应用性。科学家们是在某种直觉的指导下应用无穷数学来近似地、但很有效地模拟宇宙中的有限、

---

① 更详细的论述见文后参考文献 [9]，特别是 Chapter 5、6。

离散的事物，这恰恰是他们的聪明才智之所在。只是对逻辑学家来说，这里有一个逻辑上的谜。

一个很自然的猜想是，要从逻辑上严格地解释为什么无穷数学的应用可以帮助推导出关于有限、离散的事物的真理，也许需要证明在数学应用中无穷实际上是可消除的，而且将无穷消除以后，无穷数学的应用会转化为从关于有限、离散的事物的字面意义上的真前提，到关于那些事物的字面意义上的真结论的逻辑推导。这样就解释了为什么无穷"可用"。如果这个猜想成立，那么它意味着，无穷数学的成功应用并不能反过来作为证据支持无穷数学自身的真理性。因为它意味着，虽然用无穷近似地模拟有限带来了理论上的简化，但是，在对宇宙中的有限事物的更精确的描述中无穷将不会出现，即用来解释成功的科学预测的更精确的科学假说中不需要提及无穷，因此，科学预测的成功不能反过来验证无穷的实在性。

笔者正是沿着这种思路，即通过说明无穷在数学应用中是可消除的，提出了一种对数学的可应用性的逻辑解释。[①] 其大致思路如下。首先，我们可以将数学的可应用性问题纳入物理主义的框架，即将数学的可应用性问题自然化。考虑一个数学在物理学中的应用。大脑中有一些可直接表示物理对象的事态的思想作为前提，比如一些观察数据。这些前提可依自然化的表示关系对应于环境中的物理对象。大脑中可能还有一些混合了数学概念的思想，作为表达一般的物理定律的前提。其次，大脑中有一个数学推理过程，得出一个数学结论。最后，大脑将这个数学结论翻译变换为一个可直接表示环境中的物理对象的事态的物理结论，如一个可观察的预测。数学的可应用性在于，在恰当的情形下，这个最后的物理结论可以依自然化的表示关系对应于环境中的事物。前面已经提到，这个自然化的表示关系是大脑中的物理对象（即由神经元实现的思想）与大脑外的物理对象之间的物质性的联系。所以，一个关于数学的可应用性的论断，在本质上是在断言，大脑中的一类神经元活动过程与大脑之外的事物之间有某种有规律的联系。这在本质上是一个普通的科学论断。这就是数学的可应用性的自然化。

然后我们可以对大脑中的数学应用过程进行抽象，做一个简化的模型。我们假设大脑中的那些概念与思想就是某个形式化的数学—物理公理系统中的词

[①] YE F. The Applicability of Mathematics as a Scientific and a Logical Problem [J]. Philosophia Mathematica, 2010, 18 (2): 144-165; YE F. Strict Finitism and the Logic of Mathematical Applications [M]. Synthese Library, 2011, 355.

项与语句。我们忽略自然化的语义表示关系中的细节，将其模拟为数理逻辑中的形式语言与一个语义模型之间的满足关系，即相对于这个语义模型的"真"。这个语义模型由那些有限、离散的具体物理对象构成，因此这个数学应用过程中的那些涉及无穷数学的中间步骤不能在这个语义模型中得到解释，即它们不是相对于这个语义模型为"真"的。这样，数学的可应用性问题就在于，为什么那些中间步骤能够使得最后的物理结论是相对于这个有限、离散的语义模型为"真"的（虽然那些中间步骤不是相对于这个语义模型为"真"的）。这就使得可应用性问题成为一个逻辑问题。

解决这个逻辑问题的策略，如前所述，是试图论证那些中间步骤中所涉及的数学上的无穷其实在原则上是可消除的。笔者提出了一种不假设无穷的**严格有穷主义数学**，而且证明一些应用数学，包括微积分、初等复变函数理论、基本的勒贝格积分理论、基本的希尔伯特空间上的无界算子的谱理论，以及半黎曼几何的基础等，可以在这个严格有穷主义数学的框架中发展起来。① 这些包括了应用于经典量子力学与广义相对论的最基础部分的数学理论。这说明，这些传统上显然假设了无穷的应用数学理论中的无穷其实是可以被消除的。消除了无穷以后，数学应用过程就成为从关于有限、离散的物理对象的真前提到关于那些对象的真结论的纯粹逻辑上的推导。因此，这个应用过程为何能够保持相对于有限、离散的物理对象的"真"，就在逻辑上很清楚了。

目前在严格有穷主义数学的框架下发展的应用数学理论还有限，因此，要说明更多的无穷数学的可应用性还需要做更多的工作。但我们也有直观上的理由相信这个策略是可行的。这就是因为数学应用中的无穷都仅仅是对有限、离散的物理对象的近似，因此我们直观上认为，在应用中无穷不应该是逻辑上严格地不可或缺的。当然，这种直观上的认识需要严格的数学工作来支持，即需要在严格有穷主义数学的框架下发展更多可应用的数学，以此来说明无穷在数学应用中都是原则上可消除的。②

---

① YE F. Strict Finitism and the Logic of Mathematical Applications [M]. Synthese Library, 2011, 355.

② 从另一个角度对这个数学哲学理论的简介可见：YE F. Introduction to a Naturalistic Philosophy of Mathematics [M] //Logic Across the University: Foundations and Applications. College Publications, 2013: 99-117。另外，论文集：叶峰. 从数学哲学到物理主义 [M]. 北京：华夏出版社，2016；其中包括了上面提到的和笔者的另外一些相关论文。

参考文献

[1] BENACERRAF P, PUTNAM H. Philosophy of Mathematics：Selected Readings [M]. Cambridge：Cambridge University Press, 1983.

[2] SHAPIRO S. The Oxford Handbook of Philosophy of Mathematics and Logic [M]. Oxford：Oxford University Press, 2005.

[3] YE F. What Anti-realism in Philosophy of Mathematics Must Offer [J]. Synthese, 2010, 175（1）：13-31.

[4] 叶峰. 二十世纪数学哲学——一个自然主义者的评述 [M]. 北京：北京大学出版社, 2010.

[5] PAPINEAU D. Naturalism [EB/OL]. Stanford Encyclopedia of Philosophy, 2007. http：//plato. stanford. edu/entries/naturalism/.

[6] STOLJAR D. Physicalism [EB/OL]. Stanford Encyclopaedia of Philosophy, 2009. http：//plato. stanford. edu/entries/physicalism/.

[7] QUINE W V. From Stimulus to Science [M]. Cambridge：Harvard University Press, 1995.

[8] 叶峰. 当前表征内容理论的难点与一个解决方案 [M] //外国哲学：第19辑. 北京：商务印书馆, 2008.

[9] YE F. Studies in No-Self Physicalism [M]. draft.

[10] YE F. The Applicability of Mathematics as a Scientific and a Logical Problem [J]. Philosophia Mathematica, 2010, 18（2）：144-165.

[11] YE F. Strict Finitism and the Logic of Mathematical Applications [M]. Synthese Library, 2011, 355.

[12] YE F. Introduction to a Naturalistic Philosophy of Mathematics [M] // Logic Across the University：Foundations and Applications. College Publications, 2013：99-117.

[13] 叶峰. 从数学哲学到物理主义 [M]. 北京：华夏出版社, 2016.

论知行之辨的三条路径*

陈亚军

知行关系是一个历久弥新的哲学话题。围绕这一话题，衍生出关于理论与实践、思想与行动、规范与自然以及心灵与世界等一系列重要的哲学纷争。如果说知识论是近代乃至当代哲学核心话题的话，那么知行话题则是对知识论的进一步深入和扩展，它将知识论的讨论置于一个更加宽阔的背景之下，使知识论话题与人的生活更加贴近。从这个视角看，它有可能取代知识论而成为新的理论辐辏点。

在知行关系问题上，长期以来一直是两家争鸣，一家是理性主义，主张知先于行，另一家是实践主义（经验主义之一种），主张行先于知。本文在考察它们得失的基础上，倾向于一种超越两者的第三种选择，认为知行渗透、不可分离，不存在谁优先于谁的问题。

一、知先于行：理性主义的诱惑[①]

1. 当我们着手探讨知行关系时，首先应该承认，理性主义式的视角和提问具有很大的诱惑力。风吹草动，婴儿挥舞小手，狮子跃起捕捉羚羊，张三摁响喇叭等，所有这些都是动作，都属于"行"的范畴，但它们的区别是显而易见的：草的动与动物的动相比，缺少的是自发性，动物的动是自己发起的，而草的动却是风吹的结果；动物的动与婴儿的动的不同在于：婴儿的动是自发的，却不是自主的，他不由自主地挥舞手臂，没有人理解他想要干什么，他的动作没有合理性问题；和婴儿的动相比，狮子跃起是自主的，具有意向性、目的性，或许在它自己一切只是本能，没有意向性问题，更没有理由的问题，但我们可

---

* 本文系为《分析哲学——回顾与反省》第二版所撰写。
① 笔者这里所说的理性主义，主要是指分析哲学中的新理性主义思潮，其代表人物是塞拉斯、布兰顿等。

以理解它的行为并将意向性和理由归派给它，"为什么狮子突然跃起？""因为它想（intends to）捕捉面前的食物"；与人相比，动物缺少的不是意向性，而是对意向性的自觉以及意向性的合理性质。

理由与合理性不同。理由可以是私人的也可以是公共的，而只有公共的理由才是合理的。从第三人称的角度看，高级动物的大部分动作都是可以理解的，也就是说，都有它的理由，但却没有合理性的问题。在它那里，理由和意向是一致的，但合理性却不只是意向性，而更是一种符合规范的、被公共接受的推论结果[1]，当意向与这种合理的理由一致时，行动才不仅是可以公共理解的，而且也是可以公共接受的。这个时候，我们常常会说，它不只是有理由的，而且是有道理的。注意，"道""理"合在一起，表明了理由的合理性、超私人性。

动物的意向性建立在自然形成的本能基础上，而人的意向性如果要被他人理解和接受，则必须建立在理性规范的基础上；动物的意向性可以也只能用自然的因果来解释，而人的意向性则必须用公共理性来说明。当我们说，张三的行为不但是可以理解的，而且是合理的时候，我们不仅是说张三的行为是有意向的，而且还想说，他的意向是有理由的，并且这理由是可以被社会其他成员所接受的，是符合规范的。一个人的行为是否是有理由的，这不是由行为者说了算的。一个纵火犯可以将"昨晚没点着"当作今天放火的理由，但这理由显然不能被他人所接受，因而很难成为合理的理由。如果他顽固地坚持这样的理由，人们只能把他当作疯子。

2. 那么什么样的意向才能被当作合理的意向？什么样的理由才能被当作合理的理由呢？在当代理性主义者布兰顿等人看来，一个意向要成为真正合理的意向，它必须是理性推论的结果。也就是说，一个人，只有当他能进入规范的命题推论网络，实际掌握了命题之间的推论关联，并将这种推论的结果当作自己行动的意向时，他的行为才是理性的，可以被社会所理解并接受的。同样的"我要烧毁这房子"的意向，如果来自"因为昨晚没烧掉这房子，所以今天我要再来烧毁它"的推论，我们不会认为它是合理推论的后果，因此可能把这人当作难以理解的疯子；但如果他给出的推论是"这房子是极其危险的将要倒塌的

---

[1] 关于推论与行动的关系，请参见：BRANDOM R. Making It Explicit [M]. Cambridge, Mass.：Harvard University Press, 1994：chapter 4。关于理由与意向关系的讨论，也请参见：陈亚军. 意向、理由与行动 [J]. 华东师范大学学报（哲学社会科学版），2013（1）。

房子，而我又没有其他拆除它的工具和手段，因此只有点火烧掉它"的话，那么这个推论是合理的，可以被接受的。当他把这个推论的结果"点火烧掉它"当作他行动的意向的时候，他行动的意向性与公共接受的合理推论的结果是一致的，这推论的结果被当作了他行动的理由，于是，他的行动就是合理的，能被人们所接受的。

3. 理由要成为合理的理由，就必须是合理推论的结果。这里的关键是，一个人是否能掌握一套由公共规范制约的推论，知道命题之间的相互推论关联，知道一句话的理由以及由它可以导出什么样的其他语句。这是一种知识，一种对语言游戏各个步骤的掌握，它未必一定要被说出来，但却必定是已经被实际运用了的。一个人，只有当他已经实际掌握了这样的知识，已经实际处于理性空间之后，他才可能有合理的行动。也就是说，他的行动之所以是可以被理解并被接受的，就在于他的行动是建立在他已具有如何在命题之间建立推论关联的知识的基础上。在这个意义上说，人的知识（理性）在逻辑上是先于他的行动的。一个不懂得命题之间推论关联的人，也不会有被人们所理解并接受的合理行动。

4. 按照塞拉斯和布兰顿的建议，要理解行动的理性特征，最好从语言推论的角度，比较它和知觉的相似性。塞拉斯将语言游戏分为三个步骤：语言内的步骤（intra-game move）、语言进入步骤（language entry）以及语言离开步骤（language departure）。① 在他看来，人是在理性空间即概念空间或语言空间中与世界打交道的，断言之间的推论关联，即理性的逻辑关联，构成了语义的来源。这个推论网络的两端分别与世界相接触，一端是知觉，一端是行动。在知觉一端，世界因果地作用于人，人则在理性（语言）空间中对此做出回应，于是有

---

① SELLARS W. In the Space of Reasons [M]. SCHARP K, BRANDOM R, ed. Cambridge, Mass.: Harvard University Press, 2007: 45.

布兰顿将这三个步骤称作 intralinguistic moves、language entry moves、language exit moves。（BRANDOM R. Making It Explicit [M]. Cambridge, Mass.: Harvard University Press, 1994: 234.）布兰顿对塞拉斯观点的解释如下："第一种包含了推论的步骤。在这些步骤中，语言游戏中的一个位置（典型的如对于一个断言的接受）是通过对另一个位置的接受而得到回应的。第二种由非推论的观察报告所构成。在这些步骤中，非推论的环境通过对语言游戏中一个位置的接受（典型的如对于一个断言的接受）而得到回应。第三种由有意的行动所构成。在这些步骤中，语言游戏中的一个位置（例如对于一个计划的接受）通过导致一种非语言的环境而得到回应。"（BRANDOM R. Making It Explicit [M]. Cambridge, Mass.: Harvard University Press, 1994: 234-235.）

了知觉报告。因此,知觉经验其实是对于来自世界的非语言刺激的语言回应。而在行动一端则正好相反,是语言向世界的溢出,是人在语言空间中作用于世界,是以非语言的方式(身体对于环境的动作)对语言刺激的回应。离开了语言或理性,则知觉和行动都是不可能的,或无法理解的。在这个意义上说,理性是根本,人是在理性的视野中和世界相互作用的。

5. 理性主义拒绝用自然要素解释人的经验和行为,揭示了人的行为与动物行为的本质差异,使人们看到了社会、精神要素在人与世界打交道的过程中所起的重要作用。当苏格拉底从知识的角度理解行动的善的时候,他洞察到了知识的重要。20世纪以来,经验主义、自然主义成为哲学中的强势,人们的目光往往聚焦于行动对于知识的决定作用,强调行动之于知识的优先性,而忽略了知识对于行动的重要意义。就此而言,理性主义关于知行关系的思想是深刻而有诱惑力的。

二、理性主义的困难

1. 然而,坚持知先于行的理性主义却也面临着一些学理上的困难。首先,如果只有把握了正确的理性推论并将推论结果当作意向或理由,才会有合理行动,或者粗略地说,只有先知而后才能行的话,那么必然会面对这样的诘难:正确的理性推论是何以可能的?按照理性主义者的思路,制约着理性推论的是规范,正确推论何以可能也就是规范何以可能的问题。关于这个问题,似乎只能从两个方向寻找答案:要么来自先天,要么来自后天。传统理性主义持前一种主张,认为规范只能来自先天原则,但从学理上说,将规范归约为先天原则,必然面临着无穷倒退的窘境。维特根斯坦已经向我们表明了这一点。① 布兰顿于是对传统理性主义进行了修正,认为不能从清晰的先天原则那里寻找规范的起源,而应该从实践中隐含的对于规范的实际运用中寻找规范的来源。② 这在一定程度上缓解了理性主义的解释压力,然而还是没有真正解决问题,因为他明确地在自然和规范之间划出一条界线,虽然规范隐含在实践中,但却是自

---

① 维特根斯坦. 哲学研究 [M]. 陈嘉映,译. 上海:上海人民出版社,2001:§201.

② BRANDOM R. Making It Explicit [M]. Cambridge, Mass.: Harvard University Press,1994: chapter 1, section 3-4.

成一体的①，而我们要追问的正是这种自成一体的规范是何以可能的。如果不是来自布兰顿所拒绝的自然演变，那它还能来自哪里？理性主义者要么主张规范来自清晰的先天原则，但这会陷入无穷倒退；要么主张规范来自隐含在实践中的实际运作，但这仍然未能摆脱困境，甚至有陷入神秘主义的危险。杜威正确地指出："语言使野兽和人类有了区别，对于这个事实，大体讲来，自认为超验主义者较之自认为经验主义者更为清楚一些。毛病在于这些超验主义者对于语言的来源和地位缺乏自然主义的概念。"② 布兰顿虽然不是超验主义者，但在拒绝自然主义说明上，他和超验主义者是一致的。

2. 其次，理性主义将语言（命题）的推论当作语义的根本来源，但问题在于，推论只能带来语义的转换、传递，却不能真正提供语义的解释。皮尔士很早就意识到这一点："通过分析定义决不能学到一点新的东西"③ 这一点在塞尔的"中文屋论证"中或许看得更加清楚。一个不懂中文的人，完全可能"掌握"中文语句之间的转换规则，却对中文的意义一窍不通。④ 换句话说，即便一个人知道"红"是一种"颜色"，并知道"红"不是"绿"，但由于这里的"颜色""绿"仍然需要由另外的符号形式来做进一步的解释，因此一切仍然悬在空中，这个过程一旦无限地伸展，那么结果就只能是语言形式之间的空转，关于世界的谈论最终与世界毫无关系。麦克道尔正是看到了这样的危险，才提出了挽救经验主义的方案。⑤ 推论主义路线不能真正解决语义问题，因此将行动的合理性建立在推论主义基础上是靠不住的。

3. 再次，理性主义强调，必须掌握了语言的推论过程，知道了什么是断言的理由以及断言作为理由会导致什么样的其他断言，才会有合理的行动。但问题在于，推论是谁的推论？我们找不出一种元推论，作为还原各种推论的根据。

---

① 布兰顿说得很清楚："根据运用处罚的倾向来定义规范态度，本身并不是将规范的还原为非规范的——它只是在一种规范和另一种规范之间进行交换。"（BRANDOM R. Making It Explicit [M]. Cambridge, Mass.: Harvard University Press, 1994: 42.）

② 杜威. 经验与自然 [M]. 傅统先，译. 北京：商务印书馆, 1960: 137.

③ 涂纪亮. 皮尔士文选 [M]. 北京：社会科学文献出版社, 2006: 88.

④ SEARLE J. Minds, Brains, and Programs [M] //PERRY J, BRATMAN M. Introduction to Philosophy: Classical and Contemporary Readings. Oxford: Oxford University Press, 1993.

⑤ MCDOWELL J. Mind and World [M]. Cambridge, Mass.: Harvard University Press, 1994.

形式逻辑的推论涉及的只是形式而非内容，用它来还原各种实质推论显然并不合适。布兰顿甚至认为，形式的逻辑推论只是已有的实质推论的清晰化而已。那么，这里就要问，既然生活中已有的实质推论是不可还原的，而生活中的实质推论又是多元化的，那究竟谁的实质推论是合法的推论？或许像布兰顿这样的理性主义者并不接受实质推论多样化的结论，在他们看来，语言是有中心的，这个中心构成了基础，命题推论是语义的基本来源。① 这一观点与维特根斯坦对待语言的态度大相径庭。在维特根斯坦看来，语言的构成单位是语言游戏，不同的语言游戏之间不可还原，因为在它的背后是不同的生活形式。纵火者的推论在"我们"看来是荒唐的，将这种推论的后果当作行动的理由是不合理的，但在纵火者们所组成的群体中，在他们的生活形式下，那样的推论不仅是可以理解的，而且可能是唯一可想象的，因此也是合理的。在"我们"的推论和他们的推论之间寻找一种无出处的观点（view from nowhere）不仅做不到，也是没有意义的。

4. 最后，当理性主义者将行动看作对于语言刺激的非语言回应时，他会遇到类似于理性主义者所批评的"所予神话"同样的麻烦。传统经验主义用感觉所予作为知识的基础之所以不能成立，就是因为它混淆了因果关系与证成关系。塞拉斯认为，前者处于自然的逻辑空间，后者位于理性的逻辑空间，所予论的错误是未能区分两者；戴维森由此出发，将证成看作信念之间的融贯，与经验无关；罗蒂则主张干脆放弃世界，因为所有的言说都是在语言共同体内部实现的，来自世界的因果刺激至多只起到了"引发"的作用，我们关于世界的言说与来自世界的刺激没有必然联系。

假定理性主义者们关于经验所予的这一套说法成立，那么他们也同样应该承认：用自然的非语言反应去对应语言刺激是无法实现的。当自然和语言被二元区分之后，它们便处在了两个不同的世界，其间的必然关联已经被割断，自然固然不能解释语言，而语言又何以能对应自然的反应呢？如果身体的行为只是自然的，那么语言（信念）怎么能找到那唯一与它对应的候选者？怎么能证明此一而不是彼一非语言的身体动作就是特定语言的必然后果？同一个语言表达式可以和无数的非语言动作同时发生，究竟哪一个与语言形成对应，是由语言引起的？对此，我们根本无法给出令人信服的证明。如果说自然指向语言的

---

① 用布兰顿的话说，语言是有 downtown 的。

连接线被割断了，自然无法抵达语言的话，那么反过来同样的思路也应该成立：语言也无法抵达自然。一旦语言成了自我封闭的系统，则不仅语言的意义来源令人费解，而且自然何以由语言带动并对应于语言也同样难以想象。

三、行先于知：实践主义的立场

1. 如果"经验"概念的涵义不限于近代经验主义所说的话，那么实践主义的立场也可以被称作经验主义立场。比如杜威就是这个意义上的经验主义者，后期维特根斯坦、海德格尔也同样如此，尽管他们使用了不同的名称。它在当代哲学中具有广泛的影响，除上述哲学家之外，波兰尼的默会知识论也属于这一哲学传统。① 而中国哲学则历来没有脱离过这一传统。就知行关系这一话题而言，这一立场的基本主张是：行先于知。它主要由三个方面内容构成：第一，我们首先是实践者，知识是后来发生的事情。第二，实践中形成的能力，本身是一种非语言的知识，它介于自然与规范之间。第三，这种能力之知是命题知识的基础和根据。

2. 为什么说行先于知而不是知先于行呢？这涉及对于人与世界关系看法的根本差异。与理性主义将知识即命题推论作为核心而将行动作为其边缘的视角不同，实践主义者认为，恰恰相反，我们首先不是作为认知者而是作为行动者存在于世界中的。"我"与世界的关系首先不是一种静态的认知关系，而是一种实践关系，一种杜威所说的"享有"关系，海德格尔所说的"在世"关系。首要的不是关于世界的知识，而是与世界水乳交融的交互作用。世界不是作为对象在我之外伫立着，等待着我对它的端详、判断；世界与我未分彼此地交织在一起，构成了生存实践的整体。我是世界中的行动者，而不是世界之外的认知者。只是当这种行出现了问题，遇到了挫折，才有了知的出场。

人的广义的实践活动即人在世界中的生存活动，是一切一切的首要前提，和它相比，知只是后来发生的事情。我开车上班，手握方向盘、踩下油门或车闸，一切都是流动的"做事情"，方向盘和我的手，油门和我的脚，不是两个可分析的要素，而是一个不可分割的整体，它们表明：我在世界中行动着、生存着。除非某个环节出了问题，否则我不会对世界持一种知识的态度。知识一定

---

① 关于波兰尼的默会知识论的介绍，请参见：郁振华. 人类知识的默会维度 [M]. 北京：北京大学出版社，2012。

产生于问题,产生于行动的断裂。

3. 理性主义所说的优先于行的"知"指的是命题之间的理性推论关系,当一个人说自己是有知识的时候,意味着他已经有了一种信念并且对于这信念的理由和导出的结果有所知晓,知存在于命题的推论网络中。但在实践主义者看来,这种命题之知其实不过是知的一种,能力之知是一种先于命题之知的更为基础、更为宽泛的知识形态。①

维特根斯坦在"比较一下知和说"(《哲学研究》第78节)时,用了三种不同的例子,表明知的不同类型:

"勃朗峰高多少米——

'游戏'一词是如何使用的——

单簧管的声音是什么样的。"

他指出:"如果你奇怪,怎么可能知道一件事却说不出来,那么你大概想的是第一个例子。你肯定想的不是第三个例子。"② 第三个例子中所传达的知识,因为不是命题之知,故无法用语言说出,但我们不能否认,它是知识。这种知识是一种实践的能力,我可以准确地区别单簧管与双簧管的声音,我能做到这一点,但你要让我说出它们之间的区别是什么,我却茫然。维特根斯坦说:"'Wissen'(知。——引者注)一词的语法显然与'konnen'(能。——引者注)、'imstande sein'(处于能做某事的状态。——引者注)这些词的语法很近。但也同'verstehen'(理解、领会。——引者注)一词的语法很近('掌握'一种技术'。"③ "但是'知道'一词也有这种用法:我们说'噢,我知道了!'——同样'我能了!''噢,我会了!'"④

在我看来,维特根斯坦的这两段话,已经很好地揭示了能力之知的性质和特征。当然,理性主义者会说,这种不能用命题表述的能力或许可以叫能力,却不能叫"知",因为知的定义早已明确,它由三个要素构成:被证成了的—真的—信念;按照这种定义,知识只能是命题推论的结果,信念与命题是一枚钱币的两面,理由只能由命题表达并存在于命题的关联之中,而真也可以在推论

---

① 关于这一点,郁振华的书中有很好的阐释,有兴趣的读者不妨读一下该书的"第一部分"。本文在谈到能力之知与命题之知的关系时,参考了该书的相关内容。
② 维特根斯坦. 哲学研究 [M]. 陈嘉映,译. 上海:上海人民出版社,2001.
③ 同②§151.
④ 同②§152.

中得到解释。① 但问题是，从实践主义者视角看，这种先对"知识"加以定义，再从定义出发排除其他的做法，本身就是对"知识"的削足适履，因为它违反了人们运用"知识"概念的基本语法。我们当然可以通过实践的区分说"我知道单簧管的声音是什么样的"，这是没有问题的。如果一个人硬说"这不是我说的知识"，那么我们的回答只能是"你说的知识不同于日常生活中人们对知识的使用"。

在我们使用语言的过程中，常常有一种现象，那就是对名词的神圣化。一般来说，"知道"（know）作为动词，可以用于广泛的场合，这是没有疑问的。"我知道2+2=4"，"我知道地球是圆的"，"我知道怎么骑车"，"我知道如何做饭"……这是日常生活中常见的说法，不会有问题。但当"知道"被名词化，成为"知识"（knowledge）之后，似乎马上获得了一种庄严的身份，与它在日常生活中的动词使用割裂开来，专指某种学术讨论的对象，并受希腊人的影响，不仅须用命题说出，而且还要得到证成并与大写的实在相对应。名词化的知识最终失去了它的日常涵义。当维特根斯坦提醒人们"知道"的不同用法时，他实际上是将"知识"祛魅，展示其日常生活的本然面目。

4. 与上述两点相比，最后一点或许更为关键：能力之知和命题之知之间到底是什么关系，前者能否为后者提供基础？新理性主义者们将知识囿于语言范围之内，制约语言的唯有规范。由于他们割断了自然与规范之间的关联，于是规范的性质和来源便成了新的难题。能力之知之所以不被当作知识，理由之一就是这种能力是一种前语言的行为技能，它是自然形成的，类似于动物在适应环境的过程中演变出的能力，而自然是不能用来解释规范的，换句话说，知不可能来自行。然而，在实践主义者们看来，命题之知和能力之知紧密相关，前者由后者产生并在后者那里得到解释。

维特根斯坦的"语言游戏"被理性主义者当作命题在推论中获得内容和意义的语义推论说的思想来源，然而他们不应该忘记的是：在维特根斯坦那里，"语言游戏"是"生活形式"的一部分，语言游戏的背后是生活形式，"想象一种语言就是想象一种生活形式"②。当说出"这匹马跑得很快"这一命题时，它

---

① 关于"真"的推论解释，请参见：BRANDOM R. Why Truth Is Not Important in Philosophy [M] //Reason in Philosophy. Cambridge, Mass.：Harvard University Press, 2009；BRANDOM R. Expressive vs. Explanatory Deflationism about Truth [M] //SCHANTZ R. What Is Truth？. Berlin & N. Y：Hawthorne de Gruyter, 2002。

② 维特根斯坦. 哲学研究 [M]. 陈嘉映, 译. 上海：上海人民出版社, 2001：§19.

的意义并非像理性主义者所认为的那样，只是固定在推论网络中，理解它的意义的视角应该由语言转向生活。于是"这匹马跑得很快"在不同的实践者那里，便有了不同的意义：在旅游者那里，这个命题传达的是一种视觉印象；在以马为生的牧马人那里，它显示出了比视觉印象多得多的意义层面，而在战场上的骑兵那里，它的意义又不同于前两者。不同的生活形式意味着与马打交道的不同方式，这种不同的打交道的方式形成了一种未被言说、难以言说的意义场，单个命题的意义是在这个意义的场域中得以显现的。黑格尔曾经说过，老人嘴里的格言不同于儿童嘴里的格言。同样的命题，即便一个年轻人可以说出它推论的上下端，甚至将这种推论推进到一位老人难以想象的远端，但我们恐怕还是不能说，这年轻人比那饱经生活沧桑的老人更懂得那格言的深刻涵义。为什么？理性主义对此无法解释，因为答案不在知识中，而在生活实践中。离开了生活实践，命题的意义便失去了来源，没有了根基。

传统实用主义认为，在语言实践和有机体应付环境的活动之间具有连续性。在实际学会语言之前，人们在与环境的长期交互作用中，已经形成了如何与环境打交道的方式，这些方式包括如何给环境分类、如何区别对象等。在清晰的语言诞生之前，人类已经由于和环境的交互作用而生活在一个充满意义的世界中了。所有这些构成了语言、概念的基础。语言的形成，既是人类与环境打交道的方式的结果，又使这种方式更清晰、更具普遍性。而之所以要对环境进行这样的而不是那样的划分，说到底，是因为这样的而不是那样的划分方式，更加有利于有机体的生存。因纽特人对冰雪的概念划分比我们要详细得多，中国人对家庭成员的概念称谓比西方人要复杂得多，一个画家比一个平常人对颜色的概念掌握要丰富得多，而一个农民对四季节气的概念区别也比一个银行职员要敏感得多，所有这些，都是由生活方式所决定的，"行"在这个意义上决定了"知"的内容和范围。正如挪威哲学家约翰内森所说："命题性知识根本不能在缺乏能力知识、熟悉性知识和某种程度的判断力的情况下确立起来。……因此，我们可以把下面这句话作为我们的座右铭：所有命题性知识都建立在能力知识、熟悉性知识和判断力这个不可逃脱的基础之上。"[1]

5. 如果说生活实践中形成的能力之知是命题知识的基础的话，那么由此得

---

[1] KJELL S J. Knowledge and Its Modes of Articulation [M] //GILJE N, GRIMEN H. Discursive Modernity. Oslo：Universitetsforlaget，2007：178. 转引自：郁振华. 人类知识的默会维度 [M]. 北京：北京大学出版社，2012：41.

出的进一步结论应该是，命题之知有赖于能力之知，而能力之知并不必然依赖于命题之知，也就是说，能力之知是自成一体的，可以独立于命题之知而存在。虽然大多数实践主义者们并没有就此做明确的断言，但从实践主义的哲学进路来看，这一结论是很容易推出的，比如波兰尼就曾经说道："默会知识和明述知识是相对待的，但是两者不是截然分离的。默会知识是自足的，而明述知识则必须依赖于被默会地理解和运用。"①

当然，走实践主义路径的人并不等于坚持能力之知的自足性，如杜威在阐释经验概念的涵义时，就明确将经验与感觉所予区别开来，将思想要素融于经验概念之中，在亲知中渗入了思想。但他似乎并没有对行动做同样的理解，"行动"在杜威那里是一个重要的概念，但杜威对它本身的内在结构还缺乏细致的考察。受达尔文的影响，也受颠覆理智主义传统的目的的支配，他更多地强调了人的行动与动物活动之间的连续而不是断裂。不可否认的是，实践主义者们大都对自然演化抱有同情的态度，注重从人与动物的连续性中解释知识的来源和性质，用低级存在解释高级存在，这在理性主义者看来，是不可接受的。罗蒂、布兰顿等人对杜威的经验抱敌视的态度，尽管他们对杜威的观点有很多的误解，却也不是完全没有道理的。

四、理性实践主义的可能

1. 理性主义和实践主义看上去各执一端：理性主义者主张，命题网络构成的理性空间是自足的，人的知觉和行动只有在这个网络中才能得到理解。而实践主义则认为，生活实践是在先的，人类知识只有通过实践才有可能形成和被理解。两者看上去截然对立，但细加审视，我们会发现，它们其实共享着同一个前提，那就是他们都同意：知识和行动是性质不同的两件事；知识是以命题方式说出来的断言，而行动则是一种自然的身体动作。一些实践主义者将身体的动作能力也称作知识，但它的性质和理性主义者所说的命题知识不同，仍然属于行的范围，仍然是一种与可说的东西无关的前语言现象。理性主义和实践主义的分歧只是在于，要么是知导致了行，要么是行导致了知。

2. 此前我已经就理性主义的困难进行了分析，通过这些分析，我们大致可

---

① POLANYI M. Knowing and Being [M]. GRENE M, ed. London：Routledge, 1969：144. 转引自：郁振华. 人类知识的默会维度 [M]. 北京：北京大学出版社, 2012：53.

以看到，理性主义的思路有着难以克服的障碍，而实践主义恰好在理性主义的困难之处找到了自己存在的根据。但这是否就意味着实践主义的思路没有问题呢？答案是否定的。在我看来，实践主义如果像我前面所描述的那样的话，那么它同样是理论建构的结果。因为当我们将场景还原到事情的本来状态时，就会看到，事情并不像实践主义者们所说的那样。我的生活实践或我的存在，固然是先于我的理论（知识）反思的，但并不是知识无涉的。这是两个不同的概念：前反思的行动不等于知识无涉的行动。我走路上班、开车旅游，这都是我的生活，这种行和环境交织在一起，形成了一个前反思的流动整体。确实，在这个意义上，我和动物的适应环境的行为似乎并无差异。然而，虽然我的行为是前反思的，但却是不无理由的，我的作为生活状态的行走，**自然地**走在人行道上，我开车**自然地**见红灯就停……我的生活就是由这些行动构成的，这些行为没有经过反思，也不需要想到或说出，但它们却不是完全无章法、无规范的。人，甚至在自己还没有意识到的时候，便已经处于规范的网络之中了，理性早已经渗透在自然行为之中了。

我们不能将人的"行"理解为自然的身体动作加上理性的规范，而应该将二者看作本来就是密不可分的整体。人在成长的过程中，通过社会的教化，即通过父母、老师、保姆及其他成人的言传身教，将这种原本是凌驾于个体之上的社会普遍规范内化为自己的生命要求，以至于忘却了它们的来源，使其化为自己生命的一部分，成为自己的本性或自然（nature）。在人的生活实践中，前反思的行中渗透着反思的精神要素，规范和自然并非截然对立的两个世界，人的身体将它们统一在一起。

3. 因此，行动不是如塞拉斯等人认为的那样，是非语言的自然身体动作对语言刺激的反应，而是本身渗透着意向和理由的身体动作。按照塞尔的区别，意向可分为行动前的意向和行动中的意向。**行动前的意向**来自语言推论的结果，"我想打伞"的意向来自"下雨了"，这个意向是对于我将要采取的行动的承诺，它和"如果下雨，那么打伞"的推论后件是一致的。**行动中的意向**与此不同，它隐含在**当下**的行动之中，不被人们意识到，但如果你突然打断我，追问我为何如此行动时，我就会意识到它，并向你说出。我开车看见红灯，于是踩住刹车，没有任何的反思，完全是在生活的流动中自然地移动着右脚，但如果身后突然有汽车鸣喇叭，我就会转身告诉后面的驾驶员："前面是红灯！"我的动作是有理由的，而那驾驶员的动作则是没有理由的，我的理由来自规范的推论:"如果红灯亮了,那么你应该踩刹车"。"我要踩刹车"的意向此刻就在我的行动中,看似自然的行动,其实内在地已经隐含了意向(理由)。因此,人的行动,哪怕看上去是自然的身体动作,其实也已经内在地渗透了意向、理由,从而是理性的,与动物纯粹自然的动作是不同的。

4. 行动如果只是一种像实践主义所说的先于理性并独立于理性的行为,或者如理性主义所说的,只是一种由理性(语言)引起的自然(非语言)的身体动作的话,那么它就是一种可以也应该用自然科学语汇所描述的现象,而不具有意义。但这显然不符合我们在生活中对于人的行为的理解。当我用力踩住刹车的时候,不论是我自己还是他人,都不会用自然科学的语汇描述我的这一行为,"脚的力量正以每厘米 X 压力的方式传递到踏板上",我们不会这么说话,因为在这种表达中,看不到行为的意义。我们会说"我(他)踩下了刹车",我们看到的行为是"踩下刹车"而不是"脚对踏板的传递压力",同样地,我们会说"他伸手打开伞"而不是"他手抬起来了,触及伞,伞开了",前者是一种意义表述,后者是一种自然描述。自然描述是一种所谓纯经验的描述,与理解(意义)无关,从而与理性无关,它只是关注于单个知觉、因果关系,没有对与错的问题;后者则是一种规范的描述,他关注的是一种"应该"的描述,有对错问题。你可以将脚施力于踏板理解为"踩住刹车",也可以将它理解为"实验踏板灵敏度",还可以将它理解为"锻炼脚力"等,之所以后面的这些解释不恰当,是因为在这种实践语境中,只有前面的表述是符合实质推论的规范的。

5. 我们人的每一个动作都可以从意义的角度加以解释,理性和行为或知与行在此紧密缠绕、无从分别。人的实践绝不是脱离了理性的,实践主义者如杜威,虽然在知觉经验方面已经充分意识到了理性要素的渗透,但在行动方面尚未充分意识到理性即知识的重要意义,当杜威谈论知识对行动的重要意义时,多半是指知识引导了行动,至于行动本身,则仍然和动物的活动没有本质的区别。这听起来不免有些蹊跷,强调实践、行动的实用主义者反而对行动本身的结构,缺乏细致的分析。而理性主义者如塞拉斯等人,也同样没有将行动本身看作理性渗透的。这同样也让人感到难以置信,塞拉斯对所予神话的批判,瓦解了非概念的感觉经验,但对于另一端的行动,却轻轻放过,将其当作非概念的对应于意向的活动。然而塞拉斯对于所予神话的批判,完全适用于对非概念的行动的思考。遗憾的是,这里出现了一种不平衡。

在当代哲学家中，将行动和理性融为一体的代表人物当属麦克道尔。麦氏对行动与理性相统一的阐述与他对经验概念化的阐释是一致的、对称的。和塞拉斯、戴维森等理性主义者不同，麦克道尔主张，不能将世界和思想割裂开来，认为世界对我们只有一种因果刺激作用。在麦氏看来，世界已经概念化。同样，也不能将人的行动看作非概念化的纯粹自然举止，只承认在先的意向性；人的行动本身和经验一样，也是概念化的，否则就难以解释，我们的行动何以能合理地对应于我们的意向，我们身体的某些行动何以能被当作是对一种意向的实现或非实现。关于这一点，Chauncey Maher 概括得很好："麦克道尔认为，意向行动本身是概念化的，而不只是某种概念化东西的结果。对他来说，我们可以通过对行动中的意向即正在付诸行动的意向的思考，看到这种观点的吸引力"①。

五、结语

至此，我们看到：理性主义路径的诱惑在于使我们看清人的行动与动物、婴儿、物的举动之间的差别，看清知识对于行动的重要性。但理性主义过于强调了人的行动的特殊性，割裂了人与动物的连续性，理性变成了神秘而难解的独立空间，这使它面临很大的挑战。实践主义正好补充了理性主义的缺陷，它从人的自然生活实践开始，将知识的性质、来源置于前反思的生活实践之中，从人与动物的连续性入手，寻找理性知识的说明，克服了理性主义的神秘性，试图用自然的生活行为解释规范、理性的产生。

这是两种看似对立，但在某些根本之处却彼此相通的哲学立场，它们都将知识和行动设定为分离的两种现象，区别只在于一个主张知先于行，另一个主张行先于知。如果我们回到真实的生活本身，我们会发现，它们都是某种哲学的诉求。真正的事实是：人类的行和知根本就是密不可分的，它们是一个整体，即便是在前反思的状态下，行中也隐含了知。知行不是可以分析的两个要素，知行之辨的出路就在于：超越知行之辨的传统思维方式，将概念化的行动作为解决问题的地基，从而开创一条理性实践主义的道路。

---

① MAHER C. The Pittsburgh School of Philosophy [M]. New York：Routledge，2012：115.

抽象与具体事物的区分[*]

王文方

大多数当代哲学家认为,这个世界里的事物可以被互相排斥而又共同穷举地区分成两个类:一类是具体的(concrete)事物类,另一类则是抽象的(abstract)事物类。[①] 问题在于:这两类事物之间的区别究竟何在?Hoffman 与 Rosenkrantz(2003)曾经论证说,常见的、对于抽象/具体事物的区分方式存在一些明显的问题,而他们主张以一种新颖的、在他们看来没有问题的方式去做出这两类事物之间的区别。本文旨在以他们批评其他区分方式时所使用的策略与标准去反对他们所提出的区分,并划分为四节。第一节说明 Hoffman 与 Rosenkrantz 认为常见的、对于抽象/具体事物的区分方式所存在的问题。第二节说明 Hoffman 与 Rosenkrantz 所主张的区分方式。在第三节中,我根据 Hoffman 与 Rosenkrantz 批评其他区分方式时所使用的策略与标准而去论证说,他们所主张的区分方式也不能通过他们自己的论证策略与标准的考验,因而不是一个在他们看起来没有问题的区分方式。在最后一节里,我则论证两个要点,首先,我论证说,抽象/具体事物之所以不容易(甚至不可能)找到一个可信的区分方式,原因相当可能在于我们对该区分所拥有的任何直觉,乃是许多不等价与/或混含的区分互相混淆的结果。其次,我论证说,抽象/具体事物的**区分本身**其实不具有任何哲学上的重要性,因而是一个可以不必深究的问题。

一、常见的区分方式所存在的问题

为了理解 Hoffman 与 Rosenkrantz 何以要提出新的区分方式,让我们先看看

---

　　[*] 根据拙著《形上学》(三民书局,2008)第 8 章的有关内容改写而成。
　　[①] 有关于这两个类是互相排斥而又共同穷举的说法,以及以下有关于这两类事物的清单,详见:比方说 van Inwagen(2004)以及 Hoffman 与 Rosenkrantz(2003)。大致说来,哲学家对于这两份清单有着约略一致的意见。

他们认为常见的有关于抽象/具体事物的区分方式究竟存在着什么样的问题。为了以下讨论方便起见，让我们像 Hoffman 与 Rosenkrantz 一样地去假设说：大多数的人和哲学家们都会同意，任何一个笛卡儿式的灵魂（Cartesian soul）、物理实体、物理实体的（总和）（mereological sum）、时间、地点、个别的事件等都是一个具体类的事物（如果该事物存在的话），而任何一个集合、数目（number）、性质、关系、命题、语句或游戏类型（type）等则都是一个抽象类的事物（同样，如果该事物存在的话）。换句话说，我们假设以上这些归类方式乃是一个（常识上的直觉）；而我们的问题是：有没有什么特性是所有具体（或抽象）类的事物所必然拥有，而另一类的事物却必然缺乏的呢？①

一个常见的说法是：每个具体类的事物不但占据一定的空间，**而且**至少存在于某个时间当中，而抽象类的事物则或者不占据空间或者不存在于任何时间当中或者两者皆不然。简单地说，具体类的事物存在于时间**与**空间中，而抽象类的事物则不然。但 Hoffman 与 Rosenkrantz 认为这个区分方式是不正确的：直觉上，笛卡儿式的灵魂是具体类的事物，但它们并不占据任何空间，因而并不存在于时间**与**空间中。同样地，直觉上，时间（如 2011 年 10 月 28 日）也是具体类的事物，但它们本身并不占据任何空间，因而并非存在于时间**与**空间当中。Hoffman 与 Rosenkrantz 因而认为，这个区分方式将某些具体类的事物归类为抽象类的事物，所以不是正确的区分方式。

但也许这个特性是：具体类的事物存在于时间**或**空间中，而抽象类的事物则既不存在于时间也不存在于空间中。但 Hoffman 与 Rosenkrantz 认为这个区分方式也不是正确的：亚里士多德派（Aristotelian）的共相实在论者认为，某些性质和关系——如占据时空的事物所共享的性质，譬如桌子的形状——尽管是抽象类的事物，却占据一定的空间：它们完整地出现在它们的每个例子所占据的空间上，并因而具有多重空间性（multiple locations）；而另外一些哲学家则认为，像围棋和中文这种抽象的游戏与语言类型，它们存在的时间绝不会超过二百万年，而且可以在某一天里被许多人在不同的地方一起进行着，因而具有时间性，但它们（显然）都不是具体类的事物。Hoffman 与 Rosenkrantz 因而认为，这个区分方式将某些抽象类的事物归类为具体类的事物，所以不是正确的区分方式。

---

① 本节以下的讨论主要摘自 Hoffman 与 Rosenkrantz（2003），但为了容易理解起见，我做了一些无伤他们本意的修正。

但也许这个特性是：具体类的事物可以进入时间与空间关系中[1]，而抽象类的事物则或者不能进入时间关系或者不能进入空间关系中。但 Hoffman 与 Rosenkrantz 认为这个区分方式仍不是正确的：时间与笛卡儿式的灵魂虽然都是具体类的事物，却不进入任何的空间关系中，并因而不进入任何时间与空间的关系中。这个区分也将某些具体类的事物归类为抽象类的事物，所以不是正确的区分方式。

但也许这个特性是：具体类的事物可以进入时间**或**空间关系中，而抽象类的事物则既不进入任何时间关系中，也不进入任何空间关系中。但 Hoffman 与 Rosenkrantz 认为这个区分方式仍不是正确的：亚里士多德派的共相实在论者认为，由于有些性质与关系——如占据时空的事物所共享的性质，譬如桌子的形状——占据空间，因而它们实际上进入空间关系中，尽管它们仍不是具体类的事物。同样地，我们也可以说，围棋这种古老的游戏是在明朝时由中国传到日本，并在 19 世纪后大放光芒，因而实际上进入时间关系中，但围棋这种游戏类型仍然不是具体类的东西。再一次地，这个区分将某些抽象类的事物归类为具体类的事物，所以不是正确的区分方式。

但也许这个特性是：具体类的事物可以移动或发生本有性质（intrinsic property）[2] 上的变化，而抽象类的事物则既不能移动亦不能发生本有性质上的变化。但 Hoffman 与 Rosenkrantz 认为这个区分方式仍不是正确的：时间、地点和个别的事件本身都不能够移动，也不能够发生本有性质上的变化，但它们仍然是具体类的事物。

但也许这个特性是：具体类的事物是暂时性的存在物，而抽象类的事物则是永恒的事物。但 Hoffman 与 Rosenkrantz 认为这个区分方式仍不是正确的：时间和地点被许多哲学家认为是永恒的存在物，但它们并不是抽象类的事物。而

---

[1] 进入时间（或空间）关系与存在于时间（或空间）中并不是同一件事。比方说，按照定义，一个几何学上的点（或时间上的瞬间）是不占据空间（或时间）的事物，但点（瞬间）与点（瞬间）之间仍然可以有空间（时间）上的关系，如"x 距离 y 三公尺远"这样的关系。一般而言，占据时空的事物似乎必然会与其他占据时空的事物产生时空上的关联，但反之则不然。

[2] 所谓"本有性质"，指的是并非因为与其他事物之间的关系而产生的性质。举例来说，我桌上有 a 和 b 两支并排的笔。a 是蓝色的，并且在 b 的左方。"x 是蓝色的"是 a 的一个本有性质，但"x 在 b 的左方"或"x 在某支笔的左方"则不是 a 的本有性质。不是本有性质的性质，通常又被称为"关系性质"。

亚里士多德派的共相实在论者则认为，某些性质和关系存在的时间与它们的例子一样的久远，因而并不是永恒的存在物，尽管它们仍然是抽象类的事物。

但也许这个特性是：具体类的事物是偶然的（contingent）存在物，而抽象类的事物则是必然的（necessary）存在物。① 但 Hoffman 与 Rosenkrantz 认为这个区分方式仍不是正确的：有些哲学家认为，时间是必然存在的事物，但它们仍然是具体类的事物。而有些哲学家则认为，某些集合、性质和关系，尽管是抽象类的东西，却只是偶然存在的东西。比方来说，{孔子} 这个集合以及"x 认识孔子"这个性质，似乎就是因为孔子存在的缘故才存在的，因而只是偶然类的事物。②

但也许这个特性是：具体类的事物可以进入因果关系，而抽象类的事物则不能。但 Hoffman 与 Rosenkrantz 认为这个区分方式仍不是正确的：有些哲学家认为，只有事件才能进入因果关系，而实体、时间与地点则不能，但后者仍然被认为是具体类的东西。另外一些哲学家则认为，因果关系是抽象性质之间的高阶关系，因而严格说来，进入因果关系的是性质，但这些哲学家并不会因此说性质是具体类的事物。

但也许这个特性是：具体类的事物可以不依赖其他任何事物而独立存在着，而抽象类的事物则必须依赖具体类事物才能够存在。但 Hoffman 与 Rosenkrantz 认为这个区分方式仍不是正确的：首先，柏拉图派（Platonic）的共相实在论者认为，有些性质和关系并不依赖于例示它们的事物才得以存在③，但它们仍然是抽象类的事物。其次，如果抽象类的事物是必然的存在物，而具体类的事物则是偶然的存在物，那么，就算具体类的事物不存在，抽象类的事物也仍然会继续存在着，因而抽象而必然存在事物的存在似乎并不依赖于具体事物的存在。

---

① "偶然存在物"指的是实际上存在，但却可能不存在的事物。"必然存在物"指的则是不可能不存在的事物。

② 哲学家通常会区分纯粹的集合（pure set）与不纯粹的集合（impure set）两种。前者包括空集合、空集合的集合、空集合的集合的集合……以及由这些事物所形成的集合等，而后者指的是上述这些集合之外的集合，如由孔子和孟子所形成的集合以及所有人类所形成的集合等。哲学家普遍认为纯粹的集合是必然存在的事物，但有些哲学家认为不纯粹的集合则只是偶然存在的事物。

③ 特别是那些"未被例示的"（uninstantiated）的性质或关系，即没有任何例子的性质或关系，比方像"x 是头上有着一个角的马"这种性质，或"x 不等于 x"这种关系。

但也许这个特性是：具体类的事物是我们可以用直指的方式挑出（pick out by ostension）的事物，而抽象类的事物则是我们只能够使用描述的方式——比方说，"这个东西的形状"（the shape of this thing）、"桌上那支笔的颜色"（the color of the pen on the table）等——挑出的事物。但 Hoffman 与 Rosenkrantz 认为这个区分方式仍不是正确的：时间和笛卡儿式的灵魂都是不能以直指的方式挑出来的事物，但它们仍然是具体类的事物。而如果有些性质和关系占有空间的话，那么，说它们不能用直指的方式来加以挑出，这样的说法似乎没有什么太好的理由。举例来说，指着桌上的笔说："这个颜色"（this color），这似乎是一种直指的、挑出某个颜色的理想方式。

二、Hoffman 与 Rosenkrantz 所主张的区分方式

在进行本节的说明之前，让我们再看一种 Hoffman 与 Rosenkrantz 未讨论的、来自字源学的常见区分方式：抽象类的事物是我们理智"抽象化"（abstraction）作用的对象，而具体类的事物则否。"抽象化"的理智作用是这样的：如果我们专注于某个事物的某个面相——比如说它的形状或颜色——但忽略它的其他面相，或将前者与其他面相"隔离"开来，那么，这样的理智活动就被称为是一种"抽象化"的作用，而其专注的对象则被称为是一种"抽象类"的事物。但这个区分方式有两个问题。首先，什么是一个事物的"面相"这件事是一个混含的事情，如果我的手可以算作是我的一个"面相"，而且如果我们将它与我身体的其他部分透过注意力的控制而"隔离"开来，那么，这样抽象化的对象——一般称为"未分离的部分"（undetached part）的事物——仍然不会被哲学家称为是一种"抽象类"的事物。类似地，如果中年时期的我可以算作是我的一个"面相"，而且如果我们将它与我人生的其他阶段透过注意力的控制而"隔离"开来，那么，这样抽象化的对象——一般称为"时间切片"（time slice）的事物——也同样不会被哲学家称为是一种"抽象类"的事物。其次，有些直觉上被归类为抽象类的事物——如数目和集合——很难被说成是理智抽象化作用的对象：比方来说，空集合究竟是对哪个或哪些事物的何种面相加以抽象化而成的对象呢？而负整数-1 又是对哪个或哪些事物的何种面相加以抽象化而成的对象呢？这些无疑都是不容易给出可信答案的问题。基于这里所说的两个理由，我相信，Hoffman 与 Rosenkrantz 同样会认为这种区分抽象/具体事物

的方式是不正确的。

有兴趣的读者可以继续试试别的区分方式，但我想，以下这件事情应该是很清楚了：无论我们如何试着去划分抽象/具体事物之间的区别，我们似乎总是可以发现，我们所给出的区分并不会完全符合（a）我们对于哪些事物属于抽象类、哪些事物又属于具体类所拥有的"直觉"，以及（b）对于各类范畴事物的特性的各种理论。有鉴于划分这个区分时所遭遇到的重大困难，我们似乎有很好的理由去怀疑：具体类事物和抽象类事物之间的区别其实是任意的（arbitrary）、歧义的（ambiguous）或不存在的（non-existent）。[①] 但在接受这个怀疑论的结论之前，让我们再看一眼，主张有这个区分的哲学家们——特别是Hoffman 与 Rosenkrantz——能够怎么说。

如果你坚信我们能够可信地做出有关于抽象类与具体类事物之间的区分，你可以采取下述两个进路当中的一个：第一个进路是去接受 Hoffman 与 Rosenkrantz 对各种区分方式所做出的批评，然后像他们一样积极地去寻找一个更为可信的区分方式。第二个进路则是修正式（revisionary）的进路，这个进路之下有两个互不排斥的子进路。（2a）你可以说，也许我们对于哪些事物属于抽象类、哪些事物又属于具体类的"常识上的直觉"是错误的；比方说，也许时间、地点和灵魂都不应该被看作是具体类的事物，而如果我们修正了将它们归属于具体类事物的"直觉"，那么，前一节中第一种区分抽象/具体事物的方式便是基本上可以接受的。这个进路在哲学史上并不罕见；毕竟，常识与直觉并不总是正确的，而在某些问题上，我们也往往缺乏坚强的直觉。但这并不是 Hoffman 与 Rosenkrantz 所采取的进路，并且，基于以下我在第四节中将要做出的论点，我也不认为这是一个应该被采取的进路。（2b）你也可以说，或许某一种（或一些）有关于某类（或某些类）事物的特性的理论是错误的；比方说，也许性质

[①] 让我们小心区分这几种说法。说某一个区分是任意的，指的是哲学家们可以不管约定俗成或先于哲学的常识性直觉（也许是因为并不存在着所谓的"先于哲学的常识性直觉"的缘故），而自由地去规定哪些事物属于哪一个类；说一个区分是歧义的，指的是实际上存在着好几种被一般人和哲学家所接受的、逻辑上不等价的、做出这些区分的方式；而说一个区分并不存在，指的则是：在一般人和哲学家所划分的那两类事物当中，其实并不存在着某种"自然的"特性是其中一类事物必然拥有，而另外一类事物必然缺乏的特性。（我之所以在此强调"自然的"特性，主要是为了排除像"x 是某个笛卡儿式的灵魂，或 x 是某个物理实体，或 x 是数个物理实体的总和，或 x 是某个时间，或 x 是某个地点，或 x 是某个个别的事件"这种不自然的特性。）

和关系都必然地不占据时间与空间，因而亚里士多德派的共相实在论其实是一个错误的理论，而前一节中第二种区分抽象/具体事物的方式则是基本上可以接受的。但这个子进路的一个问题是：它将实质性的哲学争论——有关于共相特性的争论——变成了简单的概念上的混淆，并因而使得哲学史上的重要争论变得愚蠢而无法理解。这个子进路同样不是 Hoffman 与 Rosenkrantz 所采取的进路；在批评各种常见的区分时，他们似乎假设了：有关抽象/具体事物的区分应该独立于我们对各范畴事物的特性的理论（我将在下一节中回到这一点），而这对我来说似乎是一个正确的假设。基于我在此对（2a）和（2b）所做出的评论，我认为第二个进路并不是一个值得追求的进路。以下我回到第一个进路，而这也正是 Hoffman 与 Rosenkrantz 所采取的进路。

　　Hoffman 与 Rosenkrantz 的进路是去接受我们一开始所假设的"常识上的直觉"，坚信这个直觉的背后一定有某种客观的（且独立于我们对各范畴事物的特性的理论的）差异作为基础，并锲而不舍地去寻求这个他们坚信的客观差异。但他们所坚信的差异为何？为了要说明他们的看法，让我们先说明一些相关的概念。让我们首先定义说，"范畴 C1 从属于（is subsumed under）范畴 C2"的意思是："必然地，任何是 C1 类的事物也都是 C2 类的事物，但反之则不然"。当范畴 C1 从属于范畴 C2 时，我们也可以说范畴 C2 统辖了（subsume）范畴 C1。在这个定义下，任何一个范畴［除了事物（thing, entity, being, existent）这个范畴本身］都从属于事物这个范畴；因为，不管 C1 是个什么样的范畴（只要它不是事物这个范畴），任何是 C1 类的事物都必然是事物，但反之则不然。因此，事物这个范畴统辖了所有其他的范畴；我们也可以说：事物这个范畴是最高的或第一层的（level A）范畴。在第一层的范畴下，哲学家们一般有两种方式去将事物进一步划分为两个互相排斥而又共同穷举的范畴。一种是将它们划分为抽象类的事物与具体类的事物，另一种则是将它们划分为共相（universal）与殊相（particular）。① 像共相、殊相、抽象类事物、具体类事物这样的范畴，它们一方面从属于事物这个范畴，一方面似乎又统辖了其他所有的范畴，我们因而可以将它们称为第二层（level B）的范畴。至于以下这个特殊清单 L 中的各种范畴：

---

① 但在我看来，这两种区分事物的方式只是哲学家们的习惯，具有一定的独断性。如果我们愿意，我们也可以将事物区分为"物理的"与"非物理的"这两个范畴，或"实体"与"非实体"这两个范畴。

事件、时间、地点、性质、关系、实体、事物的总和、集合、命题

不仅直觉上似乎属于同一个层次①，而且它们之中的每一个也都直接从属于某个第二层的范畴并统辖了一些其他的范畴，因而我们可以称它们为第三层（level C）的范畴。当然，如果我们愿意，我们还可以继续区分第四层（level D）、第五层（level E）的范畴等。但对于本文的目的来说，这样的继续划分是不必要的。

利用上述的清单 L，Hoffman 与 Rosenkrantz（2003）首先严格定义了"第三层范畴"如下：

> 一个范畴 X 是第三层的范畴，若且唯若（i）X 既不统辖也不从属于 L 清单中的某个范畴，而且（ii）X 并不从属于某个不在 L 清单上但满足（i）的范畴。

注意，满足上述条件（i）的范畴除了清单 L 中的所有范畴之外，还有数目和事态（state-of-affair）等范畴。条件（ii）的目的在避免我们将——比方说——偶数这个范畴划归为第三层的范畴。由于数目这个范畴并不在 L 清单上，因而偶数这个范畴（就像数目这个范畴一样）也满足条件（i）。如果只有条件（i）而没有条件（ii），偶数这个范畴将和数目这个范畴一样被划归为第三层的范畴——但这显然是一种不正确的划分方式。注意，**偶数**这个范畴并不满足条件（ii），而这是因为**偶数**从属于某个不在 L 清单上但满足（i）的范畴——也就是**数目**这个范畴——的缘故。

最后，我们可以说明 Hoffman 与 Rosenkrantz 对于抽象/具体事物的区分的主张了。根据他们的看法（Hoffman & Rosenkrantz 2003：51），抽象类事物与具体

---

① 在下一节中我们将看到：有些哲学家将命题当作是某种类型的集合。根据这个看法，每个命题都是一个集合，但反之则不然——比方说，自然数所形成的集合就不是命题。如果这个看法是正确的，命题这个范畴便从属于集合这个范畴，因而与集合不属于同一个层次。所以，清单 L 并非独立于各种有关于命题的特性的理论。但如果我们从清单 L 中剔除命题这个范畴，这似乎又将抵触一些人认为命题与集合属于同一层次范畴的直觉。这或许是 Hoffman 与 Rosenkrantz 理论中的一个困难，但以下我将忽略这个困难。我要特别感谢本文的一位匿名审查人机敏地指出了这个问题。值得注意的是，有些唯名论的哲学家也将性质和关系当作是集合，这样的看法也可能会有类似的问题。不过，这个看法是否真的会导致类似的问题得视唯名论的哲学家对"到底有哪些性质和关系存在？"采取什么样的立场而定。如果唯名论的哲学家对该问题采取丰富论的立场，那么，每一个集合也都可以看作是一个性质或关系，因而并不会有这里所提到的问题。

类事物之间的区别在于：

> 一个事物 x 是具体的，若且唯若，x 是某个第三层范畴 **X** 当中的一个例子，而且 **X** 中的某些可能例子 y 拥有占据时间或空间的部分。① 一个事物 z 是抽象的，若且唯若，w 是某个第三层范畴 **W** 当中的一个例子，但 **W** 没有任何可能的例子会拥有占据时间或空间的部分。

换句话说，一个具体的事物是这样的：（i）它属于某个第三层的范畴 **X**，而且（ii）**X** 可能有例子 y 是这样的：（iia）有某物 z 是 y 的一个组成部分，而且（iib）z 占据时间或空间②；而一个抽象的事物则是这样的：（i）它属于某个第三层的范畴 **W**，而且（ii）**W** 不可能有任何的例子 y 是这样的：（iia）有某物 z 是 y 的一个组成部分，而且（iib）z 占据时间或空间。③ Hoffman 与 Rosenkrantz 认为，在这个分类下，任何的灵魂、物质实体、实体的总和、时间、地点、个别的事件等都将被归属为具体类的事物，而任何的集合、数目、性质、关系、命题、语句或游戏类型等则将被归属为抽象类的事物。详细一点地说，在这个分类的标准下，一个灵魂之所以会被归类为具体类的事物，那是因为它属于**实体**这个第三层的范畴，而该范畴中的某些例子——如各式各样的动物——拥有一些占据时空的部分，如肢体。而任何一个物质实体、实体的总和、时间、地点、个别的事件等之所以会被归属为具体类事物的理由则与此相似。自另一方面言之，在这个分类的标准下，一个性质——如 "x 是红色的"——之所以会被归类为抽象类的事物，那是因为：它属于**性质**这个第三层范畴，而尽管性质可能占据时空，但性质**似乎**不是由占据时间或空间的部分所组成的事物。④ 而任

---

① 这里所谓的"部分"指的是常义的部分（proper part），也就是不等于该事物但却是该事物一部分的事物。在某些哲学的用法中，一个事物也是它自己的一个部分，但却不是它自己的常义的部分，但这个用法不是此处的用法。

② 为了更清楚起见，让我将这个定义部分地形式化如下：x is concrete $=_{df} \exists X$ (X is a level C category $\wedge x \in X \wedge \Diamond \exists y$ ($y \in X \wedge \exists z$ (z is a proper part of $y \wedge z$ occupies time or space)))。

③ 类似地，让我将这个定义部分地形式化如下：x is abstract $=_{df} \exists X$ (X is a level C category $\wedge x \in X \wedge \neg \Diamond \exists y$ ($y \in X \wedge \exists z$ (z is a proper part of $y \wedge z$ occupies time or space)))。

④ 聪明的读者可能会很快地反驳说，一个性质（或关系）的各个例子可以是占据时空的事物，因而这样的性质（或关系）将会有占据时空的事物作为其组成部分。但 Hoffman 与 Rosenkrantz 可以反驳说（如果他们的确这样反驳，我会认为他们是正确的），上述的说法其实是混淆了例示关系（instantiation, exemplification）与组成关系所致；而这两种关系的差别是很明显的：组成关系具有传递性（transitive），但例示关系则不然。

何一个集合、数目、性质、关系、命题、语句或游戏类型等之所以会被归属为抽象类事物的理由也与此雷同。因而，与前一节中所提到的各种流行的定义相比较，Hoffman 与 Rosenkrantz 所给出的区分**似乎**正确地反映出我们对各种事物属于抽象类或属于具体类上所拥有的直觉。

三、Hoffman 与 Rosenkrantz 区分方式的问题

我说"Hoffman 与 Rosenkrantz 所给出的区分**似乎**正确地反映出我们对各种事物属于抽象类或属于具体类上所拥有的直觉"，我强调的是"似乎"，实际上我并不如此认为。在我看来，他们所主张的区分方式也未能通过他们在批评其他区分时所采取的策略与标准的检验，而主要的问题就出在几类抽象类的事物上：性质（关系）、集合、命题（事态）、语句或游戏类型等。① 以下我先说明他们在批评其他区分方式时所采取的策略与标准，然后我再分别说明这几类事物对他们的区分方式所造成的问题。

在批评各种常见的区分时，Hoffman 与 Rosenkrantz 似乎假设了：有关抽象/具体事物的正确区分既应该（a）尊重我们对于哪些事物属于抽象类哪些事物又属于具体类所拥有的"直觉"，又应该（b）独立于我们对各范畴事物的特性的理论。换句话说，如果一个区分逻辑上蕴涵了某种有关于某范畴事物的特性的理论将会违反（a），那么，该区分便是一个可以反对的区分。举例来说，第一节中以"是否存在于时间或空间"作为区分抽象/具体事物的方式之所以被 Hoffman 与 Rosenkrantz 认为不是一个正确的区分方式，那是因为该区分蕴涵了亚里士多德派的共相实在论者将性质归类为具体类的事物，因而违反了我们对于它们属于抽象类事物的"直觉"。另一个例子：该节中以"是否可以不依赖其他任何事物而独立存在"作为区分抽象/具体事物的方式之所以被 Hoffman 与 Rosenkrantz 认为不是一个正确的区分方式，那是因为该区分蕴涵了柏拉图派的共相实在论者将性质归类为具体类的事物，因而同样违反了我们对于它们属于抽象类事物的"直觉"。当这件事变得明显时，一个哲学家当然可以反对 Hoff-

---

① 除了我这里所说的问题之外，我们千万不要忘了 E. J. Lowe（1995：203）对这个定义所做的另一个批评："（根据 Hoffman 与 Rosenkrantz 的区分方式，）一个事物（如灵魂）之所以是具体的，那是因为碰巧跟它属于同一范畴的**其他**事物（如动物）具有一些前者所**缺乏**的特性（如拥有占据时间或空间的部分），这种说法是很奇怪的说法。"

man 与 Rosenkrantz 在批评其他区分时所做的这些假设（并因而采取我在前一节中所说的第二种进路），但（基于我在下一节中说过的理由）我将不会采取这样的做法。以下我假设 Hoffman 与 Rosenkrantz 的批评策略与标准是正当的，并藉此论证说：他们自己的区分方式也未能通过他们的批评策略与标准的检验。更具体一点地说，我将逐一论证：Hoffman 与 Rosenkrantz 所提出的区分方式蕴涵了某些有关性质（关系）、集合、命题（事态）、语句或游戏类型的理论将会违反（a），因此是一个根据他们自己的策略与标准来说可以反对的区分。我先从性质和关系开始说起。

有些学者主张有些性质或关系具有组成的部分，这样的性质或关系通常被称为"有结构的共相"（structural universals）。主张存在着有结构共相的哲学家至少包括 D. M. Armstrong（1986）和 P. Forrest（1986，1998）等人，而经常被拿来作为有结构的共相的例子则如"x 是一个水分子"这样的化学类性质。由于任何例示"x 是一个水分子"这个性质的事物都必然①包含一个例示"x 是一个氧原子"与两个例示"x 是一个氢原子"的部分，而例示了"x 是一个氧原子"的部分与任何一个例示了"x 是一个氢原子"的部分之间也同时例示了"x 联结 y"这样的关系；因而，在某个意义下，"x 是一个水分子"这个性质可以说是由"x 是一个氧原子""x 是一个氢原子"这两个性质，以及"x 联结 y"这个关系所组成；或者说，"x 是一个氧原子""x 是一个氢原子"与"x 联结 y"这三个性质和关系是"x 是一个水分子"的组成部分。除了主张存在着有结构的性质/关系之外，有些哲学家还主张，性质/关系也可以占据时间与/或空间；比方说，亚里士多德派的共相实在论者便认为，性质和关系占据着它们的例子所占据的时间与/或空间，因而具有多重的时间性与/或空间性。如果我们将上述这两种观点结合在一块，我们也就有了以下这样的共相理论 T_1：有些有结构的性质/关系是由一些较为简单的性质/关系所组成，而这些较为简单的性质/关系则占据有一定的空间与/或时间。现在，令 x 是任意的一个性质或关系（比方说，令 x = "x 是红色的"），而令 y 是任意一个有结构的性质或关系（比方说，令 y = "x 是一个水分子"），由于 x 是某个第三层范畴 **X**——也就是**性质**或**关系**——当中的一个例子，而 **X** 中的某些可能例子——例如 y——拥有占据时间或空间的部分，

---

① 这里的"必然"一词指的是形上学上的必然性，而非仅指物理上的必然性。以下的讨论预设"水是 H_2O"是一个形上学上的必然真理。

因而，Hoffman 与 Rosenkrantz 的区分方式逻辑上蕴涵了 T_1 将把 x 归类为具体类的事物，而这违反了我们对于性质及关系所拥有的"直觉"。因此，该区分逻辑上蕴涵了某个有关于某范畴事物的特性的理论——也就是 T_1——将会违反（a）；因而，根据 Hoffman 与 Rosenkrantz 批评其他区分方式时所采取的策略与标准来看，他们自己所提出的区分也是一个可以反对的区分。

至于集合，D. Lewis（1984，1986a，1986b）曾经多次建议我们将集合看作是一种具有组成部分的事物。在这个建议下，组成集合 A 的各个部分并不是集合内的元素，而是 A 的所有子集合，而这是因为集合间的包含关系就像整体与部分间的关系一样是一种传递性的关系，而集合与元素间的属于关系则不具有这样的传递性的缘故。因而，根据这个看法，{x | x 是一个人} 这个集合至少有两个组成的部分；它们分别是 {x | x 是一个男人} 与 {x | x 是一个女人}。①此外，Lewis（1984，1986a）还建议，由占据时空的元素所形成的集合，如 {x | x 是一个女人}，也可以被看成是占据时空的事物：这些集合所占据的时空也就是它们的元素所占据的时空的总和。如果我们将上述这两种观点结合在一块，我们也就有了以下这样的有关于集合的理论 T_2：有些集合（如所有的人所形成的集合）是由一些较为简单的集合（如男人的集合和女人的集合等）所组成的，而这些较为简单的集合则占据着一定的空间与/或时间。现在，令 x 是任意的一个集合（比方说，令 x = 空集合），由于 x 是某个第三层范畴 **X**——也就是**集合**——当中的一个例子，而 **X** 中的某些可能例子——例如所有的人所形成的集合——拥有占据时间或空间的部分，因而，Hoffman 与 Rosenkrantz 的区分方式逻辑上蕴涵了 T_2 将把 x 归类为具体类的事物，而这违反了我们对于集合所拥有的"直觉"。因此，该区分逻辑上蕴涵了某个有关于某范畴事物的特性的理论——也就是 T_2——将会违反（a）；因而，根据 Hoffman 与 Rosenkrantz 批评其他区分方式时所采取的策略与标准来看，他们自己所提出的区分也是一个可以反对的区分。

接下来，让我们看一下命题与事态。根据某些哲学家（如 B. Russell）的看法，命题（或事态）是由个体与性质/关系所形成的序列。举例来说，**苏格拉底是一个人**这个命题也就是这样的一个序列：<苏格拉底、"x 是一个人">。而如果我们像许多哲学家一样将序列看作是某种类型的集合，前述的序列也就可以被

---

① 我在此只考虑 {x | x 是一个人} 这个集合的常义子集合，并忽略空集合不计。

看成是 {{苏格拉底}、{苏格拉底、"x 是一个人"}} 这个集合。现在，根据我们稍早对集合的看法，这个集合系由它的常义子集合（空集合除外）所组成，而根据我们之前对集合与性质的看法，它的每一个常义子集合（如 {{苏格拉底}}）都是以占据时空的事物作为元素的集合（{{苏格拉底}} 的元素是 {苏格拉底}，而 {苏格拉底} 之所以占据时空是因为苏格拉底占据时空的缘故），因而本身也占据时空。因此，在这个理论 T_3 之下，至少有些命题与事态乃是由占据时空的部分所组成的事物。现在，令 x 是任意的一个命题（比方说，令 **x = 2 + 2 = 4** 这个命题），由于 x 是某个第三层范畴 **X**——也就是**命题**——当中的一个例子，而 **X** 中的某些可能例子——例如**苏格拉底是一个人**这个命题——拥有占据时间或空间的部分，因而，Hoffman 与 Rosenkrantz 的区分方式逻辑上蕴涵了 T_3 将把 x 归类为具体类的事物，而这违反了我们对于命题所拥有的"直觉"。因此，该区分逻辑上蕴涵了某个有关于某范畴事物的特性的理论——也就是 T_3——将会违反（a）；因而，根据 Hoffman 与 Rosenkrantz 批评其他区分方式时所采取的策略与标准来看，他们自己所提出的区分也是一个可以反对的区分。

最后，让我们简单地说一下语句或游戏类型。作为一种类型，一个语句（或游戏）类型或者是一个性质共相，或者是其所有可能的例子所组成的集合。如果一个语句类型是一个性质共相，根据前述有关于性质的理论 T_1，Hoffman 与 Rosenkrantz 的区分方式逻辑上蕴涵了 T_1 将把它归类为具体的事物；而如果一个语句类型是一个集合，根据前述有关于集合的理论 T_2，Hoffman 与 Rosenkrantz 的区分方式逻辑上蕴涵了 T_2 将把它归类为具体类的事物。无论如何，这样的结果都违反了我们对于语句类型与游戏所拥有的"直觉"。因此，该区分逻辑上蕴涵了某个有关于某范畴事物的特性的理论——也就是 T_1 或 T_2——将会违反（a）；因而，根据 Hoffman 与 Rosenkrantz 批评其他区分方式时所采取的策略与标准来看，他们自己所提出的区分也是一个可以反对的区分。

由以上的种种的说明可知，Hoffman 与 Rosenkrantz 所提出的区分方式**似乎**正确地反映我们对各种事物属于抽象类或具体类上所拥有的直觉而已，但其实不然。当然，Hoffman 与 Rosenkrantz 可以反驳说，本节中所说的那几种有关于性质（关系）、集合与命题（事态）特性的理论是不可信的，但这样的反驳方式并不具有说服力。Hoffman 与 Rosenkrantz 在反对其他区分方式时，主要使用的策略便是去点出该区分方式逻辑上蕴涵了**某一种**有关于性质（关系）、集合或命题（事态）特性的理论将违反我们的分类直觉，他们并不在意该理论是否较其他的理论来得更为可信一些。换句话说，Hoffman 与 Rosenkrantz 似乎认为，一个好的有关于抽象/具体事物的区分应该独立于我们对各种范畴的特性的不同看法。因而，他们不能也不应该以"前述那几种有关于性质（关系）、集合与命题（事态）特性的观点是不可信的"的说法来作为反驳。对他们来说，一个较好的反驳方式毋宁是去说：前述那些有关于性质（关系）、集合与命题（事态）特性的理论本身是不融贯的（incoherent），因而不是一个哲学家可以理性地采取的立场。但除非 Hoffman 与 Rosenkrantz 有好的理由去论证这几种立场的不融贯性，否则的话，这样的反驳是很难让人信服的。举例来说，Lewis（1984）曾经一度认为：主张"存在着有结构的共相"的理论是不融贯的理论，但在 Armstrong（1986）以及 Forrest（1986）的反驳下，Lewis（1986b）的看法似乎松动成认为这样的共相理论只是在解释上不必要而已。［对于这个问题的讨论，读者亦可参考 J. Bigelow（1986）、Bigelow & R. Pargetter（1998），以及 K. McDaniel（2009）中对有结构共相的辩护。］但如我们刚说过的，一个理论是否在解释上必要（或较为可信）并不是抽象/具体事物区分所应该考虑的问题；该区分最重要的问题乃在于正确地反映我们对于各种事物属于抽象类或具体类上所拥有的"直觉"。

四、抽象/具体事物的区分是哲学上不重要的问题

在最后这一节中，我将做出两个可能有相当争议性的论点。首先，我将论证，抽象/具体事物之所以不容易（甚至不可能）找到一个可信的区别方式，根本的原因可能就在于：我们对于各种事物属于抽象类或具体类上所拥有的"常识上的直觉"其实是许多不等价与/或含混的区分互相混淆的结果。其次，我将论证，抽象/具体事物之间的区分所引起的问题在哲学上并没有任何的重要性。让我先从第一个论点开始说起。

我们首先注意到，分析哲学中关于抽象类事物与具体类事物的区分，其实并不是一个太古老的区分。根据 G. Rosen（1997，2001）的说法，该区分的源起可以部分地追溯到 G. Frege。Frege（1884，1918）认为，**可被知觉的事物**与**心理的事物**这两个范畴并未穷尽所有的事物，因为，数目和意义（sense）都不是可被知觉到的事物，也都不是心理的事物，尽管它们是实际上存在的事物；Frege 因而说数目与意义是居住在"第三领域"（the third realm）当中的事物。Frege 之后，有些哲学家便称这些第三领域中的事物为"抽象的事物"，而称物理与心理的事物为"具体的事物"。不过，这两个概念在后来的发展中几经变迁，而从当代的角度来看，Frege 对于第三领域中的事物的界定，即"既不可被知觉亦非心理的"，已经不是一个恰当的对于当代所谓"抽象类事物"的界定。因为，有些物理上的事物——例如夸克和电子——既非能够被知觉的事物①，亦非心理的事物，但 Frege 和当代的哲学家们并不会因而称这些事物为"抽象的"事物。但更重要的是，这个区分的短暂历史和它的哲学性源头似乎共同暗示着：有关于这个区分的任何"直觉"其实都不是一个先于哲学的（pre-philosophical）、"常识上的"直觉，它们毋宁是哲学家理论化的一个结果。

不但 Frege 的区分方式在现今已不适用，Frege 之后的哲学家们对于这个区分究竟在哪里也没有一个一致的看法。比方说，J. Kim（1981：348）便说道：

> 说一个东西是"抽象的"或"柏拉图式的"究竟何指？这件事从来就没被说清楚过。"抽象的"一词，有时它的意思是"永恒的"；在此意义下，抽象的东西既不出生亦不灭亡。该词另一个密切相关的意思则是"不在时间与空间中"；在此意义下，抽象的事物是无时间性、无空间性的东西：它们在时空中没有位置。该词的第三个意思则是"必然的"；在此意义下，抽象事物必然存在。这三个意思绝不是等价的：比方说，传统概念下的上帝，在第一个和第三个意义下是抽象的事物，但在第二个意义下则不是抽象的事物。

而 Lewis（1986a：82-85）也说到，哲学中常见的区分具体事物与抽象事物的方式一共有四种：

> 旁观者也许会假设说，有关于"具体"和"抽象"的区别，是当代哲学家的共同立足点……但如果真的有人试图去说明那个区分，他相当可能会求助于下面一种（或多种）的说明方式。第一，举例的方式：具体的事物是像猴子、泥巴、光子、星辰这样的东西，而抽象的事物则是像数目这类的东西。……第二，合并的方式：具体事物与抽象事物之间的区分也就

---

① 一位匿名审查人指出：夸克和电子是否能够被知觉，关键在于我们如何理解"可被知觉"或"可被观察"一词而定。如果"可被知觉"或"可被观察"指的是我们的感官加上电子显微镜或高能原子对撞机等工具，那么电子及夸克依然可以被我们知觉和观察。这个看法无疑在科学上是正确的，但哲学家对于"可被观察"一词的理解较科学家来得狭隘。Carnap（1966, chapter 23）定义"可被观察"为"直接可被感官知觉"，他并进一步说明后者包含两个条件：没有任何仪器的协助，以及没有任何推论的协助。在哲学家所了解的意义下，夸克和电子无疑是"不可被知觉"和"不可被观察"的。相关的说明亦请参见 H. Andreas（2013）。

是个体与集合，或个体与共相，或殊相个体与其他事物之间的区分。……第三，否定的方式：抽象事物没有时空位置；它们不进入因果关系；任何两个抽象事物之间不可能没有区别。……第四，抽象化的方式：抽象事物是我们从具体事物身上抽象化了的结果。因为这个抽象化的缘故，使得原先对具体事物来说是不完整的描述，变成了对抽象事物的完整描述。

诚如 Kim 所言，而且如 Lewis 所暗示，这些区分方式之间并非总是彼此等价，而有些区分方式（如举例的方式）本身则又十分混含。从 Rosen、Kim 和 Lewis 的说明中，我想，有两件事情应该是很清楚了。首先，有关于抽象/具体事物的区分并不是一个先于哲学的常识上的区分；其次，从它的源头至今，这个区分有过许多不等价与/或混含的区分方式。[①] 有鉴于这两点，我的大胆推测是，抽象/具体事物之间之所以不容易（甚至不可能）找到一个可信的区分方式，根本的原因就在于我们在本文一开始所提到的"常识上的直觉"其实只是许多不等价与/或混含的区分互相混淆的结果。

我的这个推测不只受到该区分的历史与其理论化源头的直接支持，还受到以下这个"简单模型"的间接支持。假设我们的论域内至少有 C_1、C_2、C_3、C_4 四类事物，而它们的特性分别如下：C_1 类的事物都是 F 也都是 G，C_2 类的事物都是 F 但都不是 G，C_3 类的事物都是 G 但都不是 F，而 C_4 类的事物则都既不是 F 也都不是 G。假设哲学家 A（抽象/具体区分的创始者）以"是不是 F"来决定一个事物是不是抽象类的事物（换句话说，在这个标准下，是 F 的事物——亦即 C_1 和 C_2——也就是抽象的事物），哲学家 B（A 之后的某个哲学家）以"是不是 G"来决定一个事物是不是抽象类的事物（换句话说，在这个标准下，是 G 的事物——亦即 C_1 和 C_3——也就是抽象的事物），而哲学家 C（A 之后的另一个哲学家）则以"不是 F 或不是 G"来决定一个事物是不是抽象类的事物（换句话说，在这个标准下，不是 F 或不是 G 的事物——亦即 C_2、C_3 和 C_4——也就是抽象的事物）。并且假设他们的分类方式各自为后来的三群哲学家 P_1、P_2 和 P_3 所接受，并因而各自成为部分哲学家间的"直觉"。那么，显然：（1）A、B 和 C 的分类方式是彼此不等价的，尽管没有任何两个人的分类方式是彼此互斥的；（2）一个同时受到 P_1、P_2 和 P_3 这三群哲学家影响与混淆的当代哲学家（也许就是你和我）将会发现：（a）他有很强的"直觉"去认为 C_1、C_2、C_3 和 C_4

---

① 这两件事也是我在第二节中不赞成（2a）进路的主要理由。

这四类的事物都是抽象的事物；(b) 但无论他依照何种他被教导的方式去区分抽象类与具体类的事物，他都可以找到一类事物是该区分的反例；以及 (c) 如果他认真试着去找出这几类事物的共同点，他将会茫然若有所失。这个简单的模型说明了我论证中的要点：在我看来，抽象/具体的区分在源头上原来是哲学家所做出的一个任意区分，但这个区分在历史的发展中变成了一些不等价的、歧义甚至混含的区分，以至于一个受到这些区分混淆的哲学家将会发现，这些区分方式不仅总是存在着反例，而且那些通常被归类为抽象类（或具体类）的事物之间并没有任何特性是它们必然拥有而其他一类事物必然缺乏的特性。

其次，让我举一个例子来说明，为何我认为抽象/具体事物之间的区分**本身**在哲学上并没有任何的重要性可言。有一个似乎有关于抽象类事物的重要问题是：如果真的有抽象类事物的话，我们如何可能知道任何有关于它们的事情？而如果我们不可能知道任何有关于它们的事情，我们又有什么好的理由主张抽象类事物的存在？这些问题之所以在哲学上受到争辩并困扰主张存在有抽象类事物的哲学家们，主要是因为下面这个通常被称为"因果论证"的论证所致：

(P_1) 抽象类的事物（如果存在的话）并不进入因果关系。

(P_2) 只有进入因果关系的事物，我们才可能对它们具有知识（或可靠的信念）。

(C) 因此，我们对抽象类的事物不可能具有任何的知识（或可靠的信念，如果它们存在的话）。

虽然这个论证的结论并不是"抽象类事物不存在"，但如果我们对抽象类事物并不可能具有任何的知识或可靠信念的话，那么，任何有关于它们的陈述，包括"抽象类事物存在"这个陈述，也就都无法被证实。因而提倡存在着这样的事物的主张也就没有任何理性的基础可言。由于这个论证诉诸了"可靠性"或"知识"这些知识论上的概念，该论证因而有时又被称为"知识论上的因果论证"。有时候，知识论上的因果论证也被当作是一种归谬论证，特别是当我们是在谈论数学事物或可能性的时候。由于：

(P_3) 我们对数学事物和可能性的确具有知识或可靠的信念。

因此，从 (C) 和 (P_3) 我们可以进一步得出结论说：抽象的、不进入因果关系的数学事物或可能性是不存在的。所以，数学事物及可能性或者是具体的事物，或者根本就不存在。

我们不必追问上述的论证是否是一个健全的论证,我举该论证为例的主要目的乃在于指出:该论证其实是一个为了反对"存在着不具因果效力(causal power)的事物"的主张所提出的论证;因而真正的问题是:如果存在着不具因果效力的事物的话,我们如何可能知道任何有关于它们的事情?而如果我们不可能知道任何有关于它们的事情,我们又有什么好的理由去主张不具因果效力的事物的存在?对于这些问题,哲学家们显然无须先回答"抽象/具体事物之间的区别究竟何在?"这个棘手的问题;后者的答案对于前者这些哲学上真正重要的问题的解答来说毫无帮助,因而对于真正在哲学上重要的问题来说毫无重要性。而我认为我在这里所举的例子绝不是一个特例,我相信其他看似与抽象问题有关的重要哲学问题都可以做出类似的重述。而一旦我们做出了适当的重述,我们将不难看出:抽象/具体事物之间的区分在哲学上并没有任何的重要性可言,有关于该区分所造成的问题实际上都可以透过重述而加以消除。①

参考文献

[1] ANDREAS H. Theoretical Terms in Science [EB/OL]. Stanford Encyclopedia of Philosophy, 2013. http://plato.stanford.edu/entries/theoretical-terms-science/.

[2] ARMSTRONG D M. In Defense of Structural Universals [J]. Australasian Journal of Philosophy, 1986, 64: 85-88.

---

① 读者可能还会反驳说:"就算我对因果论证的解说是可信的,仍然可能有其他例子指出抽象/具体事物之间的区分还是重要的。至少,当代有关于抽象事物的唯名论认为,只有具体的事物存在,没有任何所谓的抽象事物。如果我们承认有关于抽象事物的唯名论是一个有意义的、值得认真考察的哲学理论,那么,至少这个理论的主要观点便是以这个区分为前提的。唯名论者至少会提出一个对具体事物的刻画,我们因而也就有了对抽象事物的刻画:抽象事物就是任何不满足刻画具体事物的条件的东西(假如存在的话)。"对此,我的回答是:当然,唯名论者会对他们认为存在的"具体"事物做出一个刻画——比方说,将它们当作是具有F特性的事物(这里的F可以是第一节中我们所提到过的任何一种有关于"具体"事物的特性);相对于这样的刻画,我们就会有一个有关于"抽象"事物——也就是不具F特性的那些事物(假如存在的话)——的刻画。但我的论点是:首先,不同的唯名论者可能会给出不同的刻画,而试图去厘清哪一种刻画才是"真正的"刻画将会是一件徒劳无功的事情;其次,给定这样的任意一个刻画,该有关于抽象事物唯名论/唯实论的争论可以被重新表述为有关于"是否有不具有F特性的事物?"的争论。在许多情况下,"是否有不具有F特性的事物?"是一个"有意义的、值得认真考察的"问题,但对这个问题的答复仍然无须先回答"抽象/具体事物之间的区别**究竟**何在?"这个问题。

[3] BIGELOW J, PARGETTER R. A Theory of Structural Universals [M]// LAURENCE S, MACDONALD C. Contemporary Readings in the Foundations of Metaphysics. Oxford, Blackwell, 1998: 219-229.

[4] BIGELOW J. Toward Structural Universals [J]. Australasian Journal of Philosophy 1986, 64: 94-96.

[5] CARNAP R. Philosophical Foundations of Physics: An Introduction to the Philosophy of Science [M]. New York: Basic Books, 1966.

[6] FORREST P. Neither Magic Nor Mereology [J]. Australasian Journal of Philosophy, 1986, 64: 89-91.

[7] FORREST P. Ways Worlds Could Be [M]//LAURENCE S, MACDONALD C. Contemporary Readings in the Foundations of Metaphysics. Oxford, Blackwell, 1998: 117-127.

[8] FREGE G. The Foundations of Arithmetic [M]. AUSTIN J L, trans. 2nd Rev. ed. Eranston: Northwestern University Press, 1980.

[9] FREGE G. The Thought: A Logical Enquiry [M]//KLEMKE. Essay on Frege. Champaign: University of Illinois Press, 1968.

[10] HOFFMAN J, ROSENKRANTZ G. Platonic Theories of Universals [M]//LOUX M J, ZIMMERMAN D W. The Oxford Handbook of Metaphysics. Oxford: Oxford University Press, 2003: 46-74.

[11] KIM J. The Role of Perception in *A Priori* Knowledge: Some Remarks [J]. Philosophical Studies, 1981, 40: 339-54.

[12] LEWIS D. Against Structural Universals [M]//LAURENCE S, MACDONALD C. Contemporary Readings in the Foundations of Metaphysics. Oxford: Blackwell, 1998: 198-218.

[13] LEWIS D. On the Plurality of Worlds [M]. Oxford: Blackwell, 1986a.

[14] LEWIS D. Comment on Armstrong and Forrest [J]. Australasian Journal of Philosophy, 1986b, 64: 92-93.

[15] LOWE E J. Review of *Hacceity*: An Ontological Essay [J]. Mind, 1995, 413: 202-205.

[16] MCDANIEL K. Structure-Making [J]. Australasian Journal of Philosophy, 2009, 87: 251-274.

[17] ROSEN G. A Subject with No Object [M]. Oxford: Oxford University Press, 1997.

[18] ROSEN G. Abstract Objects [EB/OL]. Stanford Encyclopedia of Philosophy, 2001. http://plato.stanford.edu/entries/abstract-objects.

[19] VAN I P A. Theory of Properties [M] //ZIMMERMAN D. Oxford Studies, 2004, 1: 1077-1138.

什么是德性知识论？ 知识的本质与价值问题[*]

米建国

一、前言

当代知识论最主要的三大议题分别是："知识本质"的问题、"怀疑论"的问题与"知识价值"的问题。其中"知识价值"的问题，是近20年来新兴的议题。任何一个完整而且足以令人满意的知识理论，都必须要能够同时面对这三个问题，并且可以提供一套解决或响应这三个问题的方式。

本文的主题，以"什么是德性知识论？"（What is Virtue Epistemology?）这个问题作为目标，特别是针对20世纪以来，以Ernest Sosa为首所发展出来的德性知识论为主，尝试探究在知识论领域中，当代最新的一个主流发展趋势。本文的目的在于，一方面仔细了解这个当代最新知识理论的内容与特质，另一方面以哲学辩证的方式，反复探索这个知识理论如何面对并响应"知识本质"与"知识价值"这两个当代知识论的主要议题，至于"怀疑论"的问题，则无法在本文中一并讨论（虽然德性知识论也有一套响应怀疑论的策略与方法）。

一开始我们将以"知识的本质"与"知识的价值"（the nature and value of knowledge）为讨论的主轴，以"本质问题"（the nature problem）与"价值问题"（the value problem）为讨论的核心，特别对于"Gettier难题"与"淹没难题"（the swamping problem），进行比较深入的反省。由于这篇论文的讨论主轴是在知识的本质与知识的价值这两个议题下进行，所以当我们面对本质问题与价值问题时，意味着"知态的（构成）条件"（epistemic conditions）与"知态的价值"（epistemic value）：也就是如果我们把知识当作是一种成就（achieve-

---

[*] 原载于台湾《哲学与文化》第453期（2012年2月）：23-46页。

ment），或者是一种由人类认知能力所获致的成功（success），而不只是一种侥幸或偶然所得到的结果，那么我们将着重于这种成就与认知成功本身的本质条件及其价值所在。

二、首要问题

有关知识本质与价值的问题，一个最直接与最普遍的问题在于："什么是知识？"与"什么是知识的价值？"虽然几乎每一个人都会同意人类具有知识，而且知识是有价值的，但是对于知识的定义与知识的价值到底何在，却有非常不同的意见与看法。然而这个（知识本质与价值的）普遍的问题（the general question）本身，并不能使我们真正看清楚本质问题与价值问题的症结所在，也不能真正呈现其中的问题意识与哲学意涵（philosophical significance）。为了看清问题的真正重点所在，我们可以先回溯这个问题的源头所在（也就是有关知识的本质与价值的"首要问题"）：也就是，我们必须追溯到古希腊时期柏拉图的两个对话录：《泰阿泰德篇》（*Theaetetus*）与《美诺篇》（*Meno*）。

柏拉图在《泰阿泰德篇》中，企图回答"什么是知识？"这个问题，在反复对话与论辩之后，柏拉图确切地指出，知识既不是感官知觉，也不仅是真的信念。如果知识不等于真的信念，那么我们该如何定义知识呢？知识的本质究竟是什么？另外，柏拉图也在他的《美诺篇》中，透过苏格拉底与美诺的对话，提出了历史上有名的"价值问题"（the value problem）。苏格拉底在对话中想知道为什么知识是有价值的，而且是什么使知识成为有价值的。在对话录中，苏格拉底与美诺正在讨论如果要去 Larissa 这个地方，哪一种导游是比较适合的。一开始的建议是，似乎"知道"如何去 Larissa 这个地方的导游是比较好的。但是苏格拉底对这个提议的挑战是：一个导游仅有如何抵达 Larissa 这个地方的"真信念"（true belief or opinion），和"知道"如何去 Larissa 的导游似乎是一样好的。美诺对于苏格拉底所提出来的挑战，提出了两个相当重要的关键问题：什么是知识的本质（如果它不同于真信念），什么又是知识的价值（如果我们对它的评价高过于仅仅只是真的信念）。柏拉图在这个对话录中表达出对此问题的初步解决方式，是藉由一个隐喻或模拟来达成的。柏拉图举出古代的雕像家 Daedalus 的许多雕像，如果不把这些雕像用锁链紧紧地拴在地上，这些 Daedalus 的雕像就会很容易逃脱。这个比喻是把知识的地位模拟于 Daedalus 的雕像，只有知识（紧紧拴在地上的雕像）才能紧紧地和真理绑在一起，而真信念（没有拴紧的雕像）却非常容易脱逃。

柏拉图在《泰阿泰德篇》与《美诺篇》中究竟如何解决知识的本质与价值问题，并不是本文的重点所在。在此我们想聚焦的重点在于，柏拉图在这两个对话录中，同时指出了知识本质与知识价值的首要问题（the primary problem）：如果知识并不等同于真信念（true belief），那么知识如何能比仅仅只是真的信念还要有价值？值得注意的是，柏拉图试图提出的解决方案似乎有两个很基本的预设：(1) 知识以获致真理为其目标；(2) 知识（不同于真信念）在获致真理的过程中具有较高的"实用价值"，也就是说知识比起真信念在获致真理的过程中，是更稳定与更可靠的。

其实，透过美诺对苏格拉底之挑战所提出之关怀（concerns），我们就已经能窥出知识的本质（the nature of knowledge）与知识的价值（the value of knowledge）之间的密切关联。另外，从柏拉图对于解决价值问题的两个默认中，我们也再一次看到知识本质与知识价值的相互影响。如果上述的预设（1）为真，那么这个预设不仅一方面指出"真理"是作为知识追求的一个最主要的价值（我们可以把此默认称为真理价值的一元论）；另一方面也指出"真理"作为构成知识的必要条件之一（信念是另外一个必要条件）。如果预设（2）为真，我们则必须在面对知识本质的问题时，寻求除了"真理"与"信念"之外，构成知识的其他必要条件（如果知识并不等同于真的信念）；而且在面对知识价值的问题时，我们又必须寻求这些"其他知识构成的要件"，为什么具有额外的价值，而这些额外的价值又是些什么样的价值（如果我们要面对与回答"为什么知识会比仅仅只是真的信念还要有价值？"这个主要的价值问题的话）。

为了叙述与讨论的方便，也为了使问题讨论更清楚地呈现，我们可以一开始先透过以下的两个例子，来进行比较与说明：

【好运的麦可】（Lucky Mike）
　　苏格拉底与美诺想要从雅典到 Larissa 这个地方，他们找来了麦可当他们的导游。沿路经过了几个岔路，麦可在经过这些岔路时，总是以掷铜板来决定走哪条路。最后麦可很顺利地把苏格拉底与美诺带到了目的地。

【专业的麦可】（Able Mike）
　　苏格拉底与美诺想要从雅典到 Larissa 这个地方，他们找来了一个经过专业评定的麦可当他们的导游。沿路经过了几个岔路，麦可在经过这些岔路时，总是能详细分辨与叙述哪条路通往哪个城市，并选择通往 Larissa 正确的岔路。最后麦可很顺利地把苏格拉底与美诺带到了目的地。

从以上两个例子的对比，我们并不难掌握苏格拉底在《美诺篇》所提出的挑战。毕竟，好运的麦可与专业的麦可最后都顺利地把苏格拉底与美诺带到了 Larissa 这个地方。但是，我们也不难看出美诺的忧虑所在，毕竟，我们不会认为好运的麦可具有知识（虽然他具有真的信念），我们却会认为专业的麦可具有专业的知识。此外，我们似乎也会给予专业的麦可比较高的评价，而好运的麦可则在相较之下显得较无价值。但是专业的麦可（比起好运的麦可）到底具备了哪些额外的条件（除了真信念之外），才会使我们认定他具有所谓的专业"知识"呢？这是个有关知识本质的问题，我们似乎必须提出这些额外的条件，才足以完全说明构成知识的充分与必要条件（如果知识真的能够被所谓构成知识的充分与必要条件来加以定义的话）。另外，在探究知识的价值这个议题时，我们也必须经常触及知识本质的问题，而且有时也不得不带入与这个问题相关的讨论，毕竟除了上述提及知识价值与知识本质这两个问题之间的密切关联之外，还有许多重要的论证与洞见可以支持这两者之间的相互影响力。①

其实，在我们的研究当中，我们更加关怀的是，如果要对好运的麦可与专业的麦可进行评价时，直觉上我们似乎会给予专业的麦可更高的评价。然而苏格拉底的挑战是，如果他们两人都已顺利地把苏格拉底与美诺带到了目的地，这两位导游以其自身的功能性而言，不是都已经达成任务、不辱使命了吗？为什么我们还会给予专业的麦可更高的评价呢？如果知识的任务与使命就是要获致真的信念，那么一旦我们已经具有了真信念，我们何必在乎它们是否被归类为知识呢？如果我们希望说明一般人对于知识价值的直觉，也就是我们要说明知识为什么比起仅仅只是真的信念还要有价值，我们就必须要说明构成知识的其他条件（除了真理与信念外）到底具有什么样的"知态的价值"，而加上了这个额外的知态价值，会使得知识比真信念还具有价值。

柏拉图在《美诺篇》所遗留下来的知识价值之首要问题，一直到现今仍然是个令人疑惑的难题。但当今研究知识论的哲学家所必须面对的价值问题，却又比柏拉图所处的古希腊时期更复杂，也更具挑战性。造成这个现状的理由，

---

① 有关这方面的最重要讨论与代表著作，请参考：KVANVIG J. The Value of Knowledge and the Pursuit of Understanding [M]. Cambridge：Cambridge University Press, 2003。

最主要还是与当代知识论讨论有关知识本质的问题，特别是对"知识"这个概念的定义问题，具有直接密切的关联。

三、第二序问题

自从 Gettier 在 1963 年出版了 "Is Justified True Belief Knowledge?" 这篇简短却又深具时代意义的文章之后，一般都已经同意，"真理""信念"再加上"证成"（或者"有理由接受""有证据支持"）这个所谓额外的条件，还是无法充分地说明构成知识的完整条件。让我们再以下列的两个例子，加以说明"Gettier式的反例"对知识的本质与知识的价值这两个问题所形成直接的冲击（这个冲击也引发了有关知识本质与价值的"第二序问题"）①：

【专业又好运的麦可】（Able and Lucky Mike）

苏格拉底与美诺想要从雅典到 Larissa 这个地方，他们找来了一个经过专业评定的麦可当他们的导游。沿路经过了几个岔路，麦可在经过这些岔路时，虽然总是能详细分辨与叙述哪条路通往哪个城市，并选择通往 Larissa 正确的岔路，但是不为麦可所知的是，其中有一个通往 Larissa 的岔路入口最近刚好封闭修路，而且将封闭一个月之久，完全不准人、车进入，但是为了方便前往 Larissa 的旅客，每天只有在中午时刻开放通行，开放的时间为十分钟。很巧的是，当麦可带领苏格拉底与美诺经过这个路口时，正好是开放的时间。最后麦可很顺利地把苏格拉底与美诺带到了目的地。

【专业又可靠的麦可】（Able and Reliable Mike）

苏格拉底与美诺想要从雅典到 Larissa 这个地方，他们找来了一个经过专业评定而且谨慎小心的麦可当他们的导游。沿路经过了几个岔路，麦可

---

① 本文区别知识价值的首要问题、第二序问题与第三序问题，这个区别主要引用来自 Duncan Pritchard 在 *The Nature and Value of Knowledge：Three Investigations*（与 Alan Millar、Adrian Haddock 合著）一书中的区别，请参见由 Duncan Pritchard 在该书中所负责的 "Knowledge and Understanding" 这一个部分。然而本文之主要贡献之一，在于更进一步提出知识本质的首要问题、第二序问题与第三序问题之间的区别，并且在两相对照"知识价值"与"知识本质"的三序问题之际，加以论证从传统以来知识本质问题与价值问题之间交错复杂的辩证关系。

在经过这些岔路时，总是能详细分辨与叙述哪条路通往哪个城市，并选择通往 Larissa 正确的岔路，除此之外麦可也事先查清所有通往 Larissa 路口的路况，他已事先知晓其中有一个通往 Larissa 的岔路入口最近刚好封闭修路，而且将封闭一个月之久，完全不准人、车进入，但是为了方便前往 Larissa 的旅客，每天只有在中午时刻开放通行，开放的时间为十分钟。所以麦可算好了时间，在带领苏格拉底与美诺经过这个路口的时间，正好是开放的时段。最后麦可很顺利地把苏格拉底与美诺带到了目的地。

在上述这两个例子当中，专业又好运的麦可虽然已具有如何到达 Larissa 的真信念，而且也有很充分的理由支持他所相信的事情为真，也就是他已经具备了如何到达 Larissa 的证成的真信念（justified true belief）。但是从这两个例子的对比之中，我们还是会认为所谓"专业又好运的麦可"并不是那么的专业，因为在这个个案中，他并没有完全表现出他应有的完整专业"知识"，过程中还是依赖某种程度的运气或巧合，才使他完成任务。相较之下，专业又可靠的麦可则展现了他充分的专业能力，不需依赖运气的成分，顺利而可靠地把苏格拉底与美诺带到目的地。大家应该都很熟悉，从 Gettier 的反例所证明出来的是，即使以证成的真信念作为构成知识的条件，还是无法正确地定义知识，也不足以成为构成知识的充分与必要条件。面对这个知识的本质与定义的问题时，post-Gettier 的哲学家还是依循着柏拉图对话录中的精神，继续加以询问：如果证成的真信念不足以构成知识（知识不等于证成的真信念），到底还需要加上哪些"额外的"条件，才能帮助我们充分地说明知识是什么？这个由 Gettier 反例所引发出来的当代知识的议题，是针对知识的本质或定义所出现的问题，因为它并不完全等同于柏拉图当时所提出之知识本质的首要问题，我们可以把这个当代自 Gettier 以来所争论的知识的本质问题（the Gettier problem），称为知识本质的第二序问题（the secondary problem）。严格来说，当代众多知识论理论的发展，这个问题的发问方式，并不见得要完全依循柏拉图原来的发问模式。有些知识论学者也许还会继续承认真信念是必要的，但不愿意接受"证成"作为知识的必要条件之一，例如当代知识论中外在论（externalism）的做法。或者认为"证成"这个概念的使用过于宽松，而需要加以严格的限定。更重要的是，有些学者甚至认为知识是个不能定义的概念，或者这个概念本身并不具有所谓构成的元素或必要条件，例如

Tim Williamson所主张"知识优先"（knowledge first）的这个进路。①

如果知识并不等于证成的真信念，而且我们在评价"专业又可靠的麦可"时，又会比"专业又好运的麦可"还要高的时候，那么我们也必须继续再提出与面对知识的价值问题（the value problem）。但是这一次我们的问题已经不再只是停留在像《美诺篇》中所出现之价值的首要问题而已，因为我们在这里并不是要问"为什么知识比起仅仅只是真的信念还要好？"这个问题。我们在这里所要问的问题是：为什么"知识"比起"那些近乎知识却又禁不起Gettier反例测试的真信念"（这里可以包括"证成的真信念""具有完整基础的真信念""具有适当因果联结的真信念""不被击败的证成真信念""可被保证的真信念""可靠的真信念""符合敏感性原则或安全策略的真信念"等）② 还要好？由于这个经过当代有关知识本质的"Gettier难题"洗刷后的价值问题，并不完全等同于柏拉图当时的价值的首要问题，我们可以随着Duncan Pritchard把这个当代的价值问题称为第二序的价值问题（the secondary value problem）。

随着当代post-Gettier以后所出现的知识本质的第二序问题，知识价值问题也进入了一个新的阶段。由于这个第二序知识本质与价值问题的引入，我们将开始进入当代讨论知识价值问题的一个最核心的问题，也就是本文也十分关心的一个焦点问题，亦即"淹没难题"。对于到底什么是知识本质与价值的问题与讨论，虽然起源于古希腊时期，但是当代对于价值问题的讨论，反而受到Gettier问题的影响（至今西方知识论的主流讨论，仍然是处于post-Gettier的时期），一直到20世纪的90年代之后才开始慢慢受到重视。而最近10年则逐渐有较多

---

① 对于Tim Williamson这个独特的主张，请参考其在 *Knowledge and Its Limits* 一书中的讨论。本文稍后也将提及Williamson这个主张对当代知识论所产生之重要影响与贡献。

② 有关"证成的真信念"这个传统对知识的看法，主要来自Gettier在"Is Justified True Belief Knowledge?"一文之中对传统看法的一个叙述方式，而这个看法最主要的代表人物，应该算是Roderick Chisholm，请参见他在 *Perceiving: A Philosophical Study* 一书之中的叙述。"具有完整基础的真信念"这个主张，主要来自Michael Clark在"Knowledge and Grounds: A Comment on Mr. Gettier's Paper"一文中的看法。"具有适当因果联结的真信念"这个主张，则是Alvin Goldman在"A Causal Theory of Knowing"一文中所提出的。对于"不被击败的证成真信念"的主张，请参见Keith Lehere与John Paxson在"Knowledge: Undefeated Justified True Belief"一文之中的讨论。而"可被保证的真信念"的主张，则来自Alvin Plantinga在"Warrant and Accidentally True Belief"一文之中的讨论。最后，有关"可靠的真信念"与"符合敏感性原则或安全策略的真信念"的主张，主要是Alvin Goldman、Robert Nozick、Fred Dretske与Ernest Sosa等外在论者的不同理论。

的学者加入讨论,使价值问题益显重要,也吸引越来越多知识论主流哲学家,加入对这个问题的讨论。虽然目前我们还无法断言知识的价值问题是否也已经变成现今西方哲学的主流之一,但确实有哲学家已经提出了"知识论中的价值转向"(the value turn)的这个名词。① 或许我们也可以称呼这个以价值问题为主轴所进行的知识论为一种价值驱策的知识论(the value-driven epistemology),相较于之前(Gettier 以来)本质驱策的知识论(the nature-driven epistemology)。我们很难断定这个价值转向的起始到底应该归属何人,但是有几个重要的代表人物是绝对无法忽略的。首先是 Ernest Sosa 与 Linda Zagzebski 这两人所带动起来的德性知识论(Virtue Epistemology),是这个价值驱策知识论出现不可或缺的重要元素,他们同时也都加入这个价值问题的讨论洪流之中,并引发许多价值问题的相关问题之讨论(例如,Linda Zagzebski 就是我们要讨论"淹没难题"的引发者)。另外,Jonathan Kvanvig 更是这个运动最有影响力的推动者之一,他的 *The Value of Knowledge and the Pursuit of Understanding* 这本著作,可能将成为后来继续讨论价值问题的必读经典之一。而 Duncan Pritchard 近 10 年来的丰富著作,更具有推波助澜的作用。其他如 John Greco、Wayne Riggs、Richard Swinburne 与 Ward Jones 也都有许多实质的贡献(有关这个价值驱策的知识论与"价值转向"的运动与发展,密切关联着以下第三序的知识本质与价值问题的出现与发展)。

以上提出有关当代知识本质与价值的第二序问题出现的背景,目的就是要说明:"淹没难题"的出现,主要是在当代以本质驱策的知识论为主流的讨论氛围中,一个反本质驱策知识论(或者一个积极主张价值驱策知识论)的新趋势正式形成。"德性知识论"是当代知识论发展过程中,晚近(20 世纪 80 年代以后)才出现的一个重要代表理论,而 Linda Zagzebski 除了一方面积极推动德性知识论的发展外,另一方面也提出对当时几个知识论代表理论的攻击与批判。其中最具代表性与影响力的一个批判,就是针对"可靠论"(reliabilism)所提出来的"淹没难题"②。依据 Linda Zagzebski 在"The Search for the Source of the

---

① 请参考 Wayne Riggs 的 "The Value Turn in Epistemology",收录于由 V. Hendricks 与 D. H. Pritchard 合编的 *New Waves in Epistemology* 一书之中。

② Linda Zagzebski 是第一个提出"淹没难题"的哲学家。她最先提出这个难题时,主要是针对当时的可靠论者的理论而发,请参见 *Virtues of the Mind: An Inquiry into the Nature of Virtue and the Ethical Foundations of Knowledge* (Cambridge: Cambridge University Press, 1996)。

Epistemic Good"这篇文章所提出来的论证,她以两杯 espresso 咖啡为例,来讨论信念形成的可靠过程到底有什么独特的价值可言。假设现在有两杯咖啡,它们看起来的颜色、闻起来的味道、尝起来的口味与其他相关的质与量的考虑因素都一模一样,照理说我们会给予这两杯咖啡相同的评价,我们会说这两杯咖啡是一样好的。但是如果后来我们又得知其中有一杯咖啡是由一个非常可靠的咖啡机器所做出来的,另外一杯则不是。这里我们要提问的是,这杯由非常可靠的咖啡机器所做出来的咖啡,会不会因为它是由这个可靠的过程所制作出来,而使得我们对于这杯咖啡的价值予以提升呢?很明显,如果我们已经评价这两杯咖啡是一样好的咖啡时,我们并不会因为后来知道其中一杯是由可靠的机器所做成的,而赋予它更好、更高的评价。也就是说透过一个可靠咖啡机器所制造出来的咖啡,并没有赋予一杯被评价为很好的咖啡更多的价值,咖啡机本身的可靠价值已经被一杯具有价值的咖啡(这个结果)所淹没。

以这个例子为基础,我们可以进一步考虑在当代知识论中可靠论者的主张究竟会面对什么难题。知识论中的可靠论者主张,只有透过可靠认知过程与机制所形成的真信念,才足以成为所谓的知识。若是如此的话,由于知识并不等于真的信念,而我们又认为知识比起仅仅只是真的信念还要有价值,那么这个知识的额外价值势必是由"可靠的信念形成机制"所添加。但是如果知识的主要追求目标是真信念,一旦我们有了真信念,当我们把它拿来和"仅仅只是真的信念"相比较,它们之间是一样有价值的,作为知识的真信念所透过的"可靠的信念形成机制",并没有赋予这个真信念额外的价值,也就是原本我们认为"可靠的信念形成过程与机制"所能添加的价值,已经被"真信念"这个结果所淹没。如果这个淹没难题可以成立的话,那么可靠论所主张的"知识"本身(也就是由一个可靠过程与机制所获得的真信念),似乎并没有比"仅仅只是真的信念"更有价值,这个结果非常违反我们对知识价值的直觉。所以,"淹没难题"如果成立的话,可靠论作为一种知识的理论,就会在这个价值问题上难以立足,也因此无法为知识本质的问题,提供一个令人满意的回答。姑且不论"淹没难题"究竟是不是会对可靠论产生真正的威胁,行文至此,我们已经可以窥出,对于知识价值问题的探索与研究,也会影响我们对于知识本质问题的反省,这再一次说明了知识本质与知识价值两者之间的密切关联。

虽然 Linda Zagzebski 是这个"淹没难题"的发起人,但是后续的 Richard

Swinburne、Jonathan Kvanvig 与 Duncan Pritchard① 才是使这个问题发扬光大的哲学家。Richard Swinburne 认为这个难题不仅只是可靠论者才会面对的难题，而且也是所有知识论的外在论者都会遇到的难题。他认为这个难题对外在论者来说，是个无法解决的问题，而如果无法面对知识价值的问题，外在论者也将无法对知识的本质提出令人满意的回答。所以 Richard Swinburne 主张为了避免"淹没难题"，知识论的内在论似乎是一个比较能令人满意的选择。Jonathan Kvanvig 基本上认为淹没难题是"价值问题"的一个分支，而且他也试图论证可靠论还没有针对这个难题，给予我们一个满意的回答。虽然 Jonathan Kvanvig 认为价值问题是一个大家都必须面对的难题（a problem for everyone），但是 Kvanvig 似乎有他自己的解决方案，这也是最近许多人都在注意的有关"悟性"（understanding）问题的重新复苏。然而，把"淹没难题"讨论得最详细、最清楚，而且也试图检讨几种解决方案的人，应该属于 Duncan Pritchard。他提出了所谓的"淹没论证"，企图利用三个表面上看似可以接受的主张（一个是对价值的普遍看法，另一个是有关知态价值的一个更具体的主张，最后是一个在一般知识论上广受同意的看法），结果却会产生彼此不一致的情形，以此论证的型态，清楚呈现出淹没难题背后真正的问题根源所在。他认为透过这个论证呈现的方式，我们可以更清楚地看出如何响应淹没难题的各种不同可能之方案。Duncan Pritchard 对于这个价值难题的论证与贡献，将在下一节讨论知识价值的第三序问题中加以讨论。②

四、第三序问题

依循以上讨论"Gettier 难题"与"淹没难题"的脉络，我们希望能够清楚地分辨这两个难题与一般知识本质与价值问题之间的相互关联，并指出这些不同序列本质与价值问题的背后，究竟隐藏着哪些不当的预设与不同的直觉。经

---

① 有关 Richard Swinburne 如何论证这个价值难题，请参考他在 *Providence and the Problem of Evil* 与 *Epistemic Justification* 这两本书中的讨论。而 Jonathan Kvanvig 对此问题的贡献，请参见他在 *The Value of Knowledge and the Pursuit of Understanding* 一书中深入的探讨。而 Duncan Pritchard 的详细论证，会在本文中加以讨论。

② "淹没难题"提出以后，在近 10 年来有比较多的讨论，也有一些直接来自可靠论者所做的响应。本文无法在此探讨其间的论辩与发展，但是，本文的最后也尝试以德性知识论的立场与观点，对此难题提出一个解答的方案。

过比较与分析的过程，本文初步指出：其实一般对于知识的认定通常包含了两个重要的直觉：一个是"表现人类认知能力的直觉"（the ability intuition），另一个是"反运气的直觉"（the anti-luck intuition）。这两个直觉的反复出现与交互影响，使得当代在面对知识本质与知识定义的问题时，产生内在论与外在论的争辩。① 我们也可以预见，未来在面对知识价值的问题时，也有可能出现"到底知识的价值是内在于认知行为自身或外在于认知者的掌握"之间的争辩。

当代知识论的发展中，第二序的本质问题基本上仍然承续着柏拉图以来的本质首要问题，继续追问：如果"知识"不等于"证成的真信念"，那么知识的定义究竟是什么？（就像本质的首要问题提出：如果"知识"不等于"真信念"，那么知识的定义到底是什么？）Gettier 的 "Is Justified True Belief Knowledge?"当然是这个发展的启动者，然而经过将近 50 年的争论与辩证的过程之后，不管在着重"认知能力的直觉"之知识内在论的发展，或者是在着重"反运气直觉"之知识外在论的发展，Gettier 式的反例与魔咒，似乎不断地支配与纠缠着这个后 Gettier 知识论发展的命运，每一个试图为"知识"这个概念进行分析或定义的理论，最后总难逃被推翻的结果。这个结果让一些哲学家开始忧虑与反省，究竟柏拉图以后（不管是本质的首要问题或第二序问题），回答本质问题的进路与方式是否可行？试图为"知识"进行概念的分析与提供本体论的定义，是否是个正确的做法？基于这些考虑，晚近知识论的发展似乎出现了一些比较根本性的改革与创新性的思路：一个是根本怀疑"知识"这个概念是需要被定义与加以分析的；另一个则是从"知态规范性"（epistemic normativity）着手，重新反省与检视知识的本质问题。

"知识"是可定义的吗？什么是"知态的规范性"？这些问题的提出，引发了当代知识本质的第三序问题。和前两序本质问题的讨论进路与解决方式不一样，Timothy Williamson 提出"知识优先"（knowledge first）这个主张：也就是"知识"这个概念是不可分析的；虽然"知识"和"证成"、"真理"、"信念"仍然维持着某些逻辑的关联性，但是相较起来，"知识"具有概念上的根本原初性（primitive）。"知识"对 Williamson 来说也是一种"心灵的状态"，就像信念欲望或感觉一样。作为一个心灵的状态，当然知识在存有学上并无法直接被还

---

① 对于当代知识论如何在"表现人类认知能力的直觉"与"反运气的直觉"之间，产生内在论与外在论的论辩与发展，请参见 Duncan Pritchard 在 *Knowledge* 一书中详细的讨论。

原成"证成"、"真理"与"信念"这些传统所谓构成的成分（constitutive components）。如果"知识"这个概念真如 Williamson 所言是不可分析的，那么相对地，有关知识价值的问题势必也将有所改观，而如何说明知识的独特价值（而不只是在追求真信念的过程中，知识具有较高程度的稳定性），一方面是 Williamson 必须面对的难题，另一方面也将开启知识价值的第三序问题。由于本文主要的目的是在阐述"什么是德性知识论？"这个问题，对于 Williamson 在当代所开发出来对于知识本质的最新进路，与其对知识价值所产生的连带影响，将无法在此深入说明与探究。

另外一个开创当代第三序本质问题的根源，来自一个对于"什么是知识？"这个问题的创新思路。这个思路在响应"什么是知识"这个问题时，并不立刻采取传统的（存有学构成条件的）进路，直接为"知识"这个概念进行分析与定义；反而是以"知态规范性"为主轴，提出"什么是构成知识基础的规范性"这个反思。这个问题意识的背后，是希望回答"为什么我们会对知识的评价（比起真信念或证成的真信念）较高"，并藉由回答这个问题，进一步揭露"什么是知识"这个问题的真正意涵。这个创新思路，其实就是 Ernest Sosa 自 1980 年以来所倡导的德性知识论。[①] 我们也可以说，1980 年以来 Ernest Sosa 所倡导的德性知识论，开启了当代知识论上"德性"的转向，而这个转向同时也启动了知识本质的第三序问题：如果知识不等于真信念，也不等于证成的真信念，或者不等于那些无法回避 Gettier 式反例的那些"尚不足以成为知识的其他真信念"，那么构成知识基础的规范性到底是哪种类型的规范性？这个问题就是要把知识的本质难题与知识的价值难题同时加以并列，并透过对于知态规范性的探讨，逐步获得能够同时处理这两个难题的方式与令人满意的解决方案。

另外，随着当代知识本质的第三序问题，知识价值的讨论与发展，也进入了第三序的问题。这个知识价值的第三序问题的出现，固然与上述提及的知识本质之第三序问题息息相关，因为 Williamson 所主张的"知识优先"与 Sosa 所提出的德性知识论，不仅是知识本质问题上的革命性主张，同时也是知识价值问题上全新的挑战；特别是德性知识论以"知态规范性"来面对"什么是知

---

① 请参见 Ernest Sosa 在 1980 年所出版的 "The Raft and the Pyramid" 这篇具有历史意义的文章。该文后来也被收录在 Sosa 的 *Knowledge in Perspective：Selected Essays in Epistemology* 这本书中。

识"这个根本的问题时,同时要处理与解决的,既是知识本质的问题,也是知识价值的问题。

然而,真正把知识价值问题带入一个新的纪元,同时也启动了当代知识"价值"的转向之关键,一开始是奠基于 Jonathan Kvanvig 在 The Value of Knowledge and the Pursuit of Understanding 这本著作中所做的努力与宣扬,他认为知识的价值问题是一个大家都必须面对的难题(a problem for everyone)。然而,进一步把知识的价值问题讨论得最详细、最彻底,而且也带动了知识的价值进入第三序问题的人,应该非 Duncan Pritchard 莫属。他利用 Linda Zagzebski 所提出的"淹没难题",进一步建构他所谓的"淹没论证"(the swamping argument)。[①] 这个论证企图利用展示三个表面上看似可接受的主张或直觉(一个是对价值的普遍看法,另一个是有关知态价值的一个更具体的主张,最后则是一个在一般知识论上广受同意的看法),结果却会产生彼此不一致的情形,以此论证的型态,清楚呈现出淹没难题背后真正的问题根源所在。以下是这个论证的一种论证形式:

(1)在知态价值的真理一元论这个预设之上:一个信念若因为拥有某些知态性质而具备了某些知态价值,这些价值在相对于获得真信念这个最终的知态价值而言,都只具有工具性的知态价值。

(2)对于工具性价值的一般理解:当某个东西所拥有的某些性质的价值,只是作为获致另一个更高价值的一种工具性价值时,那么当这个东西在获致这个更高的价值以后,原来具有这个工具性价值的性质并没有赋予这个东西更多额外的价值。

(3)一般在知识论上对于知识价值的看法:一般都会同意,知识如果不见得总是比起"仅仅只是真信念"还要好或者还要有价值,那么最少有时候知识还是比起"仅仅只是真信念"还要有价值。

(4)从上述的(1)与(2),我们可以得到的结果是:如果获致真信念是一个信念最终的知态价值,而其他信念所具备的知态价值都只是工具性的价值,那么知识(最终在获致真信念时)并没有比"仅仅只是真信念"还要有价值。

(5)第(4)这个结果和第(3)我们一般对于知识价值的看法,会产生不一致的现象。

[①] Duncan Pritchard 对 Linda Zagzebski 之"淹没难题"所进一步建构的"淹没论证",详见他在"What Is the Swamping Problem?"一文中所做的论述。

(6) 为了避免 (5) 这个不一致的现象出现，我们必须在 (1)、(2) 与 (3) 之间做选择，最少必须放弃其中的某个直觉。

Duncan Pritchard 透过这个论证呈现的形式，一方面可以直接指出传统以来知识论学者可能都普遍存在着一些对于知识不当的默认，另一方面也可以清楚地看出如何面对与响应 Linda Zagzebski 所提出来的"淹没难题"，在论证步骤 (6) 已经指出了各种不同可能的解决方案。

Duncan Pritchard 在这个论证中，很明白地指出了传统以来许多知识论学者的一个共同的预设，这个预设自从柏拉图提出了首要价值问题以来，一直到当代的第二序价值问题的出现，似乎都普遍地存在于一般哲学的对话之中，不论是提出问题的人，或者是企图解决问题的人。这个默认就是所谓的"知识价值的真理一元论"（epistemic value truth monism or veritist monism）：也就是说，绝大部分的人似乎都隐含地认定，知识是以获取"真信念"为唯一最终的知态价值（或目标）。因此，在这个预设之下，不管我们主张知识的构成单位是"证成的真信念"、"不被击败的证成真信念"或者"透过可靠机制或过程所形成的真信念"（以这三者为主要例子），当我们获致了"真信念"之后，"证成"、"不被击败的证成"或者是"具有形成信念的可靠机制或过程"所具有的价值（在此了解下都意指工具性的价值），都将被最后所获致"真信念"这个知态价值所吞没。果真如此的话，这些理论（不管是传统对知识的主张、Keith Lehrer 的理论或者是 Alvin Goldman 以来的可靠论）都必须遭遇 Linda Zagzebski 所提出来的"淹没难题"，而产生"知识"并不会比"仅仅只是真信念"还要有价值的这个结论，而这个结果想必不是这些知识论学者所希望见到的结论。所以，"淹没难题"并不只是可靠论者才会遇到的难题，而是 post-Gettier 以后所有内在论者与外在论者都会遭遇的难题，只要这些理论对于知识价值所采取的立场，预设着一种（知态价值）真理的一元论。

从传统以来的知识论主张，如果真如 Duncan Pritchard 所揭露：都默认知识所追求的最终知态价值是在获取真理，而知识之所以不同于"真信念"（如一开始柏拉图所言），只是在程度上具有更稳定的价值，而后续更多理论的提出，也都只是在获取"真信念"这个前提之上，希望不断加强这个稳定的程度。那么不论是首要的知识价值问题或者是知识价值的第二序问题，到头来都只是在追问构成知识的一种工具性的知态价值，其中明显的差异只在于作为工具性价值的不同信念之间，何者是更稳定的，何者又具有较高获得真理的可能性，最后的结果是：如果获致真信念是我们最终唯一的知态价值，那么在获致了"真理"之后，不管过程如何，每一种理论下形成真信念的方式或过程都不会附加给这个最终结果（亦即，真信念）额外的价值，我们也将无从比较究竟那个理论才是比较好的理论，因为这些理论的差异都只是在知识工具性价值上的差异而已。这个结果将把我们带回到最初的原点，也就是苏格拉底所提出来的挑战：透过知识引导我们到达 Larissa 与透过真信念把我们引导到 Larissa 之间到底有什么两样？第二序的价值问题似乎并没有帮助我们超越首要知识价值问题的范畴，而只是在（获得真信念过程）稳定或可靠程度上的差异而已。这个结果很自然地把我们带向了当代知识价值的第三序问题，也就是，如果我们认为知识是有价值的，而且我们也认为知识比起"仅仅只是真信念"还要有价值的话，我们就必须询问"到底知识本身的独特价值何在"？或者，如果真信念仍然是属于知识所追求的知态价值的话，我们还有哪些属于知识的额外知态价值（而这些价值并不是作为获致真理的工具性价值而已）。简单地说，"知态价值的真理一元论"这个预设，似乎是引发传统以来"知识价值的首要问题"与当代以来"知识价值的第二序问题"的罪魁祸首之一。如何检视我们对于知识价值的一般直觉与默认，又该如何定位人类知识的知态价值与知态规范性，似乎是面对与解决当今"知识价值的第三序问题"之首要任务。至于该如何达成这个任务，德性知识论似乎已经为我们指出了一条可能的道路。

我将在本文的最后，以 Ernest Sosa 的德性知识论为基础，提出：如果我们能对人类认知行为的"智能德性"（intellectual virtues）加以掌握，我们似乎就可以针对知识本质的第三序问题与知识价值的第三序问题，同时提供一条创新的进路与一个解决的方案。而且藉由回应当代这些最棘手也最热门的知识难题，我们也为"什么是德性知识论"这个问题，找到一个完善与适切的解答途径。

五、什么是德性知识论？

为了了解当代德性知识论的主要内涵，同时也希望能够掌握到后续的最新发展，Ernest Sosa 所提出之观点与想法，将是我们不可或缺的一个研究素材，这也是我们接下来关注的焦点所在。虽然德性知识论在 20 世纪的 90 年代之后有快速惊人的发展，并且也出现许多有分歧的流派，但是 Sosa 的德性知识论主张不仅是这整个当代新潮流的创始人（1980年开始），即使在30年后的今天，他仍然持续发挥深远的影响力，并不断抛出引人深省的新议题。因此，如果能够掌握Sosa思想脉络的核心，我们便掌握了这个德性知识论发展的动脉。但是，什么是Sosa发展德性知识论的主要问题所在呢？①

　　Sosa也回溯到上述柏拉图那两个最广为人知的对话录，并也认为它们都是对于知识的研究：其中，《泰阿泰德篇》是对知识本质的研究，《美诺篇》则是对知识价值的研究。然而，Sosa认为这两篇对话录同时都涉及一个更基本的问题，那就是，知识的构成基础到底是哪一种类型的规范性呢？一个还称不上知识的信念是较低劣的，知道总比弄错好，知道也更胜于仅仅靠运气而猜对答案。在这样的好坏评价当中，到底蕴涵着什么特别的问题呢？Sosa认为对这个更为基本问题的答案，刚好能够同时解决柏拉图的两个难题：也就是知识的本质问题与知识的价值问题。

　　Sosa并不否定知识最基本的要求条件必须是真的信念，然而对于知识本质的研究，他认为必须采取一个更特定的形式。但是为了要构成知识，除了真的信念之外，还要增加什么条件呢？当代知识论的讨论中，知识本质的问题已经变成知识论研究的中心议题，就如同柏拉图在《泰阿泰德篇》的对话录中所关心的问题一样。Gettier对于传统知识定义所提出的反例，其中心难题来自：信念若要成为知识，不能只是我们具有适当的能力来接受、获得或支持那个信念而已，而且还必须要满足进一步的条件。这是很显而易见的，只要我们了解：一个信念即使是适得其所的，但却仍然可能是错误的。如果具有此信念的人有能力从他错误的信念中，推论出某些真理，这个为真的结论仍然无法等同于知识。然而，如果我们具有适当的能力来相信某个前提，并且有能力从这个前提推论出某个结论，那么我们应该也有能力来相信此一结论。

---

　　① 本文对于Ernest Sosa的德性知识论的主张与看法，并不依赖他在 Knowledge in Perspective 这本书中的用辞与观点。本文主要的切入点，将以Sosa最新的出版著作 Knowing Full Well (Soochow University Lectures in Philosophy) 一书为主要依据，辅以 A Virtue Epistemology: Apt Belief and Reflective Knowledge, Vol. I 与 Reflective Knowledge: Apt Belief and Reflective Knowledge, Vol. II 这两本书的相关材料。这么做的理由在于，一方面这三本著作都是最近两三年的最新出版书籍，内容最能代表Sosa最新的看法；另外，Knowing Full Well 这本书的内容是Sosa受东吴大学哲学系之邀，到台湾来所做的一系列演讲的内容，其中的内容深为本文作者所熟悉，也是本文作者认为最能代表Sosa近年来德性知识论主张的一本代表著作。

后 Gettier 时代，柏拉图式的难题可以由下列这种新的形式加以出现：为了要构成我们所谓的知识，一个真的信念必须要满足哪些额外的条件，才能用来取代或增益原来只是"我们具有适当的能力来接受某个信念"这个条件而已呢？在当代的讨论中，柏拉图的第二个难题，也就是知识价值的问题，已经逐渐成为备受瞩目的焦点所在。对于柏拉图而言，这个难题主要的重点在于，如果当"真的信念"和"知识"都一样有用的时候，知识如何能够在相较之下，还是比"真的信念"更具有价值呢？

现在我们把上面这两个难题（知识的本质与知识的价值）链接在一起来看，我们可以假设：为了要构成知识，我们不仅要求一个信念必须为真，还必须满足一些更进一步的条件（无论是多么简单或复杂）。这个条件不仅必须加上规范性的实质内容，还要能够充分地解释，当满足了这个更进一步的条件之后，这样的知识如何能够优于仅仅只是真的信念？就好像当我们在思索一个问题的时候，就某个意义来说，能够以一种博学多闻的方式来回答这个问题，总是优于只是凭借着运气好而答对这个问题。Sosa 的德性知识论的主要内涵，可以在同时回答"什么是知识的本质？"与"什么是知识的价值？"这两个问题中，展现其特殊的贡献。

从上述对于 Sosa 所提出对于知识本质与知识价值的初步看法，我们不难看出：Sosa 一方面仍然是在 Post-Gettier 的知识论传统下，提出了他的德性知识论之主张，用以说明他对处理知识概念（与知识本质）的方式；另一方面他也以"知态规范性"的创新想法，响应柏拉图以来知识的"价值问题"。在"德性"（virtue）这个传统复古的概念与"知态规范性"这个当代创新的想法交互解释之下，解决知识本质的问题与知识价值的问题似乎出现了一个新的转机，也为当代哲学发展开创出一个新的视野。只是，我们该如何了解这个"知态的规范性"呢？在这里 Sosa 提出了一个"以表现为基础的规范性"（performance-based normativity）作为模型，企图说明这个知态规范性究竟该如何了解。但是更重要的是，这个模型的提出，也为当代解读"德性"这个概念，提供了一个对话的平台与理论的基础。

"表现"（performance）这个概念是个比较普遍的概念（特别是在英文的用法中），它可以是一种艺术的表演（performing），也可以是一种运动的竞技（playing），还可以是一种道德的行为（behaving），甚至是一种知识的认知（knowing），最后（即使是非人类的表现）也可以是一种事物器具的功能（functioning）。只要是具有目标性的行动或运作，都可以被视为一种表现。所以，我们可以说艺术表演的目标（goal）是在追求美的艺术价值，运动的竞技目标是在追求展现能力的运动价值，道德行为的目标是在追求善的伦理价值，而知识认知的目标是在追求真的知态价值。这些不同种类的"表现"都各自有其追求的目标与价值，而作为这些表现的行动与运作，就必须在其获致目标的追求过程当中，以相对于这些不同种类表现的规范性，来加以衡量与评价这些表现的价值，也因此表现之所以作为一种表现，其自身的本质与特性才能够被加以彰显。所以，我们现在需要继续追问的是，用来评量一个"表现"的一般规范性究竟是什么？

Sosa 举出弓箭手的射击，作为说明的例子。我们都知道，弓箭射击的目标在于击中目标，并且它的成功可以由它是否达到目标来判断，这就是它的精准度。然而不论它有多么精准，还有另一个评估的面向，那就是，这个射击包含的技巧有多么的纯熟，这个弓箭手在射击时展现了多少的技巧，又有多么的熟练（adroit）。正中红心的一击，也许展现了高超的技巧，然而从另一个角度来看，作为一个射击，它有可能是全然失败的。例如某一个射击因为一射出时就被一阵强风影响而转向，因而它偏离了箭靶之目标，但是第二阵风吹来却弥补了这个偏差，又将它带回轨道因而正中红心。这个射击虽然是既精准而且又熟练的，然而它的精准结果却并不是因为熟练而来，也不是因为弓箭手所展现的熟练技巧与能力所获致。因此，除了精准度和熟练度之外，从第三个评估角度而言，它是失败的：它不是适切的（apt）。透过这个例子，我们可以归纳的结论是，所有的表现一般都有这种三个评价层次的区别，也就是，精准度（Accuracy）、熟练度（Adroitness）与适切性（Aptness）。这就是 Sosa 近年来所提出的"以表现为基础的规范性"中之"三 A 架构"（AAA structure），利用这里所得出之规范性架构，我们可以试着把这个结果应用到知识的例子。

知识的例子在这里可以被当作是"表现"的一个特例，这种例子中的表现是认知的或是信念上的表现。信念的目标在于真理，如果一个信念是真的，那么它就是精准的或正确的。因此信念在认知的表现上，就具有这么一个获致真理的目标作为其知态的主要目的（epistemic goal）。然而，就像射箭的例子一样，我们在评估一个认知者的认知表现时，还要评估这个认知者究竟有没有充分表现出其自身的认知能力，同时也要衡量究竟这个认知者获得真理目标的结果，是不是藉由其自身的认知能力所达致。如此一来，信念（作为一种表现）将不只是以精准为目的（真理），同时还要以熟练度与适切性（知识）为目的。对于真理和知识，如果一个认知者的信念同时达到这两个目的，将会比那些只达到前者目标的信念还要好。这也是为什么我们可以说"知识比起仅仅为真的信念还要来得好"的理由所在。

因此，如果我们把知识论的规范性当作是一种表现的规范性，这样的说法到目前为止就会具有两个优点：首先，它可以提供对知识本质的解释，也就是我们可以视知识相当于一种适切的信念（an apt belief）：一个在知态上表现适切的信念，并且展现出相信者在获取真理时的相关认知能力。其次，它也可以解释何以知识可以超越仅仅是真的信念之额外价值所在，因为适切的信念比起只是真的信念还要具有更高的评价。"适切性"作为一种知态的规范性，不仅要求一个信念必须为真（精确性），同时也满足"我们是具有适当的能力来接受某个信念"（熟练性）的要求，更重要的是，它还能避免绝大多数 Gettier 式的反例。一个真信念的获得，如果符合适切性这个条件，不仅能为此信念加上规范性的实质内容，也能够充分地解释，当满足了这个更进一步的条件之后，这样的知识（一个适切的信念）如何能够优于仅仅是真的信念。

现在还有一个问题需要加以面对，也就是，假设我们的弓箭手是一个猎人，而不是一个参加竞技的选手。比赛进行当中，竞技的参赛者在轮到他出场时就必须要射击，没有其他相关的射击可供选择。当然，他也许可以选择退出比赛，但一旦参加了，他便不被允许有任何关于射击的选择。相较之下，猎人的情况就有所不同了，猎人必须考虑他可以投入的技巧与专注力来选择他的射击。选择具有适当价值的猎物，也是打猎活动中所不可或缺的一种特殊能力，而且猎人也必须谨慎选择他的射击，以确保合理的成功机会。比起参赛中的射击选手，我们因而可以从比较多的角度来评估一个猎人的射击。猎人射击所展现的表现可以有双重的评估面向：不只是他的执行射击能力（第一层次上能力的表现），还有这个射击所展现出猎人选择猎物、选择射击的能力（第二层次或者后设层次上能力的表现）。

知识的规范性在此仍然只是这两种层次表现上的一个特殊例子。第一层次上适切的信念，也就是 Sosa 所谓的"动物之知"（animal knowledge），比起不适切但成功达到目标的真信念还要来得好。然而以第二层次适切地注意到而获得的第一层次之适切信念，也就是"省思之知"（reflective knowledge），比起只是第一层次适切的信念或者动物之知还要来的好，尤其是当这个反省的知识有助于引导第一层次的信念，而使它成为适切的。如此一来，这个在第二层次适切地引导之下所获得的第一层次的适切信念便是完全适切的，并且这个认知主体也可以说获得了完全适切的信念，也因此他可以"知之完好"（knowing full well）。①

　　一般来说，完全适切的表现比起那些成功但却不适切的表现还要好，而且也比那些不具有完全适切的适切性还要好。一样是成功地击中猎物，比起那些只是侥幸而非由于射击者的能力的射击来说，猎人的射击如果是适切的，就是比较好的。再者，如果他的成功也来自他自己选择目标和选择射击的能力，那么这就会是更好的表现，是更令人佩服，也更值得称赞的一击。我们于是发现了一个以表现为基础之规范性的更高层次。知识的规范性也是这种比较复杂而且更不容易看清楚的特例。动物之知是第一层次适切的信念。省思之知则是由主体适切地后设支撑着动物的信念。现在我们可以看出，完整充分地知道某事，不仅需要当事人对该事拥有动物性及省思性的知识，还需要当事人是完全适切地知道它。也就是说，这要求某人第一层次信念的正确性不只展现了动物的、第一层次的能力而已，那种足以可靠地制造出信念正确性的能力。如果一个人的第一层次信念不是适当地被他的相关后设能力所引导，那么他的第一层次信念就无法真正成功。第二层次后设的能力，决定了一个人是否应该相信某事或者应该采取保留态度。唯有当此人在相信某事时运用了他的后设能力，他的信念才能算是达到了真正知识的高度。某人的第一层次信念是适切的，依赖于第一层次能力在它的成功过程中所展现的可靠能力。并且，它还需要是更加完全适切的，这则有赖于第二层次后设能力在它的成功过程中所展现的可靠度。然而，这个后设能力其实是很明显的，因为"这是一个在基础层次上相当可能适切的信念"的后设知识，是由相应的后设信念本身所展现出此主体的相关后设能力所构成的。

---

　　① "知之完好"是 Sosa 在讨论他的两层知识（动物之知与省思之知）区分之后，为一个知识的概念所提出的一个简洁而完整的结论。Knowing Full Well 甚至是后来 Sosa 完成东吴大学国际哲学讲座（Soochow University Lectures in Philosophy）之后，将讲座内容出版成书籍的标题。此举，主要是因为本文作者在 Sosa 演讲完后，为他所做的一个最后批注，本文作者建议他，如果有哪一句话最可以作为他的德性知识论的代表口号，那么"知之完好"似乎是一个完美的选择。看来，Sosa 接受了这个建议。

"表现规范性的 AAA 架构"（精确性、熟练性与适切性）与"知态的两个层次上不同能力之展现"（动物之知与省思之知），共同支撑起 Sosa 建构与解释其"德性知识论"的基础蓝图。而试图以"知态规范性"同时解消"知识的本质问题"与"知识的价值问题"，更是德性知识论为当代知识论所带来的活泉。我们把德性知识论这个在当代新兴的运动，称之为当代知识论的"德性的转向"（the virtue turn），其实一点也不为过。这个转向不仅把当代对于"证成理论"（theories of justification）的讨论，转向对于"德性理论"（theories of virtue）的讨论；也把知识论中以"知识本质"为焦点的讨论（nature-driven epistemology），转向以"知识价值"为焦点的讨论（value-driven epistemology）；最后还把知识构成的基础条件问题，由"产品输出"（true belief）为导向的知态规范性讨论，转向以"主体德性"（virtuous agent）为导向的知态规范性讨论。①

参考文献

[1] CHISHOLM R. Perceiving: a Philosophical Study [M]. Ithaca, New York: Cornell University Press: 1957.

[2] CLARK M. Knowledge and Grounds: A Comment on Mr. Gettier's Paper [J]. Analysis, 1963, 24: 46-48.

[3] DRETSKE F. Conclusive Reasons [J]. Australasian Journal of Philosophy, 1971, 49: 1-22.

[4] GETTIER E. Is Justified True Belief Knowledge [J]. Analysis, 1963, 23: 121-123.

[5] GOLDMAN A. A Causal Theory of Knowing [J]. The Journal of Philosophy, 1967, 64: 357-372.

[6] GRECO J. Achieving Knowledge: A Virtue-Theoretic Account of Epistemic Normativity [M]. Cambridge: Cambridge University Press, 2010.

---

① 本文的完成，作者特别要感谢由东吴大学哲学系几位教授共同组成的研究团队，这个团队在"德性知识论与中国哲学"这个主题下，进行一项由蒋经国基金会所补助的国际合作研究案（编号：RG003-D-08）。本计划案由米建国教授担任国内总主持人，与美国罗格斯大学哲学系讲座教授 Ernest Sosa 共同合作，研究团队成员还包括王志辉教授、沈享民教授、蔡政宏教授与陈瑞麟教授。由于这个研究团队每个月进行的读书会使作者能够在研究、教学与行政的繁忙事务压力下，还能继续吸收新知，汲取许多宝贵的意见，在此深表感谢。

[7] JONES W. Why Do We Value Knowledge? [J]. American Philosophical Quarterly, 1997, 34 (4): 423-439.

[8] KVANVIG J. The Value of Knowledge and the Pursuit of Understanding [M]. Cambridge: Cambridge University Press, 2003.

[9] LEHERE K, THOMAS P. Knowledge: Undefeated Justified True Belief [J]. The Journal of Philosophy, 1969, 66: 225-237.

[10] NOZICK R. Philosophical Explanations [M]. Cambridge, Mass.: Harvard University Press, 1981.

[11] PLANTINGA A. Warrant and Accidentally True Belief [J]. Analysis, 1997, 57: 140-145.

[12] PLATO. The Collected Dialogues of Plato [M]. HAMILTON E, CAIRNS H, eds. GUTHRIE W K C, trans. Princeton University Press, 1963.

[13] PRITCHARD D. Knowledge [M]. New York: Palgrave Macmillan, 2009.

[14] PRITCHARD D. What Is the Swamping Problem? [M] //REISNER A, STEGLICH-PE TERSEN A. Steglich-Petersen. Reasons for Belief. Cambridge: Cambridge University Press, 2011.

[15] PRITCHARD D, ALAN M, ADRIAN H. The Nature and Value of Knowledge: Three Investigations [M]. Oxford: Oxford University Press, 2010.

[16] RIGGS W. The Value Turn in Epistemology [M] //HENDRICKS V, PRITCHARD D H. New Waves in Epistemology. New York: Palgrave Macmillan, 2007.

[17] SOSA E. The Raft and the Pyramid: Coherence Versus Foundations in the Theory of Knowledge [J]. Midwest Studies in Philosophy, 1980, 5 (1): 3-26.

[18] SOSA E. Knowledge in Perspective: Selected Essays in Epistemology [M]. Cambridge: Cambridge University Press, 1991.

[19] SOSA E. A Virtue Epistemology: Apt Belief and Reflective Knowledge Vol. I [M]. Oxford: Oxford University Press, 2009.

[20] SOSA E. Knowing Full Well [M]. Princeton: Princeton University Press, 2010.

[21] SOSA E. Reflective Knowledge: Apt Belief and Reflective Knowledge

Vol. II [M]. Oxford: Oxford University Press, 2011.

[22] SWINBURNE R. Providence and the Problem of Evil [M]. Oxford: Oxford University Press, 1998.

[23] SWINBURNE R. Epistemic Justification [M]. Oxford: Oxford University Press, 2001.

[24] WILLIAMSON T. Knowledge and Its Limits [M]. Oxford: Oxford University Press, 2002.

[25] ZAGZEBSKI L. Virtues of the Mind: An Inquiry into the Nature of Virtue and the Ethical Foundations of Knowledge [M]. Cambridge: Cambridge University Press, 1996.

[26] ZAGZEBSKI L. The Search for the Source of the Epistemic Good [M] // BRADY M S, PRITCHARD D. Moral and Epistemic Virtues. Oxford: Blackwell, 2003.

[27] ZAGZEBSKI L. On Epistemology [M]. Belmont: Wadsworth, Cengage Learning, 2009.

论 "扮演上帝角色" 的论证*

邱仁宗

概 论

根据希腊神话,伊克西翁是希腊塞萨利地方阿庇泰国王,他要求邻国国王狄俄尼斯把女儿嫁给他,狄俄尼斯向他索要一大笔嫁妆。他邀请狄俄尼斯参加一个宴会,乘机将他推进炭火熊熊的大坑烧死。伊克西翁的背信弃义、蓄意杀人的罪行激怒了国人,他被迫逃到主神宙斯那里,宙斯宽恕了他,给他净罪,并邀请他作为客人进入奥林匹斯山。伊克西翁一到奥林匹斯山就爱上了宙斯的妻子赫拉,并要和她睡觉。宙斯得知后大怒,罚他下地狱,把他缚在一个永远燃烧和转动的轮子上,被称为 "伊克西翁之轮",受尽折磨,永世不得翻身。①

这也许是 "扮演上帝角色" 这一说法的最初来源:在这里伊克西翁是要扮演赫拉性伴的角色,于是遭到上帝,即宙斯的惩罚。1931 年神权保守主义者用 "扮演上帝角色" 这一说法来反对《弗兰肯斯坦》电影中的人造人。② 此后在讨论临终病人的生死决策、基因工程以至最近的合成生物学问题人们往往用 "扮演上帝角色" 进行反对的论证,也有人主张在例如抢救濒危物种方面主张我们就是要扮演上帝的角色。③

在讨论 "扮演上帝角色" 这一论证前,让我们先讨论一下一个有效的论证应该具备哪些条件?

---

* 原载于《伦理学研究》2017 年第 2 期,90-99 页。
① https://www.greekmythology.com/Myths/Mortals/Ixion/ixion.html.
② 根据 Mary Shelly 的小说 *Frankenstein*: *or*, *The Modern Prometheus*(1818)改编。http://en.wikipedia.org/wiki/Playing_God_(ethics).
③ 例如:Joseph Carlisi. Playing God in the Eve of Extinction [M]. Amazon Digital Services,Inc. 2012。

第一个条件是：一个有效的论证应该是普遍的，适用于所有参加论争的人，即进行正面论证和反面论证的人。但扮演上帝角色的论证不具备这个条件。因为这个论证的前提是承认上帝的存在，但对于认为上帝的存在并无充分证据的人，这一论证就不适合他们了。

第二个条件是：一个有效的论证应该是理性的，即应该既符合逻辑推理的规则，又不违背目前科学证据的支持或由科学证据证明的常识或科学知识的支持。这一论证也不符合这个条件，许多人认为不但逻辑推理推不出上帝的存在，断言上帝存在也无法获得科学证据的支持或用科学方法获得的证据的支持。对上帝的存在及其扮演的角色主要靠信仰来支持。

第三个条件是：论证中所使用的概念应该是清晰的、明确的。但在扮演上帝角色的论证中对什么是"上帝扮演的角色"的意义往往是不明确、不清晰的，人们对此的诠释有许多的歧义。

"扮演上帝角色"作为论证的困难

而且在许多情况下，扮演上帝的角色只是作为一种说法被提出，并未形成系统的论证。人们在遇到科学或技术上的新发现、新突破时，往往断言某种决定不应该做出或某种行动不应该采取，因为这样做是"扮演上帝角色"。显然，单单做出这类断言不是论证，但可以将这种断言发展为一种论证。然而，由于人们很容易喊道"这是扮演上帝角色"，所以也就很少有人劳神把它发展为一种比较像样的论证。这就是为什么大多数人只是说出这句话而已，而实际上并不是在做论证。Michael LaBossiere ①认为可以从三个方面来理解"扮演上帝角色"这一说法。

就字面上说，这种说法基于三个假定：

假定1：是上帝存在着。
假定2：是上帝要或命令某种决定不应该做出或某种行动不应该做。
假定3：我们应该做上帝想要的或服从上帝的命令。这就牵涉到我们被要求一种接受上帝命令的理论，即上帝下了命令要做的就是对的，上帝禁

---

① Michael LaBossiere, posted in Ethics, Philosophy, Reasoning/Logic, January 4, 2008. 曾任美国佛罗里达大学哲学教授。aphilosopher.wordpress.com/tag/reasoninglogic。

止要做的就是错的。

正如上所述，在世界人口中只有一部分（虽然是很大一部分）相信上帝的存在，对于大多数不相信上帝存在的人，这种说法就失去意义，也不可能在相信上帝存在的人与不相信上帝存在的人之间就这个说法进行富有成果的讨论。

从隐喻的角度看，这种说法基于这样的假定，即人们不应该仿佛是上帝那样去做出决定或采取行动。在这种情况下，说"仿佛是上帝那样去做出决定或采取行动"是什么意思，就要做出界定。人们通常用傲慢或越出正常约束范围以外行动来界定这个意思。但对为什么人们不应该做这种事，是必须加以辩护的。在这种情况下，人们往往意会地或潜藏地去诉诸上帝命令理论之外的一种道德理论。例如，认为人们扮演上帝角色会有可怕的后果，此即一种后果论的立场。可是这样一来，使用"扮演上帝角色"这一说法就显得没有什么必要了，人们可直接诉诸后果论就行了。

对于不信上帝的人，我们也许可以将"上帝"比喻为中国的"天"、"上天"或"天命"，上天会给你做出你应该有的决定，你不应该去扮演上天的角色。也许我国很多人有类似的想法，这种想法的问题与不要扮演上帝的角色的说法是一样的。并不是所有中国人都相信"上天"或"天命"，而且也许相信的人现在也越来越少了。有时人们会这样说"不应该做这种事，做了会得不到好报"。这就是在诉诸后果论了，不同的是似乎这个不好的后果是上天给你的报应，不是各种因素相互作用的结果。也可以将上帝比喻为"自然"或"自然律"，不要扮演上帝的角色可以当作一种告诫：不要去做违反自然或自然律的事。这样，又会产生"违反自然"和"违反自然律"是什么意思的问题。也许可以将"违反自然"理解为"违反天性"[①]，人们不应该去做违反天性的事，但"违反天性"又是什么意思？"天性"是基因决定的特性，还是生活经历形成的习性（可能是遗传因素与社会环境因素相互作用的结果），也是难以确定的；也很难说做违反其基因决定的特性或违反其生活经历形成的习性的事，都是不应该的。例如有人因基因特点对酒精容易上瘾，或由于家庭或个人不如意的经历往往需要"借酒浇愁"，似乎不能说我们劝他戒酒或帮助他戒酒是不应该的，因为这违反了他的"天性"。

从方法论角度看，"扮演上帝角色"这一说法可包含三个步骤：

---

① Nature 既指"自然"，又指"天性"。

步骤1：论证做出有关 X 的决定或做 Y 一事是扮演上帝的角色。

步骤2：论证人们不应该去扮演上帝的角色。

步骤3：结论是人们不应该做出 X 的决定或去做 Y 一事。

完成这三个步骤需要做相当量的工作。完成第一步要求充分显示所说的决定或行动是在扮演上帝的角色。要做到这一点就要求对什么是扮演上帝的角色和这一具体的行动或决定是怎样地扮演上帝的角色提供充分的解释。在许多情况下，人们可以发现，这类批评不是说，人们在扮演上帝的角色，而是认为由于其他理由这种行动是错误的，打出"扮演上帝角色"这张牌只是让这种批评的效应更具戏剧性。在这种情况下，则应该使用另一种方法，不必使用"扮演上帝角色"这一说法。第二步也具有挑战性，因为它要求对为什么人们不应该扮演上帝的角色提供一个合适的论证。做到这一点可以论证说，人类应遵守一定的限制，违背这一点，跨越了一条线，就进入了只有上帝才能决定的道德领域。一旦完成了前两个步骤，第三步就容易了，即可合乎逻辑地推出结论。下面让我们分别考查将"扮演上帝角色"这一说法作为论证应用于相关伦理学问题上会发生什么样的情况，分别有：安乐死、医生协助自杀、基因技术和合成生物学。

安乐死

我们往往会看到在文献上有人用"扮演上帝角色"的说法用作反对安乐死的论证。按照上述，进行这样的论证第一步要论证，做出让某个人死亡或主动地拔掉插头是在扮演上帝的角色。第二步要论证人们不应该扮演上帝的角色。从以上两步论证，就可得出结论说，人们不应该做出安乐死或主动拔掉插头的决定。可是在字面上，利用这样的论证依赖于有关上帝以及上帝想要什么的一些假定。因此，不足为奇，这种论证唯有在持有同样宗教观点的人中间才是有效的，而用于持不同宗教观点或持无神论观点的人则往往是无效的。在面对面的讨论中，我们的一种回应是，要求持这种论证的人确切地说出，人们如何才是扮演上帝的角色，以及为什么这样做是错误的。这也就是要求他们明确陈述作为其基础的理论或原则。这样做实际上还不是反论证，只不过是用来揭示做出反对扮演上帝角色论证的人论证的缺陷。显然，如果在受到要求提供这些细节的挑战时，他们往往不能提供这些细节，那么他们的论证就有严重缺陷。在许多情况下，进行反对扮演上帝角色论证的人根本没有考虑到会有这样的挑战，因而往往没有做好回答的准备。这样就会显示在上述的两步论证中有一步或两步有缺陷，显示其缺陷可以通过论证说，做出这种论证的人既没有显示 X 在扮演上帝的角色，也没有显示扮演上帝的角色是错误的。

  另一种回应办法是，通过这样的论证：在类似的情况下"扮演上帝角色"是可以接受的。这通过提供类比论证可以做到这一点。这是将当下的情况与做出决定或采取行动被认为道德上可接受的类似情况进行类比。以安乐死为例，可用论证显示，在某些情况下人们做出类似的生死决定时被认为可接受的。再用这个例子显示根据法律制度人们做出置人于死地是如何不被认为是扮演上帝角色。或者用战争中人们做出杀人的决定的例子显示这样做也不被认为是扮演上帝角色。这类回应特别有效，因为这将坚持反对扮演上帝角色的人置于不一致的地位。例如许多反对安乐死的人却同意执行死刑和参加战争。如果这样的人论证说，安乐死是扮演上帝的角色，因而是错误的，那么他们就必须显示为什么死刑和战争不是扮演上帝的角色。但如果有人既反对安乐死，也反对死刑和战争，那么他们所持的立场是一致的，显然上述的类比回应对他们不起作用。

医生协助自杀

  是否允许医生协助临终病人自杀在美国是一个具有广泛争议的问题，以致成为选举中的一个议题。例如 1998 年密歇根州的选民们绝大多数投票反对允许医生在严格控制的条件下协助自杀。① 密歇根州的建议是，如果病人是不到半年可活的临终病人；曾至少两次要求协助自杀；有三位持照医生相信他是真心实意的；病人没有患抑郁症；病人已被告知其医疗选项；并且业已等待一个星期，就可允许医生给病人开致死药物的处方。整个过程要受国家监督委员会审查。投票结果让一贯支持并实施医生协助自杀，以及推动医生协助自杀合法化的 Kevorkian 医生大失所望。② Kevorkian 医生多次受到控告，5 次接受审判，1999

---

  ① Fred Feldman, Playing God: A Problem for Physician-Assisted Suicide? 1993 年 2 月在奥格尔绍普大学、1994 年 5 月在明尼苏达大学、1998 年在拉斐特学院的讲演，Fred Feldman 为麻省理工学院哲学教授。http://spot.colorado.edu/~heathwoo/Phil164/feldman_pas.pdf。

  ② 邱仁宗. 杰克·凯沃尔基安 [N]. 财经杂志, 2011-06-20. http://magazine.caijing.com.cn/2011-06-20/110750814.html.

年他被判犯有二级谋杀罪。但许多人认为不管他的行为在法律上是否允许,在道德上肯定是错误的。

密歇根州多数选民们投票主张医生助死应该非法,正因为这是不道德的。但为什么我们应该认为一个富有同情心的医生尊重垂死病人的意愿,并在病人垂死过程中协助他是不道德的呢?医生不加以协助,病人本来会自己去做(如果他能做的话),而病人自己去做是合法的,这样做可避免许多不必要的和不值得的痛苦。

Fred Feldman[1] 指出,为支持认为医生协助自杀是道德上错误的观点,曾给出各种各样的论证,包括例如"你可能杀了一个患抑郁症的人"、"这不关医生的事"、"这会使不想死的老年人不敢去看医生"、"这会是道德斜坡,进而去杀不是临终的病人,甚至导致纳粹式的安乐死"等等。最重要的一个反对的论证是:"这是扮演上帝的角色"。这个论证是说,协助病人自杀的医生是"扮演上帝角色",而任何人扮演上帝的角色是在道德上错误的。因此协助病人自杀在道德上是错误的。许多批评 Kevorkian 的都这么说:"他认为他是谁?谁给他这么高的权力?应该让上帝来决定人什么时候死。"一个没有伦理学背景的人很可能会这么说。然而柏拉图在他的《斐多篇》(*Phaedo*)、阿奎那在他的《神学大全》(*Summa Theologiae*)以及康德在他的著作中都曾提出过类似的论证。我们在这里不是讨论医生协助自杀在道德上究竟是对还是错,而是要讨论反对医生协助自杀时利用扮演上帝角色的论证,是否具有说服力。

例如,在《斐多篇》[2] 中,苏格拉底说,他对一个人自杀是否是错误感到困惑。但他也相信众神是我们的保护人,我们人是他们的所有物。正如一只公牛杀死它自己,一个人会恼怒一样,如果我们之中有人杀死自己,众神也会恼怒的。因此,苏格拉底的结论是,在上帝召唤他之前,一个人应该等待,而不要夺走自己的生命,这是有理由的。阿奎那说了类似的话。他说,自杀"完全是错误的",他给出了三个理由,第三个理由是:"第三,生命是上帝给予人的礼物,上帝是死亡和生命的主人,所以一个人剥夺自己的生命是违反上帝的罪

---

[1] Fred Feldman: Playing God: A Problem for Physician-Assisted Suicide? Fred Feldman 1993 年 2 月在奥格尔绍普大学、1994 年 5 月在明尼苏达大学、1998 年在拉斐特学院的讲演。

[2] *Phaedo* 62,参见:FELDMAN B. Playing God: A Problem for Physician-Assisted Suicide? [EB/OL]. 1993, 1994, 1998. http://spot.colorado.edu/~heathwoo/Phil164/feldman_pas.pdf。

恶。唯有上帝有权威决定生命和死亡"①。康德在他的讲演中提示一些略为不同的反对自杀的论证,其中有些涉及上帝。他说,我们一直被置于这个世界之中,在某些条件之下,是为了一些特异的目的而存在。但自杀违反了他的造物主的目的;他到达另一个世界,仿佛他离开了他的岗位;他必须被视为上帝的叛徒。康德接着说,上帝是我们的所有者;我们是他的财产;如果由一位仁慈的主人照料的奴仆违反主人的意愿,他就应该受到惩罚。② 从柏拉图到康德的论证似乎是说,我们是众神的财产,如果我们杀死了自己,我们就毁掉了他人的财产。由于毁掉他人的财产总是错误的,因此自杀也总是错误的。阿奎那和康德的那几句话还包含另一个反对自杀的与上帝有关的论证。这个论证基于这样的观念,即上帝已经明确地命令我们避免自杀。在第六诫中上帝说:"汝不可杀人",这包含着不可自杀的命令。无论如何,如果我们认为上帝已经命令我们避免自杀;且我们认为我们的道德义务是由上帝命令决定的,那么我们就可认为我们有义务避免自杀。但这些论证虽然与上帝有关,但与扮演上帝角色的论证还是不同的。这里我们就没有必要去讨论这些论证。

Feldman 指出,扮演上帝角色的论证也包含在柏拉图、阿奎那和康德的著作之中。这一论证的一般轮廓是:

前提1:如果我们自杀或帮助别人自杀,那么我们就是扮演上帝的角色;

前提2:如果我们扮演上帝的角色,那么我们就做了错事。

结论:如果我们参与杀人,不管是杀自己还是帮助杀别人,那么我们就做了错事。

但扮演上帝的角色是什么意思呢? 一些哲学家和神学家接受这样的观念:当上帝创造这个世界时,他意欲历史应该以某种方式发展。这是说,他的意向是应该发生某一序列的事件。当某些事"按照自然"发生时,这就是上帝选择的序列中的事件中的一个,并且它是以上帝意向的方式发生的。但上帝也给予我们一定程度的自由。人有权干预自然进程。我们每个人都能够看到不知怎的

---

① *Summa Theologiae*, Question 64; Article 5, Is it Legitimate for Someone to Kill Himself? (ref. taken from CWR manuscript).

② KANT I. Lectures on Ethics [M]. Cambridge: Cambridge University Press, 1997: 153-154.

历史没有按上帝意向的方式发展。有人就在自然的进程中做出某种创新，他就以这种方式干预了上帝原先意向的进程。于是我们可以设想，那些谈论"扮演上帝角色"的人心里有这种历史观。当他们说某人在扮演上帝的角色时，他们的意思是他在自然进程中做出了某种创新。其定义如下：

D1：x 扮演上帝的角色 = df. x 在自然进程中做出了某种创新①

如果我们按照这个定义来诠释这个论证，那么：

前提 1：每当一个人参与自杀，他就使得历史以不同于上帝意向的方式发展；

前提 2：用这种方式干预上帝的计划总是错误的；

结论：参与自杀总是错误的。

如果做这样的诠释，那么这个扮演上帝的论证就面临若干深刻的困难。其一是涉及第一个前提，按照这个前提，每当我们参与自杀，我们就扮演上帝的角色。根据第一种诠释，这意味着：每当我参与自杀，我们就看到历史按与上帝意向不同的方式发展了。但是为了确信这是正确的，我们必须对上帝的世界历史的原初计划知道得更多一些。尤其是我们必须知道在这种情况下上帝对自杀原初是否有所计划。如果上帝的确有所计划，那么我们的活动就没有在自然进程中引入"创新"，那我们就没有扮演上帝的角色。

Feldman 说，此刻 Kevorkian 医生必须确定上帝是否想到世界历史应该包括诸如 Kevorkian 医生拒绝帮助，那位老年妇女继续生活于痛苦之中这些事件，或上帝是否想到世界历史是否应该包括 Kevorkian 医生同意给予帮助，而这位老年妇女因医生助死而较早死去这些事件。显然，如果上帝原初计划 Kevorkian 医生不要去管这位年老妇女，那么如果 Kevorkian 医生帮助她自杀，就将创新引入了自然进程。但是同样显然的是，如果上帝原初计划 Kevorkian 医生会帮助这位妇女死亡，那么如果他拒绝这样做，就会将创新引入自然进程。因此，在 Kevorkian 医生知道上帝有关世界历史的原初计划前，他不知道采取何种行动方针是扮演上帝的角色。但 Kevorkian 医生肯定对此一无所知。以这种方式论证的任何人似乎假定上帝原初计划是谁也不会参与自杀。然而，这个论证并未包含为这种

---

① FELDMAN B. Playing God：A Problem for Physician-Assisted Suicide? [EB/OL]. 1993，1994，1998. http：//spot.colorado.edu/~heathwoo/Phil164/feldman_ pas. pdf.

假定辩护的任何东西。因此我们的结论是,我们按这种方式诠释这个论证,那么就没有理由认为前提1是真的。

第二种诠释是,当上帝创造世界时,他意欲历史应该以某种方式发展。这就是说,上帝意欲发生某种事件的序列。这一事件序列可被称为"自然的进程"。如果人们什么也不做,那么自然进程以上帝计划的方式发展。有时,当人们说我们应该袖手旁观,"顺其自然",他们就是指的这种观点。根据这一观点,只要一个人参与自杀,他就以这种方式干预了自然进程。他使某种事情发生了,如果他袖手旁观,顺其自然,这种事本来不会发生。因此,这个人就是在第二种意义上扮演了上帝的角色,这在任何情况下都是错误的。

休谟在他的《论自杀》一文中就是这样诠释这个论证的。他指出,实际上这种诠释使前提2成为荒谬的。因为现在第二个前提是说,无论干什么都是错误的。休谟问道,那么造一所房子,耕种土地,或乘船航海都是错误的吗?"在所有这些行动中我们都会运用我们的身心力量在自然进程中产生某种创新。"①

根据这种诠释,如果你干什么事,你就会使世界历史不同于上帝的计划。这个论证蕴涵着我们应该什么也不要做。如果我们认为上帝是明智的和仁慈的,想要世界历史应该按没有人干预的方式展开,那么我们不管做什么都是错误的。因此我们应该什么也不做。但这将是绝顶荒谬的。由于我们无法知道上帝计划什么,因而认为我们有道德义务什么也不做,这是毫无意义的。

现在让我们看看对扮演上帝角色的另一种诠释。在柏拉图、阿奎那和康德的一些论述中提示了一种对扮演上帝概念更为狭义的诠释。这种诠释不是说,每当我们采取行动,我们就扮演上帝角色,或每当我们的行动违反上帝的原初计划我们就扮演上帝的角色,而是说,每当我们干预生死问题时我们就扮演上帝的角色。当阿奎那说,上帝是死亡和生命的主人时暗示过这种诠释。我们可以将这种诠释定义如下:

D2:x 扮演上帝的角色 = df. x 以这样的方式行动,确保否则本该死亡的某人继续活下去;或否则本该活下去的某人死亡。②

---

① http://www.anselm.edu/homepage/dbanach/suicide.htm.

② FELDMAN B. Playing God: A Problem for Physician-Assisted Suicide? [EB/OL]. 1993,1994,1998. http://spot.colorado.edu/~heathwoo/Phil164/feldman_pas.pdf.

Feldman 指出，假设 Kevorkian 医生帮助老年妇女自杀，那么，她比如果 Kevorkian 拒绝她死去要早死几个月。在这种情况下，按照 D2，Kevorkian 医生扮演了上帝的角色。因为他的行动使那位妇女更早死去。如果他不那么做，她本来会多活几个月。由于这种情况也适合于参与自杀的任何案例，因此有理由认为当我们按照 D2 来诠释扮演上帝角色时，这个论证中的前提 1 就是真的。

尽管如此，这种论证还是无效的。问题是前提 2 仍然是假的。明白这一点只要我们考虑一下，如果 Kevorkian 医生不去帮助老年妇女自杀会发生什么。在这种情况下，他的行为确保老年妇女再活几个月。因此他的行动确保该妇女活得比如果他采取相反的行动她本来会活的时间长。根据 D2，Kevorkian 医生因此扮演了上帝的角色。结果，如果前提 2 是真的，那么他不去协助自杀与他协助自杀一样是错误的。

如果我们这样诠释前提 2，它对医务人员有荒谬的涵义。病人去就诊，要求医生挽救他们的生命。例如外科医生进行手术挽救病人生命。在某些情况下，可以正确地说，如果外科医生不做这个手术，病人本来就会死亡。因此，D2 蕴涵着，所有这样的外科医生都在扮演上帝的角色；与前提 2 结合在一起，这蕴涵着外科医生的这种行动是不道德的。这个结论显然是违背常识因而是荒谬的。

但是还可以有另外一种诠释。仅当你的行动使某人死得比如果你袖手旁观死得早时，你就扮演上帝的角色。这种诠释要比以前的诠释精致一些。

D3：x 扮演上帝的角色 $=$ df. x 的行动使某人死得比如果你袖手旁观，顺其自然要早①

Feldman 认为，如果我们这样来理解扮演上帝角色这一概念，那么对这一论证以前的反对意见就不再起作用了。当外科医生治愈病人，这个病人死得不比如果他袖手旁观本来更早，而是让病人死得更晚一些。但这种论证有一个明显的问题：它看起来是一种丐辩。在目前的诠释下，当我们说某人扮演上帝角色时，我们的全部意思是，他的行动使某人死得早一些。因此，前提 2 的意思是：每当某人采取的行动使人死得早些，他就是错误的。这就等于是结论了。这里并没有提供理由让人认为参与自杀在道德上是错误的，而只是简单断言这种行

---

① FELDMAN B. Playing God：A Problem for Physician-Assisted Suicide？[EB/OL]. 1993，1994，1998. http：//spot.colorado.edu/~heathwoo/Phil164/feldman_pas.pdf.

为在道德上是错误的。而且，这个前提似乎是错误的。肯定有这样一些场合，让某些人早点儿死亡，不仅是允许的，而且是有义务做的。如果你是杜鲁门，你可以或者下命令扔原子弹，或者你不下这个命令。不管你干什么，总有人会死得早一些。如果扔下原子弹，许多日本人会死得早一些；如果不扔原子弹，许多士兵，无论是美国士兵还是日本士兵都会死得早一些。这个例子显示，扮演上帝的角色不可能总是错误的，因为不管他做什么，他总是在扮演上帝的角色。不可能所有的选项都是错误的。"应该"蕴涵着"可能"。如果他应该避免扮演上帝的角色，那么他就有可能。但杜鲁门不能，所以他没有避免扮演上帝角色的义务。

还可以以急诊医务人员为例进一步说明这一论点。假设有一场自然灾难，许多受害者需要马上得到抢救，但医务人员人手不足。医务人员必须选择先抢救谁。不管他们做出什么抉择，总会有人会死得早一些。然而，没有人说，这些医务人员做了错事。因此这个论证的前提2是假的。

有时，人们说Kevorkian医生在扮演上帝的角色，是带着嗤笑的意味。他们问："他以为他是谁？""是什么让他认为他的权力那么大？"当人们这样说的时候，他们也许在暗示扮演上帝角色论证的另一个诠释。前面我们讨论的有关扮演上帝角色的论证全都是显示自杀是道德上错误的行动，但这一个诠释的结论略有不同。这种诠释是要表明参与自杀的人显示了一种坏的品格，不管他们的行动是否是可允许的。我们设想有一个自大、傲慢的人，一贯蔑视普通人，他采取的行动仿佛就是显示他出类拔萃，即使在道德问题上他也总是显得比谁都懂，别人应该按他说的去做。他显示的这种品格上的缺陷，我们称之为道德上的骄傲、傲慢或狂妄自大。说一个人在扮演上帝的角色，有时就相当于说他在道德上狂妄自大。当人们谴责Kevorkian医生扮演上帝的角色，他们并不是在论证他的行动在道德上是错误的结论，而是说他在道德上狂妄自大，因而是在论证他具有道德上坏的品格的结论。这一诠释可概括如下：

前提1：如果一个人参与自杀，他就显示道德上的傲慢；

前提2：如果一个人显示道德上的傲慢，他就显示一种道德上的缺陷。

结论：如果一个人参与自杀，他显示一种道德上的缺陷。①

---

① FELDMAN B. Playing God: A Problem for Physician-Assisted Suicide? [EB/OL]. 1993, 1994, 1998. http://spot.colorado.edu/~heathwoo/Phil164/feldman_pas.pdf.

我们可以说这种论证的前提 2 是正确的。道德上傲慢的人是相当令人可憎的，因此人们会接受这样的观点：这种人具有一种品格上的缺陷。但是前提 1 又如何呢？有什么理由认为任何人参与自杀因而就显示道德上的傲慢呢？我们看不到有什么理由认为参与自杀的 Kevorkian 医生或其他人必定是在道德上傲慢的。他们这样做的时候也许强烈意识到他们可能有错误；也许他们真诚地并且谦逊地感觉到由于他们能解除人的痛苦，他们有义务做这件事；他们也许全然不是骄傲自大。因此，这前提 1 是不能成立的。有人也许认为 Kevorkian 医生必定在道德上是傲慢的。他们觉得他在道德上的傲慢显示在这样的事实上：他愿意去做出生或死的决定。任何做出生或死的决定的人，就是在道德上傲慢的。这种人扮演上帝的角色，从而揭示出他品格的缺陷。然而这种进路也不能成立。人们没有注意到，那些拒绝参与自杀的人也在做出生与死的决定。当他们决定，他们的病人要活下去，他们做出的这个决定，与 Kevorkian 医生做出他的病人要死亡的决定是一样的具有重大意义。因此，如果说，仅仅愿意做出这类生或死的决定就证明一个人在道德上是傲慢的，那么拒绝参与自杀的人与同意参与自杀的人一样傲慢。这肯定是错误的。

因此我们的结论是，扮演上帝的论证是完全不能成立的。对这种论证的任何诠释都不能显示医生协助自杀是在道德上错误的。这里的意思是说，运用不要扮演上帝角色的论证不能做到这一点。

基因技术

1997 年英国科学家和小说家 June Goodfield[①] 发表了她的书：《扮演上帝的角色：基因工程和对生命的操纵》（*Playing God*：*Genetic Engineering and the Manipulation of Life*，Random House，1977），在讨论对基因工程正反意见时使用了"扮演上帝角色"一词。人们也往往利用扮演上帝的论证来反对基因技术，其论证与上面所述是类似的：

前提 1：扮演上帝的角色是道德上错误的；
前提 2：修饰基因是扮演上帝的角色。
结论：修饰基因在道德上是错误的。

---

① 她是著名科学哲学家 Steven Toulmin 的妻子。

我们可以按照前面的讨论，证明前提1和前提2不成立，因而这个结论也不能成立。例如在《基因工程：是医学研究还是扮演上帝角色?》那篇博文①中，作者指出，这个论证负荷着一些假定，在满足一些标准前，人们难以接受这一论证，例如：标准1：必须表明上帝是存在的；标准2：必须表明上帝与自然界是互动的；标准3：必须证明声称这个论证有效的人与上帝一直在直接沟通，并知道他的意向。这三个标准是永远不可能满足的。

但也许在人们利用扮演上帝角色进行论证时，有一些新的涵义值得我们注意。当遗传学仅应用于医疗领域时，人们一般不会提出扮演上帝角色的论证来反对，但当遗传学进入研究人类性状并公开地或隐含地谈论改变人类性状时，就往往会有人提出这个论证加以反对。这反映了人们对此不安的程度。提出扮演上帝角色的说法是表达一种担心，担心有人在扮演上帝角色是出于自私的利益，伤害或剥削脆弱人群，破坏环境。因此虽然这个论证难以成立，不能以此作为理由反对基因技术，但在其背后人们的担心则应该加以重视，做出合适的回应。这是其一。② 其二，扮演上帝的角色也许与这样一些问题有联系，如DNA是否是神圣的？我们细胞中的遗传密码是否是神创造的产物？是否是上帝将我们的基因放在那里的？我们是否能获得上帝的允许去改变遗传密码？如果我们改变基因，重新设计自己，是否破坏了神圣的东西？这样，我们这些创造物是否变成了创造者（造物主）？当我们事实上不是上帝时扮演上帝的角色是否有罪？这是新遗传学向神学提出的问题。但这些神学问题也可能隐含着一些重要的伦理问题，例如我们是否快要失去我们的自由？人类行为完全由基因解释是否使得我们以为的自由不过是幻觉？是否基因决定了我们的一切？我们是否仍然认为我们自己是独一无二的个体？说"一切都在我们基因之中"是否对？如果说一切都在我们基因之中，我们是否应该屈服于宿命论？我们是否应该利用遗传学知识使人类变得更好一些？神学家认为这些伦理学问题和本体论问题同时也是神学问题。仅仅是频繁利用"扮演上帝角色"这一说法就有充分理由将神学家拖入有关遗传学的争论中去。其实，在标准的神学词典中并无"扮演上帝角色"这一词条。因此，美国神学家Ted Peters觉得有必要从神学观点讨论

---

① Genetic Engineering：Medical Research or God Playing? 2003. http://www.daltonator.net/durandal/life/cloning.shtml.

② PETERS T. Playing God? Genetic Determinism and Human Freedom [M]. 2nd ed. New York：Routledge，2012：19.

扮演上帝角色这一说法，他于2012发表了一本书，题为《扮演上帝的角色？基因决定论与人的自由》。①

Peters 认为，谜一样的"扮演上帝"的说法有三种相互重叠的意义②：

意义1：是知晓上帝令人敬畏的秘密。这是指从深入生命底蕴的新发现油然而起的敬畏感觉。科学及其相关的技术将光明照进了人类现实的迄今为止黑暗而秘密的洞穴。神秘难解之事物的揭开，使我们感觉到我们开始获得上帝那样的力量。在这个层次，我们还没有理由反对进行研究。这里我们所有的只是对敬畏的一种表达。

意义2：与实际运用控制生死的力量有关。例如在外科急诊室的医生，病人无助地躺在那里，唯有集中注意和掌握技能的外科医生站在病人与死亡之间。医生是唯一的生命之门。病人的存在本身完全依赖于医生。不管医生本人是否觉得他们在这种情况下是无所不能的，但病人将无所不能归于他。"扮演上帝角色"的医学意义有两个假定：其一，有关生死的决定属于上帝的特权范围之内，而不是属于人的。其二，当我们做出生死决定时我们显示了一种狂妄自大，即我们的手伸得太长，超越了上帝规定的限制。这两个假定引起人们的不安，驱使人们对医疗中有关生死问题的无休止的争论。斯坦福大学医学伦理家 Ernlé Young 抱怨说，扮演上帝角色的谴责似乎仅针对医生。这是不公平的。建筑家建造大桥，大桥垮了，死了人，但没有人谴责他们扮演上帝的角色。军事指挥员做出战斗决定，导致士兵死亡，也没有被谴责扮演上帝的角色。我们自己决定抽烟、喝酒，事实上在做出死亡决定，却被豁免了扮演上帝角色的谴责。医生经常处于这样的临床情境之中，不容许他们"顺其自然"，而必须采取困难的决定。我们应该在伦理学上支持处于这种情境之中的医生，而不应该控告他们超越了上帝的权限。

意义3：是指利用科学来改变生命，影响人类的进化。这是说，我们科学家在顶替上帝决定人性应该如何。这置我们于上帝所在之处，以及唯有上帝所在之处。改变人性的力量引起了质疑。难道唯有上帝应该做这事？《纽约时报》/CNN 所做的一项民意调查中58%的人认为，改变人的基因是违背了上帝的意志。1980年若干位罗马天主教、新教和犹太教发言人在给卡特总统的信中就用了

---

① PETERS T. Playing God? Genetic Determinism and Human Freedom [M]. 2nd ed. New York：Routledge，2012：20.

② 同①31-35.

"扮演上帝角色"这一说法，来指一些个人或团体正在谋求控制生命形态，而他们认为依靠遗传学的手段来校正我们精神和社会结构以适合某一群体的眼界的任何试图都是危险的。教皇保罗二世说，遗传工程和其他生殖技术把我们的命运控制在我们自己手中，导致超越合理控制自然的界限。于是形成了一个新的戒律："汝不可扮演上帝的角色"。这是因为普罗米修斯式的狂妄自大是危险的。《圣经》说过，狂妄导致毁灭。如果我们从积极意义上了解，那就是不要过高估计我们的知识，不要认为科学无所不知，不要把我们拥有的知识与我们决定如何使用这些知识的智慧混为一谈，否则就会导致例如生态的破坏、气候的变暖等不可预见的后果。

Peters的结论是，从神学家的视角看，扮演上帝角色这一说法的认知价值很小。它的主要作用也就是警告、提醒。注意小心谨慎总是一个好的忠告。然而，我们面前的任务是要为遗传科学和技术充当一个好的守护者，使之为人类福利做出贡献而不去造成新的不公正。扮演上帝角色这个说法无论是作为支持或反对某项行动或决策的论证，都是不充分的。

合成生物学

据上所述可见，现代生物技术从一开始就遭遇"扮演上帝角色"的责难，并随着其每一步的进展都会面临着这种责难，从麻醉镇痛、避孕丸、器官移植、诊断脑死，到干细胞研究、基因工程以及许多其他的创新。[1]

德国神学家、德国国家伦理委员会委员Peter Dabrock[2]指出，"扮演上帝角色"这一说法是传达这样的意思，人类或特定的个体超越了某一秩序的一定界限，如果人试图占领某个位置，而这个位置体现了与人类完全不同的实体，即上帝，那么他们就超越为人规定的界限，不再是负责任的行为。因而，扮演上帝的角色引起人们认为行动者或决策者有狂妄自大的嫌疑。然而，美国哲学家

---

[1] RAMSEY P. Fabricated Man. The Ethics of Genetic Control [M]. New Haven：Yale University Press, 1970, CHADWICK R. Playing God [J]. Cogito, 1989, (3)：186-193; COADY CAJ. Playing God [M] //SAVULESCU J, BOSTROM N. Human Enhancement. Oxford：Oxford University Press, 2009：155-180.

[2] DABROCK P. Playing God? Synthetic Biology as a Theological and Ethical Challenge [J]. Systems and Synthetic Biology, 2009, 3 (1-4)：47-54.

和法学家 Ronald Dworkin① 谴责使用这一说法的每一个人在学术上和道德上不诚实。Dworkin 认为，人类超越界限实际上是人的本性，生物技术在性质上并不是什么新东西。他进一步质问说，是否有人没有从这些创新中获益，我们却傲慢地批评这些创新。因此在他看来，扮演上帝的谴责是反动的保守派手中的武器，用来反对人塑造世界的原则上不可推卸的文化职责。美国神学家 Willem Drees② 进一步指出，破坏历史悠久的文化结构不仅导致人的形象的改变，而且导致上帝形象的改变。他认为，谴责现代生物技术扮演上帝角色本身是对上帝的信心产生了动摇，对上帝拥有错误的概念。Dabrock 认为，即使人们同意 Dworkin 和 Dree 对扮演上帝角色这一说法的批评，人们仍然发现这种责难在某些特殊技术方面可以得到辩护，即对于无限的科学进步，也许确实存在着一些界限。超越这些界限不仅是实际上不明智的，而且是伦理上不负责任的。对这种可预期的或甚至不可避免的反对可提出两类理由：一类理由是，技术可能在后果论上是不负责任的，即其产生不可接受的后果——在这种情况下，风险很高，风险还可能会再增加。另一类理由是，一种技术可能是在义务论上应予谴责的，即采用这种技术的行动会违反某些义务，因此必须加以反对（例如发明一种考问新技术）。然而。在这种场合下援引伦理学的概念似乎更为清晰、更为明确，无须扮演上帝角色那样模糊的说法。现在，现代生物技术的新分支之一合成生物学一直遭到扮演上帝角色的抨击。合成生物学事实上可能会对生物与无生物之间的界限提出质疑，而宗教文化传统将确定这些界限视为上帝的特权。Dabrock 认为，宗教界对合成生物学意味着扮演上帝的角色的担心是完全没有根据的。合成生物学确实是新的发展，也许也是令人感到不安的发展，合成生物学会不会创造出一个 2.0 版的生命？合成生物学把基础科学与工程结合起来，基础科学提示的技术可用于实践，若干技术创新即将出现，这是一种范式的转换。合成生物学特别创新之处是，原先为工程研发的模型现在用于理解，然后复制生命的基本要素。目前研究的结果仍然是片断的，集中于细节。然而，这个年轻的研究领域受到革命的科学观的驱动：生命也许可从无生命物质重建出来。这些新的有机体产生的物质可用于医药，可用于环境保护，可用于产生能源等。许

---

① DWORKIN R. Sovereign Virtue. The Theory and Practice of Equality [M]. Cambridge：Harvard University Press，2000.

② DRESS W B. Playing God? Yes! Religion in The Light of Technology [J]. Zygon，2002，37：643-654.

多信教的人确定合成生物学跨越了上帝划定的生命与无生物之间的界限，使人类从制造者的人（homo faber）成为创造者的人（homo creator），所以声称合成生物学扮演上帝角色一说甚嚣尘上。然而，Dabrock 认为合成生物学的创新并不是像上帝那样是"从无到有"地创造新的生命。根据神学的创造概念，合成生物学并未在篡夺神的权力、扮演他的角色。我们应该关心合成生物学的应用有无可能危及人类的生存，危及自然界，是否会被滥用，但这与合成生物学本身无关，也与扮演上帝的角色无关。

荷兰伦理学家 Henk van den Belt[①] 指出，合成生物学使得生物学从以分类学为基础的学科发展以以信息为基础的学科，使人们能像工程师控制装置一样按照在计算机芯片上的设计以控制生命机器。一部分年轻合成生物学家热心于自下而上、从无到有地从事合成生物学的研究。朝这一方向发展的合成生物学将模糊物质与信息、生命与非生命、自然与人造物、有机与无机、造物主与创造物、进化与设计的界限。于是人们声称，弗兰肯斯坦的"怪物"又要来了，随之而来的是对扮演上帝角色的谴责。为了避免人们联想到弗兰肯斯坦以及避开扮演上帝角色的谴责，许多目前正在研究的合成生物学家乞求于谦逊，否认他们的工作是"创造生命"或"制造生命"。例如麻省理工学院的 George Church[②] 教授说，我们像工程师，或者可能像聪明的设计者。我们不是在从无到有地设计亚原子粒子，设计银河，我们只是操纵生命。第一个创造合成生物有机体的文特尔（Craig Venter）[③] 更为谦虚地说，他不是在创造生命，而是修饰生命从而出现新的生命形态，然而，分子生物学的祖师爷，DNA 双螺旋的发现者之一的沃森（James Watson）[④] 肆无忌惮地宣称："如果科学家不去扮演上帝的角色，那么谁去扮演？"对此，旨在保存、推进生态和文化多样性与人权的国际组织 ETC 集团[⑤]认

[①] VAN DEN BELT H. Playing God in Frankenstein's Footsteps：Synthetic Biology and the Meaning of Life [J]. NanoEthics，2009，3（3）：257-268.

[②] BROCKMAN J. Constructive Biology：George Church. Edge：The Third Culture，2006-06-26. http：//www.edge.org/3rd_culture/church06/church06_index.html.

[③] BORENSTEIN S. Scientists Struggle to Define Life [N/OL]. USA Today，2007-08-19；2009-09-12. http：//www.usatoday.com/tech/science/2007-8-19-life_N.htm.

[④] ADAMS T. The Stuff of Life. The Observer，2003-04-06；2009-09-12. http：//www.guardian.co.uk/education/2003/apr/06/highereducation.uk1.

[⑤] SHAND H，THOMAS J，WETTER K J. Playing God [N/OL]. Ecologistonline，2007-05-01.

为，这一声明暴露了许多分子生物学和合成生物学家不可救药的狂妄自大。似乎合成生物学家完全可以一会儿放肆傲慢，一会儿谦卑虚心，转眼之间迅速变脸。有人问美国合成生物学家 Drew Andy① 是否应该将创造新生命形式留给上帝时说，"我不认为我的研究是创造生命，而是建构。对于作为工程师的我，创造与建构这两个词之间有巨大区别。创造意味着我像上帝那样拥有无限的权力，对宇宙的完全理解，以及操纵物质的能力。这种权力我没有。我对宇宙只有不完全的理解，不充足的预算，以及我只能粗糙地操纵物质，有限的资源。因此，我只是一个谦卑的建构者"。

总而言之，许多人认为"扮演上帝角色"的说法现在已经流于那些随口说出的记者们的陈词滥调或杞人忧天的口号。然而这种说法或基于此的论证还会出现，也应该容许它们出现，以传达人们的关注。但肯定的是这种说法或论证无助于那些质疑合成生物学家活动的人们。有关合成生物学的争论总是集中于对人性的可能干预以及这种干预对人的后果。美国生命伦理学家、前美国总统生命伦理学委员会主席 Leon Kass② 说："界定我们所以为人的所有自然界限，如人与动物的界限，人与超人或神的界限，还有生与死的界限，这些都是21世纪的问题，而且没有比这些问题更为重要的。"

参考文献

[1] CAHILL L S. "Playing God": Religious Symbols in Public Places [J]. Journal of Medicine and Philosophy, 1995, 20 (4): 341-346.

[2] CHADWICK R. Playing God [J]. Cogito, 1989 (3): 186-193.

[3] COADY C A J. Playing God [M]//SAVULESCU J, BOSTROM N. Human Enhancement. Oxford: Oxford University Press, 2009: 155-180.

[4] DABROCK P. Playing God? Synthetic Biology as a Theological and Ethical Challenge [J]. Systems and Synthetic Biology, 2009, 3 (1-4): 47-54.

[5] DRESS W B. Playing God? Yes! Religion in the Light of Technology [J].

---

① REED A. Designing Life: A Look at Synthetic Biology [N/OL]. Retrieved 2009-09-12. http://scienceinsociety.northwestern.edu/content/articles/2008/medill-reports/jan/endy/designing-life-a-look-at-synthetic-biology.

② WESLEY J S. Is the World Ready for a Superboy or a Dogboy? [EB/OL]. [s. n.], 2009-09-12. http://www.discovery.org/a/3024.

Zygon, 2002, 37: 643-654.

[6] FELDMAN B. Playing God: A Problem for Physician-Assisted Suicide? [EB/OL]. [s. n.], 1993, 1994, 1998. http://spot. colorado. edu/~heathwoo/Phil164/feldman_ pas. pdf.

[7] LINK H J. Playing God and the Intrinsic Value of Life: Moral Problems for Synthetic Biology? [J]. Science and Engineering Ethics, 2013, 19 (2): 435-448.

[8] MCGEE G, CAPLAN A. Playing [with] God: Prayer is Not a Prescription [J]. American Journal of Bioethics, 2007, 7 (12): 1.

[9] PARIS J, POORMAN M. "Playing God" and the Removal of Life-Prolonging Therapy [J]. Journal of Medicine and Philosophy, 1995, 20 (4): 403-418.

[10] PETERS T. Playing God? Genetic Determinism and Human Freedom [M]. 2nd ed. New York: Routledge, 2012.

[11] 邱仁宗. 杰克·凯沃尔基安 [N]. 财经杂志, 2011-06-20. http://magazine. caijing. com. cn/2011-06-20/110750814. html.

[12] RAMSEY P. Fabricated Man. The Ethics of Genetic Control [M]. New Haven: Yale University Press, 1970.

[13] SNOW P. Playing God: A Paradoxical Dramaturgy [J]. Empedocles, 2010, 1 (2): 161-174.

[14] VAN DEN BELT H. Playing God in Frankenstein's Footsteps: Synthetic Biology and the Meaning of Life [J]. NanoEthics, 2009, 3 (3): 257-268.

[15] VARGA. Playing God [J]. Thought, 1985, 60 (2): 181-195.

[16] VERHEY A. "Playing God" and Invoking a Perspective [J]. Journal of Medicine and Philosophy, 1995, 20 (4): 347-364.

规范性问题与自然主义[*]
——当代分析哲学的一个范式性挑战

郑宇健

划分世界万物的方式多种多样,哪一种最能触及人与非人之间最本质的区别?无论你想称其为理性,或是自由,抑或规范性内容,均仍停留在某种抽象的概念名称上,即尚未能充当一种更直观或更易把握的划分世界的方式。

如果有人问你"世界上有什么东西可以被违反?"并且指出对于这一问题的正确回答就是这里所追问的划分世界的根本方式,你是否会觉得这一提问方式似更贴近人们较为肯定的日常经验呢?

让我们循此方向尝试着推进一下。首先,在日常语言的标准用法中,人们可以违反规则、违反命令、违反自己的意向,但无法违反自然规律,人们最多违反某种(哪怕是公认的)貌似规律的命题——其本质无非是人对自己所假设的规律的认识。由此不难看出规则与规律在可违反性上的区别。

其次,从更一般的意义上说,"违反"作为一种关系,不可能发生在两个纯物理事物之间。物理事物可以在时空中发生各种符合物理定律(即自然规律)的关系,包括碰撞、排斥、消解、逆转等,但此处没有一种算得上是"违反"。这样说的一个根本理由就是,它们都缺乏上述规则、命令、意向乃至任何概念内容所共同具备的特性——我们称之为规范性的特性。

毫不夸张地说,规范性业已成为当代哲学中最流行的术语之一。一个重要的原因就是,以科学为旨归的自然主义立场作为大部分当代哲学家接受或关注的框架性预设。该立场的一个无法回避的最具争议性的核心问题是:物理自然与看似超物理的概念内容、理由、价值等(姑且称之为)规范性实体之间是一种什么关系?相应地,如何刻画这种关系的本性,也就是如何理解这些规范性实体的功能或作用,及其不可替代性或不可还原性的根源。

---

[*] 本文由以下文章改写而成:《规范性的三元结构》,《世界哲学》2015 年第 4 期,106–115 页。

自然主义的批评者和捍卫者们都会围绕规范性问题所牵涉的方方面面的疑难和挑战，展开其攻防策略，以成某种百舸争流、千帆竞发之大观。聊举一例，当代著名分析哲学家 J. 佛多曾戏称："每个人都在谈论规范，就像牛的叫声是'哞～'，哲学家的叫声则是'规～范～'！"[1]

尽管规范性这一概念的使用早已如此普及，以致在心灵哲学、语言哲学、行动哲学、知识论和元伦理学等当代分析哲学的主流领域中很难见到完全不涉及（或隐或显）对规范性的讨论，但直接针对规范性之概念结构本身的细致讨论却并不多见。本文试图从一个独特的角度对规范性概念的主要功能及其来源做一梳理，以冀从方法论上推进对规范性问题的深入探究。这里所讲的独特角度，指的是一种进化论视角，即由前人类的动物准理性到人类理性的动态生成过程，及其可能蕴涵着的逆向（即从人类理性逆推到动物准理性的）回溯性关联。

本文的目的在于阐明两种不同于常规理解的规范性形态，再加上该常规意义上的形态，它们就共同构成着我所谓的规范性三元结构。

具言之，规范性的基本功能有三种，即命令性、诠释性和构成性。一方面，我欲揭示这三种功能之间的相关性和内在联系，以彰显在什么意义上它们都可合法地被称为规范性形态。另一方面，我希望阐明每一种形态（尤其是后两种"新"形态）的独特性，以证明它们作为相对独立的规范性形态的合理性。要完满地达成这两方面任务，显然离不开关于规范性的判准的讨论。

这一关于判准的讨论很难是终结性的，这是因为该判准所包含的基本概念本身也难免会与上述三功能所涉要素之间形成某种深层的纠缠或依存关系。但是，从另一角度看，这一或许无法消除的"局限"也许恰恰反映了我们所致力探寻的规范性深层结构的整体论特征。

一、理由与判准

在转入更细致的讨论之前，似有必要先澄清一下诠释性和构成性这两种规范性形态的基本语义，以及讨论规范性问题的某些背景概念资源。

我所说的诠释规范性，并不是指理性成员之间的诠释所包含的规范性（意即只有在遵循理性规则的前提下才能进行有效诠释，而规则的遵守则仍属于命

---

[1] FODOR J. The Language of Thought Revisited [M]. Oxford: Oxford University Press, 2008.

令规范性范畴），而是特指理性诠释者如何确定前人类的生物功能的语义内容，即用生物和有机体的目标状态或条件来个别化其相关功能。比如说心脏的功能是泵血，而不是发出有节奏的迷人噪音。功能，是典型的目的论概念。有机体的功能或目标意义，只能在理性诠释者那里才能获得真正的理解，亦即具备确定的可以表述的内容。①

我所说的构成规范性，其面对的问题是，具备诠释力的意向性视角本身是如何产生的。换句话说，构成规范性想要揭示，在进化中最终绽出或突现的意向视角是由哪些独特的构成性操作机制实现的；以及这样揭示出来的过程或操作意义为什么可归于一种独特的规范性范畴。

这些问题就要求我们先探讨最广义的规范性标准是什么。

首先，在动物和人类行为个体所生存的环境中包含着一些与其生存的适应性有关的外在理由——之所以称其为理由，是因为可以用它们来解释为什么这些个体在不同的环境中具有不同的适应性；而之所以称其为外在，是因为这些解释性理由是外在于这些个体的意识的（甚至不预设这些个体具有意识能力）。所谓环境适应性正是自然界中涉及生物的外在理由，或者叫作关于自然选择的达尔文式理由。

其次，在理性动物及其社会语言诞生之前，上述与环境适应性有关的外在理由只能内隐于生物个体对环境的适应性行为（包括相互之间的互动、合作行为）之中。只有当基于话语实践的社会规则和制度出现之后，这些具有行为解释力的所谓外在理由才能真正外显于对相关规则、制度的命题表述中，或者行为主体对相关内容的知性意识中。这种自觉的或心理上外显的理由就被叫作内在理由。

以威廉姆斯为代表的主流观点认为，一切理由只能是内在的；因为理由关乎解释，而一切解释预设着有能力提出问题和理解问题的解释者亦即语言诠释者，所以完全独立于心理或理解力的外在理由并不存在。姑且先不争论理由的外在性与内在性哪一个更优先（我会在下文第4节中再讨论）。无论是内在理由还是外在理由，一个最基本的不容忽视的方面就是其所服务的解释的客观有效性，或者说对这种解释效力的可判断性乃是任何理由成立与否或程度强弱的

---

① 此处牵涉两个本文无法深入展开的问题，值得做一备注：1. 目的论概念是否只适用于具有目的性的东西？2. 具有目的性是否依赖于具有关于目的的概念？换句话说，未被理解的功能可否是真正的功能？

基准。

我们不妨看一下日常语言中那些被认为与规范性有关的概念：意图、目的、指挥、引导、裁决、违反、制裁、约束、纪律等。从行为上讲，其共同特征似乎可以表述为"做出某种以目标为导向的改变"，尤其当相关目标是与行为主体所身处的环境相适宜的。

结合上面关于理由的讨论，我们可以给出如下这个广义的规范性判准：当行为主体有能力按照其生存环境中各种境况所提供的相关外在理由做出某种非偶然的改变（或者说其行为改变与这种理由之间的匹配并非纯属意外）的时候，其行为就已关涉某种规范性。①

现在让我们重新审视一下前面提出的"构成规范性"是否或在什么意义上符合这一判准。概括地说，构成式规范性行为包含两部分意思：一是实现或保证意向性视角的出现或奠定，这是一种从无到有的新质的创造；二是通过进化的不同阶段渐次收摄环境中既存的外在理由，由此构建出一座跨越动物隐性功能和人类显性内容之间鸿沟的桥梁。可见，这种行为（尽管不是一次性完成的）完全符合上述广义规范性判准。

二、构成性规则之四变式

我在这里将采用塞尔关于构成性规则的公式来说明我所谓的构成规范性。②该公式的原有表述是这样的："在境况 C 下行动 X 算作 Y"。

这里的关键词是"算作"，所谓构成义由之而生。比如，行动 X 可以是使用一张两面印有特定图案并有特定尺寸的纸张，Y 则是货币或货币交易（作为一

---

① 这个判准可以看作是用一种（外在）理由关系作为基本概念来衡量或判别其他规范性形态，以此进路来处理规范性问题的代表性近著有 SKORUPSKI J. The Domain of Reasons [M]. Oxford：Oxford University Press，2010。虽然此书可圈可点之处颇多，但可惜未能突出本文所强调的关于进化史的历时整体论视野及其对任何规范性结构的约束。而更值得一提的是一部关于语义的规范性基础的重要近著：GIBBARD A. Meaning and Normativity [M]. Oxford：Oxford University Press，2012。作为其最基础层面的原初规范性乃是一种与知性理由相关的、整体视野下的应然承诺。这一取向与我的诠释规范性的总体走向颇为相通。

② SEARLE J. Speech Acts [M]. Cambridge：Cambridge University Press，1969；SEARLE J. The Constitution of Social Reality [M]. New York：The Free Press，1995.

种社会制度或社会事实），C 则包括如下境况因素：交易的一方持有并使用这张纸以换取另一方所提供的货物或服务，同时存在着权威的第三方负责制作这类纸张且保证其有效性。这一公式似乎显示制度化的货币是由使用货币之物质载体的意向行动构成的，而行动者对相关境况因素的识别或确认也部分地依赖着成熟的意向性能力。可见，人类社会制度层面的这种构成性行动预设着诠释意向力，而不是为诠释力的形成提供基础。

我要问的是，这一公式能否应用到某些合规则的动物行为上？例如，在某种境况条件 C（比如，附近有潜在的交配者）下，某种鱼类尾巴摆动的姿势（行动 X）算作吸引配偶（Y）。如果尚未出现能将 X 算作 Y 的主体，或者说能够理解 Y（即具备"配偶""吸引"等概念）的主体，上述公式似难应用于像鱼摆尾这类前理性动物的行为。所以有必要在此公式中引入一个主体，或对应谓语"算作"的主语，其功能是以构成性过程的参与者视角（而不是外在于这过程的纯客观的上帝式眼光）去捕捉"算作"之独特构成性角色。

在我接下来表述的四种有关塞尔公式的变式中，单个或交互主体的外显性存在不妨视为一种方法论重心的转移——以一种外在而客观的描述或发现式眼光向一种内在（于特定境况）而主观（或交互主观/主体间）的诠释或赋予式眼光的转移。

变式一："S 在境况 C 下将行动 X 算作功能 Y"。这里 S 是具有某种对自然物体进行分类及予以工具性使用之能力的动物主体，X 对应着这种分类或使用，Y 则是为某种特定的、可重复实现的目标。比如，旧石器时代的人类祖先（甚至可能是某种高级灵长类动物）会把具有特定形状的石块分别用于砍、削、砸等不同目的。前面提到的鱼类显然还做不到变式一所要求或隐含的有关手段和目的的系统区分，这种区分不妨视为某种前语言的概念雏形。

变式二："相互地，S1 在境况 C 下将 S2 的行为 X 算作与 S1 自己在同样境况下产生 X 时所伴随的某种特定内在经验 Y 相对应者"。这里动物主体 S1 和 S2 能互相将对方识别为同类成员。此变式的标志性特征，就是交互主体之间可以用一种我称之为"类比原则"的东西来描述跨主体的经验构成方式——本来无法直接通达的对方的内在经验，通过这种类比性构成作用而间接地转化成自身经验的等价物。

变式三："在语境 C 下，S1 将某个人为符号的某种用法（行动 X）算作指称或表征着某个或某类对象（行动 Y）"。这里的语境 C 须包括 S2 即其他交互主体的在场——语义行动的被构成需要（被表征的）语义对象在某种公共的空间成为各语义主体（S1、S2 等）之间可共享或共同知觉到的对象。此变式不妨看作是表述一阶意向性表征（如知觉）如何过渡到符号表征或高阶语义表征的过程，该过程离不开"算作"这一基本的规范性构成或操作。

变式四："相互地，S1 在境况 C 下将 S2 的某个言语行为（行动 X）算作某种在整体上可使 S2 显得更为理性（Y）的信念系统的有机部分"。这里的 S2 作为被诠释者所具备的宏观上大致理性的属性特征 Y，乃是一种受制于戴维森著名的"施惠原则"①的整体性判断，其先验性（对比于来自观察或实验归纳的经验性）地位不难从该变式所含的规范性构成中得出。换句话说，作为交互诠释主体的 S1、S2 别无选择地只能把对方的个别言语行为放到一个整体上基本真确和合理的信念系统中进行诠释，否则人际沟通无从谈起、无法起步。

关于构成性规则的以上四种变式，可以展开讨论的方面难以在本文有限的篇幅中一一细述。在此，试就两个相关联的重要方面稍加评论。

首先，这四种变式在进化的顺序上展现出一种递进关系。居后的变式所代表的场景或游戏只能出现在居前的变式所代表者位处的历史河床的下游，虽然上游场景的存在未必在因果关系上严格地决定下游场景。

但另一方面，当我们进入理解的顺序关系时，下游场景中所含的意义及其诠释关系会对我们解读上游场景的意义或潜在诠释关系起到某种"照明"作用——我们可凭借下游场景更加外显化、系统化的规范语义关系而更好地理解相关上游场景中相对隐而不彰（尚处在默会阶段）的规范构成关系。比如，变式二中的交互主体 S1 和 S2 的相互地位关系不妨看成是变式四中典型的诠释主义交互地位关系的先驱，换言之，适用于变式四的施惠原则其实不啻变式二中已然生效的类比原则的发展或精致化。从变式二到变式四的"前瞻性"关联，与从变式四到变式二的"后顾性/回溯性"关联，发生在这两个上下游场景互相对应的位置（或居位者）之间，作为早就习惯于施惠性诠释的实践者，我们就可借助这种双向连通的关联，给自己创造一种想象性地代入准理性交互主体内心的可能性——这种想象性代入之所以有可能，是因为物种间进化的渐进性和连通性，原则上保证了类比原则的无意识运用与施惠原则的语言性自觉运用之间在心理上从低到高的连续关系。

---

① DAVIDSON D. Radical Interpretation [M] //Inquiries into Truth and Interpretation. Oxford: Clarendon Press, 1984: 125-139.

更具体一点说，这里的基本理路是，在公共语言形成或正式到位之前，在准理性（即前理性与理性动物之间的过渡性）物种成员之间以类比原则为基础的、互相把对方视为心理上类似者的做法，自始至终都是一种塑造相关高级心理倾向的有效力量。正是后面这种倾向最终导致了施惠原则在理性成员之间的实施。

　　循此途径，我们就有望消除有关施惠原则的先验地位的神秘性；即通过展示它与上述构成性规范过程的因果联系或相容性，人们就不难发现：尽管施惠原则在当下的有效应用并非源自关于诠释对象的归纳统计证据（恰恰相反，一切这样的证据之收集反倒须以假设施惠原则为前提），但这不等于说它没有进化上循序渐进的深层因果根据。同样，循此途径，所谓内隐规范与外显规范间的鸿沟若未完全跨越，起码也大大缩小了。①

三、工具论诠释主义及其本体论蕴涵

　　戴维森式诠释主义进路的一个核心特征，就是施惠原则须应用于交互主体之间，且凭借这种交互性应用及其持续，主体的理性地位才得以构成和维系。罗伯特·布兰顿进一步拓展了这种诠释主义，即将交互诠释背后的规范性承诺、授权等关系扩大到整个语言系统和社会性话语实践中。② 但诠释主义的另一条进路，则是由丹尼尔·丹内特开创的，我们不妨称之为工具论诠释主义；它注重的不是同一物种或社会共同体成员之间的交互诠释，而是理性（人类）个体如何借助"意向性姿态"来有效地诠释前理性或准理性（动物）个体或群体行为。③ 这里的意向性姿态是一种典型的工具论意义上的方法或途径，至少表面上

----

　　① 至于说构成性规则所涉及的构成是因果性构成，还是超出因果性的、不可还原于物理机制的规范性构成？这个问题在这里我只能做如下陈述：该规则适用的各相邻阶段之间的因果/遗传基因上的突变，为进入下一阶段创造了因果条件；这里的因果构成因素并不影响每一阶段内以构成性规则变式所可能完成的语义/规范性构成。至少上述变式三和变式四已含成熟的规范性构成，这一点似无争议。

　　② BRANDOM R. Making it Explicit［M］. Cambridge Mass.：Harvard University Press，1994；BRANDOM R. Articulating Reasons［M］. Cambridge Mass.：Harvard University Press，2000.

　　③ DENNETT D. Intentional Stance［M］. Cambridge, Mass.：MIT Press，1987；DENNETT D. Darwin's Dangerous Idea［M］. New York：Simon and Schuster，1995.

不带有直接的本体论承诺。

人们会说，一只章鱼相信自己有危险时会喷出墨汁以利逃脱，一群齐力捕猎羚羊的狮子会挑选弱小的目标或采用埋伏加佯攻的分工协作。当一个观察者面对一幅复杂的动物行为景象时，采用"意向性姿态"去理解（甚至预测）它，显然要比采用任何以物理机制为基础的因果解释简单得多，有时甚至是唯一可行的。有论者这样评说："丹内特的工作之最引人入胜之处其实是他关于意向性姿态这一解释模式为何行得通所描画的底层世界图景"①。换句话说，如果意向性姿态作为解释工具的成功不是纯偶然的话，那么必须有相应的自然历程配合之——这一历程原则上能够贯通理性之诠释意向性与前理性行为之可诠释性。

我们不妨在此稍稍重建一下丹内特的世界图景及其理路。

作为其出发点的问题是，对于生物功能的诠释主义立场如何能够由某种关于大自然母亲的故事予以合法化？丹内特的回答可这样概述：自然进化展示着某种无处不在的达尔文式理由，这是一种没有推理者的理由，或者叫作自由漂移的理由（即不受任何占据特定时空位置的特定理性存在者的局限）。假如不诉诸这种理由，任何生物学意义上的功能归属皆不可能。② 自然选择能以某一个特定的达尔文式理由（而非另一个此类特定理由）来"筛选"某一特定的功能。比如说，心脏能进化成现在这样，不是因为它会发出有节律的噪音，而是因为它能保证血液循环。后者作为一个特定功能所对应的特定达尔文式理由就是，只有血液循环向全身输送必要的养分，身体的各个器官才能有效运作，这生物个体才谈得上去适应环境、繁衍后代……当然，不排除与心跳对应的声音或脉搏可以在另一个层面的系统网络中（比如帮助医生诊断身体的某种状况，或在情人面前不由自主地泄露某种紧张心情）具备某种同样可由达尔文式理由支撑的另类/高级功能。

功能必定揭示着某种自然"设计"中的优化。包括意向性在内的人类功能不妨看作是来自大自然"设计的人造物"。自然在做选择时是没有也无须去表征理由的。但这不等于说外在于（人类）表征功能的达尔文式理由不存在。反过

---

① BROOK A, ROSS D. Daniel Dennett [M]. Cambridge: Cambridge University Press, 2002.

② DENNETT D. Evolution, Teleology, Intentionality: Reply to Ringen and Bennett [J]. Behavioral and Brain Sciences, 1993, 16 (2): 289-391.

来说似乎更有道理：正是因为这种自由漂移的、没有表征者的达尔文式（即适者生存式）理由在自然环境中的广泛存在，我们才能（哪怕是以一种隐喻的方式）谈论自然选择——大自然母亲仿佛具备着某种对达尔文式理由敏感的"原初意向性"，由之逐渐筛选出日益精致的表征或其他功能，最终达至可直接表征理由（包括达尔文式理由自身）的人类意向性。

当然，这里的一个潜在争议点是，既然"适者生存"法则是一种由环境和生物机制决定的客观法则，为什么不径直把它当作自然规律，而不是所谓外在理由或自然规范？规律与规范的最大分别在于规律是不可违反的和没有选择余地的。适者生存法则之所以不同于分子生物学或生理学规律，乃是因为只要是不直接以"筛选后存活"来定义的"适者"，都有可能违反这一法则（相反，任何生物都无法违反规律）。比如说，从上游竞争中筛选出的具有相当适应性的适者未必会在下游的竞争环境中最适合或最有把握地生存下去。适者生存的规范性意义不妨表述为：如果生存是最高目标的话，那么个体就有充分的理由尽量成为当下的最适者——不管是通过微观的基因变异，还是通过个体层面的努力、奋斗和好运！从完全随机、盲目的基因突变，到不那么盲目的动物自发性选择，再到一般地富有远见的人类理性选择，适者生存的进化逻辑或达尔文式理由以越来越清晰或外显化的方式为参与其中的个体所认识和利用。这也恰好从一种宏观历史尺度上勾勒出规范性或理由关系如何伴随着生物从规律及随机（统计规律）走向自主和选择。

"自然选择"之所以是一个有意义、有解释力（而非自相矛盾）的乃至难以替代的理论术语，正是因为它形象而准确地捕捉了茫茫宇宙间这一幸运的"成功自拔"（successful bootstrapping，丹内特语）过程，即从盲目和非表征的因果自然中凭着构成规范性，或其先导形态，一步步进化出真正自觉的表征力或理性洞察力。

自拔，或称自我提举，作为工具论诠释主义的一种独特隐喻，有时会被解读为是对意向性内容之实在性的消解或悬搁，即一切（哪怕是我们熟悉的、从不怀疑）内容无非是由诠释者的主观决定所发明的"疑似内容"（as-if content）。换言之，丹内特的整个诠释主义进路带有某种本体论的反实在论倾向。比如他认为所谓"自我"的本体存在其实乃一幻觉，心灵无非是谜母们（memes，即文化基因）的创造。这一立场倾向所带来的理论问题（乃至对其整体理路的潜在瓦解力），由于篇幅所限，在此无从展开，有兴趣的读者可参见作者关于谜母的一篇拙文,以及麦克道尔的一篇批评丹内特的文章。①

讲到规范于自然进化中的源起,不得不提的一个争论是发生在两大诠释主义者丹内特和布兰顿之间的一场涉及所谓"内隐规范"的交锋。

当布兰顿强调着由语言共同体维系着的(外显)规范与自然选择的盲目过程所维系的(内隐)"规范"之间的差别时,丹内特却将以具体目标为导向的非语言动物意向当作解释上更为根本的东西。尽管丹内特承认布兰顿正确地指出了语言社群对于意向性地位的关键的构成作用,但他仍然坚持认为如果理论家不引入一种进化论视角的话,即使是所谓"社群"也难免沦为空中楼阁般神秘的"天钩"。丹内特想问的是:是否任何种类的规范性故事都只能寄生在人类意向性上?我们能否直接讲述一个关于动物行为的自然功能的故事,而无须像布兰顿那样首先去关注人类意向性之奠基作用这一问题?这里的背景脉络是,布兰顿视动物意向内容衍生自人类意向内容,而丹内特和密立根(Ruth Millikan)则视人类意向衍生自其进化上的所有先驱。相对于丹内特的意向性姿态,同样重视进化史的密立根则更愿强调方法论上所谓"设计姿态"的基要性②:自然选择提供了大自然中一切良好设计而无须"等待"人类意向性的出现;相反,人类意向性本身也最好被当成一种自然设计(尽管是自然界迄今为止最精致的、不可思议的设计)产品。

如果说"内隐规范"这一概念对于理解人类实践(至少其中相当一部分)来说是合宜且不可或缺的话,那么它对于理解更大范围的前人类实践或生存活动来说也同样是必不可少的;只要记住后者的参与者与人类实践者共享着一系列良好自然设计中的属性特征就行。所谓内隐规范,就是尚未被实践参与者的意识或语言所表征的自然规范。这些规范对应着那些实现着特定功能的行为在相关境况中的合宜水平。可见,凡是存在着生物或其他功能的地方,就已然存在着内隐的自然规范,也就存在着相对于这功能和规范的外在(即尚未由行为主体表征的)理由——亦即原则上可用于理解或解释该功能和规范之有效性的

---

① ZHENG Y. Memes, Mind, and Normativity [M]//BOTZ-BORNSTEIN T. Culture, Nature, Memes: Dynamic Cognitive Theories. Cambridge Scholars Press, 2008; MCDOWELL J. The Content of Perceptual Experience [M]//Mind, Value, and Reality. Cambridge, Mass.: Harvard University Press, 1998.

② MILLIKAN R. Language, Thought, and Other Biological Categories [M]. Cambridge, Mass.: MIT Press, 1984.

客观线索或证据。换句话说，自然选择这一自然界的宏大游戏，令原本似乎只是些自然事实的外在理由最终成为超越盲目因果机制的、含目的论内容且伴随着相应理解力的真正（内在）理由。没有这样一种动态而整体（即兼顾进化史上下游关联）的视野，外在理由在其被"第一批"真实个体内在化之前的理由地位，或内隐规范在其被"第一批"语言使用者（话语实践者）外显化之前的规范地位等问题，就无法获得本体论暨知识论上哪怕是初步的、可取的解答。

四、可违反性、符合方向、自由与规范性结构

理由和规范，最大的共通点也是最基本的共通点，就是两者都是可以违反的，同时两者均要求着具有自由能动性的主体（即具有违反能力的行动者）予以某种程度的尊重或者遵从。换言之，可遵从和可违反必然是伴生的、互为表里的。与之形成对比的正是物理自然（不妨用"因果和规律"这一相对应的对子替代之）之不可违反性：无人/物有能力违反规律，所以也就谈不上去遵从规律这回事。日常所谓"违反某某规律"无非说的是"不按照我们对某某客观规律的**认识**去做"而已，只要不忘记偏离任何人类认识的行为本身并不违反构成着该行为的物理机制这一点即可。

不管是命令规范性、诠释规范性，还是构成规范性，在"可能违反"或"事实上未必如此"这一点上恰与理由作为区别于因果的本体论地位相似。因此，我们至少有某种相当合理的动机去采纳一种关于规范性的最低度或者最广义的判准：只要某行为主体有能力获得或者匹配其生存环境（包括自然和社会环境）中已然存在或蕴涵着的相关理由，并因而造成某种非意外、非随机的结果上的差别，她/它就具备了某种规范性。

凡满足以上这最低判准者皆可算规范性，至于实际上规范性可分几类，或哪一种划分方式最符合历史及当下的人类实践，不是本文最关心的问题。规范如何由本无规范（只有规律）的大自然中崛起并获得最终奠定，这一进化历程又如何约束着一切与规范（或理由或内容）相关的因素，以及这些因素是否具备某种结构性关联，这才是本文的旨趣所在。篇幅所限，接下来我只想从三个方面简要地探讨一下为何我们有理由将规范性结构视作一种三元结构。

第一个方面涉及自由。人具有自由意志或自由选择能力（至少就一定范围而言），这几乎是实践上不争的事实，或者说是一切不否认人类实践有意义的论者不得不承认的前提。但自然规律的无条件性如何与自由兼容，这是近代西方哲学的一个核心问题或根本困惑。本文关于规范性结构的探讨起码可以对此问题带来某种新的思考角度。简单来说，人们日常最熟悉的命令规范性（不管是评价、辩护意义上的命令意向，还是行动指导、规划意义上的指令意图①）乃是一种对某可欲条件的设定，由此，条件性或一般目的性才得以确立，并得以与因果规律的无条件性形成对照或分庭抗礼。

问题是这种成熟的、自由的命令规范性从何而来，或以什么个体能力和社会关系作为前提。简单的回答是意向性能力和交互主体间的诠释性视角，且这前提条件只有在人类的语言实践共同体诞生之后才具备。紧接着的问题自然是：在前人类或前语言的动物社会，与这前提条件有关的因素是否完全不存在？自然进化是如何完成跨越这理性鸿沟的壮举的？显然自然界没有奇迹，也没有超自然的魔术师。奥秘或奇妙的桥梁正在于自然进化过程本身所内禀的构成规范性。前文已大略勾画出构成规范性分阶段层层递进、前后呼应的特征，在此不赘。

与构成规范性密切相关、但走向相反的诠释规范性，有着某种独特的区别于命令规范性的特征。为说明此特征，需介绍本节准备讨论的第二个方面，即心灵与世界之间的符合方向。

自休谟明确区分实然的"是"与应然的"该"，或者说描述性的事实与规范性的价值以来，如何解释或更好地说明这一区分一直是很多西方哲学家（尤其是当代自然主义分析哲学家）孜孜以赴的一个重要任务。安斯康姆在其论行动意向的名著中首先提出的心灵与世界之间的"符号方向"（directions of fit），逐渐成为多数论者采纳的用以刻画上述区分的概念工具。② 简言之，以描述世界为己任的认知状态（即我们称之为信念的命题态度）具有从心灵到世界的符合方向，而那些以改造世界（包括行为主体自身属于既存事实的那部分）为旨归的意欲状态（即通常称之为欲望、意图、目的、计划等的命题态度）则有着相反的、从世界到心灵的符合方向。

如果以此符合方向作为一切规范性的判准的话，那么在我提出的三种规范

---

① J. J. Thompson 认为存在着两类规范性，即评价和指导。但深究其质，两者皆属命令范畴。THOMPSON J J. Normativity [M]. Chicago: Open Court, 2008.

② ANSCOMBE G E M. Intention [M]. Cambridge, Mass.: Harvard University Press, 1957.

性形态中只有命令规范性才真正够资格被称为规范性。这是因为，首先，诠释规范性类似于描述性，两者的目标都是用相应的命题内容去匹配、吻合外在对象。这里，描述或诠释的对象当然是世界的一部分，并非由描述或诠释过程（不管其间涉及多少方法、规范、程序）所创造，甚至并非因两者而改变其原有属性。假如说有人坚称，生物学对象的功能或目的论语义学的内容离不开诠释规范性的意向选择视角，所以这种功能性内容大可视为该视角对原有对象的添加或改变，那么描述（别忘了一切描述都只能是选择性的、命题性的）也同样会带来这种添加或改变。可见，单从符合方向上看不足以显示诠释与描述的分别。

其次，构成规范性与命令规范性的差异主要表现在前者不是随意的，或单靠主观意志来完成的。无论是自然界的生存游戏，还是人类社会的制度游戏，其构成上的稳定性或可持续性所受到的既存环境、历史现实上的约束要比很多人（尤其关于某些人为游戏的）想象的大得多。特别是在规范进化的早期阶段（即符号系统引入之前），构成规范性的运作在效果上似乎更接近以客观事实为依归的描述，而不是以主观意志为依归的命令。所以，心灵与世界之间的符合方向也不足以捕捉构成规范性所涉的丰富题旨。

那么，我们前面两次表述过的以外在理由为基础的最低规范性判准与上述符合方向有什么关系呢？

一言以蔽之，该判准其实同时包含着两个相反的符合方向：先是识别外在理由（即从心灵到世界的符合），再按此理由做出相应的行为（包括言语行为）上的改变（即从世界——包括个体行为——到心灵的符合）。上边已提过诠释和构成两种规范性如何满足这一判准，这里还需补充一下命令规范性与这判准暗合的那一面：表面上，命令是以任意或武断为特征的，即不受既有条件的约束，但这只是就命令者这一方着眼的；若就受命或听命者那一方着眼，命令的实现须以识别命令为当下行动理由为前提。无法实现的命令不成为命令。

可见，该判准足以涵盖三种规范性。这里真正的要点其实不在双向性（抑或一般的符合方向性），而在"符合或违反本身是如何可能的"这一根本问题。这就转入了本节所要讲的第三方面，不妨称之为"心灵的反常性"。

戴维森在讨论心物关系时所提出的著名的"反常一元论"表面上调和了物理主义与反还原主义，但另一方面也可以说强化了心灵属性的怪诞乃至神秘。我相信，只有从规范性的深层三元结构出发，才能解开所谓心灵反常性的谜团。

大致的论证轮廓似可简述如下:

从本体论上说,心灵与世界是不对称的;质料意义上的世界既在(承载心灵的)身体之外也必同时在其内,而心灵属性则不可能充斥于世界即无处不在。在自然主义进化论的概念框架内,可违反性所涉及的矛盾或对峙双方不应是以人身表皮内外来划界的,而只应发生在作为整体的世界与其某个(具表征力的)专有部分之间。问题似乎是,如果这"专有部分"无法还原为某一(群)动物个体的大脑及其功能的话,自然主义前提便成疑问;相反,如果这种还原能成功完成的话,可违反性就不再是货真价实的,相应的理由、规范、内容等心灵属性也就不过是一系列(好像有用的)幻觉。

本文提出的规范性三元结构正是试图打破这种两难。

质言之,我提供了一种自然主义进化论框架内的非还原主义或历时整体主义的解释进路——在此进路中,不但作为自然进化产物的心灵功能可由逐次递进的构成规范性操作予以自然化(或者说予以本体论/生成论上的因果还原);同时,作为客观进化机制一部分的达尔文式外在理由,也通过大自然实际"筛选"出的理性动物(及其社会话语实践)的诠释性意向视角"回溯性"地奠定其(泛)理性地位,从而获得认识论和语义学上的内容客观性。

由此,因果本体论上的可还原性或一元性才得以与规范本体论上的反还原性或"反常"性获得真正有实质意义的调和或融合。

论分析哲学运动发展中的三大转变[*]

江 怡

黑格尔曾说,全部哲学史仿佛是一个战场,堆满了死人的骨骼。"这是一个死人的王国,这王国不仅充满了肉体死亡的个人,而且充满着已经推翻了的和精神上死亡了的系统,在这里面,每一个杀死了另一个,并且埋葬了另一个。"[①] 黑格尔对哲学史的这个经典评论清楚地表明,哲学的发展总是呈现为一个前赴后继、相互否定的过程。当我们用这个评论来审视当代分析哲学运动中的变化,我们就会发现,当代分析哲学的变化正是在推翻和否定早期分析哲学家们工作的基础上完成的。这的确是一个具有讽刺意味的历史现象:分析哲学最初就是作为传统哲学(特别是对德国古典唯心论)的对立面出现的,而分析哲学的发展却是以自我否定的形式得以延续的。这是一种历史和逻辑的双重演变:历史上的分析哲学作为一种思想风格和研究纲领已经遭到哲学家们的抛弃,对逻辑经验主义和日常语言学派思想的反叛甚至成为后来分析哲学发展的重要起点[②];而分析哲学家们一直坚持的某些基本信念和思想出发点在饱受争议和责难之后却又逐渐成为后代哲学家们从事哲学研究的重要基石,如思想与语言、

---

[*] 原载于《中国社会科学》2016年第12期,24-40页。

[①] 黑格尔. 哲学史讲演录: 第一卷 [M]. 贺麟, 王太庆, 译. 北京: 商务印书馆, 1959: 21-22.

[②] 当代美国哲学家雷谢尔就明确指出,"分析哲学有两个实质上可分离的方面。一方面,它有其学说立场——它关于一个后哲学时代的意识形态见解,导致了这样一种实践:或者去消解哲学领域里的传统问题,或者将其归约为经验的事实问题。……除了学说之外,还有方法、技术以及运作程序。这涉及这个纲领的方法论方面,后者包含这样的程序性命令:竭力将精确和明晰注入你的哲学工作中去。作为一种学说纲领,分析哲学已证明是一条死胡同,是一次失败。而作为一种方法论资源,它已证明是无限富饶和多产的,并且在哲学的每一个领域内都可以感受到它的有益影响。"雷谢尔. 分析哲学的兴起与衰落 [M] //陈波. 分析哲学:回顾与反省. 成都:四川教育出版社, 2001:123.

经验与逻辑、真实世界与概念图式等之间的密切联系。① 这种双重演变给人们造成了这样一种印象，即分析哲学运动在今天已经变成了一个混乱的战场，分析哲学家们似乎是在否定自己哲学传统的基础上从事哲学研究。更有甚者认为，分析哲学由此走向了自己的末路。② 我认为，造成这种印象的主要原因并不在于分析哲学自身的变化，而是由于我们没有清楚地认识到这些变化的历史背景和真实内容，没有从这些变化中找到分析哲学自身发展的逻辑规律。因此，在本文中，我将通过对哲学家思想的考察，深入阐述当代分析哲学发展中出现的这些重要变化，把它们归结为三个重要思想转变，即从反形而上学转变为重新重视形而上学研究、从早期的非历史的研究转变为对其自身历史的研究、从语言哲学转变为心灵哲学，详细分析这些转变的思想背景和深远影响，并试图由此说明当代分析哲学发展的历史逻辑。

需要首先说明的是，这里所说的三大转变并非分析哲学家们的现有成见，也不是对分析哲学发展历史的自然描述，而是我对分析哲学近40年发展的思想概括。哲学家们喜欢用"转向"一词标志哲学发展中的重大转折。但在我看来，若用"转向"来描述分析哲学运动发展中的变化，似乎很容易把这些变化误解为分析哲学运动向其他方向上的转变。事实上，这里所说的三大转变，既不是分析哲学研究方向上的转变，也不是分析哲学研究方法上的转变，而只是分析哲学家们在研究对象、态度和方式上的变化。经过这些转变的分析哲学非但没

---

① 美国哲学家塞尔和英国哲学家达米特都曾明确表示过这样的看法。塞尔指出，"分析哲学是由一种关于两种语言区别的信念和一个研究纲领规定的。这两种区别：其一是分析命题和综合命题之间的区别；其二是描述的说话方式和评价的说话方式之间的区别。这个研究纲领是一个传统的哲学研究纲领，即试图探索语言、知识、意义、真理、数学等等有疑问的哲学现象的基础。"塞尔. 当代美国分析哲学［M］//陈波. 分析哲学：回顾与反省. 成都：四川教育出版社，2001：61. 达米特则认为，"分析哲学有各种不同的表述，而使它与其他学派相区别的是其相信：第一，通过对语言的一种哲学说明可以获得对思想的一种哲学说明；第二，只有这样才能获得一种综合的说明。逻辑实证主义者，维特根斯坦在其学术生涯的各个阶段，牛津'日常语言'哲学和美国以蒯因和戴维森为代表的后卡尔纳普哲学，尽管相互区别很大，却都坚持这些相互交织的准则。"达米特. 分析哲学的起源［M］. 王路，译. 上海：上海译文出版社，2005：4.

② 从20世纪70年代开始，关于分析哲学已经走向末路的说法就一直没有停止过，代表性的人物是美国哲学家罗蒂和英国哲学家科恩（Jonathan Cohen）。（罗蒂. 哲学和自然之镜［M］. 北京：三联书店，1987；科恩. 理性的对话［M］. 北京：社会科学文献出版社，1998.）

有终结自己的历史使命，反而把自己的研究范式确立为哲学研究的一般范式，把哲学分析方法确立为西方哲学传统的当代延续。对心身问题的当代解决方案、对形而上学问题的逻辑关注、对分析哲学运动自身历史的重新审视，这些都构成了当代分析哲学，也是当代西方哲学中的重要内容。

一、三大转变的历史背景和思想内容

按照历史顺序，分析哲学运动大致可以划分为三个主要阶段：第一个阶段为早期形成阶段（也称为逻辑主义阶段），主要以弗雷格、罗素、维特根斯坦的思想以及维也纳学派为代表；第二个阶段是日常语言哲学阶段，主要是以牛津日常语言哲学学派为代表；第三个阶段是自然主义阶段，主要是以蒯因的自然主义认识论、塞拉斯对经验主义的批判、戴维森的变异一元论和达米特的反实在论为代表。按照研究对象和领域，分析哲学运动也可以大致划分为三个主要阶段：第一个是以逻辑分析和语义分析为内容的语言哲学阶段；第二个是以意识和意向性分析为对象的心灵哲学阶段；第三个是以知觉分析和心理分析为特征的认知科学哲学阶段。当然，这些阶段的划分是非常大致的，完全是为了叙述和理解上的便利，事实上，各阶段也有许多相互重合之处。

然而，无论按照何种方式划分，分析哲学运动近40年的发展的确经历了三次重大的转变，即从语言哲学到心灵哲学，这是分析哲学研究对象的重要转变；从反形而上学到形而上学研究，这是分析哲学研究态度的重要转变；从非历史的研究到对自身历史的研究，这是分析哲学研究方式的重要转变。可以说，正是这三个重大转变，形成了当今分析哲学运动的整体面貌。

第一个转变：从语言哲学到心灵哲学研究

根据美国哲学家泰勒·伯吉的解释，从20世纪70年代后期开始，语言哲学作为哲学活动的决定性起点的地位已经开始逐渐地并不可逆转地丧失了。人们的兴趣开始转向心灵哲学问题。[①] 我们知道，语言哲学在20世纪50年代已经成为分析哲学运动中的主要内容，并占据了整个英美哲学的核心地位，甚至被称作"第一哲学"。伯吉认为，语言哲学获得这种地位主要有四个原因：第一个是弗雷格与罗素和维特根斯坦的工作结果，他们的研究成果毫无质疑地改变了

---

① BURGE T. Philosophy of Language and Mind: 1950—1990 [J]. The Philosophical Review, 1992, 101 (1).

传统哲学的思维方式；第二个是日常语言学派的哲学与逻辑分析的密切结合，使得逻辑理论被用于分析日常语言，并得以产生对日常语言的重新理解，这就使得语言分析变成更多人可以运用的哲学技术；第三个是通过对逻辑实证主义基本原则的批判性反思而推进了哲学家们对意义理论的深入讨论，特别是蒯因的工作直接导致了哲学研究新方式的推进；第四个是在指称理论研究方面取得的重大突破，改变了传统的实指定义方式，转变为涉及更多指称环境和条件等因素的指称理论。我认为，正是由于造成语言哲学取得辉煌成就的这些原因，使得语言哲学研究本身达到了其发展的最高阶段，同时也就开始了语言哲学从其至高地位的日益衰落。正所谓"成也萧何，败也萧何"。

的确，语言哲学在 20 世纪 70 年代之前所取得的成就已经使得这种哲学达到了一种无法逾越的高峰，即"语义上行"的原则变成了一切哲学讨论的出发点：似乎只有经过严格的逻辑的或语义的分析我们才能被认为是有意义地讨论哲学问题，或者只有从语言分析出发我们才能进入真正的哲学讨论。可以说，正是在语言哲学的作用下，所有被看作有问题的传统哲学理论都得到了很好的处理，语言哲学家们似乎已经兑现了他们的最初承诺，即我们可以通过对命题的意义分析清除一切形而上学（当然也包括了被看作属于形而上学的传统哲学）。虽然早期的分析哲学家们怀有这样宏大的哲学抱负，但后来的哲学发展似乎并没有真正实现他们的最初理想。这里出现了两种情况：一种情况是，一些哲学家认为语言哲学已经完成了自己的工作，因此哲学的主要任务应当发生变化，这就是要从蒯因所说的"语义上行"到"语义下行"，也就是要关注语言所代表的思想内容和外在对象。另一种情况是，语言哲学自身的日益专业化使得对语言问题本身的研究逐渐进入到语言学的研究领域，因而不再需要哲学家们的工作。应当说，这两种情况的出现其实都与分析哲学内部自身存在的问题密切相关。

按照威廉姆森的说法，分析哲学自身的困难至少表现在它无法完全用语义学和语用学处理我们在使用语言时所面临的各种问题，这特别明显地表现在意义理论和指称理论之中。[1] 实际上，早期分析哲学中存在的问题已经在 50—60 年代由蒯因、斯特劳森和刘易斯等人指出并试图加以解决。这些问题主要包括分析与综合的区分、还原论、语言使用的意义以及对象的指称问题等。经过后

---

[1] 威廉姆森. 近 40 年来分析哲学的转变 [J]. 世界哲学, 2015 (4): 23.

来的戴维森、克里普克以及达米特等人的努力，分析哲学的发展似乎一直在不断调整自己的方向和研究的重点。但在意义与指称问题上，分析哲学家们似乎难以从语言分析的路径中得到更进一步的推进，因为诸如如何用新的指称理论去解释弗雷格的晨星和暮星的困难，如何解释指示词的认知价值，如何解释有关命题态度的句子的真值条件和逻辑形式，以及解释从物信念（*de re* belief）等问题，这些都无法用语义学和语用学的方法加以解决。尤其是，在意义与命题态度之间存在一种系统的相互联系，语义分析本身无法清楚地说明这种密切关系。这样，对意义问题的说明就必须寻找一条新的道路。这就是后来的心灵哲学逐渐兴起的重要原因。

当然，这种转变的出现也有几个外在的促使原因。一个是心理学中计算机模型的兴起，这直接导致了哲学家们特别关注心理活动的计算机制问题，尤其是如何用计算语言表征心灵活动的特性问题。另一个是心理学中的哲学问题促使哲学家们重新认识科学的方法论在科学实践中的作用，其中的一个重要问题就是对行为主义限度的批判。按照伯吉的说法，"行为主义影响了对心理学的实证主义解释，影响了蒯因的翻译不确定性理论，影响了赖尔对心的概念的研究，以及马尔康姆对梦的话语和感觉话语的解释"①。然而，为心理词汇提供行为主义解释的努力最终却被证明是无法实现的，因为科学家们发现，心理原因之所以有行为方面的后果，仅仅是由于这些心理原因之间存在某种相互作用的关系。这样，对心理活动的行为主义主张就不得不替换为推崇考察心理活动自然状态和机能的自然主义和功能主义，这就使得心灵哲学研究从一开始就具有了强烈的自然科学的特征。还有一个重要原因是，各种心理学的发展，包括认知心理学、发展心理学和心理语言学等，以及认知神经科学的出现，使得哲学家们有了更多的科学实验证据来说明哲学上的自然主义和物理主义等理论的有效性。虽然我们现在还无法肯定地断言心灵哲学中的问题都可以依据自然科学上的进步得到最终解决，但基本上可以肯定的是，心灵哲学的逐渐兴起并在当代分析哲学中占据核心地位的重要结果，就是使得哲学与自然科学的最新发展建立了比以往任何时候都更为密切的联系。

应当说，分析哲学研究走向更为科学化的道路，这正是蒯因在20世纪60年代之后所做的重要工作的结果。当他把认识论解释为心理学的一章时，这就

---

① BURGE T. Philosophy of Language and Mind：1950—1990［J］. The Philosophical Review，1992，101（1）.

注定了后来的分析哲学发展只能沿着科学主义的道路前进。由于早期分析哲学的逻辑实证主义研究思路被蒯因等人拒斥为经验论的教条，因此一切无法经过科学验证的理论假说都被排斥在哲学研究的范围之外，无论这样的假说是本体论意义上的还是方法论意义上的。哲学中的一切普遍性断定都被作为满足科学研究要求的方便条件或工具，而不再具有任何实质性意义。早期的语言哲学研究虽然声称哲学的主要工作是为了满足科学研究要求的语言逻辑分析，但由于这种研究的主要对象还是传统哲学命题，因此，这种语言哲学研究依然被看作具有浓厚的哲学关怀和目的。然而，心灵哲学的兴起却基本上打破了语言哲学研究的哲学梦想。当代心灵哲学研究的主要对象不再是哲学命题或哲学问题，而是科学命题和科学问题；心灵哲学研究的主要目的不是为哲学理论或主张寻求科学的支持和论证，而是从科学研究中获取哲学的灵感，或者是为科学的研究提供哲学的证明。由此可见，与语言哲学相比，心灵哲学研究具有更为明显的科学性质。

第二个转变：从反形而上学到重视形而上学研究

众所周知，当代分析哲学是以反形而上学起家的，以至于人们通常会把反形而上学作为刻画分析哲学的一个重要特征。这种反形而上学主要采取的是两条基本路线，一条是以维也纳学派为代表的逻辑实证主义哲学，它坚持严格的意义证实原则，把形而上学作为毫无认识意义的胡说而加以抛弃。另一条路线是日常语言哲学，把形而上学看作是错误地使用日常语言的结果，完全不考虑日常语言的使用语境。然而，这种情况在 20 世纪 70 年代后发生了重要转变，哲学家们对形而上学的态度发生了彻底逆转，从反形而上学转变为对形而上学问题的重新研究，甚至分析的形而上学被看作在 20 世纪最后 25 年中的分析哲学中占据了中心地位。[1] 毫无疑问，在这种转变过程中，斯特劳森和蒯因起到了重要的先导作用，他们早在 20 世纪 50—60 年代就预见到了形而上学研究对于分析哲学自身发展的重要意义。

通常认为，分析哲学运动中出现的这种从反形而上学到形而上学研究的转变，是早期分析哲学家们的反形而上学策略的失败，因而是西方传统哲学中的形而上学思维方式的胜利。然而，事实上，分析哲学家们对形而上学态度的这种转变，并非是对早期反形而上学态度的完全否定，更不是试图回到西方传统

---

[1] 威廉姆森. 近 40 年来分析哲学的转变 [J]. 世界哲学，2015 (4)：5.

哲学中的形而上学思维方式，而是出自自身更复杂的原因，这就是分析哲学家们对语言背后的逻辑性质的重新理解。

首先，分析哲学家们对逻辑性质的理解不同于康德式的对理性能力的追问，而是类似于莱布尼茨式的对逻辑形式的特别要求。虽然刘易斯的模态逻辑、普赖尔的时态逻辑、克里普克的量化逻辑等看上去是在技术上更为精细，但他们都以这种新的逻辑系统彰显了他们对逻辑的形式要求，而背后的形而上学思想则是对我们这个世界的本质刻画。这种形而上学的追问与莱布尼茨对世界普遍语言的要求在精神上是一致，都是希望能够通过一种特定的语言形式或逻辑性质，说明世界上不同的具体事物的共同特征。例如，刘易斯就把自己的工作性质描述为力求达到稳定均衡的观点。这里的稳定均衡其实就是对常识观点的诉求，即要求在理论反思的基础上达到逻辑与常识的一致。虽然刘易斯的模态逻辑遭到蒯因等许多哲学家的批评，但他似乎并没有因此而改变自己的观点，因为他坚持这种模态逻辑是以数学语言表达我们对常识的一种接受。这种对常识的接受是与斯特劳森的日常语言哲学有着异曲同工的效果。这些表明，分析哲学家们对逻辑性质的重新理解完全出于对事物本质的不断追问，而本质主义自然就成为这种形而上学追问的主要标志。

其次，分析哲学家们对逻辑性质的这种形而上学解释基本上采取了不同的语言方式。他们的解释虽然有着各自侧重和不同方法论取向，但在处理形而上学问题上却都是集中在语言表达式上。刘易斯追求的是系统地用数学语言阐述科学理论，斯特劳森则把哲学问题直接定义为语词或概念问题，而克里普克是通过结合语义词汇和形而上学词汇，说明有关语义词汇的解释可以更好地说明形而上学词汇的使用。而且，20世纪初哲学的"语言转向"也使得语义学和语用学方法成为哲学家们处理非语言问题的可靠途径。这些表明，尽管哲学家们对逻辑性质的形而上学解释表现出不同的方式和取向，但他们都依然在"语言转向"之后形成的英美当代哲学传统之中，这个传统就是按照蒯因所提出的"语义上行"的方式确立起来的。

再次，分析哲学家们对逻辑性质的重新理解更是按照知识论的方式，而不是传统意义上的形而上学方式。所谓传统意义上的形而上学方式是指，把逻辑理解为追问事物存在的最后根据，或者把逻辑看作支配我们理性推理的决定因素。但对于当代分析哲学家来说，逻辑的性质应当被理解为通过反思知识和被证成的信念后的结果，也就是对知识本身给出的一种规范性的或描述性的说明。

但这种说明却是以语用学的方式，或者说，他们试图假定，任何一种这样的规范性或描述性说明都必须首先预设一种特定语境和说话方式。语用学比语义学更好地处理知识问题的一个优势在于，对语言用法的具体分析可以更好地理解当我们在说"我知道"时的真正意义。这样，对知识的任何说明都可以而且必须依赖于我们对表达知识的语言使用的具体情况，由此构成了知识的成真条件。这些表明，重新理解逻辑性质的知识论方式不仅是对知识表达的基本要求，更是理解逻辑性质的重要途径，而对逻辑性质的知识论理解最终要解决人类思维活动的目的性问题。

最后，逻辑自身的发展也为我们重新认识逻辑的性质提供了重要的贡献。正如威廉姆森所言，"在认识论中，认知逻辑的模型使我们能够得出认识论断言的精确描述、适当简化的情形中的后承，远比其他可能方式所得到的更为严格和系统。……在形而上学中，竞争的逻辑通常为竞争的形而上学理论提供了有力的结构核心：例如，量化模态逻辑是任何适当发展的模态形而上学理论的结构核心。尽管并非所有模态形而上学都能有益地看成逻辑，其关键部分可以。逻辑完全不像逻辑实证主义者所期望的那样取代形而上学，而是成为其核心。"① 事实上，早在 1991 年，达米特在《形而上学的逻辑基础》中就已指出，形而上学的争论恰好在于对关于实在的命题的不同解释，无论是实在论还是反实在论，都是试图用逻辑的方法去给出那些无法观察的实在之物的最终解释。② 的确，对于实在论者来说，关于物理实在的陈述并不是由于我们观察到它们而具有真值，数学陈述也不是由于我们能够证明或否证它们而得到真值，相反，它们的真值是由于独立于我们关于它们的知识而存在的实在，这些陈述的真假完全取决于它们是否符合这种实在。而对于反实在论者而言，他们坚持的则是一种完全诉诸排斥排中律的立场。但无论是实在论还是反实在论，它们都是以逻辑的方式表现了哲学家们对命题与实在关系的不同理解。这些表明，逻辑本身的发展也为当代分析哲学的形而上学复兴提供了重要保障。

当然，形而上学在当代分析哲学发展中的复兴，更为重要的原因还在于，哲学家们对知识与世界关系的重新理解导致的对哲学性质理解的变化。早期分

---

① 威廉姆森. 近 40 年来分析哲学的转变 [J]. 徐召清, 译. 世界哲学, 2015 (4): 23.

② DUMMETT M. The Logical Basis of Metaphysics [M]. Cambridge, Mass.: Harvard University Press, 1991: 8.

析哲学家们对形而上学的拒斥主要基于对表达形而上学的语言形式的逻辑分析，由此表明形而上学命题的无意义特征。然而，这种拒斥态度却由于哲学家们对形而上学问题的重新理解而发生了重要转变：正如斯特劳森所指出的，形而上学本身具有悠久的历史传统，对形而上学问题的关注就是对人类自身存在方式的关注。① 当代分析哲学家对待形而上学问题态度的转变，正是基于哲学家们对哲学性质的重新理解。无论是维特根斯坦后期哲学中对知识基础问题的讨论，还是普特南在其晚期对本体论与伦理学关系的重新认识，或者是克里普克在最新著作中对哲学问题的讨论②，他们都把目光投向了作为传统形而上学问题的哲学讨论，如怀疑论的基础、共相与殊相的关系、同一性与必然性等，并把这些问题讨论放到当代哲学的视域中，由此引发了当代形而上学问题研究的复兴。

第三个转变：从非历史的研究到对自身历史的研究

我们知道，分析哲学运动自产生之日起就被看作非历史的哲学，这不仅由于维特根斯坦和维也纳学派声称自己的哲学与传统哲学完全断裂，而且由于这种哲学本身的确体现出与传统哲学截然不同的特征。但到了20世纪90年代，这种对分析哲学运动的非历史解释受到达米特等人的挑战。达米特在1993年出版的《分析哲学的起源》中就明确提出，应当从哲学史的角度研究分析哲学运动的历史意义。③ 该书的出版掀起了西方哲学界对分析哲学历史的强烈关注，围绕分析哲学运动自身的历史发展和它与西方哲学史上不同哲学传统之间的关系等问题，哲学家们发表了大量论著，展开了热烈的讨论。2013年，牛津大学出版社推出英国哲学家迈克·比尼主编的《牛津分析哲学史手册》，这有着1 200页的"巨著"全面反映了当代哲学家们对分析哲学史的最新认识，被看作任何从事现代哲学史研究的人都需要了解的重要思想资源。④ 同时，由比尼主编并已出版19本的《分析哲学史丛书》更是全面探究了分析哲学发展过程中的重要人物思想演变和重要主题，为当代哲学家们深入研究这个历史过程提供了重要思

---

① STRAWSON P. Individuals [M]. London and New York：Methuen，1959：12.
② KRIPKE S. Philosophical Troubles [M] //Collected Papers. Oxford：Oxford University Press，2011，1.
③ 达米特. 分析哲学的起源 [M]. 王路，译. 上海：上海译文出版社，2005：1.
④ BEANEY M. The Oxford Handbook of The History of Analytic Philosophy [M]. Oxford：Oxford University Press，2013.

想材料。① 所有这些似乎都在向我们表明，分析哲学已经走进了历史。

分析哲学"走进历史"具有双重涵义：其一是指分析哲学家更加关注对自身历史的研究，因为在他们看来，只有挖掘了分析哲学的发生、发展的历史，才会使人们更清楚地理解分析哲学产生的重要历史意义，从而理解分析哲学问题的重要价值；其二是指分析哲学家更加关注对分析哲学与西方哲学史关系的研究，试图通过揭示这两者之间在思想上的血缘关系，由此表明西方哲学发展的连续性以及分析哲学对西方哲学传统的继承性。当然，我们可以从历史中找到分析哲学的起源和发展，我们也可以用分析的方法解释分析哲学的性质，但我们似乎越来越感觉到，在当今的哲学语境中，分析哲学已经不再被看作一种历史的运动，也不再被看作一种可以普遍适用的哲学方法，而是一种真正能够让我们的思想寻求明晰性，让我们的表达具有逻辑性，让我们的讨论更具说服力的精神力量，这种力量使得我们更加确定地理解哲学在处理一切问题中的作用。

从历史上看，分析哲学的确经历了从弗雷格、罗素、维特根斯坦和维也纳学派的创立阶段，走过了牛津哲学的辉煌时期，得到了在美国哲学占据主流的历史地位。从研究的对象上看，哲学家们也不断尝试着从逻辑到语言再到心灵的研究历程，竭力说明分析的方法如何能够作用于不同的对象。从研究的性质上看，分析哲学走过了物理主义、现象主义、自然主义的不同道路，哲学与科学的密切关系在分析哲学那里从来就被看作哲学研究的预设前提。所有这些似乎都表明，分析哲学理应被看作特有的哲学研究方法，或者说，正是这种方法为哲学研究带来了前所未有的成果。但在经历了百年历史后的今天，我们反省分析哲学的历史会发现，这种哲学真正留给我们的遗产并非方法，而是看待这种方法的态度，是回归德国古典哲学之前的西方哲学传统的精神，更是如何处理一切哲学问题的清晰路径。

首先，在当今的哲学研究中，分析方法虽然不断地被看作分析哲学的主要

---

① 该系列丛书由英国麦克米兰出版公司出版，已经出版的19本著作既包括了对波尔查诺、弗雷格、罗素、摩尔、维特根斯坦、斯特宾、卡尔纳普、达米特等哲学家的专门研究，也包括了一些专题研究，如分析哲学中的历史转变、摹状词理论、早期分析哲学和现象学中的判断与真理等，甚至还包括了塔斯基的最新文集《语言哲学与逻辑》。即将出版的6本著作还讨论了分析哲学与数学基础问题、行动哲学中的因果论与非因果论问题等，也包括了对20世纪20—40年代科学哲学兴起的关注以及对G. F. 斯陶德的哲学心理学的研究。

标志，但很少有人直接把分析哲学直接等同于分析方法。而且，如何理解分析方法本身甚至也成为哲学家们存有争议的话题。虽然不少哲学家们把分析方法与分析哲学紧密地联系起来，而且用"分析的时代"来确定20世纪英美哲学的主要特征，但如今越来越多的哲学家认识到，分析哲学所提倡的方法更应当在"治疗"的意义上加以使用。正如维特根斯坦所说的，只有把哲学看作一种思想的疾病加以治疗，我们才能真正理解哲学的意义。当代哲学家们在讨论分析哲学的时候，的确主要采取这样两种态度：一种是出于历史的兴趣，从分析哲学的起源和发展中考察分析方法的具体使用；一种是对分析方法与欧洲大陆思想方法之间差别的兴趣，特别是从现象学和诠释学的研究中寻找分析方法如何可以适用于解读海德格尔和伽达默尔等人的思想。这两种态度都表明了"分析哲学"在当今哲学家们心目中的意义：它并非是可以用于谈论的历史故事，也不是可以直接使用的研究工具，而是一种处理哲学问题的态度，一种能够帮助我们更好理解哲学作用的态度。或许，"理智治疗"就是这样一种态度的最好体现。

其次，当代哲学家们越来越多地关注德国古典哲学，特别是英美哲学家们近年来对康德和黑格尔哲学的讨论成果远远超出了过去百年来的研究，而这个百年正是分析哲学在英美哲学中大行其道的时期。或许，有人会对英美哲学家们如今关心康德和黑格尔哲学感到不解，因为他们的哲学正是分析哲学早期的哲学家们竭力反对和攻击的对象，或者说，分析哲学的产生在思想背景上正是哲学家们反叛绝对唯心主义的结果。然而，仔细阅读一下当今哲学家们对康德和黑格尔思想的解读，我们就会发现，英美哲学家们的处理方式完全是纯学术的，而他们对思想的处理也是按照传统的分析方式。正如罗克莫尔在为他的《康德与观念论》一书的中文版所写的序言中所说，"自从分析哲学在英国出现以来，对观念论的否定性的偏见就不断地转移了人们对它的注意力。然而，在西方，在分析哲学仍然盛行的地方，对观念论的详细考察就是面对那种偏见来恢复观念论的本来面目的一个机会"[①]。这或许正是英美哲学家们重新关注德国古典哲学的重要原因。

最后，当代哲学家们还更多地意识到，分析哲学并非简单地是一种哲学方法，而更多地体现为一种清晰表达思想的方式。这就直接反应在比尼主编的

[①] 罗克莫尔. 康德与观念论 [M]. 徐向东，译. 上海：上海译文出版社，2011：2.

《牛津分析哲学史手册》的主要内容之中。他把这样的方式表达为论证、清晰性和严格性，指出弗雷格的逻辑是哲学论证的典范，清晰性是哲学思考和写作的最重要优点之一，但它不可能只体现在最好的分析哲学中。同样，不是只有分析哲学才重视严格性，在胡塞尔对狄尔泰的历史解释学的批判中，他也强调哲学是一门严格的科学。比尼认为，虽然我们无法把这些完全归于分析哲学的特征，但至少可以确定的是，分析哲学的确比以往任何一种哲学更为强调这些方式。当我们以历史的方式和方法论的方式谈论分析哲学的时候，其实还有一种比它们更能说明分析哲学特征的方式，这就是思想上的民主和论证上的完美。前者体现了一切能够在哲学上讨论的话题都可以在分析哲学的语境中找到自己的位置：不仅包括了传统哲学问题的讨论，而且包括了当代欧洲大陆哲学的问题。后者则宣布了哲学上的理想追求，或许正是因为这样一种理想，分析哲学家们不断追问思想的论证如何能够以更为严格的方式加以细化，所以，分析哲学的方法才会给人留下"零打碎敲"的印象。

当然，这种"零打碎敲"的方式招致了许多批评和责难，特别是从传统哲学和欧洲大陆哲学传统"宏大叙事"的角度看，这种方式显然无法得到他们希望的对问题的"整体"理解和解决。然而，历史地说，这种方式恰好符合经验主义的基本思想路线，即从当下经验出发以解决哲学的基本观念问题，而这里的当下经验则只能是碎片的、断裂的和短暂的。当然，这还只是表面的分析。应当说，导致分析哲学研究给人留下"零打碎敲"印象的主要原因，在于分析哲学家们对哲学研究性质的不同理解，这在维特根斯坦早期哲学和维也纳学派哲学中得到充分体现，在牛津日常语言哲学中也有很好的说明。虽然维特根斯坦和维也纳学派成员都强调以逻辑的方式重建我们对世界的理解，但这种逻辑方式是通过考察命题和句子的意义展开的，并主要体现为对逻辑规则运用的强调。逻辑规则的运用表现在具体考察命题和句子意义的活动之中，因此，维特根斯坦和维也纳学派都把意义分析活动看作哲学研究的主要任务，哲学的性质也主要被理解为澄清命题意义的活动。这样的活动并不期望对世界有整体的理解，也不奢望建立一套完整的解释世界意义的理论，它们仅仅是对每个具体命题意义的解释和澄清，因而自然会给人留下"零打碎敲"的印象。

我们知道，这种"零打碎敲"其实是针对"宏大叙事"而言的，由此这也成为分析哲学饱受诟病的主要理由。然而，我们有所不知的是，维特根斯坦和维也纳学派的逻辑分析活动其实背后隐藏着一个巨大的先验根据，这就是他们对逻辑形式和逻辑规则的先天确证。对此，奥地利哲学家斯陶德就明确指出，在早期分析哲学的历史中我们总能看到哲学家们如何摧毁对理论构造的传统理解，他们由此认为，理论可以表达为一种使用规则的观察语言。[①] 这正是维特根斯坦所断言的，"我们必须先天地回答有关基本命题的所有可能的形式的问题。……如果不考虑基本命题的独特的逻辑形式，那么我们对它们还是有一个概念的。不存在一种由诸基本命题的诸形式构成的等级系统。我们只能预言我们自己所构造出来的东西"[②]。石里克、卡尔纳普等人也表达过同样的观点。这些表明，至少早期分析哲学家们在提出他们的哲学主张和逻辑分析时，心中已经有了对逻辑性质的先验理解，这就是要从逻辑形式和逻辑规则先天性出发，由此分析语言的表达形式是否符合先天的逻辑形式和规则。如果从哲学性质理解的前提出发，我们必须承认，分析哲学对哲学性质和任务的规定在一定程度上符合近代哲学对哲学性质的理解，即把哲学作为一种理解人类理性与世界关系的活动。这样，我们就可以理解当今的分析哲学可以走进历史的必然性。

然而，看到了分析哲学走进历史的必然性，并不意味着可以理解分析哲学运动的历史特征。这种历史的必然仅仅说明了分析哲学自身发展的历史逻辑，并没有直接反映分析哲学的历史特征。这里所谓的"历史特征"，主要是指分析哲学家的思想与西方哲学发展过程中的各种思想之间的密切联系，同时也包括了分析哲学运动在当今世界中的时代特征。

二、三大转变的历史逻辑与现实影响

对分析哲学运动中这三大转变的梳理，不仅是对当代哲学发展的历史描述，更主要的是对近代以来西方哲学变迁的逻辑说明。"分析哲学已经走进历史"展现的是两种不同的纬度：一方面，我们需要通过对分析哲学历史进程的描述才能真正看清当代分析哲学的逻辑和问题；另一方面，分析哲学本身也是通过对西方哲学发展的历史回溯，寻找自己未来发展的可能道路。这些都表明，分析哲学运动的历史逻辑与整个西方哲学思想之间具有深厚的思想脉络，而分析哲

---

① STADLER F. The Vienna Circle, Studies in the Origins, Development and Influence of Logical Empiricism [M]. Wien/New York: Springer, 2001: 16-17.

② WITTGENSTEIN L. Tractatus Logico-Philosophicus [M]. PEARS D F, MCGUINNESS B F, trans. London: Routledge & Kegan Paul, 1961: §§5.55-5.556.

学运动的性质也正是通过这种历史的考察才得到更为清晰的展现。

从哲学性质上看，分析哲学关注的核心问题可以看作近代哲学在当代的延续：对语言和意义的考察正是对思想本身的逻辑研究；对真理和理解的解释直接反映了近代哲学追问思想客观性的要求；对科学性质的说明则在根本的意义上推进了近代哲学家们对思想逻辑的本质诉求。可以说，当代分析哲学的兴起恰好是哲学家们对德国古典哲学抽象思辨的反叛，也是对从笛卡儿到休谟的西方近代哲学推崇理性、追寻自然的传统的回归。所有这些都反映了分析哲学运动与西方近代哲学之间具有天然的思想联系。通过对分析哲学运动的历史梳理，我们可以更加清楚地看到分析哲学自身的独特性质。

分析哲学中的三大转变对当代哲学的深刻影响主要表现在两个方面：一方面，分析哲学的基本观念已经渗入到当代哲学研究的众多方面，经历了"语言转向"后的西方哲学已经表现出了与传统哲学不同的思维方式；另一方面，由于科学理性精神始终贯穿于分析哲学方法，因而与当代科学最新发展密切相关的分析哲学运动必然把科学与哲学紧密地联系起来，由此推进了当代哲学自身的发展。

首先，在当代哲学中，无论是在语言哲学、心灵哲学、逻辑哲学或是在道德哲学、政治哲学、历史哲学等领域，对清晰性的要求始终被放到思想讨论的首位。对哲学家们来说，只有建立在意义明确的概念基础之上，哲学的讨论才会是富有成效的。正是这样一种观念，使得分析哲学不再被简单理解为只有在英美哲学中才具有的哲学立场和方法，而是被看作一切哲学研究应当具有的基本原则和前提。这在欧洲大陆哲学中也有明显的表现，如胡塞尔的《逻辑研究》包含的对思想清晰性的追求始终是胡塞尔哲学讨论的基础，德里达和哈贝马斯等哲学家对分析方法的运用并非直接表现在他们的语言表达上，而是反映在他们阐述自己思想的逻辑之中。

其次，重新确定了哲学与科学的互动关系，从科学的最新发展中寻找哲学发展的内在动力，并以科学给人类带来的双重影响重新认识哲学在当代科学和社会发展中的独特作用。从科学的角度看，早期的分析哲学家们都是自然科学家或社会科学家，他们都在自己的科学研究领域做出了突出贡献，因此，他们自觉意识到科学研究方法对哲学改造具有关键性作用，由此造就了真正意义上的科学的哲学。在这种意义上，自然科学本身成就了分析哲学运动的发展。但从更深层次上看，分析哲学运动不仅来自与自然科学发展的密切联系，而且对当代科学的发展本身产生了积极的影响。现代人工智能和认知科学研究就是建立在对身心问题的哲学思考的基础之上，认知、语言、心灵、智能、信息等早已成为当代哲学和科学共同讨论的领域。

从现实性上看，分析哲学运动中的三大转变直接造就了当代哲学中的三个重要问题，即科学地解释意识现象是否可以满足我们对意识问题的要求？形而上学问题在现代究竟意味着什么？分析哲学与传统哲学之间是否存在截然对立或者有某种历史的延续？对这三个问题的回答就是当代哲学中的自然主义的物理主义、外在主义以及分析哲学史研究的主要任务。

自然主义的物理主义试图用物理解释去说明意识现象的特殊性质，并竭力对各种反物理主义主张给出符合科学的解释。然而，迄今为止，物理主义始终受到更多反物理主义反例的挑战，而其自身并没有给出一个根本性的解决方案。外在主义者在处理形而上学问题上的立场与传统形而上学截然不同，他们坚信特殊事物是在时空中永存的对象，而属性或类不过是我们用于谈论这些对象的便利方式。这的确为形而上学问题的解决提供了一种现代唯名论的方式，但这依然存在着无法解释诸如普遍概念的本体论地位等问题，因而形而上学问题至今仍然是西方哲学家们热烈讨论的话题。随着《牛津分析哲学史手册》和《分析哲学史丛书》的出版，对分析哲学史的关注也成为当今哲学家们的重要工作内容。哲学家们对历史的兴趣并非仅仅出自对分析哲学发展的关注，更是由于对当代哲学与传统哲学之间思想关系的重新定位。当然，由于对分析哲学运动本身性质理解的差异，哲学家们对分析哲学与传统哲学之间关系的理解也依然存在很大分歧。这意味着，如何重新认识当代哲学与传统哲学的关系，还会是未来哲学研究的重要话题之一。

三、分析哲学在 21 世纪的发展

进入 21 世纪后，当代分析哲学进入了一个新的发展时期。分析哲学家对分析哲学的性质、任务以及范围等关键问题做出了新的理解，强调分析哲学作为一种方法和风格的重要性。当代哲学家通过对分析哲学发展历史的研究，对分析哲学的性质、任务以及范围等关键问题提出了新的理解，由此改变了以往对分析哲学的认识，形成了新的分析哲学图景。根据这种新的图景，分析哲学不再是一种哲学理论或流派，而是用来支持对话和宽容的一种力量，它的明显标志是运用论证和辨明处理哲学问题的方法。也正是根据对分析哲学方法的这种理解,哲学家们对西方传统哲学重新做出了分析,并由此对当代哲学研究的时代特征给出了截然不同于欧洲大陆哲学的理解。根据我的理解,当代分析哲学运动中出现的这些最新变化主要表现在两个方面:对传统哲学的重新理解;对哲学研究范围的不断扩大。

分析哲学家们对西方传统哲学的研究比以往任何时候都取得更令人瞩目的成果,这主要依赖于分析方法在哲学文本考察和思想重构中的重要作用。无论是英国的达米特还是美国的布兰顿,他们都把分析哲学看作与传统哲学有着密切思想联系的哲学,试图从西方哲学的思想资源中获取当代哲学发展的灵感。对分析哲学运动历史的完整梳理,不仅是对当代哲学发展历程的历史描述,更主要的是对近代以来的西方哲学变迁的逻辑说明。这种研究在 21 世纪显示了更强盛的势头。哲学家们主要从两个方面展开。一方面,注重分析哲学与传统哲学的关系,特别是对德国唯心主义的重新理解。[1] 他们都试图从分析哲学的视角重新阐述德国古典唯心主义哲学的现代意义,说明用分析的方法同样可以理解传统哲学并能够更好地说明它们的思想。事实上,近年来不少学者努力用分析的方法重新解读康德、黑格尔以及中世纪哲学。另一方面,也有哲学家力图从哲学史中寻找当代分析哲学重要问题的历史根源,由此说明分析哲学问题的普遍性。[2]

所有这些表明,对分析哲学运动与西方哲学史关系的关注,已经成为当代哲学研究中的一个重要内容。根据我的分析,哲学家们产生这种历史关注主要基于两个原因:其一,分析哲学运动虽然起端于对传统哲学的批判,但由于西方哲学的发展本身就是一个不断否定的历史,因此,分析哲学的批判已经被看作属于西方哲学传统的一个正常情形,哲学家们由此就要讨论分析哲学的批判与传统哲学本身究竟处于何种关系之中。其二,分析哲学家们讨论的问题虽然与传统哲学有了很大不同,但由于分析哲学所采用的逻辑推理和语言论证的方

---

[1] ROCKMORE T. Hegel, Idealism and Analytic Philosophy [M]. New Haven: Yale University Press, 2004; REDDING P. Analytic Philosophy and the Return of Hegelian Thought [M]. Cambridge: Cambridge University Press, 2010; SORELL T, ROGER A J. Analytic Philosophy and History of Philosophy [M]. Oxford: Oxford University Press, 2005.

[2] RISI V D. Geometry and Monadology: Leibniz's Analysis Situs and Philosophy of Space [M]. Basel: Birkhäuser Springer, 2007; MILLER J. Topics in the Early Modern Philosophy of Mind [M]. Berlin: Springer Netherlands, 2009.

法始终是西方哲学研究的主要方式，因此，分析哲学家们对自身问题的讨论完全符合西方哲学研究的这种方式，哲学家们由此就要考察分析哲学家们讨论问题的方式与传统哲学家们的方式在何种意义上是相同的。正是这两个原因，导致了当代哲学家们对分析哲学与哲学史的关系产生了浓厚兴趣，由此更加鲜明地表现出当代分析哲学研究的这样一个重要特征，即分析哲学是西方哲学历史发展的现代延续。这里所谓的"现代延续"，不是指分析哲学直接继承了传统哲学的问题和方法，而是指分析哲学所讨论的问题及其方式在根本上并没有完全脱离西方哲学的主要传统，在更广的意义上，更是对传统哲学的扩展和延伸。

当代分析哲学变化的另一个重要方面是哲学家们扩展了哲学研究的基本领域。这里所谓"基本领域"不仅是指传统哲学中的形而上学、认识论、方法论、道德哲学等领域，而且包括了通过对哲学性质的重新解释而形成的专门研究领域，也就是我们常说的"X哲学"，例如"语言哲学""心灵哲学""认知科学哲学"等。后面这些研究领域虽然在传统哲学中并没有被看作基本的，甚至还没有出现，但在现代哲学语境中则已经成为基本的研究领域。

分析哲学家们在形而上学领域的研究已经改变了西方传统哲学对形而上学的基本认识。我们知道，传统哲学中的形而上学主要讨论存在问题，其中涉及的话题主要包括本质与现象、实在与表象、世界与对象、事物与结构、意志与自由、上帝与人类等问题，讨论的方式主要以思辨寻求概念背后的思想内容。然而，当代哲学自"语言转向"之后发生了重大变化，哲学讨论的方式也发生了改变。在形而上学领域，哲学家们更加关心的是语言表达中的真理问题，讨论的话题也主要包括关于抽象物的语言学地位、意义与真理的关系、因果概念的实在性、变化中的事物同一性、知识的范畴基础等问题，讨论的方式则变成了通过逻辑的或语义的分析揭示语言表达式的涵义。这种变化不仅体现了分析哲学家们对形而上学问题研究的兴趣所在，而且从根本上改变了形而上学研究领域的基本问题。进入21世纪后，当代英美哲学家们对形而上学问题的讨论，又出现了一些新的变化。这些讨论表现为两个重要方向：一方面是对传统形而上学问题的重新关注，如对时空问题、共相与殊相问题、死亡问题、部分与整体问题等的讨论；另一方面则是从纯粹的语言分析走向了对形而上学问题背后的人类存在本身以及人类与世界关系的密切关注。同时，哲学家们对形而上学与知识论问题的关系也给予了极大重视，这些都使得当代形而上学研究超越了"语言转向"本身带来的影响。

在认识论和方法论上，分析哲学家们的工作可谓有目共睹。近 20 年来，分析哲学运动中发生的最为重要的变化，或许就是在认识论和方法论的领域中，这主要表现在知识论的重新奠基和逻辑性质的重新定位。这里的"重新奠基"是指，现代知识论不仅取代了传统的认识论而成为哲学家们争相热议的主题，传统认识论中关于认识的性质、来源、范围以及评价标准的问题都已经被替换为知识论中的知识的性质、分类、证明及其与心灵的关系等问题，知识的外在表达形式比认识的内在心理内容更为重要；而且，知识论被哲学家们看作处于哲学的中心位置，这个中心不是指一切哲学都从知识论为基础，而是指知识论的讨论总是会涉及哲学上的一些基础性的问题，如怀疑论、实在论、关于世界的知识、先天知识、德性知识、他人心灵、信念的本性、意志自由等，这些问题在哲学研究中往往是与形而上学、道德理论以及宗教信仰等密切相关的。因此，现代知识论已经成为分析哲学在传统认识论研究领域中扩展的结果。

同样，从 20 世纪后半叶起，分析哲学运动中出现了许多新的研究领域。这些领域的出现部分是由于分析哲学运动自身发展的需要，如心灵哲学、知觉哲学、实验哲学、行动哲学等；部分是由于自然科学的最新发展促成了分析哲学研究领域的扩大，如认知科学哲学、神经科学、心理学哲学等。哲学研究新领域的出现不仅表明分析哲学运动的不断发展，更重要的是表明了哲学家们比以往更为自觉地意识到哲学研究与科学发展和人类行为之间的密切关系，并试图按照科学进步的模式反思哲学研究的基本框架，或者以哲学研究的方式理解和解释科学发展的最新成果。总的看来，哲学家们在这些领域中的问题讨论有两个重要特点：第一，问题研究出现了明显的回归传统的倾向，从哲学史中寻找思想资源并以哲学家们的经典论述作为问题讨论的出发点成为当前分析哲学研究中比较明显的标志。第二，问题研究更多地结合当前科学研究的最新成果，并随时把哲学研究与科学研究结合起来，特别明显地显示出哲学家们试图为科学研究提供概念分析手段的主动意向。此外，在当前的分析哲学研究中，出现了各种理论主张并存并且相互批评的局面，这说明分析哲学正处于一个新的转变和发展时期。

从本文的分析中可以看出，当代分析哲学运动发展中的三大转变以及 21 世纪以来的变化，其根本原因在于分析哲学自身内部的不断反省和批判，在于哲学家们不断调整自己的研究方向、扩展自己的研究领域，更在于哲学分析方法的灵活运用。哲学的生命力就在于直接面对社会的变化和科学的发展，能够以哲学概念的方式回应这些变化和发展给哲学带来的挑战和问题。而这种回应本身却是以哲学研究的方法被标志出来的。当代分析哲学能够顺应这些变化和发展，也正是以其清晰明确的分析方法为标志的。这些都是值得我们中国的哲学研究者学习和借鉴的。

参考文献

［1］BEANEY M. The Oxford Handbook of The History of Analytic Philosophy［M］. Oxford：Oxford University Press，2013.

［2］BURGE T. Philosophy of Language and Mind：1950－1990［J］. The Philosophical Review，1992，101（1）.

［3］DUMMETT M. The Logical Basis of Metaphysics［M］. Cambridge，Mass.：Harvard University Press，1991.

［4］STADLER F. The Vienna Circle，Studies in the Origins，Development and Influence of Logical Empiricism［M］. Wien/New York：Springer，2001.

［5］STRAWSON P. Individuals［M］. London and New York：Methuen，1959.

［6］达米特. 分析哲学的起源［M］. 王路，译. 上海：上海译文出版社，2005.

［7］冯·赖特. 分析哲学：一个批判的历史概述［M］//陈波. 分析哲学：回顾与反省. 成都：四川教育出版社，2001.

［8］罗克莫尔. 康德与观念论［M］. 徐向东，译. 上海：上海译文出版社，2011.

［9］威廉姆森. 近40年来分析哲学的转变［J］. 世界哲学，2015（4）.

分析哲学的分析*
——关于分析哲学的对话

张志林　何朝安

何朝安（以下简称"何"）：老师，两次听您讲授"分析哲学和语言哲学"课程，感觉您对整个分析哲学有自己独到的理解，我们学生很受启发。感谢您借《哲学分析》约稿的机会，约我与您进行一次对话。为此，我认真查阅了我的听课笔记，也阅读了一些相关资料。

张志林（以下简称"张"）：哦，如此认真的态度值得称赞。我请你来参与对话，主要是考虑到你对分析哲学有浓厚的兴趣和很好的学养，而且你目前撰写博士论文恰好需要更好地理解分析哲学。

何：谢谢老师！按您的要求，我拟定了一个对话提纲，主要包含四方面的内容：一是分析哲学的起源；二是分析哲学中的主要思潮；三是分析哲学运动的遗产；四是分析哲学面临的主要挑战。您看这样行吗？

张：嗯，很好。让我们开始吧。

1. 分析哲学的起源

何：好的。我注意到，您在考虑分析哲学的产生时，往往喜欢在达米特《分析哲学的起源》一书的基础上，往前追溯到莱布尼茨。据我了解，最近几年来，您在全国各地讲学，曾多次以"从莱布尼茨到弗雷格"为题。我想，您肯定认为莱布尼茨为分析哲学传统提供了实质性的思想资源。

张：是的。在我看来，莱布尼茨所设想的"**通用文字**"或"**普遍语言**"堪作分析哲学传统的源头。事实上，弗雷格本人就曾把他的"**概念文字**"看成是莱布尼茨伟大构想的实现。[①] 你应该还记得，我曾说，莱布尼茨实际上设立了一

＊ 原载于《哲学分析》2011年第2卷第6期，154—177页。

① FREGE G. Begriffsschrift［M］//VANHEIJENOORT J. From Frege to Gödel：A Source Book in Mathematical Logic，1879—1931. Cambridge，Mass.：Harvard University Press，1967：1—82.

个评判哲学研究的标准体系。

何：哦，老师，我还记得，这个标准体系包含五个维度，就是：**理解—交流维度**、**推理—演算维度**、**组合—分析维度**、**综合—平衡维度**和**形而上学反思维度**。

张：对，你记得这么清楚，我很高兴。依我看，如何**做哲学**，哲学做得怎样，应当按此严格标准予以评价。令人遗憾的是，环顾现代哲学园地，能得满分者寥寥无几，也许只有弗雷格和哥德尔应得满分。

何：老师，这就是您推崇"概帮三公"的理由吧。您和您的一些朋友用弗雷格的"概念文字"来命名一个"概念文字帮"，简称"概帮"，确实很有趣。

张：这是多年前由邢滔滔和程炼命名的。目前，我、滔滔，还有几个朋友，是咱"概帮"伟业坚定的拥护者和积极的倡导者。

何：可别忘了，老师，您的一些弟子也是和你们一样喜欢咱"三公"，拥护您所说的"三公纲领"的哟。

张：哦，对对对，有弟子愿意像我们一样，立志依"三公纲领"的要求做哲学，此乃为师者的一大荣幸也！

何：关于分析哲学产生于何时，可谓众说纷纭。特别是，在弗雷格的重要性得到广泛认可之前，分析哲学一般被认为始于罗素和摩尔对绝对唯心主义的拒斥。因此，二人被尊为分析哲学之父。但是，随着弗雷格的重要性被逐步认识，他最终被追认为分析哲学之祖父。① 那么，到底分析哲学的产生应该定于何时呢？

张：有一个消解众多歧见、回答这个问题的方式，就是将"作为**哲学运动**的分析哲学"与"作为**哲学思想**的分析哲学"区分开来。按前者，分析哲学产生于罗素、摩尔等人对绝对唯心主义的反叛是可以接受的；按后者，把分析哲学的起源追溯至莱布尼茨对"通用文字"的构想则是极具启发意义的。从莱布尼茨到弗雷格，其间特别值得关注的人物是康德和波尔查诺。

何：是的。汉纳的详细考察表明，康德之于分析哲学有某种奠基性作用。② 如此，人们不禁要问：在康德与弗雷格之间是否存在一种实质性的过渡？达米

---

① DUMMETT M. Origins of Analytical Philosophy [M]. London：Duckworth，1993：171.

② HANNA R. Kant and the Foundations of Analytic Philosophy [M]. Oxford：Oxford University Press，2001.

特等人对分析哲学历史的考察对这一问题给出了正面回答：波尔查诺。有趣的是，曾将弗雷格尊为分析哲学之祖父的达米特，又将波尔查诺尊为分析哲学之曾祖父。① 关于分析哲学自身历史的这一有趣事实表明，要理解分析哲学的本性以及它是如何兴起的，至少要明了波尔查诺对康德的反叛。

张：正如《纯粹理性批判》的简写本标题"未来形而上学导论"所示，康德的"第一批判"是为他心目中真正的形而上学所做的长篇"导论"。在康德看来，**传统的形而上学**虽然也包含先天判断作为其内容，从而不同于经验科学，但他心目中**真正的形而上学**却应该由某种完全不同的先天判断构成。因此，康德为真正的形而上学奠基，是从对那类特殊的先天判断的探讨开始的。康德对这类特殊先天判断的决定性要求是：它们必须是"扩展性的"——能够提供知识的。与之相对，独断论的先天判断仅仅是"分解性的"——并不提供知识。在此意义上，康德心目中的形而上学乃是由"先天知识"构成的。因此，可以说康德的先验哲学始于对先天知识之存在性、可能性和限度的探讨。

在传统观念中，知识的先天性源于判断的分析性，即一个判断内容无须诉诸经验就可被得知，只能是因为对概念的纯粹分析就足以知道相关判断的真值。由于对概念的纯粹分析不可能提供新知识，因而在传统观念下不存在"扩展性的"先天判断。由此，要为这类特殊的先天判断的可能性做辩护，康德必先打破分析性之于先天性的必要性。换言之，他必须从对分析性概念的考察入手，因为康德认定分析性判断（谓词概念隐含地包含在主词概念中）不是扩展性的，所以形而上学的组成必定不是先天分析判断，而是先天综合判断。

何：如汉纳的近著《康德与分析哲学的基础》（*Kant and the Foundations of Analytic Philosophy*）所揭示的那样，康德关于先天性/后天性、分析性/综合性的讨论提供了后来分析哲学的基本概念词汇。② 可以说，在蒯因彻底抛弃先天知识和分析命题之前，分析哲学在某种意义上始终是在康德的基础上展开的。

张：但是，即便如此，似乎也无人主张是康德开启了分析哲学，这是因为他并未发展出一套在后来的"语言转向"中成为正统的**哲学语义学**。按照达米特的主张，正是在哲学语义学中得到集中体现的**语言分析**，才是分析哲学的公

---

① DUMMETT M. Origins of Analytical Philosophy [M]. London：Duckworth，1993：171.

② HANNA R. Kant and the Foundations of Analytic Philosophy [M]. Oxford：Oxford University Press，2001.

理性特征。①

何：似乎可以这样理解：尽管有了先天性/后天性、分析性/综合性这样的基本概念，但康德在对这些概念的讨论中所贯穿的某种系统性混淆——特别是对逻辑的东西与心理的东西的混淆——使他发展不出哲学语义学。这一混淆在弗雷格哲学中得到了最严格的澄清，因而反对哲学和逻辑中的心理主义是他始终坚持的一个基本原则。

张：是的。康德的心理主义突出地表现在以下两个方面：

第一，在康德看来，判断的构成要素要么是**概念**，要么是**直观**。如果以概念间的特定连接关系来区分分析性/综合性，则他势必认为分析判断的有效性基于纯粹概念关系（主词概念与谓词概念通过包含关系联系起来），综合判断的有效性基于直观（主词概念与谓词概念通过直观联系起来），而作为特殊综合判断的先天综合判断的有效性则基于某种特殊的直观，即**先天直观**。例如，数学知识作为典型的先天综合判断之集合，其有效性源于对时间和空间的先天直观。由于康德把时间和空间视为某种主观性的、内在性的东西，所以认知主体对二者的先天直观则成了某种心理学的过程。显然，对综合判断之基础的这种准心理学解释，忽视了判断本身的逻辑—语义结构。

第二，康德对分析性和综合性的区分貌似基于概念本身之间的关系，但对这一区分的实质性说明，却总是诉诸主体对判断内容的"认知把握"是否要超越对主词概念的既有把握。也就是说，"a is b"是分析性的，当且仅当，主体不用超出对概念 a 的把握就可以知道概念 b 与 a 是直接相关的。这样，康德就把分析性/综合性的区分奠定在主体的认知过程或心理状态之上了。此外，康德把哲学分析看作仅仅是将分析判断的谓词概念从主词概念中分解出来。于是，对他而言，哲学分析便成了某种对认知主体主观心理状态的分析，而不是对判断内容的语义—逻辑结构的客观展现。

有鉴于此，如何在拒斥康德哲学中心理主义因素的前提下来回答康德式问题（如作为先天知识的数学是如何可能的），就成了分析哲学得以产生的主要动力。仿照中国古代所谓"成也萧何，败也萧何"的说法，现在我们可以说，就分析哲学而言，"成也康德，败也康德"：成者，康德式哲学问题也；败者，康德式心理主义也。

---

① DUMMETT M. Origins of Analytical Philosophy [M]. London: Duckworth, 1993: 128.

何：嘿嘿，老师，这样说倒是很有趣的。我们知道，弗雷格哲学的第一个方法论原则便是反心理主义。因此，他堪称打掉康德式心理主义的功臣。当然，虽然弗雷格明确反对康德的某些观念（如数学知识是综合性的），但他心目中主要的心理主义对手还不是康德，而是密尔和与之同时代的德国心理主义者。

张：直接向康德式心理主义发难的是波尔查诺，这也使得他成为分析哲学最重要的一位先驱。正如我在课堂上所说，如想了解详情，可以读一读波尔查诺的泱泱大作《科学论》（*Theory of Science*）。

在波尔查诺—弗雷格传统看来，**分析性**是一个纯粹的逻辑—语义概念，绝不可能以心理要素来加以刻画。**综合性**的基础也在于纯粹的逻辑—语义结构，而不可能源于心理过程式的所谓直观。至于分析性与综合性的区分，当然就是由逻辑—语义结构给定的了，而与认知主体的心理状态或心理过程毫无干系。

何：究其根源，康德式心理主义的源头莫过于他把判断作为分析性的承载者，而判断及其构成（表征、概念、直观）总是与特定主体的心理要素相联系的。因此，要拒斥康德式心理主义，首要的是把分析性与判断分离开来。在波尔查诺那里，命题或思想才是分析性的承载者，而判断仅仅是对命题真值的主观认定。命题作为既非物理又非心理的客观存在，其本身具有确定的真值，与具体判断（对其真值的主观认定）无关。①

张：是的，这与后来弗雷格关于思想或命题的著名实在论如出一辙。波尔查诺关于命题的实在论把对康德式的判断、表征、概念、直观等准心理学概念的讨论转换成对思想、命题、内容、意义等语义学概念的讨论。这一转换是如此重要，因为正是后一组非心理概念成了后来语义学讨论的基本概念，由此也真正开创了**哲学语义学**的先河。甚至可以说，康德之所以发展不出哲学语义学，恰恰是因为他始终着眼于前一组准心理学概念，太过倚重先天直观的基础性作用，其讨论跳不出主体的主观性因素，从而无法在客观性层面走向对纯粹逻辑—语义概念本身的讨论。

在把康德对分析性/综合性的心理主义划分转换为逻辑—语义划分之后，康德式的以直观来说明综合性的基础，以先天直观来解释先天知识的可能性，对于波尔查诺来说就变得毫无必要了。由此，波尔查诺对康德的另一批判就凸显为对直观（特别是先天直观）的拒斥。简言之，波尔查诺告诫我们：抛弃康德

---

① Bernard Bolzano ［EB/OL］. Standford Encyclopedia of Philosophy. http：//plato. stanford. edu/entries/bolzano/.

看重的先天直观，而以纯粹的逻辑—语义概念来解答康德式的问题。

瞧，依我看，波尔查诺的独特之处在于认可康德式问题，而拒斥其解决问题的具体方案。还有，正如康德以数学这种典型的先天知识作为他讨论的起点一样，波尔查诺的哲学语义学也发端于对数学——特别是微积分的基础——的讨论。

何：我查阅的资料表明，关于如何理解牛顿和莱布尼茨独立发明的微积分，至波尔查诺的时代一直存在着两个传统：**牛顿—康德的动力学传统**诉诸直观基础上的时间、空间、运动、速度等来理解微积分的基本概念，而**莱布尼茨—波尔查诺的概念分析传统**以严格的函数性质和关系来理解微积分的基本概念。波尔查诺以牛顿—康德传统在本性上难以企及的严格方式定义了函数的连续性、极限等概念，还证明了中值定理。① 他的这些工作以实质性的例证表明，数学的基础在于其语义—逻辑结构，而不像康德所认为的那样必须以某种心理式的直观作为基础。

张：说得对。更重要的是，波尔查诺以探索数学基础为起点，把**概念分析**推广到所有命题上去。以他本人最为得意的替换法（通过引入概念变元），波尔查诺对命题的分析性和综合性给出了系统性的刻画。这一策略不仅在严格性上避免了康德式的"包含"等隐喻性的说法，还避免了把命题的综合性奠定在所谓直观之上的心理主义后果。这一技术性工作还严格地定义了蒯因式的"逻辑真"、塔斯基式的"逻辑后承"等后来在哲学语义学中发挥重要作用的逻辑—语义概念。② 此外，波尔查诺还首次把存在量词分析为二阶谓词，并且提出了在弗雷格哲学中起主导性方法论作用的**语境原则**。③

何：老师，在这学期④的"分析哲学和语言哲学"课上，您花了那么多时间讲解康德和波尔查诺的有关思想，我和同学们都感到很受启发。特别是波尔查诺的思想，我们在以前阅读的分析哲学和语言哲学论著中几乎无人提及。

---

① KÜNNE W, et al. Bolzano and Analytic Philosophy [M]. Amsterdam：Rodopi，1997（series：Grazer philosophische Studien，Vol. 53）：23.

② KÜNNE W. Analycity and Logical Truth：from Bolzano to Quine [M] //The Austrian Contribution to Analytic Philosophy. London：Routledge，2006：184-249.

③ Bernard Bolzano [EB/OL]. Standford Encyclopedia of Philosophy. http：//plato.stanford. edu/entries/bolzano/.

④ 2011年秋季学期。

张：哦，我也是 2008 年在美国碰巧读到波尔查诺的《科学论》才发觉他的好些思想对分析哲学是如此重要。

如果说康德为分析哲学提供了一系列**基本问题**和**基本概念**（如先天知识/后天知识、分析性/综合性、先验性/经验性），那么就可以说波尔查诺为分析哲学提供了一系列**基本原则**和**基本方法**（如反心理主义、命题实在论、逻辑—语义分析、语境原则）。因此，倘若说弗雷格语义学纲领所启动的**语言转向**堪称一场哲学革命的话，则波尔查诺针对康德心理主义所做的一系列批判性探讨至少开启了一场 19 世纪的**哲学语义学运动**。有趣的是，这场运动在发生学上并未给分析哲学带来直接影响，倒是与现象学运动颇有直接关联。研究表明，弗雷格没有读过波尔查诺的任何著作，而胡塞尔则认真地研读过波尔查诺和弗雷格的论著，并受到二人反心理主义立场的实质性影响。波尔查诺的诸多想法与弗雷格系统地阐述的许多思想不谋而合，真可谓英雄所见略同。

何：是的。波尔查诺在双重意义上拒斥了康德的心理主义：他首先拒斥了康德把判断作为分析性的承载者，随即也拒斥了把先天直观作为先天综合命题（如数学命题）的知识论基础。那么，接下来的问题就是如何回应康德问题，即："扩展性的先天知识"（如数学知识）——既是非经验的，又是扩展知识的——是如何可能的？

张：在波尔查诺工作的基础上回应康德问题，似乎有两个选择：要么承认数学是先天综合的，但不接受其基础在于先天直观；要么根本不承认数学是先天综合的，转而接受数学是先天分析的。前一个选择面临的问题是，为先天综合知识寻找不同于先天直观的知识论基础；后一个选择面临的问题是，解释为何先天分析命题可以是扩展性的。

何：我们知道，采取后一条思路来严格而系统地回答康德问题，是弗雷格逻辑主义数学哲学的主要目标。一方面，弗雷格要证明数学知识（也许除了几何）是分析性的；另一方面，他要证明数学命题尽管是分析性的，但却是扩展性的。

张：对。弗雷格关于数学是分析性的证明，体现在他把数学还原为逻辑的**逻辑主义纲领**之中。他不同意康德把数学看作是综合性的，主要是因为他们对什么是分析性/综合性有不同看法。我们知道，**弗雷格哲学方法论的第一个原则，便是要求把心理的东西与逻辑的东西区分开来**。于是，康德把分析性奠定在心理学基础上，就成了弗雷格要首先拒斥的。

对弗雷格而言，一个命题的分析性源于其本身的逻辑—语义结构。因此，他把**分析性**定义如下：一个命题是分析性为真的，当且仅当，其真可以仅仅依据**逻辑定义**和**逻辑法则**而得到证明。① 在此，逻辑定义体现了分析性的**语义要素**，而逻辑法则体现了分析性的**逻辑要素**。依此思路，要证明数学是分析性的，弗雷格需要做两件事：为数学命题的基本概念给出逻辑定义（在《算数基础》中实现），再把数学命题从逻辑法则中推导出来（在《算数的基本法则》中实现）。

何：接下来的问题是：如何证明数学是分析性的但却是扩展知识的？

张：关于这一点，弗雷格给出了怎样的证明，以及这些证明是否有效，是有争议的。尽管如此，他关于逻辑定义和逻辑法则的说明，以及涵义与指称的区分，可以为这一证明提供基本思路。简而言之，数学命题对知识的扩展性源于对数学概念的逻辑定义。关于定义的性质，一直存在着一个康德式的混淆，即认为如果 b 能被用于定义 a，则 b 一定包含在 a 里边。波尔查诺早就将这一混淆表述为对**一个概念可用于定义另一概念**与**一个概念包含于另一概念**之间的混淆。弗雷格认为一个形如"a is b"的逻辑定义表达了 a 和 b 在外延上的严格等同性，但它之所以不同于"a is a"这种重言式，是因为"a"和"b"的外延相同，但涵义不同，从而"a is b"表达了某个"a is a"所无法表达的思想。数学命题的扩展性恰恰源于数学概念的逻辑定义表达了重言式所不能表达的新思想。因此，弗雷格以一种完全不诉诸康德所谓先天直观的方式，便解释了数学作为扩展性知识的根源。

正如康德关心数学，是为了在一种典型先天知识的基础上，一般性地讨论先天综合知识的可能性问题一样，弗雷格的真正兴趣也并不限于数学这种特定的先天知识——对数学的处理只是他工作的"第一步"，他关心的是所有那些他称之为"能够仅凭逻辑就建立起来"的知识。②

应予强调，弗雷格发现，基于**主词—谓词结构**的传统逻辑极大地误导了我们对语言结构的理解。要以逻辑—语义分析为手段达到对先天知识的恰当理解，

---

① FREGE G. The Foundations of Arithmetic [M]. New York: Harper, Brothers, 1953: 3-4.

② FREGE G. Begriffsschrift [M] // VANHEIJENOORT J. From Frege to Gödel: A Source Book in Mathematical Logic, 1879—1931. Cambridge, Mass.: Harvard University Press, 1967: 1-82.

就必须从对传统逻辑的改造开始。我们知道，弗雷格以算数语言为模型构造了一种莱布尼茨最先设想的"普遍语言"，它革命性地把命题分析为**函项—主目结构**，再加之他关于逻辑联结词和量词的理论，便构建起了第一个一阶谓词演算系统。可以说，弗雷格为了一般性地研究先天知识而顺带地发展出了现代逻辑——现代逻辑不过是弗雷格的哲学语义学的副产品而已。或者说，与斯鲁格的判断相反，弗雷格在根本上关心的是哲学问题，而不仅仅是数学问题和逻辑问题。①

何：但是，为何仅凭逻辑就可以建立起来的知识（如数学）与经验知识具有根本差异呢？换句话说，逻辑本身的普遍有效性是如何得到保证的呢？弗雷格不得不回应他心目中的主要敌人——密尔。对弗雷格而言，把逻辑的有效性奠定在经验归纳之上的密尔，其最大错误在于混淆了"**把命题当作真**"与"**命题本身的真**"：前者是一个心理学问题，后者是一个逻辑问题。②

据达米特考证，弗雷格从一完成《概念文字》开始直至晚年，曾数次尝试写一本系统阐释逻辑之性质的书③，尽管终未完成，但是我们从这本书所设计的第一章（也即著名的《思想》一文）可以看出，弗雷格把逻辑的客观性奠定在其研究对象本身——思想或命题——的客观性之上，而不是像密尔那样奠定在主体对研究对象的心理状态之上。这是在坚持弗雷格哲学第一原则（反心理主义）前提下为哲学语义学奠定了原则性的基础。

张：我们在波尔查诺那里已经看到过这种反心理主义的实在论观念。其实，波尔查诺—弗雷格传统的哲学语义学是以某种柏拉图主义式的形而上学为支撑的。

按照弗雷格的理解，逻辑研究的是**真**（即如何从真的前提得出真的结论），而真之承载者是"思想"（注意：是 thought，而不是 thinking）。因此，逻辑的基本任务是一般性地研究思想的结构。在弗雷格的早期阶段，他将思想称为"可能判断的内容"；在后来对涵义和指称做出区分之后，他将语句的思想对应于其涵义，把语句的真值对应于其指称。这样，逻辑研究思想的结构及其真值

---

① SLUGA H. Frege on Meaning [M] //GLOCK HANS-JOHANN. The Rise of Analytic Philosophy. Oxford: Blackwell, 1997: 17-34.

② FREGE G. The Thought [J]. Mind, New Series, 1956, 65 (259): 289-311.

③ DUMMETT M. Frege's "The Thought" [J]. Mind, New Series, 1957, 66 (264): 548.

关系，就可以看成是研究语句的涵义与指称之间的关系。涵义与指称分别对应一个语句说了什么内容与一个语句所说的内容"关于"什么东西。按照布伦坦诺的经典定义，涵义与指称的关系是一种**意向性关系**。对这种意向性关系的系统处理方式，在分析哲学传统中就是构造恰当的哲学语义学。

何：弗雷格关于**涵义决定指称**的语义学论题表明，一个语句 S 的涵义（S 说了什么）决定了 S 在特定世界中的真值，因而 S 的涵义便可用 S 之为真的条件来刻画。

张：这里的主导思想成了后来分析哲学构造哲学语义学的一个主要模式——**成真条件语义学**。从对**语句**层面的涵义与指称的讨论入手，这是在坚持**弗雷格哲学方法论第二个原则（语境原则）**的前提下其哲学语义学的真正开端。而进一步把语句分解为《概念文字》所展示的那种函项—主目结构，依照某种构成性原则来讨论**语词**的涵义与指称，这是在坚持**弗雷格哲学方法论第三个原则（严格区别概念与对象）**基础上系统地完成哲学语义学。

弗雷格的哲学语义学纲领是如此具有原创性、系统性和深刻性。如果像拉姆塞所说的那样，罗素的摹状词理论是哲学分析的典范，那么就可以说，弗雷格的哲学语义学纲领堪称哲学分析的典范之典范！

何：然而，奇怪的是，分析哲学后来的发展却表明，弗雷格语义学纲领的核心概念（**涵义**）和核心理论（**间接指称理论**）并未得到人们的认真对待。恰恰相反，倒是对弗雷格"涵义"概念的攻击成了分析哲学发展的一条主线。特别是，在后来的直接指称理论拥护者看来，弗雷格首倡的涵义（original Sinn）甚至是哲学语义学的原罪（original sin）！

张：确实，弗雷格之后的哲学语义学研究者，不管是反对阵营的成员，还是坚定的拥护者，他们的语义学理论都跟弗雷格奠立的语义学模式有紧密的联系。要更好地理解这些分歧，需要以分析哲学运动的历史作为背景。看来我们得简略地清理一下**分析哲学运动**的历史了。

何：哦，老师，记得您曾说想写一本名为《分析哲学运动》的书。请问：您所说的"分析哲学运动"是否由逻辑原子主义、逻辑实证主义、蒯因对分析性的批判、日常语言分析、直接指称运动、戴维森与达米特的争论，甚至认知科学的兴盛等所组成？

张：嗯，大体上可以这么看。也就是说，分析哲学传统中的一些依次出现的主要思潮，构成了我所说的"分析哲学运动"。其实，施皮格伯格（H. Spiegelberg）所写的《现象学运动》一书基本上也是这么看问题的。①

2. 分析哲学传统中的主要思潮

张：从思想史角度看，波尔查诺把康德和弗雷格联系了起来。康德和弗雷格所依赖的一组核心概念——先天知识、分析性、内涵/涵义——所历经的兴衰历程见证了弗雷格之后分析哲学发展的几个主要思潮：逻辑原子主义、逻辑实证主义、意义怀疑论、日常语言分析、言语行为分析、格赖斯纲领、戴维森纲领，以及直接指称运动，等等。

先看这样一个有些诡异的历史事实：号称第一个发现弗雷格的是罗素，而其实第一个反对弗雷格的也是罗素。当然，我在这里不是指罗素那封致使弗雷格最终放弃其逻辑主义的著名信件。尽管我能理解年轻的罗素当年发现一位深刻而严谨的思想家的某个致命缺陷时所怀有的那种激动，但如若罗素没有写那封信或者晚几年再写，那么弗雷格的《算数的基本法则》第三卷——也是最后一卷——就可以写出来了。实际上，在目前致力于恢复逻辑主义的新弗雷格主义者看来，以休谟原则为基础的弗雷格系统是一致的（休谟原则在二阶逻辑中蕴涵皮亚诺算数公理——弗雷格定理），因而罗素悖论并不那么致命。②

罗素对弗雷格哲学语义学的反对，最早出现在他致弗雷格的另一封信里：他认为"勃朗峰高4 000米"这句话表达的思想，包含勃朗峰那座山峰本身——而不是"勃朗峰"的涵义——作为成分，因为那句话谈论的是一座实实在在的山，而不是弗雷格式的涵义。③ 对罗素而言，一个语句表达的内容（**涵义**）与这个语句谈论的东西（**指称**）是一回事。换句话说，他认为语句的涵义就是其指称。基于对布拉德雷式的内在关系理论的不满，罗素把性质和关系视为某种外在于对象的东西。因此，在他看来，语句的指称就是某个特定事实——某个由对象、性质和关系等构成的复合物。而某种特殊类型的事实，即"原子事

---

① 施皮格伯格. 现象学运动 [M]. 王炳文，张金言，译，北京：商务印书馆，1995.

② BOOLOS G. Logic, Logic and Logic [M]. Cambridge, Mass.：Harvard University Press, 1998：Chpt. II.

③ FREGE G. Philosophical and Mathematical Correspondence [M]. GABRIEL G, et. al., ed. Chicago：University of Chicago Press, 1980：169.

实"，则成了构造整个世界的"逻辑原子"。

何：但是，把命题等同为事实面临一个显而易见的困难：假命题对应何种事实？似乎很难说存在假事实。或许可以说存在迈农式的"隐在的"（in-existent）事实。为了保持一种"健全的实在感"，罗素走向了一种极端立场：他否认语句本身（不管真假）表达任何命题或指称任何事实。他认为语句只有与某个判断者联系起来才能表达一个完整的命题。① 因此，尽管语句 S 是假的，从而很难有事实与之对应，但是 P 相信 S 却是真的，从而对应一个事实。

张：这样，罗素就把对**命题**的讨论带回到对**判断**的讨论了。我们已知，恰恰相反，波尔查诺和弗雷格把康德对**判断**的讨论转换成了对**命题/思想**的讨论。说来真是奇怪，罗素这位分析哲学运动的创始人在创始之初就违背弗雷格的第一个方法论原则，对心理主义做了悄悄让步。换言之，罗素把意义与认知主体的心理要素结合起来，为意图—交流语义学这种反弗雷格式成真条件语义学的拟心理主义模式埋下了伏笔。

当然，否认弗雷格式涵义观念的罗素不得不处理弗雷格面临的几个典型问题：否定存在断定问题、空名问题、弗雷格之谜、信念报道之谜……

何：是的。我们知道，罗素的策略集中体现为他著名的摹状词理论。为了贯彻意义就是指称的主张，罗素借助于所谓的**"不完全符号分析法"**，把所有的非逻辑专名都分析成为谓词。② 剩下的所谓真正名称（如"这"）指称的则是语言使用者使用这个词时当下亲知的对象。基于亲知对象的知识是罗素所谓的**"亲知知识"**，其基本特征是单称性、直接性、从物性和基础性。③ 这使得"亲知知识"颇为接近康德式的经验直观。④

张：这可视为被波尔查诺—弗雷格传统所驱逐的康德式直观的现代残余。鉴于亲知知识之于其他知识（描述知识）的基础性，在罗素的认识论背后起着根本作用的是某种洛克—休谟式的经验主义教条：只有在经验中直接被给予的东西才是知识的终极基础；鉴于亲知对象之于专名意义的基础性，在罗素的语

---

① RUSSELL B. Theory of Knowledge: The 1913 Manuscript [M]. London: George Allen & Unwin, 1984.

② RUSSELL B. On Denoting [J]. Mind, New Series, 1905, 14 (56): 479-493.

③ RUSSELL B. The Problems of Philosophy [M]. Oxford: Oxford University Press, 1913: 46-59.

④ HANNA R. Kant and the Foundations of Analytic Philosophy [M]. Oxford: Oxford University Press, 2001: 196.

义学背后起着根本作用的是某种反柏拉图主义的形而上学教条：只有在经验中直接被给予的东西才是意义的终极根源。因此，虽然摹状词理论在哲学分析上坚持、拓展了弗雷格开创的一些方法和原则，如函项—主目分析、构成性原则、语言的逻辑形式与表面语法的区分等，但它在哲学语义学的基本构成上却是极端反弗雷格的。简言之，罗素要打掉弗雷格式的**涵义**概念，把真正名称的意义归约为其指称。半个多世纪后，这个密尔—罗素论题在所谓"新指称运动"那里发挥到极致，从而构成了对弗雷格主义的彻底反叛。

何：接下来我们该探讨维特根斯坦了吧。我注意到，维特根斯坦在《逻辑哲学论》① 中几乎只引用了两个人——弗雷格和罗素。也许可以说，早期维特根斯坦哲学是对弗雷格和罗素有关思想的某种改造和综合。

张：确实可以这么看，而这种改造和综合颇具特色。弗雷格要求语言的各个层面和类型都具有涵义（而且除了空名也都有指称）。罗素刚好相反，他要求语言的各个层面和类型都没有涵义，但有指称。维特根斯坦的独特之处在于他认为只有语句才有涵义，而只有名称才有指称。

维特根斯坦对意义的理解基于一种**图像论**的观念，即只有能够成为图像的东西才有涵义，这与波尔查诺有几分相似。很显然，语句可以成为（事实的）图像，从而具有涵义。

何：但是，为何名称没有涵义呢？难道名称不是某个特定对象的图像吗？

张：关键在于维特根斯坦认为并不存在某种"独自存在"的对象，因为对象总是处在某种事态之中的对象。正如维特根斯坦本人所说，"我们不能在与其他对象的结合之外设想任何对象"②。同样，我们当然也不能脱离表达事实的语句来理解名称——这可看作是维特根斯坦在新的背景下对弗雷格**语境原则**的坚持和推广。因此，名称不能成为图像，从而没有涵义。只有名称与名称的结合才能成为图像，从而具有涵义。

维特根斯坦心目中的命题是某个存在或不存在的事态的图像，而不是那个事态本身。这使得纠缠罗素的假命题得到了恰当处理——假命题是不存在的事态的图像。这是维特根斯坦区别于罗素的第一个重要地方，也是为何维特根斯坦要批评罗素把判断者引入命题理论的缘由。另一个重要区别在于维特根斯坦

---

① WITTGENSTEIN L. Tractatus Logico-Philosophicus [M]. OGDEN C K, trans. London：Routledge and Kegan Paul, 1922.

② 同①2.0121.

并不认为存在罗素式的"原子事实"——说存在"原子事实"就意味着好像存在"分子事实"一样。但是，维特根斯坦强调，逻辑联结词并不指称任何对象，因而压根儿就不存在什么"分子事实"。所以，尽管许多文献把罗素和维特根斯坦都当作逻辑原子主义的代表，但实际上维特根斯坦并不倡导那种罗素式的逻辑原子主义。当然，我们可以简单地了结这个问题，因为可以说，有两种逻辑原子主义：一种是罗素式的，另一种是维特根斯坦式的。也许还可以说有第三种逻辑原子主义，就是卡尔纳普式的，因为他毕竟写出了《世界的逻辑构造》一书。只要别把三者混为一谈就行。

何：嗯，关键是要弄清楚它们的根本区别。

张：是的。再说，在维特根斯坦看来，因为一个命题是事态的一幅图像，所以如果事态存在，则命题为真，否则为假。于是，就其作为一幅图像而言，一个语句的意义就在于它给出了那个语句的成真条件——这可视为对弗雷格式**成真条件语义学**方案基本思想的继承。在此观念下，既然语句的意义就在于它作为一幅可真可假的图像，那么任何必真或必假的语句就不是真正的图像——因为它们要么是一切情况的图像，要么不是任何情况的图像——从而它们在本质上关于世界的情况什么都没说。按维特根斯坦的说法，它们是乏义的（senseless）。

由于维特根斯坦把重言式和矛盾式看作是先天知识和分析命题的真正基础，一方面他不可能像康德一样认为先天知识可以是扩展性的，另一方面也不可能像弗雷格一样认为分析命题可以是扩展性的。受到维特根斯坦启发的逻辑实证主义者对这一点做了发挥。

不少人把逻辑实证主义视为分析哲学的代名词，继而把它对形而上学的拒斥当作分析哲学对待形而上学的基本态度。其实，波尔查诺—弗雷格传统背后的柏拉图主义、罗素哲学背后的经验主义，以及维特根斯坦对世界基本构成的刻画，这些都表明，分析哲学从一开始就不同程度地接受了某种形而上学，并以之为基础重塑和重解传统形而上学问题。逻辑实证主义对形而上学的拒斥仅仅代表了分析哲学的某个特定运动对形而上学的极端处理方式。其基本立场源于逻辑实证主义并不像早期分析哲学家那样去构造哲学语义学，并试图回答意义是什么的问题，而是专注于给出某种划界原则，用于界定一个陈述"**有意义性**"（meaningfulness）的条件。

逻辑实证主义给出的有意义性的条件是：一个有意义的命题，必须要么是分析性的，要么是可经验证实的（或可证伪的）。这个标准要成立的第一要务是要严格说明什么是**分析性命题**。

何：艾耶尔也注意到康德对分析性的定义存在心理主义式的混淆，进而主张把分析性的基础仅仅奠定在语词的定义之上，而把综合性的基础奠定在语词的定义和相应的经验事实之上。① 卡尔纳普则主张相对于不同形式语言来严格定义分析性概念。具体而言，一个形式语言 L 中的语句 S 是 L-分析性的，当且仅当，S 是 L 的意义公设（meaning postulates）的逻辑后承；而如果 S 的有效性需要诉诸经验事实才得以确立，则 S 是综合的。② 总之，逻辑实证主义把综合命题的有效性奠定在某种经验事实成分之上，从而否定了存在康德式先天综合命题的可能性。

张：还须注意，卡尔纳普试图以内涵概念为弗雷格式涵义概念给出严格刻画。他以所谓的"状态描述"定义了必然性和可能性这样的**模态概念**，再把弗雷格式涵义概念刻画为某种从不同可能性到外延的函数。例如，一个语句的涵义是从不同可能性到真值的函数，在不同的可能性中，根据可能事实的状况确定那个语句的真假。因此，给出一个语句的意义可视为给出它在不同可能世界为真的条件。③

其实，在维特根斯坦那里，事态就以某种方式扮演了**可能世界**的角色，他把图像与事态结合起来已经暗示了真值条件与可能性的内在联系。而卡尔纳普的思路首次明确地将语句的真值条件从现实世界扩展到可能世界。这一观念影响巨大，不仅可能世界语义学把语句的真值与特定的可能世界联系起来，而且在当前颇具影响的二维语义学中，语句的意义典型地都是以内涵（即从不同类型的可能世界到外延的函数）来刻画的。

何：尽管基于其特定的有意义性标准，逻辑实证主义把众多传统形而上学问题归结为伪问题，但它对分析性、命题、意义和卡尔纳普式的内涵概念的刻画似乎承诺了某些**内涵性实体**的存在。这可视为隐藏在逻辑实证主义背后的除了经验主义之外的另一种形而上学。在后期维特根斯坦、蒯因和克里普克引领

---

① AYER A J. Language, Truth and Logic [M]. New York: Dover Publications, 1952: Chpt. iv.
② CARNAP R. Meaning Postulates [J]. Philosophical Studies, 1952, 3 (5): 65-73.
③ CARNAP R. Meaning and Necessity [M]. Chicago: University of Chicago Press, 1988.

的**意义怀疑论运动**下，这些内涵性实体的合法性却受到了挑战。

张：在 20 世纪 50 年代以前，以构造哲学语义学为核心的分析哲学，其内部的主要分歧在于对哪些语言单位具有意义，以及如何严格刻画语义概念（如涵义、分析性、命题、内涵等）等方面存在不同意见。但是从 50 年代开始，"意义存在"这个哲学语义学的基本信念开始受到了严重挑战。蒯因、后期维特根斯坦和克里普克是这场意义怀疑论运动的旗手。

蒯因对意义——以及一般性地对内涵性概念的合法性——的攻击集中于他对所谓的经验主义第一教条的批判和对翻译不确定性的论述之中。在对分析性/综合性区分的批判中，蒯因展现了意义、定义、同义性等语义概念难以非循环的方式给出恰当的说明。①

何：按此思路，似乎有恰当的理由怀疑内涵性概念的可理解性，以及相应内涵性实体的存在性。

张：对。另一方面，由于翻译可被视为某种在保持意义恒定的情况下语言表达式之间的转换操作，所以翻译不确定性的存在表明所谓独立于语言的意义实体是不存在的。②

维特根斯坦在《哲学研究》③中暗示了某种完全不同于其早期的对语言及其意义的看法。我们已知，早期维特根斯坦认为至少某些语言单位（如语句）作为事态的图像是有意义的。但是，到了后期，他不再以图像论的观点来看语言，而是把语言放在一个更大的背景——**生活形式**——中来看它实际上如何起作用。现在，作为语言使用者生活网络的一个组成部分，语言的意义不在于它所具有的某种恰当的图像式的表征功能，而在于它能正常地运转。因此，与其谈语言的意义是什么，不如谈它是如何被使用的。所谓的"**意义即使用**"（meaning as use）的口号不应理解为意义就是使用——因为这似乎暗示毕竟还是存在意义这样的东西，而应该直截了当地被理解为"只谈使用，不谈意义"这样的维特根斯坦式禁令。

何：似乎可以说，克里普克对维特根斯坦的创造性解读更加强化了对意义

---

① QUINE W V O. Two Dogmas of Empiricism [J]. Philosophical Review, 1951, 60 (1): 20–43.

② QUINE W V O. Word and Object [M]. Cambridge, Mass.: MIT Press, 1960.

③ WITTGENSTEIN L. Philosophical Investigations [M]. ANSCOMBE G E M. RHEES R, ed. ANSCOMBE G E M, trans. Oxford, Blackwell, 1953.

的怀疑主义态度。在《维特根斯坦论规则和私人语言》(*Wittgenstein on Rules and Private Language*)① 中，克里普克标新立异地重解了维特根斯坦的私人语言论证和遵守规则的怀疑论悖论，创造了一个被学界称作的"克里普克的维特根斯坦"（Kripke's Wittgenstein，或径直简称为 Kripkenstein）。克里普克以算数的加法算子为例，凭借一系列思想实验，力图一般性地展示，并不存在关于特定符号的独特使用规则。语言的意义通常被视为语言使用这种特定游戏活动的规则：语言的意义规定了如何使用语言。既然遵守规则的怀疑论悖论具有普遍性，那么语言意义这种规则也不存在——严格来说，并不存在关于意义的事实。

张：重要的是，面对这样的怀疑论悖论，克里普克反对某种蒯因式的基于倾向（disposition）的解悖方案。这一方案通过诉诸过去的使用历史、过去的心理状态及过去行为的心理倾向等事实来为规则的确定性做辩护。依照倾向性解释，一个合格的语言使用者，在某个特定语境中，有按照某一特定方式使用和理解某个语言表达式的倾向。因此，尽管可能不存在关于意义的事实，但存在着关于倾向的事实，这保证了语言使用规则的确定性。我们知道，关于倾向的事实必须满足反事实条件句限制：如果条件 C，则 D。这里的 C 是一系列用于实例性地展现（token）倾向的理想化条件。因此，以倾向为基础来回应怀疑论，存在着一个棘手的困难，即如何确切给出（specify）诸理想化条件。克里普克认为，以倾向为基础不足以确定某个语言符号的使用规则。他认为维特根斯坦主张的是某种以承认怀疑论悖论所展现的不确定性为前提的解悖方案。这一方案放弃追求语言使用的符合规则性，而追求语言使用的**恰当性**，而且这种恰当性奠定在某种其本身的恰当性无须辩护的基础——生活形式之上。

何：意义怀疑论运动试图把对意义的讨论完全清除掉。而几乎与之同时展开的**日常语言分析运动**，虽然并不主张完全清除意义概念，但对意义的根源和基础却有完全不同于传统的看法。简单地说，日常语言分析运动主张意义的根源和基础不在语言本身，而在语言使用者。他们的基本信条是语言本身无意义——人使用语言才有意义（正如枪支本身不杀人，人使用枪支杀人）。罗素和斯特劳森关于指称的截然不同的看法清楚地展现了这一差异。

张：在 20 世纪 50 年代以前的传统中，先天命题、分析性和涵义等概念总

---

① KRIPKE S. Wittgenstein on Rules and Private Language [M]. Cambridge, Mass.: Harvard University Press, 1982.

是通过语言本身的某些语义性质得到刻画的。在日常语言分析运动下,由于取消了语言本身的意义,把一切都归于使用语言的人,对先天命题、分析性、涵义等概念的讨论也就变得无从着手了。

据此,所谓的语言意义只能在某种衍生的意义上被谈论,它最终被规约为语言使用者的意图以及相应的语言交流行为。在此意义上,哲学语义学构造的基本模式从传统的成真条件模型转换为**意图—交流模型**了。格赖斯纲领就是典型的意图—交流模型。

我们已知,分析哲学开端于对心理主义的拒斥,一开始就反对康德式的把逻辑—语义要素与主体的心理要素相混淆。日常语言分析运动把意义奠定在使用者的意图—交流要素之上,这是分析哲学向心理主义的暗中回归。而向以心理主义为代表的**自然主义**的全面倒戈则来自蒯因和直接指称运动。

何:对。前面所说的对意义、分析性、涵义、同义性等语义概念的攻击已经暗示了蒯因的自然主义倾向,因为拒斥内涵性实体是拒斥抽象对象(非自然对象)的一个典型策略。

蒯因更明确的自然主义主张是要求知识论成为心理学的一部分,把所谓的先天知识看作经验知识系统中的某些核心成分,从而否定了存在康德意义上的那种在根本上不同于经验知识的先天知识。① 此外,他对从物模态可理解性的著名质疑不仅为模态逻辑的合法性画上了问号,也极大地挑战了卡尔纳普式的把内涵、分析性等语义概念奠定在可能性等模态概念之上的尝试。②

张:蒯因的工作之所以重要,主要不是因为他的理论本身有多么正确,而是因为他所关注的问题都是极为重要的。因此,他所提出的那些著名挑战必须要得到认真回应——不管这样的回应是正面的还是反面的。例如量化模态逻辑和可能世界语义学都是在严格地回应蒯因关于量化纳入(quantifying into)的可理解性的过程中逐渐确立其合法性的。③

在哲学语义学上,蒯因的重要性在于他对内涵性概念可理解性的怀疑,以及对内涵性实体的拒斥。前面已经提到,弗雷格语义学的核心观念之一就是涵

---

① QUINE W V O. Epistemology Naturalized [M]//Ontological Relativity & Other Essays. New York: Columbia University Press, 1969.

② QUINE W V O. Quantifiers and Propositional Attitudes [J]. Journal of Philosophy, 1956, 53 (5): 177-187.

③ LINSKY L. Reference and Modality [M]. London: Oxford University Press, 1971.

义决定指称，它体现的是涵义作为意义的根源充当着语言与世界相关联的中介。但是，如果真的不存在涵义、内涵、命题等内涵性实体充当意义的成分，那么就没有任何东西充当语言与世界相关联的中介了。这样，意义的根源就在于语言所谈论的对象本身，而不在于语言如何谈论那些对象。换句话说，语言与世界是直接相关的，这就是**直接指称理论**的基本观念。

何：马库斯关于专名的模态论证，克里普克关于专名和自然类名的模态论证、认识论论证、语义论证，卡普兰和佩里关于索引词/指示词的模态论证，唐奈兰关于限定摹状词和专名意义的语义论证，以及普特南关于自然类词项的孪生地球论证，等等，构成了直接指称理论对弗雷格主义的主要批评。

这一系列论证的要义在于恢复一种**密尔—罗素式的指称观念**：名称及其类似语言单位的意义穷尽于其指称对象本身。既然没有涵义等内涵性概念充当语言与世界的关联中介，那么语言如何与对象勾连起来便成了直接指称理论的棘手问题。为此，所谓的**历史—因果指称理论**主张把指称对象的确定问题规约为命名仪式加历史—因果传递链条，从而回应指称如何确立的问题。

张：直接指称理论对指称中介的拒斥，可被视为对以内涵性实体为代表的抽象对象的一般性拒斥，这是语义学中的自然主义在**本体论**上的集中体现；历史—因果理论把指称机制问题规约为基于社会学和心理学等学科的经验问题，这是语义学中的自然主义在**认识论—方法论**上的集中体现。分析哲学从弗雷格反对心理主义式的自然主义开始，但在历经一个世纪之后，却吵吵嚷嚷地开始走向了对自然主义的全面回归。历史，确实是由许多充满嘲讽意味的故事构成的。

我们已经看到从弗雷格对成真条件语义学的首倡到自然主义在20世纪下半叶的复兴，哲学语义学的基本构造模式是从意义的成真条件模型向意图—交流模型转换。这一转换的要害在于试图打掉弗雷格式的涵义观念，把对意义理论的构建基础从语义要素转向语用要素。

从罗素对弗雷格涵义观念的首次批评开始，历经维特根斯坦对弗雷格涵义理论的大幅修正和意义怀疑论运动对涵义观念的怀疑，直至直接指称运动的全面兴起，弗雷格式的涵义观念受到了最全面的攻击。在经典的直接指称理论之后，分析哲学发展的一条基本线索是直接指称理论与弗雷格主义的持久论战。在这些论战中，支持弗雷格哲学语义学方案的一方发起了一场**保卫涵义的运动**。

何：看来戴维森的成真条件语义学纲领就属于涵义保卫战的重头戏了。

张：可以这么说。戴维森认为塔斯基式的真理论提供了理解对象语言意义的全部内容。关于"真"，戴维森持一种实在论立场，因为他把真看成是一个超越的概念，与主体的认识论要素无关。因此，他既反对像逻辑实证主义那样把意义看作证实条件，也反对像达米特那样把意义看作可断定条件——这二者归根结底都受限于主体非超越性的认识论要素。戴维森主张把意义看作成真条件。这样的实在论立场、超越性观念，以及成真条件语义学主张，使得戴维森成了弗雷格语义学纲领的真正继承者，而声名卓著的弗雷格研究专家达米特在关键点上却是反弗雷格的。瞧，这又是一个具有讽刺意味的故事。戴维森对自然语言意义的系统刻画可被看作是对意义怀疑论的有力回应，也是在基本精神上为弗雷格式涵义理论的间接辩护。

何：对弗雷格式涵义理论的直接辩护多是在技术细节上展开的。在直接指称理论对弗雷格式涵义观念发动系列攻击之后，弗雷格主义者与其对手罗素主义者之间的较量集中于对那一系列经典问题——弗雷格之谜、信念报道之谜、空名问题等——的解决能力之上。弗雷格主义的维护者认为，罗素主义者否认存在涵义这样的指称中介难以解决上述问题，或者说不能比弗雷格主义更好地解决它们。因此，罗素主义者致力于发展出更精细的策略来解决上述问题，而弗雷格主义者则致力于发展出更精细的涵义概念来避免罗素主义者的诘难。

如若要以一言来概括双方的争论要害，那么这个要害必定是弗雷格式命题观与罗素式命题观的较量。正如我们先前提到的弗雷格与罗素关于"勃朗峰"的争论所示，弗雷格认为命题的构成是语词的涵义，而罗素认为命题的构成是语词的指称。但是一个棘手的问题是：涵义或指称的简单组合怎么能够成为一个能够表征世界的整体？

张：我们已经知道，维特根斯坦对这个问题给出了一个有趣的解答：每个对象总是在与其他对象相互结合的可能性中出现的，因此，对象的名称也总是在与其他名称的相互结合下才具有意义，从而具有表征能力。

弗雷格的解答则是基于对饱和性与不饱和性的区分：由于概念词的涵义是不饱和的，因此它能被加诸对象词（弗雷格统称之为"专名"）之上，从而结合成一个整体。

何：罗素在1910以前认为命题的这种整体性不是源于命题本身，而是源于命题的判断者。罗素这条思路成为萨蒙、索姆斯、金（King）、汉克斯（Hanks）等当前活跃的罗素主义者发展反弗雷格命题理论的基本资源。这可以看成是拒斥成真条件语义学后对意图—交流模型的进一步发挥。另外，埃文斯、麦克道尔、福尔布斯等弗雷格主义者也试图以更精细的方式落实对弗雷格式涵义观念的刻画。

张：在弗雷格主义者与罗素主义者的较量中，出现了一种颇有影响的折中方案——**二维语义学**。它受启发于卡普兰对弗雷格主义的二维式拆分。① 我们知道，在弗雷格那里，**涵义**与**意义**和**真**密切相关：一方面涵义是意义的基本来源，另一方面涵义又是（或决定了）语句的成真条件。卡普兰认为没有一个概念可以同时扮演这两个角色。因此，他主张以 character 来刻画涵义的意义维度，以 content 来刻画涵义的真值条件维度。

何：也可以这样说，二维语义学明确地将一个语句的意义拆分为两个维度：第一个维度，作为从认识论的可能世界到外延的函数，体现的是弗雷格式涵义决定指称的基本观念；第二个维度，作为从形而上学的可能世界到外延的函数，体现的是直接指称理论式的指称对象进入真值条件的基本观念。② 这种拆分试图综合弗雷格涵义理论与直接指称理论关于意义、指称与真之间相互关系的基本直觉。

张：但须小心！二维语义学给我的感觉是：它有点像一个居委会主任，企图在势不两立的两种哲学立场——柏拉图主义与自然主义——之间进行调解，显得没有什么深度和力度。当然，这个问题尚待深入研究。

3. 分析哲学的主要遗产

何：老师，学习分析哲学，我体会最深的是它具有鲜明的问题意识、精确的语言分析和严谨的逻辑论证。记得您讲过，分析哲学展示的是**做哲学**的典型方式，它与典型的**哲学史**研究不同。现在，结合这个问题，我们是否可以谈谈分析哲学到底为我们留下了什么值得珍视的遗产？

张：好的。简略地说，虽然我深知**哲学研究**与**哲学史研究**密切相关，但我仍要强调二者的区别：前者旨在解决哲学问题，后者却是重在分析各种解决问

---

① KAPIAN D. Demonstratives [M] //AIMOG J, et al. Themes from Kaplan. New York: Oxford University Press, 1989.

② CHALMERS D. The Foundations of Two-dimensional Semantics [M] //GARCIA-CARPINTERO M, MACIA J. Two-Dimensional Semantics: Foundations and Applications. New York: Oxford University Press, 2006: 55-140.

题的方案之演变轨迹。在我看来，分析哲学留给我们的**第一个主要遗产**，就是它系统地展示了**哲学的显著特点：问题的基础性**、**学科的自觉性**和**方法的独特性**。

借用库恩的"范式"（paradigm）概念来表达，可以说，**典型的哲学问题**就是那些针对特定范式中的基本概念、基本原理和基本规则所提出的问题，因而具有**基础性**。不妨想想我们在前面所讨论的那些关于直观、概念、命题、意义、涵义、指称、真理、分析性、意向性等的哲学问题吧。

至于**哲学学科的自觉性**，则可由哲学本身老是追问"哲学究竟是什么？"而得以体现。不用说，自然主义与反自然主义之争，涉及的关键问题其实就是这个问题。请注意，如果追问"科学究竟是什么？"那么这也是一个哲学问题，而不是科学问题。

最值得强调的是：正如我们在前面已提及的"三公纲领"所显示的那样，我认为典型的分析哲学工作十分清楚地表明，**概念分析**、**先验论证**、**反思平衡**乃是**做哲学的基本方法**。限于篇幅，我在这里就不做详细阐述了。

何：好的。在跟随老师攻读博士学位几年来，我对老师倡导和实施的这些观点已有所了解，也十分认同。不过，还是希望老师尽快将您那些系统性的思考公之于众。

张：嗯，谢谢！

何：这学期老师在课堂上反复强调分析哲学与形而上学的关联，还特别设置了一讲来讨论"**意义与形而上学**"。受此启发，回顾分析哲学的历史演变，尽管大部分技术性工作集中于语言的逻辑—语义分析，但是关于哲学的本性，分析哲学作为一个继承了西方哲学传统的运动，似乎留给我们的却是一个传统的观念：**一切哲学都是形而上学**。就分析哲学的独特性而言，关于**意义的形而上学**，是以构造哲学语义学为核心的基本形而上学领域。而在坚持反自然主义的原则下，分析哲学关于哲学语义学的构造模式留给我们的基本结论是：对意义的认识可以通过把握意义与真理的内在关联而获得。

张：有一种对分析哲学的流行看法认为，从 20 世纪 50 年代开始（以斯特劳森和蒯因的工作为代表），分析哲学才重新关心和接受形而上学问题。的确，维特根斯坦对治疗性哲学观的提倡和逻辑实证主义对形而上学的拒斥给人们的印象太深：似乎早期分析哲学玩的是一套没有阵地的游击战，自己不占据特定的形而上学阵地，只会以逻辑—语义分析为武器来逐一消解传统的形而上学问题。

其实，这种看法是肤浅的。可以说，分析哲学从未经历一段真正脱离形而上学的历史。在前面所说对分析哲学运动的回顾中，诸多形而上学观点在各种哲学思潮背后所起的根本作用已经可见一斑。实际上，从波尔查诺开始，形而上学就是分析哲学的核心领域。我们已知，他把命题视为某种独立于认知主体的实在对象，这样一种柏拉图主义的命题观构成了他开创背离心理主义的哲学语义学运动的真正基础。弗雷格关于"第三域"实在的形而上学之于他的语义学纲领与波尔查诺有异曲同工之妙。罗素那根深蒂固的经验主义形而上学立场在他各个时期的主要哲学主张中所起的根本作用也是不难看出的。早期维特根斯坦也是从他关于世界的本体论构成开始其对形而上学命题性质的独特思考和理解的。甚至后期维特根斯坦所钟情的"生活形式"和"世界图式"，从根本上说，都是形而上学的基本概念。

恰如笛卡儿开启的认识论转向不是转向认识论而远离形而上学问题，波尔查诺—弗雷格传统开启的语言转向也不是仅仅转向"语言分析"而远离形而上学。从古希腊人的哲学思辨开始，形而上学问题就是所有真正哲学必须面对的核心问题。分析哲学亦复如此，只不过它通过引入在精细度上前人难以企及的语义—逻辑分析手段，试图弄清真正的形而上学问题是什么，并着手以一种严格而系统的方式切实地回答它们。尽管分析哲学注重语言分析，但这并不代表分析哲学关心的只是对世界的表达，而不关心世界本身。**分析哲学改变的只是做哲学的方式，而并未改变哲学的初衷。即从根本上说，形而上学依然是分析哲学的核心所在。**可以把这个主张的确立看成是分析哲学留给我们的**第二个主要遗产**。

当然，尽管可以说一切哲学都是形而上学，但不同时期的形而上学所关注的基本问题却是有差异的。也许可以说，传统形而上学关注的主要领域是世界、心灵与上帝。分析哲学通过对语言与逻辑的关注，造就了另一个全新的形而上学领域：**意义**。对哲学语义学中的基本概念——意义、涵义、指称、真理、命题、思想、内涵、内容等——的形而上学研究形成了分析哲学独有的"**意义的形而上学**"。

何：其实，在分析哲学兴起之初，有关意义实体的观念就开始起着核心作用。可以说，如果不把命题作为某种独立于主体的客观对象来看待，那么就很难避免康德式的准心理主义。正是通过把命题与主体的认知要素和心理要素区分开来，才使得一种纯粹就命题本身进行语义—逻辑分析的传统得以开启。

我们已经看到，各种意义怀疑论与自然主义语义学试图消解意义的形而上学。其实，如果接受怀疑论与自然主义的主张，那么其后果不是对某些特定的分析哲学立场的抛弃，而是对整个分析哲学的拒斥，对哲学分析这样一种独特的从事哲学活动的方式的拒斥。哲学分析以构造哲学语义学为核心工作，这一工作必须在关于意义的形而上学上有其特定支撑，最后必须落实到某种既非物理又非心理的抽象语义学对象之上，否则很可能落入某种相对主义。

张：是这样。作为哲学分析之典范的弗雷格的语义学纲领，正是建立在关于意义与命题的柏拉图式实在论基地之上的。以之为代表的分析哲学留给我们的不仅仅是"意义存在"这样一个旗号，而是促使我们去不断寻找和认识意义领域的抽象对象的动力。这可算作分析哲学留给我们的**第三个主要遗产**。

第四个主要遗产就是成真条件语义学的研究纲领。可以认为，在分析哲学的发展历程中，存在着这样一条主线：关于意义的形而上学与意义理论的基本构造模式，从波尔查诺引入命题作为分析性和真值的载体，到弗雷格把"真"作为语义学和形而上学的基本概念，以及对涵义和指称做出区分，到卡尔纳普以内涵来刻画涵义和真值条件，到可能世界语义学把意义视为相对于不同可能世界决定语句真值的条件，再到戴维森系统性地以真值条件来刻画意义，分析哲学塑造了一个**成真条件语义学传统**。这个传统的基本结论是意义与真理有紧密的内在关联。这一点在关于语言的基本直觉上也是可以理解的，即知道了一个语句的意义，就可以通过参照相应的事实状况来确定语句的真值。因此，语句的特定意义以某种方式给出了语句之为真假的条件，有待相应的事实状况来满足之。

何：不过，从弗雷格开始，关于成真条件语义学的观念就存在一个模棱两可的地方：到底是意义可以用真值条件来刻画，还是意义就是真值条件本身？如果意义只是通过真值条件得到刻画，那么意义毕竟还是某种不同于真值条件的东西。

张：在弗雷格那里，语句表达的意义是思想或命题，它是由构成语句的词项之涵义通过构成性方式结合而成的有结构的整体，而真值条件则是无结构的。比如说，"三角形内角之和为 180 度"与"三边形内角之和为 180 度"的意义不同，但对应的真值条件似乎是相同的。也就是说，意义比真值条件更加细密（fine-grained）。

何：嗯，目前活跃的意图—交流语义学模式的倡导者，对成真条件语义学的首要反对即来自对真值条件不具有足够的细密度这一点的不满。根据卡普兰对弗雷格涵义的二维拆分，意义是从语句的使用语境到其内容的函数，因此意义只是决定了真值条件，但它不等于真值条件本身。① 因此，有理由认为，弗雷格相信意义可用真值条件来刻画，而不等于真值条件本身。但是，在戴维森那里，由于他相信塔斯基式的 T－语句给出了关于一个对象语句的意义所需要知道的一切，那么真值条件就被强化成了与意义同一的东西。

张：无论如何，成真条件语义学观念把对意义的刻画或其本体论基础奠定在"真"这样的弗雷格式逻辑—语义学对象之上，避免走向诉诸认知主体的意图或交流行为的自然主义模式，使得莱布尼茨设想的"普遍语言"方案、波尔查诺开启的以纯粹逻辑—语义分析方式来构造哲学语义学的进路、弗雷格展示的"概念文字"和哲学语义学纲领，以及哥德尔大力倡导的"概念研究"等等，具有广阔的发展空间。

顺便提一提：分析哲学通过涵义和指称概念开拓出了处理意向性问题的新思路，可称之为分析哲学的**第五个主要遗产**。您知道，我曾就此问题写过一篇短文②，在此就不必细说了吧。

4. 分析哲学面临的主要挑战

何：老师，请允许我在这里引一段您自己的话：就哲学语句而言，"依我看，当今之世，**经验主义**、**自然主义**和**相对主义**乃是妨碍我们拨乱反正的三大路障，而**逻辑—语言分析**、**先验哲学论证**和**柏拉图式实在论立场**则是指引我们复归正道的三大路标"③。读来令人振奋！我现在想问：您是否认为经验主义、自然主义和相对主义是分析哲学目前面临的最大挑战？

张：在我看来，清除这三大路障是当今整个哲学面临的挑战，分析哲学当然也面临着同样的挑战。

---

① KAPLAN D. Demonstratives [M] //ALMOG J, et al. Themes from Kaplan. New York：Oxford University Press，1989.
② 张志林. 分析哲学中的意向性问题 [J]. 学术月刊，2006 (6).
③ 张志林. 因果观念与休谟问题 [M]. 北京：中国人民大学出版社，2010：319. 黑体为引者所加。

何：现在，我想提出一条思路供讨论。众所周知，分析哲学注重概念分析和逻辑论证。面对同一个问题，往往有多种针锋相对的观点和进路。正是这些"内部"冲突构成了分析哲学的基本内容。但是也存在一些"外部"冲突，比如说，以自然主义和收缩论为代表的潮流认为，构成分析哲学基本内容的那些理论不是错的，而是误入歧途的。

张：这条思路很好，颇具内外兼修之风采。当然，就分析哲学内部而言，前面所论各种难题理所当然是必须要加以处理的。比如说，改进、拓展"三公纲领"，构造更好的哲学语义学理论，发展弗雷格主义，拿出最优的处理涵义、指称、真理、直观性、意向性、规范性、合理性等问题的新方案，乃是分析哲学内部的工作。

当然，分析哲学的核心任务是构造哲学语义学。前面已经提及，从20世纪50年代开始，分析哲学开始向以心理主义为代表的自然主义回归：蒯因彻底的自然主义纲领，直接指称理论和历史—因果指称理论声势浩大的扩张，日常语言分析导致的所谓"语用转向"和多种因素促成的所谓"认知转向"，等等。可以说，诸如此类的所谓"转向"，搞得人们晕头转向！这一切甚至使得**自然主义妄想**成为引领当前分析哲学的新潮。

今日各种版本的自然主义相对于传统自然主义的看似优越的地方，无非在于前者发展出了更多精细的辩护策略，可称之为一系列"反—反自然主义"策略。然而，就其本性而言，当前的各种**自然主义依然是反哲学的**。自然主义对哲学的一般性反叛，在于它企图消解形而上学问题，也就是说，它千方百计地想把形而上学变成经验科学的一部分。而它对分析哲学的独特挑战，则在于它妄图消解关于意义的形而上学，也就是说，它千方百计地想取消对意义的本体论承诺和对意义的哲学分析。但是，我们之所以说分析哲学继承的是西方哲学传统的正宗血脉，并非在于它以某种方式消解了传统的形而上学和认识论问题，而是在于它试图以一种全新而系统的方式正面解答那些传统的哲学问题（当然对问题做了有意义的转换）。自然主义却要取消那些传统的哲学问题，甚至认为压根儿就没有什么"哲学问题"。

何：显然，这是一种非理性的态度，因为它无限制地扩展对科学所抱有的乐观信念，以至于认为科学在原则上可以解决一切问题。它以一种近似蛮横的方式妄想了结哲学困扰，试图阻断真正通往哲学智慧之路，从而在根本上威胁到哲学事业的合理性。

如果说康德的时代需要对理性的限度有所批判，那么我们的时代则需要对非理性的限度进行批判。在我看来，自然主义的错误不在于它在哲学上犯了什么错误，而在于它关于哲学所犯的错误。因此，作为一个继承西方传统的哲学运动，分析哲学的最重要的成果当属其反自然主义的原则性立场，因为正是这一原则性立场确保了传统哲学问题的有效性，并且使得某种更接近真理的哲学解答变得可能。

张：你注意到没有，在对待自然主义的问题上，现象学的创始人胡塞尔却是我们的同盟军呢。

何：嗯，真是呢。

张：至于你提到的**收缩论**（Deflationism），则可视为自然主义的同盟军。正如我们已提到的，从弗雷格到戴维森的成真条件语义学传统把真理、意义、指称、命题、涵义、内容等概念视为哲学分析的基本对象。自然主义对这个传统的挑战在于：要么否认这些基本概念在哲学上的必要性或可理解性，要么否认这些基本概念具有形而上学的意蕴。

收缩论的独特之处在于它认为，即使承认真理、意义、指称等语义学概念是可理解的，成真条件语义学传统也犯了一个根本性错误：认为那些所谓的基本语义学概念具有实质性的内容或深刻的形而上学性质。[①] 换言之，收缩论者主张，那些语义概念的所有性质都可以穷尽性地展现于关于那些概念的日常语言使用当中，因此根本不必也不可能发展出各种真理理论、意义理论或指称理论来刻画它们。

何：以"真"这个语义概念为例，那些收缩论者认为符合论、融贯论、实用论等真理理论都是误入歧途的，因为"真"并不是一个实质性的概念。在他们看来，说"X 是真的"与直接说"X"是一回事。收缩论者认为塔斯基的 T-等式恰当地表达了对"真"概念的收缩论式的理解：说"'雪是白的'是真的"并不比说"雪是白的"多说了什么，因此"真"这个概念类似于某种去引号（disquotation）手段或新语句构造手段。如果真之概念确实是一个非实质性的概

[①] FIELD H. The Deflationary Conception of Truth [M] //MACDONALD G, WRIGHT C. Fact, Science and Morality. Blackwell; Deflationist Views of Meaning and Content [J]. Mind, 1994, 103 (411): 249-285; HORWICH P. Truth, From a Deflationary Point of View [M]. Oxford: Oxford University Press, 2005; BRANDOM R. Reference Explained Away [J]. The Journal of Philosophy, 1984, 81 (9): 469-492.

念，那么试图以真值条件为基础来理解意义也就难以给出实质性的理论。此外，收缩论者还主张把对真理的收缩论理解推广至对意义和指称的理解，认为可以构造某种类似于T-等式的模式来展示意义和指称概念的非实质性特征。

张：值得注意的是，收缩论者竟然将其理论源头追溯至弗雷格这位成真条件语义学的倡导者。他们认为，弗雷格首次指明了真之概念并不为一个语句增加新的内容，因此，"真"不是一个具有实质性内容的概念。

诚然，弗雷格认为断定一个语句为真并不为那个语句增加新的内容，但其理由并不是说真理概念没有实质性内容，而是因为"真"属于语句的**指称**领域，而不属于**涵义**领域。在弗雷格看来，只有涵义领域的东西才能为语句的内容（即表达的思想）做出贡献。他压根儿不会像收缩论者那样，认为真理概念是一个无实质性作用的语义概念，无法为其他语义学概念奠定基础。相反，弗雷格认为，"真"作为某种独特的形而上学意义上的存在物，乃是逻辑学和哲学语义学研究的真正对象。

既然收缩论反对针对真理、意义、指称等概念来构造相应的理论，其基本主张不仅是反成真条件语义学这个分析哲学的基本成果的，它在一定意义上也是对整个分析哲学传统的挑战。因为如前所述，分析哲学的核心工作恰恰是构造系统的哲学理论来对真理、意义、指称等基本语义概念给出实质性说明，并由此重述和重解那些形而上学问题和认识论问题。取消对这些基本概念的哲学解释，当然也就是要取消以哲学分析来从事哲学事业的独特方式。因此，收缩论也是我们必须认真应对的强敌。

何：老师，最后让我再引一段您的话来作为我们这次对话的结束语吧："我坚信，在未来的岁月里，经过先验论证和柏拉图主义洗礼的分析哲学必将在哲学研究的各个领域尽显强大的威力和迷人的风采。"[1] 我觉得这话似乎恰好开启了对前述挑战的回应。

张：哦，谢谢你这么用心。好，且让我们暂停对话，而步入新的探索之旅吧。

---

[1] 张志林. 因果观念与休谟问题 [M]. 北京：中国人民大学出版社，2010：319.

分析哲学在中国[*]

江 怡

分析哲学是20世纪西方哲学中的一个主要思潮，它几乎占据了当代西方哲学（特别是英美哲学）整整一个世纪。这种哲学宣称可以通过对语言的逻辑分析解决传统的哲学问题，并倡导通过分析手段研究一切哲学问题。20世纪上半叶，分析哲学在西方出现的时间还不长，它就被介绍到了中国。经过一个世纪的发展演变，分析哲学在西方已经呈现出逐渐分化的趋势，并进入了所谓的"后分析哲学"时代。而在我国，由于社会政治和历史文化的原因，对分析哲学的传播和研究经历了艰难坎坷的过程，迄今才开始认识到这种哲学的价值。[①]

应当说，经过我国研究者的工作，我们如今对分析哲学已经不再陌生，但对这种哲学与我国哲学关系的认识还非常模糊。本文试图对这种关系做出全面分析。全文将分为以下几个部分：第一，对分析哲学在我国的传播和研究工作进行深入反省，特别要指出我们在对分析哲学的理解上出现的偏差以及产生这种现象的原因；第二，对我国分析哲学研究所取得的成果做出深入分析，特别是要表明我们在与国际哲学的交流与对话方面所做的大量工作，指出我们的研究工作存在的主要问题；第三，重点分析这种哲学对中国传统哲学研究和当代哲学发展具有的重要理论价值和现实意义，强调分析哲学对发展当代中国的马克思主义哲学有着不可替代的作用，并指出这也是我们从事分析哲学研究的出发点和落脚点。

一、分析哲学在中国的传播

回顾分析哲学传入中国的近百年历史，我们会强烈地感到，分析哲学在中国

---

[*] 原载于《中国社会科学》，2000年第6期，54–63页。
[①] 陈波. 分析哲学的价值[J]. 中国社会科学，1997（4）.

的历史，实际上就是西方哲学思维方式与中国传统文化之间相互碰撞又相互交融的历史。按时间顺序，这种碰撞交融大体上经历了这样三个时期：第一个时期是20世纪的20—30年代在"科学与玄学"论战中的初次交锋；第二个时期是20世纪的50—70年代中国政治文化对包括分析哲学在内的整个西方哲学的"绝对胜利"；第三个时期是从80年代开始到20世纪末分析哲学的重新引入及其与中国传统哲学文化的对话与交融。在这三个不同的历史时期，分析哲学始终都处于被动的地位，受到中国传统文化以及当代哲学的严峻挑战；而中国哲学在与分析哲学的碰撞摩擦中也逐渐改变和调整自己的文化心态，并以自己的特有方式吸纳分析哲学所体现的西方哲学的科学方法和理性精神。

自分析哲学传入之日起，它就面临着中国传统哲学的挑战。1920年罗素访华开始了分析哲学在中国的正式引入，罗素的一些著作如《心的分析》《物的分析》《我们关于外间世界的知识》《哲学问题》等被先后翻译出版。在"科学与玄学"的论战中，罗素的逻辑思想以及同样属于经验主义传统的詹姆斯、杜威的实用主义被丁文江、胡适、吴稚晖等人作为反对玄学的重要武器，而张君劢、张东荪、林宰平等人则以东方哲学的伦理精神和思辨特色反对用西方的科学式哲学思想解释中国的哲学文化。这是分析哲学与中国哲学的首次交锋，首战的结果则是中国传统哲学文化以其天时地利而告捷。

所谓的"天时"，是因玄学一方对西方哲学同样有着相当的理解，因而可以正确地指出分析哲学所存在的问题。例如张东荪就明确地写道，英美分析哲学的"所谓分析，其结果却只变为言语的分析，换言之，即分析语言中所含的意义。……其实自我看来，这依然不是哲学所独有的方法。因为无论哪一种学都须得用分析法，先把概念弄清楚了。所以拿分析来概括一切哲学，这是不够的"[1]。暂且不论分析哲学是否真的是用分析来概括一切哲学，但就过分强调分析的作用这一点来说，张东荪的批评是有道理的。

再说"地利"，这就直接关系到中国传统文化的深厚底蕴在人们的思维方式上所构成机制，即人们对事物的认识总是更为相信和依赖经验归纳的结果，相信心理学所提供的感觉材料，而不是逻辑的推理和分析的结论。其实，即使是胡适和金岳霖这样的哲学家，他们在宣传西方科学精神和逻辑方法时，同样没有忘记从中国文化的特定条件出发，用中国人所能理解的方式解说他们的哲

---

[1] 张东荪. 科学与哲学 [M]. 北京：商务印书馆，1999：173-174.

学思想。当然，以中国人所能接受的方式阐述自己的哲学，并不意味着赞同这种方式，更不表示这种方式的正确性。但在科学与玄学的论战中，分析哲学的结局，或者说是西方科学式哲学的结局，并不是被中国传统哲学所消解，而是以一种完全不同于中国传统哲学思维的方式在中国这片土地上立住了脚跟。

经过初次交锋，坚持中国传统哲学与提倡分析哲学的双方哲学家都认识到，任何一方都不可能取代或消解对方，唯一的方式应当是和平共处，共同发展。正是在这样一种宽容的学术氛围中，我国对分析哲学的引入和研究不但没有因当时的战争环境而停滞，相反得到了很大的推进。例如，1927年，张申府翻译出版了维特根斯坦的《逻辑哲学论》，题为《名理论》，这是原著的英德对照版出版后第一次被译为其他文字出版。到了20世纪40年代，洪谦对维也纳学派的介绍和分析、金岳霖对罗素哲学的批判和对逻辑分析技术的运用等，对分析哲学在中国的传播和研究都起到了重要的作用。

20世纪50—70年代末，由于众所周知的政治原因，我国学术界对分析哲学基本上采取了阶级批判的态度，把它作为现代资产阶级腐朽哲学和反动思潮的代表加以抛弃。由于这种外在的政治压力，我们对分析哲学的介绍基本上就停顿下来，更谈不上有真正的学术研究工作。即使像洪谦、金岳霖这样的老一辈哲学家也只能从事少量的翻译工作，或者按照阶级斗争的原则编写一些哲学史教材等。不过，在这个特殊的历史时期，除了这种表面上的政治需求之外，分析哲学以及整个当代西方哲学在中国所遭受的这种命运还有着更深层次的文化原因。"以阶级斗争为纲"，把整个哲学发展史都看作唯物论与唯心论、辩证法与形而上学斗争的历史以及所谓的"无产阶级专政下继续革命的理论"，所有这些都使得对分析哲学的批判有了貌似合理的根据。尽管我们现在对这些政治观点和理论早已不屑一顾，但它们在当时的历史环境下之所以能够成为一种指导性纲领，却有着深层的社会文化根源。①

---

① 历史是最怕去追问的，而人们对历史的健忘往往是导致历史悲剧重演的重要原因之一。为什么人们对分析哲学拒之千里而对德国的思辨传统趋之若鹜？为什么人们热衷于大众流行意识而对自我意识缺乏反思？出现这些社会现象的原因，除了客观的政治因素，重要的在于中国传统文化中根深蒂固的集团伦理意识，即个体只是集体的一分子，一颗小小的螺丝钉，而只有集团的伦理标准才是个人的行为准则。在某种意义上，正是这种集团意识导致了包括知识分子在内的普通大众面对极权统治只能人云亦云。也正是这种意识，导致了分析哲学在与中国传统哲学交锋的第二时期再次败下阵来。但这次交锋的结果，恰好充分暴露了中国传统哲学文化中严重缺乏科学理性精神和社会民主意识。

从80年代开始，政治上的改革开放带来了西方思想文化思潮的重新引入，分析哲学也重新引起我国思想界和学术界的重视，分析哲学在我国的传播和研究也进入了一个新的时期。分析哲学的基本特征，如科学的分析方法、理性的科学态度、自由的批判精神等，都对当时正处于拨乱反正的学术界产生了很大的冲击，在广大的青年学生乃至整个社会中产生了重大影响。分析哲学所倡导的科学实证精神和勇于怀疑态度，使得这种哲学一时成为学界讨论的时髦话题，分析哲学家的论著也成为大学生们争相阅读的当代西方哲学中的热门读物。同时，我国的哲学工作者也在介绍和研究分析哲学方面做出了突出的成绩，出版了不少关于分析哲学的论著，发表了上百篇关于分析哲学的论文。

进入90年代以后，我国哲学界对分析哲学的研究取得了更为重要的成果。对分析哲学的介绍更为全面，除了我们所熟知的罗素哲学和维也纳学派之外，还有早期的弗雷格哲学、维特根斯坦哲学以及二战之后涌现的英美分析哲学家，如斯特劳森、达米特、蒯因、普特南、戴维森等，并注意随时跟踪研究分析哲学的最新发展，还翻译出版了分析哲学家的一些重要著作。

客观地说，我们在新时期对分析哲学的传播和研究所取得的成果，远远超出了以前所有成果的总和。由于我们与西方哲学之间有过长时间的隔绝，因而我们在短时间内的研究工作还只是带有补课的性质，争取尽快缩小我们与西方哲学发展之间的距离。经过20多年的努力，应当说，这种时间上的差距正在缩小或已经部分地缩小了，我们研究工作开始能够比较及时地向国内学术界反映英美分析哲学发展的最新动向，并逐步开展与国外学者的对等交流。

当然，与西方分析哲学的发展历史相比，我们对分析哲学的研究工作还存在不少问题，而这些问题又直接影响了分析哲学在我国的传播，影响着分析哲学在我国学术界以及文化生活中的形象。这些问题主要表现在以下几个方面：

第一，我们还没有完全摆脱以往那种化繁为简、分门别类的思路，喜欢把某个哲学家的思想首先划归到某个已有的思潮或主义，然后按照这种思潮或主义的思路去解释哲学家的思想，结果我们看到的都是属于这个思潮那个主义的哲学家，而不是具有独创性的思想家。例如，对维特根斯坦的思想我们就很难定位：他究竟是属于分析哲学还是属于欧洲大陆哲学？从不同的哲学观点看，这两种选择似乎都有道理，但哲学史的常识又告诉我们，在这两种哲学传统之间存在着相当大的鸿沟。出现这种矛盾的原因就在于，我们首先是把他放到分析哲学或欧洲大陆哲学的阵营中，然后按照这种哲学阵营的基本思路去理解和解释他的思想。其结果，自然无法理解他的思想中所包含的不同于主流文化的"奇特主张"。同样，我们在对普特南的思想研究中也存在着类似的问题。普特南的思想从20世纪70年代闻名于世起就不断地发生变化。虽然他大量地讨论并在许多场合主张科学实在论立场，但他对这种实在论的批判同样是他思想中的重要内容。这就使得我们很难始终把他的思想看作属于科学实在论，而且事实上，进入90年代之后，他的思想开始又转向反实在论。而我们的研究却往往简单地抓住他的实在论，认为他的思想变化不过是对他的"内在实在论"的修正而已。

出现上述简单化现象的原因，主要是因为缺乏对哲学家思想的全面理解，研究工作不是从学术出发，而是为了某种现实的需要，出于某种外在的压力。这种急功近利的做法直接导致了研究工作的随意性，缺乏科学严谨的论证说明。要避免研究中的简单化倾向，关键一点是从哲学家本人的思想出发，通过阅读哲学家原著把握他们的思想，而不是根据自己的需要从哲学家原著中寻找相关的说法或论证。我们应当清楚地认识到，从事研究工作不能像完成时事任务那样追求时效性和功利性，而应当从所要讨论的问题出发，分析问题所讨论概念的理论意义，深挖问题的历史渊源，通过推理论证阐发作者的观点。

第二，我们的研究工作还缺乏严格的逻辑论证，没有充分认识到逻辑分析技术对分析哲学的关键作用。石里克早在维也纳学派创建之初就明确表示，没有现代逻辑的建立就没有现代哲学中的革命，没有弗雷格、罗素、维特根斯坦等人对逻辑分析的运用，也就没有现代的分析哲学。当代西方分析哲学完全是在现代逻辑的熏陶下产生和发展起来的，也是现代逻辑技术运用到哲学领域中的重要成果。但我们的研究似乎并没有完全意识到现代逻辑对分析哲学的这种重要性，从大量的论著中看到的还只是对分析哲学家们思想的简单介绍，少有对哲学家们所提出问题的概念分析和逻辑论证。同时，由于缺乏对现代逻辑的了解，因而我们在解释分析哲学家思想时就出现了一些误解，甚至是常识性的笑话。这显然不利于我们的研究工作，更不利于分析哲学思想在我国学术界的传播。

例如，弗雷格运用数学函数的分析，提出概念和对象是属于不同的函数范畴：由于概念与真值相关，因而一个对象就被看作处于一个概念之下。在这里，概念是一个其值总为真值的函数。弗雷格对概念的分析完全不同于传统的看法，因为根据传统观点，概念是客观事物在人们头脑中抽象概括的反映，而且总是由语词表达的，所以把握概念的方法就是认识概念的内涵和外延。但在弗雷格看来，概念作为一个函数必须与句子的真值联系起来，不能单独分析概念的意义。弗雷格的思想包含了两个重要方面：一方面是他所提出的"语境原则"，即"必须在句子的语境中而不是个别地研究语词的意谓"，这个原则是整个分析哲学的一块奠基石；另一方面是必须从数学和逻辑的角度考虑问题，把研究范围限定在形式分析中。这两个方面正是体现了分析哲学的基本方向。由于我们对逻辑分析技术的欠缺，因而在解释弗雷格的这个思想时往往把它理解为混淆了概念与对象，以主观概念解释客观对象，最后再扣上一个"主观唯心主义"的帽子。这不但曲解了弗雷格的思想，而且表现出我们对分析哲学的无知。

分析哲学家对逻辑技术和哲学论证重要性的强调主要表现在两个方面：一方面是对逻辑技术的应用，即充分认识到逻辑技术和方法对研究工作的基础性作用，强调在研究工作中建立和遵守共同的学术规范；另一方面，则是在具体的研究工作中遵守理性原则，强调分析论证的重要性，特别是在思想论述中坚持缜密的推理和细致的分析。但令人遗憾的是，我们的研究工作在这两个方面都表现出严重的不足，而且有各自走向不同极端的倾向，即一方面，对逻辑技术的研究越来越精细化、专业化，使得即使是哲学家也都很难理解和掌握，恰恰缺乏可以为一般研究者所能接受的对现代逻辑的一般介绍和透彻分析；另一方面，更为严重的是，我们的哲学研究工作缺乏对推理论证的重视和运用，我们的论著中大量充斥着对哲学家观点的客观描述和直言判断，没有从逻辑的或语言的层面上对这些观点本身做出深入的分析和推理。究其原因，除了学术上的华而不实和懒惰作风之外，主要是由于研究者对研究对象本身以及整个研究过程和背景缺乏足够的了解，因而无法对研究对象展开深入的分析和严密的推理，也就提不出可以使自己的观点得以立足的有力论证。

第三，由于逻辑技术上的先天不足，因而我们在分析哲学家思想时往往倾向于避重就轻，不去研究那些包含逻辑论证的部分，而是尽量选择哲学家的分析结果或结论性部分，试图以此作为哲学家的代表思想。然而，事实上，恰恰是那些逻辑的论证表达了哲学家们的重要思想。自亚里士多德以来，逻辑论证就一直是西方哲学的精髓，哲学家们有创建性的思想往往不是在于他们的结论，而是存在于他们对这个结论的推理之中。无论是传统的经验主义者或理性主义者，还是当代的英美哲学家或欧洲大陆哲学家，他们对自己思想的阐发都是通过具体的论证展开的：从概念分析入手，提出自己的理论前提，然后根据这些前提展开自己的推理。当然，传统哲学中的推理过程依据的主要是亚里士多德的古典逻辑，而现代逻辑为当代哲学家提供了有力武器，据此发现了传统哲学论证中的缺陷，在修正这些缺陷的基础上建立起了当代哲学的理论构架。

我们知道，清晰的观念是哲学论著的灵魂，而要展现这种清晰的观念，靠的是完整的推理论证。在论证的过程中，我们主要使用分析的手段，对表达观念的某个或某些概念及其构成的命题做出细致的剖析，指出它们的特征及其与其他观念或概念与命题之间的关系等。可以说，论证的过程就是分析的过程。当然，哲学的论证并不排除综合概括的作用。但这里要指出的是，其一，综合的方法主要用于经验科学，而哲学则是不同于经验科学的理性思维活动。这涉及对哲学性质的看法，不在本文讨论的范围。其二，我国目前的哲学研究中并不缺少概括和综合，相反，过多的概括性结论和综合性描述占据了我们的研究成果，而缺乏的恰恰是对研究对象的细致分析和对自身观念的严格论证。当然，哲学上的论证不同于逻辑的或数学的证明，它的意义并不在于形式上的推理或公式间的演算，而是要求观念上的独创性和概念的可接受性，也就是思想的深刻性。我们不需要对所有的哲学概念都进行一番形式化工作，也不希望所有的哲学观念都用逻辑符号来表示。我们要求的是，论证中表达的观念或概念能够为其他研究者或为自身所在的学术共同体所理解或接受，研究者之间使用共同的可交流的语言，对研究对象的分析论证建立在遵守共同的学术规则的基础之上。而恰恰在这一点上，我们的工作还存在着比较明显的差距。

二、分析哲学在中国的研究

当然，分析哲学在我国的传播是伴随着我们的研究工作展开的，在这个历史过程中，我们不仅对分析哲学做了大量的介绍性工作，而且对分析哲学本身也做了深入分析，提出了自己的独特见解和观点，形成了自己的理论特色。这些理论观点主要有：

首先，强调和运用逻辑分析的方法。分析哲学的基本方法就是逻辑分析，我国研究者在介绍和研究分析哲学时特别强调这种方法的重要性。主要代表有金岳霖的《知识论》（1983）和王路的《走进分析哲学》（1999）。《知识论》是金岳霖的主要代表作，充分反映了他把逻辑分析的方法运用到知识问题的基本思想。他坚持区分他所谓的知识论与传统的哲学学科，认为通常所谓的哲学应当包含美学、伦理学、形而上学和逻辑学，而知识论则是以关于知识的推理为对象，它的目标不是追求真而是要求"通"，即通理、通顺、通畅。但这种知识论又不同于逻辑学，因为它是有内容的，是关于知识的一种学问。他的知识论包罗万象，既包含了传统认识论的内容，如所予问题、经验的接受和反应、认识与思想、自然与时空、因果关系等问题，又包括了逻辑学中讨论的问题，如归纳问题、度量问题、语言与命题、证实与证明、真假等问题。从他的论述中可以清楚地感受到，逻辑方法随处应用于他的思想阐述中。他用逻辑方法排除了唯物与唯心、经验与理性之间机械的两分法，强调通过具体分析每个知识问题来表明它们的哲学立场。尽管他强调逻辑方法的重要性，但并不否认常识的作用，认为常识是我们讨论一切问题的起点和基础。王路特别指出了逻辑分析对分析哲学和语言哲学的关键作用，认为我们对分析哲学的研究不仅要把握这种方法，而且要把这种方法运用到我们的一般哲学理论研究中，突出逻辑方法对哲学研究的重要作用。

其次，对维也纳学派做出重新评价。作为维也纳小组的成员，洪谦对维也纳学派的思想有着深入的了解，对其主张的逻辑实证主义既有赞同又有不同看法。他回国后先是做了大量的传播工作，代表作为《维也纳学派哲学》（1945），80年代后开始对这种哲学提出自己的观点，并在英美分析哲学中产生了一定影响。他不同意把逻辑实证主义看作是马赫主义的简单继承，认为两者之间存在着根本的区别，强调逻辑实证主义思想所追求的科学逻辑方法；同时又对卡尔纳普等人把物理主义作为人类知识绝对确实的基础的还原论做了深刻批判。他不同意波普尔对逻辑实证主义的攻击，认为证伪理论对于证实原则并不有效，因为自然规律的普遍命题既不能通过某个或某些基本命题得到证实，也不能被它们所证伪。在科学命题的可确定性中，可证实性和可证伪性都只能作为特例来看待。他也不同意库恩、费耶阿本德等人对逻辑实证主义的批判，认为这在一定意义上是对科学哲学研究的一种倒退。因为逻辑经验主义者为了分析科学的结构，尽量把问题简化，但仍有很大的困难，而历史学派则把社会、历史、文化等因素都考虑在内，就更难以分析澄清了。因而，洪谦认为，我们可以把分析方法和历史方法看作一种互斥互补的关系。他不同意蒯因对分析与综合两分法的抛弃，也不同意关于逻辑经验主义已经消亡的说法，认为这种哲学在欧美等许多国家仍然具有强大的生命力，得到很大的发展，表现在意义概念的提出、从句法分析转向语义分析、可证实定义的改变、可能性概念的提出和归纳逻辑的建立、对物理主义和统一科学的保留与疏远，以及对经验主义的调整、限定和修正等许多方面。但他同时认为，缺少对伦理学的足够重视是维也纳学派以及整个分析哲学的一大弱点。

再次，科学哲学研究方面的突出成绩。科学哲学是分析哲学中的重要内容，我国在这方面的研究取得了比较多的成果，发表了许多有分量的著作，并与国外同行开展了学术交流和对话。在这个过程中，江天骥做出了突出的贡献。他的早期代表作《逻辑经验主义的认识论》（1958）主要介绍了维也纳学派以及逻辑经验主义的基本思想，他的《当代西方科学哲学》（1984）则是较为全面地介绍了西方科学哲学在当代的产生演变过程，特别是对美国科学哲学中的历史主义和非理性主义思潮做了专门研究。他认为，科学哲学中的历史学派的出现是分析哲学发展的一个重要阶段，它反映了分析哲学开始注重科学发展中的非逻辑因素，把社会的、心理的、历史的背景都作为考察科学发展过程的重要条件。这种发展与美国本土的实用主义传统有着密切的关系，库恩、拉卡托斯（I. Lakatos）、费耶阿本德等人的理论都充分体现了历史经验在科学发展中不可取代的地位。他强调对科学哲学研究本身的科学性，即从哲学家的原著出发，通过分析考察他们的论述以及这些论述之间的理论联系，客观地展现西方科学哲学发展的历史原貌。他在这方面身体力行，向国内哲学界较为全面地介绍了二战之后科学哲学在美国的发展过程。并且他认为，所谓客观的介绍并不是没有自己的选择，相反，对材料的选择和对观点的分析，本身就渗入了研究者本人的角度和思想，而他对历史学派的重视正是反映了他对科学哲学中逻辑主义的不满。他在科学哲学研究中注重引入一种广泛的文化视野，强调从整个西方文化的演变中考察科学哲学本身的发展。这也是他近年来主要从事的研究工作，即把科学哲学和分析哲学放到西方文化的背景中，特别是当代西方后现代思潮的背景中，注意把握西方哲学发展的最新动态。

最后，在语言哲学研究中取得了很大成果。语言哲学是分析哲学的重要内容，被看作分析哲学的核心部分。我国对语言哲学的介绍工作起步较早，如果从张申府翻译《逻辑哲学论》算起，已经有80多年的历史了。但真正的研究工作却是从20世纪80年代开始的，在这个过程中，以涂纪亮的工作最具有代表性，他的两卷本《分析哲学及其在美国的发展》（1987）较早全面地介绍了分析哲学的发展演变，特别强调了语言哲学在分析哲学中的重要地位。他主持编译了《语言哲学名著选辑：英美部分》（1988），较为全面地介绍了当代西方语言哲学的重要著作，为国内的研究和教学工作提供了宝贵的第一手资料。同时，他还主持翻译了 12 卷本的《维特根斯坦全集》，这是国内第一套分析哲学家著作集，也是维特根斯坦的著作在国际上除德文本外的第一套外文全集。他坚持把语言哲学看作哲学研究中的一个独立分支，与科学哲学、历史哲学、政治哲学、法哲学等都属于哲学的分支学科，不同哲学家都可以有自己的语言哲学，不同的哲学传统中也可以存在不同的语言哲学流派等。他在这方面的工作取得了显著的成果，他的专著《英美语言哲学概论》（1988）、主编与主撰的《现代欧洲大陆语言哲学》（1994）等著作对我国的语言哲学研究起到了重要的作用。他还对英美语言哲学和欧洲大陆语言哲学做了比较研究，特别指出了在这两种语言哲学中存在的共同旨趣，即把语言作为哲学研究的对象、强调理解和解释在语言表达中的作用以及意义分析的重要性等。这种比较研究在国内的语言哲学研究中为首创，在国际上的语言哲学研究中也不多见。他在这方面的专著《现代西方语言哲学比较研究》（1996）还获得了国家社科基金项目优秀成果奖。

此外，我们对分析哲学的研究已不限于简单地介绍哲学家们的思想，开始注重对这些思想之间理论联系的分析以及对他们所提出问题的历史考察，并在这个基础上提出自己的看法，如徐友渔的《"哥白尼式"的革命》（1994）、陈亚军的《实用主义：从皮尔士到普特南》（1999）等。对某些分析哲学家的研究也走向深入，发表和出版了一些较有分量的论著，如韩林合的《维特根斯坦哲学之路》（1996）、陈波的《奎因哲学研究》（1998）等。这些著作都出自中青年学者之手，充分反映了我国年轻一代研究者具有较完备的知识结构和哲学素养。

对我国的分析哲学研究更有意义的是，改革开放以来，我们逐步开展了与国外哲学界的交往和交流，采用"走出去""请进来"的方法与西方哲学界以及哲学家建立了友好的学术联系，并开始在国内举办国际性的学术研讨会，如 1992 年召开的"科学哲学中的实在论与反实在论"国际研讨会、1994 年召开的"洪谦与维也纳学派"国际研讨会以及已经举办 12 年的中英澳暑期哲学学院。特别是以中英澳暑期哲学学院为主导，每年邀请 3~5 名西方哲学家来华讲学和进行学术交流，为我国培养了近 500 人次的中青年西方哲学（特别是在分析哲学领域的）研究者。同时，我们还以各种方式邀请了诸如普特南、罗蒂、斯特劳森、塞尔等当代西方重要的分析哲学家来华访问，直接推动了我国的分析哲学与西方分析哲学的同步交流。

应当说，改革开放以来，我们在对外交流方面的工作是卓有成效的。这主要体现在：其一，在对外开放政策的支持下，打开了对外交流的主渠道，建立了与西方哲学界的正常交往。在近20年中，当代西方的一些重要哲学家以及许多在西方哲学领域目前非常活跃的哲学家，相继访华。这些哲学家的来访不仅为我国的哲学界带来了分析哲学的最新研究成果，而且直接促进了我国的研究工作，特别是推动了我们的研究工作朝着规范化、学术化和科学化的方向发展。例如，在中英澳暑期哲学学院的推动下，我国学者参加撰写和翻译并经过以斯特劳森为首的英国哲学家们的审阅、由人民出版社出版的《西方哲学英汉对照辞典》，就是这种对外交流的直接成果，它为我国哲学界准确把握当代西方哲学的基本概念提供了第一手资料。

其二，我国学者多次参加各种层次的国际哲学论坛，直接与西方哲学家展开对话和交流，在国际哲学舞台上出现了中国哲学家的声音，这为我国的分析哲学研究走向世界提供了机会。例如，自20世纪80年代以来，我国学者曾多次参加世界哲学大会、国际维特根斯坦哲学研讨会以及"逻辑、科学与方法论"国际会议等，并在大会上做专题报告和发言，阐发了我国学者在分析哲学领域中的主要观点。同时，我们的研究成果也开始在西方世界发表，正在逐渐引起西方哲学界的关注。例如，1992年在北京举行的"科学哲学中的实在论与反实在论"国际研讨会论文集由著名的荷兰克鲁威尔学术出版社于1996年出版，我国学者的论文占全书的三分之一以上；此外，我国学者也在西方著名的分析哲学杂志上发表论文，阐发自己对分析哲学中某些问题或哲学家思想的观点，如洪谦先生1981年在《第五届国际维特根斯坦研讨会论文集》中发表的《维特根斯坦与石里克》、1985年在《综合》杂志上发表的《论确证》、1989年在《理性》杂志上发表的《石里克：相互关联的哲学问题》等。

其三，我国学者与西方哲学家之间展开了各种形式的对话和交流，特别是随着国际互联网的广泛使用，足不出户就可以了解西方哲学发展的最新动态，与西方哲学家进行直接的实时交流。这种交流完全缩小了我们与西方哲学家的时空距离，可以有条件地与西方哲学家展开对话，使我们的研究工作与西方分析哲学的发展同步进行。这样，我们可以不用追随西方哲学家的研究足迹，像过去那样不得不对他们的思想做简单的转述，而是对西方分析哲学中的某些重要问题与他们进行讨论，在讨论和对话中了解西方哲学家的思想并推进我们的研究工作。例如，心智哲学（philosophy of mind）是当前英美分析哲学发展的主流倾向，通过互联网我们对这种哲学有了相当的了解，并已经与西方哲学家展开了对话；同时，我们的学者通过出访，在英美等国与哲学家们直接交流，也成为获得这方面信息的重要渠道。

当然，与西方分析哲学的发展相比，我们的对外交流工作无疑还有很大的差距，在国际哲学舞台上还很难看到来自中国的哲学家的身影，听到中国哲学家的声音。仔细分析各种原因，主要有这两个方面：一方面，我们的语言表达还没有熟练到像使用母语的程度，因而我们在与西方哲学家的对话过程中总是存在这样那样的理解困难，这就限制了我们对问题讨论的深入，也很难使西方哲学家真正理解我们的观点。另一方面，我们缺乏逻辑技术的训练，在与西方哲学家的交流过程中往往难以准确把握他们的思想表达，也就直接影响了我们与他们之间的相互沟通。不过，形成这些原因的内在根源是我们的研究者从内到外都缺乏完善的研究条件：从内部来看，研究者们很难静下心来认真学习钻研外语和现代逻辑，即使是博士毕业也很难达到在外语上熟练对话的程度，更不用说在大学中难以接触到现代逻辑了；从外部来说，现实的社会环境也迫使研究者们首先考虑的是如何生存的问题，这样就会把研究工作完全作为一种谋生的手段，从而使研究者失去静心钻研的动力。因为我们知道，在西方，哲学自古以来都被看作是属于闲暇阶层独有的闲情逸致，因此，在哲学家那里，哲学从来就不是用于谋生的手段；虽然他们也靠著述而获得微薄的报酬，但他们并没有真正把这种著述看作一种职业要求，而是看作传达他们思想观念的手段，那些微薄的报酬也只是一种副产品而已。从哲学史上我们就会看到，没有一个完全靠出卖自己的哲学著述为生的哲学家，即使像斯宾诺莎、费尔巴哈那样在生活上贫困潦倒的哲学家，也没有把出卖哲学作为换取自己生活条件的手段。可以说，正是由于研究工作的这种非功利性，才使得哲学家们能够超越生存要求而钟情于自己所喜爱的事业。

应当承认，我们的现实生活还不足以使我们"超凡脱俗"，"两耳不闻天下事，一心只读圣贤书"。尽管如此，但我们仍然可以说，如果没有对哲学事业的献身精神，没有对所研究问题的深刻思想，那么，即使具备了优越的客观条件，也不会产生有价值的成果，也就更谈不上在国际哲学舞台上表达自己的思想了。而恰恰就在这样的献身精神和深刻思想方面，明显地暴露出我们与西方的差距。

三、分析哲学对中国哲学的意义

我在《实证主义在我国当代哲学中的命运》一文中曾分析了这种哲学在我国当代哲学中未能立足的主要原因,从反面揭示了逻辑分析对我国哲学的重要作用。① 我们的研究者也都非常清楚,逻辑分析是当代西方分析哲学的重要手段和主要特征。但对是否可以和如何才能把这种分析手段运用到我国当代哲学的研究中,不同的哲学家却有着不同的看法。在1989年于香港举行的"分析哲学与科学哲学研讨会",1999年于昆明举行的第一届、2000年于苏州举行的第二届"分析哲学与中国哲学"研讨会上,来自祖国大陆和港澳台地区的哲学家们就分析哲学对中国哲学的意义问题展开了广泛和深入的讨论。

首先,研究者们对于用分析哲学方法研究中国哲学的必要性提出了不同看法。分析哲学的主要特征是运用逻辑分析技术对概念和命题的意义进行澄清,并通过对语言的意义分析达到对世界和人类思维的科学认识。应当说,大多数研究者都强调了分析哲学方法的重要性,但关于是否需要把它运用到中国哲学研究中却产生了分歧。反对者认为,中国哲学的主要特征是"以情感人""以理服人",这里的"情"不是人情世故,这里的"理"也不是逻辑推论,而是"情同此心,心同此理",关键在"心",天与人的结合在于"心"的结合。在这样的哲学背景中,纯粹的逻辑推理或逻辑分析只能被看作是"形而下"的"器",但哲学却是"形而上"的"学"。所以,分析哲学方法不适合运用到中国哲学研究中。但赞同者则提出,从哲学的本性以及当代中国哲学的发展状况来看,分析哲学以经验为基础、以逻辑为工具、以清楚明白为论证目标的理性思维方式,正是发展中国哲学所需借助的有力工具。

其次,研究者们还探讨了用分析哲学方法研究中国哲学的可能性问题。一种观点认为,中国哲学需要分析的方法和实证的精神,而且分析与实证的传统在中国也有生存的土壤和根基。比如,墨子后学的哲学方法就与实用主义的分析方法具有异曲同工之妙,而实用主义在中国的传播也为当代中国哲学注入了实证的精神。但另一种观点则认为,中国哲学中所使用的具有强烈情景色彩的表达并不适合使用逻辑分析的方法,因为汉语表达本身就是一种知行合一、身

---

① 江怡. 实证主义在我国当代哲学中的命运 [J]. 哲学动态, 1999 (9).

心合一的语言，如果强行地用逻辑方法把这种语言分析为意义清晰的概念，可能就会失去中国哲学特有的情景主义色彩。不过，无论是哪种观点，它们都非常关注在什么程度上以及如何具体地将分析方法应用到中国哲学的研究中去，而同时又可以保持中国哲学的本来面目。

最后，研究者们对于用分析哲学方法研究中国哲学的途径也提出了不同看法。通常认为，用分析哲学方法研究中国哲学可以有两种途径，一种是文化考古学的方法，即从中国传统哲学中挖掘分析哲学的论题，寻找分析哲学在中国传统文化中的根源；另一种是纯语言学的方法，即通过阐明汉语的具体特征来解答哲学问题，消解哲学论题等。但有研究者指出，这两种做法都没有理解中国传统哲学的思想内核，因为中国传统哲学的基本特征是非分析性的，而试图把这两者简单地拼凑起来并不合理可行。这种观点认为，分析哲学并不是在特殊的领域内研究特殊的问题，而是一种哲学研究的方法或纲领，在这样的思想指导下，我们就可以循着分析哲学家的思路来考察中国哲学思想，例如可以借鉴后期维特根斯坦的思想，对中国传统思想进行探查并做出病理学的诊断，在追究原因的基础上开出治疗的药方。还有一种观点主张将分析哲学作为一种"中性工具"，认为对于注重直觉的中国哲学来说更需要恰当地运用分析哲学的概念工具。①

从上述观点看，大多数研究者都承认分析哲学方法对中国哲学具有重要意义。但同时，研究者们也清楚地认识到，分析的方法并不是一种考问和批判别人的武器，而是可以与其他哲学方法和风格融合在一起的一种方法。而且，在中国哲学研究中运用分析的方法，关键是要理解中国哲学自身的内涵和价值。分析哲学方法在中国哲学中的运用，一方面要看到，分析的方法只是一种方法和工具，而不是用分析哲学取代当代中国哲学；另一方面还要意识到，中国哲学中无法逻辑化的东西并不意味着没有意义，而且要把中国哲学完全逻辑化也是不可能的。这就要避免把分析方法作为一种教条化的框架和准则来冲击或批判中国哲学，否则就会导致对中国哲学的消解。

当然，以上这些看法并不是杞人忧天，对我们在中国哲学中运用分析的方法具有重要的警示意义。然而，对当今的中国哲学研究来说，重要的不是担心分析哲学会取代中国哲学，相反，分析哲学在当代中国哲学研究中的作用还远

---

① 李红. 从分析哲学视角看中国哲学 [J]. 哲学研究, 1999（10）.

远不够，分析的方法还没有被有意识地运用到我们的哲学研究中，特别是马克思主义哲学的研究当中。事实上，在一定程度上说，正是由于缺乏基本的逻辑分析手段，缺乏对哲学问题的逻辑思维训练，我们在许多问题上的论争都变成了无法公断的历史悬案，我们关于某些问题的观点也很难在国际舞台上引起共鸣，甚至难以得到理解。例如，我们关于价值与真理问题的讨论，关于人本主义思潮的观点，甚至关于"实践是检验真理的唯一标准"等提法，从逻辑上分析都很难经得起推敲，同时，我们习惯于接受的关于"本质"与"现象"、"普遍"与"特殊"、"绝对"与"相对"以及"思维"与"存在"等被广泛采纳的"两分法"，在逻辑的显微镜下也会暴露出它们的致命弱点。这些都会迫使我们拿起逻辑分析的武器，对那些无法经受逻辑考验的哲学概念或命题进行一番彻底的清除，以便使我们的哲学研究能够真正走向科学和规范的道路，并最终在国际哲学舞台上展现我们的形象。下面我们就对分析哲学对中国传统哲学研究和马克思主义哲学研究的意义分别做出具体深入的分析。

根据分析哲学的特点和我们的研究现状，分析方法对中国传统哲学研究的意义主要表现在这样几个方面：其一，规范中国传统哲学研究的基本领域，制定研究者们可以公认的研究准则和标准。我们现在使用的中国哲学史教材，通常都是按照西方哲学的框架大致划分为"本体论"或"形而上学"、"认识论"和"伦理学"等领域。但这种划分有两个主要问题：一个问题是西方哲学对这些领域的划分已经发生了变化。当代西方哲学出现了"语言的转向"之后，原有的领域划分都被放到语言分析的显微镜下重新审视，其结果是这些领域之间的界限已经变得越来越模糊了。特别是伴随着语言哲学、科学哲学、心灵哲学、逻辑哲学、数学哲学、政治哲学、宗教哲学等哲学分支学科逐渐确定它们相对独立的研究领域，原有的领域划分也就显得更为古老陈旧了。在这种情况下，再坚持传统的划分就势必会直接影响我们研究范围的确定以及研究论题的选择，进而影响到整个中国传统哲学的研究框架。另一个问题是，即使在西方传统的领域划分中，"伦理学"也很少被看作哲学史的一个必要环节，而在中国传统哲学研究中把它作为一个独立的研究领域，主要是出于中国传统思想的特殊性质，因为与西方传统不同，中国传统哲学关注的主要对象是"人"，是以人为本的伦理规范，是人与人的社会关系。这样，对中国传统哲学的研究就必然要把传统哲学家们对伦理关系的论述作为中国哲学的核心内容。但由于在这个领域内并没有可以作为普遍标准的规范或准则，不同哲学家对伦理规范的要求相去甚远，甚至使用的概念术语以及讨论问题的出发点等都不尽相同，这样就很难把"伦理"或"道德"看作一个共同的研究对象。

其二，运用现代逻辑，辨析概念的意义。中国传统哲学的特征是重视心灵的情感意向活动，这与西方哲学理性化传统形成对立。[①] 这个特征通常被看作中国传统哲学的一个优势，认为"它在认知方面虽有不足，但在实践方面确有贡献"。但这里首先存在的一个问题就是，哲学研究本来就是一种认知活动而不是实践活动，如果一种哲学只是在实践方面有所贡献的话，那么这种哲学的理论价值就值得怀疑了。当然，严格地说，中国传统哲学的贡献并非只是在实践方面，诸如孔子、老子、孟子以及朱熹、程颢等伟大的思想家都在哲学认知即认识论方面做出了重要贡献。只是我们目前的研究工作还限于对他们的理论主张做个案性分析，把他们所使用的概念抽取出来，孤立地研究它们在各自思想理路中的涵义，缺少把这些概念联系起来去考察它们在不同哲学家那里所包含的意义这番工作。另一个问题是，如果中国传统哲学是以重视心灵活动为特征的，并与西方的理性化形成对立，那么这种心灵活动是否不包含理性呢？倘若真是那样的话，就显然是站不住脚的。因为哲学活动本身就是一种理性活动，无论是以什么形式出现，哲学都会以理性思维为特征。而逻辑则是这种理性活动的主要形式。

一谈到逻辑，人们总是想到形式逻辑或数理逻辑等逻辑学的基本形式，以为要在中国传统哲学研究中运用逻辑，就是要使用那些令人生畏的逻辑符号或命题形式等。但这完全是一种误解。传统的形式逻辑和现代的数理逻辑都是逻辑的不同形式，而且，严格地说，后者也不过是前者的现代形式而已。它们都是反映人类思维的基本规律，即都是对思维活动中的推理过程的形式表达。根据亚里士多德的逻辑定义以及当代逻辑学家的逻辑观，逻辑的本质就是推理，逻辑学就是研究推理过程的学问。[②] 在这种意义上，只要是在思维活动中运用了推理，就是具有逻辑性的表现；反过来说，哲学思维活动本身就是一种运用推理的过程，而且正是这种推理活动使得哲学与文学、宗教等区分开来。当然，哲学思维的推理活动并不是简单地从前提到结论的过程，不是人们通常所说的那种"有逻辑"或"有道理"，而是充分运用一切知识手段，最终达到概念意义的清晰和命题表达的准确。因此，哲学中的逻辑推理其实就是对人类思维活

---

① 蒙培元. 心灵超越与境界 [M]. 北京：人民出版社，1998：12.

② 王路. 走进分析哲学 [M]. 北京：三联书店，1999：327-330.

动的张扬。而且，逻辑在哲学研究中具有规定性的地位。无论是研究哪一种哲学，我们都可以而且必须探讨它们的逻辑，从逻辑上分析它们的概念和命题，由此可以判定这种哲学是否具有普遍的理论意义。对中国传统哲学研究当然也不例外。而分析哲学所倡导的分析方法正是要求把概念和命题统统放到逻辑的显微镜下仔细观察，这为中国传统哲学研究提供了非常有价值的武器。

其三，弘扬科学的理性精神，摒弃无法证实的"心心相应"。分析哲学的精神就是一种科学的理性精神，这是西方哲学理性传统的继续。哲学本身就是一种理性活动或理智活动，完全不讲理性的哲学只会被看作痴人说梦。这里的"理性"不是指一般的道理或想法，而是指具有概念、判断和推理的认识过程，是指一种逻辑思维。之所以说这种理性精神是"科学的"，是因为这样的理性是可以得到验证的，通过公认的规则或标准，确定我们的思维所使用的概念是否清晰、判断是否准确和推理是否成立等。所以，我们看到，在西方哲学中对规范或准则的运用始终是被放到首位的，即使是在那些被称作"非理性主义"的哲学思想中，同样需要首先确立公认的或可以为他人理解或接受的规范，因为这里所谓的"非理性"并不是不要理性，而是对作为哲学形态的"理性主义"的一种反动而已。但在中国传统哲学中，缺乏共同的规范和可以为人们所理解或接受的概念等，正是各种传统学说的最大缺陷。这就要求我们对传统哲学的研究工作能够根据科学的理性精神，对各种传统理论学说做出一番意义上的梳理，澄清各种概念的基本涵义，看看是否能够从中找到可以为大家普遍接受的或认同的用法；同时，还要从逻辑的角度对传统学说的各种主张逐一给出语义的分析，看看它们是否真正具有普遍的意义。

当然，这番工作的出发点不是要消解中国传统哲学，相反，这是用现代的科学精神和逻辑手段对传统哲学中的精华重新加以确认，使那些经过历史考验的真知灼见真正能够建立在科学的、理性的也就是逻辑的基础之上，从而彻底摒弃那些无法证实的"心心相应"的意见或说法。这里的"心心相应"就是我们通常所说的"口传心授"，哲学的观念是靠每个人对某种说法的直觉判断产生的，这里需要的是心灵的感应，是我们对某种哲学主张的领悟。所以，毫不奇怪，中国传统哲学总是与宗教或神秘主义的东西联系在一起的，因为后者恰恰是不需要逻辑理性的，它们靠的只是个人的直觉和领悟。但一种哲学如果要成为一种讲求理性的学问，那么它就必须放弃对直觉的绝对依赖；而分析哲学正是为中国传统哲学的重建工作提供了非常有力的工具，它可以赋予我们对传统哲学的研究工作以科学的理性的新生命。

应当说，分析哲学对当代中国哲学研究的重要意义，更主要地体现在对马克思主义哲学的研究中，因为马克思主义哲学是当代中国哲学的主要内容。根据我国马克思主义哲学的研究现状，这种意义主要体现在以下几个方面：

第一，厘清概念，正本清源。澄清概念的意义，这是分析哲学的基本工作，也是分析哲学所倡导的基本研究方法。这样做的道理很简单：因为只有澄清了概念的意义，我们才可能进入判断和推理，才可能清楚地展开我们的哲学研究。然而，我们对马克思主义哲学的研究现状却是，充斥着大量意义模糊或根本没有意义的概念，而且由于概念意义不清而引起的争论比比皆是，这就严重地影响到我们的研究工作，自然也就直接影响到马克思主义哲学的传播和发展。比如，围绕"价值"和"真理"引起的争论，在很大程度上是由于争论各方对这两个概念有着不同的理解，就是说它们在争论者那里有着不同的意义，这样的争论自然很难得到有意义的结果。再比如，与此相关，哲学原理界曾提出"价值真理"这个概念，试图把价值领域内的所谓"真理"客观化、普遍化。但从逻辑上看，这显然是混淆了两种不同的关系概念，一个是伦理关系，另一个是事实关系；而且，使用"价值真理"这个概念的结果恰恰适得其反，不但没有得到价值领域中的客观普遍"真理"，反而使"真理"这个概念变得相对化和主观化了。另外，我们对马克思主义哲学的研究也还存在着断章取义的现象。这或许并非有意为之，但个中缘由在很大程度上是因为研究者并不清楚某些思想观点的来龙去脉，因而也就无法准确地把握这些思想观点的发展脉络。所以，"正本清源"，对我们的马克思主义哲学研究就显得非常重要。这里的"本"应当是我们所谈问题的根据和出发点，这里的"源"应当是我们所谈问题的提出语境。只有做到"正本清源"，我们的研究才能够在准确、清楚、科学、规范的基础上进行。

第二，加强逻辑论证，杜绝空谈泛论。如果说逻辑思维是哲学的本质特征的话，那么这种思维的主要标志即论证推理则是哲学研究的必要条件。但在我们的研究中往往缺乏这样的基本条件，不是从哲学问题出发或根据某些公认的前提，而是从经典作家的某个观点出发或根据经典作家的某段论述，展开自己的一番解释，而且这样的解释通常缺乏严密的论证和细致的分析。分析哲学强调的哲学论证是根据已有的推理规则，对所讨论问题展开逻辑的分析，从而发现其中的症结所在，并对该问题做出重新构造。例如，分析哲学家对"存在"

问题就有大量非常精彩的分析，通过运用逻辑手段最终令人信服地表明，"存在"问题其实就是一个语言问题，而且在语言表达中，"存在"不是一个谓词，由此就从根本上结束了西方哲学围绕这个概念所展开的历史性辩论。逻辑论证的最大优势是使概念清晰、判断准确、推理得当。再比如，罗素的摹状词理论被称作"分析方法的典范"，这个理论的要点就是把名称的意义与指称联系起来，通过分析某些形似名称而实则摹状词的表达形式，揭示了并不存在它们所指称的对象，这样的摹状词只有在它们所出现的句子中才有意义。然而，令人遗憾的是，"反观时下的某些哲学论著，几乎有一个通病：缺乏论证性，其中充满了新名词、新概念、新材料，云山雾罩，而遇到一些十分关键的思想，却轻描淡写，几笔带过，并且时常可见内容混淆、重叠甚至冲突之处。无论怎样辩解，上述弊端绝不是一个好的哲学理论所应该具有的。"① 马里奥·本格曾指出：自19世纪以来，唯物主义没有取得进步，"这部分地是由于它无视现代逻辑并拒绝向对立的哲学学习"。"大多数唯物主义哲学家都只说日常语言——从而必然只能以一种不精确的方式来表达自己的观点——他们很少考虑以一种令人信服的方法对自己的观点进行论证。"他认为，"哲学研究应当系统地、精确地和科学地进行，而不能采用文学的描述方式"②。这番话对我们如今的马克思主义哲学研究具有极好的意义。

第三，放眼研究，沟通对话。分析哲学提倡的科学理性是一种开放的思维、对话的思维，学术的宽容和思想的自由是这种哲学的基本原则。所以我们会看到，在这种哲学思潮中，各种不同哲学观点可以平等相处，而可以交流对话则是这种和平相处的基本条件。我们目前的马克思主义哲学研究就需要这样的开放精神，需要这样交流对话的条件。任何一种哲学理论都不可能永远正确，也不可能一旦形成就十全十美，否则就会变成宗教信仰中的教条。哲学的魅力正是在于不断变化和创新，在于可以根据人们的思想和现实社会的变化不断调整或修正自己的理论主张以便适应这些变化，并能够对这些变化做出恰当的解释。对任何一种哲学来说，不变总是相对的，而变化则是绝对的。相反，一旦某种哲学不再需要变化，那么它就可能演变成教条。哲学的科学性正是体现在这种变化上，体现在波普尔所谓的"可错性"上。另外，放眼研究就需要能够沟通对话，而沟通对话的条件则是可以相互理解。我们的研究现状却是很少具备这

---

① 陈波.分析哲学的价值[J].中国社会科学，1997（4）：71.
② 马里奥·本格.科学的唯物主义[M]上海：上海译文出版社，1989：4-5，22-31.

样的对话条件，大多数研究工作都属于"自言自语"，更多的是使用只有研究者自己能理解的"私人语言"，这就使我们既无法与西方的马克思主义研究交流，也无法在我们的研究者之间展开讨论和对话。例如，围绕"实践是检验真理的唯一标准"这个著名论断，对"实践"这个概念就有各种不同的看法，因此对这个论断也就有了不同的解释。有观点认为，这个概念是联系主观与客观的桥梁和纽带，还有观点认为，"实践"是检验认识的方法和手段，更有观点认为，这个概念就是指认识活动的实际效果。由于对这个核心概念有着如此不同的理解，因而对上述的著名论断也就很难形成统一的认识，虽然都在使用这个相同的表述。这表明，把分析的方法运用到我们的马克思主义哲学研究中，具有非常重要的意义。

分析哲学的一支中土异军*

周柏乔

洪谦、金岳霖、沈有鼎和王浩四位学者，在分析哲学壮大起来之后不久便把这门学问迎接到中国来，相信这是他们闻名于中国哲学界的主要原因；不过，四位学者在分析哲学的前沿所从事的研究工作却没有受到中国哲学界太多的重视，因而评论不多，本文准备在这个方面补上一笔，展示这支中土异军在分析哲学上的贡献。这项工作分三步进行，第一步以分析哲学家如何对待拉普拉斯的（Laplace，1749—1827）错误为例，说明概念所得到的解释往往因为有含糊其词的地方，或者充斥着误解，而为各式各样的谬说提供了藏身之所，概念一经分解，它们便无所遁形，这个做法提供了前车之鉴，探索清楚的概念从这里开始。第二步以"概率论"如何得到更生为例，说明概念在分解之后要得到新的解释才免于旧病的纠缠，而新的解释还会把概念重新整合起来，概念经过脱胎换骨之后是否依然藏污纳垢，还要再分解才知道；看来概念的分解和整合是个互相交替的过程，这个过程的尽头就是一些我们能够说得通透的概念，这些概念当是打开思维世界的钥匙。分析哲学家在分解和重组概念的过程中载浮载沉，随时会迷失方向，而无缘于能够说得通透的概念。第三步工作就在于说明这支中土异军一直在注视着分析哲学的发展方向，并在出现偏差时发出警报，让主流分析哲学家知所进退。

1. 概念的分解

拉普拉斯相信宿命论，认为事物的发展有定数，怎么安排就全看所有事物之间的因果关系；由于牵涉的因果关系太多，情形极为复杂，人们知道得很少，谈论某一事件是否会发生，就只好依靠着大家的片面知识来谈论某一事件发生的

---

* 本文系为《分析哲学——回顾与反省》第一版所撰写。

概率。是怎样谈论概率的呢？拉普拉斯在 1812 年提出了这样的见解：假定我们知道所有可能出现的全部事物共有 n 个；又知道其中的一个事物如果出现了，其余的事物就不会出现；不过，就是不知道哪一个会出现。那么，我们只好说："每个事物出现的概率是 1/n"。他的讲法解释了"概率"其中的一个涵义，表述这个涵义的句子是一个意义明确的算式。采用相同的涵义，引用同样的表述方式，柯尔莫哥罗夫（A. Kolmogorov）在 1933 年提出了概率运算的三个公理，从而奠定了概率论的基础；他的工作清楚地反映了拉普拉斯在概率论上的贡献，"1/n"算式至今还放射着科学的光芒，然而，在背后支持着这个算式的思想却是那么笨拙。

首先，拉普拉斯没有想到人们纵使处于相同的境遇，也会因为考虑了不同的因素，或者采用了不同的观点，而没有在"n 是多少"这个问题上取得共识，概率是多少也就变得众说纷纭，莫衷一是。这意味着拉普拉斯在解释"概率"时有所含糊，为悖论提供了藏身之所，这个悖论在 77 年后被另外的一位法国数学家贝特朗（J. L. F. Bertrand）揭露出来。其次，拉普拉斯以为宿命论可以做概率论的靠山，因为没有科学论证能够把它推倒，这显然是个误解。他所理解的宿命论有两个主要论点：（1）世界是有序的；（2）世界秩序没有变易的可能，自从上帝让第一个事物出现之后，其余的事物便按照因果原则依次出台，谁也改变不了。面对这样的论点，就算科学方法再完善，也无法在对错问题上做出判断；由于这个缘故，我们没有多少道理让自己去相信宿命论是对的，也没有多少道理去相信宿命论是错的；我们只知道确认"1/n"算式要预设宿命论的第一个论点，不必预设第二个论点；那么，谈论宿命论所要注意的就不在于它的对错，而在于它的论点是否成为我们的假设；生怕"假设"不够说服力，于是把它装扮成"学说"，不由自主地把概率论的命运作为筹码押在宿命论的对错上，让科学乞怜于形而上学，可说是多此一举。总的来说，拉普拉斯的毛病在于收编了多余的"假设"，又让"假设"升格为"概率论的形上基础"，最终为"基础学说"的对错问题而栽了跟头。

走出拉普拉斯的困境有两个办法，老办法是建造形而上学的华丽殿堂，把宿命论供奉在殿堂里一处尊贵的地方，就凭着它那神圣不可侵犯的身份，庇护着拉普拉斯苦心经营的概率算式，这个办法不比拉普拉斯的做法高明，因为形而上学造得再华丽，也不是概率论的居所。新办法则以概率算式为起点，往后探索为的是要反复推敲概率算式是否要安顿在这个或那个假设之上；愈多假设给排除掉，就愈能够看清楚"概率"是怎样的一个概念；往前探索为的是要揭露概率算式所包藏的谬说；愈多的谬说给清除掉，我们就愈能够说得清楚"概率"是怎样的一个概念；这种探索成为概念分析的典范，分析哲学家选择了这个方法，因为它让后来者知道重塑概念时要注意摆脱那些谬说，为"概率论"的更新营造理想环境。

2. 概念的更新

给既有的想法把脉，甚至为其中的假设和谬说动手术，目的就是要弄清楚人们所能够说得通透的是什么样的概念，并借此进一步认识人的思想，这正好是分析哲学家的如意算盘。贝特朗就在这样的盘算中迈出第一步，让我们先确认圆形上等边三角形的边线有固定的长度，跟着随意地在圆形上画出一条弦线，然后想想弦线比边线更长的概率是多少。第一个想法让我们画一条半径平分弦线，如果弦线的中点比半径中点更靠近圆心，弦线就会比边线更长；由于弦线中点既可落在半径中点之外侧，又可落在内侧，造成了两可的情形，所以说弦线比边线更长的概率是1/2。第二个想法让弦线的一端固定在圆周上，如果画出的弦线落在等边三角形内角（60°）的范围之内，便比边线更长；由于内角范围之外上下两侧各有60°的范围，合起来就有三个范围，造成了三可的情形；所以说，弦线比边线更长的概率是1/3。第三个想法让圆形内加添一个同心圆，其半径只有原来的一半，弦线的中点如果落在同心圆内，弦线就比边线更长；由于同心圆面积只有原来的1/4，所以弦线较长的概率也为1/4。上述的三个想法都假设了好几个情形或会出现，可惜没有统一的数字，说明有多少个这样的情形，结果闹出了不同的概率，造成悖论。至此，科学家所要盘算的第二步也许就是把上述每一个想法的假设剔除，让我们不再为统一的数字而操心，纯粹由试验结果把概率确定下来；这就是"相对频率"诞生的背景，它重新解释了"概率"这个概念。这个解释不带悖论，还可以根据事物是否有稳定的"相对频率"而告诉我们世界是否有序，再没有受到旧病的纠缠。得出这个成果，一要靠贝特朗走对了第一步，把悖论挖出来，让我们知道旧解释患了什么病；二要看新解释是否能够对症下药，恰当地把麻烦的假设剔除，使旧解释的桎梏得以清除。不过，纵使悖论给摘除了，形上的设定给移走了，"概率论"也不一定走上光明的大道。因此，分析哲学家们深信，新的错误会随着新的思想接踵而至，唯有不断分析，不断揭露，不断重新解释，我们才知道多一点经得起考验的思想。分析哲学家就是这么一群热衷于为新旧思想动手术的专家，在概念的分解和整合的过程中难免出现偏差，需要同行出点主意。分析哲学是一门群策群力的学问，当中有四位学者的汗水。

3. 知识的基础

上一节指出分析哲学的发展大体上是概念的分解和整合的过程，这仅仅是个笼统的讲法，比较细致的讲法是这样的，从弗雷格开始，一阶谓词逻辑已经得到充分的表述，所用的是相当形式化的语言；当时，大家都相信，概念在命题中得到确切的意义，所以分解的工作从命题开始，一直分解到组成命题的最基础的成分为止。罗素以为这样的分解帮助我们掌握哲学的真谛，是哲学发展的金光大道。可以说，早期的分析哲学家一般都褒扬分解，而贬斥整合。不过，情况很快就发生了变化。从维也纳时代开始，卡尔纳普等人已经开始不满足于知道命题所表述的是什么的概念，他们还想知道获取知识所需要的概念要符合哪些条件，这就牵涉如何整合的问题。

其实，罗素早就碰上整合的问题，就以"集合"为例，按照弗雷格的讲法，任何东西之所以成为"集合"的一分子，完全在于它满足了一些特定的条件。初看上去，这个讲法是没有问题的；可是，让这些条件作为"集合"的定义却导致悖论的出现。为此，罗素不得不采取相应的措施，修订弗雷格的理想语言，让它更适合于表述数学，使集合这个概念在新的数学语言中得到重新整合。这个过程得以完成，关键在于消解罗素悖论。情况与发展概率论相似，一旦消解了贝特朗悖论，"概率"便得到新的解释，另外以"相对频率"的面貌出现。研究概率论和集合论前后两次的概念革命，所要注意的思想改造问题，大抵上是相同的。不过，研究后者还得要注意语言的改造。可能就是因为考虑了这一点，达米特给分析哲学做了个概括的论述，他说："分析哲学恪守三大原则，第一，哲学的目标在于分析思想；第二，思想研究要与研究思想的心理过程严格分开；第三，分析思想的正当工具是语言分析"（Glock xi, Dummett 7-11）。尽管这个讲法备受争议，它至少能够正确地指出我们的眼光实际上已经从分解转移到分解和整合并重的境地，让分析哲学在分解和整合之间取得平衡，为日后能够有个健康的发展创造有利的条件。

不难想象，在概率论或集合论之类的数学理论中求取平衡已经是一件难以做得好的事情，卡尔纳普和蒯因等人所关心的理论还牵涉了经验知识，要比个别的数学理论复杂得多，求取平衡更是难上加难，出现偏差，几乎是意料中的事。

什么理论既表述了我们的数学知识（包括概率论和集合论），也表述了我们的经验知识呢？根据卡尔纳普的讲法，这个理论由一个高度形式化的语言予以表述，这个语言透过句子的形式（句法）和句义（语义）显示其表述能力。句子如果只凭句法和语义就确定得到真值的话，它所能够表述的是分析性的真理；句子如果凭着句法和语义仅仅确定了自己的成真条件，它所能够表述的则是经验真理。除此以外，别无其他的真理可表述。由句法和语义来确定的分析性真理不涉经验，可以说是内容空洞；不过，它们还是反映了这个语言的句法、语义规定和推演规则。不管什么理论，一旦由这个语言表述，便一概服从这些规定。这对卡尔纳普来说，确实是个喜讯。他深信社会科学、生物学和化学的理论最终可以得到物理语言的表述，成为准物理学理论，让物理学吸纳这些准物理学理论之后，再按照这个语言的句法、语义规定和演绎规则，再加上确证原理，制定公理系统，把整个物理学理论建筑在这个系统的公理之上，那么，我们的全部知识，便是这些公理所表述的东西。如果这些公理得不到经验的保证，我们的知识便成为疑问。卡尔纳普相信这个疑难可以解决，因为他有信心把物理语言翻译成为另一种语言，它只有原始经验记录语句（Protocol sentences），别无其他的语句，而这些语句一旦确认为真，便再没有其他的经验把它推翻。至此，可以说卡尔纳普在知识论的范围内完成了一个概念的分解和整合的过程，为"知识的基础"这个概念提出了新的解释，究竟这个解释有什么偏差吗？

石里克、波普尔和蒯因都认为新的解释有偏差，这是人所共知的。首先谈谈石里克的想法。根据洪谦的记述，石里克严格区分命题与断定（Affirmations）。命题由语句表述，这些语句既包括了理论语句，也包括了原始经验记录语句，它们都有公共的检证标准，一经确证，便表述了我们的知识。至于断定的作用则仅限于记录断定者的个人经验，其他的人无法代为验证或检证，因此表达不了知识，这意味着所有的经验命题，尽管以断定为凭据，也不能够还原为断定；断定与命题之间只存在因果关系（Huang 1985, 297–306）；因此，知识的"基础"不能够按照句法、语义规定和演绎规则而重新得到解释。

与石里克不同，波普尔认为记录经验的语句有共同的验证标准，称为观察语句（observation sentences）；尽管这些语句是理论语句（theoretical sentences）的凭据，却从来没有像卡尔纳普所说的一样，给理论语句提供确证。让我们举个例子说明波普尔的想法，"第一只天鹅是白色的""第二只天鹅是白色的"等语句都是观察语句；这些语句就算全都成真，也不能够为"所有天鹅都是白色的"一语提供确证（confirmation），因为上述的观察语句都是特称语句（particular sentences），而理论语句则是个全称语句（universal sentences），既然特称语句不蕴涵全称语句是个逻辑规律，又怎么能够说前者支持着后者呢？给予后者确证呢？比较正确的讲法是前者在成假时否证（falsifying）了后者。如果有全称语句在不断的否证过程中幸存下来，我们就让它表述知识。如果是这样，我们就不应该按照确证论（theory of confirmation）重新解释"知识的基础"。

最使蒯因忧心的是卡尔纳普所制定的"公理系统"，按照他的想法，系统中的公理反映了我们所记录下来的经验，至于逻辑、数学、句法和语义学则一律视为形式科学（formal sciences），我们要查看公理和定理之间的关系，才明白它们的作用。使蒯因感到不安的情况在于没有找到合适的理由，说明经验的记录是公理的分内事，而逻辑、数学与语言则是公理和定理都要负责的事。波普尔指出了理论语句和观察语句之间不存在确证的关系，进一步说明了蒯因的忧虑不无道理。卡尔纳普穷晚年之力建立确证论，以高度形式化的语言来表述这个成果，目的似乎只有一个，就是要把确证理论变成形式科学，在他的公理系统内为"确证"找个归宿。然而，他有必要扪心自问："是否愿意让一个说明科学定律如何建立的理论变成形式科学？让形式科学扩大范围？"如果卡尔纳普是一个真正的经验主义者，那就没有多少理由让形式科学加大它的作用，又让原始经验的作用退减。从这个观点出发，蒯因向相反方向进发。他接受波普尔的否证主义（falsificationism），驱除确证论，不让它成为形式科学，跟着让语义学非形式化而成为经验科学，再而把数学的应用部分拨归自然科学，由经验来决定它的对错。这么一来，剩下的形式科学就只有纯粹数学和逻辑。其余的科学是否成立，都取决于记录原始经验的"公理"（原始经验记录语句）；如果采用蒯因的讲法，这些语句是具备了刺激义（stimulus meaning）的观察语句；凭着这些语句，所能够说明的仅是经验知识的基础，而不是一切知识的基础，这实际上是经验主义者的目标。按照蒯因的想法，经验主义者如果要达到这个目的，除了接纳上述的观察语句之外，顶多只需要接纳一阶谓词逻辑；其余的逻辑，和纯粹数学一样，都有所表述；不过，所涉内容与经验无关，说明（经验）知识的基础，不必援引这类有内容的形式科学。照着蒯因的构思想下去，便会为了说明知识的保存和发展，而同意修改剩下来的一阶谓词逻辑，务求在修改之后许多的经验科学理论都重新得到观察语句的支持而继续生效。在蒯因看来，没有不变的句法、语义规定、确证原理和演绎规则。因此，说明知识的基础，就不能够再引用卡尔纳普所说的不变之理。

总括上述三位学者的批评，大致上可以得出这样的看法：（1）理论语句和观察语句之间的关系由一阶谓词逻辑表述最恰当不过，这一点蒯因和波普尔都同意。（2）说明观察语句和经验的关系也就说明了知识和经验的关系，这一点蒯因和石里克有相似的看法；不过，在石里克看来，和经验联系着的不是观察语句，而是理论以外的断定。（3）观察语句与经验之间存在着因果关系，这个因果关系建立了知识和经验的联系。石里克和蒯因都按照这个联系来说明知识的经验基础，或者说经验知识的基础。

上述三点实际上概括了另一个分解和整合的过程，"知识基础"再度得到新的解释。在这个新的解释之下，谋取和检定知识的方法再没有昔日的显赫地位。另外，知识和经验之间的纽带也弱化了，彼此之间只有松弛的因果关系，没有牢固的逻辑关系。这些变化带来了两大难题，一方面难以借助方法上的可靠性说明知识之所以成立的理据；另一方面又不能够根据知识和经验的牢固关系来说明知识的可靠性。这个情况反过来说明了上述三位学者的批评出了问题。重读洪、金、沈、王四位学者的著作，有助于理解问题的症结。

4. 知识的成立

让我们从洪谦谈起，早在20世纪50年代开始，洪谦写文章介绍石里克的思想，就特别注重以下四点的说明：（1）理论语句和观察语句都是科学理论的组成部分，两者都是可错的（fallible），而卡尔纳普所设想的原始经验记录语句当是观察语句，不能够说成为不可错，而石里克所设想的断定才是不可错的，所以不属于科学理论；如果科学理论代表知识，说明知识基础不靠断定。（2）理论语句和观察语句如果得到确证，都表述知识，研究知识的基础或可从确证着手。（3）断定与经验之间存在着因果关系，取舍与否在乎因果而不在乎确证。（4）观察语句是否得到确证，很大程度上取决于断定，另外还取决于科学工作者为观察语句所设计出来的公共检证标准。

综上所说，第三和第四点要合起来才能够说明知识所以成立的根据，这与说明知识的来源有别，不必把眼光限制在经验之上；这又与说明知识的基础有别，不必把眼光限制在断定之上，明白这些便知道石里克和蒯因按照基础语句（观察语句或断定）与经验的联系说明知识的基础时，由于锁定在经验上，结果无法交代清楚知识所以成立的根据，这就是洪谦的贡献（Hung 1985，297—306）。

上面提过，科学工作者要为观察语句建立公共的检证标准；其实，他们也要为理论语句建立公共的检证标准。可惜，波普尔抱着悲观的态度，认为理论语句不可能确证；在他看来，一切理论语句只等待着否证，我们不必为它寻找什么成立的根据。这样想，实际上是想跟怀疑主义者签订互不侵犯条约。如果我们知道了金岳霖关于归纳法的论述，便知道波普尔没有掌握好"可错性"这个概念，造成的直接效应是制服不了怀疑主义。根据金岳霖的分析，"所有天鹅都是白色的"如果碰上反例，便全被否证，这说明了全称语句是可错的，由它表述的理论也是可错的，然而，尽管无数的理论给否证了，我们依然相信归纳法，从"第一只天鹅是白色的"开始，逐步收集正例，并据此以建立"所有天鹅都是白色的"这个全称语句；如果发现有一只天鹅是黑色的，全称句便给否证了，但归纳法依然屹立不倒；为此，金岳霖提出了解释，指出归纳法由一个条件语句表述，后项是个可错的全称句，例如"所有天鹅都是白色的"，而前项则是个合取句，每个合取项都是个特称语句，例如"第一只天鹅是白色的"便是合取句中的一个特称语句；如果它得到真值，所记述的便是后项的一个正例；如果得到假值，便意味着反例的出现；在这种情况底下，前项因为有合取项成假而得到假值，后项也因为给否证了而得到假值；条件句记述归纳法的一个用例，在前项成假的情况底下自然保持真值，不会因为后项成假而废弃，这就说明了反例的出现为什么不会否定归纳法，而说明这个情况的理由不过是一阶谓词逻辑所提供的推理规则。由此可见，尽管我们因为接受了这个逻辑所提供的推理规则而不得不承认理论语句和观察语句之间存在着否证的关系，也无损于归纳法（金岳霖1940，331）；而且可以进一步为确证论恢复名誉。看来，说明知识何以成立离不开成就知识的方法，金岳霖在这个方面给我们提供了一个挽救方法的典范。

其实，石里克和蒯因都有可能接纳金岳霖的想法。因为两人都同意知识和经验之间存在着因果关系，归纳法是确认这个关系的方法。不过，这并不表示蒯因重视成就知识的方法。他认为卡尔纳普过分重视形式科学，让形式科学拓大到应用数学和语言学的范围，并借助这两个范围所提供的方法说明知识的基础，蒯因认为这个做法没有公平对待经验的作用，不予接受；按照他的想法，卡尔纳普除了要把应用数学和语言学拨归经验的范畴之外，还要让一阶谓词逻辑以外的逻辑拨归经验的范畴，或者予以搁置不用，模态逻辑就是其中的一种应予搁置的逻辑。如果我们读过沈有鼎的《初基演算》，便知道一阶谓词逻辑和模态逻辑两者有一个共同的基础，叫作初基演算，这说明了两个逻辑是同源的；另外，从初基演算出发，走一个方向得出一阶谓词逻辑，走另外一个方向得出模态逻辑，无论走哪个方向，每一个步骤都没有引发"不完全"的结果，这说明了两个逻辑具备了完全性（completeness），它们是同质的（沈有鼎1992，227–240）。那么，为什么两个同源同质的逻辑受到不同的待遇，仅让其中的一个弃置不用，蒯因没有解释。

王浩深信蒯因难有解释，因为他有实用主义的倾向，以为我们可以改造语言、数学以至逻辑，以适应知识的发展；所以认定我们没有既定的数学和逻辑方法，并借以说明知识之所以成立的根据，这种倾向的弊端在于无视一个事实："数学和逻辑决定了我们用哪些语言来表述，而不是让语言决定我们所可能有的数学与逻辑"。王浩在集合论的成就充分反映了这一点，可惜蒯因不为所动（Wang，20–25）。

5. 结论

洪、金、沈、王四位学者中沈、王两位常有联系，尽管如此，每个人基本上都是单干的，说他们是一支军队，不是那么恰当。然而，四个人的主张却互相呼应，说他们是一支军队，又不是那么不恰当。然而，他们是寂寞的，因为这支队伍人数很少，发表的文章不多（王浩除外），没有造成明显的影响，实在令人遗憾。

参考文献

［1］金岳霖. 论道［M］. 上海：商务印书馆，1940.

［2］金岳霖. 知识论［M］. 北京：商务印书馆，1983.

［3］金岳霖. 归纳原则与先验性［M］//金岳霖学术论文选. 北京：中国

社会科学出版社, 1990: 324-334.

[4] 洪谦. 逻辑经验主义论文集 [M]. 香港: 三联书店, 1990.

[5] 沈有鼎. 初基演算 [M] //沈有鼎文集. 北京: 人民出版社, 1992: 227-240.

[6] BENACERRAF P. Frege: The Last Logicist [M] //DEMOPOULOS W. Frege's Philosophy of Mathematics. Cambridge, Mass.: Harvard University Press, 1995.

[7] CARNAP R. The Foundations of Mathematics [M] //SCHILPP A. The Philosophy of Rudolf Carnap. La Salle: Open Court, 1963: 46-50.

[8] DUMMETT M. Origins of Analytical Philosophy [M]. Oxford: Basil Blackwell, 1993.

[9] FREGE G. The Foundation of Arithmetic [M]. AUSTIN J L, trans. Evanston: Northwestern University Press, 1968.

[10] GLOCK H. The Rise of Analytic Philosophy [M]. Oxford: Basil Blackwell, 1997.

[11] HART W D. The Philosophy of Mathematics [M]. Oxford: Oxford University Press, 1996.

[12] HUNG T. Moritz Schlick and Modern Empiricism [J]. Philosophy and Phenomenological Research, 1949, IX (4): 690-708.

[13] HUNG T. Remarks on Affirmations (Konstatierungen) [J]. Synthese, 1985, 64: 297-306.

[14] HUNG T. Moritz Schlick: The Problems of Philosophy in Their Interconnection [J]. Ratio (New Series) II, 1989: 100-106.

[15] LEONARDI P, SANTAMBROGIO M. On Quine [M]. Cambridge: Cambridge University Press, 1995.

[16] PUTNAM H. The Logic of Quantum Mechanics [M] //PUTNAM H. Philosophy Papers: Volume 1, Mathematics, Matter and Method. Cambridge: Cambridge University Press, 1975, 1: 174-197.

[17] QUINE W V. Whitehead and the Rise of Modern Logic [M] //SCHILPP P A. The Philosophy of Alfred North Whitehead. New York: Tudor Publishing Company, 1941: 127-163.

[18] QUINE W V. The Two Dogmas of Empiricism [M] //From the Logical Point of View. 2nd ed. New York: Harper Torchbooks, 1963: 20-46.

[19] QUINE W V. Carnap on Logical Truth [J]. Synthese, 1960, 12: 343-347.

[20] QUINE W V. Reference and Modality [M] //From the Logical Point of View. 2nd ed. New York: Harper Torchbooks, 1963: 139-159.

[21] QUINE W V. Ontological Relativity and Other Essays [M]. New York: Columbia University Press, 1969.

[22] QUINE W V. Grades of Theoreticity [M] //FORSTER L, SWANSON J W. Experience and Theory. Amherest: University of Massachusetts Press, 1970: 1-17.

[23] QUINE W V. The Scope and Language of Science [M] //The Ways of Paradox and Other Essays. Cambridge, Mass.: Harvard University Press, 1976: 228-245.

[24] QUINE W V. Reply to Charles Parsons [M] //HAHN L E, SCHILPP P A. The Philosophy of W. V. Quine. La Salle: Open Court, 1986: 396-403.

[25] QUINE W V. Three Indeterminacies [M] //BARRETT R B, GIBSON R F. Perspectives on Quine. Oxford: Basil Blackwell, 1990: 1-16.

[26] QUINE W V. Pursuit of Truth [M]. Cambridge, Mass.: Harvard University Press, 1990.

[27] QUINE W V. From Stimulus To Science [M]. Cambridge, Mass.: Harvard University Press, 1995.

[28] REICHENBACH H. Philosophic Foundations of Quantum Mechanics [M]. Berkeley: University of California Press, 1965.

[29] STRAWSON P. Introduction to Logical Theory [M]. Jarrold & Sons: Norwich, GB, 1963.

[30] WANG H. A Refutation of Analytic Empiricism [M] //Beyond Analytic Philosophy. Cambridge, Mass.: The MIT Press, 1986: 10-26.

中国古代的语言哲学*
——逻辑和本体论

成中英

一、逻辑与语言的批评和本体论的批评

纵览西方哲学的发展可以看到，哲学家始终不懈地追求把他们关于事物的观点尽可能地以清楚、明白而又系统的方式表达出来。个中原因，乃在于大多数的西方哲人有着这样一个基本信念：无论何种意义下的真理，都可以清楚、明白而又有系统地陈述出来。有鉴于此，清楚、明白而又有系统地陈述真理也就成为哲学研究工作中值得称赞的范例。此种努力、信念和理想有时预设着一些特定的观点，主要涉及：（1）能够系统地阐述世界真理的语言之性质，（2）其真理被揭示出来的实在之性质，（3）作为表达真理凭借的语言和世界本体论联系起来的方式。人们可能会想到，自从20世纪30年代逻辑实证主义兴起以来，当代西方分析哲学或诠释学围绕语言和本体论的问题而得到了主要发展。之所以会出现如此情况，原因乃在于实现真理的严格形式化以及清楚表述，抑或获得真理存在的根本理由。这股思想主流在弗雷格、罗素、卡尔纳普、维特根斯坦、柏格森、蒯因以及斯特劳森诸人的著作中得到充分的展示。通过这些著作，哲学家们围绕语言和本体论展开了系统的论述、辩论以及彼此批评。

一般而言，两个明显的方法论程序使上述这些著作明显地有别于其他类文章：（1）首先存在特定的程序，使一个本体论的问题接受逻辑与语言的批评和审查；（2）其次也存在一定的程序，使一个逻辑和语言的问题接受本体论的批评与审查。所谓本体论的问题，我的意思是指关于存在的是什么以及不是什么的问题。所谓逻辑与语言的问题，我是指任何关于一种语言的用途和目的、涵义

---

* 译自 Chung-ying Cheng. Classical Chinese Philosophies of Languages: Logic and Ontology [J]. History of the Language of Science, 2000 (1): 19-36。

和结构方面的问题。所谓逻辑与语言的批评，我的意思是指一种批判性的评价，包括反对和批评，以及基于如此论题中所包括的对语言形式描述和分析而重新形成一个本体论的论题。所谓对语言问题的本体论批评，我的意思包括对一种语言的用途和目的、涵义和逻辑结构的批判性解释或重新系统阐述，而如此工作是建立于这样的基础之上，即特定语言有如此用途、目的和逻辑结构的本体论或形而上学方面的重要前提。

可以看到，由于上述两个程序的运用，许多古代和中世纪的本体论以及逻辑与语言方面的论题和理论，在当代哲学领域里得以复兴。与此同时，它们还获得了一些新的意义。例如，当代的逻辑哲学家一方面使有关唯名论、概念论和实在论（柏拉图哲学）的本体论问题得以复活，另一方面又使有关下列诸问题的逻辑与语言问题得以复活：主谓差异、专有名称的性质、限定摹状词、指示词的性质、整体词的性质、模态词的逻辑、命题态度、间接叙述法的晦涩结构以及不同文法结构的逻辑形式和深层结构。

二、中国哲学中语言和本体论探索

基于上面对当代西方哲学中语言和本体论这一基本问题的评价，我们现在可以研究中国古代哲学中语言和本体论及其相互关系是如何构想和理论化的。此项研究，就如下几个方面而言是很有意义的：（1）汉语就根本上而言是不同于印欧语系中所包括的语言的，这一点得到多数西方哲学家之认可。可能因为这种差异的存在，使得二者在审查、分析乃至系统化地陈述本体论问题之方式和可能性上呈现出不同。在一定程度上，这种差异的存在甚至还可能直接制约着本体论问题如何得以提出以及怎样予以解决。（2）中国古代的本体论运用汉语得以系统陈述，并依照中国哲学的兴趣和倾向性而加以归类。这些兴趣和倾向性如何既保持相互区别又形成有机整体，亦即使有关本体论问题的理论和观点相互联系，绝非仅仅是一个重要的历史问题，而且还是一个逻辑后承问题。（3）中国哲学是一种基于对现实有着独特体验和领悟的特殊哲学，这一点或许使得它对待表达思想、谈说论辩以及彼此沟通有着一种确定的态度。进而，中国哲学可能由此而包含着一种有关下列问题的独特观点：语言、语言的用途以及性质（指它在表达指示对象和本体论真理上的能力）。就我对中国哲学语言和本体论的研究而言，尽管上述所有这些理由是必要的，但它们可能不一定是充分的。为了对此项研究做出非常精确的评价，人们还会指出，通过对古代的语言特性和范式进行逻辑与语言的研究，抑或本体论的批评和分析，中国的语言、本体论以及在中国哲学中二者的联系和相互作用可以得到评价与分析。根据一种普遍性的审查，一些具有普遍性的教训也可能会被得出。如此一项对中国哲学语言和本体论的研究，将自然会揭示中国语言、中国本体论以及中国哲学的一些特性；非仅如此，这项研究还有希望使我们发现在逻辑与语言问题方面（即使不是全部），语言所表现出来的性质和功用、实体和型式。

我们的有关研究将从分析中国古代哲学中如下一个基本的、占主导地位的观念开始：语言是用来命名的（系统地阐述以及实际应用名称）。基于这一观念，人们能够看到由于对提出或领悟本体论真理的各自评价不同，中国古代的各种不同学派是如何得以发展的。这种情形可以使中国哲学中不同类型的本体论理论获得一种解释。此外，我将会给出一个严格的理解、比较以及与当代西方理论的对照。最后，我将要讨论中国主要的哲学家是如何回答逻辑与语言以及本体论方面的问题的。

三、早期中国哲学中语言的两个侧面

从公元前 6 世纪到公元前 3 世纪，中国古代的哲学家通常都关心名的问题。在他们看来，名不是语言的纯粹构成单元，而是实际存在之事与物体的代表。只是到了荀子的时候，名才被划分成不同层次的种类；也只是在这个时候，有关名的起源与性质理论才被人们提出。一般而言，人们认为名是辨别事物的标签，即将名应用于实并和实保持相符。名和实之间的相互符合在人们看来属于这样一种性质：客观之实能被赋予一定之名，而名必定能够辨别客观之实。个中缘由，乃在于人们认为名是命名之结果，而命名的目的是对自然界、人类社会或某种价值体系中的事情、关系，抑或状态给以标签。这个一般性的假设，即所有的事物均可以被人们命名，是中国哲学家最早具有的信念；并且，一直到公元前 5 世纪道家的崛起，人们始终对其确信不疑。汉语中"名"这一术语，作为一个动词存在逻辑先于其作为一个名词存在。因为在事物之名发生之前，世界上并没有名。人们之所以要命名，目的在于辨别具体的事物、关系，或者不同类型的特殊之事、关系与状态。这样，"名"起初就被解释成许慎《说文》中的"自命也"，以及刘熙《释文》中的"明也"，其目的在于把名和实相互区

别开来。这样，为什么说名作为命名的结果描绘了世界万物之图景也就清楚了。名也就标志着我们识别能力的一般结果。人们要求名对实予以解释、说明。但是，当人们发现真正的最终之实不需要是可命名的抑或实际上被命名时，当人们发现并非所有的名都需要与实相符合并进而在一定的方面抓住或体现事实的时候，有关名实关系的不同理论，以及各种各样关于名与言以及二者有限用途或可能令人误解之性质的解释就被提出，尽管与此同时存在着一些旨在为名的有效性进行辩护的理论。甚至有人还会提出，中国古代哲学中有关本体和逻辑方面的不同理论都是对命名之性质以及实之可命名性做出的不同反应。

尽管名作为一个名词和动词在哲学问题中占据极其重要的位置，然而，古代关于名的解释并没有导致从名的方面对语言给出一个定义。相反，作为一种替代，人们从言的角度对语言给出了解释。言被认为是表达语言涵义的天然单位，而语言的涵义是和谈说者的目的相一致的。在出言的过程中人们会命名或运用名，但如果没有客观需要的话，对名的介绍、说明也将不会成为必要，尽管名本身有一些作用。在这个意义上，对语言来说言似乎比名更根本，尽管命名和名在中国古代哲学中是哲学问题和哲学争论的原始资料。有鉴于此，一般来说言或言语不是一个真正的哲学问题。这种情况的原因并不难于解释。命名和名与其相对应之实相互联系、形成对照，但是，言却和出言者之意图相互联系。为了做出一个陈述，一个人需要提出有关表示世界上事物特性的名。这样，严格说来，命名和名依赖于言说时的场合，而言则依赖于我们为了解释或一定意图而具有的实际和可能命名（通过使用标签来识别或表示事物的特性）能力。一般情况下，中国早期的哲学家总是承认言说时的场合原则，而从未认真地就对语言（从名的角度来看）进行原子论的分析产生兴趣。因此，《大戴礼》中指出"发志为言，发言定名"。宋代新儒家邵雍在他的《皇极经世·观物内外篇》中指出："发言为名"。

概而言之，名和言之间的区别如下：（1）对于实而言，名必须是真实的。因此，名具有本体论的意义。但是，对于言说者之意图而言，言必须是真实的。因此，言具有意向性意义。（2）名必须建基于人类的知识或理解之上，而言则必须服从于生活和行为中的一些实用目的。个中原因，乃在于言的真实性不必总是一个符合—证实的问题：人们经常也把言的真实性设想为期待的实际完成问题。（3）关于名的制定，甚至关于名的制定之可能性要求一些涉及有什么的先决条件。然而，在出言的过程中应用名时则不要求这一点。名有自己独特的指示物。言所涉及的不必是一些有区别的物体或事情之状态，而可以是一些内含所指的物体或事情之状态，它们可能无名。

关于言的最后一点是非常重要的，因为正像我们将要看到的那样，在中国哲学中，人们不能依赖言以做出一个可命名的特定指称，除非名被专门用来指称事情或物体。这样的观点经常为人们提出，即不通过使用言，更不要说使用名，就可以意味着某事物。在运用言的情况下，一个具体的指称根本不需要通过名来提及。这是因为对深层结构的本体论考虑之存在，以及关于言的目的和意义以及用途之复杂性的考虑存在。

览阅古代不同学派的代表作，可以很清楚地看到言在很多的情况下都是根据行来判定的。对于儒家的哲学而言，这一点尤为真确。当然，这种情形的原因在于，既然言包含着一个人的目的和意图，那么通过实现一个人的目的和意图的行，言就可以得到证实。这显示出言的注重实效维度。孔子曾这样说道："言之必可行也。"① 他也这样指出："古者言之不出，耻躬之不逮也。"②"君子欲讷于言而敏于行。"③

孔子并没有忽视指出言和名之间存在的某种联系。在他的"正名"学说中，孔子提出为了做到言顺，名必须正。孔子提出"正名"的意图何在，在这个问题上不需要详细阐述，因为其本人已使这一点比较清楚：正确的名必须以"言顺"为先决条件，而"言顺"意味着清楚和某种情境的相关性，以及相对于某人意图之真实。他指出，"名之必可言也，言之必可行也"。④ 毫无疑问，这意味着如果不能被应用于言说，那么任何名都不可以说是正确的。在语言遗留着人类实际的活动性这个范围内，名也必须是因服务人类和实际目的而产生的。

在孟子的思想中，言也被设想为指向行为实践的一种指令。但是，孟子的思想较孔子进了一步。他更加清楚地指出，言和心密切相关，心是个人意图及目的性的基础。他针对告子提出如下观点而予以批评：言语不能表达的，不要求之于心；心上不能虑及的，不要求之于气。他说："不得于心，勿求于气，可；不得于言，勿求于心，不可。"⑤ 孟子这段话的意思是，人们必须在心中寻找言的优点

---

① 论语：13-3.
② 同①4-22.
③ 同①4-24.
④ 同①.
⑤ 孟子：2a-2. 这里我引用了 D. C. 劳的翻译，企鹅，1970：78。

或缺失之根源，因为正是心通过它的意图和自觉性而赋予言以意义。在这个意义上，孟子声称他"知言"。个中原因，乃在于就公众利益和政治目标而言，他知道言的实际结果和理论上之限制。这里，我们援引《孟子》书中的一段对话：

何谓知言？

曰："诐辞知其所蔽，淫辞知其所陷，邪辞知其所离，遁辞知其所穷。生于其心，害于其政；发于其政，害于其事。圣人复起，必从吾言矣。"①

我们在中国哲学家的语言观念中之所以要区别名和言，其目的在于说明，在某种意义下，中国哲学家承认语言的两个方面或维度——指示与刻画以及意图与实践。其中，前者可以恰当地等同于一个陈述中被提及和论断的内容，后者可以恰当地等同于言语行为的履行或加强语意之力量。这可能听起来有点奥斯汀的观点，但是，这里重要的一点在于，中国古代哲学中的语言（确实可以称其为名—言）总是主观和客观两个方面的统一体，亦即命（实之）名和表达意图之统一体。人们可能会提出，理想形式的语言在于通过使用正确的名，或者正确地使用名来表达意图。这意味着运用名是表达意图的主要部分，而不是相反。显然，基于巩固团体或维持其秩序的目的，语言作为交往工具的这种观点得到了发展。对于交流这样的具体背景而言，命名是必需和有意义的。尽管这可能是早期中国哲学中关于语言的原始见解，但是，名和言之间的真正差异却是具有特殊意义的，这种差异导致了不同类型的语言用途间之差异，并成为（解释）以后中国哲学争论的基础。

尽管在言的具体语境中要运用名这一情况得到认可，但是否为了名的目的一些言可以得到发展，以及是否为了言的目的一些名可以得到发展，这样的问题也可能会被提出。显然，孔子的正名学说表明他赞同后者。然而，孔子和他的学派并没能够阻止前种观点之坚持。在后期墨家的逻辑中，我们将会看到言的主观意图这一方面已被清除，它主要被认为是用来指称和刻画世界之物的。这是因为，后期墨家认为对世界之物命名是有充分根据的，并且言的最重要用途当在于识别、命名和描绘世界之物。另外，这种情况也是可能的：人们认为名对于我们对现实的理解而言是重要的，言应当完全以我们对命名性质以及名实关系的理解为条件。这就导致了公孙龙的学说。以关于名的抽象本体论为基础，公孙龙建立了一个关于言的客观体系。公孙龙和后期墨家的区别如下：公

---

① 孟子：2a-2.

孙龙注重于命名的过程和用名之起源。其中原因，在于说明名究指何物以及它们描绘了什么。然而，后期墨家却专注于对实的识别。其中原因，在于对名进行解释。在这方面，儒家学派中的荀子站到了后期墨家的一边。

最后，人们可能会提出既非名又非言显示了任何客观的或实际存在之物，两者相对于最终的本体论之理解而言都是不相关的。关于本体论的理解，必须建立在对于名和言之起源或背景我们知道或经验了什么之基础上。人们也可能会提出既非名又非言可用于任何实际的目的。相反，名和言除了有碍于我们对实之正确理解之外，还会在我们的思想中产生混乱。以这种观点来看，语言至多是一种方便，它是为了非常有限的人类目的而被创造的，根本不包含任何本体论的意义。这就是道家的无名和不言理论。尽管道家在两个方面都否定了语言具有任何本体论的意义，但是，人们还是认为语言能够以一种间接的方式暗示或表明本体论的理解。道家和佛家中的禅宗确实试图通过语言（名和言）的间接使用，以达到最终的本体论之洞察，这种情形被他们称为明或悟。

总而言之，我们认为中国古代的哲学可以被理解成在关于命名之性质、言之性质以及它们和本体论的理解之关系诸问题上的各种不同理论。

(1) 孔子/孟子　　名←言←理想的实用目的或意图
　　　　　　　　　↕
　　　　　　　　　实
(2) 荀子　　　　　实→名→言←实际目的
(3) 老子　　　　　对道的本体论理解(否定实)
　　　　　　　　　↔否定名
　　　　　　　　　↔否定言
(4) 庄子　　　　　否定实 → { 否定名 → { 名
　　禅宗　　　　　　　　　　否定言　　　言
(5) 公孙龙　　　　名 → 实
　　　　　　　　　　　　↕
　　　　　　　　　　　　言
(6) 尹文子　　　　名 ↔ 实(限定于形状)
　　　　　　　　　　　　↕
　　　　　　　　　　　　言
(7) 后期墨家　　　名 ← 实(不限定于形状)
　　　　　　　　　　　　言

这里,"→""←"和"↔"按照箭头方向表示"决定"。

四、汉语隐含的本体论

在谈论名的过程中,中国哲学已经预设了某种关于世界(实)的本体论理解,这种理解是建立在一定的认识论根据之上的。但是,在审查汉语中的名表示什么时,我们会发现中国哲学的本体论情况就根本上而言是不同于西方的。以如下一些名如太极、无极、无、阴阳、五行为例,它们构成了中国形而上学或本体论体系的基本词汇表。这一点,人们通过早期儒家、早期道家以及后期墨家的作品可以看到。这些名是表示世界上具体的真实之物,还是表示具体的真实之物之上的抽象性质或形式?回答是两者均不是。它们既不表示具体的特殊之物,又不表示抽象的普遍之物。它们是表示事物的整体,还是整体的部分?答案同样是两者皆非。但是,说它们对两种情形而言皆非也就暗示着对两种情形而言它们都是。为什么说它们不表示普遍的抽象之物?因为如前所述,它们并不是抽象之名或普遍之名。为什么说它们不表示具体的特殊之物?因为它们不是具体或特殊之名。当人们谈到抽象和具体的区别以及特殊与普遍之差别的时候,已经预设了一个类型本体论——一个关于亚里士多德哲学中的实体和属性之本体论或形而上学,或者说,一个关于笛卡儿—牛顿学说中的物体之本体论或形而上学。但是,正如人们经常所指出的那样,这种形而上学对于那些使用自己形而上学方面术语的中国哲学家而言,是完全无关的。这些名既不表示柏拉图哲学中的形式、亚里士多德哲学中的实体或笛卡儿哲学中的属性(本质),也不代表笛卡儿—牛顿学说中的物体。相反,它们代表互相贯通的整体和部分、正在进行的方式和过程或者事物间相互作用、相互渗透的原理。这些名的语义显然包含着这样的内容:事物的活动性、变化、生成和暂时性。它们强调的是作为一个过程、一种发展的天地万物或客观之实。它们也强调作为有机整体的天地万物,而该有机整体的结构通过部分得以显示。在这两种情况下,这些名更接近怀特海哲学而不是亚里士多德哲学,更接近柏格森哲学而不是牛顿学说。这样,这些名不能够说恰好等同于一种主观之物,也不能说恰好表示一种客观之物。它们同时等同于一种主观之物和表示一种客观之物。因此,它们可以同时充当行为述词的个体动作主体词,以及个体动作主体词的行为述词。在这种意义上,它们既是特殊的,又是普遍的;既是具体的,又是抽象的;既是整体，又是部分；以及既是确定的，又是不确定的。

就此而论，可以说汉字一般而言具有如下特殊的本体论特征：集普遍性与特殊性、抽象性与具体性、行为与结果于一体。它们不仅没有句法方面的标志来区分名词和动词，而且在对世界类别的分类问题上也没有语义束缚。任何汉字就其本身的性质而言，可以被用作名词、动词、形容词或副词。究竟一个汉字实际上是用作动词、名词、形容词或者副词，要依赖于其在言（或句，即言的书面形式）中所处的具体位置。这就意味着言的具体语境和出言者之意图决定着一个名的句法类别。由于一般的关于语言之本体论比较倾向于对运动—变化—过程—生成和活动性这一情况之知觉和经验，因此，个体词也就倾向于具有一种动态之适用性，而不是静态之所指。它们更倾向于作为行为词，而非实体词，并且可以很容易地实现前者。这就是为什么在汉语言中存在无主句的一般性解释。既然行为、变化或者关系被认为是自足的和自然的或自发的，因此，也就没有必要把变化或运动归因于某种客体。例如：

《左传》："庚辰，大雨雪。"

《论语》："有朋自远方来，不亦乐乎？"

《孟子》："未有仁而遗其亲者也。"

成语：居安思危。

成语：知难而退。

成语：改过自新。

当然，人们总是可以对这样的句子确定一个主语。但是，任何指定都不一定是唯一可决定的。这意味着这些无主句的实际主语，基本上或就其本质上而言是不确定的。中国语言基于上述本体论之一般假设而产生的另一结果是：主—谓式的表达式从来没有占据优势地位甚或盛行。这同样是因为，正如怀特海所指出的那样，主—谓式的表达式无视以存在、变化和相关性为特点的现实和生活中之具体事实。正如我们在上面所看到的，中国语言不是主—谓式倾向性。对名的理解依赖于有关言的句法和语义哲学，这一情况显示出关系是如何支配着中国语言学之意识。如果我们审查中国语言中不同类型的实际句子，人们会看到在古代汉语中主谓词之间没有明确的系词联结。其中原因，在于从一种静态的涵义来看，谓词不被归结于主词。相反，谓词可能被认为是表示一种主词开始成为的存在状态。这样，句子形式"S—P"不是必须意味着 S 是 P，而是还可能意味着 S 成为 P。这样，关联性通常被认为是表达一种联系，抑或围绕一种作用或关系的一组具体经验。

通过对中国语言的这些和其他特征说明，可以很清楚地看到汉语是建立在本体论结构之原理或形式之上的。我们也可以得出如下结论，即汉语言通常内含（反映）着一种本体论的结构，因为它往往通过中国哲学的名系统地阐述了明确的本体论思想和感受。这可称为汉语隐含的本体论，这一点通过对中国语言（名和言）结构进行批判性审查可以得到揭示。

五、汉语中虚词的性质与功用

上面描述的明确的本体论思想和感受，在对中国语言的理解和应用中是如此牢固，以致人们经常根据由这些本体论思想和感受而提出的范畴来对汉语中的名和字进行分类。三组具有反向性的本体论思想尤其为人们所承认：（1）虚对实；（2）动对静；（3）死对生。任何对中国哲学熟悉的人都将会承认这三对反向性，在儒家、新儒家以及道家著作中是基本的本体论方面之终极。这些范畴被用来对语言中的字进行分类。其结果，产生了三对名：（1）虚词对实词；（2）动字对静字；（3）死字对活字。我将简要地讨论这些具有特色的分类，旨在探求它们的本体论含义。

（一）虚词对实词：虚词是不指称任何真实存在的物体之词。这样说的涵义是指，虚词或者指称非真实存在的事物，或者根本不指称任何事物。这意味着虚词的范围可能是非常全面的，它包括所有句法或语义方面有意义的词，例如时间和空间的关系、介词、逻辑算子、量词、各种副词、模态词以及其他虚词。此外，它还包括用来暗示或表达一定情绪的词。在这样的情绪之中，人们以一个句子开始、结束抑或使其与其他和说话者之意图有关的句子发生联系。虚词包括的这后一种情况，在印欧语系的书面语中一般来说是没有的。显然，对于中国人来说，在西方的口头语中使用一个句子时，存在着具有强调或非强调、确定性或不确定性维度的实际情况。言语行为的这一维度意味着说话者的情绪以及他对正在使用的句子含义的评价。没有人能够否认，言语的这一维度构成了言语意义中重要然而隐藏的方面。这种情况主要是句子或话语方面的，并且可以称其为正在使用的言语中所存在的加强语意之力量。它们说明或显示出在说话者和言语之间存在着某种确定的关系，这种关系可能反映出在预想的听者和言语之间所存在的那种关系。可以说，后种类型的虚词表示有关存在的加强语意之言语力量。但是不像强调或非强调的情形，它们是包含在整个书面符号使用之中的。

固然虚词对世界以及说话者的实际情况并未有所陈述，但它们却呈现出关于说话者与言语之间所存在某种关系的加强语意之力量；所以，它们也可以被称为呈现词，以区别于言说或命名词。说到这一点，指示词也可以称为呈现词。在某种意义上，维特根斯坦在其早期著作《逻辑哲学论》中已经开始承认这种区别。

另一方面，实字却指称（或命名）真实存在的事物。它们适用于有形的物体、人以及其他真实存在的实体或事项，例如过程与行为。对于性质和属性，它们也同样适用。这样，就根本上而言，实字包括名词、形容词和动词。实字构成了我们语言词汇表中的主要部分，并因而承载着语言本体论的负担。它们代表其名是名的对象。所以，它们构成了语言的命题与断定用法之基础。

虚字和实字的区别在于，虚字代表和相当于实中隐藏然而具体的一面，而实字一般而言却代表并相当于实中具体或可看到的一面。当然，一个完整的句子是两方面之统一体。一个句子中的实词证明了明显的一面存在，而其中的虚词则证明了隐含的一面存在。一个句子的涵义是两方面之统一体，既包括客观之所指，又包括主观之意图。中国哲学中本体论的样式，清楚地实现了理解或者至少是倾向于理解了一个完整的句子是什么，以及一个句子的完整意义由什么构成。

在实词和虚词的区别基础上，人们已经提出可能有半虚字和半实字。当然，这种建议的直觉根据是人们对事物半虚状态的本体论思考或观察，以及把事物看作半空半实的语境之可能性。当然，在后一种情况下，上述建议的基础是实字和虚字均能应用。人们提出过如下定义：

> 盖字之有形体者为实，字之无形体者为虚，似有而无者为半虚，似无而有者为半实。①

一般地，人们会看到被用作动词的名词是半虚字。例如，汉字中表示眼睛的字"目"，正像在"耳而目之"中的情况一样，就是一个半虚字。因为在这样的使用中，"目"是在"用耳看"这一意义下使用的。就这一点来看，"目"似乎有一种形态，而事实上却并非如此。类似地，那样一些字，就其本源来言

---

① 佚名篇《对类》。

是虚字，然而可以通过一定方式的使用，使其看起来似乎表示某种真实存在的物体或状态。这样，这些字也就可谓半实之字。例如，"今"（现在）是一个时间副词，但它能够通过具体的应用而显示出似乎是一个反映事实状态的名词。例如"今于"（现在在）、"今也"（此刻）。

这里的意思是，在通常情况下虚字能够被用作好像是实字，或者似乎被以实字的方式应用；以及实字能够被以非实字的方式应用。这样，通过句子和话语中字的实际运用，一个字的本体论性质能够向另一个字的本体论性质转化。当然，这说明了中国哲学中太极所含阴阳相互转化的原理。这也证实了如下事实，即唯有在言（名之运用）的具体语境中，名才会获得确定的本体论状况。中国很多著名的诗篇，都是由于通过把实词按照虚词的方式（从文法上而言，亦即把实词按照副词和叹词的方式）来使用而获得成功的。①

（二）动字对静字：动字和静字的区别，清代袁仁林在他的《虚字说》中做了清楚的说明：

   同一字也，用为勉强著力者则为动，因其自然现在者则为静。②

上述区别的基本原理是，动字表明运动或行为，并进而显示出某种努力或目的；然而，静字则表明一种存在的自然状态，该状态缺乏一定的努力或目的。显然，这种区别比虚字和实字的区别更加实用，因为辨别事件的动或静依靠言的具体语境。袁仁林运用下列句子阐明了这种区别：

   尊尊，亲亲，老老，贤贤，长长，高高，下下。③

通过把上述结合体中的第一个字看作动字，第二个字看作静字，它们的区别也就因此而确定了。但是在如下结合体中——

   君君，臣臣，父父，子子。④

我们把上述结合体中的第一个字看作静字，第二个字看作动字。这样就可以清楚地看出，静字和动字是相对的，并且在言的语境中二者相互决定。

---

① 有时，由实词构成的诗歌中的一个句子只是描写一种心情或感受到的境况。我们可以引用唐代李白、杜甫和王维诗中的许多例子说明这一点。
② 袁仁林. 虚字说.
③ 同②.
④ 论语：12-11.

(三) 活字对死字：这种区别在佚名篇《对类》中曾做了如下说明：

> 死谓其自然而然者，如"高""下""洪""纤"之类是也；活谓其使然而然者，如"飞""潜""变""化"之类是也。

现代语言学家马相伯提出，上述区别相应地也表明了如下一个类似的不同：

> 或曰，活字者，谓其使然而然也。然则死字者，谓其已然之然也。①

(可以看出，活字和死字的区别与动字和静字的区别是相互一致的。)② 如此区别的基础是被命名物体或现实之客观状态中是否存在努力和目的。

根据以上分析可以看出，虚字和实字的区别是基本的和主要的区别。这种区别既有句法的根据，又有本体论的根据。另一方面，动字和静字的区别以及活词和死词的差异，均是源自言的具体语境中虚字和实字之使用。因而，它们反映了虚字和实字的不同用途。正是区分上述差异的方法表明了从体和用的角度来看，对实的本体论理解是如何阐明语言之功用的，以及句子或名的本体论与语义涵义是如何相互依赖、相互转化的。这样，语言能够体现或显呈一种本体论也就是十分明显的事情了。袁仁林说：

> 虚用活用，亦非修辞者勉强杜撰如此。盖天地间虚实恒相倚，体用不相离，至静之中而有至动之理，凡物皆然。彼字之死实者，亦一物也，故其理自然可以如此；然于本义，则在即离之间矣。③

这段话明确地强调太极中阴阳本体论在语言中的具体表现，以及对语言中相关词的决定作用。

由此，我们甚至可以说，中国哲学中的本体论是中国哲学中语言的本体论。

六、本体论的理解和语言——儒家的见解

尽管中国语言可以说是呈现了中国哲学的本体论，但中国哲学的本体论并不是唯一地决定于中国语言。事实上，中国哲学中并没有观点主张人们可以从语言中辨认出本体论。本体论的范畴，例如太极、阴-阳、理-气以及其他类似

---

① 古汉语语法学资料汇编 [M]．北京：中华书局，1964：110．——译者注
② 此句系根据上下文补出。——译者注
③ 袁仁林．虚字说．

之物并非源自主—谓表达方式这一标准,斯特劳森在其著作《个体》中表达了这一点;它们也不是蒯因所提出的本体论承诺以及量化真理这一标准可以解释的。其中的原因在于,语言是一般性的,并且主—谓表达式在中国哲学的语言中尤其不占主导地位;此外,在量化逻辑方面它们也不是唯一可形式化的。一般而言,中国的哲学家们不相信有一种元哲学的或元语言的标准能够解释一种本体论。不管那种元哲学或元语言的标准是语法、语法形式、逻辑或逻辑形式。相反,他们一般相信在哲学和哲学的语言之外,存在着直接的体验以及一个人对现实的直接领悟。这种直接的体验以及对现实之直接领悟,成为所有哲学思索和哲学语言意义的根据与基础。这意味着一个人的直接体验和对现实之直接领悟构成其哲学和语言行为的基础。它们不仅形成了哲学和语言发生的原料,并进而历史地解释了二者之起源;而且,它们还不断地维持我们哲学意识和语言运用之适当与能力,并进而构成我们哲学和语言之永恒的认识上之根本事实。我们可以把这种根本的直接体验、直接体现或对现实之直接领悟称为不可言喻之本体论。这样说并不意指本体论和语言没有联系,而是指本体论不是在语言中部分或全部地得以系统阐述,并且可能根本永远也不会被部分或全部地系统阐述。

人们可能想知道人的这种直接体验或现实之直接体现是如何产生的。答案是它们自然发生,因为人是天地的部分,有能力通过天地或道形成一个统一体。这里的"天和地"以及"道"是用来指称人们理解并表达出来的最终之实。这一基本的信念不仅仅是一个哲学陈述,而且是验证或证明哲学陈述之物。构成无言本体论的这种直接体验以及现实体现在《易经·系辞》中有如下清楚的说明:

> 仰以观于天文,俯以察于地理,是故知幽明之故。原始反终,故知死生之说。精气为物,游魂为变,是故知鬼神之情状。①

> 与天地相似,故不违。知周乎万物,而道济天下,故不过。旁行而不流,乐天知命,故不忧。安土敦乎仁,故能爱。②

关于这一段我们要指出两点:首先,本段告诉我们如何逐渐获得本体论的变化之实之知识。我们通过观察、沉思、仔细研究、感情移入、模仿甚至乐趣

---

① 易经[M]. 威尔海姆, 贝尼斯, 译. 普林斯顿: 普林斯顿大学出版社, 1967: 294.

② 同①295.

来逐渐获得这方面的知识。简言之,通过生活而和周围环境保持密切接触,以及通过在和现实的相互作用中发展我们生活的潜力(品德),便可以逐渐地获得前述有关知识。

这就是所谓的现实之直接体现,并且是在这个意义上,通过现实之直接体现而使我们对现实产生了认识。其次,当然,《易经》提到的知识不是以逻辑的方式系统阐述出来的命题知识。那是一种直接产生一种感觉和存在状态的知识,一种表现在一个人的行为或生活方式中的知识。它是以无忧无虑、充满快乐和善心、拥有行动自由和实现自我满足为特点。它构成了我们旨在影响其他变化和转化的个人努力与行为之基础。使这种知识成为可能,以及构成此种知识基础的是不可言喻之本体论,或者说是我们对其理解不是借助语言的清楚表达而实现的本体论。

关于这一点,我们可能注意到在当代西方哲学中有一种正在发展的趋势,即承认语言和知识的不可言喻之本体论基础。例如,M. 波兰尼在他的著作《个体的知识》中,已经描绘了显知识和意会知识的区别。一方面,前者具有如下特征:概念运动,焦点意识,清晰解析,演绎、归纳以及论证;另一方面,后者则具有如下特征:运用辅助意识,身体行为,运用技巧,行为模式,调整和适应能力。因而,一方面,显知识从名和命题方面而言是可以言说的。它就是中国哲学中的言。另一方面,意会知识是可显示(但不是可言说)的。意会知识属于人的非命题行为。它是言的反面,和静(默)无言或者无言相对。值得指出的重要一点是,按照波兰尼的观点,意会知识逻辑先于显知识。构成意会知识的真理具有这样的特点:其确定性超出或低于显知识,对此类知识的掌握导致语言和其他形式的显知识存在。此外,这样的知识将不会被显知识或语言表述耗尽,因为此类知识形成了任何显知识涵义的背景和基础。波兰尼这样说道:

> 在我们意识焦点上的事物可以被明确地识别,但没有知识是可以完全清楚的。原因之一是,正在使用的语言之意义在于它心照不宣的成分;原因之二是,使用语言包括我们身体的动作,而对这一点,我们仅有一种辅助意识。所以,意会知识比显知识更为根本:我们能知道的比我们能说的更多;而如果不通过对我们可能不能够言说的事物有所意识,那么,我们将对其不可言说。[1]

---

[1] M. 波兰尼. 个体的知识.

尽管不可言喻之本体论只能够被以意会的方式知道，但它可以通过一组清楚的符号使用而被象征性地指涉。一组清楚的符号并非正好等同于关于世界的一个由明确陈述或言语所构成的体系。不可言喻之本体论对大多数的由明确性陈述所构成系统之解释是开放的，这些解释依赖于特定的环境和背景知识。不可言喻之本体论要求解释者不可囿于关于被解释者经验之背景。这样，一个符号体系是关于世界的无穷陈述的一个实际分类。这些无穷多的陈述虽然不是完全可列举的，但是在特定的条件下，以某种方式是能够对其详述的。在这种意义上，《易经》的六线形符号体系是中国哲学中不可言喻之本体论的一个符号表现。这一符号体系在中国古代通过人们的直接体验，以及本质之直接体现而得到发展。《易经》中附加的看法和注释，体现了人们通过沉思六线形符号体系的方式，试图从意会知识中产生出显知识的尝试。别处我也已经指出，《易经》哲学的显知识和变之方便的会意知识之间，存在着一种符号指称和感觉统一间的相关性关系。①

据说在《论语》中，孔子少有言及利和天的情况。但是，他把自己交给了命和仁。事实上，孔子自己并没有着力于形而上学的沉思，他也没有提出许多形而上学方面的陈述，但并不意味着孔子没有一个对世界的本体论理解。相反，他对世界的本体论理解是如此深邃，以至于明确的陈述不能对其做出充分的清楚表达。其中原因，在于如若试图以明确的陈述表达孔子的本体论思想，其理解的深度将可能被误解或判断错误。孔子的本体论是不可言喻的，其源自他的直接体验以及现实自身的直接体现。有一次，他在河岸上观察：

逝者如斯夫！不舍昼夜。②

从孟子时候开始，这一言论就始终被人们认为是孔子对天、地以及其他数以万计事物最根本性质的个人体验之显示。朱熹曾就此有过注释：

天地之化，往者过，来者续，无一息之停，乃道体之本然也。③

尽管孔子经常谈到认真言说以及知言的重要性，但他并不认为言是无所不

---

① 参看我的论文《中国哲学和符号指称》，载《东西方哲学》，1977年，第27卷第3期，307—322页。在这篇文章中，关于符号指称这一问题，我谈到了怀特海、《易经》和《道德经》。
② 论语：9—17.
③ 参看朱熹《四书集注》中对《论语》相应章节的注释。

包的。他说:"不知言,无以知人也。"① 显然,他认为言在表达人的感情、实现人际间交流以及发扬善良品性方面是必要的。关于本体论的事情,他宁愿选择通过无言的方式来表达其有关知识:他说:"予欲无言。"当他的弟子问:"子如不言,则小子何述焉?"孔子的回答非常具有启发性和鼓舞性。他说:

> 天何言哉?四时行焉,百物生焉,天何言哉?②

尽管天不言语,但这并不意味着天是不真实的,抑或我们对天或终极实在一无所知。事实上,正是因为天的无言存在,才使我们认识到天像天,以及天以天的方式而存在。这是一种意会知识的情形,并且是不可言喻的意会之本体论情形。

上述意会知识在《中庸》这部著作中有进一步的说明。《中庸》认为,终极实在即天地之道的终极基础是人之所以为人的至诚。文中指出:

> 唯天下至诚,为能经纶天下之大经,立天下之大本,知天地之化育。夫焉有所倚?肫肫其仁,渊渊其渊,浩浩其天!苟不固聪明圣知,达天德者,其孰能知之?③

但何谓至诚?它是源自一个人的本性和对其本性之意识的一种特性或力量。至诚完全等同于终极实在。这样,终极的本体论知识基础是被视为实在之具体体现的自我之存在。知识本身是这种性质的一种显露。所以,《中庸》指出:

> 诚者,天之道也;诚之者,人之道也。诚者不勉而中,不思而得,从容中道,圣人也。诚之者,择善而固执之者也。④

显然,保持诚也就是保持自然。通过这种努力和自觉,一个人将会逐渐掌握关于存在的真正知识;并且,这种知识仍然展现和实现于生活的和谐经验之中。完成上述事情不需要语言和思考作为媒介。本体论理解的这种状态被称为明。它等同于性以及对某人性的肯定即诚。《中庸》曾提出这样的观点:

> 自诚明,谓之性;自明诚,谓之教。诚则明矣,明则诚矣。⑤

---

① 论语: 20-8.
② 同①17-17.
③ 中庸: 32.
④ 同③21.
⑤ 同③25.

诚是本体论认识的基础。这等于说本体论的理解和对本性的本体论肯定是同一件事情。做到诚就意味着明，实现了明（按照明的本体论涵义）也就是保持了诚。这样，达到了本体论的理解，抑或做到了至诚，也就被称为尽性。既然保持诚和实现本体论的理解都是亲自认识到道，那么诚也就是尽某人之性并且尽世界上所有事物之性。

> 唯天下至诚，为能尽其性；能尽其性，则能尽人之性；能尽人之性，则能尽物之性；能尽物之性，则可以赞天地之化育；可以赞天地之化育，则可以与天地参矣。①

这样，人们能够表达的本体论理解最终是在如下过程中得以完成的：为显示世界上所有事物本性的实现而增强一个人的能力，并进而把自我本身和天地之道的创造性力量视为同一。人们能够表达的本体论理解是创造力本身，或者现实的创造性进化之部分。在这个意义上，本体论不再是一种客观的研究，而是一个对客观实在完全实现的过程。本体论的真正知识是实现事物和维持以及提高道的创造力的创造性活动。

> 诚者自成也，而道自道也。诚者物之始终，不诚无物。是故君子诚之为贵。诚者非自成己而已也，所以成物也。成己，仁也；成物，知也。性之德也，合外内之道也，故时措之宜也。②

无论何时，一个人都能够做到这一点。当然，我们是指他认识道或现实。他不必说他知道，或他知道如何用语言表达他的理解。在这个意义上，说一个人能够认识现实是基于如下看法：他能够精确地或近似地按照天地的模型行动，这一模型产生了事物，保持了和谐并且呈显出伟大的所有基本特征：无穷、无间断、久远、广博、深厚、高大和光明。

> 如此者，不见而章，不动而变，无为无成。

当一个人理解了天地所呈显之物时，他也就知道了天地之道。另一方面，一个人知道了天地之道，这体现在他的行为和活动中，而非言语之中。此种情形是会意的知道，是关于不可言喻之道的本体论之派生。当然，在《中庸》中我们会注意到会意的知识并不阻止一个人从事研究和学习。《中庸》中存在着不

---

① 中庸：12.
② 同①.

否定通过名言学习之重要性的一个方面,并且这一方面使得《中庸》区别于道家的见解。值得注意的另一点是,《中庸》非常强调一个人察知天地以及生活中平常事件所呈现之物的能力之重要。所谓察即注视生活和变化中所呈现出来的事物性质。呈现出来的不一定是显著呈现出来的。事实上,终极真理是以一种微妙和不显著的方式而得以呈显的。因此,发展理解显示出来的何谓世界终极真理之能力是需要专心和教养的。故《中庸》这样指出:

> 道也者,不可须臾离也,可离非道也。是故君子戒慎乎其所不睹,恐惧乎其所不闻。莫见乎隐,莫显乎微,故君子慎其独也。①

文中进一步指出:

> 《诗》云:"鸢飞戾天,鱼跃于渊。"言其上下察也。君子之道,造端乎夫妇,及其至也,察乎天地。②

既然道之本体存在于各处,那么,如何吸收它并构成一个人的有关知识便是一件研究和实践的事情。这种知识必须被经常不断地追求和实践。

七、不可言喻之本体论——道家的观点

道家极力主张如下观点:世界之本体论不可言喻;我们能够认识现实并进而掌握不可言喻之本体论;这样的本体论如果其真实性获得存留,那么是不能凭借语言而进行完全、清楚的表达的。为节约篇幅,我将稍微详细地讨论老子著作中的这一理论,至于庄子则简要说明。

老子在《道德经》中提出,终极实在即道既不能被谈说又不能被命名,也不可按照通常的方式加以识别。这意味着通常的言语(言和道用作动词)以及名并不适用于这一终极实在——道。著名的《道德经》之开篇句子如下:

> 道可道,非常道;名可名,非常名。③

因此,从某种意义上而言,语言(名和言)不能真正地描述道。但是,现在一个有趣的问题就产生了:我们是如何知道道是无名的、不可命名的、无言

---

① 中庸:12.
② 同①.
③ 道德经:1.

的以及不可言说的。老子对这个问题并没有给出一个直接的回答，但是，他确实在不止一处指出，圣人通过察看在事物的过程和活动中呈显出什么，以及明白自己所有的东西——即源自道的性质而达致对道的认识。例如，老子曾这样说过：

> 孔德之容，惟道是从。道之为物，惟恍惟惚。惚兮恍兮，其中有象；恍兮惚兮，其中有物。窈兮冥兮，其中有精。其精甚真，其中有信。自今及古，其名不去，以阅众甫。吾何以知众甫之状哉！以此。①

尽管老子称道为有名之物，但是，该名显然不是一个常名。从老子的话中，也可以清楚地看出我们只有通过按照道的真实状态来察看道才能达致认识惚恍之道，而道的真实状态是不确定以及不能确定的。道是不确定的，这一点已经使人们难以根据确定的名来描绘道。只有通过拒绝使用限定或在一定的限定情况下去察看，不确定的道方可为人们所理解。除去所有的限定，我们将会看到道独自在闪闪发光。这里所言所有的限定，包括偏见、预断以及名、言之中存在的思想。这样，老子就把道描绘成基本上是眼看和耳闻均无结果之物。他说：

> 视之不见名曰夷，听之不闻名曰希，搏之不得名曰微。此三者，不可致诘，故混而为一。其上不皦，其下不昧，绳绳兮，不可名，复归于无物。是谓无状之状，无物之象，是谓惚恍。迎之不见其首，随之不见其后。执古之道，以御今之有。能知古始，是谓道纪。②

老子也用明（阐明或洞察）这个字去描绘我们对道的理解。这是一种超越语言或者不依赖于语言的本体论理解。这种明在一个人努力实现自我潜在的生命力并进而达到一种内在宁静的过程中得以实现。这种明是一种存在，或更准确地说，自我中存在的创造力（即非存在—虚）之实现。老子曾这样描述明的状态：

> 致虚极，守静笃。万物并作，吾以观复。夫物芸芸，各复归其根。归根曰静，静曰复命，复命曰常，知常曰明。③

知常就是守静以及归根。这样的本体论知识是通过意会行为而获得的意会

---

① 道德经：21.
② 同①48.
③ 同①56.

认识。正如我们已经指出的，通过自我中有的东西（以此）一个人能够意会地知道道。通过自我中有什么而知道，也就是感情移入地把自己和自己所知道的打成一片，并采纳自己所知道的观点。老子这样说：

  故以身观身，以家观家，以乡观乡，以邦观邦，以天下观天下。①

  所以，一个人将从关于道的观点中获致认识道。这样做就是不要采用并非关于道的任何观点，亦即根本不采用任何观点。这就是说，一个人应当使自己摆脱关于事物的所有预想、所有知识以及所有的偏见。这就回归到本源。在那里，事物被按照其自然状况而为人们所看到；并且，人们将通过自发性的看到而看到事物。也就是，在那里人们看到道，原因在于正是在那里道或者所有事物的真正本质得以呈现。这就是老子想要废除文明、抛弃知识的缘由。他这样指出：

  绝学无忧。②

  为学者日益，为道者日损。③

当一个人获致明白道的时候，他也就恢复了其真正本体，切实实践了道。这样，

  见小曰明，守柔曰强。用其光，复归其明。无遗身殃，是为习常。④

  圣人不行而知，不见而名，不为而成。⑤

  当一个人切实实践了道的时候，不须谈及他的认识他就懂得了道。当然，老子希望指出的是，如果一个人确实谈到了他的认识，那么他的认识不可能是道本身的知识。语言是分裂的、多样的，而道则是一体的、整体的。所以，真正懂得道的人并不言语。他将停止运用语言来表达这样的知识，因此，此类知识只可被呈显，而不能被言说，正如道只能被呈显，而不可被言说一样。老子这样说："知者不言，言者不知。"⑥

  既然道之本体论不可通过语言得到系统阐述，那么，也就不能运用语言以识别道。人们可能会做出如下推理：既然按照老子的看法，道无名或不能通过

---

① 道德经：52.
② 同①56.
③ 同①1.
④ 同①.
⑤ 同①47.
⑥ 同①56.

语言加以识别,那么,关于不可识别的道我们能够说出什么？"无名,天地之始；有名,万物之母。"① 有名就是通过概念化和语言的方式来区分事物：这就产生了世界的现象。但是,在如此做的过程中,作为整体、统一而又和谐的道之景象就将不可避免地被丢失,这是明显的事情。

在《庄子》一书中,超出或在语言之下的道通过直接体验,以及对其直接实践而再次被人们知晓。特别值得一提的是,庄子强调为了知道真理、具有真知识或者了解道,一个人首先必须成为一个真人。所谓成为一个真人,即通过参与道的活动或感情移入地和道合成一体进而获得关于道的意会知识。对庄子力主关于道的知识之无言掌握,以及他否定仅仅表示相对和局部知识的语言之方式,我们将不进行详细阐述。但是有一点需要指出,即庄子认为,尽管语言可能帮助我们达到对道的理解,然而一旦获得这样的知识,人们就必须中止或忘记使用语言,以努力保持道的同一性。如果人们真正地达到了对道的理解,忘言也就自然地发生。这样,本体论的理解与忘言是一致的。为了提出自己的观点,庄子这样说道：

  荃者所以在鱼,得鱼而忘荃；蹄者所以在兔,得兔而忘蹄；言者所以在意,得意而忘言。吾安得夫忘言之人而与之言哉！②

当我们发现一个人忘言时,显然,他根本就不需要言说。人们可能会提出,为了解释对真理或道的意会知道,老子和庄子都说明了如何通过感情移入和直觉的方式以理解事物的真正性质以及道。这解释了他们是如何运用形而上学的语言以描绘道的特性,抑或传达道是什么。运用语言说出不能用语言清楚陈述的某物,这一艺术是道家本体论理解的智慧所在。在别的地方,我已经指出老子是如何从世界上具体事物的经验方面来构造道的形象的。③ 对于庄子而言,这同样是真的,并且可能相对于老子,庄子运用了更多的鲜明形象,以及更多的既具体而又富有想象力的概念。

关于道家,尤其是庄子,最后指出的一点是语言被用来指出不可言说之事物、显示否定语言的事物以及语言代表何物的特定方式。语言的这一获得本体

---

① 道德经：1.
② 庄子·外物.
③ 参看我的论文《中国哲学和符号指称》,《东西方哲学》,1977 年第 27 卷第 3 期,307—322 页.

论之洞察功能，在后来被禅宗派佛教徒修习并得到发展，成为通过被称作心印或公案的自相矛盾之话语来实现悟的艺术。在一篇独立的论文中，我已经检查了自相矛盾的话语这一艺术以及它的逻辑，故此也就不再赘述。① 这里需要指出的是，自相矛盾的言语艺术构成了实现本体论的理解，或者对超越语言的终极实在洞察的一种方式。

根据上面所述，可以清楚地看到对道家而言，本体论不是在语言之中寻找；因而，人们应该忘言，认为言根本就不表示任何事物。庄子这样说道：

夫言非吹也。言者有言，其所言者特未定也。果有言邪？其未尝有言邪？其以为异于鷇音，亦有辩乎？其无辩乎？道恶乎隐而有真伪？言恶乎隐而有是非？道恶乎往而不存？言恶乎存而不可？道隐于小成，言隐于荣华。故有儒墨之是非，以是其所非而非其所是。②

在我看来，道家的无名理论在西方哲学中并没有十分准确的相似之物。它是源自中国哲学中的一种独特体验和观点。这种体验和观点的结论就是：语言相对于本体论的理解而言并不是完全可有可无的；但是，为了达到对这样的本体论理解，语言又必须废除。本体论和语言是不能并立的，它们分别属于人类经验的两个层面，以及本体论和认识论之本体的两个层面。

八、关于名与言的五种理论

基于把语言视为言和名这一观念，中国古代的哲学家基本上提出了五种理论。这五种理论是：（1）无名无言理论；（2）正名理论；（3）唯名论的理论；（4）柏拉图哲学的理论；（5）经验实在论（科学实在论）的理论。道家提出并坚持了第一种理论。儒家提出并坚持了第二种理论。这两种理论在历史上比其他理论较早产生。但是，对道家和儒家我们则难以判定谁产生得更早。显然，这两种理论都预设了名的存在，而且均可以被正确地认为是应名在发展过程中的不满意使用以及滥用而提出的。就儒家而言，名的首要功能就是用于恰当地调整言，而言则认为是为了给制度化的社会秩序和政治稳定构筑基础。既然言

---

① 参看我的论文《论禅语言和禅悖论》，《中国哲学杂志》1973 年第 1 卷第 1 期，78-102 页。

② 庄子·齐物论.

被设想是有目的的，那么社会和政府的目的也就因而为名和语言的校正提供了主要范围、基础以及基本原理。在社会与政治的考虑以及言和名的实用价值自很久以前即成为中国人头脑中固定不变的关心对象这个范围内，人们可能会认为儒家的理论在历史上要早于任何其他理论。

至于道家的无名和无言理论，这似乎表明与人的事务相比之下，道家更为注重现实之性质。但是，关于本体论的这种完全关心可能只不过是表面上的，因为他们也可以被认为是在寻找解决社会与政治的秩序和稳定这一问题之方法。他们的解决方案导致了其本体论之洞察，而这一点他们认为又将导致正在考虑中的解决方案。他们认为，只有在我们放弃名，不去校正它们时，社会和政治秩序才可以得到恢复或永久的保证。当然，实际情况可能是他们首先发现了关于道的无言之本体论，然后试图将其应用于生活和社会之中。这种情形也可能是真实的，即道家注意到了名的分裂性和破坏性，故而构建了其本体论的理论。有一种观点认为，道家希望解决社会秩序和政治稳定的问题，结果当他们获致明白道的真正性质时，解决问题的方法也就随之找到。这种观点似乎是合理的。若从如此观点来看，道家和儒家一样同样注重实际。他们对言和名给予了同等的关注，并且在言和名的问题上，庄子的忘言理论和孔子之勿言理论是相互依赖的。

唯名论的理论和柏拉图哲学的理论可能似乎是远离实际的考虑。前者的提出者是尹文子，后者的提出者是公孙龙。在中国哲学中，他们二人被称为名家中的逻辑学家。尽管他们的理论似乎专注于对世界起源和名的指称进行逻辑分析，但有证据表明，他们却是关心实际问题的，诸如正名之类。这样，正像儒家一样，他们的理论可能受到实用考虑激发。但一旦这样的理论得到系统阐述，它们反而变成逻辑和本体论理论的问题。我想要指出的只是，他们关于名的理论，最初可能是打算和一种具有实际倾向的言之理论联系起来。

没有明显实际考虑的名言理论，仅是由后期墨家提出的经验实在论。尽管后期墨家是注重实际的墨子所创立学派——墨家学派的弟子和成员，但他们对语言、逻辑以及科学的悉心研究，清楚地提供了自足的和独立的成果，这些成果足以与亚里士多德的有关成果相媲美。他们的作品，包括《经》、《经说》、《大取》和《小取》是一丝不苟的、有条理的辉煌研究成果。尼达姆、A. C. 格雷厄姆、齐密莱乌斯基、成中英和查德·汉森之间最近的讨论已经详细地表明，后期墨家没有选择接受确定了的更重要之急务，或含糊的实用价值和目标为导向，而是相反，作为具有逻辑和科学训练的思想家，他们意欲建立一种逻辑和科学的哲学与方法论，以使价值和行为规范的问题能够按照其观点得以适当的解决。① 正是基于这一视界，人们可以认为后期墨家的工作反映了科学的、方法论的精神。他们既提出了一个关于名的逻辑理论，又提出了一个关于言的逻辑理论。

九、儒家的正名学说

正如我们已经指出的，儒家认为语言是一个言的问题，而言是基于稳定社会和建立政府这一实际目的而提出的。从一开始，语言就是社会性的，是用来维持社会的稳定的。为了社会交流和社会控制的目的，那些能够确保语言使用符合要求以及名和名之实之间一致的人们，必须清楚这种情况将会发生。特别是名，它们必须被包含到语言（言）中，以使其恰当地识别和表示事物的特性。这就是儒家正名学说的一般基础。

儒家正名学说的基本原则如下：

（1）语言是服务于社会交流和社会控制的，所以，为了实现如此目的，人们必须恰当地制定和运用语言。孔子说："不知言，无以知人也。"②

（2）名是为了言，而言则最终是为了合乎社会秩序之目的。这样，必须恰当地调整和理解名，并且杜绝滥用，以免产生无秩序和混乱的结果。

（3）所有事物都是可命名的。对一个事物命名，就是根据其真实特性来识别它。这样，名能够为我们提供关于世界上事物的知识。这就是鸟、兽、草、木之名的真实情况。有鉴于此，孔子在谈到学诗的价值时说道："多识于鸟兽草木之名"③。

（4）人类的关系、目标和价值也可以命名。作为如此之名，它们必须恰当地与如此之实相符合。

（5）正确地使用名就是正名。但是，一个基本的前提是对客观现实有一个正确的理解。因为人们是从经验以及对人性、人性与天的关系之洞察的观点来

---

① 对于这里提到的一些文献，参看我的论文《中国逻辑面面观》，《国际哲学学刊》1971年第7期，213—235页。

② 论语：20—3.

③ 同②17—9.

理解人类关系、目标和价值的实际情况的，所以，产生于此种理解的名包括对此种实际情况的正确识别。正确地命名，就是正确地观察和正确地理解通常的行为准则、人类行为的目的以及它们和社会与政府的关系。此处，还包括上述两种情况中后者和前者的关系。

（6）一旦制定了关于事物和价值的名，它们就应当被正确地使用，以指称其应当指称的事物。这样，就不会发生社会交流和社会控制中的障碍，关于名究竟意指什么的混乱也将会避免。社会交流和社会控制中的障碍，以及指称混乱将会导致社会准则和价值标准的崩溃。而这一点，又将逐次导致思想和论证的混乱，以及不可避免地引起无秩序与政治不稳定。所以，为了正名，人们不仅应当确保名和实要恰当地相应，而且在使用言或语言的过程中应该采取预防措施，以阻止混乱和名的滥用。

关于正名的实际目的和主要任务，孔子本人曾有说明：

> 名不正，则言不顺；言不顺，则事不成；事不成，则礼乐不兴；礼乐不兴，则刑罚不中；刑罚不中，则民无所措手足。故君子名之必可言也，言之必可行也。君子于其言，无所苟而已矣。①

尽管孔子对事实和价值并没有做出清楚的区分，但是，对他来说存在着两种名则似乎又是清晰的：第一种是自然之名，受事实和事物本身控制；第二种是价值或规范之名，它们控制着人的行为。人们可能会提出，在自然事物的范围内名必须符合实；但是在人的价值范围内实必须符合名，因为名之实靠人去实现。当一个人遵守社会的价值标准时，他也就成为一个在社会上有教养的存在者，进而社会的大目标就可能得以实现。有鉴于此，孔子提出："君君，臣臣，父父，子子。"② 这样，校正名的原则就是双重的：对自然之名，必须使其和自然的事物相一致；对价值之名，则要求人们必须和其保持一致。显然，孔子的正名学说是围绕后一原则而提出的。这样，作为如何管理政府问题的答案，他系统地阐述了其著名学说也就不足为奇了。此外，尽管孔子没有明确地提出一旦名被正确地制定以表示一定之实，那么人们在使用名的时候何以能够避免混乱；但是，从他的不同谈话中我们可以看到，在名的使用方面孔子实际上采取了两条基本原则：（1）一个名应当适用一类事物；（2）一个事物或一个人可

---

① 论语：13-13.
② 同①12-11.

以有许多名，这取决于它或他和其他事物或其他人的关系。

在荀子那里，孔子关于正名的基本原则得到详细阐述并有进一步发展。荀子的《正名》篇清楚地指出，语言是社会与人的规定，因而始终具有社会和人的意义。他进一步指出，作为一名负责社会秩序的统治者，必须调整作为保持社会秩序的一种手段的语言，这将有益于和平和人民安宁，消除混乱与无秩序。但是，除了语言的实际与社会方面之外，荀子还比孔子更多地提出了语言的两个重要方面，即语言是建立于经验基础之上，语言是习惯的产物。此外，荀子通过探索以下问题而专心致志于语言的上述三方面之说明：（1）"所谓有名"；（2）"所缘以同异也"；（3）"制名之枢要"。下面我们简要地描述荀子是如何对这三个问题进行回答的。

（1）荀子指出，如果没有确定的名，那么我们关于事物的思想就不能被清楚地表达出来。对于我们究竟想谈论什么，自己也会弄糊涂。所以，贵贱不能够被区别，异同难以分开，交流将会成为困难，社会活动也将是不可能。有鉴于此，贤能之人决定制定名以指称不同的事物。这样，贵贱就可以被区分，异同也就可以分开。这意味着人们可以区分事物的不同价值，以及根据事物的相同和差异，人们可以对它们做出不同的划分和记录。而这样，社会交流和社会活动也就会产生。

（2）按照荀子的观点，制定不同事物和相同事物之名的基础是我们的自然感官。他相信我们的感官对事物的印象是相同的。所以，我们可以采用同样的名来指称同样的事物，以不同的名来指称不同的事物。这样，在名的作用问题上，荀子的观点属于经验实在论。他承认视觉、听觉、味觉、嗅觉、触觉和情感（欲望和感情）分别具有不同的性质。他承认人的心具有组织能力与推论能力。这样，他得出结论，即名通过人的认识事物能力（就感觉和心而言）而和世界上的事物相一致。关于这一点，人们可能会认为，对荀子而言语言中的名是被设想为代表经验世界的客观物体的，语言因而有着经验的起源和指称。

（3）不同的事物必须有不同的名，同样的事物必须有同样的名，这是对应原则。这种依据异同的对应似乎暗示着根据类的层次，我们可以认识事物。事物是相同的，原因在于它们属于相同的类；而事物是不同的，原因则是它们属于不同的类。同和异的绝对标准是类的相同和差异。通过承认不同大小的类或普遍性，荀子和后期墨家一起把类的概念引入了中国的逻辑词汇表。命名的目的在于确定关于相同类（属性）的同一性，以及区分关于不同类（属性）的差异性。这样，一个专名将把一个事物从所有其他的事物中区分出来。一个普遍性的名（大共名）将把所有的事物确定在同一个类之中。关于类名的制定，尽管荀子基本上是实在论的观点，但他同时引进了约定原则。他指出，"名无固宜，约之以命，约定俗成谓之宜，异于约则谓之不宜"①。

当然，名的因袭性就是为了某种目的而最初对名选择的因袭性。它并不改变对应的性质，或者说名所对应物的性质。这样，荀子的理论不允许我们做出这样的推论，即可以通过名的约定而为世界上的客观事物立法。他关于语言的观点，基本上是实在论的和经验主义的。事实上，他甚至指出如下的事物个别化原则：根据地点和形状而使事物个体化。当一个事物改变了形状但性质和地点并没有变化时，它依然被认为是同一事物。但是，如果两个事物占据两个不同的地点，即使它们有相同的形状，也要视其为两个事物。

基于上述有关语言的起源、目的和性质的分析，荀子能够否定下列种类言语的谬误：用名以乱名的言语谬误，这种谬误根本不顾及人们使用语言的本意和目的；用实以乱名的言语谬误，这种谬误不考虑不同和相同理解中的名之根源；用名以乱实的言语谬误，这种谬误不考虑人们想要制定名或特殊的类名之目的。

关于荀子的正名理论，我们可以提出两点或更多的看法：

（1）荀子清楚地承认名对于社会和人们生活是必要的。他的这一思想是建立在对如下事实的承认基础之上的：人的欲望存在是人际交流和社会存在的基础，并且人的欲望是不可消除的。这样，人们就可以通过运用语言以满足自身的需要。为了避免有关语言方面的混乱，人们需要通过自己的理性或思想来知道真实情况，但并不需要消除欲望以及其中隐含的因之而起的否定名与否定语言观点。

（2）在《正名》篇的开首，荀子提到了一些涉及人的"散名"，如生、性、情、虑、伪、事、行、知、智、能、病、命。如果认为这些名也应当符合上述关于名的三个条件，那么，荀子将会承认名所符合的实必定是对基于头脑的理性理解开放的，而不是仅仅限制在我们感性经验范围之内，这是很清楚的。这样，正确的命名包含着根据头脑对世界有着正确的理解。正如使用什么样的名将反映出必先预设什么样的本体论一样，本体论的状况将以一种内含的方式决

---

① 荀子·正名.

定着使用什么样的名。

十、道家的无名论

我们已经讨论了老子的无名理论和庄子的忘言学说。就老子而言，道无名的明显理由和根据在于：作为终极实在的道是完整的、不确定的。人们在以确定的方式表示道的特性时，不可能不丧失其整体性、无限性以及道本身的源性质。名是存在（有）的名。在通常意义上，道并不是确实地存在着。因此，就本质上而言我们不可能有识别或表示道之特性的名。这就是老子称道为无的原因。事实上，就所有事物都包含一个隐藏的方面即隐或无的方面而言，人们借助名是不能够确切地识别和表示事物之特性的，因为它们不可能被理解为完全确定的。这就是老子的本体理论想象的事物之真实性质。在这一点上，老子认为语言基本上是多余的和可有可无的。尽管语言可以通过一定的方式帮助我们识别和表示事物之特性，并且这种识别和表示可以证明在实际上也是有用的；但是，它们可能会令人误解乃至产生错觉。个中原因，只是由于语言可能阻止我们看清事物的真实性质，以及本体之整体性。

老子有一个暗含的理论和观点，其内容是：如果我们减少或消除命名的需要，那么事物和道可能会保持无名。换言之，老子的道无名理论和其无欲理论以及无为思想密切相关。他认为，如果摒弃了欲望，我们就能够看到道的真正性质；反之，一旦拥有了欲望，我们则将看到事物之开始。这样，本体的真实性质和无欲状态下的理解相关联，而被区分开了的事物之本质和有欲状态下的理解相关联。欲望是什么？尽管对这个问题老子并没有详细地讨论，但他的谈论却为我们提供了关于欲望是什么的如下说明。

欲望是以自我为中心的、自私的要求占有，并进而是作为世界对立面的自我之产物。它们不考虑关于其他事物的观点。它们产生了所谓的服务于私人利益的知识。它们导致了使我们不明事物真实性质的行为。老子并不反对自然的欲望，或者说自然产生的欲望，这是他从水和未雕刻之石的形象中看到的。由诡诈培养、借助知识得以提升的欲望是不自然的。它们歪曲了人的本性，并进而将不会呈显道的真实性质。这样，有欲望就是希望特殊地做某件事（有为）。它是拥有事物、控制事物和分开事物。相反，没有欲望就是听任事物自然发生，让自己的创造力在和客观实在的协调一致即没有迫使和强加中得到发展。那是没有占有欲的创造、毫无傲慢的成就事情以及不加控制的引导。

老子指出，正是在道没有做任何特殊事情的时候，每件事情反而被做了。这意味着拥有多样化生命形式的宇宙包含着自发性。其中原因，只是由于对道而言并不存在着惯例和目标。在这个意义上，道可谓没有欲望，从不朝着特定的目标而做出努力。人们应该以道的形象为导引。为了实现创造力，人们应当保持老子所谓的无欲和无为。

这意味着人们应当保持或致力于一种自然的生活以及忘我之态度。因此，不做任何事情以及没有欲望就是从自己的角度而言没有欲望和不做任何事情。这就是放弃自我（忘我），但并不放弃生活和创造力。从这个意义上而言，人们将不仅理解或懂得道，而且将如同道本身一样。从这个意义上，语言也将成为多余的、可有可无之物。因为作为表达欲望、陈述知识和控制行为的媒介，一旦欲望、知识和控制行为成为不需要，语言也就将失去它存在的基础。当然，这并不意味着人们将不行动抑或不识别事物，以及不进行生活。而是相反，它意味着当人们能够和其他人以及自然界和谐相处的时候，如同武器一样的语言将不再起任何有益的作用。它的使用将会制造麻烦和混乱，其情形就如同使用武器和船只一样。

按照老子的想象，处在本性的自然状态中的人们，相互之间少有往来，彼此之间也不会有战争。这样，也就没有必要使用运输工具以及作战手段——武器。① 同样地，当凭借语言的交流不再成为必要之时，人们应当让语言去休息，名也就不应再被使用。事物的真实性质将按照其本身的状况而得以显现，其中原因即在于事物是无名的。正是由于无名，我们将看到事物的真实性质以及道的全体。这是老子为何否定名和语言的第二个理由。他指出："无名之朴，夫亦将无欲。"②

我们可能会注意到，道家的无名论是儒家正名论的对立面。道家希望废除语言，原因只是在于它是人的发明和社会之规定，而这又是建立在其本体论的偏见和坏的影响基础之上的。然而，儒家则希望把语言发展成为一种人类的制度，并且在服务于人的目的过程中对其加以调整。鉴于老子把无欲视为无名的一个理由，荀子通过说明为何欲望是不可免除的对此做出了自己的反应。进一步，他还提出建立在经验和理性基础之上的名和语言，将会被人们保存以指导

---

① 道德经：80.
② 同①37.

行为、满足欲望。

惠施既是庄子的朋友，又是喜欢反论的哲学家。通过一系列的反论他提出了一种道论。① 然而，在这里我们将不可能对他的思想予以讨论。

十一、尹文子的唯名论倾向

中国人的思维是在关于具体词项的自然主义概念框架中进行的。但是，正如我在其他地方指出的，这并不意味着中国语言或中国哲学不允许或不包括抽象的理论思维。② 当然，中国人思维的一般特征是：抽象的和理论的与具体的和特殊的不可分割。两者的关系是一种阐明、例证、符号体现以及本体论之构成的关系。所以，在中国哲学中遇到柏拉图哲学观点的本体论，比遇到唯名论观点的本体论更令人感到意外。

指向具体特殊性的本体论之吸引力要强于指向抽象普遍性的本体论之吸引力。即使是在朱熹提出的新儒家之理学中，理也不可能真正地在本体论上优先于气。另外，理也不是先验地可从气中分离出来。

因此，在关于名的本体论维度问题上，有像尹文子（公元前350—公元前270）一样的哲学家和逻辑学家并不是奇怪的。他们认为，名基本上是被用来根据形而表示事物的。事实上，尹文子可以被认为是中国古代哲学中唯名论理论或名和语言理论的一个典型代表。在被认为是尹文子所做的现存文章中，我们发现了下面重要的主张：

> 大道无形，称器有名。名也者，正形者也，形正由名，则名不可差。③
> 大道不称，众有必名；生于不称，则群形自得其方圆；名生于方圆，则众名得其所称也。④

从上述两段引文可以看出，尹文子肯定道家的大道无名主张。但是，他并

---

① 参看我的论文《重新评价惠施：理解科学的道论》，在柏林技术学校做的五个演讲之一，柏林，1997：2-5。

② 参看我的论文《有生产力的统一体：中国语言和中国哲学》，《汉语教学协会杂志》1973年第4卷第1期，1-17页；也可参看《清华汉语研究杂志》（新丛刊），1973年第10卷第1期，90-105页。

③ 尹文子：1.

④ 同③2.

没有从中得出道家的结论——我们应当抛弃名以及忘言。相反，他认为名有着重要的作用。它们按照本体多样化为不同事物的方式来表示本体。由于本体多样化为不同的事物是通过不同形之间的区别而实现的，所以，为了可以识别或表示事物的特性，名必须忠实于这些不同的形。

尹文子使用下面两段文字，明确地表述了创立名或语言的本体论要求。

> 名者，名形者也；形者，应名者也。然形非正名也，名非正形也。则形之与名，居然别矣，不可相乱，亦不可相无。无名，故大道无称；有名，故名以正形。今万物具存，不以名正之则乱；万名具列，不以形应之则乖。故形名者，不可不正也。①

在上面引文中，尹文子的唯名论原则是：名必须应形，正如形必须应名一样。如果形是事物存在的具体标准，那么，当且仅当名相应于事物的某些具体特征如形时，名才会有本体论上的意义。如果名不命形或有形（具体的特殊性）的事物，那么，名一定是错误的，或者它们必须有其他存在的理由。尹文子似乎赞成这一要求，即如果没有具体的物体对应于名，那么，名在本体论上将不是具有意义的。然而，他也承认不指称形的名就人的目的而言，可能是有用的。也正因为如此，它们是有实用主义的基础作为存在之理由的。他说：

> 有形者必有名，有名者未必有形。形而不名，未必失其方圆白黑之实。名而不可不寻，名以检其差，故亦有名以检形，形以定名，名以定事，事以检名。察其所以然，则形名之与事物，无所隐其理矣。②

尽管尹文子没有详述如何证明和理解不表示形的名，但他使我们领会到除了无形之物存在之外，其他一些理由必须被找到。他的整个文章经孙诒让等学者之手而得以重建。重构后的文章非常清楚地表明，尹文子很快地转向儒家的正名主张。这从他主张把名的使用及社会和政府实际目标的完成作为不同社会准则区别的基础中可以看出。这可以说是间接地表明了对实际语言中无形之名解释的可能性，并进而把本体论限制到正确表示事物之形。当然，我们注意到所谓的形，能够被认为是不仅仅意指诸如方、圆之类的确确实实之形，而且还可能意指能感觉到的事物之任何性质。这样的性质，例如白、黑等能够是事物

---

① 尹文子：8.
② 同①5.

之名的基础。①

十二、公孙龙的柏拉图主义倾向

尽管中国语言看上去似乎有碍于柏拉图式思维，但公孙龙的柏拉图式本体论存在，证明了日常语言或自然语言并不决定一个人所可能承认的关于世界之本体论状况。事实上，公孙龙的哲学显示出语言能够接受不同的局部与本体论解释。因而，语言也就没有必要服从一种解释而不是另外一种解释。公孙龙的最终目标可能依然是为了社会与政治目的而澄清名实关系。但是，他的谈说及基本论点毫无疑问地表明：语言是由名决定的，因而应当独立于和优先于在社会与政治事务方面的应用而具有本体论的意义。②

公孙龙有个著名的论题即"白马非马"。正是在论证这一论题的过程中，他提出了关于本体是什么的柏拉图理论。公孙龙针对这一论题做出了两个主要的论证。首先，他提出既然"马"这一名词是用来命形的，而"白"是用来命色的；命色的名不是命形的名，故白马非马。这一论证的特点是：前提并不能直接保证结论成立。显然，人们只能从中得出如下结论："白"这一名所代表的东西不是"马"这一名所代表的东西。但这正好是前提中所预设的。为了得到"白马非马"的结论，人们必须探究"白"名和"马"名代表什么。显然，对公孙龙而言"白"是用来指示颜色的，而"马"是用来指示马形这一形态的。在白色和马形都不是特殊之物的范围内，它们中的任何一个都可以解释为一般性、属性、类或者概念。

我个人认为，这些不同的解释不会对公孙龙的论证产生真正的差异。假设"白"和"马"都是表示普遍性。那么，当说"白"不是"马"时，也就等于说 $(x)(x$ 是白 $\neq x$ 是马$)$。③ 由于 $(x$ 是马 $= x$ 是马$)$，故 $(x)(x$ 是白 . x 是马 $\neq x$ 是马 . x 是马$)$。于是，$(x)(x$ 是白马 $\neq x$ 是马$)$。这个结论，即在任何事物是一匹白马和任何事物是一匹马这两个句子的不同真假情况基础之上，说任

---

① 汪奠基. 中国逻辑思想分析 [M]. 北京：中华书局，1961：70-79.

② 为了对公孙龙有一个详尽的分析，参看我的论文《公孙龙的哲学意义：对指的一种新解释即意义和指称》，《中国哲学杂志》1997 年第 24 卷第 2 期，139-178 页。

③ 此处原文是"$(x)(x$ 是白 $= x$ 是马$)$"，根据上下文，似应当为"$(x)(x$ 是白 $\neq x$ 是马$)$"，故改正。下几处类此，不再一一注明。——译者注

何事物是一匹白马并不等于说任何事物是一匹马,可以用来解释公孙龙的论题——"白马非马"。

另外,人们也可以把"白"和"马"解释为不同的类,即白色事物之类(称作w)和具有马形的事物之类(称作h)。这样,论证的前提是说:

w≠h
但 h = h
所以 w.h≠h.h
进而 w.h≠h

当然,这是说既是白色又是马的事物类和是马的事物类不相同。这样,通过"白"和"马"的外延解释,公孙龙论证的结论又一次得到了证明。

要证明在两种解释下公孙龙论证的有效性,就必须承认他的如下肯定,即"x是白"和"x是马"两个命题不相等,或者"w"和"h"两个类不相同。这一承认的反常之处在于:因为白马类是马类的一个子类;或者,当说任何事物是白马的时候,意味着任何事物是马;所以,人们通常情况下认为白马是马。公孙龙在他的论题中所要否定的,似乎正好是类的包含关系与句子含义间的关系。但事实上,公孙龙所实际否定的却是不同含义句子间的相等以及不同类之间的等同。但现在的问题在于:公孙龙进行这样的否定是否正确。回答是从"白马非马"中汉语否定词"非"(不是)的用法角度来看,公孙龙否定"白马"和"马"的同一性或相等性是有道理的。事实上,公孙龙赞成的仅仅是如此解释的可容许性(可以),而不是如此解释的必然性。这一点,他在文章的开头有着清楚的说明:

"白马非马",可乎?曰:可。

这样,我们就清楚了公孙龙的第一个论证并未排除他可能承诺一个具体的本体论。在他的论证中,他只是指出一个抽象本体论的可能性与可接受性。其中原因在于:我们的语言能够根据一个关于普遍性或类的抽象本体论而加以解释。

公孙龙"白马非马"的第二个主要论证是:如果人们索求马,那么,不同颜色的马都将会满足要求。但要的如果是白马,那么,仅有白马能满足需要。这看来似乎是一个明显的实际论证。但是,依照公孙龙的观点,能够保证这一论证实际有效的则是关于白马和马这些性质的一些本体论事实。根据他的观点,我们可以把马称为这样的一种单一性质,即和其他性质结合能够形成白马、黄马和黑马。这样，索要马就是索要一种根据单一性质即可确认的事物，而索要白马则是索要一种根据两种性质的结合可以辨认的事物。既然两个要求对象的辨认条件不相同，那么，这两个要求对象也就是两个不同事物了。

公孙龙的第二个论证中假定的不同性质间之相互独立，包含着这些性质间的可分离性这一意思。对公孙龙而言，所有的名称都是独立性质的名称。事实上，存在着两种名称：单一的简单性质之名称，如白；以及单一的简单性质之复合或联合的名称，如白马。公孙龙的推论逻辑是一种同一性逻辑。根据这种逻辑，没有简单名称等同于复合名称，或者说一个单一名称所代表的不等同于一个复合名称所代表的；反之亦然。公孙龙说道：

  无去者非有去也，故曰"白马非马"。①

上述引文表明，公孙龙的"白马非马"理论导致或预设了关于性质或普遍性的抽象本体论。一旦接受了这个抽象的本体论，那么就会存在着这样的问题：我们如何理解具体的事物？和抽象的性质相比，具体事物是属于存在的一个不同等级还是它们可分析为或可还原为抽象的性质？公孙龙似乎存在着这样一种倾向，即把《白马论》中暗示的本体论发展成一个完整的理论，这一理论不承认世界上存在着具体的事物。这一点，从他的著作《指物论》中可以看到。

在开始讨论公孙龙的完全理论以及化归理论之前，我们将通过其《坚白论》来看一看他关于单独性质间可分离性与互相独立性的另外一个论证。

在《坚白论》中，公孙龙为性质间是相互分离和相互独立的这一论点提供了一个新的论证。其论证在于指出：我们不同的感官相互独立地识别各种不同的性质。这样，我们通过触觉而识别石头之硬，通过视觉识别石头之白。看到的东西，我们不会得到硬；同样，触到的东西，我们不会得到白。基于这一事实，公孙龙得出结论：白和硬相对于彼此都是外界的，都是相互独立的性质。在做出这个论证的过程中，公孙龙否定了我们坚白石观念的适当性。因为我们看到的和触摸到的都不是石头，所以，他倾向于取消石头的实际存在。进而，他否定存在三个事物——石、白和硬。这三者不可能存在于某一个事物之中，尽管其反面似乎是显然的。这样，公孙龙的论证既用来确定相互独立性质之间的可分离性，又用来证实类似石头这样的事物不存在。

诸如白和硬这种性质是可分离的以及相互独立的。此种观点也是基于如下

---

① 公孙龙子·白马论.

事实基础之上的：在通过视觉检验白存在的过程中，硬隐藏起来了；在通过触觉检验硬存在的过程中，白则隐藏起来了。所以，我们也可以说：在坚和白都可以说是存在的意义上，上述情况是不存在的。在下面的陈述中，我们可以看出公孙龙确实无疑地相信，在柏拉图哲学的意义上白和硬是相互分离的普遍性质。

> 物白焉，不定其所白；物坚焉，不定其所坚。不定者，兼。恶乎其石也？①

他进一步指出：

> 坚未与石为坚，而物兼未与为坚，而坚必坚其不坚。石、物而坚，天下未有若坚，而坚藏。

> 白固不能自白，恶能白石、物乎？若白者必白，则不白物而白焉。黄、黑与之然。②

作为总结，公孙龙提出了柏拉图哲学的结论：

> 离也者天下，故独而正。③

为了完成其抽象本体论，公孙龙最后提出了柏拉图的化归论断：世界上的所有事物都是性质的结合体；所以，在本质上来说并不存在任何具体的事物。具体事物是性质在时空中的显示（位）。当性质不在时空中显呈时，它们就隐藏起来，并且不能为我们的感觉所确认。但是，这当然并不意味着它们不存在。如同柏拉图的模式一样，这些性质不仅仅是相互分离的，而且如果不使自己被利用来表示世界上事物的特性，那么，它们是不在世界上的。

当性质在世界上被用名来识别时，它们称为指（或者指称的对象）。在《指物论》中，公孙龙提出物莫非指，而指非指。关于公孙龙的这一反常陈述，同样又存在很多可能的解释。但是根据他的柏拉图主义倾向，我们可以指出下列两种解释：

（1）既然在世界上（时空中）的所有事物都可以根据性质而予以确认，那么，它们都是可确认性质的合成物或结合物。但是，可识别的性质本身并不一定是在世界上的事物中可识别的，因为它们本身可能不在世界上存在。所以，

---

① 公孙龙子·坚白论.
② 同①.
③ 同①.

它们不是可以识别的性质（离开事物）。根据这种解释，下面情形就清楚了，即性质可能是隐藏的，并且能够被呈显出来；事物是呈显出来的性质，这些性质形成了名的指称对象；但是，在本质上性质是不可以呈显的（隐藏的），进而它们并不构成指称的对象。关于性质的抽象本体论不仅是抽象的，而且还是先验的。

（2）所有的事物根据其性质都是可描写的，进而除了本身的性质，任何事物之中并没有任何其他的东西。但是，性质在本质上不是更进一步可以被用性质描写抑或表示其性质的，至少是不能用同一层次的性质来描写的。既然性质在本质上是简单的和分离的（独立的），那么，它们也是不能用次一层次的性质来描写的，因为并没有次一层次的性质。所以，说性质或可以确认的是指通过性质可以确认的事物是容易令人误解的和错误的。这是关于性质之性质的一种逻辑解释。这种解释的结果是，关于性质的抽象本体论不仅仅是抽象的，而且根本是不可描写的或表示其性质的。我们只是通过应用到事物上的名来认识性质，而之所以要把名应用到事物上，则是为了在世界上识别事物。这样，人们可以推断：语言（名）提供了认识关于性质的抽象本体论的一种方法。

总而言之，从公孙龙的柏拉图哲学中我们可以得出如下观点之必然性：给定一种逻辑，一种语言会产生出一种本体论，这种本体论不同于人们通常预设或假定的关于语言之本体论。这意味着，本体论是在一定解释或说明之下的语言之产物，此种解释或说明乃是为了满足推论中某些论据的需要。

十三、后期墨家关于名和语言的经验（科学）实在论

我们现在讨论中国古代哲学中关于名的最后一种理论。这一理论首先是由具有逻辑思维以及科学思维头脑的墨子后学提出的。他们因而被称为后期墨家。后期墨家之所以会提出他们关于逻辑和语言的观点，可能是因为受到希望在社会、伦理和宗教等问题上证成己见、驳斥竞争者观点之激发。但是，在他们关于逻辑和经验科学，如光学和力学的一丝不苟之集体作品中，他们已经实现了一种具有客观性的方法论，以及研究态度上的中性状态。这一点，人们在其他学派中难以发现。这样，如下说法并非夸张之辞，即正是在后期墨家的作品中，客观的和科学的语言被得以提出；以及语言作为一种表达科学和逻辑真理的手段这一观念得以确立。语言不是用于说服或社会控制的，它是为了表明和系统

地阐述通过观察以及清晰的思维而获得的关于客观现实之真理。

基于关于语言的这一观念,后期墨家提出语言包括三个重要的方面:名、辞、说。语言的这三个方面都有单独的目的。在《小取》篇中后期墨家这样说道:

以名举实,以辞抒意,以说出故。①

这样,后期墨家对语言中的名和言给予了同样的注意,并且将二者和推论联系起来。在推论中,我们可以理解名和言的角色以及它们的作用。相对于推论、达到世界真理、解决疑惑,甚至提出我们行动的理由而言,名和言是同样需要的。后期墨者也明确地承认把类概念作为推论的一个基础。《小取》篇中这样说道:

以类取,以类予。②

类概念在后期墨家的逻辑中起着重要作用,尽管在这里我们对此不做详细的说明。它足以表明后期墨家发展了外延逻辑,这与公孙龙的关于抽象性质之内涵逻辑截然不同。正是在外延逻辑基础上,后期墨家提出了他们关于世界的科学的、实在论的理解。其中的外延逻辑是以具体事物作为根据的。所谓后期墨家关于本体论和语言的观点是实在论的,是指他们的有关论点不像尹文子一样是唯名论的,也不像公孙龙一样是柏拉图哲学式的。所谓后期墨家的观点是经验的或科学的,是指他们观点既不像儒家一样为实用所左右,又不像道家一样为一种由全体方法而决定的先验所决定。后期墨家认为语言通过某种方式能够呈现世界的真正性质。但是,这种关于世界的真正性质以经验观察和逻辑澄清为条件。这样,通过逻辑分析的程序和语言澄清,语言可以用来阐释和描述客观现实。另一方面,通过科学观察的程序以及对客观现实的试验,人们又可以运用语言以阐释和革新语言。语言和现实之间的这种相互转化、相互作用使得后期墨家能够提出一种关于世界和语言的描绘,而此种描绘并不远离于当代科学哲学家或逻辑哲学家孜孜以求之所在。后期墨家努力以求建立的是真理之客观性,此种客观性是他们本体论理解的标准。他们相信语言可以用来确定客观真理,而实现这一点的方法要遵循逻辑以及按照逻辑原则的辩论。在后期

---

① 墨子·小取.
② 同①.

墨家的《经》中有这样的话：

> 言，出举也。
>
> 言也者，诸口能之，出名者也。名若画（虎）也。言也谓，言犹（由）名致也。①

推理和辩论的重要性在于建立客观真理之需要。后期墨家认为，论辩中任何一方的目标均在于客观真理，并且只有达到客观真理的一方才可以被认为是赢方。

> 辩，争彼也。辩胜，当也。②

当然，辩论中的双方可能都是错误的。但是，辩论中的双方不可能都是正确的。后期墨家强烈地反对对待辩论问题上的怀疑论观点，即认为关于客观现实的所有陈述或言论都是假的。这样的观点或被认为是由道家所主张的。后期墨家通过指出此种理论的逻辑荒谬而否定了该理论。

> 以言为尽悖，悖。说在其言。③

有关语言和本体论方面的诸多问题，后期墨家提出了不少论点和看法。如果要讨论所有这些观点，或者对其中的任何一个要给出详细说明都将需要一篇单独的论文。为了我们的目的，即分析后期墨家一般的经验实在论理论，除了上面已经谈到之外，我们还将要简略地提及如下重要的部分。

（1）为了分类的目的，后期墨家从事构造关于事物（或范畴以及概念）的基本术语之定义。这些定义同时也构成了推论和科学研究的基础。进而，这些基本的术语是指称逻辑和科学语言中的事物之基本性质的术语。例如，他们对指称名和言之类型的元语言术语给出了定义；对关于同异的方法论术语给出了定义。同异又是根据关于同异的方法论术语之定义来辨别的。他们甚至对生命、时间、空间以及重要的伦理方面的术语也给出了定义。

（2）后期墨家从事于有关光学和机械现象方面的经验实验，其目的在于正确地描述和解释它们。在《经下》篇中，我们发现了很有趣的光的折射与反射实验。这意味着后期墨家允许在经验观察和科学假设的基础之上来构建知识。

---

① 墨子·经上：32.

② 同①74.

③ 墨子·经下：5.

正是在这个意义上,他们允许我们根据客观的审查以及关于现实之客观概念来理解世界并运用语言明确地表达我们的相关理解。因此,在对现实的描述问题上他们不赞成唯名论的方法。

(3)后期墨家强烈地否定公孙龙的柏拉图式论点。他们对公孙龙观点的驳斥,相当于指出公孙龙对于类并没有一个清楚的看法,不知道如何把事物分类,进而也就不知道事物的相似和差异。例如,牛、马和羊属于同一类(属),它们不应当被视为完全不同的事物,而公孙龙则倾向于如此观点。① 没有一个正确的类概念,人们将会对事物做出一种假的陈述(狂举)。

关于公孙龙的"白马非马"论,后期墨家提出了如下看法。首先,人们应当区别两个事物(或性质)的析取(并集)情形和两个事物(或性质)的笛卡儿积或合取情形。两个事物 A 和 B 的选言是 A 或者 B,但两个事物 A 和 B 的合取则既非 A 又非 B。基于这一区分以及关于推理的这两个联合原则,人们可以这样做出推断:

牛不非牛,马不非马,而牛马非牛非马,无难。②

出于同样的原因,人们可以说:

白不非白,马不非马,而白马非白非马,无难。③

根据这种澄清,公孙龙的观点可以说是令人误解的;并且如果不是全部错误的话,那也不是全部正确的。我们推论存在着什么,依赖于对我们语言中概念的清晰分析。因此,可以说公孙龙的柏拉图主义思想是因推理的混乱或缺乏而引起的。

(4)后期墨家也驳斥了公孙龙关于坚、白是相互分离、相互独立的性质之观点。根据后期墨家的观点,公孙龙的错误在于不能够按照关于个体事物,例如一块石头的个体化原则而理解时空,抑或有一个正确的时空观念。因为尽管我们在时间上可能接连感知到坚和白,并且这又是通过不同的感官实现的,但是,我们所感知到的事物是存在于一个地点(空间),属于一个时间间隔(时间)的。就空间和时间都没有改变而言,关于坚和白的两种感觉可以说是附着于同一事物之上,并因而不是相互分离的。不仅没有相互分离,而且还相互充

---

① 墨子·经下:65.
② 同①66.
③ 同①13.

满（相因）。因为在同一时间和空间二者相互充满。《墨经》中指出：不坚白，说在无久与宇。

（5）后期墨家也讨论了指的概念。他们不同于公孙龙，认为指基本上是作为指称而非指称的对象或不确定的性质和事物。他们认为，我们能够知道某些事物存在，而如此事物又不是可以通过可确认的性质或具体指向而能够予以识别的。例如，我们可以知道春来春往，但不能够具体指向春天；我们知道一个人失踪或隐藏起来了，但不可以具体指向他；我们知道一个邻居的狗在周围，但并不知道狗的名字；以及我们知道某事物是超出理性怀疑之范围的，即使在作为描述、辨识方式抑或单纯名称的指存在的条件下。正如我们上面解释过的，后期墨家的论点在于：否定公孙龙的物莫非指，而指非指。

结　语

在上面的分析中，我已经讨论了中国语言的本体论意义，以及包含在中国古代哲学提出的各种本体论观点之中的语言观念。对中国语言的两个重要方面即名和言，我进行了区分。我也区分了有关语言的本体论和与语言无关或不可言喻的本体论之不同。我已说明对儒家而言，关于名的本体论考虑受到关于言的实用性、规范性考虑影响。对道家而言，为了本体论的、规范的以及实用的目的，名和言均须被废除，进而一种不可言喻的本体论得以意会地提出。对尹文子和公孙龙而言，名的本体论意义决定着言的实用性、规范性目的。最后，对于后期墨家而言，有关本体论的考虑要受到逻辑与方法论考虑的决定。语言被发展和净化为表达客观真理以及客观知识的一种工具，而如此内容的实现依赖于逻辑与科学发现。

（郭桥译）

真理概念与先秦哲学*

——论陈汉生的观点

方万全

一

对于戴维森的哲学思想有所了解的人都知道，对他而言意义（meaning）、信念（belief）与真理（truth）这三个概念既密切相关，却也各自独立，彼此不能相互化约。① 在其一系列的论文中，戴维森更提出论证，认为一个人若要具有思想（thought），则他必须要具有信念概念，而若要具有信念概念，则他必须要具有真理概念；因此在他看来，一个人若要具有思想则必须要具有真理概念。②

但是约自20世纪80年代中期起，陈汉生（Chad Hansen）对先秦哲学的研究中，却有着与此极为不同的看法。譬如说，他认为"古典的（classical）中国哲学家根本没有真理概念"③，或者认为"（古代）中国人（Chinese）（或中文?）没有真理概念"④。但假如戴维森的看法是对的话，那么如果古代中国哲学

---

* 本文最先发表于香港中文大学哲学系举办的一个学术会议，后来投稿并出版于：刘笑敢主编，《中国哲学与文化》（第一辑）（桂林：广西师范大学出版社，2007），37-57页。经由刘笑敢的安排，本文于2006年先行出版于《南京大学学报（哲学·人文科学·社会科学）》（第二期），91-102页。两处出现的论文名称与内容均略有不同，这里所采取的是出现于《中国哲学与文化》，文字经润饰后的版本。

① DAVIDSON D. Subjective, Intersubjective, Objective [M]. Oxford: Clarendon Press, 2001: 156.

② 例如 DAVIDSON D. Rational Animals [M] //DAVIDSON D. Subjective, Intersubjective, Objective. Oxford: Clarendon Press, 2001: 95-105。

③ HANSEN C. Chinese Language, Chinese Philosophy, and "Truth" [J]. Journal of Asian Studies, 1985, 44 (3): 491.

④ 同③.

家没有真理概念,他们便不可能有思想,更遑论成为哲学家了;而且既然没有思想,那么他们所使用的语言,也就不表达任何思想内容,因而也就不成为语言了。或许陈汉生也体认到自己的说法太过,因此他有时转而从所谓后设(meta-)的角度来谈先秦哲学中到底有没有真理概念的问题。于是他谈到在中国古代(哲学中)所出现的语言理论(theories of language)中,真理概念不扮演什么角色。① 他也谈到古代中国哲学家未使用真理概念,来对他们自己的哲学活动做哲学性的思考;譬如说这些哲学家们所提出的,有关如何评价不同学说(doctrines)的哲学理论中,并不依赖(学说之)真或假这样的区分。② 有时陈汉生更为小心地陈述他自己的观点。比如说,他认为他自己的观点并"……不是关于在古典哲学的中文中(classical philosophical Chinese),什么能或不能被说,而是关于什么(曾)被说了"③。

但是,我们要如何判定在古代的中国哲学中什么是曾被说了的呢?陈汉生认为光以古代中国哲学的文本能否以某一种方式翻译——如被翻译为现代的哲学语言——并非是判定什么是曾被说了的最佳方式。④ 毕竟他认为可能的翻译不只有一个。而一般传统的翻译方式,正好一直是习惯于把古代的中国哲学的文本,翻译为具有或表达了真理概念。因此若是要以此种传统的翻译方式来判定什么是曾被说了的——例如真理概念是否被表达或即被说了——便不免会有偏袒传统观点的丐题(begging the question)之嫌。⑤ 于是陈汉生提出了另一种判定方法,即如果以其所谓的实用的(pragmatic),或即不是或非以真理为基础的(nontruth-based)方式来诠释先秦的哲学文本所呈现的一般性特色(general character),会要比以真理为基础的(truth-based)诠释方式来得好,那么陈汉生便认为我们有理由去宣称,在古代中国哲学中真理就不曾被说了,或即真理概念不出现在这些文本之中。⑥ 因此若要探讨陈汉生对于真理概念与先秦哲学的关系所持的看法是否站得住脚,我们就需要先知道不是以真理为基础的诠释方式,是否如他所认为的,真的要比以真理为基础的诠释方式来得好。

---

① HANSEN C. Chinese Language, Chinese Philosophy, and "Truth" [J]. Journal of Asian Studies, 1985, 44 (3):493.
② 同①491-492.
③ 同①492-493.
④ 同①492.
⑤ 同①492.
⑥ 同①492.

但什么是陈汉生所谓的诠释（interpretation）呢？他把诠释看成是类似于科学理论的那种具有解释性的（explanatory）理论。[1] 而这里所谓的"解释"包括了对文本（texts）的解释，以及提出理由（reason）或根据（grounds）来说明何以哲学文本的作者会做其所做的宣称，其中包括陈汉生特别提到的文本作者所采取的特殊的语言理论。[2] 陈汉生并且认为我们所要的诠释，需要"……陈述古典的中文如何（可被用）来说明（先秦哲学家）有对语言的实用（或语用）（pragmatic）的，而非语意的（semantic）兴趣"[3]。换言之，诠释作为一个解释性的理论所要解释的包括古代的哲学文献，以及何以这些文献的作者做其所做的宣称（其中包括他们何以采取了其特别的语言理论）；它甚至还要能利用古代的中文特色来说明哲学家们何以采取了其特别的语言理论。解释何以先秦哲学家采取了其特别的语言理论，在陈汉生的论证中扮演着重要的角色。陈汉生还赋予此解释一个进一步的任务，那就是此解释需要能帮助我们了解何以先秦哲学有其特殊的形上学、知识论与心灵哲学。[4]

在说明了陈汉生以诠释为基础的论证策略之后，接下去让我们看看他实际上是如何进行其论证的。对此而言，陈汉生所说的一句话颇具关键性。他说："我把（先秦哲学）没有真理概念的这个宣称看成为（translate…into）中国对语言、逻辑与知识做理论思考（theorizing）的方式，与西方的方式极为不同（differ radically）。"[5] 但是如何能把前面的宣称看成同于后面的这个宣称，其实是不清楚的。撇开这一点不谈，陈汉生在这里所说的倒是指出了其实际论证方式的一个走向，那就是想透过上述所谓的中西两者间的差异，来说明何以真理概念未在先秦哲学中扮演角色。因此我们接着需要弄清楚的是，陈汉生是透过探讨哪些差异来进行其论证的。

二

第一个重要的差异可简称为西方与先秦哲学在语言哲学（philosophy of lan-

---

[1] HANSEN C. Chinese Language, Chinese Philosophy, and "Truth" [J]. Journal of Asian Studies, 1985, 44 (3): 493.
[2] 同[1].
[3] 同[1]492.
[4] 同[1].
[5] 同[1]495.

guage）或语言理论上所呈现的差异。此项差异又可粗分为两部分：一部分我们可称之为文法分类上的差异，另一部分则是语言的实用（或语用）理论与语意（semantic）理论两者之间的差异。① 对陈汉生而言，指出先秦文法分类上有别于西方之分类的一个主要用意是：先秦中文文法上的特殊性使得"真"（或"为真"）这个述词（predicate）变得无用武之地，而这也至少部分地说明了何以真理概念在先秦哲学中不扮演什么角色。第二个重要的差异可简称为知识论上的差异，其中也包括了心灵哲学上的差异。② 现在就从第一个重要的差异谈起。我们将首先探讨陈汉生所谓文法分类上的差异，以及他如何利用此一差异来支持其论证。

在陈汉生看来，先秦中文在文法或其文法分类上有一个很重要的特色。此即，虽然先秦中文里确有所谓的句子（sentences），但先秦哲学家却不曾在理论上将句子与其他非为句子的字词等做出区分。③ 所谓未在理论上将句子区分出来，部分的意思指的是，先秦哲学家未意识到（awareness of）句子或语句有别于其他字词，是由不同成分所组成的一个单位。④ 陈汉生这么说的根据是，中文里即使是单独的一个主词或述词，也可以把它看成我们一般所谓的句子，因此先秦的哲学家也就没有必要将句子看成由不同成分所组成的一个单位。⑤ 也就是说句子在古代中文里没有文法上的重要性。⑥ 不但如此，陈汉生认为古代中文文法不对所谓的形容词与名词加以区分，而皆视之为"名"（name）。⑦ 特别值得注意的是，陈汉生认为先秦哲学家将所有的字（words）视为名，将复合词（compound terms）、句子等皆看成由名所串成的。⑧ 陈汉生对先秦中文文法的这种类似于早期维特根斯坦对所谓理想语言中的基本命题（elementary propositions）之组成的看法，对他而言有着如下一个很重要的意义：因为既然古代中文中所谓的句子的各种成分皆是名或由名所串成的，那么中文中的"是"与

---

① HANSEN C. Chinese Language, Chinese Philosophy, and "Truth" [J]. Journal of Asian Studies, 1985, 44 (3): 495-496.
② 同①500-503.
③ 同①496.
④ 同①497.
⑤ 同①497-498.
⑥ 同①500.
⑦ 同①499.
⑧ 同①500.

"非"等词就只应用于名或名所串成的东西，而非应用于所谓的句子了。如此一来在谈论是与非时我们只是在"……谈论名或一串名的可接受性（acceptability），而不是谈论证明（proof）、知识或信念（beliefs）"①。总而言之，陈汉生谈论其所谓的先秦中文文法之特色的一个基本用意，是在于说明这样的特色使得先秦哲学家不需要有西方熟知的真理概念。

　　但是陈汉生这样的论证是有问题的。首先要指出的是，他并不否认先秦文本中也使用到句子这样一个应是极为明显的事实。② 而且即使句子是如其所说的是名或由名所串成的，这也不表示当"是"与"非"应用于这种由名所串成的句子时，"是"与"非"不能同于西方所谓的"真"与"假"。③ 上面谈到的维特根斯坦早期哲学中那由名所串成的句子，不但未排除维特根斯坦去谈论其句子的"真"与"假"，相反地，维特根斯坦如此看待其句子之组成成分的一个重要目的，便是要使得我们更能看出何以语句可以表征（represent）世界，或者说语句可以为真。④ 因此，与陈汉生的观点正好相反的是，维特根斯坦之所以将（理想语言中的）句子视为是名所串成的，正是为了要来谈论何以句子可以是"真"或是"假"。

　　陈汉生或许会说，既然单独的名词、形容词等皆可被当成所谓的句子来使用，这表示古代中文的"是"与"非"（或其相应词）之应用范围不同于西方的真理概念的应用范围，因此先秦文献中相应于"是"与"非"的语词不会同于西方的"真"与"假"。但是即使先秦的文献中相应于"是"与"非"不同于西方的"真"与"假"，这也并不就意味着先秦没有西方的真理概念，因为一个应用范围更广的概念也可以有应用范围较小的概念作为其部分的概念。此外，陈汉生所说的单独的名词、形容词等皆可被当成所谓的句子来使用，其实也不

---

　　① HANSEN C. Chinese Language, Chinese Philosophy, and "Truth" [J]. Journal of Asian Studies, 1985, 44 (3)：500.
　　② 同①496.
　　③ 但是认为先秦中文句子由名所串成的看法，其实也是难以令人信服的。维特根斯坦也只是认为所谓的"理想语言"中的句子，或即所谓的语句的深层结构，是由指称简单物（simple objects）的名所组成的；他未曾认为一般日常语句的表面结构是由名所构成的。但陈汉生在此却认为先秦的语句之表面结构，就是由名所串成的。
　　④ 参考：PROOPS I. Logic and Language in Wittgenstein's Tractatus [M]. New York：Garland, 2000：59。更严格说来，为了说明语句可以表征世界（因此可以为真或为假），除了维特根斯坦有关理想语言中的基本命题之组成的看法，我们还需结合其把基本命题看成对应于可能事态（possible states of affairs）的所谓图像理论（picture theory）。

是完全正确的。严格说来，只有在特定的（文字）脉络或（使用的）情境下，单一的字或词才会被当成句子来加以了解。如果我们怕麻烦，不管是说或写方面的麻烦，或是像古代那样，书写工具取得不易等的麻烦，我们事实上往往会看脉络或情境所能容许的程度，去尽量简化我们所说的话或所写的文字。基于某些明显与不明显的理由，先秦文献在表达上对脉络或情境的依赖其实格外的深与明显；因此文献中省词略字的情形也极为普遍。重要的哲学家及逻辑家弗雷格曾说，涉及含有像"我""你""他""这里""那里""今天""明天"等所谓的标指词（indexicals）的句子本身，并不表达一个完整的思想。他还说，这类句子的完整的表达式（complete expression）——可表达一个完整思想的表达式——必须包含使用这类句子时所涉及的人、时、地、物等；换言之，后面这些非语言性的东西及原先的句子，才构成了一个完整的表达式（即一个完整的句子）。① 依此而论，我们似也可以说在先秦哲学中，在某些情况下情境或脉络因素与字词共同构成了完整的表达式。如此一来，我们便不能说那些被用来当成所谓句子的字或词，当其出现于某特定的情境或脉络时，它们还只是字或词，而不是西方所谓的句子。而且所谓先秦哲学家未意识到句子或语句有别于其他字词，也就变得不像陈汉生所认为的那么确切不移了。当先秦哲学家在对某些字词做"是"或"非"（或其相应词）的回应时，如果我们将其所面对的情境或脉络因素等列入考虑，那么他们所对之做回应的对象，恐怕就不能说单纯只是一个字或词而已，而是一个完整的句子。换一个角度来看，让我们想象如下的一个情境：设想原来因为有恰当的使用的脉络或情境因素的存在，而使得某个个别的字或词对先秦哲学家而言，明显可应之以"是"或"非"（或其相应词）。让我们接着设想这些恰当的使用的脉络或情境因素被刻意排除掉，那么我们便可合理地做如下的推测：先秦哲学家就不会对此一个字或词——不管是说出的或是写下的——做出"是"或"非"的回应。我们甚至可以想象，在欠缺恰当的使用的脉络或情境因素的情形下，这些先秦的哲学家们甚至会不知如何回应，更不必说应之以"是"或"非"了。由此可见，我们不能说先秦哲学家未意识到句子或语句有别于其他字词。我们应该说的是，先秦哲学家所对之做"是"或"非"之反应的，不是个别的字词本身，而是个别的字词与情境

---

① FREGE G. Thoughts [M]//MCGUINNESS B. Collected Papers on Mathematics, Logic, and Philosophy. BLACK M, DUDMAN V H, GEACH P, et al, trans. Oxford：Basil Blackwell, 1984：358.

或脉络所构成的弗雷格所谓的完整的表达式。

让我们接着探讨语言哲学上的差异的第二个部分,即语言的语用理论与语意理论两者之间的差异。陈汉生认为先秦的语言理论是实用性或即关乎语用的理论,而不是涉及了真理与指称等概念的有关语意的理论。这种认定的用意是相当清楚的,即为了避免让真理概念在先秦的语言理论中扮演任何角色。但什么是陈汉生所谓的实用性的语言理论呢?这样的理论在他看来有几个不同的成分。首先它涉及了先秦哲学家使用语言时所欲达成的社会、政治、道德或道德修养上的效益。① 其次它也涉及了所谓先秦哲学中对陈述或言说的可接受性或可陈述性(assertability)的重视,而不是重视这些陈述或言说是否为真等。但我们要说的是,注重语言之使用的效益或后果,并不能就直接地去排除语言与真理概念间可能的密切关系。因为正如戴维森所认为的,语言的意义涉及真理概念,但一旦句子有了意义之后,我们就可拿它来做许多不同的事,包括达成社会、政治、道德或道德修养上等的效益。② 至于注重可接受性与可陈述性,则除非接受性与可陈述性这些概念能被成功地用来说明语言的意义,否则我们也无法就此排除语言与真理概念间的关系。我们将不对此一困难的问题做进一步的讨论,因为我们可以从别的角度来说明陈汉生的论证并不成功。

三

至于提出知识论上的差异,陈汉生的目的同样是要说明真理概念在先秦哲学中未扮演任何角色。他指出除了意义理论外,(西方的)知识论是真理概念扮演其角色的另一个场所。③ 因此他试图指出,古代中国哲学中有着与西方很不一样的对知识与信念的看法。④ 也就是因为有这么不一样的看法,他认为古代中国

---

① HANSEN C. Chinese Language, Chinese Philosophy, and "Truth" [J]. Journal of Asian Studies, 1985, 44 (3): 505; HANSEN C. Classical Chinese Philosophy as Linguistic Analysis [J]. Journal of Chinese Philosophy, 1987, 14: 317; HANSEN C. Term-Belief in Action: Sentences and Terms in Early Chinese Philosophy [M] //LENK H, PAUL G. Epistemological Issues in Classical Chinese Philosophy. N. Y.: State University of New York Press, 1993: 47.

② DAVIDSON D. Moods and Performance [M] //DAVIDSON D. Inquiries into Truth and Interpretation. 2nd ed. Oxford: Clarendon Press, 2001: 113.

③ HANSEN C. Chinese Language, Chinese Philosophy, and "Truth" [J]. Journal of Asian Studies, 1985, 44 (3): 500.

④ 同③。

对知识与信念的看法才可以不必像西方的知识论那样，让真理概念扮演某种角色。他认为在西方知识论中真理概念所扮演的角色是这样的①：一方面，真理概念可被用来协助区分知识与信念。另一方面，我们也谈到信念、判断与意见之为真或为假。衡诸传统西方的知识论，这样的说法并无特别之处。**但到底先秦哲学对知识与信念的看法**，与西方有什么样的不同呢？为了回答这个问题，让我们分别从陈汉生所认为的中西方在表达知识与信念的方式上的差异，以及此一差异连带在各自的心灵哲学、知识论乃至语言的学习等方面所呈现出来的差异。

就表达方式的差异而言，陈汉生认为古代中文没有对应于像英文之"believes that"或"belief that"的字或词，例如像"King Wen believes that Ch'ang An is beautiful"这样的英文句子中，在"believes that"之后接了"Ch'ang An is beautiful"这样的句子。② 他指出，相应于上述的这个表达信念的英文句子，先秦文献中倒有两个不同的表达方式：或者是用"文王美长安"这样的句子，或者是用"文王以长安为美"这样的句子。③ 这两种表述信念的方式与前面其所对应的英文句子不同，皆不含相应于"believes that"或"belief that"的字或词。换言之，古代中文中只能表达陈汉生所谓的"词信念"（term-belief），而不能表达其像上述英文句子的"语句信念"（sentential belief）。④ 如果先秦只有"词信念"而西方有"语句信念"，我们接着要问的是，两者背后各自关联的心灵哲学与知识论等，又会有什么不同的面貌呢？

陈汉生认为拥有"语句信念"的西方传统中的心灵哲学，除了主张目前（西方）心灵哲学中所谓的"表征主义"（representationalism）的立场之外，还把心灵（mind）视为是个"信息处理"（information processing）机制，虽则陈汉生并未实际用到"表征主义"与"信息处理"这两个词（的英文对应词）。我们之所以说陈汉生认为在西方哲学中心灵具有表征主义的特色，乃是因为他认为西方哲学关心的是"如何去将实在界（reality）表征（represent）于我们的心灵内"⑤。这个表征主义的看法可视为属于知识论范围内的看法，虽然将之归于

---

① HANSEN C. Chinese Language, Chinese Philosophy, and "Truth" [J]. Journal of Asian Studies, 1985, 44 (3): 500.
② 同①501.
③ 同①501.
④ 同①500, 501.
⑤ 同①495.

心灵哲学亦无不可。至于说心灵是个信息处理机制，则是因为陈汉生认为"西方心灵哲学处理内容（数据、信息）之输入、处理与储存"①。如果把用以表征实在界的信念等称为"表征"（representations）的话，那么依陈汉生之意，西方哲学把心灵看成在获得表征之后，对表征加以处理与储存的一种机制。陈汉生认为，西方语言因为其所具有的特殊结构（包括其能表达"语句信念"等），造成了其相应的特殊的学习语言的方式。此一方式包含了三个互相关联的过程：观念的形成（concept formation）、信念的形成（belief formation），以及将（心中的）观念或信念分别翻译（translation）为字词及句子。② 而且语言的学习主要是个人化的（individualistic）学习，而非社会性的学习。③

相较于上面所说的，在只拥有所谓"词信念"的情况下，陈汉生认为古代的中国哲学有着相当不一样的心灵哲学、知识论与以及对于学习语言的看法。相应于西方的心灵，古代中国有的是所谓的"heart-mind"（心）。④ 心与前述西方的心灵是很不一样的。如前所述，西方所谓的心灵是一个信息处理机制。但就陈汉生而言，心并不接受、处理或储存表征或信息；心根本就不是个所谓的"内在的心灵的领域"（internal mental realm）。⑤ 相反地，它是一个指导我们如何在这个世界里去行动或作为的所谓的指导性的官能（guiding faculty）。⑥ 此一官能透过区辨（distinction-making）⑦ 事物与情境等，去指导人的行动或作为；其中包括区辨某物为 X 或非为 X（或者区辨一个字词 X 是否适用于某物）等。⑧ 相应于

---

① HANSEN C. Chinese Language, Chinese Philosophy, and "Truth" [J]. Journal of Asian Studies, 1985, 44 (3): 500.

② HANSEN C. Term-Belief in Action: Sentences and Terms in Early Chinese Philosophy [M] //LENK H, PAUL G. Epistemological Issues in Classical Chinese Philosophy. N. Y.: State University of New York Press, 1993: 50−51.

③ 同②51.

④ 同②51; HANSEN C. A Daoist Theory of Chinese Thought [M]. New York: Oxford University Press, 1992: 428.

⑤ HANSEN C. A Daoist Theory of Chinese Thought [M]. New York: Oxford University Press, 1992: 19.

⑥ 同②51.

⑦ HANSEN C. Chinese Language, Chinese Philosophy, and "Truth" [J]. Journal of Asian Studies, 1985, 44 (3): 501.

⑧ HANSEN C. Chinese Language, Chinese Philosophy, and "Truth" [J]. Journal of Asian Studies, 1985, 44 (3): 501; HANSEN C. Term-Belief in Action: Sentences and Terms in Early Chinese Philosophy [M] //LENK H, PAUL G. Epistemological Issues in Classical Chinese Philosophy. N. Y.: State University of New York Press, 1993: 51.

西方视知识为对事实的表征（representing facts），陈汉生认为知识在古代中国哲学中同于娴于社会技能（mastery of social skill）；换言之，知识在古代中国是"knowing how"而不是"knowing that"；而且知识的目的是在于指导行为而不在于表征事实。① 在不谈表征及视心为指导性的官能的前提下，中文的学习也因而不同于学习西方语言：学习中文不需要三个步骤，而只涉及一个步骤，即"习得一个语言"（acquiring a language）。② 把学习一个语言说成就是去习得该语言，其实并不是很清楚的说法。但陈汉生的意思应该就是，学习中文不能区分出不同的过程；如果勉强要说其过程的话，就只能说是去学会它这样一个过程。

在比较了中西的差异之后，现在且让我们回头去检视一下陈汉生的一些观点。首先要谈的是，古代中国是否真的没有相应于"believes that"或"belief that"的字词。在《孟子·万章篇》的"咸丘章"中有如下的一段话：

云汉之诗曰："周余黎民，靡有孑遗。"信斯言也，是周无遗民也。

首先要指出的是，"周余黎民，靡有孑遗"明显是一个完整的句子。而所谓"斯言"指的也正是这个句子。这一点除了可清楚地自上面这一段话看出，也可由下面的事实得到佐证：上面那一段话中涉及的一个推论，即相信"是周无遗民"是从相信"斯言"所指的"周有余民，靡有孑遗"，以某种方式推论而来的。如此一来，若就表面文法结构来看，"信斯言"中之"信"这个动词之受词本身虽然不是一个完整句，但却是个指称完整句的一个由"斯"字加"言"字所构成的复合指示词。因此我们有理由把"信斯言"中的"信"字，看成同于英文的"believes that"。

我们可想象，陈汉生或许会以"信斯言"中之"信"字后面并未直接出现一个完整的句子，而反对我们认为"信"字与"believes that"可相提并论。但是尽管在我们的例子中"信"字后面并未直接出现一个完整的句子，如果"斯言"是一个如前所述的复合指示词，则"斯言"被其所指称的句子所取代，而得到"（某人）信'周有余民，靡有孑遗'"这种明显有相应于"believes that"这个成分的句子，并不能说不可能或不可以在先秦文献中出现。也就是说，或

---

① HANSEN C. Term-Belief in Action: Sentences and Terms in Early Chinese Philosophy [M] //LENK H, PAUL G. Epistemological Issues in Classical Chinese Philosophy. N. Y.: State University of New York Press, 1993: 51-52.

② 同①51.

许在先秦文献中我们真的找不到像"（某人）信'周余黎民，靡有孑遗'"这种形式的句子，但我们实在也没有任何涉及语意或语法的原则，去证明这种形式的句子不可能或不可以在先秦出现。

我们上面对陈汉生的批评，主要是着眼于比较中西用于表述信念的语句的文法之表面结构（surface structure）。其实，语句的逻辑结构（logical structure）的讨论，可进一步说明何以先秦确有可与"believes that"相提并论的字词。所谓的语句的逻辑结构，指的是与语句的语意（semantics）相关，因此与推论相关的结构。这种结构所关注的是，我们首先得设法找出适当的语句的构成成分，以及赋予这些成分以语意性质，并进而说明这些成分的语意性质如何去决定由这些成分所构成的语句的真或假。这类型的语句的结构，往往也被用来说明语句与语句之间的（演绎）逻辑关系。这样的结构也常会与一个语句的表面结构大异其趣，因此它有时也被称为语句的深层结构（deep structure），例如像"当今的法国皇帝是秃头的"这个在表面结构上看来是主述词形式的语句，在罗素看来，其逻辑结构或深层结构则完全就不是那么一回事，而成了句首为存在量词（existential quantifier）的一个句子。

我们知道西方（至少在英文）表述信念的基本语句，有着如下的表面结构：

(S) a believes that P

在此"a"可以是个指称某特定个人的专有名词，"P"则可为任何一个（完整的）句子所取代。到底要如何去分析有着（S）这种表面结构的句子，一直是哲学家们感到非常困扰的问题。根据戴维森的看法，其困难在于很难把这样的句子加以分析，使得（S）中"P"部分的构成成分的语意特征，不管其是否出现于所谓命题态度（propositional attitude）的脉络，皆可一视同仁地加以处理。① 因此为了解决这样的困难，戴维森于是对这类语句提出其所谓的并列式的（paratactic）分析。② 根据此一分析，（S）可被分析为

---

① DAVIDSON D. On Saying That [M] //DAVIDSON D. Inquiries into Truth and Interpretation. 2nd ed. Oxford: Clarendon Press, 2001: 93 - 108; DAVIDSON D. Thought and Talk [M] //DAVIDSON D. Inquiries into Truth and Interpretation. 2nd ed. Oxford: Clarendon Press, 2001: 166.

② DAVIDSON D. On Saying That [M] //DAVIDSON D. Inquiries into Truth and Interpretation. 2nd ed. Oxford: Clarendon Press, 2001.

P

　　a believes that

这种两行并列的情形，且第二行中的"that"变成一个指称第一行的 P 这个言说（utterance）的指称词。此一分析有其复杂的细节，在此不赘述。重要的是，根据此种并列式的分析，（S）的逻辑结构（或深层结构）不再是"believes that"之后接上一个句子，而是比较像上面引自《孟子》的句子中，包含用"斯言"去指称先前提到的句子的情形。而一旦（S）有像戴维森所说的那样的深层结构，那么陈汉生就更没有理由从我们的例子的表面结构，去否定"信斯言"中的"信"字可被视为同于"believes that"。

　　但是我们也不能忘了陈汉生还提到的"词信念"的看法。即使我们刚才对他的批评是成立的，如果先秦只有"词信念"而没有"语句信念"，那么陈汉生还是可以宣称古代中文没有对应于英文之"believes that"或"belief that"的字或词。换言之，如果先秦的汉语中只有"词信念"，那么所有所谓的"语句信念"就有可能都只能是表面看起来像"语句信念"，而实际并不是"语句信念"。陈汉生的确也有野心证明或至少说明先秦只有"词信念"而没有"语句信念"。① 但是我们相信这样的企图是不会成功的。像"文王相信长安是美丽的"（"**King Wen believes that Ch'ang An is beautiful**"）这样的"语句信念"固然很容易改写为"文王美长安"（或"文王以长安为美"）这种所谓的"词信念"，但是我们千万别忘了不是所有的信念语句（belief-sentence）都是这么简单。像对"（某人相信）'周有余民，靡有孑遗'"这样的信念，我们就不知道要如何把它改写为"词信念"。更复杂的信念语句是可能的，而我们也就更不知道要如何加以改写成所谓的"词信念"了。

　　我们知道陈汉生认为先秦汉语只有"词信念"的用意，是要去排除先秦哲学中真理概念可能扮演角色的一个地方。陈汉生对先秦所谓的"心"及知识的描述，也有着相同的用意。在我们探讨他是否能成功地达成后面这两个目标之前，我们要先讨论陈汉生的一个误解。西方某些传统的观点的确把心灵看成是一个信息处理机制，在此一机制内出现或储存着各种不同的、具有像语句的内

---

　　① HANSEN C. Term-Belief in Action：Sentences and Terms in Early Chinese Philosophy [M] //LENK H，PAUL G. Epistemological Issues in Classical Chinese Philosophy. N. Y. ：State University of New York Press，1993.

容的所谓的心灵表征（mental representation）。而在同样的观点下，所谓 a 相信 P，就是说在这个机制内储存着对应于 P 的某个表征，且此表征与 a 有某种特定的关系。与知识论相关的是，如果 a 相信 P 而对应于 P 的表征又符应于（correspond to）外在世界的某个事实，那么 a 所相信的便为真。也就是说，传统上真理概念之扮演某种角色，往往与表征、（认为外在世界确实存在的所谓的）实在论（realism）等等纠结在一起。西方传统在说明语言的学习时，同样地也有类似的纠结。陈汉生也是把真理概念是否扮演某种角色，与其他的这些东西联结在一起。但其实这样的纠结是不必要的。以真理的符应说（correspondence theory of truth）及实在论为例，戴维森既反对真理的符应说也反对实在论（但这不表示他是个观念论者），但他并不因此反对谈真理或反对真理概念扮演着各种重要的角色。① 同样地，包括戴维森以及维特根斯坦在内的许多哲学家，也不认为有心灵表征这种东西，但他们并不因而否认我们有信念与知识。② 而一旦不认为有心灵表征这种东西，对语言学习的说明，也同样必须切掉传统的这许多纠结。

如果心灵、信念、知识与语言的学习可去掉这些纠结，那么陈汉生想以先秦哲学中对知识与信念等的看法，来说明何以真理概念不扮演任何角色，就再也不会像他所认为的那样，是一件那么直截了当的事。我们知道在抛开前面所说的那些纠结之后，我们对心灵、信念、知识与语言的学习等，必然会有很不一样的看法。这些看法也会多少类似于陈汉生笔下的先秦哲学中的一些相关看法。这并不令人感到意外，因为晚近西方哲学发展的一个特色便是所谓的反表征主义（anti-representationalism），而先秦哲学本来就不谈表征这种东西。如前所述，陈汉生认为先秦所谓的"心"不是信息处理机制，而是透过区辨能力去指导人之行动的指导性的官能。对"心"的区辨能力，陈汉生只简单地说包括区辨某物为 X 或非为 X。陈汉生以区辨能力而非以表征来描述"心"，自然是有避开真理概念的重要用意。他或许认为如此一来，我们就不必认为人或"心"具有信念，也因此我们就不必让真理概念有一个扮演角色的机会。但问题是，陈汉生到底要赋予"心"多少的区辨能力与什么样的区辨能力？如果"心"只

---

① DAVIDSON D. True to the Facts [M] //DAVIDSON D. Inquiries into Truth and Interpretation. 2nd ed. Oxford：Clarendon Press，2001：37-54.

② DAVIDSON D. What is Present to the Mind [M] //DAVIDSON D. Subjective, Intersubjective, Objective. Oxford：Clarendon Press，2001：53-67.

有像低等动物或现有机器人那样的区辨能力，或许我们就不必说此"心"或"拥有"此"心"的人具有信念。然而人显然有非常复杂的区辨能力。如此一来，我们就很难不去说人是具有信念的。或许陈汉生会接着说具有复杂的区辨能力是一回事，具有信念又是另外一回事。但问题是，什么叫作具有信念？对戴维森而言，说一个生物体具有信念的用意在于能因而说明此一生物体的行为，使得其错综复杂的行为可以因此呈现出某种规则与样式，进而使得这些行为成为可以被说明与理解的。① 当然如上面所述，如果一个生物体的行为（包括其区辨能力）能用其他方式加以说明与理解，那我们就不必认为此生物体具有信念；但是如果一个生物体拥有我们所熟知的语言的话，那么他（它）的行为便会复杂到需要赋予他（它）各种信念。② 从这个角度来看，一个生物体之具有信念并不是一件那么神秘的事；它既无关乎此生物体是否具有不免叫人觉得神秘的所谓心灵表征，也无关乎此生物体的"心灵"内是否出现叫作信念的一些奇特的东西。

很显然地，陈汉生以区辨某物为 X 或非为 X 来描述人的能力。但是人的能力，不管是先秦的哲学家或现在的人的能力，都必定是相当复杂的。它绝非只是像区分苹果为苹果与区分橘子为非苹果那么简单。相反地，一旦人有了语言之后，其拥有的区辨能力就变得极为复杂。我们知道陈汉生想尽办法要去避免把语句与真理概念关联起来，因此他选择谈论语句的可陈述性与可接受性。那么在对一个句子做"可""不可"等关乎语句的可陈述性或可接受性的回应时，其实也就是在做区辨。可是我们知道句子可以有无限多，即使迁就陈汉生的说法，我们也必须说表达"词信念"的表达式可以有无限多。不但如此，这无限多的句子或表达式之间也还包括逻辑与证据关系在内的各种关系。这些关系也是了解语言的人必须大致上能掌握，或以陈汉生的话来说，能加以区辨的。由此可见，陈汉生所说的区辨能力必定是非常复杂的区辨能力。此种复杂的区辨能力所对应或反映在行为上的，必然也是极为复杂的行为。有了如此复杂的行为，那么根据戴维森的说法，为了要了解如此复杂的能力，我们就势必不能只谈人的区辨能力而不去谈其信念或想法了。因此陈汉生想借谈论区辨能力来避免论及信念，并进而避开真理概念的做法，就只能是徒劳之举了。

---

① DAVIDSON D. Thought and Talk [M] //DAVIDSON D. Inquiries into Truth and Interpretation. 2nd ed. Oxford：Clarendon Press，2001：159.

② 同①164.

四

至于认为古代中国把知识当作是"knowing how"而不是"knowing that"这类"语句知识"或所谓的命题性的知识（propositional knowledge），以及认为知识的目的是在于指导行为的看法，其实也无助于陈汉生的立场。知识以及语言的意义涉及了技能，或者说与技能有密不可分的关系，是晚近西方哲学上的一个相当重要的看法。但是说与技能或 knowing how 有密切关系，并不表示先秦所谓的知识就都只是技能或 knowing how，除非（1）我们可以把所有的命题性知识都化约为技能或 knowing how，或者（2）我们认定先秦没有命题性的知识。下面先从（2）谈起。

依照西方传统知识论的说法，一个命题之成为命题性知识，至少它必须是经过证成（justified）且是为真的命题。因此若要证明或至少说明先秦哲学中不涉及命题性的知识，我们至少有下面几条路可走：（A）认定先秦没有真理概念；（B）主张命题不存在；（C）即使命题存在，我们不可能有任何经过证成的命题。（C）是一个相当极端而不可取的主张，而且它既非陈汉生的观点也与我们当下的讨论无关，因此我们将不予以考虑。（A）是陈汉生的论证最后所希望获得的结论，因此他不能在希望获得此一结论的论证过程中就用到（A），所以在此我们也不讨论（A）。剩下的（B）显然可有几个不同的解读。一个明显的解读方式就是去说因为心灵表征不存在，所以命题不存在。这个说法并不成立，因为并非只有心灵表征才是命题。譬如说一个具有意义的句子就可说是表达了一个命题。去主张这个意义下的命题不存在，也就是去否定句子具有意义，以及否定这样的句子能被用来表达想法等。但这是个令人无法接受的主张。

上面的讨论让我们有理由去排除（2）。当然（2）所表达的内容也有可能就是（1）所要表达的。如此一来我们就根本只需讨论（1）。

若要把所有的命题性的知识都化约为技能或即所谓的"技能之知"，则像"文王知道长安很美"（在此我们把此一句子看成具有"a knows that P"的形式）所表达的命题性的知识，必须要能化约为像会骑自行车或游泳等的技能之知。后面这类的技能可不涉及任何认知的（cognitive）活动，而是身体在经过训练之后所具有的身体上的能力。但是我们要如何去把"文王知道长安很美"这种命题性的知识化约为像会骑车、游泳的技能之知呢？我们的困难是，这样的命题知识本身就牵涉语句（即"长安很美"）的内容，因此也就涉及了认知。当然陈汉生或可能首先会说，由于先秦只有"词信念"，因此他们只能有像"文王知道长安为美"（在此我们假定这个语句表达"词信念"，虽则这个表达方式极有问题）这种不涉及命题的知识——在此我们姑且称之"词知识"（term-knowledge）——并非真的有"文王知道长安很美"这样的命题性知识。他也可能会接着说，"词知识"是否涉及认知并不重要，因为他所最关心的是不要去谈命题，以免让真理概念"有机可乘"。但是这样的想法是行不通的，因为如同我们之前指出的，要将所有具有"a **believes** that P"形式的信念皆化为"词**信念**"是有其困难的。而要将具有"a **knows** that P"形式的命题性知识化为相应的"词知识"只会更为困难。因为我们即使可把"文王相信长安很美"合宜地化为"文王以长安为美"这样的"词信念"，但要把"文王知道长安很美"化为"词知识"，我们却得到"文王知道长安为美"这种似乎犹未完全摆脱命题成分的情形。

另外一种把命题性的知识化为技能之知的可能方式，就是把"文王知道长安很美"这样的命题性的知识，看成即文王会对"长安很美"这个句子做适当的反应，譬如说当长安真的很美时，他会对"长安很美"这句话应之以"是"或"可"，而不会对"长安很丑"给予相同的反应。当然为了避免涉及认知，"长安很美"或"长安很丑"这些句子都只能看成只是语法性（syntactical）——例如只是一串声音或符号——而不是已经具有语意内容的东西。这样的化约方式，简言之，就是行为主义（behaviorism）的化约方式。行为主义者曾梦想从不涉及认知及意义的角度去描述行为（因此是行为主义），然后试图进一步去说明语言的意义或吾人对语言的了解。然而这种尝试并不成功，且其失败也至为明显。①

一旦命题性的知识无法皆化为技能之知或"词知识"，那么先秦是否有所谓命题性的知识就值得重新省思了。先前我们对引自《孟子·万章篇》之"咸丘章"的例子所做的讨论显示，我们有理由认为先秦哲学中已有命题性的信念。而下面的一些引文也显示先秦文献已经有应用于命题的真理概念。例如《孟子·万章篇》的"尧以章"中，我们有"万章曰：'尧以天下与舜，有诸？'孟子曰：'否！天子不能以天下与人'"。此外，《孟子·万章篇》的"德衰章"

---

① DAVIDSON D. Radical Interpretation [M] //DAVIDSON D. Inquiries into Truth and Interpretation. 2nd ed. Oxford: Clarendon Press, 2001: 127.

中，我们有：万章问曰："人有言：'至于禹而德衰，不传于贤，而传于子。'有诸?"孟子曰："否，不然也。……"。在《孟子·万章篇》的"割烹章"中，我们也有万章问曰："人有言：'伊尹以割烹要汤。'有诸?"孟子曰："否，不然!……"。在这些引文中"有""否""不然"等词，皆是应用于像"尧以天下与舜"、"至于禹而德衰，不传于贤，而传于子"或"伊尹以割烹要汤"等完整语句。而且这些句子明显是描述性或即是用来描述（可能）事实的，因此我们可以说"有"以及"然"等于"为真"，而"否"与"不然"则同于"为假"。一旦先秦有了命题性的信念以及真理概念，那么要说当时的人也有命题性的**知识**，其实并非难事。我们知道一个人要能具有命题性的知识，他并不需要说或想——举例言之——"我**知道**长安很美"。他大可只是说或想"长安很美"，而只要其他情况配合——例如长安真的是很美，而他的视力又没有问题，且当他看长安时光线都合宜等——我们就可说他具有有关长安的命题性知识。同样地，在有完整语句（或有虽非平常所谓的完整句，但当与脉络及情境配合时可视为是完整句），以及具有真理概念的情形下，当先秦的某一个人用像"长安很美"这种不涉及所谓命题态度（propositional attitudes）的完整句去说或想时，只要其他情况配合，他也会有命题知识。而除了"有诸""否""不然"等词之外，在引自《庄子·知北游》的如下的文字：

  冉求问于仲尼曰："未有天地可知邪?"
  仲尼曰："可。古犹今也。"

我们更有关乎命题性知识的"知"字。在探索了命题性的知识并不能完全化为"词知识"或技能之知后，陈汉生已经没有理由一口就认定此一"知"字为非关命题性的知识。相反地，从其脉络可以看出，知的对象是未有天地之前的情况，也就是命题性的对象。

  从上面的讨论可以看出，陈汉生想避开命题或语句的各种尝试并不成功。这一点也显示了他并未成功地证明真理概念没有在先秦哲学中扮演任何角色。除此之外，陈汉生认为先秦有关知识与心不涉及表征的看法，固然有其可取之处，但我们的讨论却让我们看到，陈汉生对先秦的知识与心的分析与描述，也太低估了这样的分析与描述所可能面临的各种困难。因此可以确定的是，先秦哲学中的对知识与心的看法，仍有待进一步的分析与厘清。

中西哲学中的思想实验[*]

冯耀明

（一）何谓"思想实验"？

当一般科技专才孜孜不倦地埋首于实验室工作时，一些具有思辨精神的伟大科学家却远离实验室，无所事事地静坐在草地上做思想的遨游。他们认为在室内做物理的可控制的实验并不足够，必须透过思辨去构想一个非现实的可能世界，从而剖示某一理论引申或概念划分在此一可能世界中是否会引出矛盾的后果。如果说物理实验的主要目的在于提供新的知识内容，也许可以说思想实验的用意毋宁是在概念的重组或变革之上。

在自然科学的领域中，伽利略可以说是历史上最能巧妙地运用思想实验的伟大科学家。他不满意于亚里士多德以来的传统力学的概念运用与理论解释，设想了一些没有摩擦力的平面运动或没有空气阻力的落体运动之理想事例，从而剖示旧有理论的内部矛盾。这些思想实验一方面显示旧有理论的危机，另一方面也促进了概念的重组与变革，对牛顿取代亚氏的力学典范之转移具有重要的启发作用。

所谓"思想实验"，乃是有关非现实的甚至是物理的不可能的可能世界之思想构造。但这样的构造并不是任意的，而往往是针对现有公共承认的理论，或针对整个常识世界，被构想出来的一些反例。大部分的科学的思想实验属于前者，可以叫作"弱怀疑主义"或"作用上的怀疑主义"；许多哲学的思想实验则属于后者，可以叫作"强怀疑主义"或"本质上的怀疑主义"。

---

[*] 根据拙著《超越内在的迷思——从分析哲学观点看当代新儒学》（香港中文大学出版社，2003）第十章改写而成。

(二) 庄子的"梦蝶"与笛卡儿的"梦觉"

思想实验似乎与怀疑主义结下不解之缘。西方哲学上最重要的思想实验家正是最有影响力的怀疑主义者——笛卡儿。笛卡儿教我们想象一下,当我们感觉自己穿着长袍坐在火炉旁,但事实上却是裸睡在床上造梦时,我们有没有任何(感觉上的)确据来分辨梦与觉呢?常识告诉我们这种分辨是没有问题的,但笛卡儿把我们置身于以感觉内容为唯一证据的孤立处境中,便会使我们怀疑这种分辨的可能性。如果以感觉内容为唯一的证据,似乎便不可能在梦与觉(袍坐与裸睡)之间找到质的差别。

比笛儿尔更早的中国哲人庄子也有类似的思想实验,这就是有名的"庄周梦蝶"。庄子说:"昔者庄周梦为胡蝶,栩栩然胡蝶也,自喻适志与,不知周也。俄然觉,则蘧蘧然周也。不知周之梦为胡蝶与?胡蝶之梦为周与?周与胡蝶,则必有分矣。此之谓物化。"① 其中"不知周之梦为胡蝶与?胡蝶之梦为周与?"看似为笛卡儿式的"梦觉难分"之深化版本,好像也是一种怀疑主义的观点。我认为这个思想实验可以有另一种解释。知识问题并不是庄子所关心的,他所追求的毋宁是心灵的解放(悬解)。他要追求"物我两忘""道通为一"的精神境界,进入"逍遥无待""游心德和"的真实理地,必须放弃智性的执着、对待的观点。周与胡蝶之"有分",在于"有辨";"去智"(去辨)则可以"离形"(不分)。以为有一个客观的对象赤裸裸地摆在那里,等待有分有辨的智性语言或概念去指涉它,庄子认为这只是"成心""机心"的智障。由于"道行之而成,物谓之而然","物化"只不过是"谓之而然"者之转化,亦即"在观点下的事物"之转化,而不是赤裸裸地摆在那里的"东西"在变化。庄子此一观点似乎与当代分析哲学家威弗里德·塞拉斯有关"所予神话"(the myth of "the given")或戴维森有关"内容与概念架构之区分"(the scheme-content distinction)的(经验主义的第三个)教条有类似的洞见。

(三) 普特南的"桶中之脑"

笛卡儿的怀疑主义论证除了借助于"梦觉"的设想外也有一个"恶魔"

---

① 庄子·齐物论.

(evil demon)的思想实验。将这两个构想综合起来而另辟蹊径的,有普特南的"桶中之脑"(Brains in a Vat)的思想实验。普特南的假想是这样的:

> 想象你自己被一个坏心肠的科学家做了一次手术,把你的脑袋从你的身体里取出来,放在一个盛载着使脑袋存活的营养液之桶中。把其中的神经末梢接连到一台超级科学计算机中去,从而使你产生一种错觉,以为一切完全如常不变。这好像在你面前有人、事物、天空等;但事实上你所经验的只不过是从这台计算机进入你神经末梢的电子脉冲之结果而已。如果你想把手举起来,计算机的反馈会使你好像"看到"和"感到"自己在举起手来。这个坏心肠的科学家甚至可以改变计算机程序,从而使你好像"经验"(或幻觉)到他所要有的情况或环境。他也能把这次脑手术的记忆抹去,因而使你以为自己是一直处于此一环境之中。尤有甚者,他甚至能够使你以为自己正在坐着和阅读有关这个坏心肠科学家的故事。[①]

把这个想象的情况稍为更改一下,假定不只你一个是BIV(即"桶中之脑"的简称),而且所有的人都是BIV,甚至在这个可能世界中没有任何坏心肠的科学家,宇宙碰巧就是包含有照管着一大桶BIV的自动机。由此一假想的情况,可以引出普特南所关心的两个哲学问题,即形上实在论(metaphysical realism)与怀疑主义的问题。依照他的看法,在桶世界(vat-world)中的BIV虽然与在真实世界中的人有同样的内在经验,但BIV与外在世界并无任何接触,并无任何因果的关联(除了与一部超级计算机有关之外)。相对于BIV的经验世界,这个隔绝的外在世界正是传统西方哲学中所说的本体世界。如果我们所有人都是BIV,而外在世界是在我们所认识的经验世界之外独存,这正是形上实在论或柏拉图主义(Platonism)的要旨。如果形上实在论成立,它的亲兄弟怀疑主义便会跟进,他们会说:我们的知识是值得怀疑的,因为我们所认识的可能并不是客观的外在世界;尤有甚者,我们自己的存有地位也是值得怀疑的,因为我们极可能只是BIV而已!

笛卡儿要解消怀疑主义靠上帝,普特南则靠他的因果指涉理论和逻辑、概念分析。普特南认为:尽管BIV的假定没有违反物理规律,而且BIV的经验与真实世界中的人的经验可以完全一致,但此一假定是不可能为真的,由此一假

[①] PUTNAM H. Reason, Truth and History [M]. Cambridge: Cambridge University Press, 1981: 5-6.

定为前提所做出的论证是自我否定的（self-refuting）。也就是说，"我们是 BIV"一语句是（必然地）假的。然而，为什么此一语句是自我否定的呢？普特南的答案是："虽然在那个可能世界（即桶世界）中的人能够想和'说'任何我们所能想和说的字词，但（我认为）他们不能指涉我们所能指涉的。特别是，他们不能想或说他们是 BIV。"① 理由何在呢？依照普特南的看法，BIV 所用的"树"这个字词用例（word token）虽与我们所用的同属一字词类型（word type），但却不能用来指涉我们所要指涉的。因为 BIV 的"树"是用来指涉心像中的树（trees in the image）或好像树的感觉印象（the sense-impressions as of trees），而不是用来指涉客观的外在世界中的树。因此，当 BIV 想或"说""我们是 BIV"时，他们并不是在想或"说"自己是真实的 BIV，而是在想或"说"自己是心像中的 BIV，因而他们所想或"说"的"我们是 BIV"乃是一个（必然地）假的语句。

普特南没有把这个论证完整无缺地构造出来，只是列出了构作论证的一些要点和策略而已。有不少对这个问题有兴趣的论者，不管是赞成或反对的，都尝试为这个"桶中之脑"论证之形构做出努力。由于篇幅所限，这里只想讨论德尔乌垂（M. Dell'Utri）所形构的一个论证②：

（1）我们是 BIV。　　　　　　　　　　　　［假设］
（2）如果我们是 BIV，则我们不是在心像中的 BIV。

　　　　　　　　　　　　　　　　　　　　［假设之说明］
（3）我们不是在心像中的 BIV。　　　　　［（1），（2），M. P.］
（4）如果我们是 BIV，则我们所说的每一个字词都指涉着心像中的对象。

　　　　　　　　　　　　　　　　　　　　［假设之说明］
（5）我们所说出的每一个字词都指涉着心像中的对象。

　　　　　　　　　　　　　　　　　　　［（1），（4），M. P.］
（6）每一被说出的语句 A 为真若且唯若（iff） A 是在心像中为真。

　　　　　　　　　　　　　　　　　　［由（5）建构的真值条件］
（7）"我们是 BIV"一句为真若且唯若（iff）它是在心像中为真。

　　　　　　　　　　　　　　　　　　　　　［（6）之个例］

---

① PUTNAM H. Reason, Truth and History［M］. Cambridge：Cambridge University Press，1981：8.

② DELL'UTRI M. Choosing Conceptions of Realism：The Case of the Brains in a Vat［J］. Mind，1990，99（393）：87.

(8)"我们是 BIV"一句在心像中为真若且唯若（iff）我们是在心像中的 BIV。　　　　　　　　　　　　　　　　　　　　　　　［等值论旨］

(9)"我们是 BIV"一句为真若且唯若（iff）我们是在心像中的 BIV。
　　　　　　　　　　　　　　　　　　　　　　［(7),(8),传递］

(10)"我们是 BIV"一句为假。　　　　　　　［(3),(9),M. T.］

(11)"我们是 BIV"一句为假若且唯若（iff）"我们不是 BIV"一句为真。
　　　　　　　　　　　　　　　　　　　　　　　　　［假值界说］

(12)"我们不是 BIV"一句为真。　　　　　［(10),(11),M. P.］

(13)"我们不是 BIV"一句为真若且唯若（iff）我们不是 BIV。
　　　　　　　　　　　　　　　　　　　　　　　　　［等值论旨］

(14)我们不是 BIV。　　　　　　　　　　　［(12),(13),M. P.］

根据此一论证，德尔乌垂认为：如果我们是 BIV，则我们便不是 BIV，即(1)可逻辑地推导出它的否定(14)，因而怀疑主义者的主张是自我否定的。然而，这个论证真的可以成立吗？卡塞蒂（R. Casati）和杜基克（J. Dokic）提出猛烈的批评，其中一项最主要的批评是：上述论证中的(13)是塔斯基的"约定 T"（convention T）之个例，但(9)作为对象语言的真值界说之个例，并不可能是"约定 T"之个例。因此，结论(14)是从使用两个不同且互相矛盾的真值界说之前提中得来的。也就是说，(9)及其前提(6)或(7)是依照"非去除括号的真值条件"（non-disquotational true conditions），而(13)却是由"去除括号的真值条件"而得，二者并不一致。如果两个条件必须放弃一个，(14)这一结论便推导不出来。因此，德尔乌垂的论证是不能成立的。[①]

由于德尔乌垂的论证涉及跨世界的论述，例如(9)是在桶世界之外的论述，而(13)是兼在桶世界与真实世界的论述，我们似乎没有充分的理由禁止同时在上述论证中使用两个不同的真值条件。不过，即使如此，德尔乌垂的论证还是不能成立的，因为在上述论证中的一些关键语句仍然隐藏着两个世界（桶世界与真实世界）及两种语言（桶语言与非桶语言）的问题，因而使有关语句中的字词产生歧义。要显示上述论证中有歧义的部分，可以加上括号把省略的部分还原出来。只有还原出来，有关的语句才可能成为真句子。兹析示如下：

[①] CASATI R, DOKIC J. Brains in a Vat, Language and Metalanguage [J]. Analysis, 1991, 51(2): 92.

（1）我们是（在真实世界中的）BIV。

（2）如果我们是（在真实世界中的）BIV，则我们不是在心像中的BIV。

（4）如果我们是（在真实世界中的）BIV，则我们所说出的每一个字词都指涉着心像中的对象。

（6）每一被说出的语句A（在桶语言中）为真若且唯若A是在心像中为真。

（7）"我们是BIV"一句（在桶语言中）为真若且唯若它是在心像中为真。

（9）"我们是BIV"一句（在桶语言中）为真若且唯若我们是在心像中的BIV。

（10）"我们是BIV"一句（在桶语言中）为假。

（11）"我们是BIV"一句（在桶语言中）为假若且唯若"我们不是BIV"一句（在桶语言中）为真。

（12）"我们不是BIV"一句（在桶语言中）为真。

（13）"我们不是BIV"一句（在桶语言中）为真若且唯若我们不是（在心像中的）BIV。

（14）我们不是（在心像中的）BIV。

如果上述经过分析后的补充不错，则从（1）"我们是（在真实世界中的）BIV"到（14）"我们不是（在心像中的）BIV"，并不是一个自我否定的论证。我们知道：（1）、（2）及（4）要加上"（在真实世界中的）"，是至为明显的；但为什么（6）、（7）、（9）、（11）、（12）和（13）中的"真"一词要当作"在桶语言中为真"之缩写，而（10）及（11）中的"假"一词要当作"在桶语言中为假"之省略呢？这是因为（6）从（1）与（4）推导出来，而（1）肯定我们是在真实世界中的BIV，（4）表示BIV只能"说"有关心像中的对象，亦即表示只能"说"桶语言；因此，（6）及由（6）推导出来的（7）、（9）、（10）、（12）和（13）都应加上"（在桶语言中）"这几个字。既然（11）中的"真"是"在桶语言中为真"之缩写，（10）及（11）中的"假"也就只能是"在桶语言中为假"之省略，否则（12）便不能有效地从（10）与（11）推导出来。

为了论证上的需要（for the sake of argument），即使德尔乌垂的论证没有"去除括号原则"的问题，也没有"因两个世界及语言而引起的歧义"的问题，甚至我们退一步承认上述的论证是对确的，我们都不足以由之而证明自己不是BIV。理由非常简单，即我们始终不能确知自己是不是BIV。假如我们不是 BIV，我们可以用我们的非桶语言（即真实世界的语言）来陈示此一对确的论证，从而证明自己不是 BIV。然而，假如我们不幸是 BIV，尽管我们也能使用这一论证，我们的语言由于只是桶语言，不是非桶语言，由之而陈示出来的论证中的各语句用例虽与非桶语言陈示出来的论证中的各语句用例同属一语句类型，但各别语言中的有关字词的指涉是不同的，也就不能在桶语言中证得与非桶语言中所证得的一样的结论。人类可以证明自己不是 BIV，但 BIV 只能证明自己不是心像中的 BIV，虽然 BIV 与人类表面上使用同一类型的论证。

怀疑主义虽然不能证明自己是真的，我们也很难证明它是假的。上帝与恶魔在这里是平等的，都要遭受二律背反的嘲笑！

（四）德古来（外星人）的新儒家世界

在中国哲学史上，除了庄子设计过一些饶有趣味的思想实验之外，似乎后来便没有多少人有兴趣用思想实验的方式来探究问题。近年来我设计了几个思想实验，主要目的在揭示某些中国哲学理论内部隐含的矛盾问题。其中一个有关吸血僵尸德古来（Dracula）的故事，我把这个主角塑造成外星人，而且是充分实现了新儒家天人合一与内圣外王理想的圣人，我觉得这个可能世界会呈现理想世界内的一些矛盾，给王阳明至熊十力以来一系的新儒家理论一个致命的打击。

在德古来外星人的世界里，有一种叫作"德民"（Duman）或"德人"的万物之灵、超级生命。他们的德力、智力及勇力都是极高而无与伦比的，可以说是或几乎是"生而知之""尧舜性之"的，其一言一行都是或几乎是"不思而得""不勉而中"的。他们之中的伟大哲学家更在千死百难中确立了一条圣学的血脉，以人道与天道合一，正所谓"天道与性命通而为一"，以"宇宙便是吾心，吾心便是宇宙"，人人皆可逆觉而体证"以天地万物为一体之仁"，并从而可以建立一个（外星）人与万物皆为"目的在其自己"（end in itself）之"目的王国"。他们在理论上认识到及在实践上体悟到"万物皆有生意"，每一生命都有其内在自足的价值而不假外求，因为万物皆禀得此"天命之性"，甚且"同具人的良知"。这"良知"真是"造化的精灵"，"这些精灵生天生地，成鬼成帝，皆从此出，真是与物无对"，是"既超越而又内在"的宇宙大生命。"德哲"之言可谓"至矣尽矣","不可复加矣"!

五百年前德古来族出现了一位大哲鸿儒,叫作"德阳明"(You'n'me Dracula)先生,他写过一篇《大(德)学问》的巨著,可谓"力透纸背""振聋发聩"。他说:

> 大德人者,以天地万物为一体者也。其视天下犹一家,德(古来)国犹一人焉。若夫间形骸而分尔我者,小德人矣。大德人之能以天地万物为一体也,非意之也,其心之仁本若是,其与天地万物而为一也。岂惟大德人,虽小德人之心,亦莫不然。彼顾自小之耳。是故见孺子之入井,而必有怵惕恻隐之心,是其仁与孺子而为一也。孺子犹同类者也,见鸟兽之哀鸣觳觫,而必有不忍之心焉,是其仁之与鸟兽而为一体也。鸟兽犹有知觉者也,见草木之摧折,而必有悯恤之心焉,是其仁之与草木而为一体也。草木犹有生意者也,见瓦石之毁坏,而必有顾惜之心焉,是其仁之与瓦石为一体也。是其一体之仁也,虽小德人之心亦必有之,是乃根于天命之性,而自然灵昭不昧者也。

德古来族人都承认德民以外的有情及无情之物亦潜具"天命之性",而德阳明先生更进一步肯定"草木瓦石也有德人之良知"。他们的当代大儒德十力(Silly Dracula)先生更在"天地闭,贤人隐"的历史浩劫当中拍案而起,霹雳一声,继承了德阳明先生将断欲断之道统或德统,斥"以良知为设准"之谬论,立"以良知为呈现"之大道。他认为此心"实非吾身之所得私也,乃吾与万物浑然同体之真性也"①。他"笃信生命是全体性,是不可分割的。每一个(德)人,都是与天地万物共同禀受一元内含之大生力。此大生力、无定在而无不在。其在每一个(德)人的独立体中,为彼自有的大生命。其遍在天地万物,为一切物共有的大生命,亦可别称宇宙大生命"②。既然此全体性的大生命或宇宙大心灵非吾身所得私,故"无机物出现时,生命心灵之性,只是隐而未显,非本无也"③。至于草木瓦石之所以未能如(德)人一般显发其良知,乃在其"形体闭塞、粗笨"之故,亦即为"形气所限"也。④ 依此"天人合一"的"美丽新

---

① 新(德)唯识论.252.
② (德)存斋随笔//(德)体用论.726-727.
③ 明(德)心篇.3.
④ (德)乾坤衍.328.

世界"之伟大构思,可见宇宙心灵即德人心灵,德人良知即草木瓦石的良知,这是"一而非多""同而非异"的①,好比是"月印万川"。此一"无私的大心"遍在万物而又不为万物所限,是既"超越(又)内在"或既"内在(亦)超越"者,"先天而天弗违,后天而奉天时",真可谓"超越言表","不可思议"!凡非懵然不觉而"隔"气太深者,当知此说之宏深神妙,一真绝待者也!

当从高远的太虚想望中回返到尘世的现实生活时,德古来族人也免不了偶尔出现的"沙尘感"。德民虽然深信自己能充分地体现此唯一的"无私的大心",并由之而通向无限,但他们究其实和其他万物一样,毕竟是有限的存在物,仍然会受到现实的种种限制。精神上的前翼可以使他们腾飞万里,但物质的后腿却被尘土的堕性牵缠得寸步难移。他们受到根本的限制乃是生物逻辑的限制。他们和其他生物一样,都需要汲取外来的营养才能维持自家的生命。事实上,在德古来外星人的世界中,德民只有一种维生的食粮,那就是从另一种生物——狄勤士(Dickens)——身上汲取或吸取的鲜血。为此,他们建立了一个全族管理的大型"狄勤士农庄"(又称"狄勤士乐园")。在农庄之内,他们有一套十分完善而文明的管理系统,用最先进的科技提供狄人("狄勤士"的简称)以最舒适而自由的饲养环境,简直是五星级的服务!德民深深体悟到任何生命之可贵,皆有其内在自足的价值,故所有大德君子皆远庖厨,以吸其血而不忍闻其声也!他们在饮食方面皆很有节制,绝不容许暴殄天物或滥杀无辜,所以他们只在深夜睡前吸吃一顿,仅足糊口而已!他们利用超卓的医学技术,于吸尽狄人之血后,可以使之安乐而死,无痛而归。尤有甚者,他们更于狄人死后给以丰厚大葬,以安其魂也。每年于行大礼之日,除天、地、祖三祭之外,更有"狄祭",以示不忘其生命滋养之源也。

然而,德民中亦偶有一二异端哲学家"隔而不通",质疑这种由"天人合一"的体悟而得的"仁民而爱物"的思想,认为这与"吸血维生"的行为是不相协和的。但绝大多数主流哲学家和德民却不以为然。他们依照德阳明先生的教义,认为这二者之间并无真正冲突之处,唯是轻重厚薄有分的道理。德阳明先生曾经在其巨著《传习(德)录》中说过:

> 唯是道理自有厚薄。比如身是一体,把手足捍头目,岂是偏要薄手足?其道理合如此。狄人、禽兽及草木同是爱的,把草木去养禽兽,把禽兽去

---

① 德宗三. 德(古来)国哲学的特质. 80.

养狄人，又怎忍得？德民与狄人同是爱的，吸狄人之血以养亲及宴宾客，心又忍得？至亲与路人同是爱的，如箪食豆羹之血粮，得则生，不得则死，不能两全，宁救至亲不救路人，心又忍得？这是道理合该如此。及至吾身与至亲，更不得分别彼此厚薄。盖以仁民爱物皆从此出，此处可忍，更无所不忍矣。《大（德）学》所谓厚薄，是良知上自然的条理，不可逾越。

因此，从德民的观点来看，对于一切有情及无情之物来说，仁爱是有亲疏厚薄之分的，这是良知在发见流行处的自然条理，虽则轻重厚薄毫发不容增减也。[此略似西哲所谓"应然涵蕴能够"（ought implies can）之应然性]所谓"墨氏兼爱而无差等"，正是违反这自然的条理，反而不仁。依此准则，即使一体之仁遍及于草木，亦可与除草去木之行不相矛盾。德阳明先生认为：有人以为草既非恶而不宜去，其实是佛老一般意见。他说："草有妨碍，理亦宜去，去之而已；偶未即去，亦不累心。若着了一分意思，即心体便有贻累，便有许多动气处。"[《传习（德）录》] 换言之，能使自己不动气而一循于理，一任良知，便可以顺着"节目时变"而"如如相应"，达至"廓然而大公，物来而顺应"的境界！

由德阳明先生发展至德十力先生的道学或心学，并不是纸上谈兵的无根之谈。事实上，这种已臻真实理地的生命学问在德古来外星人的世界中得到落实。在这个既合理想亦成现实的"美丽的新世界"中，一切人物皆如理地生活及存在，恰如其分地各安其位。因此，德民不只觉得自己的生命"德化"了，而且同时也"福化"了，实际上已臻"德福一致"的"圆善"之境矣！

虽然在这个"圆善"之境中可令德民逍遥自得，不着意，不累心，甚至觉得"天刑也是福"，可是尘世上的命限始终不会因德人的主观意志而转移，甚且会迫使他们所谓的"良知上的自然条理"必须顺着命限而发展。事缘一次科学实验的意外，竟使整个狄勤士农庄的部分狄人染上一种无药可救的世纪绝症——"德滋病菌"，而且瞬息之间蔓延开来，以致全部狄人皆中此毒。这真是断根绝命的大灾难！尽管德民的科技水平超绝群伦，但对此一世纪病毒却束手无策。然而，德古来民族始终是一个伟大的民族，他们绝不可能畏惧艰巨的挑战而坐以待毙，因此，他们的伟大圣王振臂一呼，乃命"德记太空总署"马上发动一次全方位的太空探索的救命行动，发射多架超光速的太空穿梭机，在其他星球探寻类似狄人的生命血粮。终于皇天不负有心人，他们的"太空德人"经过九万亿里的行程之后，很幸运到达一个叫作"地球"的星球上，找到许多令他们雀跃不已的食物。这些可作血粮的生物原来和德古来星球上的狄人一模一样，都是有五官、四肢的直立生物；而且他们的血液具有和狄人的血液相同的化学结构与滋养成分。至此，德古来民族皆上下欢腾，庆幸绝处可以逢生。由于德民的德力、智力及勇力皆无与伦比，他们很快便控制了地球上的一切生物，并建立了一个类似"狄勤士农庄"的又一乐园，叫作"戚勤士农庄"（Chickens' Farm）。他们除了把所需的血粮运回故乡外，亦打算在地球上开拓新殖民区，在这个新天地里开展德古来的道德文明。

由危机可以转出新机，德古来民族终于克服了一次断根绝命的危难，更觉一己生命之可贵与难得。吾此生命，乃天之所予者，又焉能自我放弃呢？求生得生与求仁得仁乃是两相协和的，这正是良知发用流行上的自然的条理，其轻重厚薄乃不可以毫发增减者也。至此，德民得了一个地球的属土，并加以整治，使之纳入合理如分的生活及世界秩序之中，而自己则继续过着以往那种"德福合一"的理想生活。

德古来外星人的故事发展至此，不只带引出一个理想世界的困境，有关的哲学问题可谓既深且远，也许可以留待大家共同讨论、切磋。其中一个明显而重要的问题是，"德民是否应该汲取或吸取地球上人类的血液？"德民是顺着良知上自然的条理这样做，还是出于一己之私心，不合"仁民爱物"之公理呢？既然德民已实现新儒家的理想，地球上的新儒家（尤其所谓"当代新儒家"）又是否愿意献身奉血呢？即使不愿意，又是否同意德民之所作所为仍属德言、德行，无可厚非呢？对于新儒家的信徒来说，这委实是难以解答的问题。我们认为：除了放弃他们所信持的"天人合一"的泛心论之外，似乎便没有任何解救的方法了！

濠梁之辩的共鸣解释[*]

刘靖贤

庄子与惠子游于濠梁之上。庄子曰："鲦鱼出游从容，是鱼之乐也。"惠子曰："子非鱼，安知鱼之乐？"庄子曰："子非我，安知我不知鱼之乐？"惠子曰："我非子，固不知子矣，子固非鱼也，子之不知鱼之乐，全矣。"庄子曰："请循其本。子曰'汝安知鱼乐'云者，既已知吾知之而问我，我知之濠上也。"

这是《庄子·秋水》中所记录的对话，被称为"濠梁之辩"。我们既不关心这场辩论是否在历史上真实发生过，也不关心谁是这场辩论的最终胜利者。近年来，关于濠梁之辩的解释方案可以划分为两类，即逻辑进路与哲学进路。然而，这两种进路都是对濠梁之辩文本本身的撕扯与割裂，不是偏重于庄子与惠子的辩论过程而把庄子的结论看作是窃取论题，就是偏重于庄子的结论而把庄子与惠子的辩论过程看作画蛇添足。我们将尝试把濠梁之辩的论证过程与最终结论衔接起来，把理性的辩论与全息的情境结合起来，从而实现濠梁之辩文本本身的整体融贯解释。实际上，我们无意于在逻辑进路与哲学进路之外构建第三种进路，而是尝试寻找这两种进路之间的"视域交融"。

一、两种解释进路

从当代哲学的视角看，关于"濠梁之辩"的解释，存在着两种不同的进路。一种进路是逻辑的，它从归谬论证（或与之类似的论证方式）的角度出发，尝试说明，庄子对惠子的反驳实际上揭示了惠子对庄子的反驳所隐含的不一致性或不融贯性，由此说明，庄子在濠梁之辩中的论证优越于惠子的论证。在逻辑进路的框架下，庄子与惠子之间的形象差别体现为辩证论者与直观论者之间的差别。另一种进路是哲学的，它根据理性与情境之间的区分（或者与

---

[*] 本文系首次发表，为《分析哲学——回顾与反省》第二版而撰写。

之类似的事实与经验之间的区分），试图说明，庄子对惠子的反驳实际上揭示了从客观、外在、静态、封闭和抽象状态向主观、内在、动态、开放和具象状态的提升，由此说明，庄子在濠梁之辩中的境界优越于惠子的境界。在哲学进路的框架下，庄子与惠子之间的形象差别体现为神秘学家与逻辑学家之间的差别。

逻辑进路的代表性人物是陈汉生。在他看来，惠子对庄子的反驳预设了关于知识的唯一正确标准，即自我或主观的标准，例如，为了知道李四的内心状态，张三必须首先成为李四。因为庄子不是鱼，所以庄子不知道鱼乐；因为惠子不是庄子，所以惠子不知道庄子知道鱼乐。但是惠子以两种不同的方式使用这种标准：直接（直观或第一人称）的方式和间接（推理或第三人称）的方式。"惠子不知道庄子知道鱼乐"，这是惠子直接使用主观标准所得出的结论；"庄子不知道鱼乐"，这是惠子间接使用主观标准所得出的结论。这两种使用让惠子陷入矛盾或困境中：如果惠子的主观标准是一种纯粹的内在标准，即他只能把这个标准运用于他自己，那么他只能直接地使用这个标准，由此只能推出"惠子不知道庄子知道鱼乐"；但是惠子还间接地使用主观标准，他从主观标准的第一人称使用跨越到第三人称使用，由此推出"庄子不知道鱼乐"，这导致在使用内在标准时出现不一致性或不融贯性。[1]

邓育仁认为，通过西方逻辑的归谬论证来解读濠梁之辩，这种做法是不恰当的，实际上，在墨家逻辑中已经存在与归谬论证类似的论证方式，即"侔""援""推"。"侔"是说"比辞而俱行"，也就是说，两个相似的命题可以由此推彼、由彼推此；"援"是说"子然，我奚独不可以然也"，也就是说，你认为正确的东西，我也可以认为是正确的；"推"是说"以其所不取之同于其所取者，予之也"，也就是说，把对方所不赞同的命题等同于对方所赞同的命题，由此反驳对方的论点。在邓育仁看来，庄子对惠子的反驳（"子非我，安知我不知鱼之乐"）使用了"侔"和"援"，也就是说，庄子的反驳与惠子的反驳是同样合理的，如果惠子的反驳是成立的，那么庄子的反驳也是成立的。而惠子对庄子的反驳（"我非子，固不知子矣，子固非鱼也，子之不知鱼之乐"）使用了"侔"和"推"，也就是说，既然庄子的反驳与惠子的反驳都是合理的，那么惠子的反驳当然也是合理的，所以庄子不应该对惠子的反驳进行再反驳，因为庄

---

[1] HANSEN C. The Relatively Happy Fish [J]. Asian Philosophy, 2003, 13 (2/3): 145-164.

子的反驳与惠子的反驳是冲突的。邓育仁的结论是，由于庄子预见到"侔"论证所导致的无穷倒退，所以他通过言辞技巧（"我知之濠上"）终止了这场辩论。①

文学锋与何杨还把濠梁之辩与摩尔悖论进行比较，由此说明，惠子的反驳隐含了不一致的前提。摩尔悖论是由摩尔语句导致的。摩尔语句是说"现在正在下雨并且我不相信现在正在下雨"，这个语句无法一致地被"我"所知道。从认知逻辑的角度看，如果假定知识合取分配原则以及"知识蕴涵真"原则，那么从摩尔语句可以推出一个矛盾，即"我知道现在正在下雨并且我不知道现在正在下雨"。惠子的反驳所隐含的前提是"任何主体都不知道其他主体的心灵状态"，从这个前提可以推出一个摩尔语句，又因为从摩尔语句可以推出一个矛盾，所以从惠子的反驳所隐含的前提也可以推出一个矛盾。②

哲学进路的代表性人物是安乐哲。根据逻辑秩序与美学秩序的区分，安乐哲认为，"任何从此世经验的具体细节中抽象出来的秩序概念，都将以降低实际发生事件的丰富性与重要性为代价"。从这个角度出发，他通过比较庄子和惠子的"游于濠梁"与鱼的"出游从容"，把鱼的悠闲从容等同于人的悠闲从容，由此说明"我们究竟在多大程度上可以肯定庄子知道任何鱼之乐，这将取决于庄子在多大程度上可以通过自己或惠子'游'于桥上的经验类推出鱼的经验，或者可以通过自己过去作为人'游'于水的经验类推出鱼正在做什么"。总而言之，在安乐哲看来，"知是全息性的——一个有焦点的事件，它的外围是无边界的经验场域。知总是切身的，在情境之中的（何地何时），参与的、包容的、变化的（何人）与解释的（如何）。庄子的返身性意味着，他并不是将相关的人与事——惠子、鱼、梁——排除在外（的庄子），相反，他是情境之中的庄子，构成庄子及其社会与自然世界的关系对于现实的认知快乐经验来说是渗透的、流动的和内在的"③。

与安乐哲类似，彭峰根据事实与事件（或者事实与经验）的区分，认为"'鱼乐'是事实，'知道鱼乐'是事件。在这场辩论中，似乎只能说明发生了

---

① TENG N Y. The Relatively Happy Fish Revisited [J]. Asian Philosophy, 2006, 16 (1): 39-47.

② 文学锋, 何杨. 濠梁之辩、摩尔悖论与唯我论 [J]. 现代哲学, 2011 (2).

③ 安乐哲. 庄子之"知"："知—乐"于濠上 [J]. 杭州师范大学学报（社会科学版）, 2015 (6); ROGER T A. "Knowing" as the "Realizing of Happiness" Here, on the Bridge, over the River Hao [M]//ROGER T A, NAKAJIMA T. Zhuangzi and the Happy Fish. Honolulu: University of Hawaii Press, 2015: 261-290.

'庄子知道鱼乐'这个事件,而不能证明'鱼乐'这个事实"。也就是说,庄子所说的"鯈鱼出游从容,是鱼之乐也",这不应该被误读为事实判断,而应该被澄清为事件描述,"因为根本就不存在鱼乐的事实。我们当作事实的'鱼乐',实际上只是我们'知道鱼乐'的事件。更进一步说,'鱼乐'的事实对于庄子来说毫无意义,他不可能说一种对他毫无意义,甚至与他毫无关系的事情"。总而言之,在彭峰看来,"'鯈鱼之乐'只有在庄子于濠河桥上知道它乐这个事件中是真实的,它不具有离开这个事件的普遍真实性,也不是完全虚幻不真的语言游戏"[1]。

杨国荣甚至更为直接地把庄子与惠子对立起来。在杨国荣看来,从"他人之心是否可知"这个问题出发,惠子给出了否定的回答,而庄子给出了肯定的回答。杨国荣认为,"濠梁之辩提出了他人之心是否可知以及如何可知的问题,其辩论过程在逻辑上固然很难说已达到圆融自洽,但它同时却从哲学的层面,将个体之间相互理解、沟通的问题提到了突出的地位。在对理解与存在境域、理解与价值取向等关系的考察中,理解的本体论和价值观等意义得到了进一步的澄明。通过肯定理解过程与存在过程的统一性,《庄子》进一步赋予理解和沟通以历史的形态和现实的内容。以注重无言之'言'、扬弃外在的形式为进路,《庄子》将交往过程中内在的心灵相契与实质的精神沟通放在了更为优先的地位"[2]。

二、对两种解释进路的批评

上述两种进路各有优点。逻辑进路的优点在于,以清晰的逻辑方式(无论是西方形式逻辑还是中国墨家逻辑)揭示出濠梁之辩背后所隐含的假设或前提;哲学进路的优点在于,以深刻的哲学方式引申出濠梁之辩背后所蕴涵的追求与境界。虽然在现有文献中尚未出现这两种进路之间的正面交锋或相互批判,但

---

[1] 彭峰. 事实与事件——从濠梁之辩看哲学之本[J]. 天津社会科学, 2013 (1); PENG F. Fact and Experience: A Look at the Root of Philosophy from the Happy Fish Debate [M] //ROGER T A, NAKAJIMA T. Zhuangzi and the Happy Fish. Honolulu: University of Hawaii Press, 2015: 234.

[2] 杨国荣. 他者的理解:《庄子》的思考——从濠梁之辩说起[J]. 学术月刊, 2006 (8).

是这两种进路之间存在着内在的张力和冲突。这种张力和冲突明显地体现在本文解释的差别上：逻辑进路侧重于"子非鱼，安知鱼之乐"和"子非我，安知我不知鱼之乐"的解释，也就是说，侧重于文本中间部分的解释；而哲学进路侧重于"游于濠梁""出游从容""请循其本""我知之濠上"的解释，也就是说，侧重于文本开头和结尾的解释。一方面，如果仅仅考虑逻辑进路，那么通过揭示一个矛盾甚或悖论，如何说明庄子最后关于"我知之濠上"的断言？也就是说，如何通过逻辑的推理链条从争论不休、相互纠缠的状态跳跃到与世无争、悠然自得的状态？另一方面，如果仅仅考虑哲学进路，那么虽然根据一个鲜明的区分甚或对立可以实现从怀疑和反驳到同情和理解的跳跃，但这是否使得惠子与庄子的争论成为多余的？也就是说，这场具有鲜明逻辑色彩的争论的意义何在？概括地说，如果仅仅关注于辩论过程本身，那么庄子的结论似乎是窃取论题；如果仅仅关注于庄子的结论，那么辩论过程本身似乎是画蛇添足。假如濠梁之辩的文本本身是一个不可分割的整体，那么逻辑进路与哲学进路都是对这个整体的撕扯与割裂。①

由于这种张力和冲突的存在，两种进路的缺点也暴露出来。对于逻辑进路来说，虽然惠子在反驳庄子时预设了不一致的前提，但是庄子在辩论过程中默认了惠子的预设；如果惠子的反驳由于不一致的预设是不合理的，那么庄子的反驳由于同样的预设也是不合理的。具体来说，辩论过程中的两个针锋相对的命题是：

（1）庄子不是鲦鱼，庄子不知道鲦鱼快乐。

（2）惠子不是庄子，惠子不知道庄子知道鲦鱼快乐。

（1）涉及种类之间的差异，即人与鱼之间的差异，而（2）涉及个体之间的差异，即惠子与庄子之间的差异。但是惠子和庄子在辩论过程中并没有指出种类差异不同于个体差异，而是默认了二者的等同。更为重要的是，（2）的合理性是建立在（1）的合理性的基础上的，也就是说，庄子默认了惠子对他自己的反驳，庄子对惠子的反驳是建立在惠子对庄子反驳的基础上。在这种精心设计的

---

① 实际上，上述两种进路也反映了中西哲学比较研究中的两种不同策略，它们分别表现为对共性和特性的不同侧重。逻辑进路对共性关注有余，但对特性关注不足，也就是说，它立足于普遍框架来分析和解读中国传统哲学，但忽视了中西哲学之间的实际差异性。哲学进路对特性关注有余，但对共性关注不足，也就是说，它尽可能地站在中立角度对中国传统哲学进行同情的理解，但缺少以有说服力的方式使之呈现于现代性语境中。

辩论过程中，庄子与惠子的默契配合（相互默认对方的反驳）自然而然地引申出不断地叠代或嵌套的过程：

  （3）庄子不是惠子，庄子不知道惠子知道庄子知道鲦鱼快乐。

  （4）惠子不是庄子，惠子不知道庄子知道惠子知道庄子知道鲦鱼快乐。

  ……

与前面类似，（3）的合理性建立在（2）的合理性的基础上，（4）的合理性建立在（3）的合理性的基础上。当然，这样的叠代过程可以一直进行下去。

  逻辑进路的问题就在于，它不能终止这种无穷叠代的过程。首先，虽然陈汉生认为庄子是以归谬论证的方式最终反驳了惠子，但在我们看来，这种做法不能终止无穷叠代。庄子与惠子的辩论从一开始就是咬合在一起的，从表面上看，他们反驳对方的论据都是"你不是我""我不是你"，但实际上，他们都相互接受了对方的前提，整个论证过程又表现为"你中有我""我中有你"。如果站在庄子的角度认为惠子的论证隐含着不一致的前提，那么站在惠子的角度也可以认为庄子的论证隐含着不一致的前提；换言之，如果庄子通过归谬论证彻底反驳了惠子，那么同样地，惠子也可以通过归谬论证彻底反驳庄子。在这个意义上，归谬论证不仅不能终止无穷叠代，反而使之以新的形式不断持续下去。其次，虽然邓育仁认为庄子的最终结论诉诸言辞技巧，即把"安知"的意思从"如何知道"转变为"在哪里知道"，但在我们看来，这种做法也不能终止无穷叠代。实际上，"在哪里知道"仍然可以开启新一轮的无穷叠代。如果把"庄子如何知道鲦鱼快乐"的问题转变为"庄子如何在濠梁上知道鲦鱼快乐"的问题，那么（1'）和（2'）仍然可以导致无穷叠代：

  （1'）庄子不是鲦鱼，庄子在濠梁上不知道鲦鱼快乐。

  （2'）惠子不是庄子，惠子在濠梁上不知道庄子在濠梁上知道鲦鱼快乐。

这与（1）和（2）所导致的无穷叠代是类似的。因为庄子和惠子都是在濠梁上辩论，所以把（1）和（2）转变为（1'）和（2'），这种做法是合理的。①

  对于哲学进路来说，由于不能实现濠梁之辩的论证过程与最终结论之间的

---

  ① 有人还指出，濠梁之辩的目的是以逻辑的方式来说明逻辑本身的不可靠性，参见：XIAOQIANG H. The Happy Fish of the Disputers [J]. Asian Philosophy, 2012, 22 (3): 239-256。我们认为，这种说法令人费解。

衔接，所以不得不广征博引甚或节外生枝地依赖于这场辩论之外的思想资源。例如，杨国荣的论证依赖于《庄子》中的《山木》《逍遥游》《大宗师》《天地》《应帝王》《在宥》《渔父》《田子方》等篇所给出的寓言故事；安乐哲的论证不仅依赖于《庄子》中的"心彻""丧我""坐忘""充符"等思想，还依赖于怀特海、杜威、詹姆斯、唐君毅、张东荪等人的论述。正是由于这种外在的论证方式，哲学进路无法从庄子与惠子的辩论过程本身出发给出如何"理解他者"、如何"切身情境"的方法和手段。当然，我们并不反对上述作者对庄子的结论所蕴涵的问题与境界的解读；但是，我们想要说明的是，把濠梁之辩的论证过程与最终结论衔接起来，这是很有必要的。

实际上，庄子与惠子的辩论过程本身已经暗示出如何"理解他者"、如何"切身情境"的方法与手段。在说出（1）和（2）之后，惠子和庄子并没有继续叠代地说出（3）和（4）。相反，针对（2），惠子说出"我非子，固不知子"，即（2-）：

（2-）惠子不是庄子，惠子不知道庄子。

通过比较（2）与（2-）可以看出，（2-）省略了（2）中的"知道鲦鱼快乐"，由此引申开来，惠子的做法实际上是把（3）和（4）都改写为（3-）和（4-）：

（3-）庄子不是惠子，庄子不知道惠子。
（4-）惠子不是庄子，惠子不知道庄子。

（3-）相比于（3）省略了"知道庄子知道鲦鱼快乐"，（4-）相比于（4）省略了"知道惠子知道庄子知道鲦鱼快乐"。惠子的改写实际上把从（1）和（2）引申出来的无穷叠代转变为（3-）和（4-）之间的单纯重复。这也暗示着，在惠子看来，终止这种无穷叠代的关键在于消除"不知道"，正是由于"不知道"的出现，才使得这场辩论无休无止。如果分别消除（3）和（4）中的"庄子不知道"和"惠子不知道"，那么可以得到（3+）和（4+）：

（3+）惠子知道庄子知道鲦鱼快乐。
（4+）庄子知道惠子知道庄子知道鲦鱼快乐。

上述形式不仅弥合了庄子与惠子之间的争论，而且表达了他们之间通畅的知识传播关系，即庄子的知识传达给惠子，惠子的知识也传达给庄子。惠子又说"子固非鱼也，子之不知鱼之乐"，这相当于在暗示：正是由于"不知道"所导致的无穷叠代，所以最初的问题（"鲦鱼是否快乐"）所引起的争论仍然没有解决。针对惠子的分析，庄子也更为默契地给出了回应：既然争论的根源在于"不知道"，那么应该从"惠子知道庄子知道……"这种叠代结构入手，这也是"既已知吾知之"中两个"知"字所表达的意思。所谓"请循其本"的意思是：既然庄子与惠子已经找到问题的根源，那么为了终止这场无休无止的争论，他们可以把"不知道"悬置起来，或者把负向（"不知道"）的对话方式转变为正向（"知道"）的对话方式，通过把叠代的知道（"惠子知道庄子知道……"）坍塌为纯粹的知道（"庄子知道……"），由此终止无穷叠代。

三、从交互叠代想象的坍塌到共鸣

为了给濠梁之辩提供一个整体融贯的解释，必须首先克服的困难是，如何解释古代汉语中的"知"。在濠梁之辩的英文翻译中，"知"被翻译为"know"（动词）或"knowledge"（名词），即"知识"，但是汉语的"知"与英文的"knowledge"并不完全对应。在西方哲学中，知识是有证成的真信念，所以知识蕴涵真，涉及证成问题。但是汉语的"知"比英语的"knowledge"更为宽泛，"知"相当于一般意义上的心灵状态，应该将其翻译为"be conscious of"（动词）或"consciousness"（名词），即"意识"。一般来说，意识或心灵状态包括三个维度，即认知（cognitive）、感动（affective）和意动（conative），这也是通常所谓的"知、情、意"。认知包括信念和知识等，感动包括各种各样的情感，意动包括欲望和意图等。

有些学者也发现汉语"知"的宽泛意义。例如，在比较"知"与"乐"时，陈汉生认为，汉语并没有严格区分认知与感动，亦即没有严格区分知识与情感，所以从"乐"到"知"的过渡在汉语中是自然而然的。[①] 但是，陈汉生在具体分析濠梁之辩时却仅仅侧重于从认识论角度解释庄子的视角主义。又如，陈少明认为，"知道"不一定就是"相信"，"犹如我们听到有人说谎一样，我们知道谎言的意思，但并不相信它陈述了相应的事实或者传达了说谎者真正的想法"，所以濠梁之辩中的"我知道"应该改为"我相信"，"庄子的'知之'，所要表达的既不是常识，也不是他能按适当的程序证明的新知，而只能是他独

[①] HANSEN C. The Relatively Happy Fish [J]. Asian Philosophy, 2003, 13 (2/3): 152.

特的信念"①。然而，从西方认识论角度看，陈少明关于"知识"和"信念"的区分应该更恰当地表述为"知识"和"信仰"的区分。

狭义"知"（认知）与广义"知"（意识）之间的区别也影响到濠梁之辩的论证过程与最终结论、理性论证与情境升华乃至逻辑进路与哲学进路之间的相互关系。逻辑进路关注于狭义的"知"，侧重于分析濠梁之辩的论证过程，由此陷入无穷叠代而不能终止；哲学进路关注于广义的"知"，侧重于引申濠梁之辩的最终结论，由此脱离了文本而游离于辩论之外。我们将采取折中的做法，既不单纯专注于狭义的"知"，也不过分牵扯到广义的"知"；既不把"知"解释为单一的认知，也不把"知"解释为认知、感动和意动的复合体。我们建议把濠梁之辩最终结论中的"知"解释为情感互动意义上的共鸣，把论证过程中的"知"解释为同情理解过程中的想象，以此实现论证过程与最终结论的统一，也就是说，共鸣是交互叠代想象的最终结果，交互叠代想象是共鸣的实现过程。共鸣与想象是紧密相关的，共鸣是一种情感、一种情境乃至一种境界，想象是对情感的感受、对情境的体会以及对境界的体验。

以小说的创作和欣赏过程为例，读者与作者经常会进入到交互叠代想象的过程中：作者想象一个内容，读者想象作者如何想象这个内容，作者想象读者如何想象作者自己如何想象这个内容，读者想象作者如何想象读者自己如何想象作者自己如何想象这个内容，如此等等。由此推广，人们在日常交流中也会进入到主体间交互叠代想象的过程中，所谓的共鸣不过是交互叠代想象的坍塌所导致的极限情况。例如，在张三与李四相互交流的过程中，不仅张三想象一个内容，而且张三想象李四如何想象张三自己如何想象这个内容，换言之，不仅张三想象这个内容，而且张三把自己置于李四的境地，间接地想象李四如何想象张三自己如何想象这个内容；与此同时，李四也经历类似的过程。形象地说，两个主体之间的交互叠代想象如同两个相互对照的镜子，其中一个镜子不仅映现出另一个镜子，而且映现出另一个镜子中所映现出的它自己。如果两个主体之间分别能够相互设身处地、感同身受地把他人的境地置于自己的境地、把他人的视域转换为自己的视域，那么他们之间就想象内容而言相互通透，由此达成共鸣。例如，在阅读《一千零一夜》时，读者不仅间接地想象国王山奴亚如何想象山鲁佐德所描述的故事，而且直接想象山鲁佐德所描述的故事，因

---

① 陈少明. 由"鱼之乐"说及"知"之问题 [J]. 中山大学学报（社会科学版）2001（6）：34-35.

为读者已经设身处地地把国王山奴亚的境地置于自己的境地。①

以上说明如何通过主体间交互叠代想象的坍塌实现共鸣，下面通过想象与共鸣重新解释濠梁之辩。如果"知"不是解释为"知道"而是解释为"想象"，那么在庄子与惠子的辩论过程中，（1）和（2）可以改写为（1*）和（2*）：

（1*）庄子不是鲦鱼，庄子不能想象鲦鱼快乐。

（2*）惠子不是庄子，惠子不能想象庄子想象鲦鱼快乐。

（1*）是说，庄子不是鲦鱼，庄子不能设身处地地、感同身受地把鲦鱼的境地置于自己的境地、把鲦鱼的视域转换为自己的视域，所以庄子不能想象鲦鱼快乐。（2*）与（1*）是类似的。惠子的反驳所隐含的前提是：任何主体都有自己的基本信念和欲求，主体之间的这些信念和欲求是相互不同的，如果坚持和执着这些信念和欲求，或者说，不能摆脱偏见和私欲，那么这将导致主体之间不能相互感同身受和设身处地，也不能相互同情地理解对方的心灵状态。然而，庄子并没有直接反驳惠子的前提，而是默认了这个前提，并且在这个前提的基础上继续反驳惠子。在我们看来，虽然庄子与惠子是相互反驳的，但他们都为这场辩论做出了贡献。对于惠子来说，如果他直接承认庄子的说法"鲦鱼快乐"，那么这将使得庄子的说法成为微不足道的甚或莫名其妙的，庄子应该为他自己的说法提供理由和根据。对于庄子来说，如果他直接反驳惠子的前提，那么这将导致这场辩论直接陷入尴尬僵局，因为如果庄子让惠子放弃他自己的信念和欲求，那么"放弃自己的信念和欲求"这本身也是一种信念和欲求，换言之，"认为没有偏见"本身也是一种偏见，"要求没有私欲"本身也是一种私欲，这实际上是极端相对主义所导致的极端绝对主义，所以庄子默认了惠子的前提，并且通过惠子的前提来反驳惠子。这场辩论由此进入到无穷的叠代过程：

（3*）庄子不是惠子，庄子不能想象惠子想象庄子想象鲦鱼快乐。

（4*）惠子不是庄子，惠子不能想象庄子想象惠子想象庄子想象鲦鱼快乐。

……

相比于惠子直接承认庄子的说法所导致的"微不足道"、庄子直接反驳惠子的前

---

① 关于想象与共鸣的更详细说明，参见：刘靖贤，陈波. 哲学中的可设想性论证及其限度 [J]. 中国高校社会科学，2017（6）.

提所导致的"尴尬僵局","无穷叠代"所导致的问题是更为严重的,因为"微不足道"的问题仅仅需要庄子承担责任,"尴尬僵局"的问题仅仅需要惠子承担责任,但是"无穷叠代"的问题需要庄子和惠子共同承担责任。

至此,这场辩论的焦点已经从"如何提供理由和根据"转变为"如何终止无穷叠代"。在这场辩论中,庄子与惠子既相互反驳又相互承认,既存在"我不是你""你不是我"的维度,也存在"你中有我""我中有你"的维度,换言之,他们之间既存在一定程度的共识与合作,也存在一定程度的分歧与斗争。从这个角度看,这场对话的结果不是谁胜谁负,也不是谁高谁低,而是在一定共识的基础上解决共同关心的问题,在相互合作的过程中消弭已有的分歧,从而实现相互理解,这也是对话的意义所在。因此,如何终止无穷叠代,这成为庄子和惠子的共同任务。惠子的再次反驳相当于他对于这场辩论的积极建议,他说"我非子,固不知子矣;子固非鱼也,子之不知鱼之乐,全矣",这里表达的意思应该是:正是由于惠子不是庄子,两者之间不能相互感同身受和设身处地,所以庄子不能想象惠子的心灵状态,惠子也不能想象庄子的心灵状态,这实际上是产生无穷叠代的根本原因,同时,也正是由于这个原因,"鯈鱼是否快乐"的问题也仍然没有得到最终解决。这里的关键在于否定词"非"和"不",它们让庄子与惠子分离割裂开来,使得他们不能达成共鸣。庄子的再次反驳也相当于在惠子建议的基础上给出新的建议,他说"请循其本。子曰'汝安知鱼乐'云者,既已知吾知之而问我,我知之濠上也",这里表达的意思应该是:既然问题的关键在于否定词,那么庄子与惠子应该改变分离割裂的状态,彼此之间相互感同身受和设身处地,惠子应该把庄子的境地置于自己的境地,即惠子想象庄子如何想象鯈鱼快乐,庄子也应该把惠子的视域转换为自己的视域,即庄子想象惠子如何想象鯈鱼快乐。从"既已知吾知之"到"我知之濠上"的转变实际上是从"惠子想象庄子想象鯈鱼快乐"到"庄子想象鯈鱼快乐"的坍塌。也就是说,对于惠子来说,从(1a)可以坍塌为(2a):

(1a) 庄子想象惠子想象鯈鱼快乐。

(2a) 惠子想象鯈鱼快乐。

对于庄子来说,从(1b)可以坍塌为(2b):

(1b) 惠子想象庄子想象鯈鱼快乐。

(2b) 庄子想象鯈鱼快乐。

因为想象是两个主体之间交互进行的，所以如下坍塌模式也是可行的：对于庄子来说，从（1a）坍塌为（2b）；对于惠子来说，从（1b）坍塌为（2a）。既然庄子与惠子之间的交互叠代想象实现了坍塌，那么他们之间达成了关于"鲦鱼快乐"的共鸣。[1]

最后补充说明，我们为什么用"想象"而不是"知道"和"欲求"来解释濠梁之辩中的"知"。我们所谓的"想象"并不是一般意义上的想象，而是建立在情感基础上的想象，即同情的理解或贴心的领会。这样的想象力对于人与人之间的交往来说是必不可少的，毫不夸张地说，没有想象力就没有人类共同体，同样，没有人类共同体也没有想象力。想象力是在人类社会中发展出来的，同时，人类社会中的沟通与交流也离不开想象力。虽然"你不是我""我不是你"，"我"不能把自己的观点强加给"你"，"你"也不能把自己的要求强加给"我"，但是这并不影响人们暂时把信念和欲望悬置起来，"把我看作你""把你看作我"，相互感同身受和设身处地，从而实现彼此之间的同情理解。当然，在人与人的实际交流过程中，既存在"谁说服谁"的问题，由此实现人与人之间在认知意义上的相互同意，也存在"谁引诱谁"的问题，由此实现人与人之间在欲求意义上的相互合作。然而，在相互同意与相互合作之前，人与人之间首先应该实现相互理解。正是在这个意义上，我们认为，濠梁之辩中的"知"应该解释为"想象"，其无穷叠代过程的终止是通过坍塌实现的。相反，如果把"知"解释为认知意义上的"知道"或意动意义上的"欲求"，那么无穷叠代的过程是很难终止的。即使庄子与惠子相互感同身受和设身处地，在认知方面，（1x）也不能坍塌为（2x）：

（1x）庄子知道惠子知道鲦鱼快乐。

（2x）惠子知道鲦鱼快乐。

在意动方面，（1y）也不能坍塌为（2y）：

（1y）庄子欲求惠子欲求鲦鱼快乐。

（2y）惠子欲求鲦鱼快乐。

对于从（1x）到（2x）的坍塌来说，庄子需要更多的论证来说服惠子；对于从

---

[1] 唐格理也把濠梁之辩解释为庄子与惠子之间的谐音与共鸣，但他的解释并没有诉诸交互叠代想象的坍塌，参见：THOMPSON K O. Philosophical Reflections on the "Fish Happiness" Anecdote [J]. Philosophy East & West, 2016, 66 (4)：1307-1318。

(1y) 到 (2y) 的坍塌来说,庄子需要更多的利益来引诱惠子。显然,这些所需要的论证和利益并没有在濠梁之辩的有限篇幅中呈现出来。

四、简短的结语：共鸣解释的引申

前面说明,庄子与惠子如何通过交互叠代想象的坍塌实现他们之间的相互理解,从而达成关于"鯈鱼快乐"的共鸣,但是没有说明,庄子和鯈鱼如何通过交互叠代想象的坍塌来实现他(它)们之间的共鸣。实际上,从庄子与惠子的共鸣到庄子与鯈鱼的共鸣,似乎存在着不可逾越的鸿沟,也就是说,存在着从主体之间共鸣到主客体之间共鸣的鸿沟。一种可能的解释是,庄子与鯈鱼之间的交互叠代想象相当于庄子自己与庄子所想象的鯈鱼之间的交互叠代想象,从这种交互叠代想象的坍塌可以得到庄子与庄子所想象的鯈鱼之间的共鸣。也就是说,如果(I)和(II)

(I) 庄子想象庄子所想象的鯈鱼想象鯈鱼快乐。

(II) 庄子所想象的鯈鱼想象庄子想象鯈鱼快乐。

可以分别坍塌为(III)和(IV)：

(III) 庄子想象鯈鱼快乐。

(IV) 庄子所想象的鯈鱼想象鯈鱼快乐。

那么庄子与庄子所想象的鯈鱼之间也可以达成共鸣。这种交互叠代想象并不是在庄子与鯈鱼的实际对话过程中派生出来的,而是在庄子自己与自己的虚拟对话过程中派生出来的,其中庄子自己成了庄子所想象的鯈鱼的代理人;这一过程也是庄子在他自己的内心世界所进行的内省式想象,亦即通常所谓的沉思或冥想。由此引申开来,我们认为,庄子所谓的"天地与我并生,而万物与我为一"是以共鸣的方式呈现出来的,是在情感的基础上通过人与人之间的交互叠代想象而进入到人与物之间乃至物与物之间的交融与沉浸,最终实现天地万物的整体境界。

综上所述,我们在批评逻辑进路与哲学进路的基础上,把濠梁之辩中的"知"解释为"想象",把庄子与惠子的辩论过程解释为他们之间的交互叠代想象。如果庄子与惠子分别能够把他人的境地置于自己的境地、把他人的视域转换为自己的视域,那么他们之间就想象内容而言相互通透,由此达成共鸣。从主体间交互叠代想象的坍塌到主体间共鸣的达成,这不仅实现了对濠梁之辩文本本身的整体融贯解释,而且实现了庄子与惠子在既相互反驳又相互承认的对话过程上的相互理解,更实现了侧重于理性论证的逻辑进路与侧重于全息情境的哲学进路之间的"视域交融"。

从中国哲学的角度看分析哲学的价值*

陈　波

毋庸否认，分析哲学无论是作为（松散意义上的）一个学派还是作为一场运动，都日渐式微，已经或者正在走向衰落。本文所要探讨的问题是：我们究竟能不能给分析哲学以某种肯定的评价？分析哲学是否给我们留下了某种有价值的精神遗产？回答这一问题有两条思路：一是将其置于西方哲学发展、演变的大背景中，二是将其置于与中国哲学的横向比较中。本文将主要采取后一思路，所要阐发的主要观点是：中国需要分析哲学，中国哲学的某些弊端需要用分析哲学的精神和方法来匡正和补救，中国哲学家甚至需要一场分析哲学的洗礼。本文认为，对于中国哲学和中国哲学家来说，分析哲学中最有价值的就是贯穿其全部工作中的理性精神，具体表现为：（1）关注语言，（2）尊重科学，（3）运用现代逻辑，（4）拒斥终极真理。本文作者坚信，这些品质和信念是中国哲学和中国哲学家所最需要的，因此是我们必须严肃对待并认真加以消化吸收的。

一、什么是分析哲学？

19世纪末至20世纪早期，一批有深厚学养且胸怀宏图大略的哲学家相继登上了哲学舞台，他们分别是弗雷格、罗素、维特根斯坦、摩尔以及维也纳学派的逻辑实证主义者。分析哲学家们主要致力于意义的分析，并将其作为哲学的主要任务与目标。他们希望单独地、确定地、一劳永逸地去解决一个一个具体的哲学问题，从现代逻辑输入精确性，从现代科学引入方法论，把语言问题当作突破口，运用逻辑分析和语义分析的方法，使哲学逻辑化、科学化和分析化，由此达到哲学思想的明晰性和确定性。分析哲学后来成为英美甚至整个英语世界

---

* 原载于《中国社会科学》1997年第4期：63—73页。原标题为《分析哲学的价值》。

占主导地位的哲学研究方式,并在欧洲大陆得到广泛传播。

从起源上看,分析哲学力图把认识论中的经验论传统、康德的基础主义以及弗雷格在19世纪晚期首创的逻辑分析方法和哲学理论结合在一起。它经历了一个发展、演变的过程,先后出现过逻辑原子论、常识实在论、逻辑实证主义、批评理性主义、日常语言学派、逻辑实用主义、历史社会学派等支派,还包括20世纪60年代以后出现的不属于这些支派的分析哲学家。但是,可以在分析哲学的发展过程中确立一个中心时期,这个时期包括第二次世界大战前的逻辑实证主义和战后的语言分析阶段,前者倾向于强调人工语言和符号逻辑,后者则倾向于强调日常语言及其哲学。在这个中心时期,分析哲学家相信两种语言的区别,其一是分析命题和综合命题之间的区别,其二是描述的说话方式和评价的说话方式之间的区别;并且坚持一个传统的哲学研究纲领,即试图探索语言、知识、意义、真理、数学等有疑问的哲学现象的基础。如果我们假定哲学基本上是一种概念分析活动,并且假定哲学的任务是为知识提供可靠的基础,那么在实证主义者看来,其自然结论就是哲学分析基本上是还原的。这就是说,这种分析的目的在于表明,经验知识如何立足于我们的经验材料即所谓的感觉材料之上,并且最终可以还原为这种感觉材料(现象主义)。关于心智的陈述立足于关于外部行为的陈述之上,因而最终可以还原为关于外部行为的陈述(行为主义)。同样地,必然真理立足于以定义形式表现出来的语言约定之上(约定论);数学立足于逻辑特别是集合论之上(逻辑主义)。在每种场合下,哲学上较多地令人困惑的现象被表明在某些较少地令人困惑的现象中有其可靠的基础。

可以把中心时期之后分析哲学的发展,看作是逐渐否定这两种区分(即分析命题与综合命题以及评价话语与描述话语的区分)和拒斥基础主义的过程。20世纪50—60年代进行的工作导致对两种区分的否定;而且,随着对这两种区分的否定,在70—80年代开始形成了对分析哲学的一种新看法。对传统的分析哲学来说最明显的问题是:还原论的计划破产了。在每个场合下,现象主义者和行为主义者建议的那种还原论分析都没有实现其意图,到60年代初,它的失败已很明显。这一阶段获得了一系列重要的理论发现,其中主要有:蒯因对分析和综合的区分的否定;奥斯汀的言语行为理论;维特根斯坦对基础主义的批评;罗尔斯在政治哲学方面的工作——正义论;以及库恩等人在科学哲学中引起的变化——后实证主义的科学哲学。以上这些变化,一方面使分析哲学成为一门更富有趣味的学科,另一方面也使它成为一种界限更不清楚的研究活动。

许多被上一代分析哲学家基本上忽视的研究领域,例如,认知科学、生物学的哲学、经济学的哲学、行动理论,甚至哲学史研究,如今已变成哲学中的一些繁荣旺盛的分支学科,或者已开始进入分析哲学家的视野。有的分析哲学家还预言,心智哲学和社会哲学将在整个哲学研究中处于更加重要的地位,对语言的研究可以取代对心智的研究这种看法,正在转变为对语言的研究其实是心智哲学的一个分支这样一种看法。①

可以看出,随着分析哲学的发展演变,它的许多基本信念和研究纲领已被动摇,它的研究领域也在不断扩大,随之而来的是它作为一个学派或一场运动的许多重要特征已经或正在失去,这同时表明,它作为一个学派或作为一场运动已经或至少是正在走向衰落。现在是对分析哲学做某种总体性研究和总体性评价的时候了。

二、关注语言

由达米特在《弗雷格:语言哲学》(1981)一书提出并被广泛接受的说法是,迄今为止,西方哲学经历了三个阶段两次转向:古希腊哲学追寻世界的本源与始基,处于本体论阶段;自笛卡儿始,后经洛克、休谟、康德等人,西方哲学发生"认识论转向",进入认识论阶段;从弗雷格等人开始,西方哲学发生"语言学转向",进入语言哲学阶段,在此阶段语言问题上升为哲学研究的首要问题,甚至全部哲学问题都被归结为逻辑—语言问题。分析哲学家们在促成哲学的"语言学转向"中扮演了重要角色,发挥了关键性作用。

逻辑实证主义者的哲学观包括否定的方面和肯定的方面。就其否定的方面而言,他们认为:有且只有两类陈述或命题是有意义的,即本质上是同义反复的分析陈述和可由经验证实的综合陈述。而形而上学陈述却不属于这两类命题中的任何一种,因此他们认为,形而上学陈述及其问题是"无意义的",应该"拒斥形而上学"!在他们看来,形而上学问题是不可能有真正答案的伪命题,其心理根源在于对知识的普遍性和绝对确实性的追求;其语言根源在于日常语言的模糊性和歧义性,在于日常语言中"语法形式"与思想的"逻辑形式"并不真正一致,因此应该用"语法形式"与"逻辑形式"真正统一的理想的人工

---

① J. R. 塞尔. 当代美国哲学[M]//单天伦. 当代美国社会科学. 北京:社会科学文献出版社,1993:108-140. 以上关于分析哲学的概述,参考了此文。

语言来代替。就否定方面而言，逻辑实证主义者认为，哲学不是一种关于实在的理论，而是一种活动，是"确定或发现命题意义的活动"①，"哲学的唯一任务就是逻辑分析"②，其目的"在于使经验科学的命题明晰，更具体地，它把命题分解为它的各个部分（概念），一步步地把概念归结为更基本的概念，把命题归结为更基本的命题"③。他们还提出了在物理语言的基础上建立"统一科学"的方案，即科学的合理重建或理性重构。

日常语言学派与逻辑实证主义者的主要分歧在于对日常语言的看法。后者认为，哲学混乱产生于日常语言的含糊与歧义，因此应该用精确的人工语言取代日常语言；而前者认为，日常语言本身是完善的，它与人们的生活形式密切相关，哲学混乱源自对日常语言的误用与滥用。并且，这种混乱与困惑就是哲学家所受的思想折磨和所患的精神疾病，因此消除这些疾患就类似于医生给病人治病，治病的方法就是语言分析，即在具体的使用环境中，在与生活形式的密切关联中，对日常语言的用法及其所能完成的功能做全面细致的描述与清理，从而消除因对它们的误解而产生的哲学困惑。哲学因此获得了"治疗学"的形象，哲学家就是"精神病医生"，有如治病的目的是消除疾病，哲学分析的结果则是哲学问题的消解，哲学家由此达到思想的明晰与精神的安宁。因此，回归日常语言就是回家：哲学回到了自己的精神家园。

正是基于上述认识，分析哲学家们几乎采取了共同的研究策略——"语义上溯"（semantic ascent），即先把一个哲学问题转换成一个语言问题，然后以讨论语言的方式去从事哲学问题的研究与论争。例如，美国著名哲学家蒯因把本体论问题归结为"What is there（有什么）?"并把此问题分为两个子问题：一是本体论事实问题，即实际上有什么东西存在？二是本体论承诺问题，即一个理论说有什么东西存在？蒯因认为，本体论所应研究的不是前者，而是后者，它本质上是一个语言问题。蒯因发展了一套复杂、精致、带有很强专业性和技术性的本体论承诺学说，并由此把一度为逻辑实证主义者所拒斥的本体论研究重新请回了哲学的殿堂。蒯因还认为，认识论的中心问题是实际地说明我们关于

---

① 石里克. 哲学的转变 [M] //洪谦. 逻辑经验主义. 北京：商务印书馆，1989：9.

② 卡尔纳普. 哲学和逻辑句法 [M]. 上海：上海人民出版社，1962：17.

③ CARNAP R. Old Logic and New Logic [M] //AYER A J. Logical Positivism. New York：The Free Press，1957：133.

世界的理论是如何从观察中产生的，或者说，我们是如何在"贫乏的"感觉刺激的基础上产生出"汹涌的"输出即我们关于世界的科学理论的。蒯因认为，由于观察是感觉水平的，因而是主观的，因此要通过语义上溯，用主体间一致的观察句取代观察，并把我们关于世界的理论看作语句体系。于是，认识论的中心问题就变成了观察语句与理论语句的关系，最后又被归结为对于语言学习过程的发生学研究。蒯因就这样一步一步地把认识论的中心问题转换为一个与语言相关的问题，由此造成认识论的"自然化"。

在解释采用语义上溯策略去研究哲学的原因时，蒯因指出：

> 哲学的问题经常向我们世界体系的基本结构挑战。当这种情况发生时，我们不可能轻易地使自己脱离旧有的体系，而去考虑对手的另一种设想。我们体系的基本结构是深深根植于我们的思维方式中的。因此，讨论就有可能蜕变成狡辩，每一方都会顽固地重申自己的基本原则，而有待裁决的正是这些原则。但是我们能靠交谈我们的理论，亦即句子的系统，来摆脱这种困境，商讨这些句子而不仅是顽固地维护它们。我们可以从结构简单性的角度，比较相互竞争的句子系统，我们可以通过观察一个句子是否能靠术语意义的重新规定变成另一个句子，指出它们隐藏着的同义。我们可以找到一个共同的基础，据以进行争论，而不是以本身尚待证明的原理作为论据进行论证。这是哲学家们谈及语言的一个原因。为了深入了解我们的概念系统、我们的世界系统，我们应该努力去考虑它是怎么获得的：个人怎么学习懂得它，整个民族又是怎么发展了它。个人主要是在学习语言的过程中获得了对系统的了解。同理，我们的基本概念体系的发展同语言的演变有密切关系，哲学家因此有充分的理由去深入研究语言的运用情况。①

这就是说，通过语义上溯，我们暂时撇开哲学立场方面的实质性差异，将注意力集中于语言，就可以避免许多空洞的、无谓的、永无结果的争论，避免论战中的强词夺理，从而摆脱哲学研究的困境，这样反而有助于弄清哲学立场方面的实质性差异，并使哲学研究深入进行。

实际上，分析哲学的语言观还有欠深刻，如果借用中国古代哲学术语："形而上者谓之道，形而下者谓之器"，分析哲学家们仍把语言看作形而下的器具，

---

① 麦基. 思想家 [M]. 北京：三联书店，1987：259-260. 译文有改动。

即思维与表达的工具。而在欧洲大陆哲学家那里，语言具有了本体论和世界观的性质：(1) 语言作为本体呈现出先在性与根本性，它是人与世界的根本纽带。世界进入语言就是进入人的理解，人以语言的方式理解世界就是在把握真理。所以，在语言中世界的意义呈现出来了。语言中的世界才是其意义被认识到的世界。语言既有表明我们的理解方式的意义，又有世界呈现其意义的意义。(2) 语言作为最古老、最典型的人文符号，显现出人文性和神秘性。使用一种语言就意谓着某种文化承诺："获得某一种语言就意味着接受某一套概念和价值。在成长中的儿童缓慢而痛苦地适应社会成规的同时，他的祖先积累了数千年而逐渐形成的所有思想、理想和成见也都铭刻在他的脑子里了"[①]。"语言忠实地反映了一个民族的全部历史、文化，忠实反映了它的各种游戏和娱乐，各种信仰和偏见。"[②] 因此，从语言中看到的世界已非纯粹的客观世界，而是经过特定的文化分类组合、充盈着人的主体意识的世界。(3) 语言作为表征方式呈现出重要性与普遍性，它是一种与人的主体无法分离的形式系统，是人的思维和交际须臾不可缺的载体和工具。人的内在思维只有凭借它才能进行，并且得到外化、固化与深化。显然，欧洲大陆语言哲学比英美分析哲学赋予语言比工具重要得多的地位，其语言观要比后者深刻得多。但在关注语言这一点上，两者是共同的。

中国哲学（包括近现代中国哲学）一直把语言视为形而下的"器具"，几乎从未将其视作形而上的"本体"，也许先秦时期的哲学是个例外。因此，中国哲学特别是近现代中国哲学缺乏对语言问题的真切关注，甚至一再强调语言作为思维、交际、表达形式的相对性和局限性。《易经·系辞》中有"书不尽言，言不尽意"的说法；老子《道德经》说："道可道，非常道；名可名，非常名"；庄子更说："言者所以在意，得意而忘言。"魏晋南北朝的"言意之辩"，佛教的"不立文字""不落言筌"等，就是明证。中国近现代哲学甚至从未认真思考和琢磨语言"载道"（表达思维）的工具功能，从未认真地把这个"工具"当一回事，这特别明显地表现在中国当代哲学写作方式的"教科书化"，我将其称作"教科书文化"的大泛滥。哲学文本的写作，从布局谋篇、起承转合、遣词造句等，几乎形成了固定的程序与模式，有一套固定的概念用语。不同的哲学工作者写出的哲学文本，从思想观点到概念术语再到写作风格都大同小异，

---

① 帕默尔. 语言学概论 [M]. 北京：商务印书馆，1983：148.
② 同①139.

就像工人在一条流水线上生产出来的标准产品，哲学家个人在先天禀赋、学识见解、气质风范等方面的特点与差异统统不见了，哲学家个体也似乎成了一个个"标准人"。实际上，语言的苍白与呆板是哲学思维的肤浅与雷同的外在表现。有人这样谈到他的读书经验："我个人读书（尤其是读文史类书），历来有一种特殊的'品尝法'，即先看作者的文字是'干燥'一路呢，抑或属'滋润'一路。倘若是前一路，我总固执地认为，作者对其研究对象，似未曾下过一番'沉潜'之功；倘若是后一路，则作者对其研究对象，实具一份'含玩'之乐。品书如品酒，精酿深藏之酒，总是味厚而长。"① 我认为，这一问题确实值得一切真正有志于学的人严重关注。当前，我们在呼唤哲学研究深化的同时，也应该呼唤哲学文本写作方式的改变，应该力戒"教科书文化"的全面肆虐。我们呼唤思想独立、人格独立、献身学术、充满创意的哲学家，也同样热切地呼唤思想新颖独特、表达独具魅力的哲学文本。我以为，当代中国一方面提供了这样的土壤与契机，同时也提出了严厉的挑战：由市场经济导致的社会商业化气氛与浮躁心态。

三、尊重科学

按照韦伯斯特辞典的定义，科学主义是指"一种主张自然科学的方法应该推广应用到包括哲学、社会科学和人文科学在内的所有领域的观点，是一种坚信只有这些方法才能有效地用来获得知识的信念"。这一定义基本上是可接受的。更精确地说，科学主义应包括下述两方面的内容：（1）自然科学知识是人类知识的典范，它可以推广用以解决人类面临的所有问题；（2）自然科学方法应该用于包括哲学、人文科学和社会科学在内的一切研究领域，并规范这些学科的内容。整个分析哲学无疑属于西方文化中的科学主义传统。从人员构成角度看，逻辑实证主义者大都是物理学家、数学家或逻辑学家；日常语言哲学家大都具有语言学背景，因此，分析哲学家们大都是某一具体学科领域的专家，他们带着深厚的学养、执着的信念、献身的热忱、理智的态度投身于哲学研究。即使仅就这一点而言，他们也足以令我们肃然起敬。

逻辑实证主义是科学主义思潮的典型代表，这里以基本上仍属于这一学派

---

① 胡晓明．淘沙宽堰，守先待后［J］．读书，1990（10）：50-53．

的美国哲学家蒯因为例。蒯因是一位具有强烈科学意识的哲学家。他尊重常识，尊重经验，尊重自然科学的发展成就。他曾强调指出："……自然科学成就非凡，我们应该认真对待它的各种假定。"① 蒯因早期曾经是一位具有鲜明的唯名论倾向的哲学家，但他中后期却承认数学的类或者集合作为抽象实体而存在。在解释如此做的原因时，蒯因指出：

> 理由在于，它们对于自然科学做出了非直接的贡献。当我们谈到动物学上的种和属（这些就是类）时，它们已经以较小的方式做出了贡献。它们还以更复杂的方式做出贡献。我们都知道数对于自然科学的重要性，数学函项和其他的抽象实体也是同样重要的，假若没有它们，世界的科学系统就会崩溃。数学家在过去数百年中已经证明，类或者集合足以达到这些目的：能够使它们起到数、函项和其他数学实体所起的作用。这就是为什么我承认集合的原因：满足我们的自然界系统的数学需要。②

蒯因甚至把自然科学特别是精确科学作为哲学的最高典范，把自然科学的一般方法例如发生学研究法、观察实验法、归纳法、类比法、假说演绎法、逻辑和数学方法、行为主义方法、理想实验法等引入哲学领域，并作为哲学的主要研究方法，从而使哲学本身自然科学化。在他看来，本体论与自然科学处于同等地位；认识论则是心理学的一章，因而是自然科学的一章。整个哲学与科学共处于一个知识连续体之中，而这个知识整体则接受经验的证实或证伪。蒯因的这种相当极端的科学主义，具体体现在以下方面：认识论中的自然主义与经验主义，意义理论上的行为主义，知识论上的整体主义，本体论上的唯名论倾向与物理主义，逻辑研究中的外延主义等。

日常语言学派的科学主义倾向则表现在他们对经验、常识与日常语言的强调与尊重。这里以摩尔为例，他是第一个在哲学中以日常语言和常识为标准来反驳唯心主义的人。他认为，凡是违反日常语言的哲学命题都是不能成立的。唯心主义哲学家布拉德雷说："时间是非实在的，空间是非实在的。"针对第一个命题摩尔反驳说：如果你的意思是指没有一个事件在另一件之后或之前，那么你一定是错了；因为在午饭以后我去散步，以后又去洗澡，后来又喝了茶。

---

① 麦基. 思想家 [M]. 北京：三联书店，1987：246.
② MAGEE B. Men of Ideas: Some Creators of Contemporary Philosophy [M]. Oxford University Press, 1978: 148.

针对第二个命题摩尔反驳说：如果你的意思是指没有一件东西在其他东西的左边或右边，后面或上方，那么你一定是错了；因为这个墨水池就在这支钢笔的左边，而我的头又在这两件东西的上方。摩尔提出的反驳理由是指出这两个命题违反日常语言的用法。同样，摩尔又以常识为真理的标准，用来攻击唯心主义哲学家所说的"存在就是被感知"或"物质的东西不存在"这类玄妙之谈。例如他在《对外部世界的证明》一文（1939）中论证说："我现在就能证明有两只手存在。怎样证明？通过举起我的双手并用我右手做出某种手势时说，'这里是一只手'，而在用左手做出某种手势时又补充说，'这里是另一只手'。这样，只凭这件事实本身我就证明了外在事物的存在。"①

分析哲学的科学主义倾向当然存在许多问题，特别是哲学的科学主义纲领几乎可以肯定地说是无法实现的。但是，分析哲学家们对于经验、常识和科学的尊重，所具有的健全的科学意识和深厚的科学素养，却是值得中国哲学家甚至每一个普通的中国人所仿效、学习的。中国传统思维缺乏明显的科学意识，对于科学技术缺少必要的尊重，而将其视为"奇技淫巧""邪门歪道"，科学技术迄今尚不十分发达。在中国正致力于现代化建设的今天，本来特别需要科学意识的彰显以及科学技术本身的繁荣。但是，令人十分遗憾的是，在商品经济大潮的冲击下，神秘主义文化正以弘扬传统文化之名，以谋取商业利润之实沉渣泛起，卷土重来，充斥于各种大众传播媒介、图书市场以及公共场所，堂而皇之地挤占了大雅之堂，这其中包括各种巫术、占卜、风水这类书籍的出版，各种伪气功、伪医术的纷纷出笼，以及封建迷信活动兴风作浪，等等。据报载，某市还成立了一个电脑算卦公司，主要为各种公司择定吉日良辰和预测生意吉凶。更为可悲的是，这一现象不只是笼罩于底层社会，而是侵入了作为现代科学知识载体或作为"社会精英"的知识分子阶层，其中许多人似乎丧失了起码的科学判断，从不敢公开站出来对此类现象说"不！"。实际上，某些"知识分子"或"文人"还披挂上阵，为神秘主义文化的勃兴推波助澜。这突出表现在《周易》研究中的非科学倾向：不只是肯定《周易》对于中国传统文化的起源意义和广泛深刻的影响，而是正面肯定《周易》本身的科学价值，并试图从中发展出某种新学问，如"周易预测学"等。这究竟是民族的不幸还是科学的悲哀？抑或二者兼而有之？

---

① MOORE G E A. Proof of An External World [J]. Proc. Brit. Acad., 1939, XXV: 295.

我并不否认，神秘主义文化的泛滥有其社会学、心理学、认识论以及科学技术目前状况方面的原因。首先，当代科学尽管取得了巨大成就，但确实有许多未知的领域等待它去探索，有许多奇异现象它仍不能解释。这就为各种前科学、准科学和伪科学的解释提供了滋生的土壤。其次，社会大众几乎都有一种猎奇心理，希望在平凡的、世俗的、有众多限制因而不太自由的生活中，有某种超越一般局限的事情或奇迹发生，以获得精神的满足或心理的平衡，这又为各种前科学、准科学、伪科学解释的出笼提供了社会的或心理的基础。再次，科学家们由于学识和职业的习惯，对于各种奇异现象，除非有确凿的证据，一般不加以否认；对于各种新的理论或解释，除非有明确的反例，一般不加以反对和拒绝，而是让它们留待以后的科学实践去检验。有些科学家甚至会投身或鼓励此类研究，例如，历史上曾有许多科学家去研究炼金术、长生不老丹等。由于科学家在社会中的权威形象，他们的默许、鼓励甚至参与等于给神秘主义文化的泛滥发放了特许证，甚至做了广告。最后，传播或从事神秘主义文化还能获得巨大的商业利润，或能取得某种特殊的社会地位，这就为某些别有用心之徒提供了动力机制。凡此种种，促使了神秘主义文化在当代中国社会大泛滥。

我认为，尽管当代科学还有许多局限，不能对许多现象提供合理解释。但是，当代科学已经取得了巨大成就，对于许多问题已有确定的答案，如永动机不可能造出来，人不能长生不死等。对于现代科学已提供确定解释之处，不能再允许神秘主义文化猖獗。在这一点上，我们应该像蒯因学习，尊重科学，学习现代科学知识，培养健全的科学意识。我们甚至有必要重提"宣传科学、破除迷信"的口号，并采取切实有效的措施，抵御神秘主义文化的泛滥。对于那些热衷于说任何现代思想在中国古代典籍中都"早已有之"的研究者，我想提出这样一个不等式：种子≠幼苗≠大树，并提请他们注意黑格尔的一个著名说法：同一句格言，从一位初出茅庐的小伙子嘴里说出来，与从一位饱经风霜的老人嘴里说出来，具有完全不同的内涵。我还要提出这样一个问题：对于神秘主义文化在当代中国的大泛滥，我们的人文社会科学学者应负什么责任？特别是某些传统文化研究者？

四、运用现代逻辑

分析哲学的产生和发展是与现代数理逻辑紧密连接在一起的，许多大的分析哲学家都是 20 世纪重要的逻辑学家，如罗素、维特根斯坦、卡尔纳普、蒯因、斯特劳森、莱欣巴赫、克里普克、普特南等。罗素曾强调指出："逻辑是哲学的本质。"他说：新的数理逻辑

> 给哲学带来的进步，正像伽利略给物理学带来的进步一样。它终于使我们看到，哪些问题有可能解决，哪些问题必须抛弃，因为这些问题是人类能力所不能解决的。而对于看来有可能解决的问题，新逻辑提供了一种方法，它使我们得到的不仅是体现个人特殊见解的结果，而且是一定会赢得一切能够提出自己看法的人赞同的结果。①

卡尔纳普指出："哲学只是从逻辑的观点讨论科学。哲学是科学的逻辑，即对科学概念、命题、证明、理论的逻辑分析。"② 逻辑实证主义实际上是一种逻辑重建主义，即要在感觉经验证据的基础上，利用现代逻辑和数学去演绎或者重构出整个科学。这包括两个方面的任务：一是用观察术语和逻辑—数学的辅助工具去定义科学的那些概念，二是用感觉经验知识为我们关于自然真理的知识辩护。卡尔纳普的《世界的逻辑构造》是贯彻这一重建纲领的真正严肃的努力，其中大量使用了现代逻辑的公理化、形式化方法。

蒯因也指出：

> 约在一百年前，形式逻辑在戈特洛布·弗雷格手里完成了它的复兴，而成为一门严肃的科学。在随后的年代里，科学的哲学的一个显著特征就是日渐增多地使用这个强有力的新逻辑。这有助于洞察的深入并使问题及解决方案鲜明突出。③

蒯因本人在其哲学研究中，把一阶逻辑作为表述已被整编过的科学理论的标准框架："科学语言的基本结构，已经以一种熟知的形式被离析出来，并得到了系统化。这就是谓词演算：量化和真值函项的逻辑"④。"我们所面临的这个作为

---

① 罗素. 我们关于外在世界的知识 [M]. 任晓明, 译. 北京：东方出版社, 1992：53.

② 转引自：穆尼茨. 当代分析哲学 [M]. 上海：复旦大学出版社, 1986：316.

③ QUINE W V O. Theories and Things [M]. Cambridge, Mass.：Harvard University Press, 1981：191-192.

④ QUINE W V O. Facts of The Matter [M] //Essays on the Philosophy of W. V. Quine. University Oklahoma Press, 1978：160.

世界体系的构架,就是今天逻辑学家们十分熟悉的结构,即量化理论或谓词演算。"① 并且,《从逻辑的观点看》体现了蒯因哲学的渊源、路径、方法及特色之所在。蒯因利用现代逻辑的工具去研究本体论,区分了本体论事实问题与本体论承诺问题,并论证说:一个理论的本体论承诺既不是由名称、也不是由谓词做出的,而是由量词与变项做出的:"存在就是成为约束变项的值"。蒯因根据这种观点,主张在研究一个理论的本体论承诺时,先用一阶逻辑对其进行语义整编,即将其翻译为用一阶逻辑作为背景框架的一阶理论,然后看其中哪些真命题的变项被量词所约束,它们便是该理论的本体论承诺。这样便清楚地揭示出了该理论的本体论立场。此外,蒯因还利用一阶逻辑的工具,提出了一个本体论承诺的认可标准:"没有同一性就没有实体",用它去鉴别何种本体论承诺可接受,何种不可接受。最后,逻辑在蒯因的认识论研究中也起了重要的作用:他把认识论的研究主题归结为语言学习,而后者最重要的又是获得指称外部对象的语言手段,它们是一阶逻辑中变项与量词的类似物,如代词、关系从句、复数词、属于符号以及日常语言中的量词与断言句等。对现代逻辑的成功运用,给蒯因哲学带来了许多特别突出的优点:明晰、精确、严谨、细致,他的许多哲学文本如《论有什么》《经验论的两个教条》等,从写作方式和写作风格的角度看,几乎臻于完美,是堪称典范的哲学论文。

有人正确地指出,分析哲学家把严密的逻辑技术引进哲学,带来了双重的好处:

> 首先在风格上,这是一个重要的创造,如今,哲学的思辨形象已被大大地改变了。诉诸逻辑技术的积极后果是:哲学的推理过程变得清晰了,那些被不合法引入的隐蔽的前提被暴露出来,漫无限制的狂想和随意性受到抑制,各种观点的可批判性大大提高了,整个研究因此而更富于成效。此外,从实质上考虑,技术性对分析运动来说不能不是一种内在的东西,因为对语言结构的考察首先是一个技术性课题,离开了逻辑学,分析哲学也许根本不可能提出它的那些主要问题(意义问题、真理问题、模态与真理问题等),更不用说有效地处理这些问题。②

---

① QUINE W V. Word and Object [M]. Cambridge, Mass.: The MIT Press, 1960: 223.

② 张盾. 作为一个话语系统的分析哲学 [J]. 吉林大学社会科学学报, 1989 (6): 89.

当然，逻辑技术与方法在哲学研究中的效力并不是没有限制的，它归根结底要建立在深刻的洞见与领悟的基础上。因此，逻辑方法只能是哲学研究中的一种辅助方法。

我认为，熟悉和运用逻辑特别是现代逻辑，对于中国哲学界来说是一件特别需要的事情。中国传统思维方式长于神秘的直觉、顿悟、洞见，以及笼统的综合和概括，但拙于精细的分析与严密的论证。这从留传下来的哲学文本也可以看出来：几乎没有围绕单一主题进行严密论证的大部头著作，而有的是作为未经严密论证的观点集成的"语录"。所以，"文革"时期，中国变成《毛主席语录》的海洋，这一做法在中国实在是源远流长：作为中国文化经典的"四书""五经"，很多只不过是孔孟语录汇编，因为孔子讲究"述而不作"，于是只好由其弟子将其言行记录下来并加以整理，以传给后人。中国古代哲学疏于分析与论证的传统，在当代中国仍大有传人。反观近些年的某些哲学论著，几乎有一个通病：缺乏论证性，其中充满了新名词、新概念、新材料，云山雾罩，而遇到一些十分关键的思想，却轻描淡写，几笔带过，并且时常可见内容混淆、重叠甚至冲突之处。无论怎样辩解，上述弊端绝不是一个好的哲学理论所应该具有的。马里奥·本格曾指出：自19世纪以来，唯物主义没有取得进步，"这部分地是由于它无视现代逻辑并拒绝向对立的哲学学习"。"大多数唯物主义哲学家都只说日常语言——从而必然只能以一种不精确的方式来表达自己的观点——他们很少考虑以一种令人信服的方法对自己的观点进行论证。"他认为，"哲学研究应当系统地、精确地和科学地进行，而不能采用文学的描述方式"①。我认为，马里奥·本格的意见是值得重视的。哲学的本性在于爱智慧，它是说理的，理所当然地应当加强论证性，使其逐步精确化、严格化。应该认识到，精确化、严格化不仅仅是组织观点与材料的写作方式问题，而是把哲学思考引向深刻化、正确化的途径方法。这是因为：（1）严格化、精确化必须以哲学思考的周密化、细致化为前提，而周密、细致地思考的结果往往导致哲学思想的全面与深刻；（2）有些哲学思想泛泛而论可能十分动听、十分有理，但是一旦要使其严格化和精确化，充分揭示其概念、范畴、命题潜在的逻辑涵义及其相互之间潜在的逻辑关系，并使它与其他观点处于有机统一之中，往往就会发现它漏洞百出，有时甚至根本不能成立。纠正错误则导致哲学思维的正确化。（3）严格

―――――――――

① 马里奥·本格. 科学的唯物主义 [M]. 上海：上海译文出版社，1989：4-5，22-31.

化和精确化还有助于不同哲学观点的比较和辨识。当一种哲学观点以一种大而统之、简而化之的方式提出时，几乎不能与其他哲学观点比较，因为它不具有确定的形式，弹性极大。但一旦利用形式化方法使其精确化和严格化之后，就可以进行相互比较和相互批判，弄清它们之间的真实关系。因此，中国的哲学工作者们实在有必要花一些时间与精力，去熟悉或掌握一些现代逻辑的基本知识，更重要的是领悟其严格的理性精神，并学会使用一些定义与推理技巧。磨刀不误砍柴工。

五、拒斥终极真理

分析哲学从来不是固定不变的，因为它本身就富于自我批判精神，分析哲学家经常对自己的预设和结论提出质疑。可以这样说，分析哲学的衰落史，实际上是分析哲学内部的相互批判与自我否定的历史。逻辑实证主义者提出"拒斥形而上学"的口号，提出科学的合理重建纲领，提出经验论的意义标准：命题的意义就是其经验证实的方法。但后来不断有人指出其和论证可证实性原则之行不通，使其不得不将可证实性区分为强的和弱的、直接的和间接的，甚至弱化为"可确证性原则""可检验性原则"和概率的意义标准等。但波普尔的"证伪原则"对"可证实性原则"给了致命的一击。蒯因对"经验论的两个教条"的批判，掘掉了分析—综合二分这个逻辑实证主义的基石，并且用整体论驳倒还原论，从而葬送了科学的合理重建纲领。并且，蒯因在《论有什么》一文中，论证了本体论是任何科学理论内部固有的，它与自然科学具有同等地位，这又否定了逻辑实证主义的主要口号"拒斥形而上学"；蒯因本人所提出的整体主义知识观，在面对批评时也不断地温和化。分析哲学不断地自我否定和自我批判，是它追求明晰性的必然后果：因为明晰性就意味着最大限度的可批判性；同时也是分析哲学家们理性精神的充分体现：不承认任何意义的终极真理，包括他们自己提出的观点和命题在内，使一切知识始终面对反例和批评开放。

此外，在分析哲学中，还存在一个著名的"迪昂—纽拉特—蒯因论题"，即关于知识的整体主义观点。在蒯因那里，整体主义知识观包括下述要点：（1）我们的信念或知识是作为一个整体面对感觉经验法庭的，接受经验检验的是知识总体，而不仅是整体边缘或离边缘较近的陈述，如直接观察陈述、各门具体科学的陈述等。（2）对整体内部的某些陈述的再评价必将引起整体内部的重新调整，对其真值的重新分配。因为它们在逻辑上是相互联系的，而逻辑规律也不过是系统内的另外某些陈述，并不具有特殊地位。（3）在任何情况下整体内部的陈述可以免受修正，假如在其他部分做出足够剧烈的调整的话。（4）基于同样的原因，在顽强不屈的经验面前，整体内的任何陈述都可以被修正，甚至逻辑和数学规律也不例外。（5）之所以如此，是因为经验证据对于理论整体的决定是不充分的。（6）所以，在理论的评价和选择上，不存在唯一确定的真理标准，而受是否方便和有用这样一些实用考虑所支配，同时还要顾及该理论是否具有保守性、温和性、简单性、普遍性、可反驳性、精确性这样一些特性。因此，不存在必然为真的先验知识，不存在没有经验内容、因而不可错的分析命题，也不存在分析命题与综合命题的截然二分。蒯因就这样把一切知识直接间接地奠定在感觉经验的基础上，从而拒斥了一切先验认识，拒斥了一切不可错的终极真理，并因此使一切科学理论永远面对经验证据的检验，并永远对反常与批判保持开放，从而为科学进步腾出地盘，扫清道路。

尽管蒯因的上述思想中含有相对主义成分，但其主旨和意图却是值得肯定和赞赏的。反观自照，我们太容易给一个认识或一种思想冠以"真理"的美名，我们太习惯于给某种思想或某个人唱赞歌，并且是一哄而起、排山倒海式的大合唱，而不习惯于或不敢于找错或挑刺。在家里，作为家长，我们常常乐于显示自己的权威与正确，要求孩子听话与服从；在学校，作为教师，我们俨然以真理的占有者与传播者自居，总想尽可能多地给学生以知识与真理，却很少注意培养他们向旧有知识挑战、自己发现新真理的能力。事实上，对于科学的发展与进步来说，真正需要的常常不是赞歌、服从与接受，而是怀疑、诘难、批判以及随之而来的完善与发展。中国有句俗语说得好："成绩不说不会跑，漏洞不堵不得了。"根据控制论原理，一个系统如果不与周围环境发生物质、能量、信息的交换，它就会一味正反馈而最终死寂。反之，如果它不断地与环境发生物质、能量、信息的交换，时时面临新的挑战，就容易发生负反馈，形成新的动态平衡，从而使该系统充满生机与活力。一个强者面临的考验越严峻，他的英雄本色越能得到充分的表现；一个科学理论面临着深刻危机，那就意味着科学革命的时代即将来临，许多重大的科学发现即将做出，许多更新、更具概括力、更正确的科学理论即将诞生，许多伟大的科学天才即将得到世人的认可。因此，自觉地持有蒯因那样的信念，即不相信任何不可错的终极真理，从而对任何已有理论都保持健康的怀疑、诘难与批评的态度，对于新奇、未知的事物充满理智的好奇，对于科学的发展幸甚！对于一个国家、民族甚至个人的发展亦幸甚！光荣已成过去，而新的希望正向我们招手。

六、结语

综上所述，分析哲学尽管已经或至少是正在衰落，但它却给我们留下了极其宝贵的精神遗产，即贯穿其全部工作中的理性精神。我认为，对于中国哲学来说，最重要的是在分析哲学思维方式与中国传统思维方式之间保持"必要的张力"。中国哲学需要充分吸收分析哲学的长处，同时向其他哲学学习，并且注意发挥自己原有的种种优势，由此走向辉煌的明天。